本书编写组 编

中国工农红军滇黔桂边区游击队史料选编 〔上〕

江苏人民出版社

图书在版编目(CIP)数据

中国工农红军滇黔桂边区游击队史料选编/本书编
写组编. —南京:江苏人民出版社,2024.9

ISBN 978-7-214-28384-9

Ⅰ.①中… Ⅱ.①本… Ⅲ.①中国工农红军－游击队
－史料－西南地区 Ⅳ.①E297.2

中国国家版本馆 CIP 数据核字(2023)第 178090 号

书　　　名	中国工农红军滇黔桂边区游击队史料选编
编　　　者	本书编写组
责任编辑	赵　婼
装帧设计	周伟伟
责任监制	王　娟
出版发行	江苏人民出版社
地　　　址	南京市湖南路 1 号 A 楼,邮编:210009
照　　　排	江苏凤凰制版有限公司
印　　　刷	苏州市越洋印刷有限公司
开　　　本	718 毫米×1000 毫米　1/16
印　　　张	64.25　插页 10
字　　　数	1057 千字
版　　　次	2024 年 9 月第 1 版
印　　　次	2024 年 9 月第 1 次印刷
标准书号	ISBN 978-7-214-28384-9
定　　　价	368.00 元(上下册)

(江苏人民出版社图书凡印装错误可向承印厂调换)

《中国工农红军滇黔桂边区游击队史料选编》
编纂委员会

主　　　任　高永中
副 主 任　沈向兴　苏红军　杜　丹　陈　平　陈立生
委　　　员　江红英　杨林兴　马　琳　余　雄　向济萍
　　　　　　李　蓉　叶晖南

主　　　编　高永中
副 主 编　李　蓉　叶晖南　叶成林

原中共中央党史研究室课题组
组　　　长　高永中
副 组 长　李　蓉　叶晖南
课题组成员　李树泉　叶成林(特邀)　庚新顺(特邀)

云南省课题组
组　　　长　沈向兴　苏红军
副 组 长　杨林兴　马　琳
课题组成员　余　红　刘廷贵　韦胜辉　陈祖英
　　　　　　徐　梅　刘　季　徐继平　文官政
　　　　　　张　超　罗云芬　孔建娇　熊玉林

贵州省课题组
组　　　长　杜　丹
副 组 长　余　雄
课题组成员　李朝贵　胡智勇　王淑芳　杨盛友
　　　　　　刘毓麟　徐　燕　黄　明

广西课题组

组　　　长　　陈　平　　陈立生
副　组　长　　向济萍
课题组成员　　刘绍卫　　农丕泽　　刘　琳　　杨　磊　　秦先灿
　　　　　　　黎　田　　李　哲　　赵春莉　　龚美婷　　白如辰
　　　　　　　阴浩阳　　龙代妮　　刘　静　　韩　清　　黄燕婷
　　　　　　　贺开元　　李刘科　　余朝霞　　梁晓健　　王　会
　　　　　　　农本乐　　黄永清　　林　岑　　潘启作　　韦英华
　　　　　　　蔡志杰　　李丽莲　　韦青川　　黄飞军　　廖永富
　　　　　　　黄福华　　韦兰花　　陆　昀　　吴文庆　　黄　娴
　　　　　　　周传教　　黄美月　　黄志庭　　黄南标　　阮金泽
　　　　　　　黄小娟　　李修平　　石照永　　覃月燕　　石国志
　　　　　　　陆丽娟　　周　现　　农　蔚　　苏大新　　韦传伟
　　　　　　　卢朝万　　零发强　　马振中　　罗千毅　　湛宏端
　　　　　　　岑崇德　　罗占琪　　农美荣　　黄心红　　蒙隆瑞
　　　　　　　岑德荣　　黄晋强　　罗炳生　　周留玉　　敖德金
　　　　　　　邓世豪　　黄恩瑞　　梁　德　　黄永旗　　郑兰芬
　　　　　　　韦　煜　　韦敏生　　韦慧玲　　蒙祖升　　赵江兰
　　　　　　　韦达满　　汪宏华　　陆世军　　韦桂杰　　陈大全
　　　　　　　韦雪菲　　覃　阳　　李　杰　　黄海宁　　周珍朱
　　　　　　　雷英娥

编纂说明

一、《中国工农红军滇黔桂边区游击队史料选编》的框架

《中国工农红军滇黔桂边区游击队史料选编》由历史概述、史料选编和附录三部分组成。

第一部分　历史概述:概述中国工农红军滇黔桂边区游击队(简称滇黔桂边红军游击队)革命斗争的基本发展过程。

第二部分　史料选编:收录反映中国工农红军滇黔桂边区游击队活动的相关史料。史料分为革命文献、回忆口述资料、敌方资料三个部分。

(一) 革命文献,收录当时同滇黔桂边红军游击队活动密切相关的、滇黔桂边红军游击队活动期间形成的报告、文件等文字材料。

(二) 回忆口述资料,分为两类:

第一类是滇黔桂边红军游击队活动时期的党、政、军、群等革命组织成员的回忆和口述。回忆,包括他们自己撰写的回忆录、自己填写的履历表等;口述,指由他们口述而由其他人记录整理的资料。

第二类分三种情况:一是当时没有参加滇黔桂边红军游击队但对当时情况有所了解的亲友、知情人、目击者等撰写的有关红军游击队活动的回忆和口述。二是当时参与红军游击队但后来自首叛变者的回忆和口述。三是当时敌方人员的回忆和口述。

（三）敌方资料,主要包括当时敌方有关红军游击队的电报、信函、文件等和当时报纸杂志报道的资料。

第三部分　附录部分,包括滇黔桂边红军游击队组织序列,遗址、遗迹、遗物图片及说明,大事略记。

二、重要问题的说明

（一）活动主体范围

首先要对中国工农红军滇黔桂边区游击队这一活动主体进行定义。

中共云南省委党史研究室等编著的《中国工农红军滇黔桂边区革命游击队》一书称:"中国工农红军滇黔桂边区革命游击队是百色起义后,在广西右江革命根据地坚持斗争的红七军第二十一师派人到云南富宁地区发展起来的。"①

中共广西百色地委党史办公室等编著的《滇黔桂边区革命根据地》一书称:"滇黔桂边区革命根据地,是土地革命战争中后期,中共右江特委和红军右江独立师(原红七军第二十一师)党委根据上级指示作出的决定,由黄松坚、黄举平、滕静夫等人领导滇黔桂三省边区各族人民共同创建的一块较大的革命根据地。"②

上述两段话,前者主要讲游击队,后者则讲革命根据地,角度不完全相同,但都涉及同红军右江独立师的关系。

广西壮族自治区地方志编纂委员会编纂的《广西通志·军事志》记载:"1932年1月,独立师缩编,化整为零,取消团、营、连编制,将骨干分子组成10个杀奸团,每团30人左右。1932年8月,新桂系军队向根据地发动第三次大规模'围剿',年底,右江根据地全部丧失,右江独立师全部解体。保存下来的极少量武装在右江下游坚持游击斗争,有的转移到黔桂边、滇桂边开辟新区。"③

《中国工农红军滇黔桂边区革命游击队》一书记载:"1933年1月,韦拔群、陈洪涛牺牲后,右江特委解体。根据原红军独立第三师党委常委会的决定,黄松坚召开右江下游临委会,决定临委改为中共右江下游党委,书记黄松坚。右江下游

---

① 中共云南省委党史研究室等编:《中国工农红军滇黔桂边区革命游击队》,云南民族出版社1998年版,第3页。

② 中共广西百色地委党史办公室等编:《滇黔桂边区革命根据地》,中共党史出版社1999年版,第1页。

③ 广西壮族自治区地方志编纂委员会编:《广西通志·军事志》,广西人民出版社1994年版,第174页。

党委领导右江地区、滇桂边区和黔桂边区党的工作。"①

因此,1933年1月是这一地区历史的一个拐点——右江根据地的丧失和滇黔桂边根据地的开始,虽然正式打出"滇黔桂边"旗号是在1934年。滇黔桂边红军游击队是右江独立师的干部战士建立的,故而同右江独立师有着承续关系。但1932年12月之前右江独立师各支小部队的活动均不在本书收录范围。没有纳入滇黔桂边红军游击队序列的农民武装活动也不在收录范围。

《中国工农红军滇黔桂边区游击队史料选编》以滇黔桂边红军游击队(滇黔桂边的红军游击队的名称曾有许多变化)为主,但和滇黔桂边红军游击队活动有关的党、政、群众组织的材料也酌情收录。

(二)时间范围

中国工农红军滇黔桂边区游击队革命斗争的起点为:韦拔群、陈洪涛牺牲之后的1933年1月中共右江下游委员会成立。

中国工农红军滇黔桂边区游击队革命斗争的终点为:1937年12月滇黔桂边的红军游击队大部分被国民党地方政府改编,中共桂西特委撤销。

凡是在上述时间范围内的红军游击队情况的有关历史文献均在收录范围。

(三)地域范围

《滇黔桂边区革命根据地》一书称:"整个根据地形成了以云南省富州(今富宁县)为中心,以黔桂边和右江上、下游为重要活动地区,活动范围达当时的3省28个县的广大地区。它包括当时广西省的百色、凌云、乐业、果德(今属平果县)、恩隆(今属田东县)、向都(今属天等县)、那马(今属马山县)、奉议(今属田阳县)、恩阳(今属田阳县)、东兰、凤山、南丹、万冈(今属巴马)、都安(今分为大化和都安两县)、天峨、镇边(今那坡县)、靖西、天保(今属德保县)、田西(今田林县)、西林、西隆(今隆林县)、河池县,云南省的富州、广南、麻栗坡县,贵州省的册亨、贞丰、罗甸县。"②但现有材料表明,根据地范围还应包括广西的宜山(今宜州市)、平治(1934年由思林县更名,今分属平果县和大化瑶族自治县)、镇结(今大部属天等县,一部属平果县)、万承(1951年与养利、雷平二县合并为大新县)、隆山(今属马山县和大

---

① 中共云南省委党史研究室等编:《中国工农红军滇黔桂边区革命游击队》,云南民族出版社1998年版,第228页。

② 中共广西百色地委党史办公室等编:《滇黔桂边区革命根据地》,中共党史出版社1999年版,第1页。

化瑶族自治县部分属地)、武鸣(今属武隆县)、敬德(今属德保县)、隆安县和贵州的荔波县,而贵州的贞丰县被分为贞丰县和望谟县。所以共为 3 省 7 个市州 37 个县(如按现在行政区划,则为 34 个县、区)。

《中国工农红军滇黔桂边区游击队史料选编》的地域范围主要参考上述范围,但以游击队活动的实际情况为准。

(三)回忆口述部分

鉴于同一作者在不同时间、不同地点的回忆虽有重复,但更有差异,故一并收入。

三、编辑过程中对原文章和口述记录稿的技术处理

在编纂过程中,我们力求保持档案文献的原貌,只对个别错漏的文字、标点及衍文、不规范用字进行订正。错别字改正〔 〕号,漏字填补用〈 〉号,衍字改正用[ ]号,辨认不清的字以□号代,缺字以△号代。

编纂回忆口述等篇目时适当地进行了一些技术性规范。对段落太长的进行了适当分段;土地革命战争时期称伪县长改为敌县长;部队原无序号的,加上序号并统一用汉字数字表示,如"63 团"改为"第六十三团","三联队"改为"第三联队";对原不完整的表述,如时间"三○年二月",改为 1930 年 2 月,统一用阿拉伯数字表示。原按农历表述的时间,根据需要和必要,分别按公元纪年作了校订或保留原样,等等。

本书编写组

目 录

一、历史概述 ·· 1

二、史料选编 ·· 19

（一）革命文献 ·· 21

广西工农游击队大纲(节录) ······················ 22

对去开辟新区工作的同志的讲话(节录)(韦拔群) ······ 26

关于革命形势和我们的任务的报告(节录)(陈洪涛) ······ 27

中国共产党右江特委为时局告群众书 ··············· 28

果德县赤卫军常备营营本部通告(第七号)(节录) ········ 31

广西省右江上游革命委员会敬告群众书 ············· 33

广西右江下游各县工农革命运动代表大会宣言 ········ 35

广西右江上游革命委员会反对军阀抽丁传单 ·········· 38

广西右江上游革命委员会告民团特种队、预备队、后备队的兄弟书 ·········· 40

右江上游各县代表大会决案 ····················· 42

广西抗日同盟会拥护抗日战争宣言 ··············· 48

全右江上游党代表大会会议记录(节录) ············ 50

广西右江上游革命委员会委任令 ················· 56

黄明三、黄举平给郭腾甫的信 ··················· 57

桂西区抗日救国分会筹备会敬告群众书 ············ 58

革命青年会目前组织简章(节录) …………………… 59

滇黔桂边区抗日代表大会宣言 …………………………… 60

桂西区各级抗日救国会简章 …………………………… 63

中共广西桂西区上游中心县委通告(第一号) ………… 65

右江上游革命委员会通告(第一号) …………………… 69

周恩来关于与张冲谈判结果向中央的报告(节录) …… 70

中共南方临时工作委员会给桂西区特委的指示信(节录) … 71

中共南方临时工作委员会给中央报告提纲(节录) …… 74

中共广西省工作委员会工作决定 ……………………… 77

中共桂西区委给各级党的同志们的信 ………………… 79

中共桂西区中心县委关于抗日时期党的工作策略等问题的指示信 ……… 81

中共广西省工委通告(第三号) ………………………… 83

中共中央关于南方各游击区域工作的指示 …………… 84

朱鹤云关于滇黔桂边区情况的报告 …………………… 87

中央书记处关于南方各游击区工作方针的指示(节录) … 95

中共南方工作委员会给桂西区特委的指示(节录) …… 97

张云逸华南工作报告(节录) …………………………… 99

滇黔桂边区抗日人民革命委员会快邮代电 …………… 100

中共广东省委张南杰给长江局的报告(节录) ………… 101

雷经天关于广西左右江游击队状况向中央的报告 …… 102

总政组织部关于广西右江红九团第三营营长李光和副营长周藩仁等同志的谈话

　记录 ……………………………………………………… 105

广西党的工作情形(节录) ……………………………… 110

陈岸关于广西党组织情形向中共中央组织部的报告(节录) ……… 112

(二)回忆口述资料之一 ………………………………… 113

1. 滇黔桂边区总体斗争情况 ……………………… 114

我在右江下游的活动及两次赴上海汇报工作的情况(黄松坚) ……… 114

回忆在云南富宁七村九弄的革命斗争(黄松坚) ……… 147

黄松坚回忆录 …………………………………………… 156

黄松坚回忆滇黔桂边区临时党委的建立及其在镇边的活动 ……… 158

滇黔桂边区革命斗争的回忆(黄振庭) ……………………………… 166

回忆天向、中越边、滇桂黔边区革命斗争(节录)(黄振庭) ……… 171

访黄振庭笔录 ……………………………………………………… 178

右江上游、黔桂边革命斗争回忆(黄唤民) ……………………… 182

滇黔桂边革命斗争情况(何松) …………………………………… 185

回忆参加滇黔桂边区革命活动情况(陈勋) ……………………… 187

滇黔桂边区革命活动回忆(朱国英) ……………………………… 193

2. 右江地区斗争情况 ……………………………………………… 198

关于那马的革命斗争情况(黄松坚) ……………………………… 198

西山革命活动的回忆(陈仕读) …………………………………… 200

回忆西山的革命斗争(杨正规) …………………………………… 203

百马、江南地区共产党组织的恢复和发展(韦士林) …………… 205

革命斗争的回忆(周继忠) ………………………………………… 207

右江革命侧记(节录)(曾诚) ……………………………………… 210

右江地下党1933年至1936年在都安夷江区的活动(曾诚) …… 216

镇西党支部的建立及其活动(韦金殿 唐奇飞) ………………… 219

关于都安农运历史经过情况(节录)(李文) …………………… 222

凤凰山下红旗飘(节录)(潘雁宣) ………………………………… 224

革命虽受挫折　右江烈火不熄(李天心) ………………………… 234

1933年至1944年的革命活动的回忆(陈仕读) ………………… 241

黄举平到平乐、中亭的活动情况(李天心) ……………………… 245

陆浩仁到大成(菁盛)建立红河下游革委会(节录)(李文) …… 246

参加向都赤卫军的经过(农庆臣) ………………………………… 247

向都赤卫军在多吉活动情况经过(黄斌) ………………………… 249

谈向都赤卫军到武平活动(吴文松) ……………………………… 251

韦仕英谈话(节录) ………………………………………………… 252

我奉黄举平的指示办交通站(覃明典) …………………………… 253

我在那马工作的情况(徐平) ……………………………………… 255

十年潜伏斗争的回顾(罗玉廷) ······· 257

关于凌凤边委的一些情况(黄福首) ······· 259

凌凤边革委的成立及活动情况、联络站建立情况(李天心 罗明会等)
······· 260

谈韦仕英1935年在南丹大拉索屯的活动情况(节录)(覃桂芬) ······· 264

有关右江地下党的一些情况(陈岸) ······· 265

革命活动的回忆(覃桂芬) ······· 267

覃桂芬谈有关南丹县、河池县党组织 ······· 270

采访老红军覃桂芬笔录 ······· 272

黄唤民谈有关党组织情况 ······· 275

田阳南山区组织抗日义勇军前后(颜朝廷 李春明 颜朝堂) ······· 277

我为右江和南宁的党组织沟通关系的经过(曾诚) ······· 280

到那马一行(陈岸) ······· 283

那马革命岩洞概述(韦成珠) ······· 284

3. 滇桂边地区斗争情况 ······· 288

我上云南经过(韦天恒) ······· 288

回忆上云南开辟新区(朱国英) ······· 289

回忆上云南开辟新区情况(韦汝) ······· 290

关于当年红军的情况(冯正豪 冯正方) ······· 291

我在滇桂边当交通员(韦伍) ······· 292

成立中越革命委员会情况(赵直品) ······· 293

组织中越革命委员会情况回忆(李大海) ······· 295

关于中越边区革命委员会的成立和到滇桂边工作情况(黄振庭) ······· 296

跟随谭统南在中越边搞革命活动(黄开庆) ······· 299

谈弄怀成立革命团体(黄振庭 黄秀利 林通谟) ······· 300

谈南区革命委员会(南区农协会)(黄振庭) ······· 301

张志远谈三十年代那坡村的革命活动 ······· 302

红军到乱坝活动情况(黄主辉 李尚华) ······· 304

红军在那能的一些情况(那能公社农会委员会) ······· 305

韦五谈到滇桂边工作情况 ·················· 306

梁学政忆滇黔桂边区劳农游击队 ·················· 307

梁学政回忆滇黔桂省边劳农游击队革命 ·················· 310

采访梁学政同志 ·················· 317

梁学政讲话录音(节录) ·················· 322

梁学政谈话(节录) ·················· 324

与梁学政核实史料时谈话记录 ·················· 325

红军到百油开展活动和甘美战斗(陆红先 陆定贤) ·················· 326

红军在百油情况(节录)(周维丰) ·················· 327

红军在龙彦、甘邦的活动(黄光照 马氏韦) ·················· 329

我参加红军的经过(梁瑞堂口述) ·················· 332

革命活动回忆(梁瑞堂) ·················· 333

询问徐平老人 ·················· 334

陆福寿等在多贡点征集红军历史资料座谈会上发言 ·················· 336

敌人对那达、那拉的血洗(陆忠高 罗开林等) ·················· 339

百油尾洞点座谈纪要 ·················· 341

在福留组织革命同盟会的有关情况(黄日照) ·················· 342

回忆拉烈人民的革命斗争(劳祖麟) ·················· 344

黄振庭讲述韦高振的活动情况 ·················· 346

黄振庭谈赤卫军转移到靖西后的活动情况 ·················· 350

参加廖英组织的红军在武平活动(黄直秋) ·················· 354

廖英在足表一带活动情况(马其功 赵华表 马国柱) ·················· 356

廖英到百沙等地活动(黄作雷) ·················· 357

谈廖英在百沙一带活动(黄庭) ·················· 358

谈廖英参加革命活动情况(黄振庭) ·················· 359

马振球等人在大漠活动情况(方华盛) ·················· 360

我为黄庆金当通讯员(李登开) ·················· 362

黄必三回忆 ·················· 363

何松谈靖西革命活动情况 ·················· 364

黄庆金、黄怀贞的一些革命活动情况(黄锦荣) ············ 366

红军游击队在甘美第一战(周维丰) ············ 367

红军游击队在甘美(周维勇 黎建中) ············ 369

关于黄松坚等人上九弄情况(何松) ············ 370

跟着黄松坚到云南去干革命(何松) ············ 371

徐平回忆黄松坚上云南情况 ············ 374

跟随黄松坚上九弄(梁伍) ············ 375

滇桂黔边区劳农游击队机构(黄振庭) ············ 377

陈勋口述 ············ 378

何松回忆从右江下游到滇桂边人员 ············ 379

革命老人何松谈当年革命活动情况 ············ 380

在滇桂边战斗的日子(何松) ············ 383

何松讲话节录 ············ 388

回忆滇黔桂省边劳农游击队的成立及其在靖西活动情况(节录)(何松) ··· 391

韦海的证明 ············ 396

谭天怀的回忆 ············ 397

红军在多立寨活动情况(刘家谋 刘家群) ············ 399

关于谷留开大会问题(覃正妥) ············ 400

清算地霸韦英豪(马国权) ············ 401

韦英豪的罪过(马常辉 马常规等) ············ 404

红军游击队在畈〔归〕朝活动情况(龚天福 覃天怀) ············ 405

上九弄人民对红军游击队的支援(黄元配) ············ 407

下九弄人民对红军游击队的支援(马常辉) ············ 408

七村人民对红军游击队的支持(周福维等) ············ 409

参加滇黔桂边红军游击队的情况(黄子丰) ············ 411

参加红军游击队的回忆(周显飘 黄盛国 梁正尧 马启法) ············ 412

访滇黔桂边区党委书记黄松坚(录音整理) ············ 413

1983 年采访黄松坚录音记录 ············ 419

1982 年采访黄松坚记录 ············ 423

参加红军游击队的情况(罗万林) ···························· 429

关于滇黔桂边区劳农游击队情况(李荫美) ················· 430

闭耀辉参加韦高振队伍活动情况(闭绍益 闭绍逢) ········· 431

关于我们参加革命队伍的报告(黄开庆 黄书光) ··········· 432

玉仕安讲话摘要 ··· 433

恒村战斗情况(冯正员) ·································· 434

红军游击队在花甲的活动(罗朝仁 傅少炳) ··············· 435

罗继刚回忆 ··· 436

黄显丰回忆 ··· 438

黄显丰谈话(节录) ······································ 441

访黄善道 ··· 442

忆滇桂军联合进攻九弄(马常辉等) ······················ 444

滇军邱尹两营对上九弄的糟蹋(覃东法等) ················· 446

白军对七村的糟蹋(周福维等) ·························· 447

多曼惨案(覃东法等) ···································· 448

谈多曼惨案及红军歌曲(麻安方口述) ····················· 449

回忆红军游击队在那拨(罗永兴) ························ 451

红军游击队到那柳开展活动(罗志刚 黄朝相) ············· 452

回忆何尚刚到七村九弄(徐平) ·························· 454

何尚刚到九弄(何生卫) ·································· 455

关于何尚刚上滇桂边的情况(黄显丰) ····················· 456

在征集红军游击队历史资料座谈会上发言(何盛兰等) ········· 457

滇黔桂边区劳农游击队第三联队第二次整编情况经过(黄显丰) ··· 461

劳农游击队改编情况(黄振庭) ·························· 462

红军游击队在者兰的活动(李开先等) ····················· 463

参加红军游击队的情况(唐永祥) ························ 464

红军游击队围攻芭莱的情况(莫云清 马修德) ············· 465

忆滇黔桂边区革命游击队(黄显丰) ······················ 466

那耶六次战斗简要(韦有林等) ·························· 468

何松回忆 ·· 469

当年红军游击队在龙彦、甘邦一带活动情况(罗安龙 黄光照) ·········· 472

访那哈队农恩荣记 ·· 475

谈欧仲明等攻打谷拉列村的情况(麻仲彩) ························ 476

花甲街罗朝仁老人谈 ·· 477

滇黔桂边区工作片断(朱国英) ································· 478

王开洪通过谁和红军取得联系(王开科) ························· 481

王开洪扎根六羊经过(宋世云) ································· 483

打百乐前曾在红石岩集中过(李中良) ··························· 487

王开洪攻打田蓬(马老七) ···································· 488

罗大明谈王开洪攻打田蓬的经过 ······························ 489

木杠突围(张光全 张光跃) ··································· 491

游击队在西林的兵工厂(罗志刚) ······························ 493

红军机械厂发展情况(罗志刚) ································· 495

参加红军枪弹修械组情况(黄朝相) ···························· 497

走访罗志刚谈话记录 ·· 498

何云等先后传达上级指示情况(何萌民) ························· 499

何萌民书面材料(节录) ····································· 500

4. 黔桂边地区斗争情况 ······································· 501

黔桂边委在黔西南的活动(节录)(黄唤民) ······················ 501

黔桂边区地下党和游击队在罗甸地区的活动概况(节录)(黄唤民) ······· 510

黄唤民回忆 ·· 512

从右江河畔到黔桂边区(赵世同) ······························ 513

参加红军游击队的情况(陈勋) ································· 519

中共黔桂边委委员、省边独立营副营长韦国英的回忆(节录) ··········· 522

朱国英的回忆 ·· 523

三十年代我在黔桂边的革命活动(韦明三) ······················ 524

罗德益回忆黔桂边斗争 ······································ 528

罗德益回忆黔桂省边独立营 ··································· 530

访罗德益老人 ·· 532

关于"护商独立营"成立的前后情况(罗玉廷) ······················· 535

1933年至1941年中共地下党在黔桂边的活动(黄平珠) ············ 536

从东兰到黔桂边区工作的回忆(牙美元) ································ 541

从西山到黔桂边区工作的回忆(牙美元) ································ 543

卡法连队战士韦应忠的回忆(节录) ······································ 549

牙永平养子韦泰春的回忆(节录) ··· 551

在荔波组织革命同盟会(节录)(谭振金) ······························ 553

谭永福谈韦汉超在环江前后经过 ·· 554

韦明日在黔桂边的活动(采访笔录) ······································ 555

黄伯尧在黔桂边(李天心) ··· 557

黄举平等人在罗甸境内的活动(韦明三) ································ 559

关于成立黔桂边委的情况(谭敏初) ······································ 560

忆西山——黔桂边地下联络通讯(罗玉廷) ·························· 561

黔桂边委交通联络员罗玉廷的回忆 ······································ 564

黔桂边革命委员会的成立(覃桂芬) ······································ 565

中共黔桂边委交通联络员李发荣的回忆(节录) ···················· 567

红七军、黔桂边委历史座谈会记录 ·· 568

回忆在荔波的情况(覃桂芬) ·· 577

关于贞丰洛六抗日义勇军的回忆(韦万阶 韦安贵) ··············· 578

关于贞丰洛六抗日义勇军的回忆(韦安祥) ··························· 580

关于岑建坤及韦子安、韦安周武装的回忆(杨再华) ·············· 582

5. 同国民党军谈判改编情况 ··· 584

同国民党那马县府谈判问题(徐千珍) ··································· 584

1937年红军游击队被国民党收编的经过(黄国楠) ················ 586

百色谈判经过(高朗如) ·· 589

在富宁与国民党谈判经过(何松) ·· 598

关于百色谈判问题(尹林平) ·· 599

百色谈判的沉痛教训(赵世同) ·· 600

6. 人物资料 ·· 606

　　黄庆金在天保就义(何松等) ·· 606

　　李德惠被捕情况(张福耀 李登开) ·· 607

　　刘家华参加红军和牺牲的情况(刘家谋 刘家群) ·········· 608

　　怀念陆浩仁烈士(潘雁宣) ·· 609

　　傅少华简历(罗朝仁 唐家祥等) ·· 611

　　卢锡候简历(罗朝红 唐家祥等) ·· 612

　　汪富兴简历(韦有林 汪廷富等) ·· 613

　　我所知道的汪富兴(汪氏田) ·· 614

　　朱鹤云(朱国英)给李君蔚信 ·· 615

　　李著轩(李福)1956 年自传(节录) ·· 616

　　回忆胞兄滕静夫烈士的事迹(何荫明) ·· 617

　　有关的罗英资料 ·· 626

　　忆恩隆县第三任苏维埃主席李绍祖(李绍基) ·········· 627

　　赵敏在富宁的革命活动(陆月娥 黄氏贝) ·········· 631

　　回忆赵敏在那达一带的活动情况(陆妙荣) ·········· 633

　　关于韦汉超的情况(谭振金) ·· 635

　　回忆岑日新(梁桂庭 隆建南 高耀辉 赵显球) ·········· 636

　　关于覃绍辉同志入党问题和牺牲情况的证明(韦金殿) ·········· 640

　　关于罗子德、黄大良是否入党的问题(何松) ·········· 641

　　何松谈王开洪、王开荣 ·· 642

　　王开洪是右江革命根据地的一员(陈勋) ·········· 643

　　忆韦纪(韦银娇) ·· 644

　　牙美元谈陈绣卿 ·· 645

　　梁振标是怎样被改造过来的(何生街) ·········· 646

　　有关韦高振的情况(周堂德) ·· 647

　　韦高振是怎样叛变的(黄振庭) ·· 648

（三）回忆口述资料之二 ·· 649

　　红军在那达地区的活动及受折情况(农贤生) ·········· 650

对剥隘早期革命活动的回忆(黄巨金) ·············· 654

红军在那能一些地方的情况 ·············· 655

谈谭统南在武平(黄琼瑶) ·············· 657

父亲黄彩文参加红军的经过(黄盛烈　黄盛表) ·············· 658

对父亲伦赞清参加革命的回忆(伦汉周) ·············· 660

同德乡革命知情人座谈会笔录 ·············· 661

访百油街李月明老人 ·············· 662

红军到洞波的情况(李汉新) ·············· 663

王开洪两打百乐(蒙怀英) ·············· 664

王开洪两次攻打百乐街(庞祥林) ·············· 665

七村九弄配合王开洪打百乐(陶正华) ·············· 667

走访知情人李毓华、李抱稳谈话记录 ·············· 668

回忆红军在我们这一带的活动(王登祥) ·············· 669

我是白军残忍的大屠杀中幸免于死的人(马氏维) ·············· 670

在良同、平烘召开知情老人座谈会发言记录(节录) ·············· 671

关于甘邦那薄寨战斗的补充材料(韦成恩) ·············· 672

谈红独立师派人改造韦高振(陈国团) ·············· 673

右江下游革命活动的一些情况(陈国团) ·············· 675

张光夏被害经过(向国祥) ·············· 678

韦汉超烈士生平(罗荣) ·············· 679

怀念我的父亲滕静夫(滕瑞荣) ·············· 681

有关廖英的活动情况(闭正基) ·············· 691

1936 年游击队在富宁情况片断(向国祥) ·············· 693

参加百色国共谈判的经过(黄桂南) ·············· 695

回忆 1937 年国共百色谈判(梁家齐) ·············· 697

我所知道关于韦高振部整编问题的一些情况(梁侃) ·············· 700

罗一农关于王海平的回忆 ·············· 702

（四）敌方资料 ·············· 705

缉共匪黄明春加赏购缉共五百元 ·············· 706

巨匪就擒　黄大权黄玉荣二名 ·················· 707

共匪首要黄大权被擒　次要共匪亦拿获数十名 ·············· 708

李宗仁：一年来之本省军事（节录） ··············· 709

左右江各县应行注意事项省政府明令饬县照办 ·············· 710

驻果德防军破获共匪机关 ················· 711

捕获黄庆金等 4 人的报道（节录） ··············· 712

电知天保沈县长缉捕匪党得力着记功一次并嘉奖在事乡长由 ········ 713

广西施政记录（一九三五年度惩办著名匪首一览表） ·········· 715

国民党杀害黄庆金的《布告》 ················ 716

苏团长新民与本报驻色记者谈会剿滇属九陇（弄）匪共经过 ······· 717

匪情概要 ····················· 722

富州共匪蠢动　县府调团追剿 ··············· 723

贵州省境小股散匪调查表第 11 号 ·············· 724

麻栗坡土匪跳梁　督办署调保卫队驰剿 ············· 725

土匪围攻田蓬、董干开兵解围，龙副讯〔汛〕长阵亡 ········· 726

剿匪胜利　各界举行庆祝大会　常备队长报告剿匪经过 ········ 727

曾督办勘平田蓬匪乱 ················· 728

贵州最近著名匪类概计表 ················ 729

桂匪扰剥隘　广富营进剿 ················ 730

剥隘已收复　匪向踶〔踊〕羊谷色逃窜 ············ 731

广富独立营王普两连长受伤　普连长因伤病故 ·········· 732

广南县长呈请奖叙格毙王咪章区乡长　民厅核奖梅花章 ······· 733

总部电请桂省派队剿流匪以期一鼓荡平而维两省边安 ········ 734

富州格毙贯〔惯〕匪黎阿温、陆云章等　甘县长四日回城 ······· 735

广西流匪有向富州逃窜模样　甘县长派团截堵 ·········· 736

韦匪窜进富洲〔州〕城　马局长电　股匪抢劫马者哨已派队会同开弥两县会剿

··················· 737

韦匪率部窜富洲〔州〕　暂编第二中队与广南团队筹划清剿不日可望歼灭 ··· 738

剥广富一带土匪肆扰　已调龙营回防 ············· 739

富州匪退窜桂境　张分处长请派队严剿 ············ 740

韦匪被击溃　格毙匪十余人　一部窜富州百油　……………………　741

富洲〔州〕匪势仍甚猖獗　广富独立营不日可赴防　…………　742

富州剿匪胜利　…………………………………………………　743

剿办富州韦匪　广富两县常备队拨归独立营统一指挥　…………　744

富州围剿高匪情形　……………………………………………　745

富洲〔州〕龙营清剿土匪　击毙四人　…………………………　747

滇桂边境土匪窜扰　……………………………………………　748

李育德、黄建功等:万急快邮代电　……………………………　749

剿匪军第二路军总司令部训令　………………………………　750

为拟定黔桂两省边县会商联防办法原则　………………………　752

龙李两营剿匪捷报　……………………………………………　753

广南县长宋光焘致省民政厅电　………………………………　754

富州残匪已肃清　盲从民众均就范　芭莱驻军努力建设　………　756

广南县县长宋光焘呈报伪宣传品　……………………………　757

广南县县长宋光焘呈伪宣传品覆〔复〕件　……………………　758

贵州省第三区清剿周报表　……………………………………　759

贵州省第三区贞丰县匪情周报表　……………………………　760

富宁驻军会商剿匪计划　………………………………………　761

贵州第三区清剿报表　…………………………………………　762

册亨县长呈报韦子安活动情况　………………………………　763

册亨县长呈报韦子安活动情况　………………………………　764

册亨县呈报兴仁专署快邮代电　………………………………　765

梁李两匪首流窜富宁　县府派队搜剿　…………………………　766

[贵州]省保安司令训令[保壹战字783号]　……………………　767

匪警——富宁残匪投诚　………………………………………　769

三、附　录　……………………………………………………　771

(一)组织序列　………………………………………………　773

滇黔桂边区革命根据地共产党组织序列(1933.1～1938.1)　………　774

滇黔桂边区革命根据地政权组织序列　…………………………　776

滇黔桂边区红军游击队组织序列 …………………………… 777

（二）遗址、遗迹、遗物 ……………………………………… 784

1. 云南部分 ……………………………………………… 785

富宁谷拉龙劳红军联络点旧址 …………………………… 785

大田坝阻击战遗址 ………………………………………… 786

龙冬红军洞 ………………………………………………… 787

那万营盘红军根据地遗址 ………………………………… 788

甘美伏击战旧址 …………………………………………… 788

谷桃村红军驻地旧址 ……………………………………… 790

归朝"青年会"旧址 ………………………………………… 791

镇压地霸韦英豪旧址 ……………………………………… 792

多立村滇黔桂边区第一次党代会旧址 …………………… 793

谷留村滇黔桂边区劳农代表大会旧址 …………………… 795

谷留红军碉堡 ……………………………………………… 797

龙灯红军碉堡 ……………………………………………… 798

甘屯红军洞 ………………………………………………… 799

龙卡阻击战旧址 …………………………………………… 800

恒村战斗旧址 ……………………………………………… 801

弄迫战斗旧址 ……………………………………………… 802

龙仇红军洞 ………………………………………………… 803

龙而红军洞 ………………………………………………… 804

龙华红军洞 ………………………………………………… 805

龙郎阻击战旧址 …………………………………………… 806

那达红军司令部旧址 ……………………………………… 807

那刀伏击战旧址 …………………………………………… 808

陶家湾王开洪独立大队指挥部旧址 ……………………… 808

大石板战斗旧址 …………………………………………… 809

甘邦红军洞 ………………………………………………… 810

龙所红军洞 ………………………………………………… 811

多曼惨案旧址 ·················· 812

剥隘战斗旧址 ·················· 814

者兰红军司令部旧址 ·················· 815

弄况战斗旧址 ·················· 816

者兰汀水村滇黔桂边区第二次党代会旧址 ·················· 817

戈里红军碉楼遗址 ·················· 818

滇黔桂边区那柳枪械修理厂旧址 ·················· 819

那耶战斗旧址 ·················· 820

归朝洞楼惨案旧址 ·················· 821

那能惨案旧址 ·················· 822

初闷战斗旧址 ·················· 823

基旦战斗旧址 ·················· 824

归朝包围战旧址 ·················· 824

归朝整编旧址 ·················· 825

甘南红军洞 ·················· 826

芭莱战斗旧址 ·················· 827

甘邦红军驻地旧址 ·················· 828

木垢包围战旧址 ·················· 829

谷沙火攻战旧址 ·················· 830

塘彦庆功大会旧址 ·················· 831

花甲惨案旧址 ·················· 832

那哈战斗旧址 ·················· 833

弄彦红军疗伤洞 ·················· 834

甘邦深仇洞 ·················· 835

太平惨案旧址 ·················· 836

那拨伏击战旧址 ·················· 837

傅少华故居 ·················· 837

卢锡侯故居 ·················· 838

黄松坚像 ·················· 839

黄庆金遗像 ⋯⋯⋯⋯⋯⋯⋯⋯⋯⋯⋯⋯ *840*

李家祺遗像 ⋯⋯⋯⋯⋯⋯⋯⋯⋯⋯⋯ *841*

红军游击队使用过的物品 ⋯⋯⋯⋯⋯⋯⋯ *842*

2. 贵州部分 ⋯⋯⋯⋯⋯⋯⋯⋯⋯⋯ *883*

中共蛮瓦支部旧址 ⋯⋯⋯⋯⋯⋯⋯⋯⋯ *883*

"黔桂边区革命委员会"旧址——洞勤寨 ⋯⋯ *887*

荔波县茂兰洞英红军标语 ⋯⋯⋯⋯⋯⋯⋯ *888*

中共黔桂边区委员会和黔桂边区革命委员会驻地——板陈村 ⋯⋯⋯ *888*

板陈兵工厂纳牙分厂遗址 ⋯⋯⋯⋯⋯⋯⋯ *890*

红军黔桂边省独立营营部驻地——纳邑 ⋯⋯ *891*

红军独立师黔桂省边独立营开展护商活动的白层码头 ⋯⋯ *892*

红军休整地——贵州省册亨县坝恩寨 ⋯⋯⋯ *892*

中共卡法连队支部旧址 ⋯⋯⋯⋯⋯⋯⋯⋯ *894*

卡法连队原住址 ⋯⋯⋯⋯⋯⋯⋯⋯⋯⋯ *895*

卡法连队兵工厂遗址 ⋯⋯⋯⋯⋯⋯⋯⋯⋯ *895*

中共黔桂边委和卡法连队经常的活动地——洛央寨 ⋯⋯ *896*

洛六抗日义勇军兵工厂所在地 ⋯⋯⋯⋯⋯ *896*

中共黔桂边委成员活动地 ⋯⋯⋯⋯⋯⋯⋯ *897*

黄举平照片 ⋯⋯⋯⋯⋯⋯⋯⋯⋯⋯⋯⋯ *899*

陆浩仁画像 ⋯⋯⋯⋯⋯⋯⋯⋯⋯⋯⋯⋯ *899*

谭国联画像 ⋯⋯⋯⋯⋯⋯⋯⋯⋯⋯⋯⋯ *900*

谭耀机画像 ⋯⋯⋯⋯⋯⋯⋯⋯⋯⋯⋯⋯ *901*

韦汉超画像 ⋯⋯⋯⋯⋯⋯⋯⋯⋯⋯⋯⋯ *901*

牙美元照片 ⋯⋯⋯⋯⋯⋯⋯⋯⋯⋯⋯⋯ *902*

王海平画像 ⋯⋯⋯⋯⋯⋯⋯⋯⋯⋯⋯⋯ *903*

赵世同照片 ⋯⋯⋯⋯⋯⋯⋯⋯⋯⋯⋯⋯ *904*

王海平墓 ⋯⋯⋯⋯⋯⋯⋯⋯⋯⋯⋯⋯⋯ *905*

牙永平烈士墓 ⋯⋯⋯⋯⋯⋯⋯⋯⋯⋯⋯ *905*

滇黔桂边区根据地全盛时期区域图 ⋯⋯⋯⋯ *906*

3. 广西部分 ·········· 907

那马革命第一大本营 ·········· 907

那马革命第二大本营 ·········· 908

那马革命大礼堂 ·········· 909

那马革命第三大本营 ·········· 910

那马革命第五大本营 ·········· 911

都安县革命委员会驻地旧址 ·········· 912

镇西乡抗日自卫队成立旧址 ·········· 913

右江革命坡洋交通联络站遗址 ·········· 914

镇西事件遗址 ·········· 915

赵世同旧居遗址 ·········· 916

徐泽长故居 ·········· 916

李凤彰故居 ·········· 917

韦成篇故居 ·········· 919

百色平阳暴动遗址 ·········· 919

奉议县(今属田阳县)革命摇篮——花茶屯旧貌 ·········· 920

中共奉议县(今属田阳县)特支花茶庙堂遗址 ·········· 921

中共田阳支部成立百林村敢怀洞 ·········· 922

长沙战斗旧址 ·········· 923

右江赤卫军兵工厂旧址 ·········· 923

右江下游临委、革委建立旧址 ·········· 924

四塘交通联络站旧址 ·········· 925

靖西武平乡贡屯右江赤卫军第三团遗址 ·········· 926

湖润大吉村交通站遗址 ·········· 927

中越边革命委员会遗址 ·········· 928

靖西县魁圩平巷交通站遗址 ·········· 929

抗日救国军第十八军遗址 ·········· 930

靖西县果乐乡连镜交通站遗址 ·········· 931

靖西县安德地下交通站遗址 ·········· 932

中越边区党支部遗址 …………………………………… 933

中共滇黔桂地区西隆地方游击队和革命同盟会遗址 ……… 933

中共滇黔桂边区西隆劳农游击队支队成立遗址 …………… 934

北楼农民协会遗址 …………………………………… 936

岩茶乡者艾农民协会遗址 …………………………… 936

中共右江上游中心县委旧址 ……………………… 937

西山右江上游革命委员会遗址 …………………… 939

西山水峒党训班遗址 ……………………………… 940

黄松坚故居 …………………………………………… 942

中共黔桂边委金锁关洞扩大会议遗址 ……………… 944

龙发会议遗址 ……………………………………… 945

河池长老支部遗址 ………………………………… 945

中共丰(贞丰)业(乐业)支部旧址 ………………… 946

中共凌凤边委成立地遗址 ………………………… 947

丹池边革命委员会旧址拉索屯 …………………… 948

岜暮乡都楼村纳凡屯"红军班四妹、韦国英母子墓" ……… 950

天峨县向阳镇林烈村林佑屯中共黔桂边委会遗址 ……… 950

红河下游革命委员会遗址 ………………………… 951

中共那马支部、总支部机关旧址 ………………… 952

中共那马中心县委会、军事委员会和右江下游抗日救国会机关旧址 ……… 953

黄怀贞遗像 ………………………………………… 953

那佐良同兵工厂遗址 ……………………………… 954

广西凤山县中亭那洋交通站遗址 ………………… 955

黄伯尧烈士故居 …………………………………… 955

红军游击队成员使用过的物品 …………………… 956

黔桂边地下交通联络员使用过的物品 …………… 957

(三)大事略记 …………………………………… 958

1931 年 ………………………………………… 959

1932 年 ………………………………………… 959

1933 年　·· 961

1934 年　·· 965

1935 年　·· 969

1936 年　·· 975

1937 年　·· 981

1938 年　·· 991

后　记　·· 993

一、历史概述

中国工农红军滇黔桂边区游击队,简称"滇黔桂边红军游击队"或"红军滇黔桂边游击队",是 1933 年初至 1937 年 12 月活动在云南、贵州、广西三省交界地区多支红军游击队的总称。这些红军游击队的名称开初时不统一,后来迭有变化,到 1937 年 12 月时仍不统一。虽然名称不统一,但都是在中国共产党地方组织的领导下,坚守革命信念,坚持游击战争,相互配合,在滇黔桂三省边界广大群众,特别是壮、汉、苗、瑶、彝、侗、回、水、布依、仡佬、毛南等各民族群众支持的基础上,在艰苦的斗争中逐步发展壮大起来的红军游击队。

滇黔桂边红军游击队诞生在革命形势极为严峻的时期。1932 年冬,著名的农民领袖、红军领导人韦拔群和陈洪涛牺牲,右江革命根据地丧失。中央革命根据地遭受敌人的第五次"围剿",历时一年的反"围剿"战争失利,中共中央和中央红军被迫长征。当中国的革命斗争形势处于低潮的时候,滇黔桂边红军游击队在南方特别是西南少数民族聚居地区坚持游击战争,不仅没有停止、萎缩,而且一步步地发展、成长。红军游击队的存在和发展,使滇黔桂边区革命根据地成为土地革命战争时期的一块重要革命根据地。滇黔桂边红军游击队是根据地的重要支柱,为中国革命的胜利作出了重要贡献。

滇黔桂边红军游击队的活动范围,主要是右江上游(这里所说的"右江上游"是一个历史概念,实际是指红水河的马山及以上区域)、右江下游、滇桂边、黔桂边,包括当时滇黔桂 3 省的 37 个县(如按现在行政区划则为 34 个县、区):云南省的富宁、广南、麻栗坡县,贵州省的册亨、贞丰(今分为贞丰和望谟两县)、罗甸、荔波县,广西省的百色(今百色市右江区)、凌云、乐业、果德(今属平果县)、平治(1934 年由思林县更名,今属平果县和大化瑶族自治县部分属地)、恩隆(今属田东县)、向都(今属天等县)、万承(今属大新县)、镇结(今大部属天等县,一部属平果县)、那马(今属马山县)、隆山(今分属马山县和大化瑶族自治县)、奉议(今属田阳县)、恩阳(今属田阳县)、东兰、凤山、南丹、万冈(今分属巴马和大化瑶族自治县)、都安(今分属都安和大化瑶族自治县)、天峨、镇边(今属那坡县)、靖西、天保(今属德保县)、敬德(今属德保县)、田西(今属田林县)、西林、西隆(今属隆林县)、河池(今属河池市金城江区)、宜山(今属宜州市)、武鸣(今属武隆县)、隆安县,涉及今云南、贵州、广西 3 省(区)的文山、黔西南、黔南、百色、河池、南宁、崇左共 7 个市州。

滇黔桂边红军游击队的形成、发展到结束的历程,依据所属领导关系,可分为四个阶段：中共右江下游委员会（简称右江下游党委）阶段（1933年1月至1934年11月）、中共滇黔桂边区临时委员会（简称滇黔桂边临委）阶段（1934年12月至1936年4月）、中共滇黔桂边区委员会（简称滇黔桂边委）阶段（1936年5月至12月）、中共桂西特委（简称桂西特委）阶段（1937年1月至12月）。

一、中共右江下游委员会阶段（1933年1月至1934年11月）的滇黔桂边红军游击队

滇黔桂边红军游击队是以右江革命根据地遭到敌人多次"围剿"和红军右江独立师分散活动以及根据地失败后遗留下来的红军、赤卫军和游击队为基础逐步发展起来的。

1930年11月中国工农红军第七、第八军北上后，留下韦拔群、陈洪涛领导的红二十一师（后改称红军右江独立师）坚持右江革命斗争。这以后的革命斗争环境变得更加艰难，于是中共右江特委和红军独立师党委决定，在坚持右江地区（这是一个历史概念，实际上既包括右江地区还包括红水河地区）的基础上，还要向滇桂边界地区和黔桂边界地区发展。因此于1931年起陆续派出人员前往云南富宁、贵州罗甸等省边地区开展革命活动，发展革命武装。

1932年4月7日，红军独立师党委常委在广西东兰县西山弄索屯召开秘密会议，由陈洪涛主持，韦拔群、黄松坚参加。会议决定成立中共右江下游党委和黔桂边委，受右江特委领导。下游党委由黄松坚任书记，黔桂边委由黄举平（不再担任右江革命委员会主席）任书记。

6月初，黄举平在广西凌云县三红乡林佑屯召开会议，成立中共黔桂边区委员会，黄举平任书记，韦国英、黄伯尧为委员。同时成立黔桂边革命委员会，由黄举平兼任主席。中共黔桂边区委员会和黔桂边革命委员会主要活动于广西凌云、乐业、天峨和贵州贞丰、册亨、罗甸、紫云等地。

同月，黄松坚等人在广西思林、果德交界的古芬屯召开会议，成立中共右江下游临时委员会，黄松坚为书记，陆浩仁、滕国栋为常委，黄书祥、黄大权、黄永祺、赵世同、陈国团为委员。同时成立右江下游革命委员会，临委委员同时兼革委委员。

1932年冬，韦拔群、陈洪涛相继牺牲，中共右江特委和红二十一师解体，右江革命根据地丧失。但革命的火焰并没有熄灭。

中共右江特委常委、独立师副师长黄松坚担负起坚持右江老区和创建滇黔桂边革命根据地的战略任务。据黄松坚回忆,1931年4月7日红军独立师党委召开常委会议时,韦拔群师长、陈洪涛政治委员同黄松坚副师长约定:要革命就会有牺牲,3个常委中谁活着,谁就担负起领导右江革命斗争的重任。黄松坚在获知韦拔群、陈洪涛相继牺牲的消息后,于1933年1月召开中共右江下游临时委员会会议,决定将临委改为中共右江下游委员会(简称右江下游党委),黄松坚任书记,滕国栋、陆浩仁为常委,黄书祥、黄大权、黄永祺、赵世同、陈国团、韩平波、徐泽长、梁乃武为委员。

右江下游党委继承韦拔群、陈洪涛的遗志,在这革命危急关头承担起领导右江地区、滇桂边区和黔桂边区革命斗争的任务,开始了创建滇黔桂边红军游击队和滇黔桂边革命根据地的艰苦工作。

1933年7月底,黄松坚经在香港的中共两广省工作委员会陈道生的介绍抵达上海,并与中共中央上海局接上关系。8月上旬,黄松坚向住在上海郊区农村的中共上海中央局负责人全面报告了红七军主力北上后滇黔桂边境地区革命斗争情况。① 右江下游党委的工作计划得到中共中央上海局的肯定和批准。

右江下游党委的主要工作情况:

——在党的工作方面,主要是恢复整顿地方党组织,发展建立新的党组织,调整组织关系,发展党员,扩大党的队伍。1934年7月初,右江下游党委在广西思林召开党委扩大会议。会议决定创建滇桂边区根据地;决定解散右江下游党委,在下游成立中共思果中心县委,由陆浩仁任书记,滕国栋为常委,赵世同、黄永祺等为委员。思果中心县委接受黄松坚领导。又决定黄松坚亲自前去富宁,再组织中共滇桂边委员会,黄松坚(更名为何尚之)为书记,黄德胜等为委员。② 7月底黄松坚到达富宁,8月滇桂边委正式成立。

——在政权建设方面,在右江下游建立了向都、果德(1934年春)、那马、红河下游4个革命委员会以及中越边革命委员会(1933年5月在广西靖西)、滇桂边革命委员会(1934年8月在云南富宁)。③

① 中共广西(自治)区委党史研究室编:《青松高洁:黄松坚史料专辑》,广西人民出版社1999年版,第195页。
② 左右江革命历史调查组:《左右江革命史料汇编·第一辑:史料综述》,左右江革命历史调查组1978年印行,第278—279页。
③ 参见中共南宁地委党史办公室编:《中国共产党南宁地区党史大事记·新民主主义革命时期》,1993年印行,第46页。

——在军事和武装斗争方面主要做了以下工作：

一是领导并整理原红独立师、农民赤卫军余部，建立新的武装组织，并开展武装斗争。

二是深入群众，组织革命武装。在云南富宁活动的红军干部以交朋友的方式进行秘密串联深入群众，建立以"兄弟会""哥老会""同盟小组""革命农民"等形式的组织，并以护乡护寨为名建立半公开的武装。在半公开武装的基础上，抽出骨干组成红军游击队。在富宁地区建立了 27 支赤卫队。

三是开展军事统战工作。争取、转化绿林武装，使之成为红军游击队。主要是争取了广西靖西韦高振的武装和云南富宁梁振标的武装，并改造成为革命武装。同时通过兵运工作，争取地方武装，扩大革命力量。1933 年 4 月下旬，策动驻广西向都县城的桂军排长方英起义。在贵州，主要是做贵州的黔军西路纵队司令王海平部下连长罗川元的工作，使之同意担任红军独立营营长职务（罗川元后来参加了革命同盟会）。然后在罗川元的引荐之下做其上司王海平的工作，并与王海平达成协议：允许红军部队在王海平辖区驻扎休整、使用他的旗号、供给红军部队军饷、不干预红军部队活动。再次是做贵州罗甸县地方实力派陈秀卿的工作，使陈秀卿中立，不干涉红军部队的活动。

四是适时建立红军游击队（名称不一）。1933 年 6 月，将红第六十三团余部与王海平下辖的罗川元部组成红军黔桂省边独立营（对外称护商独立营），罗川元任营长，韦国英任副营长，牙永平任第一连连长。1934 年 6 月，将在广西靖西的右江赤卫军第三团同云南富宁的革命武装合并成立抗日救国军第十八军，梁振标任军长，黄庆金任政治委员，下设 3 个师：第五十一师师长韦高振，第五十二师师长韦月波，第五十三师师长崔伯韫（未到职）。1934 年 8 月，建立滇桂边劳农游击队，下辖 27 个赤卫队。

五是领导红军游击队开展对敌斗争。主要的战斗有 1933 年 3 月攻克那马永固乡公所、4 月攻克向都县城歼灭守军罗伯连、7 月赤卫军在果德县同仁乡突围战斗，1934 年 2 月袭击思林县粮库、4 月袭击向都县把荷乡公所和天保县民团、6 月在靖西的叫竭战斗和袭击向都县府密探队的百屯战斗、7 月富宁甘美战斗、10 月在富宁地区镇压九弄的韦英豪、架街的陶炳希、花甲的汤焕文等反动分子。

六是组织"肃奸队"（名称不一），开展惩杀叛徒等活动。

——培训革命骨干。通过开办干部训练班，对革命骨干进行培训。

——建立交通联络站。为更好开展工作,在适当地点建立交通联络站。

二、中共滇黔桂边区临时委员会阶段(1934 年 12 月至 1936 年 4 月)的滇黔桂边红军游击队

1933 年 7 月,黄松坚到上海,8 月向中共中央上海局汇报工作。中共中央上海局同意右江下游党委拟在滇黔桂三省边区创建根据地的意见。① 1934 年 7 月底,黄松坚到达云南富宁,先后正式成立了中共滇桂边区委员会、滇桂边区革命委员会、劳农游击队支队统领的滇桂边赤卫队,使富宁的工作更加有序,工作也更富成效。经过近半年的艰苦工作,创建滇黔桂三省边区根据地的条件基本成熟。

1934 年 11 月,黄松坚在云南富宁九弄的多立寨主持召开滇黔桂边区第一次党员代表会议。到会代表 20 余人,宣布成立中共滇黔桂边区临时委员会,书记黄松坚,委员黄德胜、赵润兰、韦纪。从此,共产党领导下的"滇黔桂边区"这面旗帜正式树立起来了。

接着,中共滇黔桂边区临委在云南富宁九弄的谷留村召开边区劳农会和赤卫队大会,成立滇黔桂边区革命委员会,主席黄庆金;滇黔桂边区劳农会,主席黄松坚;滇黔桂边区劳农游击队第三联队,司令员梁振标,政治委员黄松坚。边区临委、革委和劳农游击队第三联队的建立,正式形成了以富宁为中心的滇黔桂边区革命根据地。滇黔桂边区红军游击队也进入了滇黔桂边区临委领导的时期。

中共滇黔桂边区临委的主要工作情况:

——在党的工作方面,进一步建立健全地方组织,理顺领导关系,滇黔桂边区临委直接领导滇桂边区,撤销了滇桂边委。中共思果中心县委正式成立后,领导思林、果德、向都、那马等县的革命斗争。中共东兰中心县委领导凌云、乐业、天峨、东兰、万冈、凤山、都安、河池、南丹等县党的工作,并且指导中共黔桂边委的工作。当时黔桂边区的工作由中共黔桂边委领导。1935 年 5 月,黄松坚接上级通知到上海汇报工作。行前,黄松坚召集滇黔桂边区临委会议,决定由赵润兰、黄德胜负责党委工作,黄德胜继任第三联队政治委员。黄松坚到上海后生病住院,随后被捕。由于黄松坚没能返回,滇黔桂边区临委同上级党组织

---

① 中共广西壮族自治区委党史研究室:《中国共产党广西历史》第一卷,中共党史出版社 2004 年版,第 208 页。

的联系中断。同年 10 月,中共思果中心县委派恩隆县特支书记(原红六十二团政治部主任)滕静夫(改名何尚刚)到达富宁与赵润兰、黄德胜汇合,共同领导滇黔桂边区的革命斗争。

——在政权建设方面,滇黔桂边区革命委员会在原有的基础上调整关系,直接领导滇桂边区的工作,撤销滇桂边革命委员会和中越边革命委员会①;新建红河下游革命委员会,负责领导都安、那马、隆山、宜山、河池等地的革命工作;新建凌凤边区革命委员会,负责凌云、凤山两县的革命工作;新建右江上游革命委员会(黄举平、黄世新先后任主席),领导万冈、都安、东兰、凌云、凤山等县的革命工作。

——在军事和武装斗争方面主要做了以下工作:

一是整顿、调整滇桂边区的劳农游击队和抗日救国军第十八军,撤销抗日救国军第十八军番号,组建滇黔桂边区劳农游击队第三联队。滇黔桂边区劳农游击队第三联队由梁振标任司令员,黄松坚任政治委员,参谋长黄德胜,政治部主任赵润兰。第三联队下设 5 个大队,初时有韦高振大队、黄强大队、崔伯韫大队、谭统南大队和马玉林大队,后来扩充了王开洪独立大队和欧仲明大队。共 7 个大队。原计划立即派人到东兰、凤山组建滇黔桂劳农游击队第一联队,到右江下游组建滇黔桂劳农游击队第二联队,到黔桂边组建滇黔桂劳农游击队第四联队,后因情况变化未能实现。②

二是成立右江革命军事委员会,作为右江下游地区领导革命武装的指挥机构,由滕国栋任主席。革命军事委员会决定将分散在右江下游各地坚持斗争的红军游击队统一整顿、改编,将在广西那马、武鸣、平治、都安一带活动的游击队编为中国工农红军右江下游第一联队,李凤彰任队长、徐泽长任政治委员。将在广西果德、向都、田东一带活动的游击队编为中国工农红军右江下游第二联队,黄绍谦任队长、韩平波任政治委员。

三是支持苗族群众起义,将王开洪领导的苗族武装编为劳农游击队第三联队独立大队,王开洪任大队长,王咪章任副大队长。

四是支持苗王杨福应组织领导的广西西隆县苗冲苗族群众举行抗征抗税暴

---

① 参见南宁地区党史办公室编:《中国共产党南宁地区党史大事记·新民主主义革命时期》,1993 年印行,第 46 页。

② 中共云南省委党史研究室等编:《中国工农红军滇黔桂边区革命游击队》,云南民族出版社 1998 年版,第 8 页。

动,反对国民党的民族压迫和苛征烟税。桂系军阀调兵镇压,杨福应率苗族群众英勇抗击。作战失利,杨福应等数十人被杀害。

五是支持广西百色县平阳乡(今百色市阳圩乡)乡长欧仲明、副乡长许存业领导的乡自卫队起义,将起义部队编入劳农游击队第三联队,为欧仲明大队。

六是继续恢复和发展农民革命同盟会等组织,建立秘密游击武装。

七是继续组建锄奸队(名称不一),处决敌特、奸细、叛徒。

八是继续建立交通联络站。

九是继续开展对王海平、陈秀卿的统战工作。

十是开展反滇军、桂军和民团"围剿"的斗争,主动袭击敌特种预备训练队、区乡公所、土豪据点。这个时期的红军游击队已经发展到相当规模,特别是云南富宁地区的劳农游击队第三联队控制了富宁除县城和剥隘镇外的广大区域,因而有了攻克富宁县城和剥隘镇,将富宁全县彻底赤化的计划和行动。但由于游击队武装装备相对敌军差很多,且游击队员多是入伍不久的农民,训练还没有跟得上,所以攻克富宁县城和剥隘镇的计划未能实现。游击队力量壮大,敌人"围剿"的规模也随之扩大,反"围剿"的战斗也更加激烈。敌人多次组织力量"围剿"滇桂边劳农游击队。中国工农红军右江下游第二联队也遭到敌人围攻。滇黔桂边红军游击队在激烈的斗争中逐步壮大起来。

三、中共滇黔桂边区委员会阶段(1936 年 5 月至 12 月)的滇黔桂边红军游击队

1936 年 5 月,中共滇黔桂边区临委在云南富宁县者兰磨桑汀水村召开第二次代表会议,边区党组织和游击队负责人 40 余人到会。会上成立了中共滇黔桂边区委员会,滕静夫任书记。

此前的 1935 年 5 月,黄松坚到上海汇报工作,预计能在两三个月内返回,但因被敌人逮捕没能返回。滇黔桂边区临委同上级党组织的联系中断。为了加强滇黔桂边区临委的领导力量,中共思果中心县委于 10 月派滕静夫到富宁,同赵润兰、黄德胜汇合。赵润兰任代理书记①,但"赵感觉自己水平和经验不如滕静夫,遂

---

① 另一说:黄松坚到上海汇报工作,所遗工作"交由黄德胜负责"。见左右江革命历史调查组编:《左右江革命史料汇编·第一辑:史料综述》,第 278 页。

将辖区临委工作交给滕负责"①。滕静夫在滇黔桂边委正式成立前已经在临委居主导地位。

滕静夫任职后,对其领导下的机构设置、名称等方面,做了较大的调整。如在第二次代表会议上决定将滇黔桂边区革命委员会和滇黔桂边区劳农会合并为滇黔桂边区劳农会,将滇黔桂边区劳农游击队第三联队改为滇黔桂边区革命游击队。滕静夫兼任劳农会主席和游击队政治委员,黄德胜任游击队司令员,梁振标任副司令员。同时在部队设特别支部,滕静夫兼特支书记,进一步强化对部队的领导。

滇黔桂边区革命游击队下设6个大队:第一大队大队长岑日新、副大队长李福(李著轩),第二大队大队长唐秀山、副大队长汪富兴,第三大队大队长黄强、副大队长傅少华,第四大队大队长朱鹤云(兼),第五大队大队长谭统南,第六大队大队长马玉林。这时革命游击队已发展到1500余人,游击队活动范围扩展到云南的广南、麻栗坡和广西的西林、田西、西隆等地。

在第二次代表会议之前一个月的1936年4月,右江革命军事委员会决定将中国工农红军右江下游第一联队和第二联队改称右江下游赤色游击队第一联队和右江下游赤色游击队第二联队,以"赤色"代替"中国工农红军"的称谓。

在滇黔桂边区第二次代表会议召开的当月,右江上游革委会在广西东兰西山召开各县革命同志代表大会,讨论上游各县的工作。决定将右江上游的革命武装编为赤色游击队第一联队,黄世新任队长,黄华平任政治委员。下辖3个大队:第一大队在黔桂边,大队长牙永平,政治委员黄唤民;第二大队在凌(云)凤(山)边,大队长牙秀才,政治委员黄伯尧;第三大队在东兰至都安交界,大队长兰茂才,政治委员韦挺生。同年秋天,赵世同在乐业县组建右江上游赤色游击队第一联队第一大队雅长中队。

这一时期党的工作方面发生的大事有:

一是1936年7月13日,中共思果中心县委书记陆浩仁,县委常委、革委会主席滕国栋等到广西果德(今平果)县果化区六孔村工作时,被叛徒杀害,思果中心县委解体。

二是同年7月27日,中共东兰中心县委在东兰西山召开右江上游党员代表会

---

① 中共广西百色地委党史办公室等编:《滇黔桂边区革命根据地》,中共党史出版社1999年版,第621页。

议(到会 18 人),选举产生了中共右江上游中心县委,黄举平任书记,梁乃武任副书记,委员 9 名,候补委员 2 名。同时决定撤销东兰中心县委。

三是同年 8 月,中共南宁县委领导的共产党员曾世钦在都安与右江上游中心县委委员黄桂南取得联系后,带领黄桂南到南宁与刘敦安(后任中共广西省工委委员、军团书记)会晤。接着,刘敦安又派曾世钦随黄桂南到东兰西山会见黄举平,了解东凤老区党组织在韦拔群牺牲后坚持游击斗争的情况。曾世钦在西山活动月余时间后,又与黄桂南返回南宁,向刘敦安全面报告右江上游党组织和游击队的斗争情况。从此,滇黔桂边委同上级党组织恢复了联系。

四是同年 11 月,黄桂南被指定为在广西贵县(今贵港市)召开的广西党员代表大会代表(黄因故缺席),会上成立了中共广西省工委,黄桂南被选为委员。

这一时期滇黔桂边红军游击队的重要活动还有:

1936 年 5 月 9 日,右江上游革委会印发《告民团特种队、后备队、预备队的兄弟们》,号召民团反正,投奔革命队伍。

6 月,中共滇黔桂边区临委派罗英等人到广西西隆县蛇场新寨村开展革命活动,帮助李正才组织地方武装,建立了一支由 1000 多人组成的革命游击队伍,并在朱家地成立了滇黔桂边区革命游击队支队。同时派 10 多名苗族青年到云南省富宁县参加了革命游击队。

继续建立交通联络站。

红军游击队司令部还在云南富宁阿用的那柳办起一个修械所,主要作用是修理枪支。

继续开展反"围剿"斗争。敌人连续不断地对红军游击队进行"围剿""清剿"。革命游击队反"围剿"的手段之一是主动出击。1936 年 7 月中旬,滇黔桂边区革命游击队第一大队在大队长岑日新带领下来到云南富宁的那能、剥隘地区,协助当地劳农会和赤卫队开展工作,攻打那能区公所。8 月 26 日,革命游击队一部 200余人在游击队司令员黄德胜带领下包围并攻打皈朝(现名归朝)区公所,俘敌 100余人。8 月,傅少华、汪富兴率赤卫队 30 多人,在富宁县花甲乡戈里村基旦伏击花甲伪区长杨启桃率领的乡丁队。9 月 15 日,滇黔桂边区革命游击队第一大队一部在大队长岑日新带领下长途奔袭,围攻驻富宁县洞波乡岜莱(现名芭莱)的广富独立营和县民团,歼敌近 100 名,俘敌区长黄立廷以下 83 人。10 月,李福、梁忠才、傅少华率革命游击队、赤卫队七八百人围攻由祖中队长率滇军 100 人驻守的富宁那耶,但进攻受挫,赤卫队牺牲10多人。同月,李福率100多名赤卫队员在花甲乡戈里村基旦丫口阻击敌龙汉斗部1000多人的进攻。11月,傅少华等即率赤卫队300人包围滇军进驻的富宁花甲乡木垢,敌人虽只有30多人但火力强,赤卫队未能攻进。赤卫队抢回一部分牛马后主动撤退。同年冬,右江上游赤色游击队第一联队第一大队雅长中队将广西乐业县政府驻雅长的护商队武装驱逐。12月15日,敌广富独立营第三连及民团向云南富宁阿用进犯,占据谷沙村。唐秀山率革命游击队一部奔袭富宁谷沙,采用火攻,计毙敌7名,活捉60余名。

1936年5月,敌龙汉斗带领云南广富独立营再次进犯云南富宁饭朝、那能一带,屠杀当地群众和农会干部达170多人。8月4日,敌龙汉斗部200多人突然包围富宁阿用乡那柳村初闷正在开会的阿用、者兰、那柳3个赤卫队共86人,所幸赤卫队发现敌情后迅速突出包围未受损失。9月30日,敌云南警备旅第十七团乘中秋之夜以优势兵力偷袭革命游击队司令部驻地那达,政治部副主任黄沙平等在突围中牺牲。同年秋,桂军第四十四师第一三二团团长苏新民再次带兵"清剿"广西向都县北区,黄世新、黄彪决定将右江下游赤色游击队第二联队化整为零,分散隐蔽。10月,广西百色区民团副指挥官欧阳文宝伙同田阳县民团副司令梁士颐率团队到田阳县百育"清乡",搜捕共产党员、赤卫队员和革命群众90余人。同年冬,广西西隆李正才率游击武装攻打蛇场乡乡长越增寿家,打死越增寿。百色民团立即派兵与西隆、西林两县民团联合"围剿"李正才的武装队伍。李正才及妻子、儿女4人被捕杀害。李正才被害后,其队伍因失去了核心领导人而解散。

四、中共桂西特委阶段(1937年1月至1937年12月)的滇黔桂边红军游击队

1935年12月,中共中央确立了建立抗日民族统一战线的策略方针。1936年8月,滇黔桂地区党组织同中共广西工委建立了组织联系。

1936年12月,中共广西省工委巡视员林鹤逸来到右江,在田东县林逢那朋屯秘密召开右江各地党组织领导人会议,传达党中央关于建立抗日民族统一战线的指示,并主持建立中共桂西区特委。林鹤逸指定黄桂南任书记,黄举平、赵世同、梁乃武、李凤彰、黄永祺、韩平波等为委员。会后,林鹤逸到西山找黄举平,召开右江上游中心县委会议,传达中央关于抗日民族统一战线的指示。

中共桂西区特委的建立,使滇黔桂边区根据地的内部关系发生了较大的变动。最主要的变化是:中共滇黔桂边委由原本是滇黔桂边区根据地的最高领导机构改变为中共桂西区特委的下属机构,其工作范围也发生变化,即由滇黔桂全边区变为只负责滇桂边区。

这时,中共桂西区特委下辖有东兰、那马、天向田三个中心县委和滇黔桂边委、黔桂边委,分别领导右江上游赤色游击队第一联队,右江下游赤色游击队第一、第二联队,以及滇黔桂边区革命游击队,约3000人枪。

这一时期的工作主要是由国内革命战争向全国抗日战争转变,但红军游击队仍受到国民党地方当局的"会剿",并被迫进行反"会剿"的斗争。

1937年初,敌人组织力量对滇桂边区进行"会剿"。打破敌人的"会剿"成为红军游击队生存发展的当务之急。2月17日,敌马玉堂率桂军、民团1000余人由广西百色进入云南富宁剥隘,渡西洋河,企图"进剿"活动于阿用、那能一带的红军游击队。黄德胜、唐秀山等组织红军游击队和赤卫队2000余人在富宁那泼设下埋伏。2月18日,敌马玉堂部进入伏击圈。红军游击队一位神枪手第一枪便将指挥官马玉堂击翻落马,敌兵顿时大乱,被红军击毙200余人。余部仓皇渡西洋河向东逃窜,又淹死400余人,仅300余人渡过西洋河,逃至剥隘。不幸的是,红军第二大队大队长唐秀山中弹牺牲。

3月中旬,参加滇黔桂三省"会剿"的国民党军队攻占云南富宁的弄彦、甘邦一带。红军游击队在甘邦至弄况的途中伏击进犯之敌,歼敌10余人。3月下旬,参加"会剿"的云南广富守备军一个营向甘邦进犯,将甘邦寨付之一炬,并将躲避于村右山洞的37名群众用火熏死。为反击敌守备营,黄德胜、梁振标率红军游击队埋伏于富宁的龙矿要口,激战两个多小时,将敌大部击毙,活捉8人。至6月,三省"会剿"基本被打破。

根据中共广西省工委的指示,适应抗日救亡运动的需要,1936年12月21日,右江上游和下游两个革命委员会合并,成立了桂西区抗日救国分会筹备会。原各县、区、乡、村革命委员会分别改为县、乡、村抗日会和抗日小组,赤色游击队改为抗日义勇军。抗日救国分会筹备会,制定了工作大纲,发表敬告群众书,号召桂西区各党各派"立即团结起来,用整个民族的力量去打倒日本帝国主义者及汉奸卖国贼们"①。

---

① 桂西区抗日救国分会筹备会敬告群众书,1936年12月21日。

1937年1月，右江上游党政组织发出通告，号召"不分阶级、不分党派、不分任何军队、不攻击任何人。过去一切旧账不算，新仇不结，只要同情抗日除奸，大家联合起来"①。3月22日，中共中央北方局南方临时工作委员会（简称南临委）发出指示信，指示桂西区特委与国民党当地政府谈判，并提出具体的谈判策略：要求将"反蒋抗日"改为"促蒋抗日"，进行联合抗日宣传；在保障安全的条件下，派代表到游击区革委会区域或安全地带（香港、澳门）谈判，或写信给桂军及各县政府、党部，向他们提出国共合作的具体步骤和方法。中共南临委还派军团书记尹林平、联络员高朗如和中共广西省军团书记刘敦安及工作人员叶飘萍到右江地区指导工作。

4月，中共南临委在香港开办培训班，召集广东、广西、福建等省部分干部学习抗日民族统一战线的政策策略。黄桂南、徐泽长、朱鹤云受中共广西省工委指派参加训练班，并向南临委报告工作情况。

6月15日，中共南临委又指示取消桂西区救国分会筹备会，恢复右江上游革命委员会。6月25日，中共中央提出红军改编办法："取消红军名义，改以抗日义勇队名义出现……争取大的部队编成各省独立团或保安团，小的编成保安队或民团保甲。"②

6月30日，中共桂西区特委根据此前3月22日南临委关于国共合作谈判的来信，向各级党组织发出了指示信，要求各级党组织普遍宣传国共合作，避免同政府当局对立的一切行动，同时要求国民党广西政府停止向共产党和红军游击队的进攻，并宣布和国民党百色民团指挥部谈判，提出了谈判的条件、策略及党在当前的任务。

7月，国民党第五路军总部饬令广西百色区民团指挥官黄韬，寻找关系与桂西中共党组织谈判，将红军游击队改编后北上抗日。黄韬通过广西田东县绅士韦日早、农建业将其意图通报给了中共桂西区特委书记黄桂南。黄桂南、林鹤逸即派徐泽长偕同韦日早赴百色与黄韬进行了初次接洽。

8月1日，中共中央发出《关于南方各游击区域工作的指示》，要求红军和游击队中较大的部队与就近国民党驻军或地方政权进行合作谈判，强调"必须在党内

---

① 右江上游革命委员会通知（第一号），1937年1月27日。
② 中共中央文献研究室编：《建党以来重要文献选编》第十四册，中央文献出版社2011年版，第338页。

外解释在建立民族统一战线中上述这种改变的必要"①。

8月,中共桂西区特委书记黄桂南在广西田东县山区召集田东、田阳、向都、那马等县党组织领导人会议,听取徐泽长到百色与国民党当局洽商接触的情况报告,决定在取得广西省工委同意后再与百色当局谈判。是月,百色民团指挥官黄韬派梁侃到田东,将黄桂南接到百色。黄桂南代表中共桂西区特委向黄韬提出条件:政府方面要承认桂西红军游击队是共产党领导的武装;双方停止敌对军事行动;成立右江国共合作抗日谈判办事处,以处理各项谈判事宜。黄韬表示同意。黄桂南遂返回田东等待省工委指示。

9月初,朱鹤云再次前往香港向中共南临委汇报工作,对滇黔桂边区革命根据地的政治、经济、文化和党的活动情况作了较为具体的介绍。南临委派张凡(张光夏)等4人随同朱鹤云到滇黔桂边区根据地指导工作。

9月中旬,中共滇黔桂边区党委在云南富宁县者兰召开抗日誓师大会,革命游击队、赤卫队和附近群众到会2000余人。会上张凡发表讲话。9月18日,张凡只身到富宁县城去找国民党当局谈判,不幸被杀害。

在此期间,中共南临委军委书记尹林平和广西省军团书记刘敦安及高朗如、叶飘萍等4人分别来到广西田东县,指导中共桂西区特委与国民党谈判国共合作和整编桂西红军游击队北上抗日。

9月底至10月初,中共桂西区特委在广西田东那浪村召开扩大会议,出席会议的有尹林平、刘敦安、高朗如、叶飘萍、黄桂南(特委书记)、赵世同(代表黔桂边)、韦鼎新(代表广西东兰)、徐泽长(代表广西那马)、黄彪和黄振光(代表广西向都)、黄汉渊(代表广西田东)、农开胜(代表广西田阳)、韦高振和黄德胜(代表滇桂边)等20多人。讨论决定要同国民党百色民团指挥部进行正式谈判,并推选黄桂南、高朗如、徐泽长3人为中共桂西区特委的谈判代表。会议决定的谈判原则是:国民党在报刊上公开承认中共桂西区党组织和游击队的合法地位,释放政治犯,取消苛捐杂税,发表国共合作谈判消息之后中共桂西区特委将右江各地游击队集中整编开赴前方抗日。

10月中旬,国共双方的谈判在广西百色正式举行。中共桂西区代表黄桂南、高朗如、徐泽长、赵世同与国民党百色区民团指挥官黄韬、参谋长罗苏、王廷业3

---

① 中共中央文献研究室编:《建党以来重要文献选编》第十四册,中央文献出版社2011年版,第418页。

人在百色进行谈判。对于中共方面的条件,黄韬表示:第一,承认桂西共产党的合法地位和登报之事,民团指挥部无权决定,待请示广西省绥靖公署才能答复;第二,释放政治犯,停止对游击队的进攻等条件可以照办。黄韬还表示:你们带队伍出来改编,我们保证你们和部队的安全。现在主要谈如何改编部队的问题。但黄韬在谈话中屡次提到"欢迎你们自新改过";广西绥署给百色区民团指挥部的函电中均称双方谈判是"匪部自新改编"。由于国民党桂系当局没有诚意,会谈陷入僵局。

为了维持谈判局面,国民党方面拨款5万元给中共桂西区特委在百色设立办事处。之后,黄桂南等向尹林平报告了第一次谈判情况。尹林平指出要坚持我党的先决条件,否则不谈游击队改编的具体问题。尹林平还指示高朗如在百色协助黄桂南继续与国民党百色民团指挥部谈判。此后,他赴滇桂边巡视游击队工作。数日后,黄韬突然死亡。百色国共谈判暂停月余。

10月下旬,中共广西省工委在得到桂西区特委委员赵世同、林鹤逸关于百色谈判的情况报告后,分析认为国民党方面毫无诚意,立即派林鹤逸赴百色,向黄桂南传达省工委关于停止谈判的指示。但黄桂南拒不执行,继续派人调集各地游击队出来集中,准备接受国民党整编。与此同时,广西省工委委员黄彰由南宁赴香港建议中共南方工作委员会(简称南委,1937年10月由南方临时工作委员会改称而来)下令停止百色谈判。11月初,陈岸奉命由桂林返南宁代理省工委书记,彭懋桂再赴香港向南委报告,请求立即停止百色谈判,以避免桂西红军游击队武装被国民党桂系当局吃掉。经过彭懋桂、黄彰一再坚持,南委同意省工委建议,致函通知桂西区特委停止百色谈判。

在百色谈判进行期间,黄德胜回到云南富宁,向滕静夫等领导人汇报了田东会议精神,滕静夫、岑日新、傅少华等不同意将部队改编为义勇军,韦高振、黄德胜、朱鹤云、李家祺等则同意改编,在游击队是否改编问题上发生了意见分歧。

12月初,国民党新任百色区民团指挥官梁家齐到职后,即诱导中共桂西区特委继续举行谈判。梁家齐表示可以接受中共方面的条件,即承认桂西共产党武装和在报刊登载百色谈判消息。黄桂南等返回田东向刘敦安汇报后,拟定了我方条件:① 特委领导的所有游击队全部改编北上抗日,广西当局取消对中共人员的通缉令;② 队伍番号按全国统一编制,军需给养全部由国民政府补充;③ 除部队随身携带原有武器弹药外,不足部分由国民政府供给;④ 部队编为一个旅,旅长、团长由原部队人员充任,国民政府可适当委派副职人员。

12月中旬,双方继续谈判,梁家齐表示:① 同意中共桂西游击队全部改编,给予正式番号和登报,保证改编部队人员安全,但政府不另颁发取消通缉令;② 部队改编后的番号称国民革命军,但是否编为旅及具体番号待请示上级后再答复;③ 军需给养完全由政府供给,可先拨款10万元作部队集中经费;④ 受编部队武器弹药不足部分由前方供给;⑤ 部队干部配备另行研究。与此同时,梁家齐暗地里收买了滇桂边、中越边游击队和右江下游赤色游击队第二联队的领导人韦高振、黄彪等。韦、黄亦表示完全接受国民党调遣指挥。梁家齐派员催促黄桂南将游击队集中田州镇改编。

这时,中共广西省工委代理书记陈岸派林鹤逸赶赴右江,向桂西区特委转达南方工委关于停止百色谈判的通知,并调黄桂南到延安学习。黄桂南接到指示后找尹林平请示,黄以"一时变更计划,恐发生不测打击"和"路费不够"为借口,拒绝执行上级党委的指示,最后于12月下旬擅自与百色民团指挥部达成改编部队的协议。

在谈判期间,中共广西那马中心县委领导的右江下游赤色游击队第一联队、中共东兰中心县委领导右江上游赤色游击队第一联队坚决拒绝改编,中共桂西特委同百色民团指挥部达成协议:右江下游赤色游击队第二联队、滇黔桂边区革命游击队参加改编,其余队伍不参加改编。梁家齐答复:经请示省绥靖公署,确定将游击队改编为两个团,不建旅部,韦高振部改编为第八独立团,黄彪部改编为第九独立团,政府不另派副职人员。

12月中旬,滇黔桂边区革命游击队主力在司令员黄德胜及朱鹤云、李家祺的率领下到广西田阳县田州镇集中,副司令员韦高振带领游击队200余人(一说400余人)从广西靖西出发直接到百色附近驻扎待命,后到田州。右江下游赤色游击队第二联队也在联队长黄彪率领下从广西田阳县南部山区等地到田州集中。

12月下旬,黄桂南将集中在广西田州的滇黔桂边区革命游击队和右江下游赤色游击队第二联队1500多人(一说1600多人),枪600余枝,交给国民党改编为国民革命军第五路军第一预备军第八、第九独立团。韦高振、黄彪分别担任团长,徐泽长、李凤彰任广西那马后方留守处正副主任,黄桂南被委任为广西百色区民团指挥部政训组组员。至此,两个团失去了共产党组织的领导。

1938年1月21日,黄彪奉命率第九独立团由广西田州到扶南县整训,2月7

日经南宁、梧州、广州转赴安徽。第八独立团留在广西田州整训,原滇桂边赤色游击队司令黄德胜前来劝说韦高振,于 2 月 13 日在田州镇被韦杀害。随即,韦高振率第八团也开赴安徽。

在两个团中,仅有 20 多名党员、干部经武汉八路军办事处转送延安,李修学、苏廷僚、黄振成等在安徽逃离国民党部队后返回右江向都等地。

中共广西省工委鉴于黄桂南拒不执行上级党组织的指示,将他定性为叛徒,作出开除其党籍的决定,并于 1938 年 7 月正式宣布。

此后,滇黔桂边区根据地留下的部分革命武装,力量虽然已经大大削弱,但仍在地方党组织的领导下,在新的历史时期,开展新的活动。

二、史料选编

（一）革命文献

广西工农游击队大纲(节录)

(1931 年夏)

(一)工农游击队的任务:在这全国土地革命运动勃发,阶级斗争最剧烈的时期,因为革命运动发展不平衡,各地苏维埃政权和工农群众的反抗运动,都很容易的〔地〕给敌人集中力量来压迫摧残,所以普遍的〔地〕建立工农精锐的武装队伍——游击队,发动游击战争,是目前组织冲破敌人"围剿"运动的总任务之中的主要工作之一。具体的工农游击队的政治任务是:(甲)保护工农群众的利益,发动和帮助工农群众的斗争。(乙)攻打地主豪绅,袭击敌军,截劫饷械,破坏交通,给苏维埃区域和红军以切实的援助。(丙)扩大土地革命的宣传和工农群众的革命组织,增加革命的力量,争取全国的革命胜利。

......

(四)游击队的〔与〕工农群众的关系及其队员的产生:工农游击队是工农群众的军事组织,必要建筑在工农团体——赤色工会和劳农会的基础上面,与工农群众有紧密的联系,这些武装队伍的阶级性才能保持着不容易土匪化,始终为自己目标而奋斗。因此游击队员应具以下的条件和经过必要的手续,才能入伍:

(甲)游击队员主要的是工会和劳农会的会员和觉悟的白军兵士以及其他忠实革命的分子。

(乙)游击队员入伍完全是自愿的,绝对不用雇佣招募的。

(丙)在开始建立的时候,队员要由各业工会和各处劳农会征得本人同意选派出来。人数在 30 人以内的工农团体至少派 2 人,在 30 人以上的每增 15 人多派一人。照此类推。

(丁)游击队的基础确立之后,则一方面由新成立的工会、农会按丙项人数派来;另一方面则积极号召勇敢坚决的工农群众自动的〔地〕加入队伍,并号召和组织白军的兵士或团丁叛变出来加入,扩大游击队。

(戊)工农团体选派出来队员后,必要(开)会员大会欢送各队员;被选派的队员也要在大会宣誓,表示自己的阶级忠诚。誓词如下:"我誓〔志〕愿加入工农游击队。永远忠诚,努力土地革命,遵守纪律,拥护工会利益,团结同志,消灭豪绅地主,推翻国民党军阀,建立工农兵政府——苏维埃。联合苏联及全世界无产阶级,打倒帝国主义,创造共产世界。"

（己）各村劳农会,各业工会选定游击队员之后,必要由工农团体的高级机关或游击队的政治会分期召集开办短期训练班(每班以 10 人为宜),经过训练然后入伍。此项训练的科目至少应有下列四种:(1)目前政治形势。(2)劳动法令与土地革命。(3)红军与苏维埃。(4)工农游击队的任务与纪律。

（庚）各工农团体对派出的游击队员必要给以新式的犀利的枪械和子弹 50 颗至 100 颗,以及负责供给他粮食(游击队经济能自给时,则不须工农团体负担)。

（五）工农游击队的领导与编制:

（甲）工农游击队的编制以短小精悍轻便为原则。暂定 10 人为一小队,二小队至四小队可成立一中队,二中队至四中队可成为一大队。在能互相联络的地方有二大队以上的,则设立某地联队部以统一指挥。

（乙）各级均设正、副队长各一人。大队、联队可设队部,有副官的军事训练等分任事务。联队长、大队长由当地最高的苏维埃政府或工农团体委任,中小队长则由上级队长选任。这些队长必要挑选城市工人、雇农、贫农的分子充任,中农或革命有相当军事知识者亦得担任,绝对禁止富农分子当队长。

（丙）工农游击队是工农劳苦群众为实现自己阶级的政治任务有力的工具,必要有无产阶级的政治训练。中队设政治指导员,大队、联队均设政治委员,领导监督全队的工作,计划进行队员的政治训练,并宣传组织工农群众的工作等。大队以上可设政治部,按工作的情况分科进行。

（丁）工农游击队是直接受中国共产党、苏维埃政府或当地最高的工农团体领导与监督的。政治委员就是代表这些机关领导和监督这一部队的工作的人。所以队伍的动作与队长的命令,必要时得到政治委员的同意和签字才发生效力。政治委员最好是由铁一般忠实革命的共产党员充当。

（六）纪律:工农游击队是工农群众武装队伍,必要服从阶级的纪律。每个队员必要实行下列三个口号:

（甲）不得损害工农一点东西。

（乙）不发洋财没收地主豪绅。

（丙）一切要听指挥。

（七）动作:工农游击队要运用游击战争的策略,以与强大阶级敌人周旋制胜。所以他的动作必要根据以下原则,灵活的〔地〕去运用:

（甲）不打硬仗。

（乙）不攻坚。

说明：硬打与攻坚，都要费很大力量，许多的牺牲。在目前敌我力量悬殊的情形之下，而且队员子弹的补充困难，敌死千百，我伤十一，都不值得。故在原则上是不宜于硬打与攻坚的。

（丙）避实击虚。

（丁）兜圈子。

说明：敌力量过大则暂避，空虚则迅速击之；敌来攻我则绕其后袭之，即所谓击燕以救赵者也。

（戊）要运用群众的力量以歼敌。

（己）如被敌打围则镇静坚决以谋出路。

说明：置群众力量或持器械作疑兵，张声势包围敌人，自己则乘机猛击之。如被敌包围，不可张惶，必要镇静坚决，筹谋出路，或从小径遁去。

此外，要注意队伍的分驻不可太远，以能迅速集中为宜，较大的部队最远也不要出一百里的路程。彼此要有紧密的交通联络，统一的指挥，互相策应的行动。总之，游击队的行动，是要便于分散去夺取群众，集中来应付敌人为原则。

（八）粮食、军械的来源：主要的是在地主豪绅军阀身上去剥削〔夺〕，从攻打地主豪绅，劫夺粮局、子弹库等，自己给养自己。自行设法扩充，绝对不能依赖外面的帮助或接济，只在开始建立或最艰难的时候，可由工农团体酌量供给维持。

（九）后方与活动区域的布置：工农游击队必要有自己的巩固后防与广大的活动区域，与敌人作长期的斗争。后防的条件是要有强固的工农组织，险要的地势，最好的活动区域是能有群众的帮助。这些条件的造成虽有工农团体去工作，同时工农游击队必要了解自己是工农群众的宣传员、组织者，应要自己去准备布置。

（十）工农游击队的工作及其发展的前途：根据上面第一项所规定游击队的任务，就可知道工农游击队的工作，不但要在军事上帮助工农群众的斗争，骚扰破坏工农群众的阶级敌人——地主豪绅国民党军阀的统治，取得工农群众的同情与爱戴，还要在政治上高举土地革命的旗帜，宣传组织工农会，以及苦力贫民的革命团体，有计划的〔地〕进行士兵团丁的运动，夺〔争〕取广大的工农劳苦群众，瓦解敌人的队伍到革命的旗帜之下来。工农游击队只有这样,才与单纯军事行动脱离压迫群众的流氓土匪民团军阀不同;只有这样,才能得到工农群众的拥护,以便利自己的动作,巩固与扩大自己的队伍,变成坚强的工农红军,走向光明远大的前途,完成伟大的战斗任务。

〔选自中央档案馆、广西壮族自治区档案馆编:《广西革命历史文件汇集·中共广西特委、群团文件(1929.4—1936.12)》,1982 年印行,第 297～304 页〕

对去开辟新区工作的同志的讲话（节录）

韦拔群

（1932 年春）①

……革命斗争是长期艰苦的,前进的道路是曲折的,但革命前途光芒万丈！有了党中央和毛主席的正确领导,我们就一定能够最后胜利！你们到新区去工作的同志们,面临着是一场艰苦复杂的斗争考验,必需坚定意志,奋勇上前。有了党和人民,有了你们久经锻炼的骨干,就能战胜一切困难,什么力量也阻挡不了革命洪流的冲击。为了建立千千万万个"西山",为了全国革命的胜利,你们要尽快地把新区的烈火燃烧起来。

（选自《韦拔群、陈洪涛遗作和讲话选辑》,中共东兰县委党史资料征集办公室1984 年印行,第 87 页）

---

① 原编者注:1932 年春,中共右江党委召开一次常委扩大会,决定抽调一批党员干部分别到右江下游和黔桂边去开辟新的革命根据地。黄举平、牙永平、韦国英、兰志仁等去开辟黔桂边区工作。黄松坚、黄大权等到果德、果化汇合赵世同、黄书祥、滕国栋、陆浩仁等向田东、那马、武鸣、向都一带开辟新区根据地,进一步开辟滇桂边区。临走时,韦拔群对大家讲了话,这是讲话节录。

关于革命形势和我们的任务的报告(节录)

陈洪涛

(1932 年春)①

……现在敌人层层包围西山,你们到新区去的同志,要从敌人的火网里打开前进的道路,这是光荣而又艰巨的任务。你们都是久经锻炼的共产党员,从战斗里成长的红军战士,一定能够战胜任何敌人和困难,完成党交给你们的任务;到新区去的同志们,这是党对你们的考验,那里的工作都要从头做起,困难是多的,有时会碰到想不到的困难,可以说你们前进一步就是一个战斗。因此,光靠勇敢是不够的,还要机敏灵活,要有革命的毅力,有长期斗争的决心和最后胜利的信心!同志们,努力前进吧,为了建立千千万万个西山根据地去战斗!为人类创造美好的生活去战斗!为了建立光明的新社会,坚决把真理的火焰燃烧起来!

(选自《韦拔群、陈洪涛遗作和讲话选辑》,中共东兰县委党史资料征集办公室1984 年印行,第 97 页)

---

① 原编者注:1932 年春,中共右江特委召开一次常委(扩大)会议,决定抽调一批党员干部分别到右江下游和黔桂边去开辟新根据地,被抽调的同志出发前集中学习一个星期。这是陈洪涛在学习中所作报告的一部分。

中国共产党右江特委为时局告群众书

（1932 年 6 月 1 日）

工友、农友及一切被压迫劳苦群众们：

当右江在红军苏维埃割据时候，政权是在工农劳苦群众自己手上的。贫农有土地耕，不交租不还债，废除一切苛捐杂税，群众的言论、集会、结社、罢工是完全自由的。现在在国民党反动派压迫下，实行户口收捐、人头纳税、百货皆捐、无物不税，破坏土地革命，重利盘剥，废除人民集会、结社、言论、罢工等的自由权；此外，还要偷盗、劫掳烧村、铲除禾苗、禁止耕种、强迫搬村、围禁群众，国民党的杀民政策真是"无微不至"了。不管他是旧豪绅或新反动，都是同一样的〔地〕压迫群众。此种事实，反动派无论如何欺骗造摇〔谣〕，始终蒙蔽不了。谁是反动？谁是为群众利益而奋斗？请有眼光的人们看事实呵！

右江革命虽暂时受挫折了，但是全国革命与世界革命还是向前发展的。敌人的崩溃失败与革命力量的发展，在敌人之报纸上都可以看见。最近帝国主义为瓜分中国而纷纷派大使来中国。二次世界大战爆发在即，国民党勾结帝国主义卖国，因为帝国主义在华利益冲突，而造成新的军阀混战。如广东飞机队出发被蒋阻止于长沙，继又调赴洛阳监视；张发奎部队被蒋阻止滞留全州，最近桂方又派李品仙部队会同张发奎部队强硬前进两湖。此种原因就是英〈、〉日联盟之目的，共图在长江流域，肃清美的势力及夺取其一切的利益，造成激烈冲突之新形势。目前除日军占领上海，积极向南京、武汉及上游前进之外，英帝国主义还要暗使其走狗之两粤军阀，假名援沪，强硬出兵两湖，阴夺武汉，以为日军之应。蒋系军阀及其后台美帝国主义自然不容易袖手放弃其利益，早已看破日、英之阴谋，严防及阻止。而英、日及其走狗之两粤军阀陈、李更不因阻止而休罢，如此和平统一的假局面已经破裂无余，新的混战有一触即发之势。大家都知道，如果二次世界大战与军阀再混战，那末〔么〕，就是敌人自掘坟墓了。满、蒙已脱离国民党独立，继之而起的必有回〈、〉藏之独立，18 省内地又四分五裂。军阀士兵如孙连仲部 2 万余人及最近驻广东、北江邻石部的第五、第六两个独立旅叛变投入红军。这种现象不是国民党崩溃失败之表现吗？敌人冲突激烈，对革命是很有利的，将使革命更顺利地向前发展。共产党深信中国只有两个前途：一个是亡国；一个是革命胜利。再没有第三条路可走。

目前工农革命斗争之发展,造成江西、湖北、湖南、河南、安徽、广东、福建、江苏、浙江几省赤色区域广大的割据。自孙连仲等兵叛变投入红军后,红军实力由20万铁军增加至35万铁军,革命力量猛烈地向前发展,同时又得世界革命的帮助,如苏联派红军30万、飞机300架飞西〈伯〉利亚,号召全世界无产阶级及殖民地弱小民族共同起来反对帝国主义瓜分中国及援助中国革命,中国革命在世界革命发展与援助之下,革命之最后胜利是不远的。

目前敌人所赖以强勉维持其残破之统治者,除了镇压屠杀,更是欺骗造谣、挑拨离间,说什么共产党怀疑革命群众,枉害革命同志,企图离间中伤,破坏革命力量之团结。试问,如果共产党与革命的上级机关怀疑革命的群众,不去领导群众,为什么中国还有数十万红军与广大的苏维埃区域为共产主义而奋斗呢?革命团体除领导群众肃清反革命派之外,又枉害谁呢?难道反动派不应该肃清吗?这更是没有事实的造谣。亲爱的被压迫群众们,你们不要以耳代目,你们有眼又有睛,应该放大眼光,看清楚事实呵!不要被反动派的造谣欺骗所蒙蔽而自误。

实际上叛变投降敌人的如恩隆罗明山、黄正统,百色卢云龙,都安覃民雄,东院韦坚长,右江韦云峰,盘阳黄河清等,初时敌人何尝不以官位利禄来引诱,及至叛变投降之后,不是都被敌人摆计诱杀了?叛变投降即是自找末路呵!再则敌人破坏革命之后,就进一步压迫群众,因为革命被破坏了,群众中已没有抵抗之能力了,敌人把群众当作肥猪看待,更加紧的〔地〕压迫群众。试看许多被国民党所控制的白色区域,哪一家群众不被国民党收户口捐、收人头税呢?群众盲目跟随叛变分子去投降敌人,是好似被反动蒙蔽去投苦海一样咧!真是自误上当得很呵!

从以上的事实分析,足可以打破了一切猜疑犹豫。亲爱的群众们!当前的中国明显地摆着两个前途,在广大群众面前摆着两种出路,要挽救中国目前的危亡与解除群众的疼苦,只有在共产党领导之下向着革命的大道上走,坚决奋斗到底,最后胜利是不远的。我们的口号是:

1. 反对国民党卖国!

2. 反对军阀混战!

3. 反对帝国主义瓜分中国!

4. 反对二次世界大战!

5. 准备与帝国主义决斗!

6. 反对国民党屠杀、欺骗的杀民政策！

7. 反对国民党政府收户口捐、收人头税及一切苛捐杂税！

8. 争回群众的集会、结社、言论、罢工等自由权！

9. 恢复群众运动！

10. 准备全国总暴动！

11. 打倒国民党！

12. 消灭豪绅地主！

13. 拥护共产党十大政纲及一切政治主张！

14. 拥护苏维埃！

15. 拥护红军！

16. 拥护世界革命大本营的苏联！

17. 中国革命胜利万岁！

18. 世界革命胜利万岁！

中国共产党右江特委印发

一九三二年六月一日

（原件存于广西右江革命文物馆）

果德县赤卫军常备营营本部通告(第七号)(节录)

——农历四月十三日(阳历 5 月 7 日)①事变的原因与教训

各支部转全体同志:

十三日事变,英勇、坚决的书祥②同志惨遭杀害了！我们站在党、在革命立场,当极〔即〕表示哀痛与愤恨！

这事变〈的〉原因:思林第二区土地权,素为土官操持殆尽,苏维埃出现时,曾经没收分配给该区农民,革命失败后,被地主逐渐夺回,并派其走狗到处运动发卖,便有富农首先备价收买,中农些许随之,一般贫农所分得之土地,大半便被夺回。

今年春,该区的余种的投机革命分子,一面勾结土官,夺买尚在贫农手上的小半土地,一面种种谣传,破坏农民与我党的联系,唆〔唆〕使、唬吓农民离开土地革命路线。

……

春夏相交时,地主及买田者武装来抢耕田,一般贫农见死路紧迫,表示团结反抗,在事前的最近,县委已探悉其内容,即将该区青年重新组织革命青〈年〉会,深入宣传鼓动,作此斗争领导的基步〔础〕。抢耕事发后,县委便派书祥同志深入群众去领导,但群众恐怖心尚未根本打破,仍不能激烈反抗,怕反动政府之烧杀,一面因书祥同志对领导方法运用得不好,行动上又没有秘密,为地主及其走狗、投机分子所探悉,率带民团来围捕,十三日事变便以〔已〕爆发,书祥同志便遭惨死,同时被捕青年二十余人。

……

同志们:这事变虽已成了历史,书祥同志的头颅虽已在敌人屠刀下断送,可是第二区的农友仍对我们说"书祥同志的死全为我们的,再请团体帮助,现在我们决心了,虽死完都没有怨悔"的话,这可见此事变后,群众对我党对敌人的认清,书祥同志死的价值与光荣。

---

① 原件月份字迹不清楚,"5月"是根据文中内容判定的。

② 书祥,即黄书祥,中共右江下游党委委员、果德县委书记,1933年5月7日在思林县(今属田东县)竹梅乡那徐屯被敌人包围,突围时英勇牺牲。为总结竹梅事件的教训,中共果德县委以赤卫军常备营名义发出了这个通告。

同志们！土地革命，是中国革命两大任务之一，我党政治主张与得到工农大众的拥护，必在土地革命路线上才能完全实现，整个右江是纯粹的农村经济社会，在全国经济破产的今日，右江农民对土地革命的要求，尤为迫切，只要我们继续的〔地〕去领导，这一次失败了，再来第二第三次以达胜利为止，牺牲损失在革命斗争中〈为〉必然不免的历程，为此牺牲损失而畏缩退让一点者，便不是布尔什维克党的党员，不客气的马上驱逐出党的阵营之外。

……

这通告应快发的，以此事变后，地点与交通很成问题，故延至今日，各支部接到后，马上召集开会讨论进行，并时常报告来为要。

此致

果德县赤卫军常备营营本部(印)

一九三三年

（原件存于广西壮族自治区博物馆）

（选自中共广西百色地委党史办公室等编：《滇黔桂边区革命根据地》，中共党史出版社 1999 年版，第 19～20 页）

广西省右江上游革命委员会敬告群众书

（1936 年 3 月 15 日）

被压迫剥削的劳苦群众们：

整天在炎日冻冰、风吹雨淋、燎烟当中，我们操劳叫苦连天，穿的褴褛衫裤，吃的菜薯稀粥，住的茅房漏屋，且时有苦死之忧！这完全由于受着土豪劣绅、地主、资本家、军阀、国民党、帝国主义重重的压迫剥削给我们痛苦呀！

国民党运用反革命的三民主义来欺骗民众的罪恶，已经表露无余了：说什么"民族自立"就要民哭淋漓吧！国民党投降帝国主义，出卖民族利益，以不抵抗主义割让东北四省，华北华南权利，也将完全操在日人手中，蹈了安南、印度的覆辙，十家共一把刀，衰老才准婚娶，任人宰割，想来民族自立何在？什么"民权"，实是官权，是法西斯蒂的独裁，在地方上的由团局保董土官式，改为区乡村公所的组织；这不过是他们换用新工具的压迫方法，军阀政府委任的县长、民团司令、区乡长等是用来征收群众的银钱，抽调壮丁去当兵做它〔他〕们恶势力，它〔他〕们围捕农村，强奸妇女，捆绑监禁无银钱交纳粮税的农民；他们又常用"共匪"等罪名加予人民，即行拘捕、罚款、烧杀，不和你讲道理，究有何民权之可言？若说有民权的话，也不过是地主有权追索租债，资本家有权取利罢了。什么"民生利益"实是民死有余吧！它〔他〕们一面征抽壮丁到战场去当炮灰；一面征收苛捐杂税，层出不穷，如人口房屋、牛马猪狗、卖菜、卖粉、卖柴、细杂，都要税了。国民党诸老爷，狼狈为奸，剥尽我们群众血汗金钱，在国内或到国外去买保险券，起筑高楼洋房，蓄养娇妻美妾，享着丰衣美食，逍遥世外，那〔哪〕知民生变成民死了呢？我们唯有认清三民主义是三种杀民主义，国民党是卖国杀民的党，国民党不消灭，我们仍在水深火热中，将为帝国主义者牛马奴隶。

现在第二次世界大战的逼迫，也是国民党军阀崩溃死亡的时期，它〔他〕们为要作最后的挣扎，而再三再四征兵〈，〉更迫调年老者做运输，挖壕沟，筑炮垒，修道路，以及不但加新税，还要发公债，滥发纸票，吸收民间现金等恶毒惨祸，使我们再〔更〕难受了。

须知领导我们大众而起革命的——共产党是为我们谋福利的唯一政党。现在不甘受压迫，激起反抗，进行革命斗争的工人罢工，农民暴动，学生示威，兵士叛变，此行被举〔此伏彼起〕，工农兵代表会议——苏维埃政权，已在全国大部分省区建立巩固了。工农红军、劳农游击队猛烈发展了。所有各省苏区虽经国民党各派军阀数次"围剿",不特〔但〕不能消灭红军,反激起各地工农劳苦大众响应参加,造成百万的红军势力,同时产生四川、陕西、山西、甘肃、云南、贵州等省新赤区与苏俄大联络。又各省红军大举"北上抗日",援助义勇军,挽救东北四省,使到〔得〕国民党整个军阀都手忙脚乱,各帝国主义也都发抖了。

亲爱的劳苦群众们! 红旗快要〈插〉遍了全国,快乐时机将到了,我们痛苦不难解除,快醒起来! 全靠自己救自己,组织我们的团体——工会、农会,集中我们的力量,一致团结,热烈〔积极〕加入革命战线,反对国民党一切苛政、抽丁、苛捐杂税,反对重租高债,努力歼灭我们共同的一切敌人——土劣、地主、资本家、军阀、国民党,驱逐帝国主义出华,推翻资产阶级,打倒封建制度,推翻国民党反动统治! 以达到工农革命胜利! 而建立苏维埃的政权,得到真正自由平等的幸福,群众们! 起来奋斗呵!

广西省右江上游革命委员会①印发

一九三六年三月十五日

（原件存于广西壮族自治区博物馆）

---

① 右江上游革命委员会于 1935 年 2 月在东兰西山成立,黄世新任主席、黄举平任政治委员。

广西右江下游各县工农革命运动代表大会①宣言

(1936 年 4 月 5 日)

工友们！农友们！兵士们！一切被压迫的群众们！

自民国十九年(1930 年)秋,右江苏维埃政权给反动国民党摧残后,方庆光芒红日初照的右江,复给乌烟瘴气笼罩着,变成了白色恐怖惨澹的局面,国民党狂暴地乘机在右江肆行烧杀、掳掠、围捕、捆绑、罚金等苛政,我们重沦于水深火热般的牢狱。如李白军阀的凶横,死灰复燃的豪绅地主的咆哮,一切反动的串结招祸,及暗伏在革命内部的反动投机分子的叛变,——都降临右江群众头上来,幸而尚有坚决的革命同志在那白色恐怖包围里,百折不挠,继续努力革命工作。惜因多数劳苦大众,只知怀恨,俯受敌人的压榨,而未敢崛起反抗,以至迄今尚未达于武装暴动,重新建立工农兵政权。如是数年以来,举凡几次资本主义世界经济恐慌的影响,帝国主义侵略,中国农村的破产,军阀混战的浩劫,中国的法西斯蒂的毒手,以及土匪、水旱、瘟疫的灾祸,都染遍了右江各地,使得群众的苦难日益深重。而国民党军阀以"救国卫民"为借口,甘做帝国主义走狗,出卖民族利益;并屡增繁捐重税,滥发纸币,搜括民财,屡行征兵,抽丁,以杀民命。

也好,"器满必倾,物极必反",国民党最后反动统治愈毒辣,则被压迫的劳苦大众起而反抗的阶级斗争,必然愈激烈而普遍。国民党依靠于帝国主义对群众实行飞机大炮高压政策,也难制止目前客观条件已经成熟才发生的工农革命运动,革命先烈的鲜红热血洒灌了革命之花,更加蓬蓬勃勃开放起来呀!而且每一次革命失败的结果,必能收获丰富的经验。在工作过程中,克服了自己的错误与补救了缺点,使革命团结巩固,使斗争的策略正确。

本大会为应着右江被压迫的工农兵群众的要求,由旧届下革委②之召集而举行。一方面采取工农民主政权形式的初步,选举委员,以改组下游革命委员会③,为大会闭幕后,下游苏维埃产生前革命的过渡政权机关;另一方面以报告、讨论、决议的方式审查过去的工作缺陷,检阅现在的革命力量,决定今后的工作,做继续

---

① 右江下游各县工农革命运动代表大会是右江下游革命委员会主席滕国栋、陆浩仁等召集的。
② 旧届下革委指 1932 年 6 月建立的右江下游革命委员会,由滕国栋任主席。
③ 为健全革命委员会领导机构,代表大会提出改组下游革命委员会的要求。改组后,右江下游革命委员会主席仍是滕国栋。

奋斗的方针。

本大会举行的今日,针对国际、(国内)都发生非常重大的变动。这些变动的主要表现就是苏〈联〉的惊人胜利的发展,各国革命的勃兴,国际资产阶级在崩〈溃〉时的法西斯化,世界第二次大战的危急,以及帝国主义瓜分中国的加紧。日本帝国主义侵占华北,而华南国民党军阀的急促崩溃,全国工农兵革命激烈化,以及北平、上海、青岛、武汉、广州的革命学生的救国大示威,东北义勇军的活跃,中华苏维埃共和国新政权的日益巩固与扩大,中国红军进攻军阀的空前大胜利。据上述事实显然地表示了中国革命成攻〔功〕时期逼近了,这不特〔但〕可以增大本会的重大意义,尤其是目前工农革命的兴奋剂。

亲爱的劳苦群众们! 国民党卖国害民的罪状,既已有眼所共见,如再听从他们的欺骗,那只是"养虎自毙",促使我们早日的〔地〕沦亡,我们解除痛苦的唯一无二的方法就是革命。本大会号召一切劳苦群众们,醒悟起来,大家站在共产党领导下的中华苏维埃共和国与工农红军这一方面来干革命! 武装团结起来! 为挽救民族沦亡而反帝抗日而打倒国民党军阀! 为要求衣食住的安乐而推翻资产阶级而打倒豪绅地主! 尤须于最短期间实现下列任务:

一、联合壮丁,坚决反抗军阀征调,联合军阀内的士兵革命,破坏国民党"围剿"红军与苏区,不再受欺骗加入世界第二〈次〉大战!

二、抗缴军阀政府勒收苛捐杂税!

三、杀绝带队围捕、带队搜山的乡村长及激烈反动分子!

四、反对老板雇主虐待工人,为实现中华苏维埃共和国临时中央政府颁布的劳动法而斗争!

五、反对重租高利借贷,为实现中华苏维埃共和国临时中央政府颁布的土地法而斗争! 和帮助农民除匪,感化为饥寒所迫而为土匪的贫苦工农,使之觉醒起来参加革命行动,打倒土豪地主取得衣食以救穷荒!

六、健全革命青年会,扩大组织工会、劳农会,及联合在军阀压迫下的士兵革命,团结革命力量!

七、扫除过去隐藏的〔在〕革命队伍中的乱烧乱杀的个人报复盲动主义者及借公营私之徒!

八、接受〈中华〉苏维埃共和国中央政府指导,动员群众反帝护苏,援助东北义勇军,与日经济绝交,后援红军北上抗日!

九、实行革命群众军事化,组织临时飞行队、挺进队,及扩大赤卫队、工农游击队的组织,游击解决反动派,但军事行动,遵守红军三大纪律八项注意!

十、努力发展工作,配合右江上游下游、红河及黔桂省边的革命力量,准备于最短期间建立苏维埃政权,以与四川、湖南、贵州等省苏区打成一片!

劳苦群众们!快快团结起来呀!踏上革命生路前进!为土地、为自由、为自身利益而斗争!为苏维埃政权而斗争!

一九三六年四月五日印发

（原件存于广西壮族自治区博物馆）

（选自中共广西百色地委党史办公室等编:《滇黔桂边区革命根据地》,中共党史出版社1999年版,第23～26页）

广西右江上游革命委员会反对军阀抽丁传单

（1936 年 5 月 4 日）

亲爱的工农兄弟及一切被压迫的群众们：

今日来到我们头上的大灾祸，即是军阀抽丁！我们亲爱的子弟像猪羊般地给军阀抽去宰杀、鞭苔〔笞〕，当炮灰去送死！

原来反革命的国民党政府，曾颁行什么"征兵制"，各省军阀也都狂妄地先后实行压迫壮丁去当兵；但是，要算得广西的军阀最凶最毒了。龙云、李宗仁、白崇禧、黄旭初这几个大强盗，就是云南、广西的军阀独裁横暴的罪魁祸首。它〔他〕们几年来想出种种名目来加捐重税，弄得我们群众生活日益贫困，就是穷得无米下锅的饥饿人家，也要缴纳苛税与被迫派替它〔他〕做工役（如挖壕沟等），尤其害死人的是用高压手段威迫壮丁去当兵的这种狠事啊！

他们御用了许多为虎作伥的民团司令、队长、区长、乡长等，串结大小不同的走狗，才能推行其所谓"征兵"，它〔他〕们渐次分届勒令抽征，直接补充正式白军，并编配训练民团常备队、特种队、后备队等。总之，这一班被征和被编为民团的大多数壮丁，都将迟早的〔地〕全数由军阀们驱使到战场上去作〔做〕牺牲品[的大危险]。

然而我们必须认清，目前各省军阀之所以大抽特征，扩大兵力是〈因〉为：第一，严防工农红军之进攻，镇压革命之暴〔爆〕发——为是最近游击队遍于全国的百万红军与日益发展的苏维埃运动，已动摇了整个国民党军阀；第二，你讨我伐为地盘权利的冲突；第三，俯受帝国主义指使参加急〔即〕将爆发的第二次世界大战。这显然是反革命的卖国杀民的行为；也是国民党军阀垂死的最后挣扎。至于他们宣传的标语，说什么的"抗日救国""民团是民众的武器""好铁才打钉、好仔才当兵"等美词，恰与事实相反的，不过用以欺骗和蒙蔽大众耳目的。

我们且说一句良心话，如果全数壮丁被迫征去了，则我们群众也只有死路一条。被征去打仗的固是难免毫无价值的死亡残废，遗弃在家的小妻儿，不能做工自给，无人抚育，甚且〔至〕还要负担因兵多而重税，那〔哪〕得而不死呢！

亲爱的劳苦兄弟们！看了上述的事实。〔，〕我们反抗抽丁的重要意义，大都可以明白了。目前必要反对抽丁才是我们唯一的生活啊！这只是我们被压迫的大多数群众能够消除了"敢怒而不敢言"的因袭怯性，人人觉悟起来！特别的是一般血气方刚的青年，应该大胆的〔地〕马上起来干革命的先锋，建立工会、农会，成立特别组织反抽丁同盟,联合我们成千成万壮丁,用武装暴动的手段,去杀绝蒋介石、龙云、李宗仁、白崇禧等军阀及其走狗,则反抗军阀征调是一定得到成功的。窃彼军阀之所〈以〉能够压迫与屠杀我们群众,全靠"士兵"为其工具。今若我们大家协同反抗,誓死不替军阀当兵。还怕军阀打不倒吗?试看同是我们的工农兄弟在四川、陕西、湖南、江西等省反帝国主义、打倒国民党军阀,消灭豪绅地主、实行土地革命斗争的发展,组织红军向敌人猛攻,已获得了空前的大胜利,就可知道我们群众力量的伟大了! 我们高呼:

1. 反对军阀抽丁!

2. 不替一切军阀当兵!

3. 抗缴政府军阀捐税!

4. 拥护工农红军!

5. 工农革命胜利万岁!

广西右江上游革命委员会印发

一九三六年五月四日

(原件存于广西壮族自治区博物馆)

(选自中共广西百色地委党史办公室等编:《滇黔桂边区革命根据地》,中共党史出版社 1999 年版,第 32～33 页)

广西右江上游革命委员会告民团特种队、预备队、后备队的兄弟书

(1936年5月9日)

可怜的特种队、预备队、后备队的兄弟们:

我们农民、工人耕田种地,打工做工的辛苦,个个是自己知道,最可怕那些人面兽心的国民党人,不顾群众的饥寒苦难,诡计百般,捐收群众的血汗银钱,使大众生活一日比一日辛苦贫穷,无衣无食。末了,近更大开其毒心,大发其豺狼之威来压制群众壮丁,缴要民间枪支,编为特种队、后备队、预备队,分期抽调去当兵。当军阀炮灰,国民党实实在在是吃工农的饭,打烂了工农的碗,罢了再来屠杀工农革命。

国民党行征兵外,为何要抽调这么多民团呢? 就是因为各省的工农群众已起来革命,国民党军阀的士兵也叛变出来加入工农红军。有了广大的工农红军的胜利,建立了广大工农红军的苏维埃政权,快要把整个国民党推翻到坟墓中去,它〔他〕们将到完全消灭之末日,不得不拼命来欺骗压迫壮丁去补充其军阀恶势力,利用一般未醒悟的工农打革命的工农哩。

还有一层更大的危险,就是这两年来军阀正预备把千百万的工农壮丁加入可怕的帝国主义第二次世界大战场去当炮弹!

国民党口中说的什么国民革命"救国为民""剿匪杀贼"等话,完全是放屁的,完全是用这些假话来欺骗群众。试想想看:国民党统治这几年来,能干的〔出〕什么救国卫民来? 如果不是瞎子,大家可看见,国民党真是卖国及加紧劫掠群众、屠杀群众的大匪大贼!

目下在中国,唯有中国共产党领导工农兵革命,只有反帝打倒卖国害民的国民党,才是群众真正革命出路啊!

我们工农群众受那国民党人——军阀、官僚、地主等即是县长、司令、区长、乡长,压迫剥削到了今日,已是垂死关头的时候,如果甘心做亡国奴,甘心当军阀炮灰,甘心做牛马奴隶,无价的〔地〕死亡则已;不然就要反抗军阀征调,就要武装起来革命。

不要惧怕,反抗军阀政府是能办得到的,我们有很多的办法,很好的策略,很好的实际行动去反抗军阀的。

我们不仅逃跑,不仅各顾各的〔地〕个人单独反抗,还要用根本的方法做广大的联合组织,团结一县一区一乡的特种队……成千成万壮丁,去杀死少数的军阀

及其走狗县长、区长、乡长,一定成功的。我们的口号:

一、工农壮丁团结起来!

二、反对国民党军阀抽丁!

三、打倒国民党政府!

四、拥护工农红军!

五、拥护工农兵苏维埃政权!

六、拥护中国共产党!

七、工农革命成功万岁!

广西右江上游革命委员会印发

一九三六年五月九日

(原件存于广西壮族自治区博物馆)

(选自中共广西百色地委党史办公室等编:《滇黔桂边区革命根据地》,中共党史出版社1999年版,第34~35页)

右江上游各县代表大会决案

(1936 年 5 月 20 日)

各县各区革命工作同志：

上游革命委员会将要恢复工农自己政权，以巩固各县群众组织、武装组织，根据中央的指示于旧历三月二十六日召集各县革命同志代表大会，讨论上游各县目前的实际工作已得结果，兹将大会中通过的各种决议案分别颁发各县各区同志，接到后须遵照讨论、推行，自□革命正确路线□是也。兹将各项决议分述如下：

甲、组织问题

怎样巩固与扩大革命的组织：

（一）已有组织的区域……集中同志在上游革委会指示之下，决心去做各村的基层工作，加强领导，要实实在在为工农群众做事的、纯粹精干同志，最认识阶级斗争的同志，去集中与分配工作。

（二）号召群众、教育群众解除或纠正那些土匪行动、贪污腐化的种种不良革命分子。

（三）积极教育群众，使群众明了革命的好处，更知道革命的正确路线，而努力去实行一切革命工作。

（四）凡志愿接受共产党领导之下的革命同志、革命青年对于思想、言论、行动，都要一致，不要遇着困难而表现悲观与怨言或乱行横为。

（五）各个同志要发扬自我批评，加紧思想斗争，集中全部精神，走向布尔什维克党的路线上去，不可□□意见，各走极端。

（六）反对盲动主义，反对烧杀□□〔行为〕，严防各种反革命集团阴谋破坏革命团体及革命工作。

（七）绝对遵守与实行苏维埃颁布的宪法及决议案，努力创选新的干部人才。

（八）布置交通线，设立交通站，决定交通□□□递送各种文件讯息勿使停滞，并多方设立交通线。其过河之处，也要为设置之。

白色区域的工作：

（一）各革命同志要忍苦耐劳，下十二万分的决心，深入白色区域的群众中去发动革命，夺取大多数的劳苦同□〔胞〕到革命中来。

（二）注意吸收比较纯粹的青年，耐烦教育之后能继续为革命运动。

（三）注意夺取大乡村及城市中贫民手工业者为中心。

（四）反革命必镇压之，乡村长我们要设法运动之，使他掉〔调〕过道路来。

（五）尽可能去教育农村妇女，唤醒失学青年自动来参加革命。

（以下系赤色区工作）

（六）赤卫队的组织，凡年在16岁以上、40岁以下而无残废与不在红军及政治、教育、经济机关的人员皆需入队。

（七）赤卫队的武装为梭镖〔标〕与短刀、大□□之类。

（八）以10人为1分队，3分队为1小队，3小队为1中队，3中队为1大队，每队设正副队长1人，以贫农、雇农□□资格，中队以上要政治委员1人。

乙、宣传问题

怎样去唤醒群众：

（一）揭发国民党军阀的种种压迫、剥削、屠杀、□□、欺骗，各□杀害革命者，烧掳人民，强迫抽丁，苛捐杂税，强征夫役，□□□，□□教育强迫，滥发纸币，日本侵略中国东北的种种□国□行，及□□□□□的一切□□。

（二）详细宣传解释中国共产党的政治主张，中国工农红军的坚强扩大，中央苏维埃政府的宪法大纲及对于工农劳动者的□□□□决议案与右江上游革命委员会的政治任务。

（三）分别指出青年的痛苦、农民的痛苦、工人的痛苦、学生的痛苦、妇女的痛苦，说其切身之痛苦起，给他们忿恨起来，组织他们自己的团体，集中他们的武力，走向革命的道路来与敌人拼一生死。

（四）反蒋宣传

蒋介石是中国罪大恶极的大军阀。他们屠杀各省的革命同志□□□□草芥，出卖民族利益，出卖华北七八省群众，强征捐税，强用中央纸币，制〔治〕死东北义勇军，屡借外债，以巩固资产阶级的势力，企图消灭工农革命以延长他的狗命。

（五）揭破国民党军阀所组织的反动集团阴谋破坏革命，如AB团、取消派、第三党、改组派、托洛茨基派、兰〔蓝〕农社等等法西斯蒂。

（六）白军士兵、民团士兵，他们都是工农子弟，我们要宣传他，感化他，给他觉醒，掉〔调〕转枪口，杀死他们的官长，转变过来参加革命，若在战场上俘虏得来的，须当招待优待，不可乱杀，不可呼为俘虏兵。

（七）宣传上有几种：文字、口头、画报、俱乐部、唱歌，且有个人谈话、小组谈话、上堂开会、露天讲演。但未宣传之时,必先调查,好像对疾下药一样。

(八)教育方面。如开短期训练班,经常开各种会议,研究革命书籍,多看新闻报纸,多问有正确经验的革命同志,提出各种问题互相讨论。

(九)纠正过去的一切错误工作,如乱杀乱烧的土匪行为,贪污腐化种种——

丙、军事问题

怎样建立强有力的武装:

(一)详细观察,取坚决、勇敢、忠实、政治坚决、能机动又灵活的革命〈者〉为指挥战斗员,但选这种人要他们遵守纪律及他经□地的□宜。

(二)关于武器:子弹要节省,枪械要经常看护和检查。不可私卖子弹。自己有钱要筹买,各区各乡有子弹要提,不可依靠上级。每个战斗员及全队要绝对服从命令。最好每一发子弹要消灭一个敌人。

(三)受相当教育:军事的训练、政治的训练、文化的训练。若恃□〔有〕力武器而不训练,也难造成强有力,也容易受敌人打坍。江西红军因有充实的军事、政治、文化学习,故节节胜利。

(四)纪律:只有精锐的武器,纯熟的军事、政治、文化而无纪律也是不对的。故凡革命的武装,要绝对遵守纪律,服从命令。

(五)作战方面:要采取游击战术,要迅速敏捷于最短时间能消灭。我们对敌人不可打硬仗,不要做长期□〔作〕战。倘有红军会合,游击队就先扰乱敌人后方,夺取辎重武器。

(六)注意群众工作:游击队来往或驻扎农村中,要经常和农民谈话,表现亲密,发动革命,没收得豪绅物具,可尽量分给农民。

(七)每次作战后要开会检阅各个作战的过程,同时互相批评各个的工作优点和缺点。

(八)提倡娱乐精神,如唱歌,组织俱乐队,谈有趣味的故事,以鼓舞全队的精神。

(九)赤卫队要组织好,编配好,以保护赤区帮助游击队,赤卫队武器要积极整理补充。

(十)未曾组织赤卫队的地方,要加紧组织,不要敷衍,且赤卫队应尽量训练之。

(十一)游击队要日常的游击,发动群众斗争,帮助各地群众杀绝反动分子。

丁、经济问题

怎样充实经济与有系统的用度：

（一）经济来源：上游的革命同志能牺牲全部精神，在上游团体指示之下，努力做政治工作，同时去搜索工作对象，向土豪劣绅及一切反革命派猛攻，没收他们的财物，以全部提出归公为团体用度。

（二）凡各县各区乡在民国十八年（1929年）时所存有的公物、财物、财政和个人私瞒，须大家调查提出以为各级团体用度。

（三）各级革命机关各同志所征发的反动财物，应全部交来团体，由团体视各级之用度多少而转发之。

（四）建立各种生产、消费机关，收其利益各级革命团体的正当用度。

（五）要有预算决算财政，前途方面不发生危机所缺，且要节省用度，勿得浪费。

（六）反对贪污腐化、空坐而食的同志，凡每个同志要学朴素、忠实、廉洁，要生产化。

（七）各级革命团体对财政用度要限于3个月内清算一次，并将该级内所支出收入列清标榜公布之。

（八）关于征发财政或实行生产，各革命机关及负责人员，应发动全体群众的力量去实行，方有完满的效果。

（九）反动〈派〉一切森林，一概没收之。

戊、肃反问题

要正确肃反〈，〉应怎样去实行〔肃清〕赤色区域的反革命：

（一）因中国革命的工农的努力，政权一天一天地发扬扩大，国民党各派军阀要挽救他们的死亡末路的，他们的种种阴谋破坏革命屠杀革命人员，现在他们所组织的反革命AB团、改组派、第三党、国家社会党、取消派、托洛茨基派、富农团种种派别，拼命混入革命机关、红军部队、赤卫队中来窥革命过程中的困难缺点，而乘机煽动那〈些〉革命尚未坚定的同志，以瓦解革命集团的各群众，谋杀革命的精干分子及革命领袖。各级革命同志遇有这种现象，我们要时时刻刻注意审查，倘有暴露，马上扣留，解送到各级革委会裁判，或国家保卫局审出口供，搜索反动事实并随时与本地机关或上〈级〉革委共同调查，得□□时，就处决之。

（二）工农分子有反革命行动，当特别纠正之，教育之，照肃反之正确路线，不能马上枪杀。但他们虽是工农阶级成分,而偏偏坚决反革命,仍有〔然〕执迷不悟,也应肃清,一方面要发动群众,共负其责。

(三)凡审出反革命事实,而为多数劳动群众所认定者,应肃清之。但须肃清其主动者,不能屠杀全家及被胁从者。

(四)白色区域的反革命,固然是土豪劣绅、地主、资本家及国民党政府的公务人员,都是反革命。但那反革命集团里面,有少数有政治眼光的人,不肯积极压迫工农,不肯危害革命同志,这种人应特别原宥之,观查〔察〕非得群众的多数同意,不可糊涂乱杀。

(五)吃花红谋杀革命同志或暗中接济反动〈派〉金钱、粮食、窝藏反动〈派〉、泄漏革命一切消息,凡查有事实者,即可肃清之。

(六)白军及民团中的士兵,大多数都是工农劳苦者,我们要分化之,给他醒悟过来,只杀白军的长官及民团的长官。

(七)除著名首要的反动〈分子〉外,还未得清楚之事实者,即迅速报到当地的上级机关或报到上〈级〉革委〈会〉调查,得□许时,方能肃清之。

己、斗争方面

(一)洗刷自己的一切弊病,造成自己的领袖人才。各个同志,谁有缺点、毛病,须大家互相斗争批评,要纠正同志的贪污腐化,斗争上有言论斗争、文化斗争,总而言之要排解除那不好的,转向好的方面来。

(二)各县区乡要工作比赛、竞争,夺取群众、教育群众,建立革命武装,推动文化,励〔厉〕行生产,肃清内外的反动派。

(三)与敌人斗争:反对苛捐什税,反对强迫抽丁,反对麻醉教育,反对滥发纸币,反对国民党军阀一切建设,反对强抽夫役,反对□〔托〕派活动分子,有白军及民团驻扎的地方,须发动农民罢市。

(四)武装斗争:制好自己的枪械,暗杀敌人,从这样日常斗争转变成武装暴动。

(五)农村中的地主豪绅厉行高利贷(即重利盘剥),收重租,及豪绅的把持乡政,要领导农民团结力量反对。

(六)在斗争中,一方面要与政治工作一律并行,夺取群众,不要专用武装号召,像民国二十年(1931年)的军事冒险。

(七)领导妇女了解封建社会旧礼教之束缚,而反对旧礼教,反对封建社会的束缚而为□□□〔其牺牲〕品脱离出来,参加革命,帮助革命工作。

(八)斗争要有策略,要有适当正确路线,不要盲动,不要犯左右倾。

(九)以上是农民方面的政治、经济、文化的种种斗争,工人、白军士兵、学生的斗争方面均不在内。

庚、瓦解敌人工作

(一)夺取白色区域群众加入革命集团,鼓动他们向敌人做各种斗争和反对。

(二)经常派兵员深入白色区域去活动。

(三)反对反动政府的压迫、抽丁,苛捐什税的种种颁布。

(四)争取白军和民团到革命方面来,作同样优待。

(五)揭破国民党政府一切欺骗武断宣传。

(六)白〔凡〕敌所建设的电话、车站、交通等须设法瓦解之。(这条是归破坏作用)

(七)揭破麻醉教育的各种课本、各种画报传单。

各级革命同志、各团体接到决议案后要互相研究及了解其内容而讨论实行,还将实行所得的各种效果及缺点详细转报上级,以便作正确指示为要。此致

各县各区革委会负责同志鉴

广西右江上游革命委员会颁发

一九三六年三月三十日①

(原件存于广西壮族自治区博物馆)

---

① 这里的月、日为农历,公历为 5 月 20 日。

广西抗日同盟会拥护抗日战争宣言

（1936 年 6 月 1 日）

各界同胞全省兄弟姐妹！

起来打倒日本帝国主义！

日本强贼对我国领土财产的抢夺，对我们民族的压迫残杀的新仇旧恨真是算不清了，谁不知旧年冬所谓"广田三原则"迫我们政府承认，继又来一次"有田五原则"，现在又有"新二十一条约"提出来了。同胞们，我们整个民族，整个国家，已到了生死关头，不打倒日本帝国主义，我们就要亡国灭种！

同胞们起来！打倒日本帝国主义！为自由独立的民族解放而斗争！

我们几年来流血含泪的反动政府"不抵抗主义"的艰苦斗争中和日本强盗得寸进尺的抢夺中，已把"不抵抗主义"者的最愚顽幻想打破，我们几年来提倡联合一切党派结成抗日统一战线来抗日的主张，已得到了广大同胞拥护，现在粤桂两政府已赞助本会主张，号召一切武装队伍和民众共同抗日，这是为中国民族自由独立的革命斗争，我们正抛弃各阶级各政党的旧仇宿怨，拿热血和头颅来拥护哟！

同胞们起来！拥护抗日的民族统一战线！加入抗日同盟会！

本会为掀起全广西反日的民族革命高潮，巩固民族统一战线，扩大光荣伟大的民族革命战争提出下面十大主张，为造就各党联合抗日妥善条件：

一、立即召集全省或全国的国民议会，产生国防政府——不分党派阶级皆有选举和被选举权。本会认为只有这样，才能弥缝各阶级各党派过去的裂痕，作最公平的抗日合作，不是这样，抗日的统一战线，不会结成。

二、"立即释放政治犯——实行言论、集会、结社、出版自由。"本会认为一切政治犯（除汉奸外）都是民族英勇的战士，应立即无条件的〔地〕释放出来，参加抗日战争，民族革命的火更大的〔地〕燃烧起来。实行言论、集会、结社、出版自由，才能消灭军阀政治独裁，发扬民主主义精神。

三、"立即没收日货及汉奸财产分给抗日义勇军家属。"只有这样才能打击日本帝国主义强贼和打击汉奸，才能解决抗日战争的物质〔资〕困难，才能安慰抗日战士。

四、"和全国武装队伍订立抗日军事协约，立即对日宣战，驱逐日本官吏出境。"只有这样，才不是空喊抗日的民族统一战线，才能把抗日战争和军阀战争根本分开。只有这样用事实来招示，才能吸引广大群众参加。

五、"民众自动组织抗日义勇军。"只有这样，才能表示民族抗日战争精神。

六、"齐集一切武装交给义勇军。"只有这样，才能把〔使〕所有一枪一弹一兵一将去抗日。

七、"实行外交公开，与外订立一切条约皆由民众投票来表决。"只有这样，民主主义精神才能取得绝大多数民众信任，才能免除丧权辱国的秘密外交。

八、"与世界弱小民族和以平等待我之国家，订立平等互助条约。与中立国改善友好关系。"只有去进行外交才能增加抗日战争中际的助力，才能孤立日本强盗，才能保障抗日胜利。

九、"增加工银劳动薪金，规定必需品最高物价。"只有这样，才能安定工银劳动者生活，安定市场金融，防止奸商捣乱抗日的军事后方。

十、"取消一切苛捐杂税，实行统一累进税。"这样才能减轻民众生活痛苦，才能表现出抗日中有钱的出钱，有力的出力的民族革命精神。

同胞们！这种政纲，是我们民族革命的正确政纲，〈这样〉才能打倒日本强贼。本会号召工、农、兵、学、商及医生、看护士、文化界、律师及一切自由职业者个人及团体为这革命政纲而奋斗，亲爱的同胞，加入抗日的民族革命战线吧！

中国抗日同盟广西分会

1936年6月1日

注：抄录自广西壮族自治区档案馆复制件。区档案馆复制说明：此材料是根据1936年8月30日刊行《抗日先锋》旬刊一卷六期原文翻印。

［选自中共南宁市委党史研究室编：《中共南宁地方历史资料汇编·土地革命战争时期（1927.8—1937.7）》，2005年印行，第319～321页］

全右江上游党代表大会会议记录（节录）

（1936 年 7 月 27 日）

地点：西山①

时间：民国二十五年（1936 年）旧历六月十日②正午十二时

到会者：共十八人

缺席者：三人

参加者：下游张宪③同志

开会程序

（一）齐集会场

（二）宣布开会理由：

1. 建立中心县委

2. 各支部代表认识

3. 党教育

（三）公推主席团：陈国团、黄明三、韦运祥

速记：韦鼎新、黄维汉

（四）唱《国际歌》

（五）向马克思、列宁及各革命先烈敬礼

（六）主席宣布开会理由

1. 在前党的缺点

2. 要健全中心县委、改选各委员

3. 讨论目前党的工作

（七）报告

一、政治报告；二、筹备报告；三、经过工作报告；四、各支部报告；五、建立县委意义报告；六、特别报告。

第一，政治报告（张宪同志）

---

① 西山，原属广西东兰县，现属广西巴马县。

② 农历六月十日，为公历 7 月 27 日。

③ 张宪是梁乃武的化名。

各同志:我们要知道共产党是无产阶级政党,代表世界上一切被压迫〈阶级〉做事谋利益,根据马克思造出《共产党宣言》,唤起全世界无产阶级起来革命,推翻一切旧社会,以达到共产主义社会,共产国际指示中国共产党的政治……

中国目前革命是资产阶级性的民权革命阶段,共产党领导全国被压迫阶级起来革命,推翻那不良的政权。

……

第二,筹备报告

继念〔今年〕接到上级指示,建设上游中心县委、扩大上游革命运动,坚决接受上级的革命领导,健全上游的革命策略,县委开会期间筹备一个月。

第三,上游县委经过工作报告

为挽救右江上游的革命起见,组织继续〔建议〕党的组织建设成六个支部,特召集各支部教育训练,坚决推动与扩大上游的革命组织,关于党外的组织已经建立成东兰、凤山、凌云、乐业、天峨、百色、都安、万冈、南丹、河池、那地、荔波等县的活动。

第四,各支部报告

1. 中山支部代表报告:自从党沉默到右江党成立以后,现已重新恢复建立一个支部,已经准备吸收四人。党的工作宣传揭破国民党的罪恶,反对压迫抽丁,反对一切苛捐杂税及一切各种的宣传工作,对于教育同志下乡宣传,但同志年幼稚,未得充任宣传工作。对于吸收党(外)同志加入党,先定条件,接受共产党革命主张,一切受党指示工作,然后才加入党。对于群众非常受痛苦,今已随声〔时〕愿受革命领导。敌人的势〈力〉集中有三十支枪左右,也未得多大势力。

2. 东山支部报告:从前成立组织〔时人〕很多,到危险时叛变亦很多。今已〈在〉右江上游成立〈组织〉,业已恢复支部,党员九人,准备吸收五人。对于组织重新〔建〕〈的〉有十九乡。对于肃反问题布置得敌人一个,其他的敌人已经再〔在〕计划。政治的问题布置已得十分之七的信仰了。对于游击队,已经建设。在前积极反动〈之敌〉,今已看环境消极工作。

3. 安辉支部报告:党为失败而散,今已恢复。今有党员五人,准备吸收同志三人。但工作能力少,故党没有发展,对群众工作,已组织了四个青年会,各乡逐渐的革命将来都有希望,游击队已成立一队,但还没有健全。坡利乡青年已公开反抗压迫抽丁,牙贵庄〈因〉为工作人员少,还不得派人去做,已于初六开青年筹备会,由各处发展而扩大。

(注:原件缺4)

5. 武篆支部报告:党为失败,失了教育,今已恢复。今党的组织,党员五人,准备无的,对于组织各乡已经健全了,武装工作已有积极的□□。

6. 上游中心代表报告:由右江上游成立以后,已经组织党,建设六个支部,现已准备吸收干部,人才亦很多,但资格未曾达到吸收期间,所吸收入党的同志,今已派向外工作。

7. 下游代表党的报告:但于革命失败以后,党的同志还是坚决革命。到了民国二十二年(1933年),已有党的恢复组织,重新坚定党的工作,到各县组织有很多县份,关于党的组织,右江重新恢复建成三个县委,据得到前所做革命失了教育同志工作,到了危险时期,党的同志就是叛变,受了很大多数群众影响,现时在外各县省工作,异常发展,领导同志就有强有力〈的〉革命队伍。就是右江上游,因为党的同志领导薄弱,为是这样革命落伍。

下游代表补充报告:武装编配有二百杆游击,其余的武装已成健全与各县联络线,对于各县组织大概已有十几县,对于党员的工作,接受分配向外去工作,下游群众组织最好是那马县,其余各县是果德、武鸣等各县,也是很好的。

下游党的组织,在以前犯了拉夫制,现在恢复后,党的同志教育支配工作都有接受。

运祥同志的政治报告

1. 党是群众核心,党是领导群众起来革命,须要有明了政治的……

2. 本人自去年由红军部队回来,兹略将所见所闻向各同志报告……

3. 自从第三国际领导中国革命,最重之点就是反立三路线,是盲动的,坚决起来反对,同时坚决执行四中全会正确的领导……

4. 中央军事革命委员会为全国领导革命最高级的机关……

5. 自国民党各派军阀集中来向红军作第一次"围剿",月余,十数万,正因为红军得到群众拥护,红军以万余实力剿蒋介石部队万余人,打死张辉瓒全师……

6. 因此第一次"围剿"月余,又继续第二次"围剿",三个月左右,敌军步步为营,进攻苏区,正因为苏区群众拥护,结果又缴获敌军数万人,蒋介石又是大败……

7. 继续又加添部队向红军作第三次"围剿",同时蒋介石又暗地组织种种各色各样来破坏革命区域,来了三十万大军,蒋介石亲身督队。这次的战争经六个月时间,正因红军是工农军队,得到群众拥护,结果打败蒋介石三十万大军,缴蒋介石部队七个师,红军都得到三次战争全部的胜利……

8. 国民党军阀见到红军这样的澎涨〔膨胀〕,各部动摇去,各国帝国主义走狗,极力向一般群众压迫剥削……

9. 四次"围剿",战争二年时间,反动国民党集中五六十万众,红军纪律严明,群众实为拥护,结果红军又将蒋介石部队缴去六七师人,师长几个……

(注:原件缺 10)

11. 各派军阀受到红军打败之后,更为害怕起来,重新整理其残部,一方面实行他出卖民族的政策,一方面实行他炮〔堡〕垒拦路等政策,继续他们进兵向红军进攻的路线,经济封锁等的企图……

12. 五次"围剿",因靠他有了种种的布置,全中国各派军阀,阎、冯、陈、蒋、刘……起全国兵力百万有余,向红军作战,结果红军有很好的战术及正确的革命路线,解决敌十多个部分。同时有现在的澎涨〔膨胀〕,发展于国内各省,正因为政权交到群众手里来,全数群众都起来拥护,才得到这样的胜利……

13. 这五次的战争自一九三二年至一九三四年,粉碎了反动国民党部队的主要进攻,主要是工农兵合作,才有这样胜利的收效。中国革命正要各省发展平衡与打通国际路线,与苏俄联合,是以红军的野战军向北发展及和义勇军抗日。这是红军的革命任务,向东北发展大概情形,西南方面肖、贺与徐各部于西南各省发展的情形……

14. 现在各派军阀已没有方法来和红军作战,同时红军得到全国工农起来拥护,中国反革命集团已为群众所厌恶了,复用种种欺骗手段来蒙蔽,假抗日的名目来抽调壮丁,已为全国青年反对了……

我们党的同志在这目前,每个都要负起领导群众起来革命,同时要到白军队伍里去领导士兵掉〔调〕转枪头来参加工农革命这一任务。

① 中国国民党是反革命的集团。

② 各派军阀为利益地盘的冲突。

③ 出卖民族,各派军阀甘心做各国帝国主义忠实走狗。

④ 蒋介石是日帝国主义走狗,将东北数省断送给日本。

⑤ 各国帝国主义殖地冲突,瓜分中国冲突,与国民党冲突……

⑥ 各个党员都要晓得敌人的弱点,转为我们工作的优点,去领导全国革命,给党走上布尔什维克的正〈确〉道路上去,完成中国革命……

(八) 讨论

1. 建立中心县委问题

当选共 11 人:

张　宪(组)　黄举平(书)　黄明三(军)　王文生(农)

陈国团(青)　韦运祥(兵)　黄桂南(妇)　王生福(工)

韦鼎新(宣)　韦士英(候补)　韦挺生(候补)

2. 各当选的同志报告:

(一) 张宪同志报告:

(1) 民国十五年(1926年)参加农运工作,〈在田〉东向〈都〉等〈地〉,民国十八年(1929年)度党生活,在林逢①地〈方〉负〔任〕部队中书记,后负〔任〕地方土地工作,再调到六十二团的工作,调任团的书记,因六十二团叛变,即到下游参加成立下游委会,后调田东工作,不久在下游负责组织各地革命工作。自从革命以来,无管理武装与经济过的,不过有一次敌人向我围攻丢失毫洋四十元,原因是有些不管理的。

(2) 党内没有受过处罚,任过党内一切工作。民国十五年(1926年)入党,民国十八年(1929年)才过党生活。

(3) 家庭兄弟二,母一,妻嫂三,男三——共八人,现在失久了家中联络,不知道了。最初做过木匠,读书数年,后佃人家的田,每年收谷百余斤,当过小学教育数年,家里做点小生意,房子没有。

(二) 黄举平报告:

(1) 民国十三年(1924年)参加革命,十四、十五年复革命后,介绍到省农所训练,毕业后调到平马做农运工作,再后调回本地工作,到了龚贼②进〈东〉兰时,派到兰泗区与大业部队负〔任〕党代表。

(2) 民国十八年(1929年)拔哥③介绍入党,后负〔任〕了东兰临时县委〈委员〉,

---

① 林逢,属广西田东县的村、镇。
② 龚贼,指新桂系军阀黄绍竑部的团长龚寿仪。
③ 即韦拔群。

转正式县委立即负责,并兼县苏〈维埃〉工作,自七军出发后与革命失败,仍旧负〔任〕东兰县委书记。省委派道生到来,又负〔任〕右江委员与东凤县委、特委。再另调到省边负责边委,到了失败,队伍分散,回到平乐工作,因环境不好,又上黔边去,后回到西山,组织临时县委,负〔任〕书记,在党无处分过。

(据广西东兰县革命纪念馆原件复印件)

(选自中共广西百色地委党史办公室等编:《滇黔桂边区革命根据地》,中共党史出版社 1999 年版,第 44～50 页)

广西右江上游革命委员会委任令①

（1936 年 9 月 21 日）

委任令

兹委郭腾甫为广西右江上游赤色游击队第一联队第三大队第七中队副队长之职，仰该员克日到部视事，努力革命工作。

此令

右江上游革命委员会主席兼赤色游击队第一联队　队长　黄明三(印)

政治委员　黄举平(印)

（选自中共广西百色地委党史办公室等编：《滇黔桂边区革命根据地》，中共党史出版社 1999 年版，第 51 页）

---

① 注：此件抄自广西壮族自治区博物馆，圆印已模糊不清，勉强看出有"中华苏维埃共和国广西右江……"等字样，标题为编者所加。

黄明三、黄举平给郭腾甫的信

（1936 年 9 月 21 日）

腾甫同志：

本联队受群众及各革命同志委托，由大会中决定同志为广西右江上游赤色游击队第一联队第三大队第七中队副中队长职，兹将委任乙张连同志函付来到，希查收，克日就职视事，编配队伍（编配法暂采用三三制）、列册及就职日期报查。所有目前关于中国革命策略路线，以及政治军事工作，请与该大队政治委员韦挺生与副队长韩世廷妥商进行。事关革命重要，群众委托，希提起布尔什维克的革命斗争精神，努力工作，勿负斯委为幸。此致

敬礼！

联 队 长　黄明三（印）

政治委员　黄举平（印）

一九三六年旧八月初六日①

（选自中共广西百色地委党史办公室等编：《滇黔桂边区革命根据地》，中共党史出版社 1999 年版，第 52 页）

---

① 即 1936 年 9 月 21 日。

桂西区抗日救国分会筹备会敬告群众书

（1936 年 12 月 21 日）

日本帝国主义者席卷入了我们的东北四省而去后，华北亦相继没有了，绥东又在告急了。同胞们呀！我们的地方能有多大，这毕竟才有几个年头，国土的沦丧却已将近一半！

东北的同胞，是在日本帝国主义者的铁蹄下过他们的牛马的生活，妇女被奸淫，老少被残杀，壮年的征去替他们挖战壕、筑铁路。而华北呢？农民的土地，是不许种自己的麦稻，却要替他们种棉花。国家的铁路，要替他们运私货。政府机关的职员，随时被抓去。无数的青年男女，因为爱国的问题，被暗中杀害的不知几多。去年大沽河沿岸浮尸几百具，难道不是我们的同胞么？上海、青岛的工人因为不堪日本帝国主义、资本家之压迫而罢工，都被他们的陆战队直接加以摧残。公然武装保护走私，紊乱我们国家的财政，强横收买华北的棉纱厂，破坏我们民族的工业。闽南、汕头及长江沿岸各地到处潜使浪人无风兴浪，公开或半公开的开没烟赌淫窟，麻醉我们的同胞。

同胞呀！像这些事，写得完吗？我们还忍写吗？无数的汉奸正在无耻的〔地〕继续出卖我们民族的利益，他们是在替日本帝国主义者当侵略中国的清道夫。

现在除了大批汉奸外，无论政府或民众，资本家或工人、农民、学生，是没有一个逃得了日本帝国主义者直接或间接地压迫与危害。

我们是不能再忍耐了！全国的人，应不分哪一界、哪一等，立即团结起来，用整个民族的力量去打倒日本帝国主义者及汉奸卖国贼们。

看吧！绥东的将士已光荣地解除了敌人的武装，东北的义勇军在冰天雪地之中不断地摧毁敌人的围攻，陕甘诸省抗日旗帜已在空中飘扬，各地人民救亡的战鼓响〔得〕更紧了。汉奸已在战栗，敌人已在惊惶。我们相信最后的胜利是属〈于〉我们的。

起来呀！

打倒日本帝国主义者！肃清汉奸卖国贼们！组织人民义勇军！

大家加入抗日救国会！没收日本帝国主义在华的财产！

桂西区抗日救国分会筹备会

〔选自中央档案馆、广东省档案馆编：《广西革命历史文件汇集（1929.4—1936.12）》，1992 年印行，第 319～321 页〕

革命青年会目前组织简章(节录)

(1936 年)

(一)宗旨

团结革命力量在中国共产党正确领导下,实行阶级斗争,实行土地革命,实行中国共产党一切政治主张,推翻帝国主义、法西斯蒂、资产阶级、豪绅地主、国民党军阀的反动统治,建立苏维埃政权,实现工农民主独裁政治。

(二)名称

以当地农村原名为该革命青年会名称为:某县某区某村革命青年会(简称村青会)。

(三)组织系统

本会为劳动青年群众团结的过渡机关,虽独立组织系统,以村青年会为单一组织式,直属上级指导机关,为当地之县、区革命委员会(下游各县属于下游革命委员会),各革命青年会,概归革命委员会指导之下,进行工作。

(四)会员入会及中心成分

1. 资格:凡是劳苦农民工人及一切被压迫剥削分子,志愿加入革命,而具合下列条件,依照入会手续均得〔为〕本会会员。

(1)有革命决心与耐苦勇敢的精神;

(2)能绝对受团体分配工作,并受监督、批评,纠正错误及处分;

(3)严守本会所交代的各种应守秘密事件;

(4)与豪绅地主等反革命派无密切关系;

(5)无恶劣嗜好;

(6)年龄在 16 岁以上(40 岁左右具有热烈勇敢斗争性可加入)。

2. 入会手续:由会员一人以上介绍,经会员大会或执〈行〉委员会讨论的许可,填写入会表,然后听候召集开会。但凡富农分子入会,除全具合第四条件外,须经半年或一年候补期的严格审查与经过实际斗争,始收为正式会员。

3. 会员中心成份〔分〕,本会在农村以贫雇农(雇农会员另有雇农工会组织特权)、在市镇以工人为中心主要成份〔分〕,因他们受压迫剥削较重之故。

……

(原小册子封面书:"须知书,一九三六年",原件存于广西壮族自治区博物馆)

滇黔桂边区抗日代表大会宣言

（1937 年 1 月 30 日）

日本帝国主义真是蛮横得很,借着种种诬蔑,竟然在民〈国〉廿年(1931 年)九月十八日,突占我们沈阳地方,侵略我们东北四省,凡是有爱国心的中国人,个个都知道的,都引为空前未有的奇耻大辱。

慨日本吞并台湾琉球、朝鲜后,继而占了满洲,蚕食内蒙,以实现它的大陆政策的梦想,得寸进尺,得尺进尺。"九一八"事变发生后,六年于今,中国一千余万方里的领土,几将全变成了殖民地,四万万余的同胞,也将要做了亡国奴。但是日本的野心还未满足其餍,唆使汉奸殷汝耕等,组织伪自治政府,更加利用南京政府卖国贼头子蒋介石任命宋哲元等组织冀察政委会,以便其过渡到直接进兵北平天津,近来进而夺取华北五省(河北、山东、山西、察哈尔、绥远),福建名存实亡,华中又形紧急,甚至武装鸦片走私祸害中国,无孔不入。暴日这种举动,实在想要完成他一贯的侵华政策。

现在东北和华北各省各地的同胞,在日本帝国主义淫威之下,饱受烧杀奸掠,度那牛马奴隶的生活,痛苦日益深重,唇亡齿寒,未来祸患,那〔哪〕有穷止? 当此中国民族生死存亡的关头,可恨那些丧心病狂的汉奸卖国贼,俯首顺从日本驱使,严厉压迫各地救国运动,捕杀爱国志士学生,封锁救国言论报纸刊物,种种的惨剧,轰起了全国人民反日反汉奸卖国贼狂涛。最近因日本帝国主义的积极侵略,汉奸卖国贼的加紧压榨,造成农村破产,使千千万万同胞,失业失地,灾难祸苦,不堪设想,实在不胜悲痛! 可是各省抗日军队,不断向日抗战,救国团体和个人的坚持不拔的奋斗,我们可知中国人心并不全死,民族生存并不是无可挽救,因此就更令我们下一个争取民族解放的决心。

日本帝国主义非到灭亡中国不止的行动,事实上已告诉我们。然而我们断定这一天抵不抵抗呢? 则亡国灭种,危机前面。惟〔唯〕有加速一天的严重,我们为了负起"复兴民族,收回失地"的使命,我们绝对不能迟疑,徘徊观望,我们只有加紧参入抗日救亡的工作方面去。我们还是先要声明忠告,我们主张是联络一致对外,请求停止内战。排斥异己,实非中国人分内所应为,好私斗而怯公斗,实贻笑倭奴吧! 我们要联合全中国各界同胞,各政党政派,社会团体,一致团结起来在民族统一阵线上去抗日反汉奸卖国贼的斗争,实行民族革命取得挽救中国危亡登于自由独立的地位为己任。

我们知道当前革命中心任务为争取民族解放,我们相信若〔如〕果中国民族未能解放时,则对于中国内部一切改革与建设将如何的漂亮,无非代倭奴作伥,而且根本上也谈不到的。我们不理内政如何分歧,我们只要挽救危亡一致阵线上共同奋斗,若是有反对或阻挠抗日运动,而与我们作难时,都认他是日本帝国主义的走狗——汉奸卖国贼,群起而攻之,所以为着实现这个中心任务的目的,特地联结各省各地爱国志士同胞社会团体,发起组织抗日人民革命委员会,在边疆由代表大会过渡产生了,早已宣布正式成立了。

本会同人〔仁〕在不毛的地方,很觉知识与能力的薄弱,对于抗日救国方针,也是见得朦蔽。我们感愤民族危机的严重与国亡之无日,"宁作玉碎,不为瓦全",为复兴民族计,不论那〔哪〕一政党政派,那〔哪〕一阶级,革命团体军队,以至个人,同具此情,切实抗日呢〔的〕,本会竭其绵薄,本抗日救国主张与他联合,誓要驱逐日本帝国主义出华,铲尽一般汉奸卖国贼的狗命。

本会同人〔仁〕愿共奋勉努力抗日救国运动和热烈扩大宣传,唤醒边陲同胞外,希望爱国志士同胞、救国团体、抗日军队、各政党派,加以注意! 给予有力帮助和南针时指,以免向隅而避工作上的错误呵!

本会同人〔仁〕以十二万分的诚恳请愿宣告于下:

1. 本会请愿中国各政党军队一致对外,停止内战,统一民族阵线,双方订立协约政纲,热烈地积极的〔地〕向日宣战,歼灭汉奸卖国贼,收复中国失地,挽救民族危亡。

2. 本会见得中国产业落后,同时受资本帝国主义操纵,以致工人失业日增,生活不能解决。目前中国想要图存,惟〔唯〕有厚待工友,增加工资,减少工作时间,提高工友救国意识,赞许工友组织义勇军,以为抗日后盾。

3. 本会认定抗日救国的负担义务与主力,除农友莫为,我们愿望当局劝奖增加生产,减免取消征收他们的苛税。

4. 本会很佩服爱国学生沸腾的热血,表现救亡热忱很积极的,我们请愿应该不予干涉其正当救国行为,督勉其作广大宣传,唤醒同胞,在校中组织义勇军,以为抗战后盾。

5. 本会愿望国内商友和华侨同胞,极力推销国货与对日经济绝交,以免利源外溢,并踊跃输账国难。

亲爱同胞们！不愿做亡国奴的同胞们！快醒呵！团结呵！大家在民族统一阵线上为救亡抗日而斗争，为谋民族解放而斗争，一致对外，反对内战！打倒汉奸卖国贼！打倒日本帝国主义！中国民族解放万岁！

（选自云南省档案馆档案，全宗号 1106，目录号 2，案卷号 403，第 19 页）

桂西区各级抗日救国会简章

（1937 年 1 月）

第一章　总纲

第一条　以团结□□力量□紧抗日，□□□中华民族之生存与独立为宗旨。

第二条　会之名称□□各该□□□□□（如桂西区某县某乡某村抗日救国会）。

第三条　会址有可能就开设在各当地机关（如在县城区乡村公所，否！可另择宜处设立之）。

第二章　会员

第四条　除阻碍抗日救国运动工作之汉奸卖国贼外，不论党别、派别、性别，各界民众团体，诚心愿意参加抗日救国者，皆得为本会会员。

第五条　会员有选举、被选举、罢免、创制、复决及其他应享之权利。

第六条　会员有遵守本会章程，服从本会议决案之义务。

第三章　组织

第七条　每村或街中有三人至五人愿意参加抗日救国者，可组织村（街）抗日救国会筹备会。有十人以上者，即召集开全村会员大会，成立村街抗日救国会，选出理事会三人，候补一人，为该村街抗日救国会理事会，同时由理事会互选一人负责总务部，一人负责宣传部，一人负责组织部，为常务理事会，总理日常会务。

第八条　有三村成立抗日救国会以上者，即由各村派出代表大会，成立乡抗日救国会，由代表大会中选出理事会五人至七人，候补二人，为该乡抗日救国会理事会，同时由理事会互选三人为常务理事会，总理日常会务，一人负责总务部，一人负责宣传部，一人负责组织部。

第九条　有五乡成立抗日救国会以上者，由各乡派出代表大会，产生县抗日救国会，由代表大会中，选出理事会九人至十一人。再选候补二人，为县抗日救国理事会，再由理事会互选五人为常务理事会，理事会内设有总务、宣传、组织等部，由常务理事推选各一人负责。

第十条　桂西区有五县成立抗日救国会时，即召集各县代表大会，成立桂西区抗日救国会，由代表大会选出十一人至十三人为桂西区抗日救国会理事会，再由理事会互选口人为常务理事会，总理会内日常□□事务，理事会设有总务、宣传、组织、编译、情报等部，□□□理事会□□□□（军事另设县指挥部）。

第四章　理事会与常务理事会之任务

第十一条　□□□在代表大会闭会期间,为本会最高执行机关。

第十二条　理事会之职权如左:

一、执行代表大会之决议与上级之通告。

二、决定会内之预算决算。

三、讨论关于本会一切抗日救国工作。

四、必要时组织各种特种委员会……军事财政……

第十三条　常务理事会各部之职权如左:

一、总务部:处理会内一切文书、庶务、会计事宜。

二、组织部:处理一切组织调查及指导事宜。

三、宣传部:处理一切宣传事宜。

四、编译部:处理一切编译出版事宜。

五、情报部:主管录集有关时局之各种报告。

第五章　会期

第十四条　理事会村街两周一次,乡半月一次,县一月一次,桂西区三月一次。有必要时随得开临时会,均由常务理事会召集之。

第十五条　常务理事会村或街三日一次,乡五日一次,县每周一次,桂西区两周一次,必要时开临时会。

第六章　任期

第十六条　村街理事会任期三月,乡半年,县一年,桂西区二年,省三年,得连选连任。

第七章　经费

第十七条　□□□□及募捐充之。

第十八条　□□□公布日施行。

第十九条　□□□未尽事宜,由本会全体理事会或三县以上之提出,□□大会通过修改。

一九三七年一月印发

(原件存于广西壮族自治区博物馆)

(选自中共广西百色地委党史办公室等编:《滇黔桂边区革命根据地》,中共党史出版社1999年版,第53～55页)

中共广西桂西区上游中心县委通告(第一号)

(1937 年 1 月 27 日)

检阅过去党的工作与目前新的工作任务布置

上游中心县委近来接到中央和省委新的策略政治路线并桂西区委通告指示整个上游工作,所以于旧〈历〉十二月十日召集各地党的负责代表会议,讨论新的工作转变方式,除省边凌凤、万岗的党,因交通关系没有代表参加外,其余的党均到齐。兹将开会经过情形及决议案录出,各地党机关接到此决议案时,应即召集该地党的工作人员,详细讨论布置进行工作,使我们的党今后在中央及省直接领导之下,得到新的发展新的任务。

上游的党,自从第一次代表大会之后,各级都有布尔什维克进攻精神,领导工作较前积极,发展组织较进步,但是还有许多不够的缺点如下:

1. 党的领导方式还是机械得很,还不能克服了家长式的命令方式和包办主义,所以许多工作同志,大半由负责人分配好了,就叫那位同志去做,使分配工作同志没有了解或讨论各种工作的机会,或且万般都由党包办去做,不知推动大多数群众去做,这些应纠正的。

2. 党把入党的资格提太高了,让许多忠实勇敢坚决的群众留在党门外,不注意去吸收进来,所以这次上级批评"右江党在几年来发展不到一百人"犯了关门主义与冒险主义,我们诚心接受的。再而我们上游前次所计划各支发展数量与一切工作,没有如期达到完成,假使我们仍是这样下去,在残酷斗争,必定受到塌台的,革命必受到损失的。

3. 党的教育党的关系特别差,没有经常开会,没有教育同志与教育群众,读报谈话极少,上下级互相不〈通〉工作情况,以致党员不知做党的工作,有个别存着尾巴主义,这是党应设法纠正克服之。

(一)组织

A. 领导机关的组织:

1. 上游中心县委,设常委三人执委七人,分工书记、宣传、组织,支部如旧。

2. 党应该与周围区委之组织取联络,以收工作效果。(如贵州南丹等)

3. 今后的党应该与上级的党取紧密的联系,并且每月将工作情形向上级作报告一次。

B. 发展组织：

1. 过去党采取关门主义，所以我们工作区域虽然这样广大，群众基础虽多，但是检查我们组织，都是不够的。在这反日情绪日益扩大的目前，无数的热情群众是卷入了革命旋涡中，若不改变过去的方式，是不能配合目前新的政治形势，因此右江的党在现在是须要增加党员一倍或数倍，以开展我们的组织去应付这新的政治使命。

2. 在目前区委暂时规定每个同志在这个月中至少介绍一个新同志，但是要避免拉夫式的介绍。所以我们给各支部发展数量如下表（省边不在表内）：

区　　别	中一支	陇二支	果三支	中四支	东五支	安六支	兰七支	万八支	凌九支	丹十支	荔十一支	陆十二支	都十三支	平十四支
原有党员														
发展党员														

3. 凡新同志须经过三个月的工作的表现与受党的教育，才得为正式党员。但是这种预备党员的期间，不必机械的〔地〕应用。各支应斟酌党员的成份〔分〕，其环境得延长或缩短之。

4. 发展党员一倍的工作，在区委决定年底完成，但我们的时间关系，再延至来年正月底止，各支务要努力达到这个组织的计划。

5. 所有组织过的县份，很快的时间派同志去建立新的一个支部。

C. 怎样改变过去工作方式：

1. 每个同志都应该直接参加群众组织中去。

2. 凡抗日团体及公开任何群众组织。我们同志都应该找路线进去，在里面组织党团，起领导的核心作用。

3. 现在除了党的秘密组织以外，一切群众组织都应尽可能的〔地〕使公开。

4. 右江上、下游革命委员会改为桂西区抗日救国分会筹备会，各县改为县抗日会、乡抗日会、村抗日会，各小组，以前所有的赤色游击队改为抗日义勇军。（组

织法另发）

5. 各地青年会改为抗日会。

6. 每个同志都找一个社会关系，以便公开活动，不可能□□□一个职业，今后我们须把〈握〉"党员养党，非党养党员"的精神。

7. 今后党的组织关系，对于纵的关系须紧密，对于横的关系缩小到工作的范围以内，以避敌人与叛党分子破坏。

8. 不能公开行动的同志应尽量对调。

9. 今后除了武装队伍居于偏僻之处外，一切党领导机关及同志都须在工作便利的地方。

（二）宣传

A. 教育：

1. 县委的宣传部，现设法成立党的干部训练班。

2. 各支部至少须定阅报纸一份。

3. 每次支部开会时，都推举一个同志负责报告时事。

4. 每个支部组织一个列宁小组经常讨论政治变化或理论问题。

5. 每个政治水平线及文化较高的同志应教育一个以上的同志。

B. 刊物：

1. 各地党应该尽量的〔地〕利用公开关系，定阅或要求赠送各种前进之刊物。

2. 各地党应该成立一个流通[动]读书馆。

3. 各地公开报纸或刊物，党应该尽量动员我们的群众去投稿，并须找关系打进去起领导作用。

4. 各地党的宣传部应经常地帮助及审查各群众团体所出版的公开壁报或宣传品。

5. 各地应健全的发行网，使我们的宣传品文件及刊物得迅速传送。

C. 群众宣传工作：

1. 每个同志应负教育三人以上的基本群众，每个基本群众应负责教育普通的群众一个以上。

2. 一切我们所办的群众教育团体，党的宣传部应时常负责注意其教材成绩。

广西桂西区上游中心县委

注：据黄举平谈，这个通告是根据中共中央关于建立抗日民族统一战线的指示精神，由中共桂西区上游中心县委讨论后写成的。

（选自中共广西百色地委党史办公室等编：《滇黔桂边区革命根据地》，中共党史出版社1999年版，第58～62页）

右江上游革命委员会通告(第一号)

(1937 年 1 月 27 日)

自从"九一八"到现在,已有五个年头了,在这几年当中,强暴的日本帝国主义得寸进尺侵占东北、华北,继而侵入华中、华南,企图将整个中国独吞;完全变为日本帝国主义的殖民地化。然而卖国汉奸蒋介石,拥有数百万兵力,不去抗战便罢,反而挑起内战,不断的〔地〕向抗日红军"进剿",所有的飞机大炮,都向工农劳苦群众轰炸,镇压抗日运动,竟〔进〕而将黄河以北半个中国断送给日本帝国主义。现在汉奸李守信又进攻绥东,而抗日将士正在冰天雪地抗战中。

今为要挽救民族危机,不为亡国奴,保卫中国民族解放独立自由与土地之完整,只有新的救亡政策——联合战线——才能挽救,故不论军政工农商学等,在朝在野,男的女的,亲者仇者,老者少者,在整个民族未得到解放以前,不分阶级,不分党派,不分任何军队,不攻击任何人,过去一切旧账不算,新仇不结,只要同情抗日除奸,大家联合起来,收复中国失地,这种联合战线的策略,是中国民族解放唯一的道路,现在各省都有相当布置工作,有无数热情群众卷入革命□涡中,有许多军政领袖因抗日洪潮而同情于联合战线,很明显的(如张学良赞成抗日除奸即扣留蒋介石等十余人于西安)。

上游革命委员会接到上级指示,在新的政治策略——联合战线之下,我们的工作也随着新的改变,若不改变不能配合目前新的形势,不能争取多数群众团结革命周围,因此上游下游革命委员会,合改为桂西区抗日救国分会筹备会,各县、区、乡革命委员会与青年会改为县、乡、村各小组抗日会(以前区革委改为乡抗日会,乡革委改为村抗日会,村以下改为小组抗日会)。

赤色游击队改为抗日义勇军,其编配组织原则俟后再发。

各县区革委接到此通知后,随时召集各负责同志详细讨论工作,特别解释联合战线意义,给每个革命群众了解,各级讨论完毕,将情况报告上级为要。

右通告

××区革命委员会右江上游革命委员会

(据广西壮族自治区档案馆复制件抄件)

(选自中共广西百色地委党史办公室等编:《滇黔桂边区革命根据地》,中共党史出版社 1999 年版,第 56~57 页)

周恩来关于与张冲谈判结果向中央的报告(节录)

(1937年3月4日)

各边区的负责人(我只记得鄂豫的高俊〔敬〕亭,闽浙赣黄立贵、闽粤边张鼎丞、湘赣粤边项英、陈毅,湘鄂赣边、豫边、滇黔边均不知接头)。

周恩来

一九三七年三月　支酉

(选自《中共党史资料》2007年第2期,第10页)

中共南方临时工作委员会给桂西区特委的指示信(节录)

(1937 年 3 月 22 日)

桂西区特委:

在你们省委总的工作报告中……目前要急切进行的向你们提到几点:

(一)……我们已将"抗日反蒋"的口号改为"促蒋抗日",……你们应立即:

"拥护李白总副司令对日焦土作战主张"!

"要求李白总副司令立即出师北上抗日"!

"要求李白黄实行对'三中'全会救亡提案"!

"抗日军队联合起来,组织抗日联军"!

"国共两党合作起来共同抗日"!

"促进国共合作抗日"!

"破坏国共合作就是汉奸"!

这些口号,他们接受我们是胜利的,不接受我们也是胜利。同时,你们必须加紧宣传国共合作的意义,向群众明白指出我们党对于抗日救国的勇敢忠诚……

(二)……国共合作已在宁府提出(张冲与苏联代表南下,潘汉年为驻宁府代表,周恩来为驻西安代表〔讯〕),进行商谈的消息传播中外报纸,热烈登载,南方党与红军游击区,在这紧急任务下,应加紧动员,向国民党及其军队进行协作谈判,你们应立即:

1. 向桂军宣告:日寇占领和实质统治中国三分之一的土地……为此,整个民族到了生死最后紧急关头……桂西红军游击队早就愿意与桂军联合北上抗日,像西北军与中央红军一样建立抗日联军,可是竟被你们拒绝……要求你们停止进攻我们,在保障安全的条件下,派代表到游击区或革命委员会区域或安全地带(香港、澳门)谈判。关于谈判的进行,首先,你们须动员同志作广泛的宣传,同时,须写信寄到桂军、各县政府、各县党部去,向他们建议国共合作,具体提出合作步骤和方法。信不要写得太简单笼统,要搜出丰富的政治材料,参照"八一宣言""致国民党书"〔的〕通俗的〔地〕、生动的〔地〕、恳切的〔地〕写出,并寄给报馆要求发表。

2. 谈判内容应在抗日救国战斗纲领和不干涉政治上活动与组织上独立存在发展及宣传鼓动与批判自由三原则之下提出:

(1)游击队停止活动;

（2）游击队的名义可改为民族自卫军或抗日讨贼军,在抗日行动中可受桂军指挥;

（3）在未得中央红军调动集合以前,在原地区驻守,双方不得侵犯;

（4）在对日作战〈中〉进入友军区域,红军给养能得到保证,红军不得干涉友军地方一切行政事件,并愿遵守友军一切关于社会的法律和法令;

至于后方取得何项要求,立即交到省委和我们审查,告诉他们已交领导机关,××天可以答复他们。

3. 开始进行传达公布与意见,主要供你们自己直接推动当地乡村长名流小学教师,首先与其发生关系,以致〔至〕派出代表谈判。同时,由我们这里或省委派上层工作人员与李白①以致〔至〕桂西各县县长,共同配合推动,谈判方式和协定内容,要公开和秘密完全尊重双方意见,不带任何滑头和伪善的行为。

4. 在国共谈判的内容尚未传达到以前,我们与国民党桂军首先争取建立和平关系,至少可以减少他们的进攻和封锁与伸展我们力量的困难。这要不断的〔地〕灵活的〔地〕适当的〔地〕去运用各种不同策略和政治上的动员,以最大的诚恳,最大的宽容去进行一切有利于抗日救国的推动。纠正个别同志报复主义和等待国共合作谈判的成功,统一战线可以自然到来,而取消我们工作的机会主义观念。

（三）在谈判进行中,丝毫都不能减弱我们扩大党与武装部队的组织。我们应执行中央苏维埃的迅速灵敏组织策略,动员同志武装队伍及抗日会员,编成各种各式的突击队、挺进队、十队、八队化装出发到桂军驻扎周围与之发生联系,开展抗日宣传,灌输民族战争光荣历史(如东北义勇军、长城淞沪、十九路军、绥远各战役),具体提出"停止一切内战,枪口对日""保国为民为军人天职""保护爱国运动""联合北上抗日""反对日本帝国主义",〈反对〉汉奸的〔武断〕宣传〈口号〉,挑拨〔揭露〕中国人杀中国人、亡中国人的阴谋。要求各级各界组织武装起来,保卫华北国防,推动组织国防政府、抗日联军,在国防政府领导下,有抗日联军作先锋,有千百万武装民众后备,有日本及其他先进国家无产阶级和平的爱好者,有全世界的弱小民族被压迫民族,更有世界的和平堡垒无产阶级的祖国社会主义苏联都同情中国革命,作我们的后援。因此,我们深信我们必然战胜日本帝国主义。在进行宣传鼓动中,我们一刻都不忘记士兵和民团日常迫切要求,把他们日常迫切要求和我们斗争的纲领联系起来。

我们与桂军民团及其他民间武装组织之间存在严重的隔开〔阂〕与对立,这必

---

① 李白,这里指李宗仁、白崇禧。

须克服打破,切实研究检查进行向桂军民团开门,依据实际环境的要求在部队民团中建立反日反汉奸组织,这就要求士兵民团工作当作群众工作看待,竭力争取一切可能甚至最小的机会,利用公开合法形式、半公开的团体(话剧社、唱歌团、多种学习研究会、各种封建原始组织各种同盟会⋯⋯),把自己工作重心移到那里。纠正对桂军民团的不正确估计,克服害怕士兵民团没法工作的观念,抛弃公式工作方式与破除老例,造成士兵民团工作为一个思潮,在实际行动与严密检查中,要把这工作提到第一位。

⋯⋯关于干部,现在我们准备派几位同志来这里参加你们工作⋯⋯

中共南委①

三月二十二日

(原件存于广西壮族自治区档案馆)

---

① 文中的"南委"应是"中共南方临时工作委员会"。

中共南方临时工作委员会给中央报告提纲(节录)
——华南形势、党的组织、工作检讨和今后任务

(1937年3月28日)

二、西南民众援绥、援沪运动的扩展及西南、西北和平解决的推动影响〈下〉,西南当局的统治环境也变了:余汉谋继续发表其四〈项〉主张——解放民运、释〈放〉政治犯、停检新闻、废苛什,要求停征洋米税,创建广东防务,与徐景唐、李洁芝、李熙寰要与抗救团体联系,反对行营逮捕爱国分子。李汉魂在潮汕捕杀汉奸已有3次,允许设立潮梅防私、缉私总会——设水陆缉私关卡,增缉私队,派县检巡等。各中委对三中全会积极提抗救案,部分资产阶级——香港罗文锦等及上级军事长官157、158①等接受抗日主张,同情广西,逐渐团结在抗日阵线周围来。但救亡运动还没能切实、积极进行,存在着动摇、等待,摧残、统制群众运动仍然继续,向闽粤边、闽西、〈闽〉北、云桂边的红军游击队继续进攻。为要维护其统治权位,依然害怕革命、害怕群众。党的口号被少数军阀篡为争夺南京政权的口实。

三、我们的工作

……

在建立联合组织与共同行动中,我们得到一些成绩:

……

6. 义勇军:在桂林、南宁、梧州、汕头、龙〈川〉、开平、中山已成立队、大队,约200余,漳南有5个大队,已与民团、抗先队、抗日锄奸同盟、南区总发生联系。总政部设〈在〉香港,分配到各地工作者有23个干部。

7. 广西各抗救会,有抗日锄奸同盟、抗日反法同盟(桂南)、抗日青年同盟(桂西)、劳动农会,约5万众。

……

10. 群众大会与游行示威:在广西每逢纪念节、新事变,不断地举行,由当局下令,包办会场,走上民众自动举行。在中心县:郁、梧、武、陆、博、甸、呆……推动到各县,共同向各中心各县号召。

……

———————————

① 157、158是上级军事长官的代号。

党的组织：

市委——香港、广州、梧州、南宁。

市临委——桂林、汕头、厦门、福州。

区特〈委〉——桂西、闽粤边。

特区临委——浔江、郁江、珠江、韩江、闽南。

军团委——南宁：干校、军校、△连、桂西、梧州、19 路军官团（由五人委管理）。广州：台山、番禺、保安队、19 路失业（军人）、燕塘、159 师（由三人委管理）。

……

各游击队、红军现状：桂云边梁△△有 1200 余人。八队武装，△桂军三团近开至靖西、镇建边逐，乃化零分驻富川、镇建一带，与路南、路北之间△△发生联系。左、右江上下游的两个联队已改为农民抗日队，分布田东、向杲（都）、那隆、都万（安）、饰防，这几县建立联防，在抗日会组织区里要有抗日会的关防才能通过。正进行建立抗日县政府，近与贵州抗日义勇军取得联系，组织了有瑶、夷〔彝〕族参加的武装队伍，发展的方向在桂、贵、云，桂与桂西先形成合抱组织，向百色主要城市开门，东与邕江区汇合。

……

五、南方党今后工作

坚决执行中央西安和平及三中全会后新形势的决定来布置工作。

……

3. 建立云贵边、云桂边、闽西、闽北、韩江上游各赤区的红军游击队的联系，在已有关系的立刻传达、执行新决定。在各省附近的武装组织——红、游召集联席会、建立集体领导。

……

5. 创立云南、贵州党的组织，建立广东、福建省临委，成立广西省委，切实推动、执行在群众组织中建立党的组织。每个支部同志建立与参加群众组织和创造没有党、没有群众组织的地区工作。

6. 训练干部：争取建立公开训练场所，训练各地公开干部，征调 5 人至 10 人到中央苏区训练专门人才。

7. 宣传教育：《战斗》按期（年、月）出版，恢复南区总机关报，建立文特支的刊物，有计划、有中心的〔地〕争取各原有刊物、报纸登载中心文章，扩大与恢复文化合作社,推销先进报纸、刊物,特别是福建、云桂贵边武装区周围去,建立情报网,建立港、沪交通网。

开展反关门、冒险与右倾取消主义的斗争。

......

南委

3月28日

(选自中共广西百色地委党史办公室等编:《滇黔桂边区革命根据地》,中共党史出版社1999年版,第67~70页)

中共广西省工作委员会工作决定
——第二次全体会议通过

（1937 年 3 月）

一、策略与口号

在西安事变时,我们的策略与口号的决定,因为当时对政治材料不足及情况不明,对于革命的主观力量估计过高,犯了过左的错误,虽然此次代表大会前没有左倾性,但左倾路线的残余显然存留着,口号和群众组织（文协）有意或无意的〔地〕与广西政府对立着,在公开刊物或书报、论文内也超过了政府规定的范围。

二次全会通过了南委对广西党的策略的决定——督促推动抗日反汉奸的主张去执行,努力争取同盟者和我们跑〔走〕向国共合作,建立国防政府、抗日联军;接受了南委的口号提出——要求中央政府拨款完成广西国防建设,拥护抗战主张,实行总理三大政策,实行"三七五"减租。认为这些策略都是正确的民族革命,现阶段的群众要求。

二、过去工作的检讨与今后工作的改进

对组织问题

1.过去组织没有健全,各县、各特区的工作报告都过于简略,使省作〔工〕委不能切实了解各地工作,而使所有一切指导都不能把握着实现;组织系统也不能划清,除□□区成立特委外,□□曾建筹委,但尚不能起作用;□□□尚未建立起筹委会的工作,形成无系统的指导。

2.省作〔工〕委必须提拔两个较得力的同志来充实本身组织,改组右江中心特委领导能力,不仅宣传、组织支部,〈还〉要扩大组织和加强各自独立能〈力〉和划分各部的□□□□□□,而且工运、农运、妇运、青运,上游与下游都要指定同志负责,由该部□□□□□□□。

3.今后组织系统必须划分清楚（省、特区、县、市、区、支部）,使组织系统明朗起来。省作〔工〕委决定□□□、任□、江□□四特区报□市和两特支（□□、□□）外,尚要把各区统一,县分□□□□分,省作〔工〕委立即分派同志把□□江特筹委恢复,和新建立□江和□□江两筹委,然后再召集当地党代表会议,产生正式特委,在未产生前,筹委书记必须由特派同志担任。

对宣传问题

过去对宣传工作错误，是因为对联合战线没有深刻的〔地〕正确了解，特别在南委、省作〔工〕委忽略对着公开的控制，除了"中国人不打中国人"联合战线的文艺理论外，我们同志投稿少得可怜，很多我们没有投稿，我们同志埋怨人家不出力，有同志的态度应付。这些观念都没有纠正，他们□□□□学口头宣传（工作的□□□）等等的决定，都必然产生错误的。二次全会决定：

1. 指定各特区宣传部严格督促该区同志负责，充实当地公开报刊内容，□□□□□，邕市充实《南宁日报》副刊，浔江充实《梧州报》副刊，桂林充实《广西日报》副刊，□□□□□同志《民团周刊》；□□□充实《创导》。

2. 至于我们影响下的学校、机关都要有壁报，尤其是农村壁报和城镇壁报。

3. 用学联或别的公开民众团体，发起救国宣〈传〉竞赛，要利用学生会，组织宣传队到群众中去，和在学校中、群众中，组织时事讨论会或各种研究会。

4. 二次大会规定了每个星期六，每到星期六这天，各同志都要亲自起来宣传。

军运与□□□工作

过去党同志都充分了解军运意义与□□系统，致妨碍了这工作的发展□□□。

[选自邓海燕、李府华主编：《中共南宁地方历史资料汇编·抗日战争时期（1937.7—1945.8）》，2006年印行，第63～64页]

中共桂西区委给各级党的同志们的信

（1937 年 6 月 30 日）

各级党的同志们：

党的工作是不能机械的，应随时随地的〔地〕灵活运用正确的策略，配起政治形势的转变，使党冲破了环境的包围，而自由的〔地〕广泛的〔地〕开展起来！

中央红军与苏维埃政府根据中国政治形势——日本帝国主义的侵略和汉奸野心的猖狂，而转变过去的工作主张，联合各党各派共同对日作战，经向国民党及全国人民宣言，诚恳地要求对内和平，停止一切内战，集中全国力量，共同抗日，始有今日国共合作谈判的效力。

桂西区为着希望国共合作的成功，整个主张的实现，特向广西政府及各党派各军政领袖及全体武装战士宣言，现已进行谈判。

各级党的同志们！大家希望广西政府和我党合作实现，应有高度的布尔什维克的精神克服过去的工作缺点，迅速地灵活地进行新的策略路线。应注意目前工作几个问题：

1. 扩大的普遍的宣传国共合作及广西政府和我党合作的需要；

2. 特别加紧党的工作，使有系统的具体领导；

3. 避免和广西政府对立的一切行动；

4. 武装停止游击活动。

（一）今我党要求国民党统治下的广西政府实行下列条件：

1. 停止向我党与红军游击队进攻及一切内战，集中全省力量一致对外；

2. 言论、集会、结社之自由，释放一切政治犯；

3. 召集各党各派各军的代表会议，集中全省人才，督促南京政府共同抗日救国；

4. 迅速完成对日抗战之一切准备工作；

5. 改善人民生活。

（二）我们为了团结全省一致抗日的目的，愿意向国民党及广西政府保证实行下列条件：

1. 停止推翻国民党及广西政府的方针；

2. 红军游击队的名义改为国民革命军，抗日行动中可受指挥；

3. 红军游击队停止游击活动；

4. 在未得中央红军调动集合令以前，在原有地区双方不得侵犯；

5. 在对日抗战，进友军地区，红军给养能得到保证，红军不干涉友军的一切行政事件，并遵守友军一切关于社会的法律和命令；

6. 实行抗日民族统一战线之共同纲领。

以上各种问题，希望各级党的同志们，大家留心地积极地讨论，进行如何，希望有报告前来，并将党及武装的一切实际情形报告俾得整个计划为要，并祝布尔什维克的精神！

县、区、乡负责同志！

桂西区委　六月三十日

□□中心县委印发

（原件存于广西壮族自治区博物馆）

（选自中共广西百色地委党史办公室等编：《滇黔桂边区革命根据地》，中共党史出版社 1999 年版，第 71～72 页）

中共桂西区中心县委关于抗日时期党的工作策略等问题的指示信

（1937 年 6 月 30 日）

桂西区为着希望国共合作的成功、整个主张的实现,特向广西政府及各党派各军政领袖及全体武装战士宣言,现已进行谈判。

各级党的同志们! 大家希望广西政府和我党合作实现,应有高度的布尔塞〔什〕维克的精神克服过去的工作缺点,迅速的〔地〕灵活的〔地〕进行新的策略路线。应注意目前工作几个问题:

1. 扩大普遍的宣传国共合作及广西政府和我党合作的需要;

2. 特别加紧党的工作,使有系统的具体进行领导;

3. 避免和广西政府对立的一切行动;

4. 武装停止游击行动。

（一）今我党要求国民党统治下的广西政府实行下列条件:

1. 停止向我党与红军游击队进攻及一切内战,集中全省力量一致对外;

2. 言论、集会、结社之自由,释放一切政治犯;

3. 召集各党各派的代表会议,集中全省人才,督促南京政府共同抗日救国;

4. 迅速完成对日抗战之一切准备工作;

5. 改善人民生活。

（二）我们为了团结全省一致抗日的目的,愿意向国民党及广西政府保证实行下列各条:

1. 停止推翻国民党及广西政府的方针;

2. 红军游击队的名义,改为国民革命军,在抗日行动中接受指挥;

3. 红军游击队停止游击行动;

4. 在未得到中央红军调动集合令以前,在原有地区驻守,双方不得侵犯;

5. 在对日作战,进友军地区红军给养能得到保证,红军不干涉友军的一切行动、条件,并遵守友军一切关于社会的法律和命令;

6. 实行抗日民族统一战线之共同纲领。

以上各种问题,希各级党的同志们! 大家留心的〔地〕积极的〔地〕讨论,进行如何? 希望有报前来,并将党及武装的一切实际情形报告,俾得整个计划。为要。并祝布尔塞〔什〕维克的精神!

县、区、支负责同志

桂西区中心县委

注:本文来源于广西区党史办资料室 A2204 号资料。

[选自邓海燕、李府华主编:《中共南宁地方历史资料汇编·抗日战争时期 (1937.7—1945.8)》,2006 年印行,第 65~66 页]

中共广西省工委通告(第三号)

——关于上层联合战线的介绍

(1937年上半年)①

各级同志们:

救亡联合战线的口号,已经是整个中国人民的口号了,(在这个口号)已经被人民接受在行动中,证明他〔它〕的正确性。

过去我党在广西对上下层的联合战线,还未能切实配合起来。如何加强这个联合堡垒呢? 这是我们过去对上层联合战线的忽略。省二次会认为党同志对上层的联合的运用尚不注意。具体地说,或者不会运用,或运用的方法不灵活。过去我们的缺点是:(1)各地同志对上层分子怀疑,不肯接近他们,说服他们来帮助我们去推动工作;(2)对表示同情我们的人,为着地理上的关系,没能够和他们经常联合,又不能介绍到当地的同志去和他发生关系,致使失去了上层运用的功能,好像××长,××长等,有许多同志是认识他们的,但是在当地对上层运用还是薄弱得很。

我们知道,在广西各地的同情上层分子是有许多的,省委认为需要加深去和他们联络,推动他们,使他们建立起上层联合的堡垒,配合到下层联合绝大的保障,所以各地的同志务须注意去物色,尽量去推动,在每次召集各级会议时,都要经常地提出讨论,把他报告到上级去,这是建立上层工作的最好方法,我们千万不可忽略,我们时时刻刻都要设法灵活地去运用,我们发展上层的组织,就是建立下层广泛群众的最有保障,最有希望的唯一条件。

各级同志们,努力吧,光明的路摆在我们面前,不要迟疑哟!

注:抄录自广西壮族自治区档案馆复制件。该件是区档案馆根据广西壮族自治区博物馆所收集到的抄件抄录翻印,原文标题为《省作委通告(第三号)》。

[选自邓海燕、李府华主编:《中共南宁地方历史资料汇编·抗日战争时期(1937.7—1945.8)》,2006年印行,第324~325页]

---

① 原件没有发布的时间。年代是根据文件内容判定的。广西省工委的第二号通告于1936年12月17日发布,此件既是第三号,从内容上来看,当是1937年上半年发布的,因文件内未提到"七七"事变的事。

中共中央关于南方各游击区域工作的指示

(1937 年 8 月 1 日)

根据目前统一战线开展与抗日战争将要开始的形势,各游击区域为着实现党的新政策开展统一战线工作,保存与扩大革命的支持点的目的,应该依据下列原则,配合当地实际情况,灵活的〔地〕全面的〔地〕改变自己的一切工作。

(一)政权问题。争取地方政权实行普选的民主制度。进行的步骤是:(1)已建立苏维埃政权的地方,取消苏维埃的制度,采取国民党现有的政权组织形式,用普选的方法选举保甲长、分区长,保障政权实际上仍在党的领导之下。(2)凡游击区域没有旧政权的,同样建立现有国民党式的政权,有旧政权的,则力争旧政权的民主化,争取党的领导。(3)邻近游击区域周围的国民党区域,我们必须利用一切旧关系打进旧政权中,去充当保甲长或区长及职员等等,尽量实施一切有利于人民的事业,如实现民主,改善民生等。

(二)土地问题。停止没收地主土地财产,注意改善群众的日常生活,领导群众的日常斗争,争取与团结群众在党的周围。(1)尽可能利用一切合法的斗争方式,求得群众生活的改善(如增加工人雇农的工资,改良待遇,减租,减息,减税)。(2)利用国民党旧有的组织,如农村复兴会与合作社等等,到里面去工作,真正在为群众谋利益的过程中去取得领导。没有这类组织的地方,组织这类合法的组织。这类工作,也应该完全利用合法的形式。(3)在已没收分配土地的地方,注意保障群众已得的土地革命利益。豪绅地主至多只能与一般人民得到同等的利益。(4)已被移民的地方,应该用各种方法争取移民回家,设法解决其土地、耕具、房屋等问题。

(三)武装问题。在保存与巩固革命武装,保障党的绝对领导的原则之下,(1)较大的红色部队,可与国民党的附近驻军或地方政权进行谈判,改变番号与编制以取得合法地位,但必须严防对方瓦解与消灭我们的阴谋诡计与包围袭击。(2)改变番号与编制后,部队中可成立队长与副队长,政治处主任及总支部书记的三人的党的秘密委员会,领导部队中一切工作。党的工作与政治工作均须改变以适合于新的情况。(3)脱离生产的小的地方性的游击队、游击小组,原则上可一律变为民团,以取得合法地位,不可能时,仍可非法存在。(4)赤少队取消,有计划有组织的〔地〕改变或混编在当地壮丁队、民团中去起作用。(5)未与国民党政府及当地驻军确实谈判好以前,则我们的一切武装部队,可以自动改变番号,用抗日义勇军、抗日游击队等名义,根据党的新政策,进行独立的活动,继续开展统一战线工作,以灵活的游击行动,去发动与组织人民,建立党的秘密组织,捉杀汉奸,扩大党的新政策的影响。但在取得与国民党驻军停战谈判机会后,即顺用大力量,利用时机,进行整顿与训练,并掩护当地群众工作。用一切方法提高部队每个战斗员的政治水平及坚定的意识,防止一切收买利诱分化的阴谋。(6)关于部队给养问题,在未与对方谈判好以前,我们可采取由富有者募捐的方式募集钱粮。只有确实是汉奸的财产,才采取没收的办法。

(四)群众工作问题。(1)在顺利的条件下,原有苏区及游击区域已有的群众组织应保持其存在与巩固。加强群众组织的民主化与党的领导,改善群众的工作方式与方法,使之成为团结广大群众的组织,纠正党代替包办群众团体和改变群众团体为第二党的倾向。(2)在顺利的条件下,如果革命的群众团体还不能公开的〔地〕存在时,党应当根据当地的实际环境,利用一切合法的可能与组织形式去进行组织群众的运动。(3)在改善群众的日常生活,争取人民的权利,动员人民参加抗日的民族革命等群众运动与群众斗争中,党必须及时注意防止与纠正"左"倾关门主义与盲动主义以及右倾的尾巴主义与失掉阶级立场的投降主义的错误。党时时刻刻应当注意能去团结与领导千千万万的广大群众参加到抗日的民族统一战线中来,这是领导群众的基本方针。(4)必须有计划的〔地〕去开展四周国民党区域的群众工作。

(五)对国民革命军工作。现在我们对于国民革命军工作的方针一般的不是瓦解它,而是采取争取其官兵共同抗日的方针。(1)站在抗日的民族统一战线的立场上,向官兵宣传解释我党的主张,首先是以和平统一团结御侮的主张,去争取停止内战,互不侵犯,以至进行和平谈判,成立协定。(2)利用一切机会去接近下级的官佐士兵,提高官兵政治的民族的觉悟与抗日情绪,建立党的秘密组织,从部队的日常生活出发,逐渐的〔地〕进行改善士兵生活,改良部队的纪律组织与教育。(3)但在它们继续向我们进攻时,我们仍应坚持自卫的游击战争。

对于民团,一般的要同样采取以上的方针,但顽固的反动的民团与土匪,坚持与我们作对者,争取不可能时,可以以政治瓦解与军事进攻消灭之。在我们和当地驻军与政权谈判好时,可同它们共同解决之。

(六)关于党的组织与工作。(1)普遍建立党的秘密组织。无论是苏区、游击区,党的组织必须全部变为秘密的组织。不必公开的干部与党员,不应该在群众中以共产党员的面目出头。对于党要注意秘密工作的教育和执行。对于在政权中工作的党员或左派分子,决不要他们直接做党与群众工作,仅能做群众工作的掩护者,只能在他的地位上做他自己可能做的工作,如政权的民主化,以及经过政权力量减少人民的压迫与剥削等等。(2)必须改变党的领导方式与工作方法,首先要把党的工作与其他政权的、武装的、群众的工作方式分别清楚,不能混淆,不能代替包办。要真正建立党团工作,一切工作经过"党团"。党不应直接干涉其他组织的独立工作。不仅政权中、群众团体中应当广泛实行民主制度,即党内在可能条件下,亦应发展党的民主,实行集体的讨论与党的领导机关的选举。(3)有组织有计划的〔地〕以马克思列宁主义重新训练党的干部与党员,了解党的新政策。要有计划的〔地〕有系统的〔地〕举办党校与训练班。

(七)解释工作的重要。必须在党内外解释在建立民族统一战线中上述这种改变的必要。但同时应该指出,同国民党求得和平妥协,需要我们长期忍耐的工作与不屈不挠的艰苦斗争。在没有和平以前,一面要进行坚决的自卫战,一面又要坚持统一战线的工作求得和平。在和平之后,我们的任务不但不减轻,而且更为加重了。我们仍应保持过去十年来艰苦卓绝的革命传统,在新的条件下为执行党的路线而奋斗。

〔选自中共中央文献研究室、中央档案馆编:《建党以来重要文献选编(1921—1949)》(第14册),中央文献出版社2011年版,第415~418页〕

朱鹤云关于滇黔桂边区情况的报告

（1937 年 8 月）

A. 客观形势

I. 群众生活：

① 文化风俗习惯：

滇：区乡有初级小学,富州有高级小学,学费不论有无学生均挨户征收,乡村有私塾,每年用包谷(即珍珠米)五六百斤请老师;至于桂边均有乡村小学文化较高。农民极封建迷信,有病则信鬼而不信药,每有巫女唱土歌驱鬼则有数十青年男女和之,通宵宣〔喧〕闹不休。婚丧喜事则沿旧习,花费极大。婚姻为召〔招〕赘制,间或也有互换上门等,情歌极盛。

② 政治组织：

完全为封建政治(滇〈省〉),人民不懂政治,见区乡长则如同见老虎一般只有唯唯听命。

不定 10 户

滇：县—区—乡—闾—村—户

完全为军阀地主豪绅担任。　　　（祥□）

100 户　　10 户

桂：县—区—乡—村—甲—户

三位一体,均受 6 月以上训练。

③ 军事组织：

长〔常〕备队在城市(因受过训练,略有战斗力),后备队在乡村(没有战斗力);另有缉捕队、堵剿队、预备队等等,武装铜炮(即旧式之单子或火枪等)占 60%;另有专事镇压革命之"广(南)富(州)剿匪独立营"之小军阀组织少具战斗力(不过营长龙汉斗已死,部队因水土不服 300 号人中病死去一百余,病倒抬回者四五十,所剩已不多);另一个为革命组织,"滇黔桂边区抗日人民革命委员会"所领导的"抗日人民义勇军"约七百,"抗日革命游击队"有独立团一,及第一、第二、第三,三个连。(□略)

④ 农民生活：

农民受到军阀地主豪绅高利贷之残酷压迫:县政府征收盐税每人每月二角

（合铜板60~70），至于人民有无盐吃则在所不顾；高利贷之利率为20％，故比米之利息为高。军阀所及之处，将耕牛牵拉拍卖尽，田地只得任其荒芜；军阀部队经过各村，农民还得贡献银两以运通之；因为交通不便，米粮均无法运出，白米之贱只3~5个铜板一斤，每村中抽丁二人送粮，并各人自缴报名费200法银（□法币一元二三不等）；至于修城筹砖等工事，均得人民自背米粮去做；广富银行更滥发纸币以剥削农民等等不胜枚举，农民生活之苦，老是只单衣一身冬夏皆然，吃包谷粉，菜只有辣椒，油很少有人吃起，甚或盐都吃不到。生活之苦可以想见！

⑤ 省边六种人：

1. 苗；2. 瑶；3. 天保人；4. 贵州人；5. 本地人；6. 两广人。

1. 苗：有白苗、红苗、花苗、蛙苗、猓猡苗等，以白苗生活为最苦，大多破产成为无产者，继而大批成为土匪，必先杀人后劫空；苗人大都耐劳，腰间围裙穿麻鞋，女则不着裤，衣一年洗一次，着单衣四季皆然，只十分之一人冬季衣棉；对革命要求迫切，犹〔尤〕以白苗为甚，性极坚决至死不叛变。

2. 瑶：有狗头瑶、大板瑶、□□、蓝靛瑶、山瑶等，大都居于山巅，瑶人极能食苦耐劳，生活及要求与苗人同，惟〔唯〕山瑶较野蛮，群居于黔边……形□化□。

（以上苗、瑶之名均以其服装、特点而定名，如白苗则头上裹白布腰缠白带，蓝靛瑶则因其制造蓝靛染衣而得名）

3. 天保〈人〉：由桂边天保县移来者，当土匪为最多，因生活之逼迫，要求革命亦切，但一加入革命即能马上改除其土匪性，性亦坚决。

4. 贵州人：团结力极强，集体之垦荒力极大，性急烈，有一人参加革命则全数参加，一人叛变则全数皆动摇（如领导教育得法这当然不是绝对的）。

5. 本地人：为传统遗产制，地方观念极深，一受敌人打击即动摇，造谣甚或叛变。

6. 两广人：为自两广来做生意者，大都居于城市，对革命要求亦烈。

Ⅱ. 民族问题（少数民族问题）：

苗、瑶等少数民族因受军阀之统治、蹂躏及地主豪绅之剥削，□□已浸透了他们，穿的是单衣，吃的包谷粉和辣椒，住的是山顶，所以他们曾自己组织了所谓"匪军"和当局抵抗，但累次都受〔被〕敌人残酷的〔地〕镇压了下去，他们也曾来信要求和我们部队联合，但我们同志好像不十分注意，对他们怀疑，派了同志去也是背一遍革命理论和说教，对他们的盲动过火毫不顾虑的〔地〕去批评，却根本忘了他们切身的"少数民族解放问题",以致格格不入。派在苗瑶区工作的同志又因吃不惯那样没得油盐吃的苦而退了回来。现在风闻他们又在发动了,但我们跟他们一点联系都没有了。

在省边革命过程中少数民族自觉问题,是不容疏忽的,这些耐苦、勇敢、坚决的少数民族,将是省边革命一个有力的膀臂;不过他们那种深刻的家庭观念,不肯离开家庭来作革命工作,也是要用很大力量去说服他们的。

Ⅲ. 白军进攻情况:

在过去"广富独立营"的进攻是吃过我们不少亏的,至于民团据说一听到我们部队盒子枪声马上就赫〔吓〕跑了。他们也曾贿赂桂边民团越界来搜山,但我们累次都避免冲突,结果一次也没有同桂边民团发生过接触;但近年来不同了,白军当我们退出游击区的时候,便杀进了我们的游击区(他们同样也采取游击战术来对付我们),把我们十几年来所培养的、基础的、受过革命教育的、最可靠的、省边革命的手足"干邦〔甘帮〕""那〈能〉"两村杀得鸡犬不留,烧成一遍〔片〕焦土,残酷的白军,就连几岁的小孩子一直到五六十岁的老人都杀个干净,十几岁的"妹仔"和五六十岁的老太婆他们都强奸、轮奸,然后杀死,年青点的便拉去贩卖,至于家私简直连值三两个铜板的,都搜劫一空;同时还采用"坚壁清野"的办法把小寨〔强迫〕人民归到大村,并且到处绑架我们的群众,叫他们用极高的代价200~300法钱来取赎,他们用这样毒辣的手段,不但宰断了革命的手足,同时却〔也〕威赫〔吓〕了白区的群众,动摇了游击区中立的群众,使得我们的部队无家可归,使得群众怕连累而拒绝我们驱逐我们。

Ⅳ. 群众要求:

当我们的政治活动离开了部队的时候,群众们悲观了。他们是简单的"唯武器"论者,他们目前所需要的是我们和敌人拼一下,不但拔除了一切的压迫,同时还报了敌人残杀的大仇。过去当我们打败了敌人的时候,群众们皆自动的〔地〕起来追缴残敌的枪支,我们部队在时每次都是:"酒肉开会",农友们情愿把整头的猪,成坛的酒和成百上千的银子送来给我们的武装战士,假使不收的话,那他们是会误解的,他们以为革命不要他们了。可是改善生活这是我们革命最基本的责任,当然不成问题,至于"投机"是办不到的,可是,只要使群众明了也就不成问题了。

B. 抗日革命的现状

Ⅰ. 军事行动:

过去的不说了！现在七连的义勇军完全化整而没有了,有的动摇,有的叛变,□□大都是受敌人的镇压而□□。三连也只剩第一连和第二连及第三连的一队人,独立团怎样还不十分知道,但先是跟着司令部的,不过最近是怎样还不清楚,因为受了几次敌人空前进攻之后,部队便来个错误的、不合游击原则的大集中,向下游越边突进,敌人也就跟着尾后,紧追了下去,在这时部队曾有过信给党的领导几个同志,但大家接到信后只是骂,却不想个办法,也不回信,更不派个得力的同志去(司令部虽也有我们的同志),于是党的领导机关便和部队脱离开了。一直到现在这条路线还没有办法打通。至于盲动,搞了报复主义,烧杀政策等当然是不免,不过和以先要好一点了,自从桂西区(桂南同志那里)派同志去后他们是有了相当的转变。(余下接批评)

Ⅱ. 群众组织:

[在]去年在富州附近,曾召集一个群众大会,到会有十个乡的代表(据说),便用民主的方式产生了人民的"滇黔桂边区抗日人民革命委员会",举梁超武为主席(他以先是滇军,后来做了很多年的土匪,近两年来才被我们同志活动到革命的方面来,他却不是同志,一直到现在他还是那样爱钱,〔,〕自私,〔,〕多疑而没有完全转变),□下可以说是没有群众组织的,游击区是如此,白区更不用说了。

Ⅲ. 宣传教育工作:

宣传工作是做得非常不够,过去的说教,群众还知道一点,现在宣传抗日了,大家却没有办法把它同群众切身痛苦连使〔联系〕起来。现在我们打出了宣传大纲,但大家又没有办法去宣传了。总之问题却不在宣传的好坏,而是同志对这种工作的不注意,他们黩〔笃〕信的是武力,以为枪杆子一到那里什么问题都有办法解决了。至于更进一步的教育工作,那连同志自身也没有受过。(见下)

C. 党的组织生活

Ⅰ. 党的组织状况:

可以说省边党是没有组织的。听说过去有过"右江中心县委会",但现在同志是四分五离,会议也没有办法召集,□我在那里的时候,负责同志又召集了仅有守在山上的几个同志组织了一个支部会,并且选出干事会,预备将来成为省边特支,可是因为同志的来往不□,根本也就是大家对于党的组织不热心,无形中就把这个支部且停顿下来。

Ⅱ. 同志的生活:

因为没有组织,同志是没过党的生活,甚至小组生活,每次的会都是个扩大会议,党员与群众不分,开会也没有紧张的讨论,开会时间一长大家便没有精神了,于是便改为下次继续。根本同志的生活同群众都没有两样,除了我们外省派去的同志还向大家谈谈外,负责人对同志是没有一点教育的,于是弄成小事大家都要来管一下,真正到了工作大家又都不负责了。

D. 结论

I. 目前抗日革命的中心任务:

① 实现党的新政策,建立抗日民族统一战线。

② 领导少数民族自觉运动,并且争取到抗日革命统一战线里面来。

③ 领导农民争取生活改善的斗争。

Ⅱ. 省边工作的批评:

① 没有士兵、白区群众、少数民族、妇女、城市、小学教师及文化等等工作,这完全是同志们对这些工作不注意和放弃的结果,也就是立三路线传统的遗毒,所以十几年来的革命到现在还苟延残喘的在敌人四面包围下而日渐缩小,这当然不是偶然的。

② 把大的领导机关建立在高山上,同群众完全隔离开,一贯的"上山主义"完全把党对群众的宣传教育工作以及组织群众的工作完〈全〉搁置了。工作的不能开展,群众对我们怀疑,这当然是〈有〉一定的道理。

③ 没有下层组织,所以要特别的〔地〕提出下层组织的原因,这完全是这次打击所给的教训。诚然假使我们有了坚强的下层组织,何至于游击区中立者动摇而白区群众对我们恐怕和通敌,以及退伍失散的武装部队无处可归,而被自己游击区的群众抓来杀了。有的是拒绝而不卖米粮给我们,或故意造谣及做出枪弹声音,使我们不得不离开他们附近的山头。

④ 我们部队的行动落后于敌人的进攻,政治活动却又做军事的尾巴;因为以上的原因,因为我们脱离群众,所以我们部队的行动完全是盲目的,可是敌人却四下布满了侦探,敌人的反宣传和威迫利诱,把中立的群众完全吸引到反动的方面去,等到我们听到敌人枪声,再来准备,内部的意见又不统一,化整或躲避的方向又不一致,只是抱着个所谓勇敢。这样的军事行动,在省边之不被敌人完全消灭,可以说是侥幸了。可是我们政治的活动却又是跟随着枪

杆跑的,同志们错误的观念认为群众是"受恶不受善的",一切问题部队在身边就有办法解决了。不问是宣传啊。筹款啊。不错,群众是怕枪杆子的,可是当部队离开的时候能保得住他们不动摇叛变吗？可是我们的政治活动却完全做了军事行动的尾巴。

⑤ 同志们缺乏斗争的精神:省边同志大都是如此的,不肯承认自己的错误,提出向他们批评的时候,他们总觉得很难受,犹〔尤〕其是负责同志,他要用种种的狡辩来搪塞他的错误,甚至于两三日喋喋不休,结果弄得同志们对他的意〈见〉不愿表示反对,而弄成敷衍状态,以至工作受到极大的影响和障碍,甚至停顿。负责同志因为不受批评故而他的右倾有提出的必要:他认为蒋介石只要接受我们在□□会的提案,站在"民族生存的立场",我们也可以接受,他们提出的"停止阶级斗争"和"停止赤化宣传"等办不到和空洞的条件,他一向在开会时总是提出说我党现在已经取消了"阶级斗争"等等右倾的言论,对他提出批评而他又同噪〔吵〕嘴般的变芦〔辩护〕,所以这个上级是应当注意的。

⑥ 同志们的小农意识,对金钱的爱好,自私,每次老同志向上级找关系及买报纸等成百的银子都是没有报告的私自拿到自己家里去了。犹〔尤〕其是负责领导这个同志,上千的银子交他保管的,现在据说都不见了。有的只剩几百块了。有的还不给收据的〔地〕私自向群众捐款,所以这种经济问题便成了各负责同志间的矛盾主要原因之一。其他还有各部队缴得的枪支或银两都不拿出大家分,而只归自己一连或一队私有等等。

Ⅲ. 目前的中心困难与要求:

① 部队同党的领导机关失却〔去〕了连〔联〕系,到现在还没有办法打通此间路线。部队现在情形和新政策相互的都没有办法知道。

② 游击区完全给敌人摧残,群众损失非常之大,以致现在游击区中立的群众大都动摇,我们个别同志都不能回去活动。

③ 白区工作没有线索,同时我们又没有公开的干部到白区工作。老同志在省边都是很有名的,大家都认得,犹〔尤〕其是叛变了的部队,这是最紧要的工作,过去一向被同志忽略的,就是现在同志还说现在实是没有办法了才想到开辟白区工作,其实这早已应当做了的。假使我们老早在白区有基础的话,何至于现在大家都弄得无家可归的状态呢？

④ 党没有坚强的领导,同时又不能团结一致,以致各项工作议而不决,决而不

行的停顿状态。负责同志又不肯毅然的〔地〕负起责任来,用些什么"集体领导""大家负责""个人力量薄弱"来搪塞,而不愿去接受党的伟大的"民主集中制",因为内部的矛盾同志们都分成三个一组两个一派的相互攻击成为瓦解的现象。

要求:

① 希望上级马上派负责同志去,同时能介绍三省省边各县(如桂之西隆、西林,滇之广南、富州等)的党的关系或社会关系,以便开展白区工作。

② 上级领导机关应当同省边密切连(联)系起来,经常给以指示和传寄文件去,同时最好建立个"巡视"制度,党每两、三月派一位巡视员去省边,检查工作,这样使空气紧张起来使他们兴奋,这样或者可以有点生气,工作也就能够推动开展了。

③ 经常的寄报纸、什〔杂〕志、刊物去,提高同志及群众的文化水平以及不至于政治的分析跟不上时事的变迁。

④ 希望能把省边群众的坚〔艰〕难困苦,军阀的残酷,地主豪绅的剥削与人民抗日革命情绪的高涨用文化的方法扩大宣传出去,引起各界人士的注意,以促进省边与地方当局的和平合作谈判。

⑤ 要求北上抗日。

I. 在省边的工作:

我去时党领导机关与部队已经分散开了。我只得跟着领导机关一同守山,每天只是和同志们个别谈话,报告些外面的消息,开会或报告些党的原则及"西安事变"、三中全会等,和提醒同志们不注意的工作及重要性,其他就是帮抄文件,□扎和写油印的腊〔蜡〕纸!至于公文式的同上层谈判的信我是不会写的,我也坦白的〔地〕告诉了他们,其实他们有张同志和一个负责同志写也已够了。

实在说起来守在山上也实在是没有什么工作可做的,大家成天的都杀狗啊。〔,〕宰猪啊。〔,〕忙着吃。同时在过一夜数惊的环境下,进行教育工作是很困难的,同志们也没有心绪接受那许多。所以我这次对于省边供〔贡〕献是非常有限的,只是在精神上他们兴奋了一下——和上级有了连〔联〕系。可是在我却学习了不少,对党的认识方面张同志对我的教育是使我佩服的。

II. 回来的原因:

① 自从我到达省边后,报纸也断了,上级连一封信也不寄去。同时近来却风闻"芦〔卢〕沟桥事变"爆发,我们知道这次事变中国是不会怎样的〔地〕妥协下去,但怎样的一个发展却没有把握,所以省边很想派一位同志出来,打通关系,以及把

省边的中心困难报告到上级和要求上级派负责的同志去。

②我们没有接到上级所给的责务，只是担任文化工作，所以我们（我同张健）只能在政治分析负完全责任，而内部组织是不能而且不应当过问的，但省边的内部问题（内部矛盾）和从〔重〕新根本整顿党的组织，这两个问题不解决前，不要说文化工作，就是一切工作都无法进行，但是省边的同志们是不了解或说不清楚这个中心问题的，所以我觉得有出来的必要。

③因为水土不服，病得很厉害，同时山路已经很难走了，并且还得在晚上行动，所以我时常□□或跌下山坡，于是便成了大家的累赘。

④农村工作不适合：1. 话完全不通；2. 城市小资产阶级工作人员或然到得那样荒壁〔僻〕的农村去，非常引起人们注意，就是我们的同志对我们的举动、讲话、唱歌等，都在呆笑，由这点就可想而知了。

⑤这样守山而没有工作可做，而当我每想到外埠工作的紧张的时候，我感觉这样工做〔作〕（坐着吃闲饭的工作）对我的兴趣不适合。

Ⅲ. 回来的理由：

因为上面几点的原因，所以我感觉我出来不但可以多供〔贡〕献工作给革命，同时对省边不但没有损失，反而有利的：1. 可以帮助解决省边工作中心的困难，和内部的矛盾；2. 打通连〔联〕系和交通问题；3. 他们也可以少一点累坠〔赘〕不致随时来招呼我的病和走晚路，同时上级是一定派同志去的（省委说的）。

Ⅳ. 我目前的要求：

我希望组织能介绍上海的关系，我回到战地去服务，这是我最热烈的希望和祈求。同时当我这个要求告诉省委的时候他也很赞同，他说那方面是须〔需〕要人的，所以便介绍我回□□□的关系。但假使一时不能去的话，我当然也非常愿意暂在香港担负起工作来。

Ⅴ. 其他：

我反省过去的错误，我觉得不应当对组织的怀疑，对负责同志的不信任。而闹些无味的争执以至〔致〕影响工作。总之这是小资产阶级的自大和□□稚的结果，我希望革命的熔炉能把这些垃圾肃清出去。

（选自中共广西百色地委党史办公室等编：《滇黔桂边区革命根据地》，中共党史出版社1999年版，第81～90页）

中央书记处关于南方各游击区工作方针的指示（节录）

（1937 年 10 月 1 日）

云逸、南杰、博古、剑英同志并告周、朱、彭、任及伯渠：①

关于南方各游击区问题：

甲、南方各游击区，是今后南方革命运动的战略支点，这些战略支点是十年血战的结果，应该十分重视他〔它〕们。

乙、国民党企图拔去这些战略支点。在西安事变后，还用了全力，用屠杀方法拔去他〔它〕们。在这个方法失败之后，现在却利用抗日题目，想经过叶挺，把他〔它〕们拔去。方法不同，目的则一。

丙、把各区游击队完全集中，对于我们是十分不利的。

丁、我们应采取下列步骤，达到保存这些支点。同时又答复了国民党。

一、原则上不拒绝集中，但：

（1）须由中央派人传达方针，至少须要几个月时间。

（2）各区游击队调动之前，邻近周围二百里内之驻军，保安队、民团首先调动参加抗日，至少同时调动，往后并不能再让部队去。

（3）按照附近驻军民团保留数目，决定保留游击队数目，以保留原有游击区内之游击队家属。

（4）游击区实行民选制度。

（5）游击区土地关系不变更。

（6）国民党不得派任何人员、部队移入及破坏游击区。

……

四、在一切问题解决而实行将内地若干的游击队集中之时，该集中部队领导指挥及其作战，国民党不得干涉，不得插入任何人。

……

中央书记处

十月一日

---

① 注：云逸、南杰、博古、剑英、周、朱、彭、任及伯渠，是指张云逸、张文彬、秦邦宪、叶剑英、周恩来、朱德、彭德怀、任弼时、林伯渠。

根据中共中央党校一九九一年出版的《中共中央文件选集》第十一册刊印

〔选自中共中央文献研究室、中央档案馆编:《建党以来重要文献选编(1921—1949)》第 14 册,中央文献出版社 2011 年版,第 560～561 页〕

中共南方工作委员会给桂西区特委的指示(节录)

(1937 年 11 月)

××区特委：

……至于党的方面,我们应为：

(一)……

1. 向左倾的关门主义作无情的斗争……

2. 整理各地党的组织……

3. 整理军团工作……

4. 把××区缩小了……

以上四点工作,在那马、东兰等的中心县委已经召集各县区代表正式讨论通过,并且都已分配各同志分别去负责,所以我们认为不必再召集中心会议来解决党的问题了。如果各地也有党的负责代表来,那么你们趁这个机会切实点地检讨所完成的部分。如果还不能很好地,〈领会〉我们的话,那么你们应该更具体去布置,至于田阳中心县委,还未召集会议,讨论那些工作,只是由于别的同志传达,或者党在田阳中心县委召集一个代表大会,我们是赞成的。田阳中心县委开会时可由高同志参加指导,并参加区里的工作。

(二)群众团体工作

一、目前革命的形势已经发展到了一个新的阶段,在南京政府直接统治下的区域,我们党已能部分地合法存在,红军已改为国民革命军第八路军了,……因此我们认为右江上下游革命委员会应该取消。……

(三)关于谈判事件

1. 南委认为,当着我们还不能彻底了解自己的实际以前,这种谈判是不适宜的,南委要求你们先把各部队编制以后再进行。但是你们已经弄了一大半,南委恐怕你们经验还很少,易于上当。如福建之例,那就祸非〔匪〕浅。因此,特别要求八路军派代表来帮助。现在已到桂林,正式和总部接洽,〈所〉以我们向你们要求,即刻停止此种谈判,把这种谈判移到桂林去,你们可以向地方解释。目前你们所谈判已超过了右江地区范围了,而且还包含云贵等省,这事情太大了,已经由八路军派代表到桂林与总部谈判,请地方政府原谅!

……

（五）党纪问题

……

2. 桂南同志：桂南同志负责工作以来，不能把南委与省委所给××区的工作布置与指示切实地执行、分配工作，又过分地不民主，因此使党内一部分下级干部及比较幼稚的同志起了误会而发生消极化，对党的离心作用。在个人生活方面，照理负责的同志应该以身作则，但是桂南同志都是为了女人之常，使党内纠纷迭起，桂南同志对此事应负很大的责任。

桂南同志虽然犯了上面的错误，但是我们对于桂南同志过去斗争之历史是非常钦敬的。为使他保持其过去之光荣及以后不再犯此错误，南委决定送桂南到西北抗日红军受训练。不过桂南同志须将工作移交清楚，才能动身。

……

4. 这篇指示信除了第四项单给军团高级干部及党的高级负责者知道外，其他的分别抄五份，送那马、东兰、田阳、黔滇桂边区。

边　委

（选自中共广西百色地委党史办公室等编：《滇黔桂边区革命根据地》，中共党史出版社 1999 年版，第 74～75 页）

张云逸华南工作报告(节录)

(1937 年 12 月 24 日)

我 5 月中旬到香港与组织发生关系,首先向十九路军等将领及桂方驻港人员等连〔联〕系,初步了解一般情况,就决定第一步以桂林为中心推动其他方面工作,第二步以广州为中心向福建发展。这时香港、广州留云清同志联络开始工作。

甲、联络工作

……

5. 滇桂边游击区还有 300 余武装(就七军留下的部队),因他不了解新策略与组织观念薄弱,以投降方式与广西百色民团指挥部来谈判,他们竟以手枪威胁,谓阻止谈判是汉奸。我得这消息后,就商南委同意,派吴之〔元〕同志去指导。吴同志临行前,我经面谈进行工作方式,谅不致发生意外问题,因为他们与七军有历史关系,还有感情的作用。

(选自中共文昌县委党史研究室编:《张云逸研究史料》,广西人民出版社 1994 年版,第 19~23 页)

滇黔桂边区抗日人民革命委员会快邮代电

（1937 年）

中国各政党中央党部中央军政机关、各集团军、各省党部政府、各军长官、各民团指挥官、各社会团体机关、各学校、各报社、各抗日救国军队团体、各爱国志士通报：

悲痛年来，中国不幸倭寇逞其狼威，吞我东北四省，继而华北内蒙，得陇望蜀，贪婪无厌，武装鸦片走私等等祸害，比更籍〔藉〕口防共水兵被刺，种种污蔑，增其兽兵，深入腹地，以遂其大陆政策之迷梦。堂堂华夏四万万七千余万同胞，不免为胡虏所役，二千余万方里领土，必将变为殖民地，亡国灭种惨迫眉睫。凡有血气，莫不发指，值此国难严重之际，人心未尽死，夫全国同胞救国运动，日日澎〔膨〕涨，爱国热忱，日日沸腾，西南各省抗日义军，坚持不拔，枕戈待旦。西安事变，张学良将军扣蒋介石，促南京政府之醒悟，歼除其周围之汉奸。各政党诸公为对外侮，意见融洽，一致团结，挽救狂澜，国事尚可为。惟〔唯〕是生死存亡关头，已属无可忍退，与其任人宰割侵凌，何如背城决一死战，或幸免蹈朝鲜之覆辙乎？诚恳中国各政党政派社会团体诸公！本乎爱国，逞斥异己，互相谅解，协力同心，敌虽暴虐，何以施为？我众敌寡，当能制胜，切望全国同胞：共抱卧薪尝胆，一心一意，效命驰躯，救亡图存，端赖异此同情，亟作抗日义举，诸公天下为己任，国家民族实为利赖，亲爱志士同胞共同努力，为国辅捋。本会谨在边疆联络同胞，揭竿而起，誓为后盾。临电迫切，诸维鉴察。

滇黔桂边区抗日人民革命委员会叩冬印

（选自云南省档案馆档案，全宗号 1106，目录号 2，案卷号 403，第 19 页）

中共广东省委张南杰给长江局的报告（节录）

——关于广东省委的工作情况

(1938 年 5 月 7 日)①

长江局：

......

4. 近据由广西来〈的〉人说，由广西当局传出的消息说：桂西、西林一带，现集中有原我游击队约万人，枪五六千，已派代表与当局谈判，条件〈是〉：

① 愿编为广西军队，受李的指挥；

② 不得分散，要集中；

③ 干部选举不得调换，当局派百色正副县长在百色西林间谈判，未成。当局现采〈取〉办法：A. 封锁，增加其困难；B. 威吓，说要"围剿"。

我们因交通关系，得不到组织消息，曾派去的(一月去的)吴元根本无消息，未知尚在人间否。而当地党很弱，土匪倾向也很严重，难免投降与分裂。这事除已告叶剑英同志外，望你们还设法打听些消息，并能与李、白一谈，过去已编好的两团，现无什么消息。

......

致以

布礼

广东省委　张南杰

5 月 7 日

(选自中央档案馆、广东省档案馆编：《广东革命历史文件汇集中共南委广东省文件 1937—1939》,1986 年印行,第 165～166 页)

---

① 张南杰,即张文彬。时间是编者根据文件内容判定的。

雷经天关于广西左右江游击队状况向中央的报告

（1938 年 9 月 20 日）

自力同志转党中央：

关于广西右江的游击队被五路军收编以至于遣散经过的情形，我曾同从五路军逃出的人员雷广声、黄正发、莫选功、黄显亮、谭玉山、黄生台、李春明、黄选威等谈话所得的材料，报告如下：

自红军第七军于 1930 年离开广西以后，广西左右江的游击队，完全归韦拔群同志所指挥，仍保持相当广阔的游击区域……1932 年至 1933 年间，桂系军阀与张发奎部对广西左右江的游击区，进行极残酷的"围剿"，韦拔群同志被暗杀牺牲，军事上受到相当损失，游击队的武装，有一部分退守滇桂边境，有一部分即解散在农村潜伏。去年芦〔卢〕沟桥事件爆发，全国抗战以后，在八月间，广西的党即派黄桂南同志到百色民团区指挥部同指挥官梁家炽（齐）谈判，究竟所定条件如何，不大知道，据说将数处左右江的游击队武装编出，由五路军发给饷械，遣送前方抗日，拨还八路军指挥。当时即在滇黔边境编出独立第八团，由团长韦高振所率领，约有一千四五百人，枪多少不太明白，此外又在向都、田东（恩隆）、田阳（恩阳）、百色、那马、天保、万冈、敬德（靖西边）各县编出独立第九团，约 1500 人，步枪 240 支，手枪 4 支，由团长黄彪所率领。于 11 月间第八、第九两团均在田州集中，当时只发伙食并半数的衣服。队伍编好以后，于 12 月 20 日即奉命调到左江扶南县训练，才将全团的衣服补发齐全。于今年一月八日，又调赴桂平，但到桂平时，队伍完全是在船上，不准上岸，随即直开梧州，休息两三天又向广州出发，不停留的〔地〕直搭火车到湖南衡阳车站。突将原带出来的步枪手枪，全数收缴，说到前线后敌人□□□□□□□，随即开车到武昌，转搭轮船下武穴，在武穴上岸，走到舒城，于 4 月 15 日，即将这两团队伍，完全编散，第九团拨归第二一一集团军廖磊部第一七三师第一○三三、第一○三四团（第八独立团如何编散不知道）。编散以后，凡□是独立团的战士，仍然没有发枪，完全是徒手，只有少数人（约百分之二三十）发有每人五个〔颗〕手榴弹，逼上前线拼命。5 月间，第一○三四团在里家巷同敌人接触，不分胜败，而第一○三三团在蒙城全部被敌歼灭。

队伍在舒城改编时，准尉以上官佐，完全遣散，每人只借给五元作为遣散费，初仍借名调到商城训练，约两三个星期，有一批即全转回广西，另一批调出去当别动队、便衣队,只余下少数约二十多人在商城,因此就有许多人逃跑到〔这里〕延安来。

广西征调出来的新兵,在省内训练时,原也不发饷,但开到前方时,即按月发给,列兵每人每月七元五角,官佐则按照阶级发。但独立第八团和第九团,自集中编出发后,只是到梧州时,每人发过桂币二元,此后什么都没有,所受的待遇,同别部分的士兵完全不同。

独立第九团集中编制以后,团长是黄彪同志,他原参加过革命斗争,现也逃出来在汉口八路军办事处。两个团副韦日早和岑伯伦,是五路军派来的。韦日早是初同黄桂南同志谈判代表,军需李克(李修学)同志也是从前参加过工作,4月间就先跑出到汉口来找八路军办事处,现仍留在汉口。副官卢寿山是广州中山大学的学生,广西革命失败后逃跑到广州,现也在汉口办事处。黄彪、李克、卢寿山三个同志,对此次游击队集中编散的事件交涉□□,完全□知道清楚,可以叫他们详细的〔地〕报告。第一营营长黄汉渊是很早参加革命的,但当红军第七军离开右江时就叛变了,现在五路军派他出去当别动队。第二营营长农开胜,据说是绿林出身,已经跑到汉口,原也要来延安,但到广水不能上车,不知那〔哪〕里去了。第三营〈营〉长许光,据说也是绿林出身,现已到延安在瓦窑堡抗大学习。还有第二营副黄新发、第三营副朱国英过去均参加地方武装的赤卫军,现已来延安在瓦窑堡抗大学习。第六连连长韦桂荣是工人,在广西出发时参加□□,现也在瓦窑堡。特务排〈排〉长黄金光过去是赤卫军,现也在瓦窑堡,其他多数回家了。

至于独立第八团情形,编散以后即不知道,但团长韦高振,据说是绿林首领,但实际上是在滇黔边保护商人来往,借此维持,过去对革命完全是同情的,在合肥正阳因与敌人作战时,离前线阵地有三里路的地方不知如何被打死了,部队怎样下落,现在无从得悉。据黄金光说,现在武鸣、那马一带还有武装游击队千多人,散在农村东兰、凤山、河池、南丹各县,也还有不少的队伍,但现在是谁人〈在〉那里领导不知道,这是其中编出来的只是少数,还有许多只要有人领导,随时都可以组织起来。

同我谈话的几个人,似乎没有党的组织关系,雷广声是师范讲习所的学生,在第五连当特务长,黄正发参加过赤卫军,是第二连连副,莫选功在高小毕业,在特务排当文书,黄显亮团部的文书,谭玉山参加过赤卫军,将队伍组织起来当第七连长,李春明是第四连士兵,黄生台、黄选威都是团部的勤务员,他们对党的情形一般都不大了解。

根据他们报告看来,无疑桂系是企图假借抗战的名义欺骗潜伏在广西的革命武装队伍出来,借手敌人加以消灭。这种阴谋殊为狠毒,应该告诉广西的党严重注意,学习新四军的经验,要保持政治上组织上的完全独立,如何运用统一战线的策略,不要再上桂系的当。

此致敬礼!

9 月 20 日①

(选自中共广西百色地委党史办公室等编:《滇黔桂边区革命根据地》,中共党史出版社 1999 年版,第 94～96 页)

---

① 编者判断,本文写于 1938 年。

总政组织部关于广西右江红九团第三营营长李光
和副营长周藩仁等同志的谈话记录①

（1938 年 10 月 10 日）

（一）在右江苏区□□□况：

广西最早的革命者余绍格（少杰）及韦（义）光、韦一（如山）等同志，开□是进行农民运动的工作，自张明恋（云逸）同志到了后工作更进一步地开展。

张领率的李明瑞兵暴（民国十八年八月间举行），当地农民配合暴动成功后，建立右江苏维埃政权，统辖六个县，苏区当时很巩固的。经过三次改选，那时所提出的策略口号主要是发动阶级斗争，提出土地政纲。政权建立后，立即没收豪绅地主土地财产，分配给贫苦工农。这一路线是完全实现了的，因此贫苦农民都得到了利益，□□□□导工农斗争的党与政权，群众的斗争情绪就非常高涨起来。□□斗争走上更□□□□，群众有了武装组织、赤卫军、儿童团、少先队等，并有相当的训练。

主力部队相当壮大，敌人进攻力量比较脆弱时，我们每次都获得胜利的，以后敌得到失败的经验，敌人以雄厚兵力，屡次进战。由□〔于〕我们的力量和战术上许多弱点，敌人作拼死挣扎以后，没有完全打击敌人的进攻，终于民国十九年（1930 年）八月主力兵团（当时红七军）突围，与江西红军会合时，致苏区受到了挫折，变为游击区域，贫民所分的土地，全部被夺回去了，苏区暂时受到部分挫折。

（二）主力突围后右江苏区的情形：

① 由于主力突围，苏区立即变为游击区，把原有的赤卫军、少先队编为游击队，那时主要进行游击战争为主。那时的领导者在政治上领导是陈洪桃〔涛〕，军事领导者韦拔群同志。此二人牺牲后，陆浩仁同志负担东南区和洪山区的领导工作。恩龙〔隆〕同志负担□□□，梁振标同志负担滇黔桂三省边区负责者。

② 经过几年来游击战争，虽然没有很大发展，但也获得许多的大小胜利，我们能坚持到现在，同时我们游击队能经常到处活动，打击敌人发展农民斗争，宣传了群众能团结在我们的周围配合我们的行动。

③ 我们游击队采取的游击战术是：

A. 我们隐蔽在深山森林中避免目标，经常很快转移地区行动。我们进攻敌

---

① 周藩仁即朱鹤云。李光应为许光。

人的战术,常采取袭击:遇敌人少我们就打,遇敌人多则退,在这主动下常给敌人以打击,敌人也无法来"围剿"。

我们多半是到敌人后方空虚地区袭击敌人,群众对战争配合很好的,敌人非常恐慌。

B. 我们的游击指战员虽没有受什么良好教育与训练,战斗的情绪很高的,特别表示我们的队员指挥员经常在冰霜雪地夜间行动,连续不断的大小战斗中,在生活很艰苦中,但大家都表示〔现〕大公无私的艰苦奋斗精神。

C. 我们的武器弹药补充靠到敌人手里去夺取,有部分弹药依靠商人去买,人员补充是依靠动员革命的群众。

D. 我们自己有一个修械厂,可以修理坏枪外,还可以番〔翻〕造子弹,内有八九名正式工人都是我们的共产党员。

E. 在这里我感觉这几年来游击战争有他的成绩和缺点的地方:

一、滇黔桂的三省和其他地区常是发展的,武装和人数扩大到原来的几倍,活动区扩涨〔张〕了几倍,虽在敌"围剿"压制下,还能支持到今天,特别是群众情绪到今天还是很高。

二、当时我们存〈在〉着许多缺点:

Ⅰ. 没有加强领导,特别干部缺乏,领导能力薄弱,致不能向前发展的原因。

Ⅱ. 我们党的组织薄弱,没有大量去注意去发展组织,党内犯了关门主义错误。这是我们大的弱点。

Ⅲ. 对部队政治教□□薄,群众的□□□□□上,战士军事□□□□□。

Ⅳ. □□□□□□群众武装组织起来,只是把现有的武装部队进行斗争。

Ⅴ. 突围时只留有两个团,后又分散,同时又叛变了一个营。

Ⅵ. 部队集中困难,不能配合行动,不过只罗〔那〕马、尽〔镇〕边、果〔广〕南还可集中,黔边发展已有正式连两个,有四十余支枪,还有驳壳枪队,在右江方面比较少。

Ⅶ. 加上敌人常常进攻"围剿",自己存在有这弱点,不能很好地扩大和发展起来。

④ 对苗民工作:

在云南与广西靠近的地方有两个县,为云南的福〔富〕州的江〔广〕南县,广西的龙〔隆〕林县等区已经组织了我们的农会,提高了打倒压迫剥削他们的军阀与地主〈的积极性〉,他们的斗争情绪是非常高的,内〔里〕面也发展有我们党的组织。

苗族工作主要负责者,有赵明同志还有三省边区的梁准〔振〕标同志和省委的同志,都有在进行工作而在现在又派了很多人去了。

这两个县的苗族工作,成绩相当好的,我们的游击队,常常到达那里去,群众斗争情绪非常好。

(三)统一战线经过状况:

1. 统一战线在 1936 年开始,因为我们的政治上落后,亦提不出什么东西来,没有以理论去战胜他,我们也无法很灵活的〔地〕外交去进行统一战线工作,找同盟者,所以到各阶层党派去工作谈不上。

2. 上层的统一战线,开始没有什么成绩,但我们也做了一部分,开始时从五十六军,开始和广西省政府两机关进行外交过两次,头次是由张明恋(云逸)同志到省政府交涉,第二次由我们省委员"负责"人去,但结果都未成功。

3. 我们谈到中央来信指示我们是经过中心县委及省委各级干部讨论,讨论后立即对群众宣传、解释我们的统一战线问题,对部队同样的进行动员,立即我们就执行中央党的路线,改变我们过去策略,停止内战,改变斗争的方式,停止没收豪绅地主土地及武装暴动,并说明我们的合作,不是投降,不是出卖阶级,大家一般的没有感觉什么怀疑,个别的还有,但国民党方面还是说我们投降出卖阶级这种谣言。

4. 国民党以欺骗手段,不诚意的合作。我们所提出的条件是:A. 保持我们的独立性;B. 组织义勇军;C. 我们自己部队准备能训练半年;D. 抽调部队到前方去,遵照八路军战术和指挥;E. 原分配的土地地主不得收回;F. 释放一切政治犯;G. 取消苛捐杂税;H. 准许登报国共合作意旨。大概内容是这些。那时他们完全承认了的,那时就设立一个总办事处,六个分办事处。国民党要求我们部队集中,就下达命令把部队集中,苏维埃改为革委会,部队改为抗日游击队。1937 年 11 月间部队集中了,有陈岸同志、何云同志、黄桂南同志是主要负责者,首先在下游部队和农民共集中一千三百余人,集中前有同志不愿意,经过很多解释,才说服。还有右江游击队和农民集中有一千多人。结果,我们部队集中了,国民党下令把我们的部队编成为第八、九两个独立团,二千余人。编去了后国民党就不承认我们的合作条件。

5. 编后原有政委、政指取消了,当时团长是我们的同志负责,副团长两个都是国民党派来的,副官都是派来的。下面有营长、连长还是老的,党员有几十个,党

的负责者有卢寿山、李克等,他们担负副官、军需职。第九独立团干部抄录如下:

团长黄标〔彪〕、李克,副官芦树〔卢寿〕山,军需黄汉英〔渊〕,一营长李〔许〕光,副营长张宗国(新入党不久),二营长王新奉〔黄新发〕,三营长周藩仁(朱鹤云),内还有韦国〔桂〕荣,韦益民、欧积民(阳泽民)、黄立松、黄伯如、李阴墨、黄如初、韦权新〈等〉都是党员干部。

第八独立团人数一千余人,这个部队原是土匪编来的两年之久,团长韦德高〔高振〕,其余不清楚。党员比较少,两个团总共有六百余支枪。

6.(此段五行字迹均已模糊不清——抄者)

7.(此段开始各行字迹不清——抄者注)办事处……

……周藩仁已来抗大□□干部□□□未调出全□□□逃了。

□□被国民党心〔收〕买叛变,被调安徽合肥□县做游击司令,该团一营长罗明轩(远)他去了,二营长□□涛、三营长王□□未叛变,但被调到别部工作了。原以党的工作□□□□调集时□□□做军需工作。

这些干部有的到延安来了,有的还任友军工作,有的叛变,连一级的干部及战士全被消灭,或有个别连级干部逃走。

8. 这次失败原因:

A. 由于我们统一战线工作做得不好,政治理论差,办法少,不能克服对友党友军集团具体环境来对付,不承认合作的阴谋手段。

B. 由于我们领导力量薄弱,警惕性差,首先没有很好估计,完全不注意将来可能发生〈的〉问题,受到人家欺骗和压制无法应付。

C. 国民党加上武断宣传欺骗群众,提出我们应□取一个党一个军队指挥下,□集中上前线去,把抗战为名戴上□□□□,说□□乱抗日后方,说□是土匪是□进攻(以下一行半字不清——抄者)。

D. 临走时大家都不知道,战士很糊涂,只知道抗日服从命令,也无一点什么政治工作,也无政治负责人,省委也没有给什么指示。我们一路出发,大家生活是非常苦的,政治上受他们的监视,战士们非常苦闷,谈不上政治教育和消息报纸看,干部每月只发三毛钱,战士每个月只发六毛钱,又没有衣服发,只认为艰苦过去,是否能找到我们的八路军。战士们只晓得服从命令,干部们不知如何是好,大家都是莫名其妙的〔地〕受到人家欺凌压制。到汉口时,我们想找自己的办事处,受到人家监视,战士上街不准,休息一天就开差了。这是部分失败原因,经过就这一些。

（四）广西右江我所知道的还存在许多游击区和游击队，要求党派大批干部去领导工作。

1. 现存有的部队——在下游区有第一连（联）队。人数不大清楚，上游区有第二连（联）队，在滇黔桂三省边区第三连（联）队，现可调集四个团，按现时的团编制，可集中二千多支武装，其余的还不清楚。

2. 现存在的区域和领导机关如下：有三个中心县委，第一中心县委所辖的区域即〈那〉马、都要〔安〕、隆山、武鸣、平治等地方；第二中心县委所辖的有向都、田东、镇结、天保、田阳、敬德甘〔等〕地；第三中心县委有东兰、凤山、天峨、凌云、四莺、乐业等区。这些区域是我们的游击区，而且群众都是我们的。

3. 我们还有两个后方上游与东南〔兰〕和安南边界。

4. 安南的党还能和我们取得联络关系，而且安南区还有我们的游击队，有群众组织。

5. 我们要求去广西地区多设办事处，因为大多数老百姓要求到这里来。

6. 已来抗大干部名字如下：

周藩仁、韦国荣、韦益民、欧积民、黄立松、黄伯如、李阴墨、黄如初、掏存〔陶淑〕、韦权新，此十人都是党员。

（原件存于中央档案馆，据广西区党史办抄件）

（选自中共广西百色地委党史办公室等编：《滇黔桂边区革命根据地》，中共党史出版社1999年版，第97～102页）

广西党的工作情形(节录)

——政治环境、党的组织状况、武装工作(根据 1938 年 12 月以前材料整理的报告)
(1940 年 6 月)

第二部分 党的组织状况

Ⅰ. 南委整理前(1938 年 1 月以前)的状况

① 因 1925 年至 1927 年大革命的失败,广西党受到摧残,以后恢复了,又因立三路线的影响,广西党又形[行]瓦解,只在玉林、宾阳、贵县、南宁、横县等县有个别同志的活动,互相间是无联系的。

② 一直到 1935 年春,在以上所述各县的零星工作才汇合起来,1936 年春召集代表会议产生最高领导机关——玉[郁]江临时特委。

③ 广西"六一"事件发生,给党的发展以有利的条件,当时的发展主要是在知识分子方面,尤其是师专的学生,这样临特不能适应工作上的要求,便准备于十月革命纪念节召集全区代表大会产生正式特委领导全区的工作。

④ 师专学生在这以前自动组织得有"反帝反法同盟",和广东组织有关:正在这时广东派来一位同志和他们联络,到了南宁之后,在师专的组织中见了临特的通告,他提出要求参加这个会议,当时组织是允许了他的。同时他到右江各地(与他有关系的)去传达玉[郁]江区召集代表大会的消息,并选代表来参加会议,于是这个会议扩大到全省性的范围,从这个会议中产生了最高领导机关——广西省工作委员会,分玉[郁]江区、浔江区等一直到 1937 年底和上级是无联系的。

……

Ⅱ. 1938 年初南委的正[整]理及现状(大约到广州失陷时)

……

E. 田东中心县委;五人组成,管辖天保、向都、镇结——一直到云南边区,现正正[整]理

……

总计:恢复关系的党员至多不超过 150 人(根据黄松坚的报告广西旧有同志约千余人散布于全广西三分之二的县份:东兰中心县委 300 人以上,那马中心县委 500 人,南宁 60〈人〉以上,桂、梧、贵县、横县亦各数十……)

第三部分 武装工作

Ⅰ. 1937年11月间,在右江及黔桂集中了过去的游击队二团共二千多人六百多支枪,受五十六军编制,开赴前线(安徽)作〈战〉,被友军给敌人消灭了,有的干部逃回来,有的不知下落(有的叛变),连级以下干部被消灭。

其所以遭到这个失败结果的主观原因是:

A. 党的领导不够;

B. 统一战线的把握和应用的错误;

C. 〔阶级的党〕警惕性不够;

D. 受友党友军的蒙蔽和欺骗。

Ⅱ. 现存的武装和游击区

(1) 现存的武装。

A. 下游区有第一连(联)队,人数不大清楚;

B. 上游区有第二连(联)队;

C. 滇黔桂三省边区第三连(联)队,现集中二千多支枪,其余的还不清楚。

(2) 现存在的区域和领导机关。

A. 第一中心县委,那马、都安、隆山、武鸣、平治等地;

B. 第二中心县委,即田东、向都、镇结、天保、田阳等地;

C. 第三中心县委,即东兰、凤山、天峨、凌云、四鸢(西林)、乐业等县。这些地区都是游击区,群众也是我们的。

(3) 我们还有两个后方即上游的东兰和安南边界。

(4) 安南的党还能和我取得联络关系,而且安南区还有我们的游击队,还有群众组织。

(5) 以上所说的游击区内的许多革命青年,因受被缴械杀头被扣留坐牢等等的失败教训,尤其是那马党的领袖数人被县政府枪决杀后,使他们觉得毫元〔无〕保障,不敢再出山,也不敢再游击,因怕反党的政策和路线。现在他们一部分散到农村帮助农民耕田过活,一部分到深山森林中过原始式的开辟生活。

(选自中共广西百色地委党史办公室等编:《滇黔桂边区革命根据地》,中共党史出版社1999年版,第103～105页)

陈岸关于广西党组织情形向中共中央组织部的报告①（节录）

（1941 年 3 月）

（一）旧组织基础

① 1931 年以后，"由于长期盲动主义的危害""某些重要干部的〈相〉继〔续〕被捕先后叛变，白区组织由不断遭受打击削弱而完全粉碎，上与上级（两广省委）切断了组织关系，下则无一个完整的小组，……全省剩下了几个同志"。

② 统一战线未成立之前在白区保存了八百多的党员，六千多的基本群众；苏区保存七十三个同志，四千武装，五万以上的赤色群众，组织将达全省半数的县份。

……

现在的武装

自〔由〕黄彪、韦高振两个负责军事的人动摇后把两个团（两千）编出来被广西派缴械后，尚有一千余在党领导下，接受党的指示，反对横〔黄〕桂南而没有出来。这些武装有些遗〔遭〕散回家耕田，有些还在高山峻岭过原始人生活。下游和滇黔桂各有一联队，加上王家烈旧部（王海平）约有两千多的武装，分驻在东兰、凤山和安南边界，王部驻贞丰县靠近桂边的西边。虽受黔政府编为保□两大队，但尚不敢离开该区（怕被缴械）。我们在两个大□都建立了支部，王海平亦要求入党，当地党〈组织〉不敢解决这个问题，胡同志上去时，对王审查后才〔能〕解决。

（选自中共广西百色地委党史办公室等编：《滇黔桂边区革命根据地》，中共党史出版社 1999 年版，第 106 页）

---

① 根据陈岸《我的革命生涯》判断。1940 年底陈岸到达延安后，中共中央组织部要求"每人写一份所在工作地区的工作报告"。

（二）回忆口述资料之一

1. 滇黔桂边区总体斗争情况

我在右江下游的活动及两次赴上海汇报工作的情况

黄松坚

1930年11月上旬,中国工农红军第七军在河池进行整编,将纵队改为团建制,成立第十九、第二十、第二十一师3个师。第七军前委决定,第十九、第二十师出发去执行中央交给的任务,留第二十一师在右江革命根据地坚持斗争,并任命韦拔群为第二十一师师长,我为副师长,陈洪涛为师政委。同年12月,第二十一师组建后,成立师党委,我们3人是常委。1931年8月,中共两广省委特派员陈道生从香港来到右江,在东兰西山传达中央关于纠正立三"左"倾冒险主义错误和整编红军、改组地方政权的指示。根据中央决定,第二十一师改为中国工农红军独立第三师(习惯称"右江独立师"),我们3人的职务不变。

右江特委、第三师党委的决策

红七军主力第十九、第二十师7000余人,在河池完成整编和举行阅兵式后,于1930年11月10日,由邓小平、李明瑞、张云逸等率领出发北上。第二十一师,军部只颁给番号和任命领导人,部队由韦拔群返回右江另行组建。在中共右江特委的领导下,经过一个半月的紧张工作,第二十一师终于建成。全师下设第六十一、第六十二、第六十三、独立团4个团,3000多名指战员,基本上是从各县的赤卫军抽员编成的。12月31日,召开师的党员代表大会,成立师党委。1931年1月1日,在思隆县七里区乙圩街大坝田,举行庆祝第二十一师成立大会。大会后,第六十一团第三营和师部机枪连在恩隆七里山区;该团第一、第二营和赤卫军在东兰东部边境;第六十二团和独立团在右江下游;第六十三团在凤山、凌云、岜暮驻防,拱卫革命根据地。

1931年初,粤桂军阀混战结束,国民党广西当局腾出手来对付右江革命。2月,他们联合黔军1万多人,大举向右江革命根据地进攻。这是敌人第一次"围剿"右江根据地。在我军民奋起反击下,5月中旬,敌军撤走。这次"围剿",敌人只占领右江沿岸各县城,东兰、凤山和各县农村,仍为我军所控制。同年11月中旬,桂系军阀又出动4个正规团,加上地方民团,7000余人,第二次"围剿"根据地。这次,他们集中兵力重点进攻东兰、凤山两县。我军民经过两个多月的艰苦奋战,又粉碎了敌人的"进剿"。

敌人的两次"围剿",我军没有受到多少伤亡,但是,弹药将耗尽,粮食将断绝;另外,敌人第一次"进剿"时,桂军大部队经奉议的田州一带,进攻恩隆的七里区,敌人所到之处,群众受到严重摧残。在这种情况下,一些革命意志薄弱者产生动摇。1931年8月,发生了奉议县委书记兼第六十二团第三营指导员黄正统、独立营营长罗明山率领所部200人枪向敌投降的事件。这件事虽然是少数人所为,但对根据地的军民影响很坏。为此,1932年6月1日,右江特委发表了《为时局告群众书》,指出事件的性质,号召广大人民群众坚持革命斗争到底。

第二次反"围剿"后,第六十三团团长韦国英率部转移到黔桂边的凌云县境活动;1931年12月,第六十二团和独立团合并,组成新的第六十二团,坚持在思林、果德、向都3县交界游击。此时,右江革命根据地只剩下东兰西山、恩隆七里区、向都北区、果德果化区、那马山区、都安红河一带。

敌人在军事上摧毁不了红军,就采用经济、政治封锁的办法来对付我们。1932年1月10日,广西当局在南宁《民国日报》上公布实施所谓"划分各军剿匪防地"的罪恶计划,加紧对右江特委、独立第三师所在地——西山进行封锁。敌人的这一招非常毒辣,他们实行封锁,对在西山的1100多名红军和数千群众来说,是雪上加霜。

为了克服困难,保存革命力量,1月中旬,右江特委、第三师党委(以下简称特委、师党委)在西山朝马洞召开扩大会议,总结两次反"围剿"的经验教训,分析面临的紧迫形势,决定缩编在西山的红军部队,取消第六十一团的建制,抽调骨干400多人,组成杀奸团,开展杀奸肃特,骚扰敌人。编余的红军战士,枪支上交师部保存,分散回乡,发动群众,开展反"围剿"斗争。会后,杀奸团分散各地,开展杀奸活动,敌人十分惊慌。

1月17日,东兰县长兼东凤"剿匪"司令李瑞熊仓皇率领桂军、民团攻打武篆、都邑,试图进攻西山。敌人到武篆,被杀奸团打了几个回合,击毙10多个民团成员,生擒4人。2月初,敌退回县城。从俘敌的口供知道,李瑞熊原是桂军营长,兵痞出身,第二次"围剿"失败后,被李宗仁、白崇禧看中,委为上述的职务,统领东凤民团和留守的桂军,对西山实行长期的军事、经济、政治封锁,并授命他搞一个所谓"剿抚结合新治法"。东兰情报弄得了这个"新治法"的文本,内容很反动。我还记得其中的六条:一是封锁西山,二是断绝粮食,三是断绝水源,四是争夺瑶胞,五是强令农民分得的田地归还原主,六是制造无人区。可见当时桂系军阀镇压革命是不择手段的。

2月8日,韦冠北伙同覃宝珠胁迫杀奸团苏托部30多人叛变投敌,形势进一步恶化。为了粉碎敌人阴谋,制止内部出叛徒,特委和师党委在下弄索召开了紧急会议,决定在东山、西山建立两个瑶族红军独立营,配合杀奸团保卫西山;发动群众,揭露敌人"新治法"的反动罪行,号召各族人民开展反争夺、反搬迁、反复辟的斗争;选择较中心的地方开设圩场,方便群众交换农副产品,调剂粮食余缺,打破敌人的经济封锁。

在会上,韦拔群、陈洪涛和我还就战略措施问题,提出了分三步向外发展的计划:第一步在黔桂边建立一个像西山一样的根据地,扩充六十三团,在那里开展游击斗争,牵制敌人,减轻西山的压力;第二步恢复右江下游根据地,积极向红河下游的都安、那马、隆山、上林发展,领导六十二团坚持武装斗争,造成对桂系统治中心区域的威胁,牵制南宁、百色方面的敌人,减少桂军对东凤的进攻;第三步向滇桂边和中越边发展,建立滇黔桂区革命根据地,作为左、右江根据地的后盾。大家认为发展计划是对的,觉得分三步太慢了,建议党委进一步考虑。

会后,陆浩仁、黄大权、黄举平去东山,我们3个常委在西山,陈国团去东兰县城搞情报,分头落实会议的决定。经过一个多星期的工作,两个瑶族独立营同时建立起来,每营有300多人;在西山的弄索、弄览和东山的陌也开设了圩场。

2月18日,陈国团从东兰回来报告说,李瑞熊正准备集中兵力,分三路向西山进攻,形势很紧张。得到情报,我们3个常委立即进行研究,认为按眼下形势,原来打算的分三步走,确实太慢了,决定分为两步进行,即第一、二步合并为第一步,第三步改为第二步。我先提出分工意见。陈洪涛说,他去黔桂边,黄举平在西山协助韦拔群工作。韦拔群同意陈洪涛的意见,并对抽调干部进行了研究。当时,干部对向外发展的意义认识不够,普遍不愿离开西山。有的说,跳出敌人包围圈是逃跑行为;有的顾虑自己出去了,敌人打来,家里老人、妻子、小孩无人照顾,等等。

为了落实向外发展,解决干部的思想问题,2月20日(壬申年元宵节),特委和师党委在大弄京召开有地方区领导人以上、部队营干以上20多人参加的党委扩大会议。韦拔群、陈洪涛和我先后讲话,讲明形势和党委采取向外发展的重要性和方法,以及内线和外线的关系等。通过讨论,大家提高了认识,表示服从组织决定,抽出去的要努力工作,留下来的也要积极负责,绝不当逃兵。最后,韦拔群布置工作,一部分在西山,组织发动群众,准备反击敌人进攻;一部分仍返回杀奸团活动。并告诉大家,谁去谁留,待后以党委确定为准。会后,我和拔群在西山组织瑶族独立营进行训练,同时,准备向外发展的问题。

不久,我们获悉桂系军阀正在调动第十师,配合第四十三师,"进剿"右江沿岸各县根据地;李瑞熊也调兵遣将,准备进攻西山。形势越来越严峻,3月中旬,我们在西山果六洞召开特委、师党委紧急会议,进一步讨论常委关于向外发展的计划问题。最后,会议决定以东凤为中心,派有作战经验和工作能力的同志,组成两个组,跳出敌人的包围圈,到右江下游和黔桂边,恢复根据地和开辟新区,牵制敌人,减轻西山的压力。人员分工,同意我原先提出的意见。决定我去右江下游,负责领导恢复下游根据地和向红河下游、滇桂边和中越边发展;黄举平去黔桂边,负责开辟新区,发展红河上游各县的工作。陆浩仁(师党委委员、师政治部主任)去下游作我的助手,黄大权(师党委委员、师参谋长)到下游加强六十二团的工作,陈国团到下游负责交通情报联络工作。

从西山地区抽调30名干部,均分成两个组,随我和黄举平到南北开展工作。韦拔群、陈洪涛留在西山坐镇指挥。会后,我即着手去下游的准备工作。临行前,又参加两个重要会议:一个是党委紧急扩大会议,另一个是常委秘密会议。党委紧急扩大会议是4月5日在弄京召开的,共有60多人参加,会期两天,主要是对干部进行革命人生观、革命气节、组织纪律教育。在这次会议上提出了"四不顾",即为了革命,不顾自己宝贵的生命,不顾亲爱的父母、兄弟姐妹、妻子、儿女,不顾家庭财产和美好田园,不顾亲戚好友。

4月7日(农历三月初二)上午,我和陆浩仁、黄大权在上弄索召集去右江下游工作的同志开会,研究出发和行进路线。韦拔群也来参加,并讲了话。他强调我们到下游以后,应当深入开展调查研究,掌握我党、我军、群众、敌人的情况,然后从实际出发,制定工作方针,开展恢复根据地的农运、工运、学运等各项工作。同时,还要利用社会力量,打入国民党政府和军队中,开展兵运(团丁)、匪运工作,争取一切可以争取的力量,壮大我们的队伍。他说:向红河下游、滇桂边和中越边发展问题,你们到下游后看情况来定,去秋,我们派谭统南等3人到靖西争取韦高振的工作,派黄庆金等转移到中越边活动,工作进展情况还不了解,你们到下游后,可以派人去了解一下;红河下游的都安工作是有基础的,陈铭玖还在那里坚持。

这次你们下去,可否先给老白(陆浩仁)带几个同志,先去协助陈铭玖工作一段,然后再到右江下游工作。韦拔群讲话以后,我们根据他的意见进行研究,决定分两组出发,一个组5个人,由陆浩仁带领,先去都安工作,待那里工作有基础后,陆再到右江下游,其余留在都安活动;另一个组12人,由我和黄大权率领,直接到右江下游会合滕国栋、黄书祥开展工作。

常委秘密会议,是4月7日下午陈洪涛在师部主持召开,决定3个问题:一、成立右江下游党委和黔桂边委,两个党委受特委领导。下游党委由我任书记,我、陆浩仁、滕国栋为常委,委员由我到下游定;黔桂边委书记黄举平,委员由陈洪涛和黄举平研究决定。黄举平去黔桂边工作,不再任右江革命委员会主席,由覃道平接任。二、经常分析党内军内的思想动态,对言论、行为不正常的人要注意防范,内部出叛徒要严加惩处。三、加强党委的核心领导,要革命就会有牺牲,我们3个常委谁活着,谁就担负起领导右江革命斗争的重任。

右江下游党委成立的前后情况

4月7日晚上,我和黄大权共12人,由红军连长闭利昌(恩隆七里区罗皮村人)当向导,从西山弄索出发,采取昼宿夜行前进,20日晚,到达思林县古芬村。4月21日,我在古芬村弄那(纳)屯主持召开有黄大权、陈国团、滕国栋、黄书祥、赵世同、黄德胜参加的紧急会议,我传达特委、师党委关于恢复右江下游根据地的决定精神,滕国栋、黄书祥汇报右江下游各县敌我友的情况。针对当时的情况,作出四项安排:(1)成立以我为组长,滕国栋、黄书祥为成员的党的领导小组,负责筹备成立右江下游党委的工作。(2)成立以滕国栋为组长,黄德胜、赵世同参加的军事领导小组,负责指挥红军和各县赤卫军开展游击斗争,打击敌人"进剿"。(3)成立以黄大权为组长,梁乃武等参加的社会领导小组,负责调查、综合敌我友的情况,为恢复根据地和开展游击斗争提供工作依据。(4)由陈国团负责通讯联络和建立交通情报工作。最后,决定总部设在弄塘的"革命洋楼"岩。

散会后,大家分头开展工作。我在弄那住了几天,调查周围的情况,后到"革命洋楼"岩住10天左右,通知各县委党的负责人前来汇报工作。5月上旬,我到思林活动,并在竹梅乡那漠村背后山沟的原始森林内,秘密盖了一间大草棚,作为我们来往活动的第一大本营。经过20多天的调查,我了解到的情况比在西山所掌握的情况严重得多。各县的党组织和革命委员会遭到严重的破坏,党员和革命干部已分散到农村隐蔽活动,群众组织已没有什么活动。为了尽快开展工作,5月

11 日,我在第一大本营召集滕国栋、黄书祥、黄大权、陈国团、赵世同等人开了一天会,交流情况,分析问题。决定:以巩固求发展,相机消灭敌人的工作方针。根据这个方针,会后,对已集中起来的红军武装进行整训;同时在各县恢复群众团体,审查考核党员。我将下游的情况和我们决定的工作方针,写成书面材料,由警卫员黄家尤送往西山向韦拔群、陈洪涛汇报。

接着,我和黄书祥、梁有芳、梁维贞、赵世同等,集中红军和赤卫军100多人,在思林的局良村进行整训。结果被敌密探侦知,5月13日,桂军一个连和民团200多人进攻局良,我们指挥部队进行反击,毙、伤敌20余人,群众安全撤退。后我率队伍转到果德的果化、同仁、四弄一带隐蔽活动,整训部队,发动群众。

6月上旬,敌暂停进攻,右江沿岸各县及广大农村,形势有所缓和。这时,黄家尤从西山回来,带来《中国共产党右江特委为时局告群众书》和拔群、洪涛给我的复信,同意我们提出的工作方针,并指示我们尽快成立党委。如条件一时还不具备,可先成立临时党委,以利领导宣传《告群众书》,揭露敌人的阴谋,唤起群众坚持革命斗争的热情。为此,我即派人到各县通知有关同志来开会。

6月8日,我在果德县果化区三层更邑独屯的潘廷富家,秘密主持召开党的会议。到会的有在思林工作的黄书祥,在果德的赵世同、黄永祺,恩隆的滕国栋、韩平波、黄德胜,向都的黄大权,那马的李凤彰、徐泽长,还有陈国团等11人,会议开了一天,通过学习、总结工作,在统一认识的基础上,大家一致同意成立中共右江下游临时委员会,并推举我当书记,我、陆浩仁、滕国栋为常委,黄书祥、黄大权、陈国团、黄永祺、赵世同等为委员。同时,成立右江下游革命委员会,主席滕国栋,委员黄书祥、陆浩仁、黄大权、黄永祺、赵世同、陈国团、韩平波、梁乃武。临委领导右江下游(奉议县以下各县称右江下游,以上各县称右江上游)各县工作,负责向红河下游、滇桂边和中越边发展。会议决定,以果德的三层更为革命的第二大本营。会后,我留在思林工作。

7月初,桂军颜僧武营"围剿"思林的兰芳、桥业两村,红军赤卫军36人和群众120多人被捕,押到县城关禁。7月9日(农历六月初六)是思林县城圩日。我派廖春朋、廖吉四化装进城侦察,准备组织营救。他俩进城后,查明了我被捕的红军和群众关押的地方及敌人防守情况。准备返回时,在街上的人群中,碰到该县团务局长刘权和一名卫兵在逛街。他们当时用刀刺死刘权,击伤其卫兵,缴获手枪一支,混在人群中出城,安全回来。刘权被毙,敌人增加防范,我们决定暂停营救。

7月中旬,我和滕国栋到向都北区检查指导工作,恢复成立了向都县革命委员会,农春荣为主席;组织革命青年同盟会;在巴麻村批准吸收两三个党员;并和黄绍谦将该县分散的红军、赤卫军集中起来,成立一支40多人的红军游击队。向都红军游击队成立后,我们在那板屯召开一个干部会议,研究杀奸肃特和派人开辟新区等问题。决定在向都、天保、靖西3县交界开展杀奸活动,发动群众建立革命团体;派农明英等六七人去富州县,与前几批人员一起,加强开辟新区工作。派黄永祺到天保、向都、恩隆交界的大同区,培训骨干,建立据点,作为右江下游向滇桂省边发展的交通联络站。在印茶建立交通联络总站,由黄绍谦、黄信吉负责。

8月初,根据情报获悉,桂系军阀又策划第三次"围剿"东凤根据地,我和滕国栋、黄大权等立即从向都赶到思林的第一大本营,和黄书祥、赵世同等,研究配合东凤军民进行反"围剿"斗争的问题。为了准备反击敌人"进剿",8月中旬,我们在第一大本营召开临委扩大会议,临委委员(缺陆浩仁)和各县负责同志共20人参加。会议讨论采取三项措施:第一,动员群众做好后勤保障工作;第二,指挥部队采取游击战术,抓住时机消灭小股敌人,镇压反动的乡村长和土豪劣绅;第三,加强联系,互通情报,共同配合。散会后,临委成员留下研究滇桂边和中越边的工作和分工问题。这时,思林县情报负责人蒙福吉来向我报告说:谭统南、黄庆金、黄明光带韦高振及10多名武装人员到竹梅乡,要求黄总(大家对我的称谓)会见他们。我布置他回去安排好他们食宿后,留黄明光、韦高振等在那里等候,先带谭、黄来汇报。听了汇报后,根据韦高振及其部下要求参加红军的情况,决定收编韦部为红军游击队。第二天,我们到那漠屯接见韦高振,宣布将他的队伍(当时约有100人)编入右江下游赤卫军第三团,归黄庆金领导,要求他教育好队伍,遵守红军纪律和群众纪律,一切行动听从指挥。布置他们回去中越边开展游击活动。

8月底,我在果德都阳一带工作,都阳情报站黄敏堂送来一张国民党广西省政府布告,说悬赏银圆200元通缉我和廖熙英等。9月初,敌进攻果化区,我指挥红军游击队进行反击,打退敌人后,9月中旬,我到都阳村背后的岩洞里,召集陆浩仁、黄书祥、韩平波、陈国团、黄永祺等来碰头开会,研究整顿恢复党、巩固发展红军、赤卫军工作。碰头会后,派陈国团去武鸣四塘乡那沙小学和覃世新(原密派在那里任小学教师,负责南宁方面的情报)收集南宁方面的情报;韩平波同我去那马工作。

9月底,陈国团从武鸣那沙来到那马山城乡向我报告,说白崇禧带随从10多人到右江沿岸一带，与黄镇国策划"绥靖""清查户口""联保"等反动阴谋。陈还说，这次白出动与"围剿"东凤有关，听说白还要去东兰，我已派覃世新进一步侦察。听了报告，我交待李凤彰等，组织队伍准备作好反击工作，应付可能发生的事情。当晚，我和陈、韩转回第一大本营。第二天，还未找到黄书祥，敌颜僧武、思林县长何简章、果德县长阳源，联合出动军团1000余人，向我六月、定昌、减化等一带发起进攻。黄书祥、梁维祯指挥红军、赤卫军反击，掩护群众撤退。我们得知这个消息后，立即奔赴前沿参加指挥。在反击中，共打死几十个敌人，但由于群众动作慢，来不及撤退，被敌抓去七八十人。10月2日，敌撤退，我们在第一大本营研究，派人出去了解敌情，派黄家猷送情报去东兰，我和黄书祥整训部队。

10月中旬，出去侦察的人陆续回来，带了几份南宁《民国日报》，报告说，白崇禧已去东兰，黄镇国在平马召开"绥靖"会议，策划"清查户口"，推行"五户联保"等反动政策。为了粉碎敌人的反动阴谋，我们决定在右江下游加强游击活动。我和韩平波、陈国团率领红军十五六人，秘密转到弄法。那里没有村庄，方圆几十里都是原始大森林。我们找来工具，用了一个多星期，盖起了一栋大草棚。草棚盖好后，召开临委扩大会议，决定采取3项措施：1. 镇压死心塌地为敌人"清查户口"的乡村长。2. 发动群众采取两面手法对付敌人。3. 加强游击活动，袭击敌军驻地，开展杀奸肃特，打击地主民团武装，消灭敌人运输队。会后，我和韩平波、陈国团等人，在弄法坐镇指挥，白天研究各县送来的情报，晚上到临近村庄发动群众，组织红军镇压地主豪绅，袭击桂军驻地。

10月下旬，黄家猷从东兰回到弄法，报告说：敌人搜索西山很紧，原来的联络站被敌人破坏了，找不到自己人，韦拔群、陈洪涛去向不明。10月底，覃世新从武鸣带来几份南宁《民国日报》，到弄法向我报告。他说：近日来社会上传说韦拔群被害的说法很多，报纸上这几天也连续刊登有关韦拔群被害的消息和文章，群众波动很大。他将带来的报纸递给我看。报上确实登有韦拔群遇难的消息，而且说是韦昂杀害的。当时，我不相信，但心里也很不安。又派黄家尤去东兰了解情况，教育大家提高革命警惕，随时应付可能发生的事情。

我们在弄法住了一个多月，此时正是敌人实行"绥靖"不久，群众给我们接济的少了。开始每天还有2两米的稀粥，后来连粥也没有了，就靠挖竹笋、野芭蕉根、雷公根等来充饥。在困难时，我们就用革命思想教育来鼓舞大家的士气。

11月下旬，黄家尤从东兰回到弄法，向我们报告说，韦拔群的确已被韦昂杀害了,陈洪涛去向不明。我听到韦拔群牺牲,顿时悲痛欲绝,同志们也低头哭泣。我抑制悲痛,安慰大家说:同志们抬起头来,化悲痛为力量,为拔哥报仇,将革命进行到底!

12月中旬,我们转到那漠第一大本营。接着,滕国栋等也从恩隆回到那漠,报告了陈洪涛已被捕,解去百色关押,到百色后的情况不明。我听他这一说,真是晴天霹雳,拔哥刚牺牲,洪涛又被捕,顷时悲痛加忧虑,心情十分沉重。当时,我和大家研究,派6个同志分别到燕洞、田州、百色了解情况。大家出发后,我和滕国栋、黄书祥留在思林、果德县做干部、战士的思想工作,调查群众的思想动态。

同月下旬,出去的同时陆续回到那漠。去百色的赵世同、黄德胜报告说陈洪涛已被黄镇国下令杀害了;到田州的陈国团、黄立逢汇报,群众看见敌人押着陈洪涛路过田州时,他昂首向群众说话,揭露叛徒,希望大家提高警惕,团结革命;往燕洞的韩平波、黄振光诉说:陈洪涛被捕是叛徒王廷业出卖的。

至此,我最亲密的两位战友牺牲了,右江特委和第三师党委遭破坏了,右江革命根据地丧失了。在悲伤忧虑的时刻,我明智地想到,现在右江革命处于最困难的时刻,全地区共产党员和劳苦大众急需有党委的领导,我该怎么办?想起离开西山前师党委常委秘密会议作出的"我们三个常委谁活着,谁就担负起领导右江革命斗争的重任"的决定,并将情况和当时在身边的滕国栋、黄书祥、陈国团、赵世同等交换意见。他们一致意见,要我站出来挑起重任,建议立即召开临委扩大会议进行讨论决定。于是,我克服悲痛和忧伤,振作精神,决心挑起右江革命的重担。为了开好扩大会议,大家议定:一是组织一次军事行动。二是派人到各地通知临委成员和各县负责人来开会。三是由我到"革命洋楼"岩作会议准备。

12月27日,滕国栋等率领红军游击队60余人、群众30多人袭击大湾民团,抓获反动土豪彭怀芝,缴获电池1箱、中药2箱、布20多匹、光银3000多元、金戒指4只、金手镯1个。这一行动,表明右江的共产党和红军还存在,鼓舞全体共产党员和劳动群众,坚定革命必胜的信心。

1933年元旦,赵世同去那马通知李凤彰等人开会,返程来到果化陇旧,与梁有芳了解果德县赤卫军常备营及当地赤卫军情况,不料被敌人密探发觉,报告桂军团长甘藻轩及果德县长阳源。当晚桂军、民团1000余人围攻陇旧。赤卫军营长梁有芳和赵世同指挥赤卫军反击。在突围中,梁有芳英勇牺牲,赵世同率队冲出重围,转移到四弄。结果,陇旧被敌抢掠、烧光。5日,赵世同回到总部。

7日,我在总部(革命洋楼)主持召开右江下游临委扩大会议。到会的有临委成员(缺陆浩仁)和那马、果德、向都、恩隆等县负责人,共12人。会议分析了韦拔群、陈洪涛牺牲后,右江地区的革命形势和党内外群众的思想动态,在统一认识的基础上,决定:第一,将右江下游临委改为中共右江下游委员会,取代右江特委,领导整个右江地区的革命斗争。大家推选我任书记,我和陆浩仁、滕国栋为常委,黄书祥、黄大权、黄永祺、陈国团、赵世同、徐泽长、韩平波、梁乃武(未到会)为委员。第二,将右江下游革命委员会的领导职责由下游地区改为整个右江地区,领导人与成员不变。第三,春节后在弄法召开党委扩大会议。最后,我在会上讲了话,指出今后的任务,就是领导右江各族人民坚持革命斗争。为了完成这个斗争任务,我要求党委成员和全体党员加强团结,维护党委领导,执行决议,遵守纪律,保守秘密。号召党、政、红军干部和战士,依靠人民群众,克服困难,将革命进行到底。

会后,我到弄法,一边筹备扩大会,一边筹集物资过年。到1月下旬,共筹得粮食两三百斤。这时,陆浩仁、陈国团也从都安来到弄法。春节后,各县来开会的人员陆续到达,他们都自己带米来,多的七八斤,少的三五斤。

同年1月31日至2月1日(农历正月初六、初七),我在弄法主持召开右江下游党委扩大会议。到会的除全体委员外,还有恩隆、思林、果德、向都、镇结、那马、都安、武鸣等县领导人和红军游击队骨干,40多人。这次会议主要是教育干部,加强团结,振奋粮神,坚持革命。会议还调整了红军游击队的布防,分为那马、隆山、都安、思林、果德交界山区,向都南区与靖西、天保及滇桂边,向都北区与天保、恩隆交界山(今作登一带),思林、果德与奉议交界等4个地区,开展游击活动。决定在恩隆七里区和都安的都阳建立交通联络站,打通东凤和黔桂边的联系;在都安、隆山、上林、宾阳、武鸣、隆安设立情报站,注意南宁等地的敌情。散会后,陆浩仁留下来协助我工作。

2月中旬,情报人员从电话中获悉,桂军营长廖僧武与思林县长何简章,在电话上呈请省府批准处决被关押在思林监狱的36名红(赤)军战士和原先抓捕的群众。为此,下游党委开会,决定组织营救。先派廖春朋等进行侦察、制订营救计划。2月18日晚,陆浩仁、滕国栋指挥红军100多人,突袭思林县城,打得敌人措手不及,慌乱一团,我军迅速攻破监狱,救出所有"犯人"和红(赤)军战士。

三四月间,到滇桂边指导工作的黄大权和黄庆金、谭统南从红军游击队抽调40多名战士,组成杀奸飞行队,夜行百数十里,神出鬼没在靖西、天保、向都和富州

4县交界地区,开展杀奸肃叛〈徒〉,弄得敌人捕风捉影,无可奈何。而人民群众拍手称快,到处传颂:共产党没有走,红军没有垮。滕国栋、徐平等人也在恩隆、奉议交界,建立30多人的锄奸队,先后处决了3个反动的乡村长和土豪劣绅。

上级党对右江革命一直是很关心支持的。正当我们处在最困难的时期,1933年4月20日(那天正是谷雨),我在弄法收到陈道生3月15日从香港写来的信。内容是要我于4月中旬去上海向中央汇报工作,并说已汇款200元到果化给我作旅费,还告诉到香港联络的地点等。我和陆浩仁鉴别,信的确是陈的亲笔字,联络地点也对。但分析又怕敌拆信看搞鬼,决定不去领款,另行筹集。这时,黄大权、黄明光从滇桂边回来,请示成立"中×边革命委员会"的问题。同月下旬,我召集陆浩仁、滕国栋、黄书祥、黄大权、陈国团、赵世同开会,大家同意成立中×边革命委员会,由黄庆金任主席,谭统南任副主席,其他委员由黄大权和正副主席研究决定;会议指派蒙福吉负责为我筹备去上海路费。

5月6日(农历四月十二)晚,我和黄书祥、陈国团、黄家尤到思林竹梅乡那徐屯开会,发动群众,处理农民过去分得的土地被土豪夺回的事情。散会后,我说此地离思林县城很近,不宜久留,叫大家赶快离开。黄书祥说还有些事要处理,要我们先回去。到半路,我一想不对头,又派陈国团去催,先后催促三四次。最后黄书祥说:你们不必等了,天亮前我回到大本营就是了。这样,我们先到住〔驻〕地休息。天快亮了,还不见黄书祥回来,我就起来到坡上听动静,又派陈国团去看。我们刚出门不远,就听到从那徐方向传来了密集的枪声。我断定黄书祥肯定出事了,转回大本营叫大家起来上山隐蔽。大家隐蔽了一天,没有饭吃,晚上才转到果德三层更。8日,派潘廷富等人去那徐了解情况。10日,他们回来汇报:原来我们在那徐开会时,叛徒黄金镜就去向乡长黄金菊告密,两人又到思林县城向桂军团长唐世星报告,唐就派兵100多人,连夜赶来,天亮前包围那徐屯。天刚蒙蒙亮,村里妇女出来挑水发现,跑回去报告黄书祥。黄立即突围,英勇抗击敌人,不幸中弹牺牲。

同月中旬,我在三层更召开党委会议,由陆浩仁起草,大家同意,决定以"果德县赤卫军常备营营本部"的名义发布第7号通告,说明事件的原因和教训,告诫各党支部全体党员和革命群众提高警惕,号召大家化悲痛为力量,继续努力,团结战斗到底。会议责成陈国团、赵世同等负责处置叛徒。

会后,我和陈国团、黄永祺等6人到那马县工作,一个星期后转到向都活动。

5月下旬,我在向都县北区那板屯召开党委会议。出席会议的有陆浩仁、滕国栋、黄大权、陈国团、黄永祺、赵世同,列席会议的有黄绍谦、黄庆金、谭统南、黄德胜、黄振光等10多人。会议研究两个问题:一是根据敌正规军绝大部分撤出右江后的形势,决定将分散游击的红军,逐步集中起来活动,加强教育、训练。二是研究滇桂省边的开辟工作。根据黄大权、黄庆金、谭统南的汇报,5月初,他们在靖西县坡豆乡成立“中×边革命委员会”后,省边各族人民受到很大鼓舞,影响很大,不少青年积极要求参加红军(赤卫军),靖西、天保、向都3县交界普遍组织“共产青年同盟会”,形势有所发展。会议决定再派陆昆、李著轩等6人到富州县工作,并宣布边区开辟工作由黄大权负责。

会后,我和陆浩仁到镇结十二弄地区传达会议精神,并在那里召开几次座谈会,调查了解情况。我们了解到,那里在百色起义前,为解决农军武器问题,曾由李纯健等人办过兵工厂;1932年3月,敌“进剿”后停办。我召集李纯健、黄国兴、许福廷开会,研究恢复兵工厂问题。他们说:兵工厂的设备保存完好,要恢复最大的困难是经费和技术人员。我们答应帮助解决经费,技术人员由他们自己解决。他们表示同意。决定由李纯健任厂长,黄国兴、许福廷为副厂长。兵工厂恢复后,任务是修造枪支,生产弹药。这个厂恢复后,一直办到抗战时期。

6月初,我们从镇结十二弄回到“革命洋楼”。负责筹款的蒙福吉汇报,去上海的旅费已基本筹足。为此,我和陆浩仁议定,中旬召开党委扩大会议,并派人到各县通知。没几天,黄绍谦突然来到总部,报告说黄大权、黄玉荣、石坚、徐春荣4个同志,4日在天保县南区龙光乡那样村(按:应为邦威村)背后山洞隐蔽时,被叛徒出卖遭捕。他请示怎么办?我听后,大吃一惊。我布置他马上去和滕国栋商量派人去调查,并告诉他和滕国栋中旬到弄法开会,到时再研究营救问题。

党委扩大会议按计划如期召开,除党委成员外,还有黄绍谦、黄德胜、黄振光、黄家尤、何信吉、岑××、潘××等,共15人参加。会上,我把陈道生来信的内容向大家传达,并将我离开后的工作安排进行布置。我明确对党委同志说:此行有两种准备,一是安全回来,二是遇难不能回来。为此,党委由陆浩仁代理书记,如果发生后一种情况,希望同志们坚持斗争到胜利。并强调要滕国栋想办法营救黄大权等同志。会议开了一天。一散会,我由黄家尤等人护送,从果德三层更出发,经钦州湾下船去香港(我登船后,护送人员返回右江下游),再由香港转去上海。

到香港时,正值两广省委机关遭敌破坏不久。我下船后,按照陈道生交代的联系地点,当天没有找到他,自己住进一家小旅店,然后继续去找他。找了十二三天,才在另一个旅店找到陈道生。见面后,两人都感到格外亲切。别后一年多了,第一次见面,无话不说,无事不问。我对陈道生说:迟来了两个多月,你等了那么久,一定是很着急了。陈道生说:是的,的确很着急,特别是到5月份以后,还不见你来更是着急了。现在好了,你终于来了,我怎能不高兴。

接着,陈问右江的情况,我作了详细汇报。我说:自从你离开西山返香港后,西山一直在敌人围困之中,党委采取了许多对策,为了打破敌人的封锁,发展红河下游,开辟中越边和滇桂边。后来,敌人第三次大规模"进剿",东凤遭到很大损失。特别是韦拔群、陈洪涛牺牲后,右江根据地丧失。并将右江特委和第三师党委遭到破坏后,自己采取的措施,以及接到信后,推迟来香港的原因等都作了汇报。

陈听后十分感动,说:我回香港后,一直都很关注右江的情况,听了汇报,认为你做得很对。在远离上级领导和没有上级指示的情况下,能够从实际情况出发,采取一系列果断措施,保卫了右江党组织,继续领导右江人民坚持斗争,这完全是正确的。从汇报的情况看,右江的环境是险恶的,你们的斗争是艰巨的,你们能做到这种程度就很不错了。

随后,我询问韦菁和陈庆锷的情况。陈说:我们3人离开西山后,经过艰苦曲折的跋涉,于1932年2月中旬才到香港。休息了两天,就向省委汇报。汇报后,他们与省委有关部门联系,解决了一些具体事情,在香港10天左右。办完事,他们就离开香港返回右江。送走他们,我一直关注他们的安全。他们走后第三天,即3月初,两广省委遭破坏,据从广州来人说,他俩在广州被捕,此后情况不明。

说到此,陈道生把省委破坏后的情况,向我作了介绍。陈说:省委破坏后不久,团中央巡视员到香港和一些同志筹组两广工委,到9月正式成立,12月上旬又遭破坏。之后,有两个委员和香港市委一位负责人,自动筹组两广临时工委,到1933年2月才正式成立。中央即来电询问右江情况,临时工委当时对右江情况不了解,汇报不了。中央又来电要右江派一位负责人去上海汇报。临时工委就把这个任务交给我办。当时,我考虑叫谁去。韦拔群、陈洪涛已牺牲了,怎么办?考虑来考虑去,突然想起去年4月陈洪涛来信,提到你带一部分人跳出敌人包围圈,到思林、果德一带活动,减轻了西山的压力。6月,又在报纸上看到敌人报道说你在都、果、思等县和滕国栋、黄书祥等发展红河下游;10月以后,接连在敌人报纸上看到韦拔群、陈洪涛牺牲的消息;今年2月初,在梧州《民国日报》上看到桂省府加赏缉捕你的报道。我就断定你没有牺牲,一定会在果德、思林交界山区一带活动。这样,我在3月15日写信,通知你4月中旬去上海,并汇去旅费200元,和信一起寄到果化。我估计,到3月底或4月初,你会收到。谁知到4月中旬,你才收到,信本身就迟到了。为了防止敌人搞鬼,你们不去果化领款,另想办法筹款是对的。当中又发生黄书祥遇难,黄大权被捕事件;你安排好工作才来,这就更加推迟了,组织不怪你们。

我们互相交换情况后,我要求拜会两广临时工委的领导人。陈道生说:临委刚遭破坏,领导人全部撤回内地,不好找到他们。目前,香港的形势仍有些紧张,你在此也不宜久留。最后,陈交代我到上海的联络地点和暗号。地点是苏州路××号(回忆不起来)中药材铺与余××(名字已忘)同志联系。联络暗号是"买茯苓",回答"有货"就对了。你接上头后,组织会给你安排汇报的。我与陈道生接上头的第二天一早,就买票搭船去上海了。在船上航行好几天,近7月底才到达。

我一上岸,按照陈道生交代的联络地点和暗号,当天就与余同志接上关系。余安排我在一家小旅店住下(后来换了四五个地方)。第二天早上,余带一位姓徐的同志(名字已忘)来。接着,由徐带我到北郊农村的一个农民家里住下。在这户农民家里,又有两位同志(名字已忘)安排我进行汇报和学习。

汇报共进行两天两夜。我从红七军主力北上谈起,一直汇报到来上海时为止。我汇报到主要问题时,他们都详细询问,如,我谈到为了克服粮食和弹药的困难,将在西山的红军化整为零,组成杀奸团,取消团营连建制时,他们问是全师或是一部分?我说:只取消一个团,即六十一团,仍保留六十二团、六十三团两个团和师部特务营两个连;后来不久,又在西山、东山重建两个瑶族独立营。

我汇报到跳出敌人包围圈,向南北发展时,他们问南北是否建立了党委?我说:在右江下游建立了临时党委,在黔桂边建立了边委,两个党委受右江特委领导。汇报到敌人第三次"围剿",韦拔群、陈洪涛和右江革命委员会主席陈道平牺牲,右江特委、第三师党委、右江革委会遭到破坏,我改右江下游临委为右江下游党委,承担领导整个右江地区党政军民坚持革命斗争任务时,他们问:师党委和右江革命委员会是否恢复?我说:没有恢复,只成立军事领导小组,在下游党委统一领导下负责军事工作;成立右江下游革命委员会,接替右江革命委员会的工作。

他们又问:现在部队还有多少人,以什么番号出现?我说:敌人第三次"围剿"

东凤根据地,韦拔群、陈洪涛牺牲后,六十三团和两个瑶族独立营全部被打散了。只有师部一个保卫连,已转移到黔桂边,还有 100 多人,其他全部瓦解了。在右江下游还有第六十二团 400 多人,仍用第六十二团番号,右江下游各县尚有赤卫军三四百人。另外,在滇桂省边争取改造了几股绿林武装 300 多人。目前,整个右江(包括滇黔桂边)还有 1200 多名革命武装仍坚持游击斗争。

他们又问目前右江党组织情况。我说:正式成立右江下游党委后,半年多来做了许多工作。那马县委党总支没有受破坏,近来发展了一批党员,党员由 20 名发展到 30 多名,建立了 3 个党支部。果德、思林、恩隆、都安 4 县委党支部被破坏后,已得到恢复,党员 40 多人。其他各县组织尚未恢复,党员还在坚持活动,目前还在审查当中。黔桂边委没有遭破坏,但还未联系上;东凤等上游各县委党组织也未联系上。但是,发展党员工作已基本停顿。个别地方,对剥削阶级出身的同志,表现又很好,仍不敢发展,主要是怕犯路线上的错误。我们党委对这个问题也不敢决定,请中央给予指示。

最后,汇报到向滇黔桂 3 省边发展,准备在那里建立新的根据地时,他们很感兴趣,并详细询问那里的地理环境、社会政治经济状况、民族关系等问题。我一一作答,特别是详细介绍了云南省东南部的富州县的情况。该县位于云贵高原东南隅,右江上游的高寒地区,东南、北面与广西的百色、天保、靖西、镇边(今那坡)和西林、西隆等县接壤;正南与越南交界,国境线七八十公里;西南与滇省本部的广南、麻栗坡两县相连;正北面与黔省相望。是滇黔桂 3 省边交界的中心,地形复杂,犬牙交错;交通闭塞,地广人稀。全县面积 5000 多平方公里,人口约 10 万,有汉、瑶、苗、彝等八九个民族,少数民族人口占总人口的 80% 左右。他们历代受尽反动统治阶级的歧视和奴役,遭受残酷的政治压迫和经济剥削,连年军阀混战,造成那里的经济文化十分落后。加上法国殖民主义者的侵略、干预、野蛮屠杀和压榨,生产力非常低下。国民党政府从不过问这里,成为"三不管"地区。各族人民生活极苦,挣扎在死亡线上。为了生存,他们有的被迫当兵吃粮,有的铤而走险上山为匪。云集在那里的外地和本地绿林武装四五十股。广西就有近 10 股被桂军追剿后逃到那里,专门打劫官家和土豪、走私的烟(鸦片烟)帮,不抢平民百姓。百色起义后,那里的各族人民受到鼓舞,不少有志青年,有的投奔参加红军,有的来右江求派人去领导他们闹翻身。

红七军主力北上后,1931 年秋,右江特委、独立师党委决定,用游击战术向都安推进,同时,派 3 名干部到中越边、滇桂边了解情况,准备在那里建立新的根据地,以及争取集结在靖西、镇边县交界的绿林武装韦高振部。1932 年春、夏,右江特委和下游临委又先后派出多批干部到富州开展工作,与各族人民广交朋友。1933 年春,右江下游党委派干部带领一支部队到富州的七村九弄地区,深入发动群众,组织"兄弟会""劳农会"等革命团体,建立赤卫队。同时,争取了地方上层人物和实力派,改造两三股绿林武装,改编他们参加红军游击队。至今七村九弄地区已初步打开了局面。党委打算来年由我亲自去富州县直接领导创建滇黔桂边区根据地。这个打算是否正确,有待中央指示。当时,他们表示同意。我的汇报就此结束了。

中央两位同志听我汇报后,对右江的工作表示满意,并帮助我总结工作,肯定了我们所采取的措施,保卫右江党组织,继续领导右江人民斗争,开辟新区等都是正确的。同时,也指出右江党组织在发展党员工作上,犯了"关门主义"的错误。主要表现在把许多早已背叛自己剥削家庭,自愿投入无产阶级革命行列,经受过大革命熔炉的考验,无产阶级立场坚定,在困难时期要求入党,愿为共产主义事业献身的同志,拒绝在党的大门之外,把这些出身于剥削家庭的同志看成至死不变。这种机械的唯物史观,不仅束缚了自己的手脚,更严重的是阻碍了党组织的发展壮大,削弱了党的战斗力和号召力,给党造成重大损失。为什么犯这个错误呢?指出原因有三:一是党组织忽略了加强对党员个人世界观的改造,致使主观认识与客观实际相脱离,对党的思想路线和组织路线不端正。二是深受"立三路线"的影响和束缚,右江党组织未能完全解脱出来。三是"左"倾错误思想和政策,未得到彻底纠正。因此,使右江党组织不能正常发展。这种状况,不仅右江党组织存在,全国也存在。中央为了纠正这种不正常的状态,前不久发出了《中央关于全国组织报告的决议》,指示各级党组织认真纠正这个问题。

负责接待的两位同志继续对我说:为了正确执行中央这个决议,请你到上海,一方面听你的汇报,同你总结经验教训,发扬成绩,纠正错误;再一方面利用此机会给你坐下来,好好学习中央文件,检查对照,端正思想和组织路线,划清"立三路线"和中央正确政治路线的界限,使右江党组织在今后的斗争过程中,更好地贯彻执行中央的正确路线、方针和政策,保证革命胜利前进。

总结之后,他们又安排我转移到另一个村李××(名字已忘)的家,要我专门学习中央有关文件,共 10 多份,另参考材料八九份。在李家学习了 10 多天,8 月中旬,又让我转移到市区,在一家小旅店住下,继续学习。并指定和指导我用密写药水,在两本书的行间空白处,抄写中央4份文件,带回右江贯彻执行。这4份文件,除上述的1份外,还有《党、团中央告全国民众书》《中央致各级党部及全体同志的信》《中华苏维埃临时中央政府工农红军革命委员会为反对日本帝国主义入侵华北愿在三条件下与全国各军队共同抗日宣言》以及附件。我密写完以后,两位同志检查没发现什么破绽,即交代我回到右江后,用碘酒或酒精洗,字显出后即可抄录成原文。

接着,他们对右江工作作了重要指示。这两位同志说:中央这4份文件,总的精神是动员全党和全国民众紧急行动起来,反对内战,团结全民族,一致对外,进行神圣的抗日战争,打败共同的敌人——日本帝国主义侵略者。这也是我们党今后一个相当长时期的战略任务。为了实现这个战略目标,当前应从以下四个方面开展工作:第一,组织全体党员和干部,认真学好中央文件,武装思想,认清形势,明确任务;第二,进一步纠正"立三路线"的"左"倾冒险主义;第三,全面开展抗日统战工作,广泛建立抗日民族统一战线;第四,以巩固党组织为中心,开展整顿党组织,使之变为地下活动,秘密进行工作。同时,要加强党的思想建设和组织建设,把党组织建设成为坚强的战斗堡垒。未恢复建立党组织的地方,要派党员干部去指导,对原来党员的思想、政治、工作表现,要逐个审查,够条件的要及时恢复过组织生活;不够条件的要加强教育,待其觉悟恢复后参加组织活动;发现叛党分子,要坚决清除出党,个别罪恶严重的要坚决惩处。在整顿巩固党组织的基础上,做好发展新党员工作,以扩大党的队伍。在发展党员中,一方面既防止重犯关门主义的错误,另一方面又要严防奸细混入党内。这是他们对我的指示。

我到上海,经过汇报、总结工作和学习、密写文件,提高了觉悟,认清了方向,明确了任务。其中,通过学习,我感触最深的,是知道开展革命斗争,还有一个统战工作,从而增强了克服困难、夺取革命胜利的信心和决心。

9月上旬,我带着密写在两本高等学校教科书中的中央文件,带着中央的指示精神,辞别接待我的徐同志等人,离开上海返回广西。途中避过敌人的几次搜查,于9月下旬,安全抵达右江。我刚踏进右江下游党委的驻地——"洋楼岩",正遇上陆浩仁、滕国栋等人在那里开会。脚还未踏进岩洞,不记得是谁先看见我,就大喊一声"黄总回来了"。开会的同志,一齐站起来迎接,大家互相亲切地问好。进洞后,大家坐下来,问长问短。

我对大家说:党中央十分关怀右江的革命斗争。今年初,党中央搬到中央苏区,仍交代留守处(名为"中共上海中央执行局")与我们联系。我到上海向留守处汇报后,负责同志对我们的工作表示满意,相信我们能做好工作,并给我们很多重要指示,要求我们继续努力,团结战斗,右江大有希望。听了我讲的这些话,大家情绪很高。

随即,我问及营救黄大权的事。大家低头沉默片刻,陆浩仁说:我们三次组织人进天保县城营救,都因敌人戒备森严,营救不成功,没有完成你交给的任务,我们感到十分难过。8月中旬,大权、玉荣同志已被敌人杀害于天保县城。我听他这么一说,心情十分悲痛,眼泪直流。在场的同志也都沉默不语。为了打破沉默,我极力控制自己的感情,把话题转到议论中央的指示上来。

我说:带回来密写的中央文件,必须尽快找药水显影出来,以便组织学习,从中得到力量。要显影,没有酒精、碘酒怎么办? 我一提出,陈国团、黄振光自告奋勇去办。他们走后,我即主持召开党委常委会议,把中央指示的几个问题和徐同志帮助我总结右江工作的情况,先向常委传达,并研究布置工作。第三天,陈国团、黄振光到果化买来酒精冲洗,字迹显示后,由滕国栋念,陆浩仁写,共用4天才完成中央文件的显字和抄写工作。

10月中旬,我们在弄法召开了党委扩大会。到会的同志有党委全体和恩隆、思林、果德、向都、那马、都安、武鸣、镇结等县负责同志,共34人。会期4天,会议由陆浩仁主持,我传达中央指示,接着陆浩仁、滕国栋轮流宣读中央4个文件,整整用一天半的时间。与会同志听完传达后,情绪很高,在分组讨论的两天时间内,一直都是保持饱满的革命热情。大家发言很热烈,真正做到了畅所欲言,一致表示坚决拥护中央指示,并联系右江的斗争实际,大胆揭露"立三路线"在右江各个方面的表现,用大量事实揭发立三"左"倾冒险主义给右江革命造成的危害,自觉地检查了自己过去"左"的错误思想倾向、"左"的错误政策和做法,表示在党中央正确领导下,团结奋斗,排除困难,坚决贯彻执行中央的正确路线、方针、政策,努力完成党中央交给的战斗任务。同志们坚定的决心和诚恳地进行自我批评的精神很是感动人。

最后,我作会议总结讲话,肯定会议开得好、开得成功,强调有中央的正确指示,加强革命团结、认真贯彻执行中央的正确路线、方针,我们右江革命斗争最后一定会夺得新的胜利。接着,我还指出:这次会议同志们收获最大的是在思想上与"立三路线"划清了界限,并与之决裂,大家都自觉地检讨了自己"左"的错误思想倾向,决心纠正我们"左"的错误政策和做法,从而使我们的立场、观点、方法转变到党中央的正确路线上来。具体地说有三个方面:一是进一步认识了"立三路线"的危害性和纠正的必要性,并提出了许多符合中央路线的措施和办法,为彻底纠正"立三路线"打下了基础。二是懂得了日本帝国主义侵略中国,要中国人当亡国奴,那是不得了了。一致响应党中央的号召,决心联合一切不愿当亡国奴的阶级、阶层、党派、团体、军队、无党无派人士,组成最广泛的抗日民族统一战线,建立强大的抗日队伍,一致抗战,赶走日本帝国主义侵略者。三是明确了建党方针、政策和任务,确定了以巩固党组织为中心,恢复发展党组织,从公开活动转变为地下活动,长期埋伏,积蓄力量,将右江党组织建设成为坚强的党。

另外,我还指出:我们右江党组织过去曾错误地执行过"立三路线",犯过"左"的错误,表现在:

(一)在军事上,有相当长的一段时间,我们只顾要打大城镇,忽视消灭地主、土豪的反动武装,忽视在农村建立强大的人民武装,结果吃了大亏。

(二)在土地革命运动中,曾提出:一切通过雇农工会,致使雇农工会不受党组织和苏维埃政府的约束,错误地将部分中农划为富农,同地主、富农一样没收中农的田地和财产,引起农民中的中农的害怕和不安,破坏了党团结中农的政策。

(三)在肃反斗争中,对形势的估计过于严重,错误地认为苏维埃政府多数为富农掌握或是动摇的知识分子掌握,过多树敌,致使投机分子有机可乘,利用肃反委员会名义,谎报情况,以公报私仇,未经批准,乱抓人、乱杀人。加上执行反对富农策略战线中,不讲策略,机械地反富农、杀富农,错划为富农的中农也不放过,致使中农阶层恐慌而离开了革命队伍,逃到敌方,增加了敌人的力量。

(四)发动组织群众的工作中,只注意发动男群众,忽视了发动或不敢发动女群众,失掉依靠群众大多数的力量,自己堵住了自己的耳目,孤立了自己。

(五)在建党过程中,我们也犯了"关门主义"的错误,如有些出身于剥削家庭的同志,各方面都表现很好,就是因为家庭问题,我们不敢接近、教育和培养他们,甚至有些已经受过长期革命斗争教育和考验,证明他们已经背叛他们的剥削家庭,转变了立场,并变卖田地、家产买枪支弹药来参加革命,诚心诚意为无产阶级革命贡献一切,我们也不敢吸收他们入党。

另外我们党内有个别同志,在发展新党员过程中,喜欢别人吹捧,不讲组织原则,以个人恩怨划线,只要你吹捧我,不管你够不够入党条件,我都可以介绍你入党,你不吹捧我,条件再够,我也不介绍你入党。结果真正够入党条件的同志,长期不能入党,相反投机分子吹捧了你几句,你很快就介绍了他入党,给他混入了党内,种下了祸根,时机一到他就叛变了党,出卖领导人,杀害同志,这个血的教训,至今仍有些同志还未醒悟过来。

(六)革命斗争顺利发展的时候,许多党的基层组织,忽视党的秘密工作,将党组织公开暴露出来,结果被敌人破坏,给党组织造成严重损失。上述种种表现,说明我们也犯了"立三路线"的错误,过去我们虽纠正过"立三路线"的错误,但我们对"立三路线"的危害性还没有认识,纠正不彻底。直到这次会议,与会的全体同志认真学习党中央路线,联系右江的斗争实际,大胆揭露"立三路线"在各个方面的表现,才认识"立三路线"的危害性,从而下决心彻底纠正立三的错误路线。今后我们的一切工作,都要按照党中央这次指示的政策去做,完完全全地贯彻到群众中去。

目前我们的工作任务是:第一,到农村去,广泛地向农民群众宣传"立三路线"的危害,使农民认识到:夺取革命的胜利,非彻底纠正立三"左"的错误路线不可,从而自觉地行动起来,纠正我们"左"的政策和做法。将过去把中农划为富农的改正过来,把错误没收了的中农的田地、耕牛、财产的,我们要主动地向他们承认错误,他们所受的经济损失,我们要承担赔偿,原物在的退回原物,如耕牛等原物不在的折款赔还;一时赔款有困难,要分期赔还,以表示我们诚心诚意执行团结中农的政策。过去错杀了中农的人,我们要向他们的亲属赔礼道歉,并为他们恢复名誉。今后对待地主、富农一般不杀,只要他们老老实实,安分守己,努力劳动改造,不搞反革命,我们都不杀,要杀的只是那些最反动的分子。对那些搞以公报私仇的人,严重地危害人民群众生命财产的人,要严肃处理。处理这种人要特别注意区别对待,个人犯罪个人承担,不株连其家属和亲友,以孤立敌人,稳定群众。在肃反斗争中误杀了好人,我们也要主动平反,恢复名誉。如果某些个别人为了报私仇,杀了好人,手段十分恶劣,罪恶大的,不严惩不足以平民愤的,要坚决严惩。罪恶不大的人,令其向被害家属赔礼道歉,赔偿经济损失,取得被害家属谅解,可以从宽处理。对协从者,没有杀人的,要严肃批评教育,指出其错误的严重性,使其吸取教训,改正错误,今后不再重犯,以体现我们党"治病救人"的方针。

第二,全面开展抗日统一战线工作,大力宣传中央联合抗日宣言,动员工人、农民和一切不愿当亡国奴的阶级、阶层、党派、团体、军队和政府官员、无党无派人士,组成广泛的抗日民族统一阵线。在农村、城镇普遍组织抗日同盟,如"抗日青年同盟会""民主同盟会"等,把各阶层的人民都组织到抗日民族统一阵线里来,组成强大的抗日队伍。在建立抗日民族统一阵线工作的同时,我们还要建立抗日革命武装,如组织"抗日同盟军"或"抗日救国军",以此名义去争取那些不愿当亡国奴的地方武装和势力,参加到抗日民族革命武装队伍中来,以扩大我们党的革命武装。在与政府军队和地方势力的联合中,我们必须坚持我党独立自主的原则和立场,揭露日本帝国主义侵略罪行,揭露蒋介石顽固坚持"攘外必先安内"的反动方针和投降反共阴谋。宣传我党中央坚持一致对外的抗日方针和主张,推动国民党地方政府抗日,号召人民武装起来,保卫家乡,捍卫我们中华民族的尊严,打败东洋鬼子的侵略。教育党员、革命干部和战士保持高度的革命警惕性,做好保密工作,随时防止汉奸、特务的破坏,严防国民党军警的突然袭击,随时随地做好武装自卫还击,以揭露国民党反动派挑起内战和破坏人民团结抗日的阴谋,确保抗日统战工作的展开。

第三,加强党的组织建设和思想建设,整顿恢复党的组织,发展壮大党的队伍,把党支部建设成为坚强的战斗堡垒。目前,我们要坚决执行党中央的指示:以巩固党组织为中心,整顿各地党支部,使之转变为完全的地下组织,建立健全支部组织生活和秘密工作制度,发动党员互相监督,经常开展批评和自我批评,发扬成绩,克服缺点,批判各种非无产阶级思想,克服自由主义,自觉遵守纪律和保密制度;建立健全学习制度,有计划、有领导地组织党员系统地学习党的基础知识,增强无产阶级党性,发扬无产阶级彻底革命精神和先锋模范作用。有条件的地方,还可以开办党员短期训练班,分期分批轮训党员,对党员系统地进行马克思主义教育,提高马克思主义觉悟。未恢复党组织的地方,我要求各县抓紧恢复组织工作。并强调:右江各级党组织虽遭受敌人的严重破坏,但许多党员仍然继续坚持斗争,前赴后继,与敌人进行秘密的或公开的斗争。像这样的党员应尽快恢复他们的组织关系,恢复建立党支部的组织活动。发现叛徒要及时处置,防止叛徒混入,保持组织的纯洁性。在恢复和建立党支部各项制度的同时发展新党员,首先对那些在革命挫折后,仍跟党走,不怕牺牲,经得起考验的积极分子和革命骨干,要关心他们,帮助他们端正入党动机,积极慎重地发展一批新党员,成熟一个发展一个,不断壮大我们党的队伍,增强党的战斗力。但一定要防止拉夫主义,特别要防止奸细混入。上述我所讲的这些工作,都是经过党委常委研究决定的,希望同志们回去后,要好好研究,结合当地的具体情况,认真贯彻执行。

这次会议以后,党委常委选两个重点先走一步,以带动全地区各项工作的展开。两个重点工作:一是党建工作重点,以那马县委党总支为重点,把那马县委党组织建设好,以带动全地区党组织的建设;二是统战工作重点,初步定以向都县为重点,以带动全地区各县特别是滇桂省边的统战工作。同时,还要继续派人去东兰了解情况,尽快想办法和东凤老区以及滇黔桂省边取得联系,做好统战工作。会后,我们党委分工是:我去那马工作,陆浩仁去向都工作,滕国栋去思林兼管果德、恩隆两县;陈国团去都安,梁乃武去恩隆七里工作。

11月底,我们党委在弄法碰头,决定:一是继续派梁乃武、陈国团到都安、恩隆七里区活动,设法与东凤两县取得联系;二是同意黄庆金等在靖西县组建抗日救国军,命名为"中国抗日救国军第十八军",由梁振标任军长,黄庆金为政委,谭统南为政治部主任;三是继续做好整顿党组织工作。

碰头之后,我到向都县工作,加强滇桂省边的统战工作。同时,谭统南带几名干部和小股武装,秘密到左江的万承县活动,同当地革命骨干,做争取地方势力的工作。谭在万承工作一个多月,争取了一股地方势力武装100多人。经我同意,任命该势力的头目许可瑜为抗日救国军第十八军五十三师师长(接替崔伯韫),农保贤为副师长。至此,初步打开了左江的局面。

桂系当局获悉,他们为了镇压左右江人民开展的抗日救亡运动,下令派兵"进剿"。我命令黄庆金、谭统南率部从中越边、万承转移到富州县。1934年1月下旬,谭统南率许部从万承转移到镇结的古洞乡松卡村时,与敌军遭遇,激战中许可瑜牺牲,其余突围顺利转移到富州的七村九弄地区,参加开辟新区工作。

谭统南等去滇桂边后,我则转回"革命洋楼"岩。此时,1934年的春节即将来临,我和陆浩仁、滕国栋研究过春节的问题。决定组织红军游击队袭击思林县府粮库,并派人通知党委成员到弄法过年。

2月11日晚,滕国栋、陆浩仁率红军200多人和弄法附近几个村屯群众300多人,奔赴思林县城,封锁各交通要道,然后派出精干的武装,突袭靠近县城的粮库,全歼守库的警兵20余人,缴获长枪20多支,打开粮库,迅速组织群众挑运粮食两万多斤。敌县府人员和民团听到枪声,以为是红军攻城,四处逃窜,不敢出城。天亮前,滕国栋、陆浩仁指挥队伍和群众撤回原地。粮食大部分分给群众,我们只留了 1000 多斤大米。12 日晚,部队和党委成员都到弄法集中,大家愉快地在那里度过了岁次甲戌年的春节。

节后第二天,党委开了三天会,总结近 4 个月来的工作情况。大家认为,贯彻中央的指示后,切实纠正了"左"的政策和关门主义的错误做法,调动了党员、干部和群众的积极性,各项工作都有了相当大的进展,取得了不少成绩。如那马、果德、思林、恩隆、都安 5 县委党组织,经过整顿、恢复和发展,现已有党支部 16 个,党员 200 多人;同时,这 5 县和向都、奉议县恢复和建立了县革命委员会,这些县和镇结、武鸣、隆安、隆山等 11 个县建立了"抗日青年同盟会""共产青年同盟会"和其他抗日团体 120 多个,会员达 1500 多人,还争取了 10 多个村长参加抗日同盟,在 8 个村建立了两面政权;革命武装力量也有所发展,原有的 300 多红军,现已发展到 400 多人。此外,在滇桂边建立一个 600 多人的抗日救国军,革命武装力量总数达到 1100 多人。总之,抗日民族统一阵线在右江和滇桂边已经初步形成。

会议认为,我们取得的这些成绩,主要是我们坚决执行了党中央的路线、方针、政策,排除"左"和右的干扰,实事求是地纠正了我们右江党自身存在的错误,得到了广大人民群众的谅解和支持;另一方面,在建立抗日民族统一阵线工作过程中,我们坚持了党的独立自主原则,广泛宣传了党中央团结抗日的主张,正确地贯彻执行了党的统战政策和民族政策,团结了一大批不愿当亡国奴的党派人士和无党无派人士,有力地揭露了日本帝国主义的侵华罪行和蒋介石的"攘外必先安内"的反共方针,教育各阶层人民认清了抗日形势的紧迫性,从而调动了各阶层人民参加抗日同盟,保卫家乡的积极性;再一方面,我们在领导开展各项工作中,为了自卫,我们还紧紧抓住革命武装队伍的建设,既扩大红军,又建立了抗日武装,增强了自卫力量,坚持"人不犯我,我不犯人,人若犯我,我必犯人"的立场。敌人几次进攻我们,我们都进行自卫还击,保卫了抗日救亡运动的展开。

会议强调指出:我们虽取得了一定成绩和经验,但目前的阻力还是很大的,一些坚持反动立场的乡村长、地霸、叛徒、特务仍在互相勾结,破坏我们建立抗日民族统一阵线的活动,桂系当局还要出兵"进剿"我们;另一方面,我们工作的发展极不平衡,大多数县、区、乡党组织还未恢复,多数区乡的工作尚未打开局面;再一方面,我们还没有和东凤的同志取得联系,黔桂边的情况仍不了解,等等。上述情况表明,今后我们的工作量还是很大的,斗争将是艰巨、复杂甚至是残酷的,我们决不能有任何松劲和麻痹。

为了全面开展抗日救亡运动,会议决定:针对不同地区不同情况,采取分类指导的工作方法。即已恢复了党组织的区乡,依靠党组织,发展党员,扩大党的队伍,巩固扩大红军,发展抗日武装,肃清奸特、叛徒,坚持自卫还击,巩固和发展抗日民族统一阵线和两面政权;还未恢复党组织的区乡,派党员干部去领导恢复,派部队去协助开展统战工作,支持群众镇压反动分子,争取开明人士,号召各阶层人民组织起来,建立抗日民族统一阵线和抗日武装,保卫家乡;滇桂边区要继续加强统战工作,整顿抗日救国军,加强组织纪律,开展阶级教育、爱国爱民教育和军事训练,提高部队素质;东凤老区方面,决定由陈国团、梁乃武负责想方设法派人去与东凤的同志尽快取得联系。其余党委成员都分工到未打开局面的区乡去进行工作。

同志们到各自工作岗位后,做了大量艰苦细致的发动工作和组织工作,落后的区乡,很快打开了局面,普遍建立了抗日同盟,群众起来了,又出现了干部不足的情况。为了培养干部,3月中旬,我和陆浩仁、滕国栋返回总部,召开党委常委会议,决定在群众基础较好的三层更开办骨干培训班。为了取得经验,我们3个常委一起到三层更开办第一期,学员4人,设3个课程,即统战工作、武装斗争和党的建设。学期7天。由我、滕国栋、陆浩仁分别授课,每授一课讨论两天,最后一天布置安排工作。这期短训班办得不错,受训的同志不论在政治思想、政策水平和领导方法方面都有提高,他们回去工作后都能发挥作用。结束后,我们把办班培养干部的任务交给陆浩仁负责。他在三层更又连续办3期,前后共培养了40多名干部。后来滇桂边、那马、恩隆、都安等县也办一些骨干短训班,较好地解决了干部不足的问题。

经过发动群众,抗日救亡运动蓬勃发展。桂系当局十分惊慌,3月底急忙派兵和民团1000多人"扫荡"向都县北区,实行"清乡",镇压爱国抗日群众,大搞反革命白色恐怖,强迫群众集中"训示""招安联保",征粮征款,继而成批逮捕、集体枪杀无辜人民。据不完全统计,桂军团长苏新民和向都县长兼民团司令陈宗刚指挥的反动军队,从3月底至4月上旬,在百弄、那石、录百、江城、塘定等几个村屯就集体枪杀了340多人,制造了震动广西的大惨案。

为了粉碎桂系军阀大屠杀人民的罪行,我们一方面布置各县立即展开杀奸肃特,惩处叛徒,积极准备自卫还击;另一方面命令黄庆金派部分抗日救国军来向都、天保两县交界游击,支持群众反屠杀、反"清乡"、反征粮斗争。4月中旬,梁振兴、黄焕章奉命率领抗日救国军 30 多名队员组成的"轻快队"来到向都把荷乡,次日化装进圩,正碰上把荷乡局董张楚形强迫群众交粮,"轻快队"立即开枪打死张楚形和乡丁一名,缴获手枪、步枪各一支,并当众烧毁征粮簿,号召群众不向国民党政府交粮、交税。接着,"轻快队"迅速转移到江城村袭击桂军。4 月下旬,黄庆金亲自率领抗日救国军 30 多人组成的一支"锄奸队"到天保县南区,他根据群众要求,4 月 29 日指挥"锄奸队"突然袭击六省圩民团,击毙民团 5 人。在恩奉两县交界活动的韩平波、覃新荣、徐平等同志,带领除奸团 30 多人,处决了叛徒黄祖儒和苏仁福等 4 人、奸特分子 30 多人。除奸团牺牲 3 位同志,徐平负伤。

在这段时间,我们收到许多群众来信,检举揭发原思林县委成员、赤卫军营长廖明佳、连长韦国兴 2 人。他们自韦拔群、陈洪涛牺牲后,背着党组织,利用他们领导的 40 多名红军,勾结土匪头黄桂廷夫妇、土匪卢廷元,以红军名义,白天讲共产党,晚上借着镇压反动分子为名,大搞土匪活动,行〔抢〕劫基本群众财物、拉伕贩卖少女等。为正确处理此案,我们派出 3 个组去调查核实。证实廖、韦确用红军名义,勾结土匪,以杀奸为名抢劫 20 多次,其中受害基本群众 10 户,杀死 12 人,拉伕贩卖少女 5 人,牛马 10 头(匹),得来的大批钱物他们和土匪分赃挥霍,在群众中影响极坏,犯了不可饶恕的罪行。

为保护群众利益,严明党纪、纯洁内部、消除隐患,4 月底,我主持召开党委常委扩大会议,经过研究,决定进行严惩。并安排 8 个同志,分工每两人负责处决一个。为了保密和实现会议的决定,我布置 5 月 4 日在三层更岜独村对面坡下石林中的一个岩洞里,以召开紧急秘密会议为名,通知廖、韦、黄夫妇参加。他们信以为真,于 5 月 4 日下午按时到达岩洞。吃过晚饭后,我即主持召开会议,诈作研究拦截走私鸦片烟船。会上,廖明佳发言最积极,黄桂廷夫妇亦积极献计献策,一直讨论到深夜。我看时机已到,即宣布讨论结束。会议结束后,吃了宵夜,我即按照事先分工,叫同志们分别带他们去睡觉,在途中分别处死了廖明佳、韦国兴、黄桂廷夫妇 4 人,为党为民除了一大祸害。

为了教育廖、韦所领导的那支红军,第二天我们立即去做部队工作,向全体战士公布廖、韦的罪行,宣布战士无罪,启发教育战士与廖、韦划清界线。经过三天工作,战士们很快觉悟起来了,纷纷自报受骗上当,检讨自己的错误,表示今后一定服从党委的指挥。同时,战士们还揭发了廖、韦许多别的行为。如有两名战士公开反对他们行劫基本群众财物,被廖、韦杀害了;离间党委和红军的关系,闹独立、拒绝执行党委命令。1933年元旦,梁有芳被敌人包围,党委命令廖明佳率部队去解围,廖拒绝了,结果梁有芳被敌人打死。还揭发廖、韦策划谋反,杀害党委同志,集体投敌叛变等罪行。廖、韦这种惊心动魄的罪恶活动,教育了战士们,使大家认识到:革命斗争,不仅是在战场上与敌人枪对枪、刀对刀的搏斗,在平时的工作和活动中内部也存在你死我活的斗争。战士们说:党委处死了廖明佳、韦国兴二人,挽救了我们40多人。

整顿这支队伍后,我们率部队到思果两县交界山区一带活动。5月中旬,我们获悉果化圩奸商陆××(名字已忘)勾结桂军贩运一批鸦片烟,从百色乘船下来已到平马。我们立即召开会议,研究对策,决定组织红军30多人化妆成国民党部队,由赵世同、陈国团带领到古芬村附近的大湾进行拦截。结果缴获鸦片烟20多斤。部队返回到山心圩以东地区琴正一带山洞住下,并将鸦片烟拍卖,得光洋1000多块作军饷。

三天后,我们被敌人发现,驻果化圩的桂军第四十三师第一二八团第三营营长姚槐指挥两个连兵力,乘夜间来"围剿"我们。幸好那晚适下倾盆大雨,天昏地暗,敌人打电筒照路被我们的哨兵发现及时报告,我们马上转移到另一个山坡,敌人扑了空,搜去我们来不及带走的"广西右江下游革命委员会"长条公章一枚和一些文件、粮食。敌人撤退后,我和滕国栋把部队一分为二,离开琴正一带。他带一部分队伍到恩隆活动,我带一部分人马到向都县北区。

我到向都县北区后,黄绍谦汇报:桂军团长苏新民已率部退回县城,只有民团100多人在北区,县府密探队很厉害,到处窜村探听我军的活动。当时,我们研究要打击这股敌人,决定将黄绍谦领导的40多名红军战士组成4个"飞行队",袭扰敌人。6月初的一天,密探队10多人窜到百弄屯,我派黄绍谦率领一个飞行队,乘晚袭击百弄屯,击毙密探队长苏保以下5人,其余连夜逃回县城。随后,我们指挥飞行队分散游击,声东击西,打得民团惶惶不可终日。

6月中旬,我在向都收到韦纪等同志从富州县九弄地区给我的来信,说明新区工作已有基础,请我到九弄领导建立滇黔桂边区根据地。我和黄绍谦商量,根据省边和右江的斗争情况,进行全面分析,认为目前在省边建立根据地条件还不具备,省边的工作局面虽已初步打开,但组织面还很小,建党工作还未着手;在右江方面,工作虽有了相当大进展,但还不是很巩固。与东凤老区的联系尚未打通。更重要的是党委还没有作出全面安排,各方面也还没有准备,这样急急忙忙上去,对全局的工作是不利的。为此,我们商定暂不上去,等待一段时间,解决了上述这些问题后再去为好。

我和黄绍谦刚研究结束,黄庆金、谭统南从省边来到了向都,找见了我。一见面,他们就问:收到韦纪等同志的信没有? 我说:收到了。他们又问我,准备什么时候上去? 我说:从全局考虑,我目前暂时还不能上去;并将我和黄绍谦研究分析的情况同他们讲了。他们也认为这样较好,同意了我们的意见。我说:你们既然来了,就把省边近来的工作情况谈谈。

他们向我详细汇报了省边几个月来的工作情况。他们说:今年1月,我们根据党委指示率部到富州县七村九弄地区,和在那里开辟新区工作的韦纪等同志一起工作。我们到达以后做了几项工作:

第一,到了九弄地区后,先用一周时间整顿了部队的纪律,然后以排为单位分别下村屯发动群众,向群众宣传党中央团结抗日主张,组织群众团体。春节后,根据党委布置,集中部队进行抗日救亡形势教育、阶级教育、爱国爱民教育,整顿军风军纪和军事训练。方法是采取大会小会结合,互相穿插进行。大会作抗日救亡形势报告、上军事课、典型发言;小会以连为单位,白天军事训练,晚上学习讨论,或请当地苦大仇深的农民到连队来诉苦,启发指战员联系自己家世,讲家世或自我诉苦;发现有苦大仇深的战士,部队召开大会,由这些战士进行典型诉苦教育。经过多次反复教育,大大激发了全体指战员的阶级觉悟和爱国爱民热情,战士们说:过去只懂得为自己的生存去打仗,现在懂得了为劳苦大众的解放和全民族的生存去打仗,增强了集体和纪律观念。指战员们都很自觉利用空隙时间,争先恐后地去为当地群众做好事,出现了一派军爱民、民拥军的新风气,推动部队掀起了军事训练的热潮,部队的军事素质有了很大提高,部队的战斗力大大增强。4月间,我们奉党委的指示,派出两支小部队支援向都、天保群众,打了几次胜仗,胜利地完成了任务。6月6日,我们在九弄的江局、甘美两地,指挥部队打败了云南广富守备大队的进攻,歼敌30多名,缴获步枪10多支和军用物资一批。他俩还说:抗日救国军第十八军这个月中旬刚成立,敌人知道后,于18日派兵"进剿",被我们打败,毙敌20多人。随后,部队由梁振标率领转移到七村九弄,我们是专程从靖西来向你们汇报的。

第二,开展统战工作。这几个月来又争取改造了4股绿林武装,110多人,收编了他们参加抗日救国军,至此部队扩大到700多人。目前我们还在争取另外的

3股绿林武装,100多人,他们虽未接受改编,但已表示愿意配合我们打国民党军队,只要我们继续做好争取工作,看来他们是会接受改编的。

第三,组织群众工作方面,富州县除县城和剥隘镇外,其余各地区乡都建立了兄弟会、哥老会、青年会、劳农会等革命组织,其中有20多个乡村建立了乡村赤卫队,队员达1000多人,有各种武器1000多件(快枪300多,鸟枪500多,大刀、长矛400多),初步武装了农民。

第四,根据群众要求,我们在人口较集中的百油地区,搞了一个土地革命试点,目前刚开始登记,群众积极性很高。下一步怎么搞,正在摸索。搞试点的目的是为摸索经验,为全面开展土地革命运动作准备。

总之,富州县的工作局面是初打开了,对周围各县影响也很大,特别是前几天打了那次大胜仗后,云南省的广南、麻栗坡等县和贵州的贞丰等几个县以及广西的西隆、西林、镇边等县都有人来联系,要求我们派人去指导他们开展革命活动,这对我们是个鼓舞。但这样大事,我们没有得到党委的指示和领导人的指挥,我们是不懂得搞的。为此,请你上去领导我们。现在你已决定目前暂时不能上去,这样今后省边的工作如何搞,请你给我们作指示。

听了汇报后,我对他们几个月来的工作所取得的成绩表示满意,给了充分肯定。同时针对他们汇报中没有谈到的问题,如建党、民族政策等提出来和他们共同研究。经过充分讨论后,我归纳为如下六个问题,布置他们回去开展。

一、做好部队工作问题。我说做好部队工作,首先对部队要有一个基本的估计,从现在看,我们部队全体指战员绝大多数是劳动阶级出身的,这是基本的。但入伍前他们的职业是不同的,有的务农,有的打长工,有的经商,有的读书,有的是职员,有的因生活所迫去当兵或上山为匪……思想、习气也不同,有无文化,有无军事知识也不同。近年来他们受共产党领导的革命运动和红军的影响,先后参加了部队,但参加的方式也不一样,对革命的认识也不甚相同。随着形势的发展,部队的扩大,这种情况也还有。这样部队就有很多工作要经常做,如政治思想教育,组织纪律教育,军事训练,行军打仗,后勤保障,改善装备等。其次,对部队的活动也要有一个正确的认识,现在我们部队是处在游击状态,流动性很大,加上情况又是变化无常、没有固定时间和地点给我们做这么多工作,但形势又逼我们非做不可。那怎么办呢?根据上述估计和认识,依我所见,要做好部队工作,应该通盘考虑,周密计划,分先后缓急,利用空隙时间,每次做到一至两项。如几天前,你们打了一次大胜仗,敌人吃了大败仗,估计一二十天内,敌人是不敢轻易组织进攻的,这就有空隙时间了。这个时间应先做什么呢,我认为应该先组织全体指战员认真、全面地总结几天前你们打的那次大胜仗的经验,通过总结表彰有功人员和有功班、排、连。鼓励部队保持旺盛的革命斗志,勉励指战员戒骄戒躁,以利再战。同时找出存在问题,分析原因,吸取教训,采取措施,弥补不足。今后凡是战斗结束,不论胜仗、败仗,都应及时总结提高。

如果时间还有,可根据你们上次在部队中进行阶级教育的基础上,再组织部队展开挖阶级苦根教育活动,解决指战员们目前还存在的封建迷信思想问题,提高他们的思想觉悟,使他们从封建迷信思想的束缚下解放出来,进一步增强新(指刚改造过来的土匪)老(指红军)战士的团结,部队有了不信神、不信鬼的思想,我们的事业就有了希望。具体如何搞,你们回去和韦纪研究一下,统一组织实施。

另外,各乡刚组织起来的赤卫队,你们也要派一些同志去帮助整顿巩固一下。这也是部队工作的一部分,不能认为赤卫队是地方的何须我们去管,那是不对的。该管的我们还是要管。

二、群众组织工作问题。为了准备开展土地革命运动,目前的群众团体需要改组,成立统一的劳农会。有了统一的劳农会组织,才好开展土地革命运动。为此,你们回去之后,要抓紧改组兄弟会、哥老会,把他们统一组织到劳农会中来。同时,要积极发展劳农会组织,扩大劳农会会员。至于青年会改不改组?我考虑,青年会可以不改,因为青年在群众中最少迷信思想,他们接受新鲜事物,又在群众中有最活跃、好动、爱唱歌的特点,所以我考虑保留青年会组织。通过组织活动,发挥青年人的作用,对革命有利,对扩军也有利。目前可组织他们学文化,编写革命山歌,向群众宣传。

三、少数民族工作问题。据了解那里有好几个少数民族,如壮族、瑶族、回族、苗族等,人口也不少,少数民族受国民党反动政府、地主阶级的歧视、压迫、剥削最深,那里的反动统治阶级经常在少数民族之间挑拨离间制造隔阂,扩大矛盾,挑动民族间互相仇杀、械斗而从中得利。认识这一点是我们做好少数民族工作的基本出发点。同时我们还要认识各少数民族不同的风俗和习惯,并充分尊重他们的习惯才能做好工作,特别是我们外面去的同志要十分注意这一点。

具体地说,其一,要普遍地向少数民族宣传党的民族政策,宣传我党主张各民族不分大小一律平等的政策。其二,要和少数民族建立革命感情,通过和他们打老庚的办法,和他们交知心朋友,互谈家世,用自己的亲身经历,引导启发他们提高阶级觉悟。其三,切实帮助他们解决困难,使他们亲眼看到共产党真正是诚心诚意为他们做事的,取得他们对我们的信任。其四,条件成熟之后,认真解决各民族之间的隔阂,增进各民族之间的团结。其五,在组织和发展劳农会、赤卫队过程中,要注意吸收他们参加,并在他们的积极分子中选拔部分骨干分子参加劳农会、赤卫队的领导,以体现出我党各民族一律平等的政策,从而促进各民族的大团结。总之,做少数民族工作一定要耐心,不能急躁,这点你们一定要注意。

四、统战工作问题。前段你们做了大量工作,取得了很大成绩,今后仍须继续加强统战工作。统战工作的目的是团结大多数人,不论是阶级、阶层、党派、团体、个人,只要拥护抗日救亡,我们都要把他们组织到抗日民族统一阵线中来。据你们汇报,目前还在争取几股绿林武装,我同意你们的做法,回去要总结一下,缺什么补什么,尽快争取过来,还有其他还没有做工作的,也要尽快派人去做。另外提一下,地方上的上层人物和少数民族首领的统战工作也要加强,派一些得力干部去做,争取他们站到群众中来,这工作很重要,关系到团结大多数人的问题。为此,我强调要派一些得力干部去做这方面的工作。

五、党建工作问题。这项工作党委考虑过省边工作任务繁重,所以还没有正式提出来。听你们汇报,群众革命组织已有了一定基础,现在该提出来了。目前主要任务是物色发展对象,经过培养成熟后,逐个履行入党手续。我指定由谭统南负责省边的建党工作。

六、关于周围各县要求派人去指导开展工作问题。我说,右江特委未解体前,早就有建立以富州县为中心的滇黔桂边区根据地、与左右江连成一片、扩大游击区的计划。现在富州县的工作已初步打开局面,应该派人到周围各县去开展工作,如果现在还派不出人去,可通过书信联系,或定期叫他们来研究也行,方法可灵活多样,但一定要保持联系。

以上各项工作,你们做好后,再来信和我联系。到时党委研究确定后,我才上去。

我们同他们研究安排省边工作后的当晚,黄庆金、谭统南在离开向都时,黄庆金向我提出申请入党要求,我答应他的要求,向党委常委提出讨论。结果,他高高兴兴地连夜离开了向都回省边去。第二天,黄绍谦也向我提出申请入党要求,我也答应他的要求带到党委常委讨论,并交代他的工作和要他筹备经费,为我上省边作准备。晚上,我即离开向都北区转到镇结、隆安交界地区活动,听那里的同志汇报,布置他们继续抓紧发动组织群众。我在那里工作两三天,于6月下旬转到果德县三层更大本营和陆浩仁会合。

我和陆浩仁会合后,6月底,派人去思林通知滕国栋来开常委会议。这时韦钟权、李艳芳从西山带黄举平的亲笔信来到三层更,和我联系上了。黄举平在信中谈了他于1934年春节后从黔桂边回到西山的工作情况,谈及西山党组织除弄纳党支部书记杨正规领导该支部坚持斗争外,其余各乡党支部都分散隐蔽;大多数党员坚持隐蔽不下山;部分党员下山自新,但不交枪,不做坏事;有少数党员已投敌叛变,做了很多坏事,带敌人进山"搜剿",师部收藏的枪支被韦命周带敌人搜去了。黄举平信中还说,他回到西山经过调查后,已决定以弄京为据点,重建了中共弄京支部,领导群众恢复农协会,组织革命青年同盟会,恢复建立武装,开展除奸、处决叛徒,打击土豪劣绅等斗争。在信的最后,他要求我派人去西山协助他恢复重建东兰县委。

我看完信后交给陆浩仁看,我又详细询问韦和李凤山的情况。过了两天,滕国栋从思林来到了三层更,我们即召开党委常委会议研究,决定承认黔桂边委和东凤党组织关系。至此,中断了一年多的黔桂边委和东凤党组织的关系得到了恢复。最后,我们布置韦、李回去向黄举平传达党委常委的决定,并尽快劝说坚持隐蔽在山上的党员恢复组织活动,开展支部生活,领导群众建立抗日民族统一阵线;宣传党中央团结抗日主张,坚持独立自主原则,建立抗日武装,坚决打击破坏抗日的地主豪霸和一切反动分子。对出去自新的党员要严格进行审查,帮助他们分清是非界线,提高认识,改正错误。愿意留在党内的人,要区别对待:以群众名义出去自新的人,没有做任何坏事的可以恢复党籍;以党员名义出去自新的人,没有任何坏事,可重新入党;叛变投敌分子,要坚决打击,绝不能手软,以维护党在群众中的信誉。

韦、李离开后,我们又讨论黄绍谦、黄庆金的入党问题。一致同意吸收他们入党,并决定由滕国栋负责办理黄绍谦入党手续,黄庆金由省边的同志负责办理。还研究梁乃武、陈国团去西山协助黄举平恢复东兰县委等工作。7月2日,我又收到韦纪、朱鹤云等人来信,请我到滇黔桂边区加强工作。陆、滕都支持我上去,并建议召开党委会来讨论决定。

7月5日,我在三层更召开右江下游党委扩大会议。到会的有党委委员和各县负责人,共20多人,会期两天。我先通报韦纪、黄举平等从省边、东兰来信的情况和常委的意见,并就我从上海回来以后半年多工作做了总结讲话。指出右江地区(滇桂边、中越边、黔桂边)的局面已逐步打开,至今年4月,恢复成立了1个县委和30余个支部,共有党员400余人;党直接掌握的红军游击队640余人枪,组织赤卫队2700余人。另外,在中越边和滇桂边争取改造了两股绿林武装,640余人枪;在农村组织"抗日青年同盟会"等群众团体187个,盟员2000多人。

同时强调:目前我们受的压力还很大,滇桂军阀不承认我们的抗日活动,他们顽固地执行蒋介石"攘外必先安内"的反共方针,多次向我们发动进攻,镇压抗日军民。我们成立的抗日救国军,桂军派兵"进剿",我们转移到富州后,滇军又出动一个营兵力围攻;在右江下游的抗日军民也多次遭受桂军"围剿",3月间苏新民团就在向都屠杀我军民300多人。这表明,军阀政府不允许我党和民众抗日,还企图消灭抗日军民。

常委针对这种形势,决定采取加强力量,发展抗日民族统一阵线,扩大游击区域,要我上滇桂边的富州县领导创建滇黔桂边区根据地,领导根据地军民坚持抗日斗争。会议经过充分讨论,一致同意常委的工作总结、对形势分析和提出的工作任务,并决定:一、同意我上富州县领导创建滇黔桂边区根据地,成立中共滇黔桂边区临时委员会,统一领导右江上、下游和滇桂边、(中越边)的党组织和革命斗争。二、撤销右江下游党委,成立中共思(林)果(德)中心县委和中共东兰中心县委,分别领导右江下游和上游各县的工作,两个中心县委受我领导。最后,我就上、下游的工作作了布置。7月9日,我带领12名干部和两名警卫员,离开下游上云南富州县工作。我在富州县活动的情况,已写了一篇回忆文章,这里不再重复了。

第二次赴上海向上级党组织汇报工作

1934年11月,我和黄德胜、韦纪等人在云南省富州县七村九弄建立党、政、军、群组织,创建了以七村九弄为中心、活动到20多个县的滇黔桂边区革命根据地。

1935年春,我接到中共"上海临时中央局"来信,要我去上海汇报工作。我把边区工作布置好后,同年5月,由梁宝堂、罗子德护送,装扮成商人,从九弄来到靖西县魁圩乡平巷村,同行的还有4个挑夫,挑着两担牛皮、两担桐油。在洪浓屯住一晚,换4个挑夫,由梁伍带路,第二天就上路,经靖西大甲的德邦、新圩街、岳圩到龙州。在龙州将牛皮、桐油出卖,收入除给挑夫辛苦费外,其余作为我去上海的路费。到龙州,我叫带路、护送人员返回原地,我自己取道越南谅山、海防,经香港去上海。

到上海,按信中交代的联络地点和暗号接上头后,我将滇黔桂边区革命根据地创建的前后情况,向上海临时中央局作了详细汇报。汇报后,因患发冷热病,住进上海广慈医院留医,治疗几个月才好转。

同年10月,准备出院时,中央局姓尚的同志来联系,说明中央局已于7月撤销,领导上要他来安排我返回广西的有关事宜,并约定第二天将路费等送来。可是,当天晚上我在医院遭捕。

被捕后,我受审时,我报自己的名字是黄远强,是跑生意的。经过多次审讯,我没有吐露任何真情,敌人拿不到什么证据,只把我当作共产党嫌疑关押起来。在狱中,我秘密串联难友开展绝食斗争。

中央局知道我遭捕后,派人和我联系,并与当局进行交涉要求放人,但敌人坚持反动立场没有放我。西安事变后,组织派人到狱中告诉我,说已派陈淑青等两位女同志,装扮成学生,去广西、云南的滇黔桂边区指导工作,……陈淑青等同志到广西后去向不明。

1937年8月13日,日本侵略军进攻上海前夕,经我党再次交涉,当局才释放我。出狱后,组织安排我去延安学习。

(该文章系作者1986年4月2日至5日与秘书的谈话,韦信音记录、农武整理)

(节录于中共广西百色地委党史办公室等编:《滇黔桂边区革命根据地》,中共党史出版社1999年版,第421～463页)

回忆在云南富宁七村九弄的革命斗争

黄松坚

　　红七军建立后,主力北上,留下我们二十一师在右江坚持斗争。那时,师长是韦拔群,政委是陈洪涛,我是副师长。后来政委、师长被叛徒出卖牺牲了,革命遭到暂时的挫折。为了开展新区工作,特委开会研究,派人去右江上游。但派谁去呢? 那里是滇黔桂的边区,情况比较复杂,特别是新区,存在各种错综复杂的政策性问题。当时老区还有几百条枪,别人去不了,最后党委研究决定由我去。这样,我就去执行任务了。

　　那是1934年的7月,我带了2个班和2名警卫员从右江下游出发,共走了18天才到富宁(富州)七村。我们是白天休息,夜晚行军,走一段,探一段。我们原有六十二团的同志先到那里,他们派人来中途的一座桥边接我们,沿途情况虽然很复杂,我们还是很平安到那里了。

　　富宁的七村九弄,地处滇桂毗邻的边远山区,那里山高路陡,全属石山区,地势十分险要,情况的确复杂。原来毫无群众基础,到那里开展革命工作,一切靠摸索,都是完全从头做起。我未去之前,据先去那里的同志给我汇报的情况,说只有土匪梁超武(即梁振标)在那里。此人虽是土匪,但还可以改造利用。但我去后,情况并不完全如此。除梁超武外还有六七股土匪聚集在那里,每股土匪都是三五十人,梁超武的最多,七八十人,据了解,那几股土匪是被桂军打了,从镇边①、靖西、敬德②等县压到那里去的。六十二团的同志向我作了汇报,这样我才了解。

　　我们到那里住在一个小山弄的村子里(即谷桃村),有10多间房子。当时,住在那里的还有几股绿林武装,因为群众害怕土匪,都跑光了,见不到一个老百姓。我到的当天下午,梁超武请我去吃晚饭,我不去,梁超武是土匪,但他还愿和我们反对国民党、闹革命,在几股武装中他比别的稍好一点,他当土匪是打远不打近,打大不打小,在周围附近他人熟地熟,多少有点威信。他主要打大烟商,打一次可以吃几年,对一般群众危害不大,在那里的老百姓大部分还信任他呢。他请我吃饭,我对他还不全了解,对他还有警惕性,就说:"我们相处时间长,吃饭的机会还

────────────

① 今那坡县。

② 1951年撤销,同天保县合并为德保县。

多，今天我刚到，疲劳要休息，等晚上随便弄点吃算了。"就这样，婉言谢绝了他。

我到七村去的身份，那些绿林武装是不知我的底细的，他们只多少晓得一点我是红军的负责人，当天晚上睡觉我是保持警惕的，因为他们是绿林武装，对他们随时都要提高警惕。我带2支驳壳枪，还有2名警卫员，和10多个同志住在一间房子里，前后都设有岗哨，各股武装队伍也是各住各的，他们也放有岗哨。我给梁超武说："我刚来情况还很了不解，我还是要放哨，你莫见怪。"又对他说："我们自己的队伍和你们在一块，以后往哪个方向走，大家再做决定吧。"那晚上，我和朱国英（新中国成立后任华东军区装甲兵司令，现瘫痪）等几个同志安全过了一夜。

当时老百姓都跑上山去了，找不到一个群众，我们吃粮食是很困难的，全都由梁超武帮忙搞玉米来吃。其他几股绿林武装的情况我不熟悉，为了解情况，第二天傍晚我到他们驻地去查看，他们见我还表示热情，拉我去吃饭，他们喝酒吃狗肉，那几个头领还一人抱一个女人，政治和生活都极端腐败。据调查，这几股绿林武装的老窝是在靖西、镇边、敬德等县，是被桂军打了，压迫他们离开自己的基地。这时有情报说桂军又有一个团来打他们。我们部队刚到，驻的〔得〕又分散，他们又是绿林武装，要是桂军来进攻怎么办？我找梁超武商量，研究对付的办法，要他们一起行动。商量后，决定召开几股绿林武装的会议，我让他们自己说话，看他们敢不敢打。他们都说要打，我也同意他们打。他们见我表示同意打就决定打了，但问题是由谁来指挥打仗呢？七八股武装，每股有几十人，又是乌合之众，能不能统一行动？我还是要他们自己推选一人来指挥，他们要我来指挥，我叫他们推梁超武，但他们都不愿，梁超武本人也要我来指挥，我不得不同意了。我对他们说，大家要我当指挥可以，但必须坚决服从命令。他们也表示同意，我就带着他们去看地形。七村那个地方真是石山多，又高又大，路又窄，都是单边路，只能一人跟着一人走，依靠地利打仗，对我们都很有利。传说敌人来一个团，实际只来一个营，打先头走的是一个连，山路崎岖，他们是很难走的。看过地形后我就作了战斗部署，摆布了兵力，并给他们交代了打法，向他们再一次强调：既推我当指挥，一定坚决服从战斗部署，遵守命令，不然无法取胜。他们各股头头都向我表态，绝对服从我的指挥。之后，大家按我的安排，各自进入阵地。下午两点钟左右，敌人果真来了。我的指挥位置距前沿阵地约1里，当桂军进入阵地时，在我的统一指挥下，对敌开了两轮枪，桂军不经打，一听见枪声，不敢顽抗，就往后撤，我们趁胜追赶了好几里才收兵回来。仗是打胜了，回来后吃饭问题又来了，这么多的人，集中在一块,没有饭吃怎么办?桂军虽暂时退了,要是夜间来偷袭又如何办?今天过了,明天、后天又怎么办?如此下去,时间长了更难办。一系列问题都等着需要具体解决。我考虑到,第一没有群众,第二情况不明,第三没有粮食。吃饭是大问题,处于此种情况是很危险的。加之与桂军已打了一仗,目标已暴露,要是敌人真的来一个团,那就难对付。我把这些问题提出来,找梁超武商量,并指出这些问题的严重性,我对他说:"我的队伍刚来,情况不熟,即使你们熟悉情况也不行,因你们是各股的,没有统一性,要是桂军再来打,无法指挥,各顾各的,非失败不可。"我建议他们立即召开会议,马上分散转移,不然要吃亏的。他同意我的意见,便找各股武装召开会议,大家认为转移比较安全。没有反对的。当晚下着毛毛雨,大家都冒雨分散转移,而且分批行动,梁超武在前,我们第二,其他随后走,当夜都全部转移了。

云南的山都很高,空气也稀薄,路小难走,加上下雨,泥滑路烂,天黑行军,经常摔跤,我那晚就摔了好几次,直到天亮才爬到山顶,一个小村子,爬了一夜,实际只走了五六里。住在那小村寨,还是不见一个老百姓。为了解决这么多人的吃饭问题,我还是要梁超武去解决,他的确人熟地熟,去找了玉米来吃。为了遣散其他几股武装,让他们回自己的原地去,减少我们的累赘,吃了饭我对梁超武说:"我们现在对敌情不了解,敌人的意图是什么我们也不清楚,这么多人堆在一起,要是有个风吹草动,还能不能打仗?我建议今后我和你的队伍可合在一块,我是相信你的,其他的就叫他们自己分散,让他们从哪里来仍到哪里去,也就是要他们各回老家,叫他们把这块地盘让出来给我们,主要是让给你。"他听了我的意见,十分赞成,当天就召开会议,叫我先讲,我讲了集中和分散的利弊关系,强调分散利多害少的道理,几股武装都没有多大意见。会后就各股走各股的,回他们的原地去了,剩下的就是我们的队伍几十人,梁超武的七八十人,总共才有100人。

其他几股绿林武装走后,我们和梁超武的队伍还是继续转移,又到了一个山弄,依然没有见到群众。我和梁超武商量说,我们现在一无工作基地,二无群众基础,没有这两个基础,莫说打仗,连吃饭都成问题,我建议他开始做政治宣传和组织发动群众的工作。他过去是土匪,只懂打烟商,根本不懂什么政治工作和群众工作。他说,要我搞情报可以,我不懂搞政治工作,怎么办?我说这不难,我带来的人会搞,我也可以亲自去做,现在有两个办法:一、我负责抓政治运动,抓群众的组织工作,同时也协助你搞情报,你派人我也派人,可到畈朝、者桑、板仑、富宁县城等地去,但你要派可靠的向导给我。二、这么多人在此做什么?你是否可以再派人去打烟商,筹集些经费,搞点枪支弹药来。他打烟商惯了,所以他同意。我又告诉他说,这些地方你人熟,我们出去各地了解情况,你得给我们写几张介绍信,为我们工作提供方便,他也很支持。这样,两支队伍分散隐蔽下来,我的部队就专去各山弄做群众的宣传组织工作。那个时候的做法是,管你是不是共产党,只要你是爱国的,拥护党的,拥护打倒军阀,打倒帝国主义,打倒土豪劣绅的,我们都组织起来,如"兄弟会""兄弟同盟""同盟小组""革命农军""老哥会""打老同"等,各种方法,各种形式都有,很短时间,七村九弄一带,这些革命小组就有几十个,人数不等,有两三人的,有十几二十人的,也有五六十人的,甚至近百人的都有。我们在的那块地方,开始有了群众,有了组织,打下了立足的基础。

我们经常派人去富宁县城了解情况,我曾亲自去过一次,我和朱国英一块去,主要是了解县城的情况。我们住在一个客店,那家女房东对我们还蛮好的。朱国英有个弟弟叫朱国纯,他主要是做生意。我们在那里住了一个晚上,第二天就出来了。回来后仍到农村搞群众工作,经过一番宣传发动和组织,我们有了枪,又有群众,工作局面算是打开了。工作有了头绪,我们决定以七村九弄为中心,组织武装暴动。为了便于领导暴动,1934 年 11 月,我们开了临时党委会,决定成立"中共滇黔桂边区临时委员会",由我任书记,还有黄德胜、韦纪、赵润兰,就由我们 4 人组成。接着又成立"滇黔桂边区劳农会""滇黔桂边区劳农游击队"(联队司令是梁超武,我兼政委),同时还成立边区政府,叫作"滇黔桂边区革命委员会",黄庆金当主席。提出了"打倒国民党""打倒帝国主义""打倒土豪""拥护共产党""拥护工农红军"的革命口号。这样暴动了,举起革命红旗了,滇黔桂边区革命根据地就这样建立起来了。

暴动一开始,我们就决定镇压一批土豪劣绅,先拿七村那个罪恶极大的地主韦英豪开刀。韦英豪有 10 多条枪,还有个小老婆,他有一个很隐蔽的暗洞,这个岩洞又深又宽,而且也很大,他白天黑夜和小老婆躲在那个洞里烧大烟,不出来,很不好打他呢。我们经过侦察,发现他有个梯子,要出来就搭梯上,不要就撤掉。后来我们掌握了他进出的规律,就派了两个人带了驳壳枪守在洞口,等他搭梯子出来就开枪。这样他就惊慌,我们趁机打进洞去,把他和小老婆一起抓出来。梁超武把那个地主杀了,还想杀那个小老婆。我不准杀,因为小老婆年纪轻,不到 20 岁,杀了有什么用,就把她留下来,这是政策问题。

　　武装暴动后,在那一带也打了好多家地主,缴了他们的枪,没收他们的财产分给群众,这样就大长了革命人民的志气,大灭了反对派的威风。1934年12月,我们听说,中央红军从江西往贵州转移,为了大造革命声势,扩大革命影响,有力地配合红军,我们把部队拉出七村,向前推进,到了皈朝的百油地带,开展革命宣传活动。当时那些地方,山高皇帝远,云南军阀管不到,桂军也无法去,反动的地方政权也管不了,没有什么军队,我们到了那里就是我们军队为主。在百油街宣传、发动、组织一段时间,为了更大地显示红军军威,我和梁超武亲自带了两个步枪连有100多人,一个手枪队,80多人,直接深入到距富宁县城八九十公里的皈朝街(当时是国民党反动派的区公所所在地,也是过去富宁土司府的所在地)搞了一次规模较大的示威游行,当天除我们的部队200多人外,还有民兵和周围的群众1000多人参加。据说距皈朝不远的者桑街的老百姓也来了,而且来的人很多。我和梁超武亲自参加了示威游行,还开了一个群众大会,我还讲了话。那时开会,讲话都很简单,主要宣传中央红军长征是为了救国救民,为了解放全中国,解放全国劳苦大众的;宣传共产党的主张和政策,让老百姓懂得共产党是领导人民翻身求解放、领导穷人打土豪劣绅,打倒国民党,打倒军阀,打倒贪官污吏的,是工农劳苦大众的救星;宣传劳农会是农民自己的队伍,是工农子弟兵;提高群众对共产党、工农红军的认识,揭露云南军阀反动集团对红军的诬蔑,揭穿他们欺压人民群众的罪行等。这次示威游行,除开会外,还贴布告和标语口号,声势浩大,群众精神振奋,影响是很大的。当天敌人也派特务进来了解我们的情况,被我们抓到了一个桂军特务,他给上司的情报也被我们查获了,他的情报上说我们有手枪队三四百人,手枪几百杆,步枪也有好几百支;说我们手枪一队队,步枪一连连,特务是这样报告的。经教育后我们把他放了,我们把特务的报告给大家说了,也给老百姓讲了,说明我们这次示威声势浩大,影响也很大。之后,贵州方面派人来和我接洽,我们也派人去昆明找中央红军,但没找到。这样一来,部队集中了,已经形成一个系统了,敌人宣传就更厉害了。当时云南、广西的反动报纸大版大版地刊登报道,说我是匪首。那时我的真名他们不知道,只有部分同志晓得,我在右江工作时,快30岁了还没结婚。韦拔群同志问我,你是不是要做和尚?所以大家叫我何尚,我到右江上游来的时候叫黄宗林,但同志们还是叫我何尚。到云南来后,我就在何尚后面加一个"之"字,所以叫何尚之,敌人的报纸登的是匪首何尚之。我们那时订有报纸,都看见了。现在翻翻解放前的报纸还能找到。

我们的队伍壮大后,云南军阀龙云得到报告也慌了,就派广富独立营来"围剿"我们。广南接近我们广西的西林、西隆,距富宁县很近,过去广南是府,叫广南府,广富独立营就驻在那里,龙汉斗当营长,龙云命令他率400多人来"围剿"我们。那个时候400多人是了不起的,而且又是第一次"围剿",我们就开会讨论,研究对付敌人"围剿"的计策。论人,敌人比我们多,武器也比我们的好,并且他们还有一定的社会基础,各地的地主土豪还在嘛,他们可以随时监视我们的行动。再说,桂军一来,他们联在一起,我们就很难对付啰。我们党委开会研究,最后决定打,不打不行。我们争取七村九弄方面同志的意见,他们也说要打,他们说不打敌人一来烧、杀、抢,群众是要吃亏的,所以他们也支持打,我们就决定集中主要力量打龙汉斗的部队。梁超武不是党员,但他是司令,我就同他商量,我说:"龙云派人来打我们,情况你是了解的,他们来了你说打不打?我们要用什么手段对付他们?"他说:"打。"我也告诉他说,我们党委决定也要打,这样我们的意见统一了。我又问他,打起仗来由谁指挥?他说:"我老,你年轻,又指挥过打仗,当然由你来指挥啰。"他年纪大,又抽大烟,指挥打仗是不行的,这点我了解他,他表示要我指挥,我就负责指挥了。

九弄地形复杂,山势险要。我们选的作战地点,一边是土山坡,一边是石山,中间一条很大的深沟把两边分开,龙汉斗的部队在土山坡那边。我们部队在石山这边,一半是陡坡,一半是山崖,互相对峙。我们除了部队,还动员了两三百名民兵参战。老百姓积极支持我们,当天杀了一头猪给我们吃。我鼓励部队和民兵说,有群众的支援,我们一定要打胜仗。又鼓励群众说,有了你们的大力支援,我们多杀敌人,打胜仗来感谢你们。那时参加民兵的都是男的,妇女还没有很好发动起来,她们主要是搞后勤,帮助烧火煮饭。赤卫队的武器也是土枪土炮,老百姓打猎用的。我鼓励他们说,龙汉斗部队的枪支好不了多少,战斗力也不是很强。我们吃过饭分别召开了部队、民兵的动员大会,作了战斗布置,鼓励民兵们英勇杀敌,保卫红色政权,保卫自己的家乡,同时召开了劳农会,布置群众同心协力,共同杀敌。总之,都做了战前的准备工作。

龙汉斗部队所处的地势是三座土山,两侧较低,中间山较高,他的指挥部就在那里。我们根据敌人的布置和安排,认定敌人的主力在中间的大山上,就确定了主攻方向,抓住敌阵地两侧的山是为次的,中间是为主的,就用两个步枪排各攻一侧,用民兵配合牵制敌中间的主力,决定集中手枪队和4个步枪排,主攻敌指挥部的中间大山。布置就绪,部队和民兵都按布置,由他们负责人带领出发。当时我们命令部队和民兵,任何时间都要听从指挥,不许随便开枪,决定不见敌人不开枪,不到时候不开枪,要开枪就要解决问题,大家都服从命令。但奇怪的是,云南部队和我们广西兵不同,龙汉斗部队天一黑就开枪,每次 10 至 20 分钟,一直到深夜都是这样。此现象我们未碰到过,后经调查分析研究,才知道是敌人虚弱的反映,他们害怕,用打枪来壮胆。我们还了解到龙汉斗的兵是"双枪"部队,就是一支步枪、一杆大烟枪,他的兵都吸大烟,没有战斗力,经过打仗的实践,我们的估计是对的。

我们的部队隐蔽前进,一枪未发,部队利用地形地物,天亮前摸到敌人的阵地前面,但时间不到,他们不敢放枪。直到战斗开始,手枪队上了,民兵也上了,我们只开了两轮枪,敌人就夹着尾巴跑了,龙汉斗的部队不经打,都是一些杂牌军,听到枪声响都往后撤。我们部队趁势追赶了好几里,土山坡上都是尸体,到处是枪,我们在敌退的半路上,又布置了一些民兵打他们的埋伏,敌人更是惊弓之鸟,见到老百姓就投降,碰到妇女也缴枪。这一次群众得了好多枪,大部分都交来给我们,但缴获的枪都是旧的,子弹也很少,而且从敌尸体和伤员中没有得到什么文件之类的东西。这次龙汉斗未来,是他的副司令带队。他的部队伤亡惨重,至少有一二百人。从打仗来看,我们部队虽少力量强,很有战斗力,从原红军部队留下的连级干部就有几十人。这次战斗打得很顺利,真是旗开得胜,在富宁地区震动很大,皈朝、者桑、剥隘、板仑各地都受影响。龙汉斗部队的失败,给国民党反动派一次沉痛的打击,第一次"围剿"和反"围剿"的较量,是以我军获胜,敌人惨败而宣告结束。

敌人第一次"围剿"失败后,国民党反动派更加惊慌失措,睡卧不安,龙云怕我们部队趁胜前进,打广南,又采取另一手恶毒的手段来对付我们。当时他的主力部队调去阻挡红军长征去了,留在昆明只有一个警卫旅战斗力很强。武器是从德国买来的,是他的王牌军。为了要消灭我们这支部队,他竟派了这个警卫旅的一个团(两个营),第二次来"围剿"我们。

警卫团是龙云的劲旅,武器好,而且穿一色的白军服,上下一身白,与龙汉斗的杂牌部队截然不同。我们得了情报,也作了充分准备,采取先下手为强的办法,计划打他的埋伏,准备关门打狗,截住他的退路,消灭他的有生力量。我们的队伍开到百油街,那里有两条路。我们从一条路去的,他们从另一条路来,可问题就坏在一条军犬上,这条狗是我们缴获敌人的,当时我叫把狗杀掉,可那狗很可爱,同志们舍不得杀。在那天行军中敌人先来一个营,走在前面的是一个连,加上道路难走,敌人队伍拉得长,在敌我距离相隔不远的地方,敌人发现逃走的那条狗,他们有了戒备,越发把队伍拉开,相隔一里左右,由于敌人距离相隔远,我们不好打伏击,杀伤力也不大。两军相遇打了一场遭遇战,仗打得很激烈,这股敌人很能打,很有战斗力,虽然我们消灭了好多敌人,但我们也牺牲了两个同志,在我身边的警卫员和参谋都负了伤(这个参谋是富宁人,他家在畈朝一带,会说汉话,他当过兵,能带兵打仗,他参加了我们红军,就委任他当我们的参谋,他的名字现在记不清了),还有我们手枪班班长黄胜开,他是红军留下来的。作战很勇敢,能打仗,在这场战斗中也牺牲了。我们原计划是要绕到敌人后边去打,要多消灭一些敌人。但由于军犬坏事,与敌人打了遭遇战,我们就付出了一定的代价。但敌人伤亡更加惨重,死亡100多人,双方打到天黑才停火,敌人伤亡大,不敢再进攻,我们也因弹药少,不敢再坚持打。部队撤退时,我和黄德胜、朱国英,还有我们白话叫拉拉响(即岑日新)的同志和没负伤的警卫员5人打掩护,最后撤离阵地。我在后面看敌人打扫战场,他们用了好长时间,因战场长10多里,说明他们伤亡之大。云南警卫团打仗也是很笨的,不会利用地形地物,都是站起来打,又穿白衣服,目标很大,而我们打游击惯了,会利用地形地物隐蔽,打得机动灵活,所以敌人伤亡大我军伤亡小。

经过激烈的战斗,我们撤回九弄一带,梁超武还来接我们。队伍经过两次反"围剿",弹药消耗很多,又没有来源。为了部队休整和补充弹药,我们采取分散隐蔽,继续做群众工作。另一方面,叫梁超武以他熟人的关系,派人去买子弹。决定之后,我们部队分散在好几个地方隐蔽下来,进行必要的休整。

我到七村不到一年的时间,开辟新区的工作进展较快,群众发动起来了,农会和队伍建立起来了,党委和政府也组织起来了。经过打仗,党和红军的威信很高,在滇黔桂边区影响很大。贵州派人来联系,右江下游有中心县委,归我领导。

我们计划在贵州搞第三联队,在广西田东老区组织第四联队。我们正在筹划期间,我接到中央的来信,还寄200元钱到平果,要我去汇报工作,中央是知道我们这个地方的。原来韦拔群、陈洪涛两同志在时我们都是特委委员,拔群是司令,洪涛是政委,我是副司令。我们留下来是前委决定的,去向中央汇报是必要的,我到七村九弄开展新区工作虽是党委决定的,但做了工作必须向中央汇报,做得对不对也要随时请示报告。我召开党委会决定两件事:一是我去上海向中央汇报工作,我走后的领导工作由黄德胜、赵润兰两人负责,主要是黄德胜负责。二是扩大根据地,扩大队伍。

我走时,中央汇来的 200 元钱不敢去取,怕敌人下毒手,我的路费是由根据地买几担桐油去龙州卖,我是以油老板的身份离开游击区,经龙州去香港,再由香港坐船去上海的。原计划去一两月就回来,可到上海找到中央汇报完工作后,我患病住医院,后又遭敌人逮捕,坐了近 2 年的监牢。西安事变后我出了监牢,去延安中央党校学习,半年后,又返回广西右江苏区工作。

李贵恩、普凤坤　记录

农武、陆诚　整理

（节录于广西壮族自治区德保县史志办:《二战滇黔桂武装斗争回忆资料·第 2 卷》,11～29 号,第 106～118 页）

黄松坚回忆录

一、攻打向都伪县府

1932年2月我们到右江下游,六十二团和独立团联合打向都,约有1000多两千人,打完以后,因为没有饭吃而散伙回家。

二、右江下游党委改为思果中心县委

1934年,决定离开右江下游到滇桂边开辟新的根据地,右江下游党委改为思果中心县委,陆浩仁任书记,滕国栋、黄永祺是常委,委员赵世同、梁乃武、韩平波,下游各县归中心县委领导。

三、黄绍谦和黄庆金同志的入党问题

我是1934年6月底、7月初离开下游去滇桂边的,当时向都一带还没有建立党的组织机构。由于"左"倾路线的影响,当时党组织搞关门主义,右江特委规定一条:发展党员,地主出身的不要……黄绍谦家庭富有,但黄绍谦同志不简单,那时桂系军黄镇国师在右江,苏新民团在向都……他还能搞到20多支枪,我很佩服,他带领的游击队很有战斗力。……因此,在上滇桂之前,我提议吸收他入党,是在向都会议上研究决定的,由阮生仁、陆浩仁去办,但听说手续不清。到滇桂省边后,才发展黄庆金入党,是赵成超和黄德胜介绍的。

四、右江下游党委和滇桂省边临时党委

我到右江下游,首先成立右江下游临时党委,我是书记,滕国栋、陆浩仁是常委,黄大权、黄书祥是委员,住在古芬山上……黄书祥是会打仗,不会管兵,打完向都县回来,没有饭吃,他叫队伍解散回家,所以他不能当常委。……

去滇桂边前,接到韦日有、李国勇来信,叫我去那里建立革命根据地,说那里国民党统治力量薄弱,滇军活动少,群众基础好。我们讨论认为,在右江下游是坚持不下去了,不开辟新的革命根据地,就不能保存革命力量,所以决定去了。……我们到省边,就组织一个临时党委,我是书记,委员有黄有、黄德胜、赵滕交共4人。……

五、红二十一师组建

1931年6月河池整编后,主力北上,留韦拔群、陈洪涛和我3人组建二十一师,在武篆魁星楼办公。那时主力北上,只留下警卫连四五十人……到7月份开始组织队伍。六十一团团长韦命周,六十二团团长滕国栋,六十三团团长廖源芳,

六十四团团长李绍祖,六十五团团长李恒芳,独立团团长黄书祥。

六、韦高振叛变

韦高振和黄彪是 1937 年 7 月叛变的,把两个团 3000 多人枪交给国民党。

七、黄大权是特派员

黄大权是镇结、向都、天等、天保、田东交界的特派员,与大权一起工作的有黄强、黄明光、黄明山、陈鼓涛、黄金光、陆明平、韦士勇等,陆明平、韦士英是韦拔群派来教书的。

八、黄松坚上云南的警卫员

我上云南时带两个警卫员,都是党员,每人配一支手枪,其中那板屯的黄国松是一个。(笔者:田东平马镇的何松自认是一个)

九、黄书祥组织独立团

果德、那马、向都、思林的赤卫军独立团是黄书祥组织起来的。

(节录于中共广西德保县委党史办:《二战武装斗争·第 3 卷》,第 68～102、第 135～138 页)

黄松坚回忆滇黔桂边区临时党委的建立及其在镇边的活动

1934年7月,右江下游党委决定,由黄松坚同志(黄明春,现在广西自治区政协)率领一部分红七军的骨干到云南省富宁县的七村九弄,与先期到达这个地方的朱国英(朱鹤云,现任南京装甲部队副司令)等同志会合,开辟新的革命根据地。黄松坚同志到七村九弄不久,根据形势发展,决定于1935年1月建立滇黔桂边区临时党委、革命委员会、劳农会、劳农游击队革命政权组织及武装组织,举行武装起义。先后在云南、广西的镇边、敬德、靖西等地活动,在组织上、政治上、思想上对这些地区都有深远的影响,播下了革命的种子。

一、七村九弄革命根据地的建立

七村九弄革命根据地的建立,是右江革命运动的继续,是右江革命游击根据地的延伸和发展。

1930年10月,红七军主力北上,留下二十一师坚持右江革命斗争。1931年3月,桂系军阀白崇禧趁红七军主力撤走之机,集中兵力进犯右江革命根据地。此后,二十一师师长韦拔群同志、政委陈洪涛同志先后被叛徒出卖而牺牲了。革命遭到了暂时挫折。

为了保存革命力量,继续同国民党坚持斗争,红七军六十二团决定化整为零,分别转移到果化、向都、田东的作登一带打游击之后,右江特委开会研究,决定到滇黔桂边区开辟新的根据地。此时,云南省广南县的八宝有个苗族王开洪曾在红七军六十二团特务连工作过,分散转移后,他回到云南,多次请求红军上去和他合作。

1932年1月,腾国栋(已牺牲)、黄书祥(已牺牲)决定派朱国英、朱国诚、韦纪、韦天恒、李德惠、李绍楚、李修学(李家祺)、农明英、朱金标等同志到云南省富宁县的七村九弄一带开辟新区,利用这一带的亲戚关系,以做生意为名,或者打入国民党内部,并在这个广西、云南交界,国民党政府鞭长莫及的地方初步做争取土匪的工作,取得一个立足点。

1934年7月,右江下游党委研究决定,派二十一师副师长黄松坚同志带领两个班和两个警卫员到七村九弄,加强了新区工作的领导。这批同志计有:黄德胜(被韦高振杀害于田州)、岑日新(被土匪杀害于靖西)、岑忠业(花名辣辣声)、黄加尤、何松(现在田东县平马镇德新街)、黄印、陈尧保(现在富宁县瓦窑)、王胜开、覃恩、唐高、徐平(到田阳五村后转回,现在百色红院)、何信吉。1935 年 9 月,由于黄松坚同志去上海向党中央汇报工作,右江下游党委又增派滕静夫(何静山、何尚刚)、岑世贵、黄显凤、梁一述、黄树西、黄保之、黄庆丰、马振球、阿七、大八、半点、特别①等人来七村九弄新区。从此,七村九弄红七军的革命骨干日益增多。

二、利用、改造土匪

云南省富宁县的七村九弄,地处滇桂毗邻,与广西的镇边、敬德、靖西 3 县交界,全是石山区,山高路陡,广西、云南军阀鞭长莫及,是土匪盘踞的理想之地。1934 年 8 月,黄松坚同志上来时,就有六七股土匪共驻在一个不满 18 户的小村寨里。这些股匪中,除了梁超武这股原来驻在这一带外,其余各股都是被桂系军阀"围剿"而从镇边、靖西、敬德等县到那里去的。这些土匪,生活极端腐败,他们喝酒吃狗肉,还一人抱一个女人,他们每到之处,群众都跑光。在这种情况下,红军为了发展壮大自己的力量,力争有个立足之地,以对付当时主要的敌人,首要的任务就是对这些股匪进行改造和利用。

1932 年,谭统南(被韦高振杀害于靖西)、李德惠、黄庆金在九弄和刘家华联络张福兴、马常约、农国久、农国均(4 人后叛变)、陆福积、张福业等作为群众骨干,并争取钟金甫、蒙志平、欧件明、梁志平、蒙云庭这几个小股土匪。随后,谭统南、李德惠又到靖西争取、改造较大的股匪韦高振(广西防城人,1937 年秋后叛变,杀害了黄德胜同志)。

朱国英、黄松坚等同志在七村九弄利用比较大的股匪梁超武(梁振标)。改造这些股匪,工作是比较复杂的。

第一步,联合他们抗击国民党。

1934 年 7 月底 8 月初,桂系军阀得知土匪集中在七村九弄,便派一个营的兵力"围剿"他们。而我们红七军的同志也和他们驻在一个地方,面对国民党的进攻,如果不采取措施,就有被敌人全部吃掉的危险。在这紧急关头,黄松坚同志和梁振标商量(因朱国英在 1932 年先做了他的工作,他知道红军主要是打国民党的)对付的办法,他同意对国民党采取抗击行动,最后,由他主持召开各股土匪的会议,各股土匪一致主张反抗国民党的"围剿"。他们推举黄松坚同志作总指挥,并保证一切听从指挥。布置妥当后,果然,国民党兵进犯,在黄松坚的统一指挥

---

① 阿七、大八、半点、特别均系化名。阿七,指罗阿七;半点,指王勉依;特别是东兰人。

下,粉碎了敌人的进攻,乘胜追击了几里路才胜利收兵,这一仗的胜利,提高了红军的威信,各股土匪暗暗佩服。

第二步,化整为零,遣散小股,利用、改造大股。

与桂系军阀打了胜仗,目标已经暴露。当时最大的困难,一是没有群众,二是情况不明,三是没有粮食。如果桂系军阀重新集结力量来围攻,那就更难对付了。红军经过对情况分析研究,又对这几股土匪进行研究,认为,当地老百姓只害怕别的股匪,对梁超武这股不怎么怕,大部分人还信任他,因为他当土匪是打远不打近,打大不打小,主要是打大烟商,打一次可以吃几年,对当地一般群众危害不大。因此,红军决定争取梁超武这一股,以便一举两得,既可以扩大我们武装力量抗击国民党,又可以做一些群众工作。

方针确定后,为了遣散其余各股土匪,把这块地盘让出来给我们,红军的领导黄松坚同志就和梁超武商量,将当时形势和他谈清,说明集中和分散的利弊,并提出把地盘让出来给他,我们和他在一起。这样做,他十分赞成。于是他便召集各股土匪开会,让黄松坚同志谈形势和今后如何打算。黄松坚同志针对当时情况,强调分散利多害少,集中利少害多的道理。几股土匪没多大意见。会后,就各走各的,小股的都回他们原地去了,剩下我们部队和梁超武的100多人,也同时暂时转移到别处去了。

第三步,做政治思想工作,把土匪引上正道。

转移后,黄松坚同志开始做梁超武的政治思想工作。指出:我们现在到处转移,一无工作基础,二无群众基础,没有这两条,不说是打仗,连吃饭都成问题。建议他开始搞政治宣传和组织群众工作。梁超武是土匪,只懂得打烟商,根本不懂得什么政治工作和群众工作。他说,要我搞情报可以,我不懂搞政治工作,怎么办?黄松坚同志答应他,我带来的人他们会搞,我自己也可以亲自做,同时提出两个办法:

第一,由黄松坚负责抓政治工作,抓群众的组织工作。同时也协助搞情报,双方都派人到皈〔归〕朝、剥隘、板仑、富宁县城等地去,由梁超武派可靠的向导,开介绍信。

第二,由梁超武再派人去打烟商,筹些经费,搞点枪支弹药来。梁打烟商惯了,欣然同意。

这样,这两支队伍既分散隐蔽,又开始做政治宣传、组织群众工作。

三、组织群众,建立革命团体

红七军在七村九弄利用改造土匪初步完成后,取得了一个立足点,然后开始进行革命宣传,组织革命小团体。当时,虽然没有一个具体的组织章程,但是总的一条是:只要是爱国的,拥护革命,反对国民党的;拥护打倒军阀,打倒帝国主义,打倒土豪劣绅的,都组织起来。组织形式,如"兄弟会""兄弟同盟""同盟小组""革命农民""哥老会""打老同"等各种叫法,各种形式都有。在很短时间内,七村九弄一带,这些由红军领导的组织就有几十个,每个组织人数不等,有的两三人的,5至10人的,也有几十人的。经过这样的组织,红军在那个地方开始有了群众基础。

四、建立中共滇黔桂边区临时党委,举行武装起义

红七军在滇黔桂边的七村九弄有了群众基础,为武装起义准备了良好条件。

1935年1月,中央红军长征已经到了贵州,并进入云南,直逼昆明。在七村九弄的红七军为了秘密配合中央红军,作了周密的布置,决定以七村九弄为中心,组织武装起义。

为了便于领导武装起义,成立了中共滇黔桂边区临时党委会,由黄松坚、黄德胜、韦日友、赵润兰组成,黄松坚任书记。

接着成立滇黔桂边区革命委员会,主席黄庆金,常委有岑日新、梁超武(梁振标),委员朱国英、李家祺、马正球。

同时成立了滇黔桂劳农会。主席由黄松坚兼任。

武装组织,成立滇黔桂劳农游击队联队。联队司令梁超武,政委黄松坚。

当时提出的革命口号是:"打倒国民党""打倒军阀""打倒帝国主义""打倒土豪劣绅""拥护共产党""拥护工农红军"。

起义前,由于该地区的群众最害怕当地的土霸王韦英豪,因此,他们不敢轻举妄动。后来,红军决定先镇压七村九弄的大土霸韦英豪。群众起来了,就举红旗,镇压了许多家地主,缴了他们的枪,没收他们的财产分给群众。大长了人民的志气,大灭了反动派的威风。

为了大造革命声势,黄松坚、梁超武带了两个步枪连,100多人,一个手枪队80多人,走出七村,直插到距离富宁县城八九十里的皈〔归〕朝圩,搞了一次规模较大的示威游行。当天,除了部队200多人外,又有农民武装和周围的群众1000多人参加,还开了一个群众大会。黄松坚在会上讲了话。宣传红军长征是为了救国救民,为了解放全中国的劳苦大众。宣传共产党的主张和政策,使老百姓懂得共

产党是领导人民翻身解放,是领导穷人打土豪劣绅,打国民党、军阀以及打倒贪官污吏,是工农劳苦大众的救星。宣传了劳农会是农民自己的组织,劳农游击队是自己的队伍,是工农的子弟兵。揭露云南军阀龙云反动集团对红军的诬蔑,揭露他们欺压人民群众的罪行。除此外,红军还贴了布告,书写了标语口号,声势浩大,群众精神振奋,影响很大。当时,云南、广西的反动报纸大版地登刊报道"匪首"何尚之(黄松坚)暴乱之事。

五、反军阀"围剿",首战告捷

革命声势浩大之后,云南省军阀龙云得到报告,也慌了手脚,急忙派广南警备军何彩500多人来"围剿"。在反动军阀来"围剿"时,当地群众都支持红军反"围剿",二三百个农民武装积极参战,妇女就烧火煮饭,在出发打仗前,群众还杀一头猪给部队吃。

当何彩部队到达恒村宿营,他们占领一个山头。我们选择有利地形,连夜摸到敌人阵地前面,天快亮时,红军发起总攻,开了两轮枪,敌人经不起一击就溃败逃命。我们部队趁势追赶了几里。敌人丢了许多尸体,逃脱的敌人,风声鹤唳,草木皆兵。见妇女也缴枪投降,群众得了好多枪。这一仗,敌人伤亡200多人,以惨败告终。我们旗开得胜,这在富宁一带震动很大,影响也很远。

敌人第一次"围剿"惨败后,国民党当局更加惊慌失措,坐卧不安。特别是龙云,更是气急败坏,他怕我们部队乘胜前进,打上广南。当时,他的主力部队调去阻挡中央红军长征去了,留在昆明只有一个警卫旅,战斗力很强,武器是德国买的,是他的王牌军。为要消灭这支劳农游击队,他竟派了这个警卫旅的一个团来第二次"围剿"。劳农游击队得知后,到百油街附近弄迫进行伏击。但被敌人发觉,打了一场遭遇战。这一仗打得很激烈,这股敌人很能打。虽然在战斗中我们消灭了100多敌人,但是我们也牺牲了两三个同志。一个是我们的参谋黄树功同志(云南省富宁县皈〔归〕朝一带人),另一个是黄松坚的警卫员。还有一个手枪班长黄胜开,他是红军留下来的。双方打到天黑,敌人伤亡大,不敢再进攻。我们因弹药少,也不想再坚持打。部队撤离战斗,由黄松坚、朱国英、岑日新和一个警卫员等五人作掩护。

部队撤回九弄一带,因经历两次反"围剿",弹药消耗很多,又没有补充来源。为了部队休整和补充弹药,又采取分散隐蔽的方针,继续做群众工作。

部队分散隐蔽后,党中央来信,并寄200元光银到平果,要黄松坚同志去上海向中央汇报。

1935年6月,黄松坚同志因怕暴露目标,不敢去平果领款,而是顺便扮成桐油生意,自筹一些款,经龙州等地转到上海。滇黔桂边区党委交由黄德胜、赵正超(赵润兰)两同志负责,主要是由黄德胜同志负责。

六、攻打三蓬乡公所

劳农游击队反"围剿"取得胜利后,继续以七村九弄为中心据点,分散进行游击战,逐步扩大活动范围。1937年农历五月,罗思德(富宁县谷白卷公社达蔓屯人),率领一支60人枪的队伍,从镇边县的莫古屯(今龙合公社品端大队上莫古生产队)出发前来攻打三蓬乡公所。当时定业街上的群众闻讯事前疏散。罗思德的队伍一到定业街头就开枪,一部分人直冲入乡公所。当时副乡长黄培恩、乡警黄克明(龙合街人)、亚念(靖西魁圩人)开枪还击。游击队冲进乡公所后,俘获乡警亚念,缴获步枪两支,电话机一台,洋号一个和副乡长的全部行李。文件、档案全部焚烧。副乡长和另一个乡警逃脱,另一部分游击队包围有钱有势的地头蛇农万本家,活捉了农万本,缴获左轮手枪一支,一匹马。当天下午二时许,游击队撤出三蓬,农万本被拉到竹木桥上处决,俘虏的乡警亚念带到九弄不久即放回。这次军事行动,没有损害到当地群众,因此,劳农游击队给群众留下了很好的印象。

七、劳农游击队的地下交通联络

劳农游击队的交通联络,除了原红七军的谭国基(已病故)、梁敏才(和岑日新一起被土匪杀害于靖西)、黄显丰等经常来往镇边、靖西、敬德外,在镇边、靖西、敬德等县也都建立了许多交通站,发展了当地的通讯联络员。

一个联络点,设在三蓬乡的洞华街(现今的龙合公社德灵大队德华三队)的黄三家。交通联络员是黄三,经常为劳农游击队送信到靖西县的安德、果乐和龙临,有时送往云南,同时也为游击队买过几次子弹送去九弄。1937年秋,部分红军被黄桂南交给国民党,黄三仍在七村九弄跟随梁超武。新中国成立后,他1950年曾回家一次,因怕民兵抓他,他第二天出走,至今下落不明。另一个交通联络员是镇边县龙合街的覃永界(外号叫灭绝)。1930年间,其爱人病逝,加上欠地主债120元光银,当年就离家外出在云南的谷拉、百油一带卖力为生。后受革命影响当了地下交通员,担任云南七村九弄至广西的镇边、靖西的安德一带联络。1938年间,曾为游击队从谷拉送信到安德一带联络,这次行动被国民党乡警发觉追捕。由于

"灭绝"有一套武术功夫,被抓时,他机敏地把上衣折开〔脱掉〕而脱险。脱险后,一直在云南跟梁振标,以后到百色泮水岩谢上门,娶了第二个妻子,而后又搬到云南(富宁)者桑的百铺屯住,1957年病故。

另一个交通联络点是在镇边县平孟乡的弄汤屯。交通员是隆建南同志。1932年,在谭统南来改造韦高振后,韦高振就在我们共产党领导下活动,他这支队伍的政委兼秘书是谭统南同志。韦高振有个老婆住在弄汤屯。经常来往弄汤,认识到了隆建南同志,就给隆担任来往平孟与七村九弄的交通员,经常经过魁圩到坡屯住梁学政(现在靖西县魁圩)的家。

还有一个交通联络点是在镇边县平孟乡的盘河村,交通员是梁桂庭同志,开始是受黎安的委托,负责与七村九弄间接联系,通过镇边县那桑乡姓何的中转。1937年下半年,在越南百布见识何尚刚、岑日新。之后,做中越两个地下党的交通联络工作,主要是接联越南地下党黄国魂、黎广波与坚持在七村九弄的何尚刚同志的联系。

八、革命运动对镇边县的影响

原红七军部分骨干,开辟滇黔桂边游击根据地,自1932年起至1943年,前后经历11年之久。虽然在1937年秋黄桂南叛变,把近两个团的主力全部交给国民党,尔后,已被改编过来的大股匪首梁超武相继叛变,革命转入低潮,但是,原红七军政治部主任腾静夫(何尚刚)和原第六十二团特务连连长、滇黔桂革命委员会常委岑日新等12位同志坚决反对把部队交给国民党,仍然留在七村九弄坚持进行革命斗争。自1937年秋后,他们以七村九弄为中心,分别到靖西的安宁等地活动,并且还和越南地下党取得联系。以后,岑日新同志还定在中越边界靖西县的那冷屯,秘密开展革命活动。何尚刚同志也在七村九弄的弄帝屯以当教师为掩护进行秘密活动。

红七军在七村九弄建立新的革命游击根据地,长期进行革命活动,在镇边县播下了红色的革命种子。

镇边县贫苦农民,受革命思想影响,积极参加了革命斗争,1931年后,先后到七村九弄参加劳农游击队的共有7人。其中有的人是先参加梁超武匪股而被红军改编过来的,有的是在七村九弄革命高潮时参加的。计有三蓬乡洞华村(今龙合公社的德灵大队德华屯)的麻仲彩(现还健在)、周有时、花雕三和龙合街的覃永界,城厢乡者庙和伏仗的黎国本、黎国堂、和平村的周较丰(已病故)等人。这些人中黎国堂、黎国本这两人坚持到全国解放。黎国堂1950年在镇边县城厢工作,因怀疑其贪污而被劳改,1981年平反(已病故)。黎国本新中国成立后在云南当过区长,后因犯错误而处分(已去世)。其余的在革命低潮时,都先后离队回家或隐居别处,有的下落不明。

七村的革命游击活动,在组织上和思想上为镇边县后来的民主革命运动创造了条件。岑日新同志自1937年秋以后,定居在靖西县的那冷屯,经常到越南、百布、龙邦、安宁、葛麻、陇乃,及镇边县的弄汤、盘河一带进行秘密活动。在活动中认识了越南地下党黄国魂、黎广波等同志,也先后认识了镇边县农民的积极分子隆建南、梁桂庭等同志。到1943年,他又重新和广西上级地下党领导覃桂荣、杨烈等取得联系,并介绍杨烈同志认识隆建南,这些为杨烈在靖镇区迅速建立和发展党组织奠定了基础。何尚刚同志在七村九弄有一定的群众基础,1944年曾掩护邓心洋同志在七村秘密工作,1948年,又接应李兴等同志去开辟富宁一带游击区。

以上这一切,促使靖镇区民主革命运动迅速发展。可以说,七村九弄游击区是右江游击区的伸延和发展,而靖镇区又是以上两个游击区的伸延和发展。

附注:以上资料主要是根据滇黔桂边区临时党委书记黄松坚同志1981年给云南省富宁县政协谈的回忆而写的。还参照他当时的警卫员何松(现在田东)的回忆,还有红七军老战士徐平同志、劳农游击队梁学政同志(今在靖西)等人的回忆而写的。我们还到洞华、莫古、龙合等地去采访查证,同时也找何尚刚的胞弟何荫民同志(现在云南省富宁县城关税所)查证,通过大家回忆、查证,在此基础上整理的。因为年代较久,有些问题可能会与当时的情况有出入,这就需要一些专家们逐步考证。

陆生南　整理

1983年元月

(节录于广西德保县史志办公室:《二战滇黔桂武装斗争回忆资料·第1卷1~10号》,第69~79页)

滇黔桂边区革命斗争的回忆

黄振庭

1931年7月,我随县赤卫军总指挥黄庆金率领赤卫军骨干100多人枪,到靖西县武平乡贡屯一带活动。在那里,以同盟会的形式,发动群众组织革命团体。1932年7月,黄庆金在贡屯成立右江下游赤卫军第三团。8月,团部决定分三路(组)行动:第一路黄庆金、黄德胜等人上云南省富宁县九弄,对当地的绿林武装梁振标部进行争取改造工作;第二路由谭统南、吴坚等人前往恩隆县做国民革命军第二军军长周建人等人的策反工作;第三路由我、梁振兴等带领大多数人员在靖西县的安宁、平温一带,发动群众,借当地杨福昌为首的"神仙"集团名义,组织"革命同盟"。

同年9月,黄庆金和黄德胜从富宁县回到靖西安宁后,又派我和梁林前往同正(今属扶绥)县东京屯,找脱离桂军的韦高振。经做工作,韦高振带领其亲信13人枪到中越边安宁与第三团汇合。10月间,原属韦高振领导的绿林小头目黄保成、张之权,得知其上司韦高振已投红军游击队,就带领其在中越边活动的30枪来投红军游击队。

1933年3月上旬,共产党员李德惠和梁振标带领原梁部300人枪,从九弄来到靖西龙邦百见村与第三团汇合。为工作发展的需要,经请示黄松坚同意,于1934年6月,黄庆金在靖西县坡豆乡福留村陇力屯成立中越边革命委员会,黄松坚任主席,谭统南为副主席。根据九一八事件后中共中央发表的联合抗日宣言的精神,为了搞好统战,扩大影响,经中共右江下游党委指令,1934年6月中旬,黄庆金在靖西县龙邦乡百见村陇厚屯成立抗日救国军第十八军,军长梁振标,政委黄庆金,下设3个师:第五十一师师长韦高振;第五十二师师长韦日波;第五十三师师长崔伯温。赤卫军第三团和梁、韦的武装同编入第十八军。

抗日救国军第十八军成立几天后,6月19日(农历五月初八)上午,国民党靖西县龙邦对汛署1个中队向我部驻地的弄厚屯进犯,被我们在安宁东北边的叫开一带设阵伏击,打死敌副中队长1名,士兵1名,打伤数名。敌军逃回对汛署龙邦防地。约20分钟后,有一股走崎岖山路迟到的国民党靖西民团武装50余人,从弄厚屯后山坳上向我们部队进攻。我部以一个组作正面阻击,以两个组分别迂回至敌后,打击敌人。战斗中,我部打死了国民党靖西县民团参谋梁彤,打死打伤县民团丁 20 多人,敌残部狼狈逃窜。缴获手枪 2 支,步枪 20 余支。我军第二排长梁振合在与敌人搏斗中壮烈牺牲。不久,抗日救国军第十八军全部开赴富宁七村九弄地区,开展游击活动。

同年 8 月,黄庆金等在九弄谷拉村刘家华家开会,决定组织一个锄奸队,回到广西向都、天保一带打击土豪、地霸。会上,任命梁振兴、韦高振为锄奸队正、副队长。梁振兴和韦高振二人接受任务后,马上从各中队挑选 40 名战士,特别挑选天保、向都县籍的人员参加,我也被选为锄奸队队员。锄奸队组建后,即从谷拉出发,经过一个星期的昼宿夜行,秘密来到向都县把荷乡把荷街外围的紫徊屯后山岩洞宿营。当晚,梁振兴和韦高振把人员分为 3 个组:第一组 10 人,全配三八式步枪,在天亮前登上把荷街东面山上的观音庙设伏,控制住制高点,以远程火力布控把荷街四周;第二组 10 人,全配加拿大式冲锋枪,埋伏在把荷街外北面,准备接应长枪组和手枪组完成任务后撤出;第三组 20 人,全配 20 响快制驳壳手枪,穿便衣,随赶街人群潜入圩场内,伺机进入地处把荷街中心的把荷乡公所院内,麻利地处死了极端反动的把荷乡乡长张楚彤。接着,用几天时间横扫附近的反动土豪、地霸。任务圆满完成后,即赶回滇桂边。

1934 年 11 月间,原红七军第二十一师副师长、右江下游党委书记黄松坚,在富宁县多立寨主持召开滇黔桂边区第一次党员会议,成立"中共滇黔桂边区临时委员会",黄松坚任书记,委员有黄德胜、赵润兰、韦纪。接着,边区临委在富宁谷拉村召开边区劳农代表会,成立"滇黔桂边区革命委员会""滇黔桂边区劳农会""滇黔桂边区红军劳农游击队第三联队"。黄庆金任边区革命委员主席;黄松坚兼任边区劳农会主席和第三联队政委,梁振标任第三联队司令员。第三联队参谋长黄德胜、政治部主任黄振、经理股主任黄振庭、财政股主任周书谟、民运部主任陈勋。第三联队下辖 5 个大队,初时约 1000 人枪。不久,黄松坚率领第三联队和当地赤卫军,在富宁县七村九弄一带举行武装暴动,镇压国民反动乡村长和土豪、地霸,创建了滇黔桂边区革命根据地。

为了扩大革命根据地,1934 年底,第三联队领导人决定第一、三、五大队全部从富宁开往中越边的靖西活动。我随第五大队和第一大队到靖西县壬庄一带开展工作。1935 年 1 月 12 日,我和梁林奉派到右江下游的弄法,向中共思果中心县委介绍黄松坚到滇桂边后的情况,并在那里活动一段时间。同年 4 月 5 日(农历三月初三),在弄法,陆浩仁、滕国栋介绍我加入中国共产党。不久,我和梁林从弄法返回到靖西县的敏马,向在那里的黄德胜、梁振标、谭统南等领导人汇报右江下游的情况。此时,第三联队中出现了个别人对革命前途信心不足、贪污腐化并策化叛变等行为。1936年1月间,黄德胜、梁振标、谭统南等领导人经研究决定,成立一个锄奸小组,严惩这些贪污腐化和预谋叛变分子。在锄奸小组下,又组织两个执行小组,我参加其中的工作。后来,经调查取证,处决了刘宝兴、易××、姚××、陆大爷等人。

1936年春,第三联队大部队从中越边回师富宁那达地区,与边区临委等机关汇合。路经洞华、莫古、七村、皈朝、洞坡到那达,我们在那达住了几天后,就上去打八宝,是马振球、梁振标、黄德胜率队攻打的。打下八宝后,又攻那耶,由于那耶区长早就带民团逃跑了,没收一批物资后返回到那达。同年5月,滕静夫在富宁县阿用区者兰乡磨桑屯主持召开滇黔桂边区党的代表会议,成立滇黔桂边区党委,把边区革命委员会和劳农会合并为边区劳农会,红军劳农游击队第三联队改为滇黔桂边区革命游击队。我记得边区主要领导是:党委书记滕静夫,兼任劳农会主席、革命游击队政委;边区革命游击队司令员黄德胜、副司令员梁振标、参谋长李家祺、副参谋长朱国英、政治部主任赵润兰、副主任黄沙平、宣传部长谭统南,我在经理股工作。

1936年6月11日,我们集中近800人枪到九弄攻打列村岩洞之敌。打了10多天没攻下来,因为有国民党桂系军阀增援,只得撤出战斗到九弄,经那表、者桑到洞波。7月间,黄德胜带领韦高振大队300多人枪前去攻打皈朝,俘获敌民团100多人,经教育后释放,缴获一批土枪。此战,我们牺牲了1名战士,名叫陆亚福。韦高振左手臂负伤,到那达的甘南村医治。

1936年9月30日(中秋节)上午,司令部接到地方赤卫队长傅少华、副队长汪富春的来信,请求司令部派20名手枪队支援,配合反"扫荡"战斗。司令部抽调10名手枪队员前往支援,他们是:队长黄沙平,队员黄家猷、罗子德、何坚、黄强、何生川、任家祺和我等。当晚,我们10名手枪队员都住在黄家猷的干妈家里,深夜时被国民党云南警备旅第十七团某营1个连偷袭。在那拉屯,敌我双方没有伤亡。在甘南村,我第三大队干部汤二(向都县把荷街人)、李荣春、张阿田壮烈牺牲。过后不久,韦高振带领20多人枪回中越边的靖西安宁一带活动,我也随队前往。接着,属韦高振部的第一大队人马也由农安贞带队到中越边活动。

1937年10月间,中共桂西区特委书记黄桂南(黄德胜胞弟),派韩平波从百色到中越边,传达中共中央关于国共合作抗日的指示,动员边区革命游击队开赴前线,参加抗日。接着,黄德胜、韦高振得到通知,从中越边到田东县开会,商讨国共合作抗日、与当局谈判和游击队改编等事宜,一个星期后回到中越边,传达上级有关指示,并组织人员,分头深入各地劝导群众,号召青年踊跃参加义勇军。当黄德胜和韦高振返回到中越边时,国民党百色民团指挥部也同时派韦渔生到靖西县古旁屯,找到国民党靖西县安宁乡长张玉宝,并通过张找到韦高振进行秘密洽谈。韦高振接受对方所提出的条件,但韦高振同对方所谈的内容,大家都不知晓,韦也没有透露。

当时,黄德胜、马震球、谭统南等几位领导人开会研究游击是否改编的问题。会上,韦高振积极主张改编,说不改编出去抗日,蹲在山沟是没有出路的;黄德胜也没有提出反对意见;谭统南等不同意改编。会后进行动员,去留自愿,个人报名。结果,报名参加改编的有韦高振、黄怀贞、黄焕章、梁振兴、农培基、杨茂祥、罗明远、农安贞、赵权忠等。自愿留下在中越边坚持革命的有谭统南、黄振庭、刘发生、黄植保等。不久,传来消息说,在滇桂边的滕静夫、梁振标、马震球、岑日新等均不参加改编。

1937年12月间,滇黔桂边区革命游击队1000余人枪,按照国共百色谈判的精神,从中越边和云南富宁县出发,到指定地点集中,准备改编,开赴前线抗日。韦高振率部从中越边到达田阳县田州镇后就叛变了。首先,他已察觉不妙,把不同意改编的边区革命游击队司令员黄德胜杀害。接着,他为了防日后革命组织的清算,竟于1938年1月,组织1个暗杀队,由罗明远任队长,队员有杨茂祥、韦二十等10余人,潜回中越边,要暗杀留下坚持工作的同志。当时,我和刘发生住在靖西县龙邦乡古旁屯,我住在邓朝香家。一日上午,突然有10多名武装人员包围古旁屯。情况紧急,好在得到邻居邓父乔通报,我迅即从后门出逃;刘发生住另一群众家中,闻讯也赶忙逃走。两人都逃脱了危险。到3月,韦高振暗杀队的计划没有实现,大部人马就开回田阳县田州镇。但还暗中留下蔡宝满、王安,企图继续暗杀我。不久,蔡、王二人又窜到越南找社团社长杨利章,要杨协助追捕我和谭统南等。这事,让越南革命负责人杨玉章(杨是越南朔江东安洞弄村人)晓得,立即把情况转告我们。并通过杨玉章和杨利章商量,约定蔡、王二人到杨利章家里洽谈有关事宜。按计划,当时杨玉章和我、黄宝珠、黄半点等4人,事先埋伏于杨利章家中。当蔡宝满、王安二人进屋未坐稳就将其活捉了。通过审问,才知其二人是韦高振派来的暗杀队。后来,我们将蔡、黄二人押送陇代村交由谭统南处理,行至途中,出于气愤,就将他们处决了。

1938 年秋,滕静夫、岑日新、傅少华等 10 多名干部,从富宁转移到靖西龙邦、安宁一带,与谭统南等汇合,继续发动群众,重新组织革命队伍。当时,我们在中越边,自己开荒生产,并做桐油等生意,筹集经费,购买武器,准备组建地下武装。1940 年初,滕静夫、岑日新、谭统南等经过商量,决定分开活动,滕静夫和傅少华回富宁,岑日新到靖西葛麻一带,谭统南和我在中越边。同年 5 月间,在靖西县安宁乡那凛街开会,决定成立中越边临时革命委员会,主席谭统南,军事委员梁振兴(1937 年 12 月随队开赴抗日前线,途中被国民党改编后,他寻机逃回),组织委员黄振庭,革命委员会军事参谋谭立国,秘书黄怀深,后勤周书谟。

黄初平　整理

(节录于中共广西百色地委党史办公室等编:《滇黔桂边区革命根据地》,中共党史出版社 1999 年版,第 543~548 页)

回忆天向、中越边、滇桂黔边区革命斗争（节录）

黄振庭

我原名黄德钦，参加革命时期改用黄振庭，退伍后叫黄必三，1910 年 5 月间生于天保县那怀乡坡门屯一个贫苦农民的家庭，现家住德保县龙光公社妙怀大队坡门屯。

在中越边成立抗日救国军

1933 年农历三月间，活动于滇桂省边的梁超武（又名梁振标）带 40 名武装来到中越边的龙邦乡陇厚屯汇合，部队改编为"抗日救国军第十八军"，军长梁超武，政委原议李德惠，后是黄庆金，下辖三个师：第五十一师师长韦高振，第五十二师师长韦日波，第五十三师师长崔伯韫（原议崔任师长，后不知到职与否，不清）。部队改编后，第五十一师留越边活动，第五十二师开赴省边活动，第五十三师还空着，前两师每师 60 多人枪。

中越边区革命委员会成立

1933 年 3 月初，在靖西坡豆乡福兴村陇立屯成立中越边区革命委员会，主席黄庆金、副主席谭统南、秘书黄振、军事委员兼军事参谋长黄德胜，委员（军事）韦高振、梁振兴，经理股主任黄振庭。

在云南大慧村成立滇桂省边临时革命委员会

同年 5 月下旬，黄庆金从越边到省边，在省边的谷拉、古桃、后龙山分别会见李德慧、李家祺、韦纪、韦天恒、朱国英等人，经研究决定分头深入发动群众，在黄庆金的领导下，于 1933 年 7 月间先后成立九陇、百油、后龙山、加街四个赤卫队，200 多人。不日，又在大慧村成立"滇桂省边临时革命委员会"，主席是黄庆金，委员有李德慧、韦日波、谭统南、李家祺，办公地点设在刘家华家里。

组织锄奸队　潜回毙土豪

1933 年农历四月里，我（黄振庭）随梁振兴、韦高振为领导的锄奸队，奉命潜回天保县大省乡和向都县巴荷乡一带活动，秘密处决大土豪、地头蛇、叛徒。锄奸队员：黄廷忠、黄有兴、刘发生、黄丕丰、黄植保、李文表、罗明远、吴坤、韦廿、刘华庭、李国荣、杨茂才、农良毕、许乃刚、农正机（外号生鸡）、黄焕章、汤二等 40 人左右。某日深夜，这个锄奸队从靖西到天保钦甲，翌日夜抵达大省乡陇胜屯后山岩，第三天中午（正值大旺街日），锄奸队随赶集人流混入圩场。不知为什么，要找的"对象"溜了,最后发现正要溜掉的地头蛇梁积道。这〈人〉狡猾的〔得〕东窜西插,我们直追至洪汤村对面山坳,才予以击毙。另外,还击毙果来张大福手下要员蒋某某。尔后,我锄奸队过陇胜到向都龙六,在富义村外某山脚下,又处决该屯地头蛇凌父发,在紫徊村头又处决叛徒赵新堂。此举之后,基本稳定了原老苏区内各联络站(点)的正常工作,保证情报线路畅通无阻。

陇厚屯战斗连续报捷

1933 年农历五月初六清晨,靖西龙邦敌对讯署一个中队 70 多人枪,龙邦乡警、反动民团 80 多人枪,向红军驻地的白建村陇厚屯进攻,红军奋起反击,将敌人打得晕头转向,溃不成军。

当时,村上驻有红第五十一师的 60 多人枪,大部分是驳壳手枪。那天上午,天刚发亮,龙邦敌对讯署一个中队摸到村正面不远地就向村里开枪射击。由于我方手枪多,就让敌靠近了再打,经一场近战,将敌人打退了。击毙敌副中队长、上士班长各 1 人,负伤多人,缴获驳壳枪各 1 支。敌仓皇逃回龙邦乡府去了。

刚打退正面之敌,村后山上又响起枪声。原来,敌一个姓梁的参谋长率龙邦乡警和反动民团从山后压来。原先敌想用两队兵力,从两面夹击吃掉我军。可后者来迟了,不到半小时,敌人的部分兵力已打进村里。顿时,村上的我军,从牛栏下、屋上冲出门外,扑向敌群,又一场近打肉搏战开始了。约 1 小时,把敌人打了个焦头烂额。此战毙敌梁参谋长及民团、乡警近 20 名,又缴获驳壳枪 1 支,步枪 17 支。

敌人上司惊闻龙邦村对讯署及民团兵败消息,气得目瞪口呆。翌日早晨,出动县保安队、常备队 300 余人,疯狗似的直扑我第五十一师驻地的白建村而来。我军闪开敌人锐气,主动撤到越界隐蔽,以免不必要的伤亡,保存了自己实力。

我抗日军转上云南九陇地区

白建村战斗结束后的第 6 天,我第五十一师 60 余人枪开赴滇桂省边(云南)九陇地区。在那里,我们广泛地发动群众,扩大武装力量,不到 4 个月光景,第五十一师和第五十二师已发展到 400 余人枪(第五十一师 200 余)。

百油圩激战我军获大胜

记得农历六月初六那天,我们又打了漂亮仗。当时,我们从敌内线送来的情报已知敌的"广富独立营"于六月初六清晨要向我军驻地进攻(所谓广富独立营就是富宁县和广南县的独立营之敌,敌营长叫龙汉斗)。我们按情进行研究并于初六天未亮就将兵力部署于圩外围的山坡上。直等到 8 时,不见敌人,认为敌人闻到我们准备而放弃"进剿",就收兵回到圩上。说时迟,那时快,我们刚收兵回镇,突然间从村(圩)后山上喊声,枪声漫山遍野袭来,来势凶猛。怎么办?顿时韦高振、韦日波当机立断,命令队伍就屋里埋伏,待敌入村,奋起拼搏厮杀,不多时,敌人进了村,并开始烧起了第一座房屋。我军在一声"冲啊,——杀"的口号声中奋起反击。战士们像猛虎出山,冲向敌群,展开厮杀,只见梁振兴、黄宝存二位左手挥舞战刀,右手点响着驳壳,敌兵倒下,〈他俩〉各人缴得 2 支步枪。李国荣、李文彪也是勇不可挡,1 个斩了敌上士班长,1 个毙了敌排长,各缴得 1 支步枪,1 只手表。此时,敌见势不妙,不敢恋战,仓皇向山上撤,我军奋起直追,有 1 个班敌人被我围在山中。这时我第五十一师某营副营长黄宝存同志向敌喊话投降,不幸中弹牺牲。另 2 名战士负伤。至此,我军放弃劝敌投降,左闪右插,歼灭敌人,坚持战斗到下午 2 时左右,敌人在山上丢下十多具尸体,其余带着伤残狼狈逃窜,败退了。此战,我们缴得步枪 10 多支,手表 2 块,获得敌军旗一面,是"广富独立营第六连"的旗。

何尚之到滇桂,省边队伍回中越边

战斗结束后,我们撤到古桃村。十来天后,就听说红七军右江独立师(原红七军第二十一师)副师长黄忠同志要来省边视察指导。1934 年 7 月有邦人从右江下游来到九陇地区,但人来时,又说不是副师长,是个叫何尚的,后那人在名字之尾加个"之"字,就成了何尚之。他来以后,加强了九陇地区革命的领导。但当时,由于生活困难,加上那里群众基础还较差,何尚之(后来方知何尚之就是黄忠——黄明春——黄松坚同志呀)同志就让劳农游击队暂回越边活动,并让农安祯同志率40 人枪回至武平,有家住的就回家生产。当时我和梁振兴带 10 多人枪到天保那怀乡一带活动,那时,枪支就寄存于妙屯曹元科(那怀副乡长)家里,而韦高振留在九陇一带活动。

到农历八月间,我同梁振兴、覃大(湖润人)、廖××(武平人)、李国荣等 10 多人又回到靖西龙邦的陇厚屯。那时候,韦高振已率 10 多人枪从云南九陇开到靖西陇厚屯和我们汇合,在那里的龙邦、安宁、平温、坡豆、渠陇、岳圩等一带村庄,发动群众,发展和巩固"同盟会"组织。

攻打安宁乡公所

1934 年农历二月间,我们住中越边的队伍,经研究后,决定攻打安宁乡敌政府。当我军抵达安宁时,敌人已闻讯窜逃了。进到乡政府搜查,只得敌丢下的 5

支步枪,1部电话机。两个月后,安宁乡乡长廖英、副乡长李明祥携枪到托弄村投诚。

潜入巴荷街处决张楚形

农历四月间,我随韦高振、梁振兴领导的60多人枪的队伍,于某日深夜离开到武平。原计划要攻打天保县都安乡敌政府的,队伍一到武平,就得到情报,说向都县巴荷(把荷)乡乡长张楚形、副乡长潘绍文作恶多端,仗势欺压农民,我革命同志如黄克丰、黄克辉等五兄弟惨遭杀害,紫徊屯、平康屯的地下联络站遭到破坏。当时梁振兴、韦高振当机立断,放弃攻打都安,选了40名铁汉(即原来的锄奸队),连夜开往紫徊屯。翌日,正值巴荷申圩(即大圩日),当夜,命巴荷街人的汤二同志率10名长枪组赶到巴荷,悄悄摸上观音庙,控制住圩场内外。其余30人手枪队待中午赶集人流拥挤时混入圩场,包围乡府、惩罚恶人。约等到下午一时过,只发现那油头母猪肚的张楚形,立于门前虎视前来交纳各种杂税的农民,却不见潘绍文踪影。时间在流逝,不可再等了。在处决张楚形的一刹那,圩东面响起密集枪声。原来是敌副乡长潘绍文早晨带一个班粮警串村催税务归来,至东面街头,惊闻圩内枪声,情知事出不吉,当即朝发事处打枪。此时,观音庙上的我长枪组,集中火力压住对方,趁此时机,我30名手枪队立即撤出街外,控制有利地形,掩护观音庙上的长枪组撤出街外,合队后,经巴兰、果龙、下勇、百布、钦甲到武平,休息数日后,转移至龙邦。

黄振庭、梁林到右江下游党委汇报工作

农历七月,我与梁林同志奉命到右江下游党委汇报工作。在那里,我曾一段时间于下游参加过革命斗争。如十月里,我参加何尚刚、马震球、韦世杰、张品红、黄宝珠等10多人的小队伍前去攻打驻田东县(当时是恩隆县)中山圩的一个特编中队(50多人枪),敌内有我方打进去任某班长的黄少烈和副班长谭××等作此次战斗内应,所以,战斗很快结束,战中毙敌一名中队长,缴获30多支步枪。

在敏马惩罚动摇叛变者

农历腊月初,当我离开右江下游党委办事处时,陆浩仁同志握着我的手说:"回去告诉领导,要按期汇报,也希望你下次再来呀。"因路过敌占区,需日宿夜行。一个星期后,才回到靖西敏马,在那里,早有梁超武、黄德胜、岑日新等同志率100多人枪的队伍从九陇赶到了。此期间,在梁超武同志的领导下,整顿了队伍,严肃处理一批〈有〉动摇叛变行为者,如对刘宝兴、易××、姚××、兰十五等11人都予以惩罚。

在九陇成立劳农游击队第三联队

记得农历十月里(那时我还在下委),在云南九陇地区,在黄松坚同志(即何尚之)的领导下,正式成立滇桂黔边区劳农游击队第三联队,总指挥梁超武同志,政治委员何尚之,参谋长黄德胜,政治部主任黄振,财经主任周书目。

在谷拉村成立"滇黔桂边区革命委员会"

同年12月26日在谷拉村成立"滇黔桂边区革命委员会",主席是黄庆金,委员有岑日新、李家祺、刘家华、朱国英、梁超武等。

黄庆金、韦日友等在天保被害牺牲

农历腊月间,滇边工委派黄庆金、韦日友、韦日波、冯香邦、覃恩、韦八同志到下游执行任务,路经天保那甲时,因叛徒出卖而被捕(只有覃恩一人突出重围,事情是覃恩后来告诉我的)。后来,黄庆金等5人全部被杀害于天保城。

黄振庭第二次到右江下游党委汇报

1935年农历三月初,我第二次奉命到下游党委汇报工作,一到那里,陆浩仁同志见到很高兴,右江下游党委办事处是在思林与果化交界某处。那里设有农场,有十多个同志一面工作,一面生产粮食、杂粮自给。就在那里,陆浩仁、滕国栋同志介绍我加入中国共产党,当时入党手续是填一份表,誓词是:"一切服从上级党委的指示和领导,全心全意为中国革命服务,做到中国革命胜利后,还要做到全世界革命成功。"10天后,我随马震球同志从右江下游出发,到巴麻时,黄绍谦同志派黄显身、黄半点一起同路过东江、坡鼓、三联、大旺、紫徊、坡门、湖润、新兴、敏马等,5天后,抵达龙邦。

劳农游击队第三联队进行调整

农历四月,滇桂黔边区劳农游击队第三联队的领导人员有所变换:总指挥梁超武,政治委员马震球,何尚之已去上海向党中央汇报工作,政治部主任黄振,参谋长黄德胜,财政主任周书目,经理股主任是我(黄振庭)。下设5个大队:第一大队长韦高振;第二大队长欧仲民(欧仲民从百色阳圩率原属敌军一个中队,约70人枪到中越边向我们投诚,欧投诚前,任阳圩乡长),副大队长梁治平;第三大队长黄绍亨(又名黄强,是黄绍谦之胞弟,即特务大队);第四大队长崔伯韫;第五大队长谭统南,副大队长林光显。每个大队设二个中队:第一中队长赵权忠、第二中队长农安祯、第三中队长梁振华、第四中队长许承业、第五中队长唐秀册、第六中队长岑日新、第七中队长杨茂祥、第八中队长梁松才、第九中队长梁振兴、第十中队长罗明远(是机枪中队),每个中队约40人枪。

攻打八坡、花甲、那也敌区府

改编后,部队转移至云南富宁的八坡区,攻打八坡区敌政府,缴获步枪30多支,驳壳1支。

八坡战斗结束后,当日队伍撤至花甲区,收缴得步枪20多支。次日夜,又收缴那也区敌政府得50多支步枪。这些枪支都如数交给富宁赤卫队(赤卫队长傅少华、副队长汪富春)。

皈〔归〕朝一战韦高振负伤

农历七月下旬,我军又攻打皈〔归〕朝区区公所,那里住有区警兵一个中队,那天清晨,我5个大队200余人枪和地方赤卫队50多人枪,一齐向皈〔归〕朝区区公所进攻,战斗持续到下午才占领敌一座宿舍和一座炮楼,双方对峙着。次日中午,我们发现镇后山上有一股反动民团前来增援,我们即派梁振兴中队前去堵击。时至黄昏,眼看攻不克,我们主动撤出战斗,转移那达屯。此时,我第一、第二大队转移至者桑活动,韦高振因皈〔归〕朝战斗中左手负伤,到那达某村治疗。

那达圩受围黄振等突围中牺牲

农历八月十五日,正值中秋佳节,早晨,我们接到地方赤卫队长傅少华同志的信,说那也区长带民团到那达一带"扫荡",要求我们第五十一师拨20人枪(手枪队)前去支援,以便路上伏击敌人。当时,因韦高振师长伤未治愈,需有部分武装防卫,只能抽出11人枪的手枪队去支援。中午时,在黄振同志带领下,黄家猷、何坚、罗子德、我(黄振庭)等11位同志从那拉出发,黄昏时到那达圩,当晚住黄家猷干妈家里。由于我们日行军劳累,夜哨由赤卫队派。可能是中秋节晚饭加菜,多喝两杯,睡意较浓,深夜12时过后,敌人摸到岗哨,被缴了械。直到敌包围黄家猷干妈家,我们才发觉,我们是突出重围了,但政治部主任黄振同志却在此次战斗中牺牲了。

就在当天晚上,韦高振养伤驻地也遭到敌人的袭击,李春荣(那坡人)、农二(靖西人)、张××三位同志牺牲,另外,中弹身亡4名妇女(其中两名是韦高振和李春荣的爱人)。

突出重围后,埋葬了牺牲的同志,处理了后事,部队转到越边活动。

何尚刚等同志到中越边区

1935年农历冬月间,右江下游党委派何尚刚(即滕静夫)、张品红、黄显丰、黄宝珠等同志到中越边区,加强越边革命斗争领导。

何尚刚、谭统南等又回九陇

1937 年农历正月,在中越边一度进行革命活动的何尚刚、谭统南、黄显丰、张品红等同志到滇边①的九陇地区与梁超武、黄德胜汇合。

韩平波亲自到中越边动员抗日

1937 年农历八月间,右江工委书记韩平波从百色到中越边,传达党中央"停止内战、一致抗日"的指示,动员所有力量开赴抗日前线。

农历八月下旬,韦高振、黄德胜从中越边到百色义勇军办事处找黄桂南(黄德胜胞弟)磋商有关抗日具体事宜。一个星期后回到中越边,传达上级有关指示,并组织有关人员,分头深入各地发动群众,号召青年踊跃参加义勇军。

当时,决定参加抗日的干部是:黄怀祯、黄焕章、梁振兴、农培基、杨茂祥、韦高振、罗明远、农安祯、赵权忠等。

留下在中越边后方坚持革命斗争的(留下的同志是秘密的但又以各种理由为借口,如病重等)同志有:我(黄振庭)、谭统南、刘发生、黄植保。留下在省边的有:梁超武、马震球、何尚刚、岑日新等。

农历十二月间,第三联队 1000 余人枪,响应党中央关于"停止内战、一致抗日"的指示,开赴抗日前线。

我的革命斗争经历,只是以大事记回忆。由于时间太久,已 50 多个年头了,有些事件发生的时间,也许有所失误,但我已多次考虑回忆,出入不会很大的。望知情者给予补充纠正。

黄振庭　口述

黄初平　整理

许英俊　修改

1983 年 5 月 17 日

(节录于广西德保县史志办:《二战黔滇桂武装斗争回忆资料·第 1 卷 1—10 号》,第 143～179 页)

---

① 指云南毗邻广西的地区。

访黄振庭笔录

时间:1987 年 12 月 23 日

地点:广西德保县龙光乡庙怀村坡门屯黄振庭家

采访者:黄鸣龙　陆宝镜　潘玉龙

问:关于天向赤卫军转移到靖西活动的情况,我们向黄老采访多次了,但有些问题据多方采访说法不一,故再次核实,首先核对的是关于黄庆金那时转移到靖西,这个问题有的说 1931 年,有的说 1932 年,到底是哪个时候?

答:是 1932 年 6 月(农历)到贡屯,首先是到偶屯,这屯今属德保,那里靠近靖西的岩怀、对河、针者。住了七八天后才到贡屯,就成立右江下游赤卫军第三团。初时是 20 多人,成立后又逐步去人,后增加到百多人,原来 1931 年上去百多人又转回向都。

问:成立第三团后多久才去龙邦活动呢?

答:成立后十天左右就分配工作,黄庆金去云南,谭统南去恩隆活动扩大队伍,他们都是从贡屯出发,黄怀贞在贡屯一个月后,与黄德光、黄植宝转回足表对洋活动后回向都,继续领导根据地工作。当时旺峒乡长班启假投降,后来带兵来包围黄怀贞,黄怀贞就回向都。

问:抗日救国第十八军与富宁的抗日救国军是否两回事?

答:抗日救国第十八军与云南抗日救国军是同一个部队,不是两个部队,在云南富宁成立到中越边汇合,军长是梁振标,政委是李德惠。第五十一师师长韦高振、第五十二师师长韦日波、第五十三师师长崔伯韫,这个人是只挂名还没有出来,我们挂了他的名,主要想争取他,统战他,但他始终没出来。

问:有人说黄庆金是政委对吗?

答:黄庆金是桂滇边革命临时委员会主席,还有李德惠、黄德胜是委员。黄松坚上云南后,李德惠到靖西足表活动被捕,在靖西被杀害。

问:桂滇黔省边革命委员会不是黄松坚上云南后才成立的吗?怎么那时黄庆金已当省边革命委员会主席呢?

答:黄松坚上云南是成立桂滇黔边区革命委员会,也是黄庆金当主席,黄松坚上去成立劳农游击队和桂滇黔边区革命委员会之前,是桂滇省边革命委员会。部队是抗日救国第十八军的,李德惠、赵敏、梁振标带队来中越边宣布的。

问:抗日救国第十八军是哪年哪月成立?

答:是 1933 年 6 月,是农历四月中旬下来,大概一个月左右就成立。成立后,龙邦对讯来打,其中队副被打死,还打死他 1 个当兵的,缴获 1 支驳壳 1 支步枪。对讯来打是五月初六。对讯溃散后,同日九时左右,靖西县民团是由梁彤参谋长带队来打,又被我们打死 10 多人,缴获 10 多支长枪,大约 11 或 13 支,其领队梁彤也被打死了。

问:梁彤被打死的时间,我们看他的墓碑记载是 1934 年农历五月,不是 1933 年,那么第十八军成立应该是 1934 年才对。

答:原来我也认为是 1933 年,但云南富宁的张述说是 1934 年,如若墓碑有记载,那 1934 年成立就是正确的。

问:那么说,中越革命委员会也是 1934 年成立才对吧?

答:是。因为抗日救国第十八军是在中越革命委员会成立后不久才成立的。所以中越革命委员会应该是 1934 年成立。

问:中越革命委员会成立多久才成立抗日救国第十八军呢?

答:中越革命委员会是农历三月成立,同年五月就成立第十八军。

问:李德惠是哪里人? 哪时上到云南? 谁派去?

答:哪里人不清楚,据说是宾阳人。哪时上云南,谁派去也不懂,反正我们上云南就见他了,建立第十八军时就见他来到中越边了。

问:既然中越革命委员会是 1934 年成立,那么右江下游赤卫军又是哪一年成立呢,是 1932 年还是 1933 年?

答:成立第三团大约一年后才成立中越革命委员会,所以第三团应该是 1933 年成立。

问:右江下游赤卫军第三团是哪里批准成立的?

答:是上级右江下游党委批准的,右江下游党委赵敏也来。成立抗日救国第十八军也是〈他〉来,从云南来。

问:韦高振接受改造后才去打向都吗? 为什么打向都我们都得胜仗,韦高振还跑去同正呢?

答:是的,韦高振接受改造后才去向都打罗伯连,这仗我们打胜了,但国民党两个师从左右江来夹攻我们,所以我们化整为零,一部分 40 多人由梁振兴、韦高振率领转到养利后到同正。梁振兴到养利得知其嫂嫂、妹妹、弟弟和侄儿被国民党抓去了而返回来探听消息,后上靖西。

另一部分是黄庆金、黄怀贞、黄焕章、冯国相、黄振、谭统南、黄修道、黄振庭、梁振兴、吴坚等上靖西,留少部分在根据地,这次上靖西就成立第三团了。

问:上靖西活动的有个黄冠勤吗?

答:黄冠勤就是黄怀贞,是(和)爱人去靖西的。黄怀贞又名黄东平。

黄庆金即黄建平、黄超凡。

黄焕章即黄安平。

黄植宝是黄升平。

谭统南是赵号平。

问:中越革命委员会成立后,各地有成立什么组织没有?

答:南区成立革命委员会,是在中越革命委员会成立后两个月左右成立的,蔡宝玉任主席,黄明卿任副主席,李明常、杨高堂任组织委员,梁明其任军事委员,黄修成任文书。平稳组织同盟会,全乡几百人参加,是1934年5月份成立的。

问:在弄煞被法国鬼袭击的游击大队是哪时成立的,谁是大队长?

答:是1941年夏天大概六月成立,大队长谭统南,参谋长谭立国,我黄振庭是中队长,刘发生是副中队长,同年□月底,在弄煞被法国鬼袭击时我受伤了,刘发生牺牲了,由谭统南、谭立国领导,我离队后部队还存在,但后来存在多少,我就不知道了。当时我受伤后,黄显丰还给我服药。

问:抗日游击大队有靖西籍的人参加吗?

答:有,逐怀那里有个里军百布屯成(原文如此——编者注),那一屯不知道,他带1支左轮,还有第三十一军逃兵不少人。

问:那时谭统南与战士在一起吗?

答:谭统南进越南开赌,筹集经费作部队伙食及买枪支费用,1支手提机、9支驳壳、8支步枪都是他进越南筹集得来的经费购买的。

问:在靖西县那时有无组织,谁当领导?

答:自从谭统南、黄振来靖西后就有,那时有哪个是党员又不大清楚,梁其明是在1936年参加,我是1935年在右江下游参加的。我送信到下游顺便在下游一段工作,由赵润兰、陆浩仁介绍入党。后来组织叫我与马振球回靖西。

问:黄老参加组织后是否得过组织生活?在哪里开会?还见什么人?

答:得过生活的,在云南也过,在中越边也参加过。见有谭统南、黄振、黄焕章、梁其明、张景隆、滕静夫（黄插话：滕静夫在云南呢）。滕是先到靖西。开会叫革命团体，不叫什么支部或委员会，开会是临时选人组织主持会议和记录员，经常组织由谭统南主持，黄振作记录。

问：黄振在第三团成立时是当政治部主任，谭统南才当秘书，为什么开党组织会议不是他主持反而谭统南主持呢？

答：黄振在成立右江下游第三团时大过谭统南，但成立第三团后把队伍拉到中越边时，黄振与黎安跑到越南念勇当教师 7 个月不出来，后来成立中越革命委员会时安给他一个秘书的位置。谭统南写信叫我带去给他（黄振）叫他出来，他才出来，开会检讨自己愿留党察看 3 个月（这是谭统南说的）。我去叫他是1934 年 5 月份左右，是插秧季节。我记得谭统南给黄振的这封信内容是这样的：

> 君为豪劣走出华，三年五载不回家；
>
> 可谓乡村能打破，志寄越南之柳花；
>
> 苏武牧羊尤思汗，令人岂不认叹嗟。

后来上云南他表现较好，恢复党组织〈生活〉。所以黄松坚上云南成立劳农游击队第三联队时还不重用他。以后何尚刚来了，见他表现还可以，就给他当政治部副主任。

采访到下午 5 时结束。

（中共广西靖西县委党史办公室保存并提供）

右江上游、黔桂边革命斗争回忆

黄唤民

1933年春,桂系军阀的军队撤离东兰西山,国民党政府为巩固其反动统治,建立了5户连环保甲制度。这样一来,我们革命者变成没有户口的"黑人黑户",成为他们通缉追捕的对象。于是我们在西山又串联发动革命骨干,组织了有10多人枪的杀奸队(队长黄廷,副队长覃兴荣),打击国民党反动派。我们探知,恶霸陈继银(陈七)将在农历三月到弄年洞与村长黄正规联络,我们便在大标坳上埋伏,杀了这个害人虫。

陈继银死后,国民党又派陈恒升(以到弄京上门为名搞坐探)和周同甫到西山侦探我革命活动。3月下旬,我们派黄春兰、黄恒超化装成卖木箱的商人,到凤山平乐六墨屯黄世新家,向黄汇报了西山革命活动情况。黄世新为了核实情况,他派黄正文、韦强两个随春兰、恒超回西山调查。约6月份,我们又派陈仕读、陈卜胞等3人上平乐找黄世新。黄世新得到黄举平同意后,回到西山,在黄唤民家开会,举行同盟。参加会议的有黄唤民、陈仕读、周继忠、牙文明、陈卜胞等10多人。大家表示决心继续革命。后黄唤民等人召开党员、骨干会,组成了3个暗杀队,大弄京为第一队,队长陈卜胞,20人,7支枪;弄冬为第二队,队长韦口忠,10多人,11支枪;巴平为第三队,队长黄廷,副队长覃兴荣,有枪12支,近20人。第三队处决了陈恒升和周同甫等一批叛徒和反动分子。

1933年底,黄世新离开西山去平乐。1934年春,他到边区向黄举平汇报西山恢复革命活动的情况。夏初,黄举平回到西山,黄世新、韦荣柏等也先后回西山。他们以弄京为据点,重新组织地下农民协会、青年革命同盟会,建立革命武装。接着,对西山原有的党组织进行整顿,先后恢复了一些支部。秋,黄举平派韦挺生、李汉平到下游与陆浩仁等联系。同年冬,右江下游先后派陈国团、梁乃武到西山帮助整顿党组织,并成立东兰县临时革命委员会,黄举平为负责人。冬天,听说中央红军长征队伍进入贵州,黄举平、黄世新派黄唤民、黄伯尧、牙秀才3人上贵州去找红军。不遇,回到板陈,与地方实力派王海平交谈,对他开展统战工作,他同意掩护我们工作。

1935年2月,黄举平在西山弄盆召开党员会议,宣布成立中共东兰县委,书记黄举平,委员有黄世新、陈国团、黄唤民、王仕文、韦挺生。

县委成立后,各委员分赴各地区秘密宣传,组织地下农干会,建立群众武装,工作进展较快。根据黄松坚的指示和斗争的需要,1935 年 5 月,黄举平召开扩大会议,宣布撤销东兰县委,成立东兰中心县委。委员除原来的 6 名县委委员外,还增选韦运祥、梁乃武、韦鼎新、黄伯尧、韦荣柏。黄举平为书记,黄举平、黄世新、梁乃武、韦鼎新、黄伯尧为常委。中心县委负责领导东兰、凤山、万冈、都安、河池、南丹、凌云、乐业、天峨及贵州的册亨、贞丰、紫云、罗甸等县工作(万冈、乐业、天峨 3 县于 1935 年元月设置)。

1936 年春,革命形势发展较快,各地先后组织了农协会及群众武装。于是,黄举平等在西山弄成召开右江上游各县代表会,到会 50 多人,会议选举成立了右江上游革命委员会,主席黄举平。接着还成立了右江上游赤色游击队第一联队,联队长黄世新,政治委员黄举平。联队下辖 3 个大队,300 多人。联队成立后,曾严惩了江平反动乡长梁承汉,甲篆乡原局董黄履端,坡月乡长黄裕昌等人。

由于形势发展快,工作任务也较繁重,黄举平建议成立东兰、万冈、都安、丹池边、凌凤边等县革命委员会。东兰县革委主席是我,委员有覃桂芬、陈仕读、黄维汉、陈卜胞等。

1937 年林鹤逸到西山,黄举平通知各县、乡骨干 60 多人在水洞开会。会上,林鹤逸传达了中共中央关于西安事变和平解决和国共合作、建立抗日民族统一战线等指示,学习了毛主席给章乃器、陶行知、邹韬奋、沈钧儒的信和致国民党书。我记得中央指示精神中有这么一句话:"要把野牛鼻子穿紧,拉上抗日战线上去。"林鹤逸指示我们:把各级革命委员会改为抗日救国会,各地游击队改为抗日义勇军。这年上半年,我们抓紧在我们能活动的范围内进行宣传,除西山外,还到武篆、三都、坡月等一些地方组织了抗日救国分会和抗日义勇军。但是,广西国民党当局没有诚心,对"和谈"和抗日采取"上层(省级)宽怀,中层(专署)不理,下层(县级)防范,基层(乡村级)镇压"的手段。

8 月,林鹤逸等二次到西山,我们将中心县委半年来的工作向他汇报。他指示说:为了顾全抗日这个大局,停止宣传反对和打倒国民党的口号,停止和国民党政府的一切敌对行动。要求我们充分利用各种社会关系,打入国民党内部丢搞两面政权和开展统战工作,以利于我党开展活动,在统战、谈判中要坚持独立自主、坚持原则,不是无原则的迁就、投降。过后不久,黄举平即派我和覃桂芬到丹池边,我们在那里工作了一段时间。

1937年冬,我从丹池边回到西山,见到桂西区特委书记黄桂南在西山和赵世同、黄举平等谈关于百色谈判问题,并要我们把右江上游的游击队交出给他带到百色"和平改编"。我们表示坚决反对。我们认为,现在我们连赶武篆圩都不得,安全没有保障,还谈判什么。黄桂南见我们态度坚决,就回下游去了。

李邦本、蓝天、韩建猛　整理

（节录于中共广西百色地委党史办公室等编:《滇黔桂边区革命根据地》,中共党史出版社1999年版,第490～492页）

滇黔桂边革命斗争情况

何　松

1929 年农历九月至十月间,当时我年仅 16 岁,黄金刚同志来我家,叫我跟他到平马(现属广西田东县)领枪回来打土豪劣绅,我答应了他。第二天跟他出发,同行共有 20 人,这就是我参加革命的开始。

来到平马领武器弹药共 3 次,带队人是陈鼓涛。第一次领得江南单 20 多支,子弹 20 箱。第二次领得日本的小十响 10 支和部分子弹。第三次是 1930 年 1 月领得日本六五式 3 支及部分弹药。这次回去后着手研究攻打向都县城(现广西天等县向都镇)。

农历腊月底,我军攻破向都县城,派林柏同志为第一任红色政权向都县县长。在县城几天,反动军队向我方摸来,我们退出县城回到印茶(现属田东县)。队伍到印茶刘家附近,陈鼓涛同志下命令缴了刘家村人的武器,立即攻打刘家村(刘家村的地主当年屡次对抗革命),攻打了刘家后转攻打思林。这段时期我们就在这带地方转辗作战开展革命工作。

1932 年,革命转入低潮,国民党反动军队以苏新民为首到处围捕我革命群众,红军主力北上后留在地方的游击队为避开敌人,化整为零。1933 年 2 月,在印茶渌内屯开会研究日后工作,当天被敌人发现,反动军队围捕,陈鼓涛同志阵亡。同年 6 月,右江下游党委碰见我们,赵世同同志向黄金刚要我去。到了那里黄松坚通知我跟他还有黄德胜、岑中业、黄家猷、王亚开、黄印、陈耀甫等 12 人上云南去。

我们从陈岗(地名)出发,沿着恩隆、天保二县边界,伪〔化〕装为合和矿产公司的人员,每人一顶腊帽署该公司的名字,这样避过各地反动势力,走 10 多天后到了云南九弄,见到了梁振标部队(当时梁的队伍是一支改造中的队伍),会见了早已到达那里的朱国英、韦天恒、韦纪等同志。

在云南以黄松坚为领导的革命同志,一方面改造梁振标部队,一方面在那〈里〉发展革命力量。国民党当局闻讯,广西派苏新民,云南派何彩,两支反动军队"围剿"我们。我们除把主力留下外,其他人员解散回家。主力人员分作小股活动,从当年农历七月十四起至十一月止。敌人退回老巢,我方发动人民的工作也已成熟,于是在云南曲流、九弄等地成立滇黔桂边区劳农游击队第三联队,成立的当天开庆祝大会,分发旗号。

队长梁振标、副队长韦高振、政委黄松坚、参谋长蒙云廷。第一大队长韦天恒、第二大队长黄安福。特务大队长黄德胜、副大队长刘宝兵、中队长岑忠业。

12月份,云南反动派派2个团来"围剿"我军,我方把第一、第二大队解散,留下特务大队转移别处。这一年我们在山上过年,敌人扑了个空,转回老巢。2月份黄松坚去上海找党组织,右江上游的革命工作由黄德胜负责,一直到1937年为止。

黄松坚去上海长期不回,又派朱国英前往上海,1937年朱带回八路军同志,其中有个姓张的名光霞,同年和国民党谈判,时间是农历九月,地点是云南花甲。我方代表是黄修南、岑中业,由于谈判不成破裂,张光霞同志不服气要亲自找国民党,大家劝他不去,组织派我和黄忠宝和一名叫亚周的送他去,在他进入县城后,直入小学去做宣传,当天马上被捕。第二天国民党反动派用铡刀把他活活铡死。

国共合作谈判未成,抗日的浪潮席卷全国。韦高振把队伍拉到田阳,参加抗日义勇军,梁振标回去小罗(地名)做鸦片走私当保镖。黄德胜同志为党的利益追到田阳要把主力拉回去,在田阳韦高振以饭后散步为名,用刀暗杀了黄德胜同志。这样这支队伍除了少许同志返回云南外,绝大多数加入了义勇军,我返回云桂越边境辗转不得法,做生意打工直到1947年。

1947年以后,我又和革命同志联系上,为革命传送情报,支援革命活动经费等。……新中国成立初1949年、1950年我被组织调配在百色军分区、田阳县府等地工作,后来因为我没文化转回家离开了革命队伍。

陆石生　记录

(中共广西田东县委党史办公室保存并提供)

回忆参加滇黔桂边区革命活动情况

陈　勋

　　我原名叫陈祖琪,又名陈尧宝。1900 年 2 月生于广西省天保(今德保县)那甲乡那甲街,后迁到镇安镇(今城关镇)东安街居住。由于家庭贫苦,生活困难,我 8 岁时才入学读书,13 岁高小毕业。后父母病故,家境更加贫寒。大哥无力再供我上学,只好卖柴度日。为了生活,被迫于 1928 年到南宁投入国民革命军第十五军军部特务营四连一排当兵。1929 年桂系"倒蒋"失败,第十五军被遣散,我无处依靠,只好转回家乡。

　　我在回家路上,路经恩阳县(今属田阳县)五村时,正好遇上旧时好友崔伯韫,他邀我到他家住下,并出点本钱给我搞点小生意度日子。1933 年,国民党恩阳县成立一个自卫常备队,委任崔伯韫为常备队队长,我为常备队副队。刚到任几个月,该县县长说,上面规定县自卫常备队只用本县人来当,不要外县人来当,这样我就离开常备队。崔伯韫见我不当副队,他也不当队长了,他邀我到他的老家过春节。

　　1934 年 2 月 27 日,恩阳县属的陇洞经朝寨,有个叫周建仁的人。他受黄建平(即黄庆金)的委托,写一封信派人送给崔伯韫,崔伯韫看后又转交给我看,这信主要的内容是请崔伯韫出来参加共产党的革命。崔伯韫起初有思想顾虑,他说现在共产党失败了,去参加这种革命还成吗? 我对他说,失败乃成功之母,机会难逢的,要是顺利时才参加,没有多少意义,现在去参加最好,我和你一起去参加吧,若你不想去,我自己去参加。他说,若你去,我也一起去参加。就这样,第二天吃过早饭后,我同崔伯韫及送信人一同来到周建仁家。在周家那里,我们见到了在这里搞革命活动的好友黄庆金和上级从东兰县派来的谭统南同志。大家有幸见面,都感到很高兴。寒暄一阵子后,我问黄庆金:"你为何改名为黄建平呢?"他说:"黄庆金、黄建平、黄洪、黄卓都是我的名字,搞革命活动,不改名,用真名是难于〔以〕保住性命的。"他还把我介绍给谭统南同志认识,他说:"这是我的好友,名叫陈尧宝,是天保县人,现在他来参加革命。"谭统南答道:"好,加多一个同志,这是好事。"就这样,我就同黄庆金、谭统南等一道做革命工作了。

　　不几天,中共右江下游党委早先派到云南省七村九弄地区搞革命活动的李德惠从云南省富州县(今富宁县)九弄地区写来了一封信,派人送到恩阳县的经朝寨,说在九弄已联合得梁超武(即梁振标)部二三百人左右,请黄建平(即黄庆金)、谭统南等人,加派干部到九弄工作。黄、谭两人立即答应,并写了一封信报告上级(右江下游党委),要求增加武装力量上九弄。修好书信后派人送到右江下游党委。我们又来到五村崔伯韫家住,等候上级的指示。

下游党委接到报告后,不几天就派黄强(黄绍亨)、黄彪、何松等10多个武装同志来到五村崔伯韫家,在崔家住了三天,第四天来到周建仁家,住两天,整理好队伍,我们就从恩阳县的经朝寨出发,到天保县马隘乡更登寨农永维、黄文作家住了一天。又经天保县的都安乡来到敬德镇的龙江和魁圩,并到农祝丰家住,休息两天后,由农祝丰带到九弄地区。这些活动都是白天休息,夜晚走路的。

我们来到九弄后,在谷桃寨马长武家会见了李德惠和梁超武等同志。在谷桃三天后,李、梁两位同志就带队伍到谷拉街,没收周白祥铺头财产归游击队所有。第二天,转回谷桃开会,参加开会的有300多人。由李德惠主持,其他负责人有韦日波、黄香山、韦德高、李福、黄建平、谭统南、梁超武、黄强、黄彪、刘八、黄拾、陈尧宝等20多人,当时先提出建立“云南工农红军抗日救国军”,但这个名称很大。要呈报上级许可方可建立。这样李德惠立即修书向上级报告,交给黄建平、谭统南和我等三人负责派人送到右江下游党委。我等三人把信送到经朝寨周建仁家。但到那里后,才懂得周建仁已被桂系军阀师长韩彩风派人抓去杀害了,我们只好到五村崔伯韫家,派专人把报告书送到下游党委。我们在五村等候数天,党委接到报告后,同意在中越边,将改造过来的绿林武装和赤卫军第三团,合编成立“抗日救国军第十八军”,军长梁超武,政委李德惠(后黄庆金),下设3个师,第五十一师师长韦高振、第五十二师师长韦日波、第五十三师师长崔伯韫。

1934年7月何尚之(即黄松坚)等10多人,经印茶、巴麻、天保县隆桑乡到五村崔伯韫家。在崔家休息一个星期。何尚之到富州后,黄建平、谭统南等两位同志把我介绍给何尚之同志。何尚之见我后说:“陈尧宝同志,我来帮你改个名字好不好?做革命的同志都要改名换姓,才能保险性命,你就改为陈勋吧,成吗?”我思索了一下回答说:“成!就改为陈勋。”不久,何尚之召集有关负责同志来开会,宣布在九弄地区建立革命根据地。他派赵敏去花甲寨,派我和黄建平等人到阿用、平对、那连、谷阴、百弄、顶桑、陆兰、那坡、那柳、达耳等地做工作。我们把共产党的主张和政策向群众宣传,组织劳农会,并根据当地农民群众的要求,我们把已经组织起来的农民,连夜把为非作歹的国民党副乡长黄国民处决,又把他的家产没收,分配给贫苦农民。我们的革命行动,得到农民兄弟的欢迎和支持,群众都说共产党是我们农民大众的恩人。

我们到上述等地工作结束后,又转到皈〔归〕朝、百油、尾洞等地,在尾洞寨陆顺庭家居住,开辟新区工作。黄建平也同我一路工作。几天后,韦高振带一支十五六人的手枪武装队伍,由者桑经皈〔归〕朝、百油,到尾洞寨陆顺庭家和我们会合。大家食宿了两天。

忽然间,国民党派来一连人要追赶韦高振他们,当时是夜晚,我方全连同志正睡觉休息,忽然间敌人把陆顺庭家团团围住,有的敌人冲上楼梯,并向我方开枪。我方黄仲臣同志睡在陆顺庭房的正堂。他首先被惊醒了,他一醒来就向冲上来的敌人开枪,把冲在前面的一个敌兵打翻在楼房脚下,又把另一个敌兵打翻在大门口。在激烈的炮火中,黄仲臣不幸中弹牺牲。我们做政治工作的同志带枪的人不多,在战斗中,我把敌死者的枪支夺过来,开了先锋,其他同志也马上冲下楼来同敌人拼搏。

我提起枪扫倒了两个敌人官长,其他同志也猛冲猛打,一直战斗到拂晓,敌人不支,就退下去了。我方趁机冲出包围圈,转移到安全地带。当时已是白昼来临,我们队伍就一面煮饭,一面把牺牲的同志埋葬。饭后,我们返回九弄陆顺庭家住下。第二天,我们来到魁圩,第三天到靖西二塘黄正洪家。第四天到安宁、龙社等接近越南边境地区。在这里,我和黄沙平(即黄振)一起做宣传工作。第五天,李家祺(又名李修学)也到此地一起工作。

在中越边境工作一段时间后,我们又转回原地根据地——九弄一带开展组织群众工作。同年冬(即11月),何尚之在九弄谷留村叫我们各地人马集中开会,宣传〔布〕成立"滇黔桂边劳农游击队第三联队",联队总指挥是梁超武、何尚之为联队政委,副总指挥是韦高振,参谋长是黄德胜,联队下还设有六个工作部门,有常务部门、军事管理委员会、宣传部门、民运组织部门、财经部门、交通部门等。我被委任民运部门主任,不论开展什么行动,都由这六个部门的负责人讨论研究决定以后方可进行,同时还成立"滇黔桂省边革命委员会",黄庆金任主席。

1935年夏,何尚之同志离开滇黔桂边区革命根据地,到上海向中共中央汇报根据地的工作。不久,广南县苗族进步人士黄开洪派出王正洪为代表到我们根据地联系,要求参加工农红军。我们及时召开六个部门负责人会议,经过讨论,同意他们在广南那边组织一个武装大队。同时派黄德胜同志和部分武装人员到广南县八宝区一带帮助他们建立游击大队,开展武装斗争。黄德胜和我到该地后,就向他们宣传共产党的"三大纪律、八项注意"的军事纪律,不准谁违反这个铁的纪律,深得他们的信赖。后由于何尚之到上海向中央汇报工作迟迟未归,思果中心县委于当年 10 月又派何尚刚(即滕静夫)等一批同志从右江下游到达滇黔桂边区接替何尚之的工作。

1936 年 2 月,我们来到达耳寨,在陆礼荣家联络各小村寨组织武装斗争。同年 5 月,我在陆礼荣家接到给我到者兰参加党代表会议的通知(通知是那柳寨罗玉刚带书面通知来给我的)。我接到通知后,马上行动,但不幸的是天下大暴雨,西洋河水突然猛涨,过不了河。等了三天,河水回落后我才能过河。但会议已开完,我不得参加那次会议。

我渡过西洋河来到阿用那柳寨罗志刚家,在那里会见了黄德胜、唐秀山等几个武装同志,他们正在那里翻装子弹、擦拭武器。黄德胜、唐秀山等人见到了我都很高兴,并对我说:"这次会议很重要,研究了党在这里如何开展工作,同时也吸收一些同志加入中国共产党,你也被批准了。"此时我才知道我已被吸收入党了。黄德胜还对我说:"从现在起,我们要在边区这里各地开展游击活动,到这里就好了,我们一起活动吧!"这样,我就同黄德胜、唐秀山等人一起出发到皈〔归〕朝、板仓等地活动,发动群众参加革命。后又派我同罗志刚等人在那柳寨建立一个兵工修理厂,负责翻装废旧子弹和修理枪支。不久又同黄强来到弄迈、弄洋等地开展游击工作。接着又转入架街、者桑、洞波、那柳、花甲、甘帮、西宁等地活动。

同年 6 月,上级又派我和黄德胜、韦高振等带领游击武装队伍打入广南县八宝区公所,国民党八宝区区长、大官僚农月楼逃跑。当地群众很高兴,抬着酒、猪肉等来送给我们。我们纪律严明,不能把这些东西收下,都一一退还群众。群众赞扬说:共产党领导的革命队伍真好,不随便拿群众的东西。这样的队伍才能带领我们穷人起来闹革命哩!后来我们又抓到广南县瓦釜乡雷鸣寨的一个人,原来此人正是国民党八宝乡大土豪王子文的狗腿子,我们把他处死,群众拍手叫好。我们在八宝乡住了大半天,下午 5 点多钟,我方全部同志转回九弄根据地。

同年,上级又派罗英、梁学政和我等一批同志到广西西林县组织农民武装工作。我们从九弄根据地出发,经过西科、古黄、古丈、罗里、圩底、板幕、香克、马好、蛇场、格场等处,一边走一边开展宣传和组织。动员联合杨福高、杨庆华出来参加革命,还到西隆县做苗王杨福运的思想工作,组织苗族农民武装起来抵抗国民党对滇、桂地区的武装"围剿"。几个月后,我们转回根据地向领导汇报。在谷阴寨遇上一道参加革命的马寰球同志,我们一起把谷阴地区作恶多端、民愤很大的国民党副乡长黄顺文和黄建秋两个反动家伙处死。

1937年春节,我和梁超武前往广西镇边县(今为那坡县)组织农民工作,梁超武住几天后他转回根据地。我仍留在镇边县巴东寨一带活动,联络得黄景云、黄文彩等人出来参加革命。同年5月,我也从镇边县转回根据地汇报工作。不久,又奉命前往广西省靖西县的达息、多云、多瓜等地开展新区工作。

1937年2月,黄德胜同志(1936年5月后,任边区革命游击队司令员)在根据地召开各级负责同志扩大会议,提出凡是中共党员的都要下到各省各县去开展组织扩大革命队伍工作。上级决定由我和罗英、黄修南、农保、黄均平等5人向广西省西林县、贵州省边区开辟工作。在分配工作任务时,上级领导问我们几个同志说:"这项工作很困难,很艰苦,你们几个有什么想法?"当时我们异口同声回答:"怕死就不革命!"

同年夏,我们几个同志就到西林县在各村寨开展组织革命工作,并打通与贵州省边区马好等地的线路。在工作期间,我们几个曾一道到西利寨罗英家。有一天,邓寨子有个叫吴良成的农民大叔对我说:"陈同志,我家有三个姑娘,要一个给你来上门好吗?"我回答说:"这个安家之喜,对我来说是暂时不忙考虑,因为受党的指示,要为党为人民工作,为人民的翻身解放寻找真理。现在革命没有成功,待革命胜利后再说了,革命不成功。我是不当家的。"那位农民大叔也不再说什么了。在西林县等地开展活动一段时间后,广西、贵州边界农民都动起来,要求打倒土豪劣绅恶霸。不久,我们从西林县边区回到根据地汇报工作。

1937年秋,传达中共中央关于国共两党合作,联合抗日,停止内战,一致对外的精神,并举行百色国共谈判。那年冬翌年1月,韦高振等带根据地两团人的武装,参加改编到国民党军队去抗日。根据地因没有武装,被丧失。1938年秋,何尚刚宣布,各人转回自己的家乡,我是那时不得不回到自己的天保县城老家的。

我回到家里,住了10多天,又听说国民党天保县县长罗人杰要抓我这个共产党员,亲属和朋友都劝我躲一躲,我只好躲到县城附近的狮子山洞里去住。过春节后,1939年2月20日(即农历正月初二日)我又离开自己的老家,到本县北部的马隘乡更登屯农永维和黄文作之家住10多天,后又到巴头乡一带活动。同年3月,经人介绍到敬德镇(今属德保县)的多浪乡六红、德笃、仁和乡的登限、念洞和塘日乡下屯等地开办私塾学校,过着教书育人的生涯,当了8年多的农村教师。

后来知道梁超武叛变革命,投靠国民党,参加了蓝衣社,要追捕我。为躲避梁超武的谋害,我将计就计,干脆隐姓埋名跑到富宁县城隐蔽,并以看地理风水为名,四处活动。梁超武他们找不到我,也就无法把我怎么办。

新中国成立后,我到富宁县里达公社林角塘生产队居住,收养吴伟光(当时他3岁)为养子,相依为命。1950年,我在该公社三甲生产队任小学教师。1953年土改时,我分得一份土地,1955年我因年老辞退不教书,转回林角塘生产队务农至今。

许英俊、谭和关　整理
1996年10月28日

(节录于德保县史志办:《二战人物材料·第8卷》,第338～345页。广西德保县史志办保存并提供)

滇黔桂边区革命活动回忆

朱国英

我1912年出生于广西恩隆县（今田东县）乡村，1928年参加革命，1929年参加了著名的百色起义。下面我回忆百色起义后，深入滇黔桂边区进行革命活动的片断。

1930年冬，红七军主力北上后，国民党桂系军阀调兵遣将，纠集地方反动武装向右江革命根据地进行疯狂"围剿"。1933年3月，中共右江下游党委开会研究决定，调集红军游击队打出外线，开辟新区。我和韦纪等同志先后被委派到云南富宁县剥隘、者桑、洞波、花甲等区乡，以行医、经商等为掩护，秘密进行发动群众的工作。面对严峻的革命形势，我和韦纪等一如既往，从当时的实际情况出发，决定以举办农民夜校为突破口，向当地村民灌输革命道理。开始参加夜校学习的只有10来个人，经过不断地宣传、发动，后来竟发展到七八十人，为培养革命骨干，壮大革命力量打下了良好的基础。

1934年7月，原红七军第二十一师副师长黄松坚奉命到滇黔桂边区领导武装斗争。他到达云南富宁七村谷桃屯后，我和韦纪等及时向他汇报了七村九弄的群众工作开展情况。我们接受他的指派，只身深入滇桂边交界的偏僻山区，继续开展发动群众和统战工作，争取收编绿林武装，壮大革命队伍。这里山高林密，交通闭塞，经济落后，人民生活很贫困，一些贫苦山民因生活所迫，落草为寇。当时那一带共聚集了好几股绿林武装，各自占山为王，每股一般三五十人。其中有一股较大的绿林武装，头目叫梁振标（即梁超武），手下共有七八十号人，他主要以打劫烟盐商帮为生，很少危害当地山民，因而获得一些山民的拥戴。因此，要想在这里站稳脚跟，就必须先跟梁振标交手，争取收编、改造这支武装，扩大革命力量。经过党组织研究决定，由我单刀赴会，与梁振标接触。经过周密深入的调查，我了解到梁振标是一个豪爽的人，喜欢直来直去，讨厌别人阳一套阴一套，于是我决定与梁振标正面交手。经过认真的准备后，我化装成悠闲的逛山客，直闯梁振标的大本营。梁振标听手下传报说有一个姓朱的陌生人求见，开始有点不想见，但后来一想，陌生人上门求见，必有来头，说不定是哪位能人想投奔自己呢，于是让手下引我入见，吩咐手下看座，"敬客茶"。我接住茶碗一看，只见是一碗冷水，知道这是最厉害的无声下马威，当时我沉思片刻，决定以退为攻。于是我从容地放下茶碗,淡淡地笑了笑,起身冲他双手一抱拳:"后会有期!"说完转身就走。

"慢!"梁振标起身拦住了我,"怎么未喝茶就要走了呢?"

"人走茶凉!"我说,"现在茶水早已凉了,我再赖着不走,岂不是太不知趣了吗?"

"朱老弟误会了,来人呀! 快上热香茶!"

后来我才知道,梁振标是想用这个办法试一试我这个不速之客是脓包还是山鬼。是脓包,就借让我喝冷水潮〔嘲〕弄一番,是山鬼精灵,就唇枪舌剑一试高低,然后收罗于门下。

香茶献上来了,热气腾腾,香气扑鼻。

"请!"

"请!"

我们互瞟了对方一眼,便低头呷茶。梁振标先耐不住性子了,他放下茶碗,冲我抱拳问道:"敢问朱老弟从何而来? 此来有何贵干?"

"明人不打哑语,不瞒梁老兄说,我是一名打土豪救民于水火的红军战士。此次是慕名而来,我枪不带一支,人不带一个,梁老兄不至于摆下鸿门宴吧?"

"岂敢! 岂敢! 朱老弟光临,理应略备薄酒,痛饮一番,但愿是酒逢知己千杯少喽!"他一回头,"来人,上酒菜!"不一会,一个喽罗托出一只烧乳猪,另一个喽罗给我们各斟满了一大碗粳米酒。梁振标不冷不热地说:"朱老弟,山里樵夫,没啥好酒好菜,只好用这土产香猪表表心意,我想朱老弟也懂得这香猪宴怎么个吃法喽?"

"请指教!"

"不言而喻,要是对手,就要切香猪屁股让朱老弟尝尝,要是朋友嘛……"

"依梁老兄高见,我此来为何?"

梁振标诡谲地笑了笑:"不敢冒昧! 不瞒朱老弟说,你们红军的所作所为,我也是佩服得很! 只是现在你们的队伍七零八落,困难重重,朱老弟该不是混不下去了,想加入我一伙吧?"

我哈哈一笑,说道:"不敢高攀呀! 梁老兄未曾开口就见喉咙,你老兄如此待我,无非是想拉我入伙,但我可以明白地告诉梁老兄,我和红军队伍绝对是分不开的。"

"为何?"

"理由很简单,因为梁老兄你仅仅有心踩黑线,无意抗拒祸国殃民的反动派,于民于己,红线与黑道是很难相提并论的。"

梁振标忽然沉下脸,他不能容忍别人这么小觑自己,厉声说道:"朱老弟翻山越岭来此,不仅仅是费口舌,来奚落梁某吧?"喽罗们也个个怒视着我。

我不动声色地说:"如果我不来,又怎知梁老兄是真假李逵呢?"

"现在你可看清了?"

"初来乍到,还不知庐山真面目。不过我刚才说过,我可是慕名而来,交个朋友怎样?"

"要是我不识抬举呢?"

"我当然不希望我们闹翻脸,希望我们能携手合作,共同讨伐强暴。如果梁老兄及众弟兄只恋钱财,不识大义,那我们只好各吹各的号,你们可以继续拦路劫财,我们继续干我们的大事,不用多久,你就可以看到:哪个得民心,哪个遭人骂。当然喽,你如果打算一山不容二虎,想向我们动刀动枪,那又当别论了。不信,你梁老兄可以试试看!"

梁振标听了也觉得红军惹不起,说道:"朱老弟,误会了,我并没有跟红军作对的意思。"

"我完全相信这一点,也佩服梁老兄的为人,不然……"

"不然怎样?"

"我就不会专程来拜访梁老兄了。"

梁振标知道对方看得起自己了,点了点头,问道:"不知朱老弟你们现在有何打算?"

"现在革命虽然陷入低潮,但是,我们是贫困百姓的队伍,是为老百姓打天下的,肯定会得到支持和拥戴的。古人说:得人心者得天下。梁老兄,你想想,你老兄要不是得到附近山民的拥戴,你也很难在这站稳脚跟的,是吧?"

梁振标点了点头,沉思了一下,问道:"我想请教朱老弟一句,要是我们加入你们队伍,能有些什么好处呢?"

"当然不会亏待你的,当个头是少不了的,但是,想发大财是办不到的。不过可以使你发现自己能为劳苦大众做点好事,真正得到天下民众的拥护,让后人知道这里有个梁振标。梁老兄也是个有志气的汉子,不至于想在这深山老林里以打劫度过一生吧?"

"朱老弟真是豪气过人,如此看重本人,就像古人说的那样,什么来的……对了,就是:听老弟一席话,胜读十年书呀!来人,换上新酒菜!"

我伸手示意喽罗不要撤下香猪,顺手拿起尖刀,对准香猪耳一刀切下,接着割下一块肋膀子脆肉交给梁振标。

"梁老兄,请!"

这种反客为主的举动,使在场的喽罗称赞不已,更令梁振标震服。不久,梁振标按照与我达成的协议,接受改编,梁振标带领人马加入了红军游击队伍,他被任命为滇黔桂边红军劳农游击第三联队司令员(又称总指挥)。这样,一支数百人的革命武装建立起来了,扩大了革命队伍,有力地促进了革命力量的迅速发展。

在争取收编梁振标部的同时,我和其他同志还利用农民夜校积极传播革命思想。我们以《工农识字读本》为基本教材,边教农民识字,边向青年农民宣传革命道理,边教他们唱《打倒列强》等革命歌曲。由于当时宣传组织工作得当,"青年会""革命农会""兄弟会""打老同"等各种形式的革命组织纷纷建立起来。这些组织随着革命的发展,后来变成了劳农会和赤卫队,使革命力量迅速壮大。当时各村寨建立的农会有20多个,赤卫队27支,人数达2000多人。从此,以七村九弄为中心的滇黔桂边区革命根据地基本形成,为深入开展游击战打下了思想上、组织上的坚实基础。为更好地领导武装斗争、有力地打击敌人,1934年11月,滇黔桂边区先后成立了"中共滇黔桂边区临时委员会""滇黔桂边区革命委员""滇黔桂边区红军劳农游击队第三联队"等领导机构。我当时也被任命为滇黔桂边区红军劳农游击队第三联队第一大队第十一中队长(相当于现在的连长),组织和领导当地群众进行武装斗争,镇压了七村九弄地区无恶不作的大土豪和反动保长陶炳希、花甲区长汤焕文等,没收了他们的全部财产,分给贫苦农民,大大地增长了革命人民的志气。

正当革命火种顺利蔓延时,滇黔桂边区的反动派坐立不安,惊恐万状,他们纠集反动军队"进剿"七村九弄。我在边区游击司令部的指挥下,勇敢地参加了反"围剿"斗争。当时云南广富独立营农志猛带领所属兵力,凭借精良的武装,气势汹汹地向根据地恒村扑来,我和其他同志一方面率领部队和赤卫队迎头痛击敌人,另一方面组织群众坚壁清野,运走粮食,带走猪牛羊,填平了水井,使得敌人占领恒村后,没有饭吃,没有水喝,寸步难行。正当敌人乱作一团进退两难的时候,我们又组织部队对他们进行偷袭,搞得敌人晕头转向,不得不垂头丧气地大败而归。这时,为了扩大战果,我迅速指挥队伍在敌人的退路上设下了几道埋伏圈,将敌人切割分块,然后各个击破,最后歼灭敌军200多人,缴获了各种武器和弹药一大批。经此一战,滇黔桂边区七村九弄革命根据地更加巩固,也极大地震慑了滇桂反动当局。

朱仙笃、欧家树　整理

（节录于中共广西百色地委党史办公室等编:《滇黔桂边区革命根据地》,中共党史出版社1999年版,第537~542页）

2. 右江地区斗争情况

关于那马的革命斗争情况

黄松坚

1932年至1934年,我在右江下游开展革命活动期间,经常到那马县检查工作,那马的州圩跟武鸣、都安都有联系,我经常去同干部谈问题。

那马的州圩、永州两乡的革命工作,是黄书祥和黄永祺于1927年开辟发展起来的。他们那里起来革命比较早,是老区,群众基础比较好。我在州圩、永州一带活动的时候,群众没有暴露我们的情况。黄书祥的妻子徐青林,是州圩街人,一旦有情况,她就来给我们汇报。徐泽长的母亲和妻子,都积极革命,工作负责。每当我们住在该村后青山山洞里时,都是他们送饭。当时,那马、田东、果德、平治、向都遭受敌人的"围剿",受摧残的情况大体都是一样。由于州圩、永州一带的群众基础比较好,群众思想进步,信得过,因此,凡是上级机关派到那里的同志,都没有被出卖过,就是敌人"围剿"残酷的时候,也没有发生什么事故。

1929年,黄书祥同志在那马发展党组织,最初主要有3个人:李凤彰、徐泽长、韦成篇。后来成立了那马县委党支部。

我第一次到那马县是1932年间,与我同去的有黄书祥、黄永祺等人。我们到那马后,会见了那马党总支部的领导人徐泽长、李凤彰、韦成篇等同志,并在坡马屯召开了支委会,研究如何开展革命斗争的问题。当时,还有农会组织以及乡革命委员会。会上,我们根据右江特委指示精神,结合那马当地实际情况,要求那马党组织分散隐蔽,秘密活动,组织群众,建立、发展农协会,开展小型的游击战争,处决当地首恶的土豪劣绅和反革命分子,扫除障碍。自那以后,我就经常到那马,一年去好几次。那时,我们还以那马和都阳这两个地方为基点,将活动延伸到都安、武鸣边境一带。

1933年5月,黄书祥同志被害牺牲。为了给黄书祥报仇,我们派赵世同秘密地把杀害黄书祥的凶手黄金镜(叛变分子)干掉了。处决黄金镜后,我就派人到永州向同志们讲清这件事。告诉大家:黄书祥牺牲了,我们要提高警惕,不要麻痹大意,要提防敌人来破坏革命阵营。不久,我又到那马的永州乡检查工作。

我到永州后,就找徐泽长、李凤彰、韦成篇 3 个人来开会。会上我通报了黄书祥遇害的经过,并谈到吸取这件事的教训,指出书祥是个好同志,他的牺牲是党的损失。会上我还同他们讨论关于发展党员的问题。

那马县的党组织是很纯洁的,他们听从党委的指示,经常同上级党组织保持联系,但是战斗力不够强。那一次,我让党员黄文路向都安方向发展(因为我接近都安),又让徐泽长专门负责向都安发展的工作,以后我又派梁乃武(又称梁老师)任特派员,到都安做联络工作。

1934 年春天,我到那马,为适应形势发展的需要,我认为那马党总支已有所发展,同意他们将总支改为特支。特支书记是李凤彰。我指定了那马特支工作区域范围,主要是负责那马,可以扩大到武鸣、都安、果德、隆安等县边境一带。原来的总支书记是李凤彰,那是黄书祥他们原来给定下来的,李凤彰的工作办法比较多一点,警惕性比较高。1934 年,徐泽长去香港训练回来后,特支书记由徐泽长担任。他是 1934 年去香港的,是南临委同志让他去的,他从香港回来后思想提高很快,这样就由徐泽长任特支书记。

1934 年 5 月底,我奉命离开右江下游,要到省边区开辟新区。临走前,我作为右江下游党委书记,在思林召开了右江下游党委扩大会议,那马县特支书记徐泽长出席了这次会议。会议决定:正式取消右江下游党委,并成立以陆浩仁为书记,滕国栋、黄永祺为常委,赵世同、梁乃武、徐泽长等为委员的思果中心县委,负责领导下游地区革命工作。

(张家祥根据黄松坚 1982 年的讲话录音整理。广西马山县委党史研究室保存并提供)

(节录于中共广西百色地委党史办公室等编:《滇黔桂边区革命根据地》,中共党史出版社 1999 年版,第 464～466 页)

西山革命活动的回忆

陈仕读

1931 年我调到独立师警卫连任排长，1932 年革命受挫折后一直坚持在西山进行革命活动，现把亲身经历回忆如下：

1932 年冬，拔群、洪涛先后牺牲后，敌人加紧对革命人民、共产党员和干部进行迫降、诱降，进行"心理建设""善后安抚""清乡""收枪"，建立"连环保甲"，实行白色恐怖。地主、土豪也随之卷土重来，向人民反攻倒算。许多共产党员、革命群众惨遭杀害，西山根据地一时变成人间地狱，惨不忍睹。

环境恶劣，困难很大。但是长期跟随拔哥闹革命的红军战士、共产党员，都坚信反动派必定灭亡，红军一定胜利。弄京党支部书记陈卜胞召集隐蔽下来的红军战士开会，指明已投降的一些党员、战士大都被敌人杀害了，投降是死路一条，不要受骗上当。我们要坚持革命到底，不屈服敌人，不交枪、不投敌。后来又联络到原弄峰、果卜支部的一些党员，于腊月（即 1933 年元月）在弄水峒韦明言家开会，由黄唤民主持，到会的有韦明言、陈卜胞、陈有才、龙杜昌、牙文明、陈家朝、韦金彩、韦仲儒、周继忠、韦日忠、罗日仇、覃有拔、韦明春、韦忠生和我等，这次会议决定两条：一是到会的都要坚持不交枪、不投敌、不泄露机密，坚持革命到底。二是决定派人去黔桂边找黄举平、黄世新联系汇报情况。因为我知道黄世新在平乐活动，就决定我和韦金彩、覃有拔、陆忠言 4 人去黔桂边找黄举平和黄世新。

1933 年元月（腊月二十四日去，二十八日回来）我们 4 人上凤山，都是昼伏夜行。先到凤山那尤廖世宽、廖世国处，他们介绍我们去找黄伯尧。第二天到平乐见黄伯尧，他指明黄世新的地址，我们到了平乐那穷屯见到了黄世新，汇报了西山的情况。他交代我们回去要做好群众思想工作，安定群众情绪，鼓励我们坚持革命到底，只要还剩下一个人也要干革命，要设法肃特杀奸，保护人民，否则你们也不得安宁。我们回到西山后向大家汇报了见黄世新的情况和他的指示后，大家都分头去做群众工作，并积极开展杀奸活动。黄唤民等几个人首先把反攻倒算最凶的年令村团董陈七杀掉。过年后，黄春兰等几个人又二次去找黄举平和黄世新（这次没见到黄举平，只见到黄世新）。他们回来后不久，黄世新请示黄举平同意后便于 3 月回到西山。

黄世新回到西山后，在西山马平峒黄唤民家召开党员、骨干分子会，参加有

20多人。他鼓励大家要坚持革命、保护人民，肃清叛徒和反动分子，才能安定民心。并组织了3个暗杀队，韦日忠、陈卜胞、黄廷各负责一个队。到9月，弄京支部暗杀队牙文明、陈家朝等就把叛徒周同甫和反动民团陈恒珍杀掉了。这一年间，黄世新常往返于平乐、西山指导革命斗争，人心逐步安定，革命活动也逐步活跃起来。

1934年春节，黄举平从黔桂边回到西山。他深入各峒召开群众会、骨干会、党员会，了解情况，恢复党支部活动，组织青年同盟会，妇女同盟会等。七八月间，在弄京村弄追峒开办骨干学习班，西山地区的各村主要骨干都来参加，20多人，记得有我、牙文明、韦明言、陈建廷、周继忠、韦仲儒、苏作周、韦金义、覃卜仁、杨正规、包泰安、卢明扬、韦仕林、黄唤民等，主要是讲形势，明确前途，坚定革命信心，总结一年多来的斗争成绩和经验，鼓舞斗志。到这个时候，西山各支部之间的联系都打通了。东山、中山的党组织也都取得了联系，这些支部是：中山支部、东山支部、弄里支部、弄纳支部、果卜支部、弄竹支部、弄京支部、弄峰支部等8个支部。九十月间，黄举平先后几次派牙文明、白汉臣、韦挺生、李汉平等人到右江下游找右江下游党委黄松坚、陆浩仁等领导同志。腊月，下游党委就派陈国团、梁乃武上西山协助黄举平工作。梁乃武来到后，白天在弄追办公，晚上在我家住宿。

1935年初，即梁乃武到西山不久，黄举平就先在西山弄京组织东兰县临时革命委员会，办公地点开始在弄京村弄追峒，后来搬到林览村弄水峒。临时革命委员会主席黄举平，委员有黄世新、韦挺生、秦兴荣、黄唤民等。后来又改为东兰中心县委，谁是委员我不清楚。此外，在群众组织方面，各村都组织有妇女同盟会、青年革命同盟会等。

1936年，我到右江上游革委做政工和后勤工作。这年的正月，右江上游革命委员会在西山弄京村弄岩峒成立，我只记得主席黄举平，副主席黄世新，委员我记不得了。当时我见凤山黄伯尧，凌云的李树生、黄荣昌，田东的覃明典、莫善高，东兰河东覃桂芬，东山韦朝丰，中山王仕文来参加开会。随后，在这一年都先后成立了凌凤边革命委员会、都安县革命委员会、丹池边革命委员会、万冈县革命委员会、东兰县革命委员会。东兰县革委会主席黄唤民、副主席黄维汉，委员韦荣柏、覃桂芬、杨正规、韦挺生、陈仕读等7人。

夏天，右江上游革委统一管理上游各县的地下武装，决定成立右江上游赤色游击队第一联队，队长黄世新，政委黄举平。

开始有两个大队 300 多人,后来发展到 3 个大队。我记得西山地区有 1 个大队,大队长兰茂才、政委韦挺生。部队组织起来以后,各地又开展杀奸肃特、消灭反动分子的活动,当年就杀了林览村叛徒黄继人,福厚村黄卷祥,弄峰村恶霸地主陈八,江平乡反动局董、乡长陈庆绵、梁承汉,坡月乡长黄裕昌,甲篆局董黄履端等。

1937 年,省委曾多次派林鹤逸到西山指导工作。记得农历六月间,正在收玉米时节,林鹤逸在西山弄京村弄峒召开上游党员、干部会议,到会约 90 人,开四五天会,传达讨论西安事变和建立抗日民族统一战线、国共两党合作抗日等问题,要我们和国民党消除新仇旧恨,共同抗日。我们思想不通,认为我们西山的群众赶街还被国民党抓,干部、党员怎能暴露身份去和国民党共同抗日呢?谁敢到国民党乡、县政府去说我是共产党,要和你们一同去抗日呢?我们谁也想不通,只是在群众中宣传抗日救国。到 10 月,林鹤逸又在西山览村水峒举办党员训练班,参加训练的有四五十人,学习国共合作政策,要我们党员干部设法利用各种社会关系,争取合法身份,打进国民党政府各部门团体,搞好统一战线,推动国民党政府抗日,一切工作以抗日宣传为中心。这次学习时间也有一星期左右,讨论很热烈,合我们的意。此后,林鹤逸就离开西山,没见再来过。

黄建平　整理

(节录于中共广西百色地委党史办公室等编:《滇黔桂边区革命根据地》,中共党史出版社 1999 年版,第 507~509 页)

回忆西山的革命斗争

杨正规

1932年冬,韦拔群、陈洪涛先后牺牲后,桂系军阀就在东兰成立"东兰善后委员会",搞集中营,发"良民证",建立保甲机构,实行"清乡""查户口",搞"连环保",实行白色恐怖。仅我们西山,一天就有五六十个革命同志遭杀害。

但是真正的共产党员是不怕流血牺牲的。我们掩埋好遇害兄弟姐妹们的尸体后,抹干眼泪,又继续斗争了。

在这种艰苦曲折的斗争环境里,1933年初,我们西山和中山还继续坚持革命的中共党支部及党员是:弄里支部,陆世发(党支书)、黄天良、黄天惠、黄天儒、包泰安、卢相英、杨正考。弄纳支部,杨正规(党支书)、尹安禄、黄安清、杨正高、杨桂忠。果卜支部,韦金义、韦金灵。弄竹支部,韦金芳、龙永才、陈卜胞。弄峰支部,黄唤民(支书)、黄春兰、黄显超、陆宗元、罗老大、黄秀林、韦荣柏。中山支部,罗金淘、罗金灵、王仕文。

当时,仍然坚持斗争的党员虽然不少,但群龙无首。为了取得和上级党委的联系,加强领导,我们秘密进行串联,曾3次派人去黔桂边找黄举平和黄世新,请他们回西山领导斗争。同年春夏之间,黄世新就回到西山的加平洞。他经过调查情况后,便在黄唤民家召开同盟会议,有10多人参加。同盟会后,为了打击反动分子的嚣张气焰,黄世新又与黄唤民等人在加平洞召开党员骨干会议,研究成立暗杀队。会后,便处决了叛徒龙卜了和陈卜实。

1934年春,黄举平从黔桂边回到西山,重新组织革命队伍,建立革命武装。不久,他派韦挺生和李汉平到下游找党组织联系工作。这一年的冬天,下游党委派陈国团到西山了解党组织情况。不久又派梁乃武到西山协助搞党的组织整顿工作,这样西山党组织与下游党组织就取得了联系。

1935年1月,黄举平在西山弄盆主持召开党员会议,并宣布成立中共东兰县委。书记是黄举平。同年5月,为了适应革命形势发展的需要,便于统一领导,决定撤销东兰县委,成立中共东兰中心县委。书记仍是黄举平。

1936年2月,黄举平在西山弄成洞召开右江上游各县代表会议,成立右江上游革命委员会。主席黄举平(后为黄世新)。同年4月,右江上游革委又在西山弄吉洞召开各县代表会议,成立右江上游赤色游击队第一联防队。队长黄世新,政治委员黄举平。这支游击队先后打击和消灭了甲篆乡局董黄履端、坡月乡乡长黄裕昌、西山大土豪陈八、江平乡乡长陈庆绵、梁承汉等。

1936年农历六月，右江上游党代表大会在西山的弄岩召开。宣布撤销中共东兰中心县委，成立中共右江上游中心县委，书记黄举平。

1937年2月，中共桂西区特委将右江上游中心县委改为东兰中心县委（亦称东凤中心县委）。书记仍是黄举平。

1937年8月上级党委派何云（林鹤逸）到西山水洞召开各县委党员骨干会议，传达和平解决西安事变，号召抗日救国，并指示党员和干部要利用社会关系搞两面政权，推动国民党政府抗战。同时，黄桂南在百色谈判期间，曾在8月、11月两次窜到西山，动员黄举平等领导人带中心县委领导下的武装到百色去一起谈判，受到中心县委的抵制，结果我们右江上游的革命武装力量免受损失。

同年11月，何云又到西山的水洞举办党员训练班，记得当时参加学习的党员有六七十人之多。在学习期间，何云传达党中央关于国共合作，建立抗日民族统一战线的指示，并确定了以后的工作要以抗战为中心。领导这次训练班的是黄举平、韦鼎新、黄世新、陈国团。

李邦本、蓝天、韩建猛　整理

（节录于中共广西百色地委党史办公室等编：《滇黔桂边区革命根据地》，中共党史出版社1999年版，第510～512页）

百马、江南地区共产党组织的恢复和发展

韦士林

1933年1月,红军独立第三师党委常委、副师长黄松坚在果德县的弄纳屯成立中共右江下游委员会后,派党委委员梁乃武到百马、江南地区进行革命活动。8月初,梁与百马、江南一带的早期党员韦士林、陆有毅、唐昭、蓝元光、唐周庭、韦世高、韦世编、韦印书等会面,传达右江下游党委的部署,要求党员坚定信念,振奋精神,总结经验,吸取教训,继续奋斗,并设法打入敌人内部或在社会上以合法职业为掩护,积极开展革命活动。从此,百马、江南地区的共产党组织,进入恢复和发展的新阶段。梁乃武在这里与黄海清结拜为兄弟,并化名黄海明,以卜卦算命、看风水作掩护,秘密串联,组织革命同盟会。

1933年8月15日晚,梁和韦士林在百马乡中和村的弄乃屯,主持召开30多人参加的第一次革命同盟骨干会,大家总结经验教训,分析斗争形势,坚定革命信心,并杀鸡饮血,举行革命同盟宣誓。会后,各村骨干积极开展串联活动,一批老赤卫队员和农会会员,焕发革命精神,重新加入革命同盟。同年冬,同盟会会员发展达1000多人。在开展革命同明过程中,先后吸收韦汉璜、韦世安、唐史生、黄海清、黄云华、唐奇珍、唐有禄、唐奇祥等8名新党员。

1934年8月12日,梁乃武在百马乡九怀村弄柴屯主持召开党员会议,成立中共九怀支部,梁兼任支部书记,使百马、江南这一地区的组织中断了一年多之后得到恢复。

1935年初,国民党广西省政府为了镇压革命活动设置平治县建制。为适应斗争的需要,按照中共思果中心县委的部署,当年11月25日,梁乃武在百马乡中和村弄乃屯召开党员会议,研究斗争策略和方法,将中共九怀支部改为中共平治县支部,韦士林任支部书记,韦世高为组织委员,韦汉璜为宣传委员。在中共思果中心县委直接领导和梁乃武的指导下,革命斗争扩展到平治县各地,使这里成为第二次国内革命战争后期平治革命活动的中心。1936年3月,中和村党员由2人增至5人,经思果中心县委批准,成立了中共中和支部,支部书记韦华林。是年11月,梁乃武和韦华林在九怀、下和两村发展了6名党员,组建了中共九怀支部和中共下和支部。

1937年,韦士林、唐史生在江南乡的中山、带林、上和等村发展一批新党员,建立中山、带林、上和3个村的支部。后又在塘幺、发祥两村发展党员,建立了2个支

部。至此,百马、江南地区建立有 8 个支部,党员队伍发展到 42 人。

在此期间,党组织要求党员寻找社会职业作掩护,坚持革命斗争。早期党员唐昭,在群众的支持下,通过串联活动,参加竞选当上国民党平治县参议长。他以此职位为掩护,秘密做党的工作,安插部分中共党员到国民党平治县委党政机构中任职,从中进行革命活动。中共中山支部书记、早期党员陆有毅,在群众的支持下,通过唐昭极力推荐,竞选当上中山乡乡长。后又打入国民党平治县政府当密察员,从中掌握反动派的反共计划和动向,为地下党提供重要情报。在这期间,这个地区的共产党员打入国民党县级组织党政部门任职 3 人,打入乡政府任职 7 人,当乡民代表 5 人,当正副村长 13 人,还有 11 人当了小学教师。

为了沟通上下内外的联系,从 1933 年起,梁乃武即着手建立地下交通联络站,便于传递党的秘密文件、情报,护送上级领导人来往,以及党员聚集等活动。这一地区的联络站计有中山乡的弄沙,江南乡合民村的弄楼、弄律,塘么村的板么,带林村的百母,江洲村的坡洋,百马乡永靖村的禄朋,九怀村的弄柴,中和村的弄乃、弄勒,下和村的丹考等 11 个,分别指定由陆有毅、黄海清、唐周庭、覃桂华、陆光秀、唐史生、唐郁东、韦世高、韦士林、黄云庆、唐有禄等 11 名党员骨干负责各站的联络站与上游的万冈、东兰、田东、田阳、百色,下游的果德、那马、武鸣、隆山和都安境内的都阳、镇西、安阳、菁盛、拉烈进行联系。建站 4 年,先后接送和保护了右江下游党委委员梁乃武、黔桂边党委书记赵世同和中共广西省工委派到右江的领导人林鹤逸、孔克等上级领导者,往来均安然无事。这条交通线在滇黔桂边区党委领导的革命根据地的斗争中也发挥了一定的作用。

陆德兴　整理

（节录于中共广西百色地委党史办公室等编:《滇黔桂边区革命根据地》,中共党史出版社 1999 年版,第 559～561 页）

革命斗争的回忆

周继忠

黄世新、黄举平回西山组织队伍，领导斗争

1933 年农历正月二十六日，黄唤民在西山加平洞一带开展工作。当得知黄举平、黄世新已在平乐一带建立武装、开展游击活动的消息后，他立即赶到弄洞，找到陈仕读、周继忠、韦口忠、韦金彩等人，商量去平乐寻找黄举平、黄世新。农历二月初一，我们在西山弄成洞召开第一次同盟会议，大家杀鸡饮血，举手盟誓："不投降，不叛变，继续革命!"会议决定派陈仕读、韦金彩二人去平乐请求黄举平、黄世新回西山。

陈仕读、韦金彩到平乐找到黄举平、黄世新，汇报了西山地下活动情况并说明来意。农历三月初，黔桂边委派黄世新从平乐回到西山加平洞。经过调查了解情况后，于农历三月十五日，在黄唤民家召开第二次同盟会议。参加会议的有黄唤民、陈仕读、周继忠、牙文明、陈卜包、韦金彩、韦日忠、韦金芳等 20 人。会议还传达了黔桂边委的指示。会后，黄世新转回平乐。

同年农历七八月间，黄世新又从平乐回到西山，与黄唤民等人在加平洞召开党员、骨干会议，研究组织暗杀叛徒和反动分子的问题。会后，西山组织了 3 个暗杀队，大弄京为第一队，队长陈卜胞;弄冬为第二队，队长韦日忠;巴平为第三队，队长黄廷。暗杀队进行隐蔽活动，除掉了周同甫、陈七、陈卜石、龙卜条、黄继华、陈恒升等一批叛徒和反动分子。

1934 年春夏间，黄举平从黔桂边带着 10 多人的一支小队伍回到西山，在弄腊洞召开农民代表大会。到会 100 多人，会上号召："组织起来，反对苛捐杂税，打击土豪劣绅!"会后，以弄京为据点，重新组织地下农民协会(会长黄世元)、青年革命同盟会，建立革命武装。接着，对西山原有的党组织进行整顿，在弄京恢复了第一个党支部，书记韦金芳。从此，武装活动在西山恢复起来了。

同年农历八月，黄举平派韦挺生、李汉平到右江下游与陆浩仁、滕国栋联系。10 月，陈国团从右江下游回到东兰。不久，梁乃武也来到西山。从此，西山党组织与右江下游党组织中断了一年多的关系得到了恢复。

东兰县委成立和东兰中心县委的产生

1935 年春，黄举平在西山弄成洞召开党员会议，成立中共东兰县委，黄举平任

书记,黄唤民、黄世新、王仕文、陈国团、韦挺生任委员。同年5月,中共东兰县委改为中共东兰中心县委,黄举平任书记,黄世新、黄唤民、王仕文、陈国团、韦挺生、黄伯尧任常委。中共东兰中心县委领导东兰、风山、万冈、都安、河池、南丹、天峨、凌云、乐业等县革命工作。

右江上游革命委员会成立和右江上游中心县委的产生

1936年2月,黄举平在西山弄成洞召开上游各县代表大会,到会50多人。大会通过三项议程:(1)各县代表汇报各地斗争情况;(2)研究讨论会后任务;(3)选举成立右江上游革委会,黄举平任主席,黄世新、黄伯尧、韦运祥、覃兴荣、覃卜仁任委员。右江上游革命委员会成立后,印了3次传单,第一次是在1936年3月中旬,第二、第三次分别在同年5月初和5月中旬,传单内容现在已记不清了。

1936年4月17日,右江上游革命委员会在西山弄岩洞召开各县同志代表大会,到会代表100多人。大会通过两项议程:(1)讨论上游各县目前的实际工作;(2)通过各种决议案。会后,右江上游革命委员会按照大会通过的决议,把右江上游的革命武装统编为右江上游赤色游击队第一联队,队长黄世新,政治委员黄举平。到了年底,东兰县的革命武装就发展到两个大队,共300多人,游击队公开进行活动,先后消灭了西山大土豪陈八、江平乡乡长陈庆绵,给反动势力有力地打击。

1936年农历六月初十,东兰中心县委在西山弄东洞召开右江上游党代表大会,到会代表18人,黄举平主持会议,梁乃武作政治报告。会议选举产生了中共右江上游中心县委,同时撤销中共东兰中心县委,选举结果:黄举平为书记,黄举平、梁乃武、黄世新、王文生、陈国团、韦运祥、黄桂南、王福生、韦世新为委员,韦挺生、韦仕英为候补委员。

林鹤逸、孔克、吴边在西山活动

1937年8月10日,林鹤逸来到西山,在弄岩洞召开右江上游各县委党员、骨干会议,到会90多人。会议传达中共中央解决西安事变的重大决策和建立抗日民族统一战线的指示,并结合总结右江过去革命失败的原因,指示党员和革命骨干要利用社会关系,争取合法身份,打入国民党内部搞两面政权和统战工作,推动国民党政府抗战。

同年11月中旬,林鹤逸在西山水洞开办一期10天的党员学习班。参加学习班的有来自右江上游各县的学员60多人。林鹤逸传达中共中央有关国共合作,建立抗日民族统一战线的指示后,学员进行学习讨论,确定今后的宣传要以抗日为中心,组织抗日青年同盟。

李邦本、蓝天、韩建猛　整理

（节录于中共广西百色地委党史办公室等编:《滇黔桂边区革命根据地》,中共党史出版社 1999 年版,第 565～567 页）

右江革命侧记（节录）

曾 诚

夷江区地处都安东部,刁江、红水河流经其间,夷江区的四个圩场形成一个丁字,拉烈在丁字钩上,菁盛、金钗、百旺分布在丁字的横杠上。夷江区是丘陵起伏的地带,其四周群山环绕,和宜山、忻城、隆山、上林比邻。夷江区一向有着光荣的革命传统。早在1927年,韦拔群同志派他的得力干部邓无畏、陈鼓涛以及黄昉日、韦醒民到拉烈工作,创办农民运动讲习所,成立妇女会、青年会、组织农会、农军。本地人参加领导活动的有覃子升,他和陈鼓涛办农所,当时任拉烈大同校校长蓝子瑞,则与邓无畏搞农运。他们积极抓各地的上层人物,如拉烈覃友松、覃耀西、菁盛朱次贞、金钗蒙任干。每逢街日,由妇女会和青年会组织到街头演讲,教师带领学生去打菩萨。有时晚上也演些革命戏剧。当时夷江区的群众多卷入了这场革命斗争。金钗青年黄永固、陈超权都去拉烈的农讲所学习。红旗到处招展,随时随处都可以听到唱"打倒列强除军阀"的国民革命歌和少年先锋队歌。东兰"同志啊！啊！"童歌更为普遍。

为了进一步培养干部,拉烈农讲所推荐韦肇德、陈瑞情去东兰农讲所学习,陈伯民、陆浩仁等同志也经常进出拉烈,以加强东兰与拉烈的联系。韦拔群同志成为夷江区革命群众所熟悉景仰人物。要革命,必须随韦拔群哥走武装斗争的道路,成为革命青年的明确方向。

夷江区搞起轰轰烈烈的革命运动,对反动的国民党统治形成巨大的威胁。都安敌县长不断向李、白(指李宗仁、白崇禧——编者注)求救。李、白于是派一个吕谷贻团来"进剿"。由于寡不敌众,拉烈的革命失败了,东兰来的同志陆续离开拉烈圩,转到外地去工作。在拉烈革命运动中参与领导的覃子升、蓝子瑞、朱次贞也远走高飞,避地他乡。这轰轰烈烈的革命便昙花一现地失败了。

1927年夷江区的农民运动虽然失败,但革命的影响却深入人心。接受革命思想的教师,利用学校阵地作宣传革命的讲坛,指导学生阅读进步书报。于是倾向进步便成为各地小学的革命传统。一些进步青年如黄永固、李孟武、潘伯秀、覃伊正、刘家坤等还积极外出寻找红军,想参加红军。由于在右江的红军行踪飘无不定,几次出去找,都未碰见。1929年黄永固出南宁,在街上与陈伯民别后相遇。他便和陈伯民随张云逸带领的教导队向右江撤退。到了田东,他躬逢苏维埃政府的成立,于是参加了红军。

这革命在夷江的群众中也有深远的影响。1949年3月,覃宝龙在夷江区举行暴动,都安县府派兵"进剿",当时仅有几十个枪的游击队在内甲乡琳琅村附近一带截击。枪响以后,未经组织的群众,多自动来参战。满山满岭站着参战的群众,他们吹牛角、摇旗叫喊打枪,形成了一个声势浩大的人民战争的汪洋大海,都安敌县长方继麟胆战心惊,吓得拖枪而逃。这些自动参战的革命群众,接着又带枪要求参军,事后游击队的领导人覃宝龙说,这是大革命时期韦拔群播下的革命种子,在今天开花结果。没有过去大革命影响,广大群众自发参战参军是难想象的。

黄永固参加红七军以后,随军东征西讨,参加隆安战役。红军北上,开往江西,黄永固病了,留在赵世同家疗养。后来李、白、黄(指李宗仁、白崇禧、黄旭初,下同——编者注)带兵"围剿"韦拔群带领的独立师和东凤苏区。黄永固住不下了,便回他老家都安金钗了。黄永固回家医好了病,仍继续搞革命活动,掩护从苏区外教的外来干部,组织夷江区革命青年学习马列主义,积极寻找右江地下党组织,以便在夷江区开展工作。

金钗在红水河边,经常有商家做水面生意,在上边收购土特产运到梧州去卖,回来买布匹、洋纱、盐等到上边来卖。由金钗行船,下水五六天时间可到达梧州,如水大,一天就到桂平,次日即抵达梧州。在敌人"围剿"右江苏区时,曾有两位广东籍同志打散后突出包围圈到金钗,一个叫陈均平,一个姓名不祥,他们找到黄永固。黄介绍一人搭商船下梧州,那时黄永固的姐夫易白川做水面生意。有些船夫是经我们教育后倾向革命的进步青年,乘船下梧州,途中无什么政治检查,永固亲自护送他出宾阳芦圩下广东,以后由他一人走路。这些人都平安到达广州。到广州后他们都有信给永固报平安。据永固说,陈均平后来到了琼崖,参加冯白驹领导的武装斗争。

1932年冬,韦拔群同志牺牲,独立师被打崩,有一红军连长谭志敏跳出包围圈,化装逃到金钗,以商人面貌做酒饼卖,住在金钗街头一姓吴的地主家。在大革命时,红军未到金钗,金钗未搞过土改,地主、富农还未挨斗争,这里的阶级斗争形势不很尖锐。那些地主对一些有革命倾向的青年多用"秀才造反,三年不成"的眼光来看。由于和他们当前没有矛盾,他们对我们的一些革命行动,听之任之,不搞破坏活动。因此谭志敏到了金钗能立住足。黄永固听闻有个东兰人住在金钗做酒饼卖,为了参加革命便去与谭志敏交朋友。两人一谈,观点相同,最后永固暴露自己参加过红军,并提夷江区有一批青年今想参加革命,但寻找无门。老谭答允回去东兰找。过了个把月,老谭就带陆浩仁同志来了。过去永固在东兰也见过陆浩仁,大家都参加过红军,劫后余生,旧友重逢,备觉亲热。

在1933年暑假的一天晚上,黄永固约了李孟武(今改李文)、刘家坤、覃伊正和我等几人,在金钗街小校内开会,我们都如约前往。在那里,永固介绍了陆浩仁和我们认识,并说陆是右江地下党派来领导我们搞革命的。接着便由陆浩仁同志讲话。从国内革命形势讲到党当时的主张和革命低潮开展革命工作的方法。我们大家都表示拥护,从此我们即在陆浩仁同志领导下,开始革命工作。经过一段时间之后,1934年下半年,陆浩仁领导成立红河下游革命工作委员会。黄永固、李孟武和我是主要负责人。在陆浩仁同志的领导下,当时我们在夷江区做了几件事情:

1. 在店员和船夫中秘密开展革命宣传,组织了20多人参加革命同盟。

2. 出版地下小报和印发传单,发到夷江革命青年中去,宣传党的主张,介绍马列主义。

3. 以做酒饼为掩护,外出寻找联络失散同志。东兰的谭志敏是做酒饼师父,我也参加。做酒饼的有黄永固、潘雁宣、苏得寿等3人。他们在金钗、忻城、宜山城西门设酒饼站。东兰的覃世新同志曾带我去上林找独立师政治部主任黄大权的爱人石玉凤,石在红军打散后回上林老家住。她那时赋闲在家,找到后,为了开展革命工作,在1937年底,我介绍她和周廷扬认识,给他在宜山表证校当小学教师,1938年转到河池当乡村小学教师。后来听说还和一位教师结婚,以后她的下落我就不知道了。

4. 恢复与中央红军的联系。自1932年韦拔群同志牺牲,右江革命失败,右江游击队即中断了与中共中央的联系。为了恢复这种联系,以便开展工作,不致迷失方向,陆浩仁同志在夷江区活动时,曾率领我地的一些同志,以做酒饼为名(去找红军)。当红军长征经贵州时,曾到贵州荔波。到后,红军已过去了,找不到,只得空手而回。我们夷江区同志都引以为憾。大家暗中打算,到将来如有机会,要为完成这任务而尽力。

在夷江区得到一定开展之后,1934年下半年,陆浩仁同志领导我们在都安县夷江区大成乡成立红河下游革命工作委员会。那时我们有个同志叫韦瑞珊,他是大成乡人,任东成村小学校长。那学校设在一个四面皆山的弄场里,外人很少到。组织要我和黄永固在此校教书,实际是坐镇机关。在这里一方面教书,对学生灌输革命思想,一方面印刷地下小报,接待进出来往右江苏区的同志。这东成校也是参加红河下游革命委员会的同志定时碰头的地方,我和黄永固在东成村教书,是义务职,依靠校长收些学米来维持生活。吃的饭是磨成粉的玉米粥,吃的菜是东兰同志教我们吃的一种野菜——当时取名革命菜。平时不见一两肉,校长韦瑞山从不在校,校务由我和黄永固及瑞山的一个堂弟韦瑞琉共同负责,瑞琉家在附近,他早出晚归,对我们的事不过问。他回家了,校中便只我和黄永固两人,任由你读革命书,唱国际歌。在此期间,我记得覃志新(当时改称唐高)曾带本地干部潘雁宣去右江苏区学习,他们参加当时活动一段时间才回来。1935年上半年,学校放暑假,我回家,为了去桂林读书考师专,我才离开大成乡。

1935年暑假,我考入设在桂林的广西师范专科学校(简称师专)。由于我表兄潘伯秀早在师专读书,我一入校,即大体了解校中情况,并和一些进步同学交上了朋友。1936年三四月,师专进步教授杨潮领导我们暗中组织抗日反法同盟,我也参加了。同年6月,广西李、白、黄发动假抗日的所谓六一运动,全省大中小学生奉命停课下乡宣传,我和几位同学被派到罗城山区作宣传工作。约1个月,广西省府调我们集中南宁,改编学生军。这样我们就收队回来了。

到南宁,我去西乡塘民团干校找潘伯秀,他那时在此任教官,谈及右江游击队找地下党之事。他介绍我和当时在民团干校任教官的师专一届同学刘敦安认识。说刘是师专一届进步学生头头,过去参加过大革命,对革命很坚决,可能有党的关系。刘一见到我,很热情地和我谈话。我说到在"六一"运动前,师专在校同学组织抗日反法同盟事,刘说,中国革命只有由代表无产阶级的中国共产党领导,才能成功。抗日反法同盟是个群众组织,须由中国共产党领导才不迷失方向。当我说到右江还有韦拔群遗留下来的游击队,革命失败后中断和中共中央的联系,曾外出找红军。刘听后很高兴,他说,为走武装斗争之路,我们很想找右江游击队,你既然和他们有联系,你可回你家乡带一个右江游击队的领导人出来,和我们会面。这样我接受刘敦安同志给我的川资,我便回我家乡——都安来了。那时我的家乡金钗还属都安县。

从南宁到我家乡,路经隆山县城。那时未通汽车,走路要整整四天,我一个人晓行夜宿,到了家乡,找到了旧时共事搞革命的朋友,他们说陆浩仁同志早已回右江,右江同志在此工作的有一个黄桂南。于是我便带黄去南宁。到南宁,刘敦安同志安排我们住在凌焕衡同志租住的房子,凌也为师专一届同学,当时也在民团干校任教官。他和他新婚爱人在南国街租一间很宽阔的楼房住（以后又搬到共和路，即今南宁市委统战部对面的房子住），在民团干校工作的师专进步同学，一进城多在此落脚。在此，我认识了不少已毕业的师专一届同学，如秦世法、徐惠规、张镇道、潘伯津等，黄桂南认识了刘敦安等人，他和刘等人说话我不在场。几天以后，刘敦安同志对我说，广西搞的"六一"运动，一定失败。我们是主张抗日反对法西斯头子蒋介石，广西失败，蒋介石统治广西，我们就无安身之地。现在我们就得准备走武装斗争之路。右江群众基础好，现在还存游击队，我可随黄桂南进去看一看，看看到底实际情况如何。他所讲的是否实在，把情况弄清楚，如确有武装，将来我们才有退路。这样，我又随黄桂南进右江。

我们白天走 3 天路到那马的林圩，当时国民党反动派对右江游击队还是严密戒备，路中设有卡，发现可疑人物要搜身，乡长常带武装在路上流动，因此，从林圩上去只能晚上走。我以后到桂林复学搞地下党活动，在此期间听从开省委会回来的人，有个南宁初中学生（即黄孔修）地下党员派进右江，出来，白天走路，在路上遇着国民党警察，跑不掉，被活捉后押到百色枪杀。

我们白天走了 3 天到那马的林圩，从林圩上去只能晚上走，昼伏夜出，一站送一站。半夜敲门半夜开，立即弄饭给我们吃，介绍当地反动统治情况。无论到谁家，他们多苦，对我们的到来都是热情相迎，见面后只知我们要走路就立即弄饭，提醒我们夜间行路要注意的地方。有过几次过河，带我们的向导没有让我们在河边停很久，很快都能找到船只，把我们渡过。这样摸黑的走了几晚，才到西山地区。一进到游击队所控制的地方，改作白天走路。到了西山，在一座山岭上搭的草棚里，见到了黄举平、张宪、黄志新等同志。一路来，我以为一进西山即会见到陆浩仁同志。一见黄举平同志，我即问到陆浩仁同志。黄举平同志说，他在 1935 年中牺牲了。听后我大吃一惊。黄举平同志说，陆有一次在果化检查工作，叛徒杀狗招待，把他灌醉了就用斧头劈死。同时被害的还有滕国栋等五人。他们的牺牲，是右江革命的一个大损失。陆浩仁同志 1933 年中到都安夷江区，我第一次见他，就留下深刻印象。他人生得秀丽，谈吐温文尔雅，说话逻辑性很强，在韦拔群同志牺牲后不久，右江革命陷入低潮的时候，他仍对革命充满信心，不畏艰险地东奔西走。他那时三十多岁，在群众中很有威望，当革命正需要这样的好领导的时候，他不幸牺牲了，听后实令人痛心！

黄举平、黄世新等同志当时率领的游击队有百多人，在西山的几个村屯驻扎，有二三十人枪则和黄举平等几位领导同志住在山上自搭的几间草棚里。由于他们几年没有和外边联系,僻处山区,对外边的政治形势多不了解。于是我便将我带去的一些书报交给他们看,并对他们讲解自从日本侵略后,国内起的形势变化,宣传党的民族抗日统一主张。除了对战士说,他们还要我到附近的村屯向群众去讲。我所到的村屯,接触的群众,一见面就问红军几时打进来?还要多久才能解放?或者痛骂国民党反动派对他们烧杀掳掠。在那种困难情况下他们仍表示对革命的坚决拥护,我很受感动。在西山,我逗留一个多月时间,便和黄桂南出邕了。从此右江游击队即和在白区的地下党取得了联系。1936 年 11 月,中共广西省委成立,右江地下党即在中共广西省委的领导下工作,一直到取得最后的胜利。我在右江期间,路伟良(现改名杨江)和潘伯津准备第二次进右江,他们两人为了收听无线电广播,自制一台收音机。我出来后,他们对我说,以后“六一”运动结束,他们也不再进去了。

我从右江回来,广西的“六一”运动结束,师专改为广西大学文法学院,学校开学,我转回西大读书,党要我在白区搞地下工作,从此,和右江革命分手。解放后见到黄举平同志,说我在西山所见的张宪等同志,始知他们都为革命牺牲了。健在的没有几个了。从此可看到,革命的胜利是来之不易啊!

注:曾诚同志寄给我的《右江革命侧记》(中共忻城县委党史研究室只有翻印稿一份)一份稿件,要求阅后退寄回,经抄录后已退寄回给曾诚同志。

劳祖麟　抄录
1983 年 4 月 26 日

(中共都安县委党史研究室保存并提供)

右江地下党 1933 年至 1936 年在都安夷江区的活动

曾 诚

一、1927 年至 1929 年,东兰韦拔群曾派他的得力干部邓无畏、陈鼓涛等到都安夷江区活动,在拉烈开办农民运动讲习所,组织农会、青年会、妇女会,成立农军。拉烈的覃子升(后为国民党所杀)、蓝子瑞(现已退休,住在拉烈)为夷江地区农民运动的领导人。当群众组织起来之后,为了打通和都安西区的联系,在都安建立人民政权、曾几次举行暴动,攻打都安县城,先后驱逐韦旦明、王文瀚等敌县长。后来国民党政府派吕谷贻军一团正规军来"进剿",农军被打败,轰轰烈烈的农运被镇压下去,东兰干部被迫离开拉烈,另转他乡活动。

拉烈的革命运动虽然失败,但革命在广大群众中都有深远的影响,一些向往革命的青年,如李孟武(现更名李文,在柳江某小学教书)、潘伯秀(现在百色中学)、覃伊正(已死)、黄永固(后参加红军,现已退休,在马山商业局住)、刘安坤(已死)等,则仍读进步书刊,经常研讨时事,在韦拔群派来的都安活动的红军接近时,他们几次结队出去想参军,因中途被反动军阻隔,才去不成。

1932 年底,红二十一师师长韦拔群牺牲,为了在敌人的包围圈外开辟新阵地,右江地下党派负责人之一陆浩仁来都安夷江区活动(陆在苏维埃政府中是委员,韦拔群同志牺牲后,为右江地下党负责人。1936 年 5 月牺牲,现东兰有他的烈士碑)。当时还有一位红军连长谭志敏(谭在韦拔群同志牺牲后逃出包围圈,去都安的金钗圩做酒饼卖,后为积极搞革命而找右江地下组织的黄永固、李孟武,和谭接头,谭返右江反映,在 1933 年七八月,陆浩仁即随谭志敏来金钗。谭参加活动一段时间,1936 年在菁盛酒醉游泳溺死),和陆浩仁共同在夷江区活动,以后接着来的有覃世新(当时取名唐高,新中国成立初在天峨土改会工作,现情况不明)、黄桂南(当时只是右江地下党负责人之一,陆牺牲后,他接任右江地下党书记,1938 年叛党投敌,新中国成立后被关,现情况不明)等。

他们在夷江区的活动有以下几件:

1. 成立红河下游革命工作委员会。

2. 出版油印小报(报名已忘)。

3. 联络失散同志(我曾和覃世新去上林找石玉凤,石参加过红七军,其夫为红二十一师参谋长黄大权,在 1932 年反"围剿"时牺牲。石在反"围剿"时被捕,后叛变）。

4. 在菁盛、金钗、宜山、西山外，开酒饼铺作联络站，参加搞酒饼的人有黄永固、潘雁宣、工人特寿等。

5. 在船夫和铺头的店员中开展工作，曾组织了廿多人。蓝景华（新中国成立前任乡长，新中国成立后在都安县农业局任会计，前两年已死）当时是船夫之一。潘雁宣、特寿则是昌记的店员。

6. 外出与江西的红军联系。韦拔群牺牲后，右江游击队和江西的中央苏区断绝了联系，为了恢复这关系，陆浩仁在1934年曾和李孟武出过柳州，想进江西。后闻红军长征，才打回头。不久陆闻红军到贵州后，曾和潘雁宣出贵州荔波去找，也未果。这事，一直到1936年7月，我去外找到地下党关系，才解决了右江游击队和中央的联系问题。

7. 在都安大成村设联络站，接送右江革命同志，当时参加组织的韦瑞山（大成乡人，新中国成立初当小学教师，现下落不明）任东成村小校长，我和黄永固任教师。我们在那里仅义务职，无薪水可得，吃的饭是玉米粥，菜是自找的"革命菜"，油是韦瑞山家中拿，校中所得的经费全拿作革命的活动。为了保护右江同志，他们回去时，我们有时派人护送，潘雁宣曾随他们进出右江，到过那马的游击队根据地。

红河下游革命工作委员会于1935年上半年成立于大成乡东成小学。该会的主要负责人是李孟武、黄永固和我。至于各人担任什么职务，现已记不起。陆浩仁在都安夷江活动时，据我所知没有发展中共党组织。假如有，我们几个为首分子总会参加，最低也懂得一些情况。

当时在夷江区参加活动的人，除以上介绍的人外，还有覃伊正、刘家坤（已病死）、韦世明（现在宜山电影院工作）、韦绍德（已死）、覃燕芳（现在宾阳县卢圩镇安街住）、袁海青（现在忻城文化馆）、拉难村的老谭（其名已忘，当时为船夫）等（有些店员、船夫，其名已忘）。

1936年5月，陆浩仁牺牲，以后右江地下党不再有人来了。抗战开始后（1937年7月）夷江区参加活动的人陆续到外边参加抗日工作，地下党在夷江区的活动无形中停止。一直到1944年至1945年在都安中学教书的何科明（现在南宁市园艺场小学）、蓝歌（原名陆建英，是都安县的中心县委书记，在解放战争时牺牲，现武鸣双括有他的烈士碑）在学生中发展党员，在拉烈的唐仁（前任大苗山县委书记,现情况不明)于都中入党,以后在拉烈发展组织。1948年覃宝龙在他的安乡内甲、中和一带活动,先后吸收蓝荫芳(前在宜山县委任统战部部长)、蓝松富(听说被清洗回家)等入党。在解放战争时,夷江区的中共党员分两部分,一部分受都安的中共地下组织领导,一部分受忻城、宜山、地山的中共地下党组织领导(覃宝龙属这一部分),游击队也有两支,一属桂西系统,一属桂北系统,在党组织上,虽然这两方面不发生关系,但对国民党反动政权,大家则采取一致的行动,为共同暴动,联合对敌。

曾诚(原名曾世钦)

1970 年 7 月 23 日

(中共广西都安县委党史研究室保存并提供)

镇西党支部的建立及其活动

韦金殿 唐奇飞

1933 年冬,中共右江下游委员会书记黄松坚派党委委员梁乃武、陈国团到镇西,与李艳芳等接上关系后,具体指导镇西的革命活动。通过秘密串联,杀鸡饮血,举行同盟宣誓,建立了 60 多人参加的秘密同盟会,形成共产党的外围群众组织。经过培养和考察,1934 年 10 月,吸收韦金殿(后任支书)、韦贞祥入党。在此基础上成立了中共镇西支部,由李艳芳任支部书记,黄梓英任副书记。

支部成立后,根据斗争的需要和广大群众的要求,以防匪防盗为名,发动群众各家各户购置武器。党员韦金殿卖了自家的二亩多耕地,带头买了两支步枪。在他的带动下,家家户户都购置武器,各村各弄秘密组织自卫队(赤卫队),形成一支支武装队伍。

1935 年初,群众揭发反动乡长王元伦贪污建校款,强奸民女,欺压百姓的罪行。党支部核实情况后,韦金殿、韦贞祥带领群众代表到乡公所找王元伦算账,并贴出"打倒王元伦"的标语。王做贼心虚,星夜弃官逃出镇西。这次斗争取得胜利,增强了党员的信心,激发了群众的斗志。是年末,都安县政府委派王福邦来接任镇西乡乡长。他刚步入镇西就夸下海口:"王元伦星夜逃走,不算好汉,我是不走的,要走就白天开明地走。"不到一年,他大肆敲诈勒索,搜刮民脂民膏得铜板 36 万枚。支部组织群众揭露和清算了他的罪恶,并向县府控告其罪行,王福邦终于在 1937 年 3 月被判刑入狱。

1936 年 2 月,中共东兰中心县委在西山(今属巴马县)召开右江上游革命骨干代表大会,李艳芳、韦金殿以都安代表身份出席。大会决定成立右江上游革命委员会,统一领导上游各县的革命斗争。大会决定同时成立东兰、万冈(今巴马县)、都安等 3 县革命委员会,推举韦金殿为都安县革命委员会主席,李艳芳、韦永华、韦瑞林、韦邦汉为委员。

3 月,中共广西省工委派彭维之、孔克到镇西检查指导工作。为了增强战斗力,支部组织会制刀枪的能工巧匠在弄跳、弄糖、弄苏、弄扒、弄逢等地办起武器修造点。不到半年就制成各种刀枪上千件。是年 8 月,支部吸收唐奇辉、韦俊芳、韦瑞生等 3 名积极分子入党。根据斗争的需要,支部建立起地下交通联络站,与东兰、万冈、平治、都安、隆山、那马等地沟通了情报,加强了联系。

1937年3月,党支部又发展了唐奇流、唐奇坤、唐奇光、蒙卜却、陈启先、韦金荣、卢奇才等7名新党员。至此,党员增至17名,形成了坚强的战斗堡垒和领导核心。其时,中共桂西区特委书记黄桂南,委员梁乃武到镇西检查工作,贯彻中共中央《关于逼蒋抗日问题的指示》,要求做好抵抗日本侵略的准备,遂将都安县革命委员会改称抗日救国分会(后又恢复革命委员会称谓),支部将各村自卫队联合组成乡自卫大队(内称赤卫队),由韦金殿任大队长,韦贞祥、韦邦治任副大队长,各村编为中队。

反动当局获知这一情况后,怀疑是共产党所为,既恨又怕,多次派遣密探到镇西侦察,并接二连三地进行"清乡",企图清出共产党的组织,查出"共党分子"。七八月间,正当中共中央发出"号召全中国同胞和军队团结起来,筑成民族统一战线的坚固长城,抵抗日本侵略",国民党中央政府也发表"自卫"宣言的时候,反动县长陈泰春不思抗日,他带上县警、民团武装300余人,窜到镇西乡盘兔村的板多屯,以检验民间枪支和发放安民证为名,强令把所有民枪统统交验烙印,并要每个村交出罚金白银一担(1000元白银或1000斤猪肉),否则以藏匿异党论处。

党支部组织群众与之针锋相对进行斗争:不交枪烙印,不领安民证,不缴交罚金。陈的阴谋没能得逞,便令其反动武装在弄布坳口设伏,令各村派代表去"洽谈"。多利村的共产党员蒙卜却带领村民80多人护送代表去与县长谈判。到了弄布坳,埋伏的县警团便开枪,打死瑶民韦卜梅、韦三番。村民们奋起还击,打死打伤警团官兵20多人。

随后,陈泰春调集全县民团和武鸣团管区1000多人枪"进剿"镇西。党支部领导群众进行了持续3个多月的不屈不挠的斗争。在反击战斗中,共产党员唐奇流、唐奇坤、唐奇光等同志英勇牺牲,全乡群众被打死的50多人,反动警团烧毁民房500多间,掳掠猪羊数千头(只),造成了震惊广西的"镇西事件"。

事件发生后,党支部总结经验教训,组织群众,利用国民党的法律,派出韦瑞吉等10位代表,徒步到广西省政府控告陈泰春的烧杀罪行,控诉文中说:"都安县令,陈姓泰春,破草寻蛇,昧尽良心,诬共匪乱,承诺肃清,假借清乡,颁布刑令,歹心不成,改取民膏,九千不肯,罚万亿金,军情枉报,调动大兵,瓦茅房屋,一律烧清,男女老少,杀数十人,勒索军米,一户二斤,拉夫挑担,民不聊生,镇西冤屈,全县震惊,以上各事,件件皆真,假若冒讲,五雷劈身。"慑于众怒难平和社会舆论,国民党广西省府被迫将都安县长陈泰春撤职查办逮捕判刑。这场斗争胜利后,外来的党员相继离开镇西,党支部进行整顿和调整领导成员,韦金殿接任支部书记,韦贞祥任副书记。继续领导镇西人民投入抗日战争,直至解放。

陆德兴　整理

　　（节录于中共广西百色地委党史办公室等编:《滇黔桂边区革命根据地》,中共党史出版社 1999 年版,第 562～566 页）

关于都安农运历史经过情况(节录)

李 文

都安的农民运动,有两个不同的时期。

(第一个历史时期——编者注)在夷江成立农民运动讲习所,学员最初发展到200多人。……陈伯民牺牲了,陈鼓涛被迫逃出夷江,我当时在庆远中学读书,陈鼓涛离开夷江到宜山避难,在中学的学生宿舍,为了掩蔽便和我住在一起。后来他到柳梧两地度过一段艰苦的生活便往广东去了,从此下落不明,生死未卜。夷江农所未筹备建立之前,我和他做过短时期的宣传工作,在农所建立时,我已经到庆远中学去了。

红河下游的农民组织,是都安农民革命的第二个历史时期。这个组织和夷江农民运动有着时代性质的不同。因为夷江农民运动还在国共合作的时期以公开的形式发展起来的。国共合作破裂后,红河下游的农民组织和各地一样,在国民党统治区都转入了地下革命……1934年就建立红河下游革命组织,以菁盛为革命的中心据点。

1930年,我到菁盛商店做店员,和革命前辈覃再泉在店里干活,他是革命先烈韦拔群的老战友。……当时商店里的店员还有苏建新、罗瑞昌、梁大、罗瑞忠、兰景华、潘雁宣、覃绍辉等,还有知识青年教师刘家坤、黄永固,这些都是当时的筹备工作人员,其中主要负责是我和黄永固。在筹备中发展的联络点有拉烈乡蓝景华、覃伊正、袁海清等负责;百旺乡潘雁宣负责;金钗圩刘家坤负责;大城乡韦瑞珊负责;县城覃绍辉负责;菁盛有苏建新负责。在筹备过程中,东兰和右江革命地下组织都先后派遣人员到红河下游来了解,当时记得有陈国团及唐高等人,他们到过金钗联络点协助工作,他们住了三个多星期便回右江。

1933年右江革命地下组织派谭志敏来菁盛。为了便于隐蔽,他以酒饼商人的身份出现。1934年,谭志敏将红河上游情况向右江汇报,右江革命组织派陆浩仁到菁盛,正式成立中共红河下游地区工作委员会(简称红河下游工委)。在成立大会的那个冬天的晚上,到会的人是我和陆浩仁,还有覃再泉、覃绍辉、黄永固、苏建新、罗瑞昌、梁大、谭志敏、兰景华、潘雁宣(好像缺席)、刘家坤,缺席的还有韦瑞珊、曾诚、覃伊正,还有几个记不清。大会上陆浩仁代表党在会上宣布……

有关人员现在地址(1972 年):

黄永固,南宁民族学院

袁海清,忻城电影公司

潘雁宣,柳城上雷税务所

曾诚,南宁专区文教科

1972 年 7 月 20 日于拉堡学习班

(节录于中共广西都安县委党史研究室:《二战时期·农运专题·回忆资料卷》,第 44～48 页)

凤凰山下红旗飘（节录）

潘雁宣

一、都安夷江的革命种子是谁传播的？

1927年右江革命家韦拔群同志派了陈鼓涛、陈伯民、邓无畏、韦醒民、黄昉日、赵凌萍、陈序康等同志到都安夷江区拉烈乡传播革命种子，以拉烈"飞来观"庙宇为住址，建立苏维埃政府。当时参加革命活动的有（当地人）覃子升、蓝紫瑞、蓝文渊、苏爱菊等几个同志，举办农会、农所（农民讲习所），参加农所学习有200多人，组织农军（赤卫队）有80多人枪，组织学生会，青年剧团，发动群众、学校组织宣传队，那时我才是十四五岁。我们学校的学生拿着小旗子参加群众（农会员）游行。当时农会的叔叔扛着锄头犁头上街游行，领导农民革命运动。由于广西李（李宗仁）、白（白崇禧）、黄（黄旭初）对革命大"围剿"，反动派国民党军团长吕谷如向拉烈进行反革命大屠杀以及由于革命基础还未巩固，在敌强我弱的情况下革命受到损失，革命转入低潮，分散隐蔽下来。

"星星之火，可以燎原"，这是毛主席对革命红旗为什么能够存在给我们深刻的教导，都安的革命红旗虽然遇到困难，没有连续开花结果，但是，这颗革命的红色种子仍然能蕴藏下来。

参加过农会、农所、农军的革命老前辈，有的为党的革命事业与国民党反动派作坚决的斗争，献出了自己的革命青春。有的为党的革命事业在艰苦困难的岁月里，坚持到革命的最后胜利。

夷江的革命种子是扑不灭的，1933年右江下游革命委员会又派（思林）（果德）县委书记陆浩仁同志到都安夷江区大成乡汇合李文、潘雁宣、曾诚、黄永固、刘家坤、覃伊正、蓝景华、苏建新、罗瑞昌、韦瑞珊、覃绍辉等同志，组织"红河下游革命委员会"进行革命活动。委员会所管的地区有：都安、隆山（现马山）、上林、忻城、迁江（现来宾）以发展到河池、南丹、宜山天河等县。

二、"红河下游革命委员会"在什么情况下成立的？

"红河下游革命委员会"是在1933年右江受到李（李宗仁）、白（白崇禧）、黄（黄旭初）的反动统治时期，对右江革命根据地进行大"围剿"，实行"三光政策"，革命受到了挫折。同年11月有红军连长谭志敏同志（红七军第二十一师所属部下）以贩卖酒饼为掩护到夷江区进行革命活动，与过去1927年陈鼓涛同志在夷江拉烈办过农会、农所的黄永固、蓝紫瑞等同志联系得上以及由黄永固同志秘密通过比较进步的青年李文、潘雁宣、曾诚等十几个同志进行革命活动。事后谭志敏同志即回右江向右江党组织汇报。

1934年右江下游党委又派了陆浩仁（县委书记）同志到都安东部夷江大成山区进行革命活动，把夷江的革命青年组织起来，在大成成立"红河下游革命委员会"领导斗争。当时参加"红河下游革命委员会"的有陆浩仁、谭志敏、李文、黄永固、曾诚、潘雁宣、刘家坤、覃伊正、蓝景华、苏建新、韦瑞珊、罗瑞昌、覃绍辉等同志。委员的分工：陆浩仁同志为主委员，李文同志为组织工作，黄永固同志为宣传工作，曾诚为对外联络工作，谭志敏、潘雁宣为经济筹划工作。其余同志按所在地区分工，负责各地下工作活动（组织地下苏维埃小组为主）宣传发动群众，宣传教育工人农民反对国民党反动派和地主阶级对工人农民的压迫与剥削，打倒国民党反动派，人民要起来当家作主，实行"耕者有其田"。为了鼓舞工人农民起来革命，我记得"红河下游革命委员会"曾编有各种宣传材料，我记得有这样一首歌曲：

打倒他反动派

来！来！来！打倒他，反动派。

建立工农兵政府，苏维埃，

那怕他，国民党，小奴才。

建立工农兵政府，苏维埃，

那怕他，国民党，小奴才。

这首歌在当时对广大工人、农民起了很大鼓舞作用。

地下苏维埃小组要求严，小组与小组之间，人与人之间，不能发生联系。在活动中都很秘密，经常在夜间进行。开小组会都要到野外去开，为加强苏维埃小组的革命信心，也经常请上级地下党派人去参加会议。曾诚同志曾代表上级名誉到小组组织参加会议，做政治动员工作。有一次我和曾诚同志到拉难谭非小组去开会，会议内容我记得着重宣传苏维埃小组的作用，实行"耕者有其田"的重要意义，同时介绍过去苏联革命胜利，苏联人民的幸福，苏维埃人民当家作主的优越性，苏联人民是怎样起来革命的。参加会议的小组成员受到很大鼓舞。

谭非同志是一个老实忠实的革命青年，身体也很健康，行动敏捷，待人接物很有礼貌,村里的人对他很尊敬。他警觉性高,我们每次到他那里开会,他都很注意我们安全工作,注意保密工作,有一次我们到那里开会,事先他都布置好放哨,热情地接待我们,会议结束后,他们都依依不舍地送我们回去。

"红河下游革命委员会"成立以后,都安东部的夷江在陆浩仁同志的领导下在夷江区轰轰烈烈地开展了组织苏维埃小组活动。在一年的时间内,这个地区组织有:拉烈加言联络站,拉难谭非苏维埃小组,百旺下尾村潘启洲苏维埃小组,那燕村韦玉田苏维埃小组。还在大成、中和等乡同样开展活动。

三、接受新任务。

1934年为了坚持与国民党反动派的反"围剿","右江下游革命委员会"决定由赵世同同志出面,命令各游击区的游击队,积极活动起来,处决土豪、内奸、叛徒,巩固游击区,进行反"围剿"。右江下游的革命活动又普遍开展起来。随着右江下游的革命行动也恢复起来,此时,"红河下游革命委员会"也起来响应"右江下游革命委员会"的号召,决定派我到右江去参加赵世同同志所领导的游击队。

快要出发的前两天,李文同志和唐高同志(覃树肇,右江下游派来的)对我说:"小潘,你到那里去,(右江)的生活很苦呵!由于国民党的'围剿',队伍经常夜间行动,出没不定,食品、住的,到哪里,吃哪里,吃不饱,穿不暖,日夜坚持战斗,稍有时间就得学习。有时还以瓜菜代粮食,在那里叫作吃'革命菜'。你去以后,过得惯这种生活没有啊!"他们的这席话,我意识到这是他们对我的考验,我坚定不犹豫地回答说:"革命哪能怕苦,怕苦就不干革命,干革命就要吃'革命菜',什么惯不惯。这种苦总比我过去帮地主养牛每天还要打柴,吃的是灶头冷粥冷菜好得多。我到那里以后,一定要向他们学习,坚持战斗到底。"李文和唐高两同志听到我这样坚强的、有信心的回答,他们拍着我的肩膀笑着说:"好同志,你去以后,好好地向右江的革命同志学习,学习他们艰苦奋斗的革命精神,学习革命道理、革命知识、革命战斗技术经验,为革命作出自己的贡献,革命胜利以后,我们再相会。"我听了他们对我的鼓励,心里觉得非常愉快,干革命到底的决心更鼓舞。在这时候,我不知用什么语言来表达我心情,来感谢他们对我的鼓励。

1934年4月初,我和唐高同志向右江出发了,那天天气特别晴朗,我也觉得特别高兴,因为我是一个单身汉,早年已没有父母,所以出发前没有什么顾虑,只有希望在征途中能安全地到达目的地——右江。在走前,同志们都很关心我们的行程,都给我们研究要走的路线和可能遇到的情况,分析情况,决定路线,什么地方是白天走,什么地方是夜间行,如何联系,如何护送,都做了适当的估计和安排。走的路线是一个站送到一个站,菁盛到那马,那马到目的地,前者是白天走,后者是夜间行,因为后者地区有"疯狗"(有反动派活动),白天不能走。我们由菁盛到那马,已经走了两天(每天八九十里)。走长途路是有些疲劳,晚上就不能再继续地走了。决定在那马休息一天,这里虽然不够安全,白天还可隐蔽下来,第二天晚上再继续行动,向既定目标前进。

第二天早上落大雨,人们都没有出工,村外行人稀少,我们比较安心,我们和联络站的同志隐蔽在一个内房里听取联络站的同志介绍情况,研究晚上走的路线。据他们介绍说:"这里经常有'疯狗'活动,路上不太安全,要跨过百色公路,要爬过二十多里的荒山荒坡的无人烟地带,经常还有大野兽(老虎)出动,但是,也没有什么可怕。"他又说:"我们先定好联络符号,我走在前,发现什么问题,你们就听我的符号行动。"这时唐高同志插嘴说:"小潘,你听我指挥。"

当天是连续下雨,我的心很着急,不知晚上还下不下雨,唐高同志意识到我着急,他很有信心地安慰我说:"老话说,'早雨夜晴'到中午以后就要晴了的。"老天爷真的照顾我们,晚上真的不下雨了,我吃完晚饭等着天黑出发。这个联络站是在山脚下,我们趁着人们忙着吃晚饭的时候,迅速从村背爬上山坡。

天将黑,正是老虎出动的时候,我们爬上山顶,转了一个弯,突然在我们前面有对老虎,两对明亮的眼睛向我们照过来,带路的同志叫了一声:"畜生,我们是好人,快让路。"那对老虎好似听懂我们的话,向山坡走开了,我们安全地通过荒芜的山区,晚上四点钟左右横过百色公路,胜利地到达果德县下颜附近村庄联络站。

联络站同志告诉我们说:"近来这里'疯狗'很疯狂,白天黑夜都窜村敲门,昨天还在村里横行,如果你们昨天来到,就会被疯狗伤害,这里不安全,不能久住,住久了就要危险。"怎么办? 大家商量了一下,决定继续走,不停留。走,要渡过右江,右江这几天正发大洪水,水位高,洪流急,沿途江边没有船只。由于反动派执行"三光"政策,"五户连保"都把所有的船只集中到下颜码头管理。没有渡江工具,这里又不安全,怎么办? 天又快亮了,困难重重,解决不了渡江工具,我们很着急,联络站的同志也很着急,在这种困难之下,革命的阶级友爱显得更加密切,联络站的同志给我们做好安全保卫工作,派人去放哨,派人去了解情况,准备好晚上渡江工具。出去了解情况的同志回来汇报说:"只有一只标梳式的破旧的船浸在下颜上游的石岩下面,这只船只能坐三到四个人,白天又不能打捞起来修补。怎么办？只好等到晚上才能打捞起来，突击修补，只能把漏了的地方简单修补。"

在这种情况下，白天只好隐蔽下来，在思想上作好准备万一有"疯狗"来，就要坚决地回击到底，否则没有别的出路。天刚黑，联络站的同志派了两个同志带着工具摸黑去打捞那只船起来修补，船补好，已经是半夜了，我们吃了宵夜，他们送我们强渡右江，由于洪水急，渡江时，他们都很关心我，怕我害怕，总安慰我不要怕，并交代我，不管洪水怎样冲击，船怎样摇摆，你要拿好船边，我们渡江是有经验的，不会出问题。

正当我们准备渡江的时候，突然放哨同志跑来告诉我们说："下颜'疯狗'开始活动了。"下颜离我们渡江的地方不远，叫我们快些渡江，我们急把船推离开东岸向西岸驰去。船驰越快，浪潮越急，船和洪水搏斗。船身好似标梳一样的穿过浪涛。经过20分钟左右和洪水搏斗，安全胜利地渡到右江西岸，我们每个同志都被洪水打得全身湿透，我们登上右江西岸以后，我们坐在木棉树林下休息，把湿透的衣裤扭干，这时月亮在明朗的天空照射下来，木棉树的红花一朵朵地映在我们每个同志的身上，好似向带红花，向我们祝贺渡江的胜利，虽然我们身湿，我们没有感觉冷，只觉得心里特别热烈，革命的阶级友爱特别亲。

在木棉树下休息一下，我们对送我们渡江的同志说："还要麻烦你们辛苦你们派一位同志到联络站看看，有没有什么情况。"小张急忙就去了，30分钟左右回来了，这里联络站的同志也和小张同志来迎接我们。他们说："这里很不安全，'疯狗'也经常横行，你们进村吃东西就马上上山。"于是，送我们渡江的同志也打算渡江回去。把船按原来的地方浸下水，以免"疯狗"发现找麻烦，我们在木棉树下依依不舍地握了手说："同志们再见！胜利吧！"我们站起来望着船只一阵阵地穿过浪涛，由西岸又向东岸驰去，船到东岸，我们才由木棉树下回到目的地的最后一站。

联络站的同志非常热情地接待我们。我们一进家，他们已准备好东西等着我们。我们吃完了东西，他们又急忙地送我们上山，爬上山坡，走了弯弯曲曲的羊肠小道，向深山老树林走去。我们走着，走着，东边已渐渐地露出鱼肚白，我转头一望，唐高同志走在我后面，见我向后望，已经理解我的心情，便说："我们是由东方走来的。"接着带路的同志说："到这里已经是安全地带，你们坐下休息一下。"我们在一堆比较平的石头上休息了，带路的同志没有休息，他们继续上前去联系。大约20分钟听到他哨声响了，不久来了两位武装青年同志迎接我们。他们见我们也非常热情,问长问短,问寒问暖,使我们非常感动,我们见到他们也感觉阶级友爱的亲密和幸福,共同慰问,我们又继续向深山处前进,边走边说,边说边笑,这时什么疲劳、山高、路难全都忘记了。

我们脚踏上果化与靖西交界的原始森林,看到艰苦奋斗的革命武装青年同志,心里非常感动,不知用什么形式来表达。他们是在国民党反动派的"围剿"和残酷的"三光"政策下与敌人坚持反"围剿"斗争,在寡不敌众的情况下转入深山密林里。在密林里除看到百花含笑,蜂蝶飞舞,鸟语花香,野兽叫吼外,每个同志都自觉地锻炼身体,埋头苦学马列主义和毛泽东的游击战术,宣传、组织广大人民革命武装力量,开展游击战争及实行农村包围城市的革命原则。在深山里粮食缺少怎么办?他们采取靠山吃山的办法,打野猪、打野兔、挖竹笋、找野菜(即革命菜)。由于山深林密,山猪、野兔是补充肉类的主要来源,虽然粮食少些,野兽的肉类还是丰富的。

我们到后,和右江革命同志一样学习,学习他们的艰苦革命斗争的精神,革命的阶级友爱风格和艰苦革命的工作作风,他们学什么,我们就学什么。我们在右江深山里的学习,我亲身体会到:革命阶级友爱是宝贵的;坚持革命到底就是胜利;革命就要靠发动群众起来革命;必须有先进革命英雄来领导,依靠广大革命群众才能取得革命胜利。这是革命历史告诉我们的。为革命工作需要,我们又很快和他们离别了,快要离别之前,我的心里非常难过,不知用什么语言能表达我们的革命友爱啊!我要离开我一生第一次这样有意义的革命生活。在临走前,同志们开了一个野火晚会来欢送。大家围着熊熊的烈火,象征着革命火种是永远燃烧着,是不可扑灭的,革命的火焰永远燎原在祖国各地。每个同志都像火一样,相互勉励。在难舍难分的场面下,我于1934年秋,走出这个原始森林,离开这个伟大的革命根据地——右江,回都安继续工作。

四、继续开展地下工作。

1934年秋,我由右江回都安夷江后,坚持在这个地区工作的李文、黄永固、刘家坤、韦瑞珊同志我们又重新估计这个地区的情况,总结我们过去工作中的经验教训,认为地下工作活动,必须有一个工作岗位和某种职业作掩护,必定有一定的活动经费的来源作基础,否则就会容易暴露目标,在生活中发生困难,于是就决定开设酒饼厂,以做酒饼为职业掩护,开展革命活动,又可以筹备革命经费。当时农村的劳动人民自己酿酒是普遍的,酒饼在农村、城市销路广,做酒饼送到农村去卖,既方便农民,又受到农民的欢迎,又适应我们在农村开展革命活动,对革命工作很有利,尤其是东兰酒饼在广西来说是名牌产品,挂东兰酒饼招牌。只要生产得出,是有销路的。酒饼可以从东兰运来,以运酒饼为名又可以加强我们革命联系,对于开展农村革命活动是有利的。

谭志敏同志是东兰人,曾在东兰做过酒饼师傅,是革命前辈、老同志,能讲会说,做酒饼有经验,对地下革命也有一定的经验,活动能力强,做酒饼是我们有利条件。开业决定了,资金怎么办? 只要大家筹集 300 斤米作基础,就可以开业了,于是,大家自觉筹集了。酒饼生产以后,销路广,生意兴隆,为革命事业筹了不少资金。在金钗开业不久,由于这个地区受过反动派的注意,地点不宜,于 1934 年末,又转到宜山县城西门外唐卜西家开办。"红河下游革命委员会"也临时迁到宜山来。当时这个委员会的主要负责人是陆浩仁同志、谭志敏同志。当时到宜山来只有陆浩仁、谭志敏、潘雁宣同志。酒饼生产以后,在宜山附近周围的酒厂户所用的酒饼,我们主动送上门,逐步以酿酒厂为活动点。我们曾在宜山太平四文村建立一个地下苏维埃小组,到怀远、德胜、三岔洛东等地开展活动。

1934 年红军从江西开始二万五千里长征,北上抗日,红军经过广西边界时,我要求去参加长征。陆浩仁、谭志敏同志不同意,说:"后方还需要人坚持工作,我们在后方同样是为革命工作呢。"这样我去不成。长征到贵州荔波时,陆浩仁同志到荔波去接受任务,回到宜山后即回右江。事后据说陆浩仁同志同年 6 月被叛徒出卖杀害。我们得到情况后,非常悲痛。陆浩仁同志是右江老革命根据地的优秀革命老前辈,是第二十一师政委〔政治部主任〕,思果县委书记,很早就参加革命,一生忠于革命事业。右江革命根据地于 1933 年派他到都安夷江(大成)建立"红河下游革命委员会",(他是)创始人。他每次和我们在一起,都以他艰苦为革命事业的例子教育我们。他说:"我一生辛苦,我未参加革命前,都是帮地主干活的。冬天没有棉衣穿,经常都是穿一件破旧的单衣。"他又说:"现在革命还未胜利,我们还要艰苦呢。我们还要把革命干到底,革命胜利了,我们千千万万的无产阶级兄弟才能得到翻身,中国的人民才能翻身。"今天革命胜利了,阶级兄弟得到翻身了,全国人民得到解放了,但是,陆浩仁同志已永远和我们别离了,他的话现在仍记在我们心间。陆浩仁同志的牺牲,使我们的革命工作受到很大的损失。今天祖国已解放 30 多年,我们怀念前辈的革命同志,为革命事业牺牲了自己的青春,我们是何等悲痛啊!

陆浩仁同志,你安息吧!

革命奔波数十年,突破难关你在前。

醉卧沙场泥土肥,舍身头落只等闲。

祖国繁荣血写成,世事功勋万代传。

忆往当年肝肠断,烈士忠魂你安眠。

由于陆浩仁同志被叛徒杀害,谭志敏同志因事回都安菁盛,不幸病故。这个酒饼厂是谭志敏同志主要负责的,又是师傅,因此做酒饼就告终结了。"红河下游革命委员会"失了得力的领导,革命转入低潮,留在都安工作的李文同志(负责人之一)决定让我和袁易兰同志(袁孟冰)到河池去。河池的关系是通过曾诚和李文同志的关系介绍去的。在未去前,李文同志亲自去接关系。然后我于1936年秋季到河池。由于酒饼生产停业,活动经费来源有困难,我自己无能〈力〉筹集路费,在种种艰苦困难下,我们的同志千方百计给我筹路费。我们两人背着行李到河池去,河池地下工作负责人是罗若海、卢继泽、韦焖文、韦克昌、杨文滥等同志。

到河池后,经过研究决定我到丹(南丹)池(河池)两县联立国中去做炊事员(以炊事职业为掩护),袁易兰同志在五圩中心校做保姆为职业掩护。当时丹池国中校长是伍游,副校长是罗琪,是托派。我进去的目的:一是监督他们的活动,二是进行革命活动。由于我进去的时间短,经验少,工作没有得以胜利开展。我到河池不久,曾诚同志也到河池来,在英铭中心小学任教为掩护。由于他是桂林师专毕业,河池有几个托派也在师专读书,认识他,不能在河池立足,因此他很快就离开英铭。他离开时为了免被特务追踪,由英铭连夜走路到六圩车站上车,临走时他告诉我们,以后到什么地方去,再告诉你们。我们为革命事业又分别了。他离开河池正是1937年发生卢沟桥事变的前几个月,这时地下活动的革命同志都转入到抗日战争工作上来。

随着形势的发展,经过河池的同志研究,同意我到广西学生军去,在学生军内部开展革命活动。由于我的转移工作,袁易兰同志又转回都安。学生军内部很复杂,托派也争夺地位,因此托派斗争是激烈的。同时又与亲美派作斗争。学生军共有三个团,我是第一团,在桂林学习后,开到平乐地区工作,一大队开到怀集县工作,当时的工作主要是宣传发动群众起来抗日。曾诚同志离开河池后已先到怀集中学任教,以教师为掩护在怀集开展地下活动,我和曾诚又相聚在一起。这时曾诚同志又发动学生和我们学生军联合起来进行工作,学生军办了份油印农民报。曾诚同志为这个报写稿,提供各种资料、情报,指导我们工作。

广西南宁第一次沦陷时,广西学生军与国民党第十六集团军撤退回到果德下颜。由于学生军内部斗争复杂,国民党已对学生军有了不信任,〈遂〉逐步瓦解学生军,把学生军缩编(原来三个团,只留一个团),大部分人从哪来,回哪里去。国民党假惺惺地开办了一个第十六集团军干训班,在学生军内要一部分学生军去学习。国民党采取分散瓦解的手段,对我们的活动是有一定的影响的。

当时在下颜以覃宝龙同志为主的召开一次紧急会议,研究形势,分析情况,决定我们今后的工作。当时提出的问题是:一、为什么学生军要缩编? 二、缩编后对我们的革命事业利害是什么? 三、缩编后我们应该到那里去? 四、我们如何坚持工作? 问题提出后,大家一致认为:1. 学生军内部各派的斗争复杂,大部分青年都向革命这边倒,已形成半公开式的党的革命力量。国民党害怕革命力量的发展,再发展下去,对国民党反动派是不利的。因此,不得不采取手段瓦解学生军。2. 学生军大部分是进步青年参加,有知识、有文化、有革命志气,是抗日爱国的革命团体,国民党害怕革命的成长,因此,必须要瓦解学生军,对我们的革命事业是不利的;3. 国民党对学生军的瓦解是逐步手段的办法,我们也要采取逐步手段地对待,不能从哪里来到哪里去,能保留在学生军的保留在学生军,能到干训班去的到干训班去,干训班是以军事训练为主,今后革命也需要学生军有军事人才;4. 关于今后工作问题,必须反对国民党的分裂政策,号召广大人民进步青年团结一致抗日,坚持党的抗日政策,不管在什么地方,什么情况下必须坚持团结,争取进步青年向革命方向倒。

下颜的会议决定后,我们开展串联发动群众,除留在学生军团外,部分同志都到第十六集团军干训班学习,覃宝龙、潘明华等同志都到这个干训班学习。可是这个愿望好景不长。干训班开办不久,国民党反动派又弄新花样,说什么干训班又不需要了,培养军事人才有军校,日本退出广西了,农村需要工作人员等花样,干训班不办了,安排一部分人去军校,一部分人去合训班训练,以后到农村去办合作事业等,一部分遣散回去。

在这种情况下,覃宝龙我们几个同志在宜山魏家村召开紧急会议,会议大家分析情况,一致认为国民党反动派又是按在果德缩编学生军的手段一样,分散瓦解我们的力量集中。大家认为:不管国民党反动派(采取)如何手段分散瓦解,我们的革命事业是不断发展的,我们的同志不管到什么地方,都是我们革命事业活动的地方。我们还是千方百计到军校去,到合训班去,这些地方都是符合我们发展革命组织所需要的地方、好机会。会议决定,覃宝龙等几十个同志到军校去学习,我和几十个同志到合训班去学习。

合训班结业后,我和韦志荣、韦志宏、潘承文、覃植富、蓝世权、韦受杰、史馨等几个同志分配到上林县工作,到农村去办理合作社。上林县是我们过去"红河下游革命委员会"活动的地区,这次分配到这地方来,非常符合我们活动的理想,组织合作社,以公开工作搞秘密地下活动。在上林县城我们开设一个饮食店,作为我们事业的往来站开会点的掩护。这时袁易兰同志由都安转到上林来,负责这店的工作,在活动中以农村工作为重点,也要走上层路线取得协作。当时樊茂春同志他在上林声望高,曾经选为该县县参议长,对革命活动有很大的作用。我们的革命活动时间长,被国民政府怀疑之后,于1944年初我即转移到都安。当时我走后,上林后事由潘承文同志去办,原开设的饮食店停业了,袁易兰同志也随后转回夷江拉烈。

1979 年 10 月

(中共广西都安县委党史研究室保存并提供)

革命虽受挫折　右江烈火不熄

李天心

1931年12月和1932年1月,中共右江特委,右江独立师党委先后在西山的朝马洞和果六洞,举行了两次紧急会议。会议决定将部分革命骨干分批跳出敌人的包围圈,到外线游击,开辟新赤区。派中共右江特委、红七军第二十一师副师长黄明春(黄松坚)带一批干部前往右江下游工作;派右江革命委员会主席、中共东兰县委书记黄举平,带一批干部到黔桂边汇合在那里工作的韦国英、牙永平等人,组建中共黔桂边委员会和黔桂边革命委员会,领导黔桂边的革命斗争。

这年3月,黄举平一行开赴新区。黄举平、黄世新等一行共20多人枪先来到凌云县的平乐找黄伯尧召开党员骨干会议,传达上级有关要跳出敌人包围圈的指示,并对平乐各党支部的工作进行检查和布置。然后将红六十三团第三营的武装集中到洪力黄仲明处,编为两支队伍分为南北两路向外打游击。

农历三月初四晚,南路由我(李天心)和黄焕文(荣章)率一小分队下凌云的沙里区和百色的龙川区一带活动。沙里、龙川一带较接近百色匪巢,不易开展工作,我们到那里只对原有革命组织作一些巩固工作和宣传活动。此外,我和黄荣章两人钻到绿林队伍韦金光部内作转化工作半个多月,没有效果,我们便转回沙里、龙川找到李树生、李鸣春、李秀兰等人做些巩固思想工作,不久,即转至平乐。

再说往北这一路,是由黄举平、黄伯尧亲自带60多人枪(其中东兰来的有20人,凤山恒里黄继雄等10多人,平乐的汤可行等20多人)也在农历三月初四晚上从洪力黄仲明家出发,连夜急行军,天未亮前冲过敌人防线,越过天峨县的更新乡,到达假里韦怀星处休息几天作调查研究,然后开展地下游击活动。他们与韦国英、牙永平等人取得联系后,于6月间在今天峨县的林友屯召开党的会议,宣布中共黔桂边委成立和成员名单及分工情况,黄举平任书记,委员有黄伯尧(管组织)、牙永平(管民运)、韦国英(管军事)、牙美元(管宣传)。同时成立黔桂边革命委员会,黄举平兼任主席,牙美元兼任副主席,委员有韦国英、黄伯尧等人。

由于这次游击活动组成黔桂边党委、革委,工作轰动,震惊了敌人,从而发动东兰、凤山、凌云、南丹、河池五县民团"联剿",我新建立的黔桂边委的最后一块根据地岜暮区失守。韦国英等人突围后转上黔桂边隐蔽活动。中共黔桂边委书记黄举平、牙美元、黄云龙、韦荣柏、罗学成和黄伯尧等,于农历 10 月撤回凌云县的平乐休整。同月下旬,黄举平等人在平乐得知韦拔群牺牲的消息,即在平乐力那巴关屯背后的油茶林里开会追悼韦拔群。

这段时间,黄举平和黄伯尧对平乐地区的党组织作一次全面检查,因为几次受敌人"围剿",党组织受到一定破坏,有的党支部已不健全了。因此,黄举平和黄伯尧决定趁此机会对党组织进行整顿,把平旺和南角两个支部比较可靠的党员同志如黄金声(原红三营第八连连长)、劳培根等拼〔编〕入中共力那支部;登亭的党员韦继宗,何吉奈拼〔编〕到中共洪力支部;凤山县本农区原中共社更支部的党员黄焕文(即荣章)拼〔编〕到海亭支部;将牙里支部坚持下来的个别党员拼〔编〕到巴轩支部。通过整顿,1929 年底至 1930 年上半年建立起来的在凌云方面的 7 个党支部合并为 4 个支部,党员由原来 90 多人减少为 40 多人。在凤山的党组织,有一部分的党员已牺牲,一部分随军北上,有一部分分散到外地隐蔽起来活动,各支部已不健全。

整顿和巩固平乐地区党组织后,农历十二月(公历 1933 年 1 月),黄举平又主持召开会议,决定留下黄伯尧、黄世新等同志在平乐坚持活动和设法打通到东兰去的路线,此后黄世新还将全家迁到平乐定居,黄举平、牙美元等回黔桂边工作。

1933 年 1 月,中共黔桂边委书记黄举平率一部分武装从平乐上中亭过磨圣经金沙、磨里直达乐业幼朗乡的陌那屯罗十四(即罗川元)之处,会见韦国英后随他沿红河而上到板陈会见牙永平等人,召开骨干会议,研究决定把黔桂边委转移到贵州贞丰县的板陈,在这里领导两省边区开展地下活动工作。他们走后,东兰西山党组织多次派人到凌云的平乐寻找黄举平、黄世新,请求他们回西山组织队伍,领导斗争。1933 年夏,黄世新回西山主持工作。

1934 年夏间,黄举平把黔桂边委的工作交给韦国英负责后又和黄伯尧等人离开黔桂边委,一路查访,准备转回右江上游,行至天峨时,由于道路均被敌人封锁,无法通行,他们待在那里几天,心中十分焦急,经多次派人探路,才查知有一条小路可以通过,很快就能回到自己的家乡了,他们心中很高兴。这天晚饭后,黄伯尧和黄举平外出散步,分手之际,心潮激荡,黄伯尧随口吟了一首五言诗赠予黄举平(字浩凡),诗云:"时属榴花放,凡君抵峨城。碧水虽深远,深山阻目停。闲观山外景,还想故乡村。明天归梓里,不复别昭君。"分手后,黄举平转回东兰西山,黄伯尧转回平乐活动。

平乐是凌云县最早的一个革命基地,是黄伯尧亲手创建起来的。在大革命和土地革命战争时期,这里的区乡都建立过农民协会和工农民主政府,组织有一支相当壮大的革命武装,这里的革命人民在长期的革命斗争中经得起考验,群众基础较好。因此,在土地革命处于低潮时期,黄世新曾把全家搬到平乐来住避难。黄举平、黄世新、黄唤民等领导人每次来往省边经过平乐时,都特别重视这里的地下革命活动工作。

1934年底,黄举平又来到平乐检查和布置工作,并召集各支部骨干到力那弄沟开会,参加会议人员有黄举平、黄伯尧、罗福宏(巴轩支部书记)、黄有徽(凌云县林里区苏维埃政府主席、党员)、黄荣章(中共党员)、韦春芳(海亭支部书记)和我(李天心)等人。会上黄举平布置对通过整顿后保留下来的四个支部的党员再作一次深刻的审查,进行重新登记。通过审查登记,中共洪力支部还有党员:黄仲明(支书)、班述宏(副支书)、班统文(宣委)、黄德昌、班统明、黄世宣、韦鸿吉、黄国章、班统吉、韦继宗、何吉奈(后二人是登亭人)、廖庆辉(久文人)共12人。

中共力那支部有党员:黄伯良(支书,1937年7月病故)、韦玉春(1937年8月接任书记)、黄伯尧、罗世高、陈运良、罗秀莲(女)、黄伯辉、班述章、劳培根(原平旺支部)、劳显邦(原平旺支部)、黄金声(原南角支部)等11人。

中共海亭支部有党员:韦春芳(支书)、廖熙瑶、黄金焕、韦春郁、韦荣众、王仕瑶、李天心、黄焕文(即荣章,原属凤山社更支部)等8人。

中共巴轩支部有党员:罗福宏(支书)、罗汉西(副支书)、覃宝鉴(委员)、罗玉渊、罗福益、滕创国、滕代贤、覃宝全、覃家忠、覃宝芬、罗宗著、班统元、韦武、卢开宏(后三人原属金牙支部)等14人。

审查登记党员后,会议讨论决定,各支部负责在本支部范围内进行开展地下活动,宣传党的政策(主要是纠正"左"倾路线)和国内外革命形势,发动坚持革命和倾向革命的干部群众组织地下革命同盟会,发动群众捐献革命经费,建立健全地下交通线、站,保证上级往来从事地下工作同志的生命安全和妥善解决生活问题等,根据革命形势发展的需要,黄举平还提出:平乐地区是个老苏区,处于右江上游和黔桂边委互相联系的交通线之间,这里的群众基础好,范围广,凌云县就有五个区。凤山有坡心的社更、恒里、央峒、久文、才劳、牛峒等乡村(不含反动的村屯)。在这样宽的区域里,没有一个地下党领导机构统一指挥,对革命形势发展不利。要把这区域建成同西山一样的革命根据地,就有必要建立一个地下党的领导机构。为此,要在平乐建立一个中共凌(云)凤(山)边党委和凌凤边革命委员会,作为领导凌凤两县的革命斗争。大家一致赞成他的意见,并指定由黄伯尧负责筹备成立凌凤边委的工作。布置就绪后,适有西山方面派罗日景等人来找黄举平回东兰西山主持全面工作。

黄举平回西山后不久,于1935年农历三月,黄举平派东兰县委委员王仕文(即王文生)、韦运祥等同志来到平乐协助黄伯尧组建凌凤边委工作,经过近半年的筹备工作,于1935年5月在平乐区海亭乡吊洞瑶寨召开各地代表会议,会期五天,代表来自巴轩、林里、沙里、社更、恒里和平乐四个支部的代表共21人,会议选举黄伯尧为凌凤边革委主席,廖玉堂(即廖熙瑶)为副主席,委员有覃宝芬、罗福益、罗汉西、黄荣章等10多人,凌凤边革命委员会直接受右江上游革委领导。会议同时宣布成立中共凌凤边委(1937年改称党总支),书记黄伯尧,组委韦春芳,宣委廖熙瑶,军委李天心,财粮委员黄金焕,委员黄德昌、罗福宏、班述宏、黄仲明、陆海洋、黄有徽(林里区人)、黄正台(沙里区人)、黄继隆(凤山恒里人)等共13人。中共凌凤边委(总支)直接受中共东兰中心县委领导。

会议听取王文生作革命形势报告和韦运祥传达上级指示精神,黄伯尧作工作总结,检查纠正过去的错误路线,讨论了今后工作,提出:要巩固原有的革命根据地,宣传新的革命形势,恢复和发展群众购买枪弹,秘密建立地下自卫武装;发动群众捐献革命经费;建立健全地下联络站;并指定陆海洋等人负责建立从西山到黔桂边委之间的各个地下交通工作站。

经过陆海洋等人的努力工作,他们先后把从西山到黔桂边委的各个交通站建立起来,形成一条交通线,从西山—巴莫—凤山的袍屯(黄可金负责)—凌云的海亭(李天心负责)—洪力(班述宏、黄仲明负责)—中亭(罗玉英负责)—天峨更新(唐素忠负责)—乐业的罗沙—幼朗—雅长—六旺—黔桂边委的板陈。

这条地下交通站〔线〕建立后,凡上级领导人及工作人员往来均畅通无阻,安全出入。当时在这条交通线经常往来作联络工作的主要是陆海洋、黄荣章、罗玉廷等人。右江上游革命领导人黄举平、黄焕民、黄世新、王仕文、韦运祥等人从西山上黔桂边委,多次经过这条交通线,都是安全通过的。

此外,在凤山北区另设一条从参里—亭蒙(廖源富负责)—那爱(陈朝栋负责)—砦牙的板隆—东凤边界的巴英(廖源川负责)—砦桂(廖熙杰负责)—天峨的孟苍(韦明日负责)—贵州望谟、贞丰(韦国英负责)。这些地下交通联络站建立以后,在右江上游党委和革委的直接领导下,坚持活动了10多年,它使右江的地下革命活动脉脉相通,连成一片,发挥了很大的作用。

1934年冬初,黄举平、黄世新听说中央红军长征队伍进入贵州,便派黄唤民、黄伯尧、牙秀才3人上贵州联系红军,准备让牙永平的部队参加红军长征,同时要回一些武器。同时,到板陈与地方军阀王海平谈判,利用我党的政治主张把他争取过来。不料黄等3人走到贵州贞丰县时红军已经过贵州进入云南,国民党部队跟随上来,封锁了道路,黄等即向板陈做王海平的统战工作,经过一段工作,王海平同意韦国英、牙永平领导的红军部队到他那里去活动,由他供给。黄伯尧等与王海平谈判安排就绪后,年底,黄伯尧回到平乐,进一步加强中共凌凤边委的工作。

在中共凌凤边委的直接领导下,平乐、巴轩4个党支部的党员积极深入各村屯,发动群众捐献革命活动经费,群众也非常热忱慷慨解囊,平乐、巴轩、江洲、社更、仁安等地群众共捐献了4.2万多枚铜仙,先后分三次派韦荣众、潘卜艾、黄春德、黄景风等人化装商人,送往西山右江上游革委作活动经费。

1935年和1936年,国民党政府巧立名目,征收各种苛捐杂税,执行不合理的征兵制度,迫使农民度无宁日。针对这种情况,1936年3月中旬至5月初,右江上游革委先后印发《敬告群众书》和《反对李、白、黄抽丁传单》(即李宗仁、白崇禧、黄旭初等新桂系军阀)。号召群众"快醒起来"反对国民党一切苛刻、抽丁、苛捐杂税,反对地租高赁,努力消灭我们共同的敌人⋯⋯建立工会、农会,或特别组织反抽丁同盟,用武装暴动的手段"杀绝"军阀及其走狗。

根据右江上游革委的指示,中共凌凤边委、革委领导成员和各支部的党员骨干分头在各地积极组织群众开展革命同盟,购买枪弹,建立地下农民自卫武装,反对国民党的苛捐杂税及不合理的征兵制度。凌凤边委书记黄伯尧及其领导成员经常到平乐谋轩、金牙等乡各村屯亲自组织和发动群众开展同盟活动,在边委及各支部的努力工作之下,1936至1937年,这一带地区革命同盟组织不断地产生和发展,抵抗国民党苛捐杂税和不合理的征兵年度的群众运动此起彼伏。

例如1936年,平乐乡长陈毓凡率10多名乡警到海亭要抓黄都成等人去当壮丁不得,就抓其女作人质,被海亭的青年妇女群众几十人,手持剪刀、镰刀、木棒等将其围困勒令其放人,否则将其打死,吓得乡长陈毓凡跪下求饶,当场放人,并表示以后不再来海亭抓兵了。过后陈还拿着小猪、公鸡等到海亭向群众道歉。另一次,乡长欧阳林也带乡警到海亭抓兵,也同样被群众赶跑了,敌人连续两次在海亭吃亏,以后历届乡长再也不敢到海亭抓兵了,只能面向巴标一带的石山区。

1937年,谋轩乡长黄端谋带乡警10多人枪到中亭要抓罗玉廷、罗玉美等人去当兵不得,就抓罗玉廷的大嫂和两位老人作人质,也被中亭的30多个妇女手持剪刀、锥子、刺棒等为武器将敌围住,迫使敌人把抓的人放下,灰溜溜地跑了。在地下党的直接领导下,群众纷纷起来抵抗国民党繁杂的苛捐杂税和不合理的征兵制度,取得了很大的成绩。与此同时,一部分群众也购买了一批枪弹,秘密组织地下自卫武装。这段时间,中共右江上游中心县委、右江上游革委成员黄世新、王仕文、黄唤民等人经常在平乐、巴轩一带指导工作。

1937年8月〈全国〉抗战开始,中共广西省工委派何云先后两次到右江西山水洞召开紧急会议,各县代表60多人次参加,听取何云传达西安事变及中共中央关于国共合作,联合抗日的指示,并提出要建立抗日民族统一战线,趁此机会,我党要派一些党员骨干打入国民党内部,营、教、养、卫内部,搞两面政权和统战工作,以利我党工作的开展。

中共凌凤边委书记黄伯尧参加会议回到平乐后,召集边委成员和各支部领导成员会议,传达水洞会议精神。根据上级指示,结合凌凤两县的具体情况,黄伯尧提出我们党员和革命骨干要趁中共合作抗日的机会,利用社会关系争取合法身份"借母投胎",打入国民党内部工作,并指出过去我们由于没有注意这个做法,造成我中有敌,而敌中无我,致使我们的工作带来被动。因此,决定要我和他一起打入国民党政府内部做"双边"工作。中共右江上游中心县委成员黄世新也来对我说:"这是上级党组织的指示,也是党交给你们的任务,希望你们按照党的安排去做,作为共产党员,对党交给的工作任务,必须无条件地去执行。"就这样,我们受组织的布置,于1938年5月,黄伯尧和我回当地政府作假"自新",开始打入国民党内部做两面政权工作。

根据上级指示和革命形势发展需要,1937年7月,黄举平在西山开会建立"西山抗日救国分会",并选举黄举平兼任主任,黄唤民、黄伯尧兼副主任,王仕文为组委,李树生(凌云沙里人)军事,政治指导员陈仕读,其他成员还有陈卜包、秦兴荣、黄荣章。会议研究决定在万冈、凤山秘密组织地下自卫武装,凤山由黄伯尧负责。

会上,黄举平提议要开辟一个新的革命根据地,以减轻西山受敌军事的压力,黄伯尧根据黄举平的提议,考虑到巴标有地利人和的条件,巴标一带处于凤山境内西南角,西接凌云,南连巴马,地势险峻,是个方圆百里的巍峨的大石山区,又处于上游革委到黔桂边委地下交通线之间,这一带聚居着瑶、壮、汉民族,长期受国民党繁重兵税之苦,具有反抗压迫的精神。以巴标为中心,在巴马、凌云、凤山三县交界各乡村发展力量,建立一个较大的根据地,使之与老根据地的西山遥相呼应,则可以在军事上互相配合,钳制敌人,在政治上扩大影响。黄伯尧、黄举平和分会领导研究,决定在凤山巴标建立一个像西山一样的革命根据地。黄伯尧接受任务回凤山开始布置工作。

这时期,在凤山北区方面,由于有国共合作,局势稍趋平静。原红二十一师第六十三团政治宣传队队长兼团副官、中共党员廖源富接受中共凌凤边总支部的布置,抓紧在北区一带开展活动,对土地革命低潮时期,外出隐蔽活动后逐步重归故土的原中共盘峰、八达、参里等3个支部的部分党员逐人进行了解审查。将思想比较坚定,革命意志坚强的老党员找出来,并分配给任务,叫他们在北区各地发动群众开展地下同盟活动和购买枪支弹药。秘密组织地下自卫武装,经过考验审查,有几个老党员表现很好。

为此,中共凌凤边党总支指示,廖源富于1938年7月(过去有的同志回忆说是1937年10月,其实指的是民国27年)在凤山北面的长里区亭蒙建立中共亭蒙支部,支书廖源富,委员廖源川(原在红军中入党、营部军需),党员卓有荣(原八达支部)、莫让魁(原八达支部)、廖源壮(原盘峰支部)、廖源金(在红六十三团队伍中入党)等6人。1939年秋中共党员韦水梅(韦国英的妹妹,在红军中入党),随夫廖熙英从南丹搬回八龙,也参加亭蒙支部过组织生活,中共亭蒙支部建立后,支部的党员分头活动。很快在部分村屯发起了群众性的同盟组织,建立了一些秘密的地下自卫武装,凤山北区的革命活动有了新的起色。

(中共广西凤山县委党史研究室保存并提供)

1933 年至 1944 年的革命活动的回忆

陈仕读

1931 年我调到独立师警卫连任排长。这年冬,独立师部队缩编,我仍在师警卫连搞保卫工作。1932 年革命受挫折后一直坚持在西山革命活动,现把这段的历史亲身经历回忆如下:

先说 1932 年的有关情况。1932 年春,右江党委和师党委已决定跳出敌人的包围圈,选派两批干部到右江下游和黔桂边工作,发展新区,开辟新的革命根据地。秋季,敌人开始大规模向根据地中心西山进行第三次"围剿"。拔群、洪涛分开带领小队武装活动,并派师参谋黄世新到平乐(凤山县)做工作,以为坚守西山的干部战士最后突围转移到平乐的准备工作。农历九月初,洪涛对我说:我们准备突围出去,拉四五百人去凤山平乐那边打游击。现在西山已经被敌人包围得很紧,我们像住在鸡笼一样,敌人一天抓一个去杀,损失太大,怕以后种子都保不住,你帮我准备一些干粮,我要去找拔哥商量赶快行动。那时别的东西已没有了,我只炒了 5 斤包谷做干粮给他。当时我手受伤,他要留一支冲锋枪给我,我说我已有一支,手又受伤拿两支不方便,你们都带走好了。我送他到京王峒才回来。过了一个多星期就听到拔群牺牲的不幸消息了。

1932 年冬,拔群、洪涛先后牺牲后,我们西山军民已变成群龙无首,敌人更加紧对革命人民、党员、干部进行迫降、诱降。进行"心理建设""善后安抚""清乡""收枪",建立"连环保甲",实行白色恐怖,地主、土豪也随之卷土重来,向人民反攻倒算,许多共产党员、革命群众惨遭杀害,西山根据地一时变成人间地狱,惨不忍睹。

环境恶劣,困难很大,但是长期跟随拔哥闹革命的红军战士、共产党员都坚信反动派必定要灭亡,红军一定胜利,牢记拔哥常对我们讲的"共产党员好像种子,到哪里都要发芽、生根、开花、结果"。于是弄京党支部书记陈卜包(也写作胞——编者注),就召集坚持隐蔽下来的红军战士开会,指明已投降的一些党员、红军战士大都被敌人杀害了,投降是死路一条,不要受骗上当,我们要坚持革命到底,不屈服敌人,不交枪、不投敌。后来又联络到原弄峰、果卜支部的一些党员,于腊月(即 1933 年元月)在弄水峒韦明言家开会,由黄唤民主持。到会的有韦明言、陈卜包、陈有才、龙杜昌、牙文明、陈家朝、韦金彩、韦仲儒、周继忠、韦日忠、罗日仇、覃有拔、韦明春、韦忠生、我等。这次会议讨论决定两条:一是到会的大家都要坚持不交枪、不投敌、不泄露机密,坚持继续革命到底。当时我们这3个支部范围总共还保存有20多支枪;二是决定派人去黔桂边找黄举平、黄世新联系汇报情况。因为洪涛对我讲黄世新在平乐活动,我懂得黄世新在平乐,就决定我和韦金彩、陈有拔、陆忠言4人去黔桂边找黄举平和黄世新。

1933年元月(1932年腊月廿四日去廿八日回来),我们四人上凤山,都是昼伏夜行。先到凤山那尤廖世宽、廖世国处,他们介绍我们去找黄伯尧。第二天到平乐见黄伯尧,他介绍了黄世新的地址,我们到了平乐那穷屯见到了黄世新,汇报了西山的情况。他交代我们回来要做好群众思想工作,安定群众情绪,鼓励我们要坚持革命到底,只要还剩下一个人也要干革命,要设法肃特杀奸,保护人民,否则你们也不得安宁。我们回来西山向大家汇报了见黄世新的情况和他的指示后,大家都分头去做群众工作,并积极开展杀奸活动。黄唤民等几个人首先就把反攻倒算最凶的年令村团董陈七杀掉。过年后,黄春兰等几个人又第二次去找黄举平和黄世新,这次没见到黄举平,也只见到黄世新。她们回来后不久,黄世新请示黄举平同意便于3月回到西山。

黄世新回来西山后,3月间在西山巴平峒黄唤民家召开党员、积极骨干分子会,参加有20多人。他鼓励大家要坚持革命,保护人民,肃清叛徒和极反动分子,才能安定民心,并组织了3个暗杀队,韦金义、牙文明、黄廷各负责一个队。到9月,弄京支部暗杀队牙文明、陈家朝等就把叛徒周同普和反动民团陈恒珍杀掉了。这一年间,黄世新常往返于平乐到西山来指导西山的斗争,人心逐步安定,革命活动也逐步活跃起来。

1934年春节,黄举平从黔桂边回到西山,他深入各峒召开群众会、骨干会、党员会,了解情况,恢复党的支部活动,组织青年同盟会、妇女同盟会等。七八月间就在弄京村弄追峒开办骨干学习班一个星期。西山地区的各村主要骨干都来参加,共20多人,记得有我、牙文明、韦明言、陈建廷、周继忠、韦仲儒、苏作周、韦金义、覃卜仁、杨正规、包泰安、卢明杨、韦仕林、黄唤民等。主要是讲形势,明确前途,坚定革命信心,总结一年多来的斗争成绩和经验,鼓舞斗志。到这个时候,西山各支部之间的联系都打通了,东山、中山也都取得了联系即中山支部、东山支部、弄里支部、弄纳支部、果卜支部、弄竹支部、弄京支部、弄峰支部等8个支部。

九十月间,黄举平先后几次派牙文明、白汉臣、韦挺生、李应芳等人到右江下游找右江下游党委黄松坚、陆浩仁等领导同志,最后取得了联系。到腊月左右,下游党委就派陈国团、张宪上西山来协助黄举平工作,张宪来时白天在弄追办公,晚上在我家住宿,1935年春节帮我家写对联。

1935年初,即张宪到西山不久,黄举平就先在西山弄京组织东兰县临时革命委员会并开始办公。办公地点开始在弄京村弄追峒,后来搬到林览村弄水峒。临时革命委员会主席黄举平,委员有黄世新、韦挺生、秦兴荣、黄唤民等。不多久,中共东兰县委相继成立,书记黄举平、副书记张宪,委员我不懂。后来又改为东兰中心县委,谁参加委员我也不清楚。此外,在群众组织方面,各村都组织有妇女同盟会、青年革命同盟会等。

1936年我到右江上游革委做政工和后勤工作。这年的正月,右江上游革命委员会在西山弄京村弄岩峒组织成立,我只记得主席黄举平,副主席黄世新,委员我记不得了。当时我见凤山黄伯尧,凌云的李树生、黄荣昌,田东的覃明典、莫善高,东兰河东覃桂芬,东山韦朝丰,中山王仕文来参加开会。随后在这一年都先后成立了凌凤边革命委员会,都安县革命委员会,丹池边革命委员会,万冈县革命委员会,东兰县革命委员会。东兰革委会主席黄唤民,副主席黄维汉,委员有韦荣伯、覃桂芬、杨正规、韦挺生、陈仕读等7人。

夏天,右江上游革委开会为了统一管理上游各县的力量地下武装,决定成立右江上游赤色游击队第一联队,队长黄世新,政委黄举平,开始已有两个大队300多人,后来又发展到3个大队。我记得西山地区有一个大队,大队长秦兴荣,政委韦挺生。部队组织起来以后,各地又开展杀奸肃特、消灭极反动分子的活动热潮,当年就杀了林览村叛徒黄继人,福厚村黄卷祥,弄峰村恶霸地主陈八,江平乡反动局董、乡长陈庆绵、梁成汉,坡月乡长黄裕昌,甲篆局董黄履端等一批反动势力,大显革命的威力。

1937年,省委曾多次派何云到西山指示工作。他来召开上一级的会议布置工作情况我没参加。记得农历六月间,正在收玉米时节,何云来在西山弄京村弄岩峒召开上游党员、干部会议。到会70人左右,开四五天会,传达讨论西安事变和建立抗日民族统一战线,国共两党合作抗日等问题,要我们和国民党消失新仇旧恨,共同抗日。我们思想不通,认为我们西山的群众赶街还怕被国民党抓,干部、党员怎能暴露身份去和国民党共同抗日呢?谁敢到国民党乡、县政府去说我是共产党要和你们一同去抗日呢?我们谁也想不通,只是在群众中宣传抗日救国。到

10月,何云又在西山林览村水峒举办党员训练班,有四五十人,学习国共合作的政策,要我们党员干部设法利用各种社会关系,争取合法身份,打进国民党政府各部门团体内,搞好统一战线,推动国民党政府抗日,一切工作以抗日宣传为中心。这次学习时间也有一星期左右,讨论很热烈,合我们的意。此后,何云就离开西山不见再来了。

　　(节录于中共广西百色地委党史办公室等编:《滇黔桂边区革命根据地》,中共党史出版社 1999 年版,第 506～509 页)

黄举平到平乐、中亭的活动情况

李天心

李天心于 1982 年 2 月 10 日在县委党史座谈会上的回忆：

1932 年底上级派黄举平带 20 多人到平乐布置工作，在六往屯韦鸿八家住 20 多天，传达师部指示"要跳出敌人包围圈"。当时平乐区黄伯尧、李天心等 40 多人骨干都到韦鸿八家听黄举平传达。

不久，黄举平离开平乐到中亭巴合的一个山峒上住，罗玉庭跟他一起住。他向罗福宏、罗汉西、罗玉庭等 50 多人传达师部关于"化整为零，跳出敌人包围圈"的指示。

当时凤山边委受挫较严重，敌人势力很大，所以黄举平很少去活动，有事时他就来一两次。

黄举平于 1933 年春离开中亭回黔桂边，当时黔桂边已经成立革委和边委。

黄举平上贵州后，1933 年夏天，我和黄伯尧带三营余部跟上贵州，到贵州板城与韦国英从甘孟峒突围来的人汇合一起，每个人每天给半元光洋，一部分做伙食，一部分做交通用。当时我看到赵世同也在黔桂边活动。

跟我们一起上贵州的人都是区乡骨干分子，黄荣章也跟去了，老实一点的人回家耕田，敌人不找他们。从此，红三营就不存在了。

到贵州不久，黄伯尧叫我和黄金声（第八连连长）等 3 人回来，先到沙里找苏维埃骨干，叫他们要坚持下去。后我加入在那一带活动的一支贵州绿林部队，专门搞抢劫，我劝说他们打反动派，他们不干，我就离开他们回到陆川那爽一带找原来的农会骨干，同他们一起活动，动员教育群众说："现在革命暂时进入低潮，比较困难，我们坚持下去，不久革命会胜利。"

洪力、力那、海亭、中亭、登亭几个支部领导人还在，进行秘密活动，串联教育群众，要坚持下去，革命一定胜利，党总支书记黄伯尧，到贵州后也经常来往。

［节录于中共广西凤山县委党史研究室存史六(13)第 49 卷］

陆浩仁到大成(菁盛)建立红河下游革委会(节录)

李 文

陈鼓涛等同志离开了〈广西都安〉拉烈之后,一些参加过农讲所学习的同志转入秘密活动。李文到〈都安〉大成(菁盛)开个小铺头,卖酒饼,是覃子珍安排的。开铺以后,覃再泉(安阳镇东门人)来东区收购钢铁之类的东西,化装成商店的老板(因他是韦拔群的联络员),与李文住在一起。接上头以后,一起研究继续开展斗争的问题,成立工作委员会。此后,联络了黄永固、刘家坤、覃伊正、蓝锦华、潘雁宣、苏建新、罗瑞昌、覃绍辉(覃再泉长子)等人,开展秘密活动。

组织工委会以后,右江工委派谭志敏来,以贩酒饼为名,在安阳镇碰上覃绍辉,接上头,到菁盛来弄清工委会情况之后,回去汇报,思果中心县委书记陆浩仁于 1934 年冬来到了菁盛(大成),住在李文办的铺头里。陆来了以后,发展了李文、黄永固、刘家昆、覃伊正、蓝锦华、潘雁宣、苏建新、罗瑞昌、覃绍辉入党,建立党支部,书记陆浩仁,组委李文,宣委黄永固、刘家昆。同时,把工委改为红河下游革命委员会,陆浩仁是主任,谭志敏为副主任,委员有李文、黄永固、曾诚(金钗)、韦瑞珊(大成)、刘家昆(金钗)、潘雁宣、覃宪方(芳)(金钗),负责领导都安、那马、隆山、上林、忻城、宜山、河池等地的革命工作。这里坚持达四年之久。

1982 年 2 月

[节录于李文(李孟武):《陆浩仁到菁盛建立红河下游革命委员会》,中共广西都安县委党史研究室保存并提供]

参加向都赤卫军的经过

农庆臣

采访人：覃昌平

采访地点：化峒街

采访时间：1982 年 10 月 31 日

我今年 79 岁了，叫农庆臣，又名农从金，别名农十一。我于 1928 年三月初六跟随周敏武去到龙州，周敏武是在唐飞麒部当秘书，去龙州时还有黄国福（黄国福是武平公社栋本高村）。后来我和黄国福去紫微村（向都县）找黄庆金，我们也要参加革命。当时黄庆金问：是谁带你下来的？我答：是黄国福。

"你来干什么？""我来跟团长（指黄庆金）。"

"你家有什么人？""我家只有母子俩。我是挑担卖柴的，家里生活很困难。"

经过黄庆金的问话，就这样我就留在紫微村跟黄庆金住了 3 个月。

1928 年，黄庆金、谭统南、黄必明和我一起上东兰，见到了韦拔群，我在东兰住了 6 个月，到腊月我才从东兰回来到向都，在东兰时我主要是跟着 10 多个人一起学功夫（打拳），去东兰时谭统南、黄庆金，他俩只在几天就回向都了。那时谭统南是搞宣传工作的，我也是搞宣传工作。

后来，我和黄保臣、黎春荣，来到靖西上九弄，后到洞平和杨福昌以修仙练道为名，组织委员会，干革命。那时约 1933 年，渠洋的农工同志也参加，他们交工作汇报单给我，我们在洞平后又到德保的东凌、高角大队，黄必明、冯明、老文和我一起去。在高角村的一个退伍连长的家住，约是 1933 年 4 月。后到安村、安街、者村、者街、八贵、西林县的八渡、那劳。在那里有老覃、李振廷、黄峰还带大水井、罗平、发达河、攀枝花等地，在这一带共住了 4 年。这一带的游击队领导黄三、农三。他是个什么军长之类的人物，管到发达州、罗利、罗城一带。

我在那一带活动时间很长，直到 1946 年才离开。

有一次在村后，我被韦高振抓起来，要把我杀掉，但谭统南说不能杀，梁振标也不同意杀，这样我才留下这条命。

唐飞麒是龙州下栋人。

黄绍谦等 8 个人去安德遇害（这条消息不真实——采访者注）。

何其瑞到化峒活动，被国民党抓起来，后由上峒的梁子才、果老的钟乐霸、足表的丁学纯、丁义林等人做担保,国民党认为何其瑞是经济匪,所以也就在保人的担保下放了出来。但见到何其瑞这个人有才华,便委派他在化峒做副区长。当时的区长是八德的农守业,秘书是李绍通(农守业在解放后被我人民政府镇压)(以上这条消息是德保开座谈会时陈通去参加,在会上陈讲了这一情况,德保县韦主任在化峒采访时讲的)。

红八军是在 1930 年二月初七到化峒,初八早围攻靖西县城(在化峒睡一晚,有 300 人左右)。红八军撤回来时,抓去了化峒的陆福田、陆喜田二兄弟(拉到三叠岭杀掉——采访者注:地点不准确)。

(中共广西靖西县委党史办公室保存并提供)

向都赤卫军在多吉活动情况经过

黄 斌

采访人：覃昌平、闭有恒

采访时间：1982 年 11 月 4 日上午、5 日

采访地点：〈广西靖西〉湖润大吉屯

我今年 59 岁，红军刚来我们村的时候，我得六七岁，年纪还小，但也记得一些。红军第一次来大吉屯是 1929 年五六月份，当时来的人我记得有黄庆金、林柏等十多二十人，人数不太多，由向都把合平谋屯的黄红勋带他们来。黄红勋在赤卫军是粮食委员，曾和我的父亲一起进行革命活动。他们到大吉住两三天，就住在赵兴义和我的家里，在村里秘密发动群众，谁相信得过就和他一起杀鸡饮血，搞同盟。后来村里人抽钱买枪，叫黄祖送去参加红军。他去一年多后从向都回到家里，去年刚过世。

红军从湖润送邓斌去东兰时在我们大吉屯吃中午饭，大约是 1930 年 2 月份，那时正是饥饿时节。红军到我们村的那天早上，正巧我的祖母归山，但具体时间已经记不清了。他们有 100 多人，纪律很严，不准乱进群众家里，吃了中午饭后，他们就到天等的上万去。

1932 年 4 月下旬，国民党正规军何斌南部队（1 个营）和地方民团 1000 多人，连夜包围了大吉屯，那天早上打伤打死屯里的一般群众黄太吉，然后到村里掳掠。因为群众连夜跑上山，所以这些国民党兵和民团就抢要群众的衣服、布匹，鸡鸭猪狗牛统统搜刮一空。他们在这一带来回驻扎 1 个月才回去。还没对大吉屯"扫荡"的前一天，他们就在龙光大邦的坡寨街抓了去那里赶街的大吉屯黄可清、黄邦云、黄克精、黄克因、黄有辉、黄廷称、黄日珍等 7 人，黄克清被抓到天保 6 天后被杀。这 7 个人当中，除黄克清是赤卫军外，其他都是群众。这 6 个人在天保被关半个月后被放回家，现在还活着的有黄廷称、黄有辉（已聋，黄受过国民党的毒刑）。

唐飞麒 1930 年从龙州来在湖润住 1 个月，住在城昌大队那牙屯曾炳元家里，曾炳元已死了两年，听说他有一面党旗，死时已随葬了。

曾炳元有个儿子叫曾福堂，搞革命活动，在三达岭被土匪杀害。

岳圩公社四明大队透明屯有一个叫黄玉千，现在已有七八十岁，这个人救过

胡志明。

更村有个搞革命活动是被活埋,什么名不懂。达爱的内爱有个曾经跟他哥哥去攻打向都一次,他哥哥当时当连长,但什么名不懂得。

1933年,何其瑞的父亲何光辉从德保继屯来到大吉,准备去越南,后有病,住在大吉的黄日光和赵兴义家里。黄日光当时是村正副,住1个月后,何光辉病故。我们派黄祖送去到果老的弄菜(壮音)去找何其瑞,何其瑞没有来,只拿来六块钱叫先埋葬。那天办完了表子后,我们杀了一头猪请村里群众吃。但有人密报乡里,湖润乡长陈仕元说我们窝藏红军,上报县里,县长陈良佐亲自于1933年腊月带兵来到峒巴,召集附近村屯的人去开会,逐个点名归队,然后以窝藏红军为罪名,把赵兴义和黄日光两人抓去靖西,在靖西的巴晓山脚杀掉。

解放后,何光辉的女儿已来大吉屯拣回其父的骨骸。

红军来大吉屯后,原来想在大吉建立苏维埃政府,但考虑到大吉离湖润近,当时湖润以及靖西一带国民党势力较强,所以才不给建立的。当时我们这一带去参加红军的有多吉大队多留屯黄国英,坡所屯的卜海,大吉屯的黄兴义、黄克清、黄祖送等人。

据我懂得,当时参加革命活动的还有陇共屯阿营(当连长),达爱普大屯卜善,上朴梁日清、下朴梁学开(农敏光的父亲)。

我父亲黄克清很早就参加红军地下工作,1946年不知何故中毒死亡。1932年韦高振去打向都时,得了20支枪,他在大吉屯住了5天,后到雷平、响利一带,召集得200多人枪,想来攻打当时在大吉驻扎的何斌南一个团的兵,后经黄克清劝说(怕附近村屯的群众损失大),韦高振才不打。

(中共广西靖西县委党史办公室保存并提供)

谈向都赤卫军到武平活动

吴文松

时间:1986 年 8 月 18 日

地点:〈广西靖西〉武平乡登雷屯吴文松家

黄鸣龙、潘玉龙采访、录音整理

我 21 或 22 岁时(1931 或 1933 年),本屯黄国军和黎风林到向都贩买大烟,带来二三十人,有谭统南、吴坚、黄修道、黄冠群等人,先来的是吴坚、后来的是黄修道,吴坚因与我同姓,认我为亲。所以他到我家住,但来来往往,不是常住,他在多纳贡屯赵荣飞家较多。他们初来时说是有难,后来说是来组织革命的。他们搞杀鸡饮血结拜兄弟。当时我也参加他们组织同盟会。在我登雷屯组织结盟的那晚上有 10 多人,即赵荣飞兄弟、黄正红、吴昆、黄伟、农尚品两兄弟和我等 10 多人,赵荣飞、黄正红当领导。组织后有的跟他们到各地活动,我在家没有出去。到打日本时(1937 年)韦高振来到武平招兵,那时我跟他出去到安徽抗日,到安徽才认识黄怀贞,那时他出来训话才懂。

(中共广西靖西县委党史办公室保存并提供)

韦仕英谈话(节录)

我是 1926 年参加革命的,那一年先到武篆第二届农所学习,在三石同去的人有韦树芬、莫让吉、黎先凡(在巴王),当时所长韦拔群。1927 年农讲所毕业参加宣传队几个月,莫美伦(县前妇联)在宣传队,还有韦庭芳、韦介龙(已故)。同年从宣传队回来成立三石太平农会,副会长韦新交,组织部部长黄举平(自治区民委),军事部部长韦超群(已故),我是干事。

1933 年黄举平派我去南丹,到半路敌人封锁去不了,回来之中遇见牙永平,根据他个人的意见,我同韦新高到巴务来见韦国英,后为我同廖明英去长江。1933 年 9 月我跟从外面打工回来的人去南丹亡场打工,年底通过韦汉超认识覃桂芬,1934 年同韦汉超到贵州荔波瑶庆里的瑶兰教书,他在写石教书。

1934 年底陆浩仁到那里见我,叫我去平果,我便同谭国联、何希贤去平果。在那里住在山岩洞的,当时还有陆浩仁、赵世同、莫长岗(田东人)。到 1936 年 6 月才同黄正光(乐业前县长)、韦应祥、覃国团(在武篆)到西山见黄举平,后来他派我和韦某某(记不清了)去南丹。同年 8 月底到拉索屯。开会后,分我到荔波第二区劳村同何希贤、何素材(当地人)搞地下活动。

1937 年底同谭敏秋(东兰城厢)在荔波瑶庆附近做粉丝卖。1938 年 1 月同覃金(大同三坡)回拉索后覃桂芬、覃绍权来西山开会,后来同回拉索。1940 年上半年到长老拉盘教书,几个月后回拉索务农。到 1946 年 8 月间我回东兰一次,和亲弟韦祥去见韦礼白,后回巴王住 1 个月,即回南丹。

(节录于中共荔波县委党史研究室编:《荔波革命老区史料汇编》,中共党史出版社 2006 年版,第 205 页)

我奉黄举平的指示办交通站

覃明典

1934 年夏黄松坚同志转移到滇桂边开辟新区,不久陆浩仁同志又向都安发展,并到黔桂边检查指导工作。我们留在下游的同志仍被敌人不断追踪搜捕。在这种情况下,我曾想到滇桂边跟黄松坚同志,但又没有路费,故恩隆县委领导赵润兰同志建议我回老家看一看,因为老家这边敌人已经全部撤兵,可能松一些,待陆浩仁等领导同志回到下游时我再来,于是我就决定回老家,暂时避开敌人。

我回到老家燕峒不久,就碰见原百色县四都区苏维埃政府武装委员黄云高,便问他是否懂得西山的情况。他介绍西山情况后,就请他带我进西山会见黄举平同志,时在 1935 年三四月间。我们到西山的大弄京即见到了黄举平同志及黄世新、王仕文等同志,黄云高向黄举平同志介绍说:"这是右江下游来的覃明典同志。"黄举平同志非常高兴,并说:"你来和我们一起工作太好了。"接着我向他汇报黄书祥、黄大权牺牲和黄松坚、陆浩仁外出工作的情况,最后还说:"我的任务在下游,我还要回去。"这时黄举平同志没有说话,好似思考着什么问题,在座的同志就与我三言两语互相交流上下游的情况。不久,黄举平同志说:"我看这样吧!你不回去下游了,由我负责同下游的领导同志讲就成了。你在你的家乡工作最合适,因为一是你参加革命还不出名,敌人不注意;二是你本村那仁村又没有地主恶霸;三是离燕峒区较远又靠近恩隆,万一有事,翻过去就到恩隆境内的安全地带了。"他说得很有道理,我也很高兴,并表示赞同他的意见。接着他又问我入党没有,我说:"已经入党了,是原来燕峒区委书记农正业介绍的。"他见我同意留下来,便布置我先回家乡与群众搞好关系,特别是做好青年政治思想工作,吸引他们支持革命工作。到有必要的时候,再与西山联系。这是我第一次会见黄举平同志。这次住西山三天后,便同黄云高一起回到家乡来。

几个月后,也是 1935 年冬,我考虑我离开下游已半年多了,没处交党费,既然留我在上游,便决定再次到西山找黄举平同志交党费,并顺便汇报请示工作。这次到西山弄竹见到黄举平同志,同时见到的还有李应芳和王仕文。我到那天,正值我们办党员训练班结束。黄举平同志听了我汇报工作后比较满意。这时,由于他事先和下游党组织取得了联系，了解了我的情况，就同意收下我的党费，并对我布置工作任务。

黄举平同志对我说："在你那仁村成立一个地下交通站，办法是，你是高小毕业，通过和父兄群众商量，在村里办一个初级小学，你当老师，学校就是交通站，你既是老师又是交通站负责人。现在国民党成立万冈县不久，急需村干，将来你还可以当他们的村长嘛！不管是做老师还是当村长都有利于掩护同志来往，也是我们的革命工作，但不能暴露身份。这次你回去，就要完成这个任务。"

我回到家乡后，同群众说了办学校的事，果然得到群众的积极拥护。学校很快就办起来了，我虽然文化不高，但也勉强应付了这个学校教师之职。我这个交通站成立后，下通到田东的赵润兰，上通到巴廖村坡里屯黄卜岩、且长村百朝屯黄云高、赐福村长良屯李参林、巴纳村弄纳峒杨正规等4个站，最后到黄举平同志那里了。这条交通路线一直保留到1939年。

在这期间上下游的同志来往都经过这条线，另外还有凤凰、洪都下都安可走。我这个交通站的成立，黄举平同志是经过慎重的全面的考虑和事前做了充分的准备才能建立起来的。可见黄举平同志办事非常稳妥，极为谨慎。在当时的情况下，也只有这样办才能做出一些事情来。

1937年6月间，黄举平同志为了加强交通站的工作和根据那仁村群众的政治觉悟，派王仕文同志到那仁来，和我一起发展党员建立支部。为了避免暴露目标，我不给王仕文同志住在我家里，而是安排到我爱人的哥哥王仕峥家里住。他们两人正好是同姓同仕班成了兄弟关系，就这样以亲戚来往的关系住下来。

王仕文同志和我一起做了半个月的工作，最后介绍了本村进步青年覃明彦、覃明经、覃盛昌、覃明亮等4个同志加入中国共产党。这样加上我，本村共有5个党员，王仕文同志召集我们一起开会，宣布成立支部，由我任支部书记。事后，王仕文同志回去西山。从此，我们交通站力量加强了，工作也方便得多了。有许多事情要做，我又不方便多活动，便交给他们几个党员去完成，从而使我们交通站工作比较顺利，这是黄举平同志重视我们交通站的结果。

（节录于覃明典《回忆黄举平同志》，陆秀祥主编：《黄举平光辉的一生》，广西民族出版社1992年版，第123～125页）

我在那马工作的情况

徐　平

1935年夏,我受右江下游革命委员会委派,由交通员梁敏才(果德县都阳三村人)带路,同向都的黄绍谦一起来到那马,我们到那马的第三大本营(即罗汉山岩洞),认识了那马地下党的负责人徐泽长、李凤彰、韦成篇等人。我们先了解那马革命同盟会组织发展情况,接着,在平(山)村坡马屯召开了那马共产党的工作会议,与会人员有徐平、徐泽长、李凤彰、韦成篇等。右江下游党的负责人之一滕国栋同志也参加了会议。会上我们听取了汇报之后,便部署了工作。会后,我们分头到各地发动群众,组织革命团体,开展武装斗争,调兵攻打国民党什陇和香林等乡公所,处决了国民党乡长唐钟虞和黄元松。

1936年12月,上级决定撤销右江上、下游革命工作委员会,相应成立了桂西区党委和三个中心县委会:东(兰)凤(山)中心县委辖东兰、凤山、凌云、乐业、河池、南丹、天峨以及贵州边界一些县;天(保)向(都)田(东)中心县委辖田东、向都、奉议、天保、靖西、睦边、镇结以及滇桂边界的一些县;那马中心县委辖那马、果德、平治、武鸣、隆山、都安等县。那马中心县委领导成员有徐平、徐泽长、李凤彰、韦成篇、徐千珍、彭维之(1937年夏到那马)。那马中心县委会领导机关设在那马的平山坡马屯后背山的大岩洞。中心县委一般开会都在李凤彰、韦成篇、李生梅等同志家。

1936年12月我到南宁向省工委汇报工作,当时正是双十二事件(12月12日张学良、杨虎城扣留蒋介石)发生,省工委黄彰交代我说:你先回那马,找国民党那马县长陈汉流的秘书覃志理(覃是中共党员)联系。得此指示后我即返那马,与覃志理接上了头,通过覃做了陈汉流的工作。1937年春,陈汉流同意抗日,为避免暴露目标,我们又安排农有资负责同覃志理接头。

这段时间,我们的统战工作开展到武鸣的西部,平治的旧城、利济、海城,以及都安的镇西等乡。当时各县的参议长、参议员、正副乡长,大部分被我们争取过来了。那马的统战工作是由徐洋长、徐千珍、韦成珠等人负责的。当时为了团结一切力量抗日,我们中心县委还提出了"三七五"减租口号,即农民种地主的田地,地主出种子,收得的产量百分之三十七点五给地主,百分之六十二点五给农民。

1938年,在国共合作问题上,我们拥护中共中央关于抗日民族统一战线方针政策,同意与国民党合作抗日。当时负责指导那马中心县委工作的彭维之在那马召开会议,我已到平治旧城搞统战工作。后来,我从黄帝明(当时任旧城乡乡长,是李凤彰的内侄)那里获悉,李凤彰、韦成篇、徐泽长等同志被敌人杀害了,此后我也就没有回那马去了。

（广西马山县委党史研究室保存并提供）

（节录于中共百色、河池、南宁地委党史研究室等编:《滇黔桂边区革命根据地》,中共党史出版社 1999 年版,第 496～497 页）

十年潜伏斗争的回顾

罗玉廷

1935年,上游党委书记黄举平及委员王仕文到凤山平乐筹备成立凌凤边革命委员会,是年农历五月凌凤边委成立,黄伯尧任主席、副主席廖熙尧,委员有班述宏、韦春芳、罗福宏、黄金焕、廖熙元、廖熙尧、黄有微(凌云林里人)、黄正合(凌云沙里区)、黄仲明、黄继隆、覃宝芬、李天心、王仕理等12人,革委成立后并建立有党支部,总支书黄伯尧,支委成员有韦春芳、李天心、罗福宏、班述宏、黄仲明、黄德昌、黄有微、陈运良等12人。凌凤边党委成立后,研究开辟巴标新区。

1936年,上游党委书记黄举平派委员王仕文、黄世新、韦运祥到凤山巩固凌凤边革委组织,发动群众反国民党抽丁传单,宣传右江上游革命委员会警告群众书,宣传纠正"立三路线",开展地下革命同盟,发动捐献地下活动经费,组织建立地下交通站。

接着,凌凤边党委派委员到各地进行宣传活动,派廖熙尧到月里、社更,派王仕理、潘卜埃、王日醒、韦在德到江洲、凤平、相圩等地,派黄德昌、黄继隆到恒里、京里、久加、老里、上林、康里等乡村,派廖熙英、廖源富到百乐、郎里、板均,派黄有微到凌云、逻楼祥福,派黄正合去沙里各村,廖熙元到仁安,黄伯尧、罗福宏、陆海洋、罗玉庭、黄荣章到巴轩、积善、凤界、陇弄、六马、柏林、先锋、下牙及凌云县哥磨,班述宏到久文。

宣传队到各地乡村宣传发动群众并搞革命同盟,全县革命活动又逐渐活跃起来,形势很好,地下同盟发展很快,当地群众纷纷响应,热情捐献地下活动经费,每人捐出10枚到20枚铜仙,或3斤大米,当时共收到4万多枚铜仙送往西山,给上游党委用作办公经费。年底,何云到西山找黄举平,召开各县负责人会议,传达中央统一战线政策。凤山黄伯尧参加,回来后把会议精神贯彻到党员群众中去,开展抗日救亡运动。

1937年7月中旬,省工委派何云到西山,10月在西山弄留洞召开各县委员、骨干会议,传达中央建立抗日统一战线的指示,何云指示党员和革命骨干要利用社会关系,争取合法身份打入国民党内部,搞两面政权和统一战线工作。根据省委指示,上级党委书记黄举平委派黄伯尧、黄唤民结合我地区的实际情况,利用社会关系决定布置党员骨干唐素忠、黄伯尧、李天心、黄世华打入敌人营垒中去搞两面政权。1937年派唐素忠到天峨更新乡公所当办事员,后任征收处乡民代表,后任副乡长。

这些同志坚决执行上级指示,搞白皮红心工作,经过他们的努力,争取了乐业县西马乡乡队副陈景姣同情我们,迫使他大哥陈景帮(乡长)中立。这样,使我们右江上游的革命领导人黄举平、黄唤民、韦运祥、黄世新等同志才能出入方便。这年,上游党委还派王仕文同志来巩固加强凤山各地原苏区和平乐洪力党支部、巴轩区党支部工作,提高原赤色地区人民及党员的政治水平。

1987年7月4日

(广西凤山县委党史研究室保存并提供)

关于凌凤边委的一些情况

黄福首

民国二十三年冬我和黄伯尧下去西山(当时广西右江上游革命委员会所在地),见黄举平、黄明三等领导人,当时我是黄伯尧(瑶族)的保卫员。到民国二十四年冬我带韦运祥上来凤山、平乐一带工作,这是第一次。这次主要是来了解一些情况,没有召开什么会议,住10多天就回去了。

到1936年农历五月间,韦运祥又受上游革命委员会的委托,来凤山组织凌凤边委。他来到海亭的黄金焕家,并通知黄伯尧来召开会议。过几天就在海亭的后背山吊洞瑶寨召开会议,正式成立凌凤边委。

那次会议召开7天,韦运祥和黄伯尧亲自掌握,参加会议的有中亭罗福宏(已死)、罗福益(已死),覃宝芬这次不见来,洪力村的黄德昌(已死)、黄中明(已死)、班述宏(已死),海亭村的廖熙瑶(玉堂)、廖熙元、韦春芳、陆寿南、黄金焕(上述人员均死)、黄福首(老人)、黄干平(社员)和廖熙雄(韦家胜,现四类分子),恒里村的黄文珠(已死),黄荣章没有参加会议。

但我没有参加讨论,经常出来村庄侦察敌人,只能参加一些。当时选得黄伯尧为主席,下边设有若干委员,因时间久了,忘记谁做什么了,可问黄平成。当时听到韦运祥说要反三征,不要执行"左"倾路线等话。

会议结束后回去时,我们筹得铜仙2万多元,给韦运祥一起下去西山(另有人挑铜仙),他只是带路。

凌凤边委成立后我开展活动,并组织支援右江上游军委等事。到1944年黄伯尧被敌军钟福标杀害,从此这个组织也同时解散了。韦运祥现在巴马,向他了解。因我文化不懂,年纪又老了,记不太清了。

平乐公社海亭屯大队福才屯黄福首

1969年11月19日

(黄福首是我大队第六生产队人,现年纪老,在家务农。他所提供材料供参考。——海亭大队革委会,1969年11月20日)

海亭大队革委会黄育宽、黄政谋整理,1969年11月19日于平乐公社海亭屯大队福才屯黄福首家。1982年2月9日存于凤山县档案馆,黄育宽字。

(中共广西凤山县委党史研究室保存并提供)

凌凤边革委的成立及活动情况、联络站建立情况

李天心　罗明会等

邦琼问:在贵州时赵世同、黄举平在那里组织什么组织?

罗明会说:1935年8月,赵世同介绍罗明会、班统康、黄可金、廖源丰、廖熙月、罗明高入党,地点是〈广西乐业县〉雅场乡罗荒屯,当时是在黔桂边委员会。当时党委书记是黄举平或赵世同。在罗荒屯成立一个党支部,廖熙月(郎里)〈任〉支书。同时他们在那里组织一支黔桂边赤卫队,有200多人,三四十支枪,都是当地的枪。1935年8月间一天,赵世同、黄举平在罗荒屯开抵抗"三征"的动员大会,参加的人数200多人。会后选我(罗明会)为代表到西山开会。

邦琼问:李天心从〈广西东兰〉陆川回来〈广西凤山县〉海亭是什么时候? 到海亭又进行什么活动?

李天心讲:记得我是在1934年三四月间回来的,回来后先到海亭、力那找伯尧党总支汇报、请示、研究,约1个月后,我又和韦春芳一同前往林里找那里当时的农会,苏维埃的骨干还在不在,是否坚持,当时找见黄有微、欧阳甘等人,与他们研究作准备成立凌凤边革委的工作,要坚持下来,不久就要成立凌凤边革委。1个多月后,我们就回到平乐海亭一带活动。当时上边经常有黄举平来到海亭那把(那里是我们办公所在地之一,因地势较好)找我,也到力那找伯尧。伯尧去贵州后,经常回来,从不超过3个月以上。

邦琼问:凌凤边革委成立的时间经过怎样?

李天心讲:凌凤边革委是黄举平筹备的,时间是于1935年5月在海亭吊洞(瑶族队,现海亭12队)成立,当时有黄举平、王士〔仕〕文。

凌凤边革委成立后的活动地点:

罗玉庭到平乐:洪力、海亭、力那、吞停、桑廷、仁廷、江洲、凤平、平旺、央洞、牛洞、维新、月里瓢屯、巴标、兰包。

巴轩区:中亭、六马、下牙、陇弄、新乐、凤界、百林、积善、先锋(土地弯)。

凌云:锅顶、磨村。

逻楼区:林里、沙里、祥福。

注:当时有武装,但不给出击敌人,因当时正搞国共合作,出击敌人怕影响国共合作。

当时活动,是有上级文件的,文件是由上、下游革委发的,主要内容是反对李、白、黄"三征"等,文件是黄举平、黄松坚等领导人写的。

(王文生)来主持,凤山有黄正昌、黄继雄(恒里人)、黄荣章等去参加,是通知给他去的,凌云林里黄有微,平乐洪力班述红、黄仲明,中亭罗福宏、福益、汉西等人参加。当时我去沙里不参加,回来后,他们才跟我讲已成立了。

主　　席:黄伯尧。

委　　员:黄正昌、黄有微、罗福宏、班述红、韦春芳、廖熙尧、黄金焕、李天心、覃宝芬。

参加会议的还有:黄福盛、陆寿南、廖熙雄,江洲陆海洋等 20 多人,那次开会的伙食是陆寿南卖力得的粮米用来给大家吃,会议开 5 天左右。

会议主要内容:主要总结前阶段的工作,找出失败的原因,主要是犯了"左"倾的错误,除总结以外,还开展进行地下同盟。

会后平乐、中亭就下到附近一带进行同盟,方式与入党的方式一样,饮血砍香盟誓。

会后就进行地下同盟的高潮,平乐到江洲、维新、月里、坡心活动,主要是纠正"左"倾,发动捐献地下活动经费,当时中亭区得 4000 或 4 万铜仙加上海亭这边,得几万元铜仙(40 个铜板等于 4000 个铜钱,1919 年起改用铜板,当时是洋光、铜板、铜仙同时用)。当时有黄福益等去收,统一掌管。

第一次是陆寿南化装送去东兰,得 4000 多元;第二次是黄福益、韦荣松送去 5000 多铜仙;第三次黄春德、黄锦先送去,4000 多铜仙统送到上游革委——西山。当时是通过动员,是群众自愿捐献的,每次捐献都有登记,每次送到西山回来都有收条,但现在这些收据都没有了。

当时每次动员捐献都是上级有指示的,共计有 1 万多人以上捐献,除中亭、海亭、力那、平旺、洪力一带外,还有社更、凤山的袍屯也有人捐献。

凌凤边革委成立后,下去动员 1 个月左右(1935 年 6 月)捐第一次,隔 3 个月后(1935 年 10 月)第二次,1936 年秋(10 月)第三次。

当时恢复参加同盟的乡,原所有的苏维埃的乡全都恢复参加同盟,新参加同盟的也有,如平乐、维新等地,巴轩区有新乐、陇弄、积善、下巴合洞、先锋一部分平洞(近平乐大洞)等地,范围比苏维埃时较广,人数较多,同盟一直坚持近解放。

当时上级有黄举平、赵世同、王士〔仕〕文、韦运祥到这一带活动。记得赵世同和覃家修说 1943 年来,1944 年、1945 年到平乐一带。当时进行同盟,还没有买枪,只是动员反"三征"捐献等工作。

邦琼问:组织同盟后,动员反"三征",敌人是否还抓得壮丁,收得粮、税去,是哪些人来抽丁?

李天心讲:当时来抓丁的人都是村、乡长来多,国民党中央军没有来,当时我们力量还不足,所以还被他抓去一部分,粮、税也被收去一部分。

邦琼问:成立凌凤边革委后,主要活动内容除以上三方面外,还进行其他什么活动? 当时党组织进行什么活动?

李天心讲:除进行同盟反"三征"组织捐献之外,没有进行其他活动。当时党组织的骨干都带头组织到各地动员反"三征"捐献、同盟工作。

邦琼讲:凌凤边革委后,是否建立党支部,史料说,上游中心县委成立后,凤山有一个党支部,书记黄伯尧,直接受上游中心县委领导是否有这回事?

李天心说:没听说,因为当时两边工作都是秘密,如果有支部,也是原来的人员参加,主要是领导凌凤边革委的工作。

邦琼问:上贵州时,党当时有黔桂边党委是党委直接介绍明会等同志入党呢,或是下面还有没有其他支部?

罗明会说:成立黔桂边党委时,主要负责人是赵世同、黄世新,连长是岑世荣。1935 年 8 月,在雅场罗荒屯开的大会,有 200 多人参加,记得参加开大会的有赵世同、黄世新、牙有平,中亭的罗宗照、罗荣芳、罗明会、廖源丰、廖熙月、黄明高等人。当时我入党是在这里入党的,交党费交给赵世同得几年。

李天心、黄国章讲:当时进行革命活动时,设站情况从西山—坡月—海亭—洪力—中亭—更新—罗沙—罗荒—贵州办事处。

注:坡月联络站只掩护过路不能住宿(廖熙月负责)。

海亭联络站,负责人黄金焕,可住宿、开会,长留住。

洪力联络站,负责人黄仲明,住在黄国章家,班述红统庄(统开保卫)当时经常来往的上级领导是赵世同(李林)、欧政、黄举平、王士〔仕〕文。

中亭联络站,负责人罗福宏、罗玉庭、覃宝鉴、罗振英等。

更新联络站,负责人覃世新(果德人)(不能停留)。

罗沙联络站,负责人黄仁象(只能住得一夜)。

覃家修讲:

廷孟支部联络站,负责人支部书记廖源富(罗庆元父亲)、源状等。

乔头支部联络站,负责人南丹县书记韦明三。

罗荒联络站,负责人黄伯林(袍屯人)、廖熙月,可长期住宿。

雅英联络站,负责人岑永发,可住宿。

那力联络站,负责人班统章,可住宿。

最后到贵州黔桂边党委总部,负责接待人牙永平、韦春成等人。

邦琼问:成立凌凤边革委后,当时的主要反动头目是哪些人?

李天心讲:当时主要反动头目是唐贤。黄昆山、岑建英已很少到。当时敌我双方都不能下平原,哪方下都不得,双方都只活动在山上。

问:在1930年、1931年左右廖源芳是否带兵去海亭打王海平?

廖熙文回忆:在1930年3月,我去第六十三团部当廖源芳警卫员,从长江出发,经久文下平乐攻王海平部,全团两挺机枪,开始打得猛,敌损失大,后来打不响,才抓得一排敌人。那时由廖源芳带队,有队伍500多人,团部还有廖熙尧当副官,唐高亮当营长,源川当军官,管弹药军械,打不到一天就结束。(插问:时间究竟1930年还是1931年)(起超回忆:时间1931年比较确切)。

邓华山讲:记得当时我在第六十三团第十一连,连长陈守权(中和人),陈道平当营长。(起超插:我采辑时人家议论这仗,熙英技术比源芳强,如果熙英去肯定打得好,同敌伏击,不能打阵地战)我方牺牲一个排,坚英受伤没有去。

中共广西凤山县委党史办采访记录
1982年5月

(中共广西凤山县委党史研究室保存并提供)

谈韦仕英 1935 年在南丹大拉索屯的活动情况(节录)

覃桂芬

到民国二十四年农历四月份,陆浩仁同志到南丹大拉索屯(这个屯都是参加革命后失败了到那里落户的)召集我们开会准备大搞活动时,我见韦仕英也来拉索参加这个会议。会共开了三天,内容主要是怎么搞和组织联系和路线,这个会议后他和莫树兰(现在都安板升,这人还在),其他的几个已死了,都在厂矿搞掏矿要钱用,一方面搞活动工作。

到同年农历十月或者是十一月份,韦仕英又和何世贤(已死)、谭国联(已死)下到果德(具体地址不懂)找陆浩仁等人。转到 1936 年阳历 3 月份,韦仕英又和何世贤、谭国联三个转回大厂拉索屯搞筹备准备成立黔桂边区革命委员会工作。到同年农历四月,集中在拉索成立革命委员会,主席韦汉超,副主席是谭国联,组织委员是韦仕英,宣传委员是我。

会议结束后韦仕英、谭国联、韦汉超等三人上贵州荔波平寨区工作了。两三个月这样还是来拉索屯碰头了解情况。1937 年农历七月份还一起到西山开会,搞国共合作。到 8 月 13 日又一起从西山回南丹拉索开会。到 9 月份韦士英和老姚(名字不知)等很多人转上去利坡(荔波)工作,到冬日又来开会(拉索)。到 1938 年春节谭国联被捕牺牲了,在 4 月份还见他来联系。后来国民党搞紧张了,路上也很难通,这样到 1939 年农历三月份,我又转去南大拉索联系工作,又见韦仕英来到拉索住,当时是和莫武同居的。从那段起他和莫武和组织上取得联系不联系我不懂了……

覃树杰、韦占光　记录

材料节录于韦仕英档案

1986 年 9 月 29 日

(节录于中共荔波县委党史研究室编:《荔波革命老区史料汇编》,中共党史出版社 2006 年版,第 206 页)

有关右江地下党的一些情况

陈　岸

一、关于省工委及黄桂南一些情况

1932 年,中共广东广西省党委遭到大破坏后,广西省党委很久都没有恢复起来,只能由各地党组织自己进行活动。到 1936 年 11 月 7 日,在贵县召开广西党代会,才重新成立省工委。黄桂南代表右江党参加那次会议,因为未接上头未参加上,会议决定我担任省工委书记,选举了 6 名省工委委员,其中黄桂南被选为委员之一(原计划选 7 名,右江地区大,需要 2 人参加省委,但还缺 1 名适合的人,可以暂空 1 名额,实选 6 名)。成立省委后就将各地区党组织重新联系起来,统一领导了。

1937 年底,我在榜圩(现属平果县)见过梁乃武,他只是中心县委委员,没有参加省委。以后他在那恒被捕牺牲了。

1937 年 2 月份由庞懋担任书记,我仍是省委委员。

二、关于右江特委问题

1936 年 12 月上旬左右,我派何云到过右江,布置他了解右江地下党情况,他去了两个月左右就回省委向我汇报。根据他的汇报我们省委内部曾经酝酿过由黄桂南、何云、赵世同三人组织右江特委(属地委一级)。不久我又派何云到右江,主要还是了解情况,不是成立右江特委,他只去了几天,回到南宁。〈特委〉不放在游击区,对成立右江特委问题没有很好抓,同时特委人员也没最后确定,所以虽酝酿过成立右江特委(不是叫桂西区党委,当时也没有这名称),但一直都没有成立。黄桂南叛变后就更没法成立了,不过当时右江是成立过三个中心县委的,由省委领导,直接领导是黄桂南,因他是省委委员。黄桂南叛变后,省工委进行了改选,把黄桂南的委员除名,以后省委主要通过赵世同保持和右江各县委党委联系。三个中心县委是何云去建立,经过省委同意的。

何云是福建人,家庭是资本家,个人是大学生,1936 年 11 月从上海来广西,他是作为省委工作人员到右江去的,不是省委委员,他 1938 年才向省委交代他于1932 年(或是 1933 年)叛变过,所以他是混入党内的自首分子。

三、关于那恒事件问题

1938 年七八月至 1939 年 6 月,我又任省工委书记,但 1939 年由于长江局执行王明投降〔右倾〕路线,命令取消广西省委,缩小三个特支,我就不任省委书记了。

关于那恒事件中〔的〕原因我不清楚。事件发生后,赵世同曾到桂林八路军新四军联合办事处要求营救,但当时办事处主任、长江局代表执行王明路线,要否认右江党,他们认为右江苏区和广西派关系紧张,如办事处担保,会使关系更紧张,不利于统一战线,所以不营救,使我们的革命同志遭到敌人杀害。

以上记录稿已阅并改正

陈岸

1971 年 7 月 29 日

（中共田东县委党史办公室保存并提供）

革命活动的回忆

覃桂芬

1932年10月末,也就是韦拔群牺牲不久,敌人发觉我们仍在果棉峒一带活动,国民党东兰县长徐家豫、民团司令李瑞熊于11月发动东兰、河池、都安、南丹4县的民团1000余人层层包围果棉峒,妄图一举歼灭我们。就在敌进攻果棉的那一天(农历十月十四日),韦汉超率9人(6男3女)为一组,我和谭国联、谭善雄、蒙老三等7人为一组乘黑夜分别突围。我们这一组是全部突围出来了。但韦汉超那一组只有韦汉超一人能出来,其他的被敌抓住后,男的5人被害牺牲了,女的3人被卖。韦汉超出来以后到贵州荔波一带隐蔽活动。我到河池的长老那宽峒隐蔽了3年多。这期间,尽管环境恶劣,消息闭塞,但经过相互查访,我还是与韦汉超、谭国联等接上了关系。1935年9月,陆浩仁、谭培芬两个从下游上来,我就带他们到南丹拉索去会见韦汉超。陆浩仁说,右江革命又恢复了,要我们设法与西山取得联系。后来,韦汉超、陆浩仁、谭国联、韦仕英,还有我等一起在拉索开会,研究下一步的工作。会议决定派我回西山联系。韦仕英、谭国联、何志贤下果德找赵世同。当年腊月二十四日,我就从弄宽出发,和覃怀恩、覃卜宠、韦金廷一起去西山。民国二十五年正月二十五日,我们终于到西山水峒见到了黄举平、黄世新等领导同志。过了两天,右江上游革命委员会成立大会在弄水峒韦卜明家召开。参加这次会议的有黄举平、黄明三(黄世新)、韦鼎新、韦挺生、黄唤民、陈国团等30多人。我作为丹池方面的代表参加了这个会议。会议选举黄举平为主席,黄明三为副主席。还有委员若干人,军事委员是陈国团,我是粮食委员,韦鼎新为秘书。这次会议要求大家回到本地后,积极寻找还在隐蔽的同志,联络群众加入革命队伍,会议发了很多文件、布告。会议开了一个星期,因我没有文化,所以记不清文件的内容。会前,黄举平听了我的汇报后,就决定派韦挺生和我一起到拉索与韦汉超、韦仕英等建立丹池边革命委员会。

民国二十五年农历二月中旬,韦挺生和我带着黄举平、黄明三等领导人的指示和右江上游革命委员会发来的文件、布告,离开西山,赶到南丹。这次,我们经过中山、东山的板兰,河东大同的弄结、廷税、九圩、长老,回到弄宽。休息两天后,我们就派韦英良一人上贵州荔波找韦汉超、谭国联来一起筹建丹池边革命委员会。过了几天,他们就赶到弄宽。于是,我们又一起到南丹的拉索着手筹建边委。

拉索这地方很偏僻,不容易暴露目标,而且距大厂矿区不很远,约有 10 多里路。为避免敌人怀疑,我们还到大厂打工。白天挖矿石,晚上拉风箱炼矿或者秘密串连活动。当年 8 月,我们有 10 多人成立了同盟会,发誓不管遇到什么情况,决不背叛革命,决不出卖同志。那时,我们还利用一切机会与工人接触,了解他们的疾苦,启发他们觉悟。这些,只能秘密进行。这个时候,韦汉超、覃国联在荔波,谭秀明在长老,覃文珠在九圩,韦显木在三旺,谭怀干在大同的塘节,韦照光在永安,侯老三在果棉也相继成立了革命同盟会,发动群众参加革命组织,反对国民党的统治,创造条件成立丹池边委。韦挺生到那里工作几个月,工作开展起来后就回西山了。

1937 年 7 月,林鹤逸到西山弄年峒召开一个党员骨干会议,我们一接到通知,就赶来参加会议。这个会议一共开了两个星期。参加会议人员有 50 多人,各个县都有代表参加。丹池边方面来参加这个会的有覃桂芬、韦仕英、黄武、覃绍权、黄月响等。会议主持人是黄举平。林鹤逸负责传达西安事变的情况和我党关于搞好国共合作;联合各党派团结对外、一致抗日的指示。因为林鹤逸讲的是北方话,参加会议人员大多听不懂。这样,黄举平就边听边翻译。所以,林鹤逸整整用了两天时间才传达完。接着我们就展开讨论。内容大致是说,各位同志回到本地区以后,要做好这些工作:宣传动员群众应征入伍开赴前线抗击日本鬼子的侵略,公布共产党抗日的主张和征兵条例。实行独子不征,可交缓役金,双丁参加抽签。凡到前线抗日杀敌的战士家庭,可以免工免夫〔伕〕,同时免除地方的苛捐杂税,实行合理摊派,减轻群众负担。后来,各地这样做了,很得民心,群众拥护又欢迎。

1937 年 8 月,黄唤民根据黄举平、黄明三的指示,在弄年举办的党员学习班,结束后 10 多天,就和我到南丹拉索组建丹池边革命委员会。黄唤民到那里活动了两个多月,条件具备了,于是在当年 10 月成立丹池边革委。成立大会是在拉索峒谭卜丁家召开的,参加会议有 20 多人,主持是韦展荣(韦仕英)。选举韦汉超为主席,谭国联为副主席,韦展荣为组织委员,覃桂芬为宣传委员,何黄贤为军事委员,韦正珠为助理军事委员,韦灵定为粮食委员。会上,黄唤民传达了西安事变的情况和我党关于抗日的方针,还传达了右江上游革命委员会关于各地要建立抗日组织,组织抗日武装,发动群众开展抗日斗争的指示。当时,丹池边区革命委员会的中心任务是组织河池、南丹、荔波、融江、九圩、思恩、宜北等地的抗日斗争。这次会议,一共开了一个星期。当时是秋收时节,参加会议人员白天下田打谷子,晚上开会。会议结束后,各地代表纷纷建立抗日武装,用不多长时间,就建立了几百人枪的队伍。丹池边革委存在期间,我们曾在河池的三旺组织了一场抗丁斗争。原因是国民党三旺乡长违背国共合作抗日协议,加重群众征兵负担,贪污壮丁款,谭秀明、韦达儒带领 10 多人到三旺乡府与乡长辩论,揭露他破坏抗日的丑行。结果,这个乡长失败了,把几个不应征集入伍的 15 岁以下的小孩子放回家。

李邦本、蓝天、韩建猛　整理

（节录于中共荔波县委党史研究室编:《荔波革命老区史料汇编》,中共党史出版社 2006 年版,第 192～193 页）

覃桂芬谈有关南丹县、河池县党组织

时间:1987 年 6 月 24 日

地址:覃桂芬家

记录:覃举林　黄语录

一、关于翁昂支部

翁昂支部是韦汉超去建立的,时间是 1935 年农历八月。韦汉超在 1932 年 10 月从果棉峒突围出来后,先在板坡一带隐蔽,后到南丹县芒场、拉运,才去翁昂,成立翁昂支部,书记谭耀机(东兰大同弄肖人)。到 1939 年支部不存在。支部被破坏的原因是:当时我们反对征兵,搞同盟,被敌人发觉追捕,我们的人李国栋在宜山县一个叫"砣辛"(地名)的地方被国民党杀害,谭国联在南丹"洞桥坪"(近八圩)被敌人抓住,押送南丹县城残害致死(用火头慢慢烧死)。书记谭耀机转入地下,直到解放后回家病故。

二、关于丹池特支

丹池特支 1936 年筹备建立。

1937 年农历七月何云到西山弄年开会后,才决定派我和黄唤民上南丹河池去工作。农历八月我们到拉索村(属南丹县,在河池边界),在这里建立丹池特支。参加成立大会的有:韦汉超,谭国联、谭耀机、覃桂芬、黄唤民、韦仕英、韦林定、黄武、韦正珠、谭怀干、韦绍光、韦寿昌、何志贤(荔波劳村人)、韦××(翁昂支部,翁昂人)等人。特支书记韦汉超,副书记谭国联,宣传委员覃桂芬,组织委员韦仕英(展荣),粮食委员韦林定(东兰大同纳歪屯人),武装正副委员分别为谭秀明(大洞塘则人)和韦正珠(东院巴拉人)。

为什么成立中共丹池特支? 因为当时那一带的荔波、宜北、思恩、南丹、河池、天峨边界有我们的同志在那里活动,需要有一个组织来领导,所以中心县委才派人去建立。

到 1939 年,国民党搞村、甲制度,防范很严,不许人走村串户,否则抓去,我们无法活动,特支就停止了。我和黄武(三石人)要回西山汇报,到嫩山过不了红水河,只好转入地下,其他的人也全部转入地下了。

三、关于丹池边革命委员会

丹池边革命委员会与中共丹池特支同时成立,主席韦汉超,委员记得有覃桂芬、黄武、韦仕英、谭秀明、覃二(东兰长乐拉勿人)。到 1939 年丹池边革委就停止了。

四、关于南丹县拉索支部

拉索支部是韦挺生先去发展,1936 年农历二月成立,书记覃二(东兰长乐拉勿屯人),党员覃卜丁(又叫覃乙思,大同河内屯人),莫村兰(板升人)、韦正标(大同同旁屯人)、韦孔仁(同旁屯人)等。拉索支部到 1939 年停止。

五、关于河池县长老支部

长老支部于 1936 年开始筹备建立,是我和韦挺生去发展的。当地三旺有两三人参加支部。成立地点在更车屯。书记谭秀明,副书记韦达如(大同板合屯人),党员约五六人。长老支部存在到约 1939 年。当时搞抗日,国民党征兵,因乡长卢老三抓青年去顶替有钱人的兵役,我们就发动群众与他斗争,冲突很大。因此我们也无法在这里立足,支部也就停止了。

六、关于塘则支部

1936 年农历八月,我与韦挺生从丹池的拉索村下到塘则一带,组织同盟,发展党组织,首先恢复老党员的组织关系,又吸收新党员,在塘则成立一个党支部,书记谭怀干,委员郭腾甫(河池新烟拉甲屯人)、谭元安(大同干来牙吉人)、谭恩吉(弄河洗人,在坡峨附近)、覃恒规(长乐拉金人)、覃安邦(坡豪卫恒人)、韦绍光(永安人),党员有侯老三(果棉人)等。塘则支部领导东兰、河池、都安边界党的工作,受黄举平领导。到 1938 年因与西山上级组织联系中断,支部停止活动。

资料来源于中共南丹县委党史研究室,摘抄时间:2000 年 8 月 2 日。

(节录于中共荔波县委党史研究室编:《荔波革命老区史料汇编》,中共党史出版社 2006 年版,第 199～200 页)

采访老红军覃桂芬笔录

口述人：覃桂芬（原政协东兰县委副主席、中共党员，现已离休）

整理人：莫应忠、莫安达

时间：1987 年 3 月 23 日

请你老人家谈一谈丹池边革命委员会的来历，它与黔桂边革命委员会的关系如何？

覃桂芬：1932 年，黄举平在贵州荔波一带组织筹备黔桂边革命委员会，同时酝酿丹池边革命委员会。到 1935 年四五月间，陆浩仁、谭培芬从大圩街买得几斤盐巴挑到长老卖。到长老以后碰见谭秀明，他们向谭秀明了解我的住地。后来谭秀明带陆浩仁、谭培芬到宽洞找到我，在聚谈时了解韦汉超、谭国联他们的住地及活动情况。陆浩仁在宽洞对我说，西山革命根据地已经恢复了，你们要找韦汉超、谭国联回来碰头。

于是，我派韦永良同志上贵州荔波去找韦汉超、谭国联下来研究，结果于 1935 年 6 月韦汉超、谭国联和韦永良一起下来到宽洞住了一夜。陆浩仁问大家各人住地及别后的活动情况。因宽洞近长老平村，不大安全，因此，第二天我就带陆浩仁、韦汉超、谭国联、韦永良、谭耀机、谭秀明等人一起前往拉索，继续开会，由陆浩仁具体传达西山根据地的恢复情况，他号召我们团结起来，共同奋斗，并加强与西山革命根据地的联系，我们也要尽快地组织起来，争取西山革命根据地对我们的支持。约三四天后，韦汉超、陆浩仁、谭国联又一起上贵州的荔波，到荔波以后，韦汉超同志将留在荔波继续工作。谭国联、何志贤就跟随陆浩仁到平果去活动。

1935 年 12 月，我从宽洞出发前往西山，途中到东兰又与韦鼎新一路，次年春节后我们才到西山，到西山以前，黄举平已在西山成立右江上游革命委员会，记得当时覃国团和覃矮从下游的平果来到西山指导成立右江上游革命委员会，主席黄举平。我在西山参加开会约有半个月之后，黄举平把我们这些人员分配到各地点去组织活动。当时我和韦鼎新被分配到河池的长老、宽洞一带组织筹备丹池边革命委员会。

我和韦鼎新到宽洞后，于 1936 年（农历）七月再派韦永良（大厂工人）上贵州荔波去找韦汉超同志，后来韦汉超、谭耀机（东兰人）和韦永良一同下来到宽洞又住了一夜。第二天我和韦汉超、谭耀机、韦永良、谭秀明、韦仕英、韦联定（长老那盘人）、黄伍等也一起到拉索去。听传达西山会议精神，我说，西山上游革命委员会已经恢复,黄举平任上游革委员会主席。黄举平要求我们在这边开展并叫韦鼎生和我回到拉索传达会议精神。韦鼎生到南丹拉索后还到大厂找韦仕英、黄伍等人了解党员数字,准备恢复党支部的活动。

丹池边革命委员会产生的情况:

1937年(农历)七月,我到西山听何云传达西安事变及提出国共两党合作,停止内战,一致对外,建立抗日统一战线的政策。何云同志传达完后,右江上游革命委员会主席黄举平即根据何云的指示,把革命目标转移到建立抗日统一战线,并研究右江上游各县的情况,把南丹、河池的抗日游击队领导人名单交由黄唤民到南丹找韦汉超等商量,并把任命书和丹池革命委员会的领导成员名单带去开会。

记得当时黄举平任命河池九圩郭腾甫为抗日中队长,胜珠(东兰人,住南丹板秋村)为大队长。何志贤在贵州荔波任抗日大队长,河池长老黄乙长为中队长。

会议结束后,我和黄唤民于8月份回到南丹的拉索活动。于同年我和黄唤民从西山回来,农历七月,吃了七月半(七月十四)以后,记得途中进黄唤民家住了10多天,因我患感冒。黄唤民的爱人还为我们打两双布鞋,即我一双唤民一双。

七月下旬我和黄唤民从他家出发了,经东兰隘洞,过三旺到长老的六角找谭秀明,然后才到长老的宽洞。我们在宽洞住了两天,并叫韦永良上贵州荔波找韦汉超、谭国联回来开会。韦永良去了两天,第三天跟韦汉超、谭国联、谭耀机等人一起回到宽洞住了一夜,次日便去拉索。

当韦汉超、谭国联、谭耀机他们起身来宽洞时,还托人去喊何志贤、何志珍、一个姓韦的来拉索开会。过了两天何志贤等三人就来到拉索。天峨的代表秀章知道也来参加开会。各地代表,参加会议人员约10多人,到齐了以后由韦汉超、黄唤民主持会议。我说,西山革命委员会派黄唤民同志来协助我们组织荔波、南丹、河池、东兰边境代表选举成立革命委员会。黄唤民同志开始传达何云同志的讲话精神,然后介绍右江上游革命委员会,酝酿丹池边革命委员会的候选人名单。大家一致举手同意韦汉超同志当选为主席,谭国联为副主席,组织委员韦仕英,宣传委员是我,军事委员谭秀明、何志贤,粮食委员韦灵定。韦汉超同志还讲右江上游革命委员会已经恢复,又同意我们选举产生丹池边革命委员会。对我们鼓舞很大,要求我们加强革命活动会……那天晚上我们在谭卜丁家开会,大家都很高兴,来自各地方的同志,有的唱壮歌、有的唱瑶歌,热闹非凡。

经过选举结束以后,于1937年12月由黄唤民把名单送到西山交给右江上游革命委员会主席黄举平。当时我、韦仕英、黄伍、覃少汉等人也一路同行到西山参加右江上游革命委员会举办的党员学习班,那时孔克(中央代表)来,时间半个月。经主席黄举平审核批准后,于1938年2月再拿回来拉索开会宣布,记得右江上游革命委员会派一个委员韦××(名字记不清)是三石乡的人来到南丹拉索开会宣布。当时参加会议有韦汉超、谭国联、韦绍光、郭腾甫、覃文熙等人,黄唤民没有参加。

莫应忠、莫安达　整理

1987 年 3 月 23 日

广西环江县委党史研究室提供

（节录于中共荔波县委党史研究室编:《荔波革命老区史料汇编》,中共党史出版社 2006 年版,第 203～204 页）

黄唤民谈有关党组织情况

时间:1987年6月12日、13日

地点:巴马县农业局

记录:覃举标、黄世平

关于中共东兰县委的情况

中共东兰中心县委成立之后,建立了中共东兰县委,成立时间是1937年6月中旬。记得中心县委如开扩大会议,各地负责同志都来,地点在西山弄追峒。会议讨论组织抗日救国会,抗日义勇军和建立县委等问题。这时,黄举平因工作太繁重,每天大小事都找他解决,他说我应付不了,建议各县能成立县委的就成立,未能成立的要创造条件成立。

后经讨论,先成立东兰县委。万冈因条件未成熟,未成立县委。当时不是选举,是由中心县委扩大会议讨论确定的。我先提议韦星高负责东兰县委书记。韦星高、韦朝丰却劝我负责,因为我是中心县委负责人之一,领导凤山的平乐、万冈的月篆、东兰的兰泗一带的工作,常驻西山,有事如找黄举平商量,各地来往的同志都到西山,联系方便,由我当书记较好。这样,黄举平就确定由我当东兰县委书记。指定黄维汉任组委,韦星高任宣委,其他委员有杨正规、陈卜胞、侯年寿、覃桂芬、韦朝丰(陈仕读插话:是不是委员记不清),他是县委委员。县委下有五个区委:安辉区,书记黄维汉兼;兰泗区,书记韦立勋;西山区,书记杨正规;中山区,书记韦星高兼;东山区,书记韦朝丰。

1938年12月27日中心县委会议分配我去南丹、河池,后因孔克、李映芳被敌杀害,农历腊月二十三日(公历1939年2月11日)起敌人"搜剿"西山,叛徒黄家康策反我,写信要我出卖西山留守处的覃耀西,我不干。1939年农历三月下旬(苞谷种完后),我与覃耀西、黄显超从西山转移出去,走到所略乡,被敌乡长黄春光发现率乡警10多人追捕,我跑上山脱身,覃耀西被敌抓到乡公所盘问搜身后放走(覃是都安人,敌不认识,又无证据)。东兰县委到这时算停止,但我离开西山,其他委员的活动我不清楚。

关于南丹、河池党组织的情况

翁昂支部是韦汉超去建立的,时间约在1935年,书记已忘其名。属中共丹池特支领导。中共丹池特支由三个人负责,韦汉超是书记,谭国联管宣传,覃桂芬管组织。特支成立前已建立丹池边革命委员会(主席韦汉超),特支存在到1938年。

南丹大厂附近的拉索村有个支部,成立时间是1937年11月。1937年7月何云第二次到西山时,开会决定由我和覃桂芬去开辟。我们到的时候正是中稻含苞抽穗时节(约公历8月),先到覃桂芬家,后到大厂的拉索村,和工人一起做工,发展积极分子覃二(东兰长乐人)入党,后发展覃卜丁(大同河内人覃乙恩,真实姓名已忘),韦××、×××入党,以后还有一个女青年也入了党。中共拉索支部共5名党员,书记覃二。支部存在到什么时候问覃桂芬才清楚。

河池长老支部是覃桂芬去建立的,1937年8月,我和覃桂芬去检查时,该组织已被敌人破坏,找不见人了。具体情况去问覃桂芬。

关于贵州省党组织的情况

贵州省的党组织,先有个(贞)丰(乐)业支部,是牙美元、王仕文去组织的,王仕文任支部书记。

1932年6月成立黔桂边委后,有板城〔陈〕支部(黄举平、赵世同先后任书记),运赖支部(岑永发任书记)。

覃举标、黄世平　记录
1987年6月12日、13日于巴马县农业局
环江县委党史研究室提供

(节录于中共荔波县委党史研究室编:《荔波革命老区史料汇编》,中共党史出版社2006年版,第202～203页)

田阳南山区组织抗日义勇军前后

颜朝廷　李春明　颜朝堂

古眉、洞靖两乡交界的兴达、百林、淋楞、雪平等地,借着一条条小河的自然灌溉,水田占有一定的比例,是山区里的金角。长期以来,两乡国民党政府和拥兵自重的地头蛇,都把这一带视为宝地而加强控制。古眉乡古眉街的韦义英,曾任奉议县县长个把月,又任百色区民团副总司令,膝下有不少爪牙打手,堪称南部山区的一霸。1934年至1935年,他无事生非,诬告兴达村叫个屯的农开胜,到处搜捕,逼得农开胜长期上山躲藏。洞靖乡洞靖村的廖金华,拥兵为匪,打家劫舍,1934年到1937年又干起抓兵抓夫的生意,雪平、淋楞一带历尽他的摧残。在这些地头蛇的蹂躏下,这一带的农民,世代耕耘,春种一把谷,秋收一把米,终年食不果腹,衣不遮体。

1935年秋,许光(淋楞村岩王屯人)和农开胜与右江下游游击队取得联系,并遵照游击队领导人的指示,分别在洞靖、古眉两乡建立了交通站。经过坡洪、五村等乡,到田东县作登乡,和游击队主要活动地——巴麻连成一条线。此后,许光、农开胜就经常利用晚上时间,召集附近几个村庄的青年到叫个屯的敢怀山洞,揭露国民党政府的暴政,宣传革命道理。颜朝廷、杨玉山、许天贵、黄光生、谭玉山、覃红少、李荣祥、陆金奇、陆金和等,接受革命思想较快,成了古眉、洞靖交界一带的先进分子。

1937年元月,西安事变爆发的消息传到右江地区。右江下游地区为适应建立抗日民族统一战线的需要,计划成倍地发展党员,建立各级党组织。同年春,建立了中共天向田中心县委,分管田东、向都、天保、田阳等县的抗日救亡运动。

夏初,中心县委派党员黄彪、韦桂荣等人到我们这一带,找到了交通站的负责人农开胜和许光,利用晚上时间在个叫屯的敢怀岩洞召集先进分子开会,宣传党的抗日主张,宣讲党的基本知识。不几天,黄彪、韦桂荣就吸收许光、农开胜、颜朝廷、陆金奇、陆金和等人入党,并建立了田阳县委党支部,由许光和农开胜负责,党员共11人。这样,南部山区在党组织的领导下,开始进行宣传组织抗日救亡的活动。

1937年夏天,中共桂西区特委决定改变斗争策略,与国民党广西政府当局进行合作抗日谈判。为了适应地方谈判的需要,田阳县支部先后几次在百林、叫个等地召开支部会,研究分派党员、骨干到各地组织青年武装,奔赴抗日前线的问题。决定派李春荣到百色县中华乡,谭玉山、杨玉山到洞靖雪平,许光在洞靖淋楞、百林,农开胜在古眉的兴达到坡洪的陇升、陇含、陇洞(现新洞百谷一带),覃红少到保宁。

经过几个月的时间,各地组织起来的武装,共五六百人。这些组织起来的武装,由于条件的限制,无法集中起来学习、训练,只是征得他们口头同意后,就打发他们在家务农,等待集中调遣命令。枪支也很少,10个人中最多有两杆枪。但是,由于宣传鼓动工作做得细致,广大青年的觉悟提高很快,奔赴前线抗日的热情也很高涨。雪平村的谭玉山,二战时期(这里指土地革命战争时期——编者注)参加过赤卫军,革命低潮后当过国民党村长,因和洞靖乡长闹矛盾,参加了党支部组织的各种活动,并动员他的儿子和他一起参加抗日武装队伍,誓以忠心报国。

1937年冬,中共桂西区特委与百色区民团指挥部谈判达成协议,将右江下游的游击队改编为国民革命军,北上参加抗日。我们田阳南部山区的武装队伍奉令于12月下旬出发赴田州参加改编。出发前,党支部在百林村的田垌召开骨干会议,有70多人参加,宣布部队将开赴前线,还说我们参加的是八路军,是延安领导的抗日部队。当时,洞靖乡府、古眉乡府对我们的活动已有所察觉,抓人抓得很紧,况且我们也不知道上级党组织与国民党定的是什么样的协议。一听到领导说部队将开赴前线,大家都想尽快去延安,摆脱困境。我们是经扇村、百峰、濑毕,渡过右江河到二塘,然后下到田州的,坡洪陇洞的队伍是经坡洪、那坡到田州的。

到田州后,我们住在旧街老百姓家里。由于部队大多是新招入伍的新兵,缺乏军事知识,在田州时的主要活动就是操练,操练以队列为主。记得有一天,百色民团指挥部派一个官员到田州来,我们集合队伍去接受训话时,队伍参差不齐,迈步一左一右,非常零散,那个官员见了之后非常恼火,在训话中说我们这帮人是够差火的了,纪律松弛,需要整顿。

在田州约20天,部队进行了改编,按照国民革命军的序列,改编为国民革命军第九独立团。团长黄彪,下辖3个营,第一营属于田东那边,黄汉渊任营长,连长有黄国楠等,第二营营长农开胜,连长有韦桂荣、苏朝端、韦明光等8人,第三营营长许光,连长有谭玉山、李春荣、许天贵等8人。我们被编为第九团第三营。部队中没有建立党组织,田阳县支部的10多名党员分别担任各级领导职务或充为兵士,党支部实际上已解体。

1938年元月,部队奉调离开田州到扶南县龙头镇集中训练。上船前,团长黄彪集中全团战士训话,说我们要开赴前线抗日,大家不要想家,要奋不顾身去打日本鬼等等,讲了许多鼓励我们的话。这时,我们才认识他是我们的团长。

2月,过完春节没几天,我们部队奉调乘船开往前线,我们是经南宁、梧州、广州、长沙、武汉到安徽前线的。部队到衡阳,国民党军队就挨车厢来缴我们的枪支,他们说我们的枪打不了日本鬼,现在收旧的去,以后发新的好的枪。这样,我们的枪支全被收缴,赤手空拳,听任国民党军队摆布。到了安徽的舒城,部队即被桂军收编,至此,所谓第九独立团就不存在了。

（节录于莫亚人主编:《抗日战争时期百色地区党史资料》,1992 年印行,第116～119 页）

我为右江和南宁的党组织沟通关系的经过

曾　诚

1932 年韦拔群同志牺牲后,右江革命失败,右江游击队即中断了同上级的联系。为了寻找上级,陆浩仁同志在都安县夷江区活动时,曾带领一些同志,以做酒饼为名,到贵州荔波找红七军,但红七军早已离开了荔波,他们只好又回夷江区。以后成立了红河下游革命工作委员会。机构就设在夷江区大成乡东成村。那时韦瑞山同志任东成村小学校长,他是本村人,学校设在四面环山的×场里,外人很少到那里,组织要我和黄永固到该小学做教师,实际上是坐镇机关。

我们一面教书,对学生灌输革命的思想,一面负责接待来往右江苏区的同志。那时,我们虽做教师,但待遇很低微,只靠收一些学米来维持生活,吃的是玉米粥;菜,是东兰同志教我们吃的一种野菜,叫作革命菜,平时难得吃到肉。但当时为了革命,我们毫不计较。

校长韦瑞山只是挂名的,他很少去学校,校务由我与黄永固及校长的堂弟韦瑞琉共同负责。瑞琉的家在学校附近,他早出晚归,对我们的事从不过问,因此他回家后,学校便是我们的天下,任由我们读革命的书,唱国际歌等,所以是一个理想的据点。

1935 年放暑假后,我离开大成乡到桂林去投考广西师专,后来考上了。在师专,我有个表兄叫潘伯秀,他早年已考入该校读书。所以我一入校,有他介绍,即大体了解校中的情况,并和一些进步的同学交上了朋友。当时,师专有史托(斯大林和托洛茨基)两派的斗争,我也被卷入了两派的争论,站在拥护中国共产党的史派(斯大林派)这一边。1936 年三四月间,师专的进步教授杨潮领导组织"抗日反法(西斯)同盟",我也参加了。同年 6 月爆发两广的反蒋运动,全省大中学生奉命停课下乡宣传,我和几位同志被派到罗城山区做宣传工作。约 1 个月,广西当局又把我们调到南宁,改编为学生军。

来到南宁后,我去西乡塘民团干校找我的表兄潘伯秀。那时他已被分配到该校任教官。我同他谈起右江游击队找上级的事。他便介绍我和另一位教官刘敦安(他是师专一届同学)认识。表兄告诉我说,刘是师专一届进步同学的头头,曾参加过大革命,对革命很坚决,他可能有党的关系。刘敦安见到我,很热情地同我谈话。我谈到师专所组织的抗日反法同盟的事,他说,中国的革命只有在中国共产党的领导下才能取得成功,抗日反法同盟是个群众组织,也只有在共产党的领导下才不会迷失方向。当我谈起右江还有游击队在活动时,他听后很高兴。他说:我们早就想找右江游击队,你既然和他们有过关系,你可回家乡把游击队的领导人找来同我们见面。我很乐意接受这个任务。于是便由刘敦安资助我川资回到我的家乡——都安金钗(当时还属都安管)。

从南宁到我家乡,路经隆山县城,要走整整四天的路程,那时还没有通汽车,我一个人晓行夜宿,到了家乡,找到了以前共同参加革命活动的朋友。他们说,陆浩仁同志早已离开都安了,在这里只有黄桂南一个人。当时黄桂南也正想找上级联系,我找到以后,便把他带到南宁。刘敦安同志把我们安排在南国街凌焕衡同志的家里住,凌当时也在民团干校任教官,他和他的爱人在南国街租了一间房子,很宽敞,我们就在他那里住下。当时民团干校的一些进步同学假日进城时,也都在此落脚。所以在这里,我又认识了不少的同志,例如师专一届的麦世法、徐惠规、张镇道、潘伯津等。黄桂南同刘敦安接上头后,由他介绍右江情况,但他具体谈了些什么,我不在场,不知道。过了几天以后,刘敦安对我说,现在广西搞反蒋,一定会失败,如果由反革命头子蒋介石统治广西,我们就无容身之地,所以现在我们要准备搞武装斗争。右江群众基础好,又有游击队,大有搞头,你可随黄桂南回右江,看看实际情况如何,究竟有多少武装,把情况弄清楚。于是我又随黄桂南返回右江。

当时国民党反动派对右江游击区还是严密戒备的,通往游击区的路都设关卡,发现有可疑的人就搜捕,乡长还常带武装民团在路上巡逻,因此,我们去右江是冒着风险的。从南宁到林圩,还可白天走路,但从林圩到东兰这段路,只能夜行昼宿,我们在群众的掩护下,一站过一站,终于通过了封锁线,进入到西山地区。一进入游击队控制的地区,我们就如鱼得水,可在大白天大摇大摆地走,不用担心反动团丁来抓人。到了西山,在一个山岭上的草棚里,我见到黄举平、张宪、黄世新等同志,独独没有见陆浩仁。我一见到黄举平同志,就向他打听陆的去向,他说,陆在1935年已牺牲了,听后,我不禁黯然神伤。原来,有一次,陆浩仁去果化巡视工作,被一个叛徒所暗害。这个叛徒杀狗招待他,把他灌醉后用斧头劈死,同时被害的还有滕国栋等5人,这实在是一次惨痛的教训。他们的牺牲,实是右江革命的损失。在韦拔群牺牲后,右江革命趋于低潮时,陆浩仁仍对革命充满信心,不畏艰险地东奔西走,重新组织革命武装,继续进行斗争。

他到都安夷江区活动时,年纪约 30 岁。他人生得眉目清秀,谈吐温文尔雅,说话逻辑性强,善于联系群众,在群众中很有威信。听到他牺牲的消息,不能不令我痛心。

黄举平、黄世新等同志所领导的游击队有 100 多人,分别驻扎在西山的几个村庄里,有二三十人随黄举平等几位领导同志在山上住。由于他们身处偏僻山区,几年来没同外界联系,对外边的政治形势不甚了解。我将我带去的一些书报交给他们看,并对他们分析了自九一八事变以来国内形势所发生的变化,以及党所提出的抗日民族统一战线政策等。他们很受鼓舞,除要我对山上的战士讲讲外,还要我到附近的村屯去向战士和群众讲。我所到村庄,群众一见面就问:红军什么时候打回来? 他们对国民党反动派摧残右江苏区、烧杀掳掠的罪行极愤恨,很希望红军能回来为他们报仇雪恨。他们对党和红军的深厚感情,很使我受感动。

在西山,我逗留了一个多月时间,便同黄桂南转回南宁,我将右江的情况向刘敦安作了汇报。这样右江的党组织便同南宁的党组织建立了正式的联系。1936年 11 月,郁江特委在贵县召开党的代表会议,黄桂南代表右江党组织,出席了这次党代会,并被选为省工委委员。从此,右江党组织在省工委的领导下,斗争有了方向。同年年底,省工委又派何云(林鹤逸)同志去右江协助整顿那里的党组织,使右江的斗争打开了新局面,可惜后来黄桂南未能坚持下去,那是后话。

我从右江回到南宁时,"六一"运动已结束,广西师专合并到广西大学为文法学院,到学校开学时,我就回广西大学读书,继续参加桂林的地下活动,以后右江的情况就不怎么了解了。

[节录于李刘科、苏宝钧主编:《中共南宁地方历史资料汇编·土地革命战争时期(1927.8—1937.7)》,中共南宁市委党史研究室印行,第 460～463 页]

到那马一行

陈 岸

1936 年我们省工委和右江党〈组织〉接上了关系以后,于同年 12 月初省工委派何云(即林鹤逸)以巡视员的身份去右江。何到右江时,是"双十二"事变发生。当时右江有上、中、下游三个中心县委会,下游是那马中心县委会负责。那马中心县委在彭维之去那马之前,中心县委书记是徐泽长。……

当时省委是掌握这方面情况的。1937 年 12 月间,我到那马去一次,是右江的那两个团被国民党骗出去了之后才去的。我到那马时,跟那马中心县委的徐泽长等几个人住在一个岩洞里。我去那马的目的是看看吴边和地方党联系上没有(吴边是张云逸同志的秘书,是中央派来广西工作的)。当我见到吴边已经跟地方党联系上了之后,才住两三天就回来了。

我到那马时,彭维之也在那里。王昌荣(桂林人)也在那里,记得王昌荣当时住在岩洞里很深的地方,由于洞深空气稀薄,他不习惯生了病,后来叫他到靠近洞口的地方来住,但病还是没有好,我要走时,才交代他们要把王昌荣送走。

1982 年 12 月 24 日

(节录于中共广西马山县委党史研究室编:《右江—那马—那马革命根据地史实之一》,1988 年印行,第 1 页。文章题目系编者所加)

那马革命岩洞概述

韦成珠

〈广西〉那马县地处偏僻的石灰岩山区,山岳连绵,树林覆盖,大大小小的岩洞星罗棋布,形成了独特的地形地貌。1930 年至 1938 年间,中共那马县地下党组织,在这里发动群众,开展游击战争,开辟了永州、州圩革命根据地。地下党游击队〈在〉敌强我弱的险恶形势下,充分利用了这里的天然岩洞,开展革命活动,跟敌人进行周旋,声东击西,神出鬼没,使敌人疲于奔命,遭到痛击。而地下党游击队却凭借诸多岩洞的掩护,不断发展壮大。所以人们亲切地称呼这些岩洞为"革命岩"。

当时,这里有名的就有九个革命大本营岩洞。现将自己知道的一部分概述如下。

第一个革命大本营:在州圩乡平山村坡马、江庄屯的背后山上。岩洞坐南向北。另有两个支营,一个叫特松岩,一个叫潭盆岩。支营是大本营的外围,作为瞭望和探听敌情的哨所,联系群众,分散隐蔽的据点。第一大本营的入口处是个大洞口,出口处是个小洞口。洞里分上下两层,像个楼房。上层干燥,下层潮湿,有水坑、泥泞。洞长约 500 米,高度一般是一丈多到两丈,宽一米多。大本营的营部设在上层的一个洞殿内,这里有四五间房子那么大,洞顶用手电筒照不到。洞里光线暗淡。开会、办公、学习,必须点着油灯或火把照明。由进口处到大本营部,必须经过下层岩洞,走过一段水坑、泥泞和乱石的路径,才能攀登上去。这个大本营部是地下党储藏武器弹药、重要文件的地方,还经常储备一定的粮食、油、盐、柴及油灯等物,以防万一。

曾经有许多地下党领导人住过第一大本营,例如,1933 年有黄松坚、赵世同;1934 年至 1935 年有滕国栋(代号老杨)、陆浩仁(代号老白);1936 年秋末有陈岸和桂林的一位姓黄的同志。陈岸他们住了十几天,原来是筹备召开重要会议,粮食、柴火、灯油、桌凳都准备好了,由于情况变化,会议没有召开。至于李凤彰、韦成篇、徐泽长及其他地下党同志,每次下村回来多住在这个大本营里。

1932 年至 1933 年,地下党领导人曾计划在这个大本营里自制土地雷。黄书祥特地留下他的警卫员韦中村,负责制造地雷的技术指导。当时已准备了 20 多斤黑色火药,十多块犁头尖,六七个鼎锅,作为制造地雷的材料。后因情况变化,停止制造。

1929年6月,那马农民赤卫军举行武装暴动,赶走了国民党县长黄之胄,占领了那马县城,建立了人民政权。震动了国民党反动统治的基础。国民党反动派为了稳住他们统治的阵脚,对我革命根据地大举反扑"围剿"。妄图搜捕革命领导人和革命骨干,扑灭革命根据地。1931年9月1日,国民党桂系失意军阀陆福祥纠集匪兵两营500多人"围剿"江庄、坡马屯;1932年2月,国民党又以同样兵力"围剿"六琼、六俄。这些匪兵所到之处,翻箱倒柜,烧杀掳掠。可是,我革命领导人李凤彰、韦成篇、徐泽长和其他革命骨干却安然无恙地休息在第一大本营里,并且保持与革命群众密切联系。敌人的两次"围剿"与搜捕,均以失败而告终。

1935年夏天,国民党军队头目陈日葵带队到州圩坐镇,威逼人民群众把州圩乡各个村屯的山林砍伐,他们则在山下布置警戒,妄图把地下党员和游击队困死饿死在岩洞内。但是,由于地下党员和游击队与人民群众有血肉关系,那些上山砍伐木材的群众,趁着敌人忽落〔略〕监视的机会,向岩洞里的同志投递情报和午饭,使他们在洞里温饱正常,对敌情了如指掌,坚持与敌人作斗争。

1933年国民党对第一大本营周围的坡马、江庄屯曾一度进行严密封锁,使大本营中的同志粮食供应陷入紧张,有时被迫挖野菜充饥。在坡马、江庄群众无法接济大本营的时候,就有宁寿村坡社屯的四位妇女(陆素海、陆兰英、陵春锦、陆美玉)冒着生命危险,多次秘密把大米和木薯粉送上第一大本营。

第二革命大本营:在州圩村巴朋屯右侧半山腰,洞名叫感怀岩。有一个支营在巴朋山背后。这个大本营岩洞入口处矮小,必须低头弯腰才能进去。洞内高两米多,能容纳30人左右。通常州圩敌情紧张,游击队为了探听敌情和隐蔽目标才使用这个大本营。这个大本营的洞外警戒、联络,就靠巴朋屯和附近的革命群众。赵世同、徐平等领导同志曾住过这里。当时,巴朋屯负责给大本营里的同志送饭和接头的,多是黄永康和黄国隆两位同志。

第三革命大本营:处在州圩新村后背山,名叫"感公岩",坐北向南。洞里可容纳2000人左右,另有三个支营,即黄秀支营、坡鉴支营、弄厥支营。李凤彰、徐泽长、韦成篇等领导同志先后在黄秀支营召开过地下党代表会和革命群众代表会各一次。

第三大本营有两个出入口,岩内路径崎岖不平,洞殿宽广,洞顶最高部分手电筒照不到顶。这岩洞有两层,上层干燥,下层部分干燥、部分有水。住在这个岩洞便利于联系向阳(百通)、黄秀、新州、那呆、坡鉴、亲爱等村屯的群众。赵世同、梁乃武、徐平等领导同志曾住过这里。李凤彰、徐泽长、韦成篇也经常在这里出入住宿。洞里经常储备一定的油盐柴米,以备急需。

有一次,徐千里同志奉命从这里出去搞经济工作。他深夜回来,急需向李凤彰、徐泽长、韦成篇三位领导同志汇报。但是,这三位同志已去坡马屯。徐千里马上拉着守卡的韦成珠陪同到坡马屯去。走到桥棚路上,遇上这三位领导。但双方相距一段距离,月光暗淡,视线模糊,认不出人来。李凤彰他们先发出口令:"站住!""谁?谁?谁?"连问三声。徐千里听出对方的声音,满不在乎地边走边答"奴儿,效儿,奴儿",声音低小,含糊不清。对方怀疑是敌人,立即开枪。韦成篇、徐泽长两人朝天打,李凤彰朝徐千里的脚下打。子弹穿过徐千里的大腿肌肉。韦成珠卧倒路边,没有受伤。经过彼此再次呼喊,才知道是自己人。从此以后,晚上口令严格规定。除了普通口令外,还有特别口令。回答声音要宏亮清晰,以免误会。而且口令一天一天下达。

第四革命大本营:在永州乡巴是屯右侧山上,坐西向东,名叫四方岩,有三个支营,一个叫"射长腰",在大本营后背;一个叫"感拉",在巴是屯后背山;一个叫"弄雍",在弄口右泉岩。

这个大本营岩洞可容纳100多人。国民党军队驻扎在定罗街和永州街时,游击队多利用这个岩洞。住在这个岩洞通常是到巴是、感旦、谭清、里川等村屯做群众工作。

韩平波、老杨、老白、赵世同等领导同志,曾住在这里指挥肃奸和搞经济工作。有一次,定罗街演戏,国民党那马县县长由警长陪同观看,戏场里热闹非常。我地下党领导人趁这个机会,到戏场里活捉一个大财主,要从经济上惩治他。负责捉拿、掩护、警戒的人员都落实好了。但是,由于负责捉拿的同志不够老练,当把套索套上财主的颈上时,被财主挣脱,溜走。于是枪声大作,戏场锣鼓声顿失,秩序大乱。执行任务的同志垂头丧气地回到大本营。过后,大家回忆这次行动,感到有趣和可笑。但也因为自己的功夫不过硬而感到惭愧。

第五革命大本营:在州圩凤凰山山腰,坐西向东。这个岩洞的洞口,被茂密的藤蔓和树木笼罩,不论从哪个方向看,都不容易被发现。洞内干燥,光线充足,空气新鲜。只有一个出入口。洞内可容纳30人左右。黄松坚同志曾在这里住了两个月,写了两篇重要文章:《打倒国民党》《新形势与新策略》。

第六大本营在永州乡感益屯左侧山上,岩洞坐南向北。第七大本营在永州巴苗屯后背山。第八大本营在永州乡良开屯,名叫"定线岩"。第九大本营在永州乡德育村弄怀屯后背山。这些革命岩洞多是开会时使用,住宿较少。此外,还有不胜枚举的临时隐蔽、接头的岩洞,在此不必赘述。

李鼎中　整理

（节录于中国人民政治协商会议马山县委员会文史资料编辑组:《马山文史资料·第1辑》,1985年印行,第27～32页）

3. 滇桂边地区斗争情况

我上云南经过

韦天恒

我是民国十七年(1928 年)就上云南了,当时我是去做生意的,在富州借粮食吃,经常在那力寨一个姓黄(大有安)家住,还到过洞波、里达、木茂、木受、八宝等地,广西的百南上下寨都去过,在这些地方都是搞生意的,对富州这些地方我比较熟悉。在剥隘住得一年我才写信给我爱人李美,她参加红军,任宣传队队员。韦纪是我侄儿,是红军营长。李美接信后,将信给韦纪看,韦纪就带八个人(韦纪、韦天恒、韦八、梁亚甫〈西林人〉、农明英、李绍楚、朱国英、朱国臣)由那坡大良屯出发到云南。韦占先带路,先到者桑韦汉廷家住,随后由韦汉廷带韦纪等人到剥隘找我,又由我介绍到洞波找韦三(田阳人,是黄天应的妹夫),他们几个就分工做工作,韦天恒分在剥隘,朱国英、朱国臣到弄彦、甘邦一带。后来,黄天运到剥隘当护商大队长,韦三任中队长,韦纪任分队长,韦天恒任班长。

后来陈太清在者桑当区长,介绍李修学到皈〔归〕朝当区长,他当区长后,这批人才能背枪出街,后来派人与韦高振联系,叫他出来当司令。韦天恒在剥隘要杨浩忠的第六个老婆做老婆(皈〔归〕朝乡人),她后在富宁被敌人杀害。

后来,李家祺和韦高振到靖西,李绍楚到平孟开饭店,农明英在那力要个老婆,做生意,先后在那哈被杀害。李著轩是后来才上去的,陈太清跟范石生到平马要个老婆,姓李,李绍楚到富宁后认陈太清做妹夫,我母亲是黄天运的堂姐,我就利用这个关系到富宁做生意,人家信任我。

百色点党史座谈会:韦天恒(韦六)

记录人:陆成

1983 年 7 月 14 日

(中共云南省富宁县委党史办保存并提供)

回忆上云南开辟新区

朱国英(朱鹤云)

1932 年 1 月,当时滕国栋、黄书祥派韦记、韦天恒和我到滇桂边去开辟工作。1937 年在国共合作时期,我参加右江抗日义勇军,后转去延安。

（原件在云南富宁县政协,抄自那坡县委党史办公室资料摘编）

张伟　抄录

1987 年 9 月 24 日

（中共广西靖西县委党史办公室保存并提供）

回忆上云南开辟新区情况

韦 汝

我 1930 年上去云南,以后写信给平马侄子韦纪、韦天恒、韦八、李绍祖、朱国英、朱国诚等人,后来他们就上去。

张伟 抄录

1987 年 9 月 24 日

(中共广西靖西县委党史办公室保存并提供)

关于当年红军的情况

冯正豪　冯正方

1932年,我们经常到多立开会,会是刘家华领导开的,参加开会的有一二十人,大部分在晚上开会,各人把知道敌军的情况汇报。同我经常去开会的有弄立队二人,韦正杰、潘朝机,我们3人经常与刘家华联系,我(冯正豪)是劳农委员。

有一次在多立开预备会,有一张桌子,记得刘家华在会上讲过,现在我们准备在谷留开劳农大会,要警惕敌人的破坏,我们要做好工作,发动人去开大会,各寨有什么情况要经常联系。

1934年农历四月,在谷留开大会,成立劳农会,我(冯正豪)得去参加开大会。搭有台子,有标语口号,会上有中年的李家祺宣布成立劳农会,我去开会是弄岁黄阿一几次动员我才去的,起初我还不想去。

1934年农历腊月十日,打恒村战中,黄阿一的脚受伤,后红军给他一条子(意思是由地方负责医好病)。后黄阿一向当时有钱的几户借钱,弄东王国民家50元,黄国央50元,弄登队张中海50元(这几户土改时划为地主)。黄阿一去收钱被土匪许生元杀了,后国民党又把土匪许生元杀了。

支援红军的财力:弄华、弄恕、甘屯三个寨捐12元。在打恒村前,有六天的时间,红军也在,赤卫队也在,守山丫口,有70到80人,吃去粮食600多斤,晚上放哨回来的还吃宵夜,另有酒的人家还供酒,吃去酒200多斤。

打恒村战,敌死三人,我方死四人(敬龙一人)。

干屯寨:冯正豪(68岁)

冯正方(69岁)

走访人:杨松、赵必荣

1983年7月28日

(中共云南省富宁县委党史办保存)

我在滇桂边当交通员

韦 伍

我是广西田东县百谷大队人。1932年,我同本寨的朱国英到富宁的者桑。因我会撑船,朱国英叫我搞交通员,派我回到百色找买船只,以便护送在滇桂边工作的同志来往于右江上下游。朱国英交代任务以后,我即回到百色,没有多久就买到了1条船。从那以后我就在百色至剥隘开船,从百色拉东西到剥隘,从剥隘拉东西到百色,主要任务是护送我们的同志来往。我记得,李学修、赵敏、农明英、韦纪、韦天恒、李绍楚、李显著等去云南的富宁都是坐我的船,因为那时坐船比较安全,不易被敌人发现。有时,有的同志回下游汇报工作,都坐我的船上下,我记得滕静夫也坐过我的船。

1933年五六月间,为加强领导,下游党委又派岑日新、刘八、何二叔、兰十五、廖仲廷、陆昆等干部进入滇桂边协助前几批同志的工作。7月,原在剥隘等地活动的韦纪、韦天恒、朱国英等转到九弄地区,与刘家华、岑日新会合了。

张杰 记录

1983年6月29日

(原件存于中共云南文山州富宁县委党史研究室)

成立中越革命委员会情况

赵直品

（赵直品谈 30 年代弄黎一带革命活动，地点在广西靖西县地州镇福留大队汤利屯）

赵直品：我今年 70 岁，大约在 50 年代前（具体是哪年，我记不起来了）癸酉年（1933 年——编者注）农历二月初八晚上，我参加弄黎屯（属福留大队）革命宣誓活动。宣誓由谭统南主持，地点在弄黎屯林通谟（上个月病故）家门前水井边。同我们这边一路去的有 18 人，正式宣誓有二三十人。我是在那次第一次见到谭统南的。当天晚上，谭统南还派人到弄黎山坳迎接我们，目的是保证我们的安全，来接的人同我们定了个暗号，没事者，来迎接的人表示欢迎，若被国民党发现，来迎接的人就说"我还没拣够猪菜，你先赶牛回家"。后来没有什么事，我们分散三三两两到达目的地。

谭统南当时人们叫他作"谭参谋"。当晚他检查人数后，由林通谟的父亲在桌上放一碗米，插三支香（点了火），还放了三个酒杯，装上了酒。带头宣誓的也是谭统南。宣誓的内容我记不全，大致是：××年×月×日在弄黎井边，中越边区革命委员会宣告成立……我们同乡相关，患难相顾，有福同享，有难同当……反对压迫剥削，打倒土豪恶霸……如有违者，断头如鸡，绝灭如香。宣誓人×××。

宣誓完毕，谭统南带头刺破指头取血混同鸡血放入酒后喝，接着叫韦高振喝，韦高振当时在一家屋里打"麻雀"（麻将），谭统南喊：韦三哥，到你了。韦高振来喝后，我们其他人也依次喝血酒。我是第三个喝血酒的。

我们一路 18 人，我记得名字的有：罗光臣（白旦屯人）、赵家盼（汤利人，已故）、赵先因（已故）、赵统达（已故）、朱汉（白旦屯人已故）、罗卜阳（白旦屯人已故）、罗廷远（白旦屯人已故）、罗光海（白旦屯人已故）、黄卜琼（弄喂）、黄春廷（发林）。

谭统南经常在弄黎屯林通谟家住宿，也经常出入于弄会屯（属福留大队）。我当年也是在汤利屯。我给谭统南送去了几次盐巴，一次 5 斤、一次 7 斤，每次都有三五斤。送去了十几刀阳春纸，给他做宣传用。还送去了 30 来斤大米。后来谭统南给老许（许文廷）拿米钱给我，我没有要。我是送给革命的同志，而不是卖米。当时我是在本屯当教师。

中越边区革命委员会成立不久,谭统南托黄子华(副区长)叫我当村长,于是我也当了一段村长,但时间不长。

谭统南当时还经常到地州龙腾一带组织革命同盟活动,龙腾有不少人参加了同盟活动。

[注:根据龙腾大队足东屯李大海老人回忆,在弄黎屯结拜同盟,成立中越边区革命委员会后不久,即1933年3月18日,由龙腾大屯刘永丰组织组织龙腾同盟会,参加人员有:刘永相、刘永康、覃昭奥、李大海(李亲枫)、刘犹彩,黎富海等共38人]

赵直品　口述

黄朝岗、梁文林、王光荣　调查采访

1982年12月19日

(中共广西靖西县委党史办公室保存并提供)

组织中越革命委员会情况回忆

李大海

组织革命宣誓。1933 年 3 月 18 日,组织中越革命委员会。

民国二十二年岁次癸酉即是公元 1933 年 3 月 18 日晚,奉得韦三哥、谭统南领导派我两位(农连长黄师爷)来到龙腾村组织中越革命委员会,该村有 40 名参加宣誓:

今晚我来贵村组织结拜兄弟,从今晚起,有福同享,有难同帮的原则,我们要遵守[大家]誓言,每一个串[穿]手吃血,以后不论何人切莫反心。如反心者,如鸡断头,似香灭火,没有反者即是大喜。此誓。

覃昭开　覃昭用　农绍宁　陈国良　刘永章　农绍吉　农付脉　廖长干覃子光　廖远案　赵承作　赵承志　黎福猛　刘光福　刘尤利　农绍田　农全朋　廖远松　廖远朗　覃昭恩　刘永丰　刘永康　刘永想　刘尤彩　覃昭建覃昭奥　黎福海　李培书　黎永文　刘永三　李春枫　廖远启　廖远腾　廖正明　廖长最　廖长岭　廖远计　廖远龙

前天你说有一位同志是周成林,他在哪里? 他是古文村古文屯人,他原来是两姓,一姓是李一姓是周,他家还有两个男子。该材料是梁正秉供给的,他还说这组织中越革命委员会我村还有很多人参加的。

1983 年 1 月 5 日

(中共广西靖西县委党史办公室保存并提供)

关于中越边区革命委员会的成立和到滇桂边工作情况

黄振庭

我是 1932 年 7 月份即农历五月下旬到武平。这时黄庆金建立右江下游赤卫军第三团,有 100 多人,因人少,并〔遂〕开会决定分为三路扩大革命武装:第一路由黄庆金上九弄找梁振标,争取过来 300 多人;第二路是由统南到恩隆找国民党革命军第二军,军长周建仁,没有得到答应;第三路是由我和梁振兴在安宁、平温一带借以杨福昌为首的"神仙"集团名义组织"革命同盟"。后来黄庆金又派我同梁振林到同正县中京屯找韦高振,韦带 13 人枪到中越边区。

1933 年农历五月初在〈靖西〉坡豆乡福留村龙黎屯成立中越边区革命委员会,黄庆金任主席,谭统南任副主席,黄德胜任参谋,韦高振任军事委员。黄振庭任经理股主任,黄振(何沙平)任秘书,梁振兴为委员。

1933 年 3 月上旬,李德慧、梁振标等率九弄地区游击队三四百人开赴靖西县龙帮乡百见村与谭统南、韦高振的游击队会合,由黄庆金主持成立抗日救国革命十八军,政委黄庆金,军长梁振标,下设三个师番号:第五十一师师长韦高振,第五十二师师长韦日波,第五十三师师长崔自〔伯〕温。

1933 年 5 月 6 日上午中越边区革命委员会刚成立不久,靖西国民党反动政府调集龙帮对讯兵来包围抗日救国〈军〉,被我军在安宁东北边的叫竭打退,打死敌副讯长一人,打伤数人。同一天九点钟左右敌民团来增援,被我军在厚屯击退,打死民团数十人,缴得数十支枪。

1934 年初,抗日救国军第十八军全部赴云南富宁县九弄地区,开展游击活动。

1934 年 6 月 6 日,李得慧、梁振标、韦高振、小班、钟贞甫都在百油集中,有部队 300 多人。梁振标住尾洞,韦高振住甘美。头天晚上得知敌人要来进攻,李得慧、梁振标、韦高振开会研究,作了战斗部署,决定第二天鸡叫就到阵地等待敌人。韦高振部队在坝子等,梁振标、钟贞甫、小班,到对面坡等待伏击。结果等到天亮未见敌人来,我们就麻痹把部队撤回寨子住下,因疲劳有的睡觉,认为敌人不会来了,也没有放哨,到 10 点钟左右,广富守备农志猛一个营 300 多人从甘美后山进攻了。因疲劳没有放哨,敌人冲到甘美屯烧去三四间房子,开了枪我们才知道出来迎战,短兵相接,发挥游击队手枪多的长处,当即打伤敌人二三十人,击毙敌军叶连长,我军中队长黄保成站在一个石头上,开枪猛击敌人,光荣牺牲,还负伤两个战士,我军还缴得敌人几十支枪,夺敌军军旗一面。

甘美战斗后不久,我军退回九弄谷桃屯住得十多天,黄松坚同志到谷桃了。这时云南、广西两省派军队要来"围剿",我军放弃谷桃,拉部队到广西泮水下来的每努屯。就在这个时候,黄松坚命韦高振带他所属队伍中越边区作战略回避,我也随韦部中越边。1934 年 8 月初,韦高振从九弄到都安的芭蕉虹,同张国会打了一仗,敌 30 多人,我军 20 多人,打了一下敌人跑了,双方没有伤亡。1936 年三四月份以前,韦高振部都一直在中越边区进行游击活动,此时我被派往下游汇报工作。

1935 年 12 月份我又上到〈靖西〉敏马,就见到欧仲明、岑日新、黄德胜、谭统南、何松林等人,梁振标、韦高振也在〈靖西〉安宁一带。我向黄德胜、岑日新、梁振标等汇报。1936 年农历三月初三,我又化装上坟出去,回到下游汇报工作。这时滕国栋、陆浩仁介绍我入党,过了 1 个月左右,黄绍谦、陆浩仁、马振球带队去打林逢公社的中山圩。没有几天我同马振球、黄显春、半点①又上中越边区了,路经巴麻巴合、紫微、妙怀、湖闰、新兴。不久即在龙黎屯,由马振球主持,召开会议,有李家其、黄德胜、谭统南、周书日、梁振标、韦高振、欧仲民及我参加会议。会议主要整编部队及机构。这时第三联队由马振球任政委(是滕国栋、陆浩仁派上去任职),梁振标任司令,黄德胜任参谋,赵敏任组织部部长,黄振庭任经理部主任,周书日任财政部部长,黄振任政治部主任,谭统南任宣传部部长,李家其任秘书。我记得是李家其同志在会上宣布的,下设 3 个大队,韦高振任第一大队长,欧仲明任第二大队长,朱国英作第三大队长。

部队整编后不久,黄德胜、梁振标等就把部队全部 400 多人开赴云南,路经洞华、莫古、七村、畈〔归〕朝、洞波到那达,这时赵敏、黄加游等在那达工作。我们到那达住几天,就上去打八宝了,是马振球、黄德胜、韦高振、李家其带队。打八宝后,就来打那耶,没有打成,区长逃跑了,只没收得一些物资。我们又回到那达。1936 年 6 月 11 日,集中 700 至 800 人到九弄围攻列村岩洞,攻了 10 多天没有攻进,被广西桂军来打我们。敌人从洞华进来到宋平分两路向我们进攻。我们指挥部在河边上半山上的一个村,还有机关枪队,有几支手提机关枪。与敌人作战时,马振球带了 20 多支手枪弯过一个山头,未接上队伍,使我们战斗力减弱。敌人武器好,使我们未能打胜敌人。双方胜负不分,我们退到下九弄住了。过后过那表、者桑到洞波。

1936 年 7 月黄德胜、韦高振又带 300 多人从洞波来打畈〔归〕朝区长黄绍臣,他有

---

① 化名。

民团 200 多人固守皈〔归〕朝,我们攻进皈〔归〕朝街上拿下民团住地,俘民团 100 多人教育释放,缴了民团一批土枪丢下河。但黄绍臣死守区公所,我们没有攻下,还失去了一支驳壳枪。我军牺牲一人,名叫陆亚福,拿到街头安埋,韦高振左手负伤抬回那达的甘南医治。

1936 年农历八月十五日,趁我军欢度中秋节之际,敌军龙汉斗夜袭我司令部的那达。那天黄加游、何坚、何沙平、罗子德、何生川及我 9 个人在那达。那天正接到傅少华来信要求司令部支援他 20 支驳壳枪去打那耶。司令部只有 10 支,我同黄加龙从那拉到韦高振住地甘南问韦高振,叫韦拿出 10 支去支援,韦高振说:"我伤还没有医好,要留下来作保卫。"下午我同黄加龙回到那达,这时何坚、何沙平也来到了。那晚是八月十五的中秋节,我们在一家马店吃完晚饭后就睡了。12 点钟左右,何坚起来洗凉听到狗叫,即喊我们,当时我说,狗叫这样厉害,会不会有敌人。黄加龙说怕什么,还有赤卫队放哨。这时敌人已到马店抓了我赤卫队(因喝酒过多而睡不醒的)6 个人。我们住的东家听到狗叫越来越厉害,即跑到门口来看,见敌人已经包围了,回到屋急叫我们起来,冲出门口,何沙平冲在前头,到了门口看见敌人就开枪,结果枪没有打响,敌连长冲上来了,与何沙平在门口撕〔厮〕斗,两个一扳一扳的,一直扳到围墙的扎门。何坚为了营救何沙平同志,打了几枪没打中,后一枪打中敌连长,何沙平也中弹牺牲了。后我同黄加龙、何坚等几个人上后山,继续同敌人战斗。经过激烈的战斗,我们打死敌连长一人,排长一人,敌兵数人。

那达被围的同时,那拉、甘南也被围。那拉屯敌我双方无伤。甘南屯,韦高振、农安精、罗远明 3 人的老婆及农二、李春荣、张阿田等 6 人被敌打死。韦高振医伤住另外的只有三户的一人屯,敌人没有找到。我军失去 3 支驳壳,6 支步枪。

1936 年八月二十日左右,就是被围后的不几天,韦高振即带 20 多人先回中越边界了,我也一同回到中越边。只有农安精带大队伍留在云南。走后不久,农安精也带队伍全部回中越边了。何尚刚是同韦高振离开那达后他才上去的,大概是 1936 年 9 月份才到达那达。

黄振庭在靖西县委党史座谈会上　口述

张杰　记录

1983 年 7 月 7 日

(节录于广西德保县史志办公室:《滇黔桂武装斗争回忆资料》第 2 卷 11~29号,第 100~104 页)

跟随谭统南在中越边搞革命活动

黄开庆

我是上敏大队足敏屯(属广西德保县)人,名叫黄开庆,外号叫黄二,出身贫农,现年 73 岁。民国二十一年(1932 年)间,由本屯的农光第介绍,参与韦高振部当兵 3 年之久(农光弟当时是韦的部下军需长)。民国二十四年(1935 年),谭统南和沙平同志从天保来到〈靖西〉大莫陇交屯住扎(当时陇交只有两户人家)。据说谭、沙二位是韦拔群同志派来的。

谭统南、沙平与韦高振在陇交经几次接洽,知己知彼,虽是互相了解,但韦高振对谭统南一直仍有疑心,双方在交换用人派员的意见上,韦却向谭提出要求把沙平留随与他,并指派我与梁其明(梁原籍果布屯、现在果巴屯),李○要(外号李德光)、方华从(李、方是大莫大队那排屯)、苏文色(魁圩扶赖人)等 5 人分头跟随谭统南。

从此,我们便与韦高振分开,跟谭统南同行同起,夜同宿,流动在安宁、那冷、南坡、魁圩一带进行宣传,组织壮大队伍,搞秘密活动。我虽无文化,但在勤务上谭对我十分信任,当时谭给我起了个外号叫黄二。

后来,直到民国二十九年(1940 年),因父在家病重,我便请示暂时回家看望老人。临回前,谭同志交代我,要我注意在其龙中越边境方面组织义勇军的梁子才(梁子才是龙州人)的动向,情况如何,要求逢五、逢十到那冷街汇报一次,并布置任务。不久,悉谭统南同志被害,梁其明亲自到我家报这件事,还说害谭的凶手乃是韦燕飞、农福报等人。还告知我谭的部下也要被陷害。闻此讯后,我便一直躲到〈靖西〉腾茂的古星屯去,住到解放。1961 年我才全家迁到上敏大队足敏屯正式落户。

黄开庆　口述

农强业　整理

1984 年 8 月 17 日抄于龙邦

(中共广西靖西县委党史办公室保存并提供)

谈弄怀成立革命团体

黄振庭　黄秀利　林通谟

黄振庭说:1933 年在弄托的弄怀、弄省成立中越边区革命委员会,主席黄庆金,副主席谭统南,秘书黄振庭。

黄秀利说:在弄怀、弄省成立的是同盟会,不是革命委员会,那时黄明轻是地下南区副区长,他宣读宣言。

林通谟说:谭统南于民国二十八、二十九年到弄黎,来回约十年,在弄怀成立革命委员会,在弄省凹旧成立的,谭统南是委员。

(节录于黄朝岗采访笔记第 168、150、155 页,广西靖西县委党史办公室保存并提供)

谈南区革命委员会（南区农协会）

黄振庭

中越革命委员会成立后，当时研究决定成立"南区革命委员会"并给他们 5 支枪。

1933 年 4 月在弄怀召开代表会议，参加代表 30 多人，选举南区革命委员会领导成员，主席蔡保玉，副主席黄明卿，委员梁其明、黄修成、杨高堂等，还发有公章。我以中越革命委员会身份来领导他们，1937 年由于人的〔事〕变化而自然没有〈这个身份了〉。

1934 年，在平稳成立同盟会，全峒都参加，选农有权（农高明）当会长，那时是我与农安精来组织领导的，首先是杨高堂、杨芝去活动的。

黄振庭

1983 年 5 月 15 日

（中共广西靖西县委党史办公室保存并提供）

张志远谈三十年代那坡村的革命活动

我叫张志远,乳名张启杯,今年74岁,18岁时(1932年)韦高振、黄宝臣、许正付等来到我们屯组织同盟会时,附近几个屯很多人参加,结拜兄弟,按年龄大小排号,蔡保玉是大哥,我是排在二十,故人号张二十。参加同盟后有的〈人〉跟着出外活动,有的在家。那时跟着到外地活动的有很多,如弄怀村赵秀品,跟到云南打仗牺牲。黄安(弄怀人)也去了,但后来在抗日时跟到田阳后韦高振派回来暗杀黄振庭这帮在中越边活动的人,反被黄振庭等人杀掉了。我没有到外地,22岁时只跟到本地的西邦、大莫、弄交……(龙邦乡属)一带活动,几个月后即回家。

当时还成立有南区×××组织,由蔡保玉大哥当副区长,黄日照当区长,他们专门负责地方工作,组织发动群众参加同盟会等,他们没有到外地活动。

民国二十三年(1934年——编者注)红军谭统南、黄植宝、韦高振等在我们厚屯、坡巷等几个村屯活动,那时农历五月初(农文逼插话:那年我正得14岁,今年得66岁,按计算是1934年)有一帮人从云南那边下来,是梁振标带来的,来多少人不大清楚,反正是很多人,他们在附近几个屯都住,到我们坡巷屯50多人和韦高振部队一起,听他们喊一个领队的梁振标叫军长,来到就听到这么称呼。

他们刚住下三四天,到五月初七上午7时许,龙邦对讯就来袭击叫竭屯,对讯被打死四五人就逃回去了。约九点钟,靖西民团又从地州方向过来在布银又打了一场。这时韦高振部队有些慌乱,准备应战,那时韦高振叫其军师赖达庭杀鸡看爪卜预兆,赖达庭马上(杀鸡)。鸡煮后赖达庭大喊说:不要怕,和他们打,今天他们来多少不够死。于是韦高振便命令其部下改穿群众劳动衣服,有的脱掉上衣扮成老百姓模样,即紧急分散占领高地。民团看见认为是老百姓还叫喊:今天要打死你们土老不可,但当他们进入伏击圈即被韦高振部队打得蒙头转向,伤亡不少,其参谋长梁彤也被打死了。梁彤被打死后其部下四处逃窜,第二天(初八)才来收殓。那天打完仗红军转移,五月十一日县民团就来"扫荡",烧去民房200多户,坡巷12户,叫竭80多户,足弄50多户(剩一个),登那

8户,弄怀10户,那安50多户(剩一个),念丁20户(剩一个),抢走大批浮财,捉去3个老百姓,以示报仇。

口述:张志远(张文远)、农义逼

采访:黄朝岗、黄鸣龙

地点:龙邦乡那坡村坡巷屯农文逼家

时间:1988年11月2日

(中共广西靖西县委党史办公室保存并提供)

红军到乱坝活动情况

黄主辉　李尚华

1934年,何尚之等红军领导人率领红军部队约100多人从广西德保到七村九弄,来到〈云南富宁县〉乱坝时,红军在乱坝后召开了群众大会,向农民宣传革命道理。何尚之在动员大会上讲了话,主要是动员农民起来闹革命,组织红军赤卫队,扩大革命武装。会议连开了3天。在对群众进行宣传的同时,红军还对部队进行动员整编。

当时,由于九弄红军部队没有伙食自给,在群众大会上动员群众有枪出枪,有钱出钱,动员青年积极参加红军。红军的口号是:动员起来打倒土豪劣绅,打倒贪官污吏,全体战士团结起来,勇敢前进!

通过动员,我们乱坝村参加红军的有李尚华、黄主辉、黄主兵。那时我才20岁。黄主兵参加红军时从家中带走1支十响枪。当时我没有枪,后来红军发给我1支步枪。红军在乱坝三天后出发,我们3人就跟红军部队从乱坝到皈〔归〕朝,之后部队到板伦住了两天,第二天晚上准备攻打富宁。当我们红军先头部队到安广时,与富宁的国民党军相遇,双方打了一阵枪,都无伤亡,后部队退回板伦,没收了李水光、李少光两家土豪的财产。第三天天黑部队连夜赶回架子,在乱坝休整了3天。第三天天黑时赶往皈朝,到皈〔归〕朝刚休息,省军(滇军)就到皈〔归〕朝,双方开始打仗。打了大约一个多小时左右,由于红军武器不好,在敌强我弱的情况下,红军主动撤退,连夜到龙所,群众舂米煮饭接待我们红军。饭后,部队又接着出发,经龙色,到龙邦(谷拉)丫口,又与省军遭遇,打了约一小时左右。因武器不足,在此战中有部分红军队伍被打散,黄主辉被省军抓去抬伤员。我与黄主兵随红军队伍到那平坡寨一带,我们将随身带的两支枪交给了黄大良,我与李尚华和黄主兵就离开红军部队回家了。黄主兵回家后病故。我现年已75岁了,黄主辉也72岁了,我们两老都还健在。

当时黄大良是我们的大队长,灯冒的张福兴是中队长。

兰志武　记录

1984年3月20日

(中共云南省富宁县委党史研究室保存并提供)

红军在那能的一些情况

那能公社农会委员会

〈云南富宁县〉那能公社地处滇桂边，是山高路远的分散山区。早在1931年，有广西右江革命根据地派出红军干部到那能公社，住过那法大队的太平队、甘邦队，那吉大队的那龙队，六温大队的那平队、百刷寨等地，组织建立发展红军队伍。

据那吉大队那力队鄂广品老人说，1936年（丙子年）二三月份，有广西韦英等2人来到那法大队甘邦队，后来到那吉大队那龙生产队黄朝寿家住，组织发动群众，杀鸡喝血吃团结饭，宣传参加红军，不准变心（不能叛变）。韦英说，我们红军是搞革命的，为帮助农民做好事而来，旧政府要钱收粮款项多，乡保长和财主压迫剥削我们农民，穷苦人民无吃无穿，所以把农民组织起来，参加红军抗粮抗税，农民有了自己的组织农会，确实有三年不交款项。群众听了宣传，积极参加红军，发展红军的组织基础。

据许文金说：在1936年至1937年间，有广西百色地区，韦高振、梁振标、何尚刚、欧仲明、梁志平、黄炳宣、韦英等人来到那拉、那吉、那法以及花甲、阿用等地，发动农民组织红军队伍。记得黄炳宣当红军校长，宣传员包括韦英、梁志平。在六温大队组织建立红军队伍。百刷寨的苏胜爱任农会主席，那平队的黄仲文任农会副主席，黄志礼任委员，班茂之任队长，黄朝兴任副队长，黄国才为战士，谓圩队的班士忠任委员、营长，六母寨的黄安全为战士，那壮队的许文金为战士，那谷队的梁松辉任队长，八刷队的苏有生、苏有龙、班文贵为战士，苏廷保任班长。

1937年（丁丑年）4月至10月份，龙汉斗白军下来，与我红军在那法大队的太平队，那拉大队的谓洞寨、谷沙寨，花甲公社的那乙寨等地激战。由于敌强我弱，许多人与红军失去联系，被烧杀抢掠。

被杀害的红军干部和战士有：大温大队的苏胜爱、班士忠、黄安全、黄国才、苏有生、苏有龙、班文贵，那吉大队的黄朝寿、鄂广道、黄英合、黄英富、黄英昌，登合大队的玉开贤。

1982年6月12日

（中共云南省富宁县委党史研究室保存并提供）

韦五谈到滇桂边工作情况

韦五(韦胜广)在田东点党史座谈会上的发言：

我是百谷大队人，1932 年我先同本寨的朱国英同志上到者桑。因我会掌船，朱国英叫我当交通员，派我到百色买船只，以便护送在滇桂边工作的同志来往上下游之间。朱国英交待任务以后，我即回到百色。没有多久，买到一只船了。从那以后我就在百色至剥隘开船，从百色拉东西到剥隘，从剥隘拉东西到百色，但更主要的任务是护送我们的同志来往，我记得李修学、赵敏、农明英、韦纪、韦天恒、李绍楚、李显著等他们去云南富宁都是坐我的船上去，因为那时坐船是比较安全的，不易被敌人发现。有时，有的同志会到下游汇报工作，都坐我的船上下，我记得藤静夫也坐过我的船。

1935 年五六月间，为加强领导，下游党委又派岑日新、刘八、何二叔、兰十五、廖仲廷、陆昆等干部进入滇桂边协助前几批工作。7 月原在剥隘等地活动的韦纪、韦天恒、朱国英等转到九弄地区，与刘家华、岑日新汇合了。

张杰　记录

1983 年 6 月 29 日

（中共云南省富宁县委党史办保存并提供）

梁学政忆滇黔桂边区劳农游击队

我是靖西魁圩乡平巷村人,原在该乡赖德任小学教师。1931年冬,谭统南等从中越边上富州县七村九弄活动,途经赖德村时,动员我参加革命。我入伍后,就参加谭统南等人的革命活动。先后在靖西县的武平、化峒、岳圩、龙邦、地州、安宁、录峒、荣劳、泗梨、平稳、巴蒙、渠洋、魁圩、果乐、安德、南坡、惠仙、葛吞等乡,镇边县的平孟、百南、果凌、龙合、三逢、德华等乡,云南省富州县七村九弄等地组织发动群众。这个地方,南与越北高平龙平、苗王毗邻,北与西林、西隆到红河攀枝花(属贵州省),西是云贵高原,素有鸦片大王之称。我革命武装打击、罚没大烟帮商,成为革命根据地的重要经济来源。当时,广西宾阳芦圩、玉林、陆川、博白、钦州、防城、小董等地的帮商,从百色到剥隘、龙州到靖西孟麻、龙平、苗王沿线,经常往返运输大烟,络绎不绝。

1934年7月,黄松坚从右江下游率领原红七军指战员黄德胜、岑日新、何松、梁敏才、何二叔、何沙平等同志,先到我家,后到云南省富州县九弄谷留。

同年11月,召开滇黔桂边区劳农代表大会,由谭统南、李家祺(有资料写作李家其)主持,锤头镰刀红旗飘扬,《国际歌》的歌声嘹亮,黄松坚宣布滇黔桂边区劳农游击队成立,并宣读领导人名单,联队政治委员黄松坚、联队总指挥(又称司令员)梁振标、参谋长黄德胜、政治部主任赵敏、宣传部部长(兼第五大队长)谭统南。我是在宣传部任宣传员兼飞行队(即特工队)联络员(当时以果乐大境屯为中心站,上边联络九弄、谷拉、魁圩,下边联系龙临、峒平、荣劳、平稳、安宁)。

联队下设5个大队,后来增加一个苗族大队。第二大队副大队长钟珍甫(1936年在镇边的下野被汪中连反动民团打死),第一大队中队长朱鹤云(后任南京军区装甲兵司令员)。接着,黄松坚等人率领第三联队和当地赤卫队,在七村九弄地区举行暴动,镇压反动的土豪劣绅和一些乡村长,没收他们的财产分给穷苦百姓,建立了滇黔桂革命根据地。云南军阀获悉,十分恐慌,于1934年11月底,派龙汉斗部配合广富守备大队长农志猛率领一个营的兵力,由谷拉取程南下,进攻七村九弄地区。

我军在黄松坚指挥下,用第五、第一大队,由谭统南、韦高振率领从百油、者桑迂回诱敌深入;我参加飞行队插入敌人后方,切断它的补给线。第二、第三大队由朱云鹤、钟珍甫、蒙文廷(在富州撤退中牺牲)、凌少庭(在巴来战斗中牺牲)等率领,从谷拉到恒伏村打伏击,主攻敌人的主力部队。战斗发起后,我军英勇杀敌。

这次打了个漂亮仗,歼灭敌人 200 多人。

1934 年 12 月,中央红军从中央苏区向湖南、贵州进行战略转移时,黄英伯奉命来到右江和九弄,传达中央红军战略转移的意义,向我们提出:打通国际路线,另造新的区域,配合中央红军,消灭滇贵军阀,策应中央红军行动。

1935 年 5 月,黄松坚奉中央通知去上海汇报工作。行前布置第一、第五大队韦高振、谭统南两部赴中越边开展革命活动,第二、第三、第四大队由岑日新、黄典伯、钟珍甫、凌少庭、蒙文庭、肖班等人留在七村九弄根据地进行整训,并发展新游击区,扩大武装斗争。同时,安排我到靖西安德街开一个小店,本钱由联队给了 500 块银圆,以做洋纱、熟烟、布匹等生意为掩护,作地下联络工作,约搞半年。当时,由我用小店名义订购的香港《文汇报》《海灯》《大公报》等报纸,然后传递给联队领导人作参考。

1935 年 10 月,滕静夫到七村九弄接替黄松坚,负责第三联队的领导工作。1936 年 5 月在甘帮、龙燕召开党的代表会议,听取各地党员的工作汇报,总结根据地创建以来政治、军事、经济、民运的工作优缺点,指出联队各大队过去在工作上犯了"左"倾冒险主义错误,搞冒险主义,在建军战略上犯"左"的路线错误,违反古田会议精神,给党和革命带来不可估量的损失。会议要求今后要克服和纠正这些重大的原则错误,决定大力扩大新区域,组织革命武装。会上,成立了新的党委,并把红军劳农游击队第三联队改为革命游击队,还在部队建立党的特支。

会后不久,滕静夫派遣一个党小组由黄德胜负责,责成罗英做向导,有岑日新、陈勋、我和梁超武、何坚、包公等人,到西林县者利、平别、土黄、古障、马蚌,西隆县苗冲金钟山一带地区做争取地方势力的统战工作。我和罗英、陈勋到西隆县苗冲金钟山地区争取黄育荣、黄育杰、穆运荣、欧老芒、罗大炮的统战工作,秘密组织武装,等待时机成熟举行暴动。但欧、罗两霸在土黄、古障、马蚌一带为征收鸦片烟税,各据地盘,拥兵自为,争权夺利,经常械斗,虽经我地下党组织的劝导,但贪财的本性使他们不能接受革命的主张,到了鸦片收获季节,他们又打了起来,统战工作功亏一篑。

接着,我们又做争取苗族头领杨福荫的工作。时逢阳春,罂粟花开艳丽,苗冲金钟山地区素誉产鸦片富饶之地。这个地方具有天时地利人和的条件,有利于我们建立游击区。而国民党政府却把它当作眼中钉、肉中刺,特务密探出没无常。他们探知我们在做杨福荫的工作时,即令桂系百色民团指挥官苏新民率一个团的兵力,前往克长、长发一带,借口奉命铲除鸦片烟苗,实际是想扑灭苗族革命火种,拉杨福荫下台。

当时我们和杨福荫指挥官誓盟结义,吸收他加入我们革命组织。我和杨福荫眼看来势不妙,分析情况,立即采取措施,把苗族武装组织起来,这支队伍总有1000多人枪,加上粉枪,比敌优势。为了深入发动群众,从思想上提高群众革命觉悟,我们把苏新民带领反动队伍,一贯在右江沿岸各县镇压革命,屠杀人民,是个刽子手,欠下累累血债的全部罪恶底子讲给杨福荫和苗族群众,使他们家喻户晓,激发了苗族群众对敌人的仇恨。

做好发动工作后,根据苗族群众居住分散和居住地均是山高丛林以及羊肠小道、周围隘口地形复杂的特点,杨福荫指挥官连夜火速下达紧急命令,各村各寨守卡,如发现敌人武装侵犯,立即开火射击,消灭来犯敌人。当敌兵进入各村屯关卡时,各村屯各自为战,把来犯之敌一一痛击。苗族同胞为了保卫自己可爱的家园不受破坏,队伍都十分团结,作战英勇,打枪射击又准确,经过 5 个昼夜激战,剩下的残敌狼狈逃窜。由于有别的任务,不久我们离开苗冲回富州工作。

1937 年夏,中共南临委派来张凡等 4 位同志,传达西安事变及中共关于建立抗日民族统一战线的指示,还带有两担书籍给我们学习。同时召开指战员会议,传达中央的指示。会后不久,张凡不听劝阻,亲自出马,去富州与国民党政府谈判,不幸的是,张凡被反动县长何自尧暗中杀害。我革命游击队闻讯后,立刻命蒙文廷带 100 多人武装,夜袭富州县城。可是敌人很狡猾,诡计多端,不轻易出动。我军袭击一阵之后,旋即回巴来、甘邦、龙燕。南临委派来的其他代表转去右江。从这次血教训中,认清了国民党反动派的真面目,他们是假合作真分裂、假抗日真反共。

1937 年冬,国民党百色当局乘国共合作抗日谈判之机,派韦渔生作代表窜到中越边的根据地,拉拢收买韦高振。韦将根据地的游击队一个团,带到广西田州改编为国民革命军第八独立团,韦高振当团长,杀害了我游击队司令员黄德胜。在右江下游的一个团也被改编,开赴抗日前线后,桂系将我革命游击队编散。从此,滇黔桂边区革命斗争陷入低潮。

梁韶玫　整理

(节录于中共广西百色地委党史办公室等编:《滇黔桂边区革命根据地》,中共党史出版社 1999 年版,第 549～552 页)

梁学政回忆滇黔桂省边劳农游击队革命

1930年10月24日红七军北上进发后,留第二十一师韦拔群、陈洪涛、黄松坚同志负责在右江地区继续活动。

1932年国民党反动派苏新民一个师向天保、镇结、向都、各县"扫荡",我军转移滇桂省边,争取梁振标、韦高振武装起义,首先由谭统南、李德惠、朱国英、韦月波、李家祺到滇桂省边的靖西、镇边(现那坡)、富宁等县,组织靖西县武平、化洞、岳圩、龙邦、地州、安宁、禄洞、荣劳、西黎、平稳、巴蒙、渠洋、魁圩,镇边县果乐、安德、南坡、惠仙、葛麻、平孟、北南、果凌、龙合、三朋、德华,富宁县以七村九弄为革命根据地,从战略上像一把尖刀插进桂西区。南与越北高平、龙平、苗王毗邻。北与西林,西隆到红河攀枝花(属贵州省),西是云贵高原,素誉鸦片大王之称,成为游击区经济来源,宾阳芦圩、玉林、陆川、博白、钦州、防城、小董、商邦向百色到剥隘,龙州到孟麻龙平、苗王沿线〈商帮〉络绎不绝。

1933年3月滇桂省边革命武装暴动后,商帮和游击区打成一片,物资交流一脉相关,枪支弹药军用器材〈可以〉换取鸦片。由于革命洪流汹涌澎湃,土匪散兵卷入旋涡之中,也逐渐改造〈,参加革命〉。韦高振、黄正红、农安征、黄子丰、杨福昌、黄保臣、赵群宗等匪首拥有大批武装,梁振标、钟珍甫、凌少廷、肖班、蒙文廷等武装在滇省富宁、广南、西林,经常与〈国民党当局的〉广富守备军何彩、农志猛斗争。靖西以韦高振为首的隘险(靖西)茶油岭(近大道)、三达岭(化洞、雷平)、隘克(安宁)、陇煞(安宁)几战役,打死民团司令部参谋长梁同(靖西街上人),打死打伤靖西专署保安队百余人,缴获大批武器弹药,特别陇煞(靖西县品名大队)战斗,就击溃法帝的侵扰,我方虽伤亡了五六个同志,但也显示了革命的伟大战斗力量。在谭统南同志的正确领导下,各乡政权雏形建立,雷州半岛上来的南路部队李春荣同志等30多人也来参加。

1933年春节,韦高振和梁振标两部〈到〉滇省九弄,〈和〉谭统南、朱国英、李家祺、韦月波,在九弄大惠屯,刘家华(云南九弄人,已病故)召开紧急会议,传达南方局的指示。我在赖德任教师也去参加(1931年、1932年、1933年任),这是谭统南同志在那里活动介绍的,学校也成为通讯地点、交通联络站。韦高振部队也经常出没,同时赖德乡乡长黄永瑞、教师谭文君也同情我们,支援我们,黄祖元(赖德青年,跟谭统南、梁学政当通讯员,1933年被田阳县民团副司令梁士仪抓去,拿到百色杀害)也和我到九弄去参加游击队。后来国民党政府密探邓卓南(是塘日人,是梁士仪的密探)、钟怀卿(扶隆乡长)告了密,反动民团副司令梁士仪派兵来逮捕黄永瑞、黄祖元,送往百色伪专署枪毙。谭文君和我脱险。反动派出了〈部队〉,花红光洋300元捉拿我们,我村平巷也被反动军队(白崇禧、李品仙师长部下)一个营由魁圩乡乡长陆恒山带来围捕,打死梁案堂(平巷屯人,参加红军)。跟着梁伍、梁瑞堂、梁前堂、农宏笑去参加〈了〉红军。

2月间,滇军一个连配合反动派广富守备军大队长何彩(已被击毙)从叛〔归〕朝区往七村攻九弄,朱国英同志指挥一个大队在者而截击,激战约半天,打死打伤敌百多人,缴获战利品大批,敌人溃退叛〔归〕朝,我军乘胜追击开往百油(属归朝区)。敌人一个独立营及广富守备军一个大队向我驻军袭击,我军采取敌进我退、敌疲我打、声东击西、忽南忽北、迂回包抄,打得敌人尸骸遍野,死伤200多,缴获武器大批弹药。

接着〈是〉陇色(谷拉乡的一个屯)遭遇战。1933年5月敌人(云南龙云、陆汉部队)两个营的兵力,我军利用有利地形,居高临下,展开短兵相接、快放冲锋机驳壳,运动到近战扫射,打死打伤敌人数百,敌人弹尽粮绝,溃不成军。我军三战三捷,胜利凯歌轰动了滇桂高原,七村九弄成为革命的摇篮。

我党军民估计形势,由于滇、桂军阀混战,加上三征苛捐杂税,阶级斗争日趋尖锐化,群众要求万分迫切。反动桂系军阀李品仙派两个团,分头进攻九陇,一路从赖德、德周向京弓坳攻下九陇谷桃;一路向镇边县边界松村攻上九弄谷楼,敌人用尽机炮伴攻,我军利用铜墙铁壁、高山峻岭、羊肠小道、怪石岣嶙,攀路不易的有利地形,加上我们兵强马壮,防御阵地坚不可摧,敌人枪炮声日夜不停,不断的横冲直撞。枪炮起不了作用,我军沉着应战,在悬崖陡峭边用石头滚下,配合冲锋枪,二十响快放驳壳还击,敌人鬼哭嚎叫,我方指挥员、战斗员个个精神抖擞、斗志昂扬。而敌人狼狈奔逃,退出第一线。桂系军阀素吹钢铁第四集团军、什么"小孔明"李、白匪首,碰了一个钉子。

1933年阳春3月,黄松坚同志从右江率领红七军指战员黄德胜、岑日新、何松、黄家猷、唐秀山、黄强、包公、苏二叔、何坚、梁敏才、何二叔、何沙平等同志,先到我家(魁圩),后到九弄谷楼,立刻召开大会,由谭统南、李家祺主持会场,斧头镰刀红旗迎风飘扬,国际歌声嘹亮,黄松坚(何尚之)同志宣布"滇黔桂省边劳农游击队第三联队"成立,并宣读名单,联队政治指挥员何尚之(黄松坚)、军事指挥员梁超武、联队秘书李家祺、组织部赵敏、参谋长黄德胜、宣传部（兼第一支队政治指挥员）谭统南，我是负责宣传员兼飞行队（即武工队）联络站工作，任联络员。第一支队韦高振、第二支队钟珍甫（1936 年在镇边的下野被汪仲连反动民团打死）、第三支队朱国英（〔1949 年后任〕南京坦克〔装甲〕部队司令员）。

接着黄松坚同志传达南方局同志的指示及形势报告，今后军事、政治、经济、纲领、口号、群众组织及游击区规划、秘密交通线联络站等问题；反对"左"倾路线、冒险主义、军事路线；我们应用毛泽东论三阶段指出从乡村包围城市的战略部署。不幸的是地下党李德惠同志在靖西县足表乡惨遭敌人逮捕杀害，给革命带来不应有的损失。同年黄庆金同志从九弄回去到天保县那甲乡被敌人捕捉枪决，在天保县城壮烈牺牲。

1933 年秋，革命蓬勃发展日趋高潮，竟如雨后春笋，各县青年武装纷纷前来参加，部队的壮大已近 3000 人，滇省反动派又派来一个独立团，团长龙汉斗配合广富守备军司令农志猛两个大队向谷拉取程南下，目空一切而来。我军在黄松坚同志指挥下，用第一支队由谭统南、韦高振两同志从百油和者桑迂回，我以飞行队扰乱敌人后方，断绝它的补给线，第二、第三支队朱国英、钟珍甫、蒙文廷（在富宁时下来被打死）、凌少廷（在巴来战斗中死）从谷拉到恒村伏击，主攻它的主力部队，我方围如铁桶，由于地形复杂险要、悬崖陡坡、河水涨大急流，风声鹤唳，草木皆兵，一色暗淡，旷野萧条，我军采用搏刃战，敌人的〔拼命〕挣扎，有的举枪投降，有的跳河而死，有的被俘获，敌人的指挥所不翼而飞，溃不成军。这次的漂亮仗，歼灭了敌人，壮大了自己。

我军经过和反动滇、桂军阀几次作战较量后，势如破竹，直往洞坡、花甲、那日、沙斗、八播进攻，打死那日区（属富宁县）区长杨书陶，大部分民团伤亡，缴获大量武器并得苗族武装赤卫队王开宏会师，作我军的向导，又攻打八播农月楼区长，缴获步枪 20 多支，死伤数人。敌人闻风丧胆，反动正规军两个团纠集一些民团龟缩在广南县城，戒备森严。我军为了避实击虚，声东击西，转回巴来，化整为零组织群众。

我军是人民子弟军，既是战斗队，又是宣传队、生产队，军民合作，鱼水同欢。九弄、七村、百油、皈〔归〕朝、洞坡、者桑、花甲、那日、架街，已组织成立乡劳农会、青年会、妇女会、赤卫队等等。宣传党的政策纲领，传单口号：打倒帝国主义，打倒军阀，打倒贪官污吏、土豪劣绅，打倒国民党政府及一切剥削压迫人民的反动派，反对三征,取消一切苛捐杂税、没收地主阶级财产归公有,工农民兵团结起来,争取民主自由。当时还写有揭穿国民党反动派的八字经,内容是:

……军政时期,军阀得意。训政时期,官僚运气。宪政时期,遥遥无期。党内无党,帝王思想。党内无派,千奇百怪。清党反共,革命送终。勾结帝国,压迫工农。国民党员,只要洋钱……

另外,当时秘密组织同盟会,誓词内容是这样的:"现在我们结拜,亲爱如同骨肉,凡事为义为理,苦乐生死相顾,不怕淫威强权,不辞艰难困苦,秘密不能泄露,行动不能龌龊,若人违背此誓,必遭天诛人戮,全家俱以灭绝,身首荡于殁污。此誓。"

1934年春,敌人一个独立团配合广宁守备军两个大队,驻防巴来向我游击区"扫荡"。我军在谭统南、韦高振、钟珍甫、朱国英等同志指挥下,集中兵力并动员群众坚壁清野,利用近战包围敌人,巷战、冲杀,使敌人伤亡惨重(约600人),缴获大批武器弹药。敌人说我们是人海战术。

紧接着中央苏区红一方面军开始长征,到湖南龙虎关。奉上级命令,黄典伯同志上右江直达九弄,传达长征意义,说长征部队是播种机、宣传队。提出响亮的口号:打通国际路线,另造新区域,汇合西南红军,消灭贵州军(尤国材、黄家烈部队),拖死敌中央军(吴其惠、胡若愚、薛岳3个军)。

红军大部队强渡过乌江直捣金沙江,逼近昆明城。而滇军阀在广富企图暗算蚕食我游击队的迷梦也扑了一个空。两个团敌人仓皇火速调回援昆明,保卫它的老巢,而我游击区暂时松一口气。我孤军作战,相机消灭残敌,恢复正常秩序。

敌人两个团没有撤退以前,凡到各乡都残酷地摧残我劳农会,屠杀干部及劳苦大众,瓦解我们的赤卫队,进行"三光"政策,惨无人道地蹂躏,鸡犬不留。在巴来、那达、三湘洞一带反"扫荡"战而牺牲的同志有李春夫妻、何沙平、谭文君、汪富春等同志,负伤的有韦高振、岑日新,战斗员中有20多位同志壮烈牺牲(名字不记得)。

同年秋,何尚之同志又派黄树功同志率领一个精锐大队及尖刀组向富宁城进攻。首先用尖刀组去侦查搜索,专打它的哨兵,由于城墙防御坚固,戒备森严,攻打不克,敌人两个营轻重机枪四面扫射,敌我悬殊,且没有攻坚武器,战斗一小时,我方暂时退却,避免无代价的伤亡,以保持我军实力,只作扰敌试探性而已。

1935年冬,何尚之、朱国英领导同志奉苏区中央上级党指示:去汇报联系工作,第一支队韦高振、谭统南赴越桂边活动,第二、第三支队由岑日新、黄典伯、钟珍甫、凌少廷、蒙文廷、小班等同志在老革命根据地活动,并展开新游击区,扩大武装斗争。

1936年春第三联队职务由何尚刚负责,并在甘帮、龙燕开一个党的会议,听取各党员的工作汇报,总结历年来政治工作、军事、经济、民运的优缺点,指出联队各支队过去工作犯了"左"倾错误,搞冒险主义;在建军战略上,犯"左"倾错误,违反古田会议精神,给党和革命带来不可估计的损失。今后要克服和纠正这些重大的问题,吸取血的教训,并重新规划,大力扩大新区域,组织群众武装,配合革命形势的发展。

会后不久,何尚刚派一个党小组给黄德胜,责罗英作向导,岑日新(红七军连长、田东人,1942年在越南弄牙被土匪张英华杀害)、陈勋、我及梁乃夫(向都人)、梁超武(百色平圩)、何坚(平果人)、包公(田阳人)等同志(均已故),向西林县者利乡、平别、土黄、古壮、马蚌,到攀枝花、红河一带,我和罗英、陈勋到隆林县苗冲金钟山地区,争取黄育荣(西林大别人)、黄育杰、穆运荣、欧老明、罗大炮,秘密组织武装,等待时机成熟暴动。因为欧、罗两霸各据地盘,拥兵自为,争权夺利,经常械斗,影响我们工作。虽然经组织地下党的劝导,但冤家易解不易决,死灰复燃。

时适阳春,芙蓉开花结实,苗冲金钟山地区素誉产鸦片富饶地,这地方有利于我们游击区,具有天时地利人和的条件。而国民党政府却把它当作眼中钉、肉中刺,特务密探出没无常,狐狸觊觎欲发。正当我们和杨福运(是苗王)指挥官同盟结义,吸收他加我们革命组织,忽然间来了一群豹狼反动派苏新民(白崇禧部下)一个团,借口奉命铲鸦片烟苗,实则扑灭苗族革命火种,拉杨福运下台。我和杨福运眼看来势不妙,立刻采取措施,分析情况,把苗族武装组织起来,步枪比利式1000多支,加上粉枪,比敌优势。苗族房屋居住分散,兼系山高丛林,羊肠小道,周围隘口地形复杂,队伍团结战斗,射击准确,凡是侵犯他们利益的,他们就一定死拼。这种自发力量,势不可挡,谁也不能占他们的可爱家园。我们窥破全豹,见机而行。苏新民这个家伙,一贯在右江屠杀人民,是个刽子手,血债累累。我们把他的全部罪恶底子讲给杨福运和人民,群众懂得,家喻户晓,激发群众仇恨,杨福运指挥官连夜火速下达紧急命令,各村各隘守卡,后发现敌人武装侵犯,立即全面开火射击,消灭来犯敌人。在5个昼夜冲杀激烈战斗,枪声不停,消灭大部敌人,剩下残敌狼狈逃窜。我们保卫了家园胜利生产果实,夺取敌人武器,壮大了自己力量。勇敢的苗族人民接受了真理,共产主义种子发芽苗壮。当时,党的地下工作人员不多,但"星星之火,可以燎原"。苏新民那个杂种,狼心狗肺,差一点被我们送往阎罗王了。

由于时间仓促,我于4月离开苗冲,当时党中央派来张发(有写作张凡)4位同志代表西南谈判,及带有两担书籍给我们学习,同时召开指战员会议,传达有关西安事变、国共合作、西南谈判问题,叫我们参加会议听取传达。会后不久,张发同志亲自出马,去富宁县与国民党政府谈判,不料的是被反动县长何士尧暗中杀害。我联队司令部闻讯之后,立刻命蒙文廷领队100多人武装去,夜袭富宁县城。敌人一个团兵力,周围星罗棋布的戒备,我方寸步难行,只作一些扰乱式的战斗,一方面是用一小组战斗,引诱它出来,而一举歼灭它。可是敌人很狡猾,诡计多端,不敢出动,我军转队旋回巴来、甘邦、龙燕。中央派来的代表同志转回右江。从这次血的教训中,认清了国民党反动派的真面目,他们是假合作真分裂,假抗日真汉奸。陈诚、何应钦的是亲日派,汪精卫的当汉奸,对内则如狲如鬼,对敌是胆小如鼠。我党从国家、民族利益来考虑,虽吃小亏,但护了大局,忠实于人民,一致抗日,坚定不移,得到全国人民所拥护,世界所公认。

接来第一支队从〈在〉巴来、甘邦、龙燕〈进行〉反"扫荡"战。回越桂边活动后,李春荣等尖锐批评韦高振和黄德胜两同志,说他们打无准备之仗,将士无谋,累死三军,英雄草莽,暴露自己目标,使部队遭到惨败、损失。韦、黄诸人反驳,怀恨在心,不接受意见。后暗中派人将雷州半岛来的20多位同志杀害,这是韦高振他们蓄意叛变革命的卑鄙行为。

1937年,国民党反动派乘国共合作、西南谈判之机插手进来,桂系军阀派韦渔生作代表到右江及滇桂省边游击区,饵钩黄一、韦高振收集部队,成立右江抗日军。第八独立团韦高振、第九独立团黄表,瓦解我们精锐部队,并杀害我参谋长黄德胜。上未经联队领导何尚刚同意,下无民主讨论决定,一意孤行,使内部崩溃。交通线联络,泄露机密,从九弄、赖德、魁圩、果乐、尤林、安德、那冷、安宁都浸透了。

1938年李家祺、赵敏、梁乃夫、雷沛洪、马振球,要求上级党领导批准,去八路军办事处,介绍进入抗大学习,我和黄芳稚也跟着参加学生军,后又到阳朔机炮队军训。桂林市成为全国文化中心,有八路军办事处,周总理、叶总参谋长都对学生军讲话,勉励大家努力学习,八路军派来教官王子南(北方人,现在中央)、邓和生

(湖南省渠阳)等同志,陈枫(南宁人)是我们军训指导员(桂北纵队政委、南宁市委书记),我结业后调去玉林集训游击队,驻六万大山。

这份革命回忆录是当年滇桂黔边纵队第四支队第三十五团第三大队长、独立营营长梁政学(离休,现住靖西县魁圩乡平巷大队)提供。

1982 年 8 月 20 日

(节录于广西德保县史志办:《二战滇桂黔武装斗争回忆资料》第 1 卷 1~10号,第 114~130 页)

采访梁学政同志

　　红七军北上抗日以后,右江有第二联队。滇桂黔边的第三联队是在 1933 年成立的,在 1933 年的时候由李德惠、谭统南(东兰县人)先到谷拉一带,谷拉属于云南富宁县九弄山区。梁振标(又名梁武超)在剥隘、谷拉一带是做土匪的,拥有百几十杆枪支,同时蒙运廷、小班、梁志平、欧忠明有几百杆枪,在这一带的地方势力总共有 500 多〈人〉的武装。这部分武装经常出没于滇桂边区一带打国民党民团、何采〔彩〕、农志猛。因此李德惠、谭统南争取他们过来参加第三联队,得到他们的同意。另外在 1932 年的李德惠、谭统南也在靖西的那旺越边,当时韦高振也是土匪头子和农安登、黄正红等经常和保安队打,打死国民党保安队副司令梁同(也写作彤),在干红、乐雷、带团上至平孟郭麻、平温和六同一带的乡长都被韦高振打倒,所以在那时候看见韦高振相当重视,总是向国民党反动派打。因此,李德惠和谭统南把他们争取过来。从 1932 年至 1933 年韦高振的部队先到云南富宁县九弄山区一带,把九弄的梁超武、钟生甫、小班的队伍武装合并,建立滇桂边区劳农游击队第三联队的根据地,联队的地址是在上九弄唐卷(现在的谷留)。

　　1933 年以后,第三联队开始成立,宣布滇桂边区新编劳农游击队。当时在九弄活动,进行武装暴动,把九弄各乡成立农协会,分成上下九弄农协会和劳农游击队,下九弄农协会在谷桃,由刘家华负责;上九弄是在唐卷(现在的谷留)由罗子德负责。当时在达惠召开一个会议,会议由谭统南、李德惠、钟贞甫、梁振标、韦高振参加会议,会议决定在上下九弄成立赤卫队,由张福兴负责(是张杰的哥)。

　　当时在九弄集中有 1000 多人,由韦高振、梁振标负责,率领部队开到百油乡也组织劳农游击队,在汤洞成立了以后,这个劳农游击队的声势引起云南国民党龙云调何采(何彩)一个独立团到皈〔归〕朝,先派两个营到平也的地方。在 6 月份劳农游击队和何采、龙汉斗白军接触战斗,遭遇战打得很激烈。因为那时候劳农游击队大部份都是手枪、冲锋枪,他们是步枪、重机枪,这样国民党有一个营败跑回皈〔归〕朝去了。不久我游击队返回洞波、者桑方向〈进行〉游击活动,同年 8 月就返回皈〔归〕朝和农志猛打。农志猛这支部队困守在皈〔归〕朝区公所,因为在攻坚战方面没有大炮打不下,因此暂时退却。

　　到 9 月,敌人又派一个独立团龙汉斗向从皈〔归〕朝七村往弄色一带,我部从九弄往弄色与之遭遇激战。我部居高临下,开展肉搏战,从早上 8 点打到下午 4

点，双方伤亡很大，到中午时间，采取短兵相接。敌人步枪被我们缴获相当多，趁胜利的时候，继续追击。但是到了三四点钟的时候，敌我双方，肚子饿了，子弹也缺乏了，这样我们撤九弄，敌撤皈〔归〕朝。经过这次战斗以后，我部轰动了滇桂边区。

在1933年短短时间内，这样我们的部队一天一天的壮大起来，发展有2000多人，除开赤卫队，皈〔归〕朝也成立，百油乡也成立赤卫队，者桑、洞波、芭莱也成立一个大队，沙斗、花甲有苗族王开洪负责。

1934年4月何尚之到九弄，当时在上九弄唐卷（就是第三联队所在地）部队集中开会，由何尚之主持宣布，由何尚之负责滇桂边区新编劳农游击队第三联队政委，梁超武任军事指挥员，下设三个支队，第一支队韦高振负责，第二支队钟贞甫负责，第三支队朱国英负责。从此〔此后〕，何采、农志猛又从谷拉进犯。在何尚之的指挥下，在恒村河边把敌人伏击，居高临下，下边是河，上边是石山，地形险要，因此敌人被我们一个伏击，一个都跑不了，缴获他们三四十支枪，打死了很多敌人，全部歼灭。

我们部队推向洞波、花甲，向那耶进攻。第二天打下以后，又缴获他们百多支枪，后直接往沙斗上八宝推进。八宝区长农月楼有二三百支枪，也打了半天，也被缴获了，打死了很多敌人。本来我们直接往广南方面推进，由于广南敌人有两个团在那里，同时地主恶霸武装每个乡都有100多杆枪，所以我们退回花甲往芭莱游击。从那时候经过几次的战斗，滇桂边区一带的敌人草木皆兵，广西上来两个师向九弄根据地进攻，云南龙云调来两个团和民团几百人，也向九弄进攻。但在芭莱开展打这一仗敌人伤亡100多人，我方也牺牲100多人，芭莱战斗是最大的一仗。在滇桂边区成立各乡劳农会，赤卫队也建立，花甲乡劳农会由佛山、汪富兴负责，阿用那柳乡由罗志刚、黄日兴负责。

1934年红军开始长征，经过广西龙霭关便派黄典白对右江滇黔桂边区传达红军长征的意义。当时滇黔桂边区已发展二三千人左右，本来红军和游击队准备会师，但是从富宁到西林的红河敌人到处都有部署，红军到贵阳，消灭贵州军团王家烈、尤国才以后，中央军有三个军，一个是吴奇伟，是湖南的，一个是薛岳，是广东人，一个是胡其惠是云南人，三个军追击红军。但是滇桂边区第三联队，当时想从红河过去会师是打不通的，在另一方面作为策应计划，我们提出口号，打通国际路线，另造新区域会合西南红军。

当时滇桂边区从军事方面来讲,长久利用这帮土匪为主力,当时统一战线,有利于我们,〈凡是〉对国民党反动派打击的,我们就利用他,在教育方面,边工作边教育,由于我们的政治人员比较少,虽然有勇气,但从战略战术方面是懂得的,游击战术,只能采取游击战、运动战。当敌人进攻我们的时候,我们就采取敌进我退,敌退我扰,一方面在游击区里面采取坚壁清野,这样敌人集中那个地方,采取武工队伍去骚乱他,有时采取野战去攻打他,敌人有时人多过我们,采取化整为零,深入群众中宣传党的政策、党的纪律,让敌人摸不到我们的部队行动。

在政治方面宣传政治纲领,打倒土豪劣绅,没收剥削阶级的财产,取消一切苛捐杂税,反对征兵、整补、征夫,同时宣传反对国民党八字经。八字经里面是这样写的:三民主义,糊涂到底。建国方略,放屁胡说。建国大纲,官样文章。军政时期,军阀得意。训政时期,官僚运气。宪政时期,遥遥无期。国民党员,只要洋钱。总理遗嘱,阿弥陀佛。

我们教唱歌曲,在开会的时候,唱国际歌、游击队歌、红军歌、义勇军进行曲等。标语口号是根据政治纲领来写的:

打倒国民党反动政府,打倒帝国主义,反对压迫工农群众,打倒一切剥削阶级,工农民团结起来,反对国党政府。

在百油这一仗,最勇敢的是黄伯成、李青荣,特别最突出的是雷州半岛的30多个战士,他们都是老游击队员,政治上、思想上都比较高,在军事上有战斗技术,敢于肉搏战、拼刺刀,同时在工作方面勇于批评和自我批评对同志的帮助也是不少的。

在弄色这一仗,是遭遇战,短兵相接,我们发现敌人以后,居高临下,利用地形地物,在蒙文廷、黄树攻、黄德胜、岑日新、包公(即傅少华)等几个同志的指挥下,消灭敌人差不多两个营。上午时间,打死敌人300多人,缴械武装也比较多。不过我们失误方面,俘获敌人一个号兵,让他吹号来用,在弄色打何采到中午给他吹号,红军子弹完了的暗号,国民党独立团残部队就猛冲上来,我们损失很大。

在恒村打伏击战,等敌人过来以后,一网打尽。在战斗中,钟贞甫、小班、包公、岑日新表现极勇敢,同时在部队来讲,越大越旺盛,是集体英雄主义的表现。我们没有伤亡,因为地形比较好,在何尚之的正确领导下,取得成绩和各个部队干部英勇善战是分不开的。

从谷拉的这几个战役以后，势如破竹，立即向皈〔归〕朝农志猛独立营进攻，围攻在皈〔归〕朝区公所。这个区公所在丰山岭，易守难攻，相当险要，我方没有大炮，单凭手枪步枪去攻打，是打不下的，经过两天时间也攻不下，我们这次战斗中我方伤亡很多，当时富宁县老反动也在里面。

这次战役以后，出发洞波、花甲、那耶方向，把在那耶的区长杨金陶打跑了，缴得 100 多支枪，到第二天直接往沙斗进发。表现最突出的也是雷州半岛和韦高振的部队，武装皆精兵。第三天返回花甲、芭莱、那耶。游击以后，经过芭莱遇到街天，敌人有 900 多人在街上，群众赶街的也多，这一仗打得也比较突出，包围了敌人，打死打伤敌人也很多，我方陆春荣，最勇敢的一个，也牺牲了。

我们部队经过芭莱战役以后，一天一天的发展起来，一方面策应红军长征部队前进。这次本来我们针对大部队前进会师的，从前面到红河黄草霜的地方到兴义联系，计划是这样的，但是事与愿违不能达到，因为敌人草木皆兵，到处布满了敌人。所以游击队回富宁方向，清理我们的队伍，总结我们这次游击战争的经验教训，以及和长征部队的配合。

1935 年 6 月，当时长征部队过了以后，黄明春、朱国英经过九弄赴上海向中央汇报工作以后，部队由黄德胜、钟贞甫、韦高振、梁振标等几个负责。敌人向游击区镇压很严重，广西调来 2 个师，云南 3 个团，向富宁九弄进行烧杀抢掠，那时候相当惨不忍睹，群众受烧杀。部队有些〈人〉干过土匪没有变过〈来〉，风吹雨打，波涛骇浪，到那时候有些逃跑，有些投敌，也有部分返回越南方面去，有些在战斗中牺牲，我们化整为零。

何尚之走了以后，1936 年元月，何尚刚来接替何尚之的工作，但在生死存亡的关键时刻来接应，措手不及。因为部队零乱，3 个支队一个在一个地方，地形地界不够熟悉，处在这样的情况下，工作也相当艰巨的。在敌人向芭莱、三湘洞、龙所、龙彦、那能甘邦"扫荡"的时候，何尚刚支持的部队与敌人悬殊的情况下，打得相当激烈，我们部队牺牲很多，最宝贵的是红七军来的部分人，包公、黄强、黄沙平、唐秀山等同志都牺牲了，岑日新、韦高振也负伤了。经过这次战斗，有些人经不起考验，如韦高振一到越南边境的根据地以后，他就心灰意冷。在被国民党包围以后，雷州半岛的干部战士，对他提出尖锐的批评，他接受不了，怀恨在心，后把雷州半岛来的 34 个同志杀光，这是不幸的事情，互相残杀是不对的，也就暴露了韦高振这个土匪头子的本性。

1936 年 2 月由何尚刚召开会议，党委作出决定，向西林、西隆的攀枝花一带扩大根据地,发展游击队伍,先以秘密活动。当时由黄德胜、梁学政、岑日新、梁乃武、何坚等同志到那里去工作,分两个组,一个往广南大别组织,一个组到土皇庙点、马帮这一带靠红河边界作组织争取,蒙廷荣、欧老芒、罗大炮、罗二炮等三部分人员,梁学政和罗英到西林苗冲,争取杨福运的武装,但是当时几个组都是秘密组织活动的,只有西隆苗冲杨福运起来暴动。为什么这样呢?因为当时有些特务向百色汇报,百色政府署就派反动军队苏新民一个团到西隆借以割大烟为名,一方面准备把苗冲的100多枪支包围缴械,一方面把杨福运杀掉。我们利用这个机会向杨福运提醒他,因为我们和他结拜兄弟,争取过来,把苏新民在右江杀人放火的罪恶交底给他:一方面苏新民到苗冲割大烟,还准备缴你们的枪也讲给他听。杨福运就命令苗冲所有的武装起来反抗,开始战斗暴动起来了。经过四五昼夜的战斗,把苏新民两个营打垮了,证明苗冲的革命在党的领导下,勇敢战斗,团结一致,共同对敌,保卫他们的生产果实武装胜利这也是和滇桂边区党委的正确领导分不开的,这也就是由于何尚刚同志在党内的会议决议政策,计划所取得的成绩是分不开的。从此以后,苗冲把革命种子传播在那里以后,我们就离开了,苗冲的人民革命不断增长。

由于西安事变,国共谈判,联合抗日,党中央也派来张凡等四个同志来西南谈判,我们部队有些同志要求去抗大学习,到中途返回来被敌人杀害,损失很大。在这个时候,国共合作谈判,国民党也不是真正的合作,而是假合作,真分裂我们的,利用国共合作谈判,暗中杀害干部,瓦解我们游击队伍,如韦高振叛变革命,杀害干部,瓦解部队。右江有一部分武装是梁振标带出来的,名是抗日,实际是投敌。这时国民党反动派伸手过来把我们的精干部队拉出去,瓦解我们的部队。在国共谈判,联合抗日,由于黄德胜、韦高振、黄标等一意孤行,不按上级党指示办,不听联队领导指挥,当时何尚刚是不同意拉部队出去的。因为滇桂边区属于抗日前线,日本帝国主义已经侵略到了越南,越南和广西就是抗日前线,为什么要调部队出去呢?受敌人的欺骗,有些人想到发财,背叛了革命,这是不幸的事情。

当时黄、韦两个团出去了以后,国民党反动派虽然不向我们游击区进攻,但我们部队已被削弱了,我们游击区虽然已恢复,但我们的干部和主力部队给他们消灭了不少。

梁学政　采访录音整理

1982 年 10 月

(云南省富宁革命纪念馆保存,中共云南省富宁县委党史研究室提供)

梁学政讲话录音(节录)

我是靖西县魁圩公社平巷村人,今年 70 岁(1981 年)。1933 年在魁圩赖德小学教书时,经红军干部谭统南介绍参加红军,在黄松坚领导的滇黔桂边区劳农游击队第三联队政治部工作。联队有三个支队,联队政委黄松坚,司令梁超武,第一支队长韦高振,第二支队长钟金甫,第三支队长黄德胜和朱国英。

我和赵敏到花甲组织劳农会、妇女会和青年会,西洋河边的那柳寨有一位叫罗继纲的,我住过他家。者兰、新街、那能、者桑、那良都活动到了,洞坡、石财也组织农会。

1935 年,西林县的罗英来接我和黄德胜、岑日新、梁乃武、梁超武、罗英等人去西林工作,先后在西利、苗冲、古障、平别等地活动,曾经联络过隆林的苗王杨福运,土黄、古障的地方势力欧老猛、罗大炮,平别的黄育荣等,只是搞秘密联络,组织同盟会,尚未暴动。后来,黄德胜又派我和罗英去隆林县苗冲,做苗王的工作。国民党苏新民军队来进攻苗山,名义是铲大烟,实际是要消灭杨福运苗民武装,我们帮助他们组织抵抗,打了五六天,打退了敌人两个营。

1935 年,红军长征到广西宜山地区,派一名叫王〈黄〉典白的到九弄传达红军长征意义和口号。这个人 1937 年牺牲。

1935 年到 1936 年之间,何尚刚是来接何尚之的,任滇黔桂边第三联队的政委,不是支队政委,我没有记错,当时我在政治部工作。

1937 年,上级派张凡、欧阳新等 4 人到富宁。他说:现在是西南谈判,国共合作,我是负责谈判的。我们叫他不要去,他说怕什么,我牺牲了还有你们继续革命。后来在富宁被国民党杀了。

韦高振叛变,他把部队拉去田阳集中,成立抗日义勇军,何尚刚和谭统南都不同意。

1948 年,梁超武当富宁县县长,写信来叫我去当常备队长。我当时想,常备队有 2 挺轻机枪,100 多支步枪,掌握起来对我们有利。7 月,便带 10 多支枪去弄帝找何尚刚,他说,你到富宁也好,把武装掌握起来。10 月,我路过谷拉碰见何尚刚,他说:梁超武可能想同我们一起干革命了。

当时富宁县国民党中有一个民团总队参谋林正军,是国民党中统特务,他和警察局长陈章达都是特务,他与开远的第二十六军有联系。李兴同志到富宁以后,派我队的梁宝山等5人去皈〔归〕朝把他杀了。

采访人:李兴、何荫明、黄文学

时间:1981年10月

地点:百色阳圩农场

注:梁学政起义后任滇桂黔边纵队第三十五团第三营营长,1950年调昆明第四兵团教导科,1951年在西南军政大学学习,毕业后调大理第十四军教导团军政科,后转业回原籍广西靖西县任小学教师。1958年被打成右派,1982年平反改正离休,1983年2月病故。

(中共云南省富宁县委党史研究室李兴整理:《三十年代到四十年代滇桂边游击根据地建立和发展的经过》,1983年印行。中共云南省文山州委党史研究室保存并提供)

梁学政谈话(节录)

罗英大概是 1935 年、1936 年来到富宁一带的,我和罗英认识是在罗志刚家里(富宁阿用),我们经常到他家。

我和罗英是受何尚刚委派去西林的。我们到土黄、古障,准备利用土匪、土霸的势力,凡是对国民党不满的,用他们来反对国民党。罗英说苗冲(现属隆林克长乡)有一个名叫杨福运,有 1000 多杆枪,人家都叫他杨指挥官,我们到苗冲后,就和杨接触(以做买卖的身份出现)。有好感后就结拜兄弟,并一起喝鸡血酒。

1936 年 3 月,国民党派 1 个团(3 个营,1 个营在外围,2 个营到苗冲),团长苏新民是左右江一带的刽子手。国民党派兵去表面是说要铲鸦片烟,实际上是去镇压杨福运。最后我们就要求杨福运出兵打国民党(我们俩也和杨一起参加)。把国民党打败了,打垮了他们两个营,苏新民带外围的一个营逃回百色。6 月,我们接到通知,是黄德胜转给的,就和罗英又转回富宁去了……大概 1937 年罗英又转回他老家去了。后来,我们一打听,别人说罗英牺牲了。

广西隆林县委党史办同志 1982 年 2 月 16 日走访梁学政谈话节录

(中共西林县委党史办:《西林县委党史资料参考》,1988 年印行。中共云南省富宁县委党史研究室保存并提供)

与梁学政核实史料时谈话记录

1936 年初,滇桂边纵队打通云南富宁的九弄,再通过西林、西隆,直到贵州红河边,连成一片。派了一个小组共 8 人,即黄德胜、梁乃武、岑日新、梁超武、梁学政、罗英、陈勋、李福到西林、西隆开辟新区。在西隆活动的有:罗英、陈勋和我。在西林活动的有:黄德胜、岑日新、梁乃武、李福。

隆林县委党史办同志记录

1982 年 10 月 15 日

(节录于中共西林县委党史办:《西林县委党史资料参考》,1988 年印行。中共云南文山州富宁县委党史研究室保存并提供)

红军到百油开展活动和甘美战斗

陆红先　陆定贤

1933 年 3 月,地下党员陆定安以锯木头的身份长住于百油尾洞,随同的共有 8 人。他们以锯木头为掩护,广交朋友,进行秘密串连,组织地下赤卫队和农会。赤卫队队长陆顺忠,农会主席陆顺廷,农会委员有黄彩文(兼联络组长)、黄永达、黄思益(又兼通讯组正副组长)、农达三、黄彩鸾(兼组织组长)、黄如山(兼报信组长)、周维丰(兼副组长)。

1934 年 6 月初,百油乡长钟安保和吕正先给白匪军带路,白军两个连分两路包围了江曲和甘美。因甘美这路枪先响,江曲这路慌忙撤退。甘美战斗一打响,红军先打死敌叶连长,消灭了白军 13 人,我军牺牲 3 人,红军连长王保臣牺牲,时间是中午 2 点。

第二次是 1936 年 11 月,红军 1000 多人进攻安广,白军撤退后返回皈朝(也写作归朝——编者注)。同年 12 月 28 日,在弄迫打最后一战,我方赤卫队牺牲 3 人,后我军主动撤退。1936 年大年初一,白军进驻尾洞,接着对尾洞、洞司进行抢掠,牛马被抢走 120 多头(匹),猪 200 多头,鸡、鸭不计其数,东西被抢劫一空。

苏金勇、韦福兴　整理

1983 年 8 月 10 日

(节录于中共云南省委党史研究室、中共富宁县委党史征研室编:《中国工农红军滇黔桂边区革命游击队》,云南民族出版社 1998 年版,第 92 页)

红军在百油情况（节录）

周维丰

一、山地开花

地下党员及红军,首先进入我县九弄,其九弄地形能藏军用军,出没隐踪,进则能攻,退则能守之要地,我们地下党员及红军,在摸清了地形地物后,才进到百油地区。1933年,李家祺、李德惠等在百油尾洞组织结拜兄弟"歃血为誓"。李家祺、陆定安等都参加本地,则陆顺忠、陆顺廷、黄彩鸾（是保统）、黄文彩、黄悬益、赵明显、黄如等,远近人共有51人,以年纪最高〈的〉陆国宝为大哥,周维丰年龄最小为满弟,此兄弟会的意思,是为巩固革命活动,表面上说:红白喜事互相帮助。

1931年、1932年、1933年右江派出来的地下党员到处串连,人数不知多少,只知李家祺、李德惠、黄日友、朱国英、谭统南、陆定安等,其余年久记不清楚。

1934年,在百油建立劳农会政府,陆顺廷为主席,陆顺忠为赤卫队中队长,黄彩鸾、黄永达为人事组,黄彩文为联络组,黄悬益、赵明显为通讯组,黄如山、周维丰为情报组,者桑农达三为宣传组。秘密组织连父子间都不知道,相隔不久,红军到达百油。

一路住紫尾洞,领导人:何尚之、李正廷、何静山、李家祺。

一路住紫江曲郎冲,领导人:梁振标、朱国英、梁学振。

一路住紫甘美,领导人:韦高振。

宣告注明:司令韦高振,副司令何尚之、梁振标。

其标语:打倒贪官污吏　打倒土豪劣绅。

红军到了百油,扩大队伍建军队,纪律严明,鸡犬不惊。我们百油群众欢喜红军,如亲如友,所以群众要选乡民代表,每寨100人,早晚收粮买菜,接待红军。红军出去与归来,都以百油为重点。百油乡长时时上报,说红军在百油猖狂作根据地,他又不知红军内部组织是何人,只怪广西隆安天保寄居百油,勾引外匪,省政府龙云派龙汉斗、韦杰率队来"剿",配合广富常备军,所以才有口号:隆安天保不要,一律驱逐省土。

二、红军战果辉煌

百油乡长,因怕红军,早年搬家到皈〔归〕朝街上,靠拢区政府。省白军（国民党穿白衣裳,当时我们喊白军）到皈皈〔归〕朝,于1935年农历五月初五乡长带到甘美村背后山,甘美间长派吕正先下山迎接白军引路,被周维丰知道,即飞奔下山向报红军韦高振,予先布置阵地埋伏等待,以于逸待劳。白军耀武扬威,冲进寨中,开一阵冷枪,我红军不动声色,空若无人。待白军贴近面前,红军当头一棍,迅雷不及掩耳,白军措手不及自相践踏,我红军趁势冲杀,白军不分死活一律歪倒下地,犹如山崩地裂,冲锋号冲不停,口号杀连天,白军放火烧家,火光冲天,枪声隆隆,约经三四个钟头,我红军黄保成英勇,生夺枪支,再抢第三支,被旁白军见之击毙,为此才牺牲一个。但白军其官兵死亡数十人,兵无主将,带伤尤众,溃败回原路,一面走一面哭喊爹妈,我红军亦不追击,只高唱国际歌。

三、白军贪财陷阵

我红军打头一仗光荣胜利,威震全县。省白军加兵进攻,指百油为土匪窝,宣布把百油人民杀光,一个鸡蛋都要过刀砍。百油群众畏死,哀求赦命放生。白军又转口改说,要想生存,必须买(良民证)才算是好人免罪,每张法银三元。得数千元,满袋他往,放弃不肃清。广富守备军到皈〔归〕朝,红军侦探周维蕃已到皈〔归〕朝被发觉挨抓,皈〔归〕朝群众证明是好人释放。守备军到者桑周维蕃也到者桑,又被发现抓去处死刑。姐夫雷麟祥,挪借法银伍百元,买命,守备军见钱眼开,受贿释放周维蕃拍卖土地,并遣其弟卖工卖力三年赔还。如此白军贪财不杀,失败必矣。红军艰苦到底,胜利必矣,所以证明国民党政府,上官贪污,下民贱乱,不修国政,不惠民生,不图富强,不立功勋,丧德失纪,败亡立见。

四、众志成城

我红军退下九弄,其九弄石山重垒道路崎岖险丫窄道。名言九弄,实不止九弄,甚超九十,四通八达,适合军事利用之地。所以白军,屡次"剿"到九弄,徒劳跋涉,自取疲倦,不见踪影,无奈手柄回省,毫无寸功。

我红军复起进攻富宁一次,打皈〔归〕朝两次,群众送米送饭,极为维护。则守备军巡逻各处,不知红军在何住往何地,又无人情报,形成冷淡和孤立。但黄彩鸾、赵明显被在百油杀示众,者桑农达三宣传员亦同时被害。我红军在弄迫最后一战,有命令国共合作抗日,遂停止闹革命。

凡三十年代老红军,虽蔓延全县,但以百油为重地,扛枪跟随红军战争的人,都以百油最多,每村寨几个,迄今已死完了,只剩下周维丰、陆宏先、陆定贵三个。这年代的人,已告一结束,日落西山,厚望新陈代谢蓬勃起高峰。

1984年12月15日

(中共云南省富宁县委党史办保存并提供)

红军在龙彦、甘邦的活动

黄光照　马氏韦

1932 年,先后进入弄彦、甘邦活动的红军领导人是赵敏、李家祺、马正球、傅少华、谭统南、欧重明、黄志光、王开宏、梁志平、梁振标、韦高振等。首先,进入该地活动采取的方式是结交朋友、打老同、喝血酒,活动是隐蔽的。第一次公开活动是抓了 4 个从剥隘到盘沟收税的税务员,并且杀了。接着,连续在甘邦地区召开了各种形式的群众大会。最大的一次会是在甘邦坝子上,有附近几个村寨以及红军、赤卫队等上千人参加。在这次会上第一次提出"有人出人,有钱出钱,有主意出主意"的号召。从这以后,在红军的政策压力下,一些人员纷纷投诚,如那良保长李荣安、那法乡长陈应杰、民团队长杨昌汉等。

通过宣传发动群众,各种组织也纷纷建立起来了。甘邦的苏英佑担任了劳农会主席,马常秀为副主席,梁光常为赤卫队长,副队长是董廷夫,组织委员是罗安龙、马朝志,太平赤卫队长张文禄兼政纪委员。

1935 年 7 月,龙汉斗部队开始对甘邦地区进行第一次"围剿",烧了甘邦、弄彦两个村庄。当时红军大队远离甘邦,此地只有一个班 9 名战士和几个赤卫队员。白军 1 个连拂晓时向甘邦进攻,红军在掩护群众撤退后,退守后山山洞。白军把山洞团团围住,敌军摸不清虚实,第一次向山洞的红军进攻时,因为山洞居高临下,背后是高悬崖,只有一条弯曲的小路可以进入,易守难攻,红军和赤卫队战士沉着应战,等白匪纷纷爬到山洞口几米处才开火,当场打死白匪 1 人,打伤多人,白匪仓皇撤退。以后敌人接二连三地组织进攻,均被红军和赤卫队击退。这样,双方在山洞前对峙了一天,白匪因几次进攻都告失败,又摸不清红军的人数,天黑前便往六温方向撤退。

1936 年 3 月初,白军在那拉乡长王家正、三湘洞乡长倪才兴的引路下,以 1 个连及 30 多个民团人员第二次进攻甘邦。由于红军早有准备,在掩护群众撤走后,坚决抵住了国民党匪军的进攻。敌人接连进攻受挫,双方对峙了一天后,白匪军撤走。

1936 年 3 月下旬,红军主力大队驻扎弄况,白匪军又在乡长王家正的带领下,以 1 个营的兵力向甘邦进攻,并占领了甘邦。当天又胁迫两名群众为其带路,寻找红军主力决战。弄况地处甘邦的左上方,相距约两公里,周围四山环绕,要隘重叠,道路崎岖险要,西接甘邦,北接那拨,两处路口均有闸门护卫防守,加之红军早已修好了工事,在敌进攻甘邦时,红军已得到消息并认定白匪会进攻弄况。于是红军和赤卫队严阵以待,众志成城,守候在甘邦来路的山口上。9点钟左右,白匪来到山口的闸门旁,刚一打开门,红军和赤卫队的子弹就像雨点似的扫过去,当即在闸门边打死了10多人,敌人像潮水般地往后败退,鬼哭狼嚎,喊爹叫娘。在溃逃中,因为路边的无底洞很多,有无数的白匪又掉进洞内,成了不见天的冤鬼。红军和赤卫队员勇猛追击,从弄况追到甘邦,从甘邦又追到弄彦,300多人的白匪军大部分被打散,被红军俘虏了10多人,有近50人被打死。此次战斗,红军威名传扬,敌人闻风丧胆,迟迟不敢组织对根据地的进攻。直到7月份,才有龙汉斗的1个营小心翼翼地进驻离弄彦五六公里的那沟。红军决定先敌制胜,主动出击。当时红军100多人由梁志平带队,加上梁光常带领赤卫队100多人,大约200人,于拂晓进攻那沟。当时白军还在睡大觉,红军一冲进去,便俘获了睡在床上的白匪和1条枪。白军仓皇应战,组织队伍抵抗。因红军也摸不清敌人人数,不敢贸然进攻,只是各自占领一个山头对抗。战斗进行了两三个小时,各自收兵。此次战斗,红军伤亡甚少,白军伤亡近10人。

1938年,由于白军的不断"围剿",大军压境,红军在与敌进行反复的战斗中,弹药日趋减少,减员过多,最后不得不撤离根据地。

红军撤离根据地后,白匪军即对甘邦、弄彦这块根据地进行了残酷的洗劫、杀戮,实行惨无人道的法西斯"三光"政策。在一天之内把弄况、太平、者郎、平架、平收、平别6个寨子全部烧光。白匪军兽性大发,在这些寨子进行大屠杀,像打猎一样,见人就杀,牵着狗在山上搜山,遇者难以幸免。各村被杀的情况是:者郎3人、太平5人、甘邦31人、弄况2人、弄彦9人,并且制造了太平和甘邦山洞两起大惨案。白匪军首先用辣子烟熏躲在甘邦右侧山洞里的群众33人,烧死后再拉出洞外丢下山崖。33人内有两姐妹,姐马氏韦,27岁,妹马氏四,17岁,因抢救快,免于惨死,现还健在。马家7口人被烧死5人,马朝凤家7人被烧死3人,苏万芬家4人被烧死,吴家高家5人被烧死3人,苏英佑家8人只剩下1人,还有弄彦、者郎的10人。

接着,白匪军在太平村又屠杀了从外地和内地抓来的群众100多人,用机枪扫射杀害,然后丢进几丈深、两丈宽的一个坑。大坑都被尸体填满了,尸骨成堆,血流成渠。敌人叫嚣着,对根据地要铲草除根,鸡蛋也要过刀。甘邦一带一时成了鸡犬不闻、人烟绝迹的无人区。据估计,甘邦地区 8 个村寨、84 户人家,被抢去的牛、马达 500 多头(匹),猪、羊 800 多头(只),鸡、鸭不计其数。

苏金勇、韦福兴　整理

1983 年 7 月 4 日

(节录于中共云南省委党史研究室、中共富宁县委党史征研室编:《中国工农红军滇黔桂边区革命游击队》,云南民族出版社 1998 年版,第 93～96 页)

我参加红军的经过

梁瑞堂口述

我现在已 75 岁了,我 29 岁出去跟韦拔群。韦拔群死后,我即跟黄德胜、李家祺、赵敏、黄强、马振球、何坚、唐秀山、岑日新、谭统南、黄家尤、朱国英、朱国臣、何尚之、何尚刚、李德惠,这些人都是韦拔群部队的。云南有汪富兴、傅少华、马鸡(旧坡人)、梁国新(者桑圩人,搞通讯)、黄树攻(谷里人)、上下九弄刘家华(开始他是任营长)、张福兴(开始当代表),还有罗子德、农国久、农国均、马常约、马常伍。

我独自去组织王开洪、王开荣,委任王开洪任第八大队的大队长,组织了 500 多人。

我[得]参加的战役,打那力、百油、弄迫、恒村、列村,土人地架街也打过一次。

当时干部出去参加,有梁瑞堂、梁全堂、梁学政、梁伍。梁瑞堂是通讯员,经常到越南来往通讯,梁全堂跟大部队即到现在下落不明,还有梁岸堂后被国民党围打杀害。

刘家华当时是任劳农会主席兼赤卫队的队长,罗子德任副队长(黄全万口述,洞巴屯人)。

1949 年,何尚刚、张凡、黎镜波、岑山红、老快、几走、九勾、和赌钱、黄仕念等来住在黄志庭、黄开建两家,主要是煮酒卖,在得〔此〕近两年。张凡的警卫员是黄仕念。黎竞坡后来到越南,何尚刚上七村弄帝,张凡到那马被梁中部杀害。据说张凡是花甲人。

1982 年 8 月 23 日

(中共云南省富宁县委党史办保存并提供)

革命活动回忆

梁瑞堂

在国民党统治之时,家境贫寒,深受压迫和剥削,便离开家门,寻找共产党,于民国二十二年在右江找到了中国共产党,加入了红七军,同年在东兰苗山起义。那时,我在韦拔群领导下的部队,韦拔群是第二十一师的师长,谭统南、韦一、韦四是东兰凤山人,梁益是化山同人,黄保绳是平孟人,黄表、黄柏精是右江人,何松是果化人,黄家游是西林人,何坚是龙安人,苏一是滨阳人,岑日新、黄德胜是田东人,任大队长,黄祥任副大队长是田东人,中队长〈是〉唐秀山,小队长〈是〉梁瑞堂,百色的梁秀昌是大队长,梁秀堂是副大队长,阳圩的欧仲明〈是〉队长,黄金廷〈是〉副大队长。

当时和我在一起的现在还知道的有唐中午、黄金享、黄金平、苏一淑、岑十四、肖板、零少廷、黄三、刘家华、罗子德、黄时攻、富小华、汪富春、黄开荣、黄开红、赵敏、李德会、李家祺。当时上级把我调到西林一带活动,工作后一年,又调我到云南九弄、三湘洞开展革命工作,跟随李家祺、岑日新、赵敏,在田东一带活动,者桑的宁七、梁国栋、洞波的马任烂。随后得知何彩(白军)来临,在谷拉打一场、九弄打一场、百油打一场、谷桃打一场、土仁地打一场、八宝打一场、沙斗打一场、罗里打一场,后退到西林一带活动。一段时间后又到洞波一带活动,在皈〔归〕朝打一场,之后一直到西林一带。

我在毕街打一场后,就退入越南,在越南山林莱大哥家居住一段时间后到九弄苗王一带工作,后又到洞华、九弄工作,即在皈〔归〕朝各大队全部会师。会合以后,同昆明的白军打了一场,最后子弹打完了就退入田蓬、里达、九弄,那时有广东的陈三公子、博白的兰恬,帮我们输送弹药。

我在土仁地打一场后,身负伤,就隐居于老百姓〈家〉。一年后身体健康,继续寻找部队。数月过了,总是找不到自己的队伍,又回到老百姓家隐居。此后我便失散了。

岁月过去了,我总是想念自己的首长,想念自己的同志和战友。

靖西党史座谈会:梁瑞堂

1983 年 4 月 12 日

(中共云南文山州富宁县委党史办保存并提供)

询问徐平老人

1. 询问原红七军主力北上后留下的红七军（或右江党委）派了几批革命工作者到云南富宁县七村九弄和镇边、靖西进行革命工作活动，每批去多少人，名单是否记得，你是否也参加去了。

2. 这几批革命人员分别由谁派去，经过哪些地方，有哪些交通员专程护送到达目的地后与谁接头。

3. 红七军怎样在七村九弄等地区建立革命根据地，活动情况是怎样，与靖西、镇边等地区革命联系怎样，特别是在镇边的三蓬、龙合等交界地区活动情况如何。

你们询问，敬覆〔复〕如下：

1. 我不是原红七军留下的领导者，不知道派多少批多少人去云南富宁七村九弄工作，情况难作覆〔复〕希谅！

只懂得在 1931 年下半年革命由高潮转向低潮时，有不少革命败类者向敌人缴械投降又不得安居乐业在家，逼的〔得〕上梁山——〈到〉云南贵州去避难，这种人车载斗量不完（现在贵州各地起码有二三十人）。有的虽不向敌人投降，为着生存起见，也上云贵高原去避了。有的是革命干部或是党员，到云贵立脚后派人回来与我们联系，有的承认他们是革命同志，若经缴械的人我们拒不承认他们，从这里看，开始没有那个领导和单位派人××到云南富宁七村九弄工作。

第二、第三点我不是当事人无法奉告。

1934 年春，因我们与中央关系失去了联系多年，拟给黄松坚同志找上级，决定路经越南出香港。因此第一次才派黄德胜（化装商人）上去找（找谁我也不懂），回来联系的人好几个找谁我确实不懂，黄德胜同志回右江下游革命委员汇报后，在农历六月由黄松坚率领 9 人连同本人 10 人上云南（这 10 人是黄松坚、黄嘉龙、黄德胜、岑日新、徐平（到田阳县五村乡黄松坚把我留在田阳工作）、何松、黄三、何信吉、黄明、黄××等人）。

1936 年夏，黄德胜派人送信来下革委，滕静夫到云南更名〈为〉何尚刚，岑世贵更名为老马，要求上云南工作，于是下革委给他俩同交通员上去。

1936 年以前我们尚没有交通到云贵去，自黄桂南与国民党谈判后我们才有交通员——梁敏才同志，后与岑日新死于站两葛麻。

1944 年，邓心洋同志与兰××同志经梁敏才同志带到云南，后回南宁向广西省工委汇报情况。路上因病死于武鸣四坡乡。以上情况供作参考。

　　此致

敬礼

徐平

1982 年 8 月 3 日

　　（中共云南省富宁县委党史办公室保存并提供）

陆福寿等在多贡点征集红军历史资料座谈会上发言

1931年底以前便有广西右江党组织派来的黄建平(即黄庆金)同志来到谷拉的七村九弄进行秘密活动,住在八安寨梁兴焕家,调查了解社会情况,宣传革命道理,随后到多立寨刘家华家,与刘家华联络并动员刘家华参加革命工作。

1931年底到谷留寨发展人员,结识张福兴(后叛变),张福兴、陆福祺等人做宣传组织发动群众工作。

1934年农历五六月间,何尚之同志带有武装及工作人员30多人来到九弄负责领导组织劳农会,打倒土豪劣绅。

到谷留时住在贫农卢世桥家,对群众讲革命道理,他说:穷人要解放就跟毛委员走。

1935年农历冬月在谷拉公社,多贡大队的谷留寨召开滇黔桂边区人民政府,边区一般叫革命委员会,基层叫劳农会及边区劳农游击队联队的成立大会,参加大会的人挤满了两丘大田,约七八百至1000人。七村上下九弄(几乎全部到齐)各村寨的群众派代表都来了,木都、里那、睦伦木央等地也派代表来参加,还有外地来的苗族代表五六人。

会场搭有台子,挂着"滇黔桂边区劳农会、劳农游击队成立大会"横标,两边有很长的对联(写什么记不得),四边贴有标语:打倒帝国主义!打倒国民党反对派!打倒贪官污吏!打倒土豪劣绅……大会开始时唱《国际歌》。

开会时何尚之上去讲话,讲话内容,说国民党是压迫剥削人民的,共产党是帮助穷苦人民群众求翻身解放的,李家祺讲得比较多,会上赵敏同志带领喊口号,何尚之安排布置工作。

会后九弄地区组织基层劳农会,九弄乡劳农会由刘家华负责,各村寨建立劳农会小组,如谷留罗德权,多傲队罗又灯,龙沙张廷府,龙所张福业,敬龙桥上龙、陆安府,多立刘家琴,谷棚梁兴焕(其他村寨因年代久远记不清楚)。

在组织劳农会基础上,红军还帮助我们组织建立赤卫队,上下九弄100多人(枪),他们既是武装队又是工作队,就是这些人与红军配合,把九弄的革命搞得热火朝天。根据我们回〔记〕忆,当时参加赤卫队的有弄洒寨的张廷志、张国荣(后参加叛乱)、张国邦,龙所寨的有陆福祺,多傲寨梁廷寿、陆义祥、陆世桥,多贡寨的何万五、张法山、何安温,弄刹寨的梁光应(参加土匪)、梁光万,多曼寨的莫曾良、马国秋、罗子德、何登千,谷麻寨的刘正堂(惨遭白军杀害割头),谷一寨的梁兴六、梁兴焕,多曼寨的刘正欢,者利寨的何国刚(后窝藏勾引外匪),弄始寨的农国寿、农国文、农国良,多特寨的王廷贞,弄权寨的农正海,广西蘑菇寨的覃朝基、刘必好,旧寨弄地寨的覃少伯、郑少基、郑少英(后跟陆有志投敌),弄门寨的周跃丰(后动摇离队)、黄仕开、陆有志(后投敌任保长),弄歪壮族的王卜有,广西谷排上来八个(扛枪的记不得名字),敬龙寨的陆德富(后惨遭杀害割头)、陆安府、蒙德绵(打王邦和牺牲),德沙寨的农国久、农国均、农国坚、农国权(几人后都动摇投敌)、农国登,多立寨的刘家华(被国民党杀害)、刘家琴,谷棚寨的梁兴焕、陆英相,谷桃寨的马常约(后叛变参加诱杀刘家华)、马常兴、闭金四(梁振标的保卫员)、闭金庸,多谷寨的黎阿谷(被白匪军杀害),弄定寨的何国成、何国良、何国三。

经过党的教育,群众觉悟有所提高,启发了阶级仇恨,组织了清算恶霸的斗争。恶霸韦英豪(谷桃寨人)国民党的保长,不仅不跟红军走,坚持反对到底,还写信去勾结白军来攻打红军,代表反动势力,是为国民党的支柱,压迫剥削广大人民群众,大收烟税及苛捐杂税,拉军派款,无恶不作,并纵容他的儿子经常欺压群众。

当地群众组织起来在共产党的领导下,红军的支持下,清算了恶霸韦英豪,没收他剥削人民所得财物、粮食,分给群众。韦英豪非常狡猾躲进山洞,红军干部带领群众围攻山洞,把韦英豪当场打死,大快人心,为地方除了一大害。

自1934年底至1935年上半年在谷拉地区武装斗争广泛地开展起来了,红军配合赤卫队粉碎了国民党反动派多次进攻,如:

1934年9月间,在准备建立劳农会期间,打弄翁一仗。事先红军干部在敬龙、多特作了战斗布置。敌军分统王邦和带26人连民团共100多人,和乡长韦世灯住在谷桃。韦世灯为了保存自己的实力,暗地通知红军,说王邦和第二天要走,叫红军去截击,韦世灯指使王邦和部先走,韦世灯拖在后面,红军比较顺利地在弄翁截击王邦和部,王部死8人,我部牺牲1人。我方赤卫队参战40多人。

1934年12月,广西军苏新民保安开到谷拉的那龙驻扎。我红军在岩弓的南么对面丫口堵击,何尚之亲自指挥作战。桂军冲不上陡坡,即行退却,我部也不追击,退出战场,缴获敌军大十响一支,单响、双筒各一支(战况经亲身参战的陆福寿口述)。

1935年农历腊月间,敌军3个连,300余人,由广富守备军的副司令带队配合王邦和,沿着谷拉至多贡的河边进,在恒村准备进攻九弄根据地。

我军利用有利地形伏击,居高临下,杀死、杀伤敌人很多,残敌向谷拉溃退,红军追至谷拉附近一个大石坎处,因地势不利,不再追击。

1934年12月27日,白军又来进攻,何尚之指挥红军准备在弄迫(弄色附近)伏击敌人。因红军缴获白军两只军犬逃脱,被敌人发现,吹号紧急散开队形,形成遭遇战,双方对峙,从上午打到下午4点多钟,最后红军撤回谷拉九弄,敌人也撤退皈〔归〕朝。我们看见何尚之同志带部队路过郎架、谷英、多曼、谷留等地。

1935年2月,敌人趁红军主力转移外地,开辟新区之际,滇军派邱团两个营前来九弄镇压群众。随后张福兴、农国久等人先后叛变,皈〔归〕朝乡长黄绍臣带敌军张连长100多人(均穿便衣)来到多曼,采用苦肉计假抓张福兴、马常岳、农国久等,故意叫罗子德揭发张福兴等人罪状,把张福兴等人抢的群众的东西退还群众,又委任罗子德的父亲罗元兴当保长,扬言说今后要搞好团结,现在要召集参加过红军的人编成一个保卫队,保护地方安全,不要让外匪侵入。一部分参加过红军的干部和群众误信敌言,中了骗局,便出来参加保卫队,被敌人喊进一间房内,发纸号片,就用机枪扫射,红军赤卫队战士惨遭屠杀二十四五人,其中被割头17人,装在竹箩里,派人抬到皈〔归〕朝,然后运到八宝向反动头子报功。

我们初步回忆,被割头和被枪杀的有:多贡寨何万五,谷麻寨刘正堂,多贡寨张法山,多曼寨罗启崇,多傲寨梁廷寿、农立,罗寨陆德欢,谷桃寨黎阿谷,敬龙寨陆安府。以上被割头8人中有红军6人、群众2人(妇女1人),其余尚未查明。

座谈会召开时间:1982年6月9日

地点:富宁县谷拉公社多贡大队

座谈会参加人员:

卡关寨——农兴凡 壮族,63岁

弄沙寨——张廷贞 壮族,67岁;张国丰 壮族,75岁

谷留寨——黄仕念 壮族,63岁;黄东胜 壮族,73岁;覃东权 壮族,57岁;覃其威 壮族,74岁

昆暖寨——陆福祺 壮族,68岁

弄沙寨——张国弯 壮族,71岁

坡敬寨——覃东卓 壮族,61岁

多龙寨——卢世桥 壮族,73岁

弄所寨——陆福寿 壮族,68岁

(中共云南省富宁县委党史办公室保存并提供)

敌人对那达、那拉的血洗

陆忠高　罗开林等①

　　红军进入〈云南富宁〉那达是 1933 年初,他们以商人的身份到那达进行秘密活动。第一次进来时是 6 人,由赵敏领导,其中有李家祺、岑日新、朱国英等,时间是 2 月份。第二次是 3 月份,增加了一些人,其中有李振廷、黄加尤等。赵敏第二次进来时便与冒隆村的黄氏贝结婚(黄还健在)。第二年初,大队红军便陆续进入那达地区,公开打出旗号。那是那达的一个街天,红军召开了会议,赵敏在会上讲了话。红军纪律十分严明,当时有位战士买两根甘蔗只付一根的钱,后被红军领导人发现,当即陪着那个战士给农卜善补付了钱,又作了赔礼道歉,受到群众的高度赞扬。在红军未进来时,群众听说,红军是专门吃人的青面獠牙的怪人,还有尾巴。现在见红军这么好,都认为这是从未见过的好军队。

　　红军进来后,便组织起劳农会和赤卫队,劳农会主席黄尚全,冒隆的陆有贵任赤卫队长(后叛变),黄高兴任连长(现还健在),陆伍龙是陆有贵的儿子,任赤卫队副连长。各级组织建立起来后,红军首先进攻当时对红军威胁最大的芭莱区公所,杀了乡长陆华廷,消灭了民团 30 多人,镇压了花甲半坡队大地主黄有才及另一家大地主。这是在那达地区进行的第一次战斗。

　　1936 年 10 月,白军肖连、耿连两个连,进攻那拉、那达,红军及赤卫队 100 多人赶到长安阻击。我军在岑日新、李家祺的指挥下,边战边退,在那拉、那达、渭那 3 处同白匪进行殊死的拼杀,打死打伤敌连长以下 4 名,我军指挥员黄家年牺牲。在那拉打阻击战时,游击队战士黄应龙和另一人牺牲,赤卫队员被抓了 10 多人,最后惨遭杀害。此次战斗,红军只有 10 多人,其余都是赤卫队,因武器差,损失严重。

　　1936 年农历八月十五日,白匪军乘夜包围了那达红军司令部。在此之前,芭莱乡白皮红心乡长陆华廷送给陆有贵一封信,告知白军马上"围剿"红军,叫注意防备。当时,陆有贵有意投靠白匪,便把信烧了。烧信时,被赵敏的爱人黄氏贝看见,并问烧了什么信。陆斥责黄:"女人家不必多嘴舌。"黄觉得这事奇怪,便于当天赶到那达汇报。红军领导人认为,陆有贵是赤卫队长,不会做出对不起红军的事。因此,似信非信。但大部分红军在韦高振、梁振标的率领下,撤到山上隐蔽,只有赵敏、李家祺

---

① 陆忠高、罗开林、黎乘玉、黄高兴、陆乐荣、杨乐芬等人在富宁那拉党史座谈会上的口述资料。

等 12 人留下。当天半夜,白军首先摸了赤卫队的哨,包围了整个寨子。当夜狗叫不停,直到有位红军出来解便,才发现已被包围。赵敏、李家祺命令红军突围,冲到门口时,有位红军被打死。李家祺持双枪打死了守门的白军连长,夺门而出,连夜跑到孔桥,然后上花甲。此次战斗,赤卫队被抓杀了 6 人,红军牺牲 1 人。

红军撤退后,白匪即在那达地区进行了烧杀抢,整天搜山,见着人就抓来杀,不分老幼。其中那拉被杀 70 多人,赵敏爱人黄氏贝一家 4 人被杀 3 人;那达被害 30 多人;南江共杀了 3 天,每天杀 10 多人,杀害近 50 人。

1936 年农历冬月初一,龙汉斗部队 100 多人和民团近 1000 人从芭莱又向那拉、那达进攻。红军指挥员岑日新、劳农会主席黄尚全,带队前往冒隆阻击。经过激烈战斗,阻击了白匪的进攻。初三这天,白匪又进攻,红军撤退,白军于上午 10 点钟便攻进寨子,进行烧杀抢。那拉、那达、南江等 10 个寨子 200 户被烧光、抢光。这 10 个寨子是:那达、那拉、渭那、冒隆、百思、圾磨、南江、弄歪、北桥、甘南(甘南、渭那直至今日未恢复寨子)。寨子里的所有百姓纷纷往外搬迁,有的逃往广西。乡保长趁机敲诈勒索,谁要搬回来居住,要付搬迁费,分为一、二、三等,一等要交 300 块银圆,二等 200 块,三等 100 块,如交不出,就别想回来,回来也被杀掉。

红军在那拉时,负伤的同志都到右边的甘南寨养伤,并在路边的兰能山洞里写下了这样的诗句:"阎王殿上鬼吃鬼,州府县衙人吃人,村庄田地被强占,锦绣河山随殉刿,工农弟兄齐赶鬼,田园财币有收成。"号召各族群众起来造国民党反动派的反,建立自己的家园,才能过上美好幸福的日子。

1983 年 8 月 8 日

(节录于中共云南省委党史研究室、中共富宁县委党史征研室编:《中国工农红军滇黔桂边区革命游击队》,云南民族出版社 1998 年版,第 99～101 页)

百油尾洞点座谈纪要

1933 年 3 月，黄松坚、黄德胜等以商人的身份到〈云南富宁〉百油街卖毛巾，在周维凡家住了一夜，然后转回九弄，在此之前的大约 2 年，地下党员陆建安就专以锯木头的身份常住于百油尾洞，随同的共有 8 人，他们以锯木头为掩护，广交朋友，进行秘密串联，首先发展了陆顺忠、陆顺廷，组织地下赤卫队。

1935 年 3 月，黄松坚、黄德胜、李家祺等又回百油，公开拉起队伍，组织有赤卫队和劳农会。劳农会主席是陆顺廷，赤卫队长是陆顺忠，农会委员黄采文（那响）兼联络组织长；黄永达（那响）、黄思益（百油）又兼通讯组正副组长；农达三（折桑）黄采鸾兼组织组长；黄如山（那沟）兼报信组长；周围〔维〕丰付〔副〕组长，赤卫队有一百三四十人，有谷拉、皈〔归〕朝周围的群众参加。当月，黄松坚带着大部队进驻百油，其中李振廷、李家祺住尾洞 200 人，梁振标、朱国英驻江局 400 人，韦高振住甘美 300 多人。

1935 年五月初五，百油乡长朱安保和吕正先给白军带路，白军两个连分两路包围了江局和甘美，因甘美这路枪先响，江局这路慌忙撤退。甘美战斗一打响，红军先打死敌叶连长，消灭了敌 13 人，我军牺牲 3 人，红军连长王保成牺牲，时间是中午两点。

第二次是 1936 年 11 月，红军 1000 多人进攻安广，白军撤退后返回皈〔归〕朝。同年 12 月 28 日在弄迫打最后一战，我方赤卫队牺牲 3 人，后我方自动撤退。1936 年大年初一白军进驻尾洞，接着对尾洞、洞师进行抢劫，牛马被抓走 120 多头，猪 200 多头，鸡鸭不识数，东西被劫一空。

据黄国烈回忆，李宗仁接连给韦高振来两封信，招安韦去担任团长，后来韦与何尚刚、黄德胜等在黄家饮酒分别。

1934 年初，经常在百油开始进行土地登记准备着手土地改革的试点工作，后由于战斗频繁，没有来得及进行。

讲述人：陆红先、周维勇、周维丰、陆红先、陆定贵

记录人：苏金勇、韦福兴

1983 年 8 月 10 日

（中共云南省富宁县委党史办公室保存并提供）

在福留组织革命同盟会的有关情况

黄日照

询问情况

黄日照,又名黄明轻,男性,现年52岁,成份〔分〕贫农,文化初小,怀外小队

1. 解放前,1932年7月20日,〈广西靖西县〉在福留大队公秋曲家,组织农民会、青年会,参加杨福昌军。为首组织是覃廷本、黄子成(已死)、黄子风等。曾到陇沙。组织我到福留大队陇力屯〈的〉是林大胜,公秋曲开会,前次组织同盟会,后即组织青年会。天保县黄修道,他的儿子黄振庭,谭统南、黄进等人参加会议。参加人数28人。钉刺手吃血,说如哪人反对则砍头同喉鸡和土香。即宣传说:冯飞龙、黄飞虎把传单来。

当中28人是弄傻黄金才、是父松,安宁乐真农秋有即父木,农秋乐(又名农福表),覃国送即付交福,弄星黄德高,弄怀农承应即公数,岜元覃廷兄即付金晚,弄怀黄加江、付怀亩、黄启廷(又名黄启丰)即付许、黄加克即付连,那造农有保、付福龙(已死)。安宁公社个那乡陇领罗屯梁其明、农梁汉,东兰县郭显明、韦高振,天保县南区巴门村黄修道、黄修春,安宁后屯蔡宝玉(已死),农安贞、谭统南(东兰人)、黄进(东兰人)等。〈其余〉记不得名。为一个队。分保名,大哥黄修道、二哥杨福昌、三哥韦高进、四哥黄子成、五哥黄子丰、六哥黄金才、八哥郭远明,本人是二十八哥。组织后不做什么。

2. 解放前,1932年7月份,参加韦高振,是我和黄得高,曾在本地后屯。1934年2月份,跟黄进到镇边县规平、果乐、魁圩底罗屯钟统理、付欣堂,规平赵名单带去,那时黄进被群众杀。杀后,我本人5月份即回家。

3. 1933年2月×日到陇星屯,我和金才叫岑旧组织一次,组织内容是同盟会,我当〔做〕宣传组织工作,黄进廷当文书,谭统南任参谋长,蔡宝玉任正区长。到1933年8月份,谭统南自造一个长条公章"靖西南区青年会"即交给蔡宝玉,当时蔡宝玉任南区青年会副区长,黄日照到1933年8月份分开。(1)我和蔡宝玉负责龙邦后,上旧乐村、百布屯、龙邦的枯旁、新造脱陇、安宁等地。(2)杨高堂、梁其明、杨福昌、农安贞等人带领一个队伍划片负责马星,那冷到南坡甲介。(3)陇布许文廷、黄修道、郭显明。陇黎付秋曲、付秋雪,茂林黄得光等人负责欣村汤屯茂林、坡斗村、福留村。(4)马珠区、东区负责把择,其龙、吕平。

4. 问:解放前,1934 年农历三月份,在陇星屯杀害黄付松一家?

答:当晚我在后屯不得来,来杀的人,陇读黄意善、六峒农光甫。当天农光甫和黄意善等带来吃饭百君屯,是黄子丰说来我家吃饭,其实我不来杀的,但群众还杀不是,前是黄正文同搞一块地,不是的。

问:南区青年会组织(原来同盟会到 1932 年 8 月份改为青年会)?

答:1934 年 3 月份,第二连组织工作黄修道,连长许文廷。黄得光任青年会的副排长,弄黎付秋择任正排长。第三连连长许文廷,副连长付秋色,地州、安宁、第一连连长黄邦降,连副蔡中。

区级:区长蔡宝玉,副区长黄日照,文书李明堂,宣传组织工作黄得光。

西区区长梁其明,副区长杨高堂,其他不懂。

东区副区长罗付轻(吕那人),正区长罗恒光,文书马珠区。

北区不懂。

司令部:韦高进任司令,谭统南参谋长,副黄进,黄得光营长。

文书黄进廷,农安贞任营长。

第一连,黄日照和蔡宝玉管。

第二连,黄金才、农付福管。

第三连,黄得光、许文廷管。

到了 1934 年 3 至 4 月份失(去联系),原因是地州段区年带兵来打。

调查人:黄明光
1961 年 7 月 2 日

(中共广西靖西县委党史办公室保存并提供)

回忆拉烈人民的革命斗争

劳祖麟

大革命时期 1927 年,韦拔群同志派陈鼓涛、黄昉日、韦醒民、邓无畏、陈伯民等同志到东区(夷江区)拉烈(属广西都安——编者注)和本地覃子升、蓝紫瑞同志办"拉烈农民讲习所",组织农民协会、妇女会、青年学社、少先队、农民赤卫军等。

1933 年右江革命领导人之一陆浩仁同志到东区大成乡东成村,领导进步青年李文、黄永固、曾诚、潘雁宣、蓝景华等同志起来革命,成立"红河下游革命委员会"。夷江区早就具有革命传统和革命组织的基础。

曾诚同志,原系拉烈街人,后迁隆山(马山)县金钗街居住,庆远中学、广西师专毕业,早年加入地下党。1933 年接受右江陆浩仁同志的领导,成立地下红河下游革命委员会,他当时是省工委联络员。抗日战争时期曾任怀集、平治、都安县中学教员,从事地下革命活动。1944 年 11 月他曾到中和、内甲、拉烈乡一带,指导建立人民抗日武装自卫队伍,建立人民抗日政权、抵抗日本鬼子,保家卫国。解放战争前后他常在都宜忻隆县边境指导地下革命活动。解放战争时期,1949 年他在桂西北人民解放军第五团任政工队队长、风红区政治干部学校任教务主任等工作。

蓝景华同志:拉烈街人,高小文化,系蓝紫瑞同志胞弟。青年时代当过船工,喜爱看进步书报,肯接近进步教员和进步知识青年、学生。1935 年他曾在东区地下"红河下游革命委员会"和李文同志的领导下,参加地下革命组织活动。抗日战争时期,在都安县政府工作中,曾在秘密活动的"拉烈革命委员会"的领导下,他负责情报工作,还参加拉烈至五仁、古山乡的地下革命活动。1949 年上半年本地区举行武装暴动后,他未转移前,被县政府逮捕入狱。同年 11 月南下大军和桂西人民游击队配合解放都安县城后,他才得到解放出来,解放后在都安县农业局工作。

李文(李孟武)同志:原系拉烈街人,后迁往菁盛(青水)街居住。庆远中学毕业,曾在宜山县模范小学当教员。大革命时期 1926 年至 1927 年曾在革命前辈覃子升同志直接影响和指导下长大,参加过陈鼓涛同志领导下的"拉烈青年学社"。大革命失败后,1933 年至 1934 年他在菁盛开始接受右江陆浩仁同志的领导,曾和潘雁宣同志加入地下党,开展红河下游党的地下工作,成立地下"红河下游革命委员会"。当时陆浩仁同志是党支部书记,他负责组织工作,金钗街黄永固同志是宣传委员,曾诚同志是省工委联络员。1938 年春他转移到宜山县城特别支部(宋玉田同志为支部书记),1939 年末他转移到桂林市从事文化工作,转入桂林市地下党组织,曾和作家地下党员司马文森、郑思同志同一个地下小组工作。1945 年 9 月至 1946 年 8 月他在都安县夷江区拉烈乡中心小学当教员,主编《青枫》周刊。《青枫》周刊停刊后,他转往柳州工作找到党的地下组织。1948 年到 1949 年他在柳江和柳城县边境,进行地下革命活动,组织地下革命武装,1949 年下半年配合南下大军解放柳江县和柳州市。

潘雁宣同志:拉烈街人(原籍都安县大成乡),青年时期于 1933 年至 1934 年,在右江陆浩仁同志的领导下,曾加入中国共产党。当时开展红河下游党的地下革命工作,成立地下"红河下游革命委员会",后为委员。1938 年至 1941 年参加广西学生军抗日救国。1942 年到 1948 年参加拉烈、内甲、中和、大成乡地下革命活动。1949 年 3 月他和蓝荫等同志在中和、内甲乡举行武装暴动,曾任"桂西人民救生队第三十六支队"副队长,"桂西北人民解放军第五团"和"都宜忻人民解放总队"所属大队长。

1982 年 12 月 20 日

(中共广西都安县委党史研究室保存并提供)

黄振庭讲述韦高振的活动情况

韦高振是广东镰州（钦州，原属广东，现属广西辖）甲圩人。其原名叫韦仕宝，原是当国民党兵，任过上士班长。后来，他随队伍到靖西县城，但具体时间不明。不久，韦高振于靖西县退出现役，并在靖西安家。他的第一个妻子张氏，是靖西县城人，是国民党靖西县特编队大队长张爵源的侄女，婚后生有一女，名叫韦岱晴。韦退出现役后，常搞宰杀牛生意，称他为牛屠夫、牛老板等。

到1929年至1930年间，韦高振组织搞土匪度日。为了扩大他的地盘和势力范围，他就和其他匪邦互相勾结。他识结靖西县新圩街的农安然（此人有驳壳枪两支，步枪两支，有些实力）。不久，又识结靖西县武平乡二塘村的黄正红、黄正立二人。黄正红是武平一带匪头，他有驳壳手枪一支，左轮手枪、步枪三支。黄正立也有两支驳壳，一支左轮，几支步枪。他还识结武平的另一个匪首黎仲。后来，那几股土匪都合股到韦高振那股匪里面去了。这样，他们的势力就大了，地盘也就更宽了。开始的时候，他们在靖西县的武平和天保县的都安一带活动。后来，韦高振率其匪众到中越边关一带活动，大干打烟帮的"生意"。不久，他又与龙那的朱玉山、黄宝臣、赵权忠等股匪合伙，这样，韦高振匪部就有匪众达100多名。众匪头目见到韦高振有办法，就推举韦高振为头领。

1930年3月中下旬，攻打靖西县城的红八军第一纵队因攻城不克而撤出，路经中越边关要到云南、贵州去准备到河池与红七军会合。在中越边途中，韦高振乘机率其匪众在龙邦一带袭击我红军，妄想从中要我红军武器物资。但结果被我红军反击，他一无所得。尽管如此，而国民党则认为韦高振是反共的，因此，后来国民党百色专署就任命韦高振为"靖镇剿匪副司令"，以高官厚禄来收他，以便利用限制他。靖镇"剿匪"司令是张之权，靖西县龙临人，此人有权有势（但具体情况不明）。

（以上是韦高振在同正县中京屯与黄振庭谈的情况。其他大部分内情是韦高振的随从人员潘生景、天保县龙光区大邦村百布屯人，1950年时告诉黄振庭的。）

1930年间，韦高振之匪部扩大到3个营的实力。第一营营长农安然（靖西新圩人），第二营营长朱玉山（镇边平孟人），第三营营长闭耀辉（靖西仁章人）。

1930年夏天，国民党靖西特编队潘绍武的队伍驻守化洞，不知有何纠纷，韦高振率其匪部攻打，韦高振打胜仗。从此，韦高振声威大振。这期间，韦高振又先后娶了五个小老婆，二妻黄氏花，是靖西县葛吞乡陇朋屯人；三妻仍姓黄，是靖西县城人,有个女儿叫韦氏宁;四妻张氏娶,是靖西龙邦乡陇叫屯人;五妻是越南陇长屯人,名字已记不清了。

1931年5月,韦高振得到国民党通知,率领其匪众到百色改编。到了百色,国民党对韦高振很不信任,并暗中监视。有一天,韦高振感到情况不对,便假装说其老婆思念父母,要求请假送老婆回靖西。国民党百色专署不准。韦高振感到情况严重,他乘人不备,连夜逃离百色回靖西县城(随身带四个亲信人员回靖西)。他逃跑后,从靖西带到百色的弟兄,全部落到国民党的百色专署手里。其他枪支损失都不在乎,最可惜的是损失6挺轻机枪,66支新式步枪(这些是韦高振于1932年农历七月在同正县中系屯时亲自当面告诉黄振廷的)。韦高振从百色逃回靖西县后,住在武平一带。他深感自身处境不妙,国民党要收编他的队伍,还要设法暗害他。想继续为匪作乱嘛,共产党红军又不允许他。

1931年6月底或7月初,天向党组织和农军领导人黄庆金、黄怀祯、谭统南、黄修道(即黄振庭的父亲)等在向都紫徊屯开会研究,决定派黄修道到靖西县武平找韦高振会谈,争取他靠拢共产党,走革命的道路。为什么派黄修道去呢?因为黄修道早在1930年3月间,随红八军转战到贵州乐里后归回天向,而路过靖西武平时,曾与韦高振结识。此次,韦高振又住在武平,所以派黄修道去联系。

这次,黄修道到靖西武平后,在那里与韦高振等结拜为兄弟。结拜时,每人抄写一张红纸,写明自己的三代祖宗姓氏、年龄。后饮血酒,拜天地发誓,按年龄大小排序,黄修道为大哥,黄正立为二哥,黄正红为三哥,韦高振排为十三,第四至第十二名的姓名黄振廷已记不起来了。排序后黄修道说,从今日起,我们是义兄义弟,不管谁在那里,有什么困难,都要互相照应。目下高振弟如何打算?干脆跟我一块干算了。当时韦高振满口答应,说要跟大哥干一番。

两天后,韦高振带领随从农安然、黎明、黄伟、黄拔、黄明表等八人跟随黄修道从靖西武平到向都紫徊屯,找到黄庆董、黄怀祯、黄振等我农军领导人,韦高振及其八名随从参加了革命。10天后,黄庆金、黄怀祯、黄振、韦高振又率领队伍从向都的紫徊屯到靖西武平,在那里组织同盟会等。

1932年3月,谭统南、黄振、韦高振又率领队伍回到向都紫徊屯一带活动。同年5月,队伍(40多人枪)开赴向都城。夜袭罗伯连队的战斗结束后,为缩小目标,经研究决定,由韦高振率队伍行动,其余领导人员分散行动。

由于向都战斗中,敌人损失甚重,所以敌人更加猖狂,加紧"围剿"。为避敌锋芒,韦高振率队伍从向都的紫徊屯,路经天保那怀、大邦再经下雷、龙茗,廿四寨到同正县的中京屯,韦高振住在张乔芬家(张是冯飞龙匪部的一个营长,当时,他家住有五六个弟兄)。那个时候,谭统南在燕洞多奎屯,被敌包围,后脱险。

1932年6月,驻靖西武平的同志转移中越边后,立即着手发动群众,组织成立农会,扩大武装力量。就在农历七月初,领导上派黄振庭、梁林到同正县中京屯找韦高振联系(5月某天夜里,袭击向都城罗伯连队后,敌人的"扫荡"很紧,为避敌锋芒,队伍分散,韦带40人主力到同正县活动),通知韦带队伍到中越边汇合,以便开展革命活动,组织农会,扩大革命武装力量,同时,加强配合驻镇边活动的革命武装队伍。一个星期后,黄振庭、梁林、韦高振率队伍从同正县的中京屯回到靖西龙邦。从此,韦高振在中越边党组织和游击队领导人的领导下,做了一些对革命有益的事。

1937年12月中旬,我党领导下的百色地区抗日义勇军办事处负责人黄桂南派韩平波到靖西龙邦向谭统南、黄德胜、张品红等领导人传达上级关于"停止内战,一致抗日"的指示,经研究后,决定由黄德胜带韦高振、罗明远、杨茂祥、林桂兴等人前往百色找黄桂南(黄桂南是黄德胜的弟弟)商量有关抗日事宜。不日回中越边,开展发动群众,号召大家积极参加抗日。

就在此时,国民党百色专署派韦渔生(署员)到中越边(靖西安宁),韦渔生到安宁后,就通知我方,派出代表双方合谈。我方党组织经研究后决定,由农宝(华籍越南人)一人同国民党百色专署派来的韦渔生会谈。会谈地点是靖西县龙邦区古旁屯,当时韦渔生说是时间(三天)太长。而韦高振见组织上派的代表不是自己就不满,便立即独自出马接见韦渔生。韦高振的行动正投合韦渔生的意图。当然韦高振与韦渔生的会谈内容我们不知道。

韦高振也不经领导人员研究,就同靖西南区农会主席蔡宝玉一起动员队伍,发动群众,声称要积极抗日。当时,谭统南给黄振廷掌握粮食。至以韦高振违反决定的事,谭统南、黄德胜多次劝导他,做了不少思想工作,但韦高振口应心违。不过为了不影响国共合作,一致抗日的精神,也只随其所行,只劝他队伍出去后,要听从共产党的领导等。

12月中旬的一天上午,抗日队伍要出发了,那天早上,靖西龙邦古旁村前的一块田里,韦高振把原来的基本队伍集合在一边40多人枪。至于各县征随人员具体数字黄振庭不清楚。去抗日的有原天保、向都的农军政委黄怀祯、第三连连长梁振兴同志也出征。抗日队伍出发时,古旁村小学生还集队唱歌欢送。

就在那天,黄德胜带何松、岑日新等廿余人枪以镇边下来到靖西龙邦古旁屯,这些同志是留下在后方的。中越边留下的人员有谭统南、黄振廷、黄植保、刘发生、梁秀林等五人,继续在中越边坚持革命工作。

韦高振率队到田阳县田州镇后不几天,黄德胜预感队伍会出问题(因事前韦高振本人已表现出来了)。所以,黄德胜放心不下,就独自一人到田阳县田州镇找韦高振探情况。一天晚上,吃完晚饭后,罗明远(国民党军一位营长)要黄德胜到河边走游,就在河边,黄德胜遭到了暗害。

韦高振派人杀害黄德胜后,又派罗明远等 8 人(便衣队,全是驳壳)返回靖西龙邦古旁屯,要围捕黄振廷等人。当他们进村时,就被该屯的爸乔(什么姓氏记不得了)发现,即事先通知黄振廷。当时黄振廷从店门突围。黄振廷住宿的房东邓朝香为了掩护黄振廷突围,就在敌人(叛徒)进前门的刹那间,先发制人,问其做什么,有村长许可证才得搜家。当叛徒们找村长返回时,黄振廷已安然脱险了。

日本侵略军投降后,1946 年间,韦高振进入"军官闲散学校"训练。这是后来他的随员潘生景(潘是龙光大邦百布屯人,于 1980 年已病故)告诉黄振庭的。一年后,韦高振训练结束,带着随员(赵权忠、农安祯、蔡宝玉、潘生景)回到靖西。不久,韦高振就派出赵权忠、农安祯杀害谭统南(时间请参看我县委党史专题汇报中写的资料——谭统南是在 1947 年间被害的)。不多久,韦高振就任国民党保安第三团团长,疯狂"清剿"革命游击区人民。

黄振庭　提供

(节录于《德保县史志办二战人物材料》第 8 卷,第 298～309 页。广西德保县史志办公室保存并提供)

黄振庭谈赤卫军转移到靖西后的活动情况

1. 问：我军是怎样改造利用韦高振武装匪股？

答：1931年3月黄修道受天向赤卫军总指挥黄庆金派遣，到武平做韦高振思想工作，他愿意接受改造后，4月份返回向黄庆金、谭统南汇报。后来，谭统南、黄振又于1931年9月到武平再进一步做韦的思想工作。1932年4月，韦高振率部参加我军攻打向都县府，消灭罗伯连部后，国民党重兵"围剿"，韦高振又与罗伯连的起义军方英排长转到同正。1932年7月，我军转移到武平贡屯整编成立右江下游第二十一师第六十二团后，黄庆金、黄焕章到九弄（云南）联系梁振标。谭统南、吴坚到田阳联系争取周健仁，我黄振庭、梁能到同正联系韦高振，韦于1932年9月与我们一起回靖西就一直参加革命活动，即至抗日止。

2. 问：黄庆金哪时率队转移到武平的？

答：1932年农历六月下旬，黄庆金、黄怀贞、谭统南、黄振、吴坚、黄振庭、黎安等在天保燕峒的多奎图他屯被国民党一个连包围，国民党一个兵抓住谭统南的后衣被谭一刀刺倒，谭统南当天即跑到武平。过三四天后我们分批陆续到武平贡屯赵荣飞、黄正红等家集中整顿。后改编为"右江下游第二十一师第六十三团（或称第三团）"，团长黄庆金，政委黄怀贞。

建立第六十三团后分三组，分别上云南、田阳、同正等地联系扩大队伍。即黄庆金、黄焕章上云南联系梁振标。谭统南、吴坚到田阳联系旧军官周健仁；我黄振庭与梁能、黄修道、梁振兴到中越边龙帮、平稳一带，后来我与梁能又去同正联系韦高振。

3. 问：李德惠同志是哪里人？他和梁振标率300多人从云南来中越边成立第十八军，梁振标当军长，而他为什么不见任什么职务？他到足表有什么任务？后来受害经过？

答：李德惠是宾阳人，1933年农历五月下旬，他与黄德胜、梁振标率300多人来中越边与右江下游赤卫军第三团成立第十八军时，梁振标任军长，黄德胜任参谋长，李德惠任政委，黄庆金任军事委员，黄振庭任财粮经理。他到足表主要是扩大活动。

4. 问：中越边革命委员会成立一年后，在滇桂边有成立"革命委员会"和劳农游击队第三联队，原中越边革命委员会的领导人都分别成为劳农游击队和其他组织的领导成员,到底这时中越边革命委员会是否存在? 起什么作用?

答:中越边革命委员会是靖西县一级的政府部门,它与劳农游击队同时存在。那时谭统南虽是劳农游击队第五大队长,但常任靖西领导,它的任务是组织群众、发动群众。

5. 问:听说:中越边革命委员会后来又改选是吗? 那时在哪里改选? 改选后领导人是那些人?

答:由于原中越边革命委员会领导人有的已牺牲,有的已不在中越边,有的已叛变革命(如韦高振)。1937年根据右江下游党委指示,在那冷由何尚刚主持改选"中越边革命委员会",改选后新的"中越边革命委员会"领导人员:

主席:谭统南

组织委员:黄振庭

宣传委员:黄显春

政治委员:马振球

军事委员:梁振兴

6. 问:劳农游击队第三联队有多少个大队? 大队长是谁?

答:我所知道的有五个大队。

第一大队:大队长韦高振　副大队长赵权忠(葛麻人)　指导员黄子丰(诚良人)

第二大队:大队长欧重明(阳圩)　副大队长梁治平(百色)　指导员陈恩

第三、第四大队:(不记得)

第五大队:大队长谭统南　副大队长林光显(德保县城)　指导员黄振庭

参谋长谭立国(1939年来才设立)(注:实际1939年已没有劳农游击队了——原编者注)

7. 问:跟谭统南做交通员的是谁? 千里马真名是什么?

答:跟谭统南做交通员的初时是农光甫,他负责从中越边到滇桂边交通线。1937年农光甫死后由梁学政代替。千里马这个外号没有听说过。

8. 问:交通站是哪一年开始建立? 有哪些交通站?

答:交通站在1934年六七月间才建立,有武平、平巷、龙临等站。

9:问:岑蔚是否有送枪给我们,给谁? 什么时候在哪里给? 给什么枪? 有多少子弹?

答:岑尉于1941年曾给谭立国1支驳壳枪,是在安宁街黄子维家后门给的。有40发子弹,这支枪后来还是我用的。是我与谭立国到他家对他说:"现在我们人多枪少。"是我们叫他帮买枪支,后来他买得1支驳壳枪花280元法币。

10. 问:劳农游击队第三联队第一、第五大队都在中越边扎营吗? 扎在哪个地方?

答:在安宁、那冷、其龙等地不定。

11. 问:廖英哪时参加革命? 那时谁派他到足表工作?

答:廖英原是安宁乡乡长,1934年参加革命。是谭统南、韦高振派他到足表、武平、上表、兴义等地活动。

12. 问:打教竭时,我军有谁牺牲? 葛麻、四邦人有姓高是否也牺牲?

答:我记不清了,记得有梁振和牺牲。受伤的有农二(录峒人)、冯××(泗黎人)、梁振兴(大望人)、林桂兴(水口人)。

13. 问:谭立国那时到中越边干什么?

答:谭立国于1939年从东兰来到中越边,在谭统南这个大队当参谋长。1947年回东兰。

14. 问:1941年,法国鬼袭击弄煞时,你领导的这个小分队是什么番号? 属哪领导?

答:这个小分队是属"劳农游击队第五大队第二分队"。

15. 问:到武平、足表一带活动的我地下工作人员有哪些人?

答:有黄焕章(即黄安平),巴荷紫微人

刘发生(向都巴龙人)

黄植宝(向都富义人)

黄怀贞(即黄东平),向都焕屯人

黄南平(黄振庭三叔),龙光坡门人

黄振模(黄振庭二弟)

黄振庭(龙光坡门人)

黄德光(武平人)

16. 问:谭统南后段是否参加别动队?

答:当年韦高振叛变革命受国民党改编出去抗日后,谭统南他还是在中越边领导革命活动的。那时队伍有近百人,有长枪9支,驳壳8支,手提机1挺,都是谭统南在越南承包赌饷公司得来的钱购买的。长枪和驳壳在靖西买,手提机到东兴买。

17. 问:原来你(指黄振庭)给伦瑞闻出证明是四方形的私章,后来给岑尉出的证明又是长方形的私章,到底哪个是真的?

答:两个都是,本来是用四方形的,后来带到天等这四方形的丢了,后来又刻了一个长方形的。

18. 问:抗日第十八军是哪里批准成立的?

答:是我们与梁振标汇合后经大家研究报右江下游党委同意后才成立的。当时右江下游党委书记是黄明春,委员陆浩仁、滕国栋等。

采访者:黄明龙、洪明理

地点:龙光乡坡门屯黄振庭家

1985 年 7 月 15 日

(中共广西靖西县委党史办公室保存并提供)

参加廖英组织的红军在武平活动

黄直秋

我叫黄直秋,今年83岁了,现在〈靖西〉渠洋东风公社东风大队。我于1933年或1934年8月在〈靖西〉武平白沙村,参加廖英的组织。廖英是安宁人,当时我家也在武平,廖到我家发动参加红军,杀鸡饮血。

誓言:鸡头鸡头,铁水横流,

头戴黄冠脚踏泥,拾要灵鸡来作证,

哪个反心照鸡头,

照柱〔炷〕香里,

不翻心之后,

有福同享,有马同骑,

一口同声,患难相助,

有仇同报。

当时我名用黄廷,去组织群众到足表的弄农、弄三、坡那□的梁二、黄志平、黄权(那旺峒表),原与廖英砍鸡头后他们反心,把廖英抓起来,送到县政府,被国民党杀害。

在坡那□抓廖英时,我也在这个村,但我不和廖英住一家,所以没有抓到我。廖英有一支猪卵推,也被他们要去。抓廖英是在10月或是11月份,廖英被抓后,没有头人,我即回家。

黄东平、黄升平、黄安平这3个人是领导(听他们的口音是龙州人),总司令是黄庆金。

开会都在弄广开,我参加过三四次会议。当时我和闭福廷(白沙人)、老岑(大道坡那马领人)、老农(弄论人),是在对面逐邦,黄依刚(白沙)、黄作才(白沙村人)、黄付添(白沙人)……

抓了廖英后,县府去足表开会,黄作才作为村代表去参加会,不料被国民党抓去拉到县城杀害。黄依刚后也被抓来县杀害。黄付添被抓去关后放回。

我们还活动到弄广、叫怀、列论,我们所到各村群众都……

梁如卿也参加(其毛)梁明哺之子,何文规(足表乡长)也参加拉龙头,还在乡公所吃一顿饭。后来梁如卿、何文规叛变,因他们家有钱有枪,不愿交出来。梁如卿在解放后土改时被镇压。黄东平等人常在弄广,黄升平到那红(足表乡)。廖英被抓的原因是:他不按计划行事,本来在那里只住3天,但廖住7天,叫他们送酒、肉来吃,还抽鸦片,后就在鸦片床上被他们3人捕的。

廖英曾带黄权、老闲去打土豪付富(足二屯),拉到村头来杀掉,还杀个武平的税务员,姓黄××(邑金人),在武平街上杀,用杀猪刀。邓××(山书村人)打庙而死。

在弄广开会主要是讲大家做红军。以后成功了,穷人得翻身,分田分地。在弄广开会时约有1000多人参加,附近群众参加饮血酒后大家都去。

林述廷(是哪里人不清)在古龙岭被国民党军韦子才部队打死。常跟廖英的有七八个人。

我跟廖英约2年时间。那时我30岁左右。我用的那支枪在我回来时丢在弄三的草根里。猪卵推原是廖英给的。

廖英被抓后,我曾到弄广找黄东平他们,但找不到,我只好回家。黄东平他们不知去向,原跟廖英这几个人都一起回家。

我在参加廖英〈的组织〉之前,17岁时就去当陆荣廷的兵。1923年3月6日,在桂林打沈鸿英。我当3年兵,到过湖南,也跟过黄恒(依金)、黄子荣到湖南。住3年后才回家。回到桂林时又去当新兵,到柳州又逃跑回来。

1983年11月15日

(中共广西靖西县委党史办公室保存并提供)

廖英在足表一带活动情况

马其功　赵华表　马国柱

廖英,龙邦安宁人,1932年与黄安平(黄焕章)等带领一小队赤卫军到靖西足表、意江、东球、朋怀一带活动。大家称他廖队长。

当时是采取秘密活动。通过个别串连发动,而且都是在黑夜里进行。先后在足表陇点屯、意江的排堂、弄煞和朋怀的那宁屯等地,分批秘密组织同盟会,每一批有十多人。参加同盟会的每人交五文钱(铜币),钉手饮血,提出"有马同骑,有福同享",并朝天拜地宣誓,各人都不用真名,另起化名。如陇点屯马其功叫"马海",赵华表兄弟俩叫赵龙、赵虎。廖英、黄安平在盟会还宣传保卫穷人利益,反对国民党政府的税收等,曾计划杀掉县城下来的国民党税收人员,但后来没有碰上。

廖英等人在这一带活动期间,曾在朋怀那宁屯谭文君家、意江排堂屯的王枚辉、王枚章家和足表侬点屯马过柱家住宿。他们白天外出,黑夜才来,由住户负责放哨。

经过结盟的人,有的随队到向都打过仗,如足表的马振英(1935年被靖西县国民党政府逮捕到县城杀害)、罗桂枝和东球的渠肯屯梁廷辉等,但大多数人只在本地参加一些会议活动。

廖英他们住的山垴,是不让任何人随便进去的。足表有个姓邓的,多次参加土匪打家劫舍,在本地住不下,跑到廖英住的山弄躲避,被廖英杀掉。其兄邓华山与坡月屯梁二勾结,由梁二引诱廖英来家抽鸦片烟,把廖英抓起来,邓华山亲手割掉廖英一只耳朵,然后交国民党政府押解往德保。

廖英被抓后,同盟会就此停止活动了。

材料提供人:足表陇点屯马其功、赵华表、马国柱

采访整理:黄朝岗、张伟

1982年12月、1983年3月

(中共广西广西靖西县委党史办公室保存并提供)

廖英到百沙等地活动

黄作雷

廖英是〈靖西〉安宁乡人，原是安宁乡乡长，参加革命后被派到足表朋怀一带活动。1937〔1934〕年7月从朋怀到百沙来组织同盟会，参加同盟会的人有百沙、合弄、竹群等屯70多人，后来又到打笔屯组织30多人。至于东球村的百仲、足二、百球、供留、打足球、东塘、弄三、启肯、足力，百达村的弄育、弄岗、弄桑、弄宁，朋怀村的那井、朋龙、朋浓等地，他都去活动过。跟随廖英去活动的有闭其福、黄天春（现迁回渠洋镇东风村）、李瑞金、黄作才等。

廖英性急，到足二屯组织同盟会时，林懂、宁父素不愿参加，廖英便把宁杀了。

县警察兵黄意作常来往何文干家做生意，后来何文干（我地下交通员）被国民党杀害，廖英来到何家安慰，黄意作知道了想杀廖英，廖英懂得〔得到〕消息后便先杀了黄意作。

某月，廖英等到武平街赶圩，也将国民党税收员黄大福拉到街头用菜刀杀死，然后对赶街群众宣传反对国民党税收的意义。

1935年农历十月，在武平乡弄莫村弄光下屯召开400多人代表会，廖英带我、黄作才、闭其福、黄天春等四人做为百沙村代表参加会议。会上讲话的人是讲白话的。讲话的意思是说我们组织得不少了，将来推翻国民党，但我们现在力量还不多，还等大队人马来就要推翻他，现在我们还要继续组织力量扩大队伍等等。

后来到腊月，由于梁二、梁子合、黄志民叛变，用计引诱廖英到梁二（梁福松）家吃夜宵，首先把枪支收起来，吃到中间，梁二说铲菜，梁子合、黄志民等几人即动手捕捉廖英，当天将廖英押送靖西县府。1936年正月，廖英被杀害。

当年同盟会员　黄作雷　70岁

1985年5月15日在同德乡革命知情人座谈会上发言

（中共广西靖西县委党史办公室保存并提供）

谈廖英在百沙一带活动

黄　庭（黄直秋）

我叫黄庭,又名黄天春,现叫黄直秋,今年85岁。30年代因生活困难随母跑到百沙村住。当时村长黄作才来对我说:你没田没地,还不去参加红军在家干什么?后来我参加了廖英组织的革命同盟会,同时参加的有百沙村的闭福廷、闭其福、黄作雷、农华山、农华雷,那望、着表的黄权,坡纳的马岑、马亮等,弄蕊(土音)的黄万卿是廖英的住户。我们参加同盟后还跟廖英、黄作才、闭其福等经常下各屯宣传同盟。1934年或1935年间曾随廖英到武平乡弄广开大会二次,有千多人参加,会上讲话的人有黄东平(黄怀贞),还有黄妹(白话音),队长也讲。

廖英在足表、东球一带活动2年左右。1935年10月间被叛徒梁二、黄治平、黄权等3人捉拿送靖西县杀害。

〈靖西县〉渠洋东风大队黄庭提供

1985年6月

（中共广西靖西县委党史办公室保存并提供）

谈廖英参加革命活动情况

黄振庭

廖英是〈靖西〉安宁乡人,原来是乡长。1934年我赤卫军第三团袭击安宁乡公所后,廖英便投降我红军,并参加革命。他参加革命后,谭统南、韦高振派他到足表、武平、上表、兴义一带活动,后来因叛徒出卖而被抓送到靖西县城杀害。

到黄振庭家采访笔录

采访人:黄鸣龙、洪明理

1985 年 7 月 18 日

（中共广西靖西县委党史办公室保存并提供）

马振球等人在大漠活动情况

方华盛

民国十九年，谭统南、黎镜坡、阮必成（讲白话），韦高振也来〈靖西〉大漠村。我叔父方源师被其女婿黄×逢（已故，越南人）向韦高振（住越南的陇乖）告说源师去报告志番，志番才写信给公讯，韦就将我叔全家杀掉（二男二女父母共6口人全杀掉，当时源在那冷）。

我们的家常有谭统南、马振球、黄修道来往，我只是照顾他们，给他们吃住，还给他们用钱，马振球写信来要钱，说革命成功才赔你。

韦高振曾带队去皈〔归〕朝打仗，被打负伤，方华从也跟去皈〔归〕朝，韦被打伤回来后到大漠我的伯母婆家珍医治，医得一个月痊愈。

谭统南来我村时，曾派人到越南发动人民来参加，搞越南革命。黄修道来时就讲他是地理先生，他称呼韦高振也叫同志，但他没有跟韦高振在一起，而是在我家吃饭。约一年时间后回到天保，他在我家时说：招待革命同志，革命成功了也会有享受的。但他们一去不复返。

谭立国也曾带一帮人来，在我家住吃。约民国廿八、廿九年（当时日本进越南后法军撤进中国，就是这个时候）。谭立国的人马有30多人。黄志光、覃光清、覃河章、杨显耀、张一飞、张英龙，这帮人也是靖西南坡人。他们也跟着谭立国来到大漠。龙邦乡的咬莫屯傅少华也跟在一起。住一年。方华从也跟谭立国，当时他也说他们是中越边区抗日。

第四战区指挥所也派韦光明、韦桃春带去一帮10多人来住大漠，专门缉私，收缴油贩、铜仙等，当时的乡长是杨华兴（龙帮街上）。那时正是抗日。

谭立国曾带队到越南藤派打日本〈人〉，只打几分钟，日本〈人〉还击，谭就收队回大漠村住。

方华从跟韦高振去打日本〈人〉，约两年后从安徽回来。新靖镇有个李万成也跟韦高振在大漠村，后也出去抗日。方华从从安徽回来又去跟谭立国。

韦高振从安徽回来时，原来在大漠活动的人全都不见了，不知去哪里了。方华从在家住。方华从曾去过河池、南丹、东兰，但他跟谁出去我不知道。

马振球从百里写信来给我借去60块光洋，时间约1941年（陇梨、排甲、叫四、越南地和逐怀甲界）。

韦高振未出去抗日前,梁其明也跟韦在一起(住陇□□)。

抗战前民国年梁振标也带队到大漠住过几天,和韦高振一起。

方华盛,大漠陇拉屯人,72 岁

1985 年 3 月 10 日

(中共广西靖西县委党史办公室保存并提供)

我为黄庆金当通讯员

李登开

我名李登开,原名李民庭。原来在弄坡,现在迁到坡贯住。

我有五兄弟,我是老四。我 23 岁时,国民党要征兵,跑到向都参加赤卫队,跟随黄庆金在指挥部为通讯员。黄庆金曾叫我把信送到驻化峒的地下工作人员黎安转化峒财主黄拔,又送到足表坡贯村的冯二老爷,又送经天保县都安李景丰。这些信都是向财主征借枪支。后来黄拔、冯二老爷和李景丰都乖乖地献出来给我指挥部用。

有一次又叫我把信送到武平宛如屯黄父琼瑶,由黄父琼瑶转给韦高振。这封信主要是宣传党的政策,教育韦高振弃暗投明投靠我革命。这封信转到韦高振后,韦要我和他面谈,因我不能作〈做〉我军代表,也不敢露面,所以不敢和他面谈。我回向都将情况告诉黄庆金。后来谭统男、黄振、黄庆金即去武平改造韦高振。

1932 年某月,黄庆金、谭统南、何其瑞百多人向天保转移到我家住,因我弄坡屯才 10 多户,容纳不了那么多人。我说这里容纳不得那么多人,不能久住。以后何其瑞等带到乐圩、真意等地。留下黄庆金、谭统南,后来我带他们到武平宛如村黄父琼瑶家,又带到岜蒙与蒙运廷、徐伟三见面。后来蒙、徐说还是到平稳那边联系,并由蒙徐向平稳那边联系后,我又带黄庆金、谭统南经禄峒到平稳后转到荣劳茶油坡结拜同盟。参加同盟的几百人,两包火柴都用光了。同盟后几天谭统南、黄庆金就上云南了活动,我就回家来。

李登开(指挥部通讯员),在同德乡革命知情人座谈会上的讲话
1985 年 5 月 15 日

(中共广西靖西县委党史办公室保存并提供)

黄必三回忆

1930年5月,天〈等〉向〈都〉西南赤卫军领导人黄庆金率部到中越边活动,建立中越边区革命委员会,领导人黄庆金、黄德胜、谭统南等。黄振庭任经理股主任。

转移到靖西武平的一路农军,在贡屯整编为下游游击农民赤卫军第三团,团长黄庆金,政委黄怀贞,参谋长黄德胜,政治部主任黄振,秘书谭统南。下辖三个营,第一营〈营〉长林华丰,教导员黄怀深;第二营营长何其瑞,教导员(忘记姓名);第三营营长农振邦(后叛变),教导员吴忠廷。整编后分三路,一路黄庆金到九弄与梁绍武领导的劳农游击队联系;二路黄振庭、梁振兴、梁林向滇桂黔边的龙邦、平稳一带,借当地杨福昌为首的"神仙堂"影响,组织同盟会活动;第二〔三〕路谭统南到恩隆找国民革命军第二军建人、何之奇联系。

1933年5月,梁绍武率部到中越边的〈靖西〉龙邦弄厚汇合,改编为抗日救国第十八军,军长梁绍武,政委黄庆军,下辖三个师,第五十一师师长韦高振,第五十二师师长韦日波,第五十三师师长(已忘记姓名)。

5月下旬,军部决定去云南九弄,向导农光甫,路经平稳、六峒、渠洋、魁圩到九弄百油街。

10月,何尚之到云南九弄会见黄庆金,商量将队伍改为滇桂黔边劳农游击队第三联队,总指挥梁绍武,政委何尚之,参谋长黄正盛,政治部主任黄振,经理股主任黄振庭,时政股主任周书目。下辖九个大队十个中队。第一大队长韦高振,第二大队长欧仲昆;第三大队长黄绍京,四大队长崔伯温;五大队长谭统南;副大队长林光显,给养大队长何其瑞。第一中队长梁根□,赵权忠(后叛变),第二中队长农安精;第三中队长梁振华;第四中队长许承业;第五中队长唐秀山;第六中队长岑日新;第七中队长杨茂祥;第八中队长(忘记〈姓名〉);第九中队长罗明捆。

1986年7月15日

(录自黄朝岗采访记录本,中共广西靖西县委党史办公室保存并提供)

何松谈靖西革命活动情况

1. 来改造韦高振的黄振是否就是黄明强的问题

黄明强这个人名我没有听说过,只听说来改造韦高振的是黄振和谭统南。黄振这个人是个中等身材,高1.6米左右,面部稍有瓜子脸,个性温和,平易近人,能写一手毛笔字,是东兰人,在越南他曾与谭统南唱东兰山歌。前次东兰也来两个调查,我把黄振形象说〈明〉后,他说黄振形象正像黄明强的侄儿。

2. 黄德胜来去云南前一直在下游田东、那马、都安一带。

3. 抗日救国第十八军我听讲过,但没有亲自参加,是黄强对我讲的,说成立第十八军后在厚屯、三达岭等地打过仗。

4. 第二次国共合作时,国民党百色指挥部派韦渔生过来活动,韦高振出去抗日,那是黄德胜叫我带14人到中越边通知谭统南,说韦高振叛变投靠国民党不要跟他,当时韦高振正被韦渔生诱降了。当他从龙邦大莫集体出发那天,我们也在场,但不参加他们集队,韦渔生叫我们来集队,我说我是省边的,有我们的领导,韦渔生说省边也要出去抗日。韦高振说省边的由他们吧,这样他才不理我们。但他们出发时我们也跟他走,他安排我们走在中间,我暗想他们吃掉我们或夹掉我们去了,休息时我们另住一块,到安宁住宿他们也安排我们在街心,我们不听他安排,自己在巷尾住下,队伍行到魁圩我们就分上云南去了。我到云南又转回中越边。后来韦高振又派人来探听我们情况,想暗杀我们。我们把来窥探我们的人捉起来问口供后把他杀了。

那时滇桂黔省边与中越边革命处于低潮了,我们在中越边找得些钱交给谭统南,谭统南通知何尚刚来中越边,把钱交给他,何尚刚动员说,现在我们处境困难,各人自找出路去,何尚刚回云南当老师,谭统南、我何松、张景(靖西街)等进入越南活动,与越南革命黎敬波、农宝等联系,在越南念因、果市、百果、弄浪、孔王、百念等地活动。

海外部是刘伯飞等人组织的。当时假装为日本人服务,实为打探日本情况,有一次日本七田大鬼火来到上浪叫老板陈宝南带路打靖西,我们就将两个日本人打死在上浪赌馆,后来刘伯飞送我到靖西医院留医。

我打死第一个日本人后,第二个想爬窗外逃,我又开枪打死了他,但弹头反飞中我肺。

义勇军问题,谭统南没有参加,是张树民当大队长,詹同洲当中队长,廖汉春〈当〉中队长,刘伯飞〈当〉中队长,这个部队是 1944 年农历腊月成立到 1945 年。

我于民国三十三年十一月(农历)回国。是 1938 年进越南。

谭统南组织抗日游击大队时我不在,是谭统南叫我到新兴做廖汉春的工作,后来我回田东了。

靖西有没有党组织呢,我知道周书谟是党员,黄子丰也是党员。

黄振庭 1935 年曾到下游做联络员一段时间。

采访人:黄鸣龙

地点:田东县城何松家

1987 年 12 月 25 日

(中共广西靖西县委党史办公室保存并提供)

黄庆金、黄怀贞的一些革命活动情况

黄锦荣

红军县长林柏走后,县府派黄清琪上任向都县长。黄怀松当司令。黄清琪写了一封信给黄怀贞,要我第四班交枪,为了应付当时的局势,拿出两支烂枪给朱克祥拿去送。黄怀松把朱克祥抓起来,拿去杀了。这样,我们只得从巴龙岩洞跑到把荷布六岩洞去住……

以后,我们开会研究对策,庆金、怀贞说:如有白军来,你们就写信通知我们。这样,我们各自找地方隐蔽,我也回到加乐附近的山住。有一天,我从去赶中和街的人口中得知,白军在街上准备粮、肉,可能有大军准备来"清剿"。我就写信交给爱人,由她去转给庆金。过10天,南宁白军马伟新(又说是马志英)带一团人到向都去焕屯"围剿",抓走十二三人,到县城杀死6人,过后他们也到龙六那边"清剿"……

自那以后,我又跑到平孟那边住,黄庆金、梁振兴也跑到靖西那冷,黄怀贞跑到坡门去躲。过了一两年,我接到通知回来,到焕屯住了一段时间。有一天,龙光有个白军跑过焕屯,我们6个人在河里洗澡看见,光着身子上来捉住他,他见我们人多,也不敢动弹,这样我们就白手缴了他一支驳壳枪。过后,梁振兴拿走了这支枪……

黄锦荣(向都公社乐久大队加乐屯)

1982年10月16日

(中共广西靖西县委党史办公室保存并提供)

红军游击队在甘美第一战

周维丰

我是百油人，同红军打成一片，所谓年打年，竟成习惯，还有一部份〔分〕很亲热，早晚互相请吃饭。闻知白军要下来，我们男女老少，都逃入深山岩洞。省白军到达皈〔归〕朝，百油乡通知，甘美间长约定明天初五下来攻打红军，如果省白军到来，即派人来半路迎接引路，务要消灭和胜利凯歌奏捷。

那天白军来到半路，将近甘美寨背山，甘美间长站高地远〔望〕，即选要会说汉话吕正先下山迎接白军。被周维丰知之，即刻暗地下山飞报红军，韦高振即作速紧急宣布置阵地，凡在寨子路下边的红军战士，都占领寨中间大石堆（可监〔兼〕顾全村首尾），进则能攻退则能守，埋伏其间等待不动声色。其村尾住的红军是把守从皈〔归〕朝来那条路，村头有几块大石头亦准备埋伏，防其绕后包围。我红军其余静〈待〉家中不出门，待其冲进门口，才一齐开枪，使之措手不及。

吕正先带省白军从背后山取小路压扑下来，开了一阵冷枪，不见一个红军出门，更不见寨子上人走动，如若无人，白军心生疑虑，就说要杀带路人吕正先谎报，一面冲杀到寨中间，都不放吕正先自由行动，一面放火烧民房，钻进民家搜查。我红军待至闯进门口，才实行开枪，用迅电不及掩耳法。敌人果然仓皇失措。我红军随即冲出，混战形成块角战争（犹如街巷战），到处枪声，到处人声叫杀，喊冲不停，奔上奔下，火光冲天，杀声震地，枪声隆隆，吕正先趁机逃走，永不照面。

省白军叶连长带了十多人，从背后寨经陆冲到寨中间，耀武扬威真是官僚架子，扬鞭叫骂红军，被我红军战士伏在墙角射击，打断敌连长脚部，翻身下地。白军士兵三个抬连长找出路，想抬回原路，被早就埋伏等待的几个战士，集中枪力顶抵，只得直前往大石平，相距大石堆才五六公尺远。我红军早埋伏在大石堆等地，见了三五成群，抬一个带伤军官，一律瞄准扫射，其白军官兵横死一堆五六个人。后寨那股白军冲来寨中间，知道自己主将已损失，欲冲下来抢夺尸骸回去，又被红军在大石堆截杀，不能冲下来，又退军到背后山脚。休息几分钟，白军又鸣号冲锋，再冲下来，又被打伤几个，又冲不下来，白军失了主将，没有指挥作战的,分外惊慌,又退到大树林前边,又被住在村尾的红军埋伏在挡墙靠近大树林扫射,有死伤数人,白军败回来两头被打,进退两难,又反来搏斗红军,但已支持不下,力尽声嘶,我红军黄保成趁此机会勇夺两支步枪,再行夺第三支时被白军发现开枪打死,为此才牺牲一个。

这场战斗约经三四个钟头,双方吹号令,三次冲锋三次退兵号,红军占据地利,越战越强,白军收兵号令响,带伤的疼痛难忍叫爹叫妈,哭声不绝,往皈〔归〕朝那股路而去,我红军亦不追,马上高唱国际歌,歌声雄伟。

1984 年 12 月 15 日

（中共云南省富宁县委党史办公室保存并提供）

红军游击队在甘美

周维勇　黎建中

红军来百油甘美宣传时,者桑农达三也参加了,所写的标语都是农达三写的:"打倒国民党""打倒土豪劣绅""打倒贪官污吏"。农达三被国民党捕杀于者桑。

百油劳农会听说是成立了,但谁是主席不知道,只知道那晌黄彩文任联络员,黄彩鸾、黄彩功都参加了,黄彩功后来被白军拉去者桑,半路放回。

劳农游击队也有了,甘美的吕朝美、吕朝隆、李国章、周光明都参加了,并跟李家祺到板仑打安广坡。后来周光明、吕朝隆、李国章和百油韦寿廷都参加了红军,在甘美战斗后就打安广,弄迫战斗也参加。

1982 年 7 月 15 日

（原件存于中共云南省富宁县委党史研究室）

关于黄松坚等人上九弄情况

何　松

我是 1934 年 7 月同黄松坚上九弄的,共计 13 人,是从下游三层埂出发,路径〔经〕果化、思松、龙红、丁龙、那板、主屯、坡纤、那恩、大挂、扶懒、岩河(即谷桃)。一同上去的有黄松坚、黄德胜、黄加龙、黄三(又名黄盛街)、黄加由、陈晓〔尧〕宝、何松、黄印、唐高、覃恩、岑日新,有个姓梁的、黄庆金(是从九弄下来接黄松坚的)。

田东点党史座谈会　何松　口述

张杰　记录

1983 年 6 月 29 日

(中共云南省富宁县委党史办公室保存并提供)

跟着黄松坚到云南去干革命

何　松

我于民国十八年(1929年)参加红军,职务是号兵,后任陈鼓涛同志的警卫员。

一、三打向都县政府

民国十八年冬,陈鼓涛同志率领我们去攻打向都,攻进县城去后,上级委派林伯(林逢人)当县长。胜利转战,在巴沙(栋坪),缴了一家姓黄的兵工厂,获得枪数十支,并缴了一家反动姓刘的驳壳枪一支,他们逃跑到印茶,因他们人少枪少,我军一打印茶他们就跑,但我们也牺牲一个同志。

当时在印茶两兵对垒,我们住在印茶的旧圩,白军住在印茶新圩。我们部队黄金刚、农新荣、黄绍谦同志务带一个连队,攻打新圩白军,因敌住〔驻〕在石山区,攻不下去。思林的梁维祯同志率领一连兵力支援我们,也打不下,便退回乡下住。敌人便烧那板、东印屯群众的房子。

民国十九年,正是玉米成熟吃的时候,李××率领第二纵队,以第二纵队为主力,用猛烈的火力,攻进了县城,部队住县城几天。这时,我调任陈鼓涛同志的警卫员。

民国二十年,当时向都县县长林宝山,我们一次一进攻,他们也是跑得很快。

印茶的刘家有几个很反动,刘承生、刘光甫、潘世甫等在当时最嚣张,后期是刘承汉最反动。民国十九、二十、二十一年,经常骚扰我们那板、绿内等村屯,给〔使〕我们三年种不了庄稼。

二、红军北上,印茶人民遭殃

民国二十三年,白军团长苏新民率领兵力一个团,进驻印茶地区,威胁叫我们出来向他投降,黄金刚、农宝汉、凌云品、韦志祥、我等没有出来,有十几个人出去。白军以办训练班为名,把他们集中杀掉,不仅杀了革命同志,还杀了革命群众。在一天当中,杀了印茶、坡缕、北龙等屯群众100多人。这样还不甘心,把群众集中起来,以小屯并大屯,对我游击队说,因为我们夜行军,为了监视我们行踪,在我们经常走的山路上撒下了灰泥,横放茅草,为他们辨别我们的行动。

三、跟着党、跟着领队人黄松坚到云南去干革命

民国二十三年六月,赵世同同志为革命到陇哄,我们一同住在山洞,当时生活很苦,连红薯都吃不上,一起住了10多天,黄松坚领着黄家犹、黄德胜、岑忠业、黄

三、黄途、我等 10 多人上云南富宁（富宁县）去，到了富州，以皈〔归〕朝的后龙山、九弄为革命根据地，来回转打土豪劣绅。后来在谷留屯成立滇黔桂劳农游击队第三联队，梁振标任队长、黄松坚任政委。也是在富州范围内来回打土豪劣绅。敌人对我们根据地恨得入骨，连我们吃住在群众家的那些群众都被杀光。敌人追打我们很紧。民国二十三年春节，我们到云南与安南交界的陇×屯，这个屯只有三户人，招待我们很好，还要挽留我们同他们过正月初二，因敌人很猖狂，谢绝了这三户人家，当晚出发。第二天敌兵一到，审问他们，叫说出我们上哪里去，东家不讲，就把这三户群众斩尽杀绝。

这一年，黄松坚去上海，党支部书记交给赵润兰负责。他去时，给他找两担桐油、两挑牛皮和大烟，并送他到靖西的归圩，他往龙州方向去，我们转回云南，仍然搞革命活动，曾经到现在的广南县靠近西林边界活动。

四、第二次国共合作与韦高振叛变

韦高振本是一个浪子，参加我们革命，到国共合作，他跑到国民党去当师长了。在富州（富宁）的那也区谈判，但敌人在谈判会上，首先提出，在云南的土地上，一个广西人都不能留住，留了一个是不可能和我们谈判。我们的主张是团结一致对外，他们不同意，就这样告终。同年九月，新四军派来四个同志到富州。开始同〔向〕我们了解生活、工作情况，后来他要去同富州官员谈判，我们说情况很复杂，张同志说，革命不怕死，怕死就不革命。他一定要去富州谈判，在他强烈要求下，我们送他到敌区边缘就返回来，他独一个人去，敌人就用铡刀草把他给铡死了，其他二个同志没有去还活着。

这一年十月左右，韦高振离开我们，还带我们一个排的兵力出去。黄德胜叫我打进韦高振的内部去，我去了，韦高振在果黄编队。连排长任命时，在操场上站队，我们一排人不同意和他们一起站队。百色派去的一个叫韦日生（凤山人）问我，你们为什么不在一起站队？我说：我们是省边队伍，另有我们的上级。韦高振就说，好嘛，你回省边队伍去吧。但实际韦高振时时都在想吃掉我们的。第二天从果黄出发，他安排我们在大队伍中间，到宿营地安排我们住在街中间大房子，我们都走在后头，住街头。第三天到归圩，我们住在离归圩一里路的洞岜住下，第四天他们队伍开往百色、田阳方向走，我们一排人返回云南省去。

五、抗日时期我的活动情况（包括解放战争时期）

民国二十七年，黄德胜派我往原来韦高振革命时期的靖西靠近安南（越南）边界组织发动群众,继续干革命工作,我按指示去办了。

采访人:赵秉壮、陈遵诚
记录人:陆石生

（中共田东县委党史办公室保存并提供）

徐平回忆黄松坚上云南情况

1934年农历六月,由黄松坚(黄明春、何尚之)率领9人连其本人10人上云南,这10人是:黄松坚、黄嘉猷、黄德胜、岑日新(岑忠业)、徐平(到田阳五村乡,黄松坚把我留在田阳工作)、何松、黄三、何信吉、黄印、黄□□。

1982年8月3日

(中共广西那坡县委党史办公室保存并提供)

跟随黄松坚上九弄

梁　伍

1933 年我和梁案堂、韦赵清、岑日生等 4 个到越南边境,越南革命代表黎镜波、陈山洪等 13 人一起联系讨论关于计划击败法国侵占越南领土〔的〕问题。大家决定我们两国人员必须赶到高平去破坏铁路干线,切断法国的火车运输动脉,降低他们的活动势力,保证我们能够顺利完成消灭法国侵略者的伟大战略任务。

越南代表黎镜波写信通知黄开红、黄开荣部队在黄黄地区做好武器弹药的准备。为了扩大中越双方的战斗实力,并通知越南边境杨在革同志一定抽集武器装备的计划。靖西龙州的李治春、梁由也提前作好收调 500 支枪的 ×× 准备。咱们的战略方针是首先攻击那坡县国民党反动派黄营长,夺取一大批武器装备来加强我们的战斗势力,尔后就攻打高平,继续解放越南的宏伟战略计划。后来,法国军队向我们袭击,两国部队立即撤退平孟边界。陈山洪、黎镜波跟随我到魁圩坡巷一起组织,在梁保山召开秘密会议,然后陈山洪、黎镜波返回越南继续招兵戒备。

1933 年腊月,梁学政、岑日生、黄强命令我和梁案堂赶到隆作公社果雷村接应滇黔桂劳农游击队政委黄松坚同志来到坡巷村隐居 3 天,尔后转到轰楼住在杨付交家 5 天,又转到峒巴轰隆屯黄开郊呆〔待〕一个星期。然后我和梁案堂将黄松坚护送到九弄地区刘家华常驻工作。

刘家华担任九弄地区劳农会主席,后来刘家华被张福兴用一个秤砣猛击头部太阳穴致死。地点在马贯。结果张福兴还带领白军将刘家华两幢房屋烧毁,这是事实〔的〕。

1983 年 4 月 14 日

(注:1933 年黄松坚同志还在右江下游工作,为上滇桂边,此处的时间有出入。王光荣)

韦高振对中国革命前途悲观失望,摇身一变从一个革命者变为反革命。1935 年韦高振杀害我们地下党人员谭统南同志,然后去投靠国民党农安精,在保安团当上司令部〔员〕。

我们党组织对于背叛革命的人非常愤恨,决不能让他们为非作歹,袭杀革命同志。最后,梁学政、梁振标、何尚刚、岑日生决定,命我和黄中布、何坚、黄三、黄伯静、黄家由、梁治平、甘松兴、黄阿论、陆腾等到靖西叶耀芳家潜伏,暗杀叛徒韦高振。陆腾同志专搞情报,呆〔待〕了半个月时间始终未发觉他的露头活动。按原计划是:杀了韦高振后立即上车逃跑转上渠洋,在东门已经部署好一辆汽车为我们的行动计划做了充分的准备。结果未遂,我们又派回九弄工作。

1983 年 4 月 14 日

补充材料:此材料提及韦高振杀害谭统南的时间,不符合事实,不能做依据。——王光荣,1984 年 4 月 21 日

编者注:梁伍提供韦高振杀害谭统南的材料虽然时间不对,但内容有可参考之处。

(中共广西靖西县委党史办公室保存并提供)

滇桂黔边区劳农游击队机构

黄振庭

1933 年农历十月（应为 1934 年 7 月——资料提供者注），黄庆金女人从云南七村九弄写信到右江下游党委汇报工作说明他们改造地方势力已见成效，黄松坚改名何尚之，带两个班人马上九弄后桃整编部队，于当年年底，宣布成立劳农游击队第三联队。联队政委何尚之，总指挥梁振标（梁超武），参谋长黄德胜，政治部主任黄粮（东兰人），财政主任周书谟（靖西龙珠人），经理股主任黄振庭，第一大队长韦高振，第二大队欧仲民（百色人）、副大队长梁冶军（百色人），第三大队号黄绍亨（向都甘肃人），第五大队崔伯温（田阳人），第五大队长谭统南，副□□光显（德保）。每个大队分两个中队，每中队约 40 人，第一中队长赵权忠，第二中队农安贞（靖西人），第三中队长梁振华（百色人），第四中队长许承业（百色人），第五中队长唐秀山（武鸣人），第六中队与廖日新（田东人），第七中队长杨茂祥（德保人），第□中队×××，第九中队长梁振兴（德保龙赵人），第十中队长罗明显（德保都安人）。

（中共广西右江区党史办公室保存并提供）

陈勋口述

1934 年农历十月开会，成立滇黔桂省区劳农游击队第三联队，梁超武任联队长，黄德胜、韦高振任副队长。下设六个部：常务、军事、组织、宣传、财经、交通[等]，当时我在组织部。1935 年正月，开始向各处游击 1 个多月，有西林县西利村罗英来参加工作。到七月命我和罗英、梁学政等 3 人到西林县秘密组织交通路线，在西林县由罗英带领到场磨与胡良成接触，长发与杨福兴接触，西利寨与王圭华接触，板务与岑炳章接触，央革与韦二接触，直到妈蒿为止。

1982 年 10 月 12 日

（节录于中共西林县委党史办：《西林县委党史资料参考》，1988 年印行。中共云南省富宁县委党史研究室保存并提供）

何松回忆从右江下游到滇桂边人员

第一批：

韦纪、韦天恒、农民英、朱鹤云（即朱国英）。

第二批：

黄松坚、黄德胜、岑忠业、黄印、黄胜开、陈尧宝、黄庆金、何松、覃恩、黄家猷、徐平（到田阳五村回来不去）。

第三批：

赵润兰（即赵敏）、李修学（即李家祺）、藤静夫（即何尚刚）、刘承养（即黄伯尧）、李著轩、黄强（黄绍亨）、李绍基（他说是一个人上去的）。

提供人：何松（田东县养老院）

提供时间：1982 年 11 月 30 日

（节录于中共田东县委党史办公室二战滇黔桂武装斗争回忆资料第二卷第11—29 号，第 14 页。中共广西德保县史志办保存并提供）

革命老人何松谈当年革命活动情况

访问内容：

(1) 与陈尧宝跟随何尚之上云南九弄；

(2) 何尚之派黄庆金和韦纪等回右江的时间、任务；

(3) 劳农游击队建立时间、地点和领导人以及建制；

(4) 者兰会议不是党的代表会；

(5) 何尚之离开九弄去上海时间。

一、与陈尧宝跟随何尚之上云南九弄

跟何尚之上云南九弄共 12 人，就是黄松坚（上去时改名何尚之）、黄德胜、黄加猷（万岗人）、岑忠业（又叫岑日新田东人）、黄印（田东印茶公社人）、黄开胜（平果人）、黄庆金（又叫黄建平、向都人）、陈尧宝（又叫陈勋，天保县人）、覃恩、何松（田东人）、一个姓梁（天保人，是挑担的），还有一个记不起来了。

上云南九弄的时间是 1934 年农历五月份。路线是从果化三层更开始，路经思林的陇洪（住三四天），再到思林的定隆（又住几天），后到向都（今田东）巴麻，会见黄绍谦、黄彪，在岩洞里开了两天会。会后到田东的坡圩、邓堂、驮瓜，经天保的隆桑、搞瓦，到田阳的五村，先后会见崔伯温和陈尧宝，住在崔伯温家七天。此时崔伯温挖金矿，我们跟去挖得两个烟仔罐头盒的金矿（筹足上云南路费）。此时金矿被国民党封闭。黄松坚说就是给开我们也不能开，我们是搞革命的，不是来挖矿的。后来每人买一顶腊帽，帽上都写"合利公司"，我们 12 人是以合利公司商人〈身份〉上云南的。准备就绪就从五村出发，在天保的都安陇华屯住一个晚上，第二天晚上连夜出发，路经渠洋、扶平、扶赖（走到那里天亮），走到岩和屯吃早饭，早饭后出发到九弄的谷桃村，在那里会见韦高振、梁振标、韦纪、韦天恒、朱鹤云、李修学、赵润兰等。

在谷桃村住上第三天，反动军阀苏新民和广南守军头目何彩，准备汇合夹攻我们，我们退到水圩的务脑屯，黄松坚叫韦高振率部作战略退却到中越边隐蔽，把梁振标队伍（100 多人）带上八角山住几天，黄松坚叫梁振标解散这支队（因为都来自土匪组织，其中天保的东凌高国有一股），叫他们各自扛枪回家务农（因为枪是他们私人的，这些人留下也难改造，没有战斗力），只留下十多二十人，都是拿手枪的。解散后，留下的十多人队伍退到谷拉，后到七村，再上飯〔归〕朝后龙山住在陈文通家,在那里,黄松坚布置所有工作人员分散深入乡村开展宣传发动群众。

9月份开始暴动,首先杀掉在架街一个乡长和一个征收员,紧接着在毕街杀掉两个土豪特务,没收其财产(主要是布匹拍买〔卖〕作革命经费)然后转上九弄的谷楼村,此时我们队伍已经扩大到三四十人。

二、何尚之派黄庆金和韦纪等回右江的时间、任务

1934年农历十一月,何尚之派黄庆金、韦纪回右江,同时出发的有韦纪的警卫员韦八(田东县百银大队黄西屯人)共3人(笔录者问是否7人,答者肯定3人,是否在途中增加就不懂了)。他们回右江的任务是要枪支,因为韦纪上云南前是红六十二团的营长,掌握有400多支步枪和40多支手枪,革命低潮时化整为零,把枪支秘密分散埋藏,回右江就是把这批枪支拿出来武装右江下游赤卫军。他们从谷楼村出发,到天保的那甲被捕,黄金庆、韦纪被害天保县城,韦八判无期徒刑,关死于天保县监狱。

三、劳农游击队建立时间、地点、领导人、建制

1934年农历十一月份的一天上午,在谷楼村召开1000多人的群众大会,何尚之同志在大会上宣布成立"滇黔桂省边劳农游击队第三联队"(笔录者注:原计划在九弄、平治、向都、旧州、东兰等地建立5个联队,黄庆金、韦纪是回天〈等〉向〈都〉组织一个联队,由于形势的急剧变化,四个联队没有实现计划),第三联队的领导人是:

联队长:梁振标(又名梁超武)(联队总指挥兼第三联队长)

副联队长:韦高振(当时在中越边)。

政委:何尚之(联队总政委兼第三联队政委)

政治部主任:赵润兰

参谋长:蒙仁庭(巴马盘阳人)

财政股主任:李家祺

特务大队长:黄德胜

(1935年黄振庭任经理股主任)。

当时第三联队实际上只有200多人,叫做特务大队,下设3个中队。中队长是岑中业、黄强、唐秀山。

四、者兰会议不是党的代表会

者兰会议是于1936年秋收以后(约九十月份)在唐彦屯(此后有七八间房屋,全是天保县人)召开的,参加会议是全体劳农游击队员(约180多人)和当地赤卫

军(约 100 多人),还有花甲、那野两个乡的群众由符少华、汪富春、陆习候带队来参加的,全会共 1000 多人,开了三四天,大会菜食是南瓜,三开间房子装满南瓜都吃完,还要杀猪,某晚跑了两头猪,我们在山林里像捉野猪那样的追赶。大会动员扩大游击根据地,号召青年参加游击队,组织劳农会等,白天开会,晚上演戏,我与陈尧宝演白话戏,我扮演土匪,陈尧宝扮演一个穷苦的老百姓。他演的〔得〕很成功,群众很爱看。我是 1936 年入党的,我入党前后,都没见陈尧宝入过党。

五、何尚之离开九弄去上海时间

何尚之是 1931 年农历二月份离开九弄去上海的,当时,我和黄强是他的警卫员,我和黄强还有蒙仁庭化装成商贩,挑着牛皮等农副产品,送到魁圩的洞巴村。何尚之的路费除带了光银,还带有黄金。黄金是我装入何尚之的那根竹棍里面去,到了洞巴,另 2 人接我们的杂货担继续送走何尚之同志。

时间:1982 年 12 月 12 日上午

地点:田东县平马镇德新街何松同志(80 岁)家

拜访者:黄善、农忠佑(笔录整理)

德保县委党史办 1982 年 12 月 14 日整理

(中共广西德保县委党史办保存并提供)

在滇桂边战斗的日子

何 松

我同黄松坚去富宁九弄是在 1934 年 7 月,首先到谷桃住了 3 天,那时有梁振标、韦高振、班绍廷、钟贞甫、林少廷等人的武装,都在谷桃,梁振标有 100 多人,韦高振有 100 多人,班绍廷有 10 余人,钟贞甫 2 人,总共 200 多人。那时,朱国英、黄强、韦天恒、韦纪、唐秀山都在那里,是黄庆金到右江下游接黄松坚去的。

我们到谷桃时,朱国英、韦纪、韦天恒等就向黄松坚汇报情况。这时遇到广西桂军要来进攻,云南滇军也要来。当时黄松坚说,在敌强我弱的情况下,暂不同他们打,即把部队拉出谷桃,到广西母脑屯集中,朱国英、韦纪、韦天恒到者桑、洞波去了。黄松坚即把部队分散,叫韦高振领他的队伍 100 多人回靖西,由谭统南领导;梁振标带 100 多人及黄松坚等到水圩过去的八角山,住了 3 天,就把部队化整为零,原跟梁振标做过土匪表现不好的叫他们回家,剩下 20 多人跟梁振标,加上我们 10 多人,共 40 多人转到谷拉住一晚上,第二天到七村住一晚上,又到后龙山陈通文家。梁振标住其他屯,我和黄松坚及部下住陈通文家。这时朱国英、韦纪、韦天恒也到陈通文家集中。黄松坚即布置分工搞地下工作,布置好后,黄松坚、朱国英亲自到富宁东门外住一晚,又回陈通文家。分工情况有到百油、者桑、洞波、里乎、里那、者郎、架街、七村、大田坝、那力、上九弄、下九弄、三寨、那弄、谷拉、后龙山、沙斗、南罗坝、谷里等地的。我记得大田坝是钟贞甫负责,上九弄黄庆金负责,下九弄李德惠负责,那力农明英负责。七村点是一个姓黄的,龙门人(名字记不清),被旧寨一个人报给土匪,后被土匪拉去杀掉了。百油赵敏负责。

通过几个月的工作,把群众发动起来,组织武装,组织赤卫队约 1000 人,如下九弄刘家华 150 余人,上九弄张福兴 150 多人,七村陆有志 150 多人,后龙山贺长富 150 多人,百油陆顺忠 100 多人,谷里黄树功 50 多人,大田坝黄安福 50 多人,架街黄大良 100 多人,者桑韦天恒 100 多人。此外,里乎、里那、洞波、者郎、沙斗、三寨、南罗坝、那弄、谷拉等都组织了人数不等的赤卫队员。同时,发动群众斗争土豪,清算了韦英豪、架街乡长陶炳希,还杀了毕街上两个通风报信的人。到旧历十一月在谷留成立劳农会和劳农游击队第三联队,当时韦高振还在靖西,谷留成立第三联队他没有参加,只宣布他为第三联队副队长,原他管的部队叫农安精负责。

成立劳农游击队以后,刘家华、张福兴等带赤卫队在九弄,我们就到旧寨方向去了。到了龙迈打李乡长，后转到果来住了几天，又回到旧寨，就接到九弄来信，说龙汉斗部队来攻恒村。所以，黄松坚即带部队回九弄的弄劳（梁振标没有来），休息一个钟头左右，黄松坚即到战地视察。把地形观察好后，回到九弄吃晚饭，还杀了一头猪。吃了饭后，黄松坚作了战斗部署，开会布置。游击队主攻敌人阵地，赤卫队守两个丫〔垭〕口。

鸡叫时我们从弄劳出发了，一到阵地下边，我们即摸上去。敌人在岩登山最高点，我们发现他们下来两个人巡逻，我们先开枪把他们两个人打死。我们一直冲到坡顶，敌人跑了。那时天刚刚亮，连他们吹大烟的灯都没熄。拿下敌人指挥部后，驻在恒村的敌人也狼狈地逃跑了。我们游击队、赤卫队一直把他们撵到谷拉闸门，因冲不上去，我们转回九弄。那次战斗我们打死敌人3人，缴得步枪3支。我军负伤1人，名叫莫二；赤卫队牺牲1人，名叫蒙德棉。林少廷冲到恒村缴得敌人一只大白狗（不是军犬），那只狗见人扛枪它就跟来了。龙汉斗部队跑到飯朝过大田坝时，钟贞甫、黄安福带了10多名赤卫队出来打，抓得1名号兵、1匹马，还抓了其他3个人，拉到飯朝北河店对面杀掉，只留1名号兵，后来留在司令部当号兵。

这时钟贞甫写信叫黄松坚上飯朝，黄即带游击队及九弄赤卫队上飯朝。到飯朝后，黄松坚就通知者桑、七村、架街、谷里、飯朝、百油等地赤卫队集中飯朝，从飯朝街到龙头井都住满了人，约千人。各赤卫队在飯朝整红旗、理队伍，1个大队配一面大红旗，在飯朝街上搞游行示威，开了大会，黄松坚、李家祺都在会上讲话，把红军的军威打出来了。开会的那天，附近群众也来参加。这时红军军威大震，住飯朝一个星期，即拉上去打富宁。

到板仑时没收李乡长及乃姓地主的粮食分给群众，我们也留了一部分。住了3天，国民党派一连兵来安广堵截我们。他们在安广挖了战壕，黄松坚便布置特务大队和机关中队去打安广，是连夜去打的。那次战斗抓了他们一个兵，打伤一个排长，都抓到板仑来，黄松坚亲自审问他们两个。过了两天，农明英、黄香山写信来说，滇军有一个团来到八宝了，有重机枪，还有炮，叫我们赶快退。黄松坚即命令我们及赤卫队连夜退到架街、乱坝一带住了。

在乱坝开会，黄松坚说，敌人来"围剿"我们，我们要退到九弄去，搞声东击西，尾追敌人。第二天我们回到九弄的多贡，听说桂军的苏新民团也来占了谷桃。黄松坚说，滇军可能也来"围剿"九弄，估计敌人会从七村进入者利到谷留，我们即从架街到百油收复飯朝，准备把敌人搞得团团转，摸头不着尾。

　　第二天,我们从多贡出发,过弄劳旁边,下到河边,上到弄迫,滇军从七村过弄回到郎架上弄迫。我们到弄迫丫〔垭〕口就发现敌人上弄迫坡来,我们在丫〔垭〕口埋伏。本来等他们上来到近前才打,因为那只白狗跑下去被他们发现,敌人发现自己的狗,知道我们埋伏在丫〔垭〕口,便遍坡分散摸上来,到离我们50米处,我们先开枪。他们武器好,战斗力很强。那天上午10点钟左右开始,打到下午4点,双方不分胜负。我们退回者利,敌人退到百油。这次战斗我们牺牲了14人,我知道名字的有黄盛微、黄耀廷,其他不知,损失1支枪,敌人死30多人。

　　农历腊月二十七那天,我们退回者利,第二天把伤员抬到弄彦屯岩洞去医治。把伤员安排好后,我们连夜到弄彦住,第二天叫各大队的大队长来开会。黄松坚说:这一仗我们不是打败仗,我们是打游击,不能跟他们硬拼,现在我们暂时退却。敌人很强,他们来"围剿"我们,我们暂时化整为零。各赤卫大队你暂时由各大队带回去分散守山,不要给他们抓着。这样,各赤卫大队即各回各地了。这时特务大队和机关中队约100人由黄德胜、朱国英等带走到十三寨那边,留下李家祺、蒙运廷、梁振标、黄松坚及我,岑亚积是梁振标的保卫员,还有黎正光(帮梁振标挑东西)等7个人在弄帝。

　　农历二十九日,把部队化整为零,三十日白天在弄帝,晚上连夜到卡腊上的独家村叫子沟,在梁家利家住一晚。天未亮我们又到另一个寨叫麻洞(有3家人,说汉话),住了一天。吃了晚饭又到弄布,有两家(原籍广西),他们带我们到岩洞住了5天。又派人(名叫果达)到镇边探敌,说有敌一个营,我们又搬到另一个山顶,用茅草搭棚住了10多天。后又派人到七村探敌情,回报说滇军已退出九弄,我们又回到七村的弄回,正碰上一帮滇军从七村到九弄,我们又在弄回守了几天山。听说敌人已经从百油回去了,黄松坚就带我们回谷留,即写信叫特务大队、机关中队来到谷留集中。没过多久,黄松坚就去上海了。黄松坚到了魁圩平巷屯化装成商人,买两挑牛皮、两桶桐油出发到龙州,黄松坚还带走1两多黄金。我和黄强、梁保堂、蒙运廷送他到平巷,请了4名挑夫跟黄松坚去了。黄松坚走后,当天我们回到谷留。黄松坚走时交待党内由赵敏负责,武装由黄德胜负责。

　　黄松坚走后,朱国英、黄加尤、赵敏到洞波那达一带工作。部队一部分在九弄,一部分到那达去了。没有多久,九弄部队也过去了。后来又回到九弄再到那达的南江寨,即有王开洪、王开雄派人带花名册来要求我们派人去领导。当时我们认为王开洪是土匪,不要上他的当。后来,黄德胜派陈勋(陈尧宝)去做工作。

见他有部队,陈勋寄信来说,要部队配合他们打坝劳。黄德胜就派刘保兴、唐汉带40多人同他们配合打坝劳,打不下,我们牺牲了五六个人,教官唐汉也牺牲了。我们部队退回沙斗,打了一个姓孙的乡长,王开洪部一个人也没有跟来。

我军在沙斗住了3天,那达的部队也去沙斗会合。后连夜攻富宁,攻了一天一夜,攻不下,半夜我们退回到那力,又到那力攻打冯忠贤、冯忠良,只抓着冯忠贤的妈。住了2天,有广西桂军从镇边过来一个营围打我们,蒙运廷、黄大良牺牲,失去了1支驳壳枪、1支左推枪。当晚我们一部分退到七村,一部分退到那达,梁振标也退到那达。我们退到七村后,部队就在七村九弄一带巡回。在1935年7月间,国民党一个班到者利逼粮逼款,被我军刘保兴带20多人在者利围打,敌军被全部消灭,缴了8支步枪。1935年7月底,黄绍臣带民团100多人到七村的龙庙来"围剿"我们,我军刘保兴带手枪队20多人去打他们,打了两个钟头左右,攻不进,我们退到龙索,后到弄帝,双方无伤亡。

1935年的8月间,叛徒张福兴带六七个人来到者利一带,他们刚走到百龙扎门口,恰好我军罗子德带10多人从者利上来,双方在百龙扎门口发生遭遇战,我军打死张福兴的保卫员张国荣,缴得1支左轮枪,我军无伤亡。

1935年10月份以前,我们的部队大都在九弄、那表,广西的达难、洞华、魁圩、平巷等地巡回。10月,广西的阳圩、平圩两乡农民暴动,欧仲明带领100多人进攻剥隘,桂军营长赵香山带兵追击,欧仲明拉队伍上九弄到了沟华与我们的部队会合。因敌人追得太紧,会合后,当晚黄德胜同志带队到果乐,后到越南边界,这时,赵香山的部队也追来了,与我军在安宁的果榜打了一仗。战斗结束后,农安精来见我们,后来韦高振也来见我们。韦说:"你们不要进越南去,如果被法国人发觉,会派飞机来炸我们,你们100多人,可以分成两个地方住。"他带我们到中越边境的吉龙乡。在那里,韦高振带几十人的队伍来同我们会合,还组织去打都安乡,没有打成,就在那里活动,化整为零,分散去做群众工作,在那里过的年。

1936年农历三月以后,黄德胜同梁振标、韦高振商量说,在这里搞不成,不如转回云南去收复根据地。韦高振就集中200多人,加上我们下去的部队400多人回云南了,路经六洞、果乐、魁圩、洞作、莫左、七村、皈朝、洞波到那达。这时赵敏、黄加尤、朱国英在那达一带工作,部队到达那里住了几天,又出发到弄冷,连夜去打八宝。当时是黄德胜、李家祺、韦高振带去的,我军约300人,先打八宝乡公所。因为靠山,乡公所的人全跑上山了,一个也没抓到,后来在街上盐局那里抓了5个

二、史料选编

人,杀了2个人,缴得1支驳壳枪,在八宝住了一天。第二天打到那耶,没有打成,我们下到对面山上,敌人发现就跑了,扔下了一些东西,有几钱黄金、几个皮箱和一些布匹。我们在那耶住了两天,到花甲住了10多天,又到洞坡。

1936年7月间,我们攻打那能乡公所,抓到乡长农正猷,他交了1支驳壳枪、1支双筒步枪和3000元法光,我们就把他放了。在那能住了1个星期,又转入十三寨住了两天,听说广西桂军要来围攻我们,我们就退到那达。那达是我们的后方,总部在那里,伤病员也集中在那里,当时有30多人在那里医治,我因生癞疮也在那里就医。那时在总部有黄加尤、黄沙平、何坚、罗子德、何生川、黄振廷、黄中甫等。8月15日半夜12点左右,何坚因癞疮痒,起来冲凉。因他爱喝酒,就炒了几条鱼下酒。突然听到狗叫,何坚出门一看,发现敌人来了,就大叫着冲了出去。听到叫声,其他人也冲出去,黄沙平冲到河边被敌人打死。黄加尤、何坚绕过房后跑到山上。同时那拉、甘南、会那也被敌人围攻,在甘南上去的一个寨子死去9人,其中2个女人,一个是农安精的老婆,一个是韦高振的老婆。

1936年8月底的一天,龙汉斗部队从那耶、花甲过来,我军也从花甲出发,刚好在德罗三叉〔岔〕路口遭遇。战斗非常激烈,打了半早上,我们人少,装备差,我方牺牲1名文书(是百油尾洞人,姓陆),我军退回索罗到者兰。同月,梁振标带50多人在那能、者利与龙汉斗部打了一次,梁振标失利,失去青马1匹和一些行李。

张杰　整理

1983年6月30日

(节录于中共云南省委党史研究室、中共富宁县委党史征研室编:《中国工农红军滇黔桂边区革命游击队》,云南民族出版社1998年版,第55～61页)

387

何松讲话节录

（注：何松1934年至1935年任黄松坚警卫员，1938年脱队。现住田东县城，以革命老人对待）

我1929年参加右江红七军，1934年随滇桂边临时党委书记何尚之同志到滇桂边的富宁根据地工作，直到1938年底回家乡，在滇桂边区工作了近5年，现将我知道的情况简略的〔地〕介绍如下：

1. 1934年农历五月间，右江下游党委书记黄松坚同志根据党委决定到滇桂边的富宁境内担任党的领导工作，同行有黄德胜、岑日新、黄庆金、徐平、覃恩、黄家友、何松、黄印、陈尧宝等共12人，走了6天路，到富宁县谷拉乡的九弄山区谷桃住下（徐平到吴村回去下游）。见到前几批派到这里活动的同志有韦纪、朱国英、韦天恒、李著轩、黄强、包兴、韦八、李修学、赵敏、唐秀山等人。已经收编过来的梁超武、韦高振土匪也在这里，连我们的人300多人。

2. 1934年10月，云南国民党军队广富警备团何彩部队向谷拉我根据地进攻，黄松坚同志命令部队暂时分散隐蔽，韦高振带100多人去靖西安宁越南边界，梁超武带100多人分散八角山、百洋一带。黄松坚同志带10多干部武装到毕街一带活动，黄强在架街组织黄大良等人，打死乡长税务所人员，在架街后龙山等地建立了一些群众基础。

3. 1934年10月至11月左右，黄松坚率部队回九弄，在谷留集中三四十人（枪），上下九弄也出来七八十人（枪）参加群众大会，宣布成立滇黔桂边区劳农游击队联队，黄松坚兼政委，梁超武任司令员，下设一个特务大队，大队长黄德胜，副大队长刘包兴（收编过来的百色土匪后来叛变）。

4. 劳农游击队联队成立后，镇压了九弄最大的地霸、反动乡长韦英豪（谷桃人）。他住在岩洞里，我们派出4人化装商人进去把他击毙。九弄一带的群众发动起来了，罗祖德（父亲任乡长）出来参加我们，交出步枪3支，驳壳手枪1支。部队在板仑的龙迈活动，缴了反动李乡长的枪。

5. 敌人从谷拉进攻九弄，黄松坚即时率部队回防，在恒村伏击敌人，把敌人打败了退回皈〔归〕朝返富宁，随即解放皈〔归〕朝。在大田远坝搞地下工作的钟春甫带一批人来拦路截击，抓得几人，缴枪数支。

6. 1934年11月，黄松坚率我们40多人在皈〔归〕朝开了一个示威游行大会，有群众 1000 多人参加,黄松坚上台讲话,宣传党的政策,即时成立一个机关枪队三四十人,部队和民兵自卫队共约七八百人。

7. 部队和民兵七八百人路过四亭板仑,准备攻打富宁县城,派 100 多人打安广(去富宁路上),打伤敌排长 1 人,俘敌兵 1 人,敌两个团方从广南开到八宝,黄松坚动员部队撤军,在架街开了一个会,黄松坚同志讲了话,即撤回九弄。

8. 1934 年 12 月 27 日(农历),敌人再次进攻九弄,在百油附近的弄迫山与我发生遭遇战,从上午 10 点打到下午三四点钟,双方撤退。敌人死伤几十人,我牺牲十多人。黄耀廷受重伤后在战场打死敌后 10 余名才壮烈牺牲,黄松坚警卫员黄家友也负伤。部队化整为零掩蔽,黄松坚带 10 多人留在后龙山坚持斗争。

9. 1935 年 2 月,敌人退出根据地,黄松坚回九弄集中二三十人,接党中央通知,去上海汇报工作,边区党委由黄德胜暂时负责。1935 年下半年,滕静夫才上来接领导工作。

10. 1935 年 3 月至 9 月份(该时间有误——编者注),中央红军长征过贵州,部队渡皈〔归〕朝河北进,在洞波、岜来、那答、兰田沟一带活动,派黄修南、陆坤、覃勋等人到花甲、阿用从事地下工作。赵敏在索落、何松在那达,发动群众反三征,反抗修公路,搞了 1 年多,主要是做群众工作。

11. 1935 年 10 月,一部分人回到九弄,百色阴圩欧仲明、梁济平等两个乡起义暴动,100 多人打剥隘。住了两三天便撤到九弄与我们会合,国民党一个营军队追来,我们退到中越边界与韦高振会合。

12. 1936 年 3 月,会同韦高振部队四五百人经魁圩回云南洞波住几天便上沙斗打八宝国民党区公所和盐务局,缴枪一批,随即回师打那耶。在花甲训练十多天便回洞波,留李著协在花甲坚持工作,组织汪富兴、傅少华、卢锡侯暴动起义,打了花甲和阿用区长,洞波一带也有瑶族和壮族起来暴动参加我们,有民兵自卫队几百人,七寨有一个头很得力。

13. 1936 年 7 月,打皈〔归〕朝黄少臣乡公所,攻不下,我们牺牲一人,韦高振受伤。11 月,韦高振伤癒回越南边界,部队在那达一带。

14. 1936 年 8 月 15 日,敌人进攻寻答、那们,政治部主任黄沙平牺牲。15 日,我们主动攻打岜来,打死敌人七八十人。

15. 1936 年 10 月,我们在甘帮、龙彦一带活动,国民党军队马玉堂部从剥隘上来进攻,我们大队长唐秀山。部队转移阿用一带活动,在谷沙塘彦消灭敌人一个连。

16. 1937 年 10 月,朱国英回来,带八路军干部四人到阿用、者兰。9 月,我们派岑日新、黄修南同敌人谈判联合抗日,破裂后,八路军干部张凡(又叫张光夏)去富宁同国民党谈判,被杀害,其余 3 人回右江。

17. 1937 年 11 月,韦高振投降叛变,带 200 多人参加国民党的义勇军(八、九两个团)。不久,何尚刚布置化整为零,我便回家乡,以后情况就不知道了。

18. 关于王开洪苗民武装的事,1935 年苗民武装大队长王开洪派来联系,要求参加红军,我们先派陈尧宝、覃恩、陈温、农保等人带六七十人武装去会合,同王开洪部队一起活动十几天,打了坝劳街,我们牺牲唐汉等数人。不久,便拉部队回来打富宁城。我们走后王开洪经常出来沙斗一带活动,与国民党龙汉斗部队打得很激烈,我已经离开,具体情况不大了解。

19. 梁学政在政治部做宣传工作,经常派到地方做群众工作。

广西田东镇德新街 221 号　何松

1982 年 5 月 13 日

(节录于中共云南省富宁县委党史研究室李兴整理:《三十年代到四十年代滇桂边游击根据地建立和发展的经过》,1983 年印行。中共云南文山州委党史研究室保存并提供)

回忆滇黔桂省边劳农游击队的成立及其在靖西活动情况(节录)

何　松

　　我原来是向都县印茶区那班乡(今田东县印茶公社那班大队)人。今年 68 岁。现住在田东县平马镇,为一般居民。

　　1929 年秋陈鼓涛等领导同志组织农民赤卫军第二次攻打向都县城时,我当赤卫军号兵,后来当陈鼓涛(当时右江党委委员)保卫员,陈鼓涛同志牺牲后,我转到黄金光(赤卫军一个连长、指导员)连队当战士。在那些年月里,我一直在向都活动,没有进入靖西境内,对靖西当时的情形不太了解,只懂当年赤卫军领导人黄庆金、林伯等同志带小分队到靖西湖润多吉和武平贡屯一带活动过一些时候。1930 年谭统南从东兰来到向都后,也到靖西的表林(今靖西同德)一带活动。但具体情况,我就不太清楚了。

　　1934 年初夏,我(当时名字叫何成连)跟随黄松坚,还有黄德胜、黄家尤、王胜开(岑日新)、黄印、陈尧宝(天保人)、黄庆金、覃恩等,一行 12 人(其中有两人名字记不清)上滇黔桂省边区——云南七村九弄。谭统南、朱国英等同志已经在那里活动。谭统南是在靖西活动一段时间后上去的。

　　我们一行 12 人由黄松坚同志带队,于当年农历五月从思林县隆顶屯(今属田东县)出发,先到印茶见黄绍谦(巴麻人)。开了 2 天会后,途经德保的隆桑、钢瓦,到田阳五村,见到那里采金矿的崔伯温和周美元,住上一个多星期,找得一点资金后,连夜出发,经过德保的三合、都安、弄怀、渠洋(今属靖西),到达扶隆(今靖西魁圩公社扶赖大队),又经过岩河街(今属那坡县),在那里住了一个晚上。第二天吃完中午饭后,便走到九弄最大村庄——谷桃屯,汇合梁振标、韦高振部 300 多人。梁、韦部队先头还是土匪武装,谭统南和朱国英他们上去改造他们。

　　我们到达九弄谷桃时,已经是当年农历六月中旬。从思林出发。到达目的地,行时一个月时间。

　　到谷桃刚住上两三天,国民党广西军阀团长苏新民和云南广(南)富(宁)守备军大队长何彩带兵从两侧向我们"围剿"过来。我们退到水圩的务脑屯,连夜集合开会。为了转移敌人的目标,同时保存实力,黄松坚委托梁振标,叫韦高振率领部队转到靖西安宁一带活动。几天后,又把梁振标部队化整为零,叫大部分人员回家务农,留下 20 多名精干人员加上我们从右江下游上去的 10 多人,共 30 多近 40

人,转到饭〔归〕朝后龙山,在陈东文家里,见到朱国英、韦纪等同志。经过开会研究,将这40来人,分别下各个乡村,开展地下宣传活动。我和黄家犹同志则留在黄松坚同志身边,作保卫员。

从7月份开始从事地下工作,11月正式开始暴动,先由黄强和朱国英下手在毕街杀掉一个乡长和一个带兵人,接着又在附近毕街杀掉一个区长的两个亲信一有钱人家,没收了他们的财产(主要是布匹),当晚我们一起到谷楼屯。后又杀掉另一个乡长韦英豪。韦当时住在谷楼一个大岩洞里,难以强攻,我们让黄印、邓赤等4人化装成烟帮,架着楼梯进去,攻其不备,收缴他的枪支,带出洞来,第二天正式枪杀。

就在这年11月份的一天上午,我们在谷楼屯召开了1000多人的群众大会,上下九弄群众分别由罗思德和杨亚练带队来出席。在大会上,由黄松坚宣布滇黔桂省边劳农游击队成立,劳农游击队又叫"第三联队"(笔录者注:当时右江下游党委计划分别在平治、向都、九弄、旧州、东兰等地成立5个革命联队,故在九弄成立的滇黔桂省边劳农游击队实际上就是右江下游革命军第三联队,但由于形势急骤变化,第一、第二、第四、第五联队一直没有成立起来)。

劳农游击队领导人,我记得如下:

党代表、政委:黄松坚(又名何尚之)

队长、总指挥:梁振标(又名梁绍武)

副队长:韦高振(当时靖西活动)

参谋长:蒙仁庭(巴马盘阳人)

特务队队长:黄德胜(田东人)

其他成员梁学政同志比较了解。

劳农游击队总部(指挥部),就在谷楼屯。这谷楼屯只有10多家,屯子不大,但分散在一个弄场的四端,东一间,西一户。周围靠山洞,转移和隐蔽方便。

在谷楼和九弄其他一些村庄,以及镇边的布新弄扑等乡村,我们同苏新民(国民党兵一个团长)部队和云南广富宁守备兵遇过战斗将近1个月。当时我们劳农游击队有500人也叫省边部队,不包括在靖西活动的韦高振部队。

农历腊月二十九日,我们在弄敌屯又宣布把队伍化整为零,留下特务大队和总部机关人员100多人,把枪支归类部分拨给特务大队,加强特务大队力量,另一部分(比较差的)藏到山洞里去,让400多名士兵们回家过春节(1935年春节)。

1935年农历二月初,黄松坚通知留下的总部人员和特务大队到谷楼布置下一步工作,交待大家继续分散到各乡村开展地下活动,而他自己要前往上海向中央汇报工作。

2月中旬一天,我和蒙仁庭、黄强同志扮成货商,挑着牛皮和大烟,送黄松坚到魁圩坡苍屯(今靖西圩平苍大队)后背山,把担子交给另外挑夫,泪别黄松坚同志转回九弄。

黄松坚走后,劳农游击队就由黄德胜负责。梁振标虽然是总指挥,但大部队已分散回乡,留下的主要人员就是原来特务大队,活动由黄德胜作主。当时有百色县平圩、阳圩两个乡正副乡长欧仲民、黄丙先、许胜业、梁治平等人造了当局的反,带着100多人枪,打进剥隘然后上九弄投奔我们。我们把他们这支队伍编为第六中队。

1935年11月,梁振标带着我们大部分人马,向靖西出发,准备汇合韦高振、谭统南部队。我们经过靖西、果乐、龙临、平稳,第三天到达安宁乡古旁屯,见到农安贞(韦高振部下营长,靖西新圩人)。刚刚安定下来,大家正在换衣服洗澡,敌人就从平稳和龙邦(对汛处)方向,向我们夹攻过来,梁振标派第六中队同他们战斗。我方负伤三人,缴获敌人一匹战马。

不久,我们转入越南境内一个村庄(村名记不清),见韦高振、谭统南。住两天后,韦高振发给每人十多发手枪子弹,表示支持我们这支小分队。接着将我们这些人员,分成三路,向我国靖西方向活动。其中我那路由岑日新、黄强和谭掉山同志率领,约五六十人,经过安宁其龙,到达弄力屯住了一天,又经过壬庄等地,来到化峒的发令(今靖西城郊城良大队),找到先头谭统南、韦高振联系人黄子丰(曾经在国民党区公所办事后回家务农),由他带路,向靖西县城方向马路上一个村屯里(笔录者注:按地理环境分析,是城郊公社常富大队天富屯)开展宣传活动。我们是天黑到达那个村庄。那时是冷天,我们去到那里,还见有的青年在谷仓底下烤火。

我们在这个村庄宣传一个晚上,内容是:我们这个队伍是为穷人办事,不是土匪,也不是烟帮,我们同大家一样,受国民党的压迫、剥削,我们大家要团结起来,反对国民党苛捐杂税,要推翻国民党,打倒土豪劣。

宣传完毕后,回发令在黄子丰家住宿。不久,经过路回到安宁,在古旁边过1936年春节。过完春节,即1931年正月初(月亮还没有出来),我们一行四五十人,由谭统南带队,黄子丰作向导,离开古旁、表林(同德)一带开展宣传活动,宣传内容同发令和发令去靖西方向那个村庄(天富屯)宣传内容一样,谭统南是个文武双全的人,既能指挥打仗,又能写文章作报告。

我们在那里开展宣传活动,准备组织力量去攻打天保县(今德保县)都安镇,不知什么原因,谭统南等带队人突然决定不去,而是折转按原路,回到安宁、古旁一带,途中在壬庄杀了内部20多个谋反的人。他们原是从国民党军队中逃出来参加我们队伍的,大部分是宾阳、上林县人。在那冷和录的平稳乡(今靖西录公社平江大队)之间来往好几趟。这时是1936年二月间,在平稳是到弄吉屯杨高堂家落脚,

136年三月(农历),我们这路人离开平稳,经过龙临、弄昂、果乐、同华(今属那坡县),回到那达屯(云南和西林交界)汇合留在那里开展地下活动的赵润兰(赵敏)小分队。大约三月底,四月初,我们组织力量攻打广南县八宝乡,抓到两个人并杀掉,我方没有什么伤亡。第二天,从八宝乡回头,经过那也,到达花甲,在花甲训练10多天,吸收当地三个青年(一个姓汪,一个姓符,一个姓陆)加入我们队伍。

这次上云南,韦高振也带他的队伍跟我们同行,连同他的老婆也一路上去,只有谭统南、黄振庭留在安宁、那冷一带。

1936年7月,我们攻打云南皈〔归〕朝乡,当时国民党一个民团大队在皈〔归〕朝,大队长是黄少存,这次战斗韦高振左臂被打断,负了重伤,有个战士叫亚普(越南咱布人)牺牲,还丢了一支三号驳壳枪。

同年8月15日,国民党巴莱区区长黄立庭率(税的)兵围攻我们。经过一夜战斗我方牺牲10多人,韦高振和农安贞老婆同时被敌人打死。11月,韦高振的伤医好,韦高振同梁振标为作战安排问题,发生矛盾冲突,韦高振带着他的部队回靖西。原先在九弄的劳农游击队(当时简称省边部队)10多名队员跟他一起下来。

韦高振离开云南后,梁振标、黄德胜带着我们在那达、十三寨等地区,同国民党云南广富守备军和民团打了好几仗。

1937年9月,黄德胜派我同黄忠甫(敬德县人)一路4人,带着一封信,离开云南,到靖西大莫找韦高振,信的内容大概是劝他不要编入国民党队伍。当时韦高振在大莫正在接受老百姓的犒劳,大吃大喝。不几天,他召集其部队在古旁屯,由国民党百色专署派来的军官韦日新训话,韦日新先向空中打了三枪,宣布说:"我们是抗日的队伍!""从今天起,我们就出去抗日!"等等,他见我们几个省边部队不出去集队,还向我们发出命令:"省边部队也要去抗日!"我们懂得他是要把我们共

产党领导的部队收编入国民党军队,执意不参加集队。韦高振也对他说:"他们省边部队不来就算了。"韦日新才没有继续出声。后来,我们4人就把跟着韦高振部队来靖西的10多人省边部队战士带回云南。这10多人原先怎样跟着韦高振下来,我不大清楚,反正我们是带他们回去。

1937年农历十月,韦高振正式接受国民党的收编,带着他的部队去安徽"抗日"。不久,我们省边部队10多位同志又从云南来到那冷,找谭统南,说明韦高振已经离开我们革命队伍,倒向了国民党一边。

12月,谭统南组织我们在中越边界筹得1000多元。但等得钱后不知如何处理,谭统南通知何尚刚(滕静夫)、岑日新和马振球来到安宁,把钱交给何尚刚。何、岑、马等人召集大家来开会,宣布现在不好开展活动,大家化整为零,各找门路生活。他们有的人做生意,有的人去当教师。我没有文化,又没有做生意本钱,只好去越南上郎镇,找赌饷公司老板刘伯辉(广西博白人)打短工。……

1947年区镇、徐平、黄秋等同志来到平马一带开展革命活动,我又重新投入他们所领导的革命队伍。

1949年,我参加了解放百色的战斗。

靖西县参加劳农游击队的人,我所知道的有4个即周书木(壬庄人)、黄子丰(发令人)、王修南(岳圩人)、罗日京(达腊人)。其中王修南死在九弄。周书木和黄子丰当时年纪比较大,看来死了。罗日京当时较年轻最多有我这般年纪,现在可能还活着,但我不知道他在哪里。除此,韦高振部队还有些靖西人,具体情况不大了解。

我是在1936年由黄德胜同志介绍加入中国共产党。靖西在劳农游击队的4位同志是一般战士,没有哪个入党。

以上是我所知道的劳农游击队成立和靖西活动的一些情况,靖西魁圩公社梁学政和德保龙光公社黄振庭同志当时也在劳农游击队,他们一定了解更多,可以向他们进一步调查。

田东县平马镇　何松　口述

中共靖西党史办王光荣、闭有恒　采访笔录

1982年10月18日

(中共广西靖西县委党史办公室保存并提供)

韦海的证明

1. 我是 1934 年上去富宁的，先到剥隘，后到洞波、皈〔归〕朝、那能、弄庭等地，同我一起上去的有黄家由、罗志坚，罗是在剥隘交通站工作，主要杀猪〈和〉应付上下和革命同志，我是跟赵敏、李家祺、黄德胜当传令员。

2. 皈〔归〕朝战斗我参加了，是黄德胜、李家祺亲自指挥，梁振标、韦高振都参加了，韦高振负伤，我们牺牲了一个同志，我们有 1000 多人参加战斗，敌人 400 多人，敌人也死好多。

3. 黄加由是黄松坚的外孙，是黄松坚的保卫员，黄松坚同志去上海后回不来，他〈生〉气就在九弄自尽了。

4. 百谷大队、百谷屯、上九弄的有以下人员：李著轩、韦天恒、韦纪、李伍、韦海、朱国英、朱国臣、韦五、韦汉廷、韦建文、李克勤。

证明人：韦海

走访人：张杰、杨松

1983 年 6 月 24 日

（中共云南省富宁县委党史办公室保存并提供）

谭天怀的回忆

一、在挖公路的头一年,我见李家祺住在街上吕德合家做车衣,后又住李福龙家。挖公路那年1932年,李家祺当皈〔归〕朝小镇副镇长,李福龙当正,在我家隔壁,李家祺当时以此机关人员身份掩护,进行争取上层,如黄开建等人往来结拜。

二、何尚之带五六十人住在罗光汉家作为指挥部,后来与李家祺配合组织劳农会、劳农游击队、青年会。

1. 参加劳农会的不大清楚,反正沈怀连、劳正丰等秘密参加,吃鸡血酒外面没有人知道(沈怀连、劳正丰曾为红军开后门,后来被白军抓到富宁杀害)。合北店黄明国也参加,红军有两挑〔烟〕土藏在沈怀莲家,后又转藏在野外草堆下。白军来时群众怕发现,烧掉。

2. 参加武装的,我只记得本街邓正良(战役中负伤),里地寨黄××战役中牺牲。这里听说〈这〉战是何尚之来得10多天后,被白军龙汉斗部来打追击,非武装由青年会往下撤,武装往上撤,撤至后山弄楼丫〔垭〕口与白军激战。

3. 参加青年会的较多,青年会设在梁光亮家,负责人登记名单的是农本立(后来站不住跑广西南宁)、劳正心、黄秀之、黄如章、农克举、潘国良、岑骂烈、岑骂焕、黄开建、黄开业、庞正德、庞信德(后白军逼着用刺刀杀亲弟)、谭天怀等。青年会名册躲在竹箩底,被白军搜得,照单点名,来不及隐蔽的人后被杀害。郎乐农大益当支会长,谭天怀当副支会长。

4. 何尚之来得两三天后曾开过一次千人以上的誓师大会,利用街天人多,乡镇人员跑的跑,杀的杀,明大义的向红军投降的投降。〈会场〉搭有台子,自然也有横标、对联、标语口号等,但记不清,由何尚之主持讲话,李家祺讲了话,内容不外反三征,打土豪劣绅。

5. 大田坝参加红军劳农游击队的有黄安福、黄安民、黄安全、韦岳景等六七人,一个小组参加的人本来还有好几个,已记不得名字。当时黄安福当大队长,到过芭莱那边参加过战斗,同红军过来烧过国民党的碉堡,后来被白军抓着,把手杆捆得肌肉腐烂见骨头,被押解到芭莱方向杀害。

6. 皈〔归〕朝的两次战斗,何尚之来皈〔归〕朝得十多天,白军邱、尹两营派兵前来围攻,由于当时红军主力部队不在,军力众寡悬殊,何尚之带领武装二三十人,撤离皈〔归〕朝向九弄方向转移,武装往上边撤,青年会非武装往下撤,白军追至后山弄楼丫〔垭〕口,红军边撤边与白军激战,我军安全撤入九弄。

另一次战斗大概在××年农历七月初十(一说是 1935 年腊月二十三日)红军部队围攻皈〔归〕朝黄绍臣。当时街上劳正丰家两夫妇开后门让红军进街,梁振标部约七八十人进街与黄绍臣匪部展开激战,已包围了城隍庙和两边街道并占领了中碉,敌死伤数十人。红军一个突击手再用斧头砍开闸门,让外面红军冲入,在街道的激战中英勇牺牲。当时韦高振部约百多人,围攻驻扎合北店之敌。在战斗中被黄绍臣部李建宇(板仑人)击中韦高振左肩,由于韦高振负伤部队撤出战斗向芭莱方向转移,抬韦高振往甘南山洞养伤(洞波材料中另有叙述)。

7. 在皈〔归〕朝街下面洞篓(今中心校驻地操场)屠杀情况

经过围攻黄绍臣的战斗之后,滇军邱、尹两营下来"清剿",大肆屠杀人民,以"窝匪"罪名,后龙山上甲的陈通文家被杀害。最为惨不忍睹的是背着婴儿的母子被匪用刺刀刺穿而死,婴儿何罪,竟遭此毒手。匪军扬言"铲草不留根,鸡蛋都要过三刀……",又叫黄开建的弟弟黄开业和庞正德的弟弟庞信德亲手用镰刀杀他们的亲哥哥,若不杀就要杀全家老小,为了保全全家老小,只好弟弟忍痛亲手杀死自己的亲兄。黄开建弟兄黄开郎、黄开元仍被杀害。

挨洞篓这块杀人场地,前后被杀害的人民,大大小小百多人,被杀的人多属七村九弄,其他村寨也都有。

有一个从广西那坡县前来卖金坛的穷苦人,因语言不通,白军抓来,硬说是来当侦探,就这样因语言不通无辜被杀害,杀人的刽子手把无辜贫民的心肝挖出炒吃。

谭天怀,64 岁,住皈〔归〕朝后

陈衡清　笔记整理

1982 年 6 月 20 日

(中共云南省富宁县委党史办公室保存并提供)

红军在多立寨活动情况

刘家谋　刘家群

1931年底以前,红军干部黄建平先是来敬龙的叭恩寨(原归云南后划归广西),派刘八等先来到我们寨,住在刘家华家,刘家华便参加了革命工作。

到1934年,在谷留还没有开劳农会成立大会前,就在我们寨子下边开过一次会,搭台子,贴标语"打倒蒋介石,人人有饭吃"等。会议有上下九弄各寨每寨两三人不等来参加,七村也有人来(这个会可能是代表会,作为成立劳农会的预备会)。何尚之、李家祺主持会议,开会时,何尚之说:"共产党是会成功的,我们要好好干生产,不要干坏事,跟红军走,要给娃娃读书……"晚上还教娃娃唱歌。何尚之他们经常来我们寨与刘家华联络,有时三五人,有时六七人不等。来过的人很多,有赵敏、韦四、黄德胜、黄强、岑日新、何二叔、兰十五等人,他们隔十来天来一次。

刘家华经常外出联系各方面的人,也跟梁振标来往,借当老板、做生意为名,做联络工作,还曾到广西德保县马艾屯跟陆洪义的儿子打同年。到1934年旧历八九月间,当时红军转移到别处,有白军姓邱的指挥官下来,张福兴、马常岳等人叛变。刘家华躲在多班寨附近山上被张福兴哄骗说,我们都跑了很久了,没有见面,现在必须开会商量,把刘家华诱骗到坑暖寨。张福兴、马常岳等人就把刘家华抓了起来,送交白军到了旧寨,用尖刀把刘家华的项圈骨穿个洞,用绳索拴起来拉走,后来白军把他押到富宁县城杀害了。杀害刘家华后,张福兴、马常岳和白军来到我们多立寨,把我们全寨的房子全部烧光。在抓刘家华时,还抓了刘家华的两个警卫员,一个是刘家善(谷麻人),一个是梁义英(谷棚人),也跟刘家华一起被杀害。当时刘家华的儿子刘文先才5岁,由他母亲背到广西弄合的坡暖屯去避难。

1982年6月11日

(中共云南省富宁县委党史研究室保存并提供)

关于谷留开大会问题

覃正妥

时间记不得,我记得是在谷留开大会以后开的,到会人数 200 多[人],李家祺组织开会,刘家华也在,是白天开的,搭有台子,有标语口号,口号内容我记不得了,我得去参加开会。在大会上李家祺讲的内容大意是:动员有钱的出钱,支援红军,有枪的动员去跟红军。去参加开会的人还得吃一顿饭,还得吃肉,那年我才有 20 多岁,今年我 78 岁了。

同去开会的有,谷一去一人,叫陈中成,已死;弄谷梁必刚去,现在还活着;弄东马中开去,已死;陈廷竟也去,他已死。另谷留开大会,我得去,自己带干粮去,有几百人参加开大会,会上宣布成立劳农会。

多贡大队念六队:覃正妥

走访人:杨松、赵必荣

1983 年 7 月 30 日

(中共云南省富宁县委党史办公室保存并提供)

清算地霸韦英豪

马国权

1934年农历三四月间,李德惠两次到谷桃来与马常约联系,6月份又来一封信。信中说:"我想去年以来,我西南各省统为争地争城,争权夺利,双成没大之风潮,理应官与官争,何兴起与民争此种恶账。"这是宣传当时的形势,启发他们起来斗争,我是这时跟马常约一起工作的。信中还说,叫谷桃筹款资助红军。农历七月间,张福兴也来谷桃与马常约联系借钱的事,可是被保董韦英豪出来公开反对,在群众中散布说什么李德惠是土匪,哪个借钱给他们,以后上面来我就不保。后来红军逐渐在上下九弄进行公开活动,韦英豪对红军恨之入骨,3次请来白军"进剿"红军。

第一次请来白军有10多人,住在他家10多天,因找不到红军才退回富宁。第二次是白军到了那龙黄永英那里,韦英豪派他的儿子韦学纪、韦学球2人到那龙同白军联系,要求白军到九弄"进剿"红军。1934年农历七月间,韦英豪又请来白军100多人住在他家,策划"围剿"红军,阴谋未得逞,敌人住了10多天退回富宁,出到龙翁,被红军伏击。那次战斗打死白军2人,缴获枪2支,我军何明标负伤。后白军返回谷桃,从多吉、龙劳撤走退回富宁。龙翁战斗以后,韦高振、梁振标部队集中谷桃。韦高振想通过宗族关系去争联韦英豪,想吸收韦学纪、韦学球跟韦高振部队,被梁振标反对。这时听说何尚之也来到了。有一天,白军突然来到洞汗,隐蔽在茶油树脚,被韦高振部队发现。韦高振即带部队从多泥、岩河出去了,梁振标也带部队退出谷桃,到了泮水那边。

1934年九十月间,韦英豪见势不妙,即跑到谷桃岩洞躲起来。这个岩洞约6丈多深,是悬崖陡壁,韦英豪搞了一个密梯,以上下之用。他以为在那里死守就安全了。后来红军派了蒙运廷、马常重、马常亨3人,采用巧计,先让马常重下到岩洞同韦英豪说好话,说要和韦一起守山洞。那天上午8点钟左右,借韦不防之机,马常重把密梯搭上,蒙运廷、马常亨冲下去,到韦英豪住地,当即击毙韦英豪及他的父亲韦恒义(那天刚好是冬至)。蒙运廷等2人立即返回谷桃寨追找韦英豪的儿子韦学纪、韦学球、韦学章等3人,同时将他们杀掉,并派我和闭存权赶到谷留向何尚之汇报。何尚之、刘家华、张福兴等6人带40多人连夜赶到谷桃,没收了韦英豪的财物。杀了韦英豪以后,上下九弄群众拍手称快。这时各村寨群众发动起来了,还组织赤卫队,我也参加到赤卫队里面去了,不久就留在谷留成立了劳农会。开群众大会那天,我没有参加。当时还写了标语口号:"打倒国民党""打倒贪官污吏""打倒帝国主义"。这些标语,还拿到谷桃那龙寨子贴。

1934年农历腊月份,白军来进攻九弄,他们从恒村到岩灯山安营扎寨。我们上下九弄有张福兴、刘家华、马常约带赤卫队几百人进行阻击,打死敌军3人,我军死1人。恒村战斗后,我们上到皈〔归〕朝,还在皈〔归〕朝开了大会,这时红军各大队都打起红旗了。后从皈〔归〕朝出发经老狗坟上富宁打广安。打广安后我们退回到架街、乱坝,出龙宙、旧寨,回到谷桃只住一晚上,第二天出发上郎架到弄迫,就在弄迫丫〔垭〕口和白军碰上了,在弄迫丫〔垭〕口和白军打了一仗。战斗开始,我们把敌人打下去,敌人退到龙榜。我们认为敌人不会上来了,就在弄迫丫〔垭〕口死守,因麻痹大意,敌人从龙榜山绕路赶回,上来包围我们。因此我们伤亡较多,牺牲了好多人,还失去1支手提冲锋枪。战斗结束后,我们赤卫队退回家了,红军暂时分散隐蔽。

不久,广西桂军又来进攻九弄,他们分3处驻扎:一处是桂军黄自能驻龙卡;一处是陆桂才、欧阳苏、梁瑞宜,驻龙江多泥;一处是以苏新民带队进驻谷桃。苏新民先来攻打龙楼岩洞,被我赤卫队的何国臣、何国良开枪打死2人。苏新民把被打死的2人拉到龙定村旁埋了,当晚,何国臣发动群众把敌人尸体挖出来抬到龙岩缝丫〔垭〕口,用木头插在岩缝丫〔垭〕口两边,还给每人戴上一顶草帽。第二天苏新民带部队回到龙定观察,发现岩缝有两人戴草帽站着,以为是出来放哨的游击队员,即开枪扫射。开了一轮枪,冲到岩缝丫〔垭〕口,才发现是两个死人,还是自己人。苏新民气急败坏,即放火烧龙定,全寨共烧去8间房子,龙翁烧去2户,还把龙定的牛、猪、鸡拉到谷桃宰杀吃。此时黄自能在龙卡驻扎,也到龙华、龙努、甘屯等寨进行烧掳,把3个寨子全部烧掉。龙努被烧8户,甘屯7户,龙华7户,财物也全部抢光,把3个寨的猪、牛、鸡抓到龙卡杀吃。苏新民在谷桃也到处抢掳财物,谷桃40多户、多位9户全被抢光,还烧去谷桃民房2间,抓了谷桃群众40多人、念立3人,关在一间房子里,用木方搞成洞洞来夹脚(现在这些木方可能还在)。共关了8天,逼马常约、农国均、农国久出来投降,如马常约不出来露面,就把已关40多人全部杀掉。因此马常约被迫出来投降了,敌人才将40多人放掉。这时滇军的邱营长也带部队"进剿",叫两省"会剿",所以张福兴、农国久、农国均也出来向敌人投降,并出卖刘家华、马常约。张福兴诱骗刘家华到多贡的龙因,被白军抓走了。并委给张福兴为上弄乡长,马常约、农国久为下弄的乡长。这时白军认为上下九弄红军"清剿"已经结束,红军已全被消灭,所以全部退回去了,苏新民也带部队回广西去。

1935年农历四月左右,红军又全部回到上下九弄来了。听说不久何尚之买得两挑牛皮、两挑桐油出去做生意。此时马常约带谷桃的全寨群众下岩洞躲,农国久、农国均也跟上山守山。红军立即进攻谷桃岩洞及龙所岩洞,发动上下九弄附近谷桃寨的群众每户拿七八担草柴,来给红军用火攻谷桃岩洞,共攻了15天没有攻进,红军即退出九弄到别处活动去了。

张杰　整理
1983年7月24日

（节录于中共云南省委党史研究室、中共富宁县委党史征研室编:《中国工农红军滇黔桂边区革命游击队》,云南民族出版社1998年版,第75～78页）

韦英豪的罪过

马常辉　马常规等

1934 年农历四月间,韦英豪先把他家的东西搬到岩洞后,才勾引黄天运及韦世登带 250 多人到谷桃"围剿"红军,住得四五天左右,阴谋未逞,退回富宁,出到那翁被红军伏击,打死敌人五六人,我军何明标负重伤(后送龙定岩洞,医治 2 天即死)。

1934 年九十月间,韦英豪见势不妙,带小老婆及两个小孩下谷桃岩洞躲,岩洞有六七丈深,韦英豪搞一个梯子,他上下时,把梯子搭上,他还叫一个守庙的叫罗开四,同在岩洞帮他掌握梯子,韦英豪认为这个岩洞很坚固,就是他躲避最安全的地方,所以他死守在岩洞里几个月。

韦英豪在任保长期间,一贯敲诈勒索农民,他利用他的儿子去偷人家,反过来赖别人偷,借此敲诈群众不知其数,下九弄的农民受尽他的压迫和剥削,曾罚过黄登奉 120 块法光,抢了闭元宽一片好地,有 3 亩左右,还罚马常让家法光 40 元。老子当官,儿子做土匪抢人,韦学纪、韦学求经常为匪抢人。谷桃寨子的鸡、鸭常常被他两个人三更半夜偷去。韦英豪当保长得 10 多年之久。

红军进到谷桃,曾动员他出来参加红军,受他拒绝,群众筹款支援红军,韦英豪公开反对。

1934 年农历冬月十日,红军派蒙运廷、马常重、马常亨 3 人到了岩洞,叫罗开四搭上梯子,蒙运廷等 3 人冲到韦英豪住地当即开枪打死韦英豪及其父亲韦恒义,同时派马常约、金松兴在谷桃连夜抓韦学纪、韦学球、韦学章 3 人当场打死。第二天早没收他家的财物,并将韦的小老婆及韦的两个最小的男孩从岩洞抓来拉到谷留进行枪决,只留下韦学求的老婆及一个刚生得几个月的小男孩,现名叫韦克服。韦英豪被清算后,上下九弄广大群众拍手称快。

谷桃点党史座谈会参加人:

马常辉　马常规　马国照　马常伍

马常登　农周旋　农国相　农国登

农安荣　冯良明　易荣殿　黄登奉

1983 年 7 月 26 日

(中共云南省富宁县委党史办公室保存并提供)

红军游击队在皈〔归〕朝活动情况

龚天福　覃天怀

1932 年 8 月间,李家祺从广西来到皈〔归〕朝,在李德金家搞了 1 年多的缝纫,因为有文化,还经常为群众书写书信、写对联等。后来,由乡寨村老黄海楼出面担保介绍到镇上当副镇长,当时镇长是李福龙(皈朝人)。李福龙走后,李家祺又当镇长 1 年多。

1934 年 8 月,何尚之带着队伍到达皈〔归〕朝,李家祺才公开露面。何尚之到达后,马上召开群众大会,号召群众起来跟着红军干革命,打倒贪官污吏,打倒土豪劣绅。趁着这天是街天,红军和已组织起来的各赤卫队 1000 多人,在街上举行了声势浩大的示威游行。这对于宣传发动群众,壮大我军力量,动摇反动阶级的统治,起到了积极作用。

皈〔归〕朝各种组织的情况是:劳农会主席农国纪,赤卫队队长黄安福,第二大队大队长陆二,青年会主席农立本、副主席黄开建,委员是邓正良、黄海楼、岑炳瑞、黄盛基、龚天福、黄松寿、岑天怀、黄如昌、岑天恩、陈独焕、陈独烈、黄开业、黄应福、潘国良、庞盛德、庞正清等。赤卫队一般是五六十人,战时可动员 300 多人。

1934 年 11 月,何尚之指挥攻打富宁,由谷里人黄树功帮队。首先在架街的乱坝集中开会进行整编,长枪的为 1 个大队,短枪的为 1 个大队,红军赤卫队再加上群众大约 3000 多人,整整开了 3 天的会,声势浩大,军威大震,百舍、架街、那旦、龙山、龙跃等地武装纷纷归顺红军,那旦大队龙论地霸黄祖荣被红军镇压。然后开上板仑进攻富宁。由于白军进抵八宝,红军在安广打了一仗(白军邱尹部队追至安广),双方没有伤亡。1934 年 12 月 23 日,白军邱尹部队攻打皈〔归〕朝,当时驻皈〔归〕朝的有梁振标部队及赤卫队黄安福大队 100 多人。11 点左右,白军攻进街上,红军进行坚决的阻击,战士黄应福在战斗中牺牲。两三点钟时,红军主动往后撤退,双方无多大伤亡。

1935 年 7 月 10 日,黄德胜、岑日新、李家祺、韦高振带队攻打皈朝,占皈〔归〕朝街的四分之三。当时驻守皈〔归〕朝的是区长黄绍臣,攻了两天,全街只剩区公所。第三天,当红军指挥员正在现在的公路上指挥战斗,黄绍臣的秘书李进雨拿起步枪射击红军指挥员,韦高振左手臂受伤,红军主动撤出战斗,往那达方向行动。

1935 年 2 月,趁红军大队撤退之机,白匪军在皈〔归〕朝制造了骇人听闻的洞楼惨案,在此地枪杀无辜群众达 3 个月之久,被杀人数 100 多人。龙跃大队上甲队陈通文因为红军曾住过他家,全家 7 口人都惨遭杀害。陈的爱人正背着不满 2 个月的婴儿,白匪一刺刀就捅穿了母子俩。庞正德、黄开业两人都被逼着杀害自己的哥哥,如不杀,就连两人都杀掉,他们只好拿布蒙着眼睛用刀去割自己哥哥的脖子,惨不忍睹。白匪狂称:只要是红军住过的,房东都要枪杀。赤卫队长黄安福被拉到洞波杀害。

杨松　整理

1983 年 7 月 12 日

　　(节录于中共云南省委党史研究室、中共富宁县委党史征研室编:《中国工农红军滇黔桂边区革命游击队》,云南民族出版社 1998 年版,第 90～91 页)

上九弄人民对红军游击队的支援

黄元配

1932 年,就有红军黄建平到上九弄进行结拜兄弟〈的活动〉。1934 年,进行公开的武装暴动,上九弄共 23 个寨子的人民对红军都给予大力支持,当时是有钱出钱,有粮出粮,有枪出枪,支援了红军。罗元兴、马忠开、马中廷、黄有干、赵廷章、梁德修、何安照及龙权寨的 5 户群众,共筹集 634 元法光支援红军买弹药。何生川、何开昌、何万伍、莫尊想、陆福寿、张福兴、张福叶、张廷夫、张国丁、张国丰、张廷必、黄有干、罗德金、马忠开、赵廷章、梁德修、马生华、刘和尧、陆福轻等人,拿出步枪 24 支、驳壳枪 1 支、推轮 1 支,亲自送给红军。

1934 年 10 月,在多立召开大会动员各村寨青年参加赤卫队,当时上下九弄就有 300 多人积极报名参加赤卫队,成立上下九弄赤卫队。刘家华、张福兴、马常约、农国久等分别担任正副大队长,何安温、罗子德、何万伍、张廷治、何生川、张发山、梁光万、梁迁运、马国秋、莫尊寿、莫尊条、梁廷纪、刘正堂、刘家华等已经正式吸收参加了红军队伍,还筹集有 12500 公斤左右的粮食供给红军吃。

红军每到各村寨,群众都选食宿安排好,煮饭给红军吃,拿出好被子给红军盖。当时形成群众离不开红军,红军离不开人民的鱼水之情。

1983 年 8 月 3 日

(节录于中共云南省委党史研究室、中共富宁县委党史征研室编:《中国工农红军滇黔桂边区革命游击队》,云南民族出版社 1998 年版,第 84~85 页)

下九弄人民对红军游击队的支援

马常辉

　　自从红军到了下九弄以后,下九弄人民对红军给予大力的支持,当时下九弄共有 28 个寨子,约 200 户,从人力、物力上都给红军极大的支持。1933 年至 1934 年间,刘家华等就组织有 150 多人的赤卫队参加红军。

　　如恒村战斗,敌军何彩部队从恒村进攻九弄,我们下九弄人民几乎每户 1 人,有的二三人都参加红军去到岩愁阻击白军,配合红军对白军作战。

　　龙迫战斗我们下九弄赤卫队也跟着红军去与白军作战。

　　1933 年至 1934 年间,下九弄共筹法光 1870 多元支援了红军,还支援肥猪 200多头、鸡 500 多只、粮食 25000 多公斤。筹款支援红军都有具体名单。[通过]以上的支持,解决了红军的许多困难。

1983 年 7 月 26 日

（节录于中共云南省委党史研究室、中共富宁县委党史征研室编:《中国工农红军滇黔桂边区革命游击队》,云南民族出版社 1998 年版,第 89 页）

七村人民对红军游击队的支持

周福维等①

七村人民几千年来受尽旧封建和国民党反动派的压迫和剥削,大多数人民过着牛马不如的生活。1934 年初,红军干部黄德胜、岑日新、赵敏、黄印等先后到了龙地、坡桑,与周跃丰、陆有志进行联系,做宣传和组织群众工作,宣传共产党的主张和党的政策,当时"穷人要翻身,跟着红军走""组织起来,打倒贪官污吏,打倒国民党反动派"等口号,唤醒了七村人民,他们通过走村串寨进行宣传发动,在短时间内,红军的政策深入人心,建立了军爱民、民拥军的鱼水情,我们七村人民从人力物力财力都给红军大力的支持。

一、有周跃丰、岑跃南、杨寿、周元锦、黄绍奎、岑自伯、农清、农清三、黄元康、杜成思、农成清、黄仕顺、马龙方、马启法、马连启、陆任启、农加红、岑克长、岑法高、岑文达、农加法、郑绍纪、岑定忠、黄定山、黄仕开、黄尚现、杨卜有、陆有志、卢元海、卢元柳、卢元三、瞿加玉、陆定生、麻安方、何光明、马恩、邓国栋、黄定量、黄成国、梁进尧、赵佳有、蒙世忠等 40 多个青年带头报名参加红军组织的赤卫队。后来,组成七村赤卫队,由周跃丰任大队长,平时有 50 多人进行活动,战时有 150 多人参加。

二、有方卓二、罗茂成、黄尚现、黄元芳、赵正光、陆有志、黄仕开、周量城、周跃丰、周安当、岑子乃、岑法始、岑美高、岑文达、农加红、陆有唐、梁定尧、邓庆高、李华有、农定珍、潘美礼、罗光林等,拿出步枪 23 支,短枪 1 支,支援赤卫队作战。

三、龙地寨筹款 300 多元,岩定寨 40 元,黄定亮 40 元,梁进尧 50 元,李华成 50 元,黄正仁 40 元,马龙方 50 元。毕街寨筹款 200 元,陆有唐 50 元,蒙兵礼 100 元。坡桑寨筹款 150 元,黄仕开 50 元,李生望 50 元,岑美高 100 元,农加法 50 元,农加红 50 元,李金山 60 元,邓庆高 150 元,梁家利 100 元等,共筹集 1730 多元的法光给红军买弹药及伙食补助之用。

四、七村共有 28 寨 200 多户人民筹集了粮食 15000 多斤,送给红军食用。

---

① 周福维、马启发、马连通、邓清、覃克替、梁正尧、周显飘、梁必有、周显福、周青、陆志贤、黄拔、周显才、黄胜国、周显干、麻思年、周跃丰、杜成恩等人在富宁旧寨党史座谈会上的口述资料。

五、1934年旧历腊月至1935年旧历正月间,因云南、广西两省国民党政府派出部队2000多人对红军进行"清剿",红军化整为零,红军的主要负责人何尚之、李家祺等10多人在龙地上的叫子洞、麻洞、龙部等山洞隐蔽,龙地群众轮流给他们送粮、送菜、送柴、送水等。以上就是七村人民对红军的支援。

1983年8月9日

（中共云南省富宁县委党史研究室保存并提供）

参加滇黔桂边红军游击队的情况

黄子丰

我是 1934 年七八月间参加韦高振、谭统南部队的,曾在中越边打游击一年多。1936 年上云南,从百乐到那达。同年秋天,我在云南那龙加入共产党,介绍人是谭统南、黄安平。记得当时我亲自填过表,记得填有姓名、性别、籍贯等内容。我入党后没多久就参加代表大会,我是靖西代表,会是在九弄开的,寨子名记不得了,参加会的有 100 至 200 人,何尚刚、赵敏主持会议,黄德胜、梁振标、韦高振、岑日新、黄强、梁学政、杨茂祥、韦建球、黄植保、马正球、谭统南、黄安平、何沙平都参加了,当地人我记得梁振标的岳父参加,其他记不得了。

何尚刚领导的滇桂边劳农游击队和谭统南的越桂边游击队在安宁地区的弄立合编,何尚刚当政委,叫滇黔桂边区劳农游击队支队,共两个大队,第一大队是韦高振,第二大队是黄德胜,欧仲明也带了几十个人来参加了,是队长,但不是正式的,其他还有,但这两个大队是主要的,我是第二大队副队长兼指导员。

我原是韦高振部队的,那时,政治是谭统南,军事是韦高振指挥,到云南后我参加过打八宝、皈〔归〕朝、那能战斗。1938 年后编为梁学政的独立营参加抗日,后参加国民党第五路军,1942 年回家至今。

陆诚、杨松 记录

陆诚 整理

1983 年 7 月 18 日

（中共云南省富宁县委党史办公室保存并提供）

参加红军游击队的回忆

周显飘　黄盛国　梁正尧　马启法

　　1934 年八九月间,赵敏、黄德胜等与周跃丰在七村发动青年组织赤卫队,当时我们就报名参加了。赤卫队长是周跃丰,副队长陆有志,队员有 40 多人,战时可动员 100 多人参加。赤卫队组织起来以后,我们配合红军打土豪,还到过龙迈,没收李乡长及地霸梁正兴、农彬成等三家的财物,没收得的财物拿来归公。当时红军还镇压了架街保长陶炳希和杀毕街的三个坏家伙。

　　1934 年 11 月,在谷留开大会,成立劳农会、劳农游击队。谷留大会不久,12 月中旬左右,周跃丰即带旧寨的赤卫队集中到皈朝进行整编。当时百油、者桑、上下九弄、皈朝、架街、谷里等赤卫队都集中皈朝,1000 多人。七村赤卫队编为第二分队。在皈朝整编好后,每个大队都打起一面红旗,在皈朝街上,召开群众大会,各大队举起红旗进行游行示威,何尚之、李家祺都讲了话。大会后,部队即从皈朝出发经谷里、四亭,到板仓住了 3 天,去打安广。本来还想去攻打富宁,但听到有省军一个团来到八宝,我们即退回乱坝,住了 2 天,又下皈朝,经那拉至百油尾洞到郎架住一晚,然后到九弄的谷桃住了 3 天,又到多贡、多曼集中,接到信说,白军已到旧寨。当时分析白军可能从龙回过平洞到龙榜上弄迫坡。我们属于第一、第二分队,和游击队走在前面,在弄迫丫〔垭〕口和白军发生遭遇战,敌人上来,我们先开枪,第一轮把他们打退下去,打死敌人好多人,敌人退到凹塘底下,重整队伍,他们有好枪,子弹多。弄迫丫〔垭〕口,我们只守两个,有个丫〔垭〕口没有人守,结果被敌人从那个丫〔垭〕口冲过来包围我们。我们被包围在中间,但仍坚持战斗,一直战斗到下午 4 点钟左右。双方不分胜负,敌人退回百油,我们退回郎架这边。那次战斗打得十分激烈,我们牺牲 10 多人,失去 1 支手提冲锋枪和好几支步枪。敌人也死几十人。

1983 年 9 月

　　(中共云南省委党史研究室、中共富宁县委党史征研室编:《中国工农红军滇黔桂边区革命游击队》,云南民族出版社 1998 年版,第 82~83 页)

访滇黔桂边区党委书记黄松坚(录音整理)

你送来这个材料,我看了,你第一部分的情况,我记不清。我记得的就是我自己搞的,记得一点。就是打韦英豪,有这回事,我们[下]第一仗就是打韦英豪。韦英豪是你们九弄地区的大地霸,我们打韦英豪是经过很多工作的,不是一下子就打得下的。他有钱有势,有国民党支持他,他所住的一个岩洞很深的。他是用一个竹梯很高的,上下都经过竹梯,我们想抓他,很困难的。我们开三次会,研究办法,要到岩洞里抓他,很困难,结果决定派几个人去洞口埋伏,带干粮埋伏几天几夜。他在楼梯边,最后他们一个上来,我们抓着他,他没有什么战斗力,他不敢抵抗,我们被他们由洞里开枪打死一个同志在洞口,这个事是有的。杀韦英豪不是简单的事,我们打韦英豪是很不容易的,是值得向同志们告诉,同老百姓,我们的朋友告诉,我们抓了之后,他的小老婆上来了,她生小孩不久,我抓他小老婆、大老婆,我们不杀她们。

他小老婆上来,我们同她讲好话,叫他〔她〕老老实实的。韦英豪已被杀死在洞里,这样就把他浮财分给老百姓。

打韦英豪以后才宣布起义,起义以后,我们向老百姓交待,宣布党的主张,举红旗,组织劳农会,组织劳农游击队。

党呢? 你们写的,开二十几人的会,是开过党的会议,参加会的还没有本地人,是我们带上去的人,是有这回事的。会议以后,我们跑了几十个山寨,到过板仑附近、皈〔归〕朝、省上(三条可能是县城)也跑,梁振标保护我去。跑了几十个山寨后,组织十九个点,每个点组织劳农会、同志会、兄弟会、同盟会等各种名称都用了,杀鸡饮血,我都参加了,每个点几个人都有,五个、六七个都有,甚至三个人都有,板仑也有一个,这些点和人的名字你们都写有。这样搞了十九个点以后,共产党才靠得住,有共产党宣布起义,是第一个问题;第二个问题就是了解情况,了解全县各地情况,了解富宁县城情况,是朱国英带我去的,了解后才回九弄,杀了韦英豪以后宣布起义的。我们那时,开大会宣布成立,国民党地区有人来,板仑一带有人来,广西西隆、西林也有人来,我们也派人去和他联络。我们组织两个步兵连,一个手枪连,队伍主要是梁超武(梁振标),其他土匪没有,韦高振不是,韦高振我不想杀他,但时间还不到,没有杀他,我也怕他杀我们,我们很防备(梁学政插话:雷洲半岛30多个同志就被他杀了,谭统南也是他杀的)。滕静夫同志是跟我一起的,是个能坚持原则的好同志,他主张对付韦高振。黄桂南来找过我,我见他靠不住,我不用他。黄桂南后来叛变了。

我们成立劳农游击队,有两个步兵连,一个手枪连,九弄的民兵有三四百,以后国民党知道,派何彩来打我们(恒村之战)。他占领一个高山头,路很小,石岩山,下面是深沟(即谷拉河)。他们开枪打来,我们不理,只顾观察地形,当晚退到毕街,梁振标在那里。我同他商量,打不打呢?不打我们九弄就被他摧残了,我坚持要打,要打又怎样打法呢,是我指挥还是你指挥,我们分工一下,我去你就不去,你去我就不去。他说,还是你去好了,我又吹鸦片,你去比较好。跟尾我就带队伍去了。你们九弄人民很好,杀了一头猪给我们吃。吃完饭后就开会,研究怎样打法,敌人占一个高山、两个小山,我们决定打中间那个高山,估计他指挥就在高山,就派一个加强班,带九弄游击队200多人去攻,加强班不是普通的,十多倍的人,枪支也好,子弹也足,配合200多民兵去打那个高山,抢两个小山,一上去他们就怕了,没有多大战斗力。这场战斗是我们在九弄打得比较出色的,俘虏他300多人,他们那些兵都吹鸦片的,两支枪(一支是烟枪)。打散后跑出去的,见妇女都跪下来了,怕妇女叫人来抓,所以跪求饶命,看见他们是没有战斗力的,我们一冲,手枪、步枪、手榴弹都是冲到近处才打。所以他300多人已不剩几个了。从他开枪我们就知道他是没有打过仗的,他乱开枪,第一仗就是这次,打得比较好。

第二仗是遭遇战。第二仗是龙云的警卫旅,是正规部队一个营(即邱尹两营)这一仗打得蛮吃力。龙云本来已没有多少人了,他的主力部队已开到金沙江一带堵住我红军,所以他只能派一个团的兵力来打我们,这是有战斗力的。他们由皈〔归〕朝方向来,我们是得到情报的,本来我们想从毕街去打他收尾的,但他已出来了,所以我们转过百油方向,到那里(弄迫)。因我们缴得一只犬,这只犬很好,是军犬,我舍不得杀,当时我们队伍是防备的,我们拉长队形,有一里路长,后来这只犬一到,他们看见这只犬就出动了,使我们受到很大影响,他们见犬就重新组织队伍,也拉长隔二三米一人的队形同我们交火,我们占了路上,你们那里的路很小,是单边路,乱石很多,我们用石头滚下去,又开枪打死他百多人,他们退下去。这样,他们又重新组织队伍攻上来,接着又打第二仗,他们是有战斗力的,那些兵都是穿白衣服、戴白帽的。打到一下午,他们下命令,枪一响石头也滚,他后来都不怕我们了,我们同他打,时间很短,我们牺牲了两个,我带去的黄开胜也牺牲了,云南队伍是能打好的,我们还负伤了两个,我的参谋也负伤了,参谋是你们县屯圩的人,叫什么名字记不清了(黄树功),我的警卫员头部也负伤了。

我们回去,回家去谈吧,现在车已来了。

(以上)所谈的,这是第二仗,你们明天再去到我家谈吧,其他你们写的我不懂得,我不晓得,所以我不敢提意见。你们所写,有些是你们需要的就写,我记得一点就谈一点,你们明天到我家再谈吧。

陈:就是那一年,打韦英豪以后,举红旗的前夕。

问:党委书记是黄明春?

答:是,就是我。

问:党委成员是黄德胜,另外,可还有那〔哪〕些人?

答:就是黄德胜,还有赵正超(即赵润兰)、韦友,当时临时党委就是这几个。

问:还有,在没有成立劳农会、劳农游击队以前,曾开过一次党的扩大会议,有20个人参加,是不是有这回事。

答:没有,那时你们九弄还没有党员,我们第二次会议曾想发展一批新党员,在后来没有发展到,来不及发展。

问:三省边区的人民政府,当时的主席,就是你老人家吗?

答:是劳农会,劳农会主席,人民政府还没有组织,时间短呐。

问:百色的材料,主席是黄庆金,是不是这回事?

答:黄庆金是革命委员会主任、主席,是当时我们党委决定的是滇黔桂边区委员会主席黄庆金。

问:当时的本地区党组织还没成立? 党员也没有?

答:没有,我们党委决定,准备在九弄发展几个党员,后来还没来得及发展,预备发展十八个同志,怎样发展呢,人的名单已经安排了,但还没有办法。

问:你老人家去上海联系,汇报工作以后,说是交给黄德胜接替工作? 那么何尚刚是什么时候接替呢?

答:何尚刚是他自己去的,我还不知道,他的关系我还没有接到,我走以后他才上去,是哪年去我还不知道(梁学政插话:他是 1936 年上去的)。1936 年上去是吗? 我是 1935 年 1 月暴动杀韦英豪起义以后举红旗,建劳农游击队,打何彩……

问:关于者兰会议,你老人家是否知道?

答:者兰会议,我不知道,明天,你们到我家去,再谈谈。我要讲的,不会讲很久,只讲几点,其他你们要我写,我写不来,我自己搞一点,记得一点就谈一点。我是

1934年上去,我上去的时间不长,得半年多一点,一年不到。7月上去,到1935年搞暴动,杀韦英豪还是暴动前,经过七八个月的群众工作,这个是艰苦工作,为了党的利益,是必要做的。群众说,我们是拥护你的。于是我看到了群众基础,情况了解,哪个是敌人,哪个是自己人可以相信的群众,社会摸清楚了,才能搞暴动、起义,没有共产党的思想呢?是搞不到的,搞韦英豪,我们轮流埋伏了好多天,又摸了很久,情况清楚了才搞的。搞韦英豪以后,群众起来了,皈〔归〕朝、板仑附近都有人拥护我们。举红旗以前,已影响到西隆、西林都有人来拥护我们。所以说,搞党的工作,要有群众,要有策略,没有群众、没有策略搞不起来的,这是很重要的。

我们杀了韦英豪以后,九弄的敌人、其他小敌人就害怕了,不敢动了,我们杀土豪劣绅,群众很拥护。

举红旗之前,开了党的会议,党的会议决定成立第一个滇桂黔三省边区临时党委,来领导搞劳农会、劳农游击队,没有党怎么能领导群众搞游击队呢,所以决定成立三省边临时党委,还不是正式党委,因为德胜、润兰、韦友他们是营级团级干部,还达不到委员,但没有人了,只好要他们参加,他们是带我上去的人,只有依靠他们参加领导,我一个人是领导不得那么多工作的,所以,就要德胜、润兰、韦友和我四个人组成,我是书记,他三个是委员。

为什么叫做三省边区临时党委呢?因为干部还没有成熟(韦友是原来独立第二团第一营营长)。以及滕静夫去,也照这个党委来搞,黄金平不是委员,黄庆金刚入党,也不是委员,但要他公开出面,任滇黔桂三省边区委员会主席。党委是秘密的,莫日凡是滕静夫上去以后去的。

革命委员会有十几个委员,黄庆金是主席兼常委,岑日新是常委,梁振标是常委(他是司令嘛),朱国英、李家祺、马正求是委员,九弄有一两个委员,刘家华可能也是委员,黄家尤是预备党员,不是委员,还有的记得〔不〕起来了。梁振标为什么是革命委员呢,因为他是司令,这个人不是决心跟我们的,比如打韦英豪他不决心到八宝也是不决心打,好几次都怕牺牲他的队伍,他总想保住自己武力,他不是马克思主义者,是有点投机保自己力量的人。

这个,我批评他,他想搞我们,那阵呢,我刚刚睡,那阵时我同他打招呼,他要请我饮酒,我说,我不饮酒,请原谅,这样呢,就讲别的,实际是没群众,没粮食,有什么力量?同时子弹也没有。梁超武,我说这些人,我从来没见过,八宝我还熟,八甲我都到过,他们那帮人,经常饮酒醉、吃狗肉,都是这样的(下面都是梁学政与黄老问答）。

谭统南是党员，李德惠是不是我不知道，黄标是党员，后来被我们杀死，因为他叛变。朱国英、朱国诚、韦日友，他们都是党员。

梁振标不听我不得〔行〕呢，他的心，我知道，他一动手我就打死他，吹鸦片嘛。

韦高振不是好人……德胜被韦高振杀了……在田东杀的，那是滕静夫使用政策……这点我要说明，我到云南时初到时韦高振还来欢迎，八宝土匪，住山弄里，那个弄很小，十几间屋好窄的，不讲清楚群众都跑开了，他来到路上接我，群众都跑开了，我看了，这就成了问题。第二个问题是没有粮食；第三个问题他们大家都是土匪……这个问题，没有我掌握政策〈怎么行?〉。

岑日新这些都是党员。

我说这个下去下游组织第一联队，第一联队是右江下游的，第二联队是我们这里，第三联队是在西隆、西林，第四联队是老区（可能是向都），出去南宁一带，十四个联队，是在桂林组织的，人数都不多呢，就是民兵，有几千人，皈〔归〕朝那边，本来我们组织过农会，板仑一带都有，还有九弄一带有几百……当时他不知道这些情况。

党委决定黄庆金、韦友、大义、短命鬼，……不过黄庆金不严格要求自己，在老百姓那里不严格，讲话出来不济（事），他在那里住过一日，那晚我〈差点〉挨了。李修学、赵敏回来，到田东林逢，烫一条狗吃，这件事情，我也知道，捉去 12 个人，杀去 7 个，这我知道，还有几个没下落，都是不生就死。

黄明山请假回来，……那晚黄明山家里有事情，他说："吃一餐狗肉有什么意思。"这样嘛，那晚狗肉他不吃，〈否则〉他就挨了。高上与何尚刚汇合，这点我不知道了。黄明山的下落，解放后回来在医院我同他住院，他病死了。明山是个好同志。但是，跟有 4 个中央委员（此说有误。——编者注），这我不知道。张凡被抓去杀，还有这样的事吗？他们用这样的手段，当时，那种谈判，没有什么保证，他们要我们中央出来保证。那时我在广东，我不知道，所以现在我还差一件案，他要中央出来保证，后来派我来做党的市委书记，我派几个去。国民党来搞我们，抢果实，影响群众，争取群众，但是讲道理又讲不过（我们）。他们开会反对我们，初战时我们怎么同意，后来他们派来十几只〔支〕驳壳枪，我们党在中大（即中山大学），我们的人，在中大的多，我们党员都在那里。这样呢，他们特设几个特务在那里，写黑名单，一个问题呢，没有共产党同意，他们就不敢动，但最后，我们讨论几次，……国民党来搞我们，抢果实，争取群众，我们开会反对他们。

劳农游击队是武装,劳农会是党的,革命委员会是群众的,政权的①,有四个组织。最高领导是党,党委嘛。第二革命委员会嘛,政权嘛,第三劳农游击队,第四乡劳农会。皈〔归〕朝、板仑都有劳农会组织,四个组织,九弄多。改个名(按这个意思说:"党组织名称改劳农会"),就不那么显著,使国民党不注意我们。九弄刘家华,我们决定培养他,发展他为党员,他对我们帮助很大,皈〔归〕朝有一个,记不得名了(可能是沈怀莲),其他我记不得了。

那个姓张的(是叛徒张福兴),我的手枪队准备杀掉他,本来过几天就要杀的了,后来我说:"群众刚组织起来,这样不大好,暂时留起来。"这姓张的是反动(这里是说:从他的一些行动看得出)。

我接到中央的信,我考察我不在,各个方面都有很多困难。

中央有信来,就不是简单的了,要调去汇报工作,因中央需要了解一些情况,决定我去,决定我马上走。当时是夏天,1935 年四五月(说的是农历,当时是阳历六七月间)到上海大病,发烧,几样病,请医生来嘛又不好,无办法;中医不得(不好之意),西医又不得,后来我就报告组织,把关系交给组织,不死就算了,这样呢,医又医不好,困难,我就顶不住了,试过一天了(意思是试着走走),走不得。

我要走时(这里又回头谈到在九弄将出发去上海的情况)同梁超武商量,我说:"路费怎么办?"试宝(人名)就说啦,你不在这点就难多了,不过为做工作……

借点路费,他在皈〔归〕朝借,得点路费了。身文(可能是人名,以下听不清楚)……他在皈〔归〕朝街,借的几百我也记不得,这样多,借得钱以后,买的油——桐油呢,请几个人来担到龙州去卖,卖得钱……(梁学政插话问),不只两担,两担不够用,四五个人四五担,这样呢,够路费(来往路费),在当时为客栈,收油老板嘛,请人来担油,担四五担油,过靖西,……

接到中央的信,我考虑,我不在,各方面都有困难,干部的损失。护照问题,过路问题,群众关系问题,联系下游党委第一联队……〈等等〉。

我到上海,因病住院一个月后,就挨国民党捉了,关了 3 年,西安事变才放出来。

1985 年 6 月

(中共云南省富宁县委党史办公室保存整理并提供)

---

① 这里记录可能有漏、错。原话可能是:临时党委是党的,劳农游击队是武装的,劳农会是群众的,革命委员会是政权的。

1983 年采访黄松坚录音记录

……跟叛〔归〕朝商人呀借得路费,借得多少我记不得了,买几担桐油,请几个人担,担到龙州去卖得钱。不止两担,两担不够用呀,是四五担,才够路费。到龙州,那个栈房呀,说明我是商人呀,老板呀,我什么也不拿。到靖西就下龙州,到龙州落那间栈房住,当时我就卖那些油,得了路费就买船票落南宁啰。到南宁又转船到广州,广州又转船到香港,到香港又转上海啰。那里我去过一次呢,1934 年那阵时,我去过上海呢。上海我熟的,不怕找不到。那时呢,一个是中央需要汇报叫在上海配合,我呢就暂时和中央联络领导呀,所以呢抬去买油,担的是请四五个人,是九弄人,请来担油到龙州,到靖西我住一晚,后来第三晚到龙州啦,我一个人就买票落南宁啰,落广州,广州落香港啰,香港岛上海啰,就这样去呀。

张杰问:(以下简称张)当时成立劳农游击队,就叫做第三联队啦?

黄松坚(以下简称黄)答:第二联队。

张:第二联队。

黄:第一联队,正式下游,第三联队是西隆、西林那边,贵州边界兴义府呀,那边也有人来联络呢,他们是去怎么搞法的呢,后来我给他们意见呢,你们组织起来吧暴动呀搞武装斗争嘛。

张:那时上下九弄是第二联队?

黄:第二联队,他们又回来,来了几批人,西隆、西林来两批人,我是许他们搭架的,给的意见呢,你们这里搞起来啦,西隆、西林受影响,怎么搞法? 西隆呢,我去呢怎么办? 我说:组织群众嘛,你们起带头搞嘛,你们怕不怕? 这是第一个问题,你们不怕死,不怕死就起来搞,我意思希望你们努力起来搞,国民党一定挨打倒的,起来搞了才晓得,现在当然吃力的,你们要有决心才得,要组织群众,你们西隆、西林靠近东兰、凤山那边,你们那边想来也组织啦,你们先回去先西隆、西林为基础跟尊义那边结合起来,组织一个联队(组织一个团呀,联队是一个团的组织)为第三联队,第一联队下游,这是第二联队,是我们那里,第三联队西隆、西林、兴义府,第四联队呢,老区呀,东兰、凤山一带的,那都是安排好啰。

张:第二联队的司令员是梁振标呀?

黄:第二联队的司令员是梁振标。

张:政委是你老人家?

黄:是我,我不兼呢,人家也不服的,我兼呢,那个队伍能掌握呀,我不兼不成,所以我要兼。兼政委呢我还可以指挥梁振标,梁超武(即梁振标)那时候还表现不错的,他也怕啦,怕啦,怕我们拿(可能是拿帽子乱给他)。实际怕我们做什么吗?因为当时我们的工作同志对他解释不够,工作不够呀,他误解呀,所以他到解放的时候,他就叛变啦嘛,为什么他叛变呢,原因呢,主要是他自己弱点,对共产党认识不够,我们人工作也有弱点。

梁学政(以下简称梁):我当时在富宁负责武装,他那时当县长,李兴和他谈判了以后,他就下剥隘。

黄:(要是)那时候我在,我相信也不会叛变,没有一个强的干部掌握他的思想这是很难的,他是土匪出身的嘛。

梁:杨江已到剥隘呀?

黄:这些是后来的人,我记不得那么多人。我记得那时候党委人员几个人,其他那些,梁振标晓得。梁振标在我前面哭起来,因为龙云队伍一个团来"剿"我们,打死打伤 100 多人,打了呢,连夜撤退二十几里呀,他也狼狈呀,这样子,群众也信服我们,所以这样子呢,梁振标也是服呀,因为梁振标也支持我打,不得不指挥他打呀,他吃鸦片,哪里能打仗。

梁:……

黄:这些你不要以为是真的,人讲的接触,人讲的是有,我们去呢,我就交待呢,组织几个联队。这样交待好后呢,西隆、西林交待好,下游交待韦日友同黄庆金落下游,写简单的介绍信,叫他们一下子组织成立,西林有点枪呀,有点群众呀,苗族派了代表来,我同他们谈过下,谈过一次话他们同意……

黄:西林、西隆给个名,他们来两批人前后两批,中间有苗族,来到,我支持他们,他们请示过来呢,怎么办? 我说:搞起来就知道了,还不是组织群众,组织群众好以后,看土豪劣绅哪个最坏的,先打到哪个啰呗,杀起来咧,武装起来啰,搞起来积极武装群众。你们组织呢第三联队呀,他们兴义州有一帮人呢,西林、西隆几个起头来……

黄:西林、西隆也来代表,接洽了解这边情况和他们的意思,他们都同意了,多人同意了,回去就这样做了。但是我一走,我去上海以后就留给他们自己做啦,交待德胜呀,西林、西隆呢,由他自己做起来,给他带好的,就党的政策,我自己呗,给人家尊敬,西林、西隆近东兰、凤山,受影响好大,你们这里,尊敬他们,有话跟他们商量,讲话要有尺寸,不要乱讲,交代他们之后就走啦。走呢,出掉那些东西,下游人多,又有一排杀啦,黄庆金挨啦……西林、西隆回去以后就不知了,我去上海呢,又挨逮捕啦。我写一封信回来给云南嘛……就写几个字嘛,不写多,说生意呀,生意受挫呀。

黄:刘家华是我们的〈人〉,他是好的,我有他名单,和我们接触最早的,他是好的,我的名单上都有刘家华。打韦英豪,他出力很大,他也不怕死的,刘家华死以后呢,我们很可惜的……

张:张福兴。

黄:我们要杀他的,不到时候呢。

张:(问关于劳农会的事)

黄:有,那时有……列为临时常委的呢,岑日新呀……这些是常委啦。

梁:略。

黄:你们记得是几联队呀。我记得是二联队,我们党委报告讨论:第一联队是下游,第二联队在九弄,第三联队是西隆、西林,同兴义府呀,第四联队在东兰、凤山一带,是这样决定的,后尾七月呀,中央有新来呀,叫我去开会啦,你不去不得呀,当时红军到了离开……不几远的啦,你不去不得啦,如果违反中央的命令怎么得,我就去啦……汇两百块钱来,钱收不到,那么就在皈〔归〕朝借钱……八头码头,邮局……谭世同呀,〈怕〉挨捉了,不敢去。

钱退回去上海呢,只好借一批钱,通过梁振标呀,我同他商量,说我去啦,就准备一个月回来。但是路费怎么解决呢,上面有路费来不过不要得,只有在这里想办法,你呢? 与他商量想办法,他说得,可以得,在这里借钱呀,你们去皈〔归〕朝几天,都还有这里……喏,去皈〔归〕朝,商人借商人的,下去赔,商人又不肯给,但不给又不得,因为梁振标开口呀,同他们要钱呢,我有急用,同你们借也不多,他就给呢,就是这样去的。

摆着两个问题啰,一个就是完成党,一个就是向中央汇报,两个问题需执行哪个呢? 我呢是关系我身上啰,我们出来,我说你知(意思是我说给你)执行这个,那个又不得,你不在这里不得的(意思左右为难),我们掌握不准,因为梁振标对我们又不一定好同我们,所以呢就……都是梁振标的,我们呢就讨论决定,决定要服从中央,中央叫去呢,一定有理由原因的,我们是下级,他们是上级,我们要服从上级,去中央就是这样去啰,不是乱去的呗,当时他有明文呐,寄两百块来呀,但是钱取不得呀,下游还有,回来,钱不取得,邮局也无法,又退回那点钱,退回上海呀,所以呢才借点钱走呀。

张:这次来连累你老人家,是这样啦,老人家也给我们来的 4 位同志,梁老带我们来见老人家呢,这个也给我们的,这个,把当年老人家在的时候根据地开展工作情况,都给我们几个讲了,说得很清楚,我们在地方上还问好多老人呀,有的是亲自参加,有的是当时亲自看见吧,但是年纪老啦不像老人家,谈得具体。

黄:你们自己考虑,有很多是不对头的,报告里边呀,我看一些是主要的,我走去你省边上面呀,走了 18 天才到省边,艰苦是艰苦啦,都是在山上睡觉,我们都在白天睡呢,夏天的呢。

张:7 月吧?

黄:7 月 1 号由下游开始起身。7 月中旬到省边。省边呢,他们呢,各股土匪都派人来接呢,土匪都来接呗,梁振标已……半下呀,给两个,莫,莫什么呀?两兄弟……

1983 年 4 月

(中共云南省富宁县委党史办公室根据保存的黄松坚录音带整理并提供)

1982 年采访黄松坚记录

1934 年,我要离开右江下游到滇黔桂边去开辟新的根据地,我不在,就不设右江下游党委,下游党委改为思果中心县委,陆浩仁任书记,常委滕国栋、黄永祺,委员赵世同、梁乃武、韩平波;那马另外设一个支部(特支),归思果中心县委领导。

1932 年 2 月我来到右江下游以后,将情况汇报给韦拔群,韦拔群就写信来给我,同意在下游大力开展武装斗争,发展游击队,大力来搞。当时下游的情况是:部队打向都回来之后,因为当时没有伙食,队伍也散完了。黄书祥同志是个好同志,由于伙食这点照顾不周,所以部队都散了,一个连都没有维持下来。第六十二团、独立团联合起来打向都,有一千多两千人啊,打胜仗回来没有饭吃,后勤工作搞不好是件大事。所以,带部队,后勤工作不能大意,怎么办,只好集中部队来讲,由于吃饭不解决,各人先回家去吧,那时候黄镇国就来"围剿"。果化、思林那里都住有敌人,但是,向都还在我们手里,我们还可以活动。我在可恒虽然隐蔽下来,如果没有果化广大的群众的掩护、支援,我们已经死了的呀。

我是 1934 年 6 月离开下游,那时候那马是特支的,是经过我批准的,向都没有成立什么机构。当时发展党员是关门主义,是个缺点,黄绍谦是我临走前才发展的,是在向都研究决定的。黄绍谦是我的老同学,在百色第五中学校是我的同学,但是他家是地主,个个都不敢发展。从学校到现在,像他这样一个坚决的同志是少有的,可以发展,我们决定发展他。但手续没有办好,由阮春仁、陆浩仁他们办。黄庆金是我到云南才发展他的。当时我是云南省边党委书记,他在前线指挥,他是好的但还不是党员,应该发展,所以我提议发展黄庆金入党。

当时省边党委有我、黄×有、黄德胜、赵滕交四人,组织个临时党委,我是书记。黄庆金我提出发展入党,在下游时我是关门主义,地主出身的都不敢发展。

在三层更办训练班,什么人参加我已记不得了。如果我那时来到下游三年,进行发展党员,是可以发展不少的,但我还是缩手缩脚,对地主问题还是考虑的。

整编回来后,拔群说:"他们不能去,前委决定我、你、洪涛三个人留下。"我们就回到东兰武篆魁星楼办公,组织红二十一师,当时一个人当几个人用。时间紧,日夜办公。组织红二十一师坚持右江根据地,任务是很重的。党委的委托,我们坚持工作,红二十一师成立师特委,拔群任师长,我是副师长,政委是陈洪涛。拔群说:"怎么办? 回去就组织队伍,重新搞,重新组织。"后来我们在魁星楼商量,要哪种部队组织起来,我们原来第三纵队警卫连除四五十人回来外,其他都交给红七军了,都带不回来一半。那时韦拔群同志好。第三纵队由红七军整编,好的战士、好的领导都给了红七军了。第三纵队还有100多人,后以基本宣传条件我们就鼓励群众,鼓励地方干部,大家坚持地方工作。

组织红二十一师,各县苏维埃都有个常备营,好像果德的梁有芳这样的队伍,当时黄书祥留在果德,我们红二十一师第六十一团韦命周任团长,我兼团政委,第六十二团团长滕国栋,第六十三团长廖源芳,第六十四团团长李绍础,第六十五团团长李恒芳,独立团团长黄书祥。

我去下游时,还带第六十一团第三营第八连连长闭利昌一起去,还有韦士英同志。

带队伍有要求,一个是能够打仗,一个是能同群众联系,最糟糕的是既不能打仗,又脱离群众,最可怕的是这一条。

1931年6月份河池整编回来,7月份就要组织队伍,我就到七里,组织那里苏维埃干部群众开庆祝大会,所有七里的部队、赤卫队,加上第二十一师第六十四、第六十五团共同庆祝第二十一师成立大会(第六十一、第六十二团当时有近2000人)。完备会后,拔群、命周、陈洪涛加〔就〕到西山去了。我留在七里指挥第六十一团。

我来右江下游是特委会议最后决定的,当时武器很少,闭利昌、赵世同各带一支驳壳枪,还有两三个交通员。我到下游,首先成立右江下游临时党委,我是书记,我、滕国栋、陆浩仁3人为常委,黄大权、黄书祥为委员。当时我到右江下游是住在古芬山上,不得住在屋子里。到过三层更,向都的那板、思林的那徐。晚上出来到屯里开会,白天住在山上,写的通讯联系,是用一张小小的纸条,不能出事。

右江下游党委成立的时候,是特委常委决定给我到下游来,大力开展游击战争,牵制敌人的力量,减少老区的负担。我来之后,情况就不同了,下游那时没有什么住地,一到就上山去搭棚,睡觉是好苦的,苦是不怕什么的,我们足足住在山上三年多,可恒、三层更、果化对面高山的岩洞,那里的群众好,有个老太婆天天送饭给我们。

当时在坚持武装斗争的原则下(因为那时候敌人准备要向西山"围剿"了,是"围剿",是第二次"围剿"),为了牵制敌人在下游,减少向西山的包围,开展活动不保持下游党的组织、不保持游击队的基础是不能完成实现这个计划的。第六十

二、第六十四、第六十五团、独立团归我指挥,田东以下的几个县是我们发展游击力量的中心,这个决定任务是很大的、很重要。我来到下游工作,找到黄书祥了解下游的情况,那时,滕国栋有十来个武装,还有黄正光、梁乃武和我一起。

1932年我负责下游党委工作的目的,坚持右江工作,大力开展武装斗争,牵制敌人力量,减轻老根据地的负担,也是粉碎敌人"围剿"的做法。来了之后,了解情况,不能盲目执行。就到古芬找黄书祥,那时打向都回来不久,情况严重啦,由于后勤工作没有解决好,部队就各人扛枪回家去。第六十二团、独立团1000多人,虽然打向都胜利回来了,没有饭吃就散回家。

了解情况后,我就同陆浩仁、滕国栋商量,是个这样子,我们能开展游击战争吗?把地图打开出来看着,这里离南宁不远,水陆交通方便,我们一动,敌人就马上来,敌人一来到下游,这样东凤那边受不了,这是当时摆在面前的困难,我们决定写一封信给特委,把这里的情况汇报,提出我们的意见。

我们的意见是:那时黄绍谦搞得二十支枪集中,其他都没有了,独立团就是黄书祥、赵世同,你(指黄泽浓)那时候还没有出来呢,当时敌人有黄镇国一个师在右江,苏新民一个团在向都,向都游击队是有战斗力的,问题怎样做,独立团本身已经起不了指挥作用,也指挥不了了。怎么办?队伍不少,黄书祥会组织队伍,不会管队伍,本来打胜仗回来,队伍散了,像败仗一样。带队伍去打仗,不解决后勤问题,至少有一部分解决嘛,怎么队伍回来解散了,所以他只能当一个委员,不能参加党委常委。

1933年夏,黄书祥同志到那徐去做工作,被叛徒黄金镜报讯〔信〕给敌思林县府,就派县警包围,黄书祥英勇抵抗,中弹牺牲。事后群众纷纷报告怎么办,我就命令赵世同(赵世同当时是手枪队队长),你要负责任,用各种办法把黄金镜杀掉。后来赵世同和谢×漏去同黄金镜打麻将,乘黄金镜不防就把他杀了。

后来我们就转到果化岜定近河边的一个岩洞去住。当时很困难,每天吃两餐,每餐二两米,青菜没有,我们就捡野菜吃。有一种我们叫"革命菜",后来又叫"六十二团菜"。这样吃野菜稀粥,苦是苦的,但苦也死不了我们的,还是有办法活下来的。那里的农民对我们是很爱护的,不但保密,还送东西给我们。

有一次杀了廖明佳、韦国兴和几个土匪。当时韦国兴白天做共产党,晚上搞土匪的,得来的钱自己分,并不报告给我们。我和陆浩仁、滕国栋、黄德胜议论研究,认为他们这样搞法,是同土匪在一起,结合在一起,他们参加搞土匪,得钱、得东西不给组织，自己分、自己用，也不报告我们。他们两个拿两支驳壳枪，在河边没有办法搞掉他们。我们就在三层更找一个秘密的岩洞，在上面开会，连土匪也一起喊来参加，就借这个机会搞掉他们。那时不用枪，而是用木头搞死他们的。因为暂时保密，不然人家懂得。因为廖明佳他们名是革命的，实际上是搞土匪这一套的。阮生仁、凌广荣两人，我们讨论过，他们感情是很亲密的，但一来他们没有枪，二来他们没有参加搞土匪，所以我们没有搞掉凌、阮他们。这个计划是我们几个开会过的，是绝对保密，一点不能漏的，不给人家晓得。当时十点钟以后，黄正光、赵世同、黄德胜为主要的几个人下手，基本上一个对一个，都是用木头的，我也在场的，凌、阮二人不在场，以后他们两人搞反革命去了。这事是我去云南以前搞的。搞掉这几个以后，我们后方就稳定了。黄桂庭是土匪的，黄桂庭的老婆是土匪，两个都杀了。1934年搞完这事我就上云南去了。

1934年，搞掉廖明佳他们以前，我们就开会研究关于到云南开辟新的革命根据地问题，讨论一番，因为老根据地已经被国民党"围剿"，搞得支离破碎了，力量集中很不容易，现在非搞一个新的革命根据地代替老革命根据地不可了。接到韦日有、李国英的信，要到滇黔桂边去，那里的条件可建立根据地，第一是找个国民党统治力量很薄弱的；第二是滇军、桂军活动很少；第三是那边的群众对我党、对我们红军的影响印象比较深。分析以后，去是决定了。不去，我们右江是坚持不下来的。黄金镜为什么叛变呢？主要是他见我们力量小。我们就要找一个根据地来储蓄力量，牵制敌人力量。不这样搞，右江老根据地一个一个被敌人搞掉完，群众就埋怨我们。没有新区，怎么保存力量？这时以右江下游为主，重整内部，就没有什么顾虑，可以大胆搞工作，坚持下来。

下游怎么领导，当时我意见组织一个中心县委来领导右江下游就可以了，因为那时候党员不多，党员是有，但很多都是分散到各地去了。果德来讲，向都来讲，对发展党员是忽视的，没有重视的，田东还好一点，发展党员多一点。所以这里有一个中心县委领导就可以了。那马我也派人去，武鸣我也派人去教书，覃世新派到武鸣的（现在都阳、坡造一带），不有一个到坡造以下归武鸣的地主叫黄运富（东兰人，后被捕自首）。梁乃武到都安、那马，徐泽长到都安去活动，那马、宜山、武鸣一带，我们有力量可以发展，梁乃武到中山、榜圩一带去，在一个山洞里住了10多天。他很勇敢，是个能干的人，后来在林逢一次被寿辰人包围，抓住杀害。

当时环境并不很好,要靠胆量。我们开展工作是积极的,隆安派了人去教书(名记不得了),通过教书可以物色发展组织。黄中梦在思林与蒙福吉结婚,黄书祥在果德、那马、向都、思林一带很有名的,问题是会组织队伍,不会管理队伍,赤卫队独立团,是他组织起来的嘛。在困难的情况下,黄绍谦能组织20条枪集中,我很佩服。

当时右江下游武装是有,但不能集中,都分散在各地,后来整个右江的武装队伍好不容易集中整编成团,所保护下来的每一条枪都是用生命换来的。整编成2个团,黄彪、韦高振当团长,被黄桂南1937年7月和国民党谈判叛变了,把2个团3000多人交给国民党。这次损失最大,不然我们的武装力量就大了。省边委派出黄庆金同志回到德保组织武装,就在德保遇难了。

组织右江下游思果中心县委时,我提议陆浩仁当县委书记,滕国栋、黄永祺为常委,赵世同、梁乃武为委员,后来黄永祺派到东凤,在汪江牺牲。黄大权是向都、镇结、天等、天保、田东交界的特派员,还有县级干部的黄强、黄明光同志同大权一起工作,还有黄明山(向都)、陈鼓涛(牺牲在那板)、黄金光。还有陆明平是韦拔群派来的,还有韦士英(被叛徒杀害了,他拿一支驳壳枪,被敌人拿去了)。

当时对发展党员不大胆,这是一个缺点。下游发展少,我到向都发展黄绍谦,决定通过了,没有办手续。黄庆金是到滇桂边才发展他入党的。陈洪涛在田东发展多一些党员。我去了之后,这些人警惕性不高,1936年陆浩仁他们都被害了。

武装斗争是小型为主,从小型到大型,以把握为主,不要盲目乱搞。

在三层更办过训练班,确实办了,是简单的,7个、8个、10把个人,上个把礼拜,十天八天课,讲些基本课,讲政策策略,讲党的问题。三层更群众好,没有叛变。我们那时在山心(属广西平果)住比较多,坚持工作要下决心才得。

我是1934年6月底7月初离开下游,决定离开是6月以前的,带两个警卫员都是党员的。我走之后,全部下游党委领导的都归思果中心县委负责领导,右江下游一切工作,包括向都、那马特支都归思果中心县委领导,还有武鸣、都安。所谓中心,就是右江下游党委的代替办公机构,包括整个下游的,不单是思林、果德的。因为党的基础薄弱,一下用右江下游党委,有些大问题看不出。当时右江下游党委下面还设有革命委员会,滕国栋当主任。思果中心县委7个人,3个常委,陆浩仁任书记,滕国栋、黄永祺为常委,赵世同、梁乃武、还有两个为委员。陈国团他是跟我来,到思林后叛变。李凤彰是那马特支书记,还有徐泽长也是那马特支的负责人。李凤彰、徐泽长、韦成编,由于对敌警惕性不高,就被敌人全部抓去杀害了。

〈广西平果县〉山心那里还有一个很熟悉右江下游党委的人,现在一下记不起他的名字,人很老实。

闭利昌、闭大章、覃世新他们到过金黄色沙,我没有去。我只到都阳、那马几次。那马特支是我批准成立的,那是 1932 年什么月。

采访时间:1982 年 2 月 9 日

采访人:黄善武、黄泽浓、黄明春

整理:黄明春,1982 年 7 月 16 日

抄录:覃才善,1983 年 8 月 5 日抄于平果党史办

(中共田东县委党史办公室保存并提供)

参加红军游击队的情况

罗万林

我 21 岁时,因为只有父子两人,生活很苦,靠卖工、解木过日子,生活逼迫才跑去找红军的。

我先是被那耶区长杨承尧派去守那耶的,一班 7 天,刚到第 6 天,就有红军来打杨区长,还杀了杨家的猪,我也得吃了。知道红军是穷人的军队,回家来带了两三斤米,跑出去到那能,才找到红军。红军战士蒙十哥招呼我,问了以后就叫到第一大队去,跟主任参谋黄德胜,后来就游击到谷拉九弄、百油、洞连等地。后到广西达得,又转到百油、洞连,以后转去打者桑国民党区公所,打进去把他们的东西烧完,发给每个战士毛巾、鞋、袜。接着又来打皈朝,是韦高振、黄德胜指挥,我们有一名战士很勇敢,冲到闸门用斧头劈门,被里面民团开枪打中牺牲,一支十响枪搭落在胸前,被他们用竹竿钩了去。我方到老街组织群众去区公所,要求把枪交还给红军,不然老街、新街都打,打进去就要烧光房屋。国民党区长无奈,只好把枪送出来,黄德胜才下令撤退。过洞波、芭莱到花甲的得落寨附近,在沙力山冲交叉〔岔〕路口与龙汉斗部队遭遇。打了一天,我方死一个师爷,撤退到阿用普有一带,又有黄德恩(西洋乡长)带民团来打。他们到谷沙就被我们阻击,包围在谷沙(即谷沙战斗)黄卜坚家,我们战士陆志明(富宁那力人)拿一支十响由后房角揭开瓦射击,被敌人在家里开枪击中牺牲了,红军才放火烧了黄卜坚家房子,烧死民团 10 多人,冲出来的也被我们打死了,共打死几十人,拉去放在一窑洞都装满了,还放到山沟埋一些,共缴得枪数十支。谷沙战斗后,我们到九弄去。在九弄,黄德胜叫我带信到阿用得落找梁振标,走到那拉遇到了岑日新营长,又与敌人遭遇,开了一轮火,各方都撤走了。我们转到龙彦、龙叭,到三湘洞已天黑了,找到一户农家,叫开门说明我们是遇到打仗跑来的。他家很好,叫到家里就把灯吹熄,煮饭给我们吃,又领我们到山洞去住。我出来时给他 2 块光银,他不要,我很感激。

经谓罗回到家,家乡已有赤卫队。父亲说自己年纪老了不能劳动,媳妇对老人很好,给吃穿,但很劳累,叫我在家。我见家里很困难,所以没回去了。

1982 年 6 月 13 日

(中共云南省富宁县委党史研究室保存并提供)

关于滇黔桂边区劳农游击队情况

李荫美

我是百色县那毕公社东怀队东周屯人,男,现住福禄大队九索屯。在右江国共谈判后参加黄林那个团任排长,记得当时出来参加抗日的有百色县人:

李春荣,一作李荣春,百色大楞公社中华大队人,当时任连长,在从合肥到武汉八路军办事处途中病逝。

黄天良,百色大楞公社中华大队那了屯人,当时是战士,经武汉八路军办事处介绍转去延安学习 11 个月后,被分配当管理员,至今下落不明。

李顺杰,百色那毕公社大旺人,新中国成立后回当地当干部,已病故。

黄日音,现还在福禄大队九索屯,当时任政务长。

阮桂廷,百色那毕公社文居大队人,不去长〔延〕安回到家,被国民党杀害。

我经武汉办事处叶剑英介绍去延安学习,11 个月之后便分配到湖北鄂中纵队去当连长,后当营副、侦察、作战参谋、团长等职务。至 1947 年 8 月于陕西交界河南省的延阳县因病留在后方治病,因跟不上队伍回家。之前是在鄂东军区任团长的,属新四军〈第五〉师(师长李先念)第十三旅(旅长周志坚),我之后随第五师第十三旅特务团。

我因在家受恶霸地主的压迫、剥削,因而倾家荡产,被迫背井离乡逃至田阳县洞靖区世欧,过流浪生活一年多时间。1934 年原参加右江下游革命的朱国英、李克(李良复)、黄强、童胜、黄印等同志从云南九弄下来到世欧屯,秘密串连革命活动,我就在这个时候参加革命的。田阳的世欧、泠柳屯过我县的平泮,走至云南甫送、那林、九弄一带搞革命活动。

1970 年 2 月 12 日　整理

1982 年 11 月 11 日　抄录

(中共广西右江区党史办公室保存并提供)

闭耀辉参加韦高振队伍活动情况

闭绍益　闭绍逢

(〈靖西县〉地州卜屯闭绍益、闭绍逢老人谈本屯闭耀辉参加革命活动情况)

我们屯参加革命主要是闭耀辉,关荣盛同志的堂叔。关荣盛的父亲叫闭荣轻,我们这里"关"和"闭"通用。他参加俞作豫部队,后参加韦高振部队在龙邦活动,经常与谭统南联络。谭后被韦高振派农安贞(新圩)和农福保(其龙上敏屯人)杀害于那廪。

闭耀辉和闭荣轻都参加韦高振部队,后被陈良佐同时杀害。当时关荣盛(现在靖西农办室工作)刚得两个多月。我闭绍逢当时得15岁,现我64岁。故被杀时间大约在1934年,是在壬庄街被抓。当时我闭绍益约25岁,现在得77岁。当时我也随闭耀辉参加革命,还有闭绍基,共4人。闭耀辉曾在韦高振部队当营长,其他三人都是一般战士。谭统南是从外面来的。闭耀辉和闭荣轻被抓后,我也回家了,我回家时得27岁。

我们欣村大队茂林屯曾经组织"农协会",杀鸡吃血,当时还挂有镰刀、斧头的红旗,宣布是红军,是朱德的部队。我们屯是韦仁留(公英)带队去,当时他是甲长。在那里召集活动是茂林屯的农卜荣来通知联络。组织者农安贞。我闭绍益得去。我们这屯(当时30多户,现在60多户)每个家长都去参加,共有30多人去。还杀猪吃饭。全坡豆乡"农协会"是老街的一个人负责。不知名。

闭绍基是1977年〈病〉故,若现在还活,得80多岁。

闭耀辉若还活,90多岁。我们跟随韦高振部队曾经活动到葛麻(孟麻),但没有得打仗。

在龙邦驻扎时有一个部队(一个团)由陈司令带队来打韦高振。韦高振跑去云南。闭耀辉到壬庄当区长,不久就被抓,副区长是黄龙山(壬庄人),秘书是韦乃相(县城人南门外)。我们部队有个连长是梁国英(孟麻人),还有一个连长是黄保成(那坡人)。

闭耀辉参加韦高振队伍五六年以后,我才跟他去,我去的时候,他已当营长。

闭绍益(77岁)　口述

黄朝岗、王光荣　采访记录

在场人:闭绍逢,64岁;农那红,38岁

1983年3月29日

(中共广西靖西县委党史办公室保存并提供)

关于我们参加革命队伍的报告

黄开庆　黄书光

我们俩是〈靖西县〉龙邦公社上敏大队人,名叫黄开庆,男,现年 72[人]岁;黄书光、男,现年 67 岁。

我们于 1934 年间,在本村农光计(已故)介绍下,曾参加龙邦安宁的革命根据地,以谭统南同志为首的革命组织。参加革命组织后,在司令部当谭统南的警卫员,经常跟他工作。后来有部分同志开往云南广南一带。我便跟谭统南下在安宁继续工作,坚持革命活动,直到抗日战争胜利后,由于韦高振叛变革命,被任为国民党靖西保安团副司令后,暗杀了谭统南同志。谭统南被杀后,在安宁革命根据地被破坏。当时形势很紧张,国民党又追杀共产党人,许多革命同志为了把自己身份隐蔽下来,我们就在这种情况下,失落革命组织,后来联系不上党组织,一直到解放后没有暴露自己曾参加革命组织。

今天回顾起来,还记得当年革命经历。当时同谭统南同志在安宁工作的还有黄沙平、黄振庭、黄子丰、农安精、赵权忠、梁世亨、李春荣、罗明远、农七、周书术(壬庄龙珠人,个宝人)等同志,因时间太长,已有四五十年,有的记忆不清,又不知道他们现在地址,有的为革命牺牲。现在我们诚请上级党委,调查认定革命红军的一员,为此报告。不当之处请指正。

申报人:龙邦公社上敏大队黄开庆、黄书光

1983 年 5 月 12 日

(中共广西靖西县委党史办公室 1983 年 5 月 16 日收到并保存)

玉仕安讲话摘要

1934 年 10 月,花甲木洞寨陆正风对我说:广西一位红军干部赵敏来到富宁县岜来乡那达寨一带组织红军队伍,宣传政策,我便跟了陆正风去那达找见赵敏,他安排我跟做煮饭工作。后来赵敏叫我去广西边界做生意,到田林县乐里镇"会得利"商店(红军地下交通站)买货回来卖,联络情况。有一次,赵敏和何尚刚从西林县那平写信回来叫我带剩下的钱和手枪 1 支到那平给他们,回到那腊被敌人抓着,关了 6 个月,出钱 130 块法光赎回家。

(玉仕安,77 岁,是富宁阿用公社那来大队那皇生产队人,曾担任原边区党委委员赵敏警卫员 5 年,解放后在花甲乡和洞波乡人民政府做宣传工作,征粮工作,信用社工作。1971 年退休在家)

1982 年 6 月 12 日

(中共云南省文山州委党史研究室保存并提供)

恒村战斗情况

冯正员

1934年农历腊月十四日，红军、赤卫队到我们弄华队，我们附近的山头、丫〔垭〕口，都有人守，吃饭时轮流下来吃饭。17号，天不亮开始打仗，红军从弄求、弄灯方向攻来，我们山上的也往下攻，冲上对面敌人的山头上，敌人有一人带狗出来解便，我军冲上去，狗一叫，敌人问是哪个，我军开枪一打，后一直冲进敌战壕。我军冲上去后，敌被打垮，有的敌人连衣服没来得及穿就跑掉了。在战壕，敌被我打死2人，在坡下又打死敌人六七人，去到河边，敌人打枪来，我军伤一人（黄阿一，弄岁人）。敌军先到马贯大队的弄郎，后才到恒村的，敌人在对面山上住了3天。

关于支援红军的情况：当时富裕点的出四元，中等的二元，三等的一元。弄华寨冯正洪出四元，潘有仁出四元，赵必荣出一元，弄恕队陆章杰出四元，陆章英、陆章全出二元。在吃粮上，有的一户供应七八人，有的供应三四人，有酒、有腊肉的也抬出供给吃，平均每户六至七人。原弄华队有四户，弄恕队有七户，总共吃八天到九天，在打仗前的日子是这样吃粮的。

恒村战斗后，敌军来"扫荡"的情况：打仗是17号打。1934年农历腊月二十五日敌来"围剿"红军，见猪就拉去杀吃，弄华队被杀去7头，弄恕队10头。敌用枪打牛，打死后拉去吃，弄华队牛4头，弄恕队1头。当敌人未到时，寨上群众都跑到山洞中去躲了，只有牛马遭殃。

12月27日，敌人苏新明第二次来"围剿"，找不到红军，把弄恕队七户房屋全烧光。敌军团长苏新明、副团长黄瑞能、姚营长也在场，敌人放火后撤回弄卡。

杨松　整理

1983年7月30日

（节录于中共云南省委党史研究室、中共富宁县委党史征研室编：《中国工农红军滇黔桂边区革命游击队》，云南民族出版社1998年版，第73~74页）

红军游击队在花甲的活动

罗朝仁　傅少炳

1935 年,有一位外号叫灭雪(壮话"灭雪"汉话"磨得"的意思)的高个儿青年黄国桥到达〈云南富宁〉花甲。他的主要任务是进行秘密组织地下活动,以交朋友方式,组织宣传发动群众。他到花甲一段时间后,便与汪富兴、卢锡候等人进行联络,后来傅少华也参加到这个活动中来。接着,便在广大青年中进行联络。他们几人实行分工负责:傅少华负责花甲片,汪富兴则用在那耶上门及当乡丁的身份,在那耶的乡丁队中进行串联。经过一段时间的努力,终于串联组织了花甲和那耶2 个地下赤卫队,各队的人数在五六十人左右,组成赤卫大队,由傅少华任队长,汪富兴、卢锡候任副大队长。

1936 年初,大队红军进入那达,傅、汪还前去迎接。在红军攻打八宝时,傅和汪还带赤卫队参加,接着又参加攻打那耶。当时一起到达花甲一带的红军领导人是赵敏、何尚刚、李福、黄加尤、梁振标、韦高振等。从此后,花甲、那耶的革命活动便公开起来。随之是进行镇压恶霸土豪的斗争。半坡恶霸黄有才,那力恶霸陆玉林,木桐恶霸黄世新、黄世祥,花甲乡长黄开亮等均被红军枪决,然后分了他们的财产。当时赤卫队的全权指挥是李福。

在花甲周围没有发生过战斗。1937 年 2 月 12 日,龙汉斗部队在花甲实行大屠杀,被杀害的有傅少华的姨妹和两个小舅子等 12 人,都是用刺刀捅,捅不死再用枪击。杀人后,又把头割下挂在现花甲街中的一棵大树上。在花甲,被害群众30 多人。白匪指使自家人互相残杀,逼弟杀哥、儿杀父,如不动手,全家人都被杀光。白军称这种方式是"匪杀匪"。汪富兴的大爹汪向先被关在牢里致死。

1938 年,红军分批出走后,梁振标派人到花甲接傅少华到九弄继续活动。一同前往谷拉的有第三中队赤卫队 80 多人,现还健在的有罗朝仁等。在谷拉的九弄及广西活动了三四个月,到 1939 年的 8 月份就散伙了。

苏金勇、韦福兴　整理

1983 年 7 月 23 日

(节录于中共云南省委党史研究室、中共富宁县委党史征研室编:《中国工农红军滇黔桂边区革命游击队》,云南民族出版社 1998 年版,第 104～105 页)

罗继刚回忆

1935年农历冬月中,有滇桂边区革命游击队派员陆昆、赵敏、张水平三人到我那柳家,看是商人模样,我招呼歇。他三人至深夜出口说,我非商贩人,我是游击队部队人,现在富宁九弄驻,派来的,希望你热心帮助我,你心下如何呢?我默然自想。他三人在我〈家〉到农历冬月尽。〈我〉介绍赵敏到八播的里颇寨,希望在此工作如何进行,而张水平同时也回九弄部队,陆昆一人在我〈处〉,到腊月尽也留他同我过年。于1936年农历正月中旬介绍他上板蚌街的平迷寨住,他工作到1936年2月。

九弄游击部队率兵到来阿用沿河,到那了才给建立修械〈所〉,修理游击队和民兵队枪械,加紧加工子弹,好帮助游击队〈补充〉军火。即如命设立厂址设在那了右傍高山林安那地做工。自己(罗继刚)和黄朝相及其弟朝隆二人并罗继仁、我四人接受修械任务。伙食粮由民户收给补油,买铜铁、制造工具的费〈用〉是游击队发给。

到农历九月、十月初,游击兵部队数百人到来阿用属者兰塘彦寨叫开抗日大会,宣传游击队事项,几天开会,发言是何尚刚、李克闭。会后游击队里遣派员黄修南、罗英、梁学政、唐古四员前往广西隆林、西林二县边区进行革命活动。情述到此是从头到尾。

于农历五月十六付〔附〕邮送一张,是普〔补〕说黄修南等4位同志。只一张结束到尽头〔完〕。

云南省富宁县阿用公社那了大队那哈小队　罗继刚

1982年农5月19日

普〔补〕报

1936年滇桂边区游击队故事

1936年,从那时候到现在已47年了,记心〔性〕不在,精神多恍惚,前报尚少,黄修南、罗英、梁学政、唐古4位同志忘却未报。现有广西省隆林县府来函通讯(询问)黄、罗、梁、唐四位同志是否是滇桂边区游击队党派的成员并驻地,是何省县籍人,会议〔如果〕了解真却〔确〕〈请〉答复。如此通讯,方知省悟其四名。

当时滇桂边区大部队在富宁九弄驻于1936年冬初,时际游击队率兵到阿用属的者兰叫开抗日大会宣传游击队事项,开会发言,何尚刚、李克开会。几天闭会后，游击队里分配成员黄修南、罗英、梁学政、唐古4人前往广西西林二县边区西林苗冲等一带、隆林的鸟海蛇长场一带进行革命活动，工作至1937年。

毛主席大军回北〈方〉游击抗战，国民党不遵国共合作条件，擅自派兵到西林边区的平孟、亮同两寨烧杀人民。又派滇军广富二县边区龙汉斗白兵独立团到我边区"围剿"。黄修南、梁学政、唐古三人已回部队，自此一去音讯不通。而罗英一人是住西林县西平乡西平寨人，躲在寨附近被人杀死。我等为游击队修械搬在山林，做工也被龙汉斗白兵"围剿"。幸得逃脱生〔性〕命，各顾逃亡，离开部队，流醉〔落〕四散为止。历情后补。

敬请

均安

云南富宁县阿用公社那了大队那哈队　罗继刚

1982年农历五月十六日

（中共云南省富宁县委党史办公室保存并提供）

黄显丰回忆

（一）1935 年 9 月至 10 月之间，秋收刚要结束的时候，我们奉右江地下党组织、下游特委的安排到滇桂边区工作。当时大家一起去的有何尚刚、黄保之、梁二叔、黄绍社、阿氏、半点、大八和我——还有一个姓李的，叫李什么名，我记不得了——等十几个同志一起上去，由梁二叔带队。经过布洞（是一个洞子）由向都、巴河等，朝靖西这方向前进，直到谷拉，到了九弄。我们完全利用十几天晚上，白天就住宿，晚上行路，才能够到达九弄，与九弄的部队汇合。

（二）当时建立党组织的问题，据我了解就是 1935 年底，就在九弄建立党。原先我记得的是党支部，党员有何尚刚同志、赵敏同志、李家祺同志、黄德胜同志、岑日新同志、何二哥、李氏平、唐秀山、朱国英、李福等同志。

领导人是何尚刚、李家祺、赵敏几个同志负责，那个时候党员很少，农村发展党员很少，那时党员入党举行宣誓仪式也很简单，据我知道，只讲几句话就得了。有时我们是按风俗习惯，杀鸡吃血的办法，有时用针刺手指吃血，宣誓誓言一般是这样的："坚决跟着共产党走，拥护共产党，愿意做一个共产党员，反对国民党的压迫和剥削，为人民，特别是为贫苦人民谋利益，为党和人民事业而奋斗终身。"宣誓一般是这样。

当时我年纪还小，我还是少先队员，我没有入党，不过在部队里初步知道的大概情况就是这样。

对于部队同群众的教育的旨义问题，我们当时游击队的口号是"打倒土豪劣绅，一切权利归农会"，我们的口号是这样的。我们对部队和群众的宣传教育工作，主要是宣传国民党反动派的罪恶，讲明共产党的好处，利用我们的好处以及国民党反动派坏处讲进行对比教育，讲明国民党对我们劳动人民群众的压迫同剥削，对我们的群众的征粮、征兵、征夫以及各种苛捐杂税等等，政治上受压迫、经济上受剥削，使我们贫苦农民过着贫困的生活，我们共产党是彻底为人民群众谋利益，是为人民群众求翻身解放而工作，我们经党组织 10 个、8 个人，分做几个队深入到农村、到集镇去进行宣传教育，发动群众，提高群众的觉悟，我也是参加的一个。

对于部队的教育和士兵的教育，主要是教育部队加强党的纪律维护党的领导，要团结战斗，不怕牺牲，个人利益服从党的利益、人民群众的利益，为革命事业奋斗,为人民解放而斗争,首先不侵犯人民群众的利益,不拿群众一针一线,要搞好军民团结,这样呢,我们取得人民群众对我们的信任。

另一方面呢,算为老革命根据地,就是说,我们部队所在地方老红色的村庄,都先后组织农会的组织,建立人民政权,赤卫队的组织,也是有组织的,但是呢,由于时间长了,所以这些我都记得不清楚了。

(三)者兰会议(云南富宁阿用、者兰)。我记得就是在者兰召开一次大会,会议大概是在 1936 年 6 月、7 月的时候,参加会议的人很多的,不过我记不得几多,我只记得一部份〔分〕,主要领导人有何尚刚、赵敏、李家祺、徐平、黄德胜、梁振标、朱国英、何二哥(是化名)、傅少华、岑日新、卢锡候、韦二叔、马振球、黄宝文、汪富兴参加会议,但是代表的人就记不清楚了,什么人,是什么地方人呢,都记不清楚了,其会议内容也记不清楚、布置什么工作,也记不得〔得不〕清楚。

在富宁同西林、田林周围打过几次仗,我有几次没参加,我只参加过 2 次仗,我在那耶那次参加了。那次打得比较猛的,我们的部队当时大概有 1000 人〔左右〕,当然我们 1000 人不是全部出动。当时打仗指挥是黄德胜、梁振标、唐秀山、岑日新、李福等指挥同〔和〕领导。这次仗打死打伤敌人 100 多人,获得枪支 100 多支,子弹有几百发。我们牺牲同志有 12 个人,其中唐秀山同志是一个。

另一次仗,大概是那能那个地方(甘邦、弄彦)。这次仗也是由黄德胜、梁振标、岑日新、同李福、傅少华几个同志指挥。这次仗,我们打得很好,消灭敌人一个连,全部缴获敌人一个连枪支弹药。

(四)至于何松的问题,是 1933 年上去,到滇桂边区,我是从 1935 年至 1938 年上半年同他们一起工作,直到 1938 年下半年。

他们从云南、越南等地来来往往做生意,那么做生意时候,其实对革命支援很大,如欧振这些人支援很大。黄松坚这些人都知道的,特别是经费上,来往经费上的支持,但是做生意是否是党派去的,我不够了解,后来,1938 年下半年以后我不了解。

(五)梁学政从 1935 年下半年一直到 1938 年初,我同他在游击队政治部工作,后来由于我转入地下,进行交通联络之后,1938 年以后这段时间,对于情况我不明白了,除非同他坐下来经过一起回忆,才能够知道了。

(六)这样我记得 1936 年 8 月、9 月时间,党中央派来一个同志,来指导我们的工作,这个同志就是张建同志,来到部队了解我们开始革命活动情况,同时指导我们工作,曾经在云南富宁以及田林一带,大概有半年时间[左右],以后离开我们部队,这个同志讲话是北京音,其他话不会讲,这个人究竟现在的情况呢,我就不了解了,当时是不是改名或者是换姓名呢,也不了解,大概情况就是这样,因为时间长,当时我又还小,这样呢,记不得这样多。

1982 年 4 月 24 日于广西钦州地区、浦北县泉水录

(中共云南省富宁县委党史办公室保存并提供)

黄显丰谈话（节录）

何尚刚同志于 1935 年初到巴麻（今田东县境内），国民党反动派猖狂地向革命根据地进攻，企图扑灭共产党，扑灭老区革命，对红色区域进行烧光、抢光、杀光的三光政策。在这样恶劣的影响环境下，我和何尚刚、梁一述，黄树西、黄保立、阿七、大八、半点、特别①等 10 多人到巴麻附近的绿纳和绿角两村交界之间的一个大山林里去守山，大家在那里隐蔽下来，用树皮山胡蒙叶搭起棚来住，向周围群众借点米糠来做稀饭吃，有时找不到米，就以野生的东风菜和少量米做粥顶餐。

记得到 9 月、10 月的时候，下游党委要我们到滇桂边区去与那里的部队会合，除留下部分同志继续在田东、向都活动外，其余的同志出发到云南贵州去（俗称省边）。我们〈到〉滇桂边区以后，〔就〕我与何尚刚同志关系非常亲密，全〔他〕从工作、学习到生活，都十分关心我，就像两兄弟一样。直到 1938 年秋，因工作所需要，我才与何尚刚同志分手。

我从 1936 年夏天，由滇桂黔边区到田林县去执行任务，初次见到何荫民，他原名叫滕厚恩，是何尚刚的弟弟。

1937 年我到田林县，知道他是乐里地下交通站负责人，我到乐里时，就是住在交通站铁匠黄国青和凌霄家里，他们都是田东人。另外，我还记得黄猷同志也是这条线的交通员，他是从下游到滇黔桂边区搞交通的〔中〕，1936 年和 1937 年，我和〈他〉会面两次。

浦北县泉水供销社　黄显峰（黄显丰）（田东印茶人）

采访人：何荫民

1982 年 6 月 16 日

〔节录于中共云南文山州富宁县委党史研究室李兴整理：《三十年代到四十年代滇桂边游击根据地建立和发展的经过》（1983 年 8 月），中共云南文山州委党史研究室保存并提供〕

---

① 阿七、大八、半点、特别，均是化名。

访黄善道

我今年65岁了,在1935年间我们阿用(今属云南富宁县)就有信恩(或叫谭恩)、黄金平、王仕南、陈勋等到阿用来组织赤卫队,最初是罗万忠当中队长,后因省军来"剿",罗万忠已交枪投降,才另派陆章明当赤卫中队长。

组织后就开始去杀保董黄国民(谷音人),分了他家财物。

当时的口号是:打倒土豪劣绅,打倒蒋介石,中国人不打中国人,打土豪分田地。参加时约1936年间,头一段是忽而集中,忽而分散。记得我有一回被傅少华、马振球,所谓点名抽着参加150人的先锋队(在当年十月间),出发到吉旦就接到情报说,那耶有白〔敌〕兵约20人(实际有100多人)。我方即分三路围攻,到天亮时才开枪,(想)把他(敌兵)打走到路上伏击,但(敌兵)不出来。天大亮了,我方才攻村子,打到村中敌才开枪还击,我〈方〉指挥马振球同志支持不住,伤亡10多人后才撤出来。

腊月十五(1936年)在谷沙打过一仗。战斗一天,敌有五六十到百人,据守在谷沙村卜坚家(墙房),后来我红军战士陆正明(那力人)抢了营长的驳壳枪冲到房角,推瓦朝房里扫射,然后跃上房顶用瓦片打进屋里,被敌开枪击中滚下牺牲。全体同志更加愤恨,就要为烈士报仇,在征得群众同意后决定用火攻,顷刻大火燃起,敌被烧死一些,其余冲出来被我红军用枪射及石头打死约50人,敌全部被歼,幸存者极少,计缴枪数十支,我方牺牲二人(陆正明,六温一人),伤一人(农二,归〔版〕朝或者桑人)。

次年(约1937年)正月,何尚刚、黄德胜、李家祺、赵敏、黄家尤、唐秀山、马振球、罗英、陈勋、梁振标等在塘彦召开大会,然后到者兰杀猪聚餐联欢。会后红军农保到广西达州那劳方向,陈恩、罗英到广西西利、八达州,陆坤到广南板蚌方向,宣传发动群众,组织劳农会,赤卫队等工作。

还选唐秀山为营长,马振球为副营长,黄家尤为第一连连长,施××为第二连连长,傅少华为第三连连长。梁振标是黄德胜上来时才知道梁在剥隘一带为匪,招安后不参加战斗。黄德胜主张把他杀掉,但大家主张招安后他来参加不杀的,他不是主力,〔主要是〕广西田东、东兰来的才是主力部队。

当时我被编在营部跟马振球,编后参加过弄彦甘邦战斗、那福战役、睦丧战斗,后来因在那福战役中唐秀山营长牺牲,我方受损失了,即游击到普林普牙,在普林与白军遭遇,退经坡朱、弄右、下那俄,折回弄彦,组织派三人上广西苗冲、西利到贵州边界一批,住苗冲约 20 天,做苗族杨福运、杨登朋的工作,我一直跟他们去回。

第三年腊月,马振球等大部队往百色、南宁北上抗日了,我于腊月二十三日才回来家,先到广西边界山上找到了家庭,住山上很久,约数月白〔敌〕兵"围剿"过了才慢慢回家住(谷音寨)。

在参加红军第二年时,我方曾派傅少华等 4 人去与区长卢正举谈判,先提条件是不给人多去,要空手去,我方先给一人去谈了又去第二次,4 人他们害怕谈不成,第三次去 2 人,到花甲区公所谈(即花甲碉堡)。我方是一位姓张的(中央派来的人)和卢锡候去,一到碉堡就被卢正举捕了,送富宁县关押,那位张同志和汪富兴被谋杀了,卢锡候越狱逃脱,以后稍平静才回家。

黄善道　口述

1982 年 6 月 11 日于阿用街二队本舍

(中共云南省富宁县委党史办公室保存并提供)

忆滇桂军联合进攻九弄

马常辉等①

    1934 年 11 月 20 日,红军在〈云南省富宁县〉谷留成立滇黔桂边区革命委员会、劳农会、老农游击队以后,红军力量已发展到 1000 多人,从上下九弄到七村和后龙山、架街、百油等地已经连成一片的根据地。云南、广西两省的国民党政府派出军队及民团 2000 多人所谓"两省会剿"进攻九弄,"围剿"红军,糟蹋九弄人民。

    1934 年旧历腊月间,广西桂军苏新民一个团到了那龙、那万、平同等寨,安营扎寨。旧历腊月二十七日,苏新民 3 个营兵力分三路攻进下九弄,一个营向龙卡、恒村、龙华、龙努、甘屯等寨进犯,他们以龙卡寨为阵地,在恒村、龙华、龙努、甘屯进行烧杀抢掠,恒村 7 户、龙华 7 户、龙努 8 户、甘屯 7 户、龙卡 4 户的群众财物全被抢光,房屋全被烧掉,几个寨约有三四十头肥猪被敌军抓到龙卡杀吃,鸡鸭全被抢光。当时,群众把粮食搬到山上,匪军搜山见着粮食,是大米就拿去吃,是包谷就倒在石头缝里。同日,苏新民亲自率一个营进攻龙定岩洞,赤卫队员何国臣、何国良 2 人在岩洞与敌人进行奋战,打死敌军 2 人,当天苏新民逃回那龙。第三天即旧历腊月二十九,苏新明又到龙定进攻岩洞。因敌强我弱,何国臣、何国良带领群众撤退,龙定岩洞及龙定寨 6 户和龙翁的 2 户群众全部被抢光烧尽,把龙定的猪、鸡拉到谷桃杀吃。当晚苏新民即带部队占领谷桃,就在谷桃过年。

    1935 年旧历正月初七、初八,敌人抓了谷桃寨的 19 人,龙翁寨 3 人,广西多泥寨 2 人,共 24 人,集中在谷桃寨的闭有权家捆绑吊打,用木方来做脚镣,用竹签来扎手指头,各种毒刑用尽,共关了 8 天,龙卡寨无辜群众黄仕才当时就被敌人杀害。谷桃寨的 40 多户群众的牛、马、猪、鸡全被杀光,粮食也被敌军糟蹋不少。苏新民部队还把多立寨的 9 户全烧光,这是广西桂军对下九弄犯下的罪行。

    广西〈敌〉军进攻下九弄的同时,云南滇军邱、尹两营及何采部队和韦世登部约七八百人向上九弄进攻。腊月二十七,敌军在龙迫和红军发生遭遇战。龙迫战斗以后,敌军趁红军化整为零之机,七八百人开进上九弄,驻扎谷留、龙所、龙洒、

---

① 马常辉、马常规、马常伍、马常登、马国兴、农周旋、农国相、农国登、农安荣、冯良明、易荣殿、黄登奉等人在富宁谷桃党史座谈会上口述。

谷龙、多傲等寨,对上九弄也进行残酷的镇压,进行烧杀抢掠,由于两省国民党政府派部队"围剿",原来上下九弄当地游击队骨干张福兴、农国久、农国均、马常约出来公开向敌投降,并出卖上下九弄乡劳农会主席刘家华同志。后来,敌委任张福兴当上九弄乡长,马常约为下九弄乡长,农国久为副乡长。

1983 年 7 月 25 日

（中共云南省富宁县委党史研究室保存并提供）

滇军邱尹两营对上九弄的糟蹋

覃东法等①

1935 年农历正月,滇军 2 个营、桂军 1 个团 2000 多人开进上下弄,所谓滇桂两省"会剿"红军。1934 年农历腊月二十七日,桂军苏新民 1 个团从那龙分 3 路开进下九弄,占领龙金、多位、龙定、谷桃等寨。同日滇军也从弄迫、过郎、架开到上九弄,在弄迫与红军发生遭遇战,退回百油、皈朝至富宁。到 1935 年农历正月初九,滇军邱、尹两营又从富宁下来开进上九弄的多曼、多贡、谷留、龙所、龙洒、龙权等寨。这时红军已化整为零。因找不到红军,敌人即将分布在这几个寨的财物全部抢光,鸡、鸭、鹅、猪全部杀尽,粮食也全部烧光、抢光,把民房拆去作柴火烧,几个村子全部踏平,杀了 100 多头猪,鸡 300 多只,粮食连吃带丢 5000 多公斤。

1983 年 8 月 3 日

(中共云南省富宁县委党史研究室保存并提供)

---

① 覃东法、覃东作、覃东勤、覃其威、黄元配、赵庆金、黄仕本、张廷珍、张国鸾、张廷报、陆世乔、张廷标、农清梅、刘加谋、刘加群、何生衡、罗威宣、莫真良、黄东旺、农经良等人在富宁谷留党史座谈会上口述。

白军对七村的糟蹋

周福维等①

1934 年农历腊月二十七日龙迫战斗以后,红军在敌强我弱和弹药暂时缺少的情况下,进行化整为零。云南龙云派出滇军邱、尹两营配合广富守备军 1000 多人到七村九弄"围剿"红军,对七村人民进行残酷的镇压,到处杀人放火,抢劫财物。

一、1935 年农历二月初四。邱、尹两营 400 多人进到龙地,当晚抓捕 15 人,当场杀死无辜群众,周必勤、周必学、周必新、周必坤、杨受等 5 人拉到饭〔归〕朝杀害,其中有 10 人被抓到板仑、富宁等地,后用了 700 多块法光去换才释放回来。

二、1935 年农历七月左右,黄绍臣带民团 100 多人到七村"围剿"红军,对威丰寨 8 户群众及子洞的 1 户进行抢光、烧光,并抓麻洞的杨三、杨四,龙八寨的甘亚名等 3 人无辜群众拉到旧寨后山进行杀害。

三、1935 年农历九月左右,农志猛、王邦合部队一连到岩定驻,假意委任岑克长任七村乡长,通过岑克长去哄骗原来参加过红军的黄定亮、黄胜国、岑子伯、何光明、周跃丰、邓国栋、蒙世忠、岑定忠、陆有志、麻安芳、马连启、陆定生、瞿加玉、杨卜有、罗亚鸾等 15 人集中来,组织所谓保卫队。

1935 年 10 月,被骗到上九弄的多曼整编,结果有岑子伯、何光明、陆定生、罗亚鸾等 4 人被杀,割头报功,黄定亮、黄胜国、蒙世忠、岑定忠、陆有志被抓捕到富宁关押,岑定忠被关致死,其余后用钱去换才得释放。

原红军驻地的龙地、龙回等寨被白军"扫荡"后,六七年之间无人敢住了,群众到处逃散,有的跑到广西,有的到附近寨住,那里道路无人过,房子无人住,到处荒凉。

1983 年 8 月 9 日

(中共云南省富宁县委党史办公室保存并提供)

---

① 旧寨点党史座谈会:周福维、马启发、马连通、邓清、覃克替、梁正尧、周显飘、梁必有、周显福、周青、陆志贤、黄拔、周显才、黄胜国、周显干、麻思年、周跃丰、杜成恩。

多曼惨案

覃东法等①

1935 年 10 月,叛徒张福兴、马常约、农国久、农国均等勾结国民党军队连长带100 多人到了〈云南省富宁县〉多曼,假意先把张福兴抓起来关在罗元兴家,假委任罗元兴继任乡长,然后通知七村九弄凡是参加过红军的集中多曼,进行欺骗说:"你们虽然参加过红军,只要交待清楚就没有关系。原来张福兴、马常约等对你们采取敌视是违法的,现在叫你们集中,只要你们今后不再去跟红军就好了。现在我们准备在谷留成立一个护乡队,只要你们悔过自新,都叫你们参加护乡队。"因此,原参加过红军的何万伍、张发山、梁廷寿(顶替梁廷纪)、莫尊良(顶替莫尊寿)、何安温、刘正堂、张廷治、闭仕保、陆安府、乔有贵、陆德欢、黎昌谷等人,还有旧寨20 人,受骗到了多曼集中。10 月 10 日早上,这些人被国民党集中在罗元兴家中开会,敌人当场开枪打死 26 人,其中被割头到富宁报功的有 12 人。敌人随即放了张福兴,抓走罗元兴,押解到广南杀害。白军进驻多曼 10 天,叫九弄各寨送猪、送柴、送粮供他们吃喝,表面上说要给钱,后来分文未给。他们退出多曼时,抢走多曼、多贡寨群众放在兰岩洞的布匹、被子、衣服。上下九弄被割头的有何万伍、张发山、梁廷寿、刘正堂、闭仕保、黄德观、陆安府,还有旧寨的 5 人。

1983 年 8 月 3 日

(中共云南省富宁县委党史研究室保存并提供)

---

① 覃东法、覃东作、覃东勤、覃其威、黄元配、赵庆金、黄仕本、张廷珍、张国鸾、张廷报、陆世乔、张廷标、农清梅、刘加谋、刘加群、何生衡、罗威宣、莫真良、黄东旺、农经良等人在富宁谷留党史座谈会上口述。

谈多曼惨案及红军歌曲

麻安方　口述

〈云南省富宁县〉洞独队麻安方说:我们旧寨方面参加多曼开会的共 20 人,当天被国民党骗去杀害 16 人,只剩我和另外三人逃出来。我们被杀害的 16 人中,灵地的陈子伯、坡桑的陆定生等 5 人被割头,至于九弄方面的死多少就不知道了。

在那耶、花甲、阿用、那夭、那柳、新街访问时群众中还记得当年红军教唱的革命歌曲(均有录音)。

一、红军纪律歌

红军纪律十分严明,凡我同志须注意:1. 此是我红军,重要的生命,关系革命前途非轻;2. 我们都是工农的化身,工农痛苦的最深;3. 工农的东西,得来不容易,一草一木不得害损。

二、共产党领导真正确

共产党领导真正确,工农群众拥护真很多,红军打仗真不错,粉碎国民党的乌龟壳,5 6 1 1 1,我们真快乐,我们真快乐。

亲爱的英勇的红军哥,我们胜利有保呵,上前杀敌莫留一个,把红旗插遍全中国,5 6 1 1 1,我们真快乐,我们真快乐。

还有青年歌、礼拜歌、杀敌歌团结歌、国际歌(均有录音)、江西胜利歌(失传)。

1937 年以后国民党来"围剿"时烧杀百姓很多,党领导群众对国民党开展合法斗争。何尚刚同志在那柳发动罗志刚等地方数十人,联名发代电给广西省政府,代电全文是:

万急带电(第一次)

国民党第五路军总司令李,副总司令白,广西省主席黄,民政厅厅长雷,百色民团指挥官黄,西林县县长黄,均鉴:

为惨遭烧杀,里避天日,哀祈恩悯,依律究办,以雪众怨事(下文略)

电文发出约一月,无影响,接着请百色一位大学生电催既无消息,第三次再请广西那左一位私学老师起稿,电文是:

为罪魁祸首,旧怨未雪,饥寒交迫,易甚忍忧(下文略)

果然,广西复电由云南省政府龙云查办。当时广富守备军副司令是他侄男,农志猛可能不敢执行命令,遂在杨柳井炮制一起审判犯人走火,打死农定宽叔,以作降〔掩〕众耳目,就这样平息下去。

1982 年调查

(中共云南省富宁县委党史办公室保存并提供)

回忆红军游击队在那拨

罗永兴

1935年12月,红军进入那拨地区,领导人有唐文怀、梁振标等。在组织发动群众,进行反复地宣传教育后,便组织起了劳农会和赤卫队,罗永兴(还健在)为劳农会主席,黄高为、王英兴为赤卫队正、副队长。赤卫队平时有四五十人,战时可动员近200人。

1936年初,红军镇压了敌乡长韦元红,大长了人民群众的志气,灭了反动派的威风。同年3月,白军下来"围剿",红军在那拨寨的后方与1个连的白匪加民团近1000人展开激战。当时,红军也有100多人,加赤卫队1000多人,首先打死了敌1个连长,缴获了马匹,消灭了敌军6人。战斗进行了半天,白匪撤退,连他们连长的尸体也丢弃了。红军乘胜追击,把敌人赶过了剥隘河,淹死在河里的马和敌人不计其数,敌人溃不成军。红军指挥员唐秀山在战斗中牺牲。

战斗结束后,红军大队离开那拨,只有2名红军伤病员留下,还有3名赤卫队员住在那美洞。近100名的白匪在剥隘区长陈子刚的率领下,把那美洞团团围住。红军和赤卫队坚决顶住了敌人的进攻,战斗进行了1天,打死敌人9名,天黑前匪军撤退,赤卫队员苏英贤牺牲。

1936年4月,敌军1个连围攻龙洞,当时我只有赤卫队员6人。为了迷惑敌人,赤卫队展开麻雀战,声东击西,敌人摸不清虚实,在伤亡数十人后仓皇撤退,我方无一伤亡。

那拨在第一次战斗前,就被白军烧了18家,东西被抢光,同时被烧杀的还有白因。两个寨子被抢劫去的牛、马近100多头(匹),猪、鸡无数。

1936年4月底,那拨、那美山洞再次被围,白军对洞中的群众进行杀戮,被害的有农常单两口子,有一个瑶族,姓邓,共6人。

苏金勇、韦福兴 整理
1983年7月5日

(中共云南省富宁县委党史研究室保存并提供)

红军游击队到那柳开展活动

罗志刚　黄朝相

1935 年 12 月,赵敏、江水平、陆昆 3 人到那柳,住在罗志刚家,陆昆还与我打老同。过了老年后,我们俩介绍赵等到板蚌平迷住,陆昆继续留在那柳达 3 个月之久。起初 3 人都是以做买卖的身份为掩护的,最后才告诉我们,他们都是共产党领导的红军干部。随后陆续有唐古、黄修南、罗英、梁学政等人到那柳找我们俩,由罗志刚指点去处,罗志刚家也就无意中变成了红军的联络站。

1936 年初,那柳、阿用地区逐步建立起劳农会和赤卫队等各套组织机构。黄修南、黄金平、马正球、岑日新等在那隆召开会议,与穷人结拜兄弟,喝鸡血酒。宣布各套组织成员名单,劳农会主席付廷忠,筹备委员是罗元开(那柳人),侦察委员罗秀营(西林人),组织委员黄英杰(那隆人),宣传委员农炳高(德鲁人)。那柳赤卫队长陆志红,约 50 条枪;阿用赤卫队长陆应业,约 60 条枪。谷音乡长黄国民,那柳乡长黄贵英,还有一个姓杨的乡长被红军镇压了。

在那柳进行了两次战斗,第一次战斗是在那柳初闷,时间是 1936 年 8 月 4 日。敌龙汉斗部 200 多人突然包围正在开会的赤卫队 86 人,赤卫队立即冲出突围,未受损失。但有 60 多家的初闷寨子,被白匪烧去了 30 多家,1 位老百姓受伤。

第二次战斗是在那哈后山的那兄,时间是 1937 年 2 月。敌耿连和段连加乡丁约 600 人,向赤卫队驻守的那兄山口进攻。赤卫队两个连队 100 多人坚决抵抗,敌伤亡了数十人后,进攻受挫。随后赤卫队主动撤出战斗。在那兄战斗激烈进行时,敌人另一部从另外一路包围了那隆、那哈、平兑 3 个寨子,抓了 22 名群众到花甲杀害。

另外,在第一次打那耶的战斗中,阿用、者兰、那柳 3 个赤卫队也参加了。

我本人参加了塘彦的庆功大会以及抗日誓师大会,誓师大会开了 5 天,有红军、赤卫队 1000 多人参加,还有群众。会议由李克、何尚刚主持,墙上挂着地图,指出:日本帝国主义已经侵占了我国大片领土,民灾国难,红军要争取上前线抗日。此次会议后才发生了谷沙战斗。

罗志刚当时主要是负责修理红军枪械和翻修子弹,是 1935 年底参加红军的。修械组多时是 10 多人,少时四五人。在修械组 2 年多的时间中,共修了 300 多支长短枪,翻修废子弹五六千发。

　　据说,何尚刚的脸上被子弹穿过,是右边脸。他身高 1 米 75 左右,胖子,经常戴一顶圆顶布帽。

1983 年 8 月 2 日

　　(节录于中共云南省委党史研究室、中共富宁县委党史征研室编:《中国工农红军滇黔桂边区革命游击队》,云南民族出版社 1998 年版,第 108～109 页)

回忆何尚刚到七村九弄

徐　平

1936年夏,黄德胜派人送信下〔游〕革委滕静夫(到云南后更名何尚刚)、岑世贵(更名马进球、老马)要求上云南工作,于是下游革委给他俩同交通员上去。

1982年8月3日

(中共云南省那坡县委党史办公室保存并提供)

何尚刚到九弄

何生卫

1934 年二三月间，何尚刚离开〈云南省富宁县〉九弄，去得几个月以后，何尚刚即上来了。1934 年冬天，何尚刚先来到多贡找何生川及罗子德，这时何、罗不在家，何尚刚还与多贡何家认家门，后由何国邦带到者利上旧寨找何生川，后来听何生川回来说何尚刚到花甲、阿用后，和梁振标意见不一致。

多贡队：何生卫

1983 年 8 月 2 日

（中共云南省富宁县委党史办公室保存并提供）

关于何尚刚上滇桂边的情况

黄显丰

1934年,桂军苏新民对革命根据地进行"围剿"、镇压,革命转入低潮。我们守山在六那、那境、巴麻大山的三交界处,那时何尚刚、黄宝珠、黄明山、黄良光、黄文辉、黄显益、黄绍舍、周权、罗阿七、黄显丰等20多人在山上,我们用木柴搭成棚,在山上守了几个月。

后来黄明山同何尚刚讲:下游地区党委决定要我们到云南,与云南部队会合开展工作。后来开了两个晚上的会决定,留一部分下来,一部分上云南。决定上去的有:何尚刚、黄宝珠(林逢人)、黄显丰、黄绍舍(巴马人)、罗阿七(作登人)、周权、吕二青(上架人)、肖茂英(叫阿四,巴麻人)、半点(王勉依,东兰人)、特别(东兰人)、梁二叔(梁林,汗洞人)等11人,于1935年11月从右江上到九弄。

未走前我们向群众借糯米,炒了整成干粮,每人背一米袋,做好了准备工作,上去的人一个也没带枪。

我们采取晚上走,白天休息,有时白天也走,我们上云南经过的地区是:那峨、上架、东洞、汉洞、丝维,过德保走了五个晚上,到梁志乡、梁子才的家住了两个晚上,由梁走了三四天晚上到果乐,到魁圩住了8天,后到谷拉,仅九弄多立寨,在多立在了二三个月,后同部队会合,开了不少会。

到1936年3月份过那标到者桑、那达,在花甲、阿用一带进行革命斗争与活动。

田东点党史座谈会证实人:黄显丰

记录人:杨松

1983年6月30日

(中共云南省富宁县委党史办公室保存并提供)

在征集红军游击队历史资料座谈会上发言

何盛兰等

大概在 1935 年底到 1936 年秋间(安那罗开儒说在 1936 年丙子年四月间末)赵敏和黄家尤等红军干部带红军三四帮人来到我们那达、那拉、甘南(谓那)三四寨驻扎,来来往往前后约三年[左右],在那拉住约一年多时间。

在我们地方来活动的红军领导人,我们记得有:何尚刚、何尚之(何尚之的名字,经常听见,人不见)、李家祺个子高大,在街上宣传,声音很大,赵敏、黄家尤、岑日新、何沙平等,还有梁振标、韦高振,我们所知道的干部,多是平马人。

红军干部演讲,宣传中,首先唱"起来,饥寒交迫……"(国际歌),还唱几首革命歌曲,如"胜利归我们……红军纪律十分严明……"各处都贴有标语、口号,墙上也写有很多字(可能是革命的三字经)。他们经常收到报纸,红军部队有四面红旗,还吹洋号。在街上宣传的内容主要是帮助穷人搞好地方安全,反抗国民党政府征粮、收税,今后大家都不要交粮交税保金费给国民党,有红军保护大家,大家不要怕,跑出去的人赶快回来生产。红军有几千人在百色。

我们亲眼看见和亲身体会,红军对群众确实很好,公买公卖,在街上宣传开会后,红军杀猪,并买牛肉、酒菜等与民同乐会餐,都是红军开钱,红蛋、糖果等给小娃娃。红军和人民亲如一家,红军所住的东家,出山回来的人,红军给留饭菜。

红军来我们那达寨,指挥部(有的叫司令部)住在本寨中段,小河边上,房前房后都有大榕树,是当时黄礼松家。住有一年时间,人员经常来来往往,有时夜晚出发到别处,多半是夜间行动。

当时,红军部队,多半时间是来往与反动势力和省上派来的白军周旋,很少见定住下来组织农会和农民武装。所以劳农会、劳农游击队等组织,我们少听见。只是要出发到哪里,就调集各寨若干人去跟,就像解放后的民兵(可能是赤卫队),即使有组织也是很秘密的。我们知道的,如最初参加的黄尚全当指挥,陆有贵当副〈的〉(安那罗开儒说当大队长,后来白军来撵,跑到小广西,即现在的西林县那比寨)。本寨参加红军的有何世正一人(后来在 1936 年农历八月十五那晚白军围攻指挥部时被抓杀害)。黄尚全、陆有贵一直带兵跟红军到花甲、那耶与白军耿连长(要傅少华女人)带的兵打过仗。本寨何盛兰跟过赵敏到过者兰上边塘彦寨住过 6 天。回来后挨乡长黄秉功勒索,要法光 60 元,出不起逃到谓闪（广南边界），躲得两三个月。记得黄尚金也同去，蒙金全去跟赵敏，黄家尤做保卫、炊事员得 6 个多月，后来到过甘邦，附近村寨跟赵敏的人很多，红军中的一部份〔分〕经弄亭转下剥隘，我们所知道其他村寨参加红军的有：那拉的陆炳良、陆炳章、何萌民等。

我们那达寨黄金全、罗家合、何盛兰等得去塘彦寨开过 6 天会，红军还唱戏，演出的内容是：地主收租，剥削农民，农民拿着犁耙，拿着锄头搞生产；乡保长、乡丁下乡抓兵派款，农民出不起，连猪、鸡、狗，甚至连锅头顶罐也搜了去。散会那早，红军杀牛会餐，后来红军就开下甘邦、龙彦的芭崩寨了，当红军还没有开下去以前，在附近各寨，也都演过戏。

红军在我们这一带打过仗，先是岑日新带红军百多人驻在那匠，乡长黄秉功、副乡长陆华廷带民团围攻。来到毛龙寨正准备杀猪吃饭后开始打，但我〔红〕军得知，被岑日新用十响一指，那〈民团〉抱头鼠窜，连猪也杀不成。

1936 年农历八月十五那晚，红军五六个干部，正在指挥部吃晚饭，指挥部黄礼松家右边有一道围墙，一道闸门，因围墙挡住视线，白军龙汉斗部队，从洞波方向来一个连，突然直冲到闸门，黄礼松家的妇女刚一看见，说声"白牛来了"。当时何沙平同志还带点病，刚刚跳出大门来看敌情，就被敌人抓住，其余几个同志从后门冲上山去，转移到别处。

这次战斗，因我军是分那达、那拉、谓那（甘南）、毛龙等四寨驻扎。有者腊寨的两个人，一个叫做卜，一个不知姓名，探知我军分驻的情况，报知白军龙汉斗部。我军分别在以上各寨被敌人围攻，因此战斗失利，伤亡较大，红军主要领导干部之一黄沙坪同志即在次战役壮烈牺牲，并惨遭割头。

经过八月十五那晚战斗后，第二天（农历八月十六）白军龙汉斗部对红军驻〈过的〉那达各寨人民进行残酷屠杀。惨案、大屠杀地点在平龙平毕草坝上（现在开成田）。匪军迫使群众集合草坪上，把他们抓得的红军马有兴（广西平马人）捆起来，押着马有兴逼他指出参加红军的人，被迫站成两行用机枪扫射。当时被杀害的人，我们还记得名字的有：

那达寨：鲁少清、李福安、何世正、鲁少华、黄德恩、黄洪恩（割头）、农松贵、黄金德、黄阿三、韦洪光、黄掌生、罗有兴、韦正生、蒙少城、韦世福、黄阿万、阿刘（望哨被杀）。

谓那寨：黄洪恩（割头）、黄阿双（黄礼元的哥），黄元双家全家被杀光。

那拉寨:有陆炳之等三人,都是姓陆的,在弄郎杀。

敌人残杀革命人民的各种各样手段实惨不忍睹。

红军干部被杀害的有黄沙平、韦高荣(一说赵敏也被割头)。

其他被割头的还有韦阿六(女)、黄阿正、黄洪恩、爷护、黄应龙。

有一个叫做"英"的,黄尚全家活活用火烧死。

陆炳章因为红军干部黄家尤认作干爹,被白军用尖刀一刀一刀剐下脸上的肉,活活剐死。

参加过红军的妇女,被白军轮奸后,用削尖的竹钉钉入生殖器官而死。

在那达战斗中,白军死一人,拿红军所住东家黄礼松的棺材装上,放在寨中,逼迫群众祭奠。

这次惨案中被害的人,除记得名以外,据不完全统计:

那达寨被杀害 20 多人,那拉寨被杀害 20 多人,总共不下四五十人。

谓那寨被杀害八九人。

被烧光的村寨有:谓那 7 户、那达 20 多户、那拉 20 多户、毛龙十五六户、谓劳 4 户,共计 5 个寨 77 户。

这次来烧杀屠戮的白军,是龙汉斗部姓孔的一个连长带兵前来引白军进来的,除通匪报信的卜以外,造成这次惨案的罪魁祸首是八安寨的黄恩云。该黄恩云勾结白军,并为白军出谋献计,白军命令只要有大队长的村寨和"窝藏"过红军的都全寨杀光、烧光。弄得那达、那拉等五六个村寨人民,能跑的就到处奔逃,不能跑的就只好等死,妻离子散。

经过这次洗劫后,外逃的人,3 年后才回来起家。国民党的地方官僚并规定:各户要回来安家的,必须交出"安家费"。参加过红军外逃的,分先后,定等级,摊派到各户,如此敲诈勒索,无所不用其极,具有田产地业较多人家,只好借贷交纳,搬回居住;田产地少,也出不起钱的,只得流落异乡苦度时日。如潘广祥家就摊着 250 块法光,忍痛交纳,回归田园,不忍舍去田地的,最少的出法光百元,分期交纳。

那达、那拉附近几个家〔寨〕与芭莱,附近各寨情况及其事态的发展非常复杂。在未打芭莱之前,最初赵敏、李家祺、黄家尤等同志改〔已〕做好争取上层人物工作,邀乡长陆华廷、副乡长潘文彬、陈安福、潘永久、何开贡、何开明等到那达结拜。其后白军利用黄恩云制造分裂,当陆华廷等得知白军要来打红军时,已送急信通知赵敏。〈但〉被陆有贵烧毁信件,赵敏不知敌情,以致受敌袭击(详细情况另有材料)。

富宁县洞波公社那达大队那达生产队一、二队:

何盛兰　74岁

娅周　女　71岁

罗家合　71岁

娅芬　女　63岁

蒙金全　73岁

李有利　77岁

那马生产队:杨正明78岁

富宁县革命文史资料征集工作小组韦加利、陈衡清　笔记整理
1982年6月25日

(中共云南省富宁县委党史办公室保存并提供)

滇黔桂边区劳农游击队第三联队第二次整编情况经过

黄显丰

1935 年底到 1936 年初,于云南〈富宁〉九弄在何尚刚同志的主持下把部队整编了一次,将原滇黔桂边区劳农游击队改编为滇黔桂边区革命游击队,下设 3 个机构,即设有司令部领导军事工作,并设有政治部进行政治工作,又设立经理部处理经济支收问题。

政委何尚刚、司令员黄德胜、副司令梁振标、参谋长李家祺、副参谋长朱国英。

政治部:何尚刚、赵敏

经理部:何其瑞、何二弄

司令部以下设三个大队:

第一大队队长:岑日新;副大队长:李著轩(李福)。

第二大队队长:唐秀山;副大队长:汪富兴。

第三大队队长:黄强;副大队长:傅少华。

人数当初 700 人左右,后来发展到 1000 人左右,当时的公章是我负责保管,公章全称是"滇黔桂边区革命游击队"。

田东点党史座谈会

1983 年 6 月 29 日

(节录于中共云南省委党史研究室、中共富宁县委党史征研室编:《中国工农红军滇黔桂边区革命游击队》,云南民族出版社 1998 年版,第 71 页)

劳农游击队改编情况

黄振庭

1936年农历三月，我屯〔在〕右江下游，由陆浩仁、滕国栋〈介绍〉入党后，与马振球、黄显幸、"半曲"等人，路经把荷紫薇、巴麻、波门、外吉（属天保）、多吉（属靖西）、新兴（属靖西）到越南境内弄龙村，找到辖〔当〕时驻扎在那里的滇黔省边劳农游击队。

同年农历三月，马振球（原名马世奎，中共党员，广西省农协会委员）到达弄龙村后，把游击队指战员带到弄力屯（亦属越南）召开干部会议，参加会议的有黄德胜、李家祺、谭统南、黄振廷、梁振标、周书汉、欧仲民、韦高振等。会上，由秘书李家祺宣布将部队由5个大队改编为3个支队，第一支队韦高振、第二支队欧仲民、第三支队朱国英，联队领导人员也作了调整。由马振球任政委，梁振标、黄德胜、陆续分别担任联队司令员和参谋长，黄振任政治部主任，赵敏任组织部长，谭统南任宣传部部长，黄振主任经理主任、周书汉任财政主任、李家祺继续任秘书。

部队改编后，就上云南那达地区。1936年农历四月将打八宝区。这次战斗是黄德胜指挥的。

1983年7月5日于靖西县委党史座谈会

（中共广西右江区党史办公室保存并提供）

红军游击队在者兰的活动

李开先等①

红军游击队于鼠年(1936年)8月份到〈云南省富宁县〉者兰地区,领导人有何尚刚、赵敏、李家祺、岑日新、马振廷、黄修南、汤文怀、韦高振、梁振标等。

来到时就在者兰召开了群众大会,有二三百群众参加,并与有声望的族长喝了鸡血酒,会议的内容主要是发动群众,接着便组织了劳农会和赤卫队。农会主席由塘彦的黄光华担任,时年约60岁[左右](后被拉到那能太平杀害),委员有李国亮、汪敬德、李玉和,赤卫队长李国亮,劳农组长汪敬德,李玉和任赤卫队排长,这个地区的赤卫队约40人。

会议情况:

第一次会议在者兰召开,时间是第一年的8月份,性质是群众大会,人数百多人,内容是宣传、发动、组织群众,主持人何尚刚、岑日新。

第二次会议和第三次会议地点是者兰对面山上的半坡,红军指挥部设在此处,主要内容是编制、组织问题,指定由谁来担任何种职务,每次参加会议的都是组长以上的,三四十人,时间是第二年的二三月份。

第四次会议地点在塘彦,时间是第三年的一二月份,撒秧时,时间1天,内容是谷沙战斗和庆功大会,人数1000多人,每天杀了一头猪,搭了戏台子,开了幕又唱歌,红军领导人何尚刚、李家祺、黄修南等出席了会议,傅少华、汪富兴等也参加了会议。

到龙年时的二三月红军出走,白军大部队驻进者兰地区,东西牛马被劫一空,只剩下空房子。

黄光华、李国亮、黄敬昌、汪敬德、李玉和、李国新是中共党员,即红军第一年进来时就入了党。

记录整理人:苏金勇、韦福兴

1983年7月30日

(节录于中共云南省委党史研究室、中共富宁县委党史征研室编:《中国工农红军滇黔桂边区革命游击队》,云南民族出版社1998年版,第106~107页)

---

① 讲述人:李开先、黄绍恒、李士发、黄明坤、汪红、黄忠胜、陆永邦、汪海。

参加红军游击队的情况

唐永祥

我今年已74岁(1908年生)。记得在28岁时候(1936年),就有红军到我们花甲〈属云南省富宁县〉来发动群众闹革命,我们花甲街的青年,在傅少华、汪富兴、卢锡侯等人号召下,有三分之二的人都出来参加红军了。我也是1936年参加的。后来被国民党的龙指挥来"剿",汪富兴、卢锡侯被抓,送到富宁关押,卢幸得越狱跑到八宝,后来回家病死了,汪富兴被杀害于富宁。我参加一年多,大部队打散了才回家来,在家一个多月被国民党区长抓去当兵,在广南5年后跑回家来的。

我参加红军一年多时间里,在当时红军派来的领导赵敏和游击队领导傅少华、汪富兴、卢锡侯等人率领下,我们赤卫队五六十人游击在花甲周围,曾参加过打那耶(龙指挥的兵和民团)。国民党的兵是龙指挥的一个连和民团头子黄学民、陆永达和俄色来的一个头子廖志刚带领的大约200多人。我们红军是韦高振、梁振标和花甲赤卫队,人数多少不知。我们去打八宝回来后在那耶开展工作,被龙指挥知道,就由俄色来打我们。我们冲出寨子退往那达方向,白兵追到那达,我们又冲出去。当时我们牺牲2人,民团被打死很多,我们跑到龙楼深山里住。龙汉斗在那达,又被我们打了一仗。当时红军在者兰开会,被黄学民、陆永达、付显中知道,就派民团60多人来打。他们来时也被红军知道了,就主动出来在谷沙将敌人包围,他们缩到一间瓦房顽抗,被岑日新冲上厨房顶放火,民团被烧死一些,冲出的也被我红军枪击、木棒、石头打死很多,全部缴械,逃得出的很少,我方只牺牲2人(记得是那耶1人,戈六1人)。

在谷沙战斗约1个多月,红军转到木垢。龙汉斗调民团来围打,打了一天,我们退往坝俄山,又被八宝民团搜山,后转到阿用,到那柳找罗志刚要子弹。当时,罗志刚是修造枪弹供应我们的,他的兵工厂在阿用那弄村背坡上,后来就在阿用、者兰一带游击。约半年多,接到我三哥口信叫回家,说不回全家就会被杀,以后见你在哪里就把你杀在哪里。我不得已才偷偷跑回家,到家一个多月就被国民党捆去当兵,驻在广南5年,后来借口耳聋逃回家。

1982年6月8日

(中共云南省富宁县委党史研究室保存并提供)

红军游击队围攻芭莱的情况

莫云清　马修德

在赵敏来之前,覃尚祥(〈云南省富宁县〉者桑人)已先有联络,红军的领导干部,是赵敏先来,向农民宣传说:"我们是红军,专门打富济贫,是来救贫民的,大家不要害怕。"赵敏还联络了当地的人乡长陆华廷、副乡长潘文彬、大屁股、陈福安、潘永久、何开贡、何开明等人都已到达和赵敏等结拜。当陆华廷等知道白军要去打那达时,曾给赵敏写了急信,陈福安并在路上插上木牌,指引白军朝洞波方向走。但后来不知为什么,白军却往那拉方向走,去围攻那拉那达几个寨。这其中,远因、近因,事态情节相当复杂,由于种种原因,激怒了红军,引起围攻芭莱之战。

记得是 1936 年九月初九鸡叫过,区长黄立廷,分团总黄秉功、黄家正等,集中在芭莱街上,红军方面,李家祺、赵敏、黄家尤、傅少华等带 300 多人来围攻芭莱,战斗打响后,黄立廷等人都夹着尾巴跑掉了。

红军打进街时打死很多人,进街后主要是抓人,当时抓的人有:罗炳荣、黄付班、李松寿、吓二、叔花、陈应寿、陈应忠、莫永祥、黄元魁、爷四、农吉光、哥满等,抓得以后当场杀死。

后来覃尚祥于龙汉斗匪军下来"清剿"时杀害。

芭莱街　莫云清 61 岁

马修德 62 岁

陈衡清　笔记整理

1982 年 6 月 27 日

(中共云南省富宁县委党史办公室保存并提供)

忆滇黔桂边区革命游击队

黄显丰

1935 年底到 1936 年初,在云南富宁九弄,在何尚刚同志的主持下,把部队整编了一次,将原滇黔桂边区劳农游击队改编为滇黔桂边区革命游击队,下设 3 个机构,即设司令部领导军事工作,设政治部进行政治工作,设经理部处理经济工作。游击队司令员黄德胜,副司令员梁振标,政委何尚刚,参谋长李家祺,副参谋长朱国英。政治部:何尚刚、赵敏。经理部:何其瑞、何二弄。司令部下设 3 个大队:第一大队队长岑日新,副大队长李著轩(李福);第二大队队长唐秀山,副大队长汪福兴;第三大队队长黄强,副大队长傅少华。当初我们的人数是 700 人左右,后来发展到 1000 人左右,当时的公章由我负责保管,公章全称是"滇黔桂边区革命游击队"。

1936 年 10 月,敌人龙汉斗在花甲、阿用"扫荡",派了 1 个连 100 多人,是杂牌军,到谷沙寨拉猪杀鸡,抢劫群众财产。红军游击大队长唐秀山率领部队 60 多人出击,将敌人包围在两间瓦房内。唐秀山亲自带 14 人突击组爬上屋顶,逼敌突围,当即击毙敌七八十人,缴枪 80 多支。我军只伤 1 人,牺牲 2 人。我军转回塘彦,立即召开庆功大会,部队群众 1000 人左右参加大会。大会由何尚刚主持,会议开了 3 天,除总结打仗的经验外,还布置下一步工作。为了调动和启发群众的阶级仇恨,将抓来的 5 个敌探当场处决。会议盛况空前,白天开会与讨论,晚上演戏,还杀猪、宰牛庆祝大会胜利闭幕。

1936 年 11 月,何尚刚、黄德胜率领部队到甘邦、弄彦地区,司令部建在甘邦梁光甫家,组织劳农会,开辟新区。甘邦劳农会负责人马常秀,弄彦负责人罗安隆,那拨负责人彦芝闻,那拜负责人唐文怀。

1937 年农历二月,敌龙汉斗团马玉堂两个营开进甘邦、弄彦地区"扫荡",敌 1 个连和我军在那拨、那况两地进行战斗。首先敌人围攻我军第六中队,战斗非常激烈,特务大队增援及时,最后打退敌人,毙敌军官 1 人,打死敌军数人,我军牺牲 1 人,伤 2 人。大队长唐秀山同志手持双枪,带头冲杀,壮烈牺牲。打退敌人第一次围攻以后,我军退回弄彦、甘邦住了一段时间。后来云南、贵州、广西出动部队,所谓三省"围剿",敌人龙汉斗又进攻弄彦、甘邦,我军退出到小良河一带,后又回到花甲、阿用一带。何尚刚、黄德胜根据当时情况,把部队化整为零,组织"飞行队"。这时我们部队发展到 1000 人左右,分散在各处,一处 100 多人,利用"飞行队"到处扰乱敌人。搞了几个月后,时逢国共合作一致抗日,反对内战。这时我们内部意见出现分歧,何尚刚、赵敏、岑日新等同志坚持原则,提出我们这里就是抗日前线,日本已打到越南,我们和越南相连,就是抗日前线,为什么还拉部队出去?我们坚守阵地,坚持革命到底。黄德胜、朱国英、李家祺则受黄桂南(叛徒)欺骗,主张把部队拉出根据地与国民党合作抗日,不听招呼。1937 年 11 月由朱国英、李家祺把化整为零的部队集中 300 多人,出发到田州整编。到了田州整编后,黄德胜才看出问题,出来阻拦,被韦高振开枪打死。

这时,根据地只有何尚刚、赵敏、岑日新、黄显丰、黄保珠、马振球、黄伯姚、陈尧宝等 10 多个人了。梁振标也带着他所管的几十个人自发退出根据地跑到广西、云南交界的小罗去当流寇。我军几十个同志在根据地的花甲、阿用一带活动,坚持斗争到 1938 年的下半年初。1938 年 7 月间,留在根据地坚持斗争的游击队员,因工作展开有困难,全部转到中越边界,与谭统南、黄振廷、梁振兴、黄绍楚会合,继续在中越边进行活动,一直到解放。

张杰　整理

1983 年 7 月 2 日

（节录于中共云南省委党史研究室、中共富宁县委党史征研室编:《中国工农红军滇黔桂边区革命游击队》,云南民族出版社 1998 年版,第 71 页）

那耶六次战斗简要

韦有林等

1936 年三月(初三已过),红军从平孟到龙迈进抵那达,然后上打八宝,三月中旬左右的一个下午,红军五六百人在韦高振、梁振标、李家祺、赵敏、黄家由、李福等指挥下,第一次进攻那耶,当时驻扎在那耶的民团有七八百人,由乡长黄寿德指挥,战斗进行约两个小时[左右],打死打伤民团数十人,我军主动撤出战斗,无伤亡。

第二次战斗,时间当年的八月份,一天中午(农历),稻谷黄的时候,我赤卫队 30 多人,在傅少华、汪富兴的指挥下,在鸡旦埋伏花甲区长杨启桃率领的乡丁队 12 人人,打死敌 6 人。

第三次战斗,我主力部队 30 多人,赤卫队七八百人,由红军指挥员李福、第六大队马队长以及梁忠才、傅少华、汪富兴指挥,围攻由白匪祖中队长率领的 100 多匪军固守的那耶。时间在当年的 10 月份,进攻受挫,赤卫队牺牲 10 多人,有 8 人被割头挑到八宝请功,白匪死多人,战斗进行约 2 个小时。

第四次战斗,由红军派到赤卫队担任指挥员的李福指挥赤卫队 100 多人在鸡旦丫口阻击敌龙汉斗部队 1000 多人的进攻,我方主动撤出战斗,双方无伤亡。时间也在 10 月份。

第五次战斗,时间是 11 月间,白军到木垢后驻扎,并抢了牛马,群众到花甲向傅少华、汪富兴汇报,我赤卫队二三百人立即包围木垢,敌人虽只有 30 多人,但火力强,我未攻进,牺牲了一位赤卫队员(那耶大队中平队韦正明),战斗进行一个下午后主动撤出,并且抢回了一部分牛马。

第六次战斗,第二年的 10 月份,赤卫队七八十人在傅少华、汪富兴的指挥下,再次攻打那耶乡公所,抓获并枪毙了区长冯忠贤(那刀人),逼得乡长黄寿德自杀,打死乡丁 3 人,我方无伤亡。

讲述人:韦有林、汪廷富、汪廷跃、韦占奎、李祥金

记录人:苏金勇、韦福兴

时间:1983 年 7 月 22 日

(中共云南省富宁县委党史办公室保存)

何松回忆

陆正明在谷沙战斗中牺牲。他牺牲后，黄德胜说这次战斗损失大了，牺牲了一个共产党员。陆是 1935 年入党的，入党不久就牺牲了，这个人打仗很勇敢。

谷沙战斗在 1936 年农历冬月打的，打了个把月就上者兰坡过春节。过后就 1937 年农历二月到甘邦，在那薄打了一仗，我们住了几天，又拉到索罗来，又上谷拉的会引屯住几天又拉到者桑，那时想抓者桑的一个乡长，他们发现我们下对面坡，他反跑到一个弯弓地方，把他打死了，收〔搜〕他身上得法光 200 元。后又到洞波旁边到那达，后到索罗、那柳到者兰，有一条屯叫那比，住在那里，九弄就放弃了。

后中央派来了 4 个人，可能是 10 月份来的。9 月是岑日新同黄修南到花甲，同国民党第一次谈判，这一次没有谈成。不多久中央派来 4 个同志，一个叫张光夏，一个是姓谭的。当时对谈判，我们谁〔都说〕不能和国民党谈判。张说：怕什么，我去谈。这样他就穿上新布衣服和棉衣走了。我和何坚送他到花甲到富宁谈判，结果被国民党抓了。

部队出去以后，我们还在根据地到 1938 年，还有第六中队五六十人，是许叹业、梁志平、梁桂从都还在，梁超武也还在，岑日新也到 1938 年正月才下去。部队走后何尚刚也还在。

赵敏 1936 年从那达上来开过一次会，清算经济账，他家老婆妹来，我们有意见，大家都说他〔她〕是一个党支部书记，他还用公款去医他老婆的大脖子。

黄松坚去上海后党的工作交给赵敏，武装由黄德胜负责。

何尚刚是 1935 年至 1936 年上去的。

打坝劳是和王开洪去打的，是 1935 年打的。那时我们有 30 多个人去会合王开洪，是特务大队的刘包奥、唐汗、莫三去的。唐汗在那次战斗中牺牲。唐汗是教练官，是国民党跑出来的。打坝劳不进，后来打沙斗包围姓孙的乡长没有抓到，得一支步枪。下边上来的部队也在沙斗汇合，再 3 天后到者兰来打富宁（那时刚刚抄田）。

打弄迫战役，那晚上退到者利。部队在者利集中，首先把伤员抬到岩洞去医，就连夜到七村九弄。当时想过年了，把部队化整为零。特务大队就到那达、洞波、洞塘、何尚之、李家祺、何松、陈亚七、黎正光、梁振标等在弄地，后连夜到果来（独家人)是姓梁的过年,吃过晚饭到天黑又走了。下一个丫〔垭〕口到一条屯有三户人,住了一夜,那晚我还摸下皈〔归〕朝探视敌人,看不出什么,即转回去。那是初一晚上,就在一家过年初一。何尚之叫我同他家的一个人打老同。那晚我们吃的鸡、猪肉很多,但不喝酒。因为到了晚饭还要上山去睡。后又到弄彦住在一个山洞。没有水,晚上挨下来把水背上山去。住了几天又回到旧寨的会乐寨。那时见白军到九弄了,我们又到旧寨的龙回寨。他们到九弄后到谷拉上百油了,那时我们才松了,又回到谷留住。不久黄松坚同志去上海了。

打列村问题。头晚上我们摸到洞口,第二天亮时就冲进去。结果他们发现不开门。我们就把他们的茅草房烧掉。打到第二天我到那达去要伙食费,光银1000元,用一匹马驮,回来到旧寨的龙回寨。他们说,今天打了一天很激烈,都是机枪声。我说:是广西军来了。我到者利问他们,我军已退到下九弄了。岑日新那次战斗负伤,是1935年农历六月份打的。那时韦高振也上来了,我军打下九弄几天就往那标到者桑,围打一个乡长,抓不到,抓他一个老婆,逼她交法光2000元,住那标一晚,又上洞波回那达。

黄松坚走后我们部队集中又分散,10月份平圩、洋圩两个乡反了,带部队过来打进剥隘,上九弄同我们汇合。

有一次我们回九弄,住在一个寨子有两户人家,第二天早上敌人就来围打了,那天早劳农会的公章也打失了,我们负伤一个。后过恒村到者利医伤,我们抓了两个人在者利杀了丢下河。

后来我们部队集中到中越边同韦高振部队一起上来,过莫古,到龙回,到那达,才上去打八宝。

部队下去中越边集中时,在大木、化洞、那冷,在龙榜打了一仗,赵大队长是由百色到第六中队,我们下去过果乐、龙储、龙哑在靖西边界过年,到2月3日上来,下去是1935年11月下去的。

上来后打八宝,回那耶到花甲、那达、洞波、者桑后打皈〔归〕朝,后退那达,1936年8月15日我们在那达被围。

1936年9月15日我们打芭莱。打芭莱后,那晚回到洞波的洞塘,想抓一个乡长,抓不到。我们又到三寨住一天,洞波派来二人,来侦探我们,被我们抓着,拿他来审,他承认,是黄天运派来探的,我们把他杀掉。后又到九弄多立,那晚吃了晚饭即到多特,男人跑上山了,只有妇女在家。天亮我们进去,有一家两父子在,他对我们开枪,打伤第六中队一个,我们进去问他,为什么开枪,他说:我认为你们是土匪。我们叫他们出来,他不出来,后来我们把他们抓了杀掉。

那条屯,我们为什么去围呢?就是打谷桃时,有个梁振标侄儿梁亚七牺牲,拿几块法光陪葬,被他们挖掉棺材,把法光拿走,把尸体丢洞。后来我们回那达到者兰,又到甘邦。

那薄之战是 1937 年在者兰过年后,1938 年初打的。那薄之战后国民党去"围剿",我们就撤出来,后到者桑来。

黄德胜后来自己回家,被韦高振奉他当团长,后被韦高振杀掉。黄是 1937 年 10 月份下去的。

后来我又下去,1937 年 11 月份下去筹钱 1000 法光,我下去两个月左右,何尚刚、岑日新、马振球 3 个是 1938 年 1 月下去的。

黄强是在普林、普牙死的。他脖子生一个疮,旧病复发。他同黄亚舍守山养病,在瓦林。广西军来一个连搜山。黄强跑不得,他拿日本出产的一支〈枪〉叫劳控托,敌人上来一个打死一个,一共打死敌人好几个,最后自己壮烈牺牲,被敌人割耳朵到西林报功。

那达屯牺牲的是黄沙平。

甘南屯死的是农安贞老婆和韦高振老婆,男死 4 人,失去 4 支驳壳枪。

1982 年 4 月 30 日

采访人:杨松

1982 年 12 月 3 日整理

(中共云南省富宁县委党史办公室保存并提供)

当年红军游击队在龙彦、甘邦一带活动情况

罗安龙　黄光照①

　　大约在 1936 年农历十月间,红军 100 多人来到登和寨驻扎,甘邦寨的群众派人去联络,请他们来甘邦组织群众帮助我们闹革命解放受苦的人民。

　　我们记得红军领导和干部有:何尚刚、欧仲明、李家祺、赵敏、黄志先、梁振标、梁志平、唐秀山、谭统南、韦绍先、傅少华等,他们在龙彦、甘邦一带的时间前后约一年多,主要领导人常住甘邦梁光甫家,作为指挥部,但也不长期定住,住十把天他又到别处去,来来往往经常七八人、十几人来往各村寨活动,组织群众武装,各寨参加的人有:

　　甘邦寨:梁光甫、马常秀经李家祺、赵敏宣布当革命委员会主席。梁光常当连长、董成夫副连长、黄光照当侦探,唐文明后来据说当团长,马朝凤、马朝弟当队长。

　　者郎寨:农吉坑、许八当押队队长。

　　龙彦寨:罗安龙党委员会的组织委员。

　　那能那吉大队:张文禄当队长。

　　那将、那败:唐怀文当大队长(参加甘邦战斗)。

　　那薄寨:董之间负责,苏金全当队长,后被打死在山洞。

　　那夫寨:韦善国当队长,曾杀地主,后逃往广西那劳。

　　甘邦寨的黄光照专门负责守候出入要口,发现敌情马上报红军"白牛来了"。

　　各村寨青壮年几乎全部参加,一般中年人入劳农会,有武器的入赤卫队(群众说"完全都成了红军")。后来各村寨房子被烧光,就在山洞里组织。

　　大大小小的会开过很多,在甘邦坝子,开过上千人的大会。坝子中摆大方桌,李家祺、欧仲明讲话,讲话内容是:团结起来反三征。在甘邦寨梁光甫家有一桌人吃过鸡血酒,连乡长陈正结也参加,后来叛变。除砍鸡头外,用一个妇女纺织纱用的竹筒和两文钱,用刀划开竹筒和砍破铜钱,作为盟誓的仪式。

　　是否开过党的代表会,我们不知道,吃鸡血酒那帮才知道。秘密会表示说:"现在得胜的,不要忙笑,输的也不要忙哭(主要是针对白军说的,表示不要过早喜

---

① 龙彦寨:罗安龙 73 岁　甘邦寨:黄光照,70 岁

472

欢)"，会后整编部队，叫做抗日义勇军。

几次战役和大屠杀：

记得第一次是在沟头打，时间大约在 1936 年底。打谷子后，我方百多人，白军龙汉斗部三个连，打了半天，敌人死伤很多。红军有一个姓凌的战士因病跑不很快，被白军抓着，这位战士非常英勇，表现不畏强暴，不怕死的大无畏精神，显示了红军战士的高贵品质。白军问："你姓什么？"答"我姓凌"，"什么凌？""零零丁丁的零。""你们有多少人？""不 1000 也 800。""不说真话要你死！""我先死，你后死！要杀快点杀，不必多问！"白军即杀害于路旁，凌战士壮烈牺牲。

第二次战斗，约在 1937 年 2 月间，红军五六十人，有苗族四五十人来杂火，还有者兰第三大队那力生产大队周家栋也来参加（还健在）。红军四方登山，战斗一打响，把白军打得落花流水，这一仗活捉白军 12 人丢洞，打死打伤的数目都忘记了。

接着 3 月间又一次在甘邦打。其中有个红军才是一个人撵白军五六百人，用格蚤龙和驳壳枪扫射。白军以为是红军主力大部队，急忙往后败退，抱头鼠窜，溃不成军。红军直追至龙彦附近，白军喊天叫地，呼爹叫娘，白军死伤很多，红军缴获枪支弹药二三十件。在战斗中，一位红军战士和一名白军突然在坝子中间相遇，双方同时举起手枪，同时开火，结果同归于尽。

作为第三次战斗，是红军洞的攻守战。其实不止一次，攻红军洞三次。其中一次红军几十人守山洞，约有四五十人，外面还有几百人，伏击白军，白军开来五六百人，打死白军一人，伤两人，打到天黑，白军退去，不知去向。

第四仗是 1937 年，在那薄打这一次大仗，双方投入战斗都是五六百人。头一阵白军死伤四五十人，有一个穿长军衣，骑马的敌军官被红军连人带马打倒，击毙在地。我军牺牲几人，红军干部唐秀山、马振球在那薄这一仗牺牲。战斗到下午，白军败退，红军追击，追到大河边，白军被扫射下河的有四五十人。这一仗白军死伤 100 多人，红军缴枪支八九十支，弹药很多。

大约在 1937 年几月间，白军龙汉斗五六百人围攻红军洞，是在甘邦的最后一次战斗。红军约一个排，坚守岩洞，掩护群众撤退，群众安全转移后坚守洞内的战士，弹尽粮绝，冲出洞外，短兵相接，刺刀肉搏。由于众寡难敌，战士多人壮烈牺牲，显示了为保人民安全英勇牺牲的崇高品质。

红军主力部队转移后，龙汉斗开进龙彦、甘邦一带镇压人民，坐镇于太平寨（太平寨不太平），大肆屠杀群众。

参加过红军被杀害的几十人,除马朝凤(当过指挥)在深仇洞被打死外,唐文明在那薄寨被抓,押往别处杀害外,其余大多数是在太平寨杀害,多数都是用刺刀杀死,计有:

红军干部,百油的黄彩鸾、黄秉丰、钟廷甫(洞波人,割头)、隆开林、黄朝仁(小名"窝",剥隘人)。

者兰新街、那斗寨的姓陈的两人。

至于本地的以及从其他地方抓来杀害的,姓名已记不得那么多,不管是否参加红军,反正抓来就杀,在太平寨一地,被杀害者 100 多人,杀死的人都丢下一个大土坑,后来人们叫做万人坑。

陈衡清　笔记整理

1982 年 7 月 10 日

(中共云南省富宁县委党史办公室保存并提供)

访那哈队农恩荣记

我今年72岁,参加赤卫队时是25岁,我没打过仗,也不会修枪,只叫运子弹枪支来山上给红军。有一次运得较远,叫我和林占清、龙吉邦三个人每人挑约五六百发,用麻袋包好,连夜送到者兰交给红军领导黄德胜,后来供给各部队的子弹,都是由他们自己派人来要,每次三五百和千把颗,由我从山上运来,到那柳、那哈附近路上或家里交给各部队的人,记得傅少华来要的比较多,大约五六次其他部队来只是每队两三次。修枪的次数较少,两年多大约只有百把支,子弹就不知多少啰,我是有36〔26〕岁才得参加运,到1938年修械组散了为止,其他都未参加过,不知道了。

那哈队　农恩荣

1982年6月12日于罗志刚家

（中共云南富宁县委党史办公室保存并提供）

谈欧仲明等攻打谷拉列村的情况

麻仲彩

攻打谷拉的列村,是梁振标和欧队长(百色上来)的部队打的。欧是第六赤卫队第三中队长,打列村时,我们梁学政这个队伍不在列村,是〈在〉百布,我们是机关队,驻扎在百布是第二线。

打了列村以后,到者桑。在者桑时,有个名叫"腊腊声"的,他也是个领导,他是机关队领导,领一支驳壳,和白军遭遇带了花,他是同我们一帮人。欧队长不〈是〉我们的一帮,他从百色上来打了列村后到者桑。欧队长是同梁振标一起的。

(根据 1982 年 11 月 10 日录音整理,中共那坡县委党史办公室。中共广西右江区党史办公室保存并提供)

花甲街罗朝仁老人谈

我是民国二十六年跟傅少华参加红军的，约一年后才回家，参加后一直跟赵敏身边，来参加过战斗，后因被龙汉斗来"剿"队伍，打散了才回家的。

我出去是因为罗国良（国民党乡长）有一支好枪（广东七九步枪）。卢锡候、傅少华等说我是他家宗族，叫我带那支枪出来，所以才出来的。

在跟赵敏一年多时，记得只开过一次那达群众大会有三四百人。讲的大约是说要打土豪劣绅、打富济贫等。

最早来花甲约人的，记得是一个30岁左右的天保人（高个子爱喝酒，常带一个酒壶）。他先来是住在劳开明家（谷拉方面来上门罗家的），后来[兼]傅少华喊我要枪时，他是来串联傅少华等人的。

当时跟傅少华的经常有四五十人，但临时号召百多人。现在花甲还有三人来回（罗永太、汪富明、巴良一人）。

罗朝仁　口述

1982年6月9日早于花甲街罗朝仁本舍

（中共云南富宁县委党史办公室保存并提供）

滇黔桂边区工作片断

朱国英

1937年,不甘心失败的云南军阀又集大军"围剿"根据地。2月12日,敌广富独立营"扫荡"花甲地区,屠杀残害红军家达36人。其中有傅少华的大爹和叔叔全家被害,被害者,一个个被敌人用刺刀捅死。有一位红军家属接连被捅了12刀后仍然喊叫痛骂白匪,最后白匪不得不开枪打死。

白匪杀人后还不甘心,又割了10多人的头吊在大树上示众。因病而未能随大部队行动的红军第二大队副大队长汪富兴,被敌人在这次"围剿"中抓押解送富宁县监狱。1938年1月,在组织越狱中,为了掩护难友而被敌人杀害。

1937年3月,白匪把进攻的矛头指向龙彦、甘邦。这块根据地顿时被笼罩在一片白色的恐怖之中,受到了极其残酷的洗劫。3月15日这天,白匪把龙矿、太平、者郎、平将、平憺、龙彦、甘邦8个寨子200多户人家全部烧毁,见人就杀,仅几天之内,这8个寨子被杀的群众达50多人。

接着,〈白匪〉包围封锁一个山洞,用辣椒熏,洞中36名群众,除一个小姑娘幸免于难外,其余均被熏死在山洞中。农会主席苏英佑全家八口人有七人遭难。白匪把我们十几年来所培养的基础好、受过革命锻炼的、最可靠的、亲如手足的甘邦、那达两村〈群众〉杀得鸡犬不留,烧成一片焦土。残酷的白匪军,就连几岁的孩子到60岁的老人都杀个干净。十几岁的妹仔和60多岁的老太婆他们都要强奸、轮奸后杀害……

5月初,白匪又在太平杀了当地和从外地抓来的群众及农会干部近200人,百油农会委员黄彩鸾、者兰劳农主席黄光华等干部均被拉到这里杀害,被杀害的尸体丢进寨子边一个两丈深、四五丈宽的大坑,尸体都把坑填满了。烈士的鲜血浸透了太平寨子这个小坝子的每一寸土地。与此同时,六温农会主席苏温爱、那吉农会主席黄轻寿、副主席鄂广道等相继被害,真是"尸骨成堆、血流成渠、人哭鬼哭、豺狼当道"。甘邦地区被抢去的牛马达500多头、猪羊800多头(只),抢不了的粮食等物全被烧毁。

1937年5月25日的《云南日报》曾以"富州残匪已肃清,盲从民众已就范"为题,对甘邦、太平的"清剿"进行了报道:"……殊今春以来残匪梁振标、李家琪、傅少华等,又死灰复燃,广富独立营仍以上月出发剿抚,已将匪人如数肃清,现龙彦、甘邦、那卜、那见、太平寨一带险要崖洞均已次第攻下,该地居民以文化落后,故无知民众大多为匪麻醉、通匪纵匪者,所在皆是,独立营龙营长,将重要匪讯枪决……"这字里行间,充分暴露了他们屠杀人民的狰狞面目。

1937年,敌人又〈还〉组织了所谓的"滇桂黔三省会剿",向根据地投入了更大规模的兵力。1937年2月,桂军马玉堂及民团,由广西百色进入剥隘后,扬言:"三个月内肃匪清",狂妄至极。我边区党委决定狠狠教训这股敌人,打退敌人的"围剿",及时集中了1000人的红军主力部队及1000多人的赤卫队,在那泼严阵以待迎击敌人。

第二天,敌人气势汹汹地向我那泼杀来,待敌人进入伏击圈后,红军神枪手首先把骑着高头大马的敌指挥官马玉堂打下马来,敌阵顿〈时〉大乱,接着我军长短枪一齐开火,敌人纷纷倒毙,没有被打倒的满山到处窜,红军各队伍从各个山头一收缩,800多的敌人拥挤在一起,全部暴露在我军火力之下,200多人当即成了枪下鬼。余敌拼命突围,向剥隘方向溃逃。红军和赤卫队乘胜追击,敌人溃不成军,纷纷被我赶下西洋河,淹死在河里的不计其数,只有二三百人仓皇逃过剥隘街。我第二大队队长唐秀山在战斗中牺牲。

那泼战斗结束后,我军回师龙矿,准备教训侵犯龙彦、甘邦之敌。由于那泼战斗迅速结束,西进之敌的滇军一个营此时还蒙在鼓里。3月下旬,敌人占领了甘邦,烧毁甘邦寨,我赤卫队和民兵稍作抵抗便主动转移,敌接着又向龙矿进攻,因早接到情报的我军正埋伏在龙矿丫〔垭〕口的两侧,龙矿地处甘邦左侧五六公里处。从甘邦到龙矿都是崎岖的山路小道,牛马很难通行,仅容一人通过,小道两边都是一些不显眼的无底洞,行人稍不注意便葬身于无底洞,真是"一夫当关、万夫莫开"。一个营的敌兵慢慢行至闸门边,此时,他们还在做如何消灭红军、升官发财的美梦,却万没有想到,刚一打开闸门就遭到红军的痛击,轻重武器射出愤怒的子弹,打得敌人喊爹叫娘,鬼哭狼嚎。没有死的拼命夺路而逃,有的互想拥挤葬身于路边的无底洞。红军战士越战越勇,把敌人赶出龙矿,下甘邦,上龙彦,天黑才收兵,这一仗把敌人全营大部打散,一部被歼,生俘了10多人,缴获了大批武器弹药。

同年10月,傅少华、汪富兴等指挥两个赤卫大队,第三次攻打孤立据点那耶,枪毙了国民党花甲区区长冯忠贤,乡长黄寿德自杀,拔了这个顽固的据点。

这几次战斗打得干净利索,打得敌人谈红军色变,犹如惊弓之鸟,原来声势浩大的三省"会剿"只得草草收兵。"广富独立营的进攻是吃过我们不少亏的,至于民团据说一听到我们部队号子和枪声马上就跑了。"

(节录于中国人民政治协商会议富宁县委员会编:《富州烽火》,1997 年印行。中共富宁县委党史研究室保存并提供)

王开洪通过谁和红军取得联系

王开科

1. 王家是由贵州逃来的,落脚在木宽兰,由那里分家就住木红,又于木红分家,才来牛滚塘跟后家陶龙,在牛滚塘生下王开洪。

家庭的经济状况,贫不富,当时算为中农。

2. 王开洪和红军取得联系

首先是通过富宁县梆扒王大(王开荣)开始联系上的。

富宁县的格郎瑶族(谷拉的壮族)黄树攻,人才十分好,作风不好,常犯男女关系。他哥当保统,政府来抓他,没抓着,就把黄保统抓去关押。黄树攻在格郎无法立足,就跑到七村九弄参加红军。王开荣就是黄树攻的地客,黄树攻见王开荣可以就跟他讲了。黄树攻问:你们苗族是否有识文化的人?王开荣说,有,多着呢,由此就介绍了王开洪。

后来韦高振就派何斋上来牛滚塘当王开洪的秘书,来的宣传内容是打倒土豪,不准拉兵派款,打倒贪官污吏。用这个口号宣传,参加的人就越来越多了。

联系上以后,属猪的那年就开始闹了。组织力量,参加的人有 5000 以上,开化、里达、马街、田蓬都有人参加了,正式上阵打的 1000 多,其他人没有去。熊咪成、罗雄发,木章坝杨叶基等人任大队长,中队长很多,记不清了。

秘书何栽、王伯戚,后来有王廷英。

马街王太爷有两个儿子,一叫王喜侯,一叫王喜亮,在马街上居住,给刘区长剥削差不多光了,王喜侯兄弟就来参加王开洪红军。

但他们率兵去打仗时,消息走漏,刘区长已逃到广南。王开洪率部队由马街直下下甲坝,开仓库拿粮,住在旧腮。这时广南的常备队已开来,在狮子堡打了一天一夜,不分胜负,各散各的。

他们边打边退往张家湾。国民党军想撵进油榨房打。打到王开洪已饿昏,两个人提着两只手扶起走回才停住。

第二天回到张家湾。干塘子吃饭,饭吃饱后,又组织了 50 多人冲下旧腮迎战,但不见常备队了。

第二仗打百乐两天三晚上,攻不进,因快要过年,撤退等过年后再打。

过年以后,红军无准备,常备队有准备,过了年以后,国民党军就进来〔攻〕牛滚塘,这时红军无准备,不能对抗,王正才孙爷都被抓。

马街部分来迟了,陆长陶和吴宗银领着麻栗坡熊宗城大队长的兵,利用王开洪的名去抢木娄,抢了十四五兰〔驮〕大烟,王开洪的名誉搞坏了,人家反映给王开洪听,待查清后,陶、吴两人也供认不讳,王开洪就将两人斩首于牛滚塘河边,很多人观看。

后来到木桐寨失败就完了。

七村九弄来的是何尚之、梁振标,共 8 个大队 200 多人。

王开科,男,苗族,86 岁

记录:熊仁武、熊光华

1982 年 8 月 18 日中午于木杠

(节录于中共富宁县委党史办公室编:《王开洪起义史料专辑》,1985 年印行)

王开洪扎根六羊经过

宋世云

王开洪大约是1933年腊月开始闹事的。开始他们在下甲坝集中联系组织，首先来杨柳树抓王邦和（因王系富宁县政府的中队长，与杨柳树王廷科是家门）。王邦和抓不着就抓了凉水的郭天寿，拴起来，说王邦和驮银子、枪支藏郭天寿家。

这时我还未参加，但是王开洪、王咪章一直放信来要我的4支枪，一支老三欧、一支是广东七九、一支是套铜、一支是手枪（英国啦叭）。过后他们又来叫我参加顺他们。拉明说，他们是闹红军，闹共产，我不投顺，他们也不来。

3月间，我到水淹塘马咪明家，正是割洋烟，我去时叫人扛套铜，另两个扛2支枪。刚进去，王咪章就从楼上下来，拉着袜子，我问："指挥官从哪里来？"他说：从家来。我又问，你们闹红军是哪里联系？咪章说闹是闹了，是王开洪联系七村九弄韦高振。咪章又问我："你跟不跟？"我说跟，那么今晚就出发了。我既回来，当晚就出发。我马上调了30多人。

这时，广南的政府派蔡茂安、刘仲明来木区收烟课，按面积收大烟税，我和王咪章率领500人，从陈家湾出发，经过陈家湾、芭蕉塘、杨家营、茅草平进入木楼，进攻里面，打死了老百姓，但大烟已抢走上广南，要不得就折回来。

五月初四，又调我上美汤打陈国万家。去到半路，因我三兄弟宋世兴在杨柳树郑继权家收250两大烟，在这返回的半途中，被土匪打瞎了一只眼睛，手也打着，我听到这消息后，就把兵带回。再加上陈有才与我相熟，也不好去打。

后来王咪章对我说，我们去打陈有才家，围了两天两夜，都打不进去，我们就返回牛滚塘王开洪家，接着又回到陶家湾指挥部。

王咪章和王开洪写信给我，命令要我到兰殿堂去，我也带了30多个兵到兰殿堂去，有侯正发、宋世昌、贺金贵。贺在第二次攻打百乐阵亡。在百乐狗爬洞，尸体抬回中坝，水淹塘的王苏城（已迁回施家屋基）、陶飞大是中队长。

这时广兵来了，带来700多人，4个女兵，每人身带武器一长一短，派米派肉当场就开钱。

第二早上就集中打百乐。

七村九弄的红军住菜籽垱、陶家湾、上弄、兰殿堂。

我们到木混弄子住了一晚上，指挥部就派人进行侦察回来，第二天早上就吃饭,接着部队就开到红石岩、草平集中。

梁振标、何尚之说:今天国民党守备队,常备队在百乐,我去打百乐,他们规定不准要老百姓的一针一线。讲话中何尚之还强调说:我们从七村九弄上来的都有标号,只有你们六羊的没有,如有手巾的请拴在左手腕上,没有毛巾,把右脚搂起来才上战场。

梁振标有强调,今天是打仗,不准那〔哪〕个后退,若谁后退我就开枪打。

王开洪说:我们红军,司令部今天调我们打百乐,宋世云的部队与七村九弄的打阵一。王生暴打右一,王开洪、王咪章打左一。

我按照指定的目标前进,不一会儿就被守备队的哨兵在狗爬岩发现,开枪向我方扫射,红军发起了冲锋号,一直冲到下街的闸门边,打死了七村九弄的 4 个人,伤 13 人,我的兵贺金贵也被打死。

王开洪和王生暴只是在山上打枪,不敢冲下来。

后来何尚之过来与我谈话(在狗爬岩):宋同志,我们是闹红军,王开洪他们的兵有些土匪的性质,只在山上,不敢下来,这能打成仗吗? 我们过两天就返回七村九弄了,我们是韦高振与王开洪联系好了,叫我们出兵来援助王开洪,因国民党军在百乐,我们是来围剿他们的,现攻不进,我们再住两三天就回转。

真的过了 3 天,他们就干了沙斗先保统家,筹款 2000 多元,将这些钱发给王开洪,叫他好好组织,他们就返回七村九弄去了。

王开洪也接着将我们集中到木桐寨,我们这个中队有 30 人,连小寨天生桥的戴老四中队长,吃的都是他拿来。

我们在王咪章指挥、王抓机大队长的率领下去龙陇、木蓬、天生桥、木央,我就分在镇守木央,我住木央堡上,街上是戴老四队住。

王开洪的队伍,由牛滚塘、美汤、木令、丁家坡、木杠等方向前进。

我们这股队伍又从木央到木桌、金竹平。在金竹平就打了一架〔仗〕,放哨的化装进田蓬去打探省军韦白头(韦泽亮,敌第十七团营长)、西畴宋白交司令的情况。

在木桌我就对戴老四说,要先派人进去打探。

戴老四派了戴孔成穿着探衣进田蓬了解,回来以后给他四块银子抽大烟。

他回来以后,说明天 12 点第十七团就到睦伦,得到这个消息后,我们的队伍连夜出发撤退回木桐寨,王咪章已返回松水挡。

王开洪后来一直攻到田蓬。

等他到田蓬时第十七团的队伍已攻到睦伦了,王咪章命令陶飞大、李庭方、王统我们四个中队来下枝梅马家湾堵,有的住晏塘守,王抓机、王咪章直接在木桐寨守他家。

我们守了一天一夜。又派龙哈的王金福进睦伦侦察里面的军情,他去到杨启富家,杨说,第十七团和宋白交的兵明天六点钟就到木桐寨。

真的第二天早上就到木桐寨,我们连队住木益新寨。枪一响,抓不住高地,他们已占领了高地,我的中队退至山背后,王咪章、王抓机抵着在木桐寨打,第十七团放燃烧弹,将两间房子都烧起来。王开洪他们的部队就直接往木根寨、格当湾、木良等处退回陶家湾、水淹塘。

我的部队直接退回谭家湾,又从谭家湾退回上枝梅,躲进山洞里。

富宁常备队甘队长,叫甘绍之,传说是甘汝堂的弟兄,守备队是农进田副队长,农汉斗为正。

甘队长与八宝农月楼系郎舅关系。

农月楼(由昆明下来,在八宝安家)要了两个老婆,大的甘氏,小的蒙氏。

韦高振、梁振标曾经来过八宝,我去吃面条看见(在黄友国家院坝搭个棚子卖面条),我进去吃面条,见对面坐着梁振标、韦高振穿着土布普通衣服,他们说:这是韦高振、梁振标,后来打百乐,我们又在一起。

这些话是马三(黑支果干田坝人告诉我的),后来我们打游击陈国万也告诉我。

农副司令的队伍,是腊月间,先打小湾,打一寨烧一寨。

是张兴邦和王咪章引起的,张兴邦一直到王开洪死了才退出来又干土匪,土改时被镇压的。

二月农月楼又带乡兵来打王咪章,当时王咪章的兵堵在长槽,乡兵就退到瓦标,王咪章调人去围打,农兵打到恩桃平死伤太多,只好往杨柳树退。王咪章又率人来杨柳树落洞打一仗,又死了许多人,张兴邦、杨狗、王咪桥等人,转山堵打,都死了不少人。

王开洪在六羊的编制:指挥部在陶家湾,总指挥是王开洪,副指挥是王咪章、王金才(下枝梅龙哈人)。

大队长王抓机管辖中队长李庭方(老寨)、王统(木宜新寨)、侯正发(龙哈龙业)。

大队长王生暴管辖中队长王咪罗、吴安搞。

大队长陶飞大管辖中队长宋世云、杨文才（木沙人）、王苏城（水淹坝）、何老毛（芭蕉塘）。

大队长戴老四，管辖不知。

大队长陆朝正管辖三颗桩、下甲坝一带。

王咪章的警卫员：杨狗王咪桥、王文高（松水）、杨统（汤家湾搬至木令）、张兴邦（小湾）、蒋应和（代家湾）、侯三（现住董必）。

王开洪的秘书王廷英（西畴人），王正才孙爷出狱还在关押广南，甚至宋世云民国二十六年出狱时，王廷英也还在关押。王廷英被抓就是王开洪派他来当王咪章的秘书，在甲坝陆朝刚家被抓去的。

王开洪只到丁家坡，让路给国民党军过，他就去打田蓬。

宋世云，男，汉，78 岁

熊光华、熊仁武记录于八宝谭家湾

1982 年 8 月 15 日晚

（节录于中共富宁县委党史办公室编：《王开洪起义史料专辑》，1985 年印行）

打百乐前曾在红石岩集中过

李中良

王开洪两次攻打百乐我都参加的,第二次打百乐有广西的红军参加,广西的还有女人。我们大批的队伍开到红石岩顿住了一下,首先是王开洪出来讲话,接着就是广〈西〉人讲话。讲完话,群众送稀饭来,我们吃了就往百乐进攻。

李中良,74岁,男,苗族

熊光华、熊仁武记录于八宝杜家塘

1982年8月12日上午

(节录于中共富宁县委党史办公室编:《王开洪起义史料专辑》,1985年印行)

王开洪攻打田蓬

马老七

王开洪打到丁家坡火烧陈占彪家、木杠烧农乡长家，后来木杠又烧九家是自己失火烧的。

我跟烂田湾的侯大队长，到哪里就要顺到哪里，曾在上寨打过一仗，正式的兵是 16 个，其他的都是发动的，我去时放哨，打是他们打，枪是火药枪。

打到木桂兵达 600 人。

锅厂的罗中队长、叶照、叶满，甘田堡王中队长王宗堡，熊队长熊万押，木腮的马班长、融南。

兵到田蓬大石板，分两路准备进攻田蓬，占领碉堡，被韦营长他们反击，打伤了王中队长的脚。我们武器又不好，所以只好退了，在蔑洒、大石板打了两仗。

我跟王开洪跑到蔑洒，在卡子下寨一天，我在山上放哨，他们进去打，对方是那〔哪〕些我也不清楚。因下大雨国民党军打死一个副队长，他们就先撤兵。王开洪的红军才按到大石板。在大石板又打了一仗，打伤了王中队长的脚，加上韦营长的兵压来才撤退回。

由木令下来，来木树、木思、木兴，在水堡又打了一仗。据说白军死了 16 人。

在下寨打的主要对象是农乡长。

马老七，男，84 岁

熊光华、熊仁武记于木腮

1982 年 8 月 20 日

（节录于中共富宁县委党史办公室编：《王开洪起义史料专辑》，1985 年印行）

罗大明谈王开洪攻打田蓬的经过

我生于 1918 年,今年 64 岁。大约 18 岁的时候,即 1935 年至 1936 年,田蓬、木央一带属于麻栗坡督办处管辖,我记得李兴昌是督办。当时行政建制顺序是:督办处、讯、乡、伯、十,下设六讯:攀枝花讯、孟洞讯、董干讯、天宝讯、田蓬讯,田蓬讯下设田蓬镇、木央乡、木杠乡、普阳乡(他又说,木杠,普阳合称崇曾乡)。普阳乡乡长农正明,木杠乡乡长也姓农,名字叫什么记不清楚了,木桌乡长也记不得了。

王开洪起义,开始是与美汤的陈国良闹矛盾,才动起枪来的。王开洪首先打美汤,其次才打木令李伯长家。因李伯长打不过,就来了丁家坡陈占彪区长家搬兵。所以,王开洪打了木令以后,大约于 1937 年的农历的二月,乘胜追击,挥师直下,陈占彪的兵逃到木思,王开洪就追到木思,占领了木思营盘与陈占彪交战,陈还是打不过,退还了丁家坡。打了一天,陈占彪节节败退,逃跑了。王开洪部队一把火把陈占彪的房子烧了。之后下山来到木杠,听说王开洪来了,只好狼狈逃回我们木敷回董干去了。韦虎城路过木敷时,我们都有些怕,纷纷跑上山躲起来,害怕王开洪追过木敷来。

王开洪打下木杠,烧了木杠龙乡长的房子后,就派人到大平一带做工作。当时是侯大队长去,口号是"不要款,不要粮,打倒贪官,打到哪里哪里就不出款,不纳粮"。因为木杠的何老六(今尚在)与侯大队长是朋友,侯大队长的妹嫁给大平坡张咪侯,人比较熟,我们就和侯大队长提意见,打伯长倒是好,但是不要烧房子,尤其不要烧老百姓的房子。侯大队长解释说,我们本来是不烧房子的,可是想起陈国良他们来打我们,把我们房子烧光了,气愤之下想、才烧的,以后我们就不烧了。后来,打木桌、田蓬真的不烧了。

打了木杠以后,王开洪兵分两路,一路打田蓬,另一路打普阳。

1937 年农历六月,王开洪率领的正规军,由木杠出发,攻打木桌,拿下木桌以后,直接进攻田蓬,田蓬龙讯长,闻声丧胆,退守在碉堡之内,不敢出阵迎击,只是龟缩在碉堡之内射击,因枪眼小,只能直射,所以,王开洪的部队直接打到碉堡脚下,甚至抓住里面伸出来的枪口。龙讯长遭围后,便派人到攀枝花,找攀枝花讯的龙副讯长、龙太尉(估计是军衔名称),因他们都是麻栗坡那西人,又是同乡,同姓又是亲戚,龙副讯长求援,这样攀枝花的龙副讯长带了近千人来解围,内外夹攻,王开洪才被迫撤退。龙副讯长率部追至木令,王开洪部去向不明,龙害怕又吃亏,才由木令返回攀枝花。

打普阳的部队,是非正规军,由大平大屋基苗族,分队长王三带领,四五十人,汉、苗、彝都有。我们刚走到普阳对面山,就发现由董胡方向下来很多兵马,都是扛着双枯、套铜、七九步枪一类的好武器。经过打听,才知道就是麻栗坡龙副讯长的队伍,准备开到田蓬去,支援田蓬的龙讯长,打王开洪。我们估计自己人少,武器都是些火药枪,不敢再去攻打普阳,只好由来路回来,不宣而散,从此就与王开洪失去联系。以后,国民党还说我们大平木敷一带参加王开洪当匪,勒令不论贫富每家要出三至二十多块法光,以此表示"上负"表示做了错事,认输投降之意。

罗大明　口述

熊光华　记录

1982 年 4 月 22 日于罗大明卧室

（节录于中共富宁县委党史办公室编:《王开洪起义史料专辑》,1985 年印行）

木杠突围

张光全　张光跃

1934年农历正月初二,王开洪叫王抓机到木思水龙通知张大林到木腮开两天会。张大林被任命为大队长兼秘书长,天生桥的戴孔才被任命为中队长,江家塘的江正文也任中队长,上寨李开和任副中队长。在此之前,张大林曾带戴孔才、戴孔发到牛滚塘联系。

提的口号是:打富济贫,反对贪官污吏,抗粮抗款,组织民众武装向国民党反动派进攻,把社会人分为三等作为打拉靠对象,形象地编出顺口溜"一等人差我钱,二等人莫肇闲,三等人跟我去过年"。

经过一年的串联发展,1935年农历五月二十左右,张大林将本大队所属三个中队的人马带到木桐寨门会誓师起义,木央、木桌相继解放。

进攻田蓬镇失利,〈张大林〉退到桥子山坚守,总结起义成绩,表扬了作战勇敢的干部战士。第三天,国民党正规军韦亮泽带一营敌军将桥子山团团围住,并从东南西三面发动进攻。张大林在桥子山闸门用一尊百丈机(土炮)向东山岭方向瞄准。几十人在桥子山抵抗了两天半,面对绝对优势的敌军,张大林大队人马(约几十人)利用夜幕掩护,从北面悬岩突围到木桐寨。

第六天上午,敌军加紧进攻,枪声大作,战士张光跃高喊,军士们,不要打了,这里没有什么人,都是老百姓,不要浪费你们的子弹。施仁栋答:真的没有匪在高头啊,我来〈看〉。张光跃喊时,包包里几发子弹落地,眼看敌人快到,他弯腰迅速把子弹拣了装起,背着一支套铜枪、一支铜炮枪从南面一棵白腊树溜下来在白眼脚躲起。施仁栋的一排兵到山上不见一兵一卒,将20多只鸡、12斤腊肉、20多斤大米煮吃,才退兵。

韦营长又带兵追到木桐寨,王开洪指挥两三百人进行英勇的抵抗。白军用燃烧弹将木桐寨全部烧光。由于叛徒出卖起义失败了。国民党罚了张大林家四块大洋。

听说红军住在七村九弄,张大林回家在不住,起身到七村九弄找红军。找不着又返回毛扁担,折转到广南八宝一带做生意买卖。不幸在旧腮被几个土匪打死掉,把钱、衣服刮去,然后放在草堆上烧糊掉。

张大祥、张大能、张光跃到广南找张大林时,正碰王开洪父亲被抓进城里。

中队长戴孔才一直在天生桥一带游击,国民党的施仁栋抓住托牛平的陈祖亮说,戴孔才是你姐夫,只有你才能拿得着,如果你拿不着只有拿你去抵。为保住自己的命,陈祖亮出卖其姐夫戴孔才了。一次施仁栋带一排兵来到托牛平陈祖亮家哄,叫陈祖亮一定交出戴孔才。酒足饭饱后,敌人在房间里埋伏起。戴孔才身强力壮,打仗勇敢。这次他受舅兄陈祖亮的骗来了,但警惕性很高,两把尖刀插在腰带上。为捉住戴孔才,陈祖亮在房间门口摆饭吃,认真给戴孔才斟酒。戴孔才醉了,陈祖亮削梨子,皮削了划好,拿起为号。埋伏好,敌军一个排把几道门全部关起,从房间冲出来的敌军给戴孔才左右肩各打两棒,戴手臂抬不起,尖刀被搜去,然后被捆了个结实。

押到托牛平朱家丫口,戴孔才拼命挣脱拉他的敌人,顺势滚下山坡,敌人紧追不放,戴孔才跑到齐腰深的烂田里不能自拔,再被敌人打得气息奄奄,把手脚捆了,一排兵用木杠把他抬到田蓬示众残酷地将他枪杀了。

副中队长李开和(上寨)在马厩挖地道躲起,上面用马屎覆盖敌人来搜不着,走了不久又转回来。李开和在马厩地道里时间长耐不住,咳嗽起来,也被敌人捉去杀掉。张大林担任大队长及秘书长,对起义布置是有记录的,但在"文化大革命"中,却连书籍一起作为"四旧"而拿到大队焚毁了。

由于这种原因,王开洪领导的这次起义一直没有公认,相反却沿袭国民党反动派的说法,称为土匪、乱苗匪,张大林背诬为土匪大队长,现在该是恢复其本来面目了。

邬在义　记录整理

1984 年 12 月 16 日

(节录于中共富宁县委党史办公室编:《王开洪起义史料专辑》,1985 年印行)

游击队在西林的兵工厂

罗志刚

1936年12月中旬,滇黔桂边区革命游击队领导人把我叫去,交给我一个任务,就是建立兵工厂,修理枪械。红七军、红八军总指挥李明瑞攻打白色时,缴获敌人一批武器,能使用的武器,部队都带走了,剩下80支十响手枪,用棉布包扎后秘密存放在百色。1934年11月,边区红军劳农游击队第三联队成立后,黄松坚派人用商船把隐藏的手枪运到剥隘,然后叫七村九弄的游击队领来修理使用。因为这批枪支已残缺或损坏,不能使用,急待修理后武装游击队。游击队的领导人便决定创建兵工厂,对这些枪支进行修理。游击队领导人知道我是铁匠出身,就把建厂的任务交给我。

我接受任务后,立即奔走筹建,组织串联了本寨(即阿用)的罗志仁、黄朝相、黄朝龙3人,由我做负责人,这样兵工厂的架子很快地搭起来了。接着就是选厂址。厂址设在哪里较为妥当?有人主张设在那柳屯,但那柳屯地处西洋江边,云南龙汉斗部经常在那一带骚扰,在那里设厂不安全。经游击队领导人研究决定,兵工厂设在广西西林县的良同寨较为适宜,因为良同寨位于滇桂交界的木隆村,地处偏僻,离乡公所50多公里,属边远村屯,乡村偏道,过往行人很少,而且寨居峡谷,小村隐蔽在青山密林之中,30余户居民,农牧自给,群众基础较好。就地理位置来讲,适应隐蔽修造活动和容易退回滇界应变。就敌情来说,与良同寨相连的木隆团防局局董王茂德及其长子王永祺(龙潭乡乡长)的敌对势力,已被我游击队拔除,所以,在良同建厂较为安全。

厂址落实后,1936年12月20日,我便率领罗志仁、黄朝相、黄朝龙3人来到良同寨,以黄建功家作厂坊,一把八磅铁锤、一个风箱、一把钻头、一个铁钻、一把老虎钳、一把旧锉刀等,因陋就简,办起了兵工厂。我们认识到,兵工厂是为穷人自己的队伍设立的,所以大家热情高涨,自己安装工具,挖窑烧炭,克服种种困难,在艰苦的环境中积极开展工作,夜以继日的抢修坏枪,及时输送给游击队。那时,我们生活很艰苦,没有饭吃,我们烧包谷充饥,挖山薯当粮。我们开展工作后不久,前线又派人送来一批待修的枪支和需要翻装的子弹壳。在人手少工作量大的情况下,为了早日把枪支弹药送给前线,支援游击队武装斗争,更多的消灭敌人,我吸收当地良同寨的进步青年黄老二参加兵工厂,一起修理枪械和翻装子弹。

正当兵工厂的工作顺利开展和逐步完成任务的时候,1937年3月3日,被我游击队镇压的木隆团防局局董王茂德的侄子王家积贿赂广西西林县龙潭乡新任乡长岑泽甫和龙汉斗及广南县上阿用区区长农旭甫,率滇军200余人,借口说王茂德被杀是由于平烘、良同寨群众串通游击队造成的,采取报复性的烧杀袭劫。拂晓包围平烘,边掠劫民财,边放火焚烧民房。寨内大乱,群众争相往村边两头的水沟里逃命,敌兵向奔逃的群众疯狂的〔地〕开枪射击,顿时,尸横山沟,血染遍地,群众被打死72人,民房被烧毁36间。平烘事件发生,枪声惊动了良同,我们得到报告后,采取了紧急措施,立即收拾好器械工具,在群众的帮助下,肩挑背扛,沿沟度过西洋江,安全转移到云南广南县那柳后龙山,继续开展工作。我们撤出良同,顺利转移后,敌人当日到了良同,开枪打死群众16人(其中3人押到龙潭乡后杀害,其余押到西林县城定安监禁),烧毁民房25间,抢走两寨群众牛马150头(匹)。

滇黔桂边区革命游击队兵工厂从建立到转移,在西林县良同寨前后历时两个多月,我们白手起家,想了许多土办法,克服了许多困难,在艰苦的岁月里,在很短的时间内修理好了十响驳壳枪80多支,步枪数十支,翻装子弹1000发。这些武器弹药在战场上发挥了较大的作用,为各族人民的解放事业作出了一定的贡献。

农忠泽　整理

(节录于中共广西百色地委党史办公室等编:《滇黔桂边区革命根据地》,中共党史出版社1999年版,第553～555页)

红军机械厂发展情况

罗志刚

最早来我们〈云南富宁县〉那柳的,记得是陆坤和江水平两位,那时可能是1935年4月。他们以做生意为名来住我家,言谈中对国民党也不满,所以我们情投意合,以后每隔十天八天就来一次,两三次以后就常在晚上教娃娃唱歌,唱什么歌我记不得了。我今年86岁啦,那时我已39岁。他们来一两月都住在我家,后就在初闷开一次劳农会议,我们那柳和阿用附近各村寨,广西的木龙、西林等村的劳农也来参加,约一百三四十人。会上都是讲官家压迫农民太深,土豪剥削太苦,我们要组织起来打土豪、分田地,会议不知道选哪个当领导。会后就去广西木龙打王保董,杀了保董王成法,分了他家的财物给农民。主持这次大会的是陆坤、江水平、陈勋三人,我也去参加了。初闷劳农会后,陆坤曾去板蚌方面联络,但联络不成,就在板蚌教书。

后来在塘彦又开一次大会,我也去参加了,这回是何尚刚同志组织召开的,何尚刚和李克都讲了话。那次会上有广西来的红军战士,本地的赤卫队和劳农,共约800人左右,会上还杀了5个龙汉斗派来的侦探,会后在者兰杀猪杀牛会餐,当时他们约我出来参加,我说我不会打仗,不敢当兵,不过我愿帮修枪、翻子弹。实际上,在塘彦会议以前,陈勋和黄德胜在1935年6月间就喊我到下阿用,商量安排我负责修械组了。我们修械组共有5个人,就是我和我的老五罗志仁、黄朝相、黄朝龙(现在贵州兴义县的巴龙白糖厂,已退休),还有西林县那所公社木龙大队良同寨的黄老二。我们的厂开始建在良同寨,约两个月被广西军发现来"剿"。

1935年8月,我们就转到那柳对面山上流动,天天赶翻子弹和修理由百色缴得民团很多烂旧枪支子弹。流动得几个月,不到一年,才转到那哈后山那兄来,搭棚修理。在那哈后山约半年多左右,才被初闷一个间长罗朝举发现我们的火烟,就去报龙汉斗来"剿"。那次我们那柳赤卫队被白军和广西军打死好多人,平队寨25家就被烧去23家。那时已是1937年2月间,红军主力随黄德胜、韦高振转到谷拉九弄去了,我们赤卫队打不赢。各寨群众都跑上山去躲了,群众被烧杀抢掠,真是惨不忍睹,于是共产党何尚刚同志就来联络我,帮起草写了5封万急代电。代电的原文是:"万急代电,国民革命军第五路军总司令李、副总司令白、民政厅厅长雷,百色民团指挥官黄、西林县县长黄约鉴,为惨遭烧杀黑避天日,哀祈见怜,依律究办,以雪众怒事,⋯⋯"以下记不得了,代电请转云南省政府查办。代电发出约一月,不见答复。第二次又请百色大学生帮写催办,但后来连屁都不放一个。第三次又请小地方的那所(西林县)林成奥先生写,原文是:"万急代电,催电:为罪魁祸首,旧怒未雪,饥寒交迫,易甚忍忧,⋯⋯"以下记不得了。这次催电以后,广西真的转了电文给云南,派来了西洋的两个乡长,他们送 2000 元法银,以后敌军才少来那柳骚扰。不过,自从黄德胜总指挥转到九弄以后,我们兵工厂修械组也就散了,由 1935 年 6 月到 1938 年 4 月,做了 2 年零 10 个月左右,修理枪支约百把支,翻装子弹每天多的二三百发,少也是百多颗,每月总有一二千发送出去,多数是傅少华来要。

我们那柳在 1935 年时建立的赤卫队,中队长是陆志宏,共有四五十人,有时号召起来有 100 多人。不过枪支很少,才有百把支,多半是铜炮枪。

我任红军劳农游击队第三联队后勤部枪械修理组组长。还记得当时唱过的红军歌有《红军纪律歌》,歌词是:"我们都是工农的化身,工农痛苦的最深,工农的东西得来不容易,一草一木不得害损,红军纪律十分的严明,凡我同志必须注意,此是我红军致〔至〕要的生命,关系革命前途非轻。"还会唱《共产党领导真正确》,歌词是:"共产党领导的〔得〕真正确,工农群众拥护真很多,红军打仗真不错,粉碎国民党的乌龟壳,我们真快乐,我们真快乐。亲爱的英勇的红军哥,我们胜利有保啊,上前杀敌莫留一个,把红旗插遍全中国,我们真快乐,我们真快乐。"还会唱《国际歌》《义勇军进行曲》。

李兴 整理
1982 年 6 月 12 日

(中共云南省富宁县委党史研究室保存并提供)

参加红军枪弹修械组情况

黄朝相

　　我今年76岁。罗志刚来联络我大约是1935年12月,我跟罗志刚去,在广西良同(距那柳约30里)黄建功家修枪。红军由百色运来大批废枪炮、废子弹,我们在那里修得2个月,被国民党发觉,派广西军来"剿",我们搬回云南地界来,在那柳对面山林里(安那坡),流动修理和翻装子弹。我们5个人,每天都忙着翻装子弹,一天二三百,同时也修枪支,流动将近一年,搬了十多二十次家,后才到那哈山(那兄)搭棚做工。因为当时那哈还是荒野,没有人家,所以在那里搭棚,做得差不多一年,才被对面山上初阄寨的阄长罗朝举发觉我们烧的火烟,就去密报给龙汉斗来"剿",广西军也来"剿",我们被打散了。后来也零星做点,到1938年红军主力赵敏等全部撤到广西,我们才停工的,共约2年多(时间)里,修枪百把支,翻子弹每月1000多,一年10000多颗是有的。

　　来组织我们搞修械组的,首先是陈勋,他找罗志刚去商量好后,又来约我俩哥弟一起去的,我们修械组的领头是罗志刚,他会造十响枪,另外有罗志仁和我,还有我弟黄朝龙(现在贵州兴义巴结)。罗志刚最老,罗志仁73岁,黄朝相68岁。我们修械组的工具都是自己想办法打造的,现在已丢失完了,因被广西军和白军几次"围剿",丢掉了又自制。当年用过的工具,罗志刚可能还有点什么,罗志仁还有一床当年我们共用过的红洋毡,其他就不剩了。

1982年6月13日

　　(中共云南省富宁县委党史研究室保存并提供)

走访罗志刚谈话记录

我们工厂名叫修械厂，是 1937 年正月初建立的，首先设在广西西林县的良同屯，当时的成员有我、罗志仁、黄朝相。黄朝龙和黄老二（广西良同人，1982 年已病故）等五人。2 月底，被国民党龙连长来围攻后，才撤出良同屯搬到云南那柳屯对面山坡上。在良同时，我们曾经修理过枪支，翻砂子弹。

记不清是哪一年了，李明瑞攻打百色时，缴获一批枪支，用棉纱包扎八十支十响手枪，再用商船运到剥隘，然后通知七村九弄的游击队来领，因为这批枪支已残缺不能用，大队部便交给我修理，我们便建立了修械厂。在云南那边，龙汉斗经常在平碰和西洋江一带"搜剿"游击队。因此，在那里建厂有困难，良同是广西的，广西受到干扰比较少。所以我们就把厂建在良同屯。

1937 年农历正月二十一日，被我游击队镇压的木隆局董王茂德的侄儿王家积贿赂龙潭乡长岑泽甫，伙同西林县警，采取报复（说王茂德被镇压是由于良同、平烘串通游击队所为），当天拂晓围打平烘、良同，两寨群众遭受洗劫。

被国民党龙连长围攻的那天，修械厂的其他人员，早已转移了，只有我和黄老二护守修理工具。当敌人快要进村的时候，我正肩扛一个钻机，准备转移。刚走到河边，敌人开枪了，于是，我也把钻机丢下河去了，只身沿河跑出去。当晚，我们便躲在山上。不久，我们就开始工作，当时生活很困难……没有饭吃，我们就烧包谷充饥……

1983 年 4 月 3 日

（节录于中共西林县委党史办公室：《西林县委党史资料参考》，1988 年印行。中共云南文山州富宁县委党史研究室保存并提供）

何云等先后传达上级指示情况

何荫民

1937年6月初,中共广西省工委派何云到右江思隆县七里区召开党的工作会议,传达西安事变和党中央关于国共合作,联合抗日的指示。下旬,何云同志到田林县乐里镇找到在那里当店员的我,由我带路前来西林县与富宁县交界的者兰,与根据地的领导同志何尚刚、黄德胜、赵敏等汇合。何云同志到达后,便召开了干部会议传达上级党委关于"西安事变",停止内战,国共合作,一致抗日的指示,会议结束住了4天,后我俩返回乐里镇,何云同志返回右江下游汇报情况。

1938年2月,广西省工委孔克为中央特派员,吴斌在西山水岗召开会议,会上孔克作了国内形势和国共合作问题的报告,指示在敌强我弱的情况下,右江会后的工作,不能进行公开斗争,要隐蔽精干积累革命力量,以待时机。1938年7月,根据上级的精神,何尚刚、岑日新、傅少华等转入中越边进行隐蔽斗争,赵敏也会下游田东一带继续活动。

1983年9月10日

(中共云南富宁县委党史办公室苏金勇抄自《何荫民回忆录》,中共云南富宁县委党史办公室保存并提供)

何荫民书面材料（节录）

（何荫民是何尚刚亲兄弟，现在富宁县税务局工作，中共党员）

1937年初，何云（原名林鹤逸，华南分局派到广西省工委工作，1937年和1938年派到右江巡视工作）到田林县乐里镇地下交通站找我带路去富宁县阿用边界，向劳农游击队联队负责人何尚刚、黄德胜等传达党中央和华南局关于国共合作、联合抗日指示，四天后返回右江。

［节录于中共云南文山州富宁县委党史研究室李兴整理：《三十年代到四十年代滇桂边游击根据地建立和发展的经过》（1983年8月）。中共云南省文山州委党史研究室保存并提供］

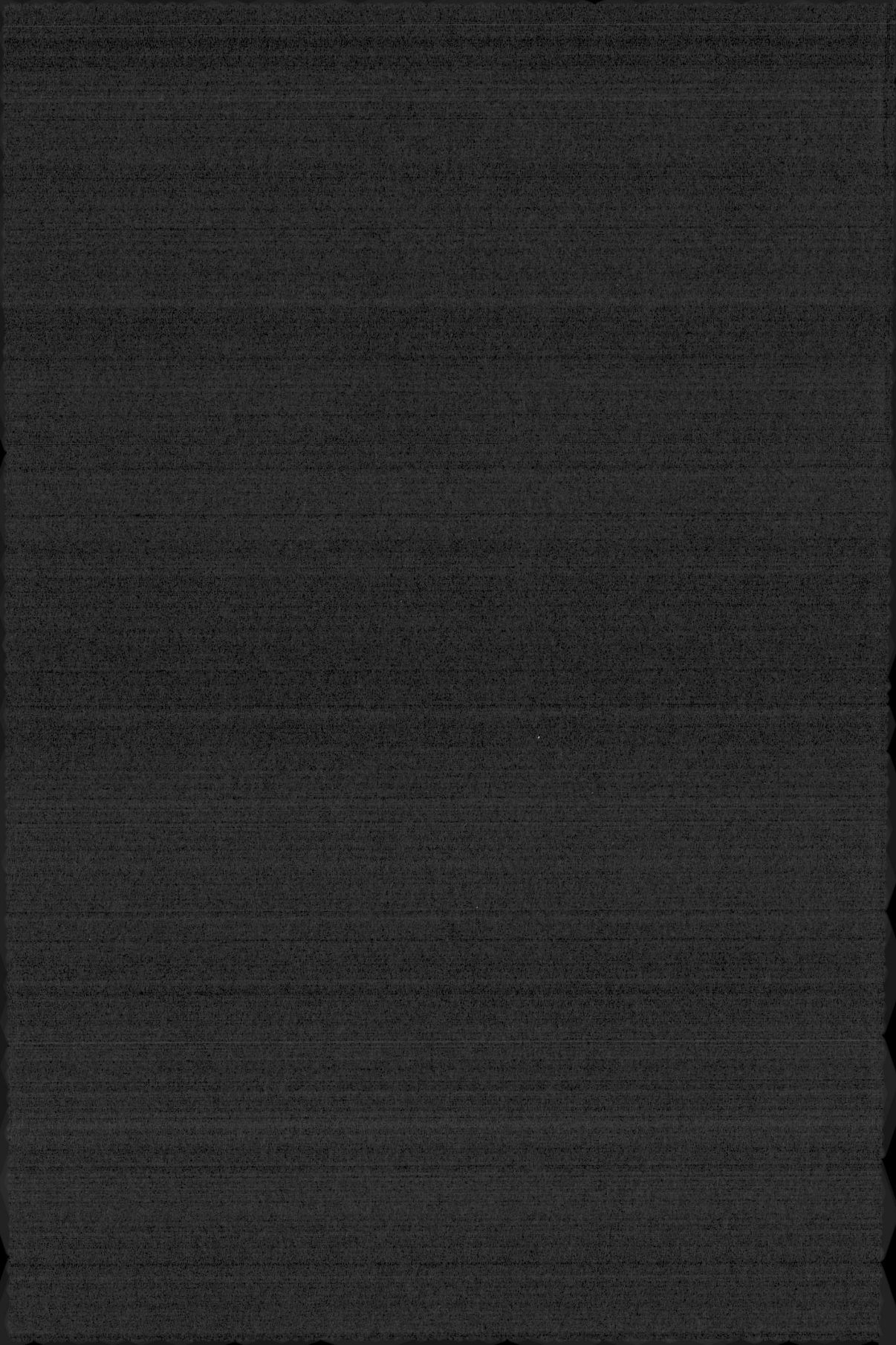

中国工农红军
滇黔桂边区游击队
史料选编 [下]

本书编写组 编

江苏人民出版社

图书在版编目(CIP)数据

中国工农红军滇黔桂边区游击队史料选编/本书编
写组编. —南京:江苏人民出版社,2024.9
ISBN 978-7-214-28384-9

Ⅰ.①中… Ⅱ.①本… Ⅲ.①中国工农红军—游击队
—史料—西南地区 Ⅳ.①E297.2

中国国家版本馆 CIP 数据核字(2023)第 178090 号

书　　名	中国工农红军滇黔桂边区游击队史料选编
编　　者	本书编写组
责任编辑	赵　婼
装帧设计	周伟伟
责任监制	王　娟
出版发行	江苏人民出版社
地　　址	南京市湖南路 1 号 A 楼,邮编:210009
照　　排	江苏凤凰制版有限公司
印　　刷	苏州市越洋印刷有限公司
开　　本	718 毫米×1000 毫米　1/16
印　　张	64.25　插页 10
字　　数	1057 千字
版　　次	2024 年 9 月第 1 版
印　　次	2024 年 9 月第 1 次印刷
标准书号	ISBN 978-7-214-28384-9
定　　价	368.00 元(上下册)

(江苏人民出版社图书凡印装错误可向承印厂调换)

4. 黔桂边地区斗争情况

黔桂边委在黔西南的活动(节录)

黄唤民

(一)

1932年春夏,韦拔群同志派黄举平、黄鸿腾、王仕文、黄衡球、黄伯尧、韦仕英等人到贵州,化装为小贩在罗甸、贞丰一带开展工作,要求他们根据党在白区工作的方针,发动群众,分化敌人,争取同盟者,开展武装斗争,壮大我党的力量。

黔桂交界处是苗族、布依族、壮族聚居区。这里山高谷深,地处边远,交通闭塞,因此黔桂军阀统治者对这里鞭长莫及,无法控制。实力派各据一方,占山为王。罗甸的陈秀卿拥有几百人枪,控制罗甸、边阳一带;板陈的王海平也有几百上千实力,霸占贞丰、册亨等地;镇宁六马的王仲芳、惠水的王树芝,这就是当时所说的"四大天王、八大金刚"。但他们又都受广西、贵州军阀的欺压,与这些军阀有矛盾。这里国民党政权力量薄弱,加上各族人民曾受过百色起义的影响,有一定的觉悟,更有利于我们开展革命工作。

黄伯尧、黄衡球来到罗甸,这里是地方实力派陈秀卿的势力范围。1932年初黄伯尧、黄衡球到罗甸不久,就经常下乡做商贩,卖小烟斗、灯草,了解群众、发动群众。这时正值国民党某个团开进罗甸的边阳,侵犯了陈秀卿的利益,双方发生了冲突。陈秀卿有几百人被包围,他十分忧虑,四处求援。黄伯尧、黄衡球得知这一情况后,立即化装成游客,找到了陈秀卿,同陈进行了交谈。在交谈中,他们了解到陈虽然是地方一霸,但因为受军阀的欺压,同军阀有尖锐的矛盾,加上他现在正处于危难之中,亟需有人助他一臂之力,于是黄伯尧、黄衡球决定利用目前这个矛盾,争取这股地方势力,在贵州建立立足点。当即向陈表示,愿为他出谋划策,帮助他解决目前的燃眉之急,果然取得了陈的信任。

恰巧此时,广西东兰一个地方实力派韦万灵被桂系军阀李、白派部队"围剿"后,带着100多人逃到罗甸来,上贵州避难,派人与陈秀卿联系,要求容纳。陈秀卿问计于黄伯尧,黄建议利用韦的残余,充实自己的力量,来解那几百人被困之急。陈听计收容韦万灵部,并利用这部分兵力,出其不意地偷袭了包围边阳的国民党部队的后路,陈秀卿那几百人果然获救。陈对我们很信任,我们争取工作初步取得了成果。

随后,黄举平(化名黄浩凡)来到罗甸的蛮瓦,与黄伯尧、黄衡球等在贵州罗甸建立了边区秘密党支部,黄举平为书记,黄伯尧、黄衡球为委员,领导罗甸、贞丰一带的斗争。主要是争取陈秀卿搞两面政权,利用陈的实力掩护我们的革命活动。陈对他们说:"你们自己活动你们的,不要把我的兵活动叛变就行了。你们的人你们指挥,我们的人我们指挥,你们不要搞我的鬼就行。"党支部作了分工:黄伯尧、黄衡球二人留在陈部当"参谋";黄举平深入乡村开展革命活动,以贩卖火柴、针线、香烟、灯草等杂货扮作游商,走村串寨,调查了解社会状况。在原罗甸第一区附近村寨宣传,发动及组织群众反对国民党统治,取消一切苛捐杂税,民族平等等政治主张,号召群众起来抗丁抗税。

经过一段时间的宣传,群众的觉悟很快提高了,许多人不再向军阀豪强缴纳捐税。反动统治者税收锐减,怀疑我们的人在底下煽动,急忙暗中侦查煽动者。一天,黄举平在平书活动,县政府警察到平书收款遇上他,对黄产生嫌疑,遂捉拿下狱,关押几个月。据说当时黄光扬的父亲也受到株连,被关在同一个牢房里,黄举平同志被捆绑受刑多次,敌人得不到什么证据。后来黄光扬的父亲先获释,他去动员群众来证明黄举平是好人,没犯什么罪。国民党政府多次对黄举平审讯也拿不到什么证据,只好把他释放出狱。这说明,我们的工作是有成效的。

1932年冬,岜暮区沦陷后,牙永平偕同韦国英部队上贵州卡法开荒,一面开展活动,并与边区党支部取得联系。黄举平出狱后,决定留黄衡球在蛮瓦继续活动外,便率黄伯尧、黄鸿腾等人分别分散在册亨、贞丰、兴仁一带进行革命活动。蛮瓦边区党支部也随同迁到了卡法,卡法便成了黔桂边乐业、罗甸一带的活动中心。韦国英、牙永平的队伍仍保留部队建制,进行地下活动,必要时与军阀作战。牙永平是天峨县人,1932年冬来到卡法,第二年韦国英才到。在卡法黄举平成立边委支部,右江领导人多数到过卡法。

当时,在贞丰纳夜的营脚寨的地方实力派韦明,手下有枪80多支,控制着当时贞丰的桑郎、麻山、武邑、大观等几个乡,与国民党桑郎乡乡长罗松柏相对抗。当时,我们缺少武器,韦国英等同志决定利用他们之间的矛盾,争取韦明,把他的武装改造成我党领导的武装力量。韦国英先带领部队协助韦明,把罗松柏赶出了桑郎,然后再做韦明的工作。韦明感激韦国英帮助他赶走罗松柏,就答应和韦国英合作。就这样,我们的武装力量得到进一步的壮大。

罗松柏被赶出桑郎,对纳夜、乐元、蔗香、板陈等地影响很大。群众纷纷主动与我们接近,许多青年积极报名参加我们的队伍。一些较开明的国民党乡、保长也转向我们,我们就利用他们建立了两面政权,要他们在国民党统治的地方,以公开合法的身份开展我党领导的进步活动。

但罗松柏并不甘心于失败。不久便纠合贵州国民党当局一个团的兵力,包围了韦明部所在的营脚寨。经过几天的激战,终因敌众我寡,屡战不利,最后韦明率部转移到麻山,不幸被叛徒出卖,光荣牺牲。这支武装虽然失败了,但因为我们有可靠的群众基础,我地下党组织并没有暴露,在艰危的环境中,革命工作依然在推进。

(二)

我们在做争取同盟者的工作时,有意识地做了王海平的工作,取得了成绩。王海平这个人,我晓得他的历史,是个无产阶级出身,穷光蛋。初时为生活所迫,曾结伙抢劫过路的鸦片烟帮,抢大烟来买枪,逐步扩大,有点势力,并富裕起来。当时被称为"四大天王"之一,控制着贞丰、册亨、安龙等几个县的广大地区,并取得合法身份,负责征收南北盘江、红水河至小马场一带的鸦片烟税。这一带是贩运云贵烟土的必经之路,香港、广州、上海等地烟帮络绎于途。这些烟帮小者几个马驮,大者几十个甚至几百个马驮。过路烟帮纳税后即可通行无阻,否则定遭土匪洗劫,因此各地大烟帮都有赖于他。广西百色、柳州和广州、上海、香港的一些资本家,亦有邀他合伙经营的。他控制的这个地区,特别是他的根据地板陈成为商业中心,烟帮常带一些布匹、百货等到这里贩卖,市场相当繁荣,时人称板陈为"小香港""小租界"。

王海平财力雄厚,武力充足,自封为"司令",家中豢养着一个手枪排。排长廖庆春是他的亲信。还有数百支步枪散发在外,多由王海平的佃户使用,有事为兵,无事为农。王海平对佃户的态度是,按收成四六分租,你报多少收入,他收多少租;如受灾严重,他也不逼租。困难佃户向他借十元八元,过后不还,他也不在乎。王海平性格豪爽,广结人缘,家中座客常满,一些被国民党政府通缉的人,往往隐藏在他家,得到庇护。由于王海平富有,被贵州军阀所垂涎,因而经常借故勒索王海平。王海平积怨日久,他感到孤立无援,进退维谷,十分苦闷。

正当王海平走投无路时,我右江地区革命委员会成立,遂派黄世新、牙秀才和我到卡法开展工作。我们到卡法,牙永平即向我们反映了当时王海平的处境。我们认为这正是争取王海平的机会,就化装成小贩,到板陈与王海平接触。我们向他宣传我党的政治主张,指出:蒋介石、军阀都是我们的敌人,依靠他们是没有出路的,唯一的出路只有跟着共产党走。王海平被我们的宣传所打动,一直谈到深夜。

王海平曾接待过红八军第一纵队司令员何家荣,对红军有所了解。经过我们对王海平的直接宣传,王海平的思想开始转变。他主动找黄世新、我和其他同志交谈,表示拥护红军,愿意跟着共产党走。我们对王海平的态度表示了热烈的欢迎。

此时,王海平接到贵州军阀的命令,要他带部队去定番堵截红军。王海平不但对这个命令置之不理,反而派了一个副官带几个人给红军带路。当时,我党领导下的卡法武装力量不断壮大,但缺少经费,王海平知道后,就把渡邑渡口的税收拨给我们作经费,同时还出钱支援右江革命委员会。王海平被争取过来以后,对周围地区产生了极大的影响,我们的工作也进展得更为顺利。

(三)

我们在黔桂边区站住脚后,右江根据地不断派人来指导工作。韦国英、牙秀才、韦运祥、赵世同、黄世新、荆丽(即韦敬礼)、黄家福、吴边(即吴元)等同志集会于板陈,根据上级党组织的指示,建立中共黔桂边委员会,属广西地下党组织领导。赵世同为书记,黄世新为副书记,韦国英、韦运祥、韦敬礼、吴边为委员,领导黔桂边革命活动。由于黔桂边是军阀割据地区,常受敌人的骚扰,边委研究决定,由王海平公开出面组织武装,并要以他司令的名义,任命韦国英同志为营长、韦运祥为护商大队长,其他同志均在各地以公开合法的职业为掩护进行工作。王海平为了边委能顺利工作,在板陈建立了一所小学,请韦敬礼、黄家福等同志为教员,这所学校就成了我们边委活动的据点。

这段时间,边委开了一系列的会,讨论举行武装暴动问题。胡斌同志主张以王海平的名誉,发动一次武装起义,先取贞丰、册亨、安龙,进一步下兴义。如起义成功,立即着手建立黔西南根据地。黄伯尧、黄世新不同意,理由是:我们虽然有了武装队伍,但就当时形势来说,敌人还很强大,我们的弹药又少,每支枪大约只有三五十发子弹,枪又大多是土造的。起义一旦打响,广西、贵州的军阀以及国民党正规军就会合力派兵镇压,打一两仗还可以,但战事一持久,弹药无从补给,黔桂边就可能失守,我们便无立足之地,更谈不上在这一带坚持斗争了。我们要按照上级党委的指示,长期隐蔽,积蓄力量,以待时机,反对急躁冒进。如急于起义,我们和王海平都要暴露。边委对这个问题分歧较大,反复讨论了几次,最后,多数同志同意黄伯尧、黄世新的意见,没有举行武装暴动。

(四)

西安事变后,全国掀起了轰轰烈烈的抗日热潮,出现了抗日的新局面。我们接到上级的指示,现在国共合作,组织抗日义勇军。在国民党统治区要由国民党政府组织,我们从基层发动群众组织,你说是共产党组织,他就禁止或镇压。这时候我们有个经验:在广西,我们组织有抗日游击队,抗日义勇军,我们可以单独组织。在贵州,以我们的名义来搞就不行了,那敌人晓得你是共产党就要消灭你了。那时上级派人来西山传达中央的精神,并解释为什么要放蒋介石,要我们组织抗日战线,抗日义勇军和抗日救国会等。我们在西山时,右江组织起来后,出不去,有头无尾,为什么呢? 只是你这个赤色区范围,敌人范围你组织不了。上级指示讲,要我们同志到敌人内部去发动他们的人来推动国民党政府抗战。上级给我们指示:要把野牛的鼻子穿紧,拉上抗日战线去。那时有三种口号,蒋介石的口号:抗日必须"剿共";广西李、白的口号:抗日必须讨蒋;我们的口号:对内团结,对外抗战,不分地域党派。我们的这个口号影响很大。

根据贞丰各派势力的条件来看,要组织抗日义勇军,推动他们自己去组织和扩大自己的组织,要发动他们自己人去组织。黔桂边委根据当时的形势,曾派王世文到乐元,配合当地上层人物黄吉昌、黄吉达等人,组织抗日义勇军,青年们踊跃报名参加,很快组成一支几千人的抗日队伍。我清楚记得乐元黄吉昌组织一部分义勇军上贞丰去,当时鲁屯(属兴义——编者注)有韦安州、韦保州两弟兄,被国民党政府关在贞丰,红军路过把他们放了出来,由于红军救了他们,他们很同情革命,红军留下几十个人在那里,有个马队长在那块同韦安州住过,以那块作为据点向外发展。后来这几个人变心了,把马队长引到河边,讲去洗澡,趁机把马队长杀了。留下来的那部分红军还跟他们打,剩下一部分人到板陈找我们来了。

那时,我们组织抗日义勇军,黄吉昌负责贞丰、乐元这一带,发展很快,群众一踊而起,个个都来参加。没有好久,消息传到国民党政府那里,他们说底下有共产党的领导,马上派兵镇压,群众就回家了。

卡法有武邑乡有六个保,保长都是我们安排的两面政权,每保组织了两个分队,每个分队有枪10至30支不等。当时,我在牙永平连队担任指导员,我们也投入到组织抗日武装的运动中,在抗日热潮的推动下,黔桂边的一些上层人物,如然达的王建坤、王建目,伏开的张昌国、陆文斌,打易的何亮卿、何亮诚,乐旺的韦有珠、韦有瑞,岜赖的谭正邦、谭正明,麻山的罗老四、杨海诚,镇宁县的王仲芳,紫云的小罗山等,都派人来与我们联系,要求帮助组织抗日救国义勇军。当时考虑到麻山是苗族聚居区,我们就派懂一点苗语的黄德光同志到那里建立抗日组织,其他地方则根据他们各自的实际情况建立抗日组织。在边委的领导下,黔桂边的抗日救国会和义勇军组织如雨后春笋一般,纷纷建立起来。

乐元义勇军被镇压后,何亮卿被杀了,谭正邦也被杀了,这些人同我们比较密切。王建宏是反对我们的,他还带人来攻打过我们。黄景星到 1940 年支持我们的工作,那时我介绍他入党,后来赵世同讲这个人是小知识分子,慢一点,后来就没有吸收,他是比较进步的。这时,麻山的罗老四经不起顽固分子罗松柏的威胁利诱,投靠了国民党。一天,他在罗松柏的唆使下,带了 40 多个爪牙到卡法,企图杀害在那里进行革命活动的牙永平和牙秀才二同志。牙永平等事先已经侦悉他的阴谋,当罗老四等人来到卡法时,便摆下酒席为他"接风"。席间,牙永平出其不意,一枪结果了罗老四,并解除了他随从的武装,粉碎了罗松柏的阴谋。但罗松柏贼心不死,又纠合了国民党的一个团,开进黔桂边区的打易、乐旺一带,疯狂地残杀群众,向我方进攻。

当时桑郎土司是王华甫。交步、冗郎、平和、打鸟这一带群众每一年都要送棉花税给他,每年按人头计算。16 岁以上每人要交 3 至 5 斤皮棉。麻山苗族每逢王华甫家有红白喜事,家家都要送好多柴火、好多的鸡鸭。王华甫手段毒辣,麻山农民来卖什么菜他都来收税。农民除负担国民党的税外,还负担土司这一份,农民受到双重剥削,困苦不堪,麻山人民痛恨到了极点。韦明与麻山苗族人民有联系,我们通过韦明这个关系,到麻山做苗胞工作,提出反对地主阶级压迫,提倡民族平等,反对苛捐杂税。国民党要收一份,桑郎王华甫又要收一份,你土司要收就给我们免去国民党的税,如果你不免去国民党的税,这一份我们就不给。这个工作做得很有成绩。韦明与麻山苗胞有联系,赶走罗松柏,国民党又支援罗松柏四五百人来围攻韦明。韦明顶不住,附近的武装都回家了,只剩下韦明几个人。韦明冲出去跑上麻山,不知哪个叛变了,韦明被杀害,割下脑壳来给国民党。韦明死后,他的老婆改嫁给黄景光。1982 年 5 月 16 日我到纳夜的云脚寨去访问她,问韦明到底是谁杀害的? 她病在床上,话都说不出来。

那时,牙永平根据韦拔群同志的指示,每到一个地区都要注意当地的情况和少数民族的风俗,注意对少数民族的政策。当时也晓得桂黔边区有苗族,除注意民族工作外,还注意山区工作。牙永平派黄德光同韦明打老庚,一同到麻山发动群众,杨吉武也是一个骨干分子。还有一个杨海诚,他当过保商大队长,熊亮臣在杨那里扛过枪。熊亮臣到卡法与牙永平取得联系,他受革命影响和教育。那时杨海诚、熊亮臣都来过卡法。麻山苗族人民也受到卡法的革命影响。纳上还有一个王新民,我们利用他搞两面政权,也叫双边政策。王国安是直接同我们在一起的。

王海平同乐旺韦有瑞是亲戚,韦有瑞与岜赖的谭正邦、谭正明和燃达的王建坤都有密切关系。这些人来时我没有接触,都是赵世同、韦国英、韦运祥接洽的,因他们是领导人,是边委委员,我只是牙永平连的指导员。王仲芳同王海平找边委接头,后来我问王仲芳的儿子王由植,他说他那块也有人来组织,所以不光是望谟、贞丰、镇宁、紫云、惠水这片都影响到。赵世同到过紫云活动,组织群众,宣传群众反对国民党,组织有几百人,后来失败了。

当时,卡法连队组织一些地方武装,交赖有一个分队,陆某某为分队长,布依族;上伏开一个分队,张昌国为分队长,汉族;蛮结一个分队,王建目为分队长,布依族;伏开一个分队,陆文斌为分队长。每个分队 30 至 40 人,大体都受牙永平指挥。还有岜赖的谭正明、谭正邦,乐旺的韦有瑞、韦有珠,乐元的黄吉昌,打郎的黄福元,望谟的罗耀光等,这些都与牙永平常来往。当时他们比较进步,后来才反动的。比较密切的还有王泽州、黄景星。

(五)

1940 年,国民党贵州省政府为了进一步加强对这一地区的控制,在贞丰、紫云、罗甸交界的地方成立望谟县,派宋大为为县长。宋上任后,立即派了一个保警大队驻扎于望谟县城和桑郎一带,妄图消灭我革命力量。同时他还了解到王海平的情况,阴谋在 1941 年农历正月王海平的生日那天,以祝寿为名乘机杀害王海平。边委获悉这情报,立即决定送王海平同志到延安学习,同时边委转移到广西,留下农勤耕和我继续坚持斗争。部署就绪后,农历正月十八日下午,罗一农果然亲自率领一队化了装的县保警队,耍龙舞狮,敲锣打鼓,鸣放鞭炮,来到王海平家。他们在门口等了许久,不见王海平出来迎接,知道事已败露,罗一农急命保警队冲进王家,不见一人影。罗一农便命保警队搜索周围村寨,捉拿王海平,结果一无所获。

王海平到广西后,本拟从柳州坐火车转赴延安,不料刚上火车,即被敌人发现逮捕,解送贵阳。我党组织百般营救无效,王海平最终被国民党杀害于花溪。

部队转移后,农勤耕去乐旺一带活动,我则先后到麻山、打郎一带活动。这两个地方比较偏僻,群众基础较好,我能够公开露面活动。不久,留在望谟的地下党员,在纳夜召开会议,讨论今后的工作。参加这个会的有农勤耕、黄福元、黄景星、王泽周、罗振华、王可钦和我。会上讨论了在望谟建立两面政权问题。大家一致认为,国民党望谟县目前正在选派乡、保政权负责人,我们一定发动群众推选同情我们的人来担任,搞两面政权,以利今后开展工作。会议还决定以武邑乡为试点,发动群众,自己选乡、保长。会后,我和罗振华、王可钦回广西天峨,向上级党组织汇报情况,其余同志在望谟领导群众工作。

我认为,王海平是同情、支持革命的,对革命作了重大贡献的。王海平是共产党的忠诚朋友。表现在:一是王海平收容红八军6个月,给红八军每个官长每天4角,每个战士每天2角的伙食费,并供给红八军办公用费,6个月共给红八军近两万元。二是王海平有什么事都征求红八军司令何家荣的意见,这说明王海平对共产党相信。三是王海平对红八军驻扎望谟、蔗香欢迎,离开也不阻拦。这是一个方面。另一方面是,1934年以后,王海平帮助红七军牙永平连,并拨了渡邑渡口的税让牙永平部收,还拿钱给右江革委会作办公用费,每月二三百块法洋。什么人到他那个地方去都要听从王海平的指挥,但他也受我们边委领导,又是听我们指挥,他要做的事情,也通过我们许可才做。我们掩护他,他也掩护我们。他这个合法公开的地位,使边委在板陈的活动能进行下去。王海平是争取过来了。当时边委赵世同、韦运祥、韦国英研究认为王海平这个人过去打红军是错误的,但他承认"我们既上李、白的当,又得罪了红军"。后来经过各种工作,打消他的顾虑,我们向他宣传取消一切新仇旧恨,对内团结,对外抗战,共产党讲话是算数的,把他的顾虑解除,以后才能把我们二十一师零散的人收集到板陈,如赵世同、韦国英、黄家福、吴边等同志。吴边是上级派来的,是外省来的,不晓得由哪个地方派来,不是右江的人。

我在几个地方谈到王海平,我对他的评价:王海平是革命的诚实朋友。

二届边委成立是1936年,到1938年这几年活动,黔桂边区的领导是上游革命委员会。右江上游革委是黄举平负责,边委是赵世同负责。西安事变后,国共合作抗日,张云逸来广西谈判,搞国共合作,划右江百色到贞丰这一带为特区,李、白不承认,他说韦拔群死后,广西没有共产党了,所有的是土匪。我们也不承认,谈判不行。国共谈判不行,桂西区特委书记黄桂南不听同志们的意见,擅自把韦高振这个部队拉到百色同黄韬去谈判,被国民党缴械了。黄桂南叛变以后,敌人就向西山"进剿"。

赵世同上贵州后,我到板陈,赵分配我到牙永平连队工作,当指导员。农勤耕当秘书,所以人家喊农勤耕为农师爷。群众到边委来告老王山的简世奎、简世举。边委决定让王海平亲自出兵带队去剿简氏兄弟。虽没有提到简世奎、简世举,但影响很广。这个地区的国民党政府就注意我们了,他们讲王海平倾向共产党,活动比较猖狂。

打倒简家兄弟之后,国民党对贞丰板陈这块就重视了,就讲非消灭王海平不可,同时非消灭牙永平不可。这块是个边远地区归贞丰县管。地区宽广,国民党要成立望谟县,目的是镇压边区革命,消灭王海平的势力。这个消息我是怎样得到呢? 陆文宪跟牙永平好,陆文斌是陆文宪的哥,他与牙永平常来往,被关了很长一段时间,不知用好多挑银子去才放回来,以后他不敢同我们接触。在望谟起了一个房子住。陆文斌参加革命,陆文宪也受嫌疑。陆文宪是省参议员,参议长是平刚,国民党省政府的计划平刚晓得,平刚又给陆文宪讲,陆文宪又给我们讲。我晓得国民党这个消息是从这个关系来的。这就是两面政权的作用。

后我又到麻山去作群众工作。到麻山达寿杨通国家住一段。我不会讲苗话,走路时黄福元在前,我在后。我的话是广西口音。人家很熟悉,一讲就知道是牙永平的人。黄福元碰到人就讲话。我就不讲。我到麻山去做群众工作,宣传我党的政策,揭露国民党反动派的罪恶。到7月份,国民党兵已收回去了,农村稍微清静了,这时右江党委派黄可金、罗振华两同志到望谟来了解边区工作情况。他们是通过黄福元到麻山杨通国家找到我的。我们一起到打郎去,准备回广西。到广西还找不到上级,过往要有身份证,是哪个乡哪个村,要有乡长盖个印。我们要去哪里都困难,如果被敌人发觉就没有办法了。我们几个走路,一文钱都没有,找草鞋穿,讨饭来吃,大寨子不敢进,专走小寨子。

那时,贵州军阀杨森搞民族同化政策,少数民族妇女穿民族服装、穿裙子的,杨森就剪头发、割裙子,引起少数民族特别是苗族妇女的反对。我们利用这个事件发动群众反对国民党。

肖礼洲根据有关材料整理,中共黔西南州委党史研究室供稿

(节录于中共广西百色地委党史办公室等编:《滇黔桂边区革命根据地》,中共党史出版社1999年版,第477～489页)

黔桂边区地下党和游击队在罗甸地区的活动概况（节录）

黄唤民

1933年,中共黔桂边委决定:由黄举平、黄伯尧、黄衡球、韦仕英、黄云龙、黄洪腾由天峨出发,分别到贵州的罗甸、贞丰、紫云、安龙、册亨进行革命活动。黄举平带领黄伯尧、黄衡球扮着商人来到罗甸的蛮瓦陈绣卿那里活动,陈是认识他们的。陈说:"你们自己活动你们的,不要把我的兵活动叛变就行了。你们的人你们指挥,我们的人我们指挥,你们不要搞我的鬼就行了。"黄举平、黄伯尧、黄衡球三人来蛮瓦主要是争取陈绣卿搞两面政权,一面利用陈的实力来掩护我们的革命活动。

他们到蛮瓦后就建立黔桂边委秘密的地下党支部,黄举平任书记、黄伯尧、黄衡球为委员。1933年陈秀卿带300人左右到边阳,被国民党的中央军某团围困了,事有巧合陈找我游击队支援他,当找到广西天峨我地下党牙永平游击队支援时,牙只有七八十人,弹药不足,如果同国民党打是不行的。

此时恰好东兰县有个实力派韦万林被广西国民党政府围剿,正走投无路的时候,带近200人逃到红河边来投靠陈秀卿,黄举平、黄伯尧、黄衡球和陈商量,陈说:现在没有人来支援我怎么办? 现在我的队伍都已分散了,集中不到这么多人。此时陈秀卿犹如热锅上的蚂蚁,晕头转向,眼看自己的这点本钱就要输光,正在这紧急关头韦万林派人到蛮瓦陈秀卿那里请求收容避难,陈问黄举平等三位同志说:"现在从广西来一批近200人到我这里,我们收留可不可以?"经边委秘密支部研究认为:这批人来陈秀卿这里投靠,利用这批人与国民党军队火并,解救陈秀卿被围困的这个营是最好的策略。决定由黄伯尧、黄衡球出面给陈秀卿出主意,建议陈收留这批人。正值广西国民党政府正为加紧追剿这股逃散队伍的时候,相信韦万林不敢轻举妄动。陈秀卿认为这个主意很好就答应了。韦万林带其部下近200人开到蛮瓦没停多久,即率领这批人到罗甸的边阳包围敌人的后方,侧击敌人的退路,就这样把陈秀卿被包围的一营人解救出来。这样一来陈秀卿对黄伯尧、黄衡球倍加信任,陈秀卿就请黄伯尧、黄衡球当他的"参谋"。陈秀卿依靠我们就寄住在这里。

为了继续深入乡村开展革命活动和宣传以及社会问题的调查工作,决定:除留黄伯尧、黄衡球在陈秀卿部继续当"参谋"外;黄举平购买火柴、针线、香烟、灯草等杂货扮成游商,利用游商的身份作掩护,走村串寨调查了解社会状况、民情、生活、思想动态等。在原罗甸第一区(今城关区)附近村寨宣传、发动及组织群众工作,在这些村寨搞了一段时间。同年6月,有一次正在平书(城关区今八总公社)宣传、发动群众之际,国民党县政府派县警到平书收款时正遇上黄举平,县警即对黄举平产生怀疑,不问青红皂白捉拿黄举平到罗甸监狱关押了几个月,据说当时黄光扬的父亲也受到株连同时被关在一个牢房里,黄举平同志被捆绑受刑多次,还是没招供任何活动证据。后来黄光扬父亲先获释,同年9月初又由他分别去活动群众来证明黄举平是好人,没犯什么罪,只是走村串寨做小生意,国民党县府在审讯中确实拿不到什么证据,只有把黄举平释放出狱。出狱后不久黄举平就带黄伯尧到贵州卡法牙永平那里去了,同时这个边委党支部也随之转移到广西林友屯。

以后除留黄衡球在蛮瓦继续活动外,黄举平、黄伯尧、黄洪腾等分别分散在望谟、册亨、贞丰、兴仁一带进行革命活动。

1983年7月8日走访贵州省民委副主任黄唤民录音整理。

地点:省民委

整理人:陈福平、王德雍

(中国工农红军滇黔桂边游击队革命斗争史料贵州省课题组提供,2016年)

黄唤民回忆

1934年春、1933年底,黄世新同志先回来,同时黄举平也回到平乐,后和黄伯尧一起到天峨。黄举平和黄伯尧到天峨是有根据的。那时黄伯尧到那里还给黄举平作了一首诗开玩笑,这首诗是这样的:时在榴花放,璠君抵峨城。闲观山景外,还讲故乡村,滴水随程远,春山总不停。明天归此里,不顾别交春。5月份,黄举平从天峨回到平乐一带活动,后写信给黄世新同志,我们派陈卜包等到西山,这时黄举平、韦荣伯都来了,到西山后都是走黑路,秘密活动。那时有几个联络站。覃春荣那里作一个站,雷廷保那里为一站,黄大恒那里为一站,后过耗合(北音)一个瑶族为一站,过这站直到平乐,靠近廷舍、月里下面,不过坡心,上平乐路线都过这里。

黄举平来先到巴平,到我那里,在这里成立临时县委,临时县委有黄举平、黄唤民、黄春兰等,成立临时县委由我们这十几人分头去活动。黄举平往东山、中山。黄世新到杨正规那里。韦荣伯和我到兰泗。到平乐接黄世新到西山的有三次,第一次派人去见他,他不来。第二次来了,第三次是1933年8月来,总的去接三次……(不完整)

1983年8月24日

(中共凤山县委党史研究室保存并提供)

从右江河畔到黔桂边区

赵世同

1932年秋冬,韦拔群、陈洪涛相继被叛徒谋害牺牲,右江特委解体,右江革命根据地基本丧失。在这革命紧急关头,黄松坚按照特委常委关于"一旦常委谁出了事,谁活着谁就担负起领导整个右江地区的革命重担"的决定,1933年1月,在古芬后背山龙塘的"革命洋楼"召开临委扩大会议,决定把中共右江下游临委改为右江下游委员会,增加徐泽长、梁乃武为委员,其他领导成员不变。党委受两广省委领导,与中共上海中央执行局发生联系,下辖中共黔桂边委、中共凌云县委、中共恩隆县特支、中共果德县委、中共那马县总支,领导整个右江地区的革命斗争。

自红七军主力离开右江苏区北上后,桂军向右江革命根据地反扑,土豪劣绅反动武装复辟,各级苏维埃政权已被破坏殆尽,共产党的组织受到严重破坏,赤卫军亦被打散,群众害怕,干部悲观,有的甚至叛变投敌,革命进入低潮。中共右江下游党委成立后,面对如此严峻局势,确定了以"巩固求发展,相机消灭敌人"的工作方针,着重整顿恢复党组织,集中武装力量进行游击战争,深入发动群众,建立据点,伺机打击敌人。

1933年秋冬之交,党委分工,我和滕国栋到果德和镇结活动,在果德果化山区的龙何、龙感,培养何文兴、何凤安、何文英、阮明林等人入党,组建了中共果化山区小组,何文兴任组长;在镇结县生坡乡龙王屯,组织革命同盟会,建立交通联络站。后来,这些地方都是右江下游党委主要活动据点之一。

为了肃清内部败类和打击反动豪绅,以利于发动群众,右江下游党委决定组建了一个手枪队,我任队长,队员有黄振光、黄立逢等20多人,活动在右江下游地区。

1933年5月6日(农历四月十二日)晚上,黄松坚和黄书祥到思林县那徐屯活动,开完会,黄松坚叫黄书祥回六务山住宿,黄书祥说还有一些事要办,让黄松坚先走,并约定天亮以前回到六务营地。但黄书祥办完事后,已是深夜,过于困倦,故夜宿那徐。叛徒黄金镜得悉,连夜密告国民党思林县当局。7日凌晨,思林县长何简章派遣警备队长陈祖仁率警兵、团丁100多人到那徐围捕。黄书祥突围出村,不幸中弹壮烈牺牲。残暴的敌人割下他的首级拿到思林县府报功,然后送至南宁领赏。事后,右江下游党委专门召开会议,决定以"果德县赤卫军常务营营本部"的名义发出第七号通告,说明事件的原因及血的教训,告诫全体党员、革命同志和群众,必须纯洁革命队伍,提高警惕,克服麻痹思想。同时决定由我指挥手枪队清除叛徒黄金镜。

黄金镜,思林县那料屯人,原任思林县苏维埃政府主席。他随红七军主力北上,在广东乐昌县战斗中被俘,经当地地下革命组织营救获释。回到乡里,提出要收回已分给群众耕种的黄家族田,变卖购买枪支。黄书祥执行右江下游党委的指示,对黄金镜进行劝说教育,不能要回分给群众的田地。黄金镜不但不听劝告,反而痛恨至极,抽出驳壳枪对准黄书祥,瞪着血红的双眼说:"我要回我祖宗田,关你东兰人什么事!"黄书祥针锋相对,也拉出驳壳枪对准黄金镜,厉声喝道:"你这样干,是叛徒行为,你要革命,还是要反革命?"在这一触即发时刻,在场的黄金荣等人急忙把黄金镜拉开,才避免了流血事件的发生。这是"5·6那徐事件"的祸根。

1933年6月的一个夜晚,我带领陈国团、黄立逢、黄振光等5个人到那料屯,准备干掉黄金镜。无奈,黄金镜的房子坚固,又有所提防,无从下手。后来,我们研究分析,黄金镜素好打牌,往日又与黄立逢相好,我们就决计让黄立逢去与黄金镜打牌,相机下手。至9月间,一个漆黑的夜晚,黄金镜、黄立逢、黄金沙、黄金仟等人在黄金镜家里打麻将。深夜,按原行动方案,黄立逢借口解便出来开门,我们立即冲进去将黄金镜打死。

1934年7月中旬的一个夜晚,驻果化的桂军第四十三师第一二八团第三营营长姚槐率部包围弄盎。幸好当时雷电交加,大雨倾盆,我们冒着雷雨突出重围,惟因仓促,一些物资和"广西右江下游革命委员会"的长条印信落入敌手。

突围后,我们转移到田东、向都、镇结3县交界处的渌洪山里。这一带方圆数十里都是原始森林,树木参天,人迹罕见。我们在那里搭棚安营,开荒种粮种菜,解决生活的部分困难。当时,我们有60多人的武装队伍,平时少数留守本营,多数分散到外地游击。

1934年7月初,黄松坚离开右江,到滇桂边开辟新区,撤销右江下游党委,成立中共思(林)果(德)中心县委,陆浩仁为书记,滕国栋、黄永祺为常委,梁乃武、韩平波、黄绍谦、赵世同、徐泽长、李凤彰、陈国团为委员。同时成立右江革命委员会,滕国栋任主席,委员由中心县委的委员兼任。思果中心县委负责右江下游各县的领导工作,军委会作为右江下游地区领导革命武装斗争的指挥机构。思果中心县委驻地在果德县三层更琴政屯附近的弄盎岩洞。

1935年5月,我带领一支10多人的武装队伍,游击那马,配合李凤彰率领的那马武装,先后处决了什陇乡长黄元松、共和乡长唐钟虞,袭击武鸣县灵马乡公所,击毙乡长等多人。

1935年11月,田东县国民党特种训练队100多人在林逢中山圩集训,中共渌扭支部书记黄家庭将情况向中心县委报告。接到情报后,我和滕国栋率领红军连队进行突袭,毙敌文书韦治安,打散了集训队。

1936年初,原思林县苏维埃政府文化委员凌广荣和跟随思果中心县委活动的阮生仁等人,暗中叛变投敌。7月13日下午,凌、阮两人策划,指使廖明照、李成德、李春明,以商讨工作为名,将陆浩仁、滕国栋和保卫员黄宝、黄锡建4人,从田东县的东隆村坡烟屯骗到果德县果化乡六孔村派班屯原搞地下联络的何增麟家。当晚,何增麟按原密谋杀狗杀鸡,"热情招待"。敌人预先把麻醉药曼陀罗拌蜂蜜冲入酒里,陆、滕等4人酒后中毒,倒睡在床,不省人事。凶手李春明首先挥斧杀死黄宝,接着何增麟、廖明照也用斧头砍杀陆浩仁和滕国栋,李成德用木棍打死黄锡建。

在事件发生的前20多天,我也曾到派班屯筹粮,那时,这伙叛徒也杀鸡"招待",鸡肉还未吃完,他们又说去找狗来杀。我觉得气氛不对,就说有紧急任务在身,很快就离开那里。我回到"革命洋楼"住地后,将情况告诉陆浩仁和滕国栋,意在让他们警惕。但他们不信,还说我思想过于敏感,以致遭此不幸。

陆浩仁、滕国栋牺牲后,思果中心县委解体,其他委员分散活动。黄永祺去万冈、凤山,梁乃武到平治,我上黔桂边。

黔桂边根据地原是黄举平同志去开辟的。1932年春,在桂系军阀重兵"围剿"的险恶形势下,为适应形势,保存革命力量,中共右江特委、独立第三师党委决定,派右江革命委员会主席黄举平等一批干部和小部武装到黔桂边开辟新区。同年6月,黄举平在凌云县林佑屯主持召开党员会议,成立中共黔桂边委员会和黔桂边革命委员会,黄举平任边委书记和边区革委主席。边委和革委成立后,派员深入发动群众,扩大队伍,逐步向贵州境内的贞丰、紫云、罗甸、册亨等地发展,形成了黔桂边区的革命区域。韦拔群、陈洪涛牺牲后,黄举平回东兰主持工作,将边区的工作交由韦国英负责。

1936年秋末冬初,我与韦运祥到黔桂边区,先后在广西乐业县的雅长,贵州贞丰县的板陈等地活动。在雅长六望屯召开有 300 多人参加的群众同盟大会,组建了右江上游赤色游击队第一联队第一大队雅长中队,由岑永发任中队长。

1936 年 12 月,中共广西省工委巡视员林鹤逸到右江了解情况,并在田东县景福乡(今朔良乡)宝达村绿逢屯召开右江各地党组织负责人会议,我到会参加。会议传达了中共中央关于国共合作抗日的指示,决定建立中共桂西区特别委员会。次年 1 月,桂西区特委正式成立,黄桂南任书记,我和黄举平、韩平波、梁乃武为委员。自中共滇黔桂边区临时委员会书记黄松坚于 1935 年 5 月去上海向中央局汇报工作,在上海被捕后,右江的党组织一时失去统一的领导。桂西区特委的建立,使右江地区和滇黔桂边区党组织又有了统一的领导。

在黔桂边,经与韦国英商定,1937 年 1 月,我们在乐业县雅长乡六望屯召开中共黔桂边委员会扩大会,重建边委。我任边委书记,韦运祥、牙美元、牙永平、黄唤民、韦国英、黄伯尧、牙秀才、黄世新为委员。边委下属板陈、卡法、丰业 3 个支部。

1937 年 3 月 22 日,中共南方临时工作委员会致函桂西区特委,指示特委就桂西红军游击队与桂军合作抗日进行谈判。三四月间,黄桂南、徐泽长、朱鹤云代表桂西区到香港参加南临委办的培训班,学习在新形势下的斗争策略和方法,组织抗日民族统一战线。

黄桂南受训回来后,即提出与百色区民团指挥部进行合作抗日谈判。7 月,国民革命军第五路军总指挥部致百色区民团指挥部指挥官黄韬电,令其与桂西中共组织谈判,将桂西区红军游击队改编北上抗日。

9 月,南临委和广西省工委派来指导谈判的南临委军团书记尹林平、联络员高朗如,广西省军团书记刘敦安、工作人员叶飘萍来到右江。10 月初,桂西区特委召集桂西各县干部代表在田东县那百乡那浪屯开会,我从乐业赶程前去参加。经过 5 天讨论,会议认为出去抗日是大局所需,但如何把部队带出去,如何取得合法地位和经费,这就需要进行谈判。会议于是决定:黄桂南、高朗如、徐泽长为谈判代表,同百色区民团指挥部谈判改编游击队的问题。同时提出改编游击队的条件——承认中共桂西区组织的合法地位,释放政治犯,停止对游击队的进攻,游击队改编后归八路军指挥,取消苛捐杂税,登报宣传国共合作的宗旨。会后,谈判代表赴百色,我和尹林平、刘敦安到百色城附近负责联络指导。

10 月中旬,百色国共合作抗日谈判正式进行,百色区民团指挥部指挥官黄韬、参谋长罗荪、政训组组员王廷业为国方代表参加谈判。由于国民党当局拒不接受我方提出改编游击队的条件,不承认我党的合法地位,谈判陷入僵局。我觉得国民党百色当局对谈判没有诚意,决定不参与这种谈判,便离开百色回黔桂边。后来,黄桂南拒不执行南临委关于立即停止谈判的指示,将两个团的游击队交给国民党改编,这1600多人的队伍开到安徽抗日前线,即被国民党缴械支解。这是一个极为沉痛的教训。

黔桂边是贵州地方实力派人士王海平的地盘。王海平,贞丰县板陈村人,拥有数千人武装,被贵州军阀委任为"贵州西路纵队司令"。但王海平只守辖区,听编不听调,与贵州军阀有矛盾。为了扩充实力与贵州军阀抗衡,1930年4月,王海平容留红八军第一纵队400多人在蔗香休整。不久,一纵队出走与红七军会合,王海平转而投靠广西军阀。1931年2月,桂系军阀令王海平出兵右江"围剿"苏区,王海平派手下参谋长阮筱斋率所部两个团到凌云、凤山与红军作战。红军用离间计说,桂军说黔军不是剿共,而是济共,要缴黔军枪械,使王海平的部队与桂军发生火拼,阮筱斋中弹身亡,李续炎、岑立国两团长带残部回板陈。贵州军阀容不得,桂系军阀靠不得,王海平左右为难。1933年,边委书记黄举平、组织委员黄伯尧趁机到板陈做王海平的统战工作。王海平与红军有过接触,略知红军的为人,毅然合作对敌,让红军在他的辖区休整。我到黔桂边重建边委后,加强对王海平的统战工作,协助他创办学校,开设兵工厂。这些举动,使王海平对共产党和共产党领导的人民革命有较深刻的理解,他倾向革命,支持革命。为了不让两省之敌发现黔桂边有共产党的存在,王海平任命原红七军第二十一师第六十三团团长、边委委员韦国英为其警卫独立营营长,负责北盘江的护商任务。边委和在边区活动的其他人员,则安插在独立营护商队里。边委的活动,他从不干涉,并在经济方面给予支持。

在边区的活动较为顺利,我们有一个连队的武装120多人枪,在乐元组织有一支100多人的义勇军,许多地方建立了抗日救国会,抗日救亡运动在南、北盘江两岸蓬勃兴起。

1937年冬,中共广西省工委派刘敦安到黔桂边区视察指导。刘敦安回去后,1938年三四月间,省工委派韦敬礼、吴边到黔桂边区,加强边委的领导。

韦敬礼,武宣县人,早年参加革命,1936年加入中国共产党,后来被捕入狱。1938年2月出狱后,广西省工委立即派他到黔桂边区工作,改名韦荆丽。

吴边,宾阳县人,1930年参加革命,1932年入党,参加长征,在延安总参谋总第二局情报科工作。1937年12月,中共中央派他和张云逸等4人,从陕北分途到澳门、香港、广州活动。后来张云逸等3人到广东东江组织新四军北上,吴边则由中共南方临时工作委员会介绍到广西找省工委联系。1938年初,吴边到南宁,4月,省工委介绍他到右江上黔桂边,组织武装,开展抗日斗争。

方积凡　整理

　　(节录于中共广西百色地委党史办公室等编:《滇黔桂边区革命根据地》,中共党史出版社1999年,第498～505页)

参加红军游击队的情况

陈　勋

　　我老家原在天保那甲公社,8 岁读书,13 岁高小毕业,毕业时父母已故,我有 4 兄弟,大哥叫陈祖贵(又叫陈尧斋)、二哥叫陈祖八(又叫陈尧珍)、我是老三叫陈祖其(又叫陈尧宝)、老四叫陈祖根(小时候在花甲病故)。

　　父母去世以后,大哥陈尧斋就带我们三兄弟到德保县城里住,但是由于大哥经常虐待我们,因此二哥陈祖八就外出到南宁当兵,后来死在哪里都不知道。我那时年小,也不给我读书,只管叫我上山打柴,吃饭也经常骂我,几乎都哭着吃饭。实在受不了,我于 1928 年也跑到南宁投入国民革命军第十五军特务营第四连第一排当兵。

　　当时军长是黄绍竑,副军长黄旭初,连长许玉明(靖西人)。许玉明认我是天保人,说是老乡,就接收我参加了他的部队。到 1930 年反蒋失败,第十五军被遣散。部队散伙后,我到田阳五村,住在崔伯温家,到 1931 年奉议县成立常备队,崔伯温任队长,我任副队长。任了几个月,上面规定常备队组织只许本地人参加,外籍的不许。崔伯温也是外籍人,这样我就和崔伯温回到他家。失业了怎么办? 崔伯温有钱,他出资给我搞了个烟摊维持生计,搞了几年。

　　1934 年农历正月,那时黄庆金、谭统南在陇洞更朝一带组织革命活动,陇洞的周建人(仁)与崔伯温是好朋友,于农历正月十四日写了封信给崔伯温,叫崔伯温去参加他的组织。崔伯温看了信说:共产党都失败了,才叫我去参加? 随手把信交给我看。当时我想,崔是有钱有势的人,是个土霸,他是动摇的。我便对他讲:我们俩一起去参加,革命失败去参加才适合,锻炼我们,革命胜利去参加是没有多大意义的,如你不去我去。这样他也就跟我去了。

　　第二天我们就到周建人(仁)家,到他家见到黄庆金、谭统南。黄庆金我早就认识了,一见面,他对我说:陈尧宝你来正合时,很久不见了。握了手之后,我问他你原来叫黄庆金,现在怎么叫黄建平呢? 他说:不仅是这个名字,还有黄洪、黄卓这些名我都用过,不改名不成的。接着他把谭统南介绍给我,说他是上级派下来搞工作的,又把我介绍给谭统南。

　　互相认识以后,在那里活动了几天,崔伯温就领大家到五村一带活动。崔伯温还送给黄庆金一张毛毡。在五村也只活动几天又返回皈朝。在皈朝没几天就接到李德惠、梁超武从九弄来的信,说九弄已组织好队伍,请我们上去和他们一起作战。这样我就和黄庆金、谭统南上九弄见他们。

当时都是走夜路,第一个晚上从皈朝走到马隘的更登,住在农永回家(农永回、黄文卓也出来参加),第二天晚上从更登走到靖西县的陇江屯,路过天保县都安,第三天晚上走到魁圩,住在农祝峰家(街上人)。农祝峰就带我们到九弄的谷桃,住在谷桃的马常武、马常若家。在那里见到了梁超武、李德惠同志,还有韦日波、黄香山、黄德高、李福等人。第三天就在那里开了大会,参加大会的人约有两三百人,宣布成立了云南红军抗日救国军。那时武器大多都是火药枪(梁超武是从杨藤辉部队兵变过来的,他的武器都是驳壳枪,刘八、刘安、巫乔华、黄拾等人都是从杨藤辉部队跑过来的)。

那次大会是在正月下旬开的,大会由李德惠主持召开的(李德惠是中央派来的代表),并在大会上号召官兵一致发动群众,打倒地主恶霸,宣布梁超武为军长。会后我说,部队的番号要请示上级批准较好,李德惠同意了我的意见,不几天就派我和黄庆金、谭统南带报告回到田阳的更朝,把报告交给陇洞的地下交通员送给上级何尚之。不久何尚之就带着30多人枪和1支驳壳枪到五村的崔伯温家,并杀狗聚餐,就在那个时候何尚之叫我改名,说陈尧宝这个名字要改,把我的名字改为"陈勋",从那以后我就用陈勋这个名字至今。

2月下旬,何尚之带领我们回九弄,同上九弄的朱国英(又名叫朱鹤云)、黄德胜、岑日新、黄彪、老包、何松、黄强等三四十人会合。同年腊月,何尚之组织召开大会,宣布把云南工农红军抗日救国军改为"滇黔桂边区劳农游击队第三联队",是在九弄宣布成立的。梁超武任队长,副队长是黄德胜,何尚之任政委。下设有6个部门,即常务部、军事部、宣传部、财经部、交通部、组织部,部的领导称主任,常务部主任何尚之、宣传部主任谭统南、组织部主任陈勋、财经部主任何二叔(白话音)。其他部门我记不清了,联队以下没有分连、排。

联队未成立前,我们就已分头到各地宣传发动群众,我被派到谷阴、阿用、那联、平队、警桑、那坡、那柳、那有、那兰、百陇等地,以上都属富宁地区。同我一起去的还有黄金平、梁学政,赵敏是负责花甲一带,后来我又和梁学政上西林县的岩卡、西离、抗磨、古皇、古丈、相格、巴好、罗里、施衣等地活动,还有蛇长、格长那里都是苗族的多,在那里首先有杨福应、罗英、杨庆华先起来。当时有没有党的领导我也不懂,就是发动群众,宣传党的主张,废除苛捐杂税,组织同盟会,盟誓是:"今晚我们同盟亲爱共同骨肉,凡是为义为理,善恶生死相顾,不怕淫威强权,不辞艰难困苦,秘密不能泄露,行动不能龌龊,谁人违背此言,必遭天诛人戮,身首荡于殁污,此誓。"

同盟会成立以后,就开展反贪官污吏,斗争恶霸地主。当时我们还学习军事理论。如:"先生民,民生地,地生型,型生攻,攻生胜""钢胆神作,神心胜于敏,敌退我进,敌住我扰。"以后就攻打富宁、八宝、百乐等地,攻打西林的格长。打八宝大约是农历四月,打八宝很简单,只放几[三]枪就解决了问题。以后,广南的龙汉斗民团,还有其他地方的民团向我们根据地"围剿",我第三联队坚持斗争到1937年9月。当时,我与马进球在谷阴一带,躲在山上岩洞里,马进球一个人拿了一把斧头,砍死了黄顺文、黄建秋乡长,另一个乡长黄国民是群众打死的,同时没收了他的财产,分给群众。

1937年,何尚之回到右江,何尚刚来接收,此时我和罗英在西林发动工作,已经发展到马好、贵州省边境。1938年9月就接到上级的通知,说国共两党合作。停止内战,一致对外。所以我的部队就遣散了,各人都回家了,我就在那时回家来了。1939年3月起在天保乡村当了8年教师(在多浪的六洪、德读3年,在仁合的念洞、登汉3年、在唐日的下屯2年,住在黎茂值家)。在黎茂值家住时,第一年群众自筹给学米(稻谷)1800斤,第二年群众增加到4000斤,黎茂值一家十多人,几年收成不好,无法上交公粮,国民党追得很紧,我很可怜他家,于是把4000斤学米(稻谷)全送给他交了所欠公粮。

黄善、农忠佑　整理

1982年6月

(节录于中共云南省委党史研究室、中共富宁县委党史征研室编:《中国工农红军滇黔桂边区革命游击队》,云南民族出版社1998年版,第113～114页)

中共黔桂边委委员、省边独立营副营长韦国英的回忆（节录）

到民国二十二年(1933)，有牙永平同志派韦明辉接我，至同年农历四月十七日夜，我带黄德光、符定邦随韦明辉同志，共 5 人黑夜到了乐业县弄纳，住了几日，即随牙永平到贵州王海平处躲身。随后，韦明三亦带 5 人上去，到那里前后共十多人，牙永平做连长领给养，这几年每日吃两餐，兄弟（们的）衣被是俭省给养来买，并做些小买卖补助生活。这时王海平给我一个营副当，这时候给我们每月保送商船一次，每次每人得酬劳光洋二元。

因有内奸杨静源密报贵阳伪省府，称王海平收藏共产党人员，在里面图谋不轨。过去原有怀疑（的）反动匪帮得此秘报（后），民国三十年农历元月二十二日早，伪省保安一团进攻板陈。当时我们拼命冲出，王海平亦冲出后逃到百色，被诱送去贵阳杀了。我自此脱离板陈，跑到乐业雅长躲了两月。

当时王海平亦冲出，后他逃到田西县躲，被广西匪首黄旭欺骗，诱到百色逮捕即送贵阳杀了。当时在板陈革命同志金丽偕、韦署光、黄家福、何荣 4 人亦冒险冲出。至二十三日到广西牙亭相见，后他 4 人随王海平到田西，与王海平分手，他们即下田东。

（节录于贵州省黔西南州史志办编：《黔西南革命老区——望谟、贞丰、册亨》，2004 年印行，第 153 页）

朱国英的回忆

1937年时,赵群超负责滇桂边区党委支部书记,兼滇桂边区劳农游击队第十一支队代政治委员,李修学任该支队司令部秘书。以后(1938年)李、赵由汉口回乡,奉八路军驻汉办事处派回本地方发展抗日救亡工作的(主要做政治组织武装)。

黄德胜同志,他1937年在滇桂边区劳农游击队第十一支队第一大队〈任〉队长,岑忠业任滇桂边区劳农游击队第十一支队第一大队第一中队队长。

1929年12月11日,举行了百色起义,宣布成立红七军。

经过白帝庙战斗后,为百色起义扫清了一个障碍,是邓小平和张云逸同志领导干的。起义后,我分配在右江苏维埃政府警卫营担负直接保卫新生的穷人政权的光荣任务。

红军北上汇合朱毛红军,我们留下人在右江党的领导下开始进行了艰苦的游击斗争。

1932年1月,当时滕国栋、黄书祥派韦纪、韦天恒和我(当时叫朱国英)到滇桂边区去开辟工作。

1937年在国共合作时期,我参加右江抗日义勇军后转去延安。

1982年12月

(中共云南省文山州富宁县委党史办公室保存并提供)

三十年代我在黔桂边的革命活动

韦明三

1932年6月初,中共右江特委指定黄举平、黄伯尧、牙永平、韦国英、牙美元5人组成中共黔桂边委。6月中旬,他们一行来到天峨林佑屯召开党员会议,会上,黄举平宣布中共黔桂边委成员名单和分工情况:黄举平任书记、牙美元管宣传,黄伯尧管组织、牙永平管民运、韦国英管军事;同时还成立了黔桂边革委,黄举平任革委主席、牙美元任革委副主席。

会议决定三点:

1. 做谢海卿的工作(当时谢在南丹有100多人枪),由牙美元和我去完成。

2. 做贵州罗甸县蛮瓦陈秀卿的工作(当时陈秀卿是罗甸县蛮瓦的实力人物,在那一带很有威望,掌握有100多人枪),由兰志仁、牙永平负责完成这项工作。因兰志仁原在陈的手下当过排长,牙永平当过勤务兵,有一定的工作基础。

3. 到贵州做王海平的工作,由黄举平、黄伯尧去完成。根据右江特委指示,在思想上、行动上,做了充分准备,必要时向黔桂边境转移。

1932年9月,李(宗仁)、白(崇禧)、黄(旭初,广西省主席)为首的广西军阀以"建设广西、复兴中国"的口号,把在右江地区活动的共产党视为残匪,通缉韦国英、兰志仁、牙永平。紧接着对岜暮(后属天峨县的一个乡)苏区进行"围剿"。敌军人多势众,我们抵不住,从向阳退到岜暮,情况万分危急。边委召开紧急会议,研究决定分作两路转移:一路由黄举平带领往右江上游,相约在黔桂边三江口一带会合;另一路由韦国英带领往更新、岜川、平乐方向,打下桥头回来巩固红军据点。韦国英提出,为了保存革命力量,不能与敌人硬拼,应立即撤出战斗,分散队伍,向红水河上游转移;兰志仁等多数干部不同意,要坚持反"围剿"斗争。结果兰志仁在拉号岩战斗中壮烈牺牲了。我们在韦国英带领下边打边退,向黔桂边境的三江口一带转移。到此,右江根据地最后一个据点岜暮苏区丧失了。

1932年冬,黔桂边委的干部陆陆续续转移到黔桂边境三江口一带。牙美元与其弟牙美彬以卖碗为名转到乐业雅长六旺屯;韦国英、牙永平转移到贵州册亨、板陈一带活动;黄举平、黄鸿腾、黄伯尧也来到乐业拢那。12月底,黄举平接到黄衡球在罗甸的来信,要他立即到罗甸做陈秀卿的工作。黄举平带着黄鸿腾(黄举平的内弟)上贵州罗甸蛮瓦找黄衡球。

1933年元月,韦国英、牙永平等又潜回广西天峨的岜暮,隐蔽在大糟山脚洞。就在这时,黄举平又从贵州罗甸县来到王母的双江口活动,派韦明日、韦明辉潜回岜暮找到韦国英。到八耐找到牙永平,并通知他们到双江口会见。后又在岜暮与东兰交界地段找到我,韦五、黄德报、华庆刚、施小妹、班统谋、班统新和何司号员,全部接到双江口隐蔽。

1933年2月左右,韦国英、牙永平率余部到乐业县西马乡的七歇一带活动,知道幼郎乡陇那屯罗川元是王海平部的一个连长,有点实力,加上罗川元与牙永平的养父牙春贤打老庚,韦国英、牙永平便利用这个关系到陇那会见罗川元。做好罗的工作后,罗同意我们将队伍开到陇那驻扎。但这不是我们的主要目的,我们是需要罗川元去做王海平的工作,使王海平能接纳我们,把赤区发展到贵州。而罗川元为了讨得王海平封为营长,正四处扩充兵力,他一下看到有这样多人枪来到面前,当然想把我编在他的队伍里,因此,十分愿意去做王海平的工作。

3月初,黄举平又派韦明日、韦明辉和黄德光下广西,把红军干部家属及亲人接到六旺等地安居。

1933年5月左右,由黄举平主持在乐业县幼郎乡陇那金锁关召开边委扩大会议。参加会议的党员有牙美元、韦国英、黄伯尧、牙永平、韦明日、韦明三、黄德光、牙秀峰、韦明辉、班现平。会议通过讨论决定:(1)牙美元在陇那当教师,为了安全,牙美元化名为黄茂芳配合牙永平做罗川元工作,争取王海平,同时还要负责接待广西来联络的我地下党同志。(2)韦国英在板陈纳岜驻扎,主要多接近王海平,让他多了解共产党员是干什么的,和国民党有哪些根本区别。同时还要做好收容在反"围剿"战斗中被打散的红军战士,特别是做好医治伤病员的工作。

黄举平同志布置好工作后,离开乐业幼郎上贵州罗甸蛮瓦去了。据说黄举平、黄鸿腾等3人到罗甸蛮瓦住在石任封家两天,因找不到黄衡球,就去罗甸县城,在城外被罗甸县长吴泽民的兵扣留,送进县城就被关在监狱里,到1933年11月左右才放出来。黄举平出狱后从广西乐业直上卡法牙永平那里去作社会调查。牙永平带红军战士到卡法是在金锁关会议以前,他带队到卡法是很秘密的,一般人不知道,当然更不会让王海平他们知道。

大约12月中旬,黄举平来到板陈会见我大哥韦国英,当时我也在板陈。

韦国英向他汇报了近来的工作情况,据广西上来的同志讲,敌人对红军的搜捕放松了,形势对我们有利。韦国英还告诉黄说:"东兰西山党组织多次派人到凌云平乐乡、凤山县、乐业幼郎等地寻找黄举平、黄世新请求他们回西山组织队伍,重建一些地方的党组织,领导群众向敌人开展斗争。"黄世新在 1933 年7 月就回西山去了。

1934 年春节,黄举平从黔桂边回到西山,到各峒召开群众会、骨干会、党员会,了解搜集各方面的情况,恢复了一些党支部的活动,组织青年同盟会、妇女同盟会等,革命形势又如雨后春笋般地发展。同年春天,黄举平带着黄伯尧来到板陈了解情况。初夏,黄举平把边委的工作交给韦国英负责后又和黄伯尧等人,离开板陈回西山筹建东兰县委。

1934 年 9 月,黄举平指派王仕文、牙美元等共商组建中共丰业支部。10 月中旬,中共丰业支部在乐业雅乡炉灵村六旺屯这个只有几户人家的边远山村正式成立,属黔桂边委领导,王仕文任支部书记,组织委员牙美元,宣传委员黄焕文。会上明确在贵州活动的党员有我、韦明日、韦国英、罗德益、黄衡球等 5 人。革命形势发展很快,到 1935 年初,支部党员在雅长、贵州的板陈发展到了 16 名党员,其中有 7 名是在贵州发展的,他们是牙秀峰、牙秀才、岑国恩、黄卡玲、班统球、班统刚、韦钟福、黄曼。在贵州活动的党员负责贞丰、紫云、册亨、罗甸等地的工作。

1935 年 5 月,黄举平听说中央红军长征要路过贵州,派黄唤民、黄伯尧、牙秀才上贵州找红军,意图有两个:(1) 汇报右江革命情况,要点枪弹武装边委领导下的队伍。(2) 如果红军需要扩大队伍,边委要牙永平把部队带去加入红军长征。谁知他们 3 人因错过时间,来到贞丰城郊,一打听,红军已走了两天,城内又被敌人占领,只好回来,到板陈会见王海平,进一步做王海平的工作,使王消除打过红军的顾虑,希望他诚心诚意地支持和掩护我们工作。1936 年秋,"独立营"这支部队不由罗川元统一指挥,而是由罗川元、韦国英各指挥各的,虽然这样,罗川元当上了营长,心里十分满意。部队的军饷全部由王海平供给,我们的生活有了改善。

随着形势的发展,板陈也成立了支部,韦国英任书记,成员有牙秀才、韦明三、韦明日、韦钟福、黄衡球、黄曼等人。在此之前听我的大哥韦国英说,黄举平到卡法时曾帮助牙永平连队建有一个党支部,建立的时间我不知道。

1936 年 6 月,王仕文离开雅长到板陈工作,丰业支部改选,加之板陈已有支部,丰业支部也就不再管贵州这边的事了。

后来陆海洋也来到贵州,他是奉上级命令来建立地下联络站的。这个人的工作很出色,1937年至1938年间,建立了一条从西山到黔桂边直至贵州板陈的地下交通线,共设有10多个联络站,很多领导人及工作人员从西山到板陈,多次经过这条交通线,从没出过差错。

韦国英负责黔桂边委的工作到1936年底,1937年初起由赵世同负责。我是在1940年9月中旬回广西的,因牙永平被害,贵州形势紧张,不能再立足贵州,与我同行的有韦明日、韦盛蚊(在贵州发展的候补党员)。

关于牙永平被害的情况我只知道一点。有一天,韦有珠带着王海平写的信来到卡法,请牙永平到望谟县商谈国共合作事宜。牙带着黄拔、罗致明、韦七久、罗明朝、牙其包等12人头晚上到望谟县政府,第二天早上就被害。第三天,我到板陈王海平司令部,一进门,见谷怀虚(王海平的女婿)脸色不好,他见我去,就用纸写:"昨天老牙、黄拔在望谟被枪决"。我看后,谷立即就把纸条撕了。

中共黔西南州委党史研究室供稿

(节录于中共广西百色地委党史办公室等编:《滇黔桂边区革命根据地》,中共党史出版社1999版,第522～526页)

罗德益回忆黔桂边斗争

1932年,岜暮、林佑等革命根据地相继失守后,我们被迫转向黔桂边开辟新区。

在韦国英的带领下,我们20多人沿红河南岸逆流而上,来到乐业楼纳罗川元的防区。我们隐蔽十多天后,韦国英说:"这样下去不行,要找出路。"牙永平说:"我父亲和罗川元打老庚,我们试找他谈谈。"韦国英想了想,便与牙永平一起去拜见罗川元,说明来意。罗川元看在老庚的面上,也想借此机会扩大自己的实力,便把我们20多人和他的队伍合编为一个营,他任营长,韦国英任副营长,牙永平任连长,牙美元任司务长,我任教练官。我们还与罗川元达成了受编不受调的协议,以便于自己进行活动。

我们与罗川元相处一段时间后,经过我们做工作,罗开始有同情革命之心,对我们热情了许多。不久,我们又托他到贵州的板陈与地方实力派王海平联系,让我们到王的地盘驻扎、活动。结果,王海平同意将我们的队伍编入他的部队。王海平为了减轻自己的负担,让我们到度益、板陈等圩上去收税以维持生活。王海平提出:一是以他的名义,由我们成立一个护商独立营,负责收税,二是收得的税款给他一部分,三是帮他管理市场。我们一一答应了他的条件。

护商独立营成立后,为了方便来往活动,韦国英把独立营分驻两处。一处是在度益,由牙永平、牙守义、黄拔带一个班在那里活动,一处在板陈、江边,由韦国英和我负责。王海平没有派他的人员来和我们一起收税和管理市场。两处同志一面护商收税,一面暗中接待来往的地下同志。当时经常来往黔桂边的有黄伯尧、赵世同、黄唤民、黄举平、廖熙英、罗玉廷等同志。上级派来的特派员也经常出入黔桂边,指导革命活动。赵世同、黄伯尧、黄举平等领导人常在度益、板陈两处召集各地负责人开会,研究工作。

为了保证安全和便于开展工作,边委决定在乐业县雅长乡乡公所所在地长隘建立一个秘密地下交通站,由牙美元任站长,负责接送出入黔桂边的地下同志。牙美元当时化名王茂芳,公开的身份是雅长乡公所文书及中心学校校长。地下交通站建立后,我们出入黔桂边区的同志都由这个站负责接送,既安全又方便。

1937年,中共南方临时工作委员会、广西省工委派刘敦安从南宁到黔桂边指导工作。经牙美元接送,刘与边委接上了关系,直接指导边委工作。经牙美元引见,刘敦安还对王海平做了统战工作。此后,广西省工委又派韦敬礼到黔桂边。

韦与牙美元接上头后,化名荆丽,由牙美元介绍给王海平。王海平让韦敬礼到板陈创强小学任教师。

经过艰苦工作,我地下党在黔桂边有了较好的基础。大约在1933年初,黄衡球到罗甸蛮瓦一带活动。他深入宣传,发展骨干,吸收党员,在那里成立了蛮瓦支部。1933年5月,黄举平到卡法与牙永平筹建卡法支部,牙永平为书记。1935年8月,韦国英等在板陈活动,成立板陈支部。1936年,赵世同从右江到六旺领导建立运赖支部,任岑永登为书记。此外,地下党还相继成立了丰业支部、雅长支部等组织,革命力量得到不断发展壮大。

由于黄举平在罗甸不幸被捕关押,边委的领导人调动的调动,走散的走散,边委的工作一时陷入停顿、瘫痪状态。1936年秋末,中共右江特委派赵世同到板陈重建中共黔桂边委,赵世同任书记,委员有韦敬礼、吴元、黄唤民、韦国英、黄伯尧等人。边委设在板陈,受中共右江上游中心县委领导,1937年后受中共桂西区特委领导。

我们的队伍上黔桂边后,1934年和1935年初主要活动在乐业罗川元所管辖的地带,1935年后转入贵州王海平管辖的地带活动。我们一直活动到1939年。这一年,贵州当局以"私通共匪"的罪名派兵围攻王海平及我护商独立营。王海平被捕后被押往贵阳杀害,牙永平也因轻信谗言,被敌人抓去杀害。

罗宗盛、罗伟珑　整理

（节录于中共广西百色地委党史办公室等编:《滇黔桂边区革命根据地》,中共党史出版社1999年版,第556～558页）

罗德益回忆黔桂省边独立营

1932年右江革命处于最低潮,右江各部队已化整为零分散各地。……后得知韦国英在岜暮,那里革命最有基础,我就和牙美元、牙永平、韦明三等同志从西山去巴合到岜暮,约有100多人枪。我们到岜暮住十多天,商议在那里组织扩大武装。国民党知道后,就组织五县民团去"围剿"。由于枪弹不足,营长兰艳庭和黄文明连长率100多人在甘孟峒坚守,最后被敌攻破,我军牺牲20多人。

五县民团撤走后,韦国英又召集余下同志开会,他说:"我们集中在这里是不成的,要化整为零,分散各地保存实力。"当时我们就分几批往天峨、东兰、江边一带躲身。在这一带十多天后,韦国英又说:"我们光这样下去是不成的,要找出路。"接着牙永平说:"我的父亲和罗川元打老庚。"后韦国英就去与罗川元联系,罗同意后,我们就出来与他们会合,组成一个营,营长罗川元、副营长韦国英,连长牙永平,我是教练官,事务长牙美元。当时虽和罗川元组成一个营,但我们只有20多人,是不受他指挥的,暗中自己搞,只与他往来而已,因他家较富裕。

后来他到贵州与王海平联系,王海平同意给我们到渡邑圩上去收兵费维持生活,实际等于现在到圩场上收各种税费。收得的费主要是供给我方革命同志来往所用。收得多时,也给他们(罗川元、王海平)一部分。从渡邑到王海平那里要走一天,那里有大圩、小圩(大圩13天一次,小圩7天一次),当时我们为什么能在那里收费呢? 话又说回来,当时与他们谈判时有三个条件:一是以他的名誉成立一个"护商独立营",兵是我们自己人,是受编不受调;二是收得的兵费给他们一部分;三是帮他管理市场。由于有这样三个条件,我们在那里较自由往来,革命同志来往联系也较方便。从下面常来的有黄伯尧、赵世同、黄海燕、黄举平、黄世新、廖熙英、廖熙月、廖源丰、罗玉廷等……罗玉廷当联络员,到过板陈一次。廖熙英常常〈和〉一帮人出入那里做买卖。……

我们分作两处驻扎,一处是在渡邑,由牙永平、牙守义、黄八带一个班在那里负责收兵费和搞其他活动,主要是接待出入的革命同志。我和韦国英在板陈江边(即纳邑)。赵世同、黄举平主要领导常往两处活动。黄伯尧、黄举平来往住在罗川元家时,也常叫渡邑和板陈两处负责同志去开会,会议内容主要是准备在王海平管辖区建立根据地,筹建黔桂边区游击队。

（节录于黔西南州史志办编:《黔西南革命老区——望谟、贞丰、册亨》,2004 年印行,第 159～第 160 页）

访罗德益老人

地点：罗德益家(广西凤山县乔音公社若里大队东王屯)

时间：1982年3月20日

采访人：牙韩富、罗昭文

1932年右江革命处于最低潮，右江各部队以化整为零分散各地。当时，我是杀奸团的一个队员，该团也分散了，我们的枪支也收完了，分散向何处去呢？后得知韦国英在岜暮，那里是革命最有基础的基地，我就和牙美元、牙永平、韦明三等同志从西山去岜暮。我们的同时，从凤山去的有黄文荣、黄文明、罗学成等，还有挪地(也写作那地)、兰艳庭等汇合到岜暮，有100多人(从挪地和凤山去的同志都带有枪支去)。

我们到岜暮住10多天，商议在那里组织扩大武装。国民党知道后就组织五县民团去"围剿"，他们约有几千人去攻打，连攻七天。当时由于敌众我寡，加上枪弹不足，营长兰艳庭(挪地人)，凤山黄文明(连长)率领100多人在甘孟峒坚守，最后敌攻破甘孟，我军共牺牲20多人(甘孟峒不是岩峒，而是一个峒场，四周围都是石山)。

五县民团撤走后，韦国英又召集余下的同志开会。他说："我们集中在这里是不成了，要化整为零，分散各地躲避，保存实力。"当时，我们就分作几批往天峨、乐业、江边一带躲身。在这一带十多天后，韦国英又说："我们总这样住下去是不成的，要找出路。"接着牙永平说：我的父亲(不知名)和罗川元(乐业楼那人，民团司令)打老庚。后韦国英去就与罗川元联系，罗同意，我们就出来与他们会合，组成了一个营，营长罗川元，副营长韦国英，连长牙永平，我(罗德益)是教练官，事务长牙美元(当时虽然与罗组成一个营，但我们有20多个人是不受他指挥的，暗中自己搞，只与他来往而已，因他家较富裕)。后来他(罗川元)到贵州与王海平(山霸王)联系，王海平同意给我们到度益(也写作渡邑)圩上去收兵费维持生活(实际等于现在到圩场收各种税务)，收得的费主要是供给我方革命同志来往费用。(插问：收来的这些费是否还给王海平一部分？)收得多时，也给他们(罗川元、王海平)一部分。

从度益到王海平那里要走一天，那里有大圩、小圩(大圩13天一次，小圩7天一次)，当时我们为什么能在那里收兵费呢？话又得说回头，当时与他谈判时有三个条件:一是以他的名义成立一个护乡独立营(兵是我们自己的人)是受编不受调;二是收得的兵费给他一部分;三是帮他管理市场。由于有这三个条件,我们在那里较自由来往,革命同志来往联系也较方便。

(插问:从下面常上去的有谁?)从下面经常上去的有黄伯尧、赵世同、黄海燕、黄举平、黄世新、廖熙英、廖熙月、廖源丰、罗玉廷等同志(赵世同、黄海燕常驻在那里)。黄伯尧、黄世新经常来往驻在罗川元家。罗玉廷当联络到过板陈一次。廖熙英常带一帮人出入那里搞买卖。

成立护乡独立营后,为了方便革命同志出入活动,我们分作两处驻扎,一处是在度益,是由牙永平、牙守义、黄拔带一个班在那里负责收兵费和搞其他活动(主要是接待出入革命同志)。我(罗德益)与韦国英在板陈江边。赵世同、黄举平主要领导人常来往两处活动。世同、伯尧、举平来往住在罗川元家时,也常叫度益和板陈两处负责同志去开会,会议内容:主要是准备在王海平管辖区内建立根据地,筹建黔桂边区游击队。

我部队从岜暮分散后,1934年、1935年主要活动在乐业罗川元地带较多,1935至1939年就在贵州王海平地带活动,在1939年贵州军阀借王海平收容我同志,就派一个团的兵力来"围剿"王海平及我护乡独立营,说他收容"共匪",那次捉了王海平拿到百色去杀头。我方牙永平由于受其爱人影响(他的爱人说:"我哥是在望谟县当团长,你出去没有问题,可到那里去当警备大队长。"),牙信其言,带了十几个武装人员到该县任警备大队长,刚到10多天,就被他们杀头了。后来他们又来"剿"我们。我们就这样各走一方了,我本人回广西到河池住了一年,后来从凤山去河池搞生意的同志口里得知,凤山现在没有什么问题了,较平静,我就回乡了。

还记得革命低潮后,由于红二十一师第六十三团目标太大,为了跳出敌人包围圈,确保实力,向外发展,红二十一师组成二个营,第一营黄大业率领,第二营陈正峨,第七连连长覃权,我任第一排的排长,是冬季下都安经过峒兰有里,攻破都安九屯取胜。当夜敌罗合纠集民团反攻,我部退回东兰西山休息两天,又去攻打东兰县城未取胜,又回西山休息3天,然后又去攻打坡月。黄廷怀("剿共"司令)、黄廷英("剿共"营长)有100多人,〈我们〉取胜,在该地驻扎7天。国民党军阀又组织反攻,由于敌众我寡,逼退西山。由于部队大目标大,生活困难,改变为杀奸团,组成20多个小队,每队10人8支枪,两把马刀,各队自己维持生活。

6个月之后,由于生活过于艰难,有的就叛变投敌了,师长韦拔哥知此情况后即召集回西山,把枪支全部收了。此后各走一方,有的回家,有的上贵州各自躲身了。

广西凤山县委党史办牙韩富、罗昭文采访、整理,1982年3月20日于乔音公社若里大队东王屯罗德益家。

(中共凤山县委党史研究室保存并提供)

关于"护商独立营"成立的前后情况

罗玉廷

我们开始上天峨只有 40 支枪,到贵州后,经常打反动武装,缴得敌人的枪后,武装自己,已有 100 多支枪,有 30 人左右都拿双枪(一长一短),编成一个连,连长牙永平,是护商独立营的第一连,名义上编在王海平部队,实际上他管不到,独立营长韦国英,连长是我们的人,搞秘密活动。1934 年成立护商独立营,后来王海平部队被国民党打败了,独立营也解散了。

(资料来源:中共广西凤山县委党史研究室存史六(13)第 47 卷,1982 年 3 月 20 日。中共凤山县委党史研究室保存并提供)

1933 年至 1941 年中共地下党在黔桂边的活动
黄平珠

（广西乐业县委党史办黄平珠同志在东巴凤党史资料核实座谈会上的发言）

1932 年春，黄举平、牙美元等数十人到天峨的林友屯、岜暮一带活动。6 月，在林友屯成立黔桂边党委。党委书记黄举平，委员黄伯尧、牙永平、韦国英、牙美元、王仕文、黄鸿滕、韦荣柏、韦挺生。革命委员会主席黄举平、副主席牙美元，委员黄伯尧、牙永平、韦国英、王仕文、黄鸿滕、韦荣柏、韦挺生、姜凤桥、韦钟福、韦寿昌、黄守义、黄云龙、罗德益、韦世英。边委受右江特委领导。

9 月，凌云（当时乐业属凌云辖）、那地、南丹、东兰、凤山等五县约 2000 人的民团，在民团副司令黄崐山率领下，对赤区边缘的林友、岜暮"搜剿"。边委临时决定，大敌当前，不宜硬拼，撤离赤区边沿向外线游击。

（一）向黔桂边转移

当时边委分析，认为贵州各派军阀混战，对黔边的贞丰、罗甸等地无力顾及，桂边的乐业属边远山区，交通闭塞。当局鞭长莫及，可以到黔桂毗邻这一带隐蔽活动，继续开展工作。于是，边委作出决定：

一、韦国英到岜暮区活动，掩护边委转移；

二、黄举平率边委、革委多数成员转移到天峨的那亭、赖亭和凤山的平乐一带隐蔽；

三、红军独立师第六十三团第一连由牙永平率向乐业的西马、幼朗进发。三路相约在黔桂边的三江口（南、北盘江及红水河汇合处）板陈汇合，在黔桂边建立新的革命根据地。

黄举平这一路到达凤山的平乐不久，得知韦拔群同志被叛徒出卖牺牲，西山形势恶化，遂派牙美元到乐业联系牙永平连队，留黄伯尧、黄志新等继续在平乐隐蔽活动，自己率部分同志回东兰西山，了解情况，布置工作。

牙永平、韦国英到达乐业西马乡的七歇一带活动，不久知道幼朗乡陇那屯罗川元（又名罗十四）是王海平的部下，有一定势力，并与牙永平的父亲牙春贤打老庚。牙、韦利用这个关系，做罗川元的工作，到罗那里驻防休整。

1932 年，黄举平离开西山到黔边的罗甸县蛮瓦、罗悃和贞丰县的乐旺、乐康、板陈、卡法、伏开、渡邑一带活动,作社会调查。后到乐业的陇那罗川元处与牙、韦商量,认为板陈的王海平是黔西南地方实力,素与贵州军阀有矛盾,可以做工作,把他争取过来。通过罗川元与王海平商谈,王海平为扩充实力,欣然把牙永平连队与罗部编为独立营,罗任营长,韦国英任副营长,牙永平任该营第一连连长。军饷由王海平供给,部队各自指挥。尔后,韦、牙分别在南、北盘江,红水河驻军护商收税,筹备经费,掩护并支援党的地下活动。红军连队到贵州的渡邑、即整顿恢复建立中共党支部,党员有牙永平(书记)、黄德光、黄拔、牙秀峰、罗德益。

为了保存自己、消灭敌人,壮大革命武装力量,韦国英、牙永平到板陈不久,遂同王海平磋商,分别在板陈、卡法各建一个兵工厂,年造"板造"步枪100~120支。

牙美元这一路到达乐业县雅长乡六旺屯(凤山属)韦德由家住,并通过韦到坝想村副局董罗启林家做私塾老师。

不久,韦国英、牙永平打听牙美元已到雅长六旺,即到六旺找牙美元联系,交流情况。数日后,韦、牙回到板陈、卡法,牙继续在雅长活动,一面教书,一面进行地下活动。

1933年秋,经韦国英、牙永平介绍,牙美元到陇那屯罗川元家做私塾老师,系统地做罗川元的工作。翌年暑假,牙美元利用假期到黔边的渡邑、乐康、伏开、苦李树等地活动后回雅长。不久,又经欧福生介绍到雅长中心学校当校长,兼乡公所书记员,在此期间,利用小学校长和书记员的公开身份,经常到附近村寨进行革命活动,接待来往黔桂边的革命领导人。

(二)中共丰(贞丰县)业(乐业县)支部、板陈支部建立和黔桂边委的活动

1934年秋,黔桂边委书记兼东兰临时县委书记黄举平派王仕文(又名王文生,边委委员)到雅长牙美元处,共同吸收班述盛、廖熙月等人入党。这年冬,黄举平又派黄焕文(即黄荣章)到雅长六旺屯组建中共丰业支部,支书王仕文,组委牙美元,宣委黄焕文,党员有廖熙月(1936年王仕文离开后,廖任书记)、班述盛、韦国英、韦明三、韦明日、黄恒球。往后该支部还发展吸收岑永发、班统章、黄卜岭、黄可贞、班统刚、班统球、廖源丰、马秀明、韦鼎臣、罗明会等人入党。

1935年春,黄举平听说中国工农红军长征进入贵州安顺,便派黄唤民、黄伯

尧、牙秀才到安顺向中央红军联系请示,并要求留下些枪弹充实右江力量。但他们行至贞丰县城时,红军已过贞丰进册亨、安龙,白军尾追封锁,便返回板陈。与此同时,黄举平、黄志新等十余人,经天峨更新过乐业西马、陇那到六旺(还到贵州的板陈、卡法、渡邑等处活动)开会,总结和布置边区工作。之后,筹集革命经费,把边委的工作交给韦国英主持,自己与黄志新、黄唤民、黄伯尧等回东兰筹建右江上游革委会和右江上游中心县委工作。

1935年,成立中共板陈支部,成员牙秀才、韦国英、韦明三、韦明日、韦钟福、黄恒球、黄曼。

1936年秋末,黄举平、赵世同等到达板陈,并将黔桂边委设在板陈。书记赵世同,委员韦国英、韦运祥、牙永平、黄唤民,党员牙美元、黄志新、黄伯尧、牙秀才。边委受中共东兰中心县委领导(1937年受中共桂西区特委领导)。

为了反对国民党的暴政和"三征",中共丰业支部动员群众典卖田产购买枪支武装自卫。不久,一支由共产党直接领导的约60人枪的革命武装队伍组织起来了,并由中共党员岑永发领导掌握。

1937年冬,中共南委派陈柱(又名刘新安、广西省工委成员)到黔桂边委检查指导工作。陈柱先到贵州的板陈,向边委传达中央在抗日战争中的方针策略后,还到乐康、乐旺、伏开、卡法等地检查工作。最后回到雅长牙美元处,了解丰业支部情况。他离开时,对牙说准备还派人来边委协助工作。

1938年2月,上级派韦敬礼(改名为荆丽)到雅长找到了牙美元,又由牙美元介绍到板陈加强黔桂边的领导工作。

同月,为适应新形势斗争的需要,省委将黔桂边委改为黔桂边特委(全称是"中共黔桂边特区工作委员会"),直接受中共广西省工委领导,书记赵世同,组委吴元(即吴边,是上级党委派驻边委的代表),宣委韦敬礼,军委韦运祥,委员韦国英、牙永平、黄志新、黄唤民、牙美元。

1938年4月,乐业县爆发了有六个乡2000多农民参加的武装起义。中共丰业支部成员参加了这次武装起义。由于时机未成熟,起义失败。事后被残酷镇压,雅长乡副乡长韦鼎臣(中共党员)被骗到县府杀害。牙美元、廖源丰被迫离开雅长。同年秋,丰业支部分设六旺、运赖两个支部。六旺支部成员有黄卜岭(支书)、黄可贞、廖熙月、班述盛、班统球、班统刚、马秀明、罗明会。运赖支部成员有岑永发(支书)、班统章、岑××。

(三)牙永平被害和黔桂边特委转移广西

1940年初,武汉沦陷、长沙、桂林告急,牙玉璠受白崇禧的派遣,到卡法找牙永平谈判,说是抗日救国、匹夫有责,并称言:"我们这个联队开赴前线打日本,收复失地,红军抢得红军占,白军抢得白军占,井水不犯河水。"在抗日的正义召感下,牙永平接受"抗日游击纵队副司令"职,并领第一支队,这支队伍共500多人。因抗日心切,部队日行夜宿,到达东兰的牙玉璠寨子后,被国民党县保警兵地方民团的包围袭击,牙永平这时才省悟过来大呼上当,冲出重围,绕道凤山、南丹、乐业、一路遭反动地方民团的截击,损失严重,500多人的部队,只带60多人枪回到卡法。

牙永平到卡法后不几天,又接到望谟县保安大队的一封公函,说是邀他到望谟商计抗日事宜。牙永平信以为真,再次上当,只带9个随员,到了县城,进敌营部办公室时,即被事先安排的敌人抓捕,当天杀害于望谟县城的一棵大榕树下。随员9人当中只有一个叫阿曹的逃脱幸存。牙永平牺牲后,牙秀峰率队撤下广西,分散隐蔽活动。

1941年正月,贵州军阀为镇压黔桂边革命,"搜剿"王海平和黔桂边特委,贵州省望谟县(原属贞丰县辖)县长张森派一个保警大队(驻)扎县城和桑郎,张以给王海平祝寿为名,把数十名武装保警化装为舞狮队,于正月十九日,扑向板陈,妄图活捉王海平,将我边委一网打尽。我边委探知后作出决定:① 将边委撤到广西,② 送王海平到延安学习,③ 黄唤民、农勤耕留在贵州隐蔽活动。

谷怀西陪同王海平出走,他们行至田西县的百乐乡时,被田西县长岑伯嵩探知,岑与乐业县民团副司令黄崐山串通,他们到了田西县府即被软禁,到了柳州被捕,将二人解到贵阳附近的花溪杀害。

撤离贵州的特委成员有黄世新和韦钟福。(他们)撤到广西后,以六旺为据点,继续领导黔桂边的革命活动。特委成员韦运祥、韦敬礼分别回东兰、武宣活动。

(四)地下交通站

地下交通联络站有:

1. 凤山中亭—乐业逻沙(负责人黄显庭)—六旺(负责人牙美元、班述盛)—长隘(负责人牙美元)—贵州板陈。这条线路的联络员是黄荣章、罗玉廷。

2. 凤山中亭—天峨巴更(负责人覃世新、黄平松)—乐业七歇(负责人牙文峰)—百仲(负责人李发荣)—郎上(负责人牙玉相、牙秀峰)—羊场(负责人班统章)—六旺(负责人牙美元、班述盛)—板陈。联络员是陆海洋、黄可贞、黄平松、黄平佑。

黄平珠已阅(签字)

1984 年 9 月 20 日

(节录于王封常主编:《望谟革命斗争史》,中共望谟县委党史资料征集领导小组办公室 1985 年印行,第 284~290 页)

从东兰到黔桂边区工作的回忆

牙美元

1932年9月,我们到达〈凤山县的〉平乐区,在靠近这里的社更村有一连敌人驻扎,〈我们〉便转移到一个茶油坡塔棚野营,潜入下村做群众工作。10月下旬,右江独立师师长韦拔群牺牲的消息传来,全体同志极为悲愤。黄举平主持在茶油坡上举行追悼会,勉励同志们化悲痛为力量,为拔哥报仇,争取革命的胜利。

11月初,我们到达中亭(巴川)后,因韦拔群牺牲后,东兰根据地的人心动荡,黄举平提出,他回西山了解情况,联系革命坚决的党员,巩固党组织;由我和牙美彬从巴川去边区,与韦国英、牙永平取得联系,筹划开展工作,然后再由我带领同志们上去汇合工作。

1933年元月,我和牙美彬到达乐业县雅长乡炉录村六旺屯,找到亲戚韦德尤和马锦昌,由马锦昌介绍我到坝想村罗启林家当私塾老师。此后,进一步到巴康、想里、田林、坝维、龙明、长隘、瑛里、牛坪等地做群众工作。

1933年3月,韦国英从黔边的板陈、蔗香来到坝想村与我互通情况,共商开展黔桂边区工作。接着,我和韦国英到乐业县幼平乡三纳村做罗川元的统战工作。然后我们同到蔗香、板陈会见牙永平和王海平。

1934年秋冬,我又到贞丰、罗甸等县,在渡邑和苦李树等地做地方实力人物王玉山(团长)、陈秀卿(团长)等的统战工作,并了解当地情况。几个月后,我折回雅长乡,托区福生介绍,任雅长乡中心学校校长兼乡公所文书,以此为掩护开展活动。

1936年6月,原黔桂边委书记黄举平介绍王仕文、黄焕文、黄荣章先后到雅长乡炉录村六旺屯与我联系,共商建立党组织和开展黔桂边工作等问题。一致认为现在边委各负责同志,一时未能集中领导工作,必须建立支部来领导这一带的工作。我们便召集在六旺屯的党员开大会,成立"中共丰业支部",书记王仕文、组织委员牙美元、宣传委员黄荣章、党员廖熙月、韦国英、班述盛、黄卜领、廖源丰、班统球。在边委未能恢复工作前,丰业支部负责乐业、天峨、贞丰、册亨等县工作。

1937年冬,中共广西省工委派刘敦安到板陈等地观察,同时与我和韦国英、牙永平等相会,其间对边区工作作了指示,特别是对王海平作了统战工作。刘敦安向王海平说明自己的身份,要求王同情和支持革命,并说回到香港或南宁再和王通讯联系。王海平对刘很尊重,答应了他的要求。刘敦安还到蔗香、永康、罗王、渡邑、白层等地了解情况,并对群众做宣传工作。当刘敦安要离开黔边时,到六旺我的临时家里住了几天。他对我说:黔桂边区的工作,我已有书面指示,你们可结合当地情况努力去做。近来托派分子到处活动,你们要提高警惕。现在,我要回去向省工委和南临委汇报工作,今后再和你们联系。他写了个門字分作两半,各持一半作为今后联系的暗号。

刘敦安离去20多天后,派来了韦敬礼,先到我处。我们按原定联系暗号,接上了头。韦在我家住了一周,互通情况并布置下一步工作。我带他到板陈会见韦国英,由韦介绍给王海平及创强小学校长王荫堂,安排他在这个学校当教师,以此为掩护开展工作。同年间,广西省工委又派吴边经右江东兰西山来板陈和我们配合工作。吴到西山时,东兰党委派韦运祥、牙秀才等随吴一起到黔边工作。

1938年秋,黔桂边(特)委加强了组织领导,按省工委指示,赵世同任书记,吴边、韦敬礼为委员,党员有黄焕民、牙秀才、志运祥、牙永平、韦国英等。边委领导的支部有丰业支部(后改为六旺支部)、运赖支部、卡法支部、板陈支部。

1938年春,我在雅长乡被乐业县国民党政府发觉,敌人要来雅长捕杀我,我闻讯后带家眷连夜转移到册亨县第五区的路吉、坝赖等地。我托人介绍担任乡公所文书,就近与边委负责同志韦敬礼、吴边、赵世同联系,在册亨县开展工作。1939年春起,我除任区公所文书外,还任坝赖小学校长。时值抗日战争时期,多半时间用在抗日宣传工作上。我曾见到过卸任县长汤幼竹、戒定一和在任县长涂月僧,和他们谈抗日救国等问题。我时常下到丁马、打宾、打道、巧会等做群众工作,与当地青年黄延文、潘长培、王学规等联系,对他们进行革命及抗日教育。

1939年后,有个抗日战地服务团团长马槐廷率团员10多人到册亨县第五区,我配合他们下乡宣传抗日。

此外,我知道边委建立的交通、通讯联络站有:(1)与东兰西山有关系的站点是更新、巴川、岜暮长江;(2)云南省富州县八播街邮代所;(3)板陈邮代所;(4)册亨县洛央天主堂邮代所。

中共黔西南州委党史研究室供稿

(节录于中共广西百色地委党史办公室等编:《滇黔桂边区革命根据地》,中共党史出版社1999年版,第493～495页)

从西山到黔桂边区工作的回忆

牙美元

我是 1926 年参加工作,1929 年 8 月入党,历任东兰县农会干事、右江农军总指挥部秘书、东兰县苏维埃政府财委会主席、红七军政治部宣传员。1930 年 5 月,从东兰专程护送邓小平政委到河池会合红七军。同年 6 月起任红七军第三纵队特务营第三连连长。1931 年秋,任红军独立第三师第六一一团第一营政治指导员。当时因营长黄绍光叛变投敌我即到西山向师部汇报,并听候指示分配工作。

1931 年 11 月,桂系军阀又以 7000 多兵力向东(兰)凤(山)革命根据地进行第二次"围剿",战争越来越残酷了。在这种险恶形势下,中共右江特委和独立师党委在西山弄京峒召开"干部会议",决定把部队缩编为精悍的杀奸团,分散在各地杀奸肃特,伏击袭击敌人。我任杀奸团第三团团长。会议还决定在西山的主要干部和坚持革命的战斗员要跳出敌人的包围圈向外游击、开辟新区发展革命力量。先后派韦菁、陈庆锷随同中央代表陈道生去找上级党委汇报联系工作,派黄松坚(黄明春)、黄大权、陆浩仁等到右江下游会合黄书祥开展那方面的工作,派东兰县委书记黄举平等上黔桂边区。先派牙永平带一队人马赶到天峨县的林佑村(牙永平故乡)准备布置一切等待。

1932 年 2 月,牙美元率领干部韦仕英、黄云龙、韦宗福、黄守义及武装同志姜凤乔、黄为福、黄礼德等共 40 余人从西山出发日夜急程前进,直到天峨县的岜暮苏区,会合韦国英的队伍。休整一段时间才沿八耐河上去到达林佑村与牙永平部队会合。1932 年农历五月初黄举平同志率领黄伯尧、黄鸿腾、罗学成、韦荣伯、韦寿昌、黄焕伦、罗德益等陆续到达林佑村和我们胜利会合。当时黄举平同志改名黄浩繁,黄伯尧还赋这样一首诗:"时届榴花放,繁君抵峨城……"(可见当时是农历五月)。

中共黔桂边委和边区革委会的成立

我们全部集结林佑之后,黄举平当时召开全体同志会议。他在会上说,我们全部到达这里可以说是胜利地进入了黔桂边区的第一站,现在我们要着手组织机构,筹划如何开展工作等话。这样就组织成立"中共黔桂边委员会",书记黄举平,委员牙美元、黄伯尧、韦国英、牙永平等,同时成立"黔桂边区革命委员会",主席黄举平,副主席牙美元,委员罗学成、黄伯尧、黄守义、韦寿昌、罗德益、韦荣伯、黄焕伦、韦国英、牙永平、韦挺生等。

会议还决定下列几项：

（一）决定以林佑村为临时工作活动据点。

（二）对天峨县城的官员如田连宽、李仁良、赖绍良等及其武装队伍，我们要执行统战政策好好对他们做工作，化阻力为助力，利用牙永平和他们私人熟识，积极和他们谈判，争取他们和我们合作。至少给他们守中立态度，不与我们作对，经过我们细致工作之后，彼此形成暂时和平相处的局面。我们曾经两次到峨城和他们握谈交情。他们也设宴招待我们。他们也曾一度来到林佑和我们洽谈，在谈话中，田连宽对牙永平说，老庚你们可以把步枪卖掉，转买手枪好吧。我们听田谈这番话，可见他们已心怀鬼胎了，牙永平也回答说：你真有好意啊！

敌人"联剿"林佑，我们撤退分散活动

会谈以后，我们随时注视他们的动态，果然不出所料。1932年夏季，田连宽在了解我们情况之后，就勾结凌云县民团副司令黄崑山纠集东兰、凤山、南丹等五县反动团警2000多人枪向我们林佑据点及岜暮苏区大举"进剿"。由黄崑山负责指挥。我们事先探悉敌情，黄举平同志召开紧急会议，分析研究应变的计策。一致认为在敌我力量悬殊情况下，为着保存革命实力暂时避开敌军的"围剿"，决定分为三路撤退，一路由韦国英率领一队回岜暮与进犯该地之敌周旋战斗；一路由牙永平率领一队沿红水河南岸的西马、圭里一带而上，等韦国英上来集中后，一同上到陇纳与罗川元联系好了再向板陈与王海平洽谈；一路由黄举平、牙美元率领一队沿布柳河而上进入那亭、赖亭做当地名望李太坤、李太康、李生华等及群众工作。同年农历八月下旬，我们辗转到平乐区活动，由黄伯尧等筹措粮食，当时敌军一个连驻扎社更村，威胁平乐，我们转移到一个茶油坡上搭棚野营，晚上到各村做群众工作，白天学习党的书刊，如支部生活等书刊。

平乐茶油坡上的追悼会

1932年10月下旬的一天，我们在平乐惊悉韦拔群同志牺牲的噩耗，全体同志极为悲痛，就在这个茶油坡的宿营地开追悼会。由黄举平主持并致悼词说，我们右江革命领导人韦拔哥牺牲了，给我们革命事业遭受重大损失，我们无法抑制心头悲痛，但我们要化悲痛为力量，继续坚决奋斗，继承其未竟之功，为拔哥报仇……

同年11月，我们全部转移到巴川（中亭）。黄举平折回西山，牙美元挺进黔边

调查情况,研究下一步工作。当时黄举平说,拔哥牺牲后敌人更加疯狂"搜剿",西山形势险恶,人心惶惶不安,基层党组织和群众团体,势必陷于涣散状态,我必须率领多数同志潜回西山,了解情况,并和坚持革命立场的地下同志协商今后工作问题。这里由牙美元、牙美彬两同志摸索挺进边区,设法与韦国英、牙永平等联系,布置开展工作。我回到西山后,再派同志上去和你们配合行动等话。这样我们就和举平等同志暂时分手。据说举平等辗转许多地方折腾了相当时日才回到西山。

我和美彬从巴川出发,冒着生命危险,经过乐业县的鞋布、甘田、罗沙等乡直到雅长乡长隘圩,这里隔南盘江与贵州册亨县平房村相对。当晚我们折回炉灵村六旺屯投宿,恰巧碰到亲戚韦德尤(凤山县板近人)。时已农历腊月下旬,我们就在韦家过年,扎根在雅长六旺开展工作,由韦德尤介绍我与该村名望马锦昌、班述盛等相识交谈,建立感情。过春节后,1933 年春初,由马锦昌、班述盛介绍我到坝想村罗启林处任私塾教师。当时我改名黄茂芳,结识当地老知识分子区福生,双方感情颇好,这是以后区福生任雅长乡长时,介绍我任乡公所文书及中心学校校长等职务,为我们在黔桂边区工作活动提供了广阔阵地。

韦国英到达雅长叙述部队转移情况

1933 年春间,韦国英从黔边板陈蔗香来到雅长乡见我,握谈几天,互报双方情况,韦国英谈关于我们红军队伍从天峨转移到陇纳、卡法、板陈的经过情况。

韦国英说:我们撤离林佑时,我带部分队伍转回岜暮与敌人周旋战斗,很快上到天峨县边境与牙永平部队集中沿红水河南岸的西马、七则、圭里、百朗,直到陇纳罗川元(罗十四)处暂住下。接着谈到我们与罗川元的关系问题,原来罗川元是该地的局董兼护商大队长,颇有权势,后被罗祥蛟到凌云县府活动拆罗川元的台,罗祥蛟得当上局董,又要求王海平委他为第十二连连长,掌握军政实权。这给罗川元很大的打击,双方矛盾激化。于是罗川元积极招兵买马扩充实力要与罗祥蛟唱对台戏。过去牙永平的父亲牙春贤与罗川元相好。

我们利用两罗之间的矛盾,去做罗川元的工作,很有成效。罗川元乐意给我们红军队伍住陇纳十多天,并供应粮食。我们请罗川元先去与王海平洽谈要求王海平允许我们这个部队在其辖区活动,并供应给养。王海平采纳罗川元的请求条件,并表示欢迎。罗川元回来与韦国英、牙永平商谈,认为王海平的为人忠诚信义,他既与广西军阀有矛盾,又与贵州当局和不来。我们向他进行统战工作,是有成效的。

罗川元就带韦国英、牙永平到板陈与王海平直接谈判,韦国英把国内形势及革命发展前途对王说明,他相信后,就委任罗川元为独立营营长,韦国英为副营长,牙永平为第一连连长。营部设于板陈附近的纳把屯,由韦国英掌握队伍。牙永平率领一个连分驻卡法,构成犄角之势。全部伙食由王海平统筹供应,不久紫云县失意军人薛玉成、秦定川等率领一小部队先来和我们联系,编属独立营第二连,也和韦国英同驻纳把,由韦国英统一指挥。名义上是王海平的部属,但部队的调遣是由我们掌握的。

中共丰业支部的建立

1936 年间,中共黔桂边委书记黄举平派王仕文、黄荣章从西山到雅长乡与牙美元会合。同年 7 月,就在雅长乡炉灵村六旺屯召集在黔桂边的党员开大会,组织成立中共丰业支部,书记王仕文,组织委员牙美元,宣传委员黄荣章,党员有廖熙月、班述盛、韦国英、牙永平。

支部第一次会议由王仕文主持,会议决定:

(一)丰业支部是黔桂边区的一个地下领导机构(因为当时边委负责同志各在一方未能集中领导),各地同志的工作活动,要向支部汇报。

(二)丰业支部的活动范围是乐业、天峨、贞丰、册亨、罗甸等县。

(三)与会同志筹资购买一部收音机,收听外地消息。

(四)党员同志要经常学习《党的支部生活》等书。

(五)准备培养吸收思想进步积极份子入党,发展党的组织。后吸收乐业籍的岑永发、韦鼎臣、班统球、班统刚及凤山籍的廖源丰、罗明会入党,成为正式党员。

我在陇纳任教及到黔边活动

1933 年秋末,我经韦国英介绍,离开坝想私塾到陇纳罗川元处任三纳小学校长,对罗川元进行思想转变工作。培养进步学生王建威、罗锦狱、牙保廷等等,引导他们走向革命前途,趁着礼拜天亲自到郎上、百朗各村做群众工作,并接待来往的同志,和黄伯尧在一起。

1934 年秋,我从陇纳北渡红水河进入黔桂边贞丰、罗甸等县边境渡邑、福开、若李树各地调查,走访当地实力派王玉山、陈秀卿、王建业、王建坤等,几次交谈,向他们进行统战工作。1935 年夏间回到雅长,当时区福生(我的亲交好友)任雅长乡长,介绍我任乡公所文书兼雅长乡中心学校校长等职,对开展工作更有利了。

我曾两次进入乐业县城住卡福黎景英家调查情况进行地下活动,争取县民团督练官冀泽荫(上思县人,后改名黄曼)弃职出来参加我们到黔桂边工作,又争取得县府乡村政务督察员黄元忠(乐业罗沙乡人)同情支持我们革命活动。

雅长乡副乡长曾廷良思想进步,阅读了几种革命书刊如《大众哲学》《辩证唯物论》《社会进化史纲》等书。我多次和他个别谈话,他表示愿意和我们干革命事业,可惜他不久病逝了。

我到雅长乡六旺村两年后,我的爱人韦玉莲及胞弟牙美彬、牙美廷等也到六旺和我在一起,曾建立一个小家庭,开荒生产,发展养家,所有收入,除维持家庭生活外,都供应上下来往同志的伙食,并购买各种办公用品。我的爱人和弟弟一面搞开荒生产,一面到附近的村屯弄里、熬里做群众工作。

上级党委派刘敦安、韦敬礼、吴边等到边区视察和领导工作

1937年秋,中共广西省工委派刘敦安同志到黔桂边视察领导工作,他先到板陈、卡法雅长向韦国英、牙永平、牙美元等传达国共合作抗日,建立抗日民族统一战线及反对托洛斯基派斗争等问题,同时会见王海平进行初步谈判。刘同志诚恳坦率地对王海平说,我奉中国共产党南方委员会及广西省工委派来和你谈判的,希望你认清形势,与共产党合作,支持我们革命活动,最好把你的部队参加抗日救国的伟大事业,今后我们要和你建立密切关系等话。王海平听了之后,很受感触,对刘非常钦佩,并表示同情支持我们在其辖区各地活动。

刘敦安同志还到贞丰、罗甸、册亨各县边境的罗康、罗王、福开、路吉等地调查社会情况。刘同志亲自到雅长乡六旺屯我家,相住几天。他说党的十二月决议案,你们看到吗?我答:"没有。"刘同志又说:我们红军长征到达陕北后,要编写一本军史,书名叫《二万五千里》。你们在边区要开展关于边区的主要工作,我已作书面指示你们,目前我准备回去省工委和南委汇报工作。现在我和你定个符号即写一个门字,各持一边。今后我派同志上来,找你对照符号合了,你们要为他安置及配合工作等话。这样他回省委去了。

不久有个同志到雅长中心校操场问我:黄校长黄茂芳在哪里? 我答说就是我,于是大家到我房间对照符号相合了。那位同志说出实在话,他名叫韦敬礼,武宣人。当晚我就带他到我六旺小家庭相住一周,交换意见研讨安排工作。我就和韦同志一同到贵州板陈与王海平司令及王校长由森洽谈决定给韦敬礼同志(当时改名荆丽)任板陈创强小学教师了。我见他行李箱装着《抗日的第八路军》《唯物

辩证法》等书。

1938年3月初省工委又派吴边同志到东兰—西山活动,然后和韦运祥、牙秀才率领一排武装辗转到达边区和我们共同工作,王海平同意给韦运祥任护商大队长,在南北盘江一带护送商帮,同时进行革命活动。

1987年7月4日

(中共广西凤山县委党史研究室保存并提供)

卡法连队战士韦应忠的回忆（节录）

我当年名叫韦金明，回广西后才改名为韦应忠。

我是民国十八年参加红军，参加一年多后在连队吹号，成了号兵。当时我在牙永平那个连，同牙永平一脚跟一脚地在一起……民国二十一年底，我们失败了，二十二年去贵州。罗川元是牙永平的表叔，我们通过罗川元才到王海平那里。记得是（农历）正月十二到陇纳，十三（日）到蔗香，十八（日）到贞丰，回乐元下板陈。

牙永平在板陈遇到卡法的韦忠堂，在摆谈之中，韦知道牙的处境，韦便邀牙永平到卡法去居住。牙便带 13 个人到卡法，在那里用钱请人起了一幢房子，有五大间。我同时与牙永平到卡法，到卡法后，我不当号兵，当他的卫士。我们起好房子后，就来接韦国英上去。后来接黄举平、黄世新，韦汉超也到过卡法。

我们上贵州，王海平收容我们。贵州军阀王家烈打电报给王海平，要王海平消灭我们。王海平说我们这里没有那种人（指红七军战士），包庇我们。

赵世同也与我们在一起，我们在卡法劳动、开荒。赵与我睡了很长时间。吴元与赵世同一起去卡法，吴元在卡法，是连续三个月，连续之前一个月到一次，他在贵州时间不长。我们在卡法开会大部分都上山开，吴元也上山与我们开会。

开初去时我们只有 13 人，后就多了，有五六个班。我们有几个人到王海平司令部去工作，有个叫黄英，还有韦国英等，黄拔也去，但黄拔跟牙永平多，主要是拿笔杆。我同牙永平到过板陈两次。王海平的副官、参谋是不能与他同桌吃饭的，但我与牙永平曾同王海平同桌用过餐。我们兵工厂不造枪，主要修枪，造枪是王海平那里，他有两个工厂，一个厂造枪，一个厂造马尾弹（手榴弹）。

有一天我们去乐旺，半路被曾云清部队埋伏，他们人很多。这一仗我们的（副连长兼一排）排长黄德光牺牲，他胸部中弹，我背他到一个岩洞下就断气了，他是个党员。罗老四也是曾云清的人，他反我们，带队伍来卡法。农民告诉我们，说罗老四的兵在山上包围我们。罗老四是个白苗，他有不少的枪，是曾云清的连长，不是王海平的人。他们到卡法主要是想搞我们，被牙秀峰先下手。当时牙永平不在，那时牙永平下广西蛮久的，后我们报给王海平，说已杀了罗老四，王海平说杀得对了。

打简世举是牙秀峰、陆世平领导的，卡法有三个排，排长是牙兰亭、陆世平、王××,韦祥是第一排第二班班长。

王海平派两个营去打龙继尧,我们也去,我们上石屯埋伏在龙家不远处。

国民党杀害牙永平他们那天,刑场上跑出来的这个人叫罗明朝,据说他们被从牢里拉出来,他在最后,下石坎时便跑了。他跑回来告诉我们,才知道牙永平被害的消息。我们到山上去,敌人来包围卡法了。在被包围的那天,我与韦光珍几个在一起。

不知是三几年了,牙兰亭他在乐康半路被伏击,是王三的左手被打断,不是韦祥。

1986 年 8 月 12 日

(节录于贵州省黔西南州史志办编:《黔西南革命老区——望谟、贞丰、册亨》,2004 年印行,第 175～176 页)

牙永平养子韦泰春的回忆(节录)

1932 年 9 月至 10 月间,国民党大举进攻,"围剿"林佑屯和岜暮苏〈区〉。牙永平随黄举平、黄伯尧、牙美元等及政工队转移到平腊、那里、赖亭一带发动群众,组织农民协会和革命青年同盟会。后因发现李增华叛变革命,黄举平等又向平乐转移,留下牙永平部在平腊屯一带潜伏下来。

经黄伯尧、黄举平等做乐业陇纳屯罗川元和贵州板陈王海平的工作,1933 年正月,罗川元派七人随牙秀峰共八人到平腊屯来,迎接牙永平率连队到他那里去。我们连队 60 多人枪由牙永平率领,经甲马的下亭到七歇屯牙文峰家。为了隐蔽保密,不给敌人发现,他给我们一处叫"劳脸坡"的山林露宿一个晚上。牙文峰煮菜饭(杀一只猪)送给我们吃。次日晨,天未亮吃过早饭后,就继续出发,经林那、中里到陇纳屯罗川元家,黄举平、黄伯尧在罗家等我们。

3 月间,红六十三团团长韦国英等才到陇纳罗川元家同我们会合。这年的上半年,分散在各地的红军同志和党的工作人员陆续到罗川元家聚集。罗川元招待得好,很热情,还同我们的领导人商量工作,并在他那里组建省边独立营。罗川元任营长,韦国英为副营长,牙永平仍当第一连连长。罗是挂名营长,部队的事由韦国英指挥,为了表示对他尊重,有些事也同他商量或"征求"他的意见,但他对我们的领导是言听计从的。

同年 6 月间,独立营转移到贵州板陈王海平司令部处驻军以后,罗几乎不过问部队的事,但从我们到他那里以后,我们的领导人和干部、战士经常来往住在他家,食宿安全均无问题,还积极配合工作。他和他的部下都参加革命,百朗、渡口、陇那地下交通联络站的人员,几乎都是他原部下的人。他对革命真诚坚决,在任何困难危险的情况下,都没有发现他动摇过。罗川元爱好打猎,后来有一次在山上打猎,不幸被野猪咬死了。

我是牙永平的抱养仔,在红军第三连当兵。牙永平在民国二十一年拉号岩失败后,跟韦国英去贵州的,韦明日、韦明三都去了。

民国二十五年农历十月,在贵州望谟昂武与国民党中央军(四川兵)打几天仗,双方都有死亡。我任小队长,是排级干部。

云榜英的韦明新又叫韦应忠,是牙永平的号兵,此人还在。岩里村纳尧屯的黄景华也是牙永平的兵,参加过打仗,地点是昂武。

1985 年 3 月 14 日

(节录于贵州省黔西南州史志办编:《黔西南革命老区——望谟、贞丰、册亨》,2004 年印行,第 177～178 页)

在荔波组织革命同盟会(节录)

谭振金

1933 年韦汉超到南丹、贵州一带活动,主要是揭露国民党吃人的本质,深入最贫困的群众中去串联,组织革命同盟会。我随后也去。第一次同盟会是 1933 年在南丹拉索召开,有 27 人参加。其中大部分是东兰人,如韦汉超、谭国联、谭怀平、覃桂芬等,当地也有少数人。

后我们分为两组行动,韦汉超和韦家良、何士贤(捞村人)、何素清、何其业、谭有元 6 人为一组,韦汉超为组长;谭振金、覃桂芬、陆浩仁、谭国联、韦仕英(韦展荣)、南丹翁昂乡的何凤楼、何凤清等 7 人为一组,谭国联为组长。两组分两路行动,有时碰在一起开会,然后又分开行动,总指挥是黄唤民。

以后,我们先后多次组织革命同盟,其中规模比较大的有在荔波佳荣平木〔模〕搞的同盟,重新登记党员,在南丹八圩拉他屯及在荔波县捞村举行的同盟。拉索同盟是在耕田的时候,一个〈月〉后就在八圩集会了,捞村集会也在1933 年。

(广西东兰县委党史研究室保存:党史专题资料 18 卷,采访革命老人谭振金的记录,第 87~88 页。节录于中共荔波县委党史研究室编:《荔波革命老区史料汇编》,中共党史出版社 2006 年版,第 204 页)

谭永福谈韦汉超在环江前后经过

采访对象:谭永福,男,68 岁,壮族,农民,文盲,籍贯,广西东兰县大同乡板坡村弄椒屯,现住环江县河顿村仁德屯。

采访时间:1985 年 11 月 11 日。

采访记录人:莫绍烈、覃显珠

1930 年红军在东兰受挫,1931 年板坡、弄椒群众分别跟随韦汉超迁到了河池的坡迁、坡良、那苋、那怀等地居住。是时,我(谭永福)家与谭陆(韦汉超地雷队队员)家迁到南丹县罗户(富)居住。当时韦汉超在南丹一带组织有二三百人结盟(杀鸡饮血)。后因冠华叛变,遂于 1935 年到贵州省的平寨住了五六个月。后因韦展荣(韦汉超部成员)去伍老板——又称伍保长家喝酒,不慎把韦汉超编写的革命传单落到伍保长的手中,韦汉超等户又分别秘密迁岜辉、赛马、坡挽等地居住,我等几户则迁往广西环江河顿村仁德屯。韦汉超的侄儿韦明、女儿韦美金居住在坡挽。

以后韦汉超很少露面,凡有急事、要事都要由谭永福的父亲(名字记不清)和谭永福的哥哥谭正金出面(新中国成立后迁回原籍——东兰县大同乡板坡村拢硝屯居住,今尚健在,并享受革老补〈革命老同志补助〉)。有一次,韦汉超带谭正金到荔波县莫金波家(大财主家),莫以上宾招待。当晚上韦汉超、谭正金睡在银库房里,以显露其家势。韦汉超经过与莫谈古论今后,认为莫金波难以改变其反动立场而放弃原来的打算,次早即离开荔波。

1936 年,韦汉超到驯乐的岜瑶——今板要屯教书。不久,据说是驯乐街发生抢劫人案,国民党清乡队查到韦汉超是来路不明而被驯乐乡府抓去关押(1936 年 3 月的一天)。当晚,韦汉超在逃跑时被国民党县警开枪打死,此后我们跟韦汉超的队员即停止革命历史活动。

(中共广西河池市环江县委党史研究室提供)

韦明日在黔桂边的活动（采访笔录）

时间：1981 年 5 月 6 日

地点：开峨县府招待所

记录人：黄志珍

采访对象：韦明日（天峨板磨公社都楼大队，现年 73 岁）

韦明日说：

我于 1926 年参加韦拔群同志领导下的右江农运工作，担任牙苏民同志的通讯员 3 年，先后在东兰县长江、林境、巴坳、兰阳等地做通讯联络及宣传工作。1929 年秋领导介绍我到武篆第三届广西东兰农运讲习所学习，赐福有黄文杨参加。1930 年春结业，被分配到那地红七军第三纵队第四游击大队工作，担任红军部队宣传员。同年 6 月领导上又调我到岜暮区板花参加师部办的政治训练班学习，主要培养白区工作干部。当时校长白汉云（东兰兰木），教官有黄大魁（东兰泗孟）、罗显温（凤山）、牙美元（东兰长江）、韦荣伯（东兰）、李以仁（天峨向阳）、黄正秀（女，东兰兰木）、黄凤芝（女，武篆人）等，学员有廖源富、廖源川、廖熙昆、廖建文（廖凤姑，女）等四个是凤山人，还有朱金妹（女，南丹）、李道生（天峨向阳）、韦明辉（天峨八打）、黄恒波（板么）、韦永星（天峨板花）、陆永芳（板花）、陆双勤（板花）、杨彩奎（都楼）、韦水梅（都楼）、韦瑞基（天峨）、韦锦凤（板花）、黄正凤（女，板花）、韦水秀（板花）、韦学吉（天峨板花）、韦福秀（天峨板花）、陆玉伦（板花）等 60 多人。在训练班学习期间，我由白汉云和黄恒波同志介绍加入中国共产党。学习结束后，仍回那地红军部队工作，担任宣传队队长，所有的学员都全部到那地工作，校长和教官没有去那地，还是回师部工作。

1930 年 3 月 5 日，岜暮在东岭者昌山林成立了一个党支部，名称叫太平支部，支部书记韦明新，委员韦明三、韦国英、韦明日、韦韩杰。这个支部成立后，先后发展三批党员，第一批是 1930 年 5 月 16 日在更者家发展，他们是：杨彩奎、班现平、韦明辉、牙秀丰、罗吉伍、班统祥、华景莲、杨胜芝、韦龙新、韦凤华、韦才新共 11 人。第二批是 1930 年 7 月 6 日在茶油堡发展，这批都是由东兰韦介规（后叛变）介绍入党。他们是：韦明甫、陆腾山、韦安、牙永平、韦安凤、廖源富、廖源川、廖建文（廖凤姑）、黄清凤、韦六秀、黄茂才、韦水梅等 12 人。第三批是 1930 年 11 月 2 日于巴潮发展，他们是：韦福新、罗方才、罗永红、罗胜彪、罗进朋、罗胜高、黄象举、黄象勤、韦武辉、黄德东、黄德光等 11 人。

1930 年冬，国民党反动军队韩彩凤攻打那地，由于敌强我弱，部队逼迫撤离那地，在突围中我（韦明日）后背身负重伤。1931 年春夏伤愈后归队，转战于那地及岜暮之间。同年秋组织上调我和黄恒波（支部书记）、韦明辉（党员）同志上黔桂边白色区域工作，主要任务是开辟新区，发展革命组织。先后在林友〔林佑〕、林列、向阳、海州、那四、中牙、下牙、贵州八打、罗翁、圭里、蛮瓦、板台、红屯、达道、丘荣山、八罗庄、小平田及大平田等地活动。

1932 年春，在林友成立省边革命委员会，黄举平任政治部主任，黄伯尧任政治部副主任，韦国英任军事主席，部队转战在黔桂边、那地、岜暮一带。1932 年秋，国民党反动军队纠集五县民团"围剿"岜暮苏区，对拉好岩的甘孟峒猖狂进攻，鉴于敌我力量悬殊，弹尽粮绝，坚守在甘孟峒（第三道防线）的我军指战员与白军浴血战斗，遭到重大损失。当时我还在天峨的那亭、赖亭工作，省边委领导人黄举平、牙美元、黄伯尧等同志派我前往岜暮探听情况，先后四次往返于岜暮和黔桂边，主要的任务是把失散的同志接上黔桂边。这些同志有廖源丰（凤山）、罗德益、罗文端（凤山）、牙秀峰、黄德光、韦明三、韦五等，均是天峨人。

1933 年初，省边决定让这部分同志转移到贵州白城河休整。黄举平、黄伯尧同志秘密返回右江一带继续领导革命斗争。黔桂边则由韦国英同志负责。我当时留在黔桂边，主要任务是负责后勤和情报工作，以生意为掩护，筹集革命活动经费，并承担红军部队和家属的给养，活动于贵州、南丹、天峨、东兰和凤山等地，一面做生意，一面搜集敌人情报，到凤山我主要找廖熙英、廖源富、廖坚红、廖庆芝等联系。

1935 年初，闻红军萧克、贺龙部队长征经过贵阳，省边委派韦国英、廖熙英、韦明三、罗德益、牙秀才等同志到贵阳联络，赶到贵阳时红军已离开 3 天了。由于国民党重兵封锁，这支部队未能跟随主力部队长征，驻贵阳办事处的黄明海同志（田东人）接待了他们，并拨了每人五块光洋作活动经费，让他们回黔桂边的贞丰、望谟、册亨一带坚持斗争。

（中共广西凤山县委党史研究室保存并提供）

黄伯尧在黔桂边

李天心

　　1932年6月,中共黔桂边委和黔桂边革命委员会成立后,同志们分别深入到各地开展宣传发动工作,他们通过各种不同的渠道,打入当地国民党地方实力派内开展工作。如:黄伯尧、黄举平、黄衡球(原凌云县金牙乡支部书记)到贵州的蛮瓦,通过深入了解后,秘密在那里建立了蛮瓦支部,黄举平任书记,黄伯尧、黄衡球为委员。尔后,黄举平到八达街一带活动,黄伯尧深入调查了解,注意到家住板陈的军阀王海平受编不受调,搞地方独立王国,养兵数千,称霸一方,为壮大自己势力,谁去投靠他都收容。了解到他有老祖坟在凌云县平乐平旺村(今属凤山)后,黄伯尧就通过早年在王部做武器仓库保管的家乡人王周七(平乐平旺人)的关系,打入了王部,认他为兄弟。经一段的共事和生活,王海平见到黄伯尧为人正直,办事果断,有胆略,对黄伯尧渐渐亲近和放心。黄伯尧乘机对他进行感化,取得了他的同情。他同意我们在板陈一带建立了护商独立营(队伍编属他的部队是受编不受调,平时为他管理市场,征收各种税费交些给他,其余维持本营武装人员的生活)。

　　1934年春,根据形势的发展,黄举平把黔桂边区的全部工作交由韦国英(右江独立师第六十三团团长、黔桂边委委员)后,黄伯尧便与他返回右江指导工作。

　　黄伯尧从贵州回到〈广西凤山〉平乐后,平时仍与同志们隐居于高山林中,暗中深入凌凤边的巴轩、金牙、久文、才劳、平乐、乔音等地革命基础较好的山村寨屯,向群众宣传时局的形势,发动群众与敌人作斗争。凌云、凤山两县是右江早期的革命基地,平乐是黄伯尧的家乡,也是他亲手创建的早期革命之地,群众基础好,同时,这里又是右江上游和黔桂边委互相联系的交通要道。黄举平考虑,为使右江上游和黔桂边委的联系得到畅通和便利,决定在平乐建立一个基层党的领导机构——中共凌凤边委员会和凌凤边革委会,并指定由黄伯尧负责筹备这一工作。

　　1935年3月,王士文、韦运祥两同志奉黄举平的委派,到平乐协助黄伯尧组建凌凤边委工作。经过3个月的努力工作,6月,在平乐海亭乡吊洞瑶族寨召开了21人的各地代表会议,正式成立中共凌凤边委员会和凌凤边革委会,黄伯尧任边委书记兼边革委会主席,组委韦春芳,宣委廖熙瑶,军事委员李天心,财粮委员黄金焕,还有黄德昌、罗福宏、班述宏、黄仲明、陆海洋、黄正合、黄继隆等。

凌凤边委成立后,委员们在黄伯尧的领导下,大家分赴各地巩固原有基层组织,发动群众购买枪支,在八龙、郎里、板均、板隆、那烘、那老各村秘密建立地下自卫武装,建立从西山到黔桂边地下交通联络站。同时,还发动群众捐献革命活动款。

这期间,建立交通联络站有二条线:一条是从西山—巴莫—袍屯—海亭—洪力—中亭—更新—罗沙—幼朗—雅长—六旺—板陈;另一条是从凤山的北区参里—亭蒙—那爱—板隆—巴英—砦桂—孟巷—望谟—贞丰。两条交通线的各站点都配有负责人,确保了右江上游和黔桂边委的正常联系。与此同时,发动群众捐献了4.2万多枚铜仙,给右江上游革命作活动经费。各地还相继建立工农会并举行30余次的革命同盟宣誓活动,对国民党的苛政抽丁、苛捐杂税、重租高债进行抵抗。1936年,平乐乡长陈毓凡率乡警十多人到海亭抓黄都成等人当壮丁,1937年,谋轩乡长黄端谋带乡警到中亭抓罗玉廷、罗玉美等人去当兵,都没抓到,将家中两位老人及大嫂抓去作人质,两次均被当地群众手持斧头、棍棒、火枪等守坳封道,将他们层层包围,陈、黄见势不妙,只得放了人,灰溜溜地逃走。

1938年2月初,广西省工委何云到右江,在西山水洞召集各县代表会议,传达西安事变和中央关于国共合作、联合抗日的指示,提出建立抗日民族统一战线。根据右江上游革委的指示,要求乘此机会,派一批党员干部打入敌人内部搞两面政权和统战工作。不久,黄伯尧经上级同意,向国民党当地政府作了假"自新"出来任教师,后又到县府任参议员。这期间,他暗中受"西山抗日救国分会"主任黄举平的指令,以县政府征收税的身份,到巴标各村屯"收税",暗中发动群众秘密建立一支250多人枪的抗日武装,暗中与敌人斗争。后来,由于叛徒出卖,1944年3月1日在巴标弄留屯被敌人杀害,时年49岁。

罗伟珑　整理

(李天心系原红七军第二十一师第六十三团第三营营长,现年92岁,1926年参加革命后,基本上与黄伯尧在一起工作,特别是任红七军第三营营长,黄伯尧任指导员后,对他的情况是记得清楚的。他提供的这一段活动资料,比较可靠,供组织参考。广西凤山县委党史研究室保存资料:史六(9)第9卷,中共凤山县委党史办罗伟珑整理。中共凤山县委党史研究室提供)

黄举平等人在罗甸境内的活动

韦明三

我记得情况是这样的,黄举平、黄伯尧于 1933 年 3 月从罗甸来到陇那。他们到陇那以后,派一个姓李的叫做李娇,是在林佑牙永平那个屯上的人,这个跟陇那罗川元的。派他来向阳接牙永平上去,到陇那,见到黄举平、黄伯尧之后,才专门派韦明辉来向阳找韦明日,韦明日又找韦国英,韦国英到陇那以后,又同黄举平、黄伯尧上贵州去,到蛮瓦、八达、龙坪、逢亭、木宝、罗悃、小马场、罗妥、板庚、边阳等地从事革命活动……

[节录于中共广西乐业县委党史办公室保存:访天峨县革命老人韦明三(韦国英胞弟)材料,1997 年 10 月 13 日]。

关于成立黔桂边委的情况

谭敏初

1934年5月,右江党组织派陆浩仁同志到荔波县组织成立"黔桂边区革命委员会",通过选举,韩宗柏(韦汉超)同志担任主席,谭南平(谭国联)及捞村的何希贤韦副主席,韦展荣、谭敏初等同志为委员。工作一切按右江党组织指示执行,任何人不得泄露党组织的活动。

1980年5月21日

(中共广西环江县委党史研究室保存并提供)

忆西山——黔桂边地下联络通讯

罗玉廷

1931 年元月,广西军阀李、白、黄派遣重兵,配合地方民团,对右江革命根据地特别是东凤两县大举"进剿"。我军与敌激战两年多时间消灭了不少敌人,根据时局形势,为保存革命力量,右江党组织决定,化整为零,分散活动,向黔桂边开辟新区。为上下取得联系,互通情况,建立了从西山至黔桂边的板陈地下交通联络线。现就 1934 年至 1936 年我在这条线上为党的通讯工作来回的一些情况谈谈(由于时间久年代长,加上现在年老记忆力减退,自己在贵州时间与同志一起去活动的村屯、地名都记不清了)。

1934 年,我奉原中共凌云县委党特支书记、中共黔桂边委负责人之一黄伯尧同志指令,担任从西山到黔桂边地下交通联络员。

1934 年初,中共巴轩区党支部要我与陆海洋,送一封密件到贵州板陈,交"护商独立营"营长韦春城(即韦国英)和黄伯尧。这是我们人生接受第一次重任,当时年仅 20 岁的我,心里在想:这是自己第一次远征,此路尚未走过,人生地不熟,要通过敌人一道道关卡,如携带不好,一旦被查出……我在思索,后我俩互相研究决定,化装作土医,一路卖药而上。于是,我们用桂花皮拌成药膏,再用几盒万金油(清凉油)与桂皮膏相匀后,用油光纸铺在地板上,将药膏倒入纸上,待凝结后,再剪成小块。同时还上山找来"十大功劳"、大血藤、小血藤、吹风藤、两面针、杜仲等中草药,切片、蒸好、晒干,然后包成了几十小包,信件我们放在药膏片的油纸中间层内,一切准备就绪,我们才开始挑担上路。

一路上经更沙、磨里、甲里、鞋布、西马、乐业、右里等地,每到一个地方,我们都到圩场上去摆摊卖药,每个圩日也卖得两百个铜板。并在当地住下一两天,顺便了解一些情况,我们虽已成为一个药师之人,可是,敌人对我们外来这样一个陌生的人,是不放心的。不论是在圩场上摆摊药和上路通过的关卡,都要受到严格的检查,他们从衣袖、衣领一直往下摸到裤脚,翻翻担内的药物,始终查不出我的携带的信件。在访查中,我们得知罗川元是住在漏那屯,是我们上贵州去板陈途经之地,我们决定到罗川元(是地方实力派,通过我党组织作思想转化工作后,对我们较热忱,支持。这是组织告诉我们)处投宿。

初到,我们双方互不相识,在交谈中,他性情开朗,比较稳重。他问:"你们要到何处去?"我们说:"去贵州,到独立营那里当兵去。"他又说:"那你们先到营部后才定。"并告诉我们到板陈途径。我们休息二天后,第三天,离开漏那向百朗,顺红河边直上到牙亭,过渡过者香上到板陈,经过一天的跋涉,信件安全地送到营部交给了营长韦春城(即韦国英和黄伯尧同志)。

这次我在贵州停留了20天左右,这期间,我随黄伯尧、牙秀才、黄德光等同志到卡法、渡邑一带去活动,有时还下到一些村屯去开会。将到月底了,营部领导和黄伯尧交给我一封机密信件带回广西西山给黄举平同志,和给巴轩区党支部书记罗福宏。这次返回右江陆海洋同志因工作需要留在板陈,我一个人返回。这一信件内容主要是汇报黔桂边开展工作,发展党员,建立支部的情况。

7月间,巴轩区党支部书记罗福宏布置,我到西山与黄举平领取密件,这次密件是黄举平同志亲手写给巴轩支部、洪力支部,还有板陈的"护商独立营"的三封密件。在我要离开西山时,举平特别吩咐,要留心,不能丢失,这次密件内容起初我是不知的,当我送到卡法连部,交给连长牙永平后,他们一张张地烤火,通过烤火字迹即现了出来。他们整理成书面后,又交给我送去板陈营部,我才知其内情是:要求在黔桂边新区加强发动群众,扩大活动及组织范围,继续对地方实力派人员作思想转化工作。

年冬,根据黔桂边委书记黄举平的指示,要在凌云、凤山两县建立凌凤边委,要黄伯尧回来搞筹建工作。黄举平又给我顺便带信去护商独立营给韦春城同志,并通知黄伯尧同志回来,通过几个月的筹建,1935年5月中共凌凤边委正式成立。书记黄伯尧,给我继续搞通讯联络工作。

1935年至1936年我两次送信件到王母(即现在的望谟县城)去找黄伯尧,每次我都在那里停留十多天,又回到独立营部停留十多天,这期间,我到打贯、胡街等地和不少的村屯去活动(村屯名记不清)。

我自担任通讯联络工作后,一直来回奔行在西山——黔桂边,接送信件每年三到四次,一时难忆起一次次的时间和信件携带的方法方式了。但在我记忆中,写信件的书写,基本上都要酸矾来写在烟纸上(即卷烟抽的小烟纸),不管我们怎样化装,每次送信上下贵州都被敌人在各地关卡严密检查,都不发现我们信件,方法是灵活多变,有时化装成搞生意的人。由于多次来往熟识,还可进一些土豪家里,或住较富裕的家去投宿,谈谈生意,吹吹牛,能交朋友的就结交,久不久谈些自己对形势的看法,从某些角度上去感化他们。行途中,看情况定,一时从小路走一时从大路行,回想我在这条通讯线上,为党工作做了一些事,始终没有给党带来任何的损失。

1987 年 7 月 28 日

广西凤山县委党史办罗昭文　整理

(节录于罗玉廷:《从西山至板陈的地下交通联络线》,《黔西南日报》2009 年10 月 15 日)

黔桂边委交通联络员罗玉廷的回忆

我们开始上天峨只有 40 多支枪。到贵州后,经常打反动武装,缴得他们的枪后武装自己,已有 100 多条枪,有 30 人左右都拿双枪,一长一短,编成一个连。连长牙永平,是护商独立营的一连,名义上编在王海平部队,实际上他管不到。独立营长韦国英,连长是我们的人,搞秘密活动。

(节录于贵州省黔西南州史志办编:《黔西南革命老区——望谟、贞丰、册亨》,2004 年印行,第 180～181 页)

黔桂边革命委员会的成立

覃桂芬

民国二十五年农历三月(1936 年 4 月),右江上游革命委员会派韦挺生到丹池边筹备成立黔桂边革命委员会。4 月×日,在容贵(长老平村后面)召开筹备会,到会的有:韦寿昌(天峨)、何希贤(荔波)、王叶长(长老)、韦灵定(长老)、韦口锦(拉索)、韦叶廷(拉索)、韦××(三旺)、谭恩吉(东兰)、韦照光(东兰瑶)、罗明宗(东兰瑶)、何志三(东兰瑶)、郭腾甫、覃文希(河池)、八圩板修 5 人,八圩唐站 5 人,韦正书(罗付黄江)、韦正龙(罗付黄江)、谭正金(罗付黄江)、黄五(东兰)、覃桂芬(东兰)等 30 人。

韦挺生在会上讲话,他道:根据右江上游革命委员会的指示,要在这一带成立黔桂边革命委员会。在这一带开展革命活动,打倒军阀! 打倒土豪劣绅、打倒地主阶级! 解放受苦受难的劳苦大众,到会的同志,个个拥护成立黔桂边委。筹备会结束后,韦挺生同去到西山去向黄举平汇报。

民国二十六年农历八月(1937 年 9 月),右江上游革命委员会派黄唤民到拉索成立黔桂边革命委员会。由黄唤民、谭国联、韦汉超、韦世英等提出候选人名单,他们是何希贤(荔波)、韦寿昌(天峨)、韦世英(东兰)、韦灵宝(长老)、郭腾甫(河池)、韦汉超(东兰)、谭国联(东兰)、韦寿书等。然后进行举手表决。分工结果:主席韦汉超,副主席谭国联,组织委员韦世英,宣传委员覃桂芬、韦寿昌;军事委员韦寿书、何希贤,委员韦灵定、谭秀明、谭恩吉。

办公地点设在拉索,管辖荔波、宜北、思恩、容江、天峨、南丹、河池、东兰、河东、都安与河池边界的七百弄。

黔桂边革命委员会下设区革命委员会:

长老区(包括三旺)主席韦灵定、副主席王叶长,宣传委员韦××、财粮委员韦灵辉,军事委员×××。

荔波区主席何仕新,宣传、组织、财粮、军事委员记不清名字。

南丹、天峨、思恩、宜北等各级委员及主席记不清。

在黔桂边委还建立一个党支部,书记韦世英兼,宣传委员覃桂芬、韦寿昌。这个支部只存在一年多时间,没有发展新党员。

党员分工负责各区:韦汉超、谭国联负责思恩、宜北、南丹的里湖、八圩、容江、九宣（近独山），覃桂芬、黄伍、韦兰义、覃二负责大、长老区、天峨区、河东区。

当时主要是反对征、调、办筹等，〈提出〉合理负担、优待新兵、免苛捐杂税、免工免夫，到处宣传、发传单。河东区、长老区搞得较好。

1982 年 7 月 26 日于东兰政协

（节录于中共荔波县委党史研究室编：《荔波革命老区史料汇编》，中共党史出版社出版 2006 年版，第 190～191 页）

中共黔桂边委交通联络员李发荣的回忆（节录）

我是黔桂边委联络员，负责将失散的同志找拢来。1936 年我在卡法连队负责事务工作有半年，当时牙永平连队大约有 80 人枪。渡邑我们设有一个联络点在王卜红梅家，卡法联络点由牙秀峰负责，新屯联络点由黄福负责。板陈也有一个联络点，谁负责记不起来了，路吉（属册亨县）也有一个，牙美元清楚。纳坝黎炳先把新屯山沟的水堵断，不给新屯的人吃，这事是我去解决的。王海平对我们红军很支持，每个战士每天发四角钱饷银。卡法兵工厂有 10 多个工人，李德荣、李跃清都是在这个兵工厂。

李德荣参加过红军，在卡法牙永平连队，并负责卡法兵工厂。

我到板陈参加黄蔼（卡法连队战士，在乐元拉袍战斗牺牲，是牙永平的妻弟）的追悼会后，回到卡法两天，接到牙永平命令，派我到望谟新屯解决那条沟的饮水问题。我和牙兰亭率二十多人枪去纳坝。新屯那条沟是从纳坝寨下边引来，纳坝的黎炳先仗势截住那股水不给新屯。我们找黎谈，他愿意接受我们的意见，不再截水源。问题解决后，我们又回到卡法。这年年底，又派我到渡邑通知韦汉超去荔波县，是在王卜红梅家遇到韦汉超的。他走后，我也回广西幼平去了。

贵州望谟县党史办罗俊祥等　采访

1987 年 6 月 12 日

（节录于王封常编：《望谟革命斗争史》，中共望谟县委党史资料征集领导小组办公室 1985 年印行，第 347 页）

红七军、黔桂边委历史座谈会记录

时间:1984 年 9 月 19 日晚 7:30—10:30

地点:广西巴马县委招待所二楼会议室

主持:罗锦峰

录音整理:罗锦峰、王封常、韦让

参加人员:黄唤民,男,壮族,75 岁,红七军老战士,黔桂边委委员。

牙美元,男,壮族,82 岁,红七军老战士,当年右江上游革委副主席、黔桂边委委员、丰业支部组织委员。

黄平松,男,壮族,63 岁,当年黔桂边地下党联络站站长。

黄秀勋,男,壮族,62 岁,当年任中共地下党交通员。

黄超群,男,壮族,62 岁,红七军老战士,当年右江上游革委交通员。

黄平珠,男,壮族,63 岁,红七军老战士。

黄福林,男,壮族,59 岁,滇黔桂边区纵队桂西区第一指挥所参谋长、总指挥。

罗秀山,男,壮族,红七军老战士。

罗玉廷,男,壮族,红七军老战士。

李天心,男,壮族,75 岁,红七军老战士,营长。

李发荣,男,壮族,73 岁,红七军老战士,交通联络员。

罗德益,男,壮族,84 岁,第一届黔桂边委委员,营教练官。

陈国团,男,壮族,74 岁,当年红七军第二十一师师党委委员。

罗明会,男,壮族,74 岁,红七军老战士。

罗建森,男,壮族,45 岁,乐业县委党史办。

韦世烈,男,壮族,60 岁,巴马人大常委会副主任。

黄唤民:……中央红军长征时,起初以为长征要过广西。那时很高兴啰,以为红军要到右江来,结果他们没有来。后到贵州转战。时间记不准了,大约是 1935 年初,我们四人牙秀峰、牙秀才、黄世新和我受右江党委派遣去找红军。我们原是想去找北上的红七军,起码也要遇到部分人。要是遇不到红七军,遇到别的红军也成。找红军的目的是:一、想要求与红军走;二、要是不能走,跟红军领要一些武器下来。我们恰恰到贞丰的时候,红军走得一两个钟头了,国民党薛岳部队复占贞丰了。我们进不得贞丰便回板陈。

那时,红军长征到定番(即惠水),据说〈是〉萧克,是不是萧克我们就不晓得了,这是王海平自己讲的。他称赞红军的纪律,说红军确实好。红军提出的口号是"取消一切新仇旧恨,一致抗日"。我们从贞丰回来就到王海平那里了解情况。我们从广西以做生意为名上板陈去的,我们讲做生意情况,了解烟帮、了解政治。并探听沿江哪个地方有土匪、哪个地方没有土匪。在谈生意中就谈到政治了。

王海平介绍一些地方政治形势后,就谈红军过贵州的情况了。王海平说:红军过定番时,纪律确实好,走的时候,吃了人家的米,还留银子放在人家的米缸里头,不损失群众一针一线,确实难得这样的军队,找不到这样好的部队了。我们趁这机会,宣传红军长征的意义,揭露蒋介石对红军的几次"围剿",揭露国民党军阀的罪恶,宣传红军的政治主张,不分党派阶层,只要一致抗日,取消一切新仇旧恨。

我们直接向王海平宣传。王海平说:有什么办法同他们联系呢? 黄世新说:红军过贵州,要与他们接洽也容易,看是要怎样与他们接洽。王海平说,现在我去见红军有点怕,有点担心。那时,广西的黄崐山来找我们去打凤山的〈红军〉二十一师。我们有一个团到凤山,还有黄子衡那个团。我同意不同意他们也去,那我只好让他们去。打了之后,李、白又不相信我,要来剿我,要罗文鉴来剿我。

我们在凤山就利用敌人内部矛盾,互相残杀,鹬蚌相争,渔人得利。那时我们即消灭罗文鉴,又打垮王海平,那个可恶的阮参谋也被他们杀了。岑建英被我们抓住,后来不知怎样打脱的。王海平部来了 1000 人只剩 500 人回去。他说:我下去帮助李、白打红军,还说我"剿共"不力,要罗文鉴来缴我们的枪,来打垮我们。现在我们对国民党也信不过,又得罪了红军,现在我们没有办法,他表这个得罪红军的态。我们说,红军主张取消一切新仇旧恨,你放心。

谈三个晚夜,起初我们谈的时候在堂屋谈,谈到密切时就不在外前谈了,引我们到内房谈,他就讲内心话了。他讲:如果你们晓得红七军第二十一师的人,不要隐瞒我,红军是好的,我去打红军是上当的。现在我既信不得国民党,又得罪红军。最后一晚上,我们向他讲清楚了,我们把身份告诉他了,表明我们是红二十一师的人,黄世新是参谋,牙秀才是连长、黄伯尧是苏维埃主席。王海平说:那就好啦。

我们谈了四个晚上,最后他说:"你们二十一师分散在哪些地方,统统集中到我这块来,集中力量共同对付国民党军阀。"他表明这个态度后,我们说:我们有一个中队在卡法牙永平那里。王海平说:你们怎么不早说嘛! 我们说牙永平是红七军第二十一师六十三团第一营第一连。韦国英还有一些部队没有去。去不去我记不清楚了。我们说这里还有不少的人。王海平说:你们统统到我们这块来。我们说还有牙秀才呀、韦国英呀、牙采凤呀,都要集中到板陈来,韦运祥是后一点。我们说活动经费有些困难,牙永平连队在那块一面练兵、一面开荒生产。王海平说我们拨渡邑渡口给你们收税作军费,你们自己收自己要,得多少要多少,烟帮上下从那里到天峨归牙永平收。由于牙永平在那块收税,下面活动经费有困难都由牙永平支援。不知是哪年,陈国团不是得部分经费下去吗?(陈国团插话:在1938年)介绍情况完以后,我们回来了。后赵世同、黄世新都上去。这是我们第一次接触王海平。后来红二十一师失散人员有的也到那里,韦运祥、韦国英都到那里。

中间一段1935年、1936年我在那里少。有些情况不晓得了。

起初,我还不晓得红八军到过那里,前几年我在乐业遇到何家荣谈到这事我才清楚。何家荣有个报告,你们去看那个报告就行了。王海平给红八军第一纵队士兵伙食每天两角,干部每天四角,办公费也给你。在那里几个月要用几千块钢洋呗,他也不要我们赔,我们去他欢迎,给你吃,走他不阻。

1939年春,下面紧张一些,我就去那里。当时赵世同、韦运祥、韦国英、牙秀才等都在那里。调我到牙永平连部当指导员,黄世新也当指导员。边委我也是负责一点,但我不是主要的,开会我也去。

韦运祥当护商大队长是保护南盘江这一条,韦国英当营长负责北盘江那一条、保护上下和收税,你收多少就得多少,就像自己的一样了。群众的诉讼婚姻、民事纠纷都去找王海平,他们不去找乡公所。结婚离婚都到他那里,群众听他的话,还给人家饭吃。

王海平对群众没有剥削。他出生贫苦,起初抢过人,抢烟帮去买枪。后来贞丰有个亲戚给他几十根枪。广西有个土匪叫吴大,到贞丰抢得不少妇女去,贞丰有求于王,他派人打垮吴大,把人夺回来,那次他的声望高了。

王海平是个好人。他有些田地。我听到他的那些佃户讲,收得多少算多少。碰到旱季,旱几成报几成,他不派人去追查、确实收不得就算了。他没有剥削老百姓,没有借钱利上加利,群众借他的钱七块八块还不起就算了。他的钱从哪个地方来的呢? 从大资本家大烟帮那里来,上海的杜月笙、柳州的资本家等等。你过他那里要向他交税,要是偷偷摸摸不交,就有土匪抢了。有的大资本家为了防止土匪抢,都向他交税,要是被土匪抢,他能把东西找回来。

几年后他有钱多了,那些烟帮,一次就是几百驮,一驮几十斤,100驮几千斤,一次要收不少的大洋。这样资本家提出同他搭伙,你搭多少都行,不要他出现钱。香港、百色都有他的户头。他发财就是从这样来的。他得的钱又用来支援红军。象〔像〕何家荣几百人到那里半年,供给伙食、办公。我们边委在那里设立一所学校,离他家不远是板陈小学,给我们的人在那里,韦敬礼就在那里给他安个校长,在那里办公,在那里开会。国民党有人来就说教师在那里教书的嘛。我们开我们的会,他不管你这些事。

1939年,望谟县筹备成立,1940年立县。国民党准备向王海平进攻了。当时吴边由广西上那里去,搞军事行动,不经过地方党委拉起一些队伍,扯起大旗,我哥就参加他的那个队伍嘛,由西山上去的武装都参加他那个部队。他要牙永平和王海平公开拉大旗出来公开打。我们不同意,打几仗可以,枪一响,广西就派兵阻了红河,上面国民党来人"围剿",我们有多少人能打几仗。我们没有几条枪呗,人家来几个团,怎么办?我们开几天会,吴边对我们有意见,他说哪样你们都怕。他还写个信说我们以党来压同志。大约是一九四□年收大烟要完的季节,有晚我们在板陈开会,他走了。他从西山带去的部队交给黄世新。我说你们走了我一个人怎么办呢?韦敬礼讲,你到卡法去协助整理牙永平的部队,同他商量看怎么办,或化整为零,边委还有人员。韦敬礼说农勤耕还在,黄牧民还在。黄牧民在哪里我也不晓得。那晚我没有走,连夜到卡法,我把韦敬礼的意见同牙永平讲。牙说现在形势紧张。我提出,我到纳鸟陈卜品的武装整理一下,两天就回来。这样,我去了几天回来,看到牙永平连部不在了,房子也烧完了。这样我就到陈卜品家隐蔽十多天。黄福元就带我到麻山,后来,黄可钦和×××到上面了解情况,这大约是六月份了。

王海平是革命的诚实朋友。当时我们是要护送他到延安,老农也想去,我也想去,牙永平也想去,但我们都没有去成。

牙美元:我是1933年到雅长,在那里七八年时间。当初王海平部队来"剿"风山,很勇猛,很凶恶。当时我们说到王海平就谈虎色变了呗。他来"剿"革命根据地,不是王海平的本意,他是受骗、被迫来"剿"的。他本人没有来,到干田就回去,是派人来的。后来我们上去,同他接触,原来这个老人家平易近人,好得很,并不摆官架,并不骄傲。当时我是雅长小学校长,下面来的同志都要先到我那块,通过我那块去见他,由我介绍。我对王海平的看法与黄唤民主任一样,是我们诚实的朋友。

红八军第一纵队是在靖西县,有两个领导,一个是袁振武,另一个是何家荣。龙州失守了,他们在靖西,也受敌人打击. 他们要上右江,配合红七军进行革命,这样决定后,他们两个就带整个第一纵队上来了。后来到田西县的采村,他们打算从采村请人带路到东兰凤山来,到革命根据地来。他们找到一个带路的、是个恶霸的走狗,请狗来看病,这个家伙马上报告给岑建英,岑建英当就布置在一个险要的地方,两边都是悬崖削壁,一头进一头出,只有一条路,前封后堵。红八军战斗很强,都是老兵,打得很激烈。后来红八军从一个坡派几班人用绳子拉上去,绕到敌人背后,居高临下,打退敌人。从这里打出来后,就退到百乐。前面是王海平的地盘,想办法与他联系,要求他给个方便。

王海平豁达大度,明知他们是红军是共产党,答应了派来联络的人,同意接纳。纵队领导天天到王司令部去,向他谈红军的政治主张,接触红军、了解我们革命,并供给红八军的伙食,态度很好。后来红八军到乐业来了,与红七军汇合,红八军还向王海平写了一封信,大意是我们到乐业来了,与红七军汇合,在这段时间,得到王司令大力支持,给我们种种方便,现已告辞,对你老人家感激不浅。同时还说红军住在群众家,操劳不少,借得群众家的东西和粮食,望司令代查,余下问题,望司令代处理。王海平很赞扬红八军这种纪律。这是一。

二是红七军第二十一师,在广西被敌人五县"围剿"后,我们分两路北上,我们是一路,到红水河南盘江一带。另一路是韦国英、牙永平等走过马,到陇那罗川元那个地方。那时陇纳罗十四(即罗川元)与罗十二有矛盾。罗十二在王海平处得到了一个连长,十四很嫉妒,说你当得连长、我当得营长。所以罗十四到处招兵买马。这时正好韦国英、牙永平到陇纳,带有一部分武装。罗十四就想收留扩大自己。韦国英、牙永平也想暂找个地方立脚,所以答应了他。罗十四便带韦国英、牙永平到板陈面会王海平,一接洽就成功,王海平很满意,任罗十四为营长,任韦国英为副营长,任牙永平为第一连连长,住卡法。后来韦国英移兵驻纳邑,经常与王司令来往。我们开始与王海平接触了,他是支持、同情我们的。这是他第二次接受政治影响,支持和容纳了我们。

后来陈史到板陈,直接到王海平那块,他是来检查边委工作的。他到过乐康、蛮结、乐旺、桑郎、昂武、卡法后回到板陈,进出都在王海平那里。他直接对王海平表明自己是共产党。不久,陈史要回南委,他对王海平说:"以后有人来还要王司令支持呗。"

后陈史到我那里,他在卢旺一段时间。有一次我买来一只猪腿给他吃,我说:"你到这里来没有什么给你尝。"他说:"你天天炖猪脚给我吃就好了。"他在我那里一段时间。他要回南委去之前,将在贵州南部了解到的一些情况给边委作了一个书面工作指示、在哪里作工作、怎样作工作,他了解的情况很清楚。

他把书面工作指示给我后,给我定个符号、两个字。我拿一边,他拿一边。他说:"今后派有人来,用这边符号相合,对准了就是我们的同志。"定符号后,他就回去了。十多二十天后,那时我是雅长中心学校校长兼乡公所文书,那时喊做书目。

有一天我站在中心学校门口,有个高高的,脸长长的人问我:"黄茂芳校长在不在?"我说:"就是我。"他跟我进房间,开符号对照,对合了。他问我来了在哪里工作呢? 我考虑后对他说:"到板陈创强小学,那里是交通要道,工作能展开点。"大约一个礼拜,我就送他到长隘,送他下船后我没有去。板陈创强小学校长黄由森(即黄运堂)是王司令的长辈、凌云人,有学问。韦敬礼就在板陈小学了,改名为荆丽,有了个立脚点。

黄家福先来,他与黄明海上去的。黄明海是广西旧军官,他在广西失意,想到贵州去找国民党一个什么军,黄家福也跟他一起去贵州。黄家福还带着国民党连长钟月楼的侄儿(国民党乡长)一起去。他们没有遇上国民党那个军,回来时,黄家福在板陈王海平那里当老师了。黄英的原名叫黄正和,当初是红军。红军失败后,他向国民党缴械投降了。他也是跟黄明海一起去的。回来就在王海平那里当副官。

韦敬礼到卢旺时,打开他的箱子给我们看,箱子有不少的书,《抗日的八路军》《辩证唯物论》《唯物辩证法》《大众哲学》,还有一张"中共著名领袖毛泽东近像"。我说:"危险呀,敌人拿到你,不把你杀头吗?"他说:"共产党员怕什么死,牺牲就算了,我不怕。"他到板陈,王司令很乐意,学生也很欢迎呗。人家是师范大学,有学问,和蔼,笑呵呵的。王司令对我们好,支持我们。

后来陈史回到香港写信给他。王司令穿老百姓的衣服,不穿军服。后来黄世新同志到了,韦曙光同志也到了,黄唤民、陈国团、赵世同等主要的同志也到了,不断地进行地下工作。国民党去,他也收容,如黄明海、何横斌去,这些家伙他也收容,待我们是比较侧重一点。有一天他去剿匪,我正好在他家。他对我说:茂芳哟,我现在去剿匪,你在家要好好地协助一下哟。

陈国团:1938年上级派吴边到我们这里来,他是中央代表,是他要我到板陈王海平那里。我先到卡法牙永平那里休息几天,就写信派人送到王海平那里,目的是看一看他对我们共产党的态度怎样。牙永平带一个连跟我走,我们如期到达板陈,王司令出来欢迎。我记得那天韦国英出来给我们介绍。我觉得王海平对共产党很尊重。我是一个普通人,他对我很好。这段时期,我同王海平谈很多话。当谈到打凤山的时候,他说:"王家烈要削弱我的力量,要我去削弱韦拔群的部队……"

当时,我提出将牙永平的部队改为游击中队,打算走红军过的路。我们从望谟走新屯,到班家屯在一壁石崖与土匪打,我指挥两个班,我们牺牲两个同志,其中一个是班长。我们向群众宣传:我们是抗日的游击队伍。

我们在望谟的新屯设有一个交通站,那里通紫云、通安顺。我们就留黄福在新屯,以上门为掩护,他是班长,人比较老实。我回板陈后,还将新屯交通站的事与王海平讲,我在板陈8个月。

黄福临:王海平主要的敌人在国民党方面,一是桂系军阀李〔宗仁〕、白〔崇禧〕,李、白的野心是很大的,他们要问鼎中原,不尽安于广西,江西他也吃,湖南他也吃,广东他也吃。北伐他干了,不是北伐他也干。要问鼎中原,你这个王海平是不是我呀,你不是我是不是我朋友呀。我问鼎中原你从后面来吃我广西,把我老巢吃掉啦。所以,桂系军阀非吃掉他不可,不吃掉王海平他心是不安的。军阀是靠地盘的,没有地盘就空了。另一个问题是云贵烟土,烟土的头水已经王海平吃掉了,也就是吃掉了李白桂系军阀烟土的头水。这两条就是桂系军阀要拔掉他的原因,不拔掉就拉过来,这就是他的主要敌人。

下一个主要敌人就是贵州军阀,贵州军阀把王海平当成主要敌人。在贵州能夺权的只有王海平,何应钦已调出去了。吴鼎昌要怎样对付王海平呢,只有除掉才放心。所以王海平对桂系军阀是后顾之忧,对贵州军阀是心腹之患,对军阀是有害的。他们要王海平去打这打那的目的就是削弱消耗他的势力。王海平被调来"剿"过右江,打西山。如果他不来,桂系军阀要打他,不动不行。

我们红军当时对他构不成威胁,右江也好,西山也好,对他来说构不成威胁。吃不了他、动不了他,你就得留一条后路呀,来日方长;何必去增加一个敌人呢。他不吃掉我们的原因是:一我们没有地盘,二没有实力没有钱,他要什么呢?

最后王海平免不了挨杀,这是中国历史发展到不能容有封建割据小军阀的时代,军阀在中国已到了末期、两大阵营。也不归这边也不归那边,你要搞以板陈为中心的小割据,小地盘,最后是要被消灭的。这样没有纲领性的小军阀是得不到人民彻底拥护的,打凤山的时候就是很惨嘛。

王海平是有错误的,他来"剿"过右江,打过西山。那时我们从西山还可再退到红水河沿岸,但他那么一干呢,我们没有转移的地方了,拔哥也没有转移的地方了。这一条的害处在当时是够大的,我们没有任何可转移的余地了嘛,这是王海平与李〈宗仁〉、白〈崇禧〉勾结起来造成的。他在这场"围剿"中没有占得什么东西,而且还损兵折将。后来他也乖了,实际利益被桂系军阀拿走了,所以后来他对共产党还是要好一点。从这些看,不是从思想上、良心上来对我们的,而是从他的处境,从他的形势需要来对我们的。这是我个人的看法。

右江党组织对王海平的看法是不坏的,的确不坏,就是到他死后也不坏。后来他这点转变对我们是有好处的,象〔像〕黄桂南这样,他根本不是政治家,他不可能拉得到王海平。王海平没有转〈变〉是我们没有做好政治工作,所以他转不了。

罗玉廷:王海平打我们凤山、打我们右江革命根据地,损失是很大的,牺牲了不少的革命同志,牺牲了很多党员,牺牲了很多革命人民,对革命有很大的损害,在很长时期很难恢复的。

后来他转过弯。右江部分重要领导同志,继续领导斗争,把右江革命尽快恢复起来,他们又到板陈他那里去活动,争取他过来。他有那么多枪,有那么多饷,我们争取他过来。他同情我们、支持我们,这是他革命的一方面。敌人利用他、军阀利用他。后桂系军阀李、白要搞掉他,贵州省主席王家烈也要搞掉他。他最后收容我们革命同志,收容共产党员,在他那里搞护商,成立独立营,使右江活动有很大方便,搞武装工作、组织工作、培养党员工作等都得到顺利发展。王海平做了这点,使我们能迎得了解放。右江党在不断发展壮大,培养不少的党员,武装也有力量,临解放时,有3万多人。

根据这些情况,看一个人革命不革命,要看他的整个历史过程,不能只看一点一事,对王海平我们要一分为二来看。他是我们的朋友、忠诚的朋友。

黄平珠:解放后,韦运祥同志多次谈到王海平,我接触到老同志们也谈到王海平。特别是几年来搞党史工作,接触韦敬礼、吴元等以及其他的老同志,他们的看法是客观的。

那时,老同志在他那里活动,陆路也有,但主要活动通道就是靠那三条水路:北盘江、南盘江、红水河。除正常的粮税外,就靠这三条江了。经济来源主要是收烟帮,还同人家搭伙、开空头铺子,与人家分红。这三条江是王海平的经济活动主要线。红水河他交给牙永平同志负责,清水江(北盘江)由韦国英同志负责,韦运祥同志当护商大队长,负责南盘江,从双江口负责到隆林。

那晚国民党要"剿"他了,边委在韦运祥同志主持下开会,有主张打的,但大家分析打是不可能的,暂时转移。第二天韦敬礼、韦运祥同他转移。但他听了岑伯仑的话,上了桂系军阀的当。这说明,他对国民党还抱有幻想、想再重建他的势力,想东山再起,结果还是被军阀害了。

我认为王海平是我们的朋友,是相当好的朋友,但毕竟不是我们的人。

本座谈记录由牙美元、黄唤民、韦世烈、罗玉廷、陈国团、罗德益、黄福临、黄平珠、黄平松、黄超群、黄秀勋、李发荣、李天心、罗秀山审阅并亲笔签字。

(节录于王封常编:《望谟革命斗争史》,中共望谟县委党史资料征集领导小组办公室 1985 年印行,第 368～381 页)

回忆在荔波的情况

覃桂芬

覃桂芬,现年 80 岁(宣统元年生)

我是民国十九年(1930 年)在东兰县参加红军,在红二十一师第六十二团第三营第七连当战士。我们到河池后编师,红二十一师留在后方,没有去环江、荔波。

民国二十五年(1936 年)四月,我和韦志英(东兰人)第六十一团第二营第四连指导员,韦顶珍(东兰人),在区苏维埃当副官,三人一起去荔波。

我们从南丹里湖到荔波捞村何希贤(何士贤)家(他家住在小河边,过河就到他家),他是独崽。我们到他家,动员他们抵抗征兵、抗苛捐杂税。经过动员,河两边的青年有不少人同意我们的主张,积极抗捐。

我们去时,韦汉超已在捞村很长时间了。他是民国二十三年(1934 年)开始是以卖工出现(韦汉超曾是红七军第六十三团第三营营长)。他是东兰人。韦灵定先去平寨,〈他是〉红七军第八连副连长,到捞村安家,来叫韦汉超去的。后来,我们知道韦汉超在捞村,我们就去了。我们去时,是中央下发文件,在西山(现划归巴马县)发动群众,反对征兵、征税,成立了一个小组。在平寨、捞村、翁昂等处,从何希贤(何士贤)家上个坡就到翁昂,在那一带发动群众组织起来。共在那里搞了两年多(1937年、1938 年、1939 年)。当时,何老幺被杀死了,他老婆、儿子都到荔波城里去住了。

民国二十七年(1938 年)四月,韦汉超、谭国联、韦志英、何希贤(何士贤)被南丹县国民党捕获杀害,我们就没有去了。

谭敏初也到荔波住过,解放后才回来,在公安局工作,去年死了。

覃桂芬,东兰县烈士陵园职工,已退休

黄长和　采访整理

1985 年 6 月 15 日

(节录于中共荔波县委党史研究室编:《荔波革命老区史料汇编》,中共党史出版社出版 2006 年版,第 194 页)

关于贞丰洛六抗日义勇军的回忆

韦万阶　韦安贵

韦万阶口述:韦安周和韦子安是红军过我们这里以后两年的时间才回来的,也是春天。他们两人回来时,各带有 10 多个人,有个叫王州成的。其中有几个是穿军装的,也戴军帽。当时,县长派人来了解这些人的情况,要想抓他们这帮人。洛六的联保主任是韦安全,此人很坏。他们(二韦)曾经去教训过韦安全。他们是亲堂兄弟,两人回来后就暗地组织了一帮人,先时只有十多个,后来才逐渐增多的,我们整个洛六寨的人都参加了。如果有事,就召集邻近各寨的人去帮忙。六马(原属关岭县)也常有人来和韦安周、韦子安联系,常来的人叫卢洪英和黄永贞。

他们那次打册亨坡妹(今坡坪)时,我没有去。赶鲁贡场杀安长龄那回,我留在家里没去。为啥杀他?因为国民党兵烧了我们的洛六寨的寨子,有人说安长龄是国民党的探子,就把他杀了,安长龄是一个出了名的赌徒。

韦安周和韦子安平常都有五六十人枪跟着走,没有使用什么旗子,只有枪。打册亨坡妹那次去的有 200 多人枪。他们还到过安龙县的边界一带活动,也到过册亨的洛凡(岑建坤的老家)活动。板陈也常去,韦安周的老婆就是从板陈娶来的,他们两兄弟肯定都见过王海平司令官。那些穿军装的广西人,不长住在我们这里,来几天又回去了,经常来,来的次数很多。

韦安周是大队长,韦子安是大队副,具体是什么大队的大队长、大队副,我也说不清楚。当时是有个造枪厂的,在魏家沟那里造枪,也常转移到大坪等寨去造枪。师傅都是外地的人,也不晓得是何处的人。

肖礼洲　整理

韦安贵说:

韦安周原先在国民党军队中当过兵,后来不满,就一个人逃了回来。在家呆不住,又跑去白层叶营长那里去当兵,叶营长是王海平司令官的部下。后来,叶营长让韦安周当了个连副。韦子安和韦安周是叔伯兄弟,两家的老辈有仇恨,多年不往来了。韦子安听说韦安周当了连副,就跑到他姐夫陆朝众那里当兵,也当了一个连副。陆朝众是个营长,驻扎在乐元河边,也是王海平司令官的人。也不知道是通信,或是什么人帮的忙,他们和解了老辈结下的仇怨,邀约一块回家来拉队伍。他们不是一同回来的,前后隔得没有几天。

他们是红军路过我们这里好久了,才回洛六的,好像是隔了两年。韦子安先回来,来时带有十多个人,多数穿便衣。韦安周后回来,也带有一些人。开头,常跟他在一起行动的有 20 多人枪。他们回来后,就组织我们寨的人和邻近寨子的人去打有钱的人家,打富济贫。他们有个师爷(文书)叫谭明,是个广西人。后来的一个师爷也是个广西人,名字记不起了。

在鲁贡场上杀的那个人叫做安长龄,是用刀杀的,把头挂在树上示众。听说安长龄要带国民党保安团的兵来打我们寨子,烧我们洛六寨,就把他给杀了。他们两兄弟带着大伙到六马,洛凡、者王、乐元等地活动。大伙都叫韦安周大队长,韦子安大队副,是啥子大队长我也搞不清,反正大伙都这样叫他们。他们也没有什么旗子,打日本人的事,当时也说过。

韦安周和韦子安回来后,先动员我们洛六寨的人都和他们的一齐干,后又联络邻近各寨的人都和他们一齐干。人多了,枪不够,他们就安排各寨的群众筹钱买枪,带着一点强迫命令式的,不买是不行的。有钱的一家买一支枪,稍差点的两家或三家买一支枪,穷的四五家合买一支枪,以方便各寨的人马一齐行动。和保安团打那一仗的地点是夹耳岩,以前那里全是大森林,好打仗。

当时是有一个造枪厂,地点在大坪寨中,造枪的师傅都是广西人,共有 6 个师傅,只造枪,不造子弹。子弹靠买,从望谟那边买来的。当时造的枪上都烙有"洛六"两个字。

韦安贵　口述

肖礼洲　整理

(节录于贵州省黔西南州史志办编:《黔西南革命老区——望谟、贞丰、册亨》,2004 年印行,第 186～188 页)

关于贞丰洛六抗日义勇军的回忆

韦安祥

　　韦子安和韦安周是叔伯兄弟，因父辈有矛盾，多年不相往来。那年是韦子安主动提出和好。他们就回洛六组队伍。他们回来时，韦子安带有七八个广西人同来，有个叫周正高，此人解散后才被送回广西的。

　　他们回来后就发动大家买枪，组织队伍。我们是三弟兄，与子安、安周同辈，我比子安还大一点，子安个子不大，但很会说，很有精神。当时我大哥也出了一支枪。那次杀牛召开成立大会是在大寨海子，那里现在还有一个石头砌的台子。当时去参加大会的人很多，周围邻近寨子的人都来了，多得很，数不清。当时他们给各寨发了通知，不去不行的，所以都来参加会议了。

　　那次，区里派人来抓他们（二韦），被他们俩兄弟带人缴了他们的枪。地点是在沙坪，国民党的兵有五六个人。缴了那些人的枪，我们的力量就强了，枪也多了。

　　那次在鲁贡场坝杀安长龄时，是用刀砍脖子，把脑壳拿走了。那次到册亨去活动，抓了张家的儿，也拿了张家的东西。张家是当地的富户，很有些钱财，但又不支持我们的活动，才干他家的。

　　有一次出去活动，我们杀猪来吃，猪杀不死，好不容易杀死了，还没有煮得吃，保安团的兵就来了，我们只好走了。

　　那次在夹耳岩和保安团的人打，打死打伤了他们的不少人。后来我们撤走了，保安团人就进洛六寨放火烧房子，猪圈、牛圈都烧光了，后来我才搬到我现在住的鸡场寨住的。

　　兵工厂设在大坪寨中，后又转到了魏家沟去造枪。时间很长，具体多长，说不清了。造枪的人是从王海平司令官那里请来的，都是些广西人。

　　有一次去打册亨坡妹（今坡坪）的一个富户人家，打死对方的一个人。我们也死了两个人，一个是这年寨的人，一个是洛六寨的人。

　　岑南贵和杨金贵都参加了韦子安、韦安周他们活动的，我认得他们。杨金贵是这年寨的人，也是一个头的。

　　岑建坤是册亨洛凡寨的人，与韦子安他们是结拜的小兄弟，很好的。后来被保安"剿"散后，韦子安他们还到岑建坤那里躲了一段时间，时间不太长。岑建坤与韦子安、韦安周不是一伙的,岑建坤在册亨那边也有帮人,他们自己干自己的,不归韦子安他们管。

当时,属韦子安、韦安周管的有 300 多人枪。和国民党保安兵打了好几次大仗,也死了不少的人。

当时没有什么旗子。开大会时没有什么旗子,后来也没有旗子。队伍叫什么名字我也说不清了。

广西来的那些人,就是和韦子安来的那些广西人,没有穿军服,穿的和我们穿的一样,都是便装。

王柏林、肖礼洲、李端明在贞丰沙坪乡鸡场寨采访韦安祥的记录

1997 年 4 月 24 日

肖礼洲　整理

（节录于黔西南州史志办编:《黔西南革命老区——望谟、贞丰、册亨》,2004 年印行,第 189～190 页）

关于岑建坤及韦子安、韦安周武装的回忆

杨再华

我就是册亨县洛凡寨土生土长的人,布依族,今年83岁(属兔的)。岑建坤的事我都晓得,我是他的副手,他当营长,我当副营长,一直跟着他干。他也是我们洛凡人,在洛凡一带还有些名气,哪家有大事小事都要找他帮助解决,很有点号召力。

岑建坤拉武装是因为父亲被区长韦庆芝杀害了,他就号召我们这一带的人跟韦庆芝斗,他率领大家去打坝怀寨韦庆芝家,韦打不过,就逃跑了。后来跑到纳塘寨又跟我们打了一仗,打不过又跑了。最后得洛央教堂的夏神父支持了几十条枪,又来跟我们打,还是打不过。最后,册亨县府出面了,烧了我们洛凡寨。岑建坤就投靠了王海平司令官,王海平封岑建坤为营长,我当副营长。王海平还到我们洛凡寨来看大家,给被烧被抢的人家一些钱物。

牙永平也是通过王海平认识,大家称他"土司令"。他经常到我们洛凡一带来,常和我们在一起吹牛,他说家在广西,干事却在贵州。他来我们这里主要发动和组织大家跟他们一起干,他说"打到贵阳去,把省主席他们抓起来"。我也去过牙永平那里,他们驻的那个寨子叫卡法,有100多人枪,他的司〔师〕爷叫牙大(即牙秀峰——整理者注)。他的兵也种地,也练兵。多数穿便装,少数穿军装,灰布和黄布的都有。他有个小兵工厂,造的是板陈枪,也造手榴弹,是圆的那种,分为五瓣。牙永平是被国民党杀在望谟县城的,时间记不清了。

我到过板陈,还在王海平的手枪排当一段时间的兵。手枪排有50多个兵,排长是廖战春,也是我们洛凡寨的人。我们手枪排的人,全部穿的是黄军装。在王海平司令部旁边有一个学校,对!是叫创强小学,校长是王海平的三叔,名字记不清了。

纳邑寨离板陈只有里把路,也有王海平的部队,可能有100多人,他们的那个营长叫什么名字,一时想不起来了。他们在那里靠护商收兵费生活。他们穿的服装很乱,有黄的、也有灰的,也有穿便装的。

贞丰洛六寨的韦子安、韦安周和我们不是一股,他们自己组织的,名字叫"义勇队"。我们不叫义勇队,也没有取过名字。他们当时的口号是"打富济贫",要大家出钱来买枪,大户人家买四五支枪,小户人家买一支两支。洛六寨过去一点的王敬修就买了五支枪参加他们活动,这事我很清楚的〔地〕记得。

韦子安、韦安周与岑建坤很好,有事就互相通知,互相帮助,他们两兄弟常从贞丰到我们册亨的地界来活动,常在岑建坤家开会和研究问题。有一回他们来调我们去帮忙,一起去打坡妹(今坡坪)区公所。后来,兴仁专署调了安龙、贞丰、册亨等几个县的1000多保警兵来打我们,我们和他们打了很长一段时间。韦子安他们兄弟被打散了。韦子安是被他老舅(舅子)骗了,才被国民党保安队的人抓去杀的,他老舅姓王。后来保安队的人说是韦安周报的信,从中挑拨,韦子安家才派人把韦安周杀了。

我去贞丰洛六寨多次。有一次我带20多人去,见过他们中有广西的军人,穿军装,戴的是盘盘帽,帮着他们洛六寨的队伍搞宣传,搞演说,内容记不起来了。

岑建坤是被兴仁专署的专员刘时范骗去的,被杀死在兴仁。

杨再华　记录,1997年4月28日

采访人:王柏林、李端明、罗福亮、肖礼洲

采访地点:贵州册亨县花冗乡洛凡寨

整理人:肖礼洲

(节录于黔西南州史志办编:《黔西南革命老区——望谟、贞丰、册亨》,2004年印行,第191~192页)

5. 同国民党军谈判改编情况

同国民党那马县府谈判问题

徐千珍

1937年下半年,上级派彭维之来指导那马工作。由于韦成篇生病,彭给〔让〕我负责关于组织方面的工作,同年12月调梁乃武来任组织委员。这时,我只担任委员职务。

1938年农历五月二十五日召开那马中心县委会议。那几天,国民党南宁专区专员正好到那马县府。会上,我提出,谈判问题我不反对,最好不亲自出去,另派代表。议来议去,找不到适当的人为代表。最后谈到工作安排,决定我与梁乃武、徐平同志到乡下,我就与梁到武鸣四坡乡去,观察了解哪些群众靠近我们党组织,并决定在四坡培养根子,以便开辟新区。彭维之、李凤彰、韦成篇、徐泽长四人就在家管谈判工作。

五月二十九日李凤彰同徐泽长同志到那马县府会见黄建元,即被扣留。六月初一,国民党那马县长又奉黄建元之命打电到州圩乡公所,叫韦成篇一定出去会见。韦即复电说:"我身体有病不能走。"国民党县长说可以骑马或者坐轿来。韦又复电说:"骑马坐轿都不得。"……后来韦就找得了一匹马,便叫徐孝义陪伴去。韦到了县府也被黄建元扣留起来了。

六月初三我与梁乃武从武鸣四坡回来,基本群众即告诉我们,徐、李、韦等四人已被敌扣留了。当时,已是深夜。我与梁到李风含家。由于我们的同志被捕了,那晚上我们都吃不下饭。我们就去找彭维之。当时,彭已经跑到农有资那个屯去了。我们见到老彭的时候。他有话也不讲了。农历六月初五,徐、李、韦等四位同志被押到武鸣,七月初八,在武鸣被敌枪杀了。

关于谈判这件事,……当时,负责指导那马中心县委工作的同志曾经指示过,决定以李凤彰、韦成篇用个人名义出面,不要组织名义出面,即给徐泽长做外交,先到州圩乡和国民党乡长韦访贤交换意见,后来县长黄有镛也同意了。我们党组织即以李、韦两同志名义印发传单,内容是表示有诚意与政府合作抗日,后来国民党县长黄有镛即到州圩乡公所,李凤彰、徐泽长曾出去见了他一面。不久,国民党南宁专区副专员黄建元来到那马县府,……这样,这四位同志就被扣了。

当时,彭维之向上级报告,请求援助,又给〔让〕我发动群众联名担保,当时只发动得基本群众 40 多名,后来营救无效。事件发生后,我们党组织也将这件事报告上级,上级也就这件事在有关报纸和杂志上发表了抗议。

1953 年 5 月 27 日

(注:徐千珍当年任中共那马中心县委委员)

(节录于中共广西马山县委党史研究室编:《右江——那马革命根据地史实之一》,1988 年印行,第 16～17 页)

1937年红军游击队被国民党收编的经过

黄国楠

我是田东县作登乡人，1933年参加革命，1934年加入中国共产党，在黄绍谦领导的右江下游第二联队。1936年8月，黄绍谦不幸牺牲，我们的队伍分散隐蔽。

1937年初，传来了西安事变消息和中共中央关于停止内战、一致抗日的指示。1937年秋，上级派人到右江，在田东县一个村子里召开会议，讨论如何与国民党地方当局谈判共同抗日的问题。我参加了这次会议。记得那次会上有争论，参加会议的人有两种意见：一是不谈判；二是要谈判，但我们不能自己去谈，应由新四军办事处来谈比较妥当。但是桂西区特委书记黄桂南坚持己见，决意由他为首去谈。

当时我们第二联队的代表黄彪同意大多数人的意见，即由新四军办事处来谈。会议由于意见不统一，论而不决，最后草草收场。散会后代表们都走了，唯独黄彪被留下，黄桂南做黄彪的思想工作，一连三天，逼他同意黄自己的主张。几天后黄彪没精打采、垂头丧气地回到联队，大伙问他怎么回事，他也不理。不久便得知黄桂南真的去和百色国民党专员黄韬谈判了。

领导人在百色谈判，我们第二联队就组建"抗日义勇军"。我们第二联队到田州后，被改编为国民革命军第九独立团，团长黄彪，副团长李修学（政治委员），朱鹤云（朱国英）、欧阳泽民是团的副官兼文书参谋。第一营营长黄汉渊，第二营营长农开胜，第三营营长许光。第一连连长黄国楠（黄新发），副连长韦明日（兼指导员）、黄金矿。第二、第三连长的名字忘记了。陶建勋（陶淑）是第二连文书。

关于团、营、连的党组织问题。义勇军中的中共组织生活大都是个别谈话，如果有事要商量也是团首长商定后，传达到下面，都是以行政出面。但我所知道的党员有：黄彪、李修学、朱鹤云、欧阳泽民、黄国楠、黄金矿、许光、韦明日、韦桂荣、黄生台、黄显亮、黄朴、韦权、农开胜、黄振成、谭××（他与黄金矿同村）。到延安后发展陶淑。当时我们团还没有团〔党〕的组织。

关于队伍离开田州北上的情况。

原在滇桂边的游击队被改编为国民革命军第八独立团，韦高振当团长。第八团先到田州，韦高振叛变把政委黄德胜杀后，将部队带走，我们到田州已不见第八团。

由第二联队改编为国民革命军第九独立团后,于1938年元月我们团就分别从田东作登和田阳坡洪出发,第一营是从作登到田东平马,到平马后第一连开进七里百定(黄彪随第一连)。第二、第三连后来由黄汉渊营长带到平马。几天后我们第一连从七里开到田州,第二、第三营也已从坡洪到田州。我第一连和第二、第三营是在田州上船,第一营的第二、第三连在平马上船。

我们是先到龙州,又从龙州返回头南下到梧州转大船,到广州上岸转乘火车。上火车后每个营在一个车厢。第一营在前面,第二、第三营也按顺序排下去。当火车到达长沙车站时,国民党部队上车来叫我们交枪,我们第一营坚决不交,国民党军队的领头人劝说:"你们的枪打不了日本鬼子,交旧枪发新枪。"我们第一营还是坚持要他们先发新的,后收旧枪。这时盯着黄彪、李修学、朱鹤云、欧阳泽民的原在国民党做事的岑世勋(团部副官)、韦日早(副团长)对斜眼,便把我调第二营当副营长。我到第二营时发现第二营已被收了枪,我又往后走到第三营的那个车厢,结果第三营也没有枪了。我说"我们还没有交呀",第三营长许光说"先从我们第三营收缴的"。我听他这么说一切都明白了,因为团领导人都在一营这个车厢,先从后面收缴不就是让团领导人当个光杆司令。这是他们的策略。

在长沙被缴枪后,黄彪、李修学、朱鹤云和我等几个商量,打算到汉口后即派黄彪、李修学去八路军办事处通报情况,并决定准备车一到汉口就下车。可是由于国民党严密监视,车站也有国民党兵在把守,我们一下火车便被列队赶到港务码头乘船。船到舒城叫我们上岸,随即命令我们走路去合肥。

到合肥的第二天,国民党第五路军派人叫我们集合,列队时国民党兵全副武装前后站两排,把我们第九团全体官兵空手的排在中间这一排。队列排好后又叫我们排以上干部出来另排队。以后排以上干部去另一个地方集训,班以下的全部编入国民党第五路军了。而黄生台和黄朴不是干部,为什么能和我们一起呢?他们原是我的警卫员,我见国民党把我们的人分开,情况不妙,当我离开队伍时就用手拉他们两人出来和我一起排队,就这样他们成了排级干部,和我们一起离开了安徽,以后又一起到延安去。

我们这批排以上干部被送到离合肥100公里的一个镇(镇名忘了)去。我们到这个镇后才见到第八团的部分干部(好像百色那毕的李荫美也是在这里见到的)。他们一见我们就说:"韦高振投降了,国民党给他十多人枪回广西了。"我们在这个镇被单独安排住在一个房子,得知情况不妙,便私下串通准备逃离虎口,到汉口找八路军办事处。

商妥后,由黄彪、李修学出面说有公事要到汉口去,看管人不知内情同意他二人去了。他们走后几天,我们趁着一个黑漆漆的深夜破门逃了出来。我们逃出来后走了5天5夜才到汉口,找到了八路军办事处。由于每人手无分文,5天要饭吃不饱,一停下来觉得精疲力尽了。

周恩来、叶剑英接待我们,晚上周恩来和叶剑英找我们全体谈话。我们向首长汇报改编和怎样逃出来的情况后,首长问我们愿去延安还是愿回广西,如愿回广西由办事处介绍回去。我们20多人中愿去延安的有:黄国楠、朱鹤云、欧阳泽民、黄生台、黄显亮、黄朴、韦权、黄金矿(在延安病故)、陶淑等,叶剑英亲自送我们到延安。

自愿回广西的有:黄彪、李修学、黄振成、许光、农开胜、谭××等。黄彪回广西,至于他们怎么回到广西我就不清楚了。黄朴在延安学习后分到新四军,因语言不通他要求回广西,张云逸介绍他回广东参加两广纵队。他到广东后私自回广西了。

刘景林　代笔

1986 年 12 月 26 日于南宁

(节录于中共广西百色地委党史研究室等编:《滇黔桂边区革命根据地》,中共党史出版社 1999 年版,第 588～591 页)

百色谈判经过

高朗如

　　1937年9月中旬,桂西联络员黎达(即徐泽长)到南宁,把我带到田东乡下黄桂南家里。上级指示我到右江后,即在右江特委领导下进行工作。现在我已见到右江特委负责人黄桂南,我说明来意,彼此交换了情况之后,便在黄桂南家里住了下来。当时,黄桂南已通过一个中间人韦日祖与国民党百色民团指挥部进行对话。韦日祖是当地一个小绅士,非常害怕国共斗争,认为打仗对地方不利,他愿作中间人出来奔走,进行调停。由他将我们提出的条件转给民团指挥部,又将民团指挥部的反映意见转给黄桂南。

　　当时国民党提出的条件是:"右江土匪愿意自新,愿意改编去前方抗日。"我方提出的谈判条件是:(1)要对方承认我们是共产党,是一个政党,有政治主张的;(2)我们主张国共合作,团结一切力量,共同抗日,如对方同意我方的主张就商谈合作的事;(3)必须在报上登载双方同意开展国共合作谈判。必须答应上述3个条件,并在登报后,我们才能派出代表去商谈将队伍改编、开赴抗日前线的各种具体事项。韦日祖转来百色区民团指挥部的反应是:"欢迎你们出来抗日,你们自新出来抗日,政府完全赞同,非常欢迎。希望你们先派代表来谈判改编队伍去前方抗日的事。我们可以保证你们代表的安全。至于承认你们是共产党和登报的事,要请示上级才能决定,指挥部无权决定。"

　　黄桂南见我到来,便将上述情况讲给我听,并要我决定是否派出代表去谈判改编队伍的事。我说:"上级派我来右江,是在右江特委领导下工作的,右江特委不能决定的事,只有向省委请示。"于是,黄桂南就叫我转回南宁,将情况向省委汇报,并请示省委决定是否派代表去和民团指挥部谈判的问题。

　　我由田东搭电船下南宁时,由于组织上给我的旅费有限,到南宁后还要住伙铺等候上级来接头,加上每天的伙食费开支等等,所以在船上我连住大仓的票都没买,打算只在船旁站10多个钟头,吃点白饭,到南宁就算了。恰好在船上遇见梁寂溪同志,当时他在百色中学教书,和一个姓朱的老师一同被百色中学送去桂林受训。他从餐厅内出来小便,恰见我在船旁站着,连舱位都没有,便替我买了一个大舱位,并买了饭菜送来,同我谈了一些情况。他说:"到南宁后不必长住伙铺等候了,你放心吧。"一到南宁他就带我到邕宁国中龙德洽处(龙在梧州与我是旧相识,但彼此不发生组织关系,龙知道我是党员,我不知道他是党员)。由龙去找庞茂桂,很快就找到了。

我见到庞茂桂后,即将右江情况及黄桂南提出的问题向他汇报,请他决定。他对黄桂南提出的"是否派代表去谈判"的问题,没有正面答复,只是对我这样说:"你转回右江,一切事情就清楚了。"当天下午,我又立即转回右江,回到黄桂南处,见到了刘敦安、叶飘萍(当时用黄彬)、尹林平(当时用林平)3人,我才知道原来上级已派了有决定权的同志前来掌握。

于是我们(黄桂南、尹林平、刘敦安、叶飘萍、高朗如、赵世同、徐泽长等)连续开了很多会议来讨论研究当时右江情况,国内抗日进展情况及是否派代表出去与国民党谈判等问题,还召开了一次右江地区各地干部扩大会议,地点在田东乡下,参加人员除上面7人外,还有黄彪、黄德胜、韦高振及各地联络员、警卫员等20多人,开了四五天,会议由黄桂南主持。黄在会上讲了当前形势后说:"现在全国人民正集中力量打倒日本帝国主义……我们在上级领导下也要参加抗日救国的战争。但怎样参加? 我们的队伍是否要改编? 我的意见是应该改编。但提出什么条件? 是否派代表同国民党谈判? ……这些问题,由大家讨论决定。"他是用壮语讲的,有很多我听不懂,大意是讲了这么些内容。经过了几天的讨论,最后决定同国民党政府谈判,将队伍改编去前方抗日,派出黄俊胜(即黄桂南)、徐泽长(即黎达)、高维新(即高朗如)3人为右江特委代表,去百色与国民党政府百色民团指挥部进行谈判。当时这一讨论的结果是经南委派来的林平同志同意的。黄桂南将我们同意派代表与国民党谈判的情况告诉韦日祖,韦立即转告国民党民团指挥部。民团指挥部反应很快,叫韦日祖转告我们说:他们迫切希望代表去,一切保障安全,并拨款5万元作谈判用经费。会议结束时,具体日期记不清楚了,大概是1937年9月底10月初。

不久,作为右江特委公开正式代表的黄俊胜、徐泽长、高维新3人便到百色,与百色区民团指挥部进行谈判。指挥部方面则由指挥官黄韬(军人,少将衔)、参谋长罗苏(中校衔)、政训组员王廷业(少尉衔,由共产党员叛变过去的)3人及副官参谋等和我们谈判。黄韬首先开口对我们说:"欢迎你们出来一起抗日,我们一贯欢迎自新改过,使地方得到安宁,我们一起去把日本打倒。现在上级拨有5万元来,作谈判费用,要把改编工作做好……"他讲的那一套还是"土匪自新""招安改编"等等之类的话。我们提出:"我们是共产党,我们有政治主张,主张国共两党消除一切旧仇宿恨,既往不咎,合作抗日。主张团结一切力量打倒日本帝国主义侵略者,收复失地,建设新中国。首先,要求你们承认这点,你们同意我们的政治主张,同意国共合作,团结一切力量去抗日,我们就商谈合作抗日的事。其次,一定要把我们商谈合作抗日的事在报纸上登载。"黄韬说:"过去一切我们都不追究了,你们出来,我们都保证你们安全。至于承认共产党和登报的事,要请示上级,我们无权决定。"罗荪又说:"我们开诚布公,将你们提出的要求,我们能决定的立即决定,我们不能决定的请示上级决定,我们怎样请示上级,上级怎样答复我们,都可以让你们知道。上级对你们出来自新,非常欢迎,已拨有5万元作改编队伍经费给你们用。"他拿着一个宗卷,里面夹着有百色区民团指挥部的往来文件。他将卷宗递给我看,我看了每封电文都是说"有关匪部自新改编事"之类的话。我说:"我们主张国共合作,抗日救国。现在是国共谈判,而你们这里却说是'匪部自新改编',这说明你们还未承认我们是共产党。国共合作是一件大事,一定要登报,让大家知道。"罗荪说:"那只是名义问题,那是小事,何为一个名义的小事而争执呢?你们把队伍改编好了出去抗日,自然有一个光明正大、堂堂正正的大名,这才是大事。"黄韬说:"承认共产党和登报要请示上级才能决定,现在主要是谈队伍出来改编去抗日的问题。"我们说:"你们承认了我们是共产党,将国共合作谈判的情况在报上登载,改编队伍的事好商量。"

这次谈判后,黄桂南就自己去领经费5万元了,在百色找了一间房子作办事处,将5万元分2000元给韦高振,又给了黄彪一些,留有一大部分在办事处用。后来,我们回田阳某个村庄,碰头聚会,我将情况向林平同志作了汇报。我说:"对方采取不承认我们的态度,只是叫我们为'匪部''自新''招安''改编'等等。他们往来的电文我也看过了,都没有承认我们是共产党,没有半点国共合作的气味。"并将黄韬、罗荪的话告诉了林平同志。他指示我要坚持令其承认我们是共产党,以及将这次国共合作谈判登报这两条,他们做不到就和他们拖磨。在他们未答复承认这两条以前,怎样改编队伍等具体事项一概不谈,并指示要我在百色顶着这一关,他自己去西林、西隆、滇黔桂边一带韦高振那里看看实际情况。随后,百色区民团指挥部也派出政训组韦渔生去韦高振那里活动。

不几天,百色区民团指挥部指挥官黄韬就病死了,停柩在指挥部。罗荪还经常来接见我们,我们继续向他提出要求承认我们是共产党及将国共谈判事在报纸登载这些条件。罗荪也拿着一些国民党广西绥靖公署的复电给我们看,来应付,总是说上级对这两点未有明确的答复。这样 10 月份就拖过去了。11 月份又拖过两旬,新指挥官还未来,我们在百色无事可做。在这段时间里,有两个人坐小汽车来百色走过一趟,一是李宗仁,一是白经天(即白鹏飞)。他俩到来,未同我们接触过,又未有新指挥官,不知道他俩到百色来干什么?

1937 年 12 月间,百色民团指挥部新指挥官梁家齐到来了,局面急剧变化。梁系桂林人,据说是李宗仁的亲戚,上校衔,是一个会说会写的政客,手腕是多面化。他为国共合作谈判问题,专门接见了我们,要我们把所有条件和要求全部提出来。黄桂南代表右江区特委向梁家齐正式提出说:"根据你们一贯都是叫我们作'匪部''自新''改编'等等,尚未承认我们是共产党,我们主张国共合作,共同抗日,打倒日本侵略者,收复失地,建设新中国,这是第一条。第二,这次国共合作共同抗日是大事,要求你们一定要在报上登载出来。你们答复这两条,我们再商量改编队伍的具体事项。"梁家齐立即答复说:"这两条好办,只要你们按共产党的政策去做,和我们合作打日本,不搞和我们对抗,不在地方捣乱,我们一定承认你们是共产党,这条我作保证。关于将谈判改编的事在报纸上登出来,也可以照办,我保证把改编队伍去前方抗日的事在报纸上登出来。现在我主要同你们谈谈队伍怎样改编? 你们有什么要求?"黄桂南说:"你既然承认我们是共产党,又保证将这次谈判在报上登载,我也保证把武装队伍改编,怎样改编法,我们回去商量后再详细向你提出。"这次只是梁家齐初来百色到职接收巡视一下各方面的情况,他还要另定日期举行盛大就职典礼大会。

这时林平同志去西林、西隆、滇黔桂边也回来了,他约我们几个从百色回去,同我们详谈了韦高振那里的情况。我现在还记得他曾谈韦高振有 5 个老婆,专门护送烟帮,靠索收外水为生活等。黄桂南也将见了梁家齐的情况向林平同志作了汇报。后来林平、徐泽长、赵世同、刘瑞安等在田阳专门研究队伍改编方案及如何应付梁家齐的问题。我则先回百色,叶飘萍因病未参加方案的研究。事后,黄桂南和徐泽长将他们研究好的改编方案、条件、要求等带来百色,和我们一起去见梁家齐。梁家齐很高兴地对我们说:"队伍改编已是定局,你们有什么要求,怎样改编,你们先提出意见来吧。"黄桂南便将改编方案提出。这个方案现在我还记得有下面一些内容:

1. 我们在右江地区所有武装队伍都全部改编出来开赴前方抗日救国,双方都要清除一切旧仇宿恨,不追究既往。国民党政府要取消过去对我方人员的通缉令。

2. 队伍名称番号,按全国统一编制,军需给养全部由国民党政府供给。

3. 抗日所需武器弹药,除队伍原有的全部携带外,不足部分由国民党政府补充。

4. 右江地区全部队伍编为 2 个团,合成 1 个旅。

5. 人员配备,团长、旅长由原部队充任,国民党政府可适当派来副职人员。

梁家齐的答复,我现在还记得的是:

1. 军需给养,完全由政府供给,现在再拨 10 万元作伙食费,列好花名册到田阳领军服、棉衣、军毡等用品。

2. 改编后名称全国统一,叫国民革命军。列为第几团? 是否成旅? 具体番号如何? 待请示上级后再答复。

3. 同意将你们部队改编,编后给你们正式名义,还要登报,但政府不另下取消过去对你们人员的通缉令,你们出来的都保证安全,过去一切不予追究。

4. 你们带足武器弹药开赴前方,到达前方后,不足部分由前方供给。

5. 人员配备问题,另定时间具体研究。

……

梁家齐初到百色来,经过两次和我们会谈,进展很快。不久他就举行正式就职典礼大会,广西省政府主席黄旭初、绥靖公署政训处处长韦永成也带了一批人马前来参加,还邀请各界人士、各级官员参加,也邀请我们代表 3 人前来参加。会后,举行了盛大宴会,宴会后演剧至深夜。在会上梁家齐讲了话,讲话内容我记不起了,只略微记得一些要点:他首先讲到抗日战争爆发后的形势,全国团结抗日,各党派、全国军民都要精诚团结,一致对外……就是国民党和共产党过去斗争很厉害,现在也放弃成见,合作抗日了……然后他讲到地方,说我们这里是后方,一定要安定,支援抗日,肃清汉奸捣乱,也要实行团结一切力量共同抗日……

这时韦永成找我们去谈了一次话,他讲的话非常反动,吹嘘他的私人关系。他说:"我在莫斯科中山大学读书时,和陈绍禹、秦邦宪、张闻天是同学,我们互相间都是认识的。他们信仰共产主义,我则信仰三民主义,各走各的路。我认为共产主义在中国行不通! 在中国只有实行三民主义。现在日本人打来,共产党就更加要放弃共产主义,同我们一起抗日。我希望你们在抗日中要好好实行三民主义,不要再搞阶级斗争。"我们严正地表明我们的主张。我说:"我们主张抗日,求得民族解放,完全符合民族主义精神;我们主张实行民主、自由,发动群众、组织群众参加抗日救国,完全符合民权主义精神;我们主张发展经济,增加生产,改善人民生活,增进人民幸福,完全符合民生主义精神。总之,我们的主张,既符合共产主义精神,也符合三民主义精神。按我们的主张同国民党合作抗日救国,并不是什么放弃共产主义问题。"韦永成说:"你们主张阶级斗争,打土豪、分田地,打自己人,是行不通的,一定要放弃。"我说:"我们按党的民族统一战线政策办事。"这次谈话并不融洽,没有什么结果。

梁家齐举行就职典礼后,就加紧改编我们的队伍,连续找黄桂南去谈话,有时是找我们3人一起去,有时单独找黄桂南去。黄桂南将10万元伙食款拨交韦高振和黄彪部去。梁家齐派韦渔生去韦高振那里活动,也有他们的收获了,韦高振竟然被他拉出来,在百色娼妓馆里花天酒地。

正当我们谈判改编队伍的具体番号、是否成立旅部及人事安排等具体问题时,我党上级来了一个通知,内容是立即结束百色的谈判,队伍不出,代表撤回,由更高一级代表同国民党政府谈判。黄桂南拿着这个通知去田阳找林平同志请示商量,旋即回百色将研究结果对我说:"赵世同那边(逻里、凌乐、黔桂边一带)的人不出,徐泽长那边(果德、平沼、万岗、那马等地)的人也不出,西隆、西林、滇桂边韦高振的队伍出来,敬德、天保、向都、镇边、靖西黄彪队伍出来,改编队伍工作继续进行,待队伍改编完后谈判即结束,待谈判结束后才撤离代表。"之后,韦高振、黄彪的队伍就陆续出来在田阳集中。接着梁家齐召我们去宣布:"经上级确定了,把韦高振部改编为国民革命军第八独立团,团长韦高振(上校衔)、副团长韦渔生(上尉衔);把黄彪部改编为国民革命军第九独立团,团长黄彪(中校衔)。"同时他还将广西绥靖公署发的委任令一张张颁发下来,叫我们立即编造名册去领伙食费、服装等。梁家齐说:"上级决定不成立旅部了,第九独立团你们已有得力人才,足以胜任有余,政府不再派副职人员去。"

正在队伍集中期间,发生了一件不幸的事件。一天,黄彪那里的政委(即党代表)黄德胜同志(黄桂南的哥哥,带警卫员1人)同韦高振(也带警卫员1人)在百色河边大沙滩散步,突然韦高振拉出驳壳枪将黄德胜打死。黄的警卫员立即跑来告诉我和黄桂南、徐泽长等。我问黄德胜的警卫员他们两人是否争吵过,有无口角。他说:"没有,只是当黄德胜讲着'过去我们在共产党的领导下,坚持了这么多年;今天,我们在共产党的领导下,我们同国民党合作抗日；今后必须在共产党的领导下，才能打倒日本'。讲到这里，韦高振就拔枪，把黄德胜打死了。"我要求黄桂南对这件事应该进行处理，黄也请示了林平同志，但后来如何处理没有下文。

队伍集中后，梁家齐又召我们去。他手里拿着一张《百色日报》，报上第一版载有一条大标题《中共韦高振部改编开赴前方抗日》。梁对我们说："你们要求我们登报，承认你们是共产党，我们答应保证照办，现在登出来了，都承认你们是共产党，你们还有什么意见和要求？"黄桂南说："我们几个代表，你们是怎样安排的？"黄桂南原想成立一个旅，他自己任旅长的。现在国民党不同意成立旅，他的位置无着落，所以他提出这个问题来。梁家齐说："好吧，现在队伍改编工作未结束，待办好改编工作后，自然会把你们几个代表安排的。"这次接见，我记得是黄德胜同志被打死后进行的。报纸只登中共韦高振部不登黄彪部，也不登中共右江区特委，这里显然伏着一个巨大的阴谋，这是后来缴掉黄彪部队的枪和炮，制造"那马惨案"，大肆逮捕杀害我党人员的预兆。

接着梁家齐又召见我们（是第二天还是第三天我记不清楚了，总之是接连而来的）。他对我们说："你们的武装队伍就这样改编了，现在改编工作已大体完成，剩下的就是你们的人员继续出来集中就行了。至于你们的代表黄俊胜（黄桂南），上级委任为百色区民团指挥部政训组上尉组员（拿出绥靖公署委任令一张给黄桂南）；高维新（高朗如）由桂林广西绥靖公署政训处韦永成处长另外委派少校衔或上尉衔，最低也是上尉衔职务，要立即启程，专车送去。还有一些扫尾工作，由黄俊胜和我们处理。"至于对徐泽长他没有提及如何安排。

我被梁家齐派两人（一副官、一参谋）并交来他给韦永成的亲笔信一封给我带着，用小汽车立即送走。我要求可否迟两天才走，梁不答应，说这是专车顺便，不要拖延。我就是这样被架走了。事先没有得见林平同志。后来黄桂南回田阳见林平研究后，黄桂南再找梁家齐，决定成立"国民革命第八、第九独立团那马后方留守处"，由徐泽长任留守处主任，李凤彰、韦成编任副主任，配备联络通讯员1人（徐孝玉）。这是后来徐泽长到香港后同我谈起，我才知道的。

监视我走的那个副官和参谋，他们说是去桂林接受防空训练的，顺路陪同我走，途中有伴。小汽车当天中午就到南宁，住在一间大旅馆的四楼上，他们两人出街去了，只剩我一人。我便即到邕宁国中龙德洽处，去找到庞茂桂，庞即请搬运工人将我的行李从大旅馆四楼搬出来，摆脱了那两个人的监视。接着庞茂桂即带我去见一个讲北方话的同志,就是后来外调人员向我说及的何云同志。何云当时是什么时候到广西的,以及到过右江多少次,我不清楚,在右江时我没有见过他,这次由庞茂桂带我去才第一次见到他。我向他们详细汇报了我在百色所见到的情况,何云同志和庞茂桂叫我立即赶去香港向南委报告。

这样,我便马上启程去香港。为避过国民党的耳目,我没有在南宁乘车和乘船,而是步行离邕。当日下午起程,从邕宾路出发,走至夜晚月亮悬半空,才在四塘住宿一夜。翌日天未大亮,又继续步行,至高田又宿一夜。行至贵宾公路遇有一小车兜客,才搭车到贵县转乘船下梧州。到梧后,见到了梧州地下党负责人罗青松,我将省委要我去香港向南委汇报的情况告诉他。他详细地询问了省委叫我到香港找谁?能否立即找到?带有多少旅费?是否够用?这些具体问题,他都详细地考虑到了。我说:"省委给我有个秘密地址。是九龙书店,转张秋人先生。"罗看后说:"张秋人不一定立即接见你,过去我们有些同志有重要问题,去请示南委,到香港后,住了很久,南委都未派人来接头。我现在写个介绍信给你带去。到香港后,先找余兆恒,他有可靠的亲戚在香港,先在余处住下,再写信找张秋人,等他来接见你,这样较为稳妥。"他又给我一些旅费,以防我在香港等候时间太长不够用。

见到罗青松后,我乘船去香港。抵港后找到了余兆恒,便住在他的舅父家,随即向九龙书店投了两次函,等候七八天,都没有人来接见。余说,他也等了三个多月,没有人来接见。于是我和余又亲自到九龙书店去探问:"请问你们书店是否有位张秋人先生?我们寄由你们书店转张秋人先生的信多封,你们是否转给了他?"问了很多人,这个说,不知道。那个也说,不知道。后来问到一个年轻人,他说:"你们等一下吧!"他入店后转了转,很久才有个老头子懒洋洋地走出来说:"由我店转张秋人先生的信,都转给他了。"我们说:"我们有重要事想见张先生可以不可以?"他说:"没有办法,他不住这里的。"我们说:"我们的确有紧急事想见见他,你可否告诉我们,他住在什么地方?"他打量一下我们才慢吞吞地说:"你到九龙××道××号二楼××号房去找他吧!他住在那里。"我们又按地址找到了这间房,可是上午、中午、下午都锁着,不见一个人。我们便从门头气窗丢了一封信进去,信里说:"我们的确有重要事情要见你,告诉你一些行情。我们是行路,人家坐车、坐飞机,行情变化迅速,如见不到你,怕误时机。"隔几天又去一次,连续数次。都不见人,照样投信。最后有一个讲北方话的青年,穿着大襟衫,手里拿一本书,走到余兆恒舅父处问:"是否有广西来的人?"我们说:"有!"我俩一同出去迎接他。他问:"你们来了多久?"我们分别说了我们到港的日期。他打量了我们一番,后就走了。次日莫日帆同志夫妇来找我们,把我们带去九龙组织租用的房子去住。我向莫日帆同志汇报了右江情况及我被梁家齐专门用小汽车送去桂林,到南宁逃跑出来,见了省委领导和一个讲北方话的人,他们叫我立即来香港,向南委作专门汇报。

一天晚上,莫日帆同志带着我到一间洋房的四楼,向南委作专门汇报。南委方面听我汇报的连莫日帆同志共有4人,其中一个年纪较老,莫日帆和另两个年纪较轻,他们4人都拿笔记本,将我所讲的情况详细记录下来。他们有时插问,我都一一照答。汇报完毕,莫即带我出来。在回宿途中,他告诉我说:"刚才听你汇报的有一个是云广英。"我误以为年纪较老的那个是云广英,但后来外调人员又说云广英年纪并不老,不知那位年纪老的同志是谁。第二天早上,莫日帆同志对我说:"组织可能要你搭飞机立即赶回南宁,挽救右江谈判。"南委很担心尹林平同志的安全,因为我被送离百色时没有得见他。这样我在港住了几天,后来南委又不需要我立即返回广西了。据说改编出来的两个团的人已和武汉八路军办事处接上头。再过几天,尹林平同志也安全回到香港了。我便和余兆恒继续在香港住着,等候分配工作。其后接南委通知,我和余兆恒参加广西各地负责人集训会议,黄彰、庞茂桂、徐泽长、罗青松也陆续来到香港参加这个集训会议。

黄桂南去出任百色区民团指挥部政训组上尉组员之事,是否经尹林平同志同意,我不清楚。我认为黄桂南这样做,是与1937年9月25日《中央关于共产党员参加政府问题的决定草案》的精神是完全不符的。我被梁家齐强迫带走去桂林是没有经过尹林平同志同意的,所以我决定不去桂林见韦永成。一到南宁就出来,不管他们诱以什么"少校衔""上尉衔",一概不予理睬。

以上只是我在参加1937年秋冬广西右江地区百色谈判中,自己所接触的情况,其他情况,我没有接触过的不清楚。

1979年4月25日

(节录于中共云南省委党史研究室、中共富宁县委党史征研室编:《中国工农红军滇黔桂边区革命游击队》,云南民族出版社1998年版,第126~138页)

在富宁与国民党谈判经过

何　松

1937年9月，正是提出"国共合作，共同抗日"的时候，国民党派人到花甲那耶同我们谈判。我方参加谈判的是黄修南、岑忠业两位同志。我方首先提出：既然是国共合作，那我们就停火，你们不要进攻我们，要枪口对外，共同抗日。敌人这样答复：你们部队统统撤出云南，退回广西，一个都不许留。我们反驳说：既然是共同抗日，为什么还要我们退回广西，抗日还要分广西、云南吗？这样，第一次谈判告吹，我们退回者兰。

同年10月，朱国英带回张光夏（张凡）等4位上级党委派来的干部。一见他们，我们高兴极了。他们来到后，问我们有没有棉衣，热情地关心我们。接着在何尚刚等同志的主持下，在塘彦召开了抗日誓师大会，何尚刚、张凡等同志在会上讲了话，分析了国内国际形势，指出当前全中国的主要任务是实现国共合作，一致抗日。根据地革命游击队的任务是开到抗日前线，为保卫祖国而战。然后，我们把同国民党谈判破裂的情况告诉张凡。张凡决定自己到富宁同国民党县政府进行和平谈判。我们因为国民党反动派的手段毒辣残忍都不同意他去，但他说：革命不怕牺牲，怕死就不革命。这样，黄德胜只好派我送张凡等同志到半路。第四天有人来说，我们去谈判的几位同志被背信弃义的国民党反动派杀害了。

1983年4月3日

（节录于中共云南省委党史研究室、中共富宁县委党史征研室编：《中国工农红军滇黔桂边区革命游击队》，云南民族出版社1998年版，第124～125页）

关于百色谈判问题

尹林平

1937年九月间,我受中共中央南方工作委员会的委派,从香港去广西左右江红七军老根据地,了解我们还有多少部队,以便由张云逸同志到桂林同李宗仁、白崇禧谈判。

当时在南宁由广西省工委书记老彭(彭懋桂)接头以后,由老彭派人带我到田东找到桂西特委。当我向特委汇报此行任务时,除特委书记黄桂南外,还有其他四五位同志在座。尔后,特委介绍我到下面各县去了解情况,在县里就听说国共第二次合作达成协议。

不久,我回到田东特委,就听说他们(桂西特委负责人)已同国民党百色民团指挥部谈判,达成协议,接受国民党的条件,把武装部队交出,编成国民党军,由国民党封官(实际是投降),并已在百色设立了办事处。我立即反对,并写信向南委报告了这一情况。

南委指示:地方党组织不能同国民党谈判,要由中央出面谈。我向广西省工委转告了南委上述指示,又研究提出如何阻止部队出来集中,随即我便到云南省广南县劝阻了另一支部队出来改编。

在我回香港途中,路经右江河边的平果县时,听说出来的部队已由国民党整编为一个团和一个独立营(团长姓韦的,独立营长姓黄的,名字都忘了)。正在该地整编受训。此后,广西党组织和出去的武装及桂西特委的情况如何,我就不清楚了。

但在1938年间曾听说过,武汉八路军办事处转告广州八路军办事处:广西被改编的那支部队已在陇海铁路线作战被日军消灭,又听黄松坚同志说,田东特委和百色办事的人被假装成土匪的国民党抓去了。

1981年4月13日

(节录于中共广西马山县委党史研究室编:《右江—那马革命根据地史实之一》,1988年印行,第14～15页)

百色谈判的沉痛教训

赵世同

〈全国〉抗日战争爆发后,我广西地下党坚决执行党中央关于建立抗日民族统一战线的指示,真诚同国民党合作,共同抗日。可是广西省反动派当局打着国共合作的旗号,掩人耳目,背地搞阴谋诡计,制造屠杀桂西地下党的成员和革命群众的血腥惨案。妄图消灭右江根据地的共产党组织和武装力量。当时右江党组织的主要负责人未能识破敌人的伎俩,又想做国民党的官,一心想投靠国民党,由于主要领导人革命意志不坚决,在谈判中玩弄诡计欺骗同去参加谈判的同志,我参加了这次所谓的谈判。

日本帝国主义的野兽暴行,激起了中国各族人民的强烈愤慨。活动在右江地区的革命队伍和武装部队,积极发动群众,投入到反帝爱国运动的热潮中。当时右江地区的地下党组织是桂西区特别委员会,特委下属的有东兰、向都、那马三个中心县委,一个黔桂边区特别党支部。东兰中心县委所属是东兰、凤山、万冈、乐业、天峨、南丹县;向都中心县委所属是田东、向都、天保、敬德、靖西县;那马中心县委所属是那马、果德、隆山、都安、武鸣、平治县。黄桂南是桂西区特委书记,我是桂西区特委委员兼黔桂边区特别支部书记。

1937年10月初,我在贵州贞丰县接到桂西区特委的信,说现在国共合作,一致抗日,叫我回田东开会,研究和谈要事。在返回桂西的路上,我既高兴又忧虑。心想:自从右江革命爆发以来,长期和敌人斗争,革命人民流血牺牲不知多少,灾难深重的右江人民,听到这个消息,怎能不兴奋呢? 我决心做好合作谈判工作,争取和谈成功,以集中力量抗击日本侵略者。同时也想到,这种和谈的事在我们右江怎么来得这样突然? 从来没有听党内讲过,这葫芦里到底卖的什么药,要小心上国民党反动派的当,一定要警惕! 再警惕!

我到田东那柏乡参加开会,来参加开会的都是特委委员,党支部书记,武装部队领导人,其中有尹林平、高朗如、刘敦安、黄桂南、徐泽长、黄彪、韦高振等20多人,都是当时右江革命的中坚力量。

会议听了桂西区特委书记黄桂南传达中共南方临时工作委员会会议情况,他反复强调:"国共合作,争取合法斗争,不再进行武装斗争。我们组织一个军调出去抗日,其余武装部队解散,把武器收藏起来。"我一听就觉得这话不对头,对他要和国民党谈判问题进行了激烈的争论,坚决反对这种做法,我说:"武装不能解除,部队不能交给敌人来指挥!"黄桂南听了,满脸不高兴,固执地说:"要争取合法的斗争,中央这样做,南委也这样指示。"他这一说,引起我更大的怀疑,我说:"党中央提出停止内战,团结抗战,这是对的,但并没有叫各地调出部队给国民党指挥,解散后方的武装力量。"

黄桂南见我态度这样坚决,便缓和口气说:"我们调出的三个团的部队,是归八路军指挥的,从团长到下级干部都是我们的人,我又当军长,你们怕什么呢?你尽管放心。"和黄桂南一起去南委回来的徐泽长同志,再也忍不住了。他说道:"南委没有指示我们把部队带出去,更没有要我们解散后方的武装。我的看法和老赵一样。"当时,黄桂南急得摆出架子,板起铁青的面孔吼着:"这是上级的决定,谁不服从谁就是反动。"黄彪也怒气冲冲地瞪着叫喊:"我同意黄书记的意见,谁不执行,就是反动。"

当时我不知道南委的具体的指示,我想党中央关于国共合作抗日的指示是一定要执行的。但如果按黄桂南的意见去做,那无异于向敌人投降,自取毁灭。我们不能上敌人的当。于是我提出意见,要谈判必须坚持原则,国民党当局要停止对我们部队的进攻和"围剿",确保我党组织和武装的存在,确保人民群众的利益,团结抗日,实现抗日民族统一战线。我们调出的部队必须归八路军总部指挥。我的意见得到多数同志的赞同,并以此作为谈判的前提条件。不然无判可谈。但黄桂南决定要去百色谈判,最后只好决定由黄桂南、高朗如和我上百色同百色区民团指挥部谈判。

当天,我负责维护谈判代表的武装小队从滇桂边回田东,路经作登街上。我就戴着一顶破草帽,到县府去叫县长打电话,通知驻作登的国民党军队让路,以免发生冲突。我刚跨进县府大门,就有一个不高不矮,穿着一件黑袄的中年人从传达室出来问话:"你找谁?"我说有事要找县长谈。他耍着官腔说:"有什么事情,跟我说好了,我是科长。"我说:"今天我们有武装部队路过这一带……"未等我说完,他就抢着问:"啊,你们是来接受收编的吗?""收什么编?不许你这样胡说,国共合作了,还这样放肆。""什么事?"一个声音从后面传来。我回头一看,见一个中等身材,穿着一套灰色中山服装的人,拄着拐杖歪歪斜斜地走到我的身边,然后两手叉腰,瞪大双眼上下打量着我。那个科长正在摆官架子之际,看见有一个人来马上就转过身嬉皮笑脸地说:"啊,这是县长。"那时我一肚子气,就冲着那县长说:"你既是县长,我就问你,我们是谈国共合作的事情。谁叫你们散布我们队伍是来接受收编的? 你们想搞什么名堂?"那位县长问我:"你是哪里来,干什么的?""我们是来进行国共合作谈判的,我是代表。"县长忙着解释:"啊! 啊! 请进屋里坐。我刚到这里工作,我不知道这些情况。"我说:"这样不行,快对你的官员讲,以后不允许这样说。""好,好,以后不说就是了。"

我叫县长打电话后,便同黄桂南、高朗如坐民团指挥部派来的车上百色。路上各人心事重重话不投机。这时黄桂南卖乖说:"如果不进行国共谈判,我们今天哪有汽车坐呢?""没有共产党的力量,你今天有汽车坐?"我这一撞,黄桂南无可奈何地堆着一脸苦笑,露出不满的样子。我瞥了他一眼,他却毫无表情地坐着,他这时想的是快点到百色。汽车飞奔在右江沿岸的公路上,窗外是一片荒凉的田野,稀稀落落地看见一些农友在地里辛苦耕作。我心里不禁涌起一阵凄楚。傍晚时分,汽车驶进百色城,城里一片漆黑,空气沉闷,我暗自警告:"要警惕,要镇定。"

第二天,谈判的会议开始了。百色区民团指挥部的代表有参谋长罗荪,政讯组织员黄廷业和一个官员。指挥官黄韬因病未参加。罗荪把参加会议的人员介绍一番,接着转动一双猫眼,故作严厉地说:"今天我们奉蒋委员长、黄主席的命令……"说到这里,参加谈判的国民党官员们霍地站起来,黄桂南也跟着站起来,我却坐着不动。罗荪继续说:"国共合作,共同抗日,就是国军和共产党军队开赴前线,由国民政府统一指挥。国难当头,匹夫有责。我等当为党国效劳。"他说完,黄桂南站起来讲些赞同的话,但对谈判条件只字未提,我非常气愤,当即严正指出:"国共合作,团结抗日,是我党倡导的抗日统一战线的方针,是挽救民族危难的战略政策。今天双方谈判能否成功,就看你们有没有诚意接受我们的三个先决条件:一、停止内战,停止对共产党武装力量的摧残,通知各县立即执行,放出被关押的共产党人和革命群众;二、成立百色专署国共合作抗日办事处,并挂起招牌;三、我们调出的部队由我们自己人指挥。政府负责供给。"

这三个条件使得那些官员们目瞪口呆,罗荪双眼直盯着我,强作笑脸对我说:"不要成立什么办事处了,不要挂牌了! 你们调队伍来改编就可了。"对三个条件,他却不表明态度。有个官员说:"抗日嘛! 那当然要团结,你们接受改编,就是团结抗日嘛。"我针锋相对说:"我们部队不能听任你们改编,我们开赴抗日前线,自然会列入八路军序列。不成立办事处,不挂牌,那我们有一万多武装部队开到这里来,由谁来负责带领?"我讲到"一万多武装部队"那些官员们神情更紧张。那位参谋长强作镇定,说话的口气缓和了一些,但对我提出的三个条件却避而不谈。还坚持要把我们的部队归编到国民党的军队里去。我感觉到百色当局对和谈没有诚意,最后我站起来说:"参谋长的话,我们不能接受。"第一轮谈判就这样结束了。

翌日,黄韬突然死亡,谈判暂告中断。我闲着没事,想上街转转,刚要出门,黄桂南突然通知我,中午 12 点钟黄廷业要找我谈话。提起黄廷业,我就满腔怒火。6 年前,党的优秀儿子、右江特委书记陈洪涛同志就是这个叛徒出卖而牺牲的。陈洪涛就义时高呼的"共产党必胜,国民党必亡"的口号仍在我耳边回响。他坚贞不屈,英勇牺牲的精神永远在激励着我。在这个革命转折关头,这个叛徒来找我,又想打什么鬼主意?我越来越气愤,几乎把牙齿咬碎,若不是在这个地方,你就别想活了。我上街回来,见黄廷业在我的住处坐着,他一见到我,便装出亲热的样子,说道:"你回来啦!我今天找你几次,没有找见。"他边说边给我倒茶。我说:"我和你没有什么可谈的,你滚吧!"他见我不理睬他,狼狈地扭头就走了。

晚上,黄桂南和百色中学一位做地下工作的教师来劝我接受国民党的条件。我对他们说:"如果我们的部队解除了武装,那我们就是敌人砧板上的肉,敌人爱怎样剁就怎样剁。别看他们现在谈合作,明天他们可以杀人,这种严重后果难道你们没有想到?"他们无以对答,没谈多久就走了。

那天晚上,我翻来覆去不能入眠,许多问号在我脑子里出现。田东县科长讲收编的话,百色区民团指挥部参谋长的陈词滥调,黄廷业的鬼祟行动,说明国民党的和谈是假的,想吃掉我们是真的。问题倒是出在黄桂南身上,他不坚持原则是什么目的,为什么和谈不讲条件,找人来说服我接受改编,为什么?为什么?这个书记值得三思。看来黄桂南和国民党用软的不成,免不了要对我下毒手,我意识到自己的处境十分危险,必须想个万全之策离开百色城。

第二天早晨,我对黄桂南说:"看来近日谈判难以达成协议,我先去贵州和其他武装部队干部联系,说明谈判的内容和意义,给他们思想上有个准备,谈判成了,就可以立即调出来。"黄桂南巴不得我早些离开谈判桌,由他自己包办,经我一说,他满口答应,还拿出 20 多块广西币给我做路费。我又说,我怎么走?你不与国民党当局说明我出城的原因我能光明正大离开百色城吗?他果然中了连环计,我就这样大摇大摆的〔地〕不费吹灰之力离开了鹅城(百色又称鹅城)。

当天我走到百色县的平侯休息,次日向田西县的百乐乡走去。走到田西县城潞城街后坡,我肚子已很饿了,想到街上吃碗粉。去到一处粉摊,不料正在那里吃粉的两个陌生人,亲热的〔地〕招呼我吃粉。他们的行动引起了我的注意,通过观察,发觉他们身上带有短枪。这两个家伙,我在百色街上见过,显然这是敌人放出来跟踪监视我的,我马上说:"我已经吃了,你们慢吃。"说完迅速拐过一个弯角处,一气急行军20多里路,心想他们追也追不上了,才放慢脚步走。

将到百乐乡府,我没有进入街上,到附近的村里投宿。次日清晨,我准备搭渡船过红河进贵州,一进街又碰见那两个家伙,他们一面向我打招呼,一面紧盯着我。我当机立断,走进乡公所,抓着电话机就摇,拿起话筒就喊:"喂!你是黄支队长吗?我是赵世同,去百色谈判回到这里走不动了,请你派一班武装来接我。"接着又佯装听到对方的回话,我说:"唔!越快越好,今晚一定到这里。"打完电话出来,到街上趁赶街圩日人多,就快步转了几圈,进入我地下党的交通站家里休息。下午约三时搭上渡船过了河,进入了贵州。

到贵州后我马上通知党组织的领导和武装部队的领导开紧急会议,把百色和谈的情况和我的分析判断告诉大家,提高警惕,不要上当。然后直赴乐业去西山,找黄举平、韦运祥、黄唤民等召开了党的领导、武装部队的领导紧急会议,把百色和谈的情况和我的分析判断告诉大家,现黄桂南是什么人还不知道,他来要什么人什么东西都不要给他。

果然不久,黄桂南将我党领导的地下游击队调给国民党收编。由于我及时召开紧急会议,东兰、那马中心县委和黔桂边委领导的地下武装部队领导心中有数。黄桂南调不出,右江上游才保住了这1500多人枪武装部队,他只能调出他的信徒黄彪、韦高振共1600余人交给国民党收编。

韦高振部改编为国民革命军第五路军第一预备军步兵第八独立团,韦高振任团长;黄彪部改编为第九独立团,团长黄彪。第八独立团开拔到长沙被国民党缴械,在安徽省会合肥市附近的梁园被第五战区的第二十集团军缴械;第九独立团到衡阳就被国民党军队缴枪,到安徽舒城被第二一一集团军收编。所有骨干被抓。黄桂南本人,师长没当成,只当上第五战区政训处上尉组员。黄桂南于1949年底被抓捕归案。

这一事件说明党内出叛徒危害是多么大呀,不仅使桂西地区损失红军游击队两个团1600多人,同时也使党的组织受到严重损失。黄桂南叛变投敌,因谈判使桂西区特委一些领导成员及党支部书记身份暴露,1938年6月,那马中心县委主要领导人徐泽长等4人被南宁区当局策划谋杀牺牲;1939年6月,向都中心县委的领导人韩平波、梁乃武等数人被国民党当局围捕就义,东兰中心县委也被国民党当局重兵"围剿",活动非常困难。右江革命斗争形势又受到了非常艰难困苦的时期,这一教训多么沉痛呀!

赵世同　口述

唐爱华、赵龙志　整理

（节录于区济文主编:《广西红军》,广西新四军历史研究会 2007 年印行,第468～471 页）

6. 人物资料

黄庆金在天保就义

何松等

1934 年 12 月,何尚之于云南九弄谷留村组织会议,在建立劳农游击队第三联队后,决定派黄庆金、韦纪等回向都组织劳农游击队第二联队,命崔伯温(已在下游)为联队长,韦纪为副队长,黄庆金为政治委员。

1935 年 1 月中旬,黄庆金、韦纪与警卫员韦八从谷留起程,途中有冯香邦、覃恩、韦德高、黄珍政同回向都组建第二联队,行至天保那甲乡伏屯活动,被敌发现"围捕"。2 月 2 日,黄庆金、韦纪、冯香邦、韦德高等四人于天保县城英勇就义。

讲述人:何松,赤卫军战士

黄恩光,赤卫军战士

黄榜现,远洞乡苏维埃副主席

(节录于天等县委党史办大事年表,中共云南文山州富宁县委党史办公室保存并提供)

李德惠被捕情况

张福耀　李登开

　　1934 年 2 月,中共党员李德惠(李秀参,宾阳人,有人说是中南局派来,但证据不足)奉党的组织的重托,来到靖西县足表乡表林街活动,被国民党的爪牙李华珠、梁盖邦,密报给国民党天保区民团指挥部,指挥官谢宗铿命令果老乡乡长张福荣和足表乡乡长何文奎捉拿送靖西县政府后杀害。

提供资料者:张福耀(果老人,张福荣之弟)

李登开(足表人)

黄鸣龙　笔记

黄朝岗　记录

1983 年 3 月

　　(注:李登开反映李德惠被捕时间是 1934 年 8 月。中共广西靖西县委党史办公室保存并提供)

刘家华参加红军和牺牲的情况

刘家谋　刘家群

我们上下九弄参加红军闹革命最早的是本寨的刘家华。

大概是 1930 年左右,富宁的反动官仔黄天运(洞波人)向刘家华家勒索出款 400 块法银,并把刘家华抓起来关押,迫使刘家倾家荡产才把刘家华放出来。就是在这种官逼民反的情况下,刘家华投奔红军,参加李德惠、谭统南等同志领导的地下活动。大概是在 1933 年左右,我们便看见李德惠、谭统南到他家来住,李德惠先来,谭统南后来。

刘家华参加革命后,经常外出活动。后来,何尚之、何尚刚、黄德胜、黄建平、李家祺、赵敏、黄强、梁振标等许多领导人和干部都在他家来来往往。1934 年冬,他参加了多立的群众代表会,又参加了谷留 3 省边区劳农游击队及劳农会成立大会,被推选为上下九弄的劳农会负责人及赤卫队大队长,参加了恒村、弄迫、富宁、八宝等 9 次较大战斗,为上下九弄的革命活动作出了重大贡献,上下九弄的群众都拥护他。

1935 年,红军主力转移芭莱、花甲一带活动,国民党派姓邱的带两个营到九弄镇压群众。九弄赤卫队负责人之一张福兴被抓叛变,谷桃的农国久也叛变,他们与国民党军队勾结,哄骗刘家华去开会。当时刘家华还不知道张福兴、农国久等人叛变的情况,行至弄暖寨,便被埋伏的白军和张福兴等抓捕。敌人惨无人道地用刺刀刺穿刘家华的肩上锁骨,穿过麻绳捆绑,押送富宁杀害。刘家华壮烈牺牲,为祖国人民的解放献出了自己宝贵的生命。

刘家华的住房在国民党烧毁全村寨时,被毁一尽。刘家华的爱人背着独生子逃往广西魁圩亲戚家避难多年,才幸免全家灭绝之祸。

1982 年 6 月 11 日

(节录于中共云南省委党史研究室、中共云南文山州富宁县委党史研究室编:《中国工农红军滇黔桂边区革命游击队》,云南民族出版社 1998 年版,第 87~88 页)

怀念陆浩仁烈士

潘雁宣

陆浩仁原名陆树松,化名虑点,1934 年冬到都安大成山区进行革命活动用陆义生,后到宜山时改用潘广昌。

1934 年初建立中共思果中心县委,陆浩仁任书记,梁乃武即张宪为副书记,他们俩均到都安进行革命活动,梁乃武到西部山区,陆浩仁到东部山区。

根据当时的形势需要,陆浩仁在大成把当年拉烈的农讲所的学员及革命青年组织起来,成立"红河下游革命委员会",陆浩仁兼主任委员,李文、曾诚、谭志敏、潘雁宣为委员。陆浩仁在成立大会上作了形势报告,并作用了今后工作布置,要求把工作开展到隆山(马山)、上林、忻城、宜山、河池等地区,把原有的菁盛、百旺、金钗、拉烈、都安等联络站巩固起来,当时在大成发展了一批党员,并在菁盛阮昌记栈组织建立大成支部,陆浩仁兼支部书记。

为扩大革命活动筹备经费,陆浩仁还指示安排谭志敏(东兰酒饼师傅)、潘雁宣做酒饼生产,先后在金钗圩边周某某家,宜山西门外唐卜西家搞酒饼生产,用以掩护革命筹备经费。

根据陆浩仁的指示,为扩大革命根据地和扩大革命宣传工作,由刘家坤将存有一些经费通过金钗小学的名义买了一台油印机,在大成山区东成小学(教职工是我地下工作同志)办了五期《红河夜报》,陆浩仁在"红河下游革命委员会"成立大会上作的形势报告,曾节录在夜报上发表。

1934 年 11 月,陆浩仁知道红军萧克部队长征过广西边界向贵州荔波方向前进时,于同年 12 月在宜山与潘雁宣陪同,经过宜山、怀远、宜北到贵州荔波找红军联系。那时他身体还害着病,晚上不时发高烧,为了革命工作,他备尝艰难带病疾走风尘仆仆,长途跋涉。这种革命精神我们何等钦佩。由于红军已远离荔波没有联系上,只有向正在荔波进行革命活动的地下工作者韦汉超了解情况,并作工作指示后便回来。

1936 年夏间陆浩仁到果化区六孔村派班屯检查指导工作,敌人趁着陆浩仁偶尔失去警惕,施展阴谋手段收买叛徒阮生仁、何增麟将陆浩仁杀害,时年 29 岁。

陆浩仁烈士生前全部精力都是为革命、为党、为人民作出贡献,他的一生是革命的一生;他的革命功绩是永记入史册,各族人民永远怀念他。正是"出师未捷身先死,长使英雄泪满襟",他给我们留下多么深刻的印象啊!

陆浩仁烈士你安息吧!

革命奔波数十年,突破难关你在前。

醉卧沙场泥土肥,舍身头落只等闲。

祖国繁荣血写成,世事功勋可代传。

忆往当年肝肠断,烈士忠魂你安眠。

潘雁宣

1986 年 7 月 18 日

(中共广西都安县委党史研究室保存并提供)

傅少华简历

罗朝仁　唐家祥等

傅少华,男,壮族,生于 1913 年,〈云南省〉富宁县花甲区花甲乡傅家湾人。1933 年参加革命,1935 年加入中国共产党。

1933 年,傅少华与花甲地区进行秘密活动的地下党员黄国桥(外号叫"灭雪",壮语)取得联系,并协助该同志积极开展各项活动。1935 年与本乡的汪富兴、卢锡候等人在黄国桥的介绍下,参加了中国共产党。随后,他组织了一批农民弟兄砸开了区公所,抓住并枪决了反动区长汤焕文和他的老婆杜氏。这时,在地下党同志的帮助下,一支以傅少华、汪富兴、卢锡候为首的四五十人的农民武装已秘密建立起来,为以后公开的斗争打下了基础。

1935 年初,主力红军到达那达地区,少华与黄国桥一起到那达接头,接受今后开展对敌斗争的任务。回来后,公开打出了红军赤卫队的旗号。

1936 年 5 月,红军游击队进行整编,傅少华担任第三大队大队长,亲自指挥过那耶的 6 次战斗,为边区的革命斗争作出了主要贡献。红军主力离开根据地后,傅少华与何尚刚一起转移到中越边开展地下斗争。1934 年,在靖西的魁圩、龙江被反对〔动〕派杀害,时年 29 岁。

证明人:

花甲:罗朝仁、唐家祥、付少宏、付少开

罗万明、唐世仁、付少炳

广西田东:何松、黄显丰

广西靖西:梁学敬

1983 年 7 月 26 日

(中共云南省富宁县委党史办公室保存)

卢锡候简历

罗朝红　唐家祥等

卢锡候全家只三口人,上有双亲,姐弟没有。有 50 亩田种,有一定数量的地和山林,家境生活水平中等。母亲陈氏,父亲卢成云。卢锡候在花甲念完小学后便和父母一起务农,从小就给父母分担起生活的重担。

20 岁时,与汪富兴、傅少华等人和地下党取得联系,与汪、傅同期参加中国共产党,担任过红军赤卫队副大队长,经历了四年的轰轰烈烈的革命斗争,先后指挥过十多次大小战斗。

卢锡候自小聪明过人,虽只念过小学,但由于斗争实践的锻炼,除了担任赤卫队指挥员外,还主动承担红军宣传群众的主要负责人。

革命失败后,与汪富兴等人一起被反动派抓到富宁,后越狱逃到八宝的长海地方隐居达八年之久后返回花甲,1946 年在花甲病故,时年 32 岁。

讲述人:罗朝红、唐家祥、陆永林、付少宏

付少开、罗万明、唐世仁、付少炳

记录人:苏金勇、韦福兴

1983 年 7 月 26 日

(中共云南省富宁县委党史办公室保存并提供)

汪富兴简历

韦有林　汪廷富等

汪富兴,男,壮族,生于 1912 年,〈云南省〉富宁县花甲区花甲乡鱼塘村人。1933 年参加革命,1935 年加入中国共产党。

汪富兴是 1933 年地下党员黄国桥到滑稽开展地下工作时作为培养对象之一。1935 年与傅少华、卢锡候同时加入党的组织,在花甲地区传播革命的种子。

1935 年后,汪富兴担任赤卫队副大队长,与傅少华一起指挥赤卫队配合主力红军进行过多次战斗,为保卫根据地作出了主〔重〕要贡献,受到边区政府的高度赞扬。

1937 年底,由于叛徒出卖,汪富兴被捕入狱。在狱中,面对敌人软硬兼施,他始终以一个共产党员所特有的气节,不低头屈服,使敌人的阴谋一次次破产。

1939 年 7 月,在一次越狱突围中,为了掩护同志他置身断后,吸引敌人,被敌人抓住杀害。

证明人：

那耶乡:韦有林、汪廷富、汪廷跃、韦占奎、李祥金、汪氏田

黄显丰(田东)、何松(田东)、梁学敬(靖西)

中共云南文山州富宁县委党史办公室苏金勇　记录整理

1984 年 2 月 15 日

(中共云南省富宁县委党史办公室保存并提供)

我所知道的汪富兴

汪氏田

汪富兴是富宁县花甲人,出生贫农,有三兄妹。他排行老二,有一个姐和一个弟。

汪富兴24岁时,到那耶给乡长黄寿德当乡丁,同年与那耶寨的汪氏田结婚(汪氏田时18岁)。红军到达之前,他在乡丁中秘密串联组织了一些人,红军到后便把这些人组成了赤卫队,后成为赤卫队的副连长,傅少华为连长。他们率领赤卫队参加推翻国民党反动派统治,保护根据地,协助红军大队进行各种活动的斗争。根据地失败后,红军大队撤走,他留下坚持斗争。1938年7月,在弄三盘谷利被叛徒出卖被捕,拉到富宁关押,当时和他一起被关的还有卢锡侯等10多位赤卫队员。两人便商量率领大家越狱,在1939年正月的一个晚上,由汪富兴断后,卢锡侯率领,全部同志越狱成功。汪富兴在后掩护,当走到一条沟旁时,不慎惊动了敌人,汪富兴一人被抓回。第二天,敌人将他砍头示众,然后将遗体丢下河去,不给家人收尸。

苏金勇、韦福兴　整理

1983年7月23日

(中共云南省富宁县委党史研究室保存并提供)

朱鹤云(朱国英)给李君蔚信

——关于李修学、赵超群的情况

君蔚同志：

本月 17 日来信，于今收到，阅悉种种，甚为欣慰。关于你问李修学、赵超群（即赵润兰、赵敏）在革命工作中的职务问题，以我所知，告诉于你：

1937 年时，赵超群负责滇桂边区党委会书记兼劳农游击队第十一支队代政治委员，李修学任支队司令部秘书。1938 年赵由河南回乡，是八路军驻汉口办事处派回本地方发展抗日救亡工作的(主要是组织武装)。他们回去后，毫无警惕，麻痹大意，以致革命受到损失，这是十分悲痛的事。

再者，我告诉你，如果广西自治区政府给烈士抚恤金，修纪念碑时，请你转告政府，为革命牺牲者黄德胜、岑忠业(岑日新)等同志办理。黄德胜任劳农游击队第十一支队第一大队长，岑日新任第一大队第一中队长。

朱鹤云(朱国英)

南京 201 信箱线字第 13 队 9 分队

(注：新中国成立后，朱国英任南京军区装甲兵司令员)

[节录于中共云南文山州富宁县委党史研究室李兴整理：《三十年代到四十年代滇桂边游击根据地建立和发展的经过》(1983 年 8 月)，中共文山州委党史研究室保存。广西田东县委党史办公室保存并提供]

李著轩(李福)1956年自传(节录)

1931年8月,部队化整为零,上级派韦纪、韦天恒、李绍祖、朱国纯等到云南省富宁县剥隘镇参加护商大队(国民党的——原编者注),韦纪任分队长。

我于1932年5月去剥隘,由韦纪介绍在护商大队做炊事工作。护商大队长是黄天运,中队长是韦三。1933年6月护商大队解散,韦纪、韦天恒、朱鹤云等到富州的九弄、后龙山等地工作。约半年后,在九弄成立梁振标大队。

1934年黄明春(黄松坚)、黄家猷、何松等上来云南汇合,将部队改编为红七军滇黔桂边区游击队,领导人是黄明春和梁振标。半年左右便在九弄等地暴动。白军守备军司令何彩带队来打,被我们缴得几十支枪。随后,云南派一个团兵力来协助守备军,我们也有靖西韦高振来增援。省军撤退,我们退回九弄,化整为零。

不久,黄明春去江西(实际是去上海——原编者注),写信回来叫朱国英去南宁接张健(张凡)。回到田东县百谷村时,当地党组织派罗志坚带路去云南,张健任指导员。

1936年4月,黄德胜带队去打富州县城,后来又打八宝。我调到〈富宁〉县那耶区(即花甲区)组织苏维埃(注:劳农会)和赤卫队,傅少华任连长,汪富兴任副连长(注:后来任大队长)。省军退后,部队集中富宁县的甘帮、龙彦打游击,改编为第十一支队。广西廖磊反动军队来打,部队又化整为零。

1936年7月到1937年5月,敌人实行"三省会剿",韦高振回中越边界,梁振标也带队走了。

李著轩曾在右江苏维埃时期任恩隆县(今田东)苏维埃政府主席。

[节录于中共云南文山州富宁县委党史研究室李兴整理:《三十年代到四十年代滇桂边游击根据地建立和发展的经过》(1983年8月)。中共文山州委党史研究室保存并提供]

回忆胞兄滕静夫烈士的事迹

何荫明

在云南富宁县与广西壮族自治区交界的滇桂边一带山弄村寨,在战争年代,曾是红七军和革命游击队出没打击敌人,组织群众,建立红色政权的地方,称为"滇桂边区革命游击队根据地"。30 多年过去了,在这一地带,人们至今还流传着,一个口音为广〈西〉话,名为何静山(又名何尚刚)的乡村教师的故事。这个教师就是我哥哥——当年红军战士,坚持滇桂边区地下革命游击队活动的中国共产党员滕静夫烈士。

静夫哥原名滕深恩,1905 年出生于田东县林逢镇的一个自由职业家庭里,母亲过早地离开了人间,我们全家人靠父亲教书挣钱维持生活。在那时候的社会里,由于帝国主义的奴役,买办资产阶级的腐败以及地主阶级的压榨,加之军阀混战,民不聊生,苦日难熬,暗无天日,祖国命运处于水深火热之中,那时我们家生活在贫困交加之中煎熬。

尽管如此,静夫哥受父母亲的影响和慈爱,年幼就被送上学校念书,由于学习刻苦,成绩优良后来(1928 年)考入了百色省立第五中学校读书。这所中学当时是右江最高学府。1925 年国民党左派人士雷天壮任校长,开始传播了一些新思想。同年秋,共产党员杨柳溪〈被〉聘请为五中体育教师,暗中进行革命活动,先后培养了一批学生,滕德甫、滕恩甫(即滕静夫)被接收参加中国共产党组织。静夫哥有机会在这个学校的进步学生接触结识,如陈洪涛、黄绍谦、黄明春、阮殿煊等同学,经常讨论国家命运和前途,受到了进步思想的影响,心里播下了立志革命改造中国的种子。

1925 年冬,静夫哥从百色五中毕业回到田东县上法乡小学校任教师,一边教书一边从事农运活动,一边和林蓬乡的兄弟滕国栋、滕德甫、滕玉甫(此 3 人均为当年红六十二团和苏维埃的主要负责人)等人秘密串连,向群众开展革命宣传活动,并与恩隆县(今田东县)的敌县长甘修纪等反动官僚开展斗争。由于活动积极,1928 年 8 月间静夫哥被选为恩隆县农民代表出席邕宁农代会,有机会见到韦拔群同志共商讨农运事情。会议结束后,在交往中认识了共产党员余少杰同志,在余少杰同志的指引教育下,跟本乡的其他党员一起组建了右江恩隆县第一个党支部——林蓬乡党支部,积极在其中开展组织秘密活动。从此,静夫哥由一个不自觉的热血青年,成长成为一名自觉的无产阶级先锋战士。

1929年夏,邓小平、张云逸等同志,肩负党中央的重托率领警备第四大队和教导队的部分队伍,从南宁经隆安、平果、恩隆、田阳等地到百色一带发动革命运动,当地的革命积极分子便公开活动。在邓、张的领导下,发动农民群众,开展打土豪劣绅、贪官污吏,没收地主财产,分田分地给贫苦农民,成立农民协会的群众运动。静夫哥在这个运动中,充分发挥自己的才智,口诛笔伐,热情讴歌,积极开展政治宣传,张贴标语,街头讲演,课堂讲课等等。

同年12月11日,邓小平、张云逸等同志领导举行百色起义,成立红七军,并在平马镇成立"右江工农民主政府",随即恩隆县也和右江其他各县、区一样,成立了县苏维埃工农民主政府。这一系列的革命运动,大大地鼓舞了右江广大革命群众。当时,静夫哥被任命为红七军第六十二团政治部主任,并被推选兼任县"苏维埃工农民主政府"秘书,专门负责政治思想,宣传发动,起草文件等工作。

在轰轰烈烈的武装斗争中,静夫哥既拿枪杆子,又拿笔杆子,既搞武装斗争,又搞政治斗争,跟党英勇战斗,忠心耿耿地与广大人民群众服务。1930年10月上旬,红七军主力离开了右江北上,红六十二团奉命留根据地坚持革命斗争,静夫哥无条件地接受上级交给的任务,和战士们一起在右江根据地开展了各式各样的斗争。

1931年3月桂系军阀白崇禧趁红七军主力撤走之机,抽调廖磊3个团的兵力,进犯东兰、凤山,同时又调韩采凤师进犯右江根据地,对我留守的红军部队进行"围剿"阻打。当时红六十二团团长滕国栋、县民主政府滕德甫和静夫哥等一起研究对付敌人的"扫荡",决定化整为零,与敌人开展游击队斗争。由滕国栋率团部和第一营第七连长梁保先转移果化向都等山区一带为基础,滕玉甫,第一营营长,和指导员岑日新率领营直属连转移作登十二陇山区一带,进行游击活动,静夫哥和滕德甫率领县府工作人员和林蓬乡赤卫队掩护群众转移逆良山区一带。

在敌人"围追"捕杀红军战士的白色恐怖日子里,一天白军和地霸武装窜到了林蓬街,把林蓬街上170多户民房放火烧个净光,扬言要灭绝林蓬街上滕氏家族,以此来镇压共产党。那天,敌人"追剿"赤卫队到德利山区,滕德甫和静夫哥亲自指挥作战,抗击敌人,边打边掩护群众,边转移,当打到下合村时,便与敌人进行对峙的激烈战斗。

滕德甫在火线上身先士卒,奋勇杀敌,只顾指挥战斗,高喊着"同志们! 狠狠的打"而忘隐蔽自己,突然被一颗子弹打中胸膛英勇牺牲,赤卫队即刻鸣号带领群众往深山撤退。敌人在当天冲上来把滕德甫的尸体头部割下,拿到县城悬挂示众,惨不忍睹。

敌人的残酷"围剿"和兄弟惨遭杀害,并没有吓倒革命者,静夫哥当时敛〔殓〕埋了兄弟的尸体,抹干了眼泪集中起来赤卫队,主持召开全体指战员〈会议〉,作了政治思想工作,号召大家为死难的乡亲们兄弟们报仇,与敌人死战到底,从而稳定了军心,表现出英勇不屈的革命精神。他带领赤卫游击于深山丛林,与敌人周旋,开展斗争,曾几次在群众的掩护下,巧妙地避过了敌人的野蛮追捕。以他的智慧谋计,保存了自己,保存了革命有生力量。

同年8月间,在作登十二陇的滕玉甫(第一营营长)、岑日新(第一营指挥员)有一天晚上派人夜间偷渡过右江,到那落屯与他联系,静夫哥便带领部分赤卫队员离开那落屯,由来人带路返回作登十二陇与滕玉甫、岑日新等接上联系,从而增强了领导力量,扩大了队伍200多人,以作登十二陇为基础,开展游击活动。这几年时间跟随部队来来往往于天保县、靖西县交界等山区一带〈进行〉游击活动。

1935年6月,滕国栋、陆浩仁两同志在果化区六孔村被敌人暗害不幸的消息传来,〈大家〉都是十分悲痛。静夫哥又闻讯早先1935年7月黄明春副师长离开了滇桂边区(即云南富宁县)去上海找组织联系工作。同年9月秋收结束以后,静夫哥奉右江下游党委决定到滇桂边区开辟新区工作,于是他便带领黄显丰、梁一述、黄树西、黄保之、阿七(化名)、大八(化名)、半点(化名)、特别(化名),还有一个姓李的(名记不清了)等10人,由梁一述带路,经过向都、把苗、天等、靖西直到云南富宁县谷拉九弄山区,与黄德胜、朱国英等汇合。

到达九弄后,为了便于活动,滕静夫改名为何尚刚,佯称是何尚之的弟弟来接替何尚之工作(证明人田东县平马镇何松、靖西县魁圩梁学政),加强滇桂边区领导。后来由谷拉、九陇、扩展到花甲、阿用、者兰、新街、巴赖、甘帮、龙县等及广西西林县的那佐、纳那、西利、苗冲等山区一带,开展革命游击活动。

1936年2月初,由静夫哥主持在者兰、唐彦屯召开党员的代表、老农代表和红军战士赤卫队员等800多人的会议。这次参加会议的有八路军汉〈口〉办事处(此处有误,八路军1937年才改编而成——编者注)派来张建(又名张凡、张先复)、欧汤才、林礼明等4人参加了会议,会议还有黄德胜、岑日新、李修学(又名李家祺、李克)、赵润兰(又名赵敏)、朱国英、李著轩和西林县代表罗英、镇结县代表唐秀山,天保县代表覃勋,百色代表韦英、许顺等,这次会议主要内容:1. 建立革命根据地,2. 发展革命武装力量,3. 建立组织各乡的农协会,4. 改编部队等决议。

改编部队,在原先何尚之组织滇边区劳农游击队第一支队的基础上改编为中国工农红军滇桂边区劳农革命游击队,设司令部、政治部、经理部(即后勤部)。静夫哥担任司令部政治指导员(证明人田东县印茶黄显丰、平马镇何松、靖西魁圩梁学政),他与其他同志带领这支部队伍。

静夫哥按照红七军政委邓小平同志的教导,认真对队伍进行政治思想教育、阶级教育、形势教育,通过学政治提高思想觉悟,学文化扫盲方法,努力改造旧军队习性,不断提高游击队伍的政治素质,依靠这支骨干队伍来实现开辟新局面的光荣任务。由于注意发动群众,利用积极的因素,仅一年多时间游击队伍在阿用一带发展 1000 至 2000 人左右,革命烈火〔事业〕蓬勃发展起来。

滇桂边区劳农革命游击队的声势越来越大,革命根据地扩展越来越宽,发动群众越来越广。在革命大好形势下,游击队伍注意作〔做〕当地群众工作,发展积极分子,建立农协会,静夫哥与其他同志一起,先后培养一批农协会骨干分子,掌握农协会政权,如花甲乡傅大华、汪富兴,阿用那了乡罗志刚、黄日兴,西林县西利乡罗英,苗冲乡杨福运,九陇〔弄〕分为上、下九陇〔弄〕,下九陇〔弄〕刘家华,上九陇〔弄〕罗子德,七村(即旧寨乡)陆有志,后龙山陈忠文等等,掌握了农协会和赤卫队的权力,使滇桂边区劳农游击队第三联队,有补充的有生力量,先后在"七村九陇〔弄〕"后龙山,至阿用、者兰、甘帮、龙县、花甲等革命根据地扎下根子,取得了广大群众对游击第三联队积极的支持和拥护。

会议还决定向西林县西隆县的攀枝花一带扩展根据地和游击队伍。先以秘密活动派出黄德胜、梁学政、岑日新、何坚、梁及武等到广南县大别组织工作,一个组到西林县土皇甫占、马帮一带靠红河边界作〔做〕组织争取工作,孟建荣、欧老芒、罗大炮、罗二炮等。第三部分人梁学政和罗英到西林县苗冲争取杨福运的武装。当地几个小组都是秘密活动〔组织〕的。只有西隆苗冲杨福运起来暴动,为什么呢? 因为当时有一些特务,暗中向百色敌署汇报,就派反动军队苏新民一个团到西林借以铲大烟为名,一方面准备把苗冲 1000 多支枪包围缴械,一方面把杨福运杀掉,妄图消灭苗冲武装。

当时梁学政利用这个机会向杨福运交了底,提醒他警惕。因为梁学政和罗英同杨结拜兄弟,所以争取他过来靠拢我们,又把苏新民在右江杀人放火的罪恶说给他听,一方面苏新民到苗冲铲了大烟,还准备缴你们的枪,也说给他听了,杨福运受到了启发,提高思想〈认识〉,对国民党反动派仇恨起来了。他就命令苗冲所有武装发动起来反抗,爆发了战斗。经过四五昼夜的激战,把苏新民两个营打垮了,窜回百色去了。

事实证明,苗冲的革命人民在党的领导下,勇敢战斗,团结一致,共同对敌,保卫他们的生命财产,取得了武装斗争的胜利,这与滇桂边区党委的领导正确,和执行党的民族政策是分不开的。从此,苗冲的苗族人民革命的种子传播在那里,不断的〔地〕增长,他们返回阿用,留罗英在那里坚持工作。由于阿用革命根据地声势大,引起国民党反动派的恐惧和仇恨。

1937年初,国民党反动派滇军部队,抽调龙汉斗一个加强团的兵力,进攻滇桂边区根据地。在敌人兵临寨下的情况下,我游击队充分发动群众利用有利地形,在阿用、那达、巴赖、甘帮、龙县等一带打退了敌人多次进攻。

同年12月间,反动滇军又组织部队倾巢而出,采取所谓"军事围剿""政治瓦解""经济封锁"齐头并进、步步为营的手段,进行疯狂的镇压。当时游击队第三联队,虽然处于不利状态,仍然不畏强暴,进行了坚决的抗击。在方圆不到60华里的狭小山区里,以低劣的武器同强大的敌人进行激烈的斗争,使敌人每前一步都付出了极大的代价。如巴莱之战,敌人伤亡有100多人,我方的部队也牺牲了不少,最宝贵的是原红七军的部分老战士,如黄强、包公、何沙平、唐秀山、李春荣等同志都牺牲了,岑日新同志头部受了重伤。边区人民和红军战士,为了保卫革命根据地,付出了极大的代价。

为了更好地继续战斗,静夫哥带领游击队转移深山老林,同战士们过着风餐露宿的生活。经过千锤百炼的红军战士以钢铁般的意志,重建以阿用、花甲、那耶、甘帮、龙县等地到西林的那佐、纳那、西利、苗冲等根据地,革命烈火越烧越旺。

1937年7月2日,右江下游特委何云同志到乐里镇找到了当时在那里商店当店员的我,由我带领前来西林县交界阿用新街联系寻找到了游击队伍。特委何云同志到达后,便召开了干部会议传达上级党委指示,关于西安事变"停止内战""国共谈判""联合抗日"的指示。会议结束后回乐里镇,何云同志回右江,指定黄桂南为特委书记。当时滇桂边区劳农游击队三联队也转移中越边界活动。静夫哥在残酷的革命斗争中,办事谨慎、革命警提性高。〈全国〉抗日战争爆发后,桂西特委书记黄桂南擅〈自〉主张代表同国民党百色专署黄韬进行谈判,达成协议并指定以田州镇为桂西游击队集中地点。

1938年1月，国民党违背协议，命令右江抗日义勇军第八、九两个独立团开出右江北上，韦高振、黄彪、黄德胜等3人一意孤行，不按照党的指示办事，不听联队党委的领导指挥。当时静夫哥是不同意拉部队出去的(见证人靖西魁圩梁学政、田东平马镇何松)，为什么呢? 因为滇桂边属于抗日前线，日本帝国主义已侵略到越南。越南和广西、云南是抗日的前线，为什么国民党命令右江义勇军开出右江北上呢? 受了敌人的欺骗，有些人想升官发财，背叛革命。如韦高振、黄彪2个团出去以后，国民党桂系军阀白崇禧的阴谋，被黄德胜看出了以后，出来阻挠，被韦高振叛徒开枪杀害了。

滇桂边区的革命干部和主力部队被他们消灭了不少，与此同时滇桂边区党组织派李修学于1938年6月到汉口找八路军办事处联系，把他们领回到革命队伍中去。李修学秘密到了汉口八路办事处，同时我滇桂边区党组织也派赵润兰来到汉口八路军办事处联系。经过我党中央的据理斗争，义勇军的一部分干部得以转回延安革命队伍，如朱国英等同志回到了延安。

1938年12月间，八路军驻汉口办事处派赵润兰、李修学回右江，加强右江地下党领导工作。静夫哥坚持隐蔽在滇桂越边区革命斗争很久，盼着上级党委有新的指示，他们回来滇桂越边区，会有所变化，在年底写一封信给刘承美(又名黄白姚、田东县朔良公社人)带到田东那恒屯交给赵润兰、李修学。但耽搁了几个月的时间没有得到答复。

为了加强滇桂边区党组织的领导工作，1939年6月26日，静夫哥又重写第二封信派何坚、马振球两人带这封信去田东县那恒屯。从越南走到靖西县龙临街相遇刘承美刚由田东县上来龙临，何坚就随刘承美和马振球两人于6月29日(即农历五月十三日)到田东县那恒屯交〈信〉给赵润兰和李修学(即李家祺、李克)。他们就在赵润兰家召开会议，传达静夫哥要求李修学、赵润兰等人到靖西那边去活动的意见。

下午四五点钟时，国民党警长庞科骥、副警长甘国宁带警察来围捕，当场捕去韩平坡、梁乃武、赵润兰、李修学、岑世奎(即马振球)、刘承美(即黄白姚)、蒙英仁、周仁权、赵跃帮、李修、原古等11人，(第二天又到那恒屯捕去赵润标1人)送百色监禁，至同年12月2日7时(即农历十月二十二日)寅时，在百色县城残杀韩平坡、梁乃武、赵润兰、岑世奎、赵润标、李修学等6人。滇桂边区的革命斗争再一次遭到严重的挫折。坚持在滇桂边区根据地未去田州镇集中幸存的静夫哥和岑日新等同志,在敌人杀害革命同志情况下,率领保存下来小部分人员转战中越边界的靖西山区,进行隐蔽斗争。

1940 年间,剩余部分的人员,在生活十分困难的情况下,有的人员愿回家乡,有的人出去做生意,放存下来的 20 多杆枪,在百布、红王一带(越南边境)送给劳动党的领导胡志明主席,并且在那里与越南劳动党的领导同志,经常来往越南境内、靖西境内,共同商讨革命大业;并与胡志明、黎境坡、陈山红、黄文欢、黎清结拜兄弟(证明人靖西县魁圩梁学政、足表公社农有丰)。1962 年〔解放后〕,胡志明邀请梁桂庭、农有丰访问越南期间,胡志明还向农有丰询问了静夫哥的情况。由于过去静夫哥在百布、红王一带建立了一个学习班,吸收越南劳动党少部分党员(叫越盟)参加学习,帮助他们培训技术人员,静夫哥带领 20 多杆枪交给他们进去越南境内打游击,打击法帝国主义,缴械法帝得很多枪支,解放北方许多小市、镇。

1942 年初,为了重新点燃滇桂边区的革命烈火,静夫哥根据上级党委隐蔽精干,长期埋伏,积蓄力量,以待时机的方针和准备应付突然事变的指示,到七村九弄开展地下革命活动,以教书身份为掩护,巡回于七村九弄之间,宣传革命火种〔思想〕。1942 年下半年中由于环境条件的恶劣,最后到皈〔归〕朝弄凤屯定居教书(证明人归朝后龙山冉隆海),1942 年 11 月右江下游党委赵世同同志派梁志敏同志到田东县林蓬联络点找到了我,后来我俩路经德保、靖西、龙临、半圩、渠洋直到七村九弄朝后龙山与静夫哥接上联系,这样中断了半年多的联系,才得以恢复起来。

1944 年 3 月 27 日,右江下游党委派邓心洋(原名林宗峦)等 3 人到滇桂边区工作。他们来到田东县林蓬联络点找我带路,于农历四月初二从林蓬出发,路经百色、田阳、阳圩、剥隘、直到皈〔归〕朝的后龙山弄凤与静夫哥联系,进一步加强了滇桂边区党地下工作(四月二十日在七村九弄帝屯成立党小组邓心洋任组长)。当时地下工作者以教书为掩护,活跃于各乡、村、寨,波及了整个滇桂边区域。

1945 年 8 月因为抗日战争结束,国内暂时出现了表面上的和平,这种形势给我们地下党组织的活动带来了极为有利条件。在地下党组织的领导下,富宁县各乡的秘密组织建立起来了,在七村九弄已建立了民兵自卫武装 80 多人,各村寨,反征兵、征粮、征税的群众运动蓬勃发展,有的乡农会的权力已冲击了伪乡、保政权,如谷拉、皈〔归〕朝、图亭等乡,使其陷入了瘫痪半瘫痪状态。这些极大地打击和动摇了国民党反动派在富宁的统治,国民党县政府惶恐不宁,惊慌失措,连忙下令通缉邓心洋、何静山等同志。

为了暂时躲避敌人锋芒,保住已建立起来的各种地下组织,1946年5月17日,为了上级党委交给的任务,静夫哥和邓心洋、农有丰(靖西足表公社人)、林少有、梁学政、周显才等六人,进入了越南高平省又一次会见了越南劳动党的领导人胡志明主席,共同商量解决了琼崖部队过境的问题,这个问题得到越方胡志明主席的同意。1946年12月,邓、何返回滇桂边区,邓心洋(靖镇工委书记)返回桂边平孟,静夫哥在旧七村开展地下活动。1947年3月间静夫哥主持皈〔归〕朝架街的济难兄弟会,这个兄弟会共有100多人参加,开会的街上大摆了10多桌酒席,在会议上宣誓:今天我们结拜,亲爱共同骨肉,凡事为义为理,苦乐生死与共,不怕淫威强权,不辞艰难困苦,秘密不能泄露,行动不能龌龊,若谁违背此誓,身首荡于殁污。这次大规模的集会,引起了敌人的注意。

同年6月,富宁县政府秘书曹明聪(昆明人)和皈〔归〕朝乡队长罗奎(归朝街人)勾结带领警40多人武装,向活动中心点弄帝屯扑来围捕静夫哥,被我七村自卫民兵武装100多人,分在村外丫〔垭〕口一部分,一部分进村内与敌人对打一夜,敌人害怕,不敢动手,第二天早灰溜溜地仓皇回县城,静夫哥再次免遭迫害。同年10月22日静夫哥幸好当天出外活动,敌人扑了空,恼羞成怒,就把寨上一个无辜的贫农黄阿章拿来枪杀,把我抓起来押到富宁县城关押了两个月零九天,后因无证据,和群众派来代表保释,才把我放了出来。

1948年间,在党中央的领导下,全国的革命战争形势急转直上,滇桂边区的革命武装斗争也风起云涌,以周楠、庄田等同志领导的滇桂边区纵队与朱家壁同志领导的云南人民讨蒋自救军会师,打开了滇桂边区的革命大局面。这时新建立的靖镇工委,遵照中央南方的指示,派靖镇解放区第三区区长李兴同志,以及郑李全、梁明等三位同志,挺进富宁县的七村九弄山区,作解放富宁县的准备工作。在邓心洋同志(靖镇工委书记)的介绍下,他们到弄帝屯与静夫哥得联系,静夫哥认真接应他们,并给他们出主意介绍情况,将自己身带的武装和人员交给他们指挥,并同他们到拉□会面,后接李兴同志上富宁县城做争取、瓦解工作。

1949年初静夫哥多次写信给梁学政,耐心做政治工作,加之李兴等同志的努力,梁振标的心腹部队、常备中队长梁学政率领全队起义,从而使富宁县顺利解放。在红旗插上富宁城头时,静夫哥则因在1948年3月18日架街天和七村的青年到架街演戏的那天,吃中午饭的时候就中了毒药,当时即晕倒在板凳上。经过架街街上的岑仕珍、苏福升等人抢救过来,下午 5 点抬到广西和平大队(原村)弄陇生产队(原屯)凌尚林家治疗。不久,3 月 21 日,又被那坡县(原睦边县)城乡乡长刘居敬查知,派警察来围捕。当时被凌尚林同志赶街得知消息,连时派人回村报知,当晚转移七村弄帝屯。由此而引起发病源,加上长期风餐露宿,搞地下工作,在艰苦困难的环境里跋山涉水,积劳成疾,卧床病倒了,未能参加队伍战斗。

当时静夫哥在富宁县与那坡县边区一带影响较大,民众传〈播〉甚广,敌人视为眼中钉,好几次曾明的暗的派人监视,企图向他下毒手,但都不能得逞。此次,探知他已得病,当时边区游击队已公开活动,我又带领基干民兵一中队离开了七村,他本身配有三杆十响枪,我也带出来归队,挺进富宁一带开展活动。就在这关键时刻,那坡县反动政府乡长刘居敬,趁机收买反动医生廖全廷(又名廖助教、解放初期被我人民政府镇压了,有案可查)到弄帝屯,假意给静夫哥治病,而暗中把血脉吸引出来。然后,在药里放入致命毒药,因此,〈静夫哥〉遭到暗害牺牲了(时间 1949 年 7 月 7 日)。他未看到全国解放,而过早离开了人间,年终 44 岁(证明人周显才、岑汉廷,现住皈〔归〕朝公社旧寨大队弄帝生产队;凌尚林,现住广西县城相公社和平大队弄陇生产队)。

解放初期,1953 年广西田东县人民政府已追认滕静夫为革命烈士。我们作为他的亲属,曾得到烈属优待金额 350 元优抚费,将他和其他红军烈士的英雄事迹一起刻在革命烈士纪念碑上。其英名传世,教育了后代,鼓舞群众继承先烈们的遗志,把革命进行到底。

提供人:何荫明(云南省富宁县财政局)
提供时间:1982 年 11 月 30 日

(广西德保县史志办公室保存提供)

有关的罗英资料

一、

罗英到七村九弄的时候,黄明春同志亲自接见他,并布置他回来的任务和斗争方法。

广西德保党史办公室同志走访陈勋同志谈话节录

1982 年 11 月 23 日

二、

罗英同志是〈广西〉西林县代表,1936 年由云南富宁县阿用劳农会主席罗志刚同志介绍加入滇黔桂边劳农游击队革命工作。在 1936 年由赵润兰、包公、黄强同志在甘邦龙燕介绍入党。

梁学政同志 1982 年 11 月 26 日给本办写的证明材料

三、罗英参加游击队的情况

罗英原名罗德彪,是罗启廷的儿子。

1936 年五六月,他和王圭华到我这里来,对我说:"我父亲被杀害了,我在西林呆不下去了,要求你介绍我们参加游击队。"我对他们表示欢迎,说:"好吧,既然你们有这个勇气,那我就介绍你们去吧。"就这样,第二天我便带他们到板捧去见陆昆(游击队成员——采访者注),然后再由陆昆介绍他们去七村九弄游击队大队部。

西林县委党史办同志走访云南富宁县阿用公社那柳大队那哈生产队罗志刚谈话节录

1983 年 4 月 3 日上午

(节录于中共西林县委党史办:《西林县委党史资料参考》,1988 年印行。中共云南文山州富宁县委党史研究室保存并提供)

忆恩隆县第三任苏维埃主席李绍祖

李绍基

采访时间：1986 年 5 月 9 日

采访对象：李绍基

采访人：赵秉北、黄教记

李绍基，现年 91 岁，平马乐善街人。他说：我们家原是南宁市人，专做小买卖，因找不到吃，清末奔上右江，先落户田州，转果化，后定居于平马二牙，今为乐善街。

家有父（李时欢）、母（李氏）、大哥（李绍俄）、我（李绍基）、弟（李绍祖）、大姐（李梅臣），共六口人。

开始是不上百色的，绍祖他先下思林，认识一个朋友叫周毅，开杂货摊，叫绍祖去，因生意不好，这个寡母生一子一女，她爱上绍祖，许大女嫁绍祖。但爸在百色，便不与她女结婚，上百色去。到百色，百色有个师傅叫韦四，收绍祖当学徒，然后在百色结了婚，生了一子（李世就）一女（李以千）。

张军长（云逸）上来，商家设宴招待，不知怎的，他同张军长同排坐饮。我认为他做厨房而得同排坐饮，但同喝的人回来说，不是这个原因。

县苏维埃成立，选举领导人，绍祖被选为肃反委员，选举地点在今百货大楼前面。绍祖系 1929 年由陈皆玉介绍入党，陈系军部队派去右江苏维埃当军代表。入党时是第四大队上来，还未成立苏维埃，是他本人给我讲的。

1930 年正月，隆安战斗退回，进七里山区，因主席滕德甫牺牲，5 月，绍祖当上恩隆县苏维埃主席。未担任主席前，先在右江苏维埃任特务连连长。右苏有一特务营，也有特务队。特务营营长叫清一汉，南宁四圹人。当 3 个半月县苏维埃主席，红军 8 月 15 日北上了，留他在后方，我们住不下去，当时成立红二十一师，又任命他为第六一二团第三营营长，本计划扩大组织，给他任第六十四团团长，但人枪不够，最后第六十四团未组成。

从隆安退回，打马鞍山时，他参加了这一战斗。绍祖当时是特务队队长，韦纪属于纵队。进攻时，李绍祖、滕国栋率一支队伍，沿右江河上，经东务直指马鞍山，韦纪从马鞍山后背坡，砍电线，使敌不能进行通讯联络；红七军各部从吓合方向来。韦拔群的队伍也是从仑圩方向来。打马鞍山之敌，共打三天三夜。从 1930

年正月十五开始,打到第二天,我从录特(六德)出来视察一下,第三天,怕敌人杀我父母亲,向军长请假,张批准我,到那圹带我父母走,被敌包围。营长(可能是何泰营长)武装解围,脱了险。

绍祖打仗勇敢,打那拔岑世勋父亲时,队伍未进攻,他一人持枪一人冲去,打死卫兵。但该土豪围墙坚固,打了三天仍攻不进。绍祖也有智谋。有义圩那边,有些人反韦拔群,曾攻打韦拔群队伍过,后来那里的人来投靠李绍祖队伍,李绍祖把他们(共 30 人)收下来,带去东兰给韦拔群,到了东兰,分新老兵战队,韦将他们杀了,只保一名小鬼不杀。枪法也准,小鸟在树上,他一枪打下一只。打马鞍山时,机枪一扣,他就冲上去。农历五月,红军打古州(今榕江)回师右江,收复平马,他右手受伤,医了十多天才好。

到 1933 年,农历八月十五,他到云南去滇黔桂边区进行革命活动。当时从百谷村大树出发,同去的有:韦天恒、韦纪、朱鹤云、朱国臣、农旺英、李绍祖六个。去时每人持一支短枪(驳壳 4 只、老克 1 只、左轮 1 支),路经百育,宿庙房,天亮要过陈江渡。无渡船,租那满人一鱼艇渡过去,进入奉议州(今兴城大队);见一林逢人在那里修牛皮的,他站在门口,互笑相递,不说话,直上那坡,不敢进街,在那坡下面的一个村庙,住宿在一个姓韦家。起来后(第二天),直上坡洪、古眉、东凌、八角山、高阁往云南方向去。

到了博爱,住在韦育家(他是赶马的,在博爱娶妻)。绍祖到富宁县城,住在陈泰清家,陈父陈元百,任国民革命军第十六军一个师长。在恩隆驻扎时,陈泰清在平马德新街娶一妻(当时泰清在军队当大队长),是姓李的,绍祖到云南时,泰清任区长,认绍祖为大舅。农以英住那黎,农有一个大哥在那黎赶马,就住在大哥家,给以英任交通员,一堆信件往来,以代号方式,由农以英转给各人。第二批上去有李修学、赵润兰、李启蔚等人。李著轩可能是这一批上云南,人员记不清了。

他们上云南以后,熟了一些人,搞地下活动,表面上是任护商大队工作。李绍谦不参加护商大队,在陈泰清家做革命活动。黄天文、韦三任护商大队的中队长,韦纪任小队长,韦天恒、朱国臣、朱鹤云任班长。

我们同志往来百色,都乘搭百谷韦胜光的民船。

到了 1934 年、1935 年,派李君蔚上广州任小学教师。李修学是通过李绍祖与陈泰清商量,由陈与其县长、妹夫唐方打交道,派李学修任区长。当了区长后,我们人一批上云南,随便进入区公所。但李修学贴标语,被敌发现是搞革命。百色派第一二八团从乐里出发,云南的广南派一支部队过来"剿"。我们人退到越南边界的百南去。农以英被杀了(记不清楚村名),杀了农以英,交通线断了,大家流眼泪。后来懂得是马××报告国民党,说农以英是当共产党,李修学在路上碰见了他,便把他杀掉了。

此后,绍祖下镇边(今那坡)县,到了镇边,原绍祖的勤务兵见到了绍祖,就叫绍祖赶快走,情况紧。绍祖无钱作路费,他的原通讯员卖了一件大衣,得钱给绍祖做路费,绍祖得了路费即走。走到天培这个小圩,国民党有一连兵驻满了各家各户。那连长见绍祖是新人,质问他从哪里来,绍祖说是从扶南来,那连长听他说是扶南,进一步追问是哪个村的人,因绍祖懂得扶南这个县的一些村屯,随便讲他听,他信以为真,认上了老乡。绍祖将计就计,说你的兵住满了,我找不到地方住,你给我找个地方住吧。敌军连长找地方给绍祖住。

第二天上平孟,不认识一个人,事先他向群众了解,百色有否人在平孟。群众说,那理发的就是百色的。绍祖就上前去,问那理发的:喂,你什么时候来到这里?你还记得我不? 本来就互不相识,是在无法投宿而使用这种做法的。经过一谈,李绍祖又被理发的收容下来了,住久了熟悉一些人,但不能这样长期下去。得找一些工做,救济生活,于是,去找一家炒卖的要做工,那家炒卖的原已雇请两个工人,不太想收绍祖做工,便问绍祖:你会干什么? 绍祖说:烧火、挑水、洗碗都可以。炒卖的东家不收人。绍祖返回。在东家吃饭时大发议论,说这家炒卖水平根本不如我。李绍祖(到平孟改为李三)一讲,传出去了,盐业局叫绍祖去做菜,菜谱与他们过去做的不同,人家进餐时见菜好吃,询问这菜是谁做的,人们说是李三做的菜。

谷耀庭合伙办的酒店,叫李绍祖去合伙经营,做得很好。后来又办了一个大同酒家,生意兴隆,那家店炒卖生意不旺了,又找绍祖到他店上去同他经营,绍祖说:你叫我去同你一起搞,你要听我指挥,我叫你干什么就干什么,你干不成我就调你,后来那两个人就被绍祖训走了。

不久,绍祖〈认〉到了一个叫伍营副,伍出钱给绍祖做饼干,煮吃,赚的钱交伍营副,自己得一些钱,用来支援来往同志,何松曾到过伍营副家里。

住平孟一段时间,又到靖西县城,在靖西认识一个名叫刘四,他开烟店,有钱,出钱来给李绍祖办经济饭店,办店来信给我,叫百谷苏明、韦尊迁、何敏、朱金宝、二牙街的孔富、韦亚台、我(李绍基)上去,还有一个叫东生后去。去的时间记不清了。

生意有了钱,经常从靖西到越南(当时叫安南)的高平去进海味、面粉回来做包子,〈有〉菜谱。

一次,从靖西出去,头晚到一个地方叫天盘,该村6个人。葛麻那个地方也有一堆兵来守,我同绍祖身上带有尖刀,因见杀人的军队搜查,误将我们是杀人凶手,刀不敢带上路,放在五叔家(原北流人),来到葛麻,守军队长姓阮,他不搜查我们,因为他与伍营副相识。我们说,是给伍营副买东西,从高平回,买得六担货,他们不检查,我们问他们,阮队长哪去了,兵仔说:去靖西领薪水,你们到半路可能碰到他。当晚我们走到六留圩,碰到阮队长,我们炒了鱿鱼好菜设宴请他痛饮一餐。

那时是农历3月。5月我同绍祖又去高平办货,回来又在伍营副去住,路经葛麻回靖西,当我们到葛麻时,就问那些兵,阮队长在不?质问这么一句,他们就不检查了。土匪虽多,因我们熟伍营副、阮队长,也没受土匪抢劫。

我们去靖西搞经济饭店,赚钱都交刘四,大家分得一些外水,主要得一些宾客钱,人家见我们卖的猪下水钱,几个人分得一点钱也给来往的同志吃光了。

后来平马有人上靖西,看到了我们,怕暴露,又转上平孟去做饼干卖。我们几个同志回来了。

第二次上平孟,不久,绍祖又下扶绥,转苏圩做包子卖,又有人请绍祖来南宁。只来一晚,怕来往人知道,又转上天等去,住那东家很好,绍祖就去天等当医生,兼种菜卖。

解放后,书信给张云逸,张寄信去天等,天等安排绍祖去天等县招待所,做了一段,要求出来,组织安排,又到思林,从思林上林逢。林逢的滕誉甫见了绍祖都哭,因为去七里时,绍祖开仓库要粮给林逢群众吃。

从天等回来,无家无业,约岑厥安、陆启瑞去南方找张〈云逸〉军长。张去广东治病,雷友调中南工作。住在南宁船行工会里傲祥家,手无分文,后来碰见雷执如,雷叫她〔他〕们3人去吃饭,谈起来,雷说经天父才从武汉回,雷经天介绍着3人去找陈漫远。

陈介绍绍祖去省府工作,管省府饭堂。

厥安要求回办农场。启瑞要求去田阳办金矿。在省府干一段时间,绍祖要求上百色。到百色大部分是〈生〉病住院,后转柳州康福医院治肺病,病故于柳州康福医院。

1986年5月9日

(中共田东县委党史办公室保存并提供)

赵敏在富宁的革命活动

陆月娥　黄氏贝

1935年2月,赵敏偕同李家祺、岑日新、朱国英等6人到〈富宁〉洞波的那达、那拉,住在那拉一个月,然后走了。3月又第二次进来,这次来的除了原来的人马还有李敬廷、黄家由等一共10人。以后,便在这个地区进行活动,建立起各种农民政权,声势一天比一天浩大。

同年8月,赵敏带了二三十人进入花甲索罗。当时正在收稻谷。他们全部人马都住在陆月娥家,当时陆月娥14岁,还有双亲,全家7口人,父亲从汪家来上门,此时,陆家生活处于中上水平。第二年8月,赵又第二次来到索罗,提出要与陆月娥(小名叫芝,月娥是赵敏给取的)结婚。此时,陆已同寨子里一个名叫黄绍卒的定了婚。赵知道后,便把黄家给陆家的定婚礼物都算成钱,合40块光洋退给黄家,这样陆月娥便与赵敏结婚,是在者兰山上举行的婚礼,陆月娥才有15岁。此后,陆月娥一直跟赵敏活动。白匪下来"围剿"时,赵敏的前任妻子黄氏贝在山上被白匪抓着,一起被抓到富宁关了4个月。当时扬言要杀害的,正好又换一个新县长,对情况不熟悉,那拉寨有一个叫陆学海的在县常备队当差,很同情黄氏贝的遭遇,便替黄氏贝说情,愿娶黄氏贝为妻,新县长为了笼络人心,便同意了。这样,黄氏贝又嫁给陆学海,健在至今,现68岁。

白匪军到索罗要抓陆月娥,陆月娥已跟赵敏转移,只抓着陆月娥的母亲陆美颜,押到花甲关了6个月。后在别人的帮助下越狱逃跑成功,才得以幸免。黄氏贝在者兰庆功会议后,说舍不得妈便离开者兰前往广西。

红军离开者兰往广西分三批走,第一批是黄德胜带部队离开,还有李家祺、朱国英,时间是1938年的正月。第二批是梁中才、李福等,撤退时过甘邦,由20多个赤卫队员护送,其中有花甲戈六的唐世仁(还健在)在太平附近的岩洞住了一夜。当时,梁中才的爱人(九弄人)正生孩子,为了不暴露目标,孩子生下后便被闷死了,身上扎上一块布带便继续赶路,一直走到剥隘的丰洞附近才简单的开了个会,指出这次撤退的原因,要求一路的同志愿意跟走的就走,不去的回家,千万不要屈服,不要投降。还说:笑的不要笑得过早,哭的也不要哭得过早,要相信共产党一定会胜利的。这样,当时愿意一起和李福、梁中才走的有罗永太、罗朝贤、汪富明(汪富兴的弟)等。唐世仁等10多位赤卫队员便分手各自回家,时间是1938年农历二月。

第三批是何尚刚、赵敏等一起离开，但都各自走。与赵敏同时离开者兰的只有陆月娥和一个叫爸吉的，三个人，路线是从者兰到广西的百风住一夜，然后到落能，在百德吃饭。在百德受到盘查，认为一男一女走路可能是骗带的，赵敏只好给田东家乡打电话，叫他们证明，经田东方面解释才放行。然后，百德又派人护送到落里，在落里坐车过百色到田东。陆月娥在赵的家乡平马住了两年，直到赵敏到中央去接受任务时，才由爸吉护送回索罗。

赵敏自到富宁以后，一直是富宁革命根据地的领导人之一，在富宁进行斗争的三四年间，为党为人民做了很多事情，为创建和巩固发展革命根据地贡献出了毕生的精力，他的英名永远留在富宁人民中间。

苏金勇、韦福兴　记录
1983 年 7 月 21 日

（节录于中共云南省委党史研究室、中共富宁县委党史征研室编：《中国工农红军滇黔桂边区革命游击队》，云南民族出版社 1998 年版，第110～112 页）

回忆赵敏在那达一带的活动情况

陆妙荣

大概在 1932 年那达的毛龙寨,陆有贵带赵敏来毛龙寨,就住在陆有贵家,来往附近各村寨活动并常住在阿用、花甲等联系工作,在这个地区前后三年,他去那达,住司令部(黄礼松家)。赵敏初到这个地方我才得 17 岁,专门做鞋卖,结识了赵敏,后来跟他结婚,被人们骂做"红军老婆"。

初来时赵敏带七八人同来,主要是先来了解地方情况,做争取上层的工作,联络当事人,叫乡保长来开会,吃鸡血酒,团结他们跟红军,已跟乡长陆建华讲好,如有敌情,一定要通知。当时白军部队在那达一带袭击红军,当即叫他自己的妈妈送一封鸡毛挟火炭的急信来给赵敏,叫红军干部暂时让开。信送到毛龙寨,陆有贵扯开信件,还把信读给他的女人听。陆有贵为了想贪取红军已储备的钱财,竟把信件烧毁,企图于混战中,趁浑水捞鱼(这件事,内中矛盾重重,情况非常复杂)。后来我同陆华廷的老母亲到那达告诉赵敏,但赵敏不信。送信的陆老妈还劝说,你们要让啊,不让的话,鸡蛋都要过三刀,老百姓的房子烧光……

由于当时即被敌人突然袭击四个寨,加上狡猾的白军头目,某些人从中挑拨离间,加深了那达一带与芭莱一带之间的矛盾。后来,梁振标率部去打芭莱,带有一定报复性(群众中有这样的说法:以毛龙寨分界,毛龙丫口以上,拥护红军,跟红军;毛龙以下,芭莱这头是反红军的,群众与群众之间互相仇恨)。后来芭莱方面的乡长引来龙汉斗军对那达、那拉等四个寨进行残酷地烧杀。在那达杀的人很多,当时我们所见的有二十多个,站做两行,开枪扫射。我躲到山坡上,有花甲索罗的几十个人到山上把我拿着,当场杀了一个人,不杀我,把我押到花甲关了三个月,送到富宁县城。拉到县城的人中有几个妇女,杀我的母亲和两个妹妹共三人,还是没有杀我,叫我跟着县长何自尧的三太太。他们用要套子,县长的太太劝我回那达一带找赵敏,劝走赵敏出去富宁当官。我想回家不一定找得着赵敏,家里已无亲人,我不愿回家,跟他们拖时日,一天过一天,在了1934 年直到腊月二十八才回到那布寨这里来,也没有去找赵敏,相信我也找不着的。

我和赵敏结婚后,经常看见跟他在一起的有李家祺、李福、黄沙平(他的爱人也和我一起拉到富宁)、岑日新等七八人。除这七八人外,每次来往的人,有两桌人吃饭,他们经常到各寨去组织青年赤卫队。

赵敏带我到过塘彦开会,有上千的人,杀三头牛会餐,在那拉寨也开过几百人的大会,什么人都来,连乡长都来,搭台子,有横标、对联、标语,李家祺、赵敏等六人都上台讲话。

那达大队那布寨　陆妙荣,70 岁

1982 年 6 月 26 日

(中共云南省富宁县委党史办公室保存并提供)

关于韦汉超的情况

谭振金

韦汉超原名韦展书,革命后才改名韦汉超,也是由覃孔贤介绍入党的。民国十五、十六年左右,组织义勇军,大同区、西河村(两河村)、塘则、板合一带 300 名左右,覃孔贤任命韦汉超为队长。民国十五、十六年,韦汉超为果棉一代〔带〕的瑶族马刀队队长,有 100 人左右。他经常和覃孔贤下来敲锣打鼓搞宣传。

1927 年,蒙仁付带兵来攻打我们,韦汉超带队撤入果棉、达内。1928 年,红军来,我们又重新出来。1929 年,张军长给我们去扛枪。1931 年在弄椒同敌人战斗 18 昼夜。

1933 年韦汉超到南丹、贵州一带活动,主要是揭露国民党吃人的本质,深入到最贫苦的群众中去串联,组织革命同盟。我随后也去跟他,第一次同盟会是 1933 年在南丹拉索召开,有 27 人参加,其汇总大部分是东兰人,如韦汉超、谭国联、谭怀干、覃桂芬等,当地也有少数人,后我们分为两组行动,韦汉超和韦家良、何世贤、何素清、何其业、谭有元 6 人为一组,韦汉超为组长(汉超被害后分散);谭振金、覃桂芬、陆浩仁、谭国联、韦仕英(韦展荣)、南丹翁昂乡的何凤楼、何凤清等 7 人为一组,谭国联为组长,两组分两路行动,有时碰在一起开会,然后又分头行动,总指挥是黄唤民。以后,我们先后多次组织革命同盟,其中规模较大的有在荔波平模乡搞的同盟,重新登记党员;在南丹八圩拉池屯及在荔波县捞村举行的同盟。

韦汉超是被贵州军阀抓去杀害的,是在宜北县的九圩乡。谭国联在八圩被敌人检查出文件亦被害,当时我们是从荔波下来了的,下到里湖,我爸有病我就去看他,桂芬则到拉索看他妈;韦展荣留在里湖。

谭国联给害后,我们便分散了。国共合作以后,我就在环江县(当时叫思恩县)川山乡合腾村仁德屯安家,解放后才回东兰。

拉索同盟是在耕田的时候,1 个月后就在八圩集会了,捞村集会也在民国 22 年。

时间:1989 年 3 月 23 日

地点:东兰县大同乡弄椒村椒下队谭振金家

采访对象:谭振金

(另一位革命老同志谭瑞年也在场)

采访记录:韩建猛

(节录于中共荔波县委党史研究室编:《荔波革命老区史料汇编》,中共党史出版社 2006 年版,第 204 页)

回忆岑日新

梁桂庭　隆建南　高耀辉　赵显球①

（一）

岑日新,原名岑忠业,系广东田东县林逢街人。早在第二次国内革命战争时期,岑日新就在林逢区参加藤德甫、滕国栋、滕静夫、陆浩仁等组织的反霸斗争。以后,他一直在中国工农红军第七军第二十一师第六十二团工作,先后在该团第一营任战士、排长、连长、营政治指导员。1930年1月加入中国共产党。

1933年6月,根据地右江下游党委决定,滕国栋选派滕静夫、岑日新、赵润兰、李修学等到滇桂边,会合前两批同志开展工作。同年11月,滕静夫等就来到靖西县乐果乡大镜村,组织决定留岑日新在大镜村杨星辉家住。首先与杨星辉结拜兄弟,以年龄大小排列,杨星辉为大哥,岑日新为二哥。后经研究决定,在大镜村建立滇桂边与中越边和右江下游党委联系的交通联络站,由杨星辉负责,吸收梁阿章担任交通员。从此,滇桂边和中越边就连成一片,在右江下游党委的领导下开展工作。

1934年10月,为了建立滇桂黔边区一级的党政军民的领导机构,在谷拉多立寨(今属云南省富宁县谷拉公社多贡大队)召开筹备会议,会议决定将驻在中越边的谭统南、韦高振部队集中九弄。11月20日,在谷留召开群众大会,宣布成立滇桂黔边区劳农会,黄明春(黄松坚)兼任主席,岑日新、李家祺任委员,与此同时成立劳农游击队第三联队,黄明春任政委,梁超武任司令员,黄德胜任参谋长,蒙运廷任副参谋长,政治部主任赵敏(赵润兰),下设5个大队:第一大队大队长韦高振、第二大队大队长欧仲明,第三大队大队长黄强,第四大队大队长崔伯温(注:有人提出崔伯温和欧仲明均于1935年后才到滇桂边加入革命队伍,此处作参考),第五大队大队长谭统南。

1936年5月,何尚刚(即滕静夫)同志在云南〈富宁县〉者兰(属阿用公社)召开干部会议,将原来黄松坚同志(当时已去上海汇报工作)组织和领导的滇黔桂省边劳农游击队整编为"滇黔桂边区革命游击队",何尚刚任政委,黄德胜任司令员,梁

---

① 梁桂庭系百色红院离休干部;隆建南系那坡县离休干部;高耀辉系靖西县水厂副厂长;赵显球系靖西县弄芽屯社员。

振标任副司令员。岑日新同志出席了这次干部会议,并被任命为滇黔桂边区革命游击队第一大队大队长。

岑日新同志勇敢、顽强,不论在红七军或到滇黔桂边区工作的时候,在强大的敌人面前说打就打,毫无畏缩。当地干部和群众给他起了个名字叫"辣辣声"(广东话指说打就打,说干就干,雷厉风行,勇敢战斗),体现出他临危不惧、行为果敢的革命乐观主义精神和战斗英雄气概。

(二)

1936 年西安事变后,蒋介石被迫接受国共联合抗日的条件。1937 年 7 月 7 日卢沟桥事变以后,全国掀起抗日救亡运动高潮,国民党政府迫于形势需要,一方面接受共产党的抗日主张,表面联合抗日,另一方面打着联合的幌子,对革命力量进行"招安",扩充其军队力量,待机向中国共产党及其所领导的军队实行"围剿",1938 年初,原滇黔桂省边劳农游击队第一大队长韦高振趁国共联合抗日之机,带一个团的兵力投靠国民党,接受国民党的收编,杀害了原中共滇黔桂边区党委成员、滇桂黔劳农游击队参谋长黄德胜同志,公开叛变了革命。在革命队伍中的部份人对革命抱着将信将疑态度和处于动摇的情况下,岑日新与何尚刚、谭统南等同志,为了保存和积蓄革命力量,率一批革命骨干,坚定不移地转入中越边的靖〈西〉、镇〈边〉地区,坚持战斗。

1937 年农历腊月十八日,岑日新与谭统南(原在靖西安宁一带秘密活动)、何尚刚、梁振标(原滇黔桂省边劳农游击队副司令员,后叛变)、傅少华(张飞)、何二(白话叫"何仪")、王秀南、积宝及越南部份革命领导人黎敬波(黎广波)、陈山洪、黄国云等共 18 人,来到靖西县葛吞乡弄芽屯(今属南坡公社渠怀大队)活动。不久,其他人陆续离开弄芽到别处活动,留下岑日新同志,以弄芽为活动据点。后来,岑日新就在弄芽结婚,以一个群众的身份隐蔽下来,并经常在弄芽或到有群众基础的屯村去宣传中国共产党的抗日主张,传播革命道理,还利用葛麻街日,到卖米粉的赵武家里吃米粉作掩护,和越南革命领导人黎敬波、陈山洪等会面,商谈有关革命活动事宜。

岑日新同志自从来到九弄以后,经常对自己房东赵显球和弄芽屯群众宣传说:"只要我们大家团结起来一起干,革命就会胜利!"他还指着上级秘密给他送来的传单、信件说:"这是广州来的,这是上海来的。"据弄芽和西邦屯(今属南坡陇乃大队)的群众回忆,部份信件中盖有红印章。他说:"我们现在虽然住在山弄里,但是共产党对我们很重视,这些文件和信,都在指挥我们战斗哩。"岑日新同志在西邦、吉就一带群众基础较好村屯的群众会上,慷慨激昂地宣传说:"现在正是鸡鸣的时候,不久天就要大亮!""共产党人快要出头,日本鬼子快要完蛋啦!"

为了发动群众和组织起来干革命,岑日新多次在弄芽、西邦、古就、那凛及葛麻的弄坡间,越南的弄坡宁一带组织革命同盟会。一次,他同谭统南在那凛组织同盟会,就有葛吞乡的群众72名去参加饮血酒同盟。安宁、葛吞乡一带部分青年,由于经常接受岑日新、谭统南的革命思想宣传教育,提高革命觉悟,直接参加了1943年夏谭统南组织的抗日义勇军大队和岑日新组织的秘密农会,公开或秘密地参加抗日战争,继而组织起解放战争武装部队。1947年,人民武装打出一个靖镇解放区来,都是在抗日时期岑日新、谭统南所发动组织的基础上,发展壮大起来的。

1941年农历冬月,岑日新偕同越南革命领导人黎敬波、陈山洪、杨大林在越南百布村举办政治军事训练班,有30名学员,其中,有中国一名学员,即高耀辉(现任靖西县自来水厂副厂长),其余均系越南革命人员。学习训练班办了20多天。开学典礼时,岑日新也去参加。在此以前,岑日新与黎敬波等人有书信交往,互通情报,将中国革命和越南革命紧密联系在一起。

(三)

由于国民党政府执行欺压奴役广大劳苦群众的政策,滇黔桂边疆人民生活十分艰难。一年四季,终日在地里干活,仍然食不果腹,衣不遮身,还经常受到敌人的"扫荡",土匪的抢劫,确是民不聊生。在这种情况下,革命队伍里的一些人经不起艰苦生活的考验,脱离革命队伍,甚至叛变投敌。岑日新同志不为艰难时局所动摇,坚信革命终究取得胜利。他深刻认识到,枪杆子是革命的本钱,多掌握一杆枪,革命就多一分力量,绝不能丢失!因此在极其艰苦环境里,他仍然保存着手中武器。有一次,岑日新同志病了,有位好心同志曾悄悄劝他卖掉一支枪,解决目下生活困难和医治他的病,他毅然决然地说:"卖掉一支枪,还算什么革命?生活上的困难咬咬牙关不就过了,我的病没有什么,坚持一下就会好了。"他对群众的痛痒深切理解,他房东吃什么他也吃什么,每次向外村财主"借"来的钱粮,他全部用于革命活动,自己分文不沾。他出门穿着一套土布衣服,经常与房东一起上山采艾草回家拌玉米粥充饥。从他的衣着和行动上,根本看不出是外来的红军干部。

岑日新同志坚持在环境恶劣、斗争极其尖锐复杂的地区工作,和上级党组织的联系也少了。在这样的情况下是多么需要上级党组织的支持和领导啊!这个愿望终究实现了。1943年5月,广西省党组织派来杨烈同志来到弄芽,立即组织越桂边特支,杨烈任书记,黄耿任副书记,成员有梁游、莫一凡、岑日新等,中越边区从此有了党组织的领导。

岑日新同志还掌握有一套医术,在经济极端困难、搞秘密活动的环境下,仍倾囊买了部份医药(多数为草药),经常为活动所到地区的群众看病、治疗。早在1933年秋,他奉派到云南富宁九弄一带工作,到靖西果乐乡大镜屯,建立交通联络站时,就用缝衣针治刺法和中草药,救活了患严重伤寒、生命垂危的交通联络站负责人杨星辉大儿子杨绩荣。杨绩荣今年68岁,身体健康,精力充沛,每当人们提及岑日新的名字,他总是情不自禁〔地〕说:"他是给我第二次生命的恩人啊!"在短短的半年内,大镜屯就有20多个农民得到岑日新同志精心治疗,摆脱了病魔的缠绕,有的从濒临死亡之中恢复了健康。

岑日新同志对敌人横眉以对,对人民俯首为牛,反动派对他恨之入骨,终于对他下毒手。1944年农历十月二十日晚,中越区的匪首张兴华(越南人)以革命自居来蒙蔽群众,趁弄芽屯农民黄英林办婚礼之机,纠合手下人马覃其丰(弄管人)、亚权(念甲人)、阮子文(那早人)、李明普(越南人)、李亚兰(二兰人)等,于酒席间绑架岑日新和我党地下交通员梁敏才,到弄芽后背山进行杀害。随后,又强令弄芽的群众,将岑、梁的尸体掷入山洞里。岑日新同志为了中越边和滇桂边人民的解放事业奔波十余年(1933～1944),终为敌人所害而牺牲。但他的精神一直激励着我中越边和滇桂边区人民革命到底,勇往直前。

全国解放后,岑日新同志被人民政府和广大人民群众追认为革命烈士,其英名和简历,列于田东县林蓬公社革命烈士纪念塔。岑日新同志永远活在中越边和滇桂边人民心里。

1983年8月10日

(原件存中共广西靖西县委党史办公室)

关于覃绍辉同志入党问题和牺牲情况的证明

韦金殿

1933年下半年(大约10月),拉烈地下党员覃于靖同志带东北地下党员老李同志来到都安指导工作,谈到都安县东区和西区的联系时,当时党组织就决定由覃绍辉同志负责作通讯联络员,负责都安县东西区的联系工作。西区是找我和韦贞祥、梁乃武、李山林(巴马人)、李汉平(东兰人),东区是找覃于靖李孟武、覃耀西等同志。

1934年初我和梁乃武、覃绍辉3人去东区了解那里的党组织的情况,在那里十多天,认为那里(拉烈、菁盛一带)党组织发展得很好。回来后西区的同志介绍东区的党组织发展情况,鼓励西区的同志。不久,邓无畏同志知道,他也要去东区看一看,这样,就由我和唐奇辉带邓无畏到都安县城,住在覃绍辉家,然后又覃绍辉和唐奇辉两人带邓无畏去东区作指导工作。到拉烈后,这时正是农历正月,由覃于靖同志介绍覃绍辉同志入党,是滕国栋同志主持入党宣誓。

同年4月,我和韦锦凡两人由镇西来到县城接黄耿同志(当时黄耿同志被国民党关进监狱,释放时,党组织叫我们到县城接他)。当晚住在覃绍辉家。

1935年,西区党组织需要印刷文件,东区党组织派覃绍辉同志送一台油印机到都安西区给镇西党支部使用。

1936年秋,我奉党组织的委托,到都安县城覃绍辉家住了一晚,任务是来领取《新华日报》(《新华日报》1938年创办,此处时间或内容有误——编者注)。

同年,抗日战争需要,覃绍辉被征兵,他事先到镇西找党组织反映和汇报这个情况。当时党组织研究,认为形势需要,同意他去抗日,并告诉他到部队后,要经常注意反映斗争情况。结果,都安县有一批人被征兵,出发到武鸣县双桥后,战争紧迫,当时都安县有一人逃跑回家说,覃绍辉同志在高峰战役中牺牲了。党组织知道这情况后,派我(韦金殿)和马山地下党组织派来的地下党员陆地林两人去高峰找覃绍辉同志的尸体。回来后我们还向马山地下党组织汇报这情况。

以上情况属实。

原都安县镇西党支部书记韦金殿　口述

在场:原镇西党支部韦俊芳

中共都安县委党史办公室覃乃求、程英　记录

地点:都安县第二招待所102号房

1985年1月18日晚

(中共广西都安县委党史研究室保存并提供)

关于罗子德、黄大良是否入党的问题

何　松

罗子德是九弄多曼人，1934 年参加红军，是九弄赤卫队的副大队长。弄迫战役以后，我们部队化整为零，敌人趁机进犯九弄。原红军培养当地骨干的张福兴、农国久、农国均、马常约都叛变了，被国民党封官，张福兴任乡长，农国均任保长。九弄乡农会主席刘家华被张福兴出卖被捕杀害，这时一同参加红军的当地干部只有罗子德一人了，可是罗子德没有动摇，一直跟着我军到各处打游击，特别是 1935 年 11 月敌军占领多曼，假意先抓张福兴关起来，并委任罗子德父亲罗元兴为乡长，欺骗参加过红军的当地战士到多曼整编为护乡大队，其他同志都受骗了，被国民党一次杀害了 40 多人，罗元兴也被捕了，可是罗子德一直立场坚定，不听国民党的话，所以没有受害，后来一直跟着我们转战各地，表现很好，我认为他是党员，但何时何地何人介绍入党我不懂。

黄大良是架街人，是架街一带的骨干之一，我和他也很熟悉，参加红军后任赤卫队大队长，工作也是很积极的，很坚强的，作战很勇敢，听党的话，思想也很坚定，弄迫战斗以后，我军化整为零，敌军占领了九弄、后龙山一带镇压群众。后龙山的贺长富叛变了，出卖了陈通文，全家被杀，但黄大良根本不动摇，一直跟着我们转战各地，每次战斗他都是冲锋在前，因此在那刀战斗中光荣牺牲了，我认为他已经入党，希望富宁党史办调查落实。

田东点党史座谈会：何松　口述

张杰　记录

1983 年 6 月 30 日

（中共云南省富宁县委党史办公室保存并提供）

何松谈王开洪、王开荣

黄松坚走后，朱国英、黄家尤、赵敏就到〈云南省富宁县〉洞波、那达那边工作。部队一部分在九弄，一部分到那达去了，梁振标也到那达那边去了。没多久，部队也过去了，后来又回九弄那达的三寨，即有王开洪、王开荣派人来，带来花名册要我们派人去领导。当时我们认为王开洪是土匪，不要上他的当。后来黄德胜派陈尧宝去做工作，见他有部队，陈尧宝来信说，要部队配合他们打坝劳。黄德胜就派了刘保兴、唐汗带领 40 多人同他们配合打坝劳，打不下，我们牺牲五六人，教官唐汗也牺牲了。我们部队退回沙斗打了一个姓孙的乡长，王开洪部的一个也没有来跟了。

我军在沙斗住了三天，那达部队也上沙斗配合，后连夜攻打富宁，攻了一天一夜，攻不下，半夜退至那力，攻打冯忠贤、冯忠良，只抓着冯忠贤的妈。住了两天，桂军从镇边来攻，蒙运廷、黄大良牺牲，部队又返回那达，有的返回七村九弄。1935 年 7 月间，国民党部队一个班，到者利逼粮款，被刘保兴率十多人全歼，缴枪 8 支。同月，黄绍匡带民团 100 多人"围剿"龙扎门，刘保兴率领二十人的手枪队去打，双方对峙，又退回来。1935 年的 8 月间，叛徒张福兴带六七个人到者利一带，他们刚走到龙扎门口，我军冯字德带队十多个人从者利上来，在百龙匝〔闸〕门相遇，打死张福兴的保卫员张国荣，获左推〈枪〉一支，我军无伤亡。1935 年 10 月，我军大部在九弄、那表，广西的达难、洞华、魁圩、平苍巡回。

（节录于中共富宁县委党史办编：《何松谈七村九弄根据地的建立经过(5)》。中共富宁县委党史办编：《王开洪起义史料专辑》，1985 年印行）

王开洪是右江革命根据地的一员

陈 勋

我于 1934 年农历正月十五随同何尚之等 30 人参加革命的,又由何尚之同志将我们从广西经朝寨子带到七村九弄。到了七村九弄后,何尚之对我很有属意,就将我原来的名字陈尧宝改为陈勋。我在七村九弄担任〔做〕宣传工作,当时就有上方王开洪的部队派代表去九弄联系。以后,每次开会都听说要等王开洪到。

后来,九弄何尚之他们又派武装配合王开洪的部队攻打百乐,何尚之同志等人还常常对我们讲上有(由)我们的地下党王开洪发动武装起义。

陈勋,男,83 岁

1982 年 3 月 16 日

熊仁武记录于林角塘

(节录于中共云南富宁县委党史办公室编:《王开洪起义史料专辑》,1985 年印行)

忆韦纪

韦银娇

1986年5月20日,〈广西田东〉县党史办赵秉壮、黄朝记到百谷村走访韦纪妹妹韦银娇。韦纪妹妹回忆韦纪革命活动时说:

韦纪是〈田东〉平马镇百谷村人,生于1904年。父亲韦向问,母黄氏,生育二男二女,韦纪还有一个姑母,名的妹,精神失常。

韦纪家有房子两座,有田地,有牛二三只,年收入稻谷4000斤。

韦纪开展革命活动,都是靠自家粮食,没有什么工资发,革命同志来往很多,黄耿、陈洪涛等同志都来过。常有二三桌人食饭。钱不够用,我们还搞一些船行生意、打鱼等来补充。陈洪涛还送给我钢笔一支,手表一块,象牙筷子一对,一顶雨帽,革命歌曲一册,并叫我读书,但我母亲不给我读。我以女扮男装为赤卫军多次送信。

韦纪有一个儿子叫韦瑞召,现在县森工站工作,韦纪的爱人叫李桂珍。

1932年冬,韦天恒、韦纪、朱国臣、农明英、李著轩、廖绍根、李绍基等七人,接受领导派去滇桂边开展革命活动,家里卖两块田,雇请船工花一万多铜钱送他们到剥隘(博爱)。我做了七对鞋,缝七件衣服送给他们。

又有一次,黄文龙、黄文虎要上滇桂边,我家没有钱,先借别人的谷卖要〈成〉钱,给他们每人20元做伙食费,雇请船工公燕用船送他们到剥隘(博爱),后来才卖一条大猪得钱来赔。家里钱没有了,婶娘坐月都没有肉食。

韦纪有一点文化,怕自己文化低,做不来。韦天独对他说:你大胆干下去,我支持你,做你的靠山,跟你出去,不要害怕。因此,韦纪就更有信心把哥们工作进行到底了。〈他〉曾带兵参加打东务土豪廖章京,打韦宁村恶霸黄曹山,参加隆安、贵州的容江战役,背部负过枪伤。

赵秉壮、陈遵诚　采访

黄朝记　记录

1986年5月20日于平马镇百谷村

(中共田东县党史办公室保存并提供)

牙美元谈陈绣卿

1936 年秋,我到渡邑,初次会见王玉山、团长陈绣卿,摆谈一天一夜。当时正是日本帝国主义加紧侵略我国,民族危亡,主要是谈抗日救国等,要求他们把自己的部队带出来投入抗日救国并对地方民众(族)宣传团结抗战。他们很诚恳地表示同意,分手后我就到福开、乐央等地活动。黄举平、黄唤民、黄衡球、黄伯尧、韦国英等到蛮瓦创建蛮瓦党支部,我虽然远在乐业雅长蹲点工作,但这一情况我们是共同知道的。

牙美元同志 1997 年 10 月 9 日亲笔信

(节录于罗甸县划定革命老区文献资料)

梁振标是怎样被改造过来的

何生衔

梁振标原来组织一帮人做土匪,主要打烟帮,被国民党政府派部队"围剿",所以梁振标1929年逃到谷拉,在谷拉开铺子,没有搞成。后来到谷棚梁清换家住,经常来往多曼罗元兴家,还到达能寨罗元套家住过一段时间,这时,板仑的何毓南也来到多贡同梁振标认识,一起与梁振标在一年多时间。1930年,何毓南经何有尧关系回富宁县任国民党县政府秘书,梁振标还在九弄一带流落躲避。1932年,红军地下人员黄建平、李德惠等在上下九弄进行革命活动,黄、李见到梁振标虽然做土匪,主要打烟帮,群众没有民愤,国民党又追捕他,可以争取过来,扩大红军力量,就做梁振标的工作,结果梁振标也接受了。后来他回到广西把原来和他做过土匪已分散的人集中起来,约五六十人回到九弄参加红军。经过红军干部的教育,梁振标带起队伍在九弄七村谷拉一带打游击。1934年,谷留成立劳农游击队,梁振标被选任司令员。

1983年8月2日

(节录于中共云南省委党史研究室、中共富宁县委党史征研室编:《中国工农红军滇黔桂边区革命游击队》,云南民族出版社1998年版,第86页)

有关韦高振的情况

周堂德

县人民政府领导同志：

我是〈靖西〉地州公社古文大队一小队人。

现将把以前经过的情况说明：于1933年九月廿八晚，当时韦高振同志通知本屯青壮年到达本大队陇兵屯集中，宣誓同盟结拜兄弟。那时屯内的许多人员参加，但已先后去世，幸存者先在只有周堂德、黄绍普、李明奉、周堂修等人。今特将事实报告。

恭祝敬贺。

古文大队一小队周堂德

1983年2月2日

（中共广西靖西县委党史办公室保存并提供）

韦高振是怎样叛变的

黄振庭

1937年8月,韩平波来到果榜,宣传抗日。韩说,现在国共合作了,联合抗日不分阶级,反对内战,一致对外,现在百色已经成立抗日义勇军办事处,领导人是黄桂南,是中共党员,我们是出去汇合八路军去打日本的,还是八路军领导,不是国民党领导。黄德胜、岑日新、何松、黄印等这时都在中越边界。黄德胜听到韩平波宣传以后,就亲自和韦高振到百色看一看,去五六天后,黄、韦就回来中越边了。他们认为出去抗日是形势需要,出去抗日还是共产党领导,还分别开了干部会、战士会进行动员。这时,国民党百色专署派来一个署员名叫韦渔生,到安宁乡公所与张有保密谈,即写信通知韦高振去谈判。接信后,干部开会研究,决定叫农保去参加谈判,定于第二天下午到安宁进行谈判,写信答复韦渔生。可是韦高振违背决定,提前亲自跑到安宁同韦渔生谈判了,接受了投降条件,回来后主张出去抗日,同国民党合作,不分党派。这时,黄德胜、岑日新坚持出去仍由我们党领导,这样同韦高振产生了分歧。韦高振从那个时候就彻底叛变了。他亲自招兵买马,集中了3000多人从中越边准备开出田州。到田州后还派罗明远带10多支枪回到中越边,准备围捕留在后方的革命同志,因我们注意躲避未逞。韦高振拉部队出去时,原来省边下来到中越边的30多个同志由岑日新、何松、黄印带队上云南了。韦高振出去呆八九天带老婆回家,黄德胜又到田州来阻止韦高振,说部队出去不能由国民党领导,没有八路军命令不能出去。这样,韦高振叫罗明远把黄德胜诱到田州河边开枪打死。

张杰　记录

1983年7月8日

（中共云南省文山州富宁县委党史研究室保存并提供）

（三）回忆口述资料之二

红军在那达地区的活动及受折情况

农贤生

1962年秋天，我从芭莱中公社下放到那达大队工作，直到1974年才调离那达。

我到那达以后，经常听着干部群众议论红军，才知道那达地区是30年代红军住过的地方，也是被国民党反动派龙汉斗（群众叫白军）"扫荡"残杀过的地方。

为了调查了解这些问题，在"文化大革命"前，即在1963年5月期间，我访问了四个老人，了解红军的情况，当时都作了记录，后来都遗失了。这四位老人现在也先后去世了。但是，他们所讲述的语言和情况，我还记得比较清楚，现在县委重视征集党史资料，我认为是非常重要的，为了纪念红军的丰功伟绩，增添党的光辉历史，我愿把我过去调查了解的情况，整理交给党史料征集小组保存和参考。

我所访问的是罗元恒、周德贵、黄礼言、刘氏平四位老人。

长期以来，由于种种原因，对红军有些误解，因此访问的时候，这些老人思想有顾虑，不肯说完。他们说："红军都是过去几十年了，现在还找到吗？你想问做什么？"等等，生怕我们知道他的什么历史问题，不敢直截了当的〔地〕讲述。在访问之前，都要先做思想动员工作，解除他们的思想顾虑，才肯说出来，现将四位老人的谈话情况陈述于后。

罗元恒，是那达大队江南生产队人，曾为红军司令部养〔做〕饭，送米送菜送东西。大约于1964年去世。

他说：红军上来的那年记不清了（当时我和他一起估算大约是1933年）。先是来那达居住，后来才把指挥部搬到我们江南寨子的后山住在山林里（现江南寨生产队的群众叫做红军林）。几个头头如何尚刚、李家祺、韦高振、梁振标、赵敏等都在这里居住。我们寨子接近指挥部，所以这些领导人和他的部下经常来这里玩。

当时江南只有几家人，他们来到哪家都去，只是在我家的较多。我听他们宣传很受感动，说：我们穷人受压迫、受剥削，要组织起来参加红军，打土豪劣绅争取翻身解放。所以我很相信他们，他们也相信我，有些东西和材料都放在我家给我保管。那时经常有公事（信件）来往，后来他们回去都放给我保管，只因后来我家火烧房屋就烧光了,不然都还存放。大概在得一年多就回去了。回去的时候还动员我去跟他们,当时我也想去了,可是第二个小孩还小,刚会走路,所以去不了。为什么他们回去呢?据他们说是回去打日本,在这里也没有子弹了。

原来周恩来曾经派来一只船,船内装满枪支弹药,准备送来给红军,结果来到百色下边,被国民党发觉抢劫,他们不愿把枪支弹药交给国民党,就把那只船连人连枪弹倒下河里去,因此子弹供应不上,红军就回去了,他们说以后再回来。

周德贵,是那达大队那达生产队,曾为红军送信,大概在 1968 年去世了。

他说,红军上来很多,听说有 1000 多人,大部分在七村九弄,来这里有时几十人,有时 100 多人,有一二次来得最多,约有几百人,几天就回去了。

这里的红军和七村九弄的红军经常来来往往,他们的口语大部分是平马人(还将一句平马话学给我听)。来这里的红军分别在那达、那拉、甘南寨子,几个头头如何尚刚、赵敏、韦高振、李家祺、梁振标都在江南后山指挥部里,逢那达街天就下来宣传〈演〉说,每次演说都先唱一支歌:"起来!不愿做奴隶的人们……"然后才上台演说,首先给何尚刚或韦高振说几句,接着就是李家祺演说的多。

李的身材瘦高,声音尖脆宏〔洪〕亮,口才好。他演说的内容很多,都是号召我们穷苦人民要组织起来,反对压迫和剥削,打土豪劣绅,争取穷人翻身解放。那时候,乡保丁也不敢拉兵派款,收税收谷子。穷人个个都很痛快。

后来,为什么不下来呢?一是梁振标不成,二是红军麻痹。当时梁振标知道白军要下来打,就擅自带领自己的兵马从那达逃避到新街(阿用公社一带)去。何尚刚、韦高振见情况紧急,第二天马上写信给我带去找梁振标。为了隐蔽,还找一根棍子(竹子)把信藏在竹筒里才出发。去到新街过去的一个地方(地名不清)就找着梁振标了,信中说要梁振标赶快回来那达,但梁振标故意拖延时间不来,我回来在前,后来梁振标也来了,但来不到那达,只来到那来一带(距离那达有 70 里左右)。

在那达的红军就被白军打了,梁振标一枪都不得回击。白军打红军的那晚上是八月十五,红军忙过中秋节,不得好好放哨,被白军包围了都不知道。但是红军很勇敢,李家祺先冲到房子后头打白军,边打边叫住在家里的红军集中突围,而家里的红军也齐心合力,用驳壳枪(手枪)边扫射白军边冲出去,结果还是冲得出去了。只有一个因发病跑不得中弹牺牲了,还被白军割头挂在树上示众,白军当真残忍毒辣。

住在那拉、甘南的红军也是这样麻痹，都是突围出去的。甘南的红军和群众死的较多，共十多个，红军还死了两个妇女，其中有一个是韦高振的老婆，一是洞波街上的人，那晚上如果红军准备埋伏好，白军不知要死多少啊，可惜没有很好准备。

当时，那拉寨子还有许多山瑶族，他们很痛恨白军，白军打了撤出去的时候，瑶族的群众还持铜炮枪去追打白军。

黄礼言，是那达大队龙歪生产队人，红军来时他家住在甘南寨，曾参加过红军，1981年已去世。

他讲述说，我家当时很穷，红军来了我就参加红军，得几个月，到七村九弄一段时间。

在龙别地方和白军打了一仗。那天，我们先占山头，居上，白军冲上来几次都被我们打退了，他们死得多，后来我们俘获了一个白军号兵，又不及时收缴他的洋号，结果被吹号"子弹完，子弹完"，使白军又再次冲锋上来，这时我们的子弹也确实完了，抵挡不住，只好撤退各跑一方。

从这次以后找不着队伍，我就回家来了。来到家里，我的两个弟兄也被白军杀害了，只剩我一个当家到现在，真是苦难啊！

刘氏平（女），是那达大队南江生产队人，1982年9月11日去世了。

她说，白军最残忍毒辣，杀人像杀鸡一样。他〈们〉来打红军以后，又到处抓捕我们群众，抓着男子的都全部杀完，我们寨子被抓去6个，那达寨被抓18个，那拉的也被抓得多，都统统杀完。有的在这里杀，有的拿到外地去杀，杀了还割头去。我家的老公公被抓到哪里杀掉都不知道，至今找不见尸骨。只好要几根桃木当他的遗骨，立个坟，每年三月三，才得扫坟纪念他。

听人家说，白军杀人最毒，有的被捆死有的用刺刀夺〔戳〕死，有的用夹马草刀夹死，有的用刺刀推路陡沟去死，有的全家被杀完，真是残忍无人道啊。

在四位老人中，罗元恒和黄礼言知情较多，但又〔有〕顾虑，当时不肯谈完，许多重要资料随着他们的去逝〔世〕而埋入地下，实为可惜。

但是，那达是红军根据地之一，可歌可泣之事不少，群众印象深。目前还有一些七八十岁的老人，他们或多或少知道一些情况，可以抓紧时间访问了解。为了抢救这些资料，我建议领导上要采取紧急措施，多抽些人，组成征集队伍，立即分扑〔赴〕各地进行调查。

现将那达地区的调查线索提供如下：

1. 调查指挥部的情况,可到江南、安者两队找老人座谈,因这两队接近指挥部,可能知道一些情况。

2. 在红军指挥部里曾经枪毙一个人,这时〔是〕什么人,为何枪毙,可找南江的刘正祥、林定根、林定福座谈了解。

3. 红军上来和回去的准确时间,可找那拉的老人座谈了解。

4. 红军指挥部驻地值得研究,那个地方山高丽朗,有林有水,可直视那达、那拉、甘南三个红军据点。不过大路,只顺山梁可达花甲红军据点,四处遥望可见洞波、花甲、阿用、那能、剥隘、者桑、炮火、沙斗等地界,在战略上有一定的意义,值得研究写照。

1983 年 4 月 18 日

（中共云南省文山州富宁县党史办公室保存并提供）

对剥隘早期革命活动的回忆

黄巨金

早在 1927 年(民国十六年)广西左江革命受到挫折后,谢洪(改名黄文成,龙州人)由越南转右江到剥隘来,1928 年,由关和养介绍,在剥隘教私学,除教古文以外,还传授孙中山的革命学说。其后,私学转为公办二级小学,由当时的县佐余尔信兼校长,黄文成即在二级小学任高小教员,梁玉佳(南宁人)也在校任教。

黄文成暗中对高小学生传播革命道理,1928 年秋,集中高一班学生 20 多人(我也在内)到河街(今临江街税所)门口,宣传抵抗日货,反对苛捐杂税,还唱《劳动歌》,宣传破除迷信思想,8 月 15 日晚,带领学生打倒观音庙及各处土地庙,又组织高一班学生清理庙产,以作医药方面的设置,开设中药铺仁济堂,并拨少部分作教育补助经费,购置教具等物。后来换成百色对河的邓伯容当校长。黄文成本来想先通过进步学生组织群众进行革命暴动,其后因土豪劣绅杨孝忠反对,活动无结果。1930 年,准备以文艺活动的方式作广泛宣传,搭台子演[白]话剧,表演《上海纱机惨案》。后来由于地方动乱,韦高振打剥隘,话剧没有演成。黄文成(又名谢[儒]洪)教了一学期书,便离开剥隘往广州深造去了。此人仍健在,现在广州东山区,何家荣(现退休在南宁)知道他的情况。

本街邓敏传从百色中学毕业回来,在学校教书时,也曾向学生传播革命思想,但由于他父亲邓伯荣的反对,工作无法展开。

梁杏村当剥隘自卫队大队长时,把梁振标从九弄动员过来当副大队〈长〉。在这个时期,大约是 1934 年至 1935 年之间,朱国英曾经来找梁杏村、梁振标等活动,怎样活动,由于当时我不接近他们,内容无法得知。

1936 年,梁振标已参加红军,曾带领七八十人驻今那良大队的那甫寨,当时有驻剥隘的白军排长张云贵带领部队连同自卫队民团等共五六十人去那甫打梁振标。这次战斗打死白军 1 个班长,打死自卫队一个名叫做张洪文的人。

1982 年 7 月 5 日

(中共云南省富宁县委党史研究室保存并提供)

红军在那能一些地方的情况

〈富宁县〉那能公社地处滇桂边疆〔界〕,是高山遥远的分散山区,早在 1931 年间,有广西右江革命根据地派出红军干部到那能公社这里,驻过那法大队的太平队、甘邦那吉大队的那龙队、六温大队的那平队、百刷寨等地,组织建立发展红军队伍。根据地于 1932 年至 1935 年做秘密串联,〈有〉地下工作的组织基础,有一定发展〈的〉起义队伍。

据那吉大队那力队鄂广品老人说,于 1933 年(丙子年)二三月份,有广西韦英等 2 人来到那法大队甘邦队,后来到那吉大队那龙生产队黄朝寿家住,组织发动群众,杀鸡抽血吃团结饭。宣传讲,参加红军,不准变心(不能叛变)。

韦英说,我们红军是搞革命的,为帮助农民做好事而来,旧政府要钱收粮款项多,乡保长和财主压迫剥削我们农民,穷苦人民无吃无穿,所以把农民组织起来,参加红军抗粮抗税,农民就有自己的组织农会。确实有三年不交款项,群众积极参加红军,在〔有〕发展红军〈的〉组织基础。

那吉大队那龙队,黄朝寿担任农会主席,那力鄂广道任副主席,谓洪队王世保任委员,登合大队登合队农玉华〈任〉书记委员,玉开贤任班长,负责那合、登合范围。

据六温大队那平那壮队父老,如许文金说,在 1936 年至 1937 年间,有广西百色地区,韦高振、梁振标、何尚刚、欧仲明、梁志平、黄炳宣、韦英等人来到六温大队那拉、那吉、那法以及花甲、阿用等地,发动农民组织红军队伍,记得黄炳宣当红军校长作宣传员,包括韦英、梁志平。

在六温大队范围组织建立红军队伍

白刷寨:苏胜爱　任农会主席

那平队:黄仲文　任农会副主席

那平队:黄志礼　委员

谓圩队:班士忠　委员　营长

六母寨:黄安全　战士

那平队:黄朝兴　副队长

那平队:班茂元　队长

谓圩队:黄国才　战士

那壮:许文金　战士

那谷:梁松辉　队长

八刷队：苏有生　战士

八刷队：苏有龙　战士

八刷队：班文贵　战士

八刷队：苏廷保　班长

红军组织发动几年后，被匪首龙汉斗白军冲击脱离联系，受到暂时误〔损〕失。

于1937年，丁丑年四至十月份，龙汉斗白军下来，与我红军激战在那法大队大平队，那拉大队的谓洞寨、谷沙寨，花甲公社的那乙寨等地，由于敌强我弱的情况下，失去联系，没有兵力增援，被烧杀抢虐〔掠〕，被杀害的红军干部和战士〈不少〉。

六温大队

苏胜爱　农会主席，被白军杀害。

班士忠　委员、营长被白军杀害。

黄安全　战士，被白军杀害。

黄国才　战士，被白军杀害。

苏有生　战士，被白军杀害。

苏有龙　战士，被白军杀害。

班文贵　战士，被白军杀害。

那吉大队

黄朝寿　农会主席，被白军杀害砍头。

鄂广道　农会副主席，被白军拉去到太平杀害。

黄英合　战士，被白军拉去到太平杀害。

黄英富　战士，被抓去到太平杀害。

黄英昌　战士，被抓〔拉〕去到甘邦杀害。

登合大队

登合生产队，玉开贤被抓去太平队杀害。

以上所述未经完全了解，只到那吉、六温等两个大队部份〔分〕生产队的父老访问，而得到的一些情况，汇报县党史办公室。

　　此　致

那能公社农会委员会

1982年6月12日

（中共云南省富宁县党史办公室保存并提供）

谈谭统南在武平

黄琼瑶

1. 我名叫黄琼瑶，〈现年〉73 岁。我 21 岁时即 1933 年到灵杰乡灵蒙屯当教师时，常见谭统南在黄正立家住，有十多二十来人。当时我患贫血病，谭统南还给我一条蛇吃，后来病好了。

2. 吴坚经常在六合来住，住在黄正岩家、赵启彬（赵荣飞）家。

3. 我祖父黄国昌是个爱打抱不平的人，这一带地方人人尊敬他。1928 年 6 月间，从六合下来二三十个烟帮，路经多纳、果良、灵杰村灵蒙屯，父亲带县警到果良慢那地伏击，烟帮从果楼下来到教百弄，县警就开枪了，烟帮才回击一枪，退过巡马庙坏到县峒，有的人跑不了躲在弄良。那时弄良人在山上打柴看见后来报找公所，我祖父就弄些暖带，这两个人来到我家吃午饭后，这两个人……陆奎芬（我舅）去取鸦片 20 两和两只洋纱。

过了一年多二年，连夜送来一面红旗，上面有斧头镰刀，长二尺多，并写有"有事为兵，无事为农"。这旗下面落款司令俞作柏。这旗于 1930 年元月我父死即烧。

1985 年 6 月 7 日于〈广西靖西〉宛如村

（中共广西靖西县党史办公室保存并提供）

父亲黄彩文参加红军的经过

黄盛烈　黄盛表

我父亲名叫黄彩文（又名黄永助），出生于清光绪十五年（1889 年，己丑），原籍是广西德保县赖德乡。因在那里缺田少地，生活逼迫而迁来云南富宁县皈〔归〕朝乡百油那响村住。由于新迁来，白手起家，也没有田地种，只靠开荒度日，兼做些小生意维持生活，家境很贫穷。

1934 年间有红军干部李德惠等同志来我们家住，因为都是广西籍，于是与我父亲结拜朋友。不久李德惠、李家祺、蒙运廷等几人都会合在一起，就公开身份说他们是红军，并宣传红军是打富济贫为人民解除痛苦的。这时候，我堂叔黄永达（又名黄彩留，曾到昆明成德中学读书，毕业后回富宁任教 3 年）请假回家探亲，因为知道李德惠等人是红军，便与他们一起发动群众，宣传群众抗税抗租，经群众揭发，得知国民党政府挖砚剥公路间（即砚山到剥隘公路），上面给民工的一些报酬被百油乡长钟安保贪污数百元，便组织群众控告钟安保的贪污行为，当即叫钟安保拿百余元来交红军作伙食费，启发了广大群众的阶级斗争觉悟。我父亲就是在这种情况下，得到〔提高了〕阶级斗争的觉悟，靠近了红军并得到红军的信任。

当时，红军给我父亲的任务是联络附近各村寨，动员人民参加红军。我父亲接受任务后，先后联系动员参加红军的有百油黄恩益、韦寿廷、那沟黄如山、谷麻赵文晏（瑶族）等。由于群众动员起来，参加红军的人也逐渐多起来。据参加红军的甘美吕无美、周光明、吕朝隆回忆，红军干部就从七村九弄来到百油。由于红军力量在当地的发展和红军部队的到来，使乡长钟安保坐立不安，于是往皈〔归〕朝躲去了。

此后，红军在百油跟国民党军和民团打了一些仗。红军很能打仗，多次打了胜仗，深受群众的崇拜。头一仗是甘美、郎冲，郎冲仗白兵只到龙旧下面丫〔垭〕口开一轮枪就被红军赶跑了。甘美一仗是钟安保要吕正先、周帮福带路，因为大路是打不进去的，红军力量很强。白军在吕正先、周帮福带领下从甘美后山那条只有本寨人才知道的小路摸上来，打进了甘美寨子。白军死了十多个人，叶姓连长也死在甘美，白军因为失去了指挥便散回去了。甘美、郎冲两仗都是同一天早上，白兵分两路进攻，在白军来前，红军已料到，做好准备工作，每户群众只留一至二人较得力的人守家，其余老少、妇女搬到山上安全的地方住。白军到甘美寨子边不见有红军动静(当时红军已进入房屋内作好准备应付),白兵便用枪逼着吕正先说:你报的假话,如不见红军我们非杀死你不可。吕正先被逼着用火烧房子,白军也随着〔即〕烧房子,房子被烧去了六间。这时,红军忍无可忍,就出来还击,一边灭火一边打仗。红军连长王保臣打死敌军3人,缴得3条枪,因忙于扑火被敌军打中,牺牲于甘美寨子。

1936年,县府派洞波的黄天运带民团200余人来"围剿"那响村,准备抓我堂叔黄永达,幸好黄永达外出未归而没被抓,但民团队长黄天运开枪打死黄永达的舅子(广西人名字记不清)。那年头,敌人弄得我们那响寨群众东逃西跑,有家无法住,我父亲黄彩文和大伯黄彩鸾等几兄弟被逼得搬进那沟深山老林藏身。可恶的国民党反动派仍不放过,于1937年4月,乡长钟安保、旅〔间〕长周帮福带领国民党兵百余人,到那沟深山老林抓我父亲和大伯。他们被抓后,敌人把他们送到那能甘邦龙彦杀害。我父亲和大伯被抓去杀害后,敌区长又来派我们每人出10元法光买良民证,弄得我们人亡财空。那时,我才读初小,父亲被害后家中更难了,我也无法再读书了。一直到新中国成立后,我只力所能及的〔地〕做草药医生。现在,我年已69岁,只能讲述父亲当时的一些活动情况,以使后代知情。

陈福荣　整理

1982年8月

(原件存于中共云南省富宁县委党史研究室)

对父亲伦赞清参加革命的回忆

伦汉周

伦汉周,男,1935 年 10 月出生,住〈广西隆安〉屏山街 56 号。初中文化。1956 年参加工作。在屏山乡政府工作退休。身体状况良好。

据我母亲述说,在邓小平同志领导百色起义后,右江地区的田东、田阳、凤山、巴马、东兰、平果、镇结、隆安等地有志青年纷纷参加红军队伍,组织农民协会,积极参加反征兵、反征夫、反征粮的"三反"斗争。就在此时,我父伦赞清及龙连屯的许元先、覃洪元及底扎屯的马德英 4〈名〉青年响应红军号召,积极参加民兵组织和农会工作。

1933 年至 1934 年间,国民党万承县政府为了肃清红军的影响和"清剿"红军,他们实行所谓"清乡"活动,大肆搜捕进步分子和农会骨干,杀害革命青年。

1934 年 8 月 20 日,屏维乡政府率宪兵多人到民权村(现雅梨村)召开"清乡"大会,我父亲等 4 人就在这次清乡大会上被捕获的。时我父亲等只有 30 岁出头。第二天,我父亲等 4 人便被押送到万承县监狱所(今大新龙门乡处)关押。

我父亲被关押多个月后,忽然听说红军准备攻打县城,营救被捕农协会员。国民党万承县政府听到此传言后,便把我父亲伦赞清、许元先、覃洪元、马德英押至万承县的"秋园"(地名)进行枪杀。父亲被杀害 2 个月后,我便出生了。

据当地老人传说,在那个年代里,刘家村的黄显成、隆光兴等人多次到龙连屯组织农民协会。这 2 人是屏维乡共产党地下武装斗争的领导,后来也被国民党反动派杀害。由此得出结论,龙州武装起义后,红七、红八军到屏维乡坚持开展革命斗争是事实。

口述人:伦汉周

2015 年 6 月 13 日于屏山伦汉周家

潘启作、韦英华、蔡志杰　整理

2015 年 6 月 30 日

(中共广西隆安县党史研究室保存并提供)

同德乡革命知情人座谈会笔录

黄安平是向都〈现属广西天等县〉紫薇人。他于 1932 年来到足义、武平、朋怀活动,1934 年回去。

廖英是安宁人,在百沙活动,又到足表、朋怀的那宁等地活动两年左右。后因叛徒黄治民(足表人)、梁二(坡无人)、黄权(江藏人)等 3 人出卖被捕于 1936 年 2 月在坡无屯捕后割去一个耳朵才押送到靖西杀害。

李德惠,宾阳人,于 1934 年×月到足表活动被叛徒出卖被捕押到靖西杀害。

黄朝岗、黄鸣龙　记录

1985 年 7 月 5 日

(中共广西靖西县党史办公室保存并提供)

访百油街李月明老人

我没参加红军,但知道从前(约40年前)国民党第十七团来打我们百油一带,是6月13、14日早上,是甘美闾长周邦〔帮〕福狗腿子吕正先带路,由归朝方向来。约早上九点钟后由后山下来,先放火烧,才冲进郎中寨打梁振标,另一帮冲尾洞打韦高振。那一仗白兵失败了,死很多人。

百油当时跟红军的有那响黄彩鸾、彩攻、彩文,和百油街的黄见益(在家病死),彩鸾等三兄弟被国民党兵拉到弄彦、甘邦杀害的。

红军初来时,是李家祺、何尚之、蒙文廷、李德惠先来,宣传组织参加红军。

在甘美战斗,敌第十七团死七八十人,叶连长被红军打死在甘美黄家门外,他们派人来拉又被打死,三个在一堆,白军放走,红军不追。红军也死一些,黄宝成连长牺牲,韦高振都哭了。当时李家祺、蒙文廷、何尚之、李德惠都在尾洞,听枪响冲过来,白兵才放的。

黄宝成连长用过的一把尖刀,被唐绍英于1960年来要去〈交〉州民委了。

李月明,77岁

1982年7月15日

(中共云南省富宁县党史办公室保存并提供)

红军到洞波的情况

李汉新

大约在 1935 年,红军干部何尚之、李家祺、梁振标、韦高振带有 400 多人来到〈云南省富宁县〉洞波驻扎半年多,是从百油那边开来的,何尚之他们住在洞波街上林汉功家。每到街天,摆一张长板凳在街上,一帮红军围起来,先唱"起来,饥寒交迫的人们……"然后,李家祺站在板凳上跟大家宣传革命。

赵中队长(赵敏)住在我家,那时我还小,何尚之、李家祺早晚都爱领我们几个娃娃到学校去,教我们唱歌,回来吃饭,总是拿鸡腿给我吃。三五天又下到各村寨宣传,当时的标语口号很多,我也记不得,总之是打倒土豪劣绅等等。

我见当时参加红军的人,什么人都有,有好多是广西人,七村九弄的人也有,我们洞波的也有,我还小,只记得马应善、韦景惠的姐阿六也跟他们去,有 3 个妇女参加,连阿六共 4 人,他们还唱壮语的革命歌,大意是说:妇女不读书,无文化,无前途,在家受公婆的气,受丈夫打骂。

他们的队伍,有两张大红旗,武器有两支"格蚤龙",步枪也有,不过十响枪多,都是短枪。我知道他们杀过 3 个人:1 个乡长(黄德永的爷),抓来副乡长黄家富(后来病死);还有一个假装跟红军,实际是敌人派来做侦察的,名字叫什么记不清楚了;有一个是犯强奸妇女的。还有一个帮白匪军带路的,叫做陆文修,当时没有抓着,前年才死。

1982 年 6 月 21 日

(原件存于中共云南省富宁县委党史研究室)

王开洪两打百乐

蒙怀英

王开洪来打百乐的时候是 1935 年。第一次是农历正月间,仅只是苗兵来。第二次同年农历五月间,王开洪配合广西梁振标的队伍首先来到就占领百乐下寨,将百乐围得水泄不通。他们的红旗上写有大字"滇黔桂劳农游击队"。他们当时喊的口号是杀官救民,打富济贫,还说他们是闹共产党,要打垮百乐以后占领八宝和广南。

作战时,梁振标严纪不准乱抢人民的东西,而王开洪的兵不听劝告,到处乱抢。连我们的妇女上山劳动来不得躲避的都被苗兵脱去衣裤。我们百乐街被他们围了一天一夜。连水都不敢去挑,当时,我们百乐街上住有守备队,是从广富两县调来的,王开洪攻得太紧的时候。守备队都害怕,准备逃跑,农民大哭起来,行李等东西都收拾好。最后守备队甘队长发出命令,不准撤退,哪怕只剩下一个人,也要血战到底。

在甘队长的命令下,守备队发起了反抗,打死梁振标的一个队长,广西兵就撤退了,由于王开洪的兵乱抢,群众十分害怕,大家都跟随官军死战。所以王、梁攻街未进,最后梁振标他们还大骂王开洪的兵是土匪。退在下寨三天广西的兵就退往花甲方向去了,王开洪退回六羊,以后[不知]如何下落,我们就不知道。

蒙怀英,男,69 岁

1982 年 2 月 21 日

熊仁武记录于八宝百乐

(节录于中共富宁县党史办公室编:《王开洪起义史料专辑》,1985 年印行)

王开洪两次攻打百乐街

庞祥林

1935年初,广南县第三区牛滚塘村(今黑支果区天生桥乡)苗族农民王开洪,因忍受不了国民党官府和当地恶霸的欺压,暗地串连当地苗族农民,揭竿起义,提出打富济贫、杀官救民的口号,得到当地及附近苗族群众的拥护,一时间声势浩大起来,参加者有1000多人。

先到甲坝(今八宝区甲坝乡)抄了保长陆朝刚的家,没收了他的枪。后来,王开洪又获悉八宝乡乡长依月楼带领民团200余人驻守在百乐,为了消灭这股民团,于1935年2月28日(农历正月二十五)带领起义农民攻打百乐街。

百乐街,是从八宝通往富宁县必经的要道,是一个小集镇。分上街和下街,上街有一关帝庙(今百乐小学校),若占据此庙,可直接控制上街;紧靠下街后有一石山,山顶上用石头垒砌碉堡,占据碉堡又可控制百乐上下两条街,地势易守难攻。

当天上午10点钟左右,街上有蒙家和家,为其子蒙怀英结婚办酒席,迎亲的轿子早已出去,多数人只顾做客吃酒,民团警戒也松弛,不防起义的苗族农民前来攻打。枪声一响,民团才慌忙关上栅门。一个起义苗族农民准备从蒙家后门攻进街上,被一个守在蒙家后门的陈怀基用杆子捅伤,接着陈怀基又被进攻的起义农民开枪打死。

起义农民一部很快攻占了关帝庙和上街,并击毙上街一个人名叫张正刚。驻守在下街山脚的团兵许志先,用一支格蚤龙猛烈抵抗;黄献章带一部份〔分〕民团在下街后山控制了下街要道;晚上街上农户各家门前都点一盏灯,将街道照耀通明透亮,起义农民一时攻不进下街,双方对峙着打了一天一夜。由于起义农民枪弹缺乏,第二天早上只得暂时撤退。

王开洪率领的起义苗民虽然未能攻下百乐,但声势之大,勇敢顽强的精神却吓坏了民团。起义农民撤退后,乡长依月楼也带着民团龟缩到八宝,不敢在百乐驻守,而后由守备军来接替。

起义农民从百乐撤退以后,得知在富宁县的七村九弄地区有红军活动,王开洪便派人与红军联系,又派出正式代表带着起义农民花名册到九弄地区,要求参加红军。后来红军领导人黄德胜派人到牛滚塘,将王开洪的起义农民编为滇黔桂边区劳农游击独立大队,任命王开洪为大队长。从此,王开洪率领的独立大队参加过[创建]滇黔桂边区根据地的一些活动。因为第一次没有攻下百乐，王开洪便请求红军派部队协助，准备再次攻打百乐，得到了红军的支持。

1935年6月5日(农历五月初五)，红军派一个特务大队200多人，从富宁县境经戈丰到菜子垱与王开洪汇合，共同商量攻打百乐的事。农历五月初十上午八九点钟，红军大队在前，王开洪率独立大队在后，从菜子垱出发向百乐推进。这天天亮后，街上农民多数都已上山劳动，我也扛着犁赶着牛上山犁地。在山上见他们来了，起初有些害怕，红军大队的人就对我们说："你们不要怕，我们是闹红军的。"他们边说边向百乐前进。

当时守备队有三个中队驻守百乐街。姓袁的一个中队长带一个中队守下街栅门，姓罗的一个中队长除派一个分队守街后小石山碉堡外，两个分队守上街栅门。姓王的一个中队长带一个中队守木茂丫[垭]口，还有富宁县常备队大部分人配合驻守。红军和游击队一进抵百乐就进行攻击，遭到守备军的拼命抵抗，红军便加紧四面围攻。富宁县守备队一个姓罗的队长带着七八人，也从富宁赶来增援，中途受到红军和游击队的阻击，未能进抵百乐。

战斗已经进行了一天一夜，在百乐的守备军眼看力不能支，想准备撤退，被百乐街地主张志川苦苦哀求："祸祟是你们引来的，你们走了，我们如何办?"守备军不得已又坚持下来。红军和游击队有些伤亡，又恐敌人再来增援，于是便互相掩护着向后撤退，往沙斗转移;王开洪也带其所部返回牛滚塘。这次战斗，守备军伤一人，红军伤五人，牺牲一人。在大队撤走后，被掩埋在百乐街二队马家房背后。如今基地已被农户荡平起房。

庞祥林，八宝区百乐街人，84岁

(节录于中国人民政治协商会议云南省广南县委员会文史资料研究委员会:《广南县文史资料选辑·第2辑》，第30～32页)

七村九弄配合王开洪打百乐

陶正华

王开洪是我姐夫，陶金益是我哥，王开洪在水淹塘被"围剿"以后，他的兵和老婆儿女统统领来我们陶家湾住，由陶金益保护，陶金益是他的大队长，又是兄弟关系。

他的兵分成几处住，一部分住在水淹塘，一部分住在陶家湾，陶家地势险要，他们设做司令部。

后来他们配合广西的红军攻打百乐。红军受伤八名，一直由王开洪的兵将他们抬到陶家医治，我们没有米吃，他们吃不成包谷饭，只好用包谷面煮稀饭拌猪油给他们吃。医治很长时间，医生是我们苗族熊章华、陶抓包他们医枪伤的药，现在我都懂一些。

这两个医生将8个红军医好后，双方建立了深厚的友谊，当他们要返回七村九弄时，双方依依不舍地分别，8位红军战士将作战用的一把战刀送给了陶医生作留念，这把大战刀至今还在大湾陶元学家，断去了一截。

国民党兵追到水淹塘端了王开洪的营，接着又冲到陶家湾。〈王开洪部〉抵住死战三天三夜，全靠从高山上撬石头下来，打得国民党军节节败退，再也不敢进攻。

从此以后，王开洪就进去越南，后来不知是怎么的就不知〈下落〉了。

陶金益就一直在陶家湾镇守，至1944年禁止种大烟，陶金益在大湾同样种，无人敢管，有时又出动去抓些牛来杀吃。因此1944年农历三月赵应生营长，命令熊文林率领地方民兵，"剿"死了陶金益。我被活捉拉去关在龙俄熊文林家。赵营长大骂，叫熊文林赶快将我拉出去杀掉。我已吓得魂不附体，正在这危急之时，幸好熊文林的妈熊郭氏勇敢出来抓住赵应生不准杀我，并且把我绳索解放〔开〕。煮饭猪肉给我吃饱，保护我回家，我得她老人家的救命才活到今天，真是感激得不得了。

陶正华，男，64岁

1982年5月2日

熊仁武记录于陶家湾

（节录于中共富宁县党史办公室编：《王开洪起义史料专辑》，1985年印行）

走访知情人李毓华、李抱稳谈话记录

1936年农历六月,罗德彪(罗英)和农卜理便带领红军游击队来杀王茂德,没收他的财产。那天,天蒙蒙亮,王茂德的房子便密密麻麻的〔地〕被包围了,我们听到枪声后,立即派人下去救援,但还没有走到寨子(木隆),游击队便向我们喊话:"你们群众不要怕,我们是有冤报冤,有仇报仇来的,只打王茂德家,对你们绝对没有什么伤害,你们不要来。"我们听喊声懂得是游击队后,便转身回家去了。

当时,游击队打死王茂德和他的大儿子、乡长王永祺,以及二儿子、三儿子和两个侄儿,后来又绑他的三个媳妇,两个女孩和四个孙子,押去那柳。游击队领导见他们连家眷帮〔都〕绑来,违犯纪律,把他们训斥一顿后,叫两个人送他们回木隆……

由于王茂德还没有被围打的前一天,正好是那佐街日,他的侄儿王家积(现在那佐当地上门)去赶街还未回来,他的女婿岑卜登(有的叫王卜登)去定安也还没有回来。于是,第二年(1937年)农历正月二十一日,他们便贿赂龙潭乡长岑泽甫,云南龙连长、广南上阿用区长农旭甫,带兵来打平烘和良同,进行报复,说我们这两个屯的群众见死不救。

当天,他们就烧去平烘房屋36间(按:当时游击队以群众的名义给国民党省府的电报中说25间),杀死群众大小72人,良同被烧去房屋二十七八间(电文说四十间),杀死群众5人,绑走14人,其中3人拉到龙潭后杀害。这被杀的3人,是黄卜力、苏卜扬、苏卜双桂。他们都是红军的人,苏卜双桂还是司令呢! 其余11人,押解到定安监禁,共抢走牛马100多头(匹)。

有的说,平烘被烧杀,还因为罗志刚经常来平烘亲戚家韦卜应,拉拉唱唱(韦卜应懂得吹奏多种乐器),怀疑平烘有红军来活动。

1983年4月1日

(节录于中共西林县委党史办公室编:《西林县党史资料参考》,1988年印行。中共云南文山州富宁县委党史研究室保存并提供)

回忆红军在我们这一带的活动

王登祥

1936 年梁振标带 100 多人来,驻扎甘邦两个多月,在甘邦组织劳农会,负责人黄廷妙,会员有梁光甫、梁光烟等。

板沟寨也组织过劳农会,由寨老田兴礼负责。

红军宣传,大家团结起来反对国民党收税、收款,不要给国民党当兵。当时有剥隘镇公所黄委员 4 人来收款,甘邦派赤卫队来抓收款的人,其中 1 人逃脱,跑回剥隘报信,抓得 3 人拉去甘邦杀掉。

后来白军下来"剿共",龙指挥官住在太平寨做指挥部,进行三光政策,扬言说,要铲草不留根,鸡蛋都要过三刀,大屠杀人民群众,前后在太平寨坝子杀害本地的何〔和〕从别处抓来的百多 200 多人,并把龙彦、甘邦、中六、那薄等四个寨子烧光。

板沟寨王登祥,65 岁,口述

陈衡清　笔记整理

1982 年 7 月 8 日

(中共云南省富宁县党史办公室保存并提供)

我是白军残忍的大屠杀中幸免于死的人

马氏维

1936年农历十冬月间,为了逃避白匪进寨到处杀人、抢劫,本寨万芬家5人,美英家7人,马朝凤家8人(死4人),吴章高家4人(死3人),我家6人(死5人),还有几个记不得,共约36人,搬到本寨靠东边的山岩洞内避难被白匪发现,以为有红军在洞内驻守,见洞口小,竟以最残酷、毒辣的手段用辣子、破布、柴草等物堆积洞口燃烧,把逃难于洞内避难的群众活活熏死。

白匪以为可以大发其财,于熏烟过后,想方设法用楼梯爬上洞去,搜取四人财物,由于洞内漆黑,白匪把死尸一个个丢下岩脚,当时我也是被白军丢下的尸体之一,但是我并没有断气,后来有红军、赤卫队和群众,经过死〈人〉堆旁听见我的哼声、哭声才把我救活。

后来我们本地广大人民群众,为了记起这一不共戴天的深仇大恨,把这个洞取名为深仇洞。

甘邦寨马氏维,75岁,口述

1982年7月8日

陈衡清　笔记整理

(中共云南省富宁县党史办公室保存并提供)

在良同、平烘召开知情老人座谈会发言记录（节录）

正当兵工厂工作逐步顺利开展之际，1937 年农历正月二十一日（即公历 3 月 3 日），突有敌伪袭击平烘、良同。缘由是 1936 年 6 月被我游击队处决的王茂德父子，其侄儿王家积和女婿岑卜登，贿赂了新任龙潭乡长岑泽甫和龙辫斗（已编入滇军任连长）及广南上阿用区长农旭甫一伙，率滇军 200 余人，出于〔进行〕报复性的进行烧杀洗劫。

当天拂晓，敌重兵包围了平烘，边劫掠民财，边放火焚烧民房。群众愕然惊骇奔往村外逃命，但被围兵阻住去路，转向村边两头的水沟里奔逃。围兵向奔逃的群众疯狂地开枪射击，尸体塞满沟，鲜血遍地流。当场被打死群众 72 人，烧毁民房 36 间。

良同事前有所防备，早已把隘道毁坏和设上障碍物，迫使敌人翻山绕道，不可径捷袭击良同。平烘事发，枪声惊动了良同。兵工厂采取了紧急措施，在群众的帮助下，立即收拾好器械工具，扁担背扛，沿沟驰渡西洋江，安全转移到那柳后龙山。当日，敌人到了良同，开枪打死了群众 2 人，绑走 14 人，其中 3 人拿〔拉〕到龙潭后杀害，其余 11 人拿〔拉〕到定安监禁，烧毁民房 28 间，抢走两屯的牛马 150 头（匹）。

1983 年 4 月 2 日

（节录于中共广西西林县委党史办公室编：《西林县党史资料参考》，1988 年印行。中共云南省富宁县委党史研究室保存并提供）

关于甘邦那薄寨战斗的补充材料

韦成恩

那薄战斗是几次相隔不久的大小战斗形成的一次较大的战役,大概在1937年夏至秋间。先是保长康英世带二三百个民团来打那薄寨,当时红军主力部队转移到别处,寨内只有韦善国和董廷祖、农积才等人驻守。民团进寨,先烧农吉才的房子,董廷祖看见匪帮进寨烧房子,第一个开枪,即打中匪徒一人,其他人就败退了。

隔几天剥隘陈镇长(即陈朝章)带民团和白军200多人来打那薄。红军领导指挥作战的是欧仲明、黄秉功(可能是黄树攻)。本地组织起来的义勇军,董之间当队长,人数是一个排,分住三处,即三个组,由义勇军配合主力,四五人在一处,利用石山、洞穴的有利地形作战。白军摸不着头脑,布置〔到底〕红军有多少人,四面石山的地形更是弄不清楚,逼着一个老百姓带路,被红军击中脖子。从早上至打到黑,被红军打死带路人以后,白军退回剥隘。上面所说这两仗,红军义勇军以少胜多。我军无伤亡。

第三仗战场相当宽,在那况、那薄一带打白军的带队人是黄老常(一说是胡仲才,是否是黄老常之误),带领白军民团200多人(一说是五六百人)。红军领导人是岑日新田东人,指挥作战的是梁振标,投入战斗的200多人。白军死伤很多,白军穿长衣的军官连人带马被打倒,就在这一仗。

红军干部老岑同我住了3个月,到7月间才化装成找粮的人,用蚊帐做口袋,挑着走,向者兰新街方向去了。

那薄寨韦成恩口述,78岁

陈衡清　笔记整理

1982年7月9日

(中共云南省富宁县党史办公室保存并提供)

谈红独立师派人改造韦高振

陈国团

1931年4月底,韦高振随廖磊撤离东兰到田州集结,待命出兵湖南打蒋,到田州后他不愿为桂系军阀继续卖命而逃回靖西,继续做他的喽罗生活。那时在思林工作的我地下人员滕国栋、黄书祥给师党委来信报告说:韦高振跟廖磊到东兰"围剿"我根据地,与其上司有矛盾,他到田州集结后反对李、白、黄打内战,而把其部队拉到靖西当土匪去了,而且镇边、敬德那边也有梁振标一股土匪可改造,是否派员去改造他们。

那时我是师党委委员、党委特派员。当时中央未派陈道生来东兰前,师党委曾研究两次派员去靖西,但没有选得谁去。后来陈道生来了,在西山弄京村弄岩洞又研究才决定派谭统南、黄明强、黄明光三人组成党小组,由黄明强任组长,谭统南负责行政工作,前往靖西改造韦高振,并开辟中越边革命新据点。

谭统南、黄明强、黄明光等三人接受任务后,9月中旬顺夜月行,先到思林会见黄书祥,后转到向都黄绍谦,黄绍谦叫副总指挥黄庆金陪同,他们三人一起前往靖西改造韦高振。

1932年2月改造韦高振成功,1933年2月至3月间,黄庆金、谭统南、黄明光、韦高振等人来右江下游向黄松坚汇报(在弄孔弄法)。那次不见黄明强来,他说黄明强走游边境线,看一看那里是否可以建立革命新据点。

他们转回靖西后不久,黄明光又转回右江接黄大权、黄玉荣、石坚(黄大权的爱人)、王某某(韦祥爱人)到向都天保活动,不料在天保县龙光乡被叛徒出卖而被捕。黄大权、黄玉荣、黄明光等三人被杀,两个女同志放回来。

1933年9月(已收完稻谷),谭统南与黄庆金又来向下游党委汇报,说明韦高振、梁振标两股土匪已接受改造,并说梁振标比韦高振好些,还说那几个县可创造根据地,但枪支少,几百支(300支左右)。1934年春(农历二月),谭统南、黄庆金汇报,并要求党委派人去协助工作。以后农历七月黄松坚、黄德胜等人上去。

黄松坚上滇黔桂边区支[主]持工作后,右江下游党委没有成立桂西区党委,并〔而是〕成立那马、向都、东兰三个中心县委。靖西属向都中新向都中心县委领导。那时,靖西也有党组织了。

1936年初,在田东弄孔、弄法,开思果中心县委成立会议,参加会议的赵世同、滕国栋、陆浩仁、张现（宪，梁乃武）、韩平波、陈国团，还有那马的李凤章〔彰〕、李泽祥、梁德行、黄某某等。在会上陆浩仁说，根据谭统南汇报说：靖西那边工作开展快，1935年初还是党小组，同年底已有党支部组织了，但有多少人，谁负责他没有说。

至于谭统南在中越边组织义勇军的事，是整个桂西的统一。抗日战争时期，谭统南还与向都县委久不联系的。1940年，谭立国去靖西搞桐油生意后就不懂情况了。谭立国从靖西回来就不当什么了。

时间：1987年8月26日

采访者：黄鸣龙、洪明理

地点：东兰县武篆镇陈国团家

在场人：东兰县党史办黄英烈

（中共广西靖西县党史办公室保存并提供）

右江下游革命活动的一些情况

陈国团

右江下游团体,首先是黄明春、黄大权、黄书祥、滕国栋说,右苏、右革委会不存在了,我们暂时安为革命团体。自从右江下游临时党委成立之后。对外还是叫团体,对内才叫右江下游临时党委。我们东兰人去下游[去]是农历三月十五才从西山去,月底才到思林,到了就成立团体名称,当时没有党委,也没有革委名称。

为什么成立右江下游临时党委?因为东兰到恩隆那条路,罗明山叛变了,我们所去的路他都懂,怕他阻挡,所以右江特委决定(韦拔群、陈洪涛尚未牺牲),说你们到思林、果德那边去,成立右江下游党委算了。所以1932年12月就成立右江下游临时党委,书记黄松坚。常委黄书祥、滕国栋,委员内(黄)永琪、黄大权、赵世同、陈[陆]浩仁、徐泽长、陈国团。

1933年农历四五月间,黄松坚去上海向中央汇报工作,七八月间才回。传达上级指示,要我们成立右江党委,恢复老党员,发展新党员,反对立三路线。10月、11月间,他说,拔群、洪涛已牺牲,敌人对右江放松了,要成立右江党委,这样才好领导各县。不然无权领导各县。成立右江党委仍然是原来一套人马。

思果中心县委成立是这样的,我们先打向都崖屯的一个土豪,黄松坚说,现在萧克已打到接近广西仓州,我们打这个土豪是拉住敌人尾巴,不给他向萧克部队进攻。结果敌人派部队驻向都、果德、思林、田东等地,敌共有一团人。

黄松坚要离开思林时,他讲:我们商量一下,现在东凤好久没联系了,是否成立思果中心县委,大家研究决定。1934年农历九十月就成立思果中心县委,这个县委管辖思林、果德、向都、那马、恩隆、奉议的一半、镇结、靖西、镇边(今那坡)等县。

另一个意思是黄松坚要去滇桂边成立滇桂边委。他说我还去滇桂边,滇桂边也还领导思果中心县委,我不去,你们领导思果这几个县,也管滇桂边。他去滇桂边就指定陆浩仁代思果中心县委书记。思果中心县委增加一个委员韩平波,其余还是照旧。决定成立思果中心县委,是在弄孔、弄法开会决定的。

1935年农历四五月又改为右江下游党委,党委成员又增加李凤彰,常委黄永琪、赵世同、滕国栋,书记陆浩仁。改的意义是:一、1934年底派人来东兰与黄启

〔启〕平、黄世新二人,联系上了。右江下游派我(陈国团)来东兰,审查老党员。根据黄启平汇报回下游汇报。右江下游党委决定:分别成立右江上游党委、右江下游党委,以便方便领导。

都安、陇山(今马山)两县,上下游都可以领导他们,主要是谁管方便谁就管。所以都安、上林县我(陈国团)都去布置工作,现在韦金殿在的支部是我去发展。这个支部是中心支部。

1936年5月,陆浩仁牺牲,右江下游未有右江下游党委了,在东兰西山成立右江党委来领导整个右江各个县。

黄松坚在思林去上海只是一次。第二次是拉修思林桥的那个工头去,向他要钱给松坚做路费去云南的。时间是1934年。当年是搞邕色公路。

陆浩仁、滕国栋牺牲后,我、赵世同、黄永琪等说给黄桂南代理右江党委书记,没有正式选举的。

我的名字是黄桂南告诉国民党,说我是文件保密及军事组织领导,所以我一出去了,国民党给我任侦缉员的。但我当7个月,一个共产党抓不到,撤我的职。

与国民党谈判在百色,何云、赵世同都有份,但我不好讲。

我们在下游,第六十二团没多少人集中了,打向都是调多个县来,有田东、思林、果德、那马、向都、镇结,枪支也只100多支。

廖明佳、韦国兴二人曾拉拢我去跟他,叫我不跟滕国栋、黄松坚,说,你跟他无食、无喝。而且他还准备杀滕和黄,但他原话是讲,你跟他们,有时人家杀他,你也挨杀的。

我去下游,陈鼓涛已牺牲。他从农所回,在田东、思林、向都的多。

黄松坚说,我在我领导,我不回来你们共同领导右江和滇桂边工作。这是在弄孔一次会议上讲,在场的有李凤彰、徐泽长、黄永琪、陆浩仁、黄绍谦、滕国栋、赵世同、韩平波、黄春光、张宪(梁乃武)、我(陈国团)。

《告群众书》发表,是罗明山到处口头宣传共产党坏,所以我才反他。明〈山〉对士兵官员、群众不好,违反三大纪律,因而我们写告群众书,右江特委黄松坚、滕国栋、陆浩仁等讨论过的。黄书祥、黄大权、赵世同、张宪都参加讨论。现在还活的只有黄松坚一个人。当时还通信来往。我们在圈外,韦、陈在圈内工作。

黄启平在《广西革命回忆录》写:打甲纂[篆]杀敌乡长,陈国团也参加。实际上是我领队。黄启平根本没去打。我看不惯他们这种写法。

1931年在西山第二十一师师部,上山散步时,我问陈洪涛(我叫大哥),你负责什么? 他讲:我陈洪涛是任左右江特派员。

1985年8月3日

(中共广西田东县党史办公室保存并提供)

张光夏被害经过

向国祥

中共党员张光夏,在1937年农历八月十四日(9月18日)从富宁花甲区来到富宁县政府,当〔同〕县长何自尧谈判,要何将花甲的阿用、者兰、新街等地划归共方作活动区,接西林的纳那。

何不答应。张的态度很强硬,如谈判不成,不日就要攻打县城。当晚9时许,何自尧即将张光夏推下,拿在县衙门大堂北边牢房下面的马厩〔厩〕边枪杀。

这晚深夜10点多钟,富宁高山校长冯建庭与教育局长陆鸿翔吃宵夜,谈论此事。当时我是住校学生,宿舍与冯、陆两位的住室在隔壁,亲耳听见他俩的谈话。

当时我有点好奇心,第二天(8月15日)清早,我就到街门去看,但法警不准拢边,只见法警马朝光、许自清两人派出来4个犯人,用席子将尸卷裹,出北门,去埋在北门小河边山坡上,特此如实证明。

证明人:县政协委员向国祥

1983年9月24日

(中共云南省富宁县党史办公室保存并提供)

韦汉超烈士生平

罗　荣

韦汉超同志,1901 年 8 月生于广西东兰县大同公社板坡大队板合屯一个壮族家庭。他幼时在家里跟着祖父韦元飞务农。他为人好学,常闹祖父给他读书,因为经济不裕,1914 年 13 岁时,祖父才送他上本村私塾读书。他在私塾共读了六年书。

1919 年,韦汉超到弄棒岗当私塾老师。他在教书时生活上总是省吃俭用,节约多年才有东毫 400 多毫。当时军阀混战,河池县年岗〈的〉潘天甫、潘天学等人在河池闹独立,占据长老、王旺一带。他们虐待士兵,所以常有士兵带粮逃跑。有一次有 4 个外逃,带了两支步枪,跑到弄棒,韦汉超与他〈们〉见了……后来板布屯地主韦家隆知道,上门诈去一支,韦家隆又以武力夺去一支,并将韦汉超绑起来酷刑吊打,企图勒索财产。他们把汉超绑起来,就去喝酒,当他们酩酊大醉时,韦家的帮工将绳割断,指引逃跑了。

1925 年元月,韦拔群在东兰武篆创办农民运动讲习所,培养农民运动的骨干,韦汉超参加了学习。同年加入中国共产党。毕业后,随韦拔群一道工作。

1926 年,任果德县县长。

1927 年,韦拔群派韦汉超回大同区组织农民协会,并任赤卫队大队长。

1928 年到河池县保平圩活动,同年任农民协会土地委员。

1929 年,中国工农红军第七军成立,11 月,党任命韦汉超为红七军第二十一师第六十三团第三营营长。营部设在弄肖屯。

1930 年 10 月,红七军精锐部队北上长征。反动派调师长石化龙向弄肖屯进攻,激战 18 昼夜(1931 年 2 月 14 日至 3 月 1 日),〈红军〉毙敌 300 多,伤敌 400 余人。

1932 年 3 月,中央派陈道生到右江,将第二十一师改编为独立师,分 3 个杀奸团,第一团团长陈守义,第二团团长韦汉超,第三团团长黄德明。

10 月间,反动派派罗活团以及东兰、凤山、都安、河池、南丹等五县反动民团数千人,攻打果棉峒等地,韦率部分同志突围,向河池、南丹等地寻找失散的同志,到芒场和拉希屯,找到了谭耀机、谭敏初、韦展荣。大家讨论分析了形势,认为在广西是敌众我寡,不能保存革命力量。为了继续革命,保存力量,必须向贵州方面寻找建立新的革命据点,以便继续革命。

1933 年 2 月,韦汉超抽选部分无亲属在一块的同志,如谭敏初、覃相国、韦英良等同志,先到独山泗停,装打长工的卖苦力和挑夫,到都匀,后又转到榕江,返回荔波县翁昂和捞村乡和当地群众何希贤(何士贤)建立了深厚的感情。何的父亲被人陷害,被县府关押,判处死刑,未执行,要求韦汉超(当时化名韩宗柏)帮助呈文。

呈文送上,荔波县府把何希贤(何士贤)的父亲死罪改为无罪,释放回家。从此,何希贤(何士贤)视韩为救命恩人,结拜为生死之交。继后,韩与何讲革命道理,何表示积极拥护革命,并决心革命到底永不变心。这时,在捞村开始了地下革命活动。住在南丹的同志,也陆续到荔波,卖工继续进行革命活动。

1934 年 5 月,右江党组织派陆浩仁同志到荔波组织"黔桂边革命委员会",并选举韦汉超为主任,谭南平(谭国联化名)、何希贤(何士贤)为副主任、韦展荣、谭敏初为委员。一切工作按右江党委指示执行。

1936 年 12 月,韦汉超同志为了开展黔桂边区工作,不顾一切带着谭敏初同志到贵州的罗甸县蛮瓦、紫云、贞丰的板陈等地找同志联系工作,后返回捞村。

同年 8 月,上游革命委员会派黄唤民到捞村指导工作,以后又派韦挺生指导工作。当时地下革命活动发展很快。

1937 年,抗日战争时期,为了做好抗日宣传工作,韦挺生和韦汉超分头活动,韦挺生、谭敏初到南丹大厂、拉索,谭南平到八圩岗、甲平。何希贤(何士贤)留在后方,接待来往的同志。不料,何秀三出卖同志,勾结捞村乡长伏击何希贤同志。在甲平方面,谭南平亦被叛徒出卖,被捕到南丹杀害。何孟机又回紫云。

同年 12 月 25 日,韦汉超和梁元到宜北九圩(今环江)活动,由于工作不秘密,被反动政府发觉被捕,英勇就义。

罗荣(韦汉超之子)

(注:据东兰县政协副主席韦树奎介绍,罗荣是韦汉超之子,因韦牺牲时其年小,被人收养,故取名罗荣。解放后,组织上找到,但姓名未改)

1985 年 6 月 17 日,黄长和采访韦汉超之子罗荣记录。环江县党史研究室提供。

(节录于中共荔波县委党史研究室编:《荔波革命老区史料汇编》,中共党史出版社 2006 年版,第 195～196 页)

怀念我的父亲滕静夫①

滕瑞荣

我 1949 年在云南省富宁县皈〔归〕朝镇弄地屯出生，出生没几个月，父亲滕静夫就永远离开了我们。据家里老人和知情的乡亲讲述，以及查阅有关党史资料，得知父亲在右江一带地区和滇黔桂边区参加红军，英勇作战，参与创建巩固发展革命根据地的革命斗争历程，现综述如下，以志怀念。

我家祖居广西田东县林逢镇（旧称广西恩隆县林凤乡林凤村），祖辈几代都是男人教书，女人种田，生活不怎么富裕，时而还很贫困，清苦度日。父亲从小乖巧，生性聪颖，虽在兄弟姐妹中排行第三，却经常帮爷爷和兄姐干活，帮带弟妹，破蒙上学念书后，十分聪明勤奋，在爷爷的亲自调教下成绩优异，记性很好，老师只教一次就能牢记在心，且能举一反三。街坊邻里齐赞他是小孩们的楷模，惹得爷爷和其他亲戚们欢心快乐不已，认为此子必能光宗耀祖，成就一番事业，成为社会栋梁。

父亲小学毕业后，考入广西省立百色第五中学就读。省立百色五中，是当时右江地区的最高学府，国民党左派人士雷天壮任学校校长。一些思想进步的教师如杨柳溪等也在该校任教，经常给学生们讲解革命道理，灌输进步思想，介绍诸如《向导》《新青年》《少年先锋》《共产主义 ABC》以及鲁迅的《热风》《呐喊》等进步书刊给学生们传阅，希望他们学成后为国分忧，为民造福。在百色五中就读期间，父亲的思想发生了根本的变化，从一心只读圣贤书、以求出人头地、光耀门楣，到接触、接受和传播新思想、新文化，特别重要的是，他从接触马列主义到接受马列主义，从接受马列主义到立志改造国家，将其作为毕生的追求，为实现救国救民脱离水火危难的崇高理想而奋斗一生。

父亲 1925 年秋中学毕业后，回到家乡林逢明德小学任教。当时正值大革命时期，国共合作，各地的工农运动风起云涌，席卷全国城乡。父亲跃跃欲试，在爷爷滕浩川、叔爷滕浩忠的鼓励和支持下，和他的堂兄弟滕德甫、滕誉甫、滕煊甫，堂侄滕国栋（原名滕瑞应）等人，组织了"林逢革命青年社"，秘密串联和发动农民开

---

① 此文系 2016 年 12 月在"中国工农红军滇黔桂边游击队革命斗争史学术研讨会"上收集的材料。滕瑞荣系滕静夫之子，曾任广西百色市人大法工委主任、百色市司法局调研员。

展农民运动。为了提高农民们的思想觉悟和参加运动的积极性,他们利用夜晚在明德小学办了一个农民夜校。父亲亲自动手为夜校编写一些通俗易懂的教材,并给学员们授课,在教农民们识字的同时,宣传传播革命的道理。为了让更多、更广大的农民们参与,他们还组织了一支宣传队,经常在林逢、县城平马圩日及周边的四邻八乡,走村串户进行革命的宣传活动。当农民群众动员和发动起来,他们率先于1926年初,领导成立了林逢乡农民协会。这些活动,父亲均参与策划和操办。特别是农会的章程、布告和通告等,都是父亲亲笔誊写、张贴公布,被会员们亲切地称为农民协会的"大管家"。

父亲等人的革命活动,得到了驻防在县城平马镇的国民革命军第十六军政治部秘书、中共地下党员余少杰的称赞。他们是在平马举行的一次宣传活动中认识并结识为朋友的。余少杰是黄埔军校第三期毕业生,受时任军校政治部主任、中共广东区委书记周恩来派遣,到广西南宁工作,后又被派到国民革命军第十六军任政治部秘书的。同时,余少杰肩负的另一重大职责,就是在驻军周边各县秘密建立中共党组织,开展革命活动。经过实地考察,他决定以农民运动搞得较好,且又是军部驻地附近的林逢村为中心,秘密开展建党工作。

经过一段时间的培养和考验,余少杰在1926年7月,先在林逢村吸收滕德甫为中共党员,接下来在8月,又吸收了滕静夫、腾煊甫、梁乃武和刘伟谋(英和村坛匠屯人,时为林逢明德小学教师)为中共党员,并成立了中国共产党林逢党小组。同月,以林逢党小组成员和奉议县仑圩村党员李正儒(又名李恒珍)为基础,加上上级派来的余少杰、严敏共8名党员成立了中共恩奉特支。他们是中国共产党成立以来在广西右江地区吸收的第一批党员。林逢村党小组和恩奉特支也是党在右江地区成立的第一个党小组织和第一个党的支部委员会。从此,党在林逢村播下的革命火种,燎原和燃遍整个右江地区。

到了9月至10月,余少杰又在林逢培养和吸收了滕国栋、滕誉甫和林柏入党。至1926年10月,林逢这个壮族山村的中共党员就发展到7人。在这7名党员中,我的父亲滕静夫就是其中一名,而我们滕氏家族就有5人。从父亲成为中共党员的这一天起,他们就走上了职业革命家的道路。但是,迎接他们的不是鲜花、高官、厚禄和一帆风顺,而是勇敢、执着、危险、献身和不屈不挠!

1926年8月,田东县第一届农民代表大会在县城平马召开,父亲和滕国栋被选为县农协会执委,滕国栋还被选为县农民自卫军大队大队长。县农协会成立后,领导全县农民联合起来,打击土豪劣绅的势力,树立了农会的权威;成立和组建了农民自卫军,在保卫农会权力和农民的利益、抵御土匪、维护社会治安、惩治土豪劣绅等方面发挥了重要作用,壮大了农会的声威。另外,还领导农民向封建势力展开了坚决的斗争,破除封建宗法思想制度,调动了农民的革命积极性,全县的农民运动迅速发展。至 1927 年初,全县就有 4 个区、111 个乡建立了农民协会,会员达 7800 多人,农民自卫军也达到了 4000 多人(这些数字,不包括当时不属我县的思林、仑圩、江城等地)。

1927 年,正当农民革命迅猛发展之际,蒋介石发动了四一二反革命政变,疯狂屠杀共产党人和革命群众,镇压工农运动,使右江各县沉沦在白色恐怖和腥风血雨之中。对林逢村和父亲等人极端仇视的反动县长甘修己、警长韦玉书等人曾先后多次带领县警袭击林逢,企图抓捕父亲等人。但每次父亲他们都在乡亲们的预警和掩护下安全转移。县长甘修己数次扑空,气得抓走在明德小学任校长的滕祖真和几个来不及转移的群众,关押在县监狱 1 个多月后才被迫释放。事后,父亲去看望和慰问他们,并表示自己不能保护教师和乡亲们愧疚和不安的心情。但他们均表深明大义,转而安慰父亲,说不要紧的,我们被抓最多受一点皮肉之伤,再就是罚一点钱,不会有性命之危的,只要农卫军没事,我们就有希望了。

对国民党反动派的倒行逆施,中共恩奉特支经开会研究,决定进行武装反抗,把右江各地的革命斗争全面转入武装斗争,开创以革命的武装反抗反革命的武装镇压的新局面。对此,父亲等人坚决拥护,坚决执行。父亲、滕德甫等人积极协助身为右江农军第二路军副总指挥兼县大队大队长的滕国栋部署开展了一系列的战斗行动,完成了他从一名文弱书生到革命军人的转变。

1927 年 8 月上旬,父亲和滕德甫、滕国栋亲自带领一支精干的小分队,拔掉了思林县三层埂的土豪据点,缴枪 2 支,子弹数十发。9 月 5 日,父亲和滕国栋等人奉余少杰之命令,率县农军之精锐林逢中队配合果德县、思林县的农军攻占了果德、思林两座县城,使广西桂系当局大为震惊。1928 年 2 月上旬,父亲和滕国栋又率领县农军主力和思林、向都县农军,攻打向都县北区江城乡土豪黄辉宝和黄贤宝的团务分局,打得黄家兄弟丢盔弃甲,狼狈逃窜。3 月,父亲和滕国栋率农军主力近千人,在当地群众和附近村屯农军的协助下,于七里山区最福乡那驮村附近的山坡上,采取伏击的战术击败桂军黄明远营的"进剿",打死打伤敌人 70 多名,俘敌 20 多名,缴获一批枪支弹药,开创了右江农军打败国民党之桂系正规军 1 个营的先例。

以上一系列战斗，父亲均参与决策和组织实施，主要工作是政治工作、筹粮筹款及组织部队的衣吃住行，以及伤病员的救治和转移等后勤服务工作，使滕国栋能集中精力专注于军事，指挥部队打仗，同村同族兄弟叔侄亲密配合，为以后两人在红七军第二十一师第六十二团搭档掌军打下了坚实的基础。

1928年4月，父亲奉恩奉特支之令，转移到上法村等地开展工作，以教师的身份作掩护继续领导农民运动。他根据恩奉特支的布置与要求，将上法村及这一带遭受敌人严重破坏而陷于瘫痪的农民协会重新建立起来，改名为具有政权性质的乡村革命农民联合会，领导农民开展革命斗争。同时，父亲还特别加强对稍为落后的农民和村屯的转变工作，促使他们从中立落后状态转向农民联合会方面一边，壮大了革命的力量。

1929年7月，国民党左派人士俞作柏、李明瑞主政广西，实行开放工农运动的政策，接受并任命中共方面推荐的黄大权担任恩隆县长，因此，县农民协会和农民自卫军由地下活动转为公开地〔的〕合法活动。8月，由于父亲在农民运动中的积极表现和显著成绩，当选为县农民代表出席广西省农民代表大会，参与商讨全省农民运动的大事。会后，父亲积极宣传和贯彻大会的决定，并于9月份在县城召开的恩隆县第二届农民代表大会上，再次当选为县农民协会执行委员，参与领导全县的农民运动工作。

10月28日，父亲和滕德甫、滕国栋率领县农军主力，配合我党掌握的广西警备第四大队，围歼驻扎在县城等地的反动的广西警备第三大队，击毙数十人，缴枪300多支，打响了百色起义筹备工作的第一枪，拉开了百色起义的序幕。父亲等人虽参与和指挥过很多次战斗，但这场战斗，是父亲等人在邓小平精心策划和亲自部署下参加的第一次战斗，赢得酣畅淋漓，痛快极了。数日后，父亲等人又挥师参与围剿黄曹山、攻打黄贵朝、活捉韦文祥、击溃邓思高、击毙谭典章等土豪劣绅头目和反动团局的战斗。连续1个多月的征战，扫清了百色起义的障碍，为配合百色起义的顺利进行做〔作〕出了积极的贡献。

1929年12月11日，父亲参加了百色起义。次日，中共田东县委员会和县苏维埃政府相继成立，父亲被选为县委委员和县苏维埃政府秘书，参与领导全县的革命斗争和革命根据地的建设工作。

1930年春，由于隆安战斗的失利，红七军主力被迫跳出外线作战，右江沿河一带重镇重新被桂军占领。时任县委书记兼县苏维埃政府主席的滕德甫在率党政机关工作人员和警卫部队掩护群众转移到朔良山区的途中,于3月31日在特利村吓哈屯与敌激战时,中弹壮烈牺牲。4月中旬,时任右江苏维埃政府委员的滕煊甫率1个营的赤卫军在巴品区作战时也壮烈牺牲。与此同时,老家林逢村也惨遭敌人报复,全村被敌人焚毁,变成一片废墟。父亲忍着悲痛,抹干眼泪,主持召开指战员大会,总结经验教训,加强思想鼓动,稳定军心,率队转移到北部山区的深山密林中安营扎寨,坚持与强敌周旋,在敌强我弱的情况下,保存了革命的力量。

1930年6月初,红七军主力回师右江,收复了右江沿河重要城镇,恢复了苏维埃政权。7月下旬,父亲陪同红七军政委邓斌(即小平)、右江苏维埃政府主席雷经天等人,到林逢检查村子被敌人焚毁的村子损失情况和重建工作,顺便看望滕德甫烈士和滕煊甫烈士的父亲滕浩忠。53岁的滕浩忠紧紧握着邓政委的手,要求邓政委批准他参加红军为亲人报仇雪恨。邓政委为林逢人民前赴后继、不怕牺牲的革命精神所感动,对父亲说:滕秘书,劝劝你的二叔吧。后来,滕浩忠也当上了红军,不幸的是,他于1931年3月在右江军民第一次反"围剿"的六立战斗中牺牲了,是红七军将士在战斗中牺牲的年纪最大的红军战士。而我另一堂伯,时任红七军第六十二团第一营长的滕誉甫也在第一次反"围剿"的战斗中牺牲。

1930年10月初,红七军主力奉命北上中央苏区。中共右江特委将恩隆县委改为恩隆县特支,由父亲任特支书记。11月下旬,由恩隆、奉仪2县自卫军改编组建为红七军第二十一师第六十二团,当时的团部领导仅配两人,滕国栋任团长,父亲任团政治部主任、政治指导员。11月底,刚刚组建几天的红六十二团就打退了赶来进攻的国民党新任县长黄贵朝〈带领的〉数百人。1931年春,桂系军阀派重兵"围剿"我右江革命根据地。奉韦拔群师长之令,父亲和滕国栋率红六十二团坚守在七里山区,阻击和迟滞桂军假道七里山区对东兰、巴马、凤山的进攻,为已迁到东兰西山的我右江党政军机关赢得宝贵的转移时间。一天,敌团孤军深入,被红六十二团利用地形地物打了一个漂亮的伏击战。在师部机枪连和红六十一团第三营的配合下,以伤亡10余人的极小代价,取得了歼敌200多人的重大胜利,为韦拔群师长的全盘部署赢得了宝贵的时间。

数次战斗的胜利,虽鼓舞了右江军民的士气,但仍未能改变敌强我弱的态势,父亲和滕国栋仍率部坚持在七里山区开展游击活动。在敌人增派兵力加紧"进剿"的情况下,父亲和滕国栋果断地率部队从七里山区撤到恩隆、向都、天宝一带和向都、思林、果德 3 县交界的地区活动。他们采取分散兵力转移游击、集中兵力运动出击的战术,时而在七里山区,时而在思林、果德、向都 3 县交界地区,时而又到恩隆、向都、天宝一带,让敌人摸不到他们的方向。他们还在游动转移的同时寻找有利战机,时而攻打反动民团武装,时而灭掉小股落单的桂军,时而打击土豪劣绅、斗争地主恶霸,没收他们的财物分给贫雇农或充作军用。他们还派出敢死队,混进有敌人重兵把守的思林县城,大白天在街道处死无恶不作的思林县团务总局长刘振权;在月黑风高夜,派出奇兵突袭思林粮库,杀死粮库主任黄四(思林县黄守先的老弟),缴获一批光洋、桂币和大米。1931 年 7 月 11 日,父亲和滕国栋又率红六十二团,配合黄书祥的独立团和向都、思林、果德 3 县的赤卫军共 2400 多人枪,攻克向都县城,救出了被敌人关押在县城监狱的 13 名赤卫军战士和 20 多名群众,戳穿了敌人散布的"右江区匪已被消灭"的无耻谎言。当地群众无不四处传送"红军又回来了,共产党又回来了",打击了敌人的嚣张气焰,鼓舞了军民们的革命斗志。

1931 年 8 月,根据中共中央指示精神,红七军第二十一师改称中国红军独立第三师(亦称右江独立师),原独立团并入红六十二团。由于敌人不断增兵"进剿",形势恶化,红军活动越来越困难。为了扩大活动区域,发展革命力量,红六十二团团长滕国栋、政委黄书祥、政治部主任滕静夫根据上级党委"在右江地区的红军部队必须跳出敌人的包围圈,向外打游击"的指示精神,决定到滇桂边的富宁七村九弄一带敌人薄弱的地区开辟新的游击根据地,与右江区革命根据地相互策应,开展更广泛的对敌斗争。为此,从 1931 年冬起,他们先后从第六十二团抽调 60 多名干部和战斗〔士〕,赴滇桂边的七村九弄地区开辟新区,更好策应右江地区的武装斗争。

1935 年 10 月,为加强滇桂边新游击根据地的领导力量,父亲奉命率 11 名红军干部离开右江到富宁工作,从此,他将一生献给了滇黔桂边区革命斗争。父亲到富宁后,为便于工作,与前任对应,改名为何尚刚,与先前到达滇黔桂边工作的红六十二团干部赵润兰、黄德胜、岑日新等人一起,深入七村九弄一带地区宣传发动群众,开展武装斗争。他们根据红军游击队本地干部中没有一个中共党员的情况,决定在富宁地区做好发展当地党员和建立党组织的工作。他们首先把傅少华、罗子德、刘家华等本地干部列为重点对象,经过一段时间的培养和考验,将他们吸收入党,后来又发展了梁学政等一批党员。这些党员在滇黔桂边区革命根据地的建设和斗争中都发挥了骨干带头作用。

1936 年 5 月中旬,父亲在富宁的者兰乡汀水村主持召开滇黔桂边区党的代表会议。会议决定把临时组织改为正式组织,调整充实领导机构,正式建立中共滇黔桂边区委员会,滕静夫任书记。决定将滇黔桂边区革命委员会和劳农会合并为滇黔桂边区革命委员会,主席为滕静夫;将滇黔桂边区劳农游击队第三联队改称为滇黔桂边区革命游击队,黄德胜任司令员,滕静夫任政委;父亲肩负滇黔桂边区党政军领导的重任,为边区的武装斗争和根据地的巩固建设呕心沥血。

滇黔桂边区革命根据地的形成、发展和壮大,使国民党反动派惊恐万分。1936 年 6 月,滇桂两省军阀联合对边区根据地进行疯狂的进攻。为了打击进犯之敌,父亲和黄德胜司令员率领部队在富宁各地摆开战场迎敌。1936 年 7 月中旬,首先攻占那能区公所,击溃了农正由、谭家合两支地霸武装。8 月 26 日,又攻占皈〔归〕朝乡公所,俘敌官兵 100 多名,缴枪 100 多支。9 月 15 日,部队经长途奔袭驻岜莱营盘之敌,歼敌近 100 名,俘敌 83 人,缴获枪支弹药及军用物资一批。10 月和 11 月初,在那达、那拉两地打退了敌滇军龙汉斗营的两次进犯。12 月 15 日的谷沙伏击战,毙敌 80 多名,缴枪 80 余支和战马 3 匹……经过几个月的连续征战,打退了敌人的进攻,保卫了边区根据地。

1937 年 2 月下旬,国民党滇黔桂三省反动当局投入大量兵力,联合发动了“三省会剿”。桂军马玉堂以 1000 多人的兵力,由百色经剥隘进入甘邦附近的那良,扬言“3 个月内肃清匪患”。滇军龙汉斗则率 1 个营在甘邦西面的那建驻扎,形成东西夹击的进攻态势,边区根据地面临的形势极为严峻。面对敌情,父亲召集边区党委和革命游击队领导人研究,决定集中兵力打歼灭战,狠狠打击敌人的嚣张气焰。经过周密的部署,先分兵一部阻击迟滞滇军龙汉斗营的行动,然后集中主力 1800 多人枪在那卜设伏,将敌人引进伏击圈加以消灭。此仗大获全胜,打死打伤敌人 100 多名,骑在高头大马上的桂军军官被惊马拖着乱跑,敌人惊慌失措,满山遍野乱窜,最后仅剩下 200 多名残敌仓皇经剥隘逃回百色。战斗结束后,父亲等人率部回师龙况,和在龙况顽强阻击敌人的部队前后夹击,打得滇军龙汉斗营溃不成军,鬼哭狼嚎,抱头鼠窜,敌人大部分被我军挤压在龙况山口击毙,没死的敌人也被我军乘胜追击,赶出了根据地。此战毙敌近百名,俘敌 10 余人,缴获大批枪弹和军用物资,彻底粉碎了敌人的“三省会剿”,使边区革命根据地在战斗中得到巩固和发展。

1937 年 9 月,为了贯彻中共中央提出的国共合作,建立抗日民族统一战线等指示,边区党委在者兰召开抗日誓师大会,革命游击队、赤卫队和周围村寨的人民群众 2000 多人参加。父亲主持了大会。会后,人民群众的抗日情绪高涨,纷纷加入游击队要求,开赴前线与日寇〔军〕作战。

1937 年 10 月,中共桂西特委书记黄桂南在与国民党百色区民团指挥部举行合作抗日的谈判中,为了一己之利,背着其他谈判代表,以中共桂西特委的名义同意将活动在中越边、滇黔桂边和右江下游的革命游击队集中,接受国民党改编。黄桂南的妥协和投降路线的错误,遭到父亲和赵润兰、岑日新、谭统南等人的坚决反对。但部分游击队领导人一时看不清国民党当局借改编瓦解红军游击队的阴谋,坚持将游击队主力集中开赴田州接受改编,致使我党经过多年艰苦卓绝的革命斗争创建起来的红军游击队解体,滇黔桂边区革命根据地丧失。父亲等少数人拒绝参加改编,仍留在边区坚持斗争。

1938 年 7 月,留在边区坚持斗争的父亲和岑日新、谭统南以及不愿离开他的傅少华等人转移到中越边的靖西县,在龙邦、安宁、葛吞等地建立据点,联系旧部重整旗鼓,以他们为骨干深入发动群众,开展秘密活动,与越南的革命同志黄国魂、黎敬波、陈山洪等取得联系,在西邦、古就、弄坡问(有作弄坡文)和越南的弄坡产(有作弄坡宁)等中越边寨组织建立革命的同盟会。经过他们的不懈努力,在短短的几个月时间里,会员就由原来的 30 多人发展到 300 多人。后来,越南的革命领导人胡志明来指导工作时,曾将一件呢子大衣送给父亲御寒。

1940 年 2 月,父亲与傅少华、梁学政等人在靖西县魁圩乡平巷村的坡巷、洞巴寨一带,以经商、办酒厂等作掩护,以此地作为中心派人四下活动,将梁宝山、黄克廷等一大批革命骨干重新聚集起来开展革命活动。在这期间,父亲曾多次派人到九弄、后龙山、沙斗等地进行串联,试图在老区再燃起斗争的烽火。1942 年初,父亲将何尚刚的化名再改为何静山,带领傅少华和黄金平等人重回滇桂边的九弄地区,先后在弄凤、弄帝、三卡等地办学,以教师身份作为掩护,秘密串联群众,重组革命队伍,进行更加广泛而又隐蔽的斗争。原边区游击队的负责人梁振标经不起革命低潮的考验,背叛革命,被国民党富宁县当局招安,以富宁护商大队长的名义强抢豪夺横行富宁各地。当他得到父亲重返边区在七村九弄一带活动时,即带人找上门去威胁:"何静山,你又来这里搞什么宣传活动,你再搞下去,你自称的何老师,恐怕会变成何老死。"父亲不为其威胁所动,将个人生死置之度外,在革命同志和人民群众的掩护下,义无反顾地继续在七村九弄开展秘密活动。

1942 年 11 月,中共广西省工委桂西南特派员覃桂荣派交通员梁敏才在林逢找到了叔父滕厚恩,并由叔父带路,在弄凤找到了父亲。梁敏才向父亲传达了广西省工委的指示,并将父亲在滇桂边孤军作战的情况带回右江向覃桂荣汇报。不久,中共广西省工委派邓心洋、兰业史等人到滇桂边工作,从而使父亲与党组织失去联系多年后又得以重新接上关系。特别是叔父的到来更是让父亲兴奋,后来,叔父化名为何荫民,留在滇桂边和父亲一起并肩战斗,从此,他们两兄弟把热血和汗水都洒在了滇黔桂边区革命队伍的重组和根据地的重建工作上来。

为了更广泛地发动群众,1943 年 7 月,父亲打入皈〔归〕朝乡第三保任录事员。他利用这个公开身份,走村串寨接触各族群众,与当地群众喝鸡血酒结拜为兄弟,重组边区武装,直至抗日战争胜利。在富宁县下半区的很多乡村秘密地组织起各种政权和农会,并在七村建立了有 80 多人的农民武装,各村寨反对苛捐杂税的斗争重新开展起来,极大地打击和动摇了国民党的反动统治。

随着斗争形势地发展,他们又有了新的行动。由父亲和邓心洋在七村九弄与卢有志、罗子德一起组建七村九弄农民自卫队,叔父滕厚恩到广西那坡的和平、龙华与凌尚林、覃金帮组建农民自卫队,梁学政则到靖西的魁圩与梁宝山组建一支较为精干的武装。经过几个月的努力工作,至 1947 年春,他们组建了几支共 200 多人的地下武装。同年 9 月,父亲组织七村九弄农民自卫队和梁学政的精干武装联合攻打富宁县谷拉乡公所,打死团丁 4 人,缴枪 12 支,法光 1500 多块,大烟3000 多两。乡长梁鹤先和到乡府视察的县政府科长曹开脱抱头鼠窜,夺路连夜逃回县城。接着,他们又在一处地名叫做高峰坡的地方设伏,打掉当地土霸王杜曼方的武装贩运烟帮,缴枪 2 支,大烟 4000 多两,驮马 1 匹。攻打谷拉乡府和伏击杜曼方的战斗,震慑了整个富宁县官府和四乡土豪恶霸,使他们惊恐万分,惶惶不可终日。

1948 年 9 月,国民党委任游击队变节分子梁振标为富宁县县长。梁振标到任不久,就写信给梁学政,邀请他担任县警察常备队队长,梦想利用梁学政当他的保镖或助他一臂之力,以维持风雨飘摇的局面,巩固其统治地位。父亲指示梁学政将计就计,带领 40 多名武装到富宁上任,将县警常备队抓到自己人手里。梁学政到职后,根据父亲的指示,立刻着手改造常备队,调整人员,撤换反动分子,将整个常备队牢牢掌握在我党手中,等待时机成熟就举行武装起义。

1948 年 11 月,中共靖镇区工委派第三区区长李兴、武工队队长郑季传进入滇桂边,负责领导这个地区的工作。李兴他们到七村后,在弄帝和父亲取得了联系。父亲向他们介绍了 1937 年以后边区斗争的情况,并交给他 4 支驳壳枪,将身边可靠的人以及梁学政的关系也介绍给他们,以帮助李兴尽快熟悉情况投入工作。同时和李兴等人研究策划了富宁县常备队的起义问题。1949 年 3 月,父亲和李兴等人组织了常备队的起义,把起义部队拉到七村九弄一带,与父亲在七村组建的农民自卫队合编,然后把部队拉到皈〔归〕朝架街集中,进行扩充队伍的工作,组编成为一个游击大队。1949 年 5 月 1 日,这支部队配合中国人民解放军桂滇黔边纵队一部,解放了富宁县城。

父亲滕静夫自 1925 年秋参加领导田东县林逢地区的农民运动,1926 年 8 月加入中国共产党。1927 年蒋介石发动四一二反革命政变后,仍坚持地下革命斗争,与滕国栋等人组织农民自卫军,武装反抗国民党反动派,攻占过思林、果德、向都等数座县城。1929 年 12 月参加百色起义,1930 年出任中共恩隆县特支书记、红七军第二十一师第六十二团政治部主任,与团长滕国栋率领右江革命根据地军民进行 3 次反"围剿"的武装斗争,历尽艰辛。1935 年 10 月,奉命调到滇黔桂边区开辟新的革命根据地,任中共滇黔桂边区党委书记、劳农会主席、革命游击队政委,率领滇黔桂军民粉碎国民党反动派发动两次"三省会剿"。1937 年拒绝田州改编后,重组边区地下游击队坚持武装斗争,躲过国民党反动派在洞巴、弄帝、弄陇等地的多次追捕和围困,还逃脱了巴蒙、架街等地敌特的施毒暗害,出生入死。

1947 年 7 月,长期在艰难困苦的环境下坚持革命斗争的父亲积劳成疾,重病缠身。根据地军民对他的病情十分忧虑,千方百计为他求医问药。而国民党反动当局则把父亲视为眼中钉肉中刺,多次派兵围捕和收买奸细屡次下毒暗害,均不能得逞。此次探知父亲病情,镇边县(今那坡县)国民党党部书记梁初目即暗派原镇边县民团助教廖金庭装扮成医生,以行医为名,于 1949 年 7 月 7 日,趁为父亲治病时在药物中下毒,致使父亲毒发身死,遇害时年 45 岁。1953 年,广西省人民政府追认父亲为革命烈士,田东县政府设立烈士纪念碑,记载其事迹,以志褒扬。广西百色市、云南富宁县人民政府把他的革命文物陈列于百色起义纪念馆、富宁革命纪念馆内,供后人瞻仰与缅怀。

有关廖英的活动情况

闭正基

廖英于 1930 年初到时,他只有一条裤子,其他什么也没有。后来他发展了一些力量,他初来时枪也没有,来的人有黄安成(天等人)。当时我已经二十几多岁,已有小孩。现在我已得〔经〕81 岁了。

(约 1930 年到百沙活动)还有个闭日福、黄彩庆、黄作才。有天我屯因与廖英顶嘴,他就拉出村头,喊天喊地。后来我们村的几个人从观音庙下来才出去救。那我们也拿有刀,廖英见我们来他才放回。

廖英这帮人,约有十多人枪,来村里住的不是长时间,而是住一两个晚上,第二天就走了,走到朋怀、武平一带。廖英就是头,向都来的黄安成也是跟着他的(有人说黄安成还活着)。

廖英被抓,要弄清年份可到坡贯村去查问。当时是黄志明抓的(黄志明是在乡当事),还有梁二这个人。当时我约得 30 多岁。我的女儿已得 50 出头了。

梁二是游勇头,引诱廖英去找钱,因为当时上级已出赏钱,谁要抓到廖英就给多少钱,并给他当官,这样梁二就想要到花红钱,就设法抓廖英。是用了酒肉之计,杀了一条狗,请廖英来吃,吃够了,就把门关起来,用木棍打到廖英的头部,就这样抓了起来,解送到靖西县城。

抓廖英时,廖英身边已没有人。跟在身旁的人已散了。陇雷有个人说:有次在陇三的坳上,廖英接到韦高振写来的信。廖英流了眼泪说:现在你们跟我,但不要反我啊。

跟廖英的人看来都死完了,还活着的已是 80 岁的人了。若是渠洋的付钦村还活着,就是有他一个了。当时他也是跟廖英活动的。也是在东球一带,他也是被政府追抓的。

还有个黄德正,也是被追抓的人。黄德正跑到付钦村家去躲,去抓黄德正,才懂付钦村也是同伙的。黄德正原在付钦村这条村当老师,也跟着廖英一起活动,开始组织时也是由黄德正做宣传工作。他们宣传的内容也是讲我们要组织红军,若是有人来村里,我们不要打他们,黄德正当过村长。

廖英被抓了以后,下峒区的韦区长就带人来抓闭日福等人,闭是百沙屯人。闭被抓后,我们村有 17 户,每户出一块光银,送给县里,才把闭日福放回来。17 块光洋救了闭日福一条命。后他跑到靖西去住,又到武平落户。"文化大革命"时被斗自杀。

抓黄卓材时,是突然来抓的,说是我们村搞红军,被抓到靖西,当时县长是那个接宋公寿的人,姓名记不起了。廖英是被先杀,后来杀黄卓材。黄作雷接任村长,但后来也被抓,说〈与〉卓材案有关。

在其宽,群众抬猪来给他们杀,说是红军搞革命。廖英被发觉后,他的队伍就散了,廖英独个活动才被梁二捉拿归案。

我们村没有枪,但开过会。廖英来讲要搞革命,起红军,反对蒋介石、黄旭初。这个时候未打日本。廖英这伙人有谭二(那×),这个人杀人如杀鸡,土改时谭以地主恶霸罪处决。廖英被抓后,谭二没有被抓。还有个黄付刚(东球大队)他也被抓到靖西被杀害。

廖英这帮人没有见他们乱抢什么东西。只是有次廖英在我们村讨个老婆(黄作江的姐姐),因为这个女的不同意,有个晚上廖英这帮人就攻进黄作江的家,把二头牛给赶走了,还要了一些财产。但没有杀人,他们是晚上来攻要的。当晚我们村还组织人去追赶他们,赶到武平(岩来),但什么也抓不到。

闭正基,81 岁

1984 年 9 月 26 日于化峒东球大队百沙屯

(中共广西靖西县党史办公室保存并提供)

1936年游击队在富宁情况片断

向国祥

在1936年甘汝棠在富宁县当县长的时候,就有共产党来活动了。

以梁振标为首的滇黔桂边区劳农大队,梁为大队长,内部主要人物有韦高振、何尚之,有共产党员张光夏等,在富宁的甘帮、龙彦、谷拉、七村、九弄、剥隘、那能、那达、花甲、阿用等地活动,与国民党区乡管辖区的政府对抗。

在1936年秋,已活动到花甲,有傅少华、汪富兴、卢锡侯等人起义,以傅少华为中队长,汪富兴、卢锡侯为小队长,组织成武装队伍,打下花甲区公所,杀死了区长汤焕文夫妻二人。

当时的县政府,虽然派队去攻打,但傅少华他们化整为零。政府军到时,一个也找不着。后来县政府又委派冯忠贤去当区长,不能去,就将区公所迁到那耶,住在区团长陆保山家办公,又被傅少华他们杀掉了冯忠贤及区助理员黄廷富。这时已是冬季,甘汝棠又派卢振举(卢凌清)去接任区长,向他们招安不来。

后来就有独立营营长龙汉斗当"剿匪"司令官,派出第三连连长耿锡光去"剿"办。有叛徒告密,将傅少华、汪富兴、卢锡侯三人缉获,解送富宁关押,卢锡侯的老婆即被耿连长拉去做小老婆。

他3人关到1937年春,何自尧来接任甘汝棠的县长职务,到农历五月端午节深夜,傅、汪、卢三人越狱逃跑,汪跑到龙华高等小学校门前的涵洞边,被县警追着,枪毙于城墙边,傅、卢二人得逃脱。

第二天早上有法警马朝光、许正福带着4个犯人,将汪的脚镣下掉,抬出北门掩埋了。

到农历的八月间,中秋节的前一日,张光夏突然到富宁县政府来与何自尧谈判,据了解,张对何所提的条件,要何将花甲的下阿用、者兰、新街等地,划归共方作活动区,接广西西林的那腊,何不答应,即将张光夏推下拿在县衙门大堂北边牢房下面的马厩边,何亲自动手将他枪毙。

知此情况的人现在卢凌清可作证,当时他是花甲的区长。何杀张时,他恰巧来城医病。向国祥也可作证明,杀死汪富兴时,我在高小校读书,是住校生,看见他们在学校门前……

富宁县政协委员向国祥供稿

1981年2月27日

(注:向国祥,1948年任富宁县国民党县党部秘书)

(节录于中共云南文山州富宁县委党史研究室李兴整理:《三十年代到四十年代滇桂边游击根据地建立和发展的经过》,1983年8月。中共文山州委党史研究室保存并提供)

参加百色国共谈判的经过

黄桂南

1937 年国共合作成功时,我和省委派去之何同志及那马黎达同志在田东山林里暗中活动,拟想恢复右江组织系统,因环境恶劣不能达成任务。反动政府已探知我返去工作,当地指挥官黄韬是田东人,因此托人通知我们,准我们确是共党组织可以公开合作共同抗日等语。因此我们商讨研究,大家认为由各地谈判配合中央谈判,谈判之后我们可得中央保证,然后可以逐步统一联系,同时各地革命同志因守在山林已久,求得公开自由工作希望甚切,民众也遭反动摧残很惨,如能公开消除一切恐怖心理,希望谈判成功。

右江革命基本部队不多,干部不够,在反动政府镇压下,工作展开困难。大家认为民枪不少,复杂武装部队很多,如能利用,乘机由散漫而变为集中,由复杂而变成系统领导,由恐怖环境变成安然,结果反动政府不承认我们,我们也可由上级和他们交涉,以免守株待兔之毛病。大家认为可以进行,于 1937 年 7 月间在田东先派黎达同志与线索人韦日早上百色与黄韬面商,他满口答应我们。第一步召集田东、田阳、向都、那马等县负责同志商量,大家一致决定进行,何同志(何云)返省报告并请示,由各县负责同志返籍积极预备工作。第二步黄韬又派梁侃来田东找我们。当时梁侃是指挥部少校指导员,各同志推我和农建业与梁上百色,再与黄韬面商。我提出的问题,一要建立右江国共合作办事处,二条件〔要按〕照中央国共合作规定,三不准妨碍我们部队集中和交通,停止镇压我们各县所属之区域。他一切都承认。我回来后,何同志又未回,各地纷纷要求,我和黎同志、黄彪联名通知各县代表于 1937 年 9 月中旬在田东那百乡召开各县代表会议,讨论谈判合作的各种问题,决定集中地点。乐业、东兰、那马、田东、向都、镇(靖)西、田阳、果德、万冈等县,人数在万以上、两万以下。到会者有贵州与乐业负责人赵世同、越桂边区韦高振、那马黎达、田阳农开胜、向都黄彪、田东黄汉渊等六七十人。开会第二天省委才派刘敦安同志等四五人赶来到,本想停止谈判,但见各县地负责人已经公开准备,决心很大,一时变更计划,恐发生不测打击,谁敢负责。所以暂时决定进行谈判,一面试探[准]反动〈派〉态度,一面进行进退两面计划。推我和省委之高同志(朗如)、黎达、黄彪同志负责代表,组成右江国共合作办事处。于是,刘敦安同志上东兰,赵世同同志和我们上百色转上乐业,韦高振返越桂边区。

我们几位到百色后,办事处尚未成立,黄韬病死,接任指挥官梁家齐虽然继续商谈,但借口拖延,办事处结果未成立。我们到百色即将我们决议问题、人数与地点及范围区域,告知他们。他们即刻惊慌,连夜通电严防我们,一面暗中镇压民众,不准参加共产党部队,一面积极派反动〈派〉指导韦渔生暗中往靖西找韦高振,极力进行分化工作。果然韦高振先上反动〈派〉之当,即与韦渔生商好拔队出来百色。当时我和高同志、黎同志、黄彪商量,知道反动〈派〉之奸计,为求安全退却,不得不敷衍的应付,当时决定韦高振一团韦任团长,黄彪部一团彪任团长,和指挥部商量编为第八、第九两个独立团,其余梁振标和王海平及东兰、那马各县暂时停止拉队伍出来。韦、黄两团人数约一千四五百,枪支五六百杆,完全复杂部队与少数民枪,我们基本武装并未出来。我见此种不良情况下,一面积极筹款给各同志返上级报告,设法挽回,一面分散各县负责同志。省委有信调我离开右江赴延安受训,我因来到南宁川资筹不够,迫返上与黄彪筹措,不料到百色第二天即被反动〈派〉扣押。我被押后,等韦、黄两团出发前方到达地点后,始准我保恢复自由,仍有人暗中监视。

当时我进退两难,设法与赵世同同志及边委何静姗(山)同志面商我个人去留问题。大家认为此次上当已成过去,唯一希望两团人到前方找到中央关系也好,我们以后环境如何未敢决定,你既得公开,可公开应付,以免累及家庭和保人。此后我稍微安心,至1938年5月百色反动指挥部派梁可忠监视送我到桂林第五路军政训处。处长韦永成第二天即与我谈话,说:你在右江号召两团人去打日本,是有功的,还有好多地方不彻底,所以政府对你尚有怀疑。送你来此,征求你愿意去八路军工作,或在本省工作? 当时我心里有些害怕,言去八路军工作怕发生性命危险,我顺口答应说:我个人无问题,去八路军也〈是〉打日本,在本省也是抗日工作,没有什么分党派。他说好,你这样认识是很好,只怕你在后方捣乱,那时对不住,这样,我委你在本处工作好吧? 我说好的,第二天即发给派令,任该处上尉处员。

(节录于中共广西百色地委党史办公室等编:《滇黔桂边区革命根据地》,中共党史出版社1999年版,第765～767页)

回忆 1937 年国共百色谈判

梁家齐

（一）

我任百色区民团指挥兼行政专员是 1937 年，月、日忘记，在职仅 11 个月。中共当时到百色区民团指挥部谈判的代表是黄俊胜（即黄桂南），他当时并未明白介绍自己的身份，只说桂西中共响应中央号召出来团结抗日。

黄俊胜到民团指挥部，吃住都在政训处，出去上街有人同伴。民团指挥部方面，以民团指挥部政训处少校主任李某为谈判代表。李系田东人，广州中山大学学生，为当时百色区仅有的大学生。年代已久，姓名已忘。

其次与黄俊胜接谈的为民团指挥部长上校参谋长，姓名忘了，他高个子，胖胖的，面团团如富家翁，是百色历届民团指挥部的老参谋长。听说解放后已伏法。

韦渔生何人也？年久我思想上无印象，谁叫他去向韦高振活动的，我未与闻，韦高振打死黄德胜，也毋须去打听。

谈判达成协议日期已忘，出来的游击队有多少枪支？他们走过民团指挥部大门口时，我站在群众中看了一眼，不多，而且多是零星破烂杂枪，是否打得响还是问题，数量指挥部有登记，并且已报上级备查。

韦高振出来时，风尘仆仆，身体健壮，满面晒得漆黑，兴致勃勃，我和他在民团指挥部头门相见正欢，亲切的〔地〕和他握手，我鼓励他乘大好时机抗日立功。随后，他匆匆忙忙去招呼刚出来的游击队去了。

掌握这件事的前后，都是广西绥靖主任公署和广西省政府，有什么事？该怎么办？来电指示办理。绥署主任李宗仁、副主任白崇禧，当时已应蒋介石之请到重庆共商抗日大事，职务由绥署上将参谋长夏威代理，省主席是黄旭初。

游击队集中田阳时，广西绥署已派定轮船二艘，停泊在右江中心，我派了民团指挥部及政训处职员三人（姓名已忘）前往点编并劝他们守纪律，服从编配，待遇及服装按规定发给，希望他们好好北上抗日。

轮船启航，据编点回来的人说，有不少游击队员不愿去，跳水潜逃，有黄彪在内。协议中韦高振为第一团上校团长，黄彪为第二团上校团长。船到南宁后，完全由绥署及省府处理了。

我 1938 年春到鄂北老河口任第五战区司令长官部〔将〕军务处长时，听说韦高振带出来的游击队伍,开到安徽后,由第十一集团军李品仙总部改编,韦高振调任总部参议,上校级。

1984 年 3 月 9 日

(二)

一、中共谈判的人,主要是黄俊胜,另外还有一位,沉默寡言少说话,我认为他不说也不必追问。

二、我似记得,最后协议开会时,有上校副指挥岑建英,还有商会主席刘子隆,少校军需正黄立贤,中校参谋蒋道宽。少校秘书某某,任记录,湖南人。这个人当时已 60 多岁,现在可能死了?

三、决议事项:1. 出来参加抗日的游击队员,必须严守纪律,不得扰民。2. 韦高振为第一团上校团长,黄彪部编为第二团,黄彪任上校团长。3. 编后与桂系正规军同等待遇,发给被服装具,不好的枪换用,不够的枪补发等等。双方代表在会议记录簿上签字,三读无异议通过。

四、开会地点在民团指挥部会议厅。

五、黄韬是来接任百色区行政〈专员〉兼民团指挥官时才到百色的,并未参加谈判。

六、他怎样死的,我不了解,也不过问。我回桂林后,省府在独秀峰下办全省行政人员训练班,主席黄旭初自己兼任班主任,浙江人省府秘书陈劭先兼秘书,梁家齐为大队长,不久我便去鄂北老河口参加抗日了。

七、黄俊胜及其另一位,食宿都在政训处,从平常生活行动起止看,当然有许多问题可以了解的,但李宪章是初出茅庐,而且自恃清高,有话不对我说,可能他直接对广西绥靖政训处报告了。

我 1984 年 3 月所写的缺点:

如年月日,人的姓名,游击队在田阳某地集中等等,年久多回忆不起,仍须了解补充,才能成为实事求是的这段完整史料。

原民团指挥部中校参谋蒋道宽,现在柳州市政协工作,你们回去路过柳州时,不妨问问他,很可能得到很好的补充。

如少校秘书什么姓名,现在什么地方? 黄立贤,田东人,游击队开支的大概情况,在田阳什么地方集中,纪律如何? 游击队在百色上轮船时情况如何? 当时上报绥署游击队枪支数字多少? 原上校参谋长大胖子,叫什么姓名? 当时副指挥官岑建英是否参加了协定开会？等等。

蒋同志对工作一向认真负责，现在还是一样，是好同志好干部。

1985 年 5 月 29 日

（节录于中共广西百色地委党史研究室等编，《滇黔桂边区革命根据地》，中共党史出版社 1999 年版，第 768～770 页）

我所知道关于韦高振部整编问题的一些情况

梁 侃

1937年我在国民党百色区民团指挥部任职。

七七卢沟桥事变发生后一个月左右，桂西地区酝酿一个国共合作共处困〔赴国〕难局面，但事情的来龙去脉，事先我并不知道。

只是有一天（大概在1937年8月中旬），前百色民团指挥部政工组主任邓泰兴（隆安人）转告诉我，说指挥官（黄韬）有话要同我说。我当即到黄韬那里，他一见我便说："现在有一件事，要你去办。"我听了当即表示服从，无其他意见。黄韬接着说："现在总部（指第五路军总部）有电来，要我们把百色地区'土共'韦高振部改编为国民革命军，共同抗日，他们愿派代表到百色来和我们谈判改编问题，你明天即去田东联络，接他们的代表，一道到百色，到时你还负责接待工作……"

次日我拿指挥部给我联络接待工作〈的〉证件，到田东县城后，便在约定地点会见了中共地下武装韦高振部代表黄日军和黎某（名叫什么现已忘记，当时韦高振部给百色区民团指挥部的信件称"指导员"，所以当时通称"黄指导员、黎指导员"）等两人，便一道到百色。当时我们接待他们住百色中山路云南会馆（百色乐群社筹备处所在地）。参加接待除我之外，还有少校参谋秦镜（桂林人）。

共方韦高振部代表黄、黎等两人到百色大概住有三四天，他们同百色区民团指挥官黄韬（田东人），参谋长罗苏（桂平人）等直接交谈问题有两三次（第一次我同秦镜带他们去同罗苏见面之后便离场，以后都是秦镜带去），谈到的内容具体情况如何，我不知道，也不便探问。

黄、黎等这次与黄韬、罗苏〔苏〕会谈离开百色后不几天，广西王公度事件（8月30日——原编者注）发生了。王案发生后不久，大概在1937年8月下旬或9月初，我便被调桂林参加五路军广西国民党省党部合办的战时党政工作人员训练班受训了。我到桂林后，双方仍继续谈判问题。

听说我离开百色后，区民团指挥部改派该部政工人员韦渔生（凤山人）参加接待工作。当时桂林有传说，此次桂西地区酝酿国共合作共处困〔赴国〕难的局面，为这个问题，张云逸将军到过桂林，向新桂系集团提出让韦高振部北上归八路军。但这个问题后来怎样解决，过程怎样，我当时因"王案"问题思想有顾虑，也不再去问个中情况，故毫无所知。

　　至 1939 年秋,我在鄂北国民党第一七四师任职内,随部队转移襄阳、樊城附近整训时,才知道韦高振被编成一个补充团(韦任团长),隶属于桂系部队八十四军(军长先是覃连芳,后是莫树杰,辖第一七三、第一七四、第一八九等三个师)。当时我在樊城曾和韦高振见过面。此后,我调离第一七四师,也不再去过问他的动向。我调离第一七四师到鄂东麻城第一七一师任职时,1940 年秋桂军第八十四军也调到河南潢川一带驻防了。

1982 年 11 月 30 日提供

　　(节录于莫亚人主编:《抗日战争时期百色地区党史资料》,1992 年印行,第261～262 页)

罗一农关于王海平的回忆

因我与王海平有亲戚关系,对王海平的情况有一些了解。1930年第四十三军被打散后,军长李晓炎曾派参谋谷怀虚到板陈拉拢王海平,准备以王海平的实力为基础,东山再起,与桐梓系争夺贵州军政大权,但未能成功。因此关系,谷怀虚后到云南国民党特务训练所学习后,又回到板陈王海平处工作。

1932年,第二十五军桐梓系的犹国材驻兴仁时也曾想拉拢王海平。因我与王的亲戚的关系,犹国材通过刘德一派我到板陈去与王海平联系,也未取得成功,这是我第一次到板陈和望谟。

我第二次到望谟是1938年,也是因为和王的亲戚关系。当时委我为贵州省保安第一团第二营营长,后不久升任少校团副,仍兼原职。在望谟,我曾参与了"剿灭"龙继尧、何光举兄弟、蒋树芝、岑建坤、牙永平、王海平等部人马的活动。

当时为什么要杀王海平呢?因为贵州保安司令部已了解了王海平的情况有:一是在板陈王海平设厂造枪在千支以上,不解决不行。二是已发现共产党在板陈王海平处有活动。三是已发现共产党在卡法一带开荒种地,设厂造枪。当时,广西省曾有函来贵州,要求两省联合"进剿"王海平。理由是发现共产党在这一带有活动,王海平又设有兵工厂造枪。

再就是日本人占领南宁后,贵州省政府怕日本人到贵州来,当时,曾听说日本人已派人与王海平联系,想委王海平为"西南王",不知此事的真假。为了加强对地方实力派的统治,采取了先斩"地头蛇"的方法。就有一个大计划:主要是利用各实力派之间的矛盾,让他们互相残杀。一是委任武装实力最强的王海平为"西南王",利用他的力量打击别的实力派。二是解决石屯的龙继尧,听说龙继尧早已与讲法语的外国人有了联系,掌握了石屯一带的武装,并与王海平不合。当局就是通过王海平写信邀龙继尧到板陈会面时将龙抓获的,捆至望谟城后,被打得遍体鳞伤。三是解决何亮清、何亮臣兄弟。何氏兄弟是毛坪人,有一定的武装实力。四是解决王海平势力范围的各地实力派,如乐旺、伏开的韦有珠、谭正明等人。五是解决镇宁县的王仲芳等人。因为这个计划,贵州省保安处长韩文焕,命令蒋贤甫率保一团到贞丰一带长期驻剿。团部驻扎在贞丰城,蒋贤甫带两个营驻在望谟,一个营到石屯,按计划先解决龙继尧这一股力量,再解决何亮清等人。这都是我到望谟前的事。

　　我到望谟后,就派我到板陈去见王海平,任务是让王海平带兵去打龙继尧,但是未取得成功。王海平只让谷怀虚率300人帮着打。解决了龙继尧、何光举兄弟的武装后,就开始解决牙永平、王海平。对他们是用政治手腕解决的,前后分两个阶段。当时,我们对王海平提出:只要拥护政府,交枪投降就不杀他。当时,王海平就带兵抬了2000条枪交给了保一团,也就没有杀他。部队也就撤回了贞丰,打击王海平的第一阶段就这样结束了。

　　这样,又出现了解决牙永平的问题。望谟是1940年建县的,此前属于贞丰县的第六、第七两个区。宋大为是第一任县长,他暗中支持民众种鸦片,以增加税收。不久张深接任县长,是张深将牙永平报到省里的,说牙永平是"共匪",要求"剿灭"。牙永平到望谟城的事,是县长张深以"国共合作,共同抗日"为借口,请牙永平进城谈判。牙永平当时带了黄拔等十个战士进到望谟县城,就被抓获了。张深急电报到贵州省政府,吴鼎昌当即回电,下令当天将牙永平杀了。第三天杀了其他的战士,当时只跑脱一个人。这都是1940年的事了。

　　牙永平被杀后,王海平就不敢进望谟城了,有事都叫谷怀虚进城里去办。这也是解决王海平的第二阶段,最先有个政治解决的计划,若不行,就动用保一团的兵力。我又一次到望谟时,是住在韦公家,谷怀虚受王海平之托进城来与我会晤,我对谷怀虚说:"这次要注意点,我这次到望谟的目的,想来你们是知道的。"根据政治解决的计划,我向谷怀虚提出两条建议:一是要老头子(王海平)带儿子到贞丰县城来。二是要王海平到云南昆明去找刘德一,以保全生命财产。

　　蒋贤甫在望谟时,曾经两次到过板陈王海平那里,王海平曾赠送他一支手枪,并送他到渡邑渡口。1941年也去过板陈,是我陪同他去的。

　　后来,我们是利用玩龙灯去"围剿"王海平的。为此,张深从贞丰城请来五十人扎龙灯和玩龙灯。当时,我对张深说:这个事很机密,出了问题你我都有责任的。但张深有他自己的目的,他是受了省长吴鼎昌的秘密命令,叫陈荣先去板陈通知王海平,让王海平逃往广西,再让白崇禧派人去抓,免得在当地引起民族骚乱。

　　在我前往板陈的前两天,张深就派了保警队的大队副陈荣,带警卫班先到板陈,同王海平吃住在一起。我带人马和龙灯队到蔗香时,王海平还派人来迎接,并接到保警队的来信,声称王海平正在杀猪,准备欢迎。我就发电报到贞丰保一团团部,蒋贤甫急率一营人马赶到望谟。

我带兵驻扎在蔗香,当时我派李札带两个连的兵连夜赶往板陈。当我得知王海平逃走后,就把县保警队的李札等人关起来,其他士兵就开始乱抢王海平家的东西。后来,我就成立了一个"保护王海平财产委员会",把被抢的王海平家产收回交公。

第二天,我带兵追到广西边境,并住了两天,也没有找到王海平。我就叫人写信给王海平,说只要他能回来,保证不杀他。"围剿"王海平事后不久,我接到上级命令,赴四川成都军官高等教育学校学习。张深也为此事被撤了县长职,蒋贤甫升为贵州省保安司令部的参谋长。后据蒋贤甫对我说,王海平跑到广西后,发出了快邮代电,说我罗一农等人抢掠他的家财。当时,贵州有很多人同情他,省政府就派员到望谟进行调查,并要处分我。蒋贤甫就多方替我说好话,说不是我先到板陈,而是县保警队大队副陈荣最先到板陈去。

关于王海平被抓押回贵阳的事,是因为王海平在百色发出快邮代电,说明王海平就住在百色。当时,正好白崇禧从前方返回广西,途径贵阳,在同吴鼎昌的会晤中,谈了抓王海平的计划。后王海平在广西被抓到后,由贵州派了一个连的兵到广西去将王海平押解回贵阳。

望谟县党史办王封常在贵阳中北路毛公馆内采访罗一农记录

1984 年 3 月

(节录于贵州望谟县史志办编:《黔西南革命老区——望谟、贞丰、册亨》,2004年印行,第 193~196 页)

（四）敌方资料

缉共匪黄明春加赏购缉共五百元

（南宁讯）蹂躏东凤两县共匪其首要为韦拔群、陈洪涛、黄大权等。经军团大举攻剿，业已先后伏诛，戡除民害各节，本报迭经志载。查其在逃匪要尚未弋获正法者，亦复尚有。如凤山县属共匪首要之黄明春，年前勾结韦匪等，在县属四处横行劫掳，焚烧屠杀，无恶不作，当经该县呈准民厅悬赏二百元购缉，冀以早捕获正法，为民除害有案，兹百色区民团司令部，以该匪系属重要共匪分子，悬赏二百元，似乎太少，为鼓励勇夫起见，拟加赏三百元，俾早日购获正法，以除根株，昨并电呈来省，请系饬遵，当经民厅接该部来电，称该匪较为重要，拟再加赏三百元，以示鼓励齐节，自可照办，随电复该部查照，仍希候总副座，省府核系。

抄自梧州《民国日报》一九三三年一月二十日

（节录于左右江革命历史调查组编:《左右江革命史料汇编第3辑反面材料》，1978年印行，第183～184页）

巨匪就擒　黄大权黄玉荣二名

与韦高振、黄书祥等巨匪同党之黄大权、黄玉荣等,历在天保等处扰害地方,虽经团队剿捕,均未就擒。兹闻我唐纪团,于本月四日,在天保属那样山岩,将黄大权、黄玉荣之匪帮均被解决,黄大权、黄玉荣均被生擒,并擒获女匪二人,现正严讯究办中云。

抄自南宁《民国日报》一九三三年六月九日

(节录于左右江革命历史调查组编:《左右江革命史料汇编·第 3 辑反面材料》,1978 年印行,第 185 页)

共匪首要黄大权被擒　次要共匪亦拿获数十名

（恩隆通讯）黄匪大权，前充韦匪拔群之伪参谋长职，实为虎作伥，蹂躏田南之戎首。前曾为恩隆县长，肆其共产残杀手段，惨不忍言，及助韦为虐之后，尤为凶恶之极，田南民众，莫不欲食其肉而寝其皮。前次军团围剿东兰共匪，该恶竟被漏网，及敢潜入向都，组织共产青年同盟会，并散伏党羽于思、果、靖、天各属，以煽动压迫之手段，希图死灰复燃，以期再继东兰之暴动。当被驻防本县之一二七团唐团长探悉，以该恶贼心不死，胆敢百萌异动，实属猖獗已极。特于日前亲赴向都，指挥军团，合力围剿。现据确息，该黄匪大权，已于昨日被唐团长设计于向属擒获，并拿获向都共匪首要卢桂彬、李焕延，天靖共匪首要岑邦兴，及次要匪共数十名，民众聆讯之，莫不雀跃三日。以此獠与陈洪涛助韦匪拔群为恶，致田南民众罹浩劫者十余万人。今一旦被除，实田南民众如天之福，深盼政府早将该恶枪决，以快人心。记者草稿至此，又闻与黄匪狼狈为奸之匪韦高振，亦有在养利县属为唐团第三营追获讯，如果属实，则田南赤祸，可斩草除根，田南民众亦得安枕之日矣。

抄自南宁《民国日报》一九三三年六月二十七日

（节录于左右江革命历史调查组编：《左右江革命史料汇编·第3辑反面材料》，1978年印行，第185~186页）

李宗仁:一年来之本省军事(节录)

地点	匪　帮	剿办情形
思林	共匪黄书祥,向在右江宣传赤化、扰乱地方	五月间,该匪因潜匿思林,经六属民团、参谋及中队长、警备队长等缉捕,当场击毙,枭首示众
向都	黄大权(党韦拔群)	该匪自韦匪伏诛,六月初,窜匿向都、天保、靖西一带,勾结向都匪首卢桂彬、黄庆金、李焕庭,靖西匪首韦高振等谋暴动,经唐团长纪以便衣队掩入那羊①村搜捕,杀之。

摘自南宁《民国日报》一九三四年一月一日

(节录于左右江革命历史调查组编:《左右江革命史料汇编·第3辑反面材料》,1978年印行,第185页)

---

① 现名那样。

左右江各县应行注意事项省政府明令饬县照办

省政府近以冬防时期,所有上金、扶南、同正、左县、崇善、万承、养利、恩阳、天保、龙茗、雷平、向都、镇结等县,为左右江要隘县分,亟应严密防范,以维治安,昨特将应行注意事项,饬各该县注意办理外,并着联区委员梁律,随时督促办理,以收实效。兹探得各县应行注意事项如下:一、切实清查户口;二、严密编组乡村甲;三、切实办理联环保结;四、厉行联络防剿大纲;五、实行过境会缉票;六、边境多匪地方,由县长随时亲往巡察,并分别拟据县与县联络办法呈核;七、匪案发生应即知会附近邻县,同时集团派队围剿。

摘自南宁《民国日报》一九三四年一月十日

(节录于左右江革命历史调查组编:《左右江革命史料汇编·第3辑反面材料》,1978年印行,第187页)

驻果德防军破获共匪机关

果德讯:四三师一二八团三营营长姚槐,奉命驻防思林、隆安、果德等县,营部则设于果德属果化圩,以便居中策应,保卫人民,数月以来,甚为安宁。不意上月间有外来某客商携带巨款,偕果化圩某收捐处经理陆某,由果化雇用民船下驶,讵意航行十里许至独石地方,竟被匪共多名欺压,搜取财物,并挟持陆某及客商以去。姚营长闻讯,即派侦骑四出,查究踪迹,务必拿获法办,以儆凶蛮,不数日即调回果德县城及坡利圩之九连,思林之十连,集中果化,连夜渡河,向山心圩东行,围困琴正等村附近之山岩。惟斯时适值大雨倾盆,黑云蔽天,以致该匪漏网,不能成擒,甚为可惜。惟搜石岩内,发现有床铺、帐被、白米、酒肉、食物、器具,并搜获伪印信长条共三颗,文为:"广西右江下游革命委员会"等字样,枪二支,嫌疑犯一名,并先后脱回被掳人民及果化某收捐处陆经理等四名,闻此等匪共首领系思林之廖民佳,果德之赵世同云。

摘自南宁《民国日报》一九三四年八月十日

(节录于左右江革命历史调查组编:《左右江革命史料汇编·第3辑反面材料》,1978年印行,第188~189页)

捕获黄庆金等 4 人的报道(节录)

(民国二十三年十二月附原电)(更二十三电)南宁勤延省靖西寿自天保区团养(二十二日)庆电计达,兹又据那甲乡长在黄庆金等逃窜岭地搜获伪滇黔省边革命委员会任命崔伯温为劳农游击队第三连队指挥员,黄建平即黄庆金又名黄超凡、黄芳华为政治委员,任命状并至天奉革命工作委员会与崔伯温、徐平等函件一并交府函内,称沿边各县劳苦大众已开始团〈结〉武装,积极推翻国民党政府的反动统治,现开会议,产生滇黔桂革命委员会,取消抗日军名义,将部队编为劳农游击队,主张游击战,特派黄建平即黄庆金并第二大队副指挥韦日有即韦秀清前往妥商,积极进行云云。呈该匪黄庆金等,此次分窜各地,实欲勾结崔伯韫、徐平等鼓动捣乱,……拟将该凡黄庆金、冯养邦、韦秀清、韦德高等四名,概予就地枪决,至窝犯黄生惠、罗永敬二名,容后查讯明确,另行呈办。当否,乞电示遵……

(广西省政府编辑委员会编:《广西省政府公报》第五十三期,一九三五年一月二十七日。原件存广西第二图书馆敌伪档案抄件存本办,第二卷,第99页)

电知天保沈县长缉捕匪党得力着记功一次并嘉奖在事乡长由

一九三四年十二月　附原电

自送南宁勤、延,靖西寿,天保区团沈县长等。养亥〔指22日21时至23时〕梗〔指23日〕两电均悉。据报缉获著匪黄庆金及其党羽等共六名。缉捕尚属得力,着记功一次,在事各乡长并着传谕嘉奖。至请将黄庆金、冯养邦、韦秀青〔清〕、韦德高等四名概予就地枪决,应否照准? 仰候总部核示。旭经〔指25日〕总印

原电(养电):邕宁勤、延,省龙州鹤,百色泽罗县长,电话处送恩阳梁县长,向都苏县长,靖西韦县长,并送寿田州曾县长,驮卢送同正范县长,自送天保区团:据探报,省府重赏购缉未获之向都匪首黄庆金,由滇边九陇地方潜回,宿职属渖甲乡,当即飞饬渖甲、那甲、定禄等乡,严密卡捕,并派警驰往搜索。旋于箇〔指21日〕晨拂晓,据那甲、定禄两乡长先后缉获匪首黄庆金及党羽、奉议那约圩韦秀青〔清〕、同正禄练村冯养邦、百色坭红村韦德高、天保佛村黄生惠、罗永敬等共六名,并搜得抄自革命青年社目前组织简章一册及入会表物,一并呈解到府。讯据该犯等供,黄庆金系滇黔桂省边革命委员会主席,因共匪西窜,乃由九陇开会潜回分窜各地,勾结蠢动,以资策应等语。查匪首黄庆金,倡乱多年,现向靖恩奉色各县及右江一带,受其荼毒殆遍,本年职属大省圩被其焚劫一空,伤毙数十人,惨不忍言,滋更瞻敢乘共匪西窜之际,结党分窜各处,冀图滋扰响应,今幸托威福首从成擒,除一大害。除严密讯取详供,另以呈办,并查案,请赏与,仍分饬严密卡缉余党外,谨电察照。天保县长沈钟岳、副农信伯养亥印

(梗电)南宁勤、延,省靖西寿,自送天保区团养亥电计达兹:又据那甲乡长在黄庆金等逃窜岭地,搜获伪滇黔桂省边革命委员会任命崔伯温为劳农游击队三联队二大队指挥员,黄建平即黄庆金,又名黄超凡、黄芳华为政治委员。任命状致天奉革命工作委员会与崔伯温、徐平等函件一并缴府,涵内称沿边各县劳苦大众已开始团结武装,积极推翻国民党政府的反动统治,现开会议决产生滇黔桂革命委员会,取消抗日军名义,将部队编为劳农游击队,主张游击战争,特派黄建平即黄庆金并第二大队副指挥,韦日有即韦秀青前往妥商,积极进行云云。是该匪首黄庆金等,此次分窜各地,实欲勾结崔伯温、徐平等,鼓动捣乱,使左右两江再陷于混乱状态,以响应西窜共匪,无疑诛属罪无可赦。兹恐羁押日久,疏脱堪虞,并为铲除祸根,以快人心起见,拟将该犯黄庆金、冯养邦、韦秀青〔清〕、

韦德高等四名,概予就地枪决,至窝犯黄生惠、罗永敬等二名,容后查讯明确,另行呈办,当否?乞电示遵。再黄庆金,三十六岁,向都人,系省府悬赏购缉之匪首,经其业师黎超煇,到案指认确凿。冯养邦,二十八岁,同正人;韦秀青二十九岁,奉议县人;韦德高,二十三岁,百色人,均系黄庆金死党并陈。天保县长沈钟岳,副农信伯梗印

（节录于广西省政府编辑委员会编:《广西省政府公报》第五十三期,一九三五年一月二十七日）

广西施政记录(一九三五年度惩办著名匪首一览表)

(一九三五年天保)黄庆金,该匪首系伪滇黔桂边革命委员会主席,猖乱多年,右江个〔各〕县遍受其毒,嗣在该县那甲乡侬村附近缉获,与其党徒韦秀清等一并枪决。一九三四年十二月天保枪决四名,敬德一名。

黄鸣龙抄于广西自治区图书馆

1987 年 6 月 26 日

国民党杀害黄庆金的《布告》

（1934）

"匪首黄庆金,又名黄超凡,又名黄建平,又名黄芳华,向都富义屯人,前充伪滇黔桂省边革命委员会主席及伪劳农游击队政治委员,曾倡乱多年,右江各县遍受其毒,二十三年四月二十九日焚掳劫杀天保县大省圩,伤毙数十人,惨不忍言,前经广西省政府悬赏毫银壹千元购缉未获,二十三年十二月二十日与匪首韦秀青〔清〕(又名韦日有)在滇边九弄与共匪何上之、梁振彪等开会,率同匪徒数人潜回内地各县,勾结响应西窜红匪,行抵天保县佛村被团队奉令捕缉,复解送县府讯明呈奉总部核准,与韦秀青〔清〕一并判决死刑,就地枪决。"

提供人:广西南宁邕江农机厂　黄廷忠

记录人:靖西县党史办张伟　闭有恒

（节录于中共云南文山州富宁县委党史研究室李兴整理:《三十年代到四十年代滇桂边游击根据地建立和发展的经过》,1983年印行,中共文山州委党史研究室保存）

苏团长新民与本报驻色记者谈会剿滇属九陇(弄)匪共经过

百色一日讯:驻百色前第四十三师一二八团,现改名为四十四师一三二团,团长苏新民于朕奉命担任搜剿滇桂交界九陇匪共,已将两月,该团长近以陇匪渐次敉平,同时臂伤复发,奉准回色休养。并为将剿办经过汇报,及请示今后处置机宜起见,经于二月二十七日回色,随行有黄团副瑞能。记者为欲明了剿办九陇匪共经过,特于(指28日)午走谒该团长,蒙予延见,记者详为询问,团长均一一叙述,兹将谈话记〔纪〕要如下。

匪徒崩溃散窜

剿匪经过,据苏团长云,滇属九陇匪乱,起初于我省镇边、靖西、德保、百色各县边境,而各该县边境,又与滇属九陇,犬牙交错,自经军团围剿后,彼等则窜往九陇匿聚,日久为患,现我总副座本系仁睦邻,救灾恤人,乃有去年十二月七日命余率军团驰赶省边,联络滇方,相机进剿。当时余团进住逻里,规划扑灭在西隆境内滋扰之缉卫队叛兵及防剿滇方驻文山之叛兵,途中不慎,骑跌陷于那迷坳下深坑,而致旧臂伤处复发,函回就医,对该匪共,只作防堵,未作进剿。其后政府派天保谢指挥官宗铿总理军事,至一月七日,百色李、黄正副指挥官,念及我省西防过广,同时匪共突起,剥隘商民,纷避我省罗村口,妇幼露宿,为情极惨,饬余出发前督师,指定负责旧恩阳所辖方面,仍听谢指挥官指挥,至是余审查匪区地形,诚恐剥隘为匪所占,不独我省罗村口、阳圩难守,若匪继向上摸扰,可入我西隆、西林各县边境,向下可直窜我省百色、敬德腹地。适所属处全部自柳归,故先以一连分次驻进罗村口增防,听候各部集合,再入剥隘暂代滇方扼守要隘,此一月四日左右之策应事。自我军增防罗村口后,匪只徘徊者桑附近,不敢东窜,至七日即命郑连入驻剥隘,俾难民无宿者,乃得回返家园,余亦于七日轻骑自百色出发,是夜抵阳圩。嗣接郑连入剥隘报告后,即密饬遍书本军宿营地点,使匪莫测,乃以主力移向那龙、平洞方面,相机谋攻其巢穴。

十二日姚营长自柳到色,十三日令以半部起于色,十五日到达水圩,同时余亦在罗村口、剥隘方面布置完妥,十四日余向水圩移动,拒见宾客,轻骑赶到那龙前方,以窥匪阵,十五日到水圩,十六日到那万,即与黄团副瑞能姚营长毅走所在那龙平洞阵地视察,十七日并到匪阵地之恒村弄甲侦察,拿获匪探黄亚勤,十八日欧阳参谋长来自百定,皆往那龙视察匪在百陇弄凝弄民一带阵地,并饬秦连长镜对弄民发射轻机枪数十发,以探匪之行藏。斯时我军守平洞者,为连长陈经楷,守那龙者为连长秦镜,及梁副司令士欧等部,至本团部队吴华成连、特务排、步炮排等则全驻那万,百色区团派欧阳参谋文宝,于是日午膳后即回百定。至欧所率天保百色各特务队,表示深恐难任的岩河进攻之责,便与资助,余乃代向谢指挥官陈述请示,同时并命驻水圩之姚营部进至岑塘候命。是日午姚营长亦由那万回岑塘。当时我军对于阵地尚未视察完毕,而雨大雾浓,路滑天寒,迨奉谢指挥效(十九)日电令由号(二十)日起各部前进,亦即饬姚营率部于十九日前进,道由桂村而占谷拉,宣传明日取百油,实则摸攻九陇内恒村、弄甲等地,以为进入九陇之根据,余并往百定那多一带勘察,并探岩河地方匪势,欧阳所部仍在百定侯〔候〕令。二十日余率特排往那龙、平洞、平岗、驮孟、桂村等村至平蒙指挥,斯时姚营为战略计,暂时将谷拉放弃,撤回桂村,绕道平蒙、侬金,越谷拉河,佯攻恒村及弄甲前后,余并起至侬金。姚营长以恒村弄甲不易守,撤至谷拉河畔,余仍督饬前进,当晚随其宿于弄甲,查弄甲地形确为险要,幅图过阔,小径山隙,均易受敌袭,但为彻底肃清计,与士卒同苦干,时得当天黑,敌果来袭,赖士卒气壮,敌不得逞。二十一日,一面使驻平岗之陈连越河佯攻百陇及弄凝,克后复弃,转以弄甲方面增加兵力,二十二日从事判清弄甲附近之敌,二十三日即以姚营长率部,自下九陇中心地谷桃挺进弄甲驻防,飞调黄团副率第五连及欧阳参谋率百色、靖西特后队镇驻,以防匪徒袭占,而阻我入九陇之孔道,至那龙、平岗、那万等处则由秦连长率敬德特后队及步炮排扼守,保护后方。天保特后队驻侬金,向谷拉方面警戒,本团特务排移驻布照,策应前后,余只率手枪兵六名,平洞筹办米粮物计。那龙与弄甲虽一望可见,但其道路弯曲约四十余里,实为九陇天险之地势。二十三日姚营长侦察岩受、令绥、弄登等地,二十四日占领弄兰、弄翁、弄地、弄金等地,各距谷桃只三里,前锋原以深入,嗣无给养,饮料困难,乃撤守弄金。至黄团副同日亦占领弄鲁、弄或,并攻入着各之岩穴,名叫甘洞者,获米票甚多,因是在弄甲部队始获得粮。余于二十四日午后,进抵甲村,查悉姚营交通之北道为匪截断,并知姚营缺粮,至二十五日拂晓,匪分三路来袭攻弄甲,初势甚猛,靖西队阵地极为动摇,余即率手枪兵至其阵地,督饬前进,匪乃不得逞。午膳后,黄团副亦率五连送粮二十余担,每担不过三四十斤,往前方探交姚营,午后六时转以弄甲。据报,姚营长仍在弄金扼守,姚营初感粮食断绝,交通梗阻,原欲向岩河攻击,恪守候命,努力坚守,并详述前方山形及战况甚详。余以九陇内形势既如此险要,路径如此复杂,而当面抗战之匪,又节节顽拒,退却时均有秩序,是知匪之主力,必控制于我所战弄甲之侧背,图于我极大危害,以遂其游击战术之特点,余遂于二十六日派黄团副率第五连全部冒雨破雾进至弄金,掩护姚营撤回弄甲,再设法寻觅匪之主力,以图歼灭。至弄甲地域广,住屋无多,给养饮料特别困难,即饬姚营率第九连至那陇平洞接替第七连防务,第十一连撤至布照休养,第七连来弄甲接替,各与第二、第五两连及百色特后队调驻那万,余回驻布照访寻乡民以作向导。二十九日有滇属皈朝区第三区长韦世登,依召来见,伊年已六十余,但号召乡间极有能力,所部给养,赖伊接助之甚多。三十日早,闻弄万方面枪声甚密,料为滇军与匪抗战,随即飞调姚营第七、第十一连,由韦乡长卢服务员桂村向导,赶往峨村,相机援应,以杀匪势,一面调驻侬金之天保特后队回驻那龙平洞,使第九连回到布照集结,以备缓急。后据姚营长飞报,弄万枪声确系滇军与匪激战,见我军突至峨村,恐受包围乃向后退却,滇军亦向百油方面而去。滇方联络商决整个剿匪计划,并探查匪迹起见,于三十日率第九连及特务排前往峨村,另调靖西特后队由那万移驻布照,以资衔接,迨二月一日并率姚营及第九连会晤滇军,至弄万,与其不遇,续进至弄色,方获与滇方营长尹国华会晤。时已午后四时矣,即日决定入弄计划。

　　滇军是二日由弄色道经谷拉、弄鲁、弄或、甘洞、弄立、弄爱、弄劳、淋独各地,向上九陇中心之驮慢搜剿,余以一部亦于二日由谷拉道经恒村、岩受、令绥、弄灯、弄兰、弄翁、弄定、弄金各地向下九陇中心之谷桃搜剿,至弄甲守居扼要,仍由余负责以一部驻守,至谷拉地段,为粮接济必经之路,亦由余调靖西特后队移驻。另卢服务员率兵一班以辅助,余并调峨村各部,用夜行军法统至岩垃宿营,依照上述计划,余并至弄甲指挥。时日午前十一时,姚营率第七、九、十一等三连占领弄灯。三日正午十二时,完全占领谷桃,但滇方尹营长追至何处始未获通报。余只率特排于三日至弄翁,四日至谷桃。欧阳参谋所部百色特后队亦于二日进至弄兰,巩固前后交通,一〔三〕日亦谷桃。至第二连余叫进驻弄兰,接替百色特后队任务。黄团副只率第九连坚守弄甲,以便运输,但靖西特后队因奉谢指挥官电令,于三日于谷拉向镇边属洞华移动,另负堵匪任务。欧阳参谋则率百色特后队由谷拉经驮维、弄向、驮河至我省境之宣村,向岩河打通运道,余亦率特排至弄金担任掩护。七日黄团副由弄甲率第五连步枪连回驻弄金,余于八日率特务排搜索驮河前后,继往驮宣,欧阳参谋亦派队向弄向搜索,九日经从至岩河踏勘。至步枪连经驮宣仍回水圩侦缉敬匪任务,十日仍回谷桃候令。其余如敬德县特后队,由安马移驻驮宣,天保特后队移驻那万,将岩中土民招〔召〕回。靖西岑副司令,镇边叶副司令,亦奉谢指挥官令来谷桃搜索之责,旋仍回洞华。十二日余与黄团副率兵及谷桃土民,将弄六附近深岩攻破,任谷桃土民搬取藏物,以分化土民与匪之结合势。十四日,滇方邱营长率部由谷拉经弄甲进驻驮达。此外龙州边防督办署江营长,镇边罗县长,亦率部自七村经者利击散化零四窜之匪。十五日,江罗两部往滇属宋村之莫枯搜索,滇军邱营由驮达进驻上九陇之弄所,我黄团副依获匪所供,亦率部出驮宣,于十六、十七两日合同欧阳参谋、梁副司令在德固、谷利、布伦、弄江等地,十八日,再第五连至驮闷搜索,十九日回驻安马。余仍在谷桃候令,只分配连长秦统、谢志恒令同滇军在上下九陇搜索,二十日因探报梁何等匪,窜在那标、那豆、巍冘一带匪伏,即与滇方邱营商定,邱在上下九陇之整理,我负搜剿梁何等匪,仍报向谢指挥官核准,即率所道由驮宣、安马,顺与黄团副所率第二、五两连于晚间赶水圩。二十一日姚营长代谷桃防务后,亦经谷拉到达峨村,二十二日即向那标证村、那豆、巍冘等地搜索,黄团副所率第二、第五两连、步枪连及特务排亦由水圩经中村向六洋、百洋、巍冘截剿。二十五日黄姚搜剿任务完毕,除姚仍率第二、五、九、十一各连暂驻百洋训练,策应九陇内之滇军外,黄团副即率步枪连及特排回抵水圩,余因左臂的伤复发,同时与匪渐次枚平,呈奉总副座及谢指挥官回色调治,至那标搜索任务及前方军事交姚营长代行,至欧阳参谋等部则归谢指挥官指挥,余与黄团副瑞能回色,二十五日至巴平,二十六日至石村,二十七日回抵百色。

匪剿地势

九陇一带现隶滇属富州与本省镇边、敬德、百色各县边陲,犬牙交错,人民多愚,长受土劣绅豪之鱼肉,地广人稀,村落稀少。该地绕道越岭可出安南边境,地形崇山峻岭,石岩重叠,村落在两山低凹中,山尖有匪营巢中,各山均有崎岖小径,粮食饮料极感困难。刻下天气,向日大雾,十步之内不辨人形,两山之间无半里之间隔,其遥则达数十里,各山并无连接,每弄口隘均有几重石围,坳口之距离,直线不足一百五十米。村落之最大者,首归谷桃,为下九陇之中心地点,瓦屋方达五十余间,驮曼为上九陇之中心地点,瓦屋只有十一间,遍地均种罂粟,匪势之曼〔蔓〕延,除富州及剥隘外,其余九陇及富州全乡村,均遭其蹂躏。

匪情概要

客匪约四百,土匪约三百,混合而成。各乡土民有受其愚惑,被其协〔胁〕从,匪徒于九陇、弄所、百油、板仑,遍设劳农会,遍贴抄袭共党标语,在皈〔归〕朝设苏维埃政府,主席黄建平,军事指挥有梁匪振标,现改名梁超武,任劳军游击队第三联队指挥员;韦匪高振任第三联队第一大队指挥员;黄匪子道任第三联队第三大队指挥员,崔匪伯温任第三联队第四大队指挥员;谭匪统南任第五大队指挥员;何匪尚之即凤山著名匪首黄义清之改名,任第三联队政治委员,曾匪重甫任特务团团长;凌匪少廷任特务连连长;李匪振廷任第一别动队队长;黄匪万集任伪红军大队长。九陇劳农会主席系刘匪家华及张福兴,伪红军委员系马常著、农国经、农国九(久)、许光正、黄朝经、刘天生、刘全诚及黎亚谷,本团此为在谷桃击破匪岩洞时,夺获匪徒所剿杂色枪十余支,均交滇军。说至此,记者兴辞而去。

南宁《民国日报》一九三五年三月十四日,第二张第五版

(节录于中共广西百色地委党史办公室等编:《滇黔桂边区革命根据地》,中共党史出版社 1999 年版,第 736~741 页)

匪情概要

广西各县 1933 年历月枪决匪犯如下：

7 月份：向都县 1 人

8 月份：天保、向都各 1 人

9 月份：天保、靖西各 1 人

10 月份：向都县 4 人

12 月份：天保县 1 人

1934 年历月枪决匪犯如下：

1 月份：天保县 1 人

2 月份：天保县 1 人

3 月份：向都县 57 人，天保县 1 人

4 月份：向都县 32 人

5 月份：向都县 17 人，天保县 5 人

匪犯自新，向都是 23 人

南宁《民国日报》一九三五年三月十八日

许英俊、黄初平　抄录

1982 年 12 月 15 日

（节录于广西德保县史志办，二战滇黔桂武装斗争回忆资料第 2 卷第 11～29 号，第 88～89 页）

富州共匪蠢动　县府调团追剿

富州此间赤匪,自被邱尹两营痛剿击溃后,已化整为零,四处逃散,邱尹两营奉调回防后,匪首梁振标、何尚之及伪参谋长黄建勋皆先后缉获。近来该匪见富中已无军队,又复啸集匪党,人数将近百人,占九弄凭据天险,企图死灰复燃。该匪达九弄后,强迫各乡协〔胁〕从附和,枪杀乡间邻长及不附合之民众,并勒令已入匪范围者,不论贫富,均须摊银钱。富州甘县长日恐养痈遗患,特会同广富守备大队,调集二区民团防堵架街,四区民团防堵高楼,三、六两区在所属范围内严密盘查生面歹人,并与一、四两区及剿匪军队,切实联络,向机待命,增加兵力。查九弄民众,自经前次县长亲往安抚后,多已服从政府,此次梁匪重入九弄,精悍者多已拽枪逃出,原为军团向导入剿匪众,而闻匪首梁振标与何尚之因意见不合,已生分化,何匪畏诛,已化妆〔装〕潜逃,不知去向。故此次追剿,各区团队又得九弄民众联为一气,虚心相从,协同动作,料不难一鼓作气荡平,永绝根株云。

《云南日报》一九三五年六月二十一日,第二张第七版

（节录于中共云南省委党史研究室、中共富宁县委党史征研室编:《中国工农红军滇黔桂边区革命游击队》,云南民族出版社1998年版,第249页）

贵州省境小股散匪调查表第 11 号

第廿六股匪首曾荣卿、何亮清、何亮臣、龙继尧等。吴主席转据贞丰县第八区区长王立本等七人呈报,匪五百余人,枪数不详……五月间由王海平派队清剿,匪远未能扑灭,现本署统筹汇剿中。

一九三五年六月二十三日

民国兴仁专署历史档案宗卷号 1-1-5

(节录于中共广西百色地委党史办公室等编:《滇黔桂边区革命根据地》,中共党史出版社 1999 年版,第 749 页)

麻栗坡土匪跳梁　督办署调保卫队驰剿

（麻栗坡讯）六月八日，广南苗匪王咪章，率匪数百人，窜扰田蓬属木央附近各寨，复进扰水田堡、黄梅树、马家湾、蔡家湾一带。十五日董干派乡兵赴田援救，在木杠截堵，与匪激战数小时，因众寡悬殊，械劣弹乏，分两路退却，匪遂将木杠全街焚毁，向田蓬节节进攻，十分猖獗。现田董之间，交通断绝，传达消息，须绕越法界。现督办署已飞调各汛保卫队，并咨请西畴县派队补助，驰往增援矣。

《云南日报》一九三五年七月三日第七版

（节录于中共广西百色地委党史办公室等编：《滇黔桂边区革命根据地》，中共党史出版社 1999 年版，第 746 页）

土匪围攻田蓬、董干开兵解围，龙副讯〔汛〕长阵亡

（特区通讯）苗匪王咪章与韦匪高振党羽，窜扰田蓬属木央木杠情形，已志前讯。自匪据南利河东岸以后，即向田蓬节节进攻，因田蓬方面防守得力，卒不得逞。六月二十六日，匪已逼近田蓬，围攻甚急，田蓬士兵据险坚持，午后二时，董干龙副汛长云中，率兵三大队，由普梅出发，前往增援。至哈坑与匪接触，激战一小时，田蓬方面闻援兵已到，亦出而夹攻，匪始溃退，田蓬之围乃解。此役全得龙副汛长躬冒矢石，奋勇杀敌之力为多，不幸至离田蓬三里之大石板阵亡，深堪痛惜。匪退窜山谷后，实力尚在，幸董干之兵已至田蓬，兵力较前加倍，并曾督办躬率韦营于六月三十日开抵董干，不难一举荡平，彻底肃清。

《云南日报》一九三五年七月十二日，第三张第七版

（节录于中共广西百色地委党史办公室等编：《滇黔桂边区革命根据地》，中共党史出版社 1999 年版，第 747 页）

剿匪胜利　各界举行庆祝大会　常备队长报告剿匪经过

（麻栗坡通讯）日前,自广南苗匪窜扰田蓬,裹胁日众,田蓬危如累卵,而中区附近伏莽,亦啸聚百余,在复兴街一带蠢蠢欲动,谣言纷起,民心惶惶。幸曾督办躬率韦营赴田督剿,匪始溃退。又命金大队长恒之与常备队长张占魁率队回防,伏莽始闻风远遁。常备队长张占魁报告苗匪窜扰情形及剿匪经过,略谓:此次窜田之匪,为苗匪王咪章、王开洪勾结九陇赤匪韦高振、梁正〔振〕标党羽,有江那著名匪唐宗武及共匪肖〔萧〕克派来的何尚之居中策划,枪械精利,且懂游击战术,非寻常土匪可比。数约千余人,散据各寨,每寨数十名,攻一寨则各寨策应包围。田蓬所调汛乡兵,未经训练,械劣弹乏,不易扑灭。且匪以打倒官府,抗租抗税抗债等口号诱惑夷民,裹胁日众。田蓬十八乡,除田蓬街一、二乡外,余均沦为匪区。且向田蓬进攻,十分危殆。

自己奉虞秘书官命令,率队前往救援……并编临时剿匪部队,分为三个大队。自己任督战官第一大队长,第二大队长陈明钟,第三大队长刘学敬,以董干副汛长龙云〔中〕为临时总指挥。二十二日,全队由马波出发……到普梅约十五分钟,该匪唐宗武率领匪徒二百余,将普梅四面围困……是日九时许,退于离普梅四五里之田湾、水田寨一带……不料,匪等退后,即四路调集援兵,翌晨拂晓,该唐匪又率匪众八百余,将普梅围得水隙〔泄〕不通。我军又照原来计划严防,激战三日之久。二十五日夜方得田蓬危急消息,迫望我队前往救援。我军于二十六日早晨四时……自普梅冲出,向田蓬前进,行十余里到丁家坡,又遇匪众二百余,分据山头……前卫部队被击溃……常备队与二、三中队与匪血战五次之多,将千余之匪节节击退,围战五十余里,方达田蓬。此时匪正加急火力,围攻田汛。我军遂于大石板一带,与匪廛〔鏖〕战……不幸我忠勇善战之龙总指挥云中,即与大石板之役,中弹阵亡……田蓬围困已久,防兵子弹,每人不过余下三四发而已。我援军若迟到片时,田蓬即不能守……三十日,督办曾公亦躬率韦营,由董干来援。匪猷在南利河东岸,以礧石滚木顽抗,督办又分三路,匪不支,向广南溃窜……

《云南日报》一九三五年七月十三日

（节录于中共广西百色地委党史办公室等编:《滇黔桂边区革命根据地》,中共党史出版社1999年版,第748~749页）

曾督办勘平田蓬匪乱

广南苗匪窜扰田蓬,曾督办竹虚,躬率省军,前往督剿各情,已志前讯,乃者剿患肃清善后办毕奏凯而回,沿途所经各汛,街民场拢香案欢迎,爆竹之声,洋洋盈耳,异常热烈,七月三十日午前九时二十分抵麻。各机关人员及街绅(绅)齐往问候,曾督办畅谈此次剿匪经过情形甚详,谓此次苗匪确含政治色彩,诱惑力极大,裹协(胁)日众,实有燎原之势,本常备团队平日训练认真,田蓬汛碉营,建筑特别坚固,前往智剿之兵亦属迅速,得以短期弭平,不致全区糜烂,实地方之大幸。

现匪已完全消灭,王匪开洪连其妻在内只有六人,子弹只剩八发,潜匿山洞中,赤匪韦高振已早死,此次并不存在,不过余党假借其名而已。而唐匪宗武则在普梅之役以后见省军到,即脱离匪部远遁,刻已完全不成问题。其民众被协〔胁〕迫从匪者,念其无知,均从宽办理,到田蓬后即出示招抚。惟夷民多不识字,初尚不敢归家,又将学生编为宣传队,四出宣传,方陆续归来,各安其业。此次所办者不仅十余人,均系在战场上俘获者,本人鉴于此次所调乡兵不济事,由于未经训练所致,为筹永久自卫之方,特令田、董两汛每汛十一乡,每乡调壮丁十名,认真训练,三月退役。每汛每期受训者有一百一十人,如此一年后,田董每汛曾经受训者四百四十人,有事召集,自可御敌,并此次本人上省,将政府发给枪弹领带前来,已有相当实力,此后可以无虞云云。

《云南日报》一九三五年八月十四日第七版

(中共云南省委党史研究室提供)

贵州最近著名匪类概计表

贞丰、册亨匪首王海平，一千余名，枪约千支，盘踞六马、白层山脚一带，夷匪中之狡诈者，其枪支子弹均能自制，并接近广西，军用品均可购制，所属均系夷民。

一九三五年十月

民国兴仁专署历史档案宗卷号 1-1-5

（节录于中共广西百色地委党史办公室等编：《滇黔桂边区革命根据地》，中共党史出版社 1999 年版，第 749 页）

桂匪扰剥隘　广富营进剿

顷闻剥隘某税局人,由富州到电省城西院街第一百零八号张经理内称,本月十六日,广西土匪进扰剥隘,广富独立营龙汉斗,已率队进剿。

《云南日报》一九三五年十二月二十一日

（中共云南省委党史研究室提供）

剥隘已收复 匪向踉〔踊〕羊谷色逃窜

顷总部据广富独立营长龙奎垣电告,剥隘匪已逃窜,电云:急昆明总司令龙均鉴,巧(十八日)哿(二十日)两电奉悉,先派赴剥隘防剿之四连,计铣(十六)日可还,殊该连行到皈〔归〕朝,据乡长黄殿英报,匪驻中村,该连遂移中村进剿。欧甲轻匪党三十余窜袭剥隘,守兵不力,竟于铣(十六)日被匪攻陷,职于富州闻报,兼程驰剿,欧匪闻风,于篠(十七)日退出,复由踉〔踊〕羊谷色窜逃,职于马(二十一)日到剥,查剥隘民间,未被烧杀抢掠奸淫,惟县佐各机关首人,稍被恐骇,地方被法银千元,幸无伤亡,刻正围剿中,请释厪注,余容续报,职龙奎垣梗(二十三)日印

《云南日报》一九三五年十二月二十九日

(中共云南省委党史研究室提供)

广富独立营王普两连长受伤　普连长因伤病故

此次普渡河之役,我刘旅督率邱团维大队,及龙杨两独立营,于本月七日午时许,与萧匪在大黑山、小干山一带,与匪相遇,我军奋勇□攻,将匪击溃,斩获甚多,并夺获机枪两挺,轻机枪一挺,步枪六十一支,税情曾志□前报,是役我广富独立营第一连长王之邦,及第二连长普家珍,率部奋勇前进,致受重伤,次日即送省医治,王连长经连日治疗,伤势已日就痊可,普连长不幸竟于前(十三日)晚伤疾故于陆军医院,身后颇为萧条云。

《云南日报》一九三六年四月十四日

(中共云南省委党史研究室提供)

广南县长呈请奖叙格毙王咪章区乡长　民厅核奖梅花章

　　总司令部据广南县长呈请奖叙该县格毙惯匪王咪章等案内异常出力之第二区区长侬釜先等，当即饬由民政厅核奖饬遵。

　　民厅以该区区长等能于短期内将历年惯匪王咪章等格毙，并夺获枪枝〔支〕，以靖地方，深堪嘉许。乃援照云南全省各县保卫团施行细则第十四条之规定，给予侬釜先一等梅花奖章一枚，在事出力之间长陆朝纲给予二等梅花奖章一枚，青云乡乡长先应元、发隆乡乡长蒙登屏、平陆乡乡长陆汉兴、罗登乡乡长黄正谟等，各给予三等梅花奖章一枚，以资鼓励，而彰劳勋，已于日昨令知该县县长，并将办理情形呈报总部云。

《云南日报》一九三六年四月十五日

（中共云南省委党史研究室提供）

总部电请桂省派队剿流匪以期一鼓荡平而维两省边安

广西流匪三百余人,窜至富州地区沙斗一带,肆行抢劫,逼近富城,该管张分处长暨甘县长现已派团队进剿。兹闻总部据报后,为根本肃清计,特咨请广西省政府饬属于滇桂接壤之□□魁墟等处搜剿,并电李白正副总司令电饬边防驻军联络进剿,以期荡平,而维两省边安云。

《云南日报》一九三六年四月二十一日

(中共云南省委党史研究室提供)

富州格毙贯〔惯〕匪黎阿温、陆云章等　甘县长四日回城

总部据富州县长甘汝棠鱼(六日)电称,职文(十二日)出发清剿散匪,到达皈〔归〕朝者桑剥隘区,所有惯匪黎阿温、陆云章等,□当场格毙。余匪十余名,已潜窜往桂境水城,职复经洞波花甲,验收碉堡,检阅团队,于支(四日)回城,谨先电呈。

《云南日报》一九三六年五月九日第七版

(中共云南省委党史研究室提供)

广西流匪有向富州逃窜模样　甘县长派团截堵

总部昨据富州县长甘汝棠电称,准广西天保高伦指挥鼓(四日)申电开,江(三日)晚有匪三百余,枪支二百,在靖西被本军追击,窜至敬德镇边界,闻支(四日)午已向贵誓乳虚毕街地方模样,请讯饬团堵截等由,当即饬一、二常备团于皈〔归〕朝、板仑、架街堵截,本日据镇霖电称,职县城防已饬团警严加戒备云。

　　　　　　　　　　　《云南日报》一九三六年五月十日,第一张第七版
　　(中共云南省委党史研究室提供)

韦匪窜进富洲〔州〕城　马局长电　股匪抢劫马者哨已派队会同开弥两县会剿

总部据铁道总局长马瑛报称,顷据大庄分局长张汝霖电报,有股匪于(十一日)也抢劫马者哨,本日来到比米花,距大庄二十里,有进抢大庄模样,同时又据开远县长报同前情惟匪数约百人等语。查此股匪人或系高匪,克宽窜来,亦未可知,除派第三区队,斟酌情形,利用铁道,驰在裁剿,余情如何,容后续报,再本晚开远电报阻,敌用代电陈上,伏乞鉴核示遵。

总部据富州县长甘汝棠卅(十五日)电,韦匪之陷入播寒,陷花甲到者砂博距富城仅三十里,形式〔势〕严重。

《云南日报》一九三六年五月十九日,第二张第七版

(中共云南省委党史研究室提供)

韦匪率部窜富洲〔州〕 暂编第二中队与广南团队筹划清剿不日可望歼灭

（富洲〔州〕讯）五月初间，韦匪高振又复率领三百余窜入本县境内，当经县府电请派遣暂编第二中队全部于十二日开抵县城布防，殊十二日拂晓，匪部即乘间袭入八宝播街，当经派队往剿则匪众又转向那耶花甲方向逃去，迨至二十八日，我军乃联合广南团队向匪进攻；则匪部又转窜往岜赖董剥等处，刻正筹划追剿，不日可望歼灭云。

《云南日报》一九三六年六月十日第七版

（中共云南省委党史研究室提供）

剥广富一带土匪肆扰　已调龙营回防

剥隘一带,自广富独立营开拔以后,匪首欧仲明、梁振标、韦高振、李振廷、□有余等,于剥隘、广南、富州等处,肆无忌惮,滋扰不已。地方团兵,难于肃清,现赤匪既已远窜,闻总部已调龙营长奎垣,回防驻扎,以靖地方云。

《云南日报》一九三六年六月十九日

（中共云南省委党史研究室提供）

富州匪退窜桂境　张分处长请派队严剿

总部据张分处长光宗迥(二十四)日电,顷据富州谭督练员开荣电称,韦梁欧李诸匪,盘踞百油,正拟兜剿。该匪乃于铣(十六)日由七村方面,向桂境莫始夜遁,只以兵单力薄,不能越境追剿。请电上峰,迅派军队到富,彻底清剿,以除边患,等语据此。查该匪等,虽向桂省莫始方面窜去,若团队稍动,立即窜回。似此情形,殊非长策,且临时组织团队,实难令其长驻待剿,仍请电催指定部队,赶期开富严剿,以肃匪患云。

《云南日报》一九三六年七月二十六日

(中共云南省委党史研究室提供)

740

韦匪被击溃　格毙匪十余人　一部窜富州百油

总部据富州甘县长世(三十一)日电:韦匪窜集七村攻陇所,当电桂军冯营附兜剿,格毙匪徒十余人,现匪即分窜镇边之须姑,富州之百油,除饬团队截堵外,请速饬独立营星驰痛剿,以救边民云。

《云南日报》一九三六年八月五日

(中共云南省委党史研究室提供)

富洲〔州〕匪势仍甚猖獗　广富独立营不日可赴防

总部昨据富州县参议长吴岳、剥隘区长陈朝章、商会主席李启生等电呈称,前电奉悉,蒙派谭督练率队到富,沾威莫名,查谭低〔抵〕富后,因团力薄弱,极力相助,惟兵东匪西,现匪势仍甚猖獗。伏乞派省军兼程莅富剥,救民水火,不胜迫切待命之至。总部据呈,已昨(十九)日电复,广富独立营,不日即可赴云。

《云南日报》一九三六年八月二十日

（中共云南省委党史研究室提供）

富州剿匪胜利

毙匪八名,夺获手枪一支,匪退洞波,我军仍守皈〔归〕朝

绥署据富州县长甘汝棠世(三十一日)电称,俭电计呈,韦匪有(二十五)日晨攻皈〔归〕朝,围困区公所。经飞调一区保卫第七、八、九中队,由板仑星驰力援,双方激战,里外夹攻,毙匪八名,刀伤十余名,我方因阵亡二,带伤四,夺获匪手枪一支。幸托钧座德威,该匪感(二十七)日酉刻始退入洞波,又转图富宁,黄区团长脱险,余仍守皈〔归〕朝。是役因奸人内应,枪损失颇多,除准夺获手枪,拟充奖该区团长外,仍祈催军兼程苊剿,以安民心云。

《云南日报》一九三六年九月三日,第二张第七版

（中共云南省委党史研究室提供）

剿办富州韦匪　广富两县常备队拨归独立营统一指挥

顷闻绥靖公署,以此派广富独立营剿办富州韦匪,为求统一指挥起见,所有广富两县常备队,在剿匪期间,准予拨归该营指挥,以得剿匪,并于昨(三)日训令团务处,转饬该第六区团务张分延长知照云。

《云南日报》一九三六年九月四日

（中共云南省委党史研究室提供）

富州围剿高匪情形

▲先后毙八名

▲负伤者十余名

（富州通讯）韦匪高振,自本年五月二日由桂窜富,纵横各区,蹂躏全属。经团队围剿,各情曾志前报,兹闻该匪于八月二十六日,竟分其党徒□百余人,袭击皈〔归〕朝。事前并以一部出没于三区所属之里那一带,藉以牵制后方团队,当夜四点钟时份〔分〕,该匪即抢船渡河,并利用当地土匪沈怀廉及劳正丰为内应,潜启闸门,引匪由后门□涌进街。未及天明,号角齐鸣,枪声突起。民团因调防日久,疲惫不堪,且乏战斗经验,甫闻枪声,即惊慌失措,致使该匪一拥而入,将民团所用之枪及明火铜冒缴去五十余枝〔支〕,夺战皈〔归〕朝镇之中碉及太平碉。该区团长黄殿举自奉令防守以来,即日夜巡察看哨,当时因事变仓卒,见该碉已失,知有内应,即将随身团兵二十余名及各乡镇间长,退居升平碉,及区公所一带坚守抗战。

匪攻区所情形

该匪素性残虐,既以枪乱屠杀区乡间长为能事。瞥见团队退散,量孤碉难守,乃挑选敢死先锋□十余名,每名各赏法光洋八十元,奋力攻打,但黄区团长,已抱定有匪无我之决心,尽力迎敌,因区公所房屋坚固,且后上方又有升羊碉互为犄角,几次猛扑,均未得逞,并先后击毙该匪数名,手枪队甫抵区公所门,先到者,皆被击毙,欲来抢救者,亦应枪倒地。从后碉及侧攻者,亦经黄区团长,沉着应战,皆未得近碉边。韦匪此时亲自侦查情形,亦被击中负伤右肩而逃。一场恶战,直坚持两昼夜之久,该匪复令每间出柴草一百担,准备焚烧区公所。

团队援剿经过

是日下午九时,县府甘县长,据板伦分团探报,极为注意,随即飞令后龙山贺乡长兴德,坚守后龙山高地应敌,同时飞令派防板伦一线之第七八九中队离防,驰往援救,并与贺乡长切取联络,务使区公所人员,获救脱险,俟省军到达,再行痛剿。二十七日下午团队抵皈〔归〕朝,由后龙山冲下,该匪出上司衙门一带踞险顽抗,双方激战二小时,里外夹攻,计前后毙匪八名,带伤十余名,夺获十响手枪一枝〔支〕,我方团队亦阵亡□名,负伤四名。韦匪知难以攻下,且本身亦已负伤,遂于二十七日夜,星夜逃向洞波而去,皈〔归〕朝之危遂解,惜团力薄弱,未能趁溃追剿耳。

匪势猖獗原因

自该匪入我境后,各区来报似雪片飞来,日不下数十次,甘县一面调团防守,同时电呈上峰核办,文山张分处长,迅即电令广富督练员穆致祥为民团指挥,率广富常备队及保卫队进剿,计八百余名,殊行进中途闻匪仍踞洞波,则亦宿营常乐高烈与匪二三十名相持十数日,并无结果,后分处明白此种情形,复调谭督练开荣前来指挥。此时团力已疲,富团四五两区,又被匪遮断,团调不灵,三、四、六三区各中小队长,或被迫胁从,或全家遭难,亦无法调集,所可调者,仅一区团及二区团之宝莲乡、皈〔归〕朝镇而已,其余隣〔邻〕封调援防常备队枪弹虽利,皆各怀门户之见,有观望之心,不肯出力,遂致使匪势日趋猖獗云。

《云南日报》一九三六年九月二十二日

(节录于中共云南省委党史研究室、中共富宁县委党史征研室编:《中国工农红军滇黔桂边区革命游击队》,云南民族出版社1998年版,第253～254页)

富洲〔州〕龙营清剿土匪　击毙四人

绥署据广富独立营龙营长呈报,据第二连吴代连长荣才报称,于十二月十二日据岜莱黄分团长报称,十日晚探确捕赵等匪匿藏囊也,当即派团连夜围剿。因匪哨发觉开枪,该匪惊醒抵抗,遂放火烧房,乃冲出退逃,夺获匪枪五杆,打死乘马一匹,等情前来,当经派队前往清剿,到达远边突与匪接触,当时击毙四人,生擒一名,夺枪二支。该匪等击溃后,往四处逃窜,现正搜剿中云。

《云南日报》一九三七年一月六日

（中共云南省委党史研究室提供）

滇桂边境土匪窜扰

常在滇桂交界一带窜扰之梁振标欧仲明两匪首,统率长枪三十杆,短枪十余(短枪子弹甚少)。现匿于滇属距那良十余里之山岩,该地离百色属瓦村,仅三十里。又卢泰阶、陆少荣两匪,人枪一百七八,三十一日晚出谷老屠人二名,桂省绥靖主任李德邻据报,除饬属积搜具报,并饬西林詹营防范外,昨特电请滇黔绥署,转饬防军侦剿,以维边境治安云。

《云南日报》一九三七年二月九日

（中共云南省委党史研究室提供）

李育德、黄建功等:万急快邮代电

[民国二十六年正三月]

广西国民革命军第五路军总司令李、副总司令白、广西省政府主席黄、民政厅长雷、百色第五区民团指挥官梁、西林县长岑钧鉴:

为罪魁未拿,冤案未雪,饥寒交迫,势难安生,恳迅饬严缉究办事。窃于民廿六年三月内,叠罪魁土豪岑泽甫、侬旭甫、岑永碧等,借机烧杀,惨无天日一案,业经迭呈　层宪查核在案,第未蒙究办。民等自劫后余生,家畜财屋被掳而焚,欲耕无牛,商无资,工无器,生活末路,饥寒交迫,栖隍〔凄惶〕饿殍,惨莫可忍,呼吁求救,望穿云霓,迄今两载,未承雨露之恩,以致该土豪得势猖獗。现有王卜登、王阿火、岑永碧等,率武装十余人,潜伏村邻,意欲图灭告发诸人,以息其祸。因此,民等日不安食,夜不安寝,防不胜防,命危旦夕。嗟嗟!当此抗日救国之际,岂容此土豪横行殃民,逍遥法外,虎啸一隅,莫之敢撄呼!伏查岑泽甫、侬旭甫二人,原属表亲,均系世代土豪,剥民脂膏以巨富,现因逃避此案,将金钱寅〔夤〕缘出去滇省广南县属之弟,第五区长任职,恳请层宪设法追究,或移知滇省政府,严饬广南县政府缉拿送案,或派警查拿其家族胞兄岑泽润,责成缉送该弟泽甫归案,以便赔偿世等七十七条生命,七十一间房屋,一百五十头牛,并同时严拿该土恶王卜登、王阿火、岑永碧等究治。使民等各得微利,维持生活,生有所依,死有所托,安居乐业,不致栖隍〔凄惶〕失所,饿殍沟壑,则国民幸甚!

西林县龙潭乡木竜村平轰、良同两寨代表,难民李育德、黄建功等寒电哀叩。

(节录于中共云南文山州富宁县委党史研究室李兴整理:《三十年代到四十年代滇桂边游击根据地建立和发展的经过》,1983年8月。中共文山州委党史研究室保存并提供)

剿匪军第二路军总司令部训令

法字第 912 号令云南民政厅

案据广南县长宋光焘呈称,为格毙巨匪,请祈优奖事,窃查县属第二区六羊苗匪王咪章,在去年王开洪聚众作乱之时,该匪充王开洪副指挥,率同苗匪围攻富州县城及坝劳田蓬等处,迭经军团兜缉,均未就擒,已属罪不容诛。月前,广西散匪欧仲民等攻陷剥隘时,闻该匪首王咪章等复暗地派人与欧仲民联络,意图蠢动。事当由独立营龙营长密饬县属代理第二区区长侬月楼悬赏设法诱擒,并授意派人于最短期内,或假示和好,相机暗杀,拟以歼灭该巨匪为宗旨。如其夺获匪枪,准于悉数提奖有功之人。去后嗣于一月四日,据代区长侬釜先支电称,兹于各夜重赏将王匪咪章、咪骚、咪路在上甲坝地方格毙,咪朝伤逃。章尸、骚、路首级解到区所请示,区长侬釜先叩支等语。县长登即复电加许,饬将咪章首级星夜解城示众,以快人心,余准掩埋,并于一月五日,接据该区长一月四日呈称:窃职前奉广富独立营龙营长命令,闻六羊苗匪首王咪章勾结广匪意图死灰复然〔燃〕,饬调壮丁守各要隘听候调遣,并饬重赏缉拿解办等因,前经将奉令及调壮丁进行有人各情呈报在案,旋后职当严密重赏有能生擒匪首王咪章者,以所持枪作赏。又召上甲坝闾长陆朝刚到所,将计严密付之调查,设法引诱,务获活供。该闾长依计引诱匪首,亦允诺陆朝刚,恐势不支,迅即奔报。计与王咪章约写于本月二号到舍饮酒,请调壮丁守各要道,勿使漏网等语。职即不分星夜,请调青云乡长先应元、发隆乡长蒙登屏、平陆乡长陆汉兴、罗丰乡长黄正汉等,各调壮丁数十名,均执器械,共二百余名,职率前往六羊边境,分配守各要隘,又挑得力壮丁陆玉昆、杨正清等数名,深藏潜伏陆朝刚家等待。是日,王咪章果到伊家饮酒,意在生擒,该匪首又随带伊之堂弟咪路、咪骚、咪朝及其师爷王毓才等,各携利器,饮酒不释。各壮丁果有杀敌之勇,见势实难生擒,遂即发枪声,登时击毙匪首王咪章、咪路、咪骚,擒获活供一名、九响枪二支、套筒枪一支、垦底套筒一支。现已将王咪章全尸、咪路、咪骚首级及活供一并解到,职所讯问该匪首师爷,供称汤区团长亲到六羊饬王咪章收法洋数百元以作赎罪之费,咪章即按户摊收已缴过百余元等语。王毓才应解归案,请依律惩办,唯匪首全尸,是否移城或斩首以呈解示众,祈派员协到六羊安抚,以免苗民惶惧。如何之处理? 备文呈请钧长衡核示遵,军情前来复以呈悉。昨据电呈,当以支代电饬将匪首王咪章首级,深夜解城示众,余准掩埋。案兹复据呈各情,特分别示如示:(一)此次夺枪支共四杆,应否悉数充赏?着候转呈核示遵办。(二)生擒匪党王毓才一名,速派丁连同王咪章首级妥解来府,以凭悬示讯究。(三)六羊苗民不免惊疑,自系实情。兹已撰发布告,即由该区长从速张贴,前往宣谕,切实安抚,务使明了,只歼渠魁,不究胁从之意,照常各安生业,是为至要。仰即遵照分别办理具报。布告附发,此令。撰发布告二张,饬该区长前往宣抚谕导,于一月六日即发各在案。旋又据该代区长呈解王匪咪章首级生擒匪师爷王毓才一名到府,职县亦即分别悬示管押讯办。除王毓才一名由县讯明另行拟呈其来呈所区团长汤承忠收缴王匪赎罪费节,应予另案追究呈报外,该代区长侬釜先能于短期内遵令将该匪首王咪章诱获格毙并夺获匪枪四支、毙匪弟两名,实属谋勇兼赅,深表嘉许,应请钧座准予将该第二区区长侬釜先从优奖赏,以资鼓励。夺获匪枪,本应提以公用,唯经事前许以重赏,现地方款绌筹措尤为不易,并恳变通,准其完全给奖在事出力之人,庶符原议,且以激劝来兹。再该匪为数年巨慝,地方人民受其荼毒者不可胜数,在前军团未能剿除,系用所据地点概系深林大箐,道路险独。若非设法计诱,不易收效迅速。此次意见,能一朝剪除,广富民众,无不称快。且边区苗民,受其胁迫甚多,只须该匪歼灭,其余多已慑服,各安生业,请释厪注,合并呈明,所有各缘由是否有当?理合具文呈请钧核示遵等情。据此,除以呈悉查该苗匪王咪章,去岁曾附合王匪开洪扰乱田蓬、富州等处,本年广西散匪攻陷剥隘,又复与匪联系,企图扰乱,实属顽悍不法已极。既经该县第二区长侬釜先设法诱饵,将该匪王咪章及其弟咪骚、咪路三名当场击毙,查属咎有应得,应准备案。生摛之匪书记王毓才,应饬该县长,依法讯供,拟办呈核。擅行派款之汤承忠,并饬从严查究,以儆时贪。至该区长侬釜先,格毙巨匪,谋勇可嘉,饬令民政厅照章核奖饬遵,以示鼓励。夺获枪支,既经事前许其奖给团队,并准如呈办理,以昭信赏,除分令外,仰即遵照此令等因指令外,合行令仰该厅即便遵照查明,照章该奖饬遵,仍具报查考,切切此令!

总司令 龙云

（广南县县长宋光焘,广南县呈覆〔复〕件,云南省档案馆,1106－002－00403－019,1937年5月4日）

（节录于中共云南省委党史研究室、中共富宁县委党史征研室编:《中国工农红军滇黔桂边区革命游击队》,云南民族出版社1998年版,第239～241页）

为拟定黔桂两省边县会商联防办法原则

（滇黔绥置参战　字　第 2548 号代电）

急，独山王专员、定番窦专员、兴仁王专员：密查黔桂边匪藉省界为护符，时有此剿彼窜之虞，本署为彻底剿清边围匪患，以期一劳永逸起见，前经电请桂省切实协剿在案，顷准李总司令宗仁、黄主席旭初江会电节开，藉此统一完成之际，急应乘时剿办，以绝匪患。此拟具两省边会商联防办法原则三项如下：（一）邻县发生匪警时，得应其请求派队协剿。（二）股匪因被迫流窜入邻境时，在一日行程内，得一面通知邻县堵截，一面越境追击，务使匪无所逃。（三）联防各县应设法互接电话，以期连络便利。其它应行规定事项及联防章则，着由各该县府会商拟定，呈候两省军政当局核定施行等由；查联防清剿甚为必要，合急电仰该专员转饬邻近桂边各县，尅日商同邻县拟具联防清剿方案，呈候核行为要。薛岳微辰绥参战。

一九三七年五月五日

（节录于中共广西百色地委党史办公室等编：《滇黔桂边区革命根据地》，中共党史出版社 1999 年版，第 749～750 页）

龙李两营剿匪捷报

龙营攻破梁巢穴,李英当场击毙匪首

川保安队叛变　我军俘获甚多

绥署前电合　广富独立营长龙奎垣,统率桂省江营搜剿梁匪一案,兹据该营电呈,遵即派遣桂省江营向七村九陇搜剿梁匪于干帮卜、太平数洞内,上月二十六七日,即被我军攻破,该匪遂向桂属之靖西、镇边等县窜去,我军江营复跟踪追击,不令漏网远飚。绥署据呈,昨日已电饬该营既将匪巢攻破,仍须与桂军确切联合,合力破剿,以期一鼓荡平云。

《云南日报》一九三七年五月十六日,第二张第七版

（中共云南省委党史研究室提供）

广南县长宋光焘致省民政厅电

云南民政厅长丁钧鉴：

窃县长前准富州甘县长汝棠虞（七日）电，以韦匪高振，率匪党三百余，窜入富属皈〔归〕朝附近，富城势甚危殆，请速派队驰往救援；并奉第六区张分处长虞电，饬速派队前往会剿等因。其时县属，因防共所调集一、二两期退役团兵，编成一、二两中队，尚未遣散，其一中队，且尚驻防北区弄迫底墟一带，当派驻城之第二中队全部，于五月九日，由县出发，赴富援剿，并一面飞令与富属毗连之第二、四各区，调集得力保卫队，于边境旧腮、沙斗各处，严密截堵，暨将开出团队情形，于五月八日电呈。总司令鉴核在案，乃于十四日午前一时，据代理第二区区长侬銮先飞报称：韦匪高振，率党两百余人，乘我二中队开赴富州，区团均开驻旧腮沙斗驻防，内部空虚之际，忽于十三日拂晓来攻八播街区公所所在地，当经区长督饬留所人员团丁奋力抵御，激战三小时余，弹尽无援，始退入距（区）公所二里许之坝隆，坚守待援，我方当场阵亡区公所办事员黄献奎、录事陆正举、团丁黄老四，带伤者数人，该匪等人多械利，请速派队援等情。到县，适第一中队甫经调回县城，当由县长令派总副团长孙光祀，率带该中队全部，加调现在训练之第三期常备队一小队，于十四日兼程驰往剿办，并飞令各区抽调保卫队，向八播合援，协力进剿，同时并飞令开赴富州之第二中队回援，以期夹击歼灭。去后本日又据该区长侬銮先报告：十四日正午，区团大队副蒙登平率各乡壮丁，由旧腮赶回，会合区长竭力向该匪攻击，匪势不支，已向六贡方向溃退。刻正督团跟踪追击中，所有损失公物公款及人民损失情形，并匪人情况，容再续报。等情前来，除指令迅速跟踪追剿，并令孙副团督率各部，全力兜剿外，查韦匪高振等，扰害广富边境，历有年所，此击彼窜，兵去匪来，终未根本肃清。由于桂边各地，山岭丛杂，最易藏匿，开往剿办，兵少则匪出抗拒，兵多则越界潜逃。劳师糜饷，已非一日。此次该匪虽经击退，难保仍不窜往富属各地滋扰。职县一、二两期常备团，召集已将3月，若不早日遣散，不惟妨碍春耕，抑且供给不易。县长审度情势，窃以现在萧、贺两匪远窜，若广富独立营能于抽调，拟恳调令早日回防，俾资筹剿，边隅幸甚！

除分报外，详情容俟据报，再为转呈，并候示遵。

（广南）县长宋光焘（印）

广南县呈报件，快邮代电（1937年）五月二十五日下午九时

（节录于中共云南省委党史研究室、中共富宁县委党史征研室编：《中国工农红军滇黔桂边区革命游击队》，云南民族出版社1998年版，第237～238页）

富州残匪已肃清　盲从民众均就范　芭莱驻军努力建设

（富州通讯）富州巨匪首领韦高振，自去岁被广富独立营击毙后，地方曾一度安靖，殊今春以来，残匪梁正（振）标、李家齐（祺）、傅绍（少）华等，又死灰复燃，广富独立营乃于上月出发剿抚，已将匪人如数肃清。现竜燕（弄彦）、干邦、那卜、那见、太平寨一带险要崖洞，均已次第攻下。该地居民，以文化落后，故无知民众，大多为匪麻醉，通匪从匪者，所在皆是。独立营龙营长除将该地重要匪犯讯明枪决外，于五月六日，饬由该管区陈区长，召集附近各寨民团及匪区内男女匪犯约三百余人，齐集太平寨，正午十二时，由龙营长加以安抚，并肯切训示，直至午后三时，训毕解散，该匪区匪犯，均已翻〔幡〕然觉悟，痛改前非云。

（又讯）该营第一连长李德修，自驻防芭莱以来，每日除率队游击外，鉴于该地防务空虚，随时有受匪人侵袭之虞。特于该地东面高地，建造营盘一个，内部修筑花坛一座，种植各种花木，空气新鲜，值此酷暑期间，诚避暑之佳境也，并题名为中山公园，其四周均筑有极坚固之围墙，训练壮丁，其他如运动场、马路等，亦相继成功，从此芭莱自卫能力，增强不少，刻该地民众，已决议立纪念标云。

《云南日报》一九三七年五月二十九日

（中共云南省委党史研究室提供）

广南县县长宋光焘呈报伪宣传品

（1937 年 5 月）

　　呈为呈报请示事。案查昨接富州甘县长汝棠，加封转到梁振标等匪伪宣传品一件。外封系书抗日救国会五个字，内则有滇黔桂边区抗日代表大会宣言，及快邮代电各一件。云系由富州属花甲人代投送而来，请防制等由。当今详加考察，并令接坏(？)之第二区区长查禁。始知八播邮政代办员黄亮焜，系广西恩隆县人，对于此种宣传，曾经由该八播邮局转过一次，该黄亮焜是否明知故违，不无嫌疑，复经一面令饬二区区长陆朝相，将该代办监视考查具报，一面函知广南邮政局，将其职务撤换各在案。嗣据该区长呈报称，四月一日奉钧令后，正遵办问，适有一人名农学礼，又持函电多件，前来投寄，已将人件一并扣留，理合连同黄代办一并解请钧府核收讯办。计呈解黄亮焜一员，农学礼一名，伪宣传品一束。

　　等情据此。查阅呈到函件，外书代电寄广西桂林百色南宁靖西向都各县府或报社，其内容仍与前次富州县府转到相同，除将该已撤八播代办黄亮焜，及富州属花甲鸡旦寨人农学礼，一并管押讯取确供，及有无通匪情形，另案议拟呈核外，所有查获匪宣传文件，暨撤究八播邮政代办各缘由，理合先行具文呈请

　　钧府鉴核示遵。谨呈

　　云南省政府主席龙

　　计附呈伪宣传品贰件

广南县县长　宋光焘

（节录于云南省档案馆档案，全宗号 1106，目录号 2，案卷号 403，第 19 页）

广南县县长宋光焘呈伪宣传品覆〔复〕件

（一九三七年五月）

呈为呈覆〔复〕事，案奉：

钧厅二十六年五月四日四团第三一六二号指令，奉省府发文，具县长呈报查获梁匪振标等伪宣传品文件，暨撤究八播邮政代办员黄亮焜等各情形一案，饬迅速集证讯供，依法妥拟呈核。

等因；奉此。查此案已于呈报后，提集该黄亮焜及托办人林嘉琴，投递人农学礼等，分别研究。据黄亮焜供，年四十六岁，广西恩隆县人，代办八播邮政，上年九月，因事返里，所以委托林嘉琴照料，今年正月回播，又因患病，一时未能自己接管，对于伪宣传品文件之事，实不知情，求详查。又据林嘉琴供称：年二十九，住东区八播务农为业，家有父母妻妹，因受黄亮焜托办邮局事务，是从去年九月起办，黄亮焜今年正月由广西回来，他因病未接，仍是民代办，对伪抗日邮件并不知情，因投邮人贴好邮票，投入信箱，所以不知道，民未投区公所检查一层，实是疏忽错了，所供是实。又据农学礼供：年三十六岁，富州属花甲鸡蛋村住人，小的此次所投递各信件，系黄恩仲、韦友和二人叫小〔人〕的去到八播投递，小的一到区公所，就被区公所的人将小的栓〔拴〕起解来了，只有递这一次来，递时只给小的法银一元，他说是六角交得了，以下余的四角给民，因家道贫穷也就愿做，听说，无一次是韦振武自行来八播投的信，系黄恩仲由富州那边拿过来投递，韦振武系富州花甲板暮人，余不知情，小的实是错了，求开恩所供是实。

各等供；据此。详加鞠讯，均非饰词。多方考察，并据第二区八宝崴丰平陆发隆各乡乡长，及八播街绅商陆云超等二十余人公呈证明，该黄亮焜到播经商已十余年，平素谨慎胆小，行为端正，委托之林嘉琴，识字无多，亦系安分农民前来，尚属可信。惟以重要邮务，私相委托，不尽职责，难辞疏忽之咎。既经撤换，应请从宽免狱。至投递人农学礼，因家贫希图微资，妄代交投递违禁宣传，本应重究，姑念乡愚无知，情殊可怜，已从宽拘禁四个月，期满省释以示自新。除饬八播第二区公所嗣后认真注意外，所有奉令讯拟本案各情，除函邮局查照外，理合具文呈覆〔复〕，请祈

钧厅府赐鉴核转报备案指遵。谨呈

云南省民政厅厅长丁

广南县县长　宋光焘

（节录于云南省档案馆档案，全宗号1106，目录号2，案卷号403，第19页）

贵州省第三区清剿周报表

(星期)五日,(贞丰)七区打贯等处,……牙永平率匪徒三十余人,枪三十余支,(活动)打贯一带,正设法进剿中。

一九三七年六月二十八日

(节录于中共广西百色地委党史办公室等编:《滇黔桂边区革命根据地》,中共党史出版社1999年版,第750页)

贵州省第三区贞丰县匪情周报表

罗甸属七区之那夜寨,韦文明(即韦明),人数四五十人,枪数三十余,月前据抢本县(贞丰)七区之麻山地,被该地之保甲长,召集壮丁将匪击溃,并击毙匪首。附记:本周自六月八日星期一起至十三日止,据本县(贞丰)四、七两区长呈报合并说明。

一九三七年六月二十九日

(节录于中共广西百色地委党史办公室等编:《滇黔桂边区革命根据地》,中共党史出版社1999年版,第750~751页)

富宁驻军会商剿匪计划

（富宁通讯）广富独立营营长龙奎坦〔垣〕，此次莅富，已将各区，甘邦、那良、太平等寨先后肃清，现残匪已四处奔逃，该营长为永绝匪患，奠定边围计，特于六月十五日召集剿匪军阀团会议，本县县长党部委员亦被邀出席参加，各区区长、各局局长，均一致按期前往，结果颇有重要之议决案多件，至午后始停结束云。

《云南日报》一九三七年七月五日第七版

（中共云南省委党史研究室提供）

贵州第三区清剿报表

　　（星期）二日（即十三日），（贞丰）洛六、者索一带，第四区联保主任王金阶率领壮丁队于坡稿场接触，损失步枪三枝〔支〕、连枪〔手枪〕二枝〔支〕。韦安周、韦子安、岑南贵等率匪众二百余人，匪枪百余枝〔支〕，盘踞洛六者索一带。

一九三七年七月十八日

　　（节录于中共广西百色地委党史办公室等编：《滇黔桂边区革命根据地》，中共党史出版社1999年版，第755页）

册亨县长呈报韦子安活动情况

兼座王公钧鉴:

　　警禀者,案查前据联保主任报告,有匪首韦子安、韦安周、岑南贵等在贞丰县属第四区下四保洛六寨地方啸……百余人,搜集粮食,准备长时间给养,其企图尚未明了……等情,业于本月 13 日呈报在案。此据调查报告,该匪首韦子安等,昨日在贞丰属洛六寨地方,杀牛两条,召集贞丰者了、顶甏、赶蚌、坡稿、者要、沙平、弄羊、其色、冉麻、尾立、尾沃、弄阳、丁上各处民众,计有五六百余人在该处开会,该匪首向众演说:伊等现奉李白总司令命令,成立自立会,抗日救国军。饬到会者各家要购枪械,富者四支,中产者一支,贫者四家一支。并将此项标语贴在职属(册亨县)者王场地方。又据第二区区长吴守诰禀称,匪部有枪百余支,距属地只有数里,匪等不时率众窜扰……有少数夷民欲蠢蠢盲从之附和等各情。据此,职属夷民要占百分之九十四、五,诚恐受其诱惑,后患堪虞……已令饬各区保,严为监视防范。又查职对于此事生之初,已于本月十日咨知贞丰县政府,此据报称各情……

(县长)职:李光启(章)

一九三七年七月二十六日

　　(节录于中共广西百色地委党史办公室等编:《滇黔桂边区革命根据地》,中共党史出版社 1999 年版,第 755～756 页)

册亨县长呈报韦子安活动情况

本年八月五日……赵国献紧急报告："窃职保与贞丰属洛六寨毗连,于前七月上旬内,有韦匪子安等啸聚匪党二百余人枪……合理具情,紧急报请钧长,急电贞丰,火急电饬担负三区清剿驻军,早日驰往肃清,以免再过册,扰害职保居民,实沾德便"等情。附呈韦匪子安等原函一件。据此,查该韦匪子安盘踞贞属洛六寨地方,啸聚匪党多人,杀牛聚众,压该处附近各寨居民入伙,散贴不法之荒谬标语,持械抢劫职属者王居民张武林家,抢去伊子张云辉一人。后山寨杨品先家,抢去伊子之二子,各情业于前七月十五日、二十七日先后呈报在案……再据被抢去张云辉回转到府面称:伊脱险安全归来,被赎云滇洋柒百余元。该匪似有外助,有广人在匪方当书记,帮助运枪弹极多,民在匪巢将有两旬,于贞丰县内未见该匪首派人去抢等语,合并呈明。谨呈:专员兼保安区司令王。附抄呈该匪等致者王居住绅民函一件。

册亨县县长李光启(印)

一九三七年八月六日

附件如下:

绍周、焕章、天禄、光华、万七诸位兄均鉴:

敬记者情无别叙,兹因前者承各台端之美意,而代张氏周旋承认,暂保云辉回家省亲,至今已有旬余,尚未见云辉回部服务,亦未修函前来,未卜伊父武林兄身体可曾痊否,弟也是时刻想念于他的,倘若完全好了,就请各位兄台费神代弟说知他云辉贤侄,立马整顿来部。现在弟处日前又被政府派韩大队长率带武装二百余名前来攻击弟之大寨,交战六小时,以被我军以逸待劳完全击退,我部无恙。彼军伤官二名,士兵七八名,现已退进城去了,祈勿庸介念。现我又奉上峰指令,须于短期内严整军伍,预备抗日。因此,望云辉贤侄赶快前来,一来可以避免人之多言,致生疑惑。二来他的枪弹及责任可以早日整理,将来前程远大,万事切忌,勿生畏难。诸兄高明、谅可洞悉,勿代为弟多渎也,现在烦诸兄善言开导云辉贤侄,早日回部,劳神之处,后当报答,专此敬叩,时祺! 弟安周、子安同启。(七)月之二十五日。

一九三七年八月六日

(节录于中共广西百色地委党史办公室等编:《滇黔桂边区革命根据地》,中共党史出版社1999年版,第756~757页)

册亨县呈报兴仁专署快邮代电

万急!

兴仁专员兼保安司令王钧鉴:

　　顷据二区区长吴守诰报称:贞丰属洛六寨韦匪子安、安周等,昨被保安军前来攻击,公然抵抗。接战半日,仅略伤二匪,余匪均幸无恙,反伤亡军士一名兵一名,并有数兵带伤,后匪退走。遂将匪巢洛六寨烧毁,并未追击,反被匪扼险截击,将失马夺回。该军即日返贞〈丰〉,竟置不问,从此该匪猖獗更甚。昨日逢鲁贡场期,该匪竟率队前来赶场,当场将侨居贞〈丰〉城名安长龄者捆押,云是侦探,当场枪毙,并枭其首,闻之可惨,实属残忍凶恶已极。现行迫协附近各寨入党,压迫出洋买枪,协从日众。即有稍知利害,将恐受其连害,不愿附和者,只得潜逃出境。查夷人知识太低;多被愚弄……以致公件不能办理,各款难以催收,诚恐将来势焰益张,……恳请钧长急电贞丰,速调担负第三行政区剿匪军队,早驰肃清……

册亨县县长李光启(印)叩庚印

一九三七年八月八日

(节录于中共广西百色地委党史办公室等编:《滇黔桂边区革命根据地》,中共党史出版社1999年版,第757页)

梁李两匪首流窜富宁　县府派队搜剿

　　绥署昨据富宁县县长何白尧呈,顷据广富独立营营长函称,有匪首梁振标、梁家齐等,现向富宁属之龙卖关,安腊关一带,速请派队搜剿等语,当即派政务队小队长李天才、李文忠二员,率兵四十名,于日前由县出发,前往搜剿,应收各情呈报备案,绥署据呈,当以该县长所呈应以备案,呈搜剿情形,仰即赓续呈报云。

《云南日报》一九三七年八月九日第六版

　　(节录于莫亚人主编:《抗日战争时期百色地区党史资料》,1992年印行,第264页)

[贵州]省保安司令训令

[保壹战字 783 号]

令兼第三区保安司令王庆芳:

案据贞丰县县长杨端楷本年七月二十八日呈称:"窃查职县第四区洛六匪首韦安周、韦子安、岑南贵等,盘踞该处者索、者鸦一带,历有年所,前经驻军及职县迭次缉捕,殊该匪熟习地利,不免此击彼窜……职复令第四区区长张选卿迅派得力壮丁严密缉拿,务获后解府法办。去后旋据该区长呈复内称,'职遵即派壮丁队班长孙继祯率带武装兵五人,前往洛六寨缉拿韦安周等匪徒,去后兹据报称:此次奉令缉拿韦匪安周等,昨日到坡搞①场第三联保办事处,会同王主任金阶办理。职到坡稿时,即被韦匪子安等探职带有手枪二支、步枪三支后,被韦匪安周一面派人严密监视职等,一面由韦匪子安率带持有手枪步枪(的)七八十人、半数着军装,将第三联保办公处包围,鸣枪数响,将职等枪支完全提去。并云:要款可请县政府的人来要,复由一着军装挂刀袋之广西藉〔籍〕伪军当场演说:凡民众所担负之一切款项,一概不许缴纳,并打倒苛捐杂税等语。……复据第三联保主任王金阶称云,韦匪安周等另有其他反动组织,恳请派军进剿……竟敢逾县拉肥,擅提区所枪械,实属目无法纪。又查匪部内有广〈西〉籍伪军官数人,并敢当场宣传,确系有反动组织,恳请钧府派军痛剿……'等情。附呈该区第三联保主任王金阶报告一件……现正商同保安一团二大队韩大队长设法清剿……"等情。附抄呈第四区联保主任王金阶报告一份。据此,除指令外,合行令仰该区司令即将此案详细情形,及损失数目查明复呈,以凭核办为要。此令。计抄发原附呈抄件一件。

代主席兼司令:薛岳

保安处长:冯建飞

一九三七年八月二十日

附件如下:

照抄报告事由,窃职奉令探查匪首韦安周、韦子安、岑南贵等之情形,并将该匪首韦安周等匪首拿获送所等因,奉此联遵于是月十四日前抵坡稿场,此将探得该匪情形报告如左:① 该匪现盘踞洛六、者索、者鸦一带。② 该匪约贰佰

---

① 有的写作"坡稿"。

余人,实有枪支占人数三分之二。③ 该匪等称:现奉蔡廷楷〔锴〕之命组织盘八抗日救国团,打倒一切苛捐杂税,推翻现任军阀官僚为宗旨。④ 张武林之子已放回,其它未放。⑤ 该匪步哨放出第三联保境外。⑥ 现第三联保所辖境内,除者年、岜内、打滥、者壮、巧年、高寨、者央、坡稿、大寨等寨外,其余各寨保甲长皆委为连、排长之职,所有不受委之保甲长将以武力服之。⑦ 昨日该匪约有七八十人,各带武器前来坡稿场宣传,并将孙继祯前来催款所带枪弹一概被匪提去。总按以上所探得各情形,理合报告。伏祈钧长鉴核备案示遵,实为公便,谨呈区长张转呈县长杨。

第三联保主任王金阶呈

七月十五日

　　(节录于中共广西百色地委党史办公室等编:《滇黔桂边区革命根据地》,中共党史出版社 1999 年版,第 758～759 页)

匪警——富宁残匪投诚

（富宁讯）本县股匪，自经大部期〔剿〕灭外，尚余梁振标一党，〔约〕七十余人，及韦高振余部一百余人，该部经县团痛剿，已感途穷，特派代表向何县长请求，情愿悔过向桂投诚，请免追击，经何县（长）侦知该匪等确已不再扰民，已准予往桂投诚自新云。

《云南日报》一九三七年十二月十七日第三版

（节录于莫亚人主编：《抗日战争时期百色地区党史资料》，1992 年印行，第266 页）

三、附　录

（一）组织序列

滇黔桂边区革命根据地共产党组织序列(1933.1~1938.1)

中共右江下游委员会(1933.1~1934.7)　书记:黄松坚

　　中共黔桂边委(1933.1~1934.11)　书记:黄举平

　　中共凌云县特支(1933.1~1934.11)　书记:黄伯尧

　　中共恩隆县特支(1933.1~1934.11)　书记:滕静夫

　　中共那马县总支(1933.1~1933.11)　书记:李凤彰

　　中共那马县特支(1933.11~1934.11)　书记:李凤彰

　　中共果德县委(1933.1~1933.5)　书记:黄书祥

　　中共罗甸县蛮瓦特支(1933.1~1933.5)　书记:黄举平(兼)

　　中共丰业支部(1934.10~1934.11)　书记:王仕文

　　中共贞丰县卡法支部(1933.5~1934.11)　书记:牙永平

　　中共中越边支部(1933.1~1934.1)　书记:谭统南

　　中共滇桂边委(1934.7~1934.11)　书记:黄松坚

中共滇黔桂边区临时委员会(1934.11~1936.5)

　书记:黄松坚(1934.11~1935.5)

　代理书记:赵润兰(1935.5~1936.5)

　　中共思果中心县委(1934.11~1936.5)　书记:陆浩仁

　　中共黔桂边委(1934.11~1936.5)　书记:黄举平(1934.11~1935.4)

　　　　　　　　　　　　　　　　　　　　　韦国英(1935.4~1936.5)

　　中共东兰县委(1935.4~1935.5)　书记:黄举平

　　中共东兰中心县委(1935.5~1936.5)　书记:黄举平

　　中共凌云县特支(1934.11~1936.5)　书记:黄伯尧

　　中共恩隆县特支(1934.11~1935.10)　书记:滕静夫

　　中共凌凤边委(1935.5~1936.5)　书记:黄伯尧

　　革命游击队特支(1936.5~1936.12)　书记:滕静夫

　　中共那马县特支(1934.11~1936.5)　书记:李凤彰(1934.11~1935.1)

　　　　　　　　　　　　　　　　　　　　　徐泽长(1935.1~1936.5)

　　中共丰业支部(1934.10~1938.秋)　书记:王仕文

中共贞丰县卡法支部(1934.11～1936.5)　书记:牙永平

中共贞丰县板陈支部(1935.5～1936.5)　书记:韦国英

中共荔波支部(1935.6～1937.12)　书记:韦汉超

中共滇黔桂边区委员会(1936.5～1936.12)

书记:滕静夫

中共思果中心县委(1936.5～1936.7)　书记:陆浩仁

中共黔桂边委(1936.5～1936.12)　书记:韦国英(1936.5～1936.8)

赵世同(1936.8—1936.12)

中共东兰中心县委(1936.5～1936.7)　书记:黄举平

中共凌凤边委(1936.5～1936.12)　书记:黄伯尧

中共右江上游中心县委(1936.7～1936.12)　书记:黄举平

革命游击队特支(1936.5～1936.12)　书记:滕静夫

中共那马县特支(1936.5～1936.12)　书记:徐泽长

中共贞丰县板陈支部(1936.5～1936.12)　书记:韦国英

中共贞丰县卡法支部(1933.5～1937.12)　书记:牙永平

中共丰业支部(1936.5～1936.12)　书记:王仕文(1936.5～1936.6)

班述盛(1936.6—12)

中越边支部(1936.6～1937.12)　书记:谭统南

中共荔波支部(1936.5～1936.12)　书记:韦汉超

中共丹池边支部(1936.7～1937.9)　书记:韦仕英

中共翁昂支部(1936.9～1936.12)　书记:谭耀机

中共桂西区特别委员会(1936.12～1938.7)

书记:黄桂南(1936.12～1937.12)

中共天向田中心县委(1937.2～1939.6)　书记:韩平波

中共那马县特支(1937.1～1937.2)　书记:徐泽长

中共那马中心县委(1937.2～1938.8)　书记:徐泽长

中共右江上游中心县委(1937.1～1937.2)　书记:黄举平

中共东兰中心县委(1937.2～1945.2)　书记:黄举平

中共东兰县委(1937.6～1939.4)　书记:黄举平

中共凌凤边委(1937.1～1937.12)　书记:黄伯尧

中共黔桂边委(1937.1～1938.4)　书记:赵世同

中共滇黔桂边委(1937.1～1938 秋)　书记:滕静夫

革命游击队特支(1937.1～1937.12)　书记:滕静夫

中共贞丰县板陈支部(1937.1～1937.7)　书记:韦国英

中共贞丰县卡法支部(1937.1～1937.12)　书记:牙永平

中共丰业支部(1937.1～1938.秋)　书记:班述盛

中共荔波支部(1937.1～1937.12)　书记:韦汉超

中共翁昂支部(1937.1～1937.12)　书记:谭耀机

中共丹池边支部(1937.1～1937.9)　书记:韦仕英

中共丹池特支(1937.9～1937.12)　书记:韦仕英

编者说明:

1. 中共右江下游委员会 1934 年 7 月解散后到同年 11 月中共滇黔桂边区临时委员会成立的这段时间里,似乎没有统一的领导机构,虽然有资料认为新成立的中共果德中心县委代理了中共右江下游委员会的职责。

2. 根据本书收录资料的时间,滇黔桂边区革命根据地共产党组织序列的起止时间为 1933 年 1 月至 1938 年 1 月。而实际上有的地方党组织在 1933 年 1 月前就已经存在;有的则在 1938 年 1 月后仍然存在,如表所述。

滇黔桂边区革命根据地政权组织序列

右江下游革命委员会(1933.1～1936.7)

黔桂边革委会(1933.1～1934.11)

向都县革委会(1933.1～1934.11)

果德县革委会(1934.春～1934.11)

那马县革命军事委员会(苏维埃政府)(1933.1～1934.11)

中越边革委会(1933.5～1934.11)

滇桂边革委会(1934.8～1934.11)

滇黔桂边区革命委员会(1934.11～1936.5)

    右江下游革委会(1932.6～1936.7)

        向都县革委会(1934.11～1935.5)

        果德县革委会(1934.11～1936.7)

        那马县军革委会(1934.11～1937.7)

        那马县革委会(1935.5～1937.7)

        红河下游革委会(1934.冬～1936.7)

        凌凤边革委会(1935.6～1936.2)

    黔桂边革委会(1934.11～1939.2)

    右江上游革委会(1936.2～1938.1)

        凌凤边革委会 1936.2～1938.1)

        东兰县革委会 1936.2～1938.1)

        万冈县革委会 1936.2～1938.1)

        都安县革委会 1936.2～1938.1)

        丹池边革命委员会(1937.9～1939.春)

编者说明:

    1. 滇黔桂边区革委会1936年5月并入劳农会。

    2. 右江上下游革委会及所属各县革委会1936年12月改为桂西区抗日救国分会筹备会、抗日会,1937年6月后恢复原名称。

    3. 根据本书收录资料的时间,滇黔桂边区革命根据地政权组织序列的起止时间为1933年1月至1938年1月。而实际上有的地方在1933年1月前就已经存在;有的则在1938年1月后仍然存在,如表所述。

滇黔桂边区红军游击队组织序列

中共右江下游委员会、右江下游革命委员会所属:

    红军独立师右江下游游击队(1932.6～1935.1)

        负责人:滕国栋、黄书祥

    红军独立师黔桂省边独立营(1933.5～1936.9)

        营　　长:罗川元

副营长:韦国英

右江下游赤卫军第三团(1933.7～1934.5)

　　团　　长:黄庆金

　　政治委员:黄怀贞

抗日救国军第十八军(1934.5～1934.11)

　　军　　长:梁振标

　　政治委员:黄庆金

　　　第五十一师　　师长:韦高振

　　　第五十二师　　师长:韦日波

　　　第五十三师　　师长:崔伯韫

中共滇桂边委、滇桂边革委会(1934.8～1934.11)所属:

　　　九弄赤卫队　　队长:张福兴,副队长:罗子德

　　　七村赤卫队　　队长:周跃丰

　　　架街赤卫队　　队长:黄大良

　　　后龙山赤卫队　　队长:贺长富

　　　皈〔归〕朝赤卫队　　队长:陆　二

　　　大田坝赤卫队　　队长:黄安福

　　　龙跃赤卫队　　队长:李兴开

　　　花甲赤卫队　　队长:傅少华

　　　那耶赤卫队　　队长:汪富兴,副队长:卢锡侯

　　　那用赤卫队　　队长:陆志洪,副队长:江进德

　　　那柳赤卫队　　队长:陆应业

　　　者兰赤卫队　　队长:李国亮

　　　那莱赤卫队　　队长:谭文君

　　　谷里赤卫队　　队长:黄树功

　　　那达赤卫队　　队长:陆贵龙,副队长:黄高兴

　　　甘邦赤卫队　　队长:梁光长

　　　太平赤卫队　　队长:张文六

　　　那泼赤卫队　　队长:黄高为

者桑赤卫队　队长:黄东生

那能者利赤卫队　队长:何廷真

中共滇黔桂边区临委、党委——中共桂西区特委、滇黔桂边区革命委员会(劳农会)所属:

滇黔桂边区劳农游击队第三联队(1934.11~1936.5)

总指挥:梁振标

政治委员:黄松坚

参谋长:黄德胜(壮族),副参谋长:蒙运廷(壮族)

政治部主任:赵敏(壮族),政治部副主任:黄沙平(壮族)

宣传部部长:谭统南(壮族)

民运部部长:陈勋

财政部部长:周书模(壮族)

下设 6 个大队:

第一大队　大队长:韦高振

一中队　中队长:赵权忠

二中队　中队长:农安贞

第二大队　大队长:欧仲明,副大队长:梁治平

三中队　中队长:梁振华

四中队　中队长:许国业

第三大队(特务大队)　大队长:黄绍亨

五中队　中队长:唐秀山

六中队　中队长:岑日新

第四大队　大队长:崔伯韫

七中队　中队长:杨茂祥

八中队　中队长:梁治平

第五大队　大队长:谭统南,副大队长:林光显

九中队　中队长:梁振兴

十中队　中队长:罗明远

独立大队　大队长:王开洪,副大队长:王咪章、王金才

一中队　中队长:王抓起

二中队　中队长:王生荣

三中队　中队长:陶飞大

四中队　中队长:罗雄发

五中队　中队长:陆朝正

六中队　中队长:罗志六

七中队　中队长:张大林

八中队　中队长:陶应红

滇黔桂边区革命游击队(1936.5～1937.12)

司令员:黄德胜,副司令员:梁振标

政治委员:滕静夫(兼)

参谋长:李家祺,副参谋长:朱国英

政治部主任:赵敏,副主任:黄沙平

宣传部部长:谭统南

民运部部长:陈勋、陈光定

财粮部部长:周书模〔谟〕

第一大队　大队长:岑日新,副大队长:李　福(李著轩)

第二大队　大队长:唐秀山,副大队长:汪富兴

第三大队　大队长:黄　强,副大队长:傅少华

第四大队　大队长:朱国英(兼)

第五大队　大队长:谭统南(兼)

第六大队　大队长:马玉林

右江革命军事委员会(1935.1～1936.7)

主席:滕国栋

红军右江下游第一联队(1935.1～1936.3)

联队长:李凤彰,副联队长:韦成篇

政治委员:徐泽长

第一支队　支队长:韦成珠

第一中队　中队长:韦成篇(兼)

第二中队　中队长:李日兴

第二支队　支队长:黄营堂

第三中队　中队长:黄营堂(兼)

第四中队　中队长:李建功

第三支队　支队长:黄显金

第五中队　中队长:黄显金(兼)

第六中队　中队长:韦金殿

红军右江下游第二联队(1935.1~1936.3)

联队长:黄绍谦

政委:韩平波(李修学)

第一中队　中队长:黄彪

第二中队　中队长:黄振成

第三中队　中队长:黄金光

第四中队　中队长:方修登

右江下游赤色游击队第一联队(1936年4月~1938.8)

联队长:李凤彰,副联队长:韦成篇

政治委员:徐泽长

第一支队　支队长:韦成珠

第一中队　中队长:韦成篇(兼)

第二中队　中队长:李日兴

第二支队　支队长:黄营堂

第三中队　中队长:黄营堂(兼)

第四中队　中队长:李建功

第三支队　支队长:黄显金

第五中队　中队长:黄显金(兼),副中队长:黄　汉

第六中队　中队长:韦金殿

右江下游赤色游击队第二联队(1936年4月~　　)

联队长:黄绍谦(1936年4月~1936年8月)

黄　彪(1936年8月~1937年2月)

政治委员:李修学

副联队长:黄显常

第一中队　中队长:黄　彪

第二中队　中队长:黄振成

第三中队　中队长:黄金光

第四中队　中队长:方修登

抗日义勇军右江下游第一联队(1937年2月～　)

联队长:李凤彰、副联队长:韦成篇

政治委员:徐泽长

第一大队　大队长:陆大规,政委:农有资

第一中队　中队长:黄善庆

第二中队　中队长:李华苏

第三中队　中队长:李大凯

第二大队　大队长:黄营堂,政委:黄玉堂

第三大队　大队长:李建功,政委:李永澄

第四大队　大队长:黄　汉,政委:黄显全

第五大队　大队长:韦金殿,政委:李汉平

警卫队　队长:陆国亮

交通队　队长:李永煜

后勤队　队长:韦德华

抗日义勇军右江下游赤第二联队(1937年2月～　)

联队长:黄彪,副联队长:黄显常

政治委员:李修学

第一中队　中队长:黄彪(兼)

第二中队　中队长:黄振成

第三中队　中队长:黄金光

第四中队　中队长:方修登

中共右江上游中心县委、右江上游革委会所属:

右江上游赤色游击队第一联队(1936.9～1937.1)

联队长:黄世新

政治委员：黄举平

第一大队　队长：牙永平，指导员：黄唤民

第二大队　队长：牙秀才，指导员：黄伯尧

第三大队　队长：兰茂才，指导员：韦挺生

西山直属分队　分队长：黄荣章

右江抗日义勇军(1937年1月以后)

联队长：黄世新(后韦运祥)

政治委员：黄举平

第一大队　队长：牙永平，指导员：黄唤民

第二大队　队长：牙秀才，指导员：黄伯尧

第三大队　队长：兰茂才，指导员：韦挺生

西山直属分队　分队长：黄荣章

编者说明：

根据本书收录资料的时间，滇黔桂边区红军游击队组织序列的截止时间为1938年1月。而实际上有的游击队在此后仍然存在，如表所述。

［根据中共广西百色地委党史办公室等编：《滇黔桂边区革命根据地》(中共党史出版社1999年版)和中共马山县委党史研究室编：《中国共产党马山历史·第1卷》(广西人民出版社2012年版)的资料整理］

（二）遗址、遗迹、遗物

1. 云南部分

富宁谷拉龙劳红军联络点旧址

址位于云南省文山州富宁县谷拉乡龙灯村委会龙劳村小组。

龙劳村旧貌

在桂系军阀对右江革命根据地进行疯狂"围剿"、层层包围、步步进〔紧〕逼的恶劣形势下,中共右江特委决定实行战略转移,跳出敌人包围,寻找新的立足点,建立新的根据地。地处中越边又是滇桂边的富宁县便是选择的目标之一。早在1931年11月,中共右江特委就派了谭统南、黄庆金等党员干部在富宁籍红七军战士刘家华的带领下进入七村九弄地区开展工作。随后,从1932年1月至1934年6月,又先后派出数批共60余名干部进入富宁县各地开展革命活动。由于进入富宁的党员干部分散在各地活动,又不能成为一盘散沙,需要互相联络、互通情报、传达上级指示精神,以达到整体推进革命的目的,于是选择龙劳村设立联络点。

龙劳村位于富宁县谷拉乡土山区和石山区的结合部,距广西那坡龙合乡较近,地理位置特殊,是滇桂之间来往人员经常歇脚的地方。因此,党组织选择了龙劳村作为秘密联络点,党的地下工作者以经商、走亲戚、会友过路等形式,时不时在龙劳村进行秘密联络,通过联络点及时将上级的指示精神和富宁各地的革命活动情况传达分散在各地的党员干部。

龙劳村过去的民房都是茅草房,几经重建,现在多为砖瓦结构或砖混结构。

大田坝阻击战遗址

位于云南省文山州富宁县归朝镇西部的归朝村委会大田坝村小组。

大田坝阻击战遗址

1934年1月上旬,何尚之和梁振标率领两个步枪连200余人,一个手枪队80多人,民兵100多名,于归朝街赶集日,挥军入市开展宣传和游行示威,张贴标语、布告,鼓舞了各族人民,也震惊了滇桂国民党政府。云南军阀龙云急派时在广南的广富守备军何采部400多人进驻富州,又派装备德国武器战斗力强的滇军警备旅第十七团邱秉常、尹国华两个抵富,桂军苏新民部(即第四十四师第一三二团)也从百色分两路向剥隘(博爱)、谷拉进发,形成夹击红军根据地的态势。红军也随时严阵以待,决心消灭来敌。富宁方面,敌广富守备军何采部队派出400多人窜至恒村,欲向九弄进攻。何尚之闻讯,即发动民兵200多人配合红军主动出击,以两个步枪排攻敌两侧,手枪队和4个步枪排主攻指挥部,天亮时才开两枪敌人就跑了,红军追了几里地,击毙敌人30多名,活捉10余名,缴获一批枪支弹药。敌系农志猛部在恒村失败后,带领残匪逃回富宁,途径归朝大田坝村,又被我军钟贞甫、黄安福率赤卫队10余人阻击,活捉4人(其中1人为号兵),缴步枪4支,战马1匹,军犬1只,赤卫队无一伤亡。

大田坝村全景图

龙冬红军洞

位于云南省文山州富宁县谷拉乡龙灯村委会龙冬村小组后山。

龙冬红军洞

　　1929年底，邓小平、张云逸等发动百色起义，建立了红七军，创建了右江革命根据地。后因红七军主力北上江西与红一方面军会师，在国民党桂系军阀的疯狂"围剿"下，右江革命根据地面临着严峻的形势。为保存革命实力，中共右江地区党组织果断作出决策，跳出敌人的包围圈到外线作战，转移到地处滇桂交界的七村九弄地区继续开展革命斗争。经过艰苦努力，到1934年底，在原红七军第二十一师副师长黄松坚等的领导下，建立了以七村九弄为中心的滇黔桂边区革命根据地。富宁七村九弄地区是典型的喀斯特地貌石山区，有许多天然岩洞。在滇桂军阀历次对根据地的"围剿"中，根据地军凭借有利地形，神出鬼没地与敌周旋，或将群众分散隐蔽于岩洞中躲过敌人的掳掠,或借岩洞设伏,打击敌人于措手不及,成攻地反击了敌人的多次"围剿"。

群众为纪念红军,将这些红军居住过的岩洞称为"红军洞"。龙冬红军洞就是其中之一。

那万营盘红军根据地遗址

位于云南省文山州富宁县谷拉乡那万村后山上。

那万营盘遗址

那万营盘红军根据地遗址,地处滇桂交界处,是红七军在滇桂建立七村九弄为中心的革命根据地的组成部分;全国人民解放战争时期,又是共产党领导农民武装斗争,推翻国民党反动统治的重要活动地点之一。

土地革命战争时期,党在七村九弄建立红色革命根据地,那万村群众深受革命的熏陶,积极参加劳农会的革命活动。

甘美伏击战旧址

位于云南省文山州富宁县归朝镇(原皈朝)百油村委会甘美村小组。

1934年夏,红七军第二十一师第六十二团干部黄庆金、李德惠、李家祺从中越边率抗日救国军第十八军500多人挺进富州后,兵分三路驻扎甘美、江局、尾洞等村寨。指挥部设在江局村。抗日救国第十八军的干部战士,在百油地区分头向群众开展革命宣传,组织农会,动员青年人参加红军。红军的这一举动,震惊了地方官吏豪绅,甘美间长周邦〔帮〕福派吕正先向富州县政府报告,县政府即向国民党

百油甘美村远景

云南省政府告急。省政府立即派侬志猛率广富守备军一个营300多人星夜奔向富州,对抗日救国军进行"围剿"。6月5日,抗日救国军获悉消息,立即开会研究对策:决定由黄庆金、李德惠、李家祺统一指挥,于次日在甘美、江曲、尾洞等村要隘设伏,以手枪队开展"近战、巷战",步枪队打掩护。手枪队埋伏于村内的房前屋后,步枪队埋伏于后山的密林山洞之中。6月6日上午,吕正先带着滇军从后山进逼甘美村。滇军刚到村头先放一轮枪,进村后再放一轮枪,仍不见动静。他们先于村头逐户搜查,不见红军影子,恼羞成怒放火烧了村边4间房屋,再率兵冲进村内,挨家挨户搜查。忽听"打"的一声令下,顷刻间,红军从各个埋伏点冲杀出来,弹如雨下,杀声震天。步枪队从后山压下,手枪、机枪左右夹击,打得来犯之敌晕头转向狼狈逃窜,吕正先乘乱逃跑。红军抓住战机,瞄准领头的叶连长连发数枪,叶腿部中弹栽倒在地。失去指挥的敌人顿时乱作一团。有几人企图救走叶连长,埋伏于暗处的红军一阵猛烈扫射,七八个敌军官兵随即倒成一堆。一股滇军打算从后面冲下来,被埋伏在大石头后面的红军的弹雨堵截,敌军被迫退回原路作垂死挣扎。另一股滇军退到一棵大树边躲藏,也被埋伏于村尾的红军发现,打死打伤数十人。敌军两头挨打,进退两难。红军连长黄保成迎头冲上去夺了敌军两支枪,并在一块大石边与几个敌人周旋,又打死打伤一些敌人,本想再去夺第三支枪时,不幸中弹壮烈牺牲。这次战斗,红军利用有利地形和灵活机动的战略战术,打有准备之仗,共缴获长短枪数十支及相当数量的物品,敌军死、伤各30多名,幸存者往归朝方向逃窜。"甘美伏击战"被称为"富州革命根据地第一仗"。

百油甘美村近景

谷桃村红军驻地旧址

位于云南省文山州富宁县谷拉乡谷桃村委会谷桃村小组。

谷桃村远景

1934年7月9日,中共右江党委扩大会议在广西果德县(今平果县)三层埂〔更〕召开。会上,党委书记黄松坚宣读韦纪的来信,信中汇报关于富州开辟新区的情况,通过2年多的秘密活动,广泛发动群众,争取地方势力,已打开创建根据地的局面,要求党委派人来加强领导。会议决定,解散中共右江下游党委,成立中共思果中心县委。同时,在滇桂边成立中共滇桂边区委员会,黄松坚任书记,黄德胜任委员。会议还决定,黄松坚改名何尚之,带领队伍到富州七村九弄开辟根据地。

会后,黄松坚带领黄德胜、岑日新、黄加尤等12名干部及2名警卫员,步行18

谷桃村近景

天到达富州九弄的谷桃。那时的谷桃,只有 10 多间破旧的草房,群众大多数上山躲避兵匪。当时,朱国英、黄强、韦天恒、韦纪、唐秀山等红军干部(战士),以及梁振标、韦高振、班绍廷、钟贞甫、林少廷等人的武装都聚集于谷桃。梁振标有 100多人,韦高振有 100 多人,班绍廷有 10 余人,钟贞甫 2 人,总共 200 多人。黄松坚到谷桃后,根据朱国英、韦纪、韦天恒等向他汇报的情况,并通过考察和讨论,正式收编梁振标和韦高振的绿林武装。

归朝"青年会"旧址

位于云南省文山州富宁县归朝镇老街道,原镇政府门前,靠近皈〔归〕朝中学。

归朝"青年会"旧址

1932年8月,红军派李家祺到归朝开展地下活动。李家祺先当裁缝,再打入敌伪机关,以区公所录事员身份作为掩护,秘密开展地下革命活动。后来李家祺又当副镇长,更有利于开展革命武装斗争。1934年8月,对敌斗争已由半公开的斗争转为公开斗争。同时,红军带领队伍到归朝建立"劳农会""赤卫队""青年会"等组织。"青年会"的主要任务是帮助红军宣传中国共产党领导的红色政权,动员青年参加红军队伍,团结各民族力量,开展武装斗争,共同打倒地主和土匪恶霸,推翻剥削和压迫人民的国民党统治阶级,为开展革命武装斗争起到了积极的推动作用。

镇压地霸韦英豪旧址

位于云南省文山州富宁县谷拉乡谷桃村委会谷桃村小组后山上。

镇压韦英豪的山洞

1934年10月,黄松坚等领导人根据富州各地发展起来的革命武装和群众组织不断壮大、群众革命热情高涨的好势头,决定在加强发动群众工作的同时,举行武装暴动,公开打出红军旗号,扩大政治影响。九弄大地主韦英豪任谷桃乡保统多年,横行乡里,鱼肉百姓,群众恨之入骨。韦英豪曾三次传送情报给国民党,与红军顽固对抗。红军决定除掉韦英豪,公开进行武装暴动。

韦英豪自知罪大恶极,看到红军声势浩大,便躲进谷桃村后岩洞里。该洞为天然岩洞,四周悬崖绝壁,洞口陡壁直下,进出需借助梯子,洞底平坦宽阔,还有岩浆水饮用。韦英豪安置一个密梯,他一进洞里就把梯子移开,外面的人就无法进洞。且洞内洞外都有武装家丁守卫,红军行动几次都未抓到他。后来,红军布下巧计,安排与韦英豪熟识的游击队员蒙廷运、马常重和马常亨3人假装去投靠韦英豪。经过商谈,韦英豪答应让马常重一人进洞细谈。马常重进洞后,蒙廷运、马常亨在外面解决守洞家丁。马常重在洞内乘韦英豪不备把密梯架上,蒙廷运、马常亨潜进洞内将韦英豪击毙。随后,黄松坚率红军游击队进攻韦英豪老巢,将其子韦学球、韦学章、韦学纪击毙,没收其家产分给贫苦群众。受苦受难的群众欢欣鼓舞,纷纷加入红军队伍。

多立村滇黔桂边区第一次党代会旧址

位于云南省文山州富宁县谷拉乡多贡村委会多立村小组。

多立村远景

1931年11月底,在富州籍红军战士刘家华的带领下,黄庆金、李德惠、谭统南等第一批红军干部到富州九弄,常住多立村刘家华和刘家尧两家。他们以多立为据点,深入谷留、弄所、多曼、多贡、谷桃等10余个村寨,广交朋友,结拜兄弟。经过两年多的艰苦工作,建立健全各种群众组织,争取地方势力,初步建立起革命武装,惩办地霸韦英豪和国民党反动乡长陶炳希,培养了一批干部和革命骨干。创建革命根据地的条件已基本具备。

1934年11月初,中共滇桂边区委员会在多立村召开第一次党代会。这次会

多立村近景(2000年摄)

议的中心议题是:成立富州根据地各套领导机构;扩大革命武装;选举产生中共滇黔桂边区临时党委会成员。会议由何尚之主持,正式成立"中共滇黔桂边区临时委员会",何尚之任党委书记,黄德胜、韦纪、赵敏三人任委员。会上,决定成立"边区革命委员会""边区劳农会""边区劳农游击队第三联队"三个组织,并配齐三套组织领导人。建立边区革命武装,把云南、广西、贵州三省边区武装队伍组织起来,并决定立即派人到东兰、凤山组建"滇黔桂劳农游击队第一联队",到右江下游组建"滇黔桂劳农游击队第二联队",到黔桂边组建"滇黔桂劳农游击队第四联队"。滇黔桂边区第一次党员代表大会的召开,标志着滇黔桂边区革命根据地正式形成。

多立村近景

谷留村滇黔桂边区劳农代表大会旧址

位于云南省文山州富宁县谷拉乡多贡村委会谷留村小组。

谷拉山区

1934 年 11 月 20 日,中共滇黔桂边区临委在谷留村召开边区劳农会、赤卫队大会,宣布成立"滇黔桂边区革命委员会",黄庆金任主席,岑日新、李家祺、刘家华、朱国英、梁振标为委员;宣布成立"滇黔桂边区劳农游击队第三联队",由梁振标任司令员,何尚之任政委,黄德胜任参谋长,蒙运廷任副参谋长,赵敏任政治部主任,谭统南任宣传部长,陈尧宝任民运主任,周书谟任财政主任。又宣布成立"滇黔桂边区劳农会",由何尚之兼任主席,岑日新、李家祺为委员。至此,滇黔桂

谷留村近景

边区革命根据地党、政、军、群各套组织机构组建完成。此后,滇黔桂边区革命斗争由半公开转为公开,在边区各套组织的领导下,进行武装暴动,攻打敌区、乡公所,镇压土豪劣绅,开展统一战线工作,一次次粉碎国民党军队对根据地的疯狂"围剿",根据地得到不断的发展壮大,成为中国共产党在云南少数民族地区建立的第一块重要的红色根据地。

谷留村(1982年摄)

由于多立村人烟稀少,交通闭塞,饮水困难,距周边村寨较远,领导机构设在此不理想。边区第一次党代会集中讨论,并决定将红军领导机构迁到谷留村。党代会结束后,红军领导机构移驻谷留村,分设在陆福安、覃安新两家空房子里。从此,上九弄的谷留山上开始飘扬着鲜艳的红旗。

谷留村(1982年摄)

谷留村新貌

谷留红军碉堡

位于云南省文山州富宁县谷拉乡多贡村委会谷留村后的小山堡顶上。

谷留碉堡旧址

　　1934年11月,何尚之先后在谷拉多立村和谷留村主持召开滇黔桂边区第一次党员代表大会和滇黔桂边区劳农大会,成立"中共滇黔桂边区临时委员会""滇黔桂边区革命委员会""滇黔桂边区劳农会"和"滇黔桂边区劳农游击队第三联队"等党、政、军、群领导机构。由于谷留村特殊的地理位置,边区临委将谷留村设为各套领导机构的常驻地。为保卫根据地核心重地的安全,在地势比较高的山冈上修建了谷留碉堡。碉堡四周有射击孔,对准各个路口,可有效封锁敌人。这是土地革命战争时期滇黔桂革命根据地红军游击队的军事防御工事。

谷留村

龙灯红军碉堡

位于云南省文山州富宁县谷拉乡龙灯村委会龙灯村小组后山山顶。

龙灯碉堡

龙灯地处七村九弄核心区,1934 年底,以七村九弄为中心的滇黔桂边区革命根据地正式形成,为防御敌军来犯,保卫根据地领导机构安全,红军在龙灯后山顶上修建碉堡。这是土地革命战争时期滇黔桂革命根据地红军游击队的军事防御工事。

甘屯红军洞

位于云南省文山州富宁县谷拉乡龙灯村委会甘屯村小组右侧 100 多米处。

甘屯红军洞

　　该洞处于九弄石山区与谷拉土山区的结合部，是从谷拉到谷留必经之地，上可达谷拉，下可达龙灯、谷桃、多贡、谷留等村寨，方便与四周联系。这里地势险要，易守难攻，边区第一次党代会召开后，红军游击队把甘屯作为一个重要的前哨，派一个红军分队把守。为不扰民，红军住进甘屯村旁的山洞，并在外洞口到内洞口 100 多米长的地段设四道用石头砌成的防御工事，平时在外洞生活、学习、议事，危急关头可撤到内洞隐蔽。在敌人对七村九弄根据地的多次"进剿"中，红军凭借甘屯岩洞的天险与敌人周旋，组织群众带着重要财物转移到洞内，帮助群众一次次逃过敌人烧杀掳掠的劫难。为纪念红军，群众将该洞称为甘屯红军洞。

　　该洞从外洞口到内洞口四道防线中，第三、第四道防线防门有部分已损坏。2009 年，谷拉乡政府投入经费 90 余万元对甘屯红军洞进行修缮保护，被列为州级爱国主义教育基地。

龙卡阻击战旧址

位于云南省文山州富宁县谷拉乡龙灯村委会龙卡村小组。

龙卡村

1934年11月底,国民党广富守备军副司令侬志猛率独立营向滇黔桂边区革命根据地的中心七村九弄地区"进剿"。敌从富州出发后占领谷拉,向赤卫大队驻守的恒村进发。面对敌人重兵"进剿",边区临时党委采取"避实就虚、集中兵力歼敌"的作战方案,两军交火中赤卫队佯作抵抗后主动撤退。初战得利之敌又向龙卡和龙仇发起进攻,遭到早有准备的游击队的顽强抗击,连续战斗5天,敌甚至拉来迫击炮增援也未能取胜。敌锐气受挫后,红军游击队又主动向根据地纵深撤退,发动和依靠群众,利用七村九弄多山多石的有利地理环境,开展游击战。敌进入游击区后,没吃没喝,处处遭到游击队袭击,再加上"水土不服,300余人中病死100余,病倒抬回者三四十"(朱国英《滇黔桂边区工作报告》),经过10多天的折腾,损失惨重,疲惫不堪之敌不得不撤退。游击队乘势追击,这一营敌人大部被歼。

恒村战斗旧址

位于云南省文山州富宁县谷拉乡龙灯村委会恒村村后岩登山。

恒村战斗旧址（1982 年摄）

　　1935 年 1 月上旬,中共滇黔桂边区临时委员会书记、滇黔桂边劳农游击队第三联队政治委员黄松坚等获知广富守备大队"进剿"九弄根据地,立即召开军事会议研究对策,决定给立足未稳之敌以迎头痛击。会后,黄松坚率红军游击队主力迅速抵达九弄的弄劳,得知敌已从谷拉进占恒村并在附近山头构筑工事。黄松坚等在甘屯岩洞一带隐蔽好部队后,潜至前沿观察阵地,确定主攻目标。天黑后,黄松坚率红军游击队一部与赤卫队潜伏于敌阵前沿。第二天拂晓乘敌不备发起进攻。敌酣睡中惊起后稍作抵抗,丢下 30 余具尸体,仓皇往谷拉逃窜。红军游击队与赤卫队乘胜追击,将敌赶出谷拉。

　　恒村一战,敌军折损过半,退出七村九弄中心根据地。红军缴获一批枪支弹药和物资返回九弄。此战,红军游击队以少胜多,以弱胜强,给国民党反动派一次沉重打击,鼓舞了根据地军民斗志。

岩登山战壕遗址

弄迫战斗旧址

位于云南省文山州富宁县谷拉乡龙色村委会弄迫（龙迫）村小组左侧 300 多米处。

弄迫垭口

1935 年 1 月，红军攻占归朝并举行大规模游行集会，此举震动国民党滇桂当局，急调兵遣将从南北两个方向"进剿"七村九弄根据地。红军得到情报后，即回师架街，在乱坝召开干部会议，决定退回九弄，声东击西，打击敌人。会后，红军经归朝、那拉到七村，抵达九弄的多曼集中。随后又接情报：桂军已从谷拉方向进入云南境内，并占领龙卡等地，滇军也进驻七村，大有东西夹击之势。何尚之、梁振标经过分析，认为滇军可能从七村下者利渡河进攻红军。于是，第二天拂晓，红军

弄迫村

即从多曼、多贡出发,过弄劳下河边、上郎架到弄迫。恰巧滇军不走者利,而是从弄回经洞平上弄榜,也打算进入弄迫。红军先一步抢占弄迫垭口,滇军正快步向弄迫垭口逼近,红军迅速利用有利地形伏击。此时,在恒村战斗中缴获的军犬不慎走脱,被敌发现而有了戒备,就把队伍拉长,影响了伏击效果。战斗打响后,红军坚决还击敌人多次进攻。激战一天,敌军死伤100多人,红军黄绍廷等14位同志光荣牺牲。战后,红军退回者利,敌军撤回百油。

龙仇红军洞

位于谷拉乡龙灯村委会龙仇村小组后山上。

龙仇村

龙仇岩红军洞

1935年1月下旬,桂军苏新民部进犯地处九弄中心的龙仇、龙华、龙灯、龙怒一带。红军游击队收到情报,驻龙仇的红军即带领村民到后山岩洞隐藏。当敌人搜索到龙仇岩洞时,红军游击队利用洞内险要的地形地势同敌人展开战斗,激战一下午,敌人久攻不下。天将黑时,红军游击队悄悄从另一侧出洞,在敌后开火,歼敌10余名,敌人眼看情势不妙,只得狼狈逃走。红军利用龙仇岩洞保护群众的安全,群众为纪念红军,把龙仇岩洞称为红军洞。

龙而红军洞

位于云南省文山州富宁县谷拉乡龙灯村委会龙而村小组后山上。

1935年初,国民党当局派出桂军苏新民部、滇军尹国华部对七村九弄革命根据地进行"会剿",所到之处,烧杀掳掠,无恶不作。滇桂军"搜剿"到龙卡、龙而、恒村、龙华、龙怒等村寨时,红军游击队一面迂回作战,一面将群众和财物转移到附近岩洞中隐蔽。其中安排到龙而岩洞隐蔽的12名赤卫队员和龙而村30多名群众,躲过了敌军的"搜剿"。敌在扑空后气急败坏,纵火烧毁龙而村8间民房,然后扬长而去。群众为纪念红军,将此洞称为"龙而红军洞"。

龙而红军洞

龙华红军洞

位于云南省文山州富宁县谷拉乡龙灯村委会龙华村小组后山。

龙华红军洞

1935 年 1 月 24 日,桂军苏新民部进攻龙定。龙定赤卫队严密守卫京弓隘口,用滚木擂石打退苏新民部多次进攻。苏新民部转从岩愁攻入龙定,赤卫队迅速掩护群众到龙华岩洞隐蔽,桂军转而攻打龙华岩洞。赤卫队长何国臣组织隐伏洞内的赤卫队员,利用有利地形进行还击,敌人还未靠近岩洞,就被何国臣、何国良击毙 2 人,吓得敌军不敢再往前进攻,匆匆忙忙将两具尸体拉回龙定埋在村边。当晚,何国臣等又偷偷挖出敌尸体,抬到离龙华岩洞不远的路边,用木头支着并扣上草帽。第二天,苏新民去观察想重新进攻龙华岩洞,远远发现有两个人戴着草帽站在路口边,以为是放哨的红军即开枪扫射,后来才发现上当,也不敢再进攻,纵火焚烧龙定,抢禽畜到谷桃去。

龙郎阻击战旧址

位于云南省文山州富宁县谷拉乡马贯村委会龙郎村小组(2005 年该村易地搬迁,现属怀党村小组)。

龙郎村石墙防线

龙郎村是归朝到谷拉的必经之地,整个村庄被两座弧形状的山脉所包围,像一艘天然巨船,中间宽而平坦,两头窄而陡峭,地势险要,易守难攻。猖狂的地霸经常到龙郎杀人、放火、抢劫财物。龙郎人民群众为了安全地生产生活,在本村两侧路上修筑防线墙。

1935 年 1 月下旬,桂军苏新民部在广西百色民团副总指挥谢宗铿的指挥下,与靖镇边独立营及百色、天保、敬德等县民团、特务队等武装配合,"进剿"七村九弄地区;云南方面则急调警备旅第十七团尹国华、邱秉常和龙汉斗广富独立营共三个营"进剿",对七村九弄南北夹击。当广富独立营副营长依志猛率部来到归朝与谷拉的交界处龙郎村时,红军早在龙郎垭口内严阵以待。敌军进入有效射程后,红军猛烈开火,把敌人击退回洼处。滇军凭借武器精良重整队伍,连续组织三次进攻,均被红军击退。最后,滇军不得不走回头路,绕道而行。此战,为根据地红军和群众安全转移赢得了宝贵的时间。

那达红军司令部旧址

位于云南省文山州富宁县洞波乡北部那达村,距乡政府所在地40千米。

红军司令部驻地那达村旧址

那达红军司令部旧址远景(2000年摄)

1935年2月,李家祺、朱国英、赵敏等进入那达地区组织发动群众,不久即建立了劳农会和赤卫队,打下坚实的群众基础。1936年第一次滇桂会剿后,边区临时党委决定,红军指挥机构由九弄谷留转移那达,司令部设在那达村黄礼松家,大部队则散居于那达、那拉、毛聋、渭那、甘南、南江等地。从此,红军便以那达为中心,不断向周围的南罗坝、沙斗、花甲、那莱、阿用、者兰、那法、甘邦、那拨、登河、六温等地扇形发展。根据地如雨后春笋般扩展,武装力量不断壮大。

那达村

那刀伏击战旧址

位于云南省文山州富宁县板仑乡四亭村委会那刀村小组。

那刀村远景

1935年5月上旬,边区临委研究决定,为达到牵制敌兵力的目的,由黄德胜、黄树功率红军游击队主力600多人进攻富州,同时派出部队进攻剥隘等交通要道和重要集镇。固守这些据点的敌人纷纷告急。云南省政府主席龙云急令广富独立营支援富州,同时用重金雇请桂军保安团、靖镇守备独立营等向游击队根据地进攻。红军游击队围攻富州3天,达到牵制敌兵力目的之后,主动撤出战斗,在那刀设伏,阻击增援富州的广西龙州边防督办署江营。阻击战进行整整1天,消灭敌人100余人,红军游击队副参谋长蒙运廷、赤卫队长黄大良在战斗中英勇牺牲。

陶家湾王开洪独立大队指挥部旧址

位于云南文山州广南县新华镇的格当村委会陶家湾村小组。

陶家湾王开洪独立大队指挥部旧址

在"一等之人差我钱,二等之人莫等闲,三等之人跟我去过年"的口号声中, 〈云南〉广南县黑支果牛滚塘苗族首领王开洪组建了一支反抗官吏劣绅压迫的起义队伍,并积极联系红军,要求加入游击队。边区党委派黄树功调查了解后决定收编王开洪武装。1935 年 1 月,"滇黔桂劳农游击队独立大队"在牛滚塘宣告成立,王开洪任大队长,王咪章任副大队长。1935 年 1 月 20 日,独立大队袭击百乐乡凉水井村地主郭天寿家,活捉郭天寿及其狗腿子李三、王邦和,郭天寿家的过年猪、马匹、银器等全成了游击队的战利品。独立大队押着郭天寿等三人准备向七村九弄进发,天黑时抵达旧腮后住下。不料,由于看守不严,郭天寿连夜逃回八宝向守备军报告。第二天,独立大队枪毙李三、王邦和,准备开往富宁时,哨兵报告守备军正从八宝奔来,独立大队立即撤退。行至旧腮黑泥井时,恰与八宝的守备军相遇。独立大队且战且退,把敌人引到马赖垭口,迅速占领两边的山峰,与敌人展开激战。战斗一天,双方不分胜负。天黑后守备军撤回百乐,独立大队连夜进入陶家湾。从此,陶家湾成为独立大队的指挥部驻地。

大石板战斗旧址

位于云南省文山州富宁县田蓬镇田蓬村委会大石板村小组。

1935 年 6 月,王开洪、王咪章计划回师美汤,直捣木令,进军田蓬。两王部队兵分两路进发:一路由王开洪率两个中队由陶家湾出发,直逼田蓬;另一路由王咪

大石板村(2000 年摄)

章率两个中队,由木桐寨出发,进军田蓬。

王开洪部逼近美汤山脚时,路遇地霸陈有才并展开激战,陈有才携妻儿向木令鼠窜。王部马不停蹄,乘胜追击到木令。陈有才、李廷良两股地霸武装,抵挡不住王部凌厉攻击逃往丁家坡。王部追击至丁家坡,三股地霸武装被打得东逃西窜。在追击陈占彪途中,路遇木杠乡长农志清阻击,激战后农志清败走。王部烧毁陈占彪老巢,挥师占领木杠。在木杠发动群众扩充队伍,然后向田蓬进发。此时,王咪章率部由木央老街、堡上出发,经木卓、金竹坪,逼近田蓬。行至哈坑、大石板准备向田蓬发起进攻时,王部与龙云中董干调汛三大队守卫队、田蓬督办守备队、西畴宋白蛟守卫队及广西靖西的桂军在大石板展开激战,打死敌指挥官龙云中。因敌众我寡,两王率部撤回牛滚塘,进军田蓬计划遂告结束。

甘邦红军洞

位于云南省文山州富宁县那能乡那法村委会甘邦村小组后山腰上。

1935 年 7 月,龙汉斗部对甘邦地区进行第一次"围剿",烧毁甘邦、弄彦两个村庄。当时红军大队远离甘邦,此地只有一个班 9 名战士和几个赤卫队员。一日拂晓,龙汉斗部一个连向甘邦"进剿",红军掩护群众撤离后,退守后山山洞(即甘邦红军洞)。敌军把山洞团团围住,第一次向山洞进攻时,因居高临下,背后是悬崖,只有一条弯曲的小路可以进入,易守难攻,红军和赤卫队战士沉着应战,等敌人爬到洞口几米处才开火。敌接二连三的进攻,均被红军和赤卫队击退。双方在山洞前对峙 1 天,龙汉斗部几次进攻失败,又摸不清红军的虚实,天黑前往六温方向撤退。

甘邦红军洞

甘邦红军洞内的标语。内容是:毛委员万岁

龙所红军洞

位于云南省文山州富宁县谷拉乡多贡村委会龙所村小组正对面大山的半山腰。

该洞四周为陡坡和悬崖,地势险要,易守难攻,洞内宽敞但不平坦,深 15 米,宽 20 米,洞口有两道防护石墙,洞前有一口石砌水池。

1935 年 10 月上旬,敌警备旅第十七团邱秉常、尹国华两个营"进剿"七村九弄,此时,红军游击队已开往中越边进行休整,谷留、龙所、多曼等村的大部分赤卫队员为避敌捕杀,都躲进龙所岩洞里。敌军久攻龙所洞不下,于是以封官手段诱使九弄赤卫队长张福兴叛变。张福兴与敌人勾结,密谋策划,帮助敌人宣传说:"红军已经逃走了,参加过赤卫队的人只要答应不再跟红军闹革命,国军是不会追

龙所红军洞

究的。"他以赤卫队长的名义通知各地的赤卫队员到多曼集中开会。九弄地区部分赤卫队员,包括隐蔽在龙所岩洞的少部分赤卫队员信以为真,集中到多曼罗元兴家,被敌人当场杀害26人。而仍坚守在龙所洞的赤卫队员则幸免于难,敌人无计可施,气急败坏之下,纵火烧毁多曼及附近村寨的所有民房,将群众家畜家禽及财物掳掠一空后撤退。

多曼惨案旧址

位于云南富宁县谷拉乡多贡村委会多曼村小组。

1935年10月,敌警备旅第十七团邱秉常、尹国华两个营"进剿"七村九弄。为更好地对付敌人,红军游击队开进中越边进行休整。谷留、弄所、多曼等村的赤卫队员都躲进弄所岩洞里。敌人久攻龙所洞不下,通过封官方式诱使赤卫队长张福兴叛变。敌广富守备军一个连100多人开进多曼,在叛徒张福兴的配合下,诱骗时任乡长的罗元兴通知上下九弄曾参加过红军和赤卫队的人都到多曼集中。罗元兴不知是计,按张福兴的要求作了通知。弄所、多曼、谷留、旧寨等村的部分赤卫队员到多曼村罗元兴家集中后,敌连长下令把大门关闭起来,一阵乱枪对着房内手无寸铁的赤卫队员疯狂扫射,26名赤卫队员遇难。屠杀的枪声刚停,反动派

多曼惨案发生地

多曼村近景

的帮凶麻万海手持钢刀,一连割下 12 颗死难者头颅,然后硬逼苏金殿等人用箩筐抬着人头送到富州城报功。敌军纵火烧毁多曼及附近村寨所有民房后撤走,禽畜等财物被掳掠一空。

剥隘战斗旧址

位于云南省文山州富宁县剥隘古镇街上。因建设百色水利枢纽工程,2005 年底剥隘古镇被水库淹没。

剥隘古镇

1935 年 10 月,广西百色阳圩欧仲明举行暴动后,率队到富州与红军游击队朱国英部汇合,并联合攻打滇桂边重镇剥隘。驻守这水陆交通要道重镇的有 1 个护商大队、滇军 1 个营及地方民团。红军游击队猛烈攻击,粉碎敌人重兵固守,歼敌 50 余人,俘虏在剥隘的国民党县佐杨孝忠等,缴获大批武器物资。红军游击队攻占剥隘后作一段休整,后转移至中越边的广西靖西地区,与在此休整的大部队会合。

剥隘新镇

者兰红军司令部旧址

位于云南省文山州富宁县阿用乡者兰村委会者兰村小组。

者兰村远景(1982 年摄)

　　1935 年 10 月,赴上海汇报工作的黄松坚不幸被捕入狱。中共思果中心县委派原红六十二团政治部主任滕静夫率 11 名红军战士上富州,由滕静夫接替黄松坚,与黄德胜、赵敏配合领导革命斗争。滕静夫(此后化名何尚刚)到者兰同赵敏、黄德胜会见后,共同研究布置边区工作。根据滇桂会剿后的斗争局势,何尚刚、黄德胜、赵敏研究决定,将红军司令部由那达移驻者兰半坡山腰。这里山高坡陡,古树参天,司令部及其他机关劈坡而建。整个红军驻地,背负未坡山,面朝弄腊河,是天然的隐蔽地带。在未坡山巅,可鸟瞰者兰全景。在军事上还可以封锁花甲、那莱到新街的马路。若敌来攻有三条退路:右路可由那坡经磨桑往花甲方向撤退;中路可退那斗、马脚、未甫,进入那能的甘邦、弄彦;左路可由那拉、那塘迅速进入广西,战略地位十分重要。

者兰村近景

者兰抗日誓师大会的召开。1936年12月西安事变的和平解决,推动抗日民族统一战线的形成。1937年4月,滇黔桂边区党委派朱国英到香港参加中共临时南委举办的训练班,学习开展抗日民族统一战线政策。学习结束后,中共广西省工委派张凡、欧阳才等与朱国英一起返回边区,传达西安事变后的国际国内形势,提出今后的主要任务是:实行国共合作,结成抗日民族统一战线,动员全国人民,为争取民族独立和解放而斗争。为贯彻上级党委的指示精神,边区党委在者兰召开抗日誓师大会,会议由何尚刚、李家祺主持,红军游击队、赤卫队2000多人参加大会。张凡在会上传达建立抗日民族统一战线精神。

弄况战斗旧址

旧址位于云南省文山州富宁县那能乡那法村委会弄光(原弄况)村小组东面的安闸山上。

弄况战斗旧址

1936年3月下旬,红军主力大队驻扎弄况。在乡长王家正的带领下,广富独立营龙汉斗率部300多人第二次"进剿"并占领甘邦。敌人胁迫两名群众为其带路,寻找红军主力。弄况西接甘邦,北接那拨,地处甘邦左上方,相距约2千米,四周群山环绕,要隘重叠,道路崎岖险要。红军早已修好防御工事,两处路口均有闸门防守。在敌进攻甘邦时,红军闻讯并认定龙汉斗部会到弄况来。红军和赤卫队守候在甘邦来路的山口上,严阵以待。当敌军来到山口的清风洞闸门旁,刚一打开门,红军和赤卫队立即扫射,当即在闸门边打死10多人。敌人惊慌失措中潮水般往后败退。溃逃中,因路边无底洞很多,无数人又掉进洞内,成不见天冤鬼。红军和赤卫队员勇猛追击,从弄况追到甘邦,从甘邦又追到弄彦,俘敌10多人,毙敌近50人,收复甘邦村。

者兰汀水村滇黔桂边区第二次党代会旧址

位于云南省文山州富宁县阿用乡者兰村委会那坡村小组附近,后无人居住,现为耕地。

汀水村会议故地

1936年3月,红军游击队主力从中越边的靖西返回富州,与何尚刚、赵敏等率领的部队汇合。5月,由何尚刚主持,在者兰汀水召开党的第二次代表会议。出席大会的有百色、靖西、那坡、德保、西林、广南、麻栗坡等县党代表,以及根据地内的党小组和劳农会代表40多人。会议内容主要是重新整编边区部队,改组领导班子,建立健全各地党组织,扩大根据地,发展武装斗争。会议决定把"中共滇黔桂边区临时委员会"改为"中共滇黔桂边区委员会","滇黔桂边区革命委员会"和"滇黔桂边区劳农会"合并为"滇黔桂边区革命委员会","滇黔桂边区劳农游击队第三联队"改为"滇黔桂边区革命游击队"。会议选举何尚刚为边区党委书记兼游击队政委,黄德胜任游击队司令员,梁振标任副司令员,李家祺任参谋长,朱国英任副参谋长,政治部主任赵敏、副主任黄沙平。滇黔桂边区革命游击队下设6个大队,队伍约1500人。会议决定在原游击队活动的广南、西林、隆林、麻栗坡等边沿地区建立各级政权组织,举行武装暴动,配合反"围剿"斗争。

戈里红军碉楼遗址

位于云南省文山州富宁县花甲乡戈里村委会瓦窑村小组背后山5千米处。

戈里碉楼遗址

1933年,覃永盖与赵敏到花甲秘密发展傅少华、卢锡侯、汪富兴等10多位青年,秘密组建花甲乡赤卫队。其后,赤卫队300多人编入滇黔桂边区革命游击队第三大队,傅少华任副大队长。1936年,红军司令部迁往阿用者兰后,为保持通往八宝一带的交通安全,堵截从富州进入花甲、阿用"会剿"红军指挥部的国民党军队,保护者兰红军指挥部的安全,傅少华等率部在富州通往花甲的要道——花甲乡戈里村委会瓦窑村小组后山上修建16平方米的2层碉楼。

修筑戈里碉楼的后山

滇黔桂边区那柳枪械修理厂旧址

那柳村远景

修械厂旧址

　　修械厂位于云南省文山州富宁县阿用乡那柳村委会那柳村小组西面安那山山顶,总占地面积约300平方米,由4个圆形工作区组成,半径均约为3米,工作区东部有一片90平方米的空旷区域,有居住痕迹。向东约300米处有水流供修械厂用水,旧址现存有石基。

　　1936年初,赵敏等到那柳活动,建立起劳农会和赤卫队等各套组织。赵敏动员铁匠出身的罗志刚组建红军修械厂。罗志刚接受任务后,请本村的罗志仁、黄朝相、黄朝龙等人加入。修械厂开始办在西林县良同村,罗志刚为负责人。修械厂的主要任务是翻装子弹,修理枪支供红军游击队使用。后来,滇军200余人到

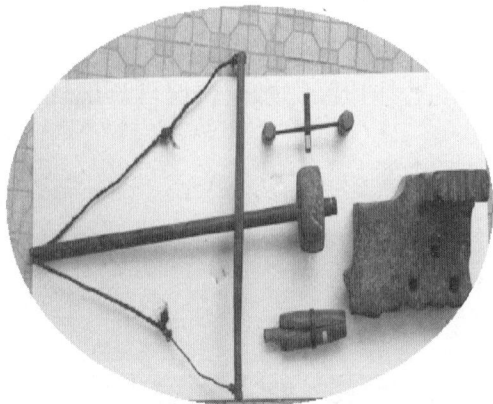

修械厂的修理工具

西林县良同村洗劫,杀死群众 70 余人。修械厂因事先得到情报提前搬迁到富州那柳村山上而未受损,坚持到 1938 年初。两年修理长短枪 300 余支,处理废弹5000 余发。对边区反"围剿"和保卫群众生命财产安全作出重要贡献。

那耶战斗旧址

位于云南省文山州富宁县花甲乡那耶村委会那耶村小组。

那耶村远景

1936 年 3 月中旬,红军近 600 人在韦高振、梁振标、李家祺、赵敏、黄加尤等指挥下,第一次进攻那耶。当时驻扎那耶的民团有六七百人,由乡长黄德寿指挥。此次战斗进行约两小时,打死打伤民团数十人,红军主动撤出战斗,无一伤亡。

那耶村旧景（2000 年摄）

1936 年 10 月，红军、赤卫队七八百人，由红军指挥员李福、第六大队马队长以及梁忠才、傅少华、汪富兴指挥，再次进攻由祖中队长率滇军 100 人驻守的那耶。进攻受挫，赤卫队牺牲 10 多人，有 8 人被敌军割头挑到八宝请功。敌被毙多人。

1937 年 10 月，赤卫队七八十人在傅少华、汪富兴的指挥下，第三次攻打那耶乡公所，枪毙区长冯忠贤（那刀人），乡长黄德寿自杀，打死乡丁 3 人。红军无伤亡。

归朝洞楼惨案旧址

位于云南省文山州富宁县归朝大桥南桥头、古富州沈土司衙署范围内。解放后，皈〔归〕朝中学在此建校。

洞楼惨案旧址

1936 年 5 月，在滇黔桂边区第二次党代会召开期间，广富独立营龙汉斗部占领归朝，疯狂屠杀群众报复红军，到处抓人拉到河边杀害，想以此威胁红军和群众。两个月内，在归朝河边被杀害的群众和农会干部达 130 多人。后龙山陈通文

洞楼惨案旧址（1982 年摄）

家 7 人被杀 5 人,陈的爱人背着婴儿也被一刀刺死。庞正清和黄开建则被割断喉咙致死。黄安福被刀捅进项圈骨架,用绳拴着游行示众后,拉到洞波杀害。有的被逼着害亲,否则要全家诛灭。敌称之为"匪剿匪",惨绝人寰。

那能惨案旧址

位于云南省文山州富宁县那能乡政府所在地的一片沙滩上。

1936 年 5 月,国民党广富守备军独立营龙汉斗率 400 余人进占那能,将那能一个保 26 个村及甘邦等地抓来的 300 余名成年男子关押在谭家土豪大院,拷打逼问谁"通匪窝匪",逼问不出就杀人,每天都有数名群众被杀害,连续 4 天共杀 40 多人。根据地人民宁死不屈,毫不畏惧,用鲜血和生命掩护红军游击队。壮族姑娘韦娘六,因不满父母包办婚姻,跑出来参加红军游击队。敌人"扫荡"时,因子弹打伤大腿后被俘。敌人企图从她嘴里获知红军游击队的下落,但她始终不说一句话。残暴的敌人割掉她的舌头,最后将她吊死在河边大榕树上。同被吊死在大树上的还有 10 多名赤卫队员和 2 名红军游击队家属。在残害群众的同时,国民党还大肆进行反共宣传。

那能远景(2000 年摄)

那能街今景

初凼战斗旧址

位于云南省文山州富宁县阿用乡那柳村委会初凼村小组。

1936 年 8 月 4 日在那柳初凼,龙汉斗部 200 多人突然包围正在开会的赤卫队 86 人。赤卫队立即冲出突围,未受损失。初凼 60 多户农户,被敌烧房 30 多家,一位老百姓受伤。此战,阿用、者兰、那柳 3 个赤卫队一起投入战斗。

初闷村近景

基旦战斗旧址

位于云南省文山州富宁县花甲乡戈里村委会基旦村小组。

基旦村远景

1936年8月,傅少华、汪富兴率赤卫队30多人,在基旦伏击花甲区长杨启桃率领的乡丁队12人,打死敌人1人。同年10月,红军派李福率100多名赤卫队员,在基旦垭口阻击龙汉斗部1000多人的进攻,赤卫队主动撤出战斗,双方无伤亡。

归朝包围战旧址

位于云南省文山州富宁县归朝镇政府所在地。

归朝近景

　　"洞楼惨案"等血腥屠杀,激起红军游击队极大义愤,1936 年 8 月 26 日,红军游击队 400 多人在司令员黄德胜的指挥下,包围驻归朝之敌。当夜,红军游击队偷渡归朝河,内应赤卫队长和劳农会副主席秘密打开街头闸门,红军游击队潜入街上隐蔽。拂晓,红军游击队分别向各敌据点发起突袭,惊慌失措的敌人纷纷缴械投降。此战俘敌 100 多人,缴枪近百支。随后,红军游击队又组织强攻区公所和太平碉,久攻未下。国民党富宁县长甘汝棠纠集驻富滇军及地方民团 700 余人反扑归朝,红军游击队主动撤出战斗,向洞波方向转移。

归朝老街(2000 年摄)

归朝整编旧址

　　位于云南省文山州富宁县归朝镇政府所在地。

　　1934 年 12 月,中央红军向贵州挺进,蒋介石除令黔军加紧堵截、桂军积极尾追外,并急电云南省政府主席兼"讨逆"军第十路总指挥龙云出兵防堵。为有效牵制滇桂之敌,策应中央红军战略行动,1935 年 1 月中旬,滇黔桂边区临时党委决定

归朝老街远景(2000 年摄)

主动出击,进攻归朝,佯攻富州。游击队从七村九弄地区开出后,在百油地区作短期休整。集中红军游击队和附近各赤卫队 1000 余人,利用街天召开大会。临委书记何尚之在会上宣传红军、劳农会和共产党的主张,揭露反动派对红军的诬蔑。会后在归朝街上举行声势浩大的示威游行,张贴布告标语,散发传单等。之后,成立归朝地区苏维埃政府,红军游击队作了整编,整编后的部队分为 4 个大队,各大队下分 3 个小队,每个大队约 300 人。游击队进军归朝的行动,震动了国民党反动派,时南宁《民国日报》报道:"各乡土民受其愚惑,被其胁从,匪续于九弄、弄所、百油、板仑,遍设劳农会,遍贴共产党标语,在归朝则设苏维埃政府,主席黄建平(即黄庆金),军事指挥梁振标,何尚之任第三联队政治委员。"归朝整编后,红军游击队主力即向富州挺进。滇桂两省国民党政府急忙调兵遣将,滇军警备旅第十七团两个营进抵广南八宝地区,桂军第四十四师第一三二团也从百色出发,向剥隘、谷拉开进。在达到牵制敌军目的后,红军游击队返回七村九弄地区。

甘南红军洞

位于云南省文山州富宁县洞波乡那达村委会那拉村小组右侧山上。

1936 年中秋节,国民党滇军和广富常备队、保卫队在地方民团配合下,以优势兵力偷袭活动于那达的红军,政治部副主任黄沙平在掩护突围中英勇牺牲,驻甘南洞的 10 多名红军战士及家属因来不及转移,全部遇害。至今,甘南红军洞石壁上还有当年红军传唱的诗句:"阎王殿上鬼吃鬼,州府县衙人吃人。村庄田地被侵占,锦绣河山被蹂侵。工农兄弟齐赶鬼,田园财帛有收成!"

甘南红军洞

甘南旧址(2000 年摄)

芭莱战斗旧址

位于云南省文山州富宁县洞波乡芭莱村委会芭莱村小组。

1936 年秋那达遭袭击后,敌人得意忘形,以为红军游击队司令部已遭到彻底破坏,大肆宣扬他们的"辉煌胜利"。为打击敌人的嚣张气焰,保卫边区革命根据地,经过周密计划,红军游击队决定集中优势兵力歼灭驻芭莱之敌。农历九月十五日,岑日新率游击队一部长途奔袭,包围芭莱。此日正值街天,红军游击队占据附近山头的有利地形,派出特务队混入赶街群众之中,里应外合,出其不意进行攻击,打得敌人措手不及,俘敌区长黄立廷等 83 人,击毙100 余人。红军游击队副大队长凌少廷和赤卫队长谭文君在战斗中牺牲。此战重挫敌锐气后,红军游击队又乘胜扫除剥隘、者桑一带敌占据点,11 月回师花甲、阿用地区休整。

芭莱村远景

甘邦红军驻地旧址

位于云南省文山州富宁县那能乡那法村委会甘邦村小组。

甘邦村远景(2000 年摄)

1936 年 7 月,岑日新率滇黔桂边区革命游击队第一大队从那达出发挺进那能,进驻甘邦、弄彦等地。梁振标、梁志平、马正球、李家祺、黄炳先、欧仲明也相继来到甘邦、弄彦。李家祺、岑日新等领导人号召群众:要坚定不移地跟红军,有钱出钱,有粮出粮,有力出力,有主意出主意。不久,附近的龙况、太平、那拨等村寨都组织起劳农会和赤卫队。在革命力量的推动下,那良保长李荣安、那法乡长岑应杰先后投入革命。但也有一些死硬派,如那法的民团杨汉章,凭借国民党淫威,继续到各村寨收税费。应老百姓的要求,红军在板沟镇压杨汉章。从此,国民党地方官吏再也不敢来甘邦、弄彦一带胡作非为。红军趁热打铁,向登河、六温一带发展,组织了以罗有广、易开贤、黄志信、覃安辉、黄兴军等为骨干的登河劳农会和赤卫队。六温的黄志礼,因事到登河、甘邦,偶尔结识红军并接受革命道理,即把韦英、梁志平(梁振标侄儿)、黄炳先等人领到六温,组织劳农会和赤卫队。黄志礼任农会主席,苏圣爱任赤卫队队长。此后,又扩展到那吉、那拉等边远地区。

甘邦村远景

木垢包围战旧址

位于云南省文山州富宁县花甲乡木垢村委会木垢村小组。

木垢村远景(2000 年摄)

1936 年 11 月,滇军到木垢驻扎,抢夺群众牛马。群众到花甲向傅少华、汪富兴汇报。傅少华等即率赤卫队 300 人包围木垢。敌人虽只有 30 多人,但火力强,赤卫队未攻进,并牺牲一位队员。战斗进行一个下午,赤卫队抢回一部分牛马,主动撤退。

木垢村远景

谷沙火攻战旧址

位于云南省文山州富宁县阿用乡阿用村委会谷沙村小组。

谷沙村近景

　　1936年11月23日,唐秀山、汪富兴等率新编游击队第二大队进驻云南富宁县谷沙平笔山,受到群众热情拥戴。因村民无意间泄露红军驻扎之事,有人立即向驻阿用守备军告密。11月28日,守备军第三连副连长李连金带领一个排和部分民团来到谷沙,一进村就进行抢掳。群众将情况报告红军。唐秀山、汪富兴即率红军抄小路,由普城山绕到谷沙背后埋伏。待敌人一切行动暴露在射击圈内,红军战士的枪口瞄准目标后,"给我打!"只听大队长唐秀山一声令下,霎时间枪声四起,一发发子弹向敌阵呼啸而去。敌措手不及慌作一团,逃进黄文安、陆忠安家里,凭借瓦房墙体,拼死抵抗。红军久攻不下,战士何松提出火攻建议。唐秀山派人召集群众研究对策。群众来到后,听说只有火攻才能打败敌人,一致表示同意火攻,并跟红军一起拆除黄娅安家的草房作燃料(后来红军赔钱)。红军爬上敌占瓦房顶上,掀开瓦片向敌人扫射,同时运草烧房子。屋里的敌人一边抵抗,一边浇水灭火。此时,陆正明、何松、黄显圩等勇士猛力冲破房门,端起枪猛烈扫射,同时封住敌人退路。房顶火焰冲天,四面熊熊燃烧,屋内的敌人有的被打死,有的被烧焦,除个别挖墙洞狼狈逃窜外,多数被俘。下午五时,战斗结束。此战,共击毙和烧死敌人10多名,俘敌50多名。红军战士陆正明等二人光荣牺牲。

谷沙村远景(1982 年摄)

塘彦庆功大会旧址

位于云南省文山州富宁县阿用乡者兰村委会塘彦村小组。

芭莱、谷沙战斗之后,进攻根据地的敌军纷纷撤退。随着一次次反"围剿"斗争的胜利,红军游击队发展到2600多人,各地赤卫队也不断发展,根据地不断壮大,革命形势出现蓬勃发展的局面。1937年2月12日是农历大年初二,借着喜庆气氛,边区党委在塘彦召开庆功大会,庆祝反"围剿"斗争取得节节胜利;宣传党的

塘彦村

政策,鼓舞革命士气;发动广大贫苦群众行动起来,为翻身解放做主人同国民党反动政府进行坚决斗争。参加庆功大会的有红军游击队、赤卫队 3000 多人,附近各村寨的群众杀猪宰羊、做粽粑、米花和集资捐献、慰问红军游击队和赤卫队。庆功会开 3 天,白天开会宣传,晚上演戏,军民共同联欢。

塘彦村旧景(1982 年摄)

花甲惨案旧址

位于云南省文山州富宁县花甲乡政府所在地。

1937 年 2 月 12 日,敌广富独立营"扫荡"花甲地区,屠杀残害红军游击队家属 36 人,割下 10 余人的头吊在大树上示众。还强迫自家人互相残杀,逼弟杀哥、儿杀父,如不动手,全家人都被杀光。国民党军队称这种方式是"匪杀匪"。被杀害的有傅少华的姨妹和两个小舅子等人,他们被敌用刺刀捅,捅不死再枪毙。汪富兴的大爹汪向先被关在牢里致死。

花甲街近景(2000 年摄)

花甲街今貌

那哈战斗旧址

位于云南省文山州富宁县阿用乡那柳村委会那哈村小组那兄山上。

那哈村远景

1937 年 2 月在那哈后山的那兄,敌耿连和段连加乡丁约 600 人,向赤卫队驻守的那兄山口进攻。赤卫队两个连队 100 多人坚决抵抗,敌伤亡数十人,进攻受挫。随后赤卫队主动撤出战斗。

弄彦红军疗伤洞

位于云南省文山州富宁县那能乡那法村委会弄院(原弄彦)村小组东面的天王庙山上。

弄彦红军洞洞口

从 1932 年开始,红军就派党员干部到那能甘邦一带秘密开展活动,建立了劳农会、赤卫队等革命组织。革命根据地建立以后,甘邦、弄彦地区也是红军活动的一个主要区域。从 1935 年初滇桂国民党当局第一次对边区根据地进行联合"围剿",到 1937 年 2 月敌对根据地组织的"滇黔桂三省会剿",红军游击队在这一地区多次同国民党军队战斗,较大的有弄况战斗、那拨战斗。在历次战斗中所有受伤红军都转移到弄彦岩洞进行救治,直至康复。所以该洞为历次战斗中受伤红军的秘密救治站点。它距弄院村 4 千米,洞口呈不规则长方形,高约 1 米,宽约 60 公分,洞内面积约 60 平方米,洞中有水井和当年红军伤员居住的生活设施。后人称该岩洞为"弄院红军疗伤洞"。

弄彦红军洞所在的山脉

甘邦深仇洞

位于云南省文山州富宁县那能乡那法村委会甘邦村小组右侧半山腰上。

深仇洞洞口

该洞口呈圆形状,垂直于地面,距地面约 50 米,地面生长着修长而茂密的毛竹,使得洞口更加隐蔽。

1937 年 3 月,红军撤离根据地后,滇军李德修连队在甘邦、弄彦等地行残酷的洗劫、杀戮,实行惨无人道的法西斯"三光"政策。在一天之内把弄况、太平、者郎、平架、平收、平别 6 个寨子全部烧光。在甘邦村,滇军烧辣子熏躲在甘邦右侧山洞里的 37 名群众,烧死后再拉出洞外丢下山崖。其中有两姐妹,姐马氏韦,27 岁,妹

深仇洞外观

马氏四,17 岁,因抢救及时,免于惨死。无辜群众在此洞惨遭国民党反动派的杀戮,因而得名深仇洞。

太平惨案旧址

位于云南省文山州富宁县那能乡那法村委会太平村小组村前。

太平村远景和太平惨案"万人坑"遗址

1937 年 5 月上旬,红军主力撤离甘邦、弄彦地区后,滇军进占甘邦一带。为报复进攻甘邦、弄彦遭受的惨败,敌人实行"鸡蛋也要过三刀"的惨无人道的反动政策,将从当地及外地抓来的劳农会干部近 200 人推入太平村前的一个天然大坑,残忍地用机枪扫射,制造了骇人听闻的"太平惨案"。"万人坑"是一个直径 24 米、深 6 米的圆形大坑。"太平惨案"发生后,国民党政府自以为已经彻底镇压了根据地的革命。当时的《云南日报》刊载消息称："富州残匪已肃清,盲从民众均已就范。"残忍的暴行其实并没有吓倒红军和革命群众,反而激起更大的愤慨。边区根据地军民在党的领导下,掩埋好同志的遗体,擦干身上的血迹,又重新投入到革命的伟大事业中。

那拨伏击战旧址

位于云南省文山州富宁县剥隘镇那良村委会那轰(原那拨)村小组。

那轰村(原那拨村)远景

1937年5月,国民党政府组织"滇黔桂三省会剿",向根据地投入更大规模的兵力。桂军马玉堂率部由广西百色进入剥隘,扬言"3个月内肃清匪情"。中共滇黔桂边区党委决定狠狠打击敌人,粉碎敌人的"围剿",集中1000多人的游击队主力及1000多人的赤卫队,在那拨严阵以待,迎击敌人。当桂军在叛徒吴老常、农有祥的带领下气势汹汹向那拨杀来,进入伏击圈后,红军游击队神枪手首先击中敌指挥官马玉堂,敌队伍顿时大乱。接着红军游击队长短枪一齐开火,敌纷纷倒毙,余者满山遍野乱窜。红军游击队缩小包围圈,敌800多人全部暴露在火力之下,200多人当即被歼,余下大多被赶下西洋河,淹死者无数,仅二三百人仓皇逃窜。在战斗中,游击队第二大队队长唐秀山牺牲。

傅少华故居

位于云南省文山州富宁县花甲乡花甲村委会傅家湾村小组。其旧居已经损毁。

傅家湾远景(1982 年摄)

傅少华,生于1904年,富宁县花甲乡花甲村傅家湾人。1935年2月参加革命。1936年5月,傅少华等人所带领的赤卫队300多人编入滇黔桂边革命游击队第三大队,傅少华任副大队长。参加和指挥那耶、木垢、俄色、谷沙等战斗。1935年末加入中国共产党。1942年11月19日在龙江屯殉难。

傅少华居所旧址

卢锡侯故居

位于云南省文山州富宁县花甲乡花甲村委会鱼塘村小组。

卢锡侯,花甲乡那耶村人,1914年出生。1935年参加革命,组织成立那耶赤卫队,任赤卫队队长,同年加入中国共产党。1936年5月,卢锡侯等集体加入红军革命游击队。在保卫边区革命根据地的活动中,参加和指挥大小战斗10余次。1946年在花甲病故。该故居占地120平方米,现为卢锡侯之子卢志勇一家人居住。

卢锡侯故居

黄松坚像

　　黄松坚(1903～1986),又名黄明春,字远祥,壮族,广西凤山县盘阳区(今巴马瑶族自治县)人。

　　1927年2月,在盘阳领导农民起义,任凤(山)色(百色)农军总队队长。1929年加入中国共产党,12月参加百色起义。1930年1月,任中共凤山县委书记和凤山县苏维埃政府主席,9月,任中共右江特委委员。红七军主力北上后,黄松坚奉命与韦拔群组建红七军第二十一师,任副师长、师党委常委兼第六十一团政治指导员,坚持右江根据地斗争。1931年2至8月,国民党桂系军阀连续两次大规模"围剿"东凤革命根据地,黄松坚与韦拔群率领独立师与敌周旋,消灭敌军的有生力量,粉碎了敌人的"围剿"。

1932年4月,黄松坚同独立师参谋长黄大权等人带领一批干部到右江下游与六十二团团长滕国栋、指导员黄书祥会合,建立右江下游革命根据地,组建中共右江下游临时委员会,黄松坚任书记。1933年6月,黄松坚到上海向中共上海中央执行局汇报工作。1934年7月,黄松坚率10余名干部前往滇黔桂边区建立新的革命根据地。11月,在云南省富宁县九弄多立寨成立中共滇黔桂边区临时委员会,黄松坚任书记,并兼任滇黔桂边区劳农游击队第三联队政委。

1935年5月,黄松坚赴上海向党中央汇报工作,10月被敌逮捕入狱。1937年出狱后,到延安中央党校学习。1938年,任中共广西省工委书记兼组织部部长。1986年11月在南宁病逝,享年83岁。

黄庆金遗像

黄庆金(1899~1934),化名黄超凡、黄芳华、黄建平,壮族,广西向都县(今天等县向都镇)人。

1929年冬,加入中国共产党。1932年7月,右江下游赤卫军第三团建立,他任团长。此后,黄庆金率领第三团转战中越边、滇桂边开辟革命新区,深入乡村发动群众,组织游击队,开展统战工作,争取、改造了韦高振、梁振标两股地方绿林武装,扩大革命武装力量。1933 年 5 月,经右江下游党委批准,成立中越边革命委员会,黄庆金任主席。1934 年 6 月建立抗日救国军第十八军,黄庆金任政委。不久,国民党靖西县派兵两次进犯陇厚屯,黄庆金率部进行抗击,击毙民团参谋长以下 7 人。此后,黄庆金又转至滇桂边活动,任滇桂边临时革命委员会主席。同年 11 月,建立了滇黔桂边区党政军群组织,黄庆金任滇黔桂边区革命委员会主席。12 月中旬,黄庆金受中共滇黔桂边区临时委员会的委派,与韦纪等从富宁到右江下游与中共思果中心县委联系,组建劳农游击队第二联队。当他途经天保县那甲乡村,遭敌设卡围捕,后被解往天保县监狱关押。1934 年 12 月 29 日,黄庆金英勇就义,年仅 35 岁。

李家祺遗像

李家祺(1907~1939),又名李修学、李克,壮族,广西恩隆县(今田东县)那恒村人。

1929 年 10 月,从南宁返回家乡,参加百色起义,先后任右江苏维埃政府庶务科科长、政治宣传队队长,并加入中国共产党。1932 年 6 月,李家祺奉命到滇桂边开辟新区。1934 年 11 月,成立滇黔桂边区革命委员会和边区劳农会,李家祺分别当选为常委和委员。1936 年 5 月中旬,中共滇黔桂边区临委在者兰汀水召开党员代表会议,决定把边区劳农游击队改称为边区革命游击队,李家祺任参谋长。

1937年2月,中共广西省工委派林鹤逸到滇黔桂边区,传达西安事变后国内形势和今后任务。但滇黔桂军阀制造分裂,组织"三省会剿"。李家祺、黄德胜等根据边区党委的决定,调集红军游击队和赤卫队1000多人,先后在弄况、那拨等地歼灭进犯之敌,粉碎敌人的"三省会剿"。1937年秋,国共百色谈判导致滇黔桂边区大部分红军游击队被国民党政府改编。李家祺随改编的部队到达安徽舒城,后寻机逃到武汉。在武汉八路军办事处的安排下,李家祺等一批共产党员返回右江工作,担任中共天(等)向(都)田(东)中心县委委员。1939年6月,中心县委在田东那恒村召开会议时,李家祺不幸被捕。12月,在百色英勇就义,时年32岁。

红军游击队使用过的物品

红军游击队战士黄昌发用过的手榴弹带
(保存于云南省文山州富宁县革命纪念馆)

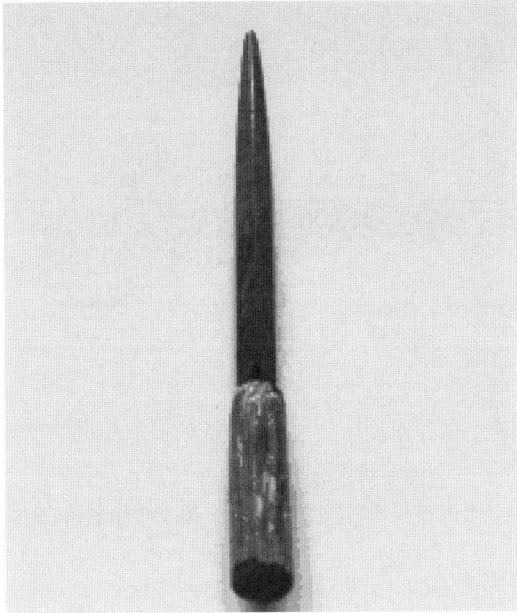

红军游击队战士陆定安用过的锉刀
（保存于云南省文山州富宁县革命纪念馆）

滇桂边区红军游击队战士送给"苗王"王开洪的刀
（保存于云南省文山州富宁县革命纪念馆）

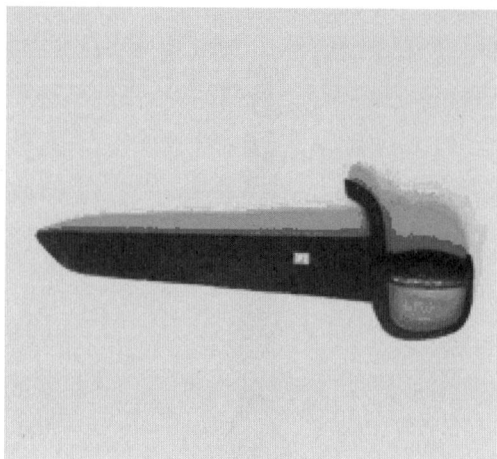

红军游击队战士陆红先用过的大砍刀
（保存于云南省文山州富宁县革命纪念馆）

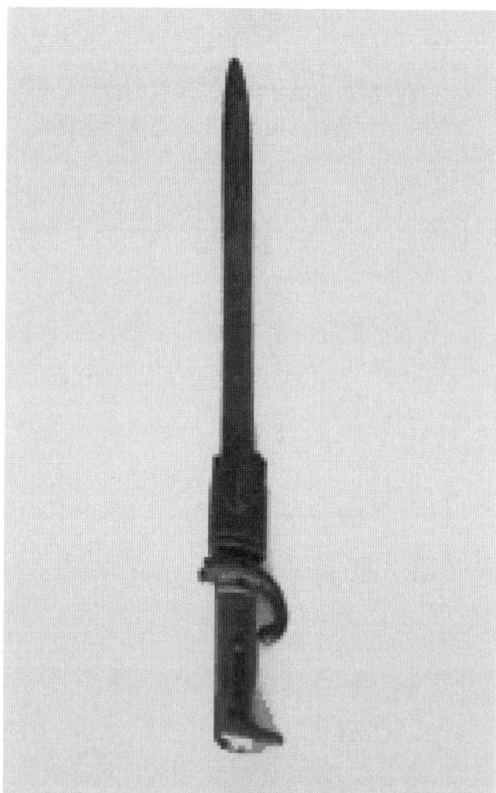

红军游击队在甘美战斗中缴获的指挥刀
（保存于云南省文山州富宁县革命纪念馆）

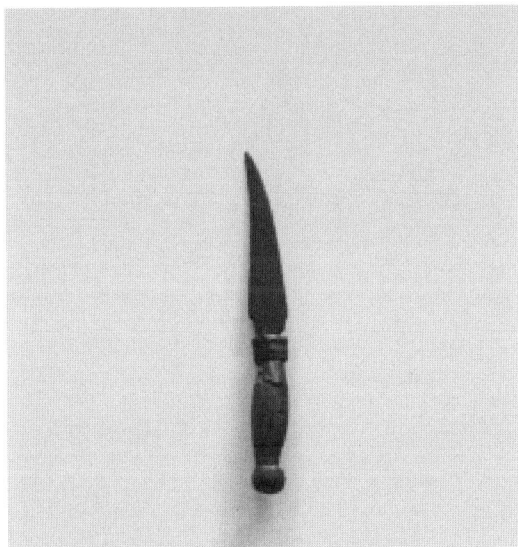

红军游击队领导人滕静夫(何尚刚)用过的匕首
(保存于云南省文山州富宁县革命纪念馆)

红军游击队用过的武器:单尖刀
(保存于云南省文山州富宁县革命纪念馆)

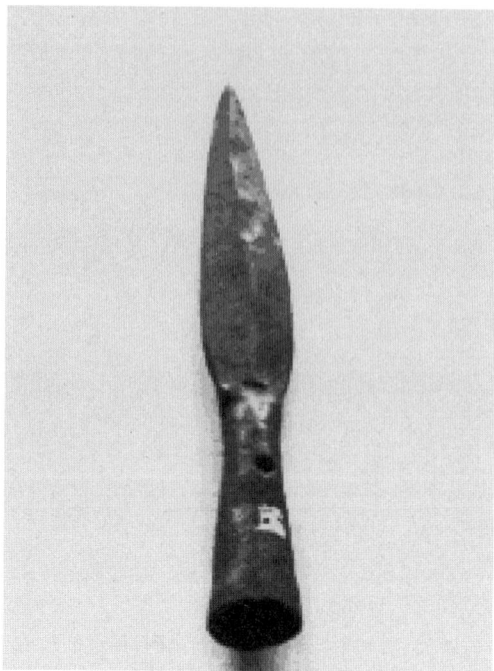

红军游击队用过的武器:长矛头
(保存于云南省文山州富宁县革命纪念馆)

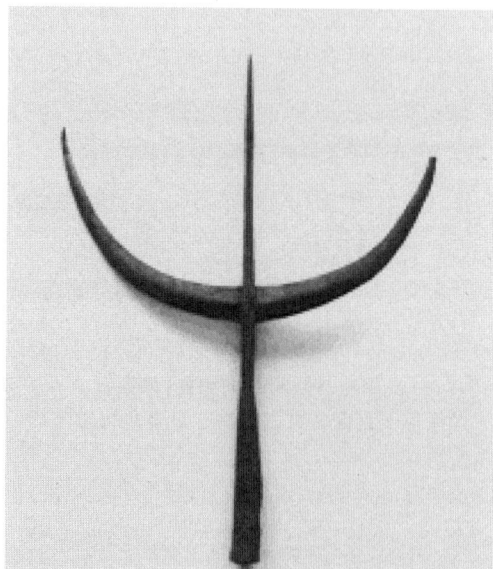

红军游击队用过的武器:月牙三叉
(保存于云南省文山州富宁县革命纪念馆)

红军游击队用过的马克沁机枪
（保存于云南省文山州富宁县革命纪念馆）

红军游击队用过的火药手枪
（保存于云南省文山州富宁县革命纪念馆）

红军游击队用过的步枪
（保存于云南省文山州富宁县革命纪念馆）

红军游击队用过的十响手枪
（保存于云南省文山州富宁县革命纪念馆）

红军游击队用过的弯刀
（保存于云南省文山州富宁县阿用红色文化陈列室）

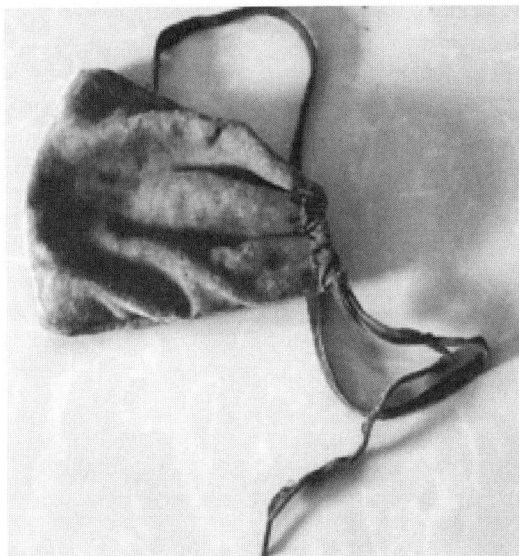

红军游击队用过的子弹袋
（保存于云南省文山州富宁县阿用红色文化陈列室）

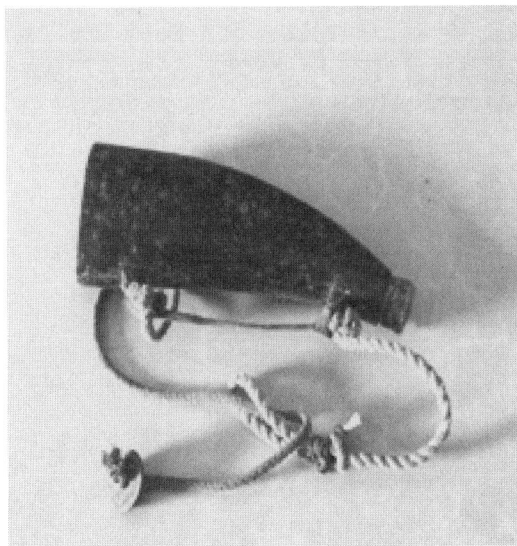

红军游击队用过的牛角火药筒
（保存于云南省文山州富宁县阿用红色文化陈列室）

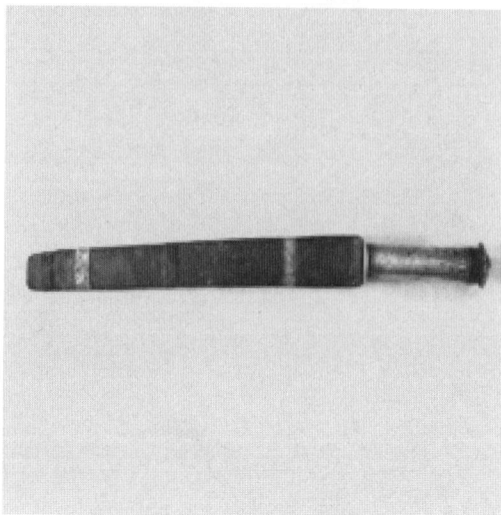

红军游击队罗志刚使用过的大刀
（保存于云南省文山州富宁县阿用红色文化陈列室）

红军游击队用过的军号
（保存于云南省文山州富宁县谷拉乡人民政府）

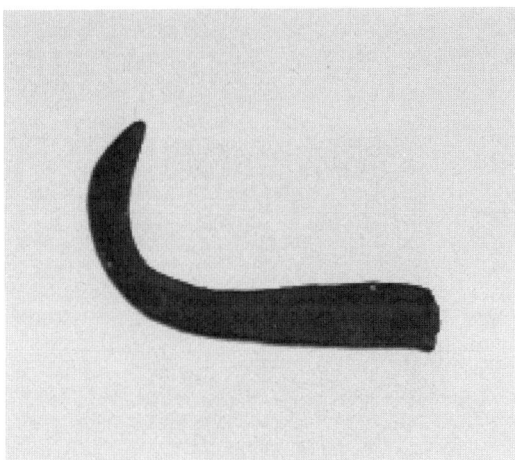

红军游击队用过的镰刀
（保存于云南省文山州富宁县谷拉乡人民政府）

红军游击队用过的火药手枪
（保存于云南省文山州富宁县谷拉乡人民政府）

红军游击队用过的子弹袋
（保存于云南省文山州富宁县谷拉乡人民政府）

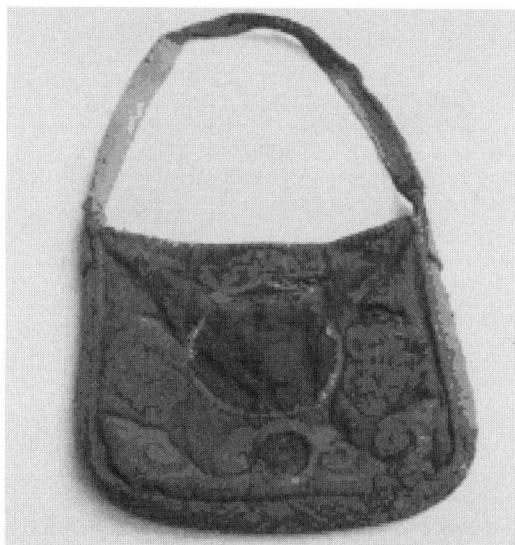

红军游击队用过的子弹包
（保存于云南省文山州富宁县谷拉乡人民政府）

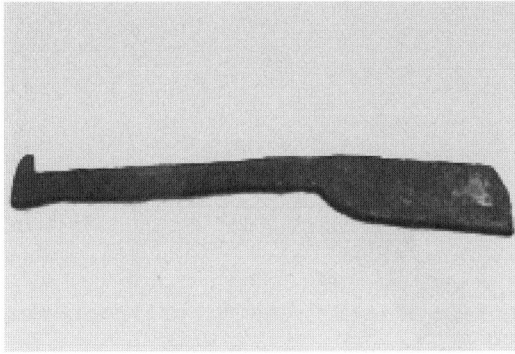

红军游击队用过的长柄砍刀
（保存于云南省文山州富宁县谷拉乡人民政府）

红军游击队用过的牛角火药筒
（保存于云南省文山州富宁县谷拉乡人民政府）

红军游击队领导人黄松坚用过的火药枪
（保存于云南省文山州富宁县谷拉乡人民政府）

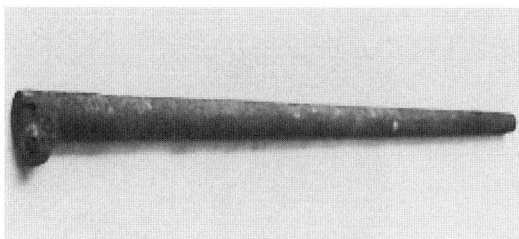

红军游击队战士用过的枪管
（保存于云南省文山州富宁县那能红色文化陈列室）

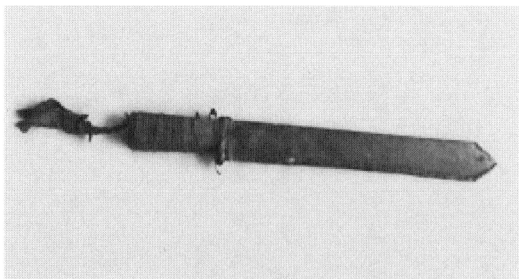

红军游击队战士黄光照用过的指挥刀
（保存于云南省文山州富宁县那能红色文化陈列室）

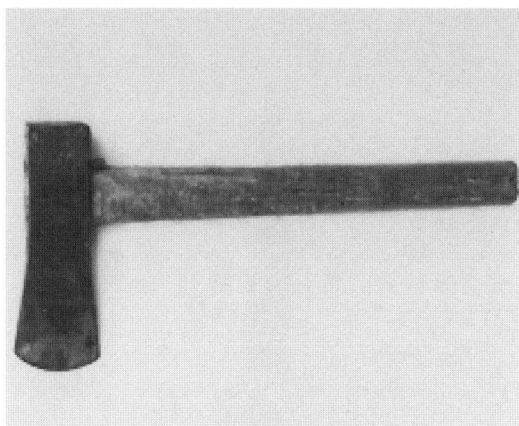

红军游击队战士农光益用过的斧子
(保存于云南省文山州富宁县那能红色文化陈列室)

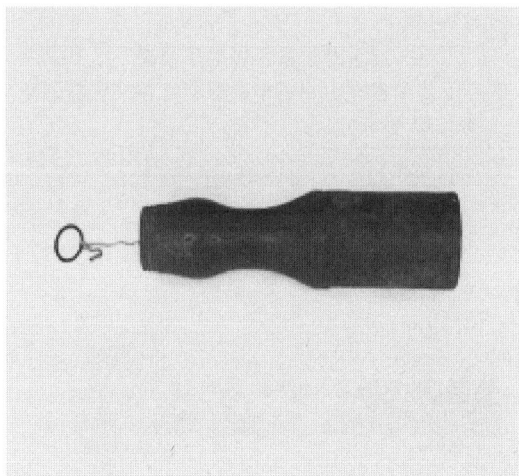

红军游击队用的手榴弹
(保存于云南省文山州富宁县那能红色文化陈列室)

红军游击队用过的子弹夹
(保存于云南省文山州富宁县那能红色文化陈列室)

红军游击队战士周在保用过的斧头
(保存于云南省文山州富宁县花甲乡人民政府)

红军游击队战士汪廷亮用过的红缨枪枪头
（保存于云南省文山州富宁县花甲乡人民政府）

红军游击队战士周正林用过的火药弹
（保存于云南省文山州富宁县花甲乡人民政府）

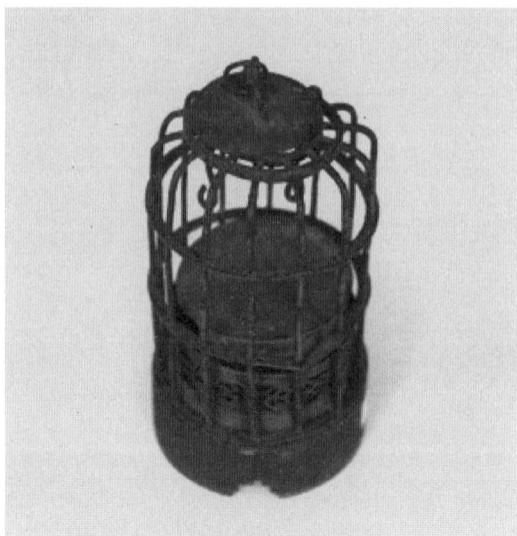

红军游击队领导人黄松坚使用过的雀笼灯
（保存于云南省文山州富宁县革命纪念馆）

红军游击队领导人黄松坚用过的手电筒
（保存于云南省文山州富宁县革命纪念馆）

红军游击队领导人黄松坚用过的印台
（保存于云南省文山州富宁县革命纪念馆）

红军游击队领导人黄松坚用过的皮包
（保存于云南省文山州富宁县革命纪念馆）

红军游击队李家祺烈士用过的小方灯
（保存于云南省文山州富宁县革命纪念馆）

红军游击队战士黄开建用过的干粮袋（下面长的）
（保存于云南省文山州富宁县革命纪念馆）

红军游击队干部赵敏烈士用过的提篮
（保存于云南省文山州富宁县革命纪念馆）

红军游击队干部赵敏烈士用过的皮包
（保存于云南省文山州富宁县革命纪念馆）

红军游击队领导人滕静夫(何尚刚)用过的公文包
（保存于云南省文山州富宁县革命纪念馆）

红军游击队领导人滕静夫(何尚刚)用过的油台灯
（保存于云南省文山州富宁县革命纪念馆）

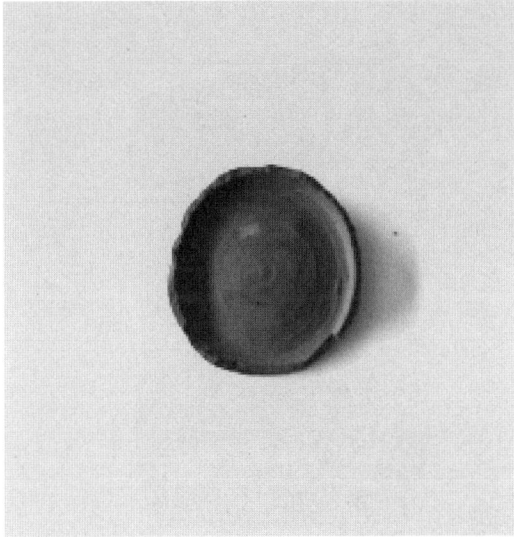

红军游击队领导人滕静夫（何尚刚）用过的笔墨砚台
（保存于云南省文山州富宁县革命纪念馆）

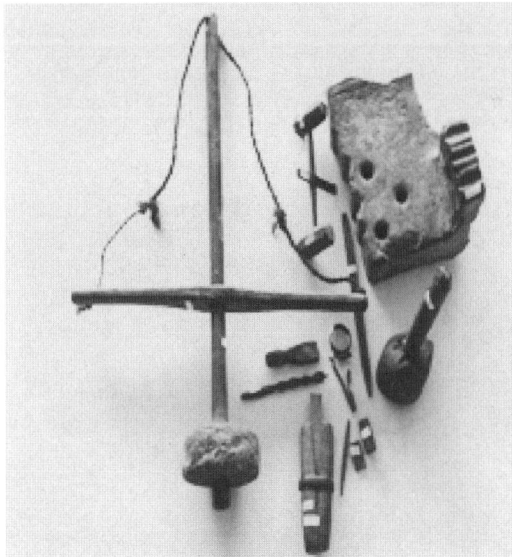

红军游击队修械组用过的工具
（保存于云南省文山州富宁县革命纪念馆）

红军游击队战士黄元配用过的公文包
（保存于云南省文山州富宁县革命纪念馆）

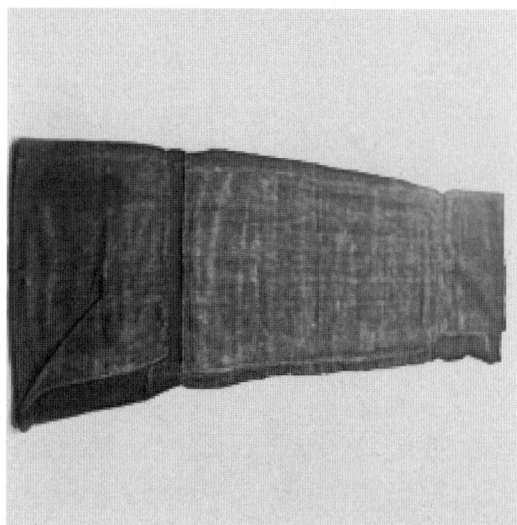

红军游击队用过的干粮袋
（保存于云南省文山州富宁县革命纪念馆）

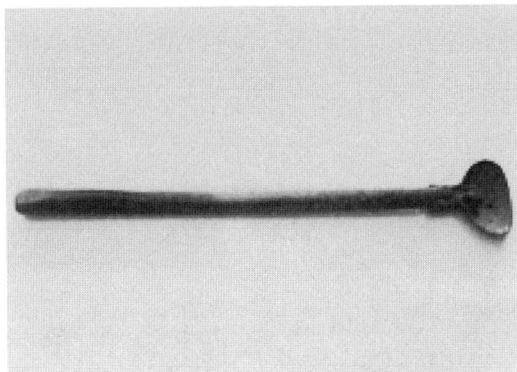

红军游击队用过的铁铲
（保存于云南省文山州富宁县阿用红色文化陈列室）

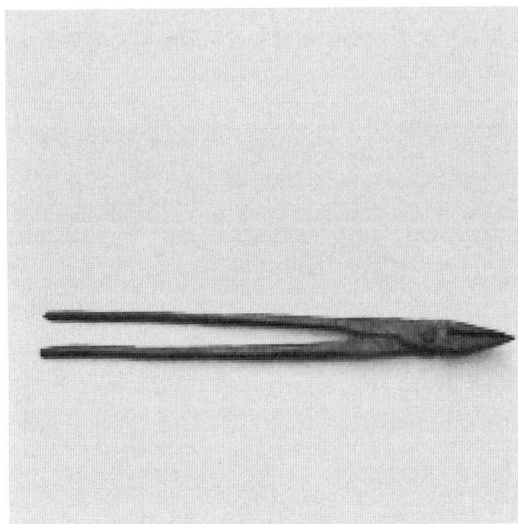

红军游击队修理火药枪用过的工具尖嘴钳
（保存于云南省文山州富宁县阿用红色文化陈列室）

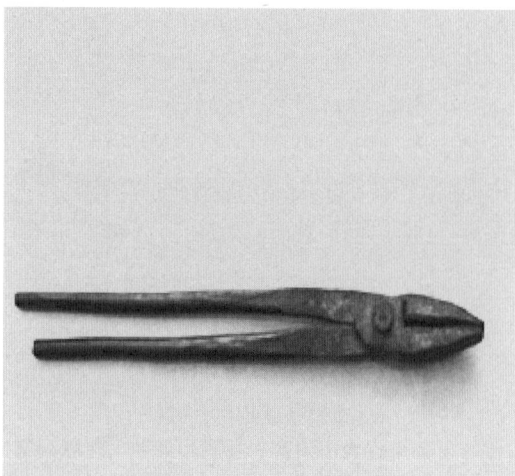

红军游击队用过的工具钳子
（保存于云南省文山州富宁县阿用红色文化陈列室）

红军游击队用过的风箱
（保存于云南省文山州富宁县阿用红色文化陈列室）

红军游击队用过的篮子
（保存于云南省文山州富宁县阿用红色文化陈列室）

红军游击队用过的土油罐
（保存于云南省文山州富宁县阿用红色文化陈列室）

红军游击队用过的土陶罐
（保存于云南省文山州富宁县阿用红色文化陈列室）

红军游击队用过的煤油灯
（保存于云南省文山州富宁县谷拉乡人民政府）

红军游击队用过的马驮篮
（保存于云南省文山州富宁县谷拉乡人民政府）

红军游击队用过的小碗
（保存于云南省文山州富宁县谷拉乡人民政府）

红军游击队用过的打火石方袋
（保存于云南省文山州富宁县谷拉乡人民政府）

红军游击队用过的青花扇形笔筒
（保存于云南省文山州富宁县谷拉乡人民政府）

红军游击队用过的茶壶
（保存于云南省文山州富宁县谷拉乡人民政府）

红军游击队用过的酒壶
（保存于云南省文山州富宁县谷拉乡人民政府）

红军游击队用过的鼎锅
（保存于云南省文山州富宁县谷拉乡人民政府）

红军游击队用过的茶壶
（保存于云南省文山州富宁县谷拉乡人民政府）

红军游击队用过的大碗
（保存于云南省文山州富宁县谷拉乡人民政府）

红军游击队战士〔医马官〕周正林用过的医马工具
（保存于云南省文山州富宁县花甲乡人民政府）

红军游击队战士韦占心用过的桐油灯
（保存于云南省文山州富宁县花甲乡人民政府）

红军游击队战士韦占心用过的马灯
（保存于云南省文山州富宁县花甲乡人民政府）

红军游击队战士汪廷富用过的刨斧
（保存于云南省文山州富宁县花甲乡人民政府）

红军游击队家属在那应红军洞用过的锅
（保存于云南省文山州富宁县花甲乡人民政府）

红军游击队医马官周正林用过的皮包
（保存于云南省文山州富宁县花甲乡人民政府）

1934年富宁红军游击队战士刘家华用过的棉毡
（保存于云南省文山州富宁县革命纪念馆）

红军游击队干部朱国英在富宁时使用的棉毡
（保存于云南省文山州富宁县革命纪念馆）

红军游击队领导人黄松坚用过的围巾
（保存于云南省文山州富宁县革命纪念馆）

红军游击队干部李德惠穿过的呢大衣
（保存于云南省文山州富宁县革命纪念馆）

红军游击队战士穿的草鞋
（保存于云南省文山州富宁县革命纪念馆）

红军游击队领导人黄松坚穿过的毛呢裤
（保存于云南省文山州富宁县革命纪念馆）

红军游击队战士戴过的帽子
（保存于云南省文山州富宁县革命纪念馆）

红军游击队领导人滕静夫(何尚刚)用过的棉毡
(保存于云南省文山州富宁县谷拉乡人民政府)

红军游击队战士农积宽穿过的蓑衣
(保存于云南省文山州富宁县那能红色文化陈列室)

红军游击队战士农国生用过的斗笠
（保存于云南省文山州富宁县那能红色文化陈列室）

红军游击队战士莫炳红穿过的衣服
（保存于云南省文山州富宁那能红色文化陈列室）

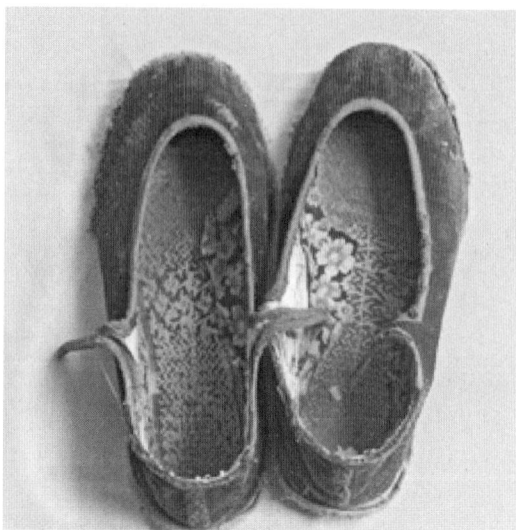

红军游击队战士汪廷跃穿过的布鞋
（保存于云南省文山州富宁县花甲乡人民政府）

红军游击队战士卢彩奉穿过的蓑衣
（保存于云南省文山州富宁县花甲乡人民政府）

2. 贵州部分

中共蛮瓦支部旧址

位于贵州省罗甸县凤亭乡。

中共蛮瓦支部旧址
(贵州省罗甸县档案史志局供图)

中共蛮瓦支部旧址的简介
(贵州省罗甸县档案史志局供图)

　　1932 年 9 月,中共黔桂边委书记、边区革命委员会主席黄举平带领边委组织委员黄伯尧等 20 余人来到贵州省罗甸县蛮瓦,与年初党组织派到这一带做地方实力派陈秀卿的统战工作、武装兵运工作的黄衡球会合,并秘密建立贵州第一个党支部——蛮瓦支部,支书黄举平,委员黄伯尧、黄衡球。党支部建立后,黄举平、黄伯尧转到红水河两岸活动,黄衡球继续留在蛮瓦做地方实力派的统战工作。

贵州省罗甸县凤亭乡的中共蛮瓦支部所在的村庄
（贵州省罗甸县档案史志局供图）

中共蛮瓦支部成员用过的椅子
（贵州省罗甸县档案史志局供图）

1934年春夏之交,黄举平在蛮瓦把黔桂边工作交给韦国英负责后,带领十多人返回广西西山开展新的革命斗争。

中共蛮瓦支部成员用过的圆桌、圆凳
（贵州省罗甸县档案史志局供图）

中共蛮瓦支部成员用过的灯具、水壶
（贵州省罗甸县档案史志局供图）

中共蛮瓦支部成员用过的"橄榄床"
（贵州省罗甸县档案史志局供图）

中共蛮瓦支部成员用过的竹箱子
（贵州省罗甸县档案史志局供图）

中共蛮瓦支部用过的办公方桌
（贵州省罗甸县档案史志局供图）

中共蛮瓦支部成员用来煮饭的铁罐
（贵州省罗甸县档案史志局供图）

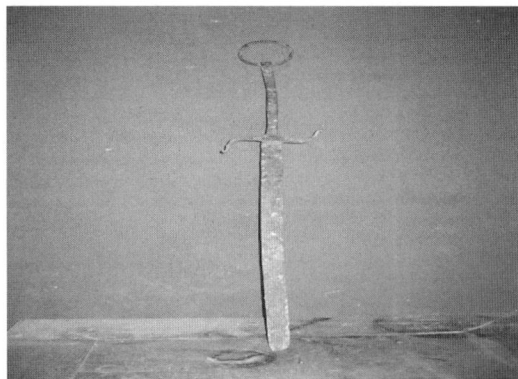

中共蛮瓦支部成员用过的"钢剑"
（贵州省罗甸县档案史志局供图）

"黔桂边区革命委员会"旧址——洞勤寨

位于贵州省黔南布依族苗族自治州荔波县。

位于贵州省黔南布依族苗族自治州荔波县的洞勤寨远景

设在贵州省黔南布依族苗族自治州荔波县洞勤寨的黔桂边区革命委员会旧址

　　1932年6月,黄举平在广西凌云县城治乡林佑屯召开会议,研究部署开辟黔桂边工作的方针和策略,宣布正式成立中共黔桂边区委员会和黔桂边区革命委员会。黄举平任边委书记兼边区革委主席,委员有牙美元、黄伯尧、韦国英、牙永平等。会后,黔桂边区革命委员会曾派人到贵州省荔波县活动,并曾把荔波县的洞勤寨作为黔桂边区革命委员会所在地。

　　1933年1月后,黔桂边区革命委员会主席黄举平等曾到荔波县洞勤寨活动。

　　(贵州省黔南布依族苗族自治州荔波县党史研究室提供)

荔波县茂兰洞英红军标语

荔波县茂兰洞英位于贵州省黔南布依族苗族自治州。

贵州荔波县茂兰洞英留下的"拥护共产党"等标语

贵州省黔南布依族苗族自治州荔波县洞勤寨曾是黔桂边区革命委员会所在地。1933年前后,黔桂边区革命委员会设在贵州省黔南布依族苗族自治州荔波县期间,曾派人在荔波县茂兰洞英写下不少红军标语。

(贵州省黔南布依族苗族自治州荔波县党史研究室提供)

中共黔桂边区委员会和黔桂边区革命委员会驻地——板陈村

板陈村位于贵州望谟县(原属贞丰县)双江口北盘江岸边,曾是黔军西路纵队司令王海平部的驻地。

板陈村远景(肖礼洲 摄)

板陈村近景(肖礼洲　摄)

　　1932年6月初,中共黔桂边区委员会和黔桂边区革命委员会在广西凌云县城治乡林佑屯正式成立后,黄举平任边委书记兼边区革委主席,委员有牙美元、黄伯尧、韦国英、牙永平等。1933年5月,中共黔桂边委和黔桂边区革命委员会从广西凌云县金锁关洞迁到贵州贞丰县板陈村。从此时到1940年,板陈村成为中共黔桂边区委员会和黔桂边区革命委员会、中共黔桂边特区工委(特支,1937年1月由特区工委改设,赵世同任书记)驻地。

贵州望谟县(原属贞丰县)板陈村的中共黔桂边区委员会旧址

中共黔桂边委机关旧址纪念馆

望谟县板陈中共黔桂边区委员会旧址因修水库淹没,后望谟县重建中共黔桂边区委员会旧址。

板陈兵工厂纳牙分厂遗址

位于贵州黔西南布依族苗族自治州册亨县双江镇盘江村纳牙组。

板陈兵工厂纳牙分厂旧址(肖礼洲 摄)

1933年6月,中共黔桂边委、边革委机关及所属部队迁驻贵州黔西南望谟板陈。1934年6月,中共黔桂边委创办了板陈兵工厂,解决武器弹药补充问题。1935年又在板陈附近的纳邑、交幕和册亨县属的纳牙相继建立了3个分厂。纳牙兵工厂共生产步枪200余支。1939年底,在国民党贵州当局的高压下,纳牙兵工厂和其他几个兵工厂一起被迫关闭。位于贵州省黔西南州册亨县双江镇盘江村纳牙寨,2006年因实施国家重点工程龙滩水电站工程全寨外迁,现为龙滩水电站库区。

板陈兵工厂纳牙寨原貌(摄于2006年)

板陈兵工厂所用的枪管纹杆和老虎钳

板陈兵工厂所生产的菠萝弹和子弹
（贵州省黔西南州供稿）

红军黔桂边省独立营营部驻地——纳邑

位于贵州望谟县双江口北盘江岸边。1933 年 5 月后,这里曾是红军黔桂边省独立营营部驻地。

红军独立师黔桂省边独立营驻地纳邑

1933年5月红军独立师黔桂省边独立营成立后,同板陈村相邻的纳邑便成为红军黔桂边省独立营营部驻地。

红军独立师黔桂省边独立营开展护商活动的白层码头

红军独立师黔桂省边独立营驻在贵州省贞丰县白层码头。

红军独立师黔桂省边独立营护商活动的贵州省贞丰县白层码头(肖礼洲 摄)

红军独立师黔桂省边独立营成立后,在贵州省贞丰县在白层码头护商活动。

红军休整地——贵州省册亨县坝恩寨

位于贵州省黔西南州册亨县双江镇盘江村坝恩一组。

红军休整地——贵州省黔西南州册亨县双江镇盘江村坝恩一组原貌(2006年摄)

淹没后的贵州省黔西南州册亨县坝恩寨遗址(2010 年摄)

红军休整地——贵州省贞丰县蔗香村(淹没前村景)

搬迁后新建的蔗香村集镇全景

　　1930 年 3 月底,广西左右江革命根据地丧失后,红八军第一纵队为摆脱敌重兵追击,保存实力,决定转入地处黔桂边境的黔西南册亨、望谟一带休整。第一纵队通过争取望谟县布依族上层人物、地方实力派、贵州"西路水上纵队"司令王海平的支持帮助,于1930年5月进驻贵州黔西南册亨县坝恩寨休整,距离王海平的驻地5公里。6月后红军移驻距板陈村更近的望谟县蔗香村(现属贞丰县)休整,1930年10月离开。这为1932年9月中共黔桂边委书记黄举平等做王海平的统战工作打下了很好的基础,也为红军滇黔桂边游击队(时称红军独立师黔桂省边独立营)在当地的活动提供了有利条件。2006年,实施国家重点工程龙滩水电站工程,坝恩寨全寨外迁,现为龙滩水电站库区。

中共卡法连队支部旧址

位于贵州省黔西南州望谟县纳夜镇卡法村。

贵州省望谟县纳夜镇卡法村的中共卡法连队支部旧址(重建)

卡法村是中国共产党和红军在黔西南州境内最早进行革命活动、开展武装斗争的地区。1932年春,中国工农红军独立第三师第六十三团第一营第一连连长牙永平在贵州望谟县布依族上层人士王海平的支持下,从广西进入卡法村,组建了黔西南红军第一支武装。1932年6月中共黔桂边委成立。1933年5月,中共黔桂边委组建卡法支部,这也是中国共产党在黔西南的第一个党支部。同时成立红军黔桂省边独立营(对外称王海平护商独立营),罗川元任营长,韦国英任副营长,下辖3个连,300余人,分驻贵州贞丰的卡法、纳岜和广西乐业陇那屯。卡法连队为红军黔桂省边独立营的一个连。中共蛮瓦支部也随同迁到了卡法,卡法便成了黔桂边乐业、罗甸一带的活动中心。卡法连队在牙永平的带领下,开展了长达8年之久的革命斗争。他们身居边远山沟,心系民族危亡,胸怀革命大志;宣传革命主张,号召和组织百姓抗日,打击黑恶势力,维护了一方百姓的平安;同时还通过生产自救来减轻群众负担,改善自身装备,为黔桂边委和右江上游党组织筹集了较多的工作经费。中共卡法支部还注重思想建设、制度建设、作风建设,在广大群众中亮起了共产党和红军的旗帜。在贵州的革命斗争历史上,卡法支部和卡法连队写下了浓墨重彩的一页,为国家和民族的解放留下了许多可歌可泣的英雄事迹。

卡法连队原住址

位于贵州省黔西南州望谟县纳夜镇卡法村。

卡法连队原住址

1933年5月,卡法连队成为红军黔桂省边独立营的一个连。

卡法连队兵工厂遗址

位于贵州省黔西南州望谟县纳夜镇卡法村。

按中共黔桂边委要求,卡法连队在1933年5月后设立了一个兵工厂,主要造枪和手榴弹。

卡法连队兵工厂遗址(梯田处)

中共黔桂边委和卡法连队经常的活动地——洛央寨

位于贵州省黔西南布依族苗族自治州册亨县。

洛央寨全景(肖礼洲 摄)

1932年6月中共黔桂边委成立后,1933年5月成立了红军黔桂省边独立营,卡法连队为其所属的一个连。中共黔桂边委和卡法连队经常活动在贵州省黔西南布依族苗族自治州册亨县的洛央寨一带。

洛六抗日义勇军兵工厂所在地

位于贵州省黔西南州贞丰县沙坪镇洛六村后山大平寨。

洛六抗日义勇军兵工厂旧址(朱明辉　摄于 2010 年)

洛六兵工厂旧址(朱明辉　摄于 2010 年)

1937 年春,在中共黔桂边委、卡法连队的帮助下,贵州省贞丰县洛六村韦国安等人在洛六一带组建了一支抗日义勇军。为解决枪弹问题,创建了洛六兵工厂。共生产步枪 10 余支、左轮手枪 3 支。1938 年 4 月,被国民党贵州当局强令关闭。

中共黔桂边委成员活动地

中共黔桂边委成员牙美元活动地——贵州省册亨县双江镇坝赖村。

中共黔桂边委成员活动地——贵州省册亨县乃言寨。

中共黔桂边委成员牙美元活动地遗址——贵州省册亨县双江镇坝赖村远景

中共黔桂边委成员班崇文活动遗址——贵州省册亨县乃言寨远景

中共黔桂边委成员班崇文活动地——贵州省册亨县八达寨。

中共黔桂边委成员班崇文活动遗址——贵州省册亨县八达寨远景

黄举平照片

　　黄举平(1904～1977),壮族,1904 年生于广西东兰县武篆镇弄竹村。大革命时期,曾先后参加韦拔群主办的广西第一届农讲所和国共合作在南宁办的省党部农民部开办的广西农讲所学习,积极投身东兰农民运动。1929 年加入中国共产党,并先后担任东兰县委书记,东兰县苏维埃政府主席,右江革命委员会主席、中共黔桂边委书记、黔桂边委革命委员会主席、百色专署民委副主任、广西省民委副主任、自治区民委主任等职。为第二、第三届全国人大代表。1977 年 7 月在南宁逝世(后经民政部批准为革命烈士)。(贵州省党史研究室提供)

陆浩仁画像

陆浩仁(1907~1936),壮族,广西东兰三石区泗爷村人,1925 年追随韦拔群参加革命活动。1926 年 7 月结束学生生活,投身于农民运动,当选为东兰县太平区农民协会常务委员。1927 年 7 月,入东兰农民运动讲习所学习。1929 年 7 月,加入中国共产党,任中共东兰县太平区委书记、东兰县委委员。百色起义后,任中共右江特委委员兼奉议县委书记。1930 年 9 月被选为右江特委委员。1930 年 11 月,红七军主力北上后,留在右江根据地坚持斗争。先后任红七军第二十一师(后改为右江独立师)政治部主任、师党委委员,中共右江下游党委常委、代理书记,中共思果中心县委书记。1936 年 6 月 26 日,在果德县槐前乡派班屯被叛徒杀害。(贵州省党史研究室提供)

谭国联画像

谭国联(1904~1938),壮族,广西东兰县大同区板坡村人。1924 年毕业于东兰县立高等小学校,1925 年参加革命,曾任区农民自卫军宣传员,赤卫队文化教员。1930 年加入中国共产党。同年 10 月,红七军整编时,任第二十一师第五十五团第三营教导员。1932 年奉派到贵州省的荔波及广西的南丹、河池等地进行革命活动。1937 年任丹池边革命委员会副主席。1938 年 2 月,在南丹县太平屯被捕入狱,4 月在南丹县城英勇就义,时年 34 岁。

谭耀机画像

谭耀机，东兰红军游击队员。1932 年至 1938 年，东兰红军游击队在荔波活动期间，在红军第三营营长韦汉超、营指导员谭国联的领导下在荔波 12 个乡镇开展革命活动。东兰红军以教书、经商等为职业作掩护，在荔波农村的贫苦农民中，成立革命同盟会，从最基层中启发和教育穷苦百姓认识国民党的黑暗统治，团结起来反抗国民党政府的暴政，饮〔歃〕血为盟，决心不背叛革命组织。在荔波县捞村乡洞勤寨成立黔桂边革命委员会，领导本县的革命斗争，接受右江上游党组织的领导。在中共东兰中心县委的领导下，成立荔波支部和翁昂支部。1936 年建立翁昂党支部，谭耀机任支部书记。

韦汉超画像

韦汉超(1906～1938),广西东兰县大同区板坡村人,壮族。1922年毕业于东兰县立高等小学校,次年回村任私塾教师。1925年,参加韦拔群领导的农民运动。1926年编入农民自卫军任战士。1927年任东兰县农民自卫军瑶族马刀队队长。1929年加入中国共产党。同年冬任东兰县苏维埃政府土地委员会主席,红军于河池整编后,任红二十一师第六十三团第三营营长,在右江坚持武装斗争。1931年3月16日,庆远区民团司令石化龙率领所属各县民团2000多人进犯大同、板升等乡。韦汉超用一个排兵力诱敌深入。4月1日,他集中全营兵力及当地赤卫队将石部围攻于板坡村弄肖屯,打死打伤敌人200多人,并缴获一批枪支弹药,取得有名的弄肖大捷。1932年春,韦汉超奉派到贵州荔波和广西的南丹、河池等地从事地下革命工作。1937年任丹池边革命委员会主席。1938年在宜北县(今环江县地)不幸被捕,英勇就义,时年33岁。

牙美元照片

牙美元,又名黄茂芳,壮族。1903年9月生于广西东兰县长江区周赖村的一个农民家庭。1923年至1926年,曾在东兰武篆育才小学、东兰县立高级小学读书,受韦拔群领导的农民运动的影响,投入反封反帝斗争。1926年8月,开始从事农民运动,先后担任县农民协会干事、区农会主席、县农军总部秘书,1929年8月加入中国共产党。同年12月,任东兰县苏维埃政府财政委员会主席。1930年至1931年,任红七军政治部宣传员、第三纵队特务营第三连连长兼指导员、红军独立第三师六十一团第一营政治指导员,杀奸团团长。1932年至1949年,历任黔桂边

区革命委员会副主席、中共丰业支部组织委员、地下革命联络员、东兰县革命委员会副主席。新中国成立后,任东兰县民政科、税务科科长、东兰县政协文史组组长,东兰县第二、第三届政协委员会委员。1984年12月离职休养。

王海平画像

王海平(1889～1942),又名王周道,布依族,1889年出生于贵州省贞丰县陈板村(今属望谟县蔗香乡),系当地少数民族代表人物和地方实力派人物,曾任黔军西路纵队司令。1930年4月下旬,红八军第一纵队来到黔桂边境的百乐,达成"红军在其辖区驻军,对外用王部番号。军队自主,军饷由王部供给"的协议,争取到王海平的辖区内休整。1933年6月,红军黔桂省边独立营建立,对外称王海平护商独立营。在王海平的大力帮助和支持下,中共黔桂边委开展了艰苦卓绝的武装斗争。黔西南地区成为滇黔桂边区革命根据地的一个重要组成部分。1937年抗日战争爆发后,贵州各地的抗日救亡运动蓬勃开展起来。王海平利用自己在当地少数民族群众和武装实力人物中的影响和威信,同中共黔桂边特委组建了抗日救亡义勇军,并出任司令。王海平和中共黔桂边委在黔西南地区开展的一系列抗日活动,引起了国民党黔、桂当局的恐慌和仇恨。他们立即对中共黔桂边委和王海平开展的活动进行监视,横加干涉,同时停办了王海平的兵工厂,派兵"围剿"中共黔桂边委和王海平的武装。1942年2月,王海平在中共黔桂边委的劝说下转移去了广西百色。5月12日,王海平离开百色准备前往桂林找地下党组织时,不幸刚

到柳州就被特务逮捕,押往贵阳,5月28日被敌人杀害于贵阳。1992年被贵州省人民政府追认为烈士。（贵州黔西南州党史研究室提供）

赵世同照片

赵世同(1901～1977),壮族,广西百色果化槐前村龙旧屯人。1926年12月参加果德农民运动,任黄书祥警卫员。1929年12月加入中国共产党,任果德县果化区苏维埃政府财政委员和果德县农民赤卫军常备营连长。1934年任中共思果中心县委委员。1935年1月率队到思林街上,收缴税务所100多块银元,解决了部分革命活动经费。1936年7月思果中心县委解体后,转移到那马县州圩乡州圩村弄设山居住。1937年初,任中共桂西区特委委员,离开那马县上黔桂边,在乐业县雅长组建中共黔桂边委,并任边委书记。1938年4月任中共黔桂边特区工作委员会书记。1940年秋派徐彭年到平治组建中共平治县特支。次年春到平治巡视,将平治特支改为平治县委。1943年春,在武鸣县四坡乡主持开办骨干训练班。解放战争时期任中共右江领导小组副组长,中共右江地委军事部部长,桂西人民解放军司令部领导人,中国人民解放军滇桂黔边纵队桂西区指挥部指挥员兼第八十八团团长和政治委员。1946年在广西乐业组建中共黔桂边中心支部,组织青年同盟会,扩大革命武装队伍。1949年12月5日率领第八十八团配合中国人民解放军解放都安县城。12月率第八十八团到田东县城与解放军会师,庆祝桂西解放。新中国成立后,担任广西百色地委统战部部长兼专署民委主任,中共百色地委委员,常委、书记处书记,百色地区行署专

员。1965 年 8 月，调任自治区贫协副主席。曾任自治区党委监察委员，是第一、
第二、第三届全国人民代表大会代表和全国人大民族事务委员会委员。1977 年
7 月 29 日在南宁因病逝世。自治区人民政府追认他为革命烈士。（贵州省党史
研究室供稿）

王海平墓

位于贵州黔西南州册亨县双江镇坝布村平赖组。

牙永平烈士墓

位于贵州省望谟县城革命烈士陵园内,系望谟县人民政府于 2001 年 7 月修建。

牙永平(1909～1940),男,1909 年 11 月生,广西天峨县林佑屯人。从小受革命熏陶,1926 年 17 岁时任板么少先队队长,当年跟随其伯父率领 50 多人枪参加农民运动。1928 年任东兰农军流动排排长。1929 年百色起义后,任红七军第三纵队第四大队副连长。1930 年 5 月,率一排战士护送邓斌(邓小平)由东兰到河池,途中与敌遭遇,战斗中敌弹洞穿腹部。完成护送任务后在茶油堡养伤,同年 7 月加入中国共产党。历任红七军第二十一师第六十三团特务营第三连连长、红军右江独立师第六十三团第一营第一连连长、中共黔桂边区委员会委员和黔桂边区革命委员会委员。1933 年 3 月,率 60 余名红军战士转移到今望谟县卡法村开辟新区。同年 4 月,在卡法建立黔西南地区最早的党支部——中共卡法支部,任支部书记。1940 年 7 月被国民党望谟县当局以"商讨国共合作抗日事宜"为由诱骗逮捕杀害,时年 31 岁。

滇黔桂边区根据地全盛时期区域图

3. 广西部分

那马革命第一大本营

位于广西壮族自治区南宁市马山县永州镇平山村坡马屯后背山。

那马革命第一大本营入口

那马革命第一大本营原名感应岩,该岩洞位于红军时期那马革命根据地的中心地——原州圩乡山城村(今马山县永州镇平山村)江庄、坡马两屯后背山上,是当时革命机关的主要办公地点之一。岩洞入口在山脚下,洞口宽约 3 米;出口在山背后半山腰,洞口宽约 1 米;洞长约 500 米,洞内宽 1 米多,高 3 米多;洞里分上下两层,上层干燥,下层有 1 条地下河。大本营的营部设在洞里上层中央一个约 4.5 米见方、洞顶很高的大殿内,革命者吃饭、睡觉、开会、办公、武器弹药储存、重要文件存放都在此处。

1931 年 12 月黄书祥将其命名为"那马革命第一大本营"。第一大本营是那马党组织转入地下活动后的领导机关所在地,中共那马县总支、那马特支、那马中心县委的很多重要会议都在这里召开,右江下游党的一些重要会议也在这里召开。那马地下党的领导人李凤彰、韦成篇、徐泽长等人长期居住在这里,广西及右江各地负责人黄书祥、黄永祺、黄松坚、陆浩仁、滕国栋、赵世同、梁乃武、陈岸、吴元、何云、徐平等都曾在这里食宿和开会。

1932 年 8 月,红七军第二十一师副师长黄松坚在这里主持召开右江下游党委扩大会议,研究开辟新区问题。1934 年 2 月,右江下游党委委员滕国栋、陆浩仁和赵世同在这里召开那马、果德、武鸣、平治、都安等县军事联席会议,研究开展武装斗争问题。

1937年2月,广西省工委巡视员何云在这里主持成立那马中心县委。1937年秋,张云逸派吴元到右江寻找红七军余部时,在这里召开那马中心县委所属各县军事会议,组织抗日游击队。同年秋末,广西省工委代理书记陈岸在这里指导那马中心县委开展统战工作。1938年3月,广西省工委书记黄松坚在这里指导中心县委开展抗日救亡工作。

1998年9月1日,马山县人民政府将其定为县级文物保护单位。

那马革命第一大本营外景(广西马山县党史研究室提供)

那马革命第二大本营

位于广西壮族自治区南宁市马山县永州镇州圩村巴朋屯右侧山峰上。

那马革命第二大本营入口

　　那马革命第二大本营原名感怀岩,是州圩村通往第一革命大本营的捷径的必经之路,是州圩村地下党支部经常开会、活动的场所,是县级党组织与州圩村级党组织联系的据点,是了解国民党那马县政府与州圩政府官员来往、观察州圩街上敌情和汇集州圩方面各种情报的主要场所。那马地下党负责人李凤彰、韦成篇、徐泽长、农经祥、徐千珍、韦成珠、农有资、徐彭年、黄金城和广西及右江地区党组织领导黄松坚、赵世同、梁乃武、徐平、覃桂荣等都曾在此食宿和指导工作。

　　岩洞入口位于半山腰,坐东向西,洞口矮小,洞长 100 多米,洞内高 2 米多,宽 6 米多。出口在山的另一侧山脚处,坐西向东,洞口狭窄,仅容 1 人进出。进口、出口全为灌木覆盖,从路上观望均看不见进出洞口。

那马革命第二大本营出口

那马革命大礼堂

位于广西壮族自治区南宁市马山县永州镇永久村横秀屯后背山半山腰。

那马革命大礼堂洞口

那马革命大礼堂原名横秀岩，是那马革命第三大本营的第一支营，是那马地下党召开秘密大会的场所。1934 年 10 月，赵世同、徐泽长在这里召开那马、果德、武鸣、平治、都安等县革命同盟会代表大会，与会代表 160 多人，大会总结和布置了扩展革命同盟会组织工作。1935 年 5 月，那马地下党又在这里召开有 100 多人参加的革命同盟会骨干会议，选举产生以徐千珍为主席的那马县革命军事委员会。岩洞入口坐南向北，洞口呈半圆形，洞前竖有 10 余米长的石墙，开有一个约 3 米宽的路口。洞内大殿宽广，洞顶很高，光线充足，空气清新。岩洞能容纳 1000 人左右在此开会。

那马革命第三大本营

位于广西壮族自治区南宁市马山县永州镇州圩村新村屯后背山。

那马革命第三大本营入口

那马革命第三大本营原名感公岩，岩洞将州圩、向阳、山城、清山等村串通起来，是州圩根据地各村人民联络的纽带，是那马县地下党开展坡鉴、百通、新州、那呆、横秀、旺高、久凌、感锦等屯群众工作的据点。那马地下党领导人李凤彰、徐泽长、韦成篇、农经祥、徐千珍、韦成珠、农有资、徐彭年、黄金城和上级领导人陆浩仁、滕国栋、赵世同、梁乃武、徐平等人经常在这里出入、住宿和开会。

1935 年 1 月,赵世同、李凤彰在这里主持召开那马、果德、武鸣、平治、都安等县联合军事会议,组建中国工农红军右江下游第一联队。同年 5 月 16 日,第一联队在此开会,研究攻打国民党州圩乡公所的战斗布置;当晚,徐泽长、韦成珠率领一支红军小分队从这里出发,夜袭州圩乡公所,处决了"剿共"司令、州圩乡乡长陆文兴,俘敌 10 多人,缴获长短枪 10 多支。

岩洞入口有两个,一个入口在靠近山脚下的凹处,洞口很小,只能一个人穿进去;另一个入口在半山腰,是个大洞口,为坐北向南的主入口。洞长 2000 多米,洞宽 2 米,洞高 3 米。出口处在亲爱村旺高屯右侧的山弄里,洞口有一人多高。洞内分上下两层,上层干,下层一半干一半湿。洞内有一个大殿,高 70 多米,宽 200 多米,可容纳 1000 余人。

洞口周围灌木丛生,将洞口遮掩得严严实实。

那马革命第五大本营

位于广西壮族自治区南宁市马山县永州镇州圩村州圩街后背山半山腰。

那马革命第五大本营遗址

那马革命第五大本营原名凤凰山岩洞,也叫山城岩,是那马革命主要负责人徐泽长经常隐蔽居住的地方。1932 年 8 月,红军右江独立师副师长、右江下游党委书记黄松坚曾在这里同徐泽长一起食宿隐蔽,写出了指导右江革命斗争的《打倒国民党》《新时期与新策略》两个重要文件,还创作了《革命暂受挫折歌》《上前线歌》等革命歌曲。

岩洞入口位于凤凰山半山腰,洞口较大,越往里越小,最窄处仅容一人爬行。越过最窄处后,山洞变为宽畅,可容 10 多人居住。

都安县革命委员会驻地旧址

位于雅龙乡镇西村弄团屯,时属都安县域。

1936 年 2 月,根据中共右江地方组织决定,镇西支部派党员李汉平、韦金殿和革命人士韦邦汉、韦永华等参加中共东兰中心县委在西山召开的各县代表会议,成立右江上游革命委员会,同时成立都安、东兰、万冈等县革命委员会,韦金殿当选都安县革命委员会主席,李汉平、韦邦汉、韦永华、韦瑞林等为委员。1937 年 1 月,为了团结各阶层一致抗日,根据中共广西省工委指示,都安县革命委员会改称都安抗日救国分会,当年 6 月又恢复革命委员会名称,领导班子不变,办公地点在弄团屯。

都安县革命委员会驻地旧址

镇西乡抗日自卫队成立旧址

位于雅龙乡竹山村弄头屯,时属都安县域。

镇西乡抗日自卫队成立旧址

　　1937年5月,中共桂西南特委书记黄桂南和特派员梁乃武到广西都安镇西(现属广西大化)检查指导抗日工作,经过一段时间的准备,在镇西乡第福村弄头屯召开革命骨干会议,近200人与会。会上宣布成立镇西乡革命委员会和乡抗日自卫队,韦金殿任革命委员会主席兼抗日自卫队队长,韦祯祥任革命委员会副主席兼抗日自卫队副队长。此后,9个村分别建立抗日自卫中队,全乡加入抗日自卫队近1000人。另外,还建立5个小型兵工厂,为抗日自卫队修造武器。

右江革命坡洋交通联络站遗址

位于广西大化江南乡江洲村坡洋屯，时属平治县域。

从1923年起，右江农运特派员陈铭玖、韩竹冬等到大化县域指导农运，主要联络地点有江洲坡洋屯唐雨田家、百马中和村韦士林家、古河小学等。1938年，中共平治支部确立坡洋联络站。1942年2月，中共右江地方组织在江洲坡洋屯建立地下交通联络总站，首任站长唐史生，周边的镇江（百马）、古文、良凤（古龙）、那马等地亦先后建分站。1945年初，右江各地交通联络站发展到25个，联络员50多人，唐儒生被任命为总站站长。新民主主义革命时期，各交通联络站克服种种困难，通过敌特层层封锁，完成接送革命人士、传递机密文件、运送武器弹药等繁重而又危险的任务。其间经过或留驻坡洋站的有中共广西省工委、桂西南区委会、粤桂边工委等机构负责人和特派人员陈铭玖、韩竹冬、陈伯民、梁乃武、余明炎、区镇、赵世同、陆富临、蒋悦等数十人。

右江革命坡洋交通联络站遗址

镇西事件遗址

位于广西大化瑶族自治县雅龙乡盘兔村盘兔屯,时属都安县域。

1937 年 8 月,国民政府都安县长陈泰春率县警、民团 200 余人往镇西"清乡",逼全乡 9 个村每村交东毫 5000 作为"壮丁费",还追查共产党的活动情况。中共镇西支部发动村民拒交"壮丁费"。多利村村长蒙永芳带领自卫队 70 余人枪行至弄部坳口时,遭县警兵伏击,两名队员被无故打死。镇西瑶民奋起反击,全歼县警团队,陈泰春率残兵逃回县城。几天后,陈调集全县 30 余个乡镇民团武装千余人,配合武鸣团管区 1 个团的兵力,分 4 路向镇西围攻。镇西民众在中共地下党领导下,奋起抵抗,设城卡、垒石架、布路障、守山头,坚持 3 个余月。因弹尽粮绝,全乡绝大部分山村被官军团队占领。陈泰春任其部下大肆烧杀掳掠,共烧毁民房 520 余间,枪杀村民 11 人,掳去大批猪马牛羊。中共镇西支部组织民众分散隐蔽于山中,并派支部委员韦金殿往那马中心县委汇报请示。当时正值国共合作一致抗日的紧要关头,在中共地下组织的努力下,国民党广西省政府派员前来调查核实,陈泰春被撤职关押,镇西事件遂告平息。

镇西事件遗址

赵世同旧居遗址

位于广西壮族自治区南宁市马山县永州镇州圩村巴苗屯对面山弄说峒。

赵世同旧居遗址

赵世同旧居遗迹

徐泽长故居

位于广西壮族自治区南宁市马山县永州镇州圩村州圩街。

徐泽长(1904～1938),男,壮族,广西省那马县州圩乡(今马山县永州镇)人,是那马县籍第一个中共党员,1929 年 12 月入党。历任中共那马县第一个支部宣传委员、那马县赤卫军副政治指导员、那马县苏维埃政府宣传委员、中共那马县总支宣传委员、中共那马特支书记、中共思果中心县委委员、右江下游革命委员会委员、中国工农红军右江下游第一联队政治委员、中共桂西区特委委员、中共那马中

徐泽长故居

心县委书记等职,出席了右江第一届工农兵代表大会,率部参加了右江苏区反"围剿"斗争,代表右江党组织参加了百色国共合作抗日谈判,1938年8月3日被国民党武鸣专署当局杀害于武鸣县城东郊,时年34岁。

　　徐泽长故居分为主房、厢房两部分,主房为3间砖瓦木楼结构房屋,长11米,宽10米;厢房为砖瓦结构矮房,长11米,宽6米;主房与厢房之间为天井,长11米,宽4米。房屋基本保持完整,局部有损坏。

李凤彰故居

　　位于广西壮族自治区南宁市马山县永州镇平山村坡马屯052号。

　　李凤彰,男,壮族,广西省那马县州圩乡山城村(今马山县永州镇平山村)人,是那马县早期革命领导人之一。1929年12月加入中国共产党。历任那马县农民协会主席、那马县农民自卫军政治指导员、那马县临时革命工作委员会主任、中共那马县第一个支部书记、那马县赤卫军指挥长兼政治指导员、那马县苏维埃政府主席、中共那马县总支书记、中共那马特支书记、特支军事委员、那马县革命委员会主席、中共思果中心县委委员、右江下游革命委员会委员、中国工农红军右江下游第一联队联队长、右江下游赤色游击队第一联队联队长、中共那马中心县委军委书记、右江下游(那马中心区)抗日救国分会主席等职,参与创办了江庄补习学社,领导指挥了那马暴动,出席了右江第一届工农兵代表大会,率部参加了右江苏区反"围剿"斗争,1938年8月3日被国民党武鸣专署当局杀害于武鸣县城东郊,时年51岁。

李凤彰故居

李凤彰烈士用过的椅子
（广西马山县党史研究室提供）

李凤彰故居还是那马县苏维埃政府、中共那马县总支、中共那马中心县委、右江下游(那马中心区)抗日救国分会等机构的办公旧址。

李凤彰故居原有3间砖瓦木楼结构房子和一排厨房，因后代改建，现遗旧房2间，长12米，宽8.5米，局部有损坏。1998年9月1日，马山县人民政府将该房屋按"中共那马中心县委旧址"名义定为县级文物保护单位。

韦成篇故居

位于广西壮族自治区南宁市马山县永州镇平山村江庄屯 021 号。

韦成篇故居

韦成篇(1882～1938)，男，壮族，广西省那马县州圩乡山城村(今马山县永州镇平山村)人，是那马县早期革命领导人之一，1929 年 12 月入党，历任那马县农民协会副主席、那马县农民自卫军指挥长、那马县临时革命工作委员会委员、那马县赤卫军副指挥长、中共那马县第一个支部组织委员、那马县苏维埃政府副主席、中共那马县总支部组织委员、红七军第二十一师独立团第三营营长、中共那马特支组织委员、那马县革命委员会副主席、右江下游革命委员会委员、中共那马中心县委组织委员、右江下游(那马中心区)抗日救国分会副主席等职。参与创办了江庄补习学社，指挥了那马暴动，率部参加了右江苏区反"围剿"斗争，1938 年 8 月 3 日被国民党武鸣专署当局杀害于武鸣县城东郊，时年 46 岁。

韦成篇故居还是那马县农民协会、中共那马县第一个支部委员会、那马县革命委员会等机构的办公旧址。

韦成篇故居为 3 间砖瓦木楼结构房屋，长 13.1 米，宽 10.3 米，房屋基本保持完整，局部有损毁。

百色平阳暴动遗址

位于广西壮族自治区百色市右江区阳圩镇平圩村下平屯。

1935年10月,平阳乡乡长欧仲明,副乡长许存业、梁济平等人,在共产党领导的农民运动影响下,秘密组织平阳乡和马轮乡各村青年180多人、枪110支,在平圩村下平屯集中集训,后宣布成立"平阳乡后备自卫剿匪大队",反对国民党百色县政府的统治,着手做好攻打百色城的准备;后因与汪甸方面的兄弟队伍协调不好而失利。为了保存革命力量,欧仲明率队伍前往云南省富宁县与黄明春(黄松坚)领导的红军劳农游击队汇合,欧仲明任第三纵队第二大队大队长,开展游击活动。

百色平阳暴动遗址
(李桂仙、黎显忠 2009 年 9 月 1 日摄)

奉议县(今属田阳县)革命摇篮——花茶屯旧貌

花茶屯属于广西壮族自治区百色市田阳县百育镇新民村。

花茶屯旧貌

　　花茶屯是奉议县革命活动中心,被誉为"革命摇篮"和"红军屯"。1926 年,中共党员余少杰从南宁到右江地区指导革命工作而长驻花茶屯,是年,花茶屯成立农民协会,有会员 70 多人,是右江地区最早农会之一。此后奉议县(今属田阳县)很多革命活动都是在花茶屯进行。如奉议县第一、第二次农民运动骨干会议、右江农运骨干会议都在花茶庙堂召开,田阳县境内第一个中共党支部——中共奉议县特别支部在花茶庙堂成立等。

　　1930 年 2 月上旬,红七军北上后,奉议县苏维埃政府移到花茶办公,花茶成为当时全县革命斗争的指挥部,成为国民党的眼中钉,花茶屯先后于 1927 年 12 月 5 日、1930 年 3 月 18 日、1932 年 9 月 21 日、1936 年 10 月 4 次被国民党反动派"扫荡",花茶屯群众为革命事业作出了巨大牺牲。

中共奉议县(今属田阳县)特支花茶庙堂遗址

位于广西壮族自治区百色市田阳县百育镇新民村花茶屯西北。

　　花茶庙堂遗址包括大榕树、花茶庙堂、练兵场等,1923 年黄治峰组织进步青年在花茶庙堂成立革命同盟会,开始了新民村作为右江地区最早的革命根据地之一的革命活动。1927 年 7 月,黄治峰、余少杰等在这里召开右江地区第一次农民骨干代表会议,成立右江农民自卫军一、二、三路军,同年 8 月 7 日黄治峰在这里策划并于次日领导打响了右江地区第一次农民武装起义——"二都暴动"。1928 年 10

花茶庙堂遗址

月,奉议县(今属田阳县)第一批共产党员在这里宣誓入党并成立全县第一个党支部。1930年10月红军北上,中共奉议县委、县苏维埃政府转移到这里坚持工作,花茶庙堂遗址一直是右江地区一个重要的革命活动地点。1989年10月田阳县人民政府列为县级文物保护单位。

中共田阳支部成立百林村敢怀洞

位于广西壮族自治区百色市田阳县洞靖乡百林村百林屯敢怀山。

百林村敢怀洞

1936年夏,右江下游革命委员会派中共党员韦桂荣、黄彪、黄国楠等到田阳县古眉乡的驮命屯和洞靖乡的百林、淋楞村活动,培养骨干,发展党员。同年9月,中共田阳县支部在百林村百林屯的敢怀洞成立,受天向田中心县委领导。田阳县支部成立后,组织抗日义勇军和开展各种抗日救亡活动。

长沙战斗旧址

位于广西壮族自治区百色市果化镇山营村长沙屯。

红七军主力离开右江苏区后,1931年2月5日,果德县(今属平果县)长王炳东带驻果化的桂军3个连,于凌晨包围了长沙屯,乡苏维埃政府主席黄元春和乡苏维埃政府财政委员陈明惠、肃反委员陈明沮、赤卫军排长陈明培等人,组织赤卫军进行抵抗,掩护群众撤离上山。赤卫军击毙桂军连长1人,士兵2人,桂军放火烧毁全屯民房,阵地失守。乡苏维埃政府领导人黄元春、陈明惠、陈明省及赤卫军指战员陈明培、李明亮、钟有钰、陈明钰、陈明信、陈忠胜、黄延堂先后壮烈牺牲。长沙屯的人民百折不挠坚持革命斗争。后来该屯又成为右江下游党委、思果中心县委陆浩仁、腾国栋、赵世同等领导人活动的主要据点。

右江赤卫军兵工厂旧址

位于广西壮族自治区百色市平果县果化镇那荣村果麦屯。

果化镇山营村长沙屯陈明惠家,黄书祥、赵世同
等曾经在这里办公(黄明公　摄)

1931年9月至1934年底,右江赤卫军兵工厂搬到果化镇那荣村果麦屯续办,兵工厂分为三个车间,铸造车间设在果麦屯前的大榕树下,钻管车间设在果麦屯的后山脚下,组装车间设于该屯后山的山弄中。为了纪念赤卫军兵工厂遗址,果麦屯群众自筹资金建立右江赤卫军兵工厂纪念碑,并在各车间原址立有小石碑,并刻有碑文。

右江赤卫军兵工厂纪念碑(黄明公　摄)

右江下游临委、革委建立旧址

位于广西壮族自治区百色市平果县果化镇那荣村岜独屯坡洋山。

平果县果化镇那荣村岜独屯坡洋山(黄明公　摄)

1932年6月8日,中共右江下游临时委员会、右江下游革委会在果德县(今属平果县)果化镇那荣村岜独屯成立,办公地点设在那荣巴〔岜〕独屯潘廷宽家。1932年冬韦拔群、陈洪涛牺牲后,右江特委和右江独立师党委解体,右江革命根据

平果县果化镇那荣村岜独屯潘廷宽家（黄明公　摄）

地丧失。在右江革命生死存亡的关头，右江下游临委和革委会负起领导右江地区革命斗争的重任，创建右江地区的游击区。

四塘交通联络站旧址

位于广西壮族自治区百色市平果县印山村大旧屯西。

四塘交通联络站旧址（黄明公　摄）

　　1936 年春，按中共思果中心县委指示，中共那马（今属马山县）特支建立四塘地下交通联络站。该站位于武鸣、那马、果德三县交界处，交通站分设联络站和接待站。联络站设在四塘圩李永澄家，对外挂"新安伙铺"牌子，1937 年秋增设"益群药房"。接待站则设在印山村大旧屯李永澄老家，便于掩护隐蔽和接送过往的革命同志工作。该站从建站至广西解放，接待上至广西省工委领导下至一般党员和革命人士上千人次，从不出现任何差错，是桂西地区著名的革命联络站。

靖西武平乡贡屯右江赤卫军第三团遗址

位于广西壮族自治区百色市靖西县武平乡贡屯。

广西靖西县武平贡屯全景(摄于 2014 年)

1931 年 9 月,中共右江特委派出党员到靖西改造韦高振部。韦原系土匪头子,1931 年初受桂军廖磊部收编为游击支队,随廖部"进剿"东兰革命根据地。同年 6 月,廖部奉令撤回田州待命。韦因与廖有矛盾,趁机脱离廖部,率其亲信逃回靖西,继续过其绿林生活。当时,在恩隆县活动的独立第三师第六十二团团长腾国栋获悉这一情报后,便捎信向韦拔群汇报,建议派员争取改造韦高振。经独立师党委研究决定,派共产党员黄明强(到靖西后改名黄振)、谭统南、黄明光等 3 人组成中共靖西县党小组,于 1931 年 9 月到靖西做争取改造韦高振工作,并开辟中越边区革命新据点。

靖西武平乡贡屯右江赤卫军第三团遗址

1931 年 7 月,桂系军阀调集重兵对天(保)向(都)革命根据地大举进攻,左右两江赤卫军第一路军决定化整为零,留下 100 余名骨干由黄庆金、黄怀贞率领来到靖西县的足表、果老、武平等山区开展活动。1932 年 7 月,黄庆金、黄怀贞带队在靖西县武平乡贡屯进行整编,组建了右江下游赤卫军第三团。团长黄庆金、政委黄怀贞,政治部主任黄明强,秘书谭统南,下设 3 个营。建团后,把队伍拉到中越边境的靖西县安宁、龙邦一带活动。1934 年 6 月,该团与经过争取改造过来的滇桂边区地方势力合编为抗日救国军第十八军。

湖润大吉村交通站遗址

位于广西壮族自治区百色市靖西县湖润镇大吉村大吉屯。

靖西县湖润镇大吉村大吉屯

1929 年,天(保)向(都)农军兴起,5 月,天向农军领导黄庆金等人转移到靖西大吉一带活动,秘密发动群众,建立革命同盟会。大吉屯的青年黄应文、黄克明、梁日清等加入了农军。从此,农军便在天保龙光根据地和大吉一带开展活动。

右江下游赤卫军第三团建立后,1933 年 3 月,黄庆金将队伍转移到靖西县的龙邦、安宁一带的中越边境地区活动。为了保持中越边与天向根据地及右江下游的联系,第三团领导派出第一营营长林华封到湖润乡大吉村组建起地下交通联络站,由黄应文负责该站工作。大吉交通联络站建立后,林华封到天保县那怀乡下速屯工作,被敌军发现,包围追捕,林在突围时中弹牺牲。

靖西县湖润镇大吉村大吉屯黄忠胜家今景及黄应文后人

中越边革命委员会遗址

位于广西壮族自治区百色市靖西县地州乡弄力屯（现坡豆乡福留村弄黎屯）。

靖西县地州乡弄力屯

1932 年 7 月,左右两江赤卫军第一路军在靖西武平贡屯整编,组建右江下游赤卫军第三团。此后该团在中越边活动,组织革命同盟会,扩充武装力量。经过十个多月的发动,建起同盟会 33 个,会员发展到 758 人。活动范围由原来的足表、武平、果老、湖润 4 个乡的部分村屯扩大到龙邦、安宁、坡豆、荣劳、平稳、其龙、魁圩、果乐等共 12 个乡的部分村屯。武装力量也由原来的数十人壮大到 200 多人。为了适应形势发展需要,报经中共右江下游党委同意,于 1934 年 5 月在靖西县坡豆乡福留村弄黎屯（地州乡弄力屯）成立中越边革命委员会,隶属右江下游革命委员会领导。黄庆金,壮族,1934 年 5 月至 1934 年 12 月任中越边革命委员会主席。谭统南,壮族,1934 年 5 月至 1937 年 12 月任中越边革命委员会副主席。

1934 年 11 月,右江下游党委书记黄松坚(即黄明春,在桂滇边又改名何尚之)在云南省富宁县多立寨组建中共滇黔桂边临时委员会、滇黔桂边区劳农游击队第三联队和滇黔桂迎区革命委员会等组织机构时,中越边革命委员会受滇黔桂边区革命委员会领导。此时,谭统南虽任劳农游击队第三联队第五大队大队长,但仍以中越边革命委员会副主席的身份,继续领导中越边人民开展革命活动。直到 1937 年 12 月,中共桂西区特委书记黄桂南与国民党百色民团指挥部谈判,把滇黔桂边区革命游击队和右江下游赤色游击队两个团交给国民党改编,革命力量遭受破坏,中越边革命委员会才解体。

靖西县魁圩平巷交通站遗址

位于广西壮族自治区百色市靖西县魁圩乡平巷村。

靖西县魁圩乡平巷屯外景

1933 年春,右江下游赤卫军第三团成立后,黄庆金等领导人,将部队拉到中越边活动,为了取得与滇桂边的联系,黄庆金带部分同志到滇桂边富宁县十村九弄开辟新区。为了沿途有联络点,于是在魁圩平巷建立了交通站。交通站成立后,一直为游击队筹集、运输武器弹药,掩护革命党人,支援根据地反"扫荡"。该站负责人先是梁学政后为梁枢堂,交通员梁伍、梁祖章。1934 年 10 月右江下右党委书记黄松坚派岑日新到平巷整顿交通站,任梁区堂〔枢〕为站长,梁伍、梁祖章、农红

靖西县魁圩平巷交通站原址——梁学政旧居

华为交通员,原负责人梁学政调到联队工作。1942年下半年,滇黔桂边区党委书记滕静夫回滇桂边后该站才停止工作。

抗日救国军第十八军遗址

位于广西壮族自治区百色市靖西县龙邦乡北见村(今为那坡村)。

靖西县龙邦乡北见村(现为那坡村)

1934年6月中旬,活动在滇桂黔边的地方势力300多人,由李德惠、梁振标率领进入中越边广西靖西县龙邦乡北见村(今那坡村)与右江下游赤卫军第三团汇合。这支部队会合后,根据九一八事件发生后,中共中央发表的联合抗日宣言,为搞好统战工作,扩大影响,经向右江下游党委报告,获批准后,于龙邦乡厚屯宣布成立抗日救国军第十八军,军长梁振标,政委黄金庆,下设3个师,第五十一师师长韦高振,第五十二师师长韦日波,第五十三师长崔伯温。1934 年 11 月,抗日救国军第十八军编入劳农游击队第三联队建制。

靖西县果乐乡连镜交通站遗址

位于广西壮族自治区百色市靖西县果乐乡连境屯。

连镜屯远景

1934 年 10 月,岑日新完成平巷交通站整顿后,又和梁学政到靖西县果乐乡连境村大境屯组建连境交通站,杨星辉任站长,黄亚章为交通员。该站成立后,除完成传递书信和接待来往的地下工作人员外,还铸制银元供联队活动费用。后因滇黔桂边和中越边革命暂处低潮,1942 年该站停止活动。

交通员杨星辉家旧址

靖西县安德地下交通站遗址

位于广西壮族自治区百色市靖西县安德镇内。

靖西安德镇外景

1935年春,中共滇黔桂边区临时委员会给梁学政500块银元作资本,以经营杂货生意为掩护,在靖西县安德街组建交通站。该站负责人梁学政,交通员陈永界(化名麦雪)。该站除传递书信外,主要通过进货活动和订购香港《文汇报》《探海灯》及收购旧报纸等,从中搜集情报提供联队领导对形势分析参考。但该站成立不久,因交通员工作失误暴露机密而遭受破坏,活动终止。

靖西县安德镇交通站旧址

中越边区党支部遗址

位于广西壮族自治区百色市靖西县安宁乡枯庞屯。

靖西县安宁乡枯庞屯

1935 年 11 月,滇黔桂劳农游击队从云南富宁撤到中越边境靖西县安宁乡枯庞村弄引屯进行休整,招兵买马,扩充力量,养精蓄锐。1936 年春,劳农游击队领导谭统南、黄德胜、黄明强分别介绍杨高堂、梁秀林等先后加入中国共产党,加上在中越边工作的党员黄振庭、黄焕章、黄植宝等人组成了中越边区党支部,支部书记谭统南,隶属中共滇黔桂边区党委领导。中越边区党支部成立后,滇黔桂边区党组织为了工作的需要,把周书谟的组织关系从云南富宁转到中越边区党支部,参加该支部在中越边的活动。1942 年,黄振庭在一次战斗中负伤离队医治,谭统南入越组建抗日华侨义勇军后,该支部解体。

中共滇黔桂地区西隆地方游击队和革命同盟会遗址

位于广西壮族自治区百色市隆林各族自治县克长乡后寨村乌梅屯。

1935 年初,中共滇黔桂边区临委派地下党员罗英、陈勋、梁学政 3 人到西隆(隆林前称)县长发乡乌梅村开展革命斗争活动,组织建立地方游击武装。罗英、陈勋、梁学政 3 人通过了苗族上层人物杨福荫(又名杨福应)以"打老庚"的方式结拜为兄弟,向他们宣传中国共产党的宗旨和党的民族政策,动员他们与中国共产党一起并肩作战,共同打倒国民党反动政府。经罗英等 3 人做艰苦细致的思想政治工作,杨福荫表示接受中国共产党的领导,参加革命,并通过喝血酒入盟宣誓,建立革命同盟会。入盟后,在中共滇黔桂边区临委的领导下,同盟会派人到蛇场、

中共滇黔桂边区西隆地方游击队和革命同盟会遗址全景

中共滇黔桂边区西隆地方游击队和革命同盟会遗址

长发、德化(今德峨)等地发动群众,建立一支以杨福荫为首的滇黔桂边区西隆地方游击队进行抗粮、抗税、抗官府的斗争。其总部设于乌梅屯杨福荫故居。

中共滇黔桂边区西隆劳农游击队支队成立遗址

位于广西壮族自治区百色市隆林各族自治县的蛇场乡新寨村朱家地屯。

1936年6月,中共滇黔桂边区临委派地下党员罗英、黄修南、农保、覃恩、覃一芳到蛇场新寨村开展革命活动,帮助李正才组织地方武装。罗英等人向广大群众宣传共产党主张以及滇黔桂边区劳农游击队的行动纲领,得到群众的拥护,建立了一支由1000多人组成的劳农游击队伍,并在朱家地成立了滇黔桂边区劳农游

中共滇黔桂边区西隆劳农游击队支队成立遗址全貌

击队。同时派 10 多名苗族青年到云南省富宁县参加了劳农游击队。1936 年冬，李正才率游击武装准备去攻打蛇场乡政府，因为他抗命乡长越增寿拒绝出兵"围剿"杨福荫而使越增寿愤怒派人去抄他家，因此准备起兵去攻打蛇场乡政府。他在罗英、农保的帮助下，率队伍围攻蛇场越增寿家，打死了越增寿。蛇场一战惊动了西隆、西林、百色等地。国民政府立即命百色民团派兵与西隆、西林两县民团联合"围剿"李正才的武装队伍，悬赏 360 块法光捉拿李正才，因叛徒告密，李正才及妻子、大儿子、两个女儿被捕并在蛇场遭杀害，献出了他们宝贵的生命。李正才被杀害后，其队伍因失去了核心领导人而解散。解放后，其设在朱家地的游击队总部因一次火灾被毁。

中共滇黔桂边区西隆劳农游击队支队队部遗址

北楼农民协会遗址

位于广西壮族自治区百色市隆林各族自治县平班镇平寨村平寨屯。

北楼乡农民协会遗址所在的平寨屯远景

1937年,中共滇黔桂边区委员会派地下党员黄世英到西隆(今隆林各族自治县前称)县北楼乡开展革命活动,黄世英以教书为名下到各村屯进行革命活动,并在北楼乡组织以了以王天锡、黄榜专、黄仕贤、王凤春等人,在北楼乡北楼村(平班镇平寨村)建立了农民协会,负责人为王天锡、黄榜专。经过一段时间的宣传和发动,农民协会发展到500多人。在黄世英等人的领导下展开了对国民党当局反动统治的武装斗争。

1937年5月20日,王殿选、王勋建、王天锡等人带领北楼乡、岩茶乡者艾村两支农民协会队伍1000多人攻打北楼乡,北楼乡公所被攻陷。西隆县长梁聘升闻讯后带兵镇压,王殿选、王〔黄〕榜专中弹牺牲,起义队伍被撤退后解散。协会旧址被烧毁。现当地群众已重新建设成居住地。

岩茶乡者艾农民协会遗址

位于广西壮族自治区百色市隆林各族自治县岩茶乡者艾村那少屯。

1937年初,滇黔桂边区地下党员黄世英以教书为名,到西隆县(今隆林各族自治县前称)岩茶乡者艾村开展革命活动,争取了者艾村的王勋建、王殿选等人参加了革命组织,并组了500多人的农民队伍在者艾村那少屯一座古庙的田里集中杀猪设宴,立血书,号召人民群众团结起来打倒土豪劣绅,贪官污吏,发动村民省

者艾农民协会遗址

钱省粮等〈集〉资添置武器。该农会组织在参加攻打北楼乡公所的战斗后,被国民党西隆县县长梁聘升带重兵镇压,战斗中农会负责人王殿选、黄榜专中弹牺牲,起义队伍被迫解散。

中共右江上游中心县委旧址

位于广西壮族自治区河池市巴马县西山乡弄京村弄岩下屯。

中共右江上游中心县委旧址

1932 年 12 月,韦拔群、陈洪涛两位右江革命根据地主要领导人相继牺牲后,红军右江独立师亦不存在,巴马现属各地的党、政、军、群和武装组织也遭受严重破坏,到处一片白色恐怖,革命进入了极其艰难困苦的时期。但是,经受长期残酷斗争锻炼和考验的右江革命根据地共产党员和革命人民,并没有被反动派的白色恐怖所吓倒。他们踏着先烈的血迹,前仆后继,仍然顽强地继续战斗,有的转入到右江下游或黔桂边境,有的在群众掩护下迅速转入地下斗争,通过举行革命同盟等活动,使各个革命组织得到逐步恢复重建和发展。

随着上游各县革命组织的恢复和发展,1935年4月初,右江下游党委领导人陆浩仁、滕国栋再派陈国团回西山协助黄举平、黄世新审查恢复老党员,发展新党员,成立东兰县委筹备委员会,1935年4月底,在西山的弄盆洞召开了党员会议,宣布成立中共东兰县委员会,指定黄举平为书记。1935年5月,为便于领导右江上游的工作,思果中心县委与东兰县委磋商后,在西山将东兰县委改为中心县委,黄举平任书记,张宪、黄世新、黄唤民等为委员。中心县委负责联系领导东兰、凤山、万冈、都安、河池、南丹、凌云、乐业、天峨等县的工作,建立了通往各县的地下联络线。中心县委还建立区委,在巴马县建有西山、东山2个区委和10个支部,西山、中山、东山地带又形成了右江革命的坚强根据地腹地。

1936年7月13日,中共思果中心县委主要领导人陆浩仁、滕国栋被叛徒杀害后,右江下游的党组织遭受严重的破坏,大部分党委委员及革命骨干转移到西山,西山又成为当时右江地区革命活动的领导中心。为加强党对各县革命力量的领导,原下游党委成员黄桂南、赵世同、陈国团等和中共东兰中心县委成员黄举平、黄唤民等认真总结分析下游党委遭受破坏的原因和经验教训,决定召开党代会,撤销中共东兰中心县委,成立中共右江上游中心县委。

经过半个月的筹备工作,1936年7月27日,右江上游党员代表大会在西山弄岩下屯召开,来自各县的党代表及西山的党员骨干参加了会议。会议听取了张宪的政治报告,以及西山、中山、东山、武篆、安辉等支部的工作报告。选举产生了中共右江上游中心县委领导成员。中共右江上游中心县委建立后,中共东兰中心县委自然终止。中共右江上游中心县委此时领导着东兰、凤山、万冈、天峨、南丹、河池、都安、平治、凌云、乐业和贵州省的贞丰、罗甸、荔坡等县的党组织。从此,上游各县党组织有了坚强的统一领导,党的各项工作蓬勃地开展起来了。

1937年2月,为适应新的形势,上下游两个革命委员会合并改为"桂西区抗日救国分会筹备会",并将右江上游赤色游击队第一联队改为右江抗日义勇军第一联队。

1937年2月,中共桂西区特委建立向都、那马两个中心县委。至此,右江上游中心县委的领导范围又集中到上游各县上来。不久,右江上游党委根据中共桂西区特委的指示,在西山林览水洞召开会议,宣布将右江上游中心县委改为东(巴)凤中心县委,其领导成员不变。从此,上游各县在东凤中心县委的领导下,进行着反对国民党对外投降日本帝国主义对内镇压革命力量反动政策的斗争,有力地推动右江上游抗日民族统一战线的开展。

此旧址现为三间砖瓦结构建筑。2009 年 12 月列为县级文物保护单位。

西山右江上游革命委员会遗址

位于广西壮族自治区河池市巴马县西山乡弄京村水洞屯。

巴马县西山乡右江上游革命委员会遗址

1935 年 12 月,右江下游党委为加强对上游各县的领导,决定成立右江上游革命委员会,并派陈国团到西山负责上游革命委员会的组建工作。

1936 年春,黄举平、黄世新、张宪(梁乃武)、陈国团、韦鼎新等人在西山的弄朴峒开会,研究召开右江上游各县代表会议的时间、地点、与会人员和后勤工作。同年 2 月 10 日,中共东兰中心县委在西山弄成峒(现水峒)召开右江上游各县代表 60 余人大会,成立右江上游革命委员会,会议选举产生右江上游革命委员会领导机构,主席:黄举平(后黄世新接任);委员:黄伯尧、覃兴荣、韦运祥、陈国团、陈卜仁、黄唤民。

右江上游革命委员会成立后,主要抓以下五项工作:一是建立革命武装,开展对敌斗争,把上游的革命武装统编为右江上游游击赤色游击队第一联队,黄世新任联队长,黄举平任政治指导员;二是加强党及干部队伍的建设,同年5月右江上游革命委员会在西山弄成开办党员骨干训练班,参训人员100多人,黄举平、张宪(梁乃武)、黄世新、陈国团、韦鼎新亲任教员;三是印发传单,宣传发动群众。革命委员会发表了《敬告群众书》和印发了《反对军阀抽丁传单》《告民团特种队后备队预备队的兄弟书》等书籍;四是加强对上游各县工作的领导,组织召开上游各县革命同志代表大会,讨论上游各县的工作和任务,通过决议议案对组织、宣传、军事、经济、肃反、对敌斗争、瓦解敌人等七个方面作了详细的规定;五是建立健全凤山—巴林—西山勤兰—弄峰—弄京—巴纳—赐福—那蕊—平治—田东和弄京—干长—坤王—长和—东山弄解两条地下交通线。右江上游革命委员会经过艰苦细致的工作,有效地推动右江上游革命活动的开展,为中共右江上游中心县委在西山建立和右江下游革命骨干向上游转移打下牢固的基础。

现遗址上为私人修建的一栋钢筋混凝土建筑。

西山水峒党训班遗址

位于广西壮族自治区河池市巴马县西山乡弄京村。

巴马县西山水峒党训班遗址所在村庄近景(黄海波 2012 年 8 月 22 日摄)

西山乡弄京村水峒屯位于林览村与弄京村交界处，是个狭长的小盆地峒场，东西长 1000 米，南北宽 500 多米，因该峒有一口泉水常年涌出，腊冬枯水期仍有足够的水源，故名水峒。此外该峒四周全是古树密林，地方隐蔽，居住峒场的几户瑶壮族人家是可靠的革命群众。故水峒屯实际上成为中共东兰中心县委初期的办公地。

1937 年 3 月，广西省工委第一次派出巡视员何云（林鹤逸）来到西山水峒会见黄举平，并召开中心县委会议传达、介绍党中央通过遵义会议后，已经纠正了第三次"左"倾路线，确立了以毛泽东同志为核心的党中央领导地位，为中国革命斗争的胜利指明了方向的指示。同时传达了党中央和平解决西安事变的经过，以及要建立独立自主的抗日民族统一战线的方针，使西山党政军民明确了当前一段时期开展革命斗争的目标和任务。

为深入宣传和贯彻党中央建立独立自主的抗日民族统一战线的方针政策，1937 年 10 月至 1938 年 12 月，东兰中心县委书记黄举平在西山水峒先后开办两期重要的党员干部训练班，对右江地区开展抗战斗争具有很大的推动作用和重大意义。

第一期党训班于 1937 年 10 月举办，这是右江革命遭受严重挫折，并得到恢复后，抗日烽火在全国漫〔遍〕燃的斗争形势下，广西地下党省工委派出要员何云到西山开办的第一期党训班。参加这期党员训练班的学员主要是东兰、万冈、凤山三县的党员骨干，计有 60 多人，其中西山党员骨干有：黄唤民、陈仕读、陈卜胞、牙文明、杨正规、陈有拔等 20 多人，东凤党员干部有韦荣柏、陈国团、黄世新等 40 多人。

这期党训班主要由何云介绍七七事变的起因经过，同时学习了《反对日本进攻的方针、办法和前途》《中央关于目前形势与党的任务的决定》《中国共产党抗日救国十大纲领》等抗战重要文件。党训班上，大家结合斗争实际，反复学习和讨论文件精神，大大提高了学员们对建立抗日民族统一战线的认识，学习时间 20 天。

同年 12 月，已经出卖了右江下游抗日武装的桂西区特委书记黄桂南专门来到西山，要把黄举平等东兰中心县委领导人掌握的右江上游 1000 多人的抗日武装全部交给国民党反动政府收编，遭到以黄举平为书记的中心县委全体委员的强烈反对。西山地下党就这样坚持维护了党中央独立自主的抗战方针，保护了右江上游抗日武装不受损失。

第二期党训班于1938年12月开办。这是在全国抗战斗争形势非常严峻的情况下开班的。广西省工委派孔克、胡斌、吴边〔元〕一同来到西山指导抗战斗争,开办党训班。这次党训班有来自整个右江地区10多个县的党员骨干200多人。巴马有以黄唤民、陈仕读为代表的西山党员30多人参加学习,在党训班上孔克作了《关于如何建立独立自主的抗日民族统一战线》的专题报告,针对桂西特委书记黄桂南出卖右江下游抗日武装的叛变行为,孔克特别强调指出:国共合作必须坚持我党的独立性原则,要有利、有理、有节的开展国共谈判,决不能放弃独立自主的原则,不要为了到国民党那边当官,而把我党的革命武装拱手相送给国民党收编。之后,孔克指导党训班学习毛主席的《抗日游击战争的战略问题》《论持久战》及党中央《关于大量发展党员的决议》等文件,进一步增强了坚持抗战的信心。学习时间长达20多天。同时,孔克代表省工委宣布将原桂西区特委书记黄桂南开除出党。

党训班结束后,吴元、胡斌两人继续前往滇黔桂边传达中央的指示,而孔克由原红二十一师副官长李艳芳护送返回南宁,以便向省工委汇报西山行的工作情况,但不幸在巴马境内凤凰乡地带被国民党民团抓捕,并解往百色杀害,随身带所文件被暴露。于是,广西桂系反动政府着令东万凤民团1000多人大举"围剿"西山,妄图消灭西山的武装力量,西山又再次遭受国民党民团的长期围困及严密封锁,西山地下党再次失去与上级党组织的联系,但在如此艰难的斗争形势下,西山军民并没有停止战斗,一边采取灵活机动的游击战术,反击东万凤民团的多次"进剿",一边积极进行抗日宣传,动员民众采取两丁抽一丁的办法,积极征兵上抗日前线,如合乐村的黄树高、黄献尤都是在这期间自愿应征上前线的。

同时西山地下党采取白皮红心的战略,派出进步人士和秘密党员打进国民党的县乡各级政权,开展秘密统战工作,取得了成效,再次粉碎了国民党桂系企图消灭西山的革命力量和破坏抗战的阴谋。西山的抗日游击革命武装越战越强,为后来顺利举行震惊南疆的万冈起义打下了坚实的基础。

黄松坚故居

位于广西壮族自治区河池市巴马县西山乡福厚村一队。

黄松坚故居近景

黄松坚,男,壮族,1902 年 4 月 9 日出生于巴马瑶族自治县西山乡福厚村。1924 年考取百色第五中学读书。1926 年秋被右江农运办公室委任为农运特派员到盘阳、西山等地开展农运活动。1927 年春领导盘阳起义。1929 年 10 月任中共凤山县特支书记。1930 年 1 月任凤山县苏维埃政府主席。同年 2 月任中共凤山县委书记、右江特委委员。1930 年 11 月被任为红二十一师副师长、师党委常委,参加领导右江革命根据地的反"围剿"斗争。1932 年夏任右江下游党委书记。1938 年 3 月任中共广西省工委书记。1939 年 1 月任中共广东省委组织部总干事兼粤北巡视员。1946 年 1 月任中共广州市委书记。1948 年 4 月任中共粤赣湘边区纵队司令员。1949 年 12 月任中共华南分局组织部副部长、纪律检查委员会副书记、中南监察委员会委员。1951 年 4 月任广西省人民政府委员、秘书长、民政厅厅长。1961 年后,历任政协广西壮族自治区委员会第二、三、四届委员、常委、副主席。1986 年 11 月 20 日在南宁病逝。

巴马(万冈)是右江革命根据地的重要组成部分。早在 20 世纪 20 年代初期,黄松坚、陈毓藻等一批革命志士为救民于水火而追随农民运动领袖韦拔群闹革命,齐声喊出"打倒帝国主义,打倒封建军阀,铲除天下不平"的口号,组织农军参加"三打东兰城"。随后在中国共产党的领导下,举行盘阳起义,率先拉开右江农民革命运动的序幕,为中共巴马地方组织的建立创造条件,为党发动的百色起义蓄备了武装力量,为右江革命根据地和中国工农红军第七军的建立打下了坚实的基础。

西山地处巴马和东兰、凤山交界的都阳山脉西段而被称为"西山"。西山作为右江革命根据地的腹心,黄松坚的故居就位于现西山乡福厚村一队西侧,房子坐西向东,门前便是西山圩场,早年是一间 180 平方米的七柱木结构茅屋。自 1921 年起,韦拔群就经常来到西山圩场进行演讲宣传,组织革命。当时还是学生的黄松坚受其革命思想的影响,积极协助韦拔群进行宣传演讲工作,而成为韦拔群的铁心追随者,因而,黄松坚的茅草屋便成为韦拔群经常进出联络西山革命活动的可靠联络站,并与黄松坚结成了颇具兄弟情谊的亲密战友。

1927 年,这间茅屋又成为韦拔群与黄松坚策划盘阳起义,攻打甲篆武装征粮队的指挥部,同时成为福厚乡农会,乡苏维埃政府的办公地。

1930 年 3 月,亭泗战斗之后,红七军张云逸军长,李明瑞总指挥率领军部一班人马及两个警卫连来到西山休整,研究战略转移的策略,并指导西山革命工作,前后 20 多天,张军长、李总指挥等军部首长都在黄松坚家办公和住宿。因而,这间茅草屋又成为红七军进行战略征战中的一处军部办公地。由此黄松坚故居成为一处具有革命历史意义的地方。该故居因未被保护和开发利用,已损毁。

中共黔桂边委金锁关洞扩大会议遗址

位于广西乐业县幼平乡陇那村百中水电站北面 200 米处。

中共黔桂边委金锁关洞扩大会议遗址

1933 年 5 月,黄举平在广西乐业县幼平乡陇纳屯(今陇那屯)附近的金锁关洞主持召开边委扩大会议,会议决定:一改编部队,建立红军黔桂省边独立营,营长罗川元,副营长韦国英,牙永平任该营第一连连长;二是黔桂边委、边革委机关迁驻贵州板陈。(图片上文字"明知征途有艰险,越是艰险越向前"为原迹。)

龙发会议遗址

位于广西思林县(今广西田东县境内)龙发村。

龙发会议遗址

1934年11月,中共思果中心县委书记陆浩仁、中心县委常委兼右江革命委员会主席滕国栋等曾在原思林县龙发村(今属田东县)召开会议,研究工作。

河池长老支部遗址

位于广西壮族自治区河池市金城江区长老乡六角村肯社屯。

广西河池市金城江区长老乡六角村肯社屯外景(韦慧玲　摄)

1934 年秋,红七军独立师第六十三团第三营营长韦汉超、连长覃桂芬、指导员谭国联等人到长老、南丹边界一带隐蔽。次年春,原独立师政治部主任、红河下游革命委员会主席陆浩仁等到长老找到覃桂芬,后在南丹拉索屯召开干部会议,有韦汉超、谭国联、覃桂芬等十多人参加,会上,由陆浩仁介绍东兰西山恢复革命活动的情况,号召大家振作革命精神,设法与西山革命领导人、东兰县委书记黄举平取得联系。1936 年春,覃桂芬到西山找到了黄举平,经汇报后,黄举平增派中共党员韦挺生与覃桂芬同志到长老、南丹一带酝酿发展党员和筹建丹池革命委员会。1936 年 2 月成立了拉索党支部,书记覃二(东兰县长乐拉勾屯人),党员有覃卜丁、莫树兰、韦正标、韦孔仁等人。同时,在长老六角村肯社屯建立了长老党支部,书记谭秀明,副书记韦达如。党员有韦凌宝、黄保金等人。

中共丰(贞丰)业(乐业)支部旧址

位于广西乐业县雅长乡百康村六旺屯。

中共丰(贞丰)业(乐业)支部旧址——广西乐业县雅长乡百康村六旺屯

1933 年 1 月,黔桂边委、边革委转移到广西凌云县乐业区幼朗乡(今属乐业县幼平乡)陇纳屯。1934 年 9 月、10 月,黄举平又先后指派王仕文(黄荣章)从西山前往六旺屯与牙美元联系建立党支部的事宜。根据这一带的工作情况,牙美元、王仕文、黄焕文于 1934 年 10 月在六旺屯召开党员会议,宣布成立中共丰(贞丰)业(乐业)支部,是黔桂边委在黔桂边建立的第一个党支部。

中共丰(贞丰)业(乐业)支部旧址——广西乐业县雅长乡百康村六旺屯陆明光家

中共丰(贞丰)业(乐业)支部,王仕文任书记,组织委员牙美元,宣传委员黄焕文,党员有韦国英、韦明三、黄衡球、罗德益、班述盛、廖熙月、马秀明。会议决定:1.支部领导乐业、贞丰两县的革命活动,并接受黔桂边委直接领导;2.集资购买一部收音机,收听国内外消息,以利于指导工作;3.支部成员深入群众,宣传中国共产党的政治主张,教育群众,发展党员,壮大党组织。

中共凌凤边委成立地遗址

位于广西凌云县平乐区(现属凤山县)海亭乡吊洞瑶寨。

中共凌凤边委成立地遗址
(韦克东摄,广西凤山县党史研究室供图)

1935年农历三月,中共东兰县委委员王仕文(即王文生)、韦运祥等同志奉黄举平的委派,到平乐协助黄伯尧开展组建凌凤边委工作。经过近半年的筹备,6

月,黄伯尧在平乐区海亭乡吊洞瑶寨召开凌凤两县党员骨干代表会议,会期五天。平旺村革命骨干陆寿南捐献自己打工卖力换回的粮米来供应会议伙食。与会代表来自巴轩、林里、沙里、社更、恒里和平乐四个支部的代表共21人。会上宣布正式成立中共凌凤边委员会,黄伯尧任边委书记,韦春芳任组织委员,廖熙瑶任宣传委员,李天心任军事委员,黄金焕任财粮委员,其他委员有罗福宏、班述宏、黄仲明、陆海洋、黄有徽(林里区人)、黄正台(沙里区人)、黄继隆(凤山恒里人)等共12人。与此同时,凌凤边革命委员会也正式成立,选举黄伯尧为凌凤边革命委员会主席,廖熙瑶为副主席,委员覃宝芬、罗福益、罗汉西、班述宏、黄仲明、黄德昌、黄荣章。此后,中共凌凤边委先后隶属中共东兰中心县委、右江上游中心县委、东凤中心县委领导。与会代表还就如何搞好边区的工作进行了讨论,提出了今后的工作方向:(1)向苏区人民宣传新的革命形势,稳定人心,巩固原有的革命根据地;(2)组织开展地下革命同盟活动,发动群众购买枪支弹药,秘密建立地下自卫武装;(3)发动群众捐献革命活动经费;(4)建立健全地下革命交通联络站。

丹池边革命委员会旧址拉索屯

位于广西南丹县大厂镇官山村拉索屯,距县城约70公里。

丹池边革命委员会成立旧址——拉索屯
(广西南丹县党史研究室供图)

拉索屯覃茂深家老房子土墙上的枪眼
（广西南丹县党史研究室供图）

　　1932 年后,在桂系军队与民团武装的重兵"围剿"下,广西右江革命根据地丢失殆尽。为保存革命力量,在中共东兰中心县委和右江上游革命委员会的领导下,原中国工农红军七军第二十一师(右江独立师)部分干部战士分散到黔桂边界地区隐蔽活动,坚持革命斗争。地处南丹、河池交界的拉索成为一个重要的革命活动据点。

　　1937 年 9 月中旬,丹池边革命委员会(后改称黔桂边革命委员会)在南丹拉索成立。丹池边革委办公地点设在拉索,管辖与负责指导荔波、宜北、思恩、容江、天峨、南丹、河池等黔桂边界地区的革命斗争活动,向群众颁发右江上游革命委员会文告,宣传党的抗日民族统一战线政策,建立革命同盟会。发展党组织,先后成立了中共长老支部、拉索支部、翁昂支部、荔波支部,把中共丹池支部改为丹池特支,壮大党的力量,领导黔桂边区的革命斗争。1939 年春以后,革命斗争环境的不断恶化,随着韦汉超、谭国联等丹池边革委负责人被国民党反动派杀害,丹池边革命委员会活动终止。

岜暮乡都楼村纳凡屯"红军班四妹、韦国英母子墓"

位于广西壮族自治区河池市天峨县岜暮乡都楼村纳凡屯纪念塔西北 20 米，二墓相距 1 米。

红军班四妹、韦国英母子墓
（广西天峨县党史研究室供图）

母亲班四妹 1925 年参加革命，在红军赤卫队中被称为"双刀老太婆"，为红军团长韦国英之母，其墓碑上刻"双刀赴焰火，革命女英雄"。韦国英墓上刻"共产党员，红军团长"。两墓坐西南朝东北，墓形呈圆形，墓高 1.8 米，墓径 1.6 米。占地面积 7.38 平方米。西北侧有墓主人简介碑刻二面，1984 年由天峨县党委、县人民政府为其母子在此地树碑立传。现作为爱国主义教育基地使用。

天峨县向阳镇林烈村林佑屯中共黔桂边委员会遗址

位于广西壮族自治区河池市天峨县向阳镇林烈村林佑屯。

中共黔桂边委员会遗址
（广西天峨县党史研究室供图）

林佑屯距天峨县县城约 13 公里,位于红水河沿岸的龙滩电站旁。1932 年春,中共右江特委、独立第三师党委在敌强我弱的形势下,为了开辟黔桂边革命根据地,指派王〔黄〕举平与韦国英、牙永平等在天峨(时属凌云县管辖)建立中共黔桂边委员会和黔桂边革命委员会。

红河下游革命委员会遗址

位于广西都安县菁盛乡福德村弄扁屯东成小学遗址(大石头前玉米地)。

广西都安县菁盛乡福德村弄扁屯的红河下游革命委员会遗址
(广西都安县党史研究室供图)

广西都安县菁盛乡福德村弄扁屯远景

1932年冬,右江革命陷入低谷。为了恢复革命斗争,1933年,中共右江下游委员会派陆浩仁和原红七军连长谭志敏到都安大成乡(今都安县菁盛乡)进行革命活动,与在金钗隐蔽的拉烈农讲所学员、红七军战士黄永固等都安东部原农运骨干和进步青年取得联系,并进行革命宣传活动,发展同盟组织,在大成、金钗建立联络站。1934年冬,为适应形势发展的需要,陆浩仁在大成乡东成小学建立"红河下游革命委员会",陆浩仁为主任,谭志敏为副主任,李孟武、黄永固、曾诚、潘雁宣为委员,领导都安、河池、南丹等县的革命活动。1936年7月,陆浩仁在果德县果化区六孔村派班屯被叛徒谋害牺牲。红河下游革命委员会由此解体。

中共那马支部、总支部机关旧址

位于广西壮族自治区河池市凌云县平乐区(今属凤山县)海亭乡江庄屯小学。

中共那马支部、总支部机关旧址
(广西马山县党史研究室供图)

1929年至1933年,中共那马第一个党支部——中共那马支部,在凌云县平乐区(今属凤山县)海亭乡江庄屯小学举行宣誓,正式成立,李凤彰任书记。党支部成立以后,在上级党委的领导下,积极开展建党工作,吸收先进分子。

中共那马中心县委会、军事委员会和右江下游抗日救国会机关旧址

位于现广西那马县（今属马山县）州圩乡。

中共那马中心县委会、军事委员会和右江下游抗日救国会机关旧址
（广西马山县党史研究室供图）

1937年2月，中共那马中心县委在广西那马县州圩乡（今属马山县）建立，隶属中共桂西区特委。那马中心县委领导那马、武鸣、果德、平治、都安、隆安等县党的工作，下辖定罗区委等。

黄怀贞遗像

广西天向农民赤卫军政治委员的黄怀贞遗像
（广西德保县史志办供图）

那佐良同兵工厂遗址

位于广西百色市西林县那佐苗族乡新隆村良同屯。

那佐良同兵工厂遗址
(广西西林县党史办公室供图)

1936年12月,滇黔桂边区劳农游击队急需武器装备队伍。游击队负责人授命铁匠出身的红年〔军〕战士罗志刚创建兵工厂,负责修理枪支、翻装子弹。在两个多月时间里,兵工厂修理手枪80多支、步枪数十支,翻装子弹近千发。这批枪支弹药在战场上发挥了较大作用。后兵工厂转移云南省富州县那柳村后龙山。

广西西林县那佐苗族乡新隆村良同屯兵工厂的石门石柱
(广西西林县党史办公室供图)

广西凤山县中亭那洋交通站遗址

位于广西凤山县中亭乡中亭村那洋屯。

广西凤山县中亭乡中亭村那洋屯交通联络站遗址(有房屋处)
(广西凤山县党史研究室供图)

黄伯尧烈士故居

位于广西凤山县平乐乡力那村巴关屯。

位于广西凤山县平乐乡力那村巴关屯的黄伯尧烈士故居
(韦克东摄,广西凤山县党史研究室供图)

红军游击队成员使用过的物品

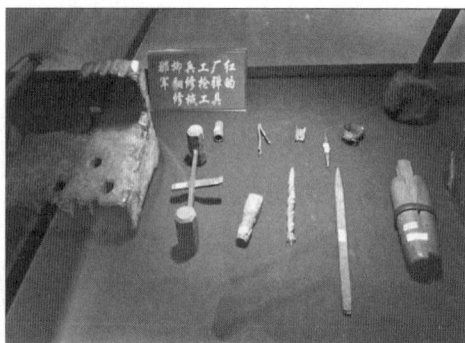

红军游击队用过的修理枪械工具
（广西西林县党史办公室供图）

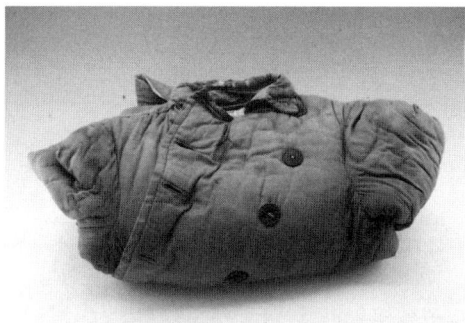

广西巴马县文管所保存的黄松坚穿过的大衣
（广西巴马县党史研究室供图）

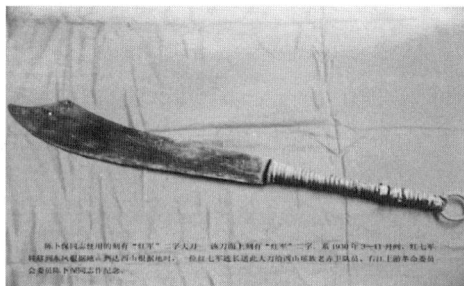

广西巴马县文管所保存的赤卫队员使用过的大刀，刀上刻有"红军"二字
（广西巴马县党史研究室供图）

广西东兰县西山革命纪念馆保存的红军游击队员用过的左轮手枪
(广西巴马县党史研究室供图)

黔桂边地下交通联络员使用过的物品

广西凤山县革命历史陈列馆保存的地下交通员黄荣章当年使用的
手枪套、钢刺和装密信的饭桶(广西凤山县党史研究室供图)

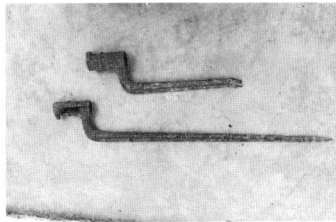

现存于广西崇左市天等县把荷乡那样村愣念屯原左右江赤卫军第一路第二连连长邓达受
孙子邓成干家的红军游击队用过的武器和物品(张建中摄,广西天等县党史研究室供图)

（三）大事略记

1931 年

9月　为了争取和发展更多的革命力量,中共右江特委和中国工农红军右江独立师党委调派右江下游红六十二团干部谭统南、黄明光、黄振 3 人前往中越边境活动,途经向都县(今属天等县)与右江下游赤卫军领导人黄庆金会合,到广西靖西县武平乡争取绿林武装韦高振。

11月　为打破敌人对右江下游革命根据地的"围剿",红军干部李德惠、谭统南和黄庆金等由富宁籍红军战士刘家华带路,进入云南省富宁县七村九弄地区开展革命活动。

1932 年

1月下旬　鉴于敌人已经将红水河以东的据点全部占领的严峻形势,中共右江特委和师党委在广西东兰县西山弄京的果六峒召开紧急会议。决定由黄松坚、黄举平分别带领一批干部突围,转移到右江下游和黔桂边活动;韦拔群、陈洪涛、覃道平带领东兰县西山瑶族独立营坚持西山斗争,待外线工作有一定基础后再转到外线游击。会后,特委和师党委在东兰县西山举办赴右江下游和黔桂边的干部训练班,为突围下山作准备。

1月　红六十二团团长滕国栋、政委黄书祥决定派第二营营长韦纪与韦天衡、朱国英等一批干部赴云南富宁县活动。之后,红六十二团又陆续派李著轩、李君蔚以及李修学等干部分别赴富宁县活动。

2月中旬　红军独立第三师师部派特务营指导员牙美元带领 40 余人从广西东兰县西山突围,赴凌云县城治乡林佑屯(今属天峨县向阳镇)会合牙永平连队,策应黄举平带领干部到黔桂边开辟新游击区。

2月　靖西绿林武装韦高振经过教育和争取愿意加入红军。8月编入右江下游赤卫军第三团,在靖西、天保、镇边边界活动。

4月7日　中共右江特委和右江独立师党委常委在广西东兰县西山弄京果六峒召开会议,决定成立中共右江下游党委和黔桂边党委,由黄松坚、黄举平分别担任书记,覃道平接替黄举平任右江革命委员会主席;强调右江特委是右江革命斗争的领导核心;指示各部队肃清内部,严惩叛徒。

4月中旬　黄举平根据中共右江特委、师党委的决定,带领10多名党员干部从广西东兰县西山向黔桂边(包括广西凌云、凤山、南丹县和贵州罗甸、贞丰县等)突围,到达凌云县林佑屯,与牙永平、牙美元、黄云龙等数十武装骨干会合。

4月　陆浩仁带一批干部从广西东兰县西山突围到都安(今分为大化和都安两县)镇西一带活动,打通从都安到思林(今田东县境内)、果德(今属平果县)的交通线。

5月　黄松坚、黄大权带领一批干部从广西东兰县西山突围到达思林、果德边山区与红六十二团团长滕国栋、政委黄书祥等会合,并在思林县(今田东县境内)东隆村附近的山洞召开干部会议,宣布成立右江下游革命委员会,由滕国栋兼任主席,委员有黄书祥、陆浩仁、黄大权等,负责领导红六十二团和广西恩隆(今田东县)、奉议(今田阳县)、思林、果德、那马(今属马山县)、向都、天保(今属德保县)、镇结(今属天等县)等县赤卫队武装游击作战。

6月初　黄举平在广西凌云县林佑屯召开会议,研究部署开辟黔桂边工作的方针和策略,宣布正式成立中共黔桂边区委员会和黔桂边区革命委员会。黄举平任边委书记兼边区革委主席,委员有牙美元、黄伯尧、韦国英、牙永平等。会后,韦国英率岜暮独立营继续坚持岜暮、那地游击;牙永平率特务连数十人枪沿红水河向贵州罗甸、贞丰、紫云等县发展;黄举平、黄伯尧、牙美元等带数十人转移到广西凌云县平乐地区游击。

6月8日　黄松坚在广西果德县三层更巴独屯召集下游党组织负责人会议,宣布成立中共右江下游临时委员会,书记黄松坚,常委滕国栋、陆浩仁、黄书祥,委员黄大权、梁乃武、黄永祺等人。会后,临时党委成员分赴各县了解情况,整顿各地党组织和红军六十二团及赤卫军武装,继续坚持反"围剿"斗争,发展右江下游的武装力量。

7月　黄庆金在广西靖西县武平乡贡屯成立右江下游赤卫军第三团,团长黄庆金,政委黄怀贞,参谋长黄德胜,政治部主任黄明强,秘书谭统南。之后,黄庆金带人到云南富宁县九弄一带争取、改造梁振标绿林武装。

9月　中共黔桂边委书记黄举平、组织委员黄伯尧到贵州省罗甸县蛮瓦一带做地方实力派陈秀卿的统战工作,并秘密建立党支部,史称蛮瓦支部。支书黄举平,委员黄伯尧、黄衡球。支部建立后,黄举平、黄伯尧转到红水河两岸活动,黄衡球继续留在蛮瓦做地方实力派的统战工作。

10～12月　韦拔群、陈洪涛先后牺牲，中共右江特委解体，右江革命根据地丧失。

是年，进入云南富宁的红军干部利用刘家华是本地人的有利条件，宣传发动群众，相继成立了"兄弟会""老哥会""同盟小组""革命农民"等群众组织，以拥乡保寨为名建立了半公开的武装，同时开展统战工作，争取梁振标的绿林武装。经红军干部的争取、教育，绿林武装头领梁振标同意将自己的队伍编为赤卫队。

1933年

1月1日　广西果德县（今属平果县）县长带领果化镇驻军一个营袭击龙旧村，中共果德县龙旧支部书记兼果德赤卫军常备营第一连连长梁有芳指挥部队突围。在作战中，梁有芳等牺牲。敌人洗劫龙旧村。

1月初　原中共百色临时县委书记和红军右江独立师部特务营的连指导员黄唤民在广西东兰西山联络党员骨干杨正规、陈卜胞、陈仕读、覃兴荣、周继忠等人，发动群众组织革命同盟会，不交枪、不投降、游击杀奸，并多次派人到凌云县向中共黔桂边委汇报西山斗争情况，请求边委派员回西山重组队伍，发展西山斗争形势。

1月　黄松坚在广西思林、果德交界的弄纳屯（今属平果县）召开中共右江下游临委会议，决定将临委改为党委，黄松坚任书记，滕国栋、陆浩仁为常委，黄书祥、黄大权、黄永祺、赵世同、陈国团、韩平波、徐泽长、梁乃武为委员。机关先后设在弄纳山峒和三层更，负责领导整个右江地区和滇桂边、黔桂边的革命斗争。这时，右江下游党委和革命委员会直辖有：黄书祥果德赤卫军常备营、赵世同特务队、李凤彰那马（今属马山县）赤卫军游击队、黄绍谦向都赤卫军常备营、滕国栋和滕静夫恩隆、思林边红军游击队数百人枪，坚持右江下游十余县的游击作战。

1月　中共黔桂边委书记黄举平、组织委员黄伯尧到广西凌云县乐业区幼朗陇那屯（今属乐业县）对黔军西路纵队司令王海平部营长罗川元做统战工作，黔桂边委机关移至罗川元防地陇那屯。黄举平、黄伯尧在罗川元的陪同下到贵州省贞丰县板陈村（现属望谟县）做王海平的统战工作，达成"红军在其辖区驻军，对外用王部番号。军队自主，军饷由王部供给"的协议。

2月16日　原广西思林县（今田东县境内）赤卫军连长梁天作领导被监禁在

思林县城监狱里的赤卫队员和革命群众60余人越狱,夺取敌守兵两个班武器冲出县城,转移到乡村。

2月　中共右江下游党委常委兼右江下游革委会主席滕国栋和黄永祺到广西果德县(今属平果县)龙旧村,恢复农会,重组赤卫队武装,以思果交界一带为基地开展游击战。

同月　中共右江下游党委委员、原红军独立师参谋长黄大权率领部分干部到广西向都和天保南区活动,组织"共产青年同盟会"。6月,黄大权在前往滇桂边途中,在天保南区龙光乡多龙村陇箴屯被叛徒出卖被捕,8月在天保县城遇难。

3月　陆浩仁、滕国栋率赵世同的红军手枪队从广西思果边转赴那马(今属马山县),会合李凤彰、徐泽长的赤卫军共100余人枪攻克永固乡公所。随后,深入各乡发动组织农民革命同盟会,创建游击斗争的群众基础。接着,陆浩仁又赴都安县大成乡一带领导发动农民组织革命同盟会。

同月　右江下游赤卫军第三团部抽调40余名精干队员组建一支锄奸队,游击广西天保、向都、靖西,先后在天保县大省乡洪汤屯击毙土豪梁积道等2人,在富义屯击毙凌富法,在向都县紫微屯镇压叛徒赵新堂。

同月　黄举平在贵州罗甸狱中开展统战工作,争取地方开明人士保释出狱。脱险后转回蛮瓦,以蛮瓦为中心,辗转活动于红水河畔。

4月下旬　广西向都赤卫军策动驻向都县城的桂军排长方英起义,黄庆金带领右江下游赤卫军第三团100余人配合,毙桂军连长罗伯。

4月　中共黔桂边委派原右江独立师特务营营长、师部参谋黄世新从广西凌云县平乐地区潜回东兰县西山加平峒。接着在黄唤民家召开西山党员骨干会议,讨论如何开展西山杀奸游击斗争和恢复党组织问题。会后,黄世新到凌云平乐向边委汇报。

5月7日　中共右江下游党委常委、下游革命委员会委员兼思果县委书记黄书祥在广西思林县(今田东县境内)竹梅乡领导群众开展反抗地主抢占耕地的斗争。由于叛徒告密,思林县长派民团连夜围攻驻地那徐屯。黄书祥在突围中牺牲。

5月　中共右江下游党委在广西向都县那板乡开会,决定派赵润兰、岑日新、陆昆等干部到富宁县七村九弄地区。这时在富宁县境内活动的党员骨干已近60名,他们分别在谷拉、皈〔归〕朝、者桑、剥隘、洞波、阿用、板伦、那力等地以不同的公开身份开展活动。

同月 黄举平在广西乐业县陇那屯附近金锁关的一个洞内主持召开中共黔桂边委扩大会议,黄伯尧、韦国英、牙永平、黄世新、班善平、韦明三、韦明日、韦明辉、罗德益等参加会议。会议决定:一、建立红军黔桂省边独立营,营长罗川元,副营长韦国英负责指挥部队。二、边委、边革委会机关和红军部队迁驻贵州贞丰县板陈村(现属望谟县)。三、开辟边区工作。

同月 右江下游赤卫军第三团团长黄庆金、参谋长谭统南等率部在中越边的广西靖西、镇边和滇桂边的云南富宁县七村九弄进行了长期的艰苦活动,创建部分乡村带有农民协会性质的兄弟会、哥老会、同盟会等组织,改造土匪绿林武装,打下了初步的群众基础。是月,黄庆金等率领 300 余人枪从云南富宁九弄挺进广西靖西县坡豆乡福尚村弄黎屯,宣布成立中越边革命委员会。黄庆金任主席,谭统南任副主席,黄沙平任秘书,韦高振任军事委员,隶属右江下游革命委员会领导。中越边革命委员会成立后,派员到广西果老、敏马、果乐、禄峒、荣劳、广福等乡活动,并成立了靖西县南区农协会及龙邦、安宁、其龙、平稳数乡农协会。

6月中旬 中共右江下游党委书记黄松坚在广西那马县(今属马山县)州圩召开那马特支会议,强调要求那马党组织和赤卫队要吸取黄书祥被敌围攻牺牲的教训,加强斗争警惕性,打击叛徒,肃清内部,深入发动群众,加紧建立地下交通联络站,创造深厚的群众基础,发展那马的革命游击区域。会议还决定黄松坚前往上海,向"中央执行局"汇报请示工作。在黄松坚离任期间,右江下游党的工作由陆浩仁负责。同时派徐泽长到都安县开辟新区。会后,徐泽长、梁乃武、徐千珍到都安县镇西、九怀、中和一带活动,恢复和发展了农民革命同盟会,建立了秘密游击武装。8月,在九怀弄洪屯举行了第一次革命同盟会议。接着又在中和韦仕林家举行第二次较大规模的同盟会议。

6月 红军黔桂省边独立营(对外称王海平护商独立营)建立,罗川元任营长,韦国英任副营长,下辖3个连,300 余人,分驻贵州贞丰的卡法、纳邑和广西乐业陇那屯。

夏 中共黔桂边委派委员黄世新从广西平乐回到东兰县西山加平峒,在黄唤民家召开革命同盟会议。八九月间,黄世新再次返回平乐与黄唤民一起在加平峒召开党员、骨干会议,相继建立西山、中山、东山等 5 个党支部,并组织暗杀队,处决了一批叛徒和反动分子。

7月29日　桂军颜曾武营及民团600余人围攻原右江下游根据地的广西果德县(今属平果县)同仁乡。赤卫军连长廖德柱率部抵抗,因寡不敌众,廖德柱等2人在突围时牺牲。

8月　广西恩隆县赤卫军营长、原红二十一师第六十五团团长、红军右江独立师师部副官李恒芳,在恩隆县朔乙六血屯坚持游击活动时,被叛徒杀害。

秋　中共右江下游党委派委员梁乃武带领数名党员干部到广西恩隆、思林、都安交界地区的江洲、镇江、镇西一带活动,依靠韦士林、韦金殿等瑶族党员干部,组织壮瑶群众参加同盟会,成立农民赤卫队,建立中共古龙支部,重新恢复了这一地区的革命斗争。

秋　原红六十二团第三营营长黄子龙在广西奉议坡圩隐蔽活动时被叛徒杀害。

10月　到上海汇报工作的中共右江下游委员会书记黄松坚回到广西后,在果德县(今属平果县)三层更召开右江下游党委扩大会议,传达中央指示精神,并决定开展抗日救国宣传,整顿党的组织。会后,黄松坚到那马(今属马山县)、滕国栋到果德县果化区、梁乃武到果德县的旧城等地串联发动群众,整顿党组织和红军队伍。

10月　广西那马县(今属马山县)妇女会经过多方筹集经费购置织布机,在那马县州圩乡山城村(今马山县永州镇平山村)坡马屯开办纺织厂,为游击队纺纱织布做军衣、军鞋、面巾、子弹袋、干粮袋、脚绑袋等。

11月　中共右江下游委员会书记黄松坚到广西那马县(今属马山县)检查工作,并在第一大本营召开那马总支扩大会议,将中共那马县总支部改为那马县特别支部,李凤彰任书记,韦成篇为组织委员、徐泽长为宣传委员、农经祥、徐千珍为委员。特支下辖13个党支部和2个党小组,其中:那马县9个党支部1个党小组,果德县1个党支部,平治县3个党支部,武鸣县1个党小组。那马县特支领导武鸣、隆山、都安、平治、果德等县党的工作,发动群众开展游击斗争。

冬　中共右江下游委员会委员梁乃武从广西都安县镇江一带到达镇西乡,会合隐蔽在此的党员骨干李汉平、黄梓英、李山林等人,努力在当地瑶族同胞中进行革命宣传,召集瑶族领袖蒙卜脚、蓝公正、罗奇才等举行革命同盟会。然后通过改选村长的形式,发动瑶族、壮族群众推举同盟会会员韦绍宽、韦瑞生、蓝朝业、韦彩德任各行政村村长,掩护革命同盟会活动。

1934 年

1月22日　国民党军驻广西靖西县一个营200余人住进靖西枯庞村,阴谋围攻安宁地区的革命武装右江下游赤卫军第三团。韦高振、谭统南率部对敌发起夜袭,毙敌4人,缴枪数支,迫敌退往县城。

1月25日　广西东兰红军牙秀才暗杀队10余人枪,袭击东兰县隘洞乡香河村特色屯,击毙东兰县"剿共"副司令陈子怀。

2月中旬　中共右江下游党委常委陆浩仁、滕国栋等在广西思林县弄法开会,决定袭击思林的县府粮库,筹集红军武装的粮饷。会后,滕国栋调集红军游击队夜袭思林粮库,击毙敌粮库主任,破仓夺粮,解决了部队和附近群众的春粮困难。

2月28日　广西凌云县原赤卫军骨干黄平根、黄景赏、龙天佑等数人枪袭击乐业区赖亭周案屯,捕杀叛徒。

2月　梁乃武、李汉平、李山林、黄梓英等在广西都安县镇西地区,依靠瑶族革命同盟会,组织建立镇西瑶族农民游击队。同年10月,发展韦金殿、韦贞祥等入党,成立中共镇西支部,领导瑶族武装自卫。

同月　中共右江下游党委常委兼下游革命委员会主席滕国栋、下游革命委员会委员兼手枪队队长赵世同到广西那马县(今属马山县)州圩,召集那马、果德、武鸣、都安、隆安等县负责人会议,决定以红军游击队的形式,发动各县建立农民秘密革命同盟会和农民武装,逐步恢复和发展游击区。

3月16日　桂军第四十三师第一二八团团长苏新民部"围剿"广西恩隆县(今田东县境内)那拔地区,7个村子遭劫,55名革命群众惨遭杀害。

3月下旬　桂军苏新民团开进广西向都,新任向都县县长陈宗刚调集各路民团、土豪武装1000多人配合,对北区革命据点进行"清剿",先后在白弄、那石、录白、江城、塘定等地杀害赤卫军战士和无辜群众300多人。

3月　中共右江下游党委和革委会从广西思林县(今田东县境内)古芬村转移到果德县(今属平果县)三层更巴独屯,并举办军政干部训练班。接着,下游革命委员会批准成立果德县革命委员会,委派黄泽浓为主任,加强果德县的游击斗争和群众工作,并恢复果德、镇结、隆安的群众斗争,黄明春、陆浩仁、滕国栋、黄永祺,赵世同等曾到龙王、邓龙、水尾等村组织革命同盟会。

4月　中共黔桂边委委员韦国英等到广西凌云县雅长乡(今属乐业县)过望

屯,组织革命同盟会。

同月　黄庆金派活动在广西靖西一带的赤卫军小股武装组成锄奸队,袭击把荷(今属天等县)乡公所,击毙乡局董张楚形及乡丁数名;接着又袭击驻扎在大省街的天保县(今属德保县)民团,毙敌5名。

6月中旬　中越边革命委员会成立抗日救国军第十八军,任命梁振标为军长、黄庆金为政委,下辖第五十一、第五十二、第五十三师的番号,有500余人枪。

6月18日　清晨,抗日救国军第十八军在教竭(地名)先与对汛分署汛警交火,击毙汛警副中队长和汛兵1名,对汛警溃退回龙邦。上午9时县民团100余人赶到教竭,抗日救国军分兵两路前后夹攻,击毙参谋梁彤和团兵20余名,其余溃不成军逃回县城。抗日救国军缴获军旗一面,步枪20余支。是役后,黄庆金、梁振标带领主力经平稳、荣劳、龙临、果乐、魁圩回师滇桂边七村九弄游击区会合韦纪部。韦高振、谭统南带领第五十一师继续坚持靖西安宁等地的游击斗争。

6月底　中共右江下游党委书记黄松坚到向都北区指导工作,在巴麻与黄绍谦组织肃反飞行队,开展对敌斗争。飞行队夜袭驻百屯的向都县府密探队,击毙密探4名。

7月初　中共右江下游党委在思林(今田东县境内)召开党委扩大会议。会议决定:(1)同意黄松坚到滇桂边区领导开展武装斗争,待条件成熟时建立滇黔桂边区党委;(2)撤销右江下游党委,建立思果中心县委,由陆浩仁负责筹建;(3)建立滇桂边委,黄松坚任书记。

7月中旬　滇敌广富守备军侬志猛一个营,分两路袭击驻江局、甘美的游击队。黄庆金、梁振标等带领部队利用有利地形在甘美设伏,毙敌连长以下30余人,缴枪10余枝〔支〕。是役胜利,游击队继续向皈〔归〕朝、板仓、洞波等区发展。

7月下旬　敌驻果德县(今属平果县)果化镇的第四十三师第一二八团第三营夜袭中共思果中心县委和右江下游革委会机关驻地三层更龙盎岩洞,搜劫一些物资和"广西右江下游革命委员会"长条印信一枚。中心县委和革委会机关转到思林县(今田东县境内)那营屯建立。

7月　黄庆金、梁振标率领抗日救国军第十八军主力到达富宁县七村九弄地区的后龙山会合韦纪部后,分头发动农民,组建九弄、百油、后龙山、架街四个农民赤卫队。

同月　右江下游革委会主席滕国栋到向都北区检查指导工作并吸收农军领

导人黄绍谦加入中国共产党。

8月　黄松坚(改名何尚之)带领黄德胜等于7月底到达云南富宁县七村九弄地区的谷桃。黄松坚在全面了解七村九弄地区情况后,在后龙山召开干部会议,决定成立滇桂边委,黄松坚任书记;成立滇桂革命委员会,黄庆金任主席;成立滇桂边劳农游击队,领导各村赤卫队。并决定主要干部分工分片负责,全面发展滇桂边游击区:由黄松坚、黄庆金继续改造梁振标、韦高振部队,李修学负责九弄地区,韦纪开辟剥隘、那能,赵润兰负责百油,朱国英负责洞波、者桑,岑日新负责花甲、阿用,钟贞甫负责大田坝、皈〔归〕朝。

8月27日　右江下游革命委员会委员黄绍谦调集广西向都、思林(今田东县境内)红军游击队200余人枪,攻打国民党桂军重要据点那板村崖屯,毙伤敌10多人。

8月　中共黔桂边委委员牙美元到广西凌云县乐业区雅长乡(今属乐业县),以任中心小学校长兼乡公所书记员(录事)之便到各村开展秘密革命活动,并建立了以六旺为中心,包括长隘、六旺、想里、逻沙、塘英等地在内的交通联络站。这些交通站的西南与云南富宁联系,南与右江下游的百色和南宁地区联系,东经天峨、凤山可与东兰联系,北可与贵州贞丰县的板陈(后属望谟县)联系。

9月　在滇桂边区活动的红军干部李德惠奉命从云南富宁九弄到广西靖西活动,在足表乡秘密联系地下组织,串联发动群众。不久因身份暴露被果老乡乡长张福荣等逮捕,后被杀害。

秋　原红军右江独立师都邑瑶族独立营营长韦汉超和覃桂芬、谭国联潜伏广西河池、南丹边长老地区活动。

秋　黄举平派韦挺生、李汉平从广西东兰西山到右江下游与中共思果中心县委取得联系,思果中心县委书记陆浩仁和右江下游革命委员会主席滕国栋派委员陈国团到东兰西山调查党组织的情况,协助黄举平成立中共东兰临时县委,书记由黄举平兼任。

10月　黄松坚领导革命武装在云南富宁地区镇压了九弄的韦英豪、架街的陶炳希、花甲的汤焕文等一批罪大恶极的反动分子。

同月　黄举平派红军排长黄焕文到广西凌云县乐业区雅长乡(今属乐业县)六旺屯一带活动,与中共黔桂边委委员牙美元、王仕文一起成立中共(贞)丰(乐)业支部,王仕文任书记。建立雅长、陇那、长隘、六旺、想里逻沙、塘英等地秘密交通联络站的活动。

同月　中共那马特支在徐泽长、赵世同主持下于广西那马县州圩乡清山村（今属马山县永州镇亲爱村）横秀屯背后山洞召开革命同盟会第一次代表大会，那马、果德、平治、武鸣、都安等县的代表 160 多人参加。会议决定大胆放手发动群众，巩固、发展革命同盟会组织。

同月　广西那马县（今属马山县）苏维埃政府筹集经费购置织布机，在被马屯开办纺织厂，为游击队纺纱织布做军衣、军鞋、面巾、子弹袋、干粮袋、脚绑袋等。

同月　中央苏区第五次反"围剿"斗争失败，中共中央和中央红军被迫开始长征。

11 月上中旬　黄松坚在云南富宁县九弄多立寨主持召开滇黔桂边区第一次党员代表会议，成立中共滇黔桂边区临时委员会，书记黄松坚，委员黄德胜、赵润兰、韦纪。边区临委除直接领导云南富宁地区党组织外，还领导广西思果中心县委、黔桂边委和东兰、凌云、凤山等县党组织。

11 月 20 日　中共滇黔桂边区临委在云南富宁县九弄的谷留村召开会议，讨论决定发展三省边和右江下游地区武装斗争问题，决定在东凤老区组建劳农游击队第一联队、右江下游组建第二联队，黔桂边组建第四联队。接着在谷留村召开大会，宣布成立滇黔桂边区革命委员会（撤销中越边境革命委员和滇桂边革命委员）、劳农会和劳农游击队第三联队（撤销抗日救国军第十八军番号）。黄庆金任革委会主席，黄松坚任劳农会主席和游击队第三联队政治委员，梁振标任第三联队司令员（总指挥）。边区临委、革委和劳农游击队的建立，标志着此时作为一个整体的滇黔桂边区革命根据地正式形成。

11 月 25 日　广南守备军副司令依志猛率一个团对云南富宁九弄红军进行"围剿"。28 日，敌军占据谷拉，次日向九弄进发，于恒村遭到赤卫队狙击，后赤卫队向弄卡、弄愁撤退，敌军占领恒村，并在岩登山上设立"剿共"指挥所。30 日夜，黄松坚率红军赤卫队 100 余人，袭击敌军指挥所。所内官兵四处奔逃被击毙 30 余人，活捉 10 余人。红军赤卫队缴获一批枪支弹药，胜利回师九弄。

11 月　陆浩仁、滕国栋等在广西思林县（今田东县境内）龙发村开会，成立中共思果中心县委，陆浩仁任书记，陆浩仁、滕国栋、黄永祺为常委，梁乃武、韩平波、黄绍谦、陈国团、徐泽长、李凤彰、赵世同为委员。中心县委领导思林、果德、向都、那马等县的革命斗争。

12 月上旬 敌侬志猛部在进攻云南富宁恒村失败后,余部逃回富宁县城,途经皈〔归〕朝大田坝时,又被钟贞甫、黄安福率赤卫队 10 余人狙击,活捉 4 人。赤卫队无一伤亡。

12 月下旬 滇黔桂边区革委会主席黄庆金、临委委员韦纪等 7 人奉命由云南富宁县七村游击区前往广西天保、向都(今属德保、天等县)一带进行革命活动,准备成立滇黔桂边劳农第二联队,开辟新的游击区。因叛徒告密,1935 年 1 月 25 日,在天保县(今属德保县)那甲乡伏村召开青年同盟会盟誓时被敌包围,黄庆金、韦纪等 6 人被捕,同年 2 月 2 日在天保县城英勇就义。

12 月下旬 中共滇黔桂边区临委书记黄松坚等率第三联队举行武装暴动,占领云南富宁县皈〔归〕朝区公所,利用赶街(赶集)天集中附近各村的赤卫队和劳农会近 2000 人集会,赶街群众围观者甚众。黄松坚在会上讲话,宣传红军是救国救民的队伍。会后,劳农游击队和赤卫队编为手枪队、长枪队、马刀队、红缨枪队进行示威游行。

12 月 中共思果中心县委书记陆浩仁在广西都安县大成乡召开革命骨干会议,宣布成立红河下游革命委员会,陆浩仁任主席,副主任谭志敏,组织委员李文,宣传委员黄永固,联络委员曾诚,经济委员潘雁宣。会后,红河下游委会曾派人到宜山县城西门外设立秘密联络站,负责联络指导都安、那马、隆山、宜山、河池等地的革命同盟会的活动。

冬 中共思果中心县委调委员梁乃武到广西东兰县西山,协助黄举平领导恢复东凤老区的各地党组织和建立红军游击队武装,发展秘密农会。

1935 年

1 月初 韦高振、谭统南带领滇黔桂边劳农游击队第三联队第一、第五大队从云南富宁县七村九弄地区返回中越边的靖西、镇边(今那坡县)、敬德(今属德保县),以靖西安宁、龙邦、葛林一带为游击根据地,然后逐步向广福乡、武平、钦甲、化洞、岳圩、地州、南坡、安德、龙临、魁圩发展,组织农民参加劳农会,扩大劳农游击队。

1 月 黄松坚、梁振标等率部进驻云南富宁县皈〔归〕朝整编,滇黔桂边劳农游击队第三联队辖有 4 个大队,各大队下分 3 个小队,每个大队约 300 人。为扩大革命影响,游击队意欲攻打富宁城。国民党富宁县县长甘汝棠闻讯后向云南省政府主席龙云告急。龙云急派滇军警备旅第十七团两个营驰援富宁。劳农游击队离开皈〔归〕朝后作向富宁县城挺进态势,行至板仑时攻占两家土豪家,开仓济贫,然后退往架街、乱坝一带休整。滇军警备旅第十七团向皈〔归〕朝、九弄中心区进发。协同滇军“进剿”的桂军苏新民团亦从百色出发“围剿”劳农游击队,先后占领了富宁谷拉的平蒙、那龙和九弄中心区谷桃。1月27、28日,国民党滇、桂两军尾追红军游击队至七村九弄一带,企图形成东西夹击态势。为阻止敌人进攻,黄松坚指挥第三联队返回九弄地区,凭借险要地形与敌周旋,28日在弄迫垭口与滇军警备旅第十七团激战半天,毙敌30余人,劳农游击队伤亡20余人。天黑后,敌退到百油一带,劳农游击队退到者利。

同月　中共思果中心县委在广西思林(今田东县境内)弄那山区成立右江革命军事委员会,作为右江下游地区领导革命武装的指挥机构,滕国栋任主席,陆浩仁等8人为委员。革命军事委员会成立后,决定将分散在右江下游各地坚持斗争的红军游击队整顿改编为中国工农红军右江下游第一、第二两个联队。在那马、武鸣、平治、都安一带活动的游击队编为中国工农红军右江下游第一联队,李凤彰为队长、徐泽长为政委;在果德、向都、田东一带活动的游击队编为中国工农红军右江下游第二联队,黄绍谦为队长、李修学为政委。

2月　云南广南县黑支果牛滚塘苗族王开洪带领1000多名苗民暴动,打击土豪劣绅,并很快控制了黑支果、里达,一度占领了田蓬、睦伦、木杠等地区。王开洪通过劳农游击队参谋黄树功与劳农游击队取得联系后,即派代表带花名册到九弄要求参加劳农游击队。5月,按照黄松坚原来的布置,滇黔桂边区临委派陈勋、韦高振等去多次接触,决定接收王开洪部武装,编为滇黔桂边区劳农游击队第三联队独立大队,王开洪任大队长,王咪章任副大队长。

3月　中共那马县特别支部派支委农经祥、党员农有资到广西武鸣县四坡乡,先后发展了李永澄、李建功、李永煜、黄建英等人入党,并建立了中共武鸣县四坡乡支部,李永澄任书记。

同月　中共思果中心县委委员、右江下游革命委员会委员徐泽长、赵世同在广西那马县(今属马山县)州圩横秀岩召集那马、果德、平治、都安、武鸣等县农民革命同盟会的代表大会,到会代表160余人。会议总结了以前的斗争情况,强调要大胆发动群众,积极发展革命同盟会,创造革命武装队伍的群众基础。

春 中共思果中心县委书记陆浩仁到长老联络覃桂芬,接着在广西南丹县大厂镇拉索屯召开干部会议,韦汉超、覃桂芬、谭国联等10多人参加,介绍右江下游斗争情况,指示大家要设法与东兰西山的黄举平取得联系,在中共东兰县委领导下开展河池、南丹边的革命斗争。

4月 中央红军第一、第三、第五军团和军委纵队(前后梯队)于16日由贵州省紫云、镇宁县进入黔西南,其间经过贞丰、册亨、安龙、兴仁、普安、兴义诸县66个乡镇。

同月 黄举平派黄唤民、黄伯尧、牙秀才3人前往贵州寻找中央红军未遇。返回途经贵州罗甸县板陈圩(今属望谟县)时,与黔桂边委一起做黔西南实力派人物王海平的统战工作,王同意共产党在板陈一带活动,还同意供给韦国英、牙永平部队的给养及活动经费。

同月 广西向都县(今属天等县)国民党当局派民团、警兵及土豪武装再次"进剿"向都县北区,右江下游赤色游击队第二联队队长黄绍谦和黄世新指挥部队反击,打退了敌人进攻。之后,中共思果中心县委和右江革命军事委员会命令第二联队转移到敬德、天保、奉议3县交界一带,开辟新区,发展革命力量。

同月 李世生、李正春、罗正炽等带领广西百色县龙川区和平等数乡农民赤卫队和农民数百人,攻克龙川乡公所,敌百色县民政科科长张乔松及乡长率民团败逃。李世生等率队撤回花洪休整。不久,敌县长率带警团数百人到龙川清乡,李世生、李正春等潜赴西山活动。

同月 黄举平在广西乐业县雅场乡六旺屯主持召开中共黔桂边委扩大会议,决定:(1)黄举平返回东兰重建县委,韦国英担任边委书记职务;(2)发展党员,扩大队伍。(3)宣传抗日救国,运用同盟形式建立革命武装;(4)认真开展统战工作。会后黄举平回到东兰工作。

同月 黄举平在广西东兰县西山弄京召开干部会议,重建中共东兰县委,由中共思果中心县委领导。书记黄举平,委员有黄世新、黄唤民等,领导西山、东山和黔桂边党的组织。此后,部署红军暗杀队先后毙杀江平乡董黄履端、坡月乡长黄裕昌、西山土豪陈八、江平乡长陈庆锦和梁秀山等反动分子,鼓舞了东凤地区群众抗粮抗税的斗争。

5月14日 黄德胜、黄树功、梁振标率边区劳农游击队第三联队600余人,攻云南富宁县城不克,当夜撤退到那刀埋伏。15日,增援富宁的广西靖镇守备军一个营向富宁挺进,至那刀,被红军赤卫队伏击,毙官兵 100 余名,俘 20 余名。红军赤卫队牺牲 2 人,伤 10 余人。战后,红军赤卫队分两路回九弄和洞波那达活动。

5月 中共滇黔桂边区临时党委收到中共中央上海局的密函,指示要黄松坚赴上海报告工作。行前,黄松坚召集党委会议,决定由赵润兰、黄德胜负责党委工作,黄德胜继任劳农游击队第三联队政治委员。会后,黄松坚沿中越边经龙州赴香港到达上海,向中央上海局汇报了工作,因患病在住院治疗期间被敌人逮捕入狱。1937 年 8 月经党组织营救出狱,即赴延安中央党校学习。黄松坚未能返回滇黔桂边区,滇黔桂边区同上级党组织联系中断。

同月 右江下游革命委员会决定撤销那马县临时革命工作委员会,成立那马县革命委员会,徐泽长任主任,李凤彰任副主任。

同月 在中共思果中心县委的协助下,黄举平在广西东兰西山召开党员干部会议,撤销东兰县委,成立中共东兰中心县委。黄举平任书记,梁乃武任副书记,黄世新、黄伯尧、黄唤民等为委员,领导黔桂边委和东兰、凤山、万冈、都安、河池、南丹、凌云、乐业、天峨等县党的组织与党员的活动。

同月 中共那马特支根据中共思果中心县委指示,在那马县州圩乡(今属马山县)横秀岩召开全县革命同盟代表大会,成立那马县革命军事委员会,徐千珍为主席,李日兴、韦成珠为常委。革命军事委员会成立后组织锄奸团。徐泽长率队夜袭国民党州圩乡公所,处决了恶霸乡长、"剿共"司令陆文兴,打击了国民党乡村政权。

同月 中共黔桂边委决定在贵州贞丰一带活动的人员,除丰业支部外另成立板陈支部(书记韦国英)和卡法支部(书记牙永平)。

6月5日 滇黔桂边区劳农游击队第三联队王开洪独立大队侦察到广富独立营一部驻云南广南百乐,立即派人与劳农游击队联系,要求派兵配合攻打百乐之敌。劳农游击队派刘宝兴、唐汉带特务大队 40 余人配合王开洪部作战。10 日,进攻百乐战斗打响。因敌防守严密,劳农游击队屡攻不下,教官唐汉等 6 人牺牲。八宝乡乡长侬月楼援兵又将到,劳农游击队决定主动撤离。特务大队撤到沙斗一带,王开洪率部则计划进军田蓬。

6月26日 边区劳农游击队第三联队攻打云南富宁的百乐失利之后,王开洪、王咪章计划回师美汤,直捣木令,进军田蓬。两王部队兵分两路进发:一路由王开洪率两个中队由陶家湾出发,直逼田蓬;另一路由王咪章率两个中队,由木桐寨出发,进军田蓬。王开洪部一路连续击破地霸陈有才、李廷良、陈占彪和木杠乡长农志清的阻击,攻破木令,占领木杠,然后向田蓬进发。此时,王咪章部由木央老街、堡上出发,经木卓、金竹坪,逼近田蓬。26日行至哈坑、大石板准备向田蓬发起进攻时,与龙云中董干(地名,今属云南西畴县)调讯〔汛〕三大队守卫队、田蓬督办守备队、西畴宋白蛟守卫队及广西靖西的桂军在大石板展开激战,打死敌指挥官龙云中。因敌众我寡,两王率部撤回牛滚塘,进军田蓬计划遂告结束。

6月下旬　中共思果中心县委常委、右江下游革委会主席滕国栋和右江下游第一、第二联队长李凤彰、黄绍谦在那马县(今属马山县)坡马屯召开会议,决定在右江下游各县农村,积极领导发动群众参加革命同盟会,扩大红军游击队,开展抗粮抗税和捕杀反动豪绅、处决叛徒的斗争。

6月　黄举平派韦运祥、王仕文到广西凤山海亭一带活动,并召开党员代表会议,决定撤销中共凌云县特支,成立凌(云)凤(山)边委和凌凤边区革命委员会,黄伯尧任边委书记兼革委会主席,边委和革委会负责凌云、凤山两县的革命工作。会议要求各地党支部要深入发动群众,巩固原有的游击区,建立地下游击武装和地下交通联络站。

7月　中共黔桂边委及所属支部统称为"省边支部",由韦国英负责。翌年1月恢复中共黔桂边委原来所属支部。

8月中旬　中国工农红军右江下游第一联队领导人李凤彰、徐泽长、韦成篇等人在那马县州圩乡山城村(今马山县永州镇平山村)江庄屯韦成篇家召开军事会议,部署除魔行动,联队长李凤彰命令第一支队长韦成珠负责带队袭击那马县什陇乡(今大化县贡川乡),击毙乡长黄元松。

9月　黄绍谦与黄振庭、黄文辉等人在向都北区巴麻组建锄奸队,先后处决了敌特、奸细、叛徒数十人,使敌特的猖狂活动有所收敛。

秋　原中共思果中心县委委员赵世同与原万冈县(今属巴马)革委会主席韦运祥到广西乐业雅长、贵州板陈活动,自此以后,赵世同在板陈一带领导黔桂边的革命活动达7年之久。

10月12日　云南警备旅第十七团邱秉常、尹国华两个营,趁滇黔桂边区劳农游击队第三联队大部转移到中越边休整之机,"围剿"云南富宁七村九弄,九弄赤卫队队长张福兴叛变。滇军在谷拉乡多曼村屠杀刘家华等26人,其中2人被割头,挑到广南县八宝镇向上司"请功"。在这期间,九弄有51个寨子、500余户房子被烧毁,被抢牛马 1000 余头(匹),财产被抢光,零星被杀害的群众有 24 人,七村 20 个寨子有 300 余户人家的房屋被烧毁,33 人被杀害。

10 月 25 日　广西百色县平阳乡(今百色市阳圩乡)乡长欧仲明、副乡长许存业率领乡自卫队 180 余人(枪 110 多支)起义,攻打驻该乡的县民团副司令赵香山未果,后率部前往富宁参加滇黔桂边劳农游击队第三联队梁振标、朱鹤云部,并一起攻打滇桂要隘剥隘,袭击国民党驻剥隘广富守备军一个营和护商大队及民团。驻剥隘国民党军官兵狼狈逃窜,被红军击毙 50 余人,县佐杨孝忠及部分士兵被俘。起义队伍即转入中越边与大部队会合后编入第三联队,欧仲明任大队长。

10 月下旬　中共思果中心县委派原红六十二团政治部主任滕静夫(化名何尚刚)带 10 余人枪赴滇桂边游击区。滕静夫到达那达(位于云南富宁县洞波乡北部)与赵润兰、黄德胜等会合后,参与领导边区的游击斗争。

10 月下旬　滇黔桂边劳农游击队第三联队除留下小部分随边区临委活动外,主力由黄德胜带领转移到中越边休整,扩充兵员,筹备粮草。百色民团赵香山部尾追到广西靖西安宁果榜一带,被劳农游击队击溃,毙敌 30 余名。翌年 3 月返回云南富宁那达、者兰一带与留守部队会合,投入新的战斗。

10 月　滇黔桂边劳农游击队第三联队部派梁振兴、黄焕章率领 30 余人枪潜回天保(今属德保县)、向都(今属天等县)西南地区活动,游击杀奸,发动群众。某日,游击队潜入向都县巴荷圩,捣毁巴荷征粮处,毙杀该乡团丁和征粮员两人,缴枪两支。

同月　右江革命军事委员会委员赵世同、李凤彰与中国工农红军右江下游第一联队领导人徐泽长制定除奸措施,赵世同亲自率领游击队袭击那马县共和乡公所(今大化县共和乡),击毙敌乡长唐钟虞。

11 月中旬　中共那马地下组织和红军右江下游第一联队领导人韦成篇指派武鸣县灵马乡方和村革命骨干覃景华等人打进灵马乡当乡警,进行侦察。红军右江下游第一联队第一支队长韦成珠在革命骨干覃景华的配合下,带领游击队冲进灵马乡公所,击毙乡长王德兴。

11 月　中共思果中心县委常委、右江下游革命委员会主席滕国栋带领右江下游第二联队攻打广西田东县林逢乡中山圩的国民党特种预备训练队,毙敌副队长韦之安,缴获步枪 20 余支。

同月　中共思果中心县委委员梁乃武到广西都安县镇江乡中和村成立平治

支部,韦仕林任书记,有党员5人。

同月 广西武鸣县灵马区农民革命同盟会的游击队在共产党员滕世铭和王尚仁领导下,围攻五尊、高利两村土豪据点,毙灵马乡副乡长黄德兴。敌闻讯,武鸣县署调集警团赴灵马镇压,滕世铭、王尚仁等被敌捕杀,农民革命同盟会和游击队因领导人被杀而停止活动。

12月 中共那马特支组织游击队开展除奸反霸斗争,先后处决了几个罪大恶极的乡长,使国民党乡村政权受到沉重打击。国民党武鸣专署派民团配合桂军廖磊部第五十五团"进剿"那马县(现属广西马山县)州圩、永固、共和、什陇等乡,中共党员陆桂山及群众多人被捕入狱,根据地再次遭受重大损失。

同月 国民党桂军第五十五团纠集广西果德、平治(今均属平果县),都安(今分为大化和都安县)、隆山(今马山)等县民团"围剿"右江下游红军第一联队。陆浩仁、滕国栋、李凤彰、徐泽长等分别率部在各县坚持游击作战,牺牲数十人。

1936 年

1月2日 云南广富守备独立营营长龙汉斗令广南县八宝乡乡长侬月楼与上甲坝间长陆朝刚诱杀了王咪章。随即,广富守备独立营又"围剿"牛滚塘,王开洪潜往境外避难,滇黔桂边区劳农游击队第三联队独立大队斗争失败。

2月10日至14日 中共东兰中心县委在广西东兰西山弄吉峒召开右江上游各县革命同志代表大会,到会代表30余人。会上成立了右江上游革命委员会,黄举平任主席,黄世新任副主席(9月接任主席),委员黄伯克、覃兴荣、韦运祥、陈卜仁等人。革委会领导黔桂边、凌凤边、东兰、万冈、都安五个边区或县革命委员会。

同月 中共黔桂边委派党员韦挺生到广西南丹县(大厂镇官山村)拉索屯、长老一带,同在那里活动的东兰党员覃桂芬共同恢复和发展党组织并建立了南丹拉索、河池长老两个支部,谭二、谭秀明分别任书记。

3月15日 右江上游革委会印发《敬告群众书》,号召群众"反对国民党的一切苛政、抽丁、苛捐杂税,反对重租重债,努力消灭我们共同的一切敌人——土劣、地主、资本家、军阀、国民党,驱逐帝国主义出中华""以达到工农革命胜利"。

3月下旬 黄德胜、滕静夫带领滇黔桂边区劳农游击队第三联队一部攻打云南广南县八宝区公所,毙敌4名,区长侬月楼带队逃遁。接着游击队又攻打那耶区公所,消灭民团 30 余人,缴获枪支 30 余支。

3月　滇黔桂边区劳农游击队第三联队主力 700 余人从广西靖西县回到云南富宁县洞波乡那达、者兰一带与滕静夫、赵润兰部汇合。

4月初　右江下游革委会在广西思林县(今田东县境内)槐梅村那坎屯召开右江下游各县农民革命运动代表大会,总结过去工作,讨论制定了今后工作方针,改选革委会领导,滕国栋仍任主席,滕国栋、韩平被、赵世同等领导人参加了大会。4月5日印发了《广西右江下游各县农民革命运动代表大会宣言》。

4月　右江下游革命委员会将活动在右江下游的中国工农红军右江下游第一、第二联队改编为右江下游赤色游击队第一、第二联队,领导人不变。第二联队队长黄绍谦于同年 8 月牺牲后,由黄彪接任。政委仍由韩平波担任,并增加黄显常为副队长。

5月初　滇黔桂边区革命委员会和游击队司令部由云南富宁县九弄谷留移驻富宁阿用乡者兰村。

5月9日　右江上游革委会印发《告民团特种队、后备队、预备队的兄弟们》,号召民团反正,投奔革命队伍。

5月上旬　中共滇黔桂边区临委在云南富宁县阿用乡者兰磨桑汀水村召开第二次代表会议,边区党组织和游击队负责人 40 余人到会。会上成立了中共滇黔桂边区委员会,滕静夫任书记。会议还将“滇黔桂边区革命委员会”和“滇黔桂边区劳农会”合并为滇黔桂边区劳农会,将滇黔桂边区劳农游击队第三联队改为滇黔桂边区革命游击队,滕静夫兼任劳农会主席和游击队政委,黄德胜任游击队司令员,梁振标任副司令员。同时在部队设特别支部,滕静夫兼特支书记。滇黔桂边区革命游击队下设 6 个大队:第一大队大队长岑日新、副大队长李福(李著轩),第二大队大队长唐秀山、副大队长汪富兴,第三大队大队长黄强、副大队长傅少华,第四大队大队长朱鹤云(兼),第五大队大队长谭统南,六大队大队长马玉林。这时革命游击队已发展到 1500 余人。边区党委还决定在广南、西林、麻栗坡等边沿地区建立政权组织,派人进入这些地区,协助和领导开展工作,并在隆林苗冲(现五梅地区)争取苗王杨福应举行了武装暴动。

5月16日　右江上游革委会在广西东兰西山召开各县革命同志代表大会,讨论上游各县的工作,5 月 20 日颁发了《右江上游各县革命代表大会决案》。大会遵照上级指示,将右江上游的武装编为赤色游击队第一联队,黄世新任队长,黄华平任政委。下辖3个大队：第一大队在黔桂边，大队长牙永平，政委黄唤民；第二大队在凌凤边，大队长牙秀才，政委黄伯尧；第三大队在东兰至都安交界，大队长兰茂才，政委韦挺生。

5月　滇黔桂边革命游击队司令部在云南富宁阿用乡那柳村办起一个修械所，由当地参加革命的壮族农民罗志刚负责。修械所在近3年时间中，翻修废弹、修理枪支，并自制一批弹药，为部队解决了部分武器、弹药困难。

同月　中共广西武鸣县四坡支部根据思果中心县委和那马特支的指示，在武鸣县四坡乡（今为平果县四塘镇）大旧村李永澄家以"新安伙铺"之名建立四坡交通站，翌年又在交通站内设"益辟药房"，负责接送上级和右江各地党组织领导人往来的活动。

同月　中共凌凤边委指派陆海洋负责，建立了一条从广西东兰西山经凤山坡心、海亭、洪力、中亭、天峨的更新、乐业的逻沙、雅长至贵州板陈的地下交通线，加强了各地的联络工作。

同月　中共中越边区支部在广西靖西县龙邦乡古榜村建立，支书谭统南。中越边支部隶属滇黔桂边区临委（后属滇黔桂边区党委）领导。

同月　云南广富独立营龙汉斗带领部队再次进犯富宁县皈〔归〕朝、那能一带，屠杀当地群众和农会干部达170多人，制造了骇人听闻的"洞楼惨案"。

5月31日　中共中央北方局机关刊物《火线》发表《我党在两广的任务》一文，明确提出："赞成与拥护抗日反蒋的口号，积极参加一切抗日反蒋的活动"；"坚决反对与日本帝国主义及日本走狗（蒋介石、宋哲元等）任何妥协的行动"；"要求民众运动的自由与群众生活的改善"；"号召民众拥护李宗仁的抗日主张，可能时与李宗仁订立正式合作的协定"；"在两广反蒋战争爆发时，我们应该援助这种战争以至于达到胜利"，等等。

6月1日　中国抗日同盟会广西分会发表拥护抗日战争宣言，号召"拥护抗日的民族统一战线"。

6月中旬　杨福应组织领导广西西隆县苗冲苗民举行抗征抗税暴动，反对国民党的民族压迫和苛征烟税。是年秋，桂系军阀调兵镇压，杨福应率苗民英勇抗击。作战失利，杨福应等数十人被捕杀。

6月　受中共滇黔桂边区临委派遣的地下党员罗英、黄修南、农保、覃恩、覃一芳到广西西隆县蛇场新寨村开展革命活动，帮助李正才组织地方武装，辖1000多人,并在朱家地成立了滇黔桂边区革命游击队支队。同时派 10 多名苗族青年到云南省富宁县参加了革命游击队。

7 月 13 日 中共思果中心县委书记陆浩仁,县委常委、革委会主席滕国栋等到广西果德县(今属平果县)果化区六孔村工作时,被叛徒杀害。思果中心县委解体,委员分散到各地隐蔽。赵世同到黔桂边、黄永祺到万冈、李凤彰到那马继续开展革命活动。

7 月中旬 滇黔桂边区革命游击队第一大队在大队长岑日新带领下开进云南富宁那能、剥隘地区,协助当地劳农会和赤卫队开展工作,攻打那能区公所,抄了土豪侬正猷、谭家合的家。

7 月 27 日 中共东兰中心县委在广西东兰西山召开右江上游党员代表会议,到会 18 人。会议决定撤销东兰中心县委,选举产生了中共右江上游中心县委,黄举平任书记,梁乃武任副书记,委员 9 名,候补委员 2 名,统一领导广西东兰、凤山、万冈、都安、河池、南丹、凌云、乐业、天峨和贵州荔波、罗甸、贞丰等县党组织的斗争。

8 月 4 日 云南富宁县阿用、者兰、那柳 3 个赤卫队共 86 人在富宁阿用乡那柳村初闷开会,被敌龙汉斗部 200 多人突然包围。赤卫队立即冲出突围,未受损失。

8 月 22 日 右江下游赤色游击队第二联队队长黄绍谦在广西向都(今属天等县)巴麻村召开干部会议时被奸细杀害。之后,向都幸存的党员和骨干相继回乡隐蔽或转移到滇桂边活动。

8 月 26 日 滇黔桂边区革命游击队一部 200 余人在游击队司令员黄德胜带领下包围并攻打皈〔归〕朝区公所,俘敌 100 余人。后驻富宁滇军一营和县民团 600 余人前来增援,红军转入富宁洞波。

8 月 傅少华、汪富兴率赤卫队 30 多人,在云南富宁县花甲乡戈里村基旦伏击花甲区长杨启桃率领的乡丁队 12 人,打死敌人 1 人。

同月 中共镇西支部发动群众开展抗日救亡运动,并成立 200 多人枪的镇西抗日自卫大队,队长韦金殿,副队长韦祯祥。

同月 由中共南宁县委领导的共产党员曾世钦在广西都安与中共右江上游中心县委委员黄桂南取得联系后,带领黄桂南到南宁与刘敦安会晤。接着,刘敦安又派曾世钦随黄桂南到东兰西山会见黄举平,了解东兰、凤山等地党组织坚持游击斗争的情况。曾世钦在西山活动月余时间,然后,曾又与黄桂南返回南宁,向刘敦安全面报告右江上游党组织和游击队的斗争情况。从此,右江上游中心县委与中共郁江特委筹备委员会领导的南宁县委建立了正式的组织联系。

同月　中共那马县特别支部派高唐、徐平到广西平治县(今属平果县)旧城地区进行革命活动,恢复成立了旧城支部,黄双任书记。

秋　桂军第四十四师第一三二团团长苏新民再次带兵"清剿"广西向都县(今属天等县)北区,黄世新、黄彪决定将第二联队化整为零,分散隐蔽。黄彪等30余名队员转移到向都与田东交界的百笔山区。

秋　黄举平、赵世同、黄世新等到贵州省贞丰县板陈圩进行中共黔桂边委的整顿工作。随后,韦运祥、王仕文、牙美元、牙永才、黄唤民等党员也先后到达。翌年1月,中共黔桂边委改为黔桂边特支(后改为黔桂边特委),赵世同任书记。

秋　赵世同与东兰韦运祥一起转移到广西乐业县雅长乡、贵州省贞丰县板陈圩等地活动,并在雅长六旺屯召开有360多名群众参加的同盟大会,组建右江上游赤色游击队第一联队第一大队雅长中队,岑永发任中队长。同年冬,雅长中队将乐业县政府驻雅长的护商队武装驱逐。

9月15日　滇黔桂边区革命游击队第一大队一部在大队长岑日新带领下长途奔袭,围攻云南富宁洞波乡芭莱的广富独立营和县民团,歼敌近100名,俘敌区长黄立廷以下83人。

9月30日　云南警备旅第十七团乘中秋之夜以优势兵力偷袭革命游击队司令部驻地富宁县洞波乡那达村,政治部副主任黄沙平等在突围中牺牲。敌占领那达后,将被捕的赤卫队员10余人和革命群众30余人杀害。那达附近的那拉、未那、南江等地群众及干部近200人亦惨遭杀害。

9月　韦高振率领滇黔桂边区革命游击队100余人枪,奉命从云南富宁县七村九弄地区返回广西靖西县中越边活动。

10月　红军、赤卫队七八百人,由红军指挥员李福、第六大队马队长以及梁忠才、傅少华、汪富兴指挥,围攻由祖中队长率滇军100人驻守的云南富宁县花甲乡那耶村。进攻受挫,赤卫队牺牲10多人。敌被击毙多人。

同月　红军派李福率100多名赤卫队员,在云南富宁县花甲乡戈里村基旦丫口阻击敌龙汉斗部1000多人的进攻。赤卫队后主动撤出战斗,双方无伤亡。

10月30日　国民党百色区民团副指挥官欧阳文宝伙同广西田阳县民团副司

令梁士颐率团队到田阳县百育"清乡",搜捕共产党员、赤卫队员和革命群众90余人。12月上旬,原奉议县(今属田阳县)苏维埃政府执委罗有穆被叛徒出卖遭捕。18日,罗有穆和原仑圩区苏维埃政府主席陆华顿在百育英勇就义。

11月 滇军到云南富宁县花甲乡木垢驻扎,抢夺群众牛马。群众到花甲向傅少华、汪富兴汇报。滇黔桂边区革命游击队第三大队副大队长傅少华等即率300人包围木垢。敌人虽只有30多人,但火力强,赤卫队未攻进,牺牲一名队员。战斗进行一个下午。赤卫队抢回一部分牛马后,主动撤退。

同月 中共广西省工作委员会成立,右江上游党委委员黄桂南被选为省工委委员。

同月 广西平治县(今属平果县)下和、九怀支部成立,唐有禄、韦世兴分别任书记。

12月15日 云南广富独立营第三连及民团向云南富宁阿用乡进犯,占据谷沙村。滇黔桂边区革命游击队一部在唐秀山指挥下,奔袭谷沙。敌窜入民宅,负隅顽抗。红军征得群众户主支持,采用火攻,焚烧广富独立营第三连占据的民房。敌旋即溃败。计毙敌7名,活捉60余名。革命游击队牺牲队员2名。

12月21日 右江上游和下游两个革命委员会根据中共中央和中共广西省工委的指示,合并成立桂西区抗日救国分会筹备会。原各县、区、乡、村革命委员会分别改为县、乡、村抗日会和抗日小组,赤色游击队改为抗日义勇军。抗日救国分会筹备会,制定了工作大纲,发表敬告群众书,号召桂西区各党各派"立即团结起来,用整个民族的力量去打倒日本帝国主义者及汉奸卖国贼们"。翌年6月15日,根据中共临时南委指示取消桂西区救国分会筹备会,恢复右江上游革命委员会。

12月 中共广西省工委巡视员何云(林鹤逸)在田东县林逢那朋屯秘密召开右江各地党组织领导人会议,传达党中央关于建立抗日民族统一战线的指示,并主持建立中共桂西区特委。何云指定黄桂南任书记,黄举平、赵世同、梁乃武、李凤彰、黄永琪、韩平波等为委员。桂西区特委的建立,使右江地区及滇黔桂边区的革命斗争实现了统一领导。滇黔桂边委由滇黔桂地区的最高领导机构变为只领导滇桂边、中越边地区的领导机构。会后,何云到西山找黄举平,召开右江上游中心县委会议,传达中央关于抗日民族统一战线的指示。

冬 广西西隆县(今属隆林县)李正才率游击武装攻打该县蛇场乡乡长越增寿家,打死了越增寿。蛇场一战惊动了西隆、西林、百色等地敌人。国民党政府立即命百色民团派兵与西隆、西林两县民团联合"围剿"李正才的武装队伍。因叛徒告密，李正才及妻子、儿女 4 人被捕并在蛇场遭杀害。李正才被杀害后，其队伍因失去了核心领导人而解散。

1937 年

1月22日　中共右江上游中心县委根据中央和省委新的策略政治路线并桂西区委通告对整个右江上游工作指示，召集各地党的负责代表会议，讨论新的工作转变方式，决定将右江赤色游击队改为抗日义勇军。

1月27日　中共右江上游中心县委和右江上游革委会分别发出第 1 号通告。中心县委的通告主要是检讨过去的工作，布置新的任务，号召党员之间加强联系，反对关门主义，抓紧党员发展工作，加强宣传工作，规定"每个同志在这个月至少介绍一个新同志入党"。革委会的通告号召"不分阶级、不分党派、不分任何军队、不攻击任何人。过去一切旧帐〔账〕不算，新仇不结，只要同情抗日除奸，大家联合起来"。

1月　赵世同在广西乐业雅长六旺屯召开中共黔桂边委扩大会议，传达中共中央关于国共合作抗日的指示，将黔桂省边支部改为黔桂边委，选举了新的边委领导成员，赵世同任书记，牙美元、牙永平、黄世新、韦运祥为委员。中共黔桂边委负责领导黔桂边党的工作和武装斗争。

2月1日　桂西区抗日救国分会发表为抗日救国、挽救民族危亡的《敬告同胞书》。

2月12日　中共滇黔桂边区委员会和革命游击队在云南富宁县阿用乡者兰村塘彦召开庆功大会，庆祝芭莱、谷沙战斗的胜利，参加大会的赤卫队和群众 3000 余人。

2月17日　参加国民党滇黔桂三省"会剿"的马玉堂率桂军民团约 1000 余人是日由广西百色进入云南富宁县剥隘，渡西洋河，"进剿"活动于阿用、那能一带的滇黔桂边区革命游击队。黄德胜、唐秀山等组织红军和赤卫队 2000 余人于那泼埋伏。18日马玉堂部入伏击圈。红军一神枪手第一枪将指挥官马玉堂击翻落马，敌兵顿时大乱，被击毙 200 余人。余部渡西洋河向东逃窜，又被淹死 400 余人，仅300 余人渡过西洋河，逃至剥隘。红军第二大队大队长唐秀山中弹牺牲。三省"会剿"基本被打破。

2月中旬　中共广西省工委特派员何云(林鹤逸)到那马县州圩乡(今马山县永州镇)坡马屯后背山感应岩洞(即那马革命第一大本营)召开各县党的负责人会议,主持成立中共那马中心县委。会议选举徐泽长为中共那马中心县委书记,李凤彰、韦成篇、徐平、徐千珍、梁乃武、农有资、韦成珠等为委员。同时成立中共那马中心县委军事委员会,李凤彰任书记。那马中心县委负责领导那马、都安、隆山、武鸣、果德、平治、隆安等7个县的工作,下辖那马1个支部、果德1个支部、平治7个支部、都安1个支部、武鸣1个支部等党组织。之后,中共那马中心县委在那马县坡马屯召开县委扩大会议,书记徐泽长传达中央和省工委关于国共合作共同抗日的指示精神,决定成立那马中心县委领导下的抗日救国会,并以抗日救国会的名义发表《告爱国同胞书》。同时,还发动各地革命青年和学生联名致函国民党广西省党政军当局,请求当局立即停止内战,共同抗日。中心县委成立后,将原右江下游赤色游击队改编为抗日义勇军右江下游第一联队,李凤彰任联队长,韦成篇任副联队长,徐泽长为政治委员。

2月　敌滇黔桂军阀于年初调兵遣将对滇桂边游击区发动三省"会剿"。敌龙汉斗指挥广富警备独立营进攻云南富宁县七村地区,制造"太平惨案"等一系列惨案,杀害赤卫队和群众数百人。

同月　敌耿连和段连加乡丁约600人,向赤卫队驻守的云南富宁县阿用乡那柳村那哈后山的那兄山口进攻。赤卫队两个连队100多人坚决抵抗,敌伤亡数十人,进攻受挫。随后赤卫队主动撤出战斗。

同月　在中共广西省工委指导下,桂西区特委将右江上游中心县委改组成立东兰中心县委,书记仍为黄举平;组建了那马中心县委和向都中心县委,书记分别为徐泽长(后彭维之)、韩平波。至此,桂西区特委下辖有东兰、那马、向都三个中心县委和滇黔桂边委和黔桂边委,分别领导右江上游赤色游击队第一联队、右江下游赤色游击队第一、第二联队和滇黔桂边区革命游击队共3000余人枪,坚持在桂西区和滇黔桂边的农村游击战争。

同月　中共东兰中心县委在广西东兰县西山举行代表会议,会上,成立右江上游革命委员会。同时宣布成立都安、东兰、万冈3县革命委员会。都安县革命委员会主席韦金殿,委员韦永华、韦瑞林、韦邦汉、李汉平。

同月,中共向都中心县委成立,韩平波任书记,赵润兰、黄明山、黄彪、李修学等为委员。中心县委下辖天保、向都、田东等县的党组织,掌握着右江下游赤色游击队第二联队共 400 多人的武装。

3月中旬　参加三省"会剿"的国民党军队攻占云南富宁县那能乡弄彦、甘邦一带,把 8 个寨子 200 多户人家的房子全部烧毁,残害群众 110 余人。革命游击队在甘邦至弄况的途中伏击进犯之敌,歼敌 10 余人。

3月22日　中共南方临时工作委员会(简称南临委)向桂西区特委发出指示信,指示桂西区特委与国民党当地政府谈判,并提出具体谈判的策略:要求桂西区特委将"反蒋抗日"改为"促蒋抗日",进行联合抗日宣传;在保障安全的条件下,派代表到游击区革委会区域或安全地带(香港、澳门)谈判,或写信到桂军及各县政府、党部去,向他们提出国共合作的具体步骤和方法。南临委还派军团书记尹林平、联络员高朗如和中共广西省军团书记刘敦安及工作人员叶飘萍到右江地区指导工作。

3月28日　中共南方临时工作委员会向中央报告华南形势、党的组织、工作检讨和今后任务。报告说:在广西各抗日团体和劳动农会约有 5 万余人;党在桂西区有特委,在南宁有省军团,桂西红军游击队(桂云边有 1200 余人和右江上下游 2 个联队)已改称农民抗日队伍。准备成立省委,领导红军游击队由桂贵云三省边向"直到邕江区汇合"发展。

3月下旬　参加三省"会剿"的云南广富守备军一个营向云南富宁县那能乡甘邦寨进犯,将甘邦寨付之一炬,并将躲避于村右山洞的 37 名群众用火熏死(此洞后名为"深仇洞")。为了反击敌守备营,黄德胜、梁振标率革命游击队于龙矿要口埋伏。先由赤卫队和民兵阻击敌人,然后向龙矿转移,诱敌进入伏击圈。敌人追击赤卫队至龙矿峡谷,即遭到红军伏击,激战两个多小时,革命游击队将敌人大部击毙,活捉 8 人。

春　中共向都中心县委派右江下游赤色游击队第二联队队长黄彪等人到广西田阳的五村、坡洪、洞靖一带活动,并在洞靖成立田阳县支部,许光任书记。

4月中旬　黄桂南、徐泽长、朱鹤云等人奉命到香港参加中共中央南方工作委员会举办的抗日民族统一战线训练班学习。结束后,朱鹤云返回到滇黔桂边区革命游击队司令部驻地云南富宁县阿用乡者兰村,向根据地负责人滕静夫、黄德胜、赵润兰等汇报学习中央文件精神,明确今后的任务是实行国共合作抗日。

5月初　云南广富独立营进占富宁县那能乡那法村太平寨,杀害了当地和从外地抓来的农会干部及群众 200 余人。史称"太平惨案"。

5 月 20 日　中共地下党员黄世英到广西西隆县(今隆林县)北楼乡(现名平班镇)开展革命活动,在北楼乡北楼村(现名平寨村)建立了农民协会,负责人为王天锡、黄榜专。农民协会发展到 500 多人。是日,王殿选、王勋建、王天锡等人带领北楼乡、岩茶乡者艾村两支农民协会队伍 1000 多人攻打北楼乡,北楼乡公所被攻陷。西隆县长梁聘升闻讯后带兵镇压,王殿选、王〔黄〕榜专中弹牺牲,起义队伍撤退后解散。

6 月 15 日　中共桂西区特委根据中共南方临时工作委员会和广西省工委的指示,中共东兰中心县委召开第三次常委会议,决定恢复原各级革命委员会政权,取消抗日救国会,并以右江革命委员会名义发出通告,撤销桂西区抗日救国会筹备会,恢复右江革命委员会,领导桂西区和滇黔桂边的游击队与各族人民开展抗日救国运动。

6 月 25 日　中共中央提出红军改编办法,"取消红军名义,改以抗日义勇队名义出现……争取大的部队编为各省独立团或保安团,小的编成保安队或民团保甲"。

6 月 30 日　中共桂西区特委为贯彻执行中共中央的抗日民族统一战线政策,根据南临委 3 月 22 日的指示,发出了《桂西区特委给各级党的同志们的信》,要求各级党组织普通宣传国共合作,避免同广西政府对立的一切行动;要求国民党广西政府停止向共产党和红军游击队的进攻,集中全省力量一致对外,改善人民生活。同时宣布与国民党百色区民团指挥部谈判,提出了谈判条件、策略及党在当前的工作任务。

6 月 30 日　中共桂西区特委就与国民党当局进行谈判一事向各中心县委边委发出《关于抗日时期党的工作策略问题的指示信》。指示信指出,桂西区为着希望国共合作的成功,整个主张的实现,特向广西政府及各党派各军政领袖及全体武装战士宣言,现已进行谈判。信中提出了谈判的五项要求六项保证,并强调各级党组织"应注意目前工作几个问题:1. 扩大普遍的宣传国共合作及广西政府和我党合作的需要,使有系统的具体进行领导;2. 特别加紧党的工作,使有系统的具体进行领导;3. 避免和广西政府对立的一切行动;4. 武装停止游击行动"。要求"各级党的同志们,应有高度的布尔什维克的精神克服过去的工作缺点,迅速的灵活的进行新的策略路线"。

6月　中共桂西区特委委员赵世同到广西乐业县六旺屯,派原红军连队事务长李发荣到幼朗乡百仲屯与李发升联系,在李发升家设地下交通站。交通站曾先后接送过往的黄举平、赵世同等地下党领导人和牙永平的红军连队,传递过赵世同与在黔桂边活动的黄唤民之间的通信和情报等。

同月　中共田阳县支部在广西田阳县洞靖敢怀召开支部会,决定培养积极分子入党,壮大党的组织,迎接新的任务。

7月中旬　卡法连队牙永平、黄德光支持韦安周、韦子安在贵州贞丰县洛六寨成立抗日义勇军,韦安周任大队长、韦子安任大队副。随后,册亨县也组织了两个中队。

7月　中共广西省工委巡视员何云(林鹤逸)偕联络员徐泽长到广西田东山区检查工作,向中共桂西区特委传达中共南方临时工作委员会关于桂西红军游击队准备和国民党地方当局进行国共合作抗日谈判的指示。

同月　国民党第五路军总部饬令百色区民团指挥官黄韬,寻找关系与桂西区中共党组织谈判,将红军游击队改编北上抗日。黄韬通过田东县绅士韦日早、农建业将其意图通报给了中共桂西区特委书记黄桂南。黄桂南、何云(林鹤逸)即派徐泽长偕同韦日早赴百色与黄韬进行了初次接洽。

8月1日　中共中央发出《关于南方各游击区域工作的指示》,分析了抗日战争开始后的国际国内形势,其中要求红军和游击队中较大的部队与就近国民党驻军或地方政权进行合作谈判,强调"必须在党内外解释在建立民族统一战线中上述这种改变的必要"。

8月10日　中共广西省工委巡视员何云(林鹤逸)到东兰指导工作。中共东兰中心县委在西山水峒召开右江上游各县党员干部会议,有90余人出席。林鹤逸在会议上传达了中共中央关于建立抗日民族统一战线的政策,指示右江上游各县党组织要广泛宣传国共合作抗日的方针,普遍发展抗日救国团体,派遣党员利用社会关系打入国民党乡村政府、学校、民团等部门,开展统战工作,推动国民党政府抗日救亡的实际行动。会后,东兰中心县委印发抗日宣传材料,调派党员骨干分赴右江上游各县进行抗日救亡宣传活动。

8月　(南)丹(河)池边革命委员会在广西南丹县大厂镇官山村拉索屯成立,主席韦汉超、副主席谭国联,隶属于右江上游革命委员会领导。同时成立了中共拉索支部,韦世英任书记。

同月　朱鹤云由滇黔桂边的云南富宁游击区再赴香港向南临委汇报工作,写了《滇黔桂边区的报告》。

同月　中共桂西区特委书记黄桂南在广西田东县山区召集田东、田阳、向都(今属天等县)、那马(今属马山县)等县党组织领导人会议,听取徐泽长到百色与国民党当局洽商接触的情况报告,决定在取得广西省工委同意后再与百色当局谈判。是月,百色民团指挥官黄韬派梁侃到田东,接黄桂南到百色。黄桂南代表中共桂西区特委向黄韬提出条件:政府方面要承认桂西红军游击队是共产党领导的武装;双方停止敌对军事行动;成立右江国共合作抗日谈判办事处,以处理各项谈判事宜。黄韬均表示同意。黄桂南遂返回田东等待省工委指示。

同月　国民党都安县长陈泰春率县警、民团 200 余人往镇西"清乡",逼全乡 9 个村每村交东毫 5000 元作为"壮丁费",还追查共产党的活动情况。中共镇西支部发动村民拒交"壮丁费"。多利村村长蒙永芳带领自卫队 100 余人枪行至弄部坳口时,遭县警兵伏击,两名队员阵亡。镇西瑶壮族群众奋起反抗,打败县警民团。陈泰春率残兵逃回县城。几天后,陈调集全县 30 余个乡镇民团武装千余人,配合武鸣团管区 1 个团的兵力,分 4 路向镇西围攻。镇西民众在中共地下党组织领导下,奋起抵抗。设城卡、垒石架、布路障、守山头,坚持 3 个余月,终因弹尽粮绝,全乡绝大部分山村被官军团队占领。陈泰春任其部下大肆烧杀掳掠。烧毁民房 520 余间,枪杀村民 11 人,掳去大批猪马牛羊。中共镇西支部组织民众分散隐蔽于山中,并派支部委员韦金殿往那马中心县委汇报、请示。在中共地下组织的努力下,同时,当时正值于国共合作一致抗日的紧要关头,国民党广西省政府派员前来调查解决,遂告平息。陈泰春被撤职关押。此乃国民党都安县政府一手制造的"镇西事件"。

9月初　中共东兰中心县委派黄永祺、黄正昌和李世生由东兰西山赴万冈(今属巴马)、百色边地区宣传国共合作抗日方针。同月 19 日,黄永祺(原为果德县苏维埃政府主席、中共右江下游党委委员、思果中心县委常委、右江下游革命委员会委员)在万冈县所略乡甲篆开展抗日救亡活动时,被叛徒出卖,遭国民党所略乡民团包围。黄正昌、李世生突围脱险,黄永祺负伤被捕牺牲。

9月中旬　中共南方临时工作委员会军委书记尹林平和广西省军团书记刘敦安及高朗如、叶飘萍等 4 人分别到广西右江田东县,指导中共桂西区特委与国民党谈判国共合作和整编桂西红军游击队北上抗日。

9月中旬　朱鹤云带领张凡(张光夏)等4名干部返回到滇黔桂边区革命游击队司令部驻地者兰,向滕静夫、黄德胜、赵润兰等传达了中央关于国共合作抗日的指示和方针,共同研究了边区的斗争策略。

9月中旬　中共滇黔桂边区党委在云南富宁县阿用乡者兰村召开抗日誓师大会,革命游击队、赤卫队和附近群众到会2000余人。会上张凡(张光夏)发表讲话。9月18日,张凡只身到富宁县城去找国民党当局谈判,被杀害。

9月底至10月初　中共桂西区特委在广西田东那浪村召开扩大会议,出席会议的有尹林平、刘敦安、高朗如、叶飘萍、黄桂南(特委书记)、赵世同(代表黔桂边)、韦鼎新(代表东兰)、徐泽长(代表那马)、黄彪和黄振光(代表向都)、黄汉渊(代表田东)、农开胜(代表田阳)、韦高振和黄德胜(代表滇桂边)等20多人。讨论决定要同国民党百色民团指挥部进行正式谈判,并推选黄桂南、高朗如、徐泽长3人为中共桂西区特委的谈判代表。会议决定的谈判原则是:国民党在报刊上公开承认中共桂西区党组织和游击队的合法地位,释放政治犯,取消苛捐杂税和发表国共合作谈判消息;之后,中共桂西区特委将右江各地游击队集中整编开赴前方抗日。

10月1日　中共中央书记处致电负责闽桂粤同国民党谈判的中央代表张云逸和中共南方工作委员会书记张文彬等,提出关于南方各游击队集中改编方针。中央书记处指出:"南方各游击区是今后南方革命运动的战略支点。这些战略支点是十年血战的结果,应该十分重视它们。"中央书记处强调要坚持抗日民族统一战线中的独立性原则,即"国民党不得派任何人员、部队插入及破坏游击区";"在一切问题解决而实行将内地若干的游击队集中之时,该集中部队领导权及其作战,国民党不得干涉,不得插入任何人"。

10月中旬　百色国共谈判正式举行。中共桂西区代表黄桂南、高朗如、徐泽长与国民党百色区民团指挥官黄韬(黄韬突然死亡后为梁家齐)、参谋长罗苏等3人在百色进行谈判。对于中共方面的条件,黄韬表示:一、承认桂西共产党的合法地位和登报之事,民团指挥部无权决定,待请示广西省绥靖公署才能答复;二、释放政治犯,停止对游击队的进攻等条件可以照办。黄韬还表示:你们带队伍出来改编,我们保证你们和部队的安全。现在主要谈如何改编部队的问题。但他在谈判中屡次使用"欢迎你们自新改过"之类的词语;而且,国民党广西绥署给百色区民团指挥部的函电中均称共产党是"匪部自新改编"。由于国民党桂系当局没有诚意,会谈陷于僵局。为了维持谈判局面,国民党方面拨款 5 万元给中共桂西区特委在百色设立办事处。之后,黄桂南等向尹林平报告了第一次谈判情况。尹林平指出要坚持我党的先决条件,否则不谈游击队改编的具体问题。尹林平指示高朗如在百色协助黄桂南继续与国民党百色民团指挥部谈判。此后,他赴滇桂边巡视游击队工作。数日后,黄韬突然死亡。百色国共谈判暂停月余。

10月中旬 经过中共滇黔桂边区党委和赤色游击队的统战工作,国民党云南省富宁县政府派代表到滇桂边游击区云南富宁县花甲乡一个山谷进行第一次国共谈判。王修南、岑日新代表中共和红军游击队提出国共合作共同抗日的条件;国民党代表无理拒绝,并要求游击队全部退出云南,使谈判陷入僵局。

10月下旬 中共广西省工委在得到桂西区特委委员赵世同、何云(林鹤逸)关于百色谈判的情况报告后,分析国民党方面毫无诚意,立即派何云(林鹤逸)赴百色,向黄桂南传达省工委关于停止谈判的指示。但黄桂南拒不执行,继续派人调集各地游击队出来集中,准备接受国民党整编。与此同时,广西省工委委员黄彰由南宁赴香港建议南委下令停止百色谈判。11月初,陈岸奉命由桂林返南宁代理省工委书记,彭懋桂亲自再赴香港向南委报告,请求立即停止百色谈判,以避免我党在桂西红军游击队武装被国民党桂系当局吃掉。经彭懋桂、黄彰的一再坚持,南委同意省工委建议,致函通知桂西区特委停止百色谈判。

10月 滇黔桂革命游击队两个大队在傅少华带领下第三次攻占云南富宁县的那耶区公所,毙花甲区长冯忠贤,乡长黄德寿自杀,打死乡丁 3 人。红军无伤亡。

同月 中共东兰中心县委在广西东兰西山水峒举办党员训练班,培训骨干60余人。中共广西省工委巡视员何云(林鹤逸)和县委书记黄举平主持学习中央关于实行国共合作抗日,建立抗日民族统一战线的方针和政策,明确今后大力宣传抗日救国,普遍成立区乡村的抗日救国会和青年抗日同盟,发展党组织和抗日游击队,推动桂西当局实行抗日救国。

同月 中国共产党与国民党达成协议,将湘、鄂、赣、闽、粤、豫、浙、皖等八省边界十多个地区的红军和游击队改编为国民革命军陆军新编第四军。新四军军部于12月下旬在武汉组成,叶挺任军长,项英任副军长,张云逸、周子昆任正副参谋长,袁国平、邓子恢任正副政治部主任。

同月 黄德胜回到滇黔桂边区中心区的云南富宁,向滕静夫等领导人汇报了田东会议精神,滕静夫、岑日新、傅少华等不同意将部队改编为义勇军,韦高振、黄德胜、朱鹤云、李家祺等同意改编,意见不一。

11月　谭统南在广西靖西县安宁地区重组中越边革命委员会,主席谭统南,参谋谭立国,军事委员梁振兴,组织委员黄振庭,秘书黄怀贞。隶属于中共滇黔桂边区党委领导,担负领导组织中越边抗日救亡斗争。

同月　中共中央南方工作委员会以"边委"名义给桂西区特委发出指示信,为了避免在百色谈判中上当,特别要求八路军派代表来帮助。南委指示信指出:八路军代表"现在已到桂林,正式和总部接洽,所以我们向你们要求,即刻停止此种谈判,把这种谈判移到桂林去,你们可以向地方解释。目前你们所谈判已超过了右江地区范围了,而且还包含云贵等省,这事情太大了,已经由八路军派代表到桂林与总部谈判。"南委还批评黄桂南在领导桂西区特委进行百色谈判的错误,并"决定送桂南到西北抗日红军受训练"。但黄桂南拒不执行南委指示。

12月初　国民党新任百色区民团指挥官梁家齐到职后,即引诱中共桂西区特委继续举行谈判。梁表示可以接受中共方面的条件,即承认桂西共产党武装和在报刊登载百色谈判消息。黄桂南等返回田东向刘敦安汇报后,拟定了我方条件:① 特委领导的所有游击队全部改编北上抗日,广西当局取消对中共人员的通缉令;② 队伍番号按全国统一编制,军需给养全部由国民政府补充;③ 除部队随身携带原有武器弹药外,不足部分由国民政府供给;④ 部队编为一个旅,旅长、团长由原部队人员充任,国民政府可适当委派副职人员。中旬双方继续谈判,梁家齐表示:① 同意中共桂西游击队全部改编,给予正式番号和登报,保证改编部队人员安全,但政府不另颁发取消通缉令;② 部队改编后的番号称国民革命军,但是否编为旅及具体番号待请示上级后再答复;③ 军需给养完全由政府供给,可先拨款10万元作部队集中经费;④ 受编部队武器弹药不足部分由前方供给;⑤ 部队干部配备另行研究。与此同时,梁家齐收买了滇桂边和中越边游击队领导人韦高振。韦高振亦表示完全接受国民党的调遣和指挥。梁家齐派员催促黄桂南将游击队集中广西田阳县田州镇改编。

12月上旬　黄桂南代表中共桂西区特委与国民党百色民团指挥部达成改编桂西红军游击部队的协议,右江下游赤色游击队第二联队、滇黔桂边区革命游击队参加改编,其余队伍不参加改编。梁家齐答复:经请示省绥靖公署,确定将游击队改编为两个团,不建旅部,韦高振部改编为第八独立团,黄彪部改编为第九独立团,政府不另派副职人员。

12月中旬　中共广西省工委代理书记陈岸了解百色谈判中的严重问题,指派林鹤逸赶赴右江,向桂西区特委转达南方工委关于停止百色谈判的通知,并调黄桂南到延安学习。黄桂南接到指示后找尹林平请示,黄以"一时变更计划,恐发生不测打击"和"路费不够"为借口,拒绝执行上级党委的指示,并与国民党百色民团指挥部继续谈判。在谈判期间,中共那马中心县委领导的右江下游赤色游击队第一联队、中共东兰中心县委领导右江上游赤色游击队第一联队坚决拒绝改编。

12月中旬　黄德胜、朱鹤云、李家祺率滇黔桂边区革命游击队主力到广西田阳县田州镇集中,韦高振带400余人从靖西出发直接到百色附近驻扎待命。中共向都中心县委派韩平波到向都(今属天等县)、中越边,黄彪、韦桂荣到田阳南部山区,黄明山、黄文辉、黄振光到田东,韦权到天保进行革命活动,宣传国共合作抗日,号召青年参加抗日义勇军,经过宣传动员,报名参加抗日义勇军的青年达到500多人,并指定地点陆续集中。

12月24日　张云逸在给延安中共中央的《华南工作报告》中汇报:"滇桂边游击区还有300余武装(红七军留下的部队),因他不了解新策略与组织观念薄弱,以投降方式与广西百色民团指挥部谈判。他们竟以手枪威胁,谓阻止谈判是汉奸。我得这消息后,就商南委同意,派吴元同志去指导。"

冬　中共广西省军团书记刘敦安到黔桂边视察指导工作。刘敦安在贵州贞丰县板陈(现属望谟县)、卡法和广西乐业县雅长分别向韦国英、牙永平、牙美元等中共黔桂边委委员传达了中共中央关于国共合作抗日和建立抗日民族统一战线的策略。在板陈期间,刘敦安作了王海平的统战工作。刘敦安在黔桂边活动月余时间,后返回南宁。此后,吴元曾抵达板陈,指导黔桂边委抗日救亡斗争。

12月下旬　黄桂南代表中共桂西区特委擅自将滇黔桂边区革命游击队韦高振部和右江下游赤色游击队第二联队2000多人,枪600余枝〔支〕交给国民党改编为国民革命军广西第八、九独立团。韦高振、黄彪分别任团长,徐泽长、李凤彰任那马(今属马山县)后方留守处正副主任,黄桂南被委为百色区民团指挥部政训组组员。至此,国民革命军广西第八、第九独立团1600余人失去了党的领导。此后,滇桂边根据地在国民党军的"进剿"下丧失,滕静夫、谭统南等党员骨干继续坚持富宁、镇边、靖西地区的革命斗争。

<h2 style="text-align:center">1938 年</h2>

1 月 21 日　黄彪奉命率第九独立团由广西田阳县田州镇到扶南县整训。

2 月 7 日　第九独立团经南宁、梧州、广州转赴安徽。第八独立团留在田州镇整训。

2 月 13 日　原滇黔桂边区革命游击队司令员黄德胜前来劝说带领第八独立团的韦高振,在田州镇被韦高振杀害。随即,韦高振率第八独立团赴安徽。

△在被改编的两个团中,有 20 多名党员、干部后经武汉八路军办事处转送延安。李修学、苏廷僚、黄振成等在安徽逃离国民党部队后返回右江向都(今属天等县)游击区。李修学任中共向都中心县委委员,与书记韩平波领导恢复了向都、天保、敬德、田东等县的游击斗争。

7 月　中共广西省工委鉴于黄桂南叛党投靠国民党,正式宣布上年 12 月中旬作出的开除他党籍的决定。

后 记

　　中国工农红军滇黔桂边区游击队的资料征集工作,早在20世纪80年代已经开始。经过云南、贵州、广西三省区党史部门的努力,征集了大量的资料。在这些资料的基础上,1998年中共云南省委党史研究室、中共富宁县委党史征研室联合编辑出版了《中国工农红军滇黔桂边区革命游击队》一书,1999年中共广西百色地委党史办公室、中共云南文山州委党史征集研究室、中共广西河池地委党史研究室、中共广西南宁地委党史研究室、中共贵州黔西南州委党史研究室、中共贵州黔南州委党史研究室联合编辑出版了《滇黔桂边区革命根据地》一书。《中国工农红军滇黔桂边区革命游击队》一书侧重于收录云南的资料,《滇黔桂边区革命根据地》一书更侧重于若干问题的专题资料综述,还有大量采访得到的一手资料仍存于各党史部门的档案资料中。因当时的条件有限,收集来的资料大多未能公开出版。这对想更多地了解和学习中国工农红军滇黔桂边区游击队历史的读者是一个很大的遗憾。因为资料有限,也直接影响到中国工农红军滇黔桂边区游击队历史的研究和宣传。

　　随着近年来党史研究工作的深入,特别是党的十八大、十九大、二十大以来,习近平同志为核心的党中央对红色历史、红色文化、红色基因特别重视,强调历史是最好的教科书,忘记历史就意味着背叛。中国工农红军滇黔桂边区游击队的历史是中国共产党领导的革命武装斗争的重要组成部分,游击队指战员为着党和人民的事业,为着民族独立、人民解放,在极其艰苦的条件下英勇奋斗,百折不挠,其坚定的信念、坚持的毅力,是一笔宝贵的精神财富,值得后人学习和发扬。因此,全面而系统地收集和整理中国工农红军滇黔桂边区游击队的历史资料,用更多生动鲜活的历史资料,更充分地展现中国工农红军滇黔桂边区游击队的斗争历程,不仅有助于深化历史研究,而且对于推动红色传统的发扬,红色文化的宣传,红色基因的传承,推动革命老区的经济发展,意义重大。

因此,课题组于2014年3月向中共中央党史研究室有关部门申报了征集和编辑中国工农红军滇黔桂边区游击队史料课题,得到批准。

中国工农红军滇黔桂边区游击队史料的征集和整理,是一项良心工程,一定要把这项工作做好,才对得起为革命流血牺牲的红军游击队的前辈和烈士们、对得起当年支援、帮助和参加游击队的老区人民。滇、黔、桂三省区党史部门领导高度重视,积极组织和指定有关人员参与这项课题。中共云南省委党史研究室、文山市委党史研究室、富宁县委党史研究室,广西自治区委党史研究室、百色市党史研究室、河池市党史研究室、南宁市委研究室,贵州省委党史研究室、黔西南州委党史研究室等都抽调专人组成调研组,领导负责组织,协同各方作战,共同收集资料,取长补短。

在资料的收集过程中,课题组特别注意了以下问题:一是注意广泛收集已经整理和发表的史料,避免重复劳动;二是努力挖掘存在于各地党史部门保存的档案资料,使以往收集的资料发挥更大的作用;三是实地踏访,具体了解当年红军游击队战斗、生活过的环境、若干重要的事件、人物及活动等等。在实地调研中,课题组成员向当地党史、史志部门的同志学习,同当地领导、红军游击队员家属、红军游击队的知情人进行交流,不仅增加了丰富的感性认识,还发现和收集到许多珍贵的资料。

在对滇黔桂三省区的资料汇总时,发现其中许多资料在诸如人员、时间上不一致,人名、地名写法不一致。其情况复杂,原因也是各种各样。经过反复思考和综合评估,我们对历史资料部分基本不作改动,必要时加注说明;将采信的主要内容通过"概述""组织序列表"和"大事略记"表示出来。当然,已经采信的内容,也未必完全准确可靠。同时我们也希望抛砖引玉,请有关红军滇黔桂三省边区游击队历史的知情人和研究者提出批评指正,使这段历史更接近于真实和完整。

经过课题组三年多的艰苦努力,收集到约380万字的相关资料。其中,云南提供138万字,贵州提供56万字,广西提供185万字,还收集有若干图片、图表等资料。课题组对上报的资料进行筛选和编辑,筛选出现有的文字和照片,并要求各地再次进行校对和修改、补充,以保证全书质量,尽管如此,也有很多缺憾。

此次资料的收集、整理是一项极有意义但又极为艰巨的工程。课题组成员多次进行实地调研,参加有关工作会议,进一步明确了此项工作的目的和意义,结合地方实际,有针对性地及时解决问题,克服各种困难,使工作顺利展开并取得成果。

我们荣幸地得到了原中共中央党史研究室吴德刚副主任的大力支持。吴德刚同志在百忙之中关心此项工作,利用假期帮助处理和协调有关事宜。原中共中央党史研究室宣教局领导陈夕、薛庆超、任贵祥、刘荣刚同志和有关省市党史部门领导、同志们给予了大力支持。刘荣刚等同志还审阅书稿,提出了宝贵意见。在此过程中,杨津征、叶青如、胡志鹏等同志利用业余时间参加了资料收集整理和部分资料录入工作。中共云南省委党史研究室、文山州委党史研究室,中共贵州省委党史研究室、黔西南州委、罗甸县党史研究室等县(区)委党史研究室、史志部门的同志,在其他任务十分繁重的情况下,不辞劳苦,付出了许多心血和汗水。各省担任联络工作和其他相关工作的同志更是辛苦。在此,向所有参加和关心本课题工作的领导和同志们表示衷心的感谢!

由于年代的久远,许多资料比较分散,要全面、完整地复原历史十分困难。但我们仍然欣喜地看到,经过课题组同志坚持不懈的共同努力,中国工农红军滇黔桂边区游击队的历史以从未有过的丰富而翔实资料展现在我们面前。这些历史资料是宝贵的精神财富,是红军游击队历史的生动展示,更是中国共产党人和红军游击队指战员革命精神的深刻诠释。

收集整理好丰富的党史、军史、革命史资料是一项基础性的工作。我们要更加重视挖掘和利用红色资源,发扬好红军传统,传承好红色基因,为实现中华民族的伟大复兴而贡献自己的力量。

本书编写组

2018 年 6 月

2021 年 5 月校改

2024 年 4 月再校